Fehlzeiten-Report

Reihenherausgeber
Bernhard Badura, Fakultät für Gesundheitswissenschaften,
Universität Bielefeld, Bielefeld, Germany
Antje Ducki, Beuth Hochschule für Technik Berlin, Berlin, Germany
Helmut Schröder, Wissenschaftliches Institut der AOK (WIdO),
Berlin, Germany
Markus Meyer, Wissenschaftliches Institut der AOK (WIdO), Berlin,
Germany

Bernhard Badura · Antje Ducki · Helmut Schröder ·
Markus Meyer
Hrsg.

Fehlzeiten-Report 2021

Betriebliche Prävention stärken – Lehren aus der Pandemie

Hrsg.
Prof. Dr. Bernhard Badura
Universität Bielefeld
Bielefeld, Deutschland

Helmut Schröder
Wissenschaftliches Institut der AOK
Berlin, Deutschland

Prof. Dr. Antje Ducki
Beuth Hochschule für Technik
Berlin, Deutschland

Markus Meyer
Wissenschaftliches Institut der AOK
Berlin, Deutschland

Fehlzeiten-Report
ISBN 978-3-662-63721-0   ISBN 978-3-662-63722-7 (eBook)
https://doi.org/10.1007/978-3-662-63722-7

Die Deutsche Nationalbibliothek verzeichnet diese Publikation in der Deutschen Nationalbibliografie; detaillierte bibliografische Daten sind im Internet über http://dnb.d-nb.de abrufbar.

© Springer-Verlag GmbH Deutschland, ein Teil von Springer Nature 2021
Das Werk einschließlich aller seiner Teile ist urheberrechtlich geschützt. Jede Verwertung, die nicht ausdrücklich vom Urheberrechtsgesetz zugelassen ist, bedarf der vorherigen Zustimmung des Verlags. Das gilt insbesondere für Vervielfältigungen, Bearbeitungen, Übersetzungen, Mikroverfilmungen und die Einspeicherung und Verarbeitung in elektronischen Systemen.
Die Wiedergabe von allgemein beschreibenden Bezeichnungen, Marken, Unternehmensnamen etc. in diesem Werk bedeutet nicht, dass diese frei durch jedermann benutzt werden dürfen. Die Berechtigung zur Benutzung unterliegt, auch ohne gesonderten Hinweis hierzu, den Regeln des Markenrechts. Die Rechte des jeweiligen Zeicheninhabers sind zu beachten.
Der Verlag, die Autoren und die Herausgeber gehen davon aus, dass die Angaben und Informationen in diesem Werk zum Zeitpunkt der Veröffentlichung vollständig und korrekt sind. Weder der Verlag noch die Autoren oder die Herausgeber übernehmen, ausdrücklich oder implizit, Gewähr für den Inhalt des Werkes, etwaige Fehler oder Äußerungen. Der Verlag bleibt im Hinblick auf geografische Zuordnungen und Gebietsbezeichnungen in veröffentlichten Karten und Institutionsadressen neutral.

Planung: Dr. Fritz Kraemer

Fotonachweis Umschlag: © nenetus / stock.adobe.com (Symbolbild mit Fotomodell)

Springer ist ein Imprint der eingetragenen Gesellschaft Springer-Verlag GmbH, DE und ist ein Teil von Springer Nature.
Die Anschrift der Gesellschaft ist: Heidelberger Platz 3, 14197 Berlin, Germany

Vorwort

Niemand kann zurzeit verlässlich voraussagen, wie lange die COVID-19-Pandemie die Gesellschaft und damit auch die Arbeitswelt noch beeinflussen wird und welche langfristigen Folgen sich aus den Erfahrungen sowie dem gesellschaftlichen und politischen Umgang mit der Pandemie ergeben. Unternehmen und ihre Beschäftigten haben im Umgang mit den großen Herausforderungen, die im Nachkriegsdeutschland als einmalig bezeichnet werden können, Großes geleistet. Nunmehr gilt es zuerst einmal die Folgen der Pandemie zu bewältigen. Gleichzeitig muss aber auch die Frage beantwortet werden, welche Lehren wir aus der Krise gezogen haben bzw. ziehen werden, um uns bei zukünftigen Bewährungsproben noch besser aufstellen zu können.

Während das Coronavirus ganz direkt die Gesundheit der Beschäftigten bedroht, sind zugleich auch die Maßnahmen zur Einschränkung des Virus mit Nebenwirkungen verbunden, die ebenfalls zu gesundheitlichen bzw. psychischen Belastungen für die Beschäftigten führen und Unternehmen in ihrer Existenz bedrohen können. Neben der Angst, an dem Virus selbst zu erkranken, kann Beschäftigte auch die Angst treffen, ihren Arbeitsplatz zu verlieren. Die Abstandsregeln führen darüber hinaus zur Einschränkung sozialer Kontakte – die Folge kann eine zwischenmenschliche Verarmung sein, die die psychische Stabilität des Einzelnen gefährden kann. Fehlende Zuwendung und zu wenig zwischenmenschlicher Austausch können in Form von Einsamkeit, Depressionen oder Angsterkrankungen zu Begleiterscheinungen des über lange Zeit andauernden Krisenmodus werden. Verstärkt wird das Unbehagen noch durch die Notwendigkeit, da wo es möglich ist, im Homeoffice zu arbeiten, um so auch im betrieblichen Kontext präventiv direkte soziale Kontakte noch weiter zu minimieren. Während die einen davon profitieren, da sie so familiäre Verpflichtungen und berufliche Belange sogar besser in Einklang bringen können, geraten andere unter starken Stress, da es ihnen zu Hause z. B. weniger gelingt, selbstregulierend auf die notwendigen Erholungszeiten zu achten, oder die häusliche Infrastruktur und Arbeitsausstattung das Arbeiten unter Umständen erschwert.

Auch Unternehmen müssen sich für die Zukunft rüsten und die richtigen Schlüsse aus den in der Pandemie gemachten Erfahrungen ziehen, um letztlich im Idealfall gestärkt aus der Krise hervorgehen zu können. Die Herausforderungen sind vielfältig: So sind bspw. viele Eltern durch Schul- und Kitaschließungen oder Notbetreuungsregelungen einer Doppelbelastung ausgesetzt gewesen – zum einen müssen die Kinder zu Hause betreut und ggf. beschult werden und zum anderen müssen sie aber auch ihren beruflichen Belangen nachkommen. Die Notwendigkeit, zum Schutz vor dem Virus soziale Kontakte einzuschränken, führte dazu, dass nicht mehr alle Beschäftigten persönlich im Unternehmen anwesend waren. Es brauchte daher funktionierende Konzepte digitaler Arbeit. Diese werden auch in Zukunft weiter an Bedeutung gewinnen. Bereits bestehende Konzepte mussten dabei angepasst und zukunftsgerecht ausgebaut werden. Führung „auf Distanz" und der angemessene Umgang mit den digitalen Möglichkeiten haben erheblich an Bedeutung gewonnen und verkörpern eine entscheidende Herausforderung für die Gegenwart und die Zukunft.

Betrachtet man unvoreingenommen die Folgen der COVID-19-Pandemie in der Arbeitswelt, verstärkt sich der Eindruck, dass das Thema der betrieblichen Prävention im Windschatten der Krise zukünftig an Bedeutung gewinnen wird. Wenn Unternehmen jetzt die richtigen Konsequenzen für die zukünftige Arbeitswelt ziehen und die Erfahrungen aus der COVID-19-Krise angemessen berücksichtigen, kann dieser „Stresstest" sogar dazu führen, dass sie besser gewappnet und umso krisenfester in die Zukunft gehen können. Nicht zuletzt sind eine gesunde Lebensweise, eine gesundheitsförderliche Unternehmenskultur und ein reflektierter lösungsorientierter Umgang mit psychischen Belastungen die besten Garanten für ein individuelles und auch für ein organisatorisches „gesundes Immunsystem".

Der vorliegende Fehlzeiten-Report wirft nicht nur ein Blitzlicht auf den gesellschaftlichen Umgang vergangener Pandemien, er thematisiert auch zukünftige gesundheitliche Bedrohungen für die Gesellschaft und die Wirtschaft. Er fragt ebenso nach den Folgen der pandemiebedingten Maßnahmen für die Gesellschaft und insbesondere für die Arbeitswelt. Antworten auf die Frage, was Beschäftigte und Unternehmen aus der Krise lernen können und welchen Beitrag das Betriebliche Gesundheitsmanagement dazu leisten kann, damit Unternehmen und Beschäftigte gestärkt aus der Krise hervorgehen, runden den Band ab.

Trotz der mit der Pandemie verbundenen Herausforderungen haben wir wieder viele engagierte Autorinnen und Autoren gewinnen können, ihre Expertise im Rahmen von Fachbeiträgen in dem Report einzubringen. Wir konnten bei der Planung der vorliegenden Ausgabe des Fehlzeiten-Reports noch nicht überblicken, wie lange diese schwere Zeit der COVID-19-Pandemie die Welt und auch Deutschland im Griff halten würde. Trotz der mit der Pandemie verbundenen Herausforderungen des Lockdowns, wie beispielsweise die zu organisierende Betreuung von Kindern oder Pflegebedürftigen, die Organisation des distanzierten Lernens von Schülerinnen und Schülern und Studierenden oder der Einkauf von teilweise knappen Gütern des täglichen Bedarfs, haben uns alle beteiligten Autorinnen und Autoren mit ihren zugesagten Beiträgen pünktlich unterstützt. Hierfür gilt ihnen unser spezieller Dank – so kann auch in diesem besonderen Jahr der Fehlzeiten-Report wie gewohnt erscheinen.

Zusätzlich zum Schwerpunktthema gibt der vorliegende Fehlzeiten-Report auch diesmal wieder einen differenzierten Überblick über die krankheitsbedingten Fehlzeiten in der deutschen Wirtschaft mit aktuellen Daten und Analysen der 14,1 Mio. AOK-Mitglieder, die im Jahr 2020 in mehr als 1,6 Mio. Betrieben tätig waren. Die Entwicklungen in den einzelnen Wirtschaftszweigen werden dabei differenziert dargestellt, was einen schnellen und umfassenden Überblick über das branchenspezifische Krankheitsgeschehen ermöglicht. Er berichtet zudem auch wieder über die Krankenstandsentwicklung aller gesetzlich krankenversicherten Arbeitnehmerinnen und Arbeitnehmer in Deutschland wie auch der Bundesverwaltung. Zusätzlich wird in dieser Ausgabe ein ausführlicher Blick auf die Fehlzeiten im Zusammenhang mit COVID-19 den Datenbeitrag ergänzen. Hierbei wird bspw. beantwortet, welche Branchen und Berufe besonders von COVID-19 betroffen waren und auch welche Seiteneffekte es durch die Pandemie im Fehlzeitengeschehen der AOK-Mitglieder gab.

Leider hat uns Ende des letzten Jahres die traurige Nachricht erreicht, dass Herr Dr. Thomas Lampert vom Robert Koch-Institut nach kurzer schwerer Krankheit verstorben ist. Wir haben ihn als hoch kompetenten und auch menschlich sehr angenehmen Kollegen geschätzt und verlieren mit ihm einen ausgewiesenen Experten für das Themenfeld der sozialen und gesundheitlichen Ungleichheit. Wir sind froh, dass er uns als Autor in mehreren Reporten unterstützt hat und möchten insbesondere seinen Angehörigen unser tiefstes Mitgefühl aussprechen.

Bevor wir den Personen danken, ohne die wir den Report nicht publizieren könnten, noch eine Anmerkung in eigener Sache: Unser langjähriger WIdO-Kollege und Mitherausgeber Joachim Klose ist in diesem Jahr in seinen wohlverdienten Ruhestand gegangen und scheidet damit als Mitherausgeber des Fehlzeiten-Reports aus. Insgesamt zwölf Reporte sind zwischen 2009 und 2020 unter seiner (Mit-)Herausgeberschaft erschienen. Joachim Kloses Ziel war es von Anfang an, mit dem Fehlzeiten-Report einen Beitrag dazu zu leisten, Unternehmen und Beschäftigten die Bedeutung des Betrieblichen Gesundheitsmanagements vor Augen zu führen. Die Reichweite von insgesamt mehr als 25.000 Büchern, die seit 2009 nunmehr in den Bücherregalen der Republik stehen, zeigt nochmal beeindruckend, dass sein Engagement auch zum Erfolg des Reports beigetragen hat. Das ist für uns ein gegebener Anlass, ihm ganz herzlich für sein Engagement zu danken und ihm alles Gute für seinen Ruhestand zu wünschen. Allzeit eine gute Gesundheit, viele schöne und sichere Ausfahrten mit dem Motorrad sowie glückliche Stunden auch mit der Lebensgefährtin und Arminia Bielefeld!

Danken möchten wir ebenfalls allen Kolleginnen und Kollegen im Wissenschaftlichen Institut der AOK (WIdO), die an der Buchproduktion beteiligt waren und in beeindruckender Weise den Beweis erbracht haben, dass eine Bucherstellung trotz der zahlreichen pandemiebedingten Herausforderungen von den heimischen Arbeitsplätzen aus gelingen kann. Zu nennen sind hier vor allem Miriam-Maleika Höltgen und Lisa Wing, die uns bei der Organisation, der Betreuung der Autorinnen und Autoren und durch ihre redaktionelle Arbeit exzellent unterstützt haben. Julia Klein und Miriam-Maleika Höltgen haben uns zudem gewohnt professionell bei der Autorenrecherche und -akquise unterstützt. Unser Dank gilt ebenfalls Susanne Sollmann für das ausgezeichnete Lektorat und darüber hinaus auch dem gesamten Team Betriebliche Gesundheitsförderung im WIdO. Danken möchten wir gleichermaßen allen Kolleginnen und Kollegen im Backoffice des WIdO, ohne deren Unterstützung diese Buchpublikation nicht möglich gewesen wäre.

Unser Dank geht last but not least an den Springer-Verlag für die gewohnt hervorragende verlegerische Betreuung, insbesondere durch Frau Hiltrud Wilbertz.

Berlin und Bielefeld
im Juni 2021

Inhaltsverzeichnis

I Gesundheitskrisen – gestern, heute und morgen

1 Historische Beispiele für Pandemien und daraus folgende Präventionsmaßnahmen 3
Karen Nolte
1.1 Einführung 4
1.2 Quarantäne, Kontaktbeschränkungen und Versammlungsverbote 5
1.3 Maßnahmen der Prävention 6
1.3.1 Sanitäre Maßnahmen 6
1.3.2 Hygieneerziehung 8
1.3.3 Geschichte des Impfens 9
1.4 Fazit 10
Literatur 11

2 Arbeit in Zeiten von Gesundheitskrisen – Zahlen und Fakten 13
Julia Freuding und Klaus Wohlrabe
2.1 Einleitung 14
2.2 Der Zusammenhang zwischen Gesundheit und Wirtschaftsentwicklung 14
2.3 Allgemeine wirtschaftliche Entwicklung im Jahr 2020 16
2.4 Ein Blick auf die Sektoren und Branchen 16
2.5 Wie wirkt sich die Krise auf den Arbeitsmarkt aus? 19
2.6 Mit welchen Maßnahmen haben die Unternehmen mit Blick auf ihre Mitarbeiter:innen reagiert? 20
2.6.1 Kurzarbeit 20
2.6.2 Umsetzung von Homeoffice 22
2.7 Schlussbemerkung 24
Literatur 25

3 Arbeit in Zeiten von Gesundheitskrisen – Veränderungen in der Corona-Arbeitswelt und danach 27
Josephine Charlotte Hofmann
3.1 Ein Land im Ausnahmezustand 28
3.2 Corona und die Arbeitswelt 28
3.2.1 Arbeit von daheim: Ein massiver Aufwuchs im Jahr 2020 29
3.2.2 Konsequenzen der hybriden Arbeit 33
3.2.3 Reaktionsmuster von Unternehmen im Umgang mit Entgrenzung 35
3.2.4 Entgrenzungsmanagement bleibt ein Dauerthema auch im „Neuen Normal"! 36
3.2.5 Arbeitsverdichtung und im Speziellen: Zoom-Fatigue 38
3.3 Unternehmerische Handlungsspielräume und Ansatzpunkte 39
3.4 Die Arbeitswelt der Zukunft ist eine hybride Arbeitswelt 40
Literatur 40

4	**Zukünftige Gesundheitsrisiken: Was kommt auf die Gesellschaft zu?**	43
	Holger Pfaff und Kristina Schubin	
4.1	**Einleitung**	45
4.2	**Die vier Subsysteme der Welt als Quellen von Gesundheitsrisiken**	45
4.3	**Gesundheitsrisiken aus dem System der Letztorientierung: „Weltbeherrschung" als riskante und zugleich nützliche Grundprogrammierung**	47
4.4	**Gesundheitsrisiken aus der physikalisch-chemischen Welt**	47
4.5	**Gesundheitsrisiken aus der biologischen Welt**	48
4.5.1	Gesundheitsrisiken aus der pflanzlichen Welt	48
4.5.2	Gesundheitsrisiken aus der Tierwelt	48
4.5.3	Gesundheitsrisiken aus dem menschlichen Organismus	49
4.6	**Gesundheitsrisiko: menschliches und zwischenmenschliches Handeln**	50
4.6.1	Gesundheitsrisiken aus der sozio-kulturellen Welt	50
4.6.2	Gesundheitsrisiken aus der sozialen Welt	51
4.6.3	Gesundheitsrisiken aus dem Verhalten der Menschen	53
4.6.4	Gesundheitsrisiken aus der Psyche des Menschen	54
4.7	**Schutzmaßnahmen auf der Makro- und Mesoebene zur Erhöhung der Resilienz von Gesellschaft und Unternehmen**	54
4.8	**Schlussfolgerungen**	56
	Literatur	57

II Pandemiebedingte Maßnahmen und deren Folgen für Gesellschaft, Wirtschaft und Beschäftigte

5	**Die soziale Resilienz von Unternehmen und die Gesundheit der Beschäftigten**	67
	Andrea Waltersbacher, Julia Klein und Helmut Schröder	
5.1	**Einleitung**	68
5.1.1	Zur Einführung	68
5.1.2	Forschungsfragen und Methodik	72
5.2	**Ergebnisse**	73
5.2.1	Alltagsweltliche Belastungen durch COVID-19 und die Gesundheit der Befragten	73
5.2.2	Gesundheitliche Belastungen durch Maßnahmen des Unternehmens zum Betriebserhalt	80
5.2.3	Soziale Resilienz in Unternehmen	84
5.3	**Diskussion der Ergebnisse**	97
5.4	**Ausblick**	100
	Literatur	102

6	**Corona und die Folgen für das Betriebliche Gesundheitsmanagement aus Sicht der Expert:innen – Ergebnisse einer qualitativen Studie**	105
	Uta Walter und Julia Rotzoll	
6.1	**Einleitung**	107
6.2	**Unser organisationsbezogenes Verständnis von BGM**	108

6.3	**Zielsetzung, Methode und Stichprobe**	109
6.3.1	Zielsetzung	109
6.3.2	Methode	109
6.3.3	Stichprobe	110
6.4	**Ergebnisse: Die Auswirkungen der Pandemie auf das BGM, zukünftige Handlungsfelder und den Kompetenzbedarf**	110
6.4.1	Auswirkungen der COVID-19-Pandemie auf das BGM	111
6.4.2	Relevante Handlungsfelder im BGM	113
6.4.3	Kompetenzbedarf im BGM	115
6.4.4	Qualifizierungsformate im BGM	117
6.5	**Diskussion: Schlussfolgerungen für die betriebliche Praxis, inhaltliche Schwerpunkte und die Qualifizierung im BGM**	118
6.6	**Fazit: Einen Kulturwandel in Sachen Gesundheit anstoßen!**	120
	Literatur	121
7	**Der Arbeitsplatz Hochschule in Zeiten von Corona: Arbeitsbedingungen und Gesundheit in Wissenschaft und Verwaltung**	123
	Johanna S. Radtke und Julia Burian	
7.1	**Psychische Belastungen als wichtiger Präventionsgegenstand an Hochschulen**	125
7.2	**Coronabedingte Chancen und Herausforderungen am Arbeitsplatz Hochschule**	126
7.3	**Beurteilung von Arbeitsbedingungen und Gesundheit in der Corona-Pandemie mit dem Bielefelder Fragebogen**	128
7.3.1	Stichprobe und Datenauswertung	129
7.3.2	Beurteilung der Arbeitssituation in Zeiten von Corona	130
7.3.3	Beurteilung der hochschulkulturellen Aspekte und Online-Lehre in Zeiten von Corona	132
7.3.4	Gegenüberstellung ausgewählter Themen unter regulären sowie unter Corona-Bedingungen	133
7.3.5	Beurteilung der belastungs- und gesundheitsbezogenen Aspekte in Zeiten von Corona	135
7.4	**Gesamtfazit**	136
7.4.1	Methodische Limitationen und weiterer Forschungsbedarf	136
7.4.2	Implikation für die Praxis	137
7.5	**Anhang**	139
	Literatur	147
8	**Ängste, Sorgen und psychische Gesundheit in der Corona-Pandemie**	149
	Jan Paul Heisig, Christian König und Simon Löbl	
8.1	**Einleitung**	150
8.2	**Zentrale pandemiebedingte Risiken für die psychische Gesundheit**	151
8.2.1	Gesundheitliche Sorgen	151
8.2.2	Einsamkeit	152
8.2.3	Wirtschaftliche Sorgen	154
8.2.4	Familiäre Belastungen	156
8.3	**Handlungsempfehlungen**	157
8.4	**Schlussbetrachtung**	159
	Literatur	159

9	**Prävention schützt die Bevölkerung und stützt die Wirtschaft**	163
	Bernhard Badura	
9.1	Die Covid-Pandemie und die Epidemie psychisch bedingter Arbeitsunfähigkeit	164
9.2	Der Abstieg der US-amerikanischen Arbeiter in die Perspektivlosigkeit.............	164
9.3	Suche nach den Ursachen	165
9.4	Spontane Begeisterung für das Homeoffice...	167
	Literatur	168
10	**Arbeit made in Germany: Arbeitsschutz und gesunde Arbeitsgestaltung in der Zeit vor, während und nach Corona**	169
	Elisa Clauß, Kristina Harrer-Kouliev und Helena Wolff	
10.1	Arbeit made in Germany vor Corona: Den Arbeitgeber:innen sind gute Arbeitsbedingungen ein wichtiges Anliegen	171
10.1.1	Arbeitgeber:innen investieren viel in gute Arbeit	171
10.1.2	Unternehmen schützen ihre Beschäftigten vor Arbeitsunfällen und arbeitsbedingten Erkrankungen	173
10.1.3	Arbeitsschutz und Eigenverantwortung in der digitalisierten Arbeitswelt	174
10.2	Gemeinsam durch die Krise: Arbeit made in Germany während der Pandemie	175
10.2.1	Arbeits- und Infektionsschutz im Betrieb als zentrale Elemente in der Corona-Epidemie	175
10.2.2	Studienergebnisse zeigen das große Engagement der Betriebe in der Krise	176
10.2.3	Herausforderungen des Infektionsschutzes in der täglichen Arbeitspraxis.............	179
10.3	Wie sieht das neue Normal nach der Corona-Zeit aus?	181
10.3.1	Unternehmen wagen den digitalen Sprung nach vorn	181
10.3.2	Das Potenzial von zeitlicher und räumlicher Flexibilität ist noch längst nicht ausgeschöpft..	182
10.3.3	Für Unternehmen besteht weiterer Veränderungs-, Forschungs- und Unterstützungsbedarf	183
10.4	Fazit	184
	Literatur	184
11	**Soziale Ungleichheit als prägendes Merkmal – die Arbeitswelt während und nach der Corona-Krise**	187
	Rolf Schmucker	
11.1	Einleitung	188
11.2	Vorrang für Gesundheit	188
11.3	Die zwei Seiten des Homeoffice	190
11.4	Kinder, Küche, Corona	192
11.5	Systemrelevanz: Aufwertung von Arbeit	194
11.6	Ausblick: Gute Arbeit für alle!	196
	Literatur	197

III Arbeit gesund gestalten und Prävention stärken

12	Organisationsbedingte Angst – wenn die psychologische Sicherheit am Arbeitsplatz fehlt	201
	Ramona Witkowski	
12.1	Problemlage	202
12.2	Abgrenzung zu pathologischen Ängsten	204
12.3	Angst im Organisationskontext	205
12.3.1	Existenzängste	206
12.3.2	Soziale Ängste	207
12.3.3	Leistungs- und Versagensängste	209
12.4	Mechanismen der Angstbewältigung und ihre Folgen am Arbeitsplatz	210
12.5	Fazit	213
	Literatur	214
13	Always on – Grenzen ziehen zwischen Arbeits- und Privatleben in der digitalisierten Arbeitswelt	217
	Ida Ott, Julia Widler, Michaela Knecht und Laurenz Linus Meier	
13.1	Digitales Arbeiten als Zukunftstrend mit Chancen und Risiken	219
13.2	Digitale Transformation und die Abgrenzung von Arbeits- und Privatleben	220
13.3	Modell der digitalen Arbeitsformen und deren Auswirkungen auf Gesundheit, Leistungsfähigkeit und die Vereinbarkeit von Arbeits- und Privatleben	221
13.3.1	Segmentierend-responsives digitales Arbeiten	221
13.3.2	Integrierend-responsives digitales Arbeiten	222
13.3.3	Integrierend-initiierendes digitales Arbeiten	223
13.3.4	Segmentierend-initiierendes digitales Arbeiten	224
13.3.5	Zusammenfassung	224
13.4	Digitales Arbeiten aktiv gestalten – Handlungsempfehlungen	225
13.4.1	Das Individuum als handlungsfähiger Akteur	225
13.4.2	Die Führungskraft als Möglichmacher	227
13.4.3	Das Team als Gestalter	227
13.5	Vielleicht nicht immer „Always on"?	229
	Literatur	230
14	Organisationale Resilienz und Gesundheitserhalt in der Corona-Krise	233
	Guido Becke, Stephanie Pöser und Cora Zenz	
14.1	Einleitung	234
14.2	Organisationale Resilienz und Gesundheit – ein neues Forschungsfeld	235
14.3	Fallstudienergebnisse zu organisationaler Resilienz in der Corona-Krise	238
14.3.1	Anticipation	238
14.3.2	Buffering	238
14.3.3	Coping bzw. Adaptation	240
14.3.4	Recovery	241
14.4	Fazit und Ausblick	242
	Literatur	244

15	**Aktuelle und zukünftige Herausforderungen für den Arbeitsschutz vor dem Hintergrund der Corona-Pandemie**	247
	Sabine Sommer, Nils Backhaus und Anita Tisch	
15.1	**Einleitung**	248
15.2	**Arbeits- und Infektionsschutz in den Betrieben – ungleiche Ausgangsbedingungen**	248
15.2.1	Unterschiede nach Branche und Betriebsgröße.........	249
15.3	**Zunehmende Unsicherheiten in der Krise: Bedeutungsgewinn des Arbeitsschutzes**	251
15.4	**Ungleichheiten und Unsichtbarkeiten fordern Arbeitsschutz dauerhaft heraus**	253
15.4.1	Verschärfung von Ungleichheiten	254
15.4.2	Unsichtbarkeit im Homeoffice als Herausforderung für den Arbeitsschutz	255
15.4.3	Überwachung und Kontrolle im Homeoffice als Herausforderung für den Arbeitsschutz	258
15.5	**Fazit**	259
	Literatur	260
16	**Arbeitszeit flexibel und gesundheitsgerecht gestalten**.....................	265
	Ulrike Hellert	
16.1	**Einleitung**	266
16.2	**Instrumente der Arbeitszeitgestaltung**	266
16.2.1	Rechtliche Grundlagen.........	267
16.2.2	Dauer der Arbeitszeit	268
16.2.3	Hochflexible Verteilung der Arbeitszeit	269
16.2.4	Mobiler Arbeitsort	271
16.3	**Strategien der Zeitkompetenz**.........	273
16.3.1	Konstrukt Zeitkompetenz	273
16.3.2	Erholungszeiten	274
16.3.3	Work-Life-Kohärenz.........	274
16.3.4	Überlast.........	275
16.3.5	Selbstführung	276
16.4	**Fazit**	276
	Literatur	277
17	**Prävention auch in der Krise? – Bedeutung gesundheitsförderlicher Führung**	279
	Jörg Felfe, Laura Klebe, Katharina Klug, Annika Krick und Antje Ducki	
17.1	**Führung in Zeiten von Krise und Digitalisierung**	280
17.2	**Gesundheitsförderliche Führung**	282
17.3	**Aktuelle Befunde zu gesundheitsförderlicher Führung in der Krise**	283
17.3.1	Auswirkung von Krisen auf Staff Care	283
17.3.2	Veränderung der Bedeutung von Staff Care	286
17.3.3	Veränderung von Self Care in Krisen	287
17.3.4	Förderung von Staff Care und Self Care	288
17.4	**Digitale Führung und Gesundheit**	290
17.5	**Fazit**	291
	Literatur	291

Inhaltsverzeichnis

18	**Gestaltung der Arbeit im Homeoffice als hybrides Arbeitsortmodell**	295
	Rainer Wieland und Sara Groenewald	
18.1	Einleitung	296
18.2	Soziotechnischer Systemansatz und MTO-Konzept als Gestaltungsrahmen	297
18.3	Das BO-HO-Modell zur Integration der Arbeit im betrieblichen Office und im Homeoffice	299
18.3.1	Anforderungen und Ressourcen (A)	301
18.3.2	Psychische Regulation und Befinden im Arbeitsprozess (B)	304
18.3.3	Homeoffice-spezifische Anforderungen und Belastungen	307
18.4	Ausblick	307
	Literatur	308
19	**Arbeitsorte der Zukunft – Gesundheitsfördernde Gestaltung von Coworking Spaces und Homeoffice**	311
	Anthea Backfisch, Antje Ducki und Theda Borde	
19.1	Einleitung	312
19.2	Die Gesundheit von Selbstständigen	312
19.2.1	Homeoffice und Gesundheit	313
19.2.2	Das Homeoffice und die Coronavirus-Pandemie	314
19.2.3	Das Coworking Space	314
19.2.4	Gesundheitsaspekte in Coworking Spaces	315
19.3	Forschungsfrage und Methodik	315
19.4	Ergebnisse	317
19.4.1	Die Situation im Homeoffice	317
19.4.2	Gründe ins Coworking Space zu wechseln	318
19.5	Handlungsempfehlungen	319
19.5.1	Handlungsempfehlungen für das gesunde Arbeiten im Homeoffice	319
19.5.2	Handlungsempfehlungen für das gesunde Arbeiten im Coworking Space	321
19.6	Fazit und Ausblick	323
	Literatur	324
20	**Von der Präsenz- zur Vertrauenskultur**	327
	Tobias Munko	
20.1	Begriffsverständnis	328
20.2	Wie Organisationskulturen entstehen	329
20.3	Präsenz- und Vertrauenskultur	331
20.3.1	Präsenzkultur	331
20.3.2	Vertrauenskultur	332
20.4	Einflussfaktoren auf Organisationskulturen	333
20.4.1	Veränderung der Wirtschaft und Folgen für Organisationskulturen	333
20.4.2	Bedürfnisse der Gruppenmitglieder	334
20.4.3	Corona-Pandemie	335
20.5	Schlussfolgerungen	337
20.5.1	Vertrauen und Organisationserfolg	340
20.5.2	Synergie aus charakteristischen Eigenschaften von Präsenz- und Vertrauenskultur	341
20.5.3	Der Übergang von einer Präsenz- zu einer Vertrauenskultur	341
20.6	Fazit	344
	Literatur	345

21	**Corona made my home my office – Arbeit im Homeoffice sicher und gesund gestalten**	349
	Sieglinde Ludwig, Hanna Zieschang, Christina Heitmann und Esin Taşkan-Karamürsel	
21.1	Ist-Stand in der Coronavirus-Pandemie: Wer kann, arbeitet von zu Hause – aber unter welchen Bedingungen?	350
21.2	Welche Regelungen greifen im Homeoffice?	351
21.3	Wie soll unter Pandemiebedingungen der Arbeitsalltag im Homeoffice sicher und gesund gestaltet werden?	352
21.3.1	Ergonomische Gestaltung des Arbeitsplatzes	352
21.3.2	Psychische Belastung in der Pandemie gestalten	356
21.3.3	Sicherheits- und Gesundheitskompetenz auf- und ausbauen	358
21.4	Post-Corona: Nutzen wir weiterhin das Homeoffice?	359
	Literatur	361
22	**Beruf und Familie in Zeiten von Corona – Synchrone Vereinbarkeit als Herausforderung**	363
	Regina Ahrens	
22.1	Einleitung	364
22.2	Rahmenbedingungen für Familie und Beruf vor und während der Corona-Pandemie	365
22.3	Auswirkungen der Corona-Pandemie auf (berufstätige) Eltern	368
22.4	Handlungsempfehlungen und Ausblick	372
	Literatur	375

IV Praxisbeispiele

23	**Pandemiebedingte Herausforderungen in der Pflege – Ansätze für die Betriebliche Gesundheitsförderung**	379
	Kira Hower und Werner Winter	
23.1	Einführung: Herausforderungen und Belastungen in der Pflege	381
23.2	Studie: „Pflegerische Versorgung in Zeiten von Corona – Drohender Systemkollaps oder normaler Wahnsinn?"	383
23.3	Betriebliche Gesundheitsförderung in der Pflege	385
23.4	Studie „Arbeitsorganisatorische Anpassungen und ergänzende BGF-Angebote in der Pflege in Krisensituationen"	386
23.4.1	Arbeitsorganisatorische Maßnahmen	386
23.4.2	BGF-Angebote in Krisenzeiten	388
23.5	Ansatzpunkte für die BGF in der Pflege	389
23.5.1	Ebene der Arbeitsorganisation/Verhältnisebene	389
23.5.2	Ebene der Führungskräfte	391
23.5.3	Ebene der Pflegekräfte	393
23.5.4	Ebene der Organisation von BGF-Aktivitäten in der Pflege	394
23.6	Fazit	394
	Literatur	395

24	**Betriebliches Gesundheitsmanagement während der Corona Pandemie – Best Practices & Lessons learned (Deutsche Bahn AG)**	397
	Alexandra A. Schulz und Marita Unden	
24.1	Herausforderungen in der Pandemie	398
24.2	Gesunde Mitarbeitende – gesunde Organisation	400
24.3	Unterstützungsangebote	400
24.4	DB-spezifische Herausforderungen	401
24.5	Krisenkommunikation	402
24.6	Learnings und Potenziale	403
	Literatur	404
25	**Gesundheit in der Arbeitswelt 4.0: Wirkung der zunehmenden Flexibilisierung von Arbeitsort und -zeit sowie der digitalen Kommunikation auf das Wohlbefinden von Beschäftigten**.................	405
	Jette Behrens, Timon Maurer und Sonja Stender	
25.1	Das Innovationsprojekt „Gesundheit in der Arbeitswelt 4.0" der AOK Niedersachsen	407
25.2	Herausforderungen durch die zunehmende Flexibilisierung von Arbeitsort und -zeit sowie die digitale Kommunikation	409
25.2.1	Unklare Erwartungshaltungen verstärken das Gefühl der ständigen Erreichbarkeit	409
25.2.2	Leistungskultur trifft auf fehlende Leitplanken	410
25.2.3	Digitale Kommunikation als Zeitfresser	410
25.2.4	Informationsflut: Wenn man nicht mehr dagegen ankommt	410
25.2.5	Gefahr für persönlichen Austausch und soziale Ressourcen	411
25.3	Chancen durch die zunehmende Flexibilisierung von Arbeitsort und -zeit sowie die digitale Kommunikation	411
25.3.1	Balance zwischen Arbeit und Privatleben	411
25.3.2	Schnellerer Austausch und verbesserte Zusammenarbeit	412
25.3.3	Mehr Transparenz und Selbstbestimmung	413
25.3.4	Unerwartete Situationen lassen sich besser meistern	413
25.4	Empfehlungen für eine gesunde Gestaltung flexibler Arbeitsarrangements und digitaler Kommunikation	414
25.4.1	Orts- und zeitflexibles Arbeiten als Teil der Personalpolitik	414
25.4.2	Rahmenbedingungen schaffen	415
25.4.3	Mitgestaltung als Schlüsselfaktor	415
25.4.4	Eigenverantwortung stärken und vor Selbstgefährdung schützen	416
25.4.5	Kommunikations- und Medienkompetenzen fördern	416
25.4.6	Persönliche Kommunikation sicherstellen	417
25.5	Fazit	417
	Literatur	418
26	**Wandel ohne Ankündigung: Wahrnehmung der kurzfristigen Umstellung auf Telearbeit bei einem Personaldienstleister**...........................	419
	Thomas Afflerbach, Robert Unger und Katharina Gläsener	
26.1	Einleitung	420
26.2	Theorie zu Change Management	421
26.2.1	Grundlagen und Auslöser von Veränderungen	421
26.2.2	Prozess und Inhalt der aktuellen Veränderung	422
26.2.3	Veränderungskontext: Auswirkungen von früheren Veränderungserfahrungen	423

26.3	Methodisches Vorgehen und Fallbeschreibung	425
26.4	Darstellung der Fragebogenergebnisse	427
26.5	Diskussion und Fazit	432
	Literatur	435

V Daten und Analysen

27 Krankheitsbedingte Fehlzeiten in der deutschen Wirtschaft im Jahr 2020   441
Markus Meyer, Lisa Wing, Antje Schenkel und Miriam Meschede

27.1	Überblick über die krankheitsbedingten Fehlzeiten im Jahr 2020	443
27.2	Datenbasis und Methodik	446
27.3	Allgemeine Krankenstandsentwicklung	449
27.4	Verteilung der Arbeitsunfähigkeit	451
27.5	Kurz- und Langzeiterkrankungen	452
27.6	Krankenstandsentwicklung in den einzelnen Branchen	453
27.7	Einfluss der Alters- und Geschlechtsstruktur	458
27.8	Fehlzeiten nach Bundesländern	461
27.9	Fehlzeiten nach Ausbildungsabschluss und Vertragsart	466
27.10	Fehlzeiten nach Berufsgruppen	468
27.11	Fehlzeiten nach Wochentagen	470
27.12	Arbeitsunfälle	471
27.13	Krankheitsarten im Überblick	476
27.14	Die häufigsten Einzeldiagnosen	482
27.15	Krankheitsarten nach Branchen	484
27.16	Langzeitfälle nach Krankheitsarten	498
27.17	Krankheitsarten nach Diagnoseuntergruppen	499
27.18	Burnout-bedingte Fehlzeiten	502
27.19	Arbeitsunfähigkeiten nach Städten 2020	505
27.20	Inanspruchnahme von Krankengeld bei Erkrankung des Kindes	508
27.21	Fehlzeiten im Jahr 2020 im Zusammenhang mit der Covid-19-Pandemie	512
	Literatur	536

28 Krankheitsbedingte Fehlzeiten nach Branchen im Jahr 2020   539
Markus Meyer, Lisa Wing, Antje Schenkel und Miriam Meschede

28.1	Banken und Versicherungen	540
28.2	Baugewerbe	556
28.3	Dienstleistungen	575
28.4	Energie, Wasser, Entsorgung und Bergbau	594
28.5	Erziehung und Unterricht	614
28.6	Gesundheits- und Sozialwesen	633
28.7	Handel	652
28.8	Land- und Forstwirtschaft	671
28.9	Metallindustrie	687
28.10	Öffentliche Verwaltung	709
28.11	Verarbeitendes Gewerbe	726
28.12	Verkehr und Transport	750

29	**Entwicklung der Krankengeldfälle und -ausgaben bei AOK-Mitgliedern im Jahr 2020**	767
	David Herr und Reinhard Schwanke	
29.1	Einführung	768
29.2	Einordnung der Datenquellen	769
29.3	Entwicklung des Krankengeldes	769
29.4	Krankengeldfallzahlen	770
29.5	Krankengeldfalldauern	772
29.6	Krankengeldausgaben nach Diagnosen	773
29.7	Einfluss des Alters	776
29.8	Kinderkrankengeld	777
29.9	Fazit	778
	Literatur	779
30	**Die Arbeitsunfähigkeit in der Statistik der GKV**	781
	Klaus Busch	
30.1	Arbeitsunfähigkeitsstatistiken der Krankenkassen	782
30.2	Erfassung von Arbeitsunfähigkeit	783
30.3	Entwicklung des Krankenstandes	784
30.4	Entwicklung der Arbeitsunfähigkeitsfälle	786
30.5	Dauer der Arbeitsunfähigkeit	788
30.6	Altersabhängigkeit der Arbeitsunfähigkeit	790
30.7	Arbeitsunfähigkeit nach Krankheitsarten	798
31	**Ortsflexibles Arbeiten und krankheitsbedingte Fehlzeiten in der Bundesverwaltung**	801
	Franziska Jungmann, Annette Schlipphak und Björn Wegner	
31.1	Gesundheitsmanagement in der Bundesverwaltung	802
31.1.1	Ortsflexibles Arbeiten sicher, gesund und erfolgreich gestalten	802
31.2	Überblick über die krankheitsbedingten Abwesenheitszeiten im Jahr 2019	805
31.2.1	Methodik der Datenerfassung	805
31.2.2	Allgemeine Entwicklung der Abwesenheitszeiten	805
31.2.3	Dauer der Erkrankung	805
31.2.4	Abwesenheitstage nach Laufbahngruppen	807
31.2.5	Abwesenheitstage nach Statusgruppen	807
31.2.6	Abwesenheitstage nach Behördengruppen	808
31.2.7	Abwesenheitstage nach Geschlecht	808
31.2.8	Abwesenheitstage nach Alter	808
31.2.9	Gegenüberstellung mit den Abwesenheitszeiten der AOK-Statistik	811
	Literatur	812
	Serviceteil	815
	Anhang 1: Internationale statistische Klassifikation der Krankheiten und verwandter Gesundheitsprobleme (10. Revision, Version 2019, German Modification)	816
	Anhang 2: Branchen in der deutschen Wirtschaft basierend auf der Klassifikation der Wirtschaftszweige (Ausgabe 2008/NACE)	826
	Die Autorinnen und Autoren	831
	Stichwortverzeichnis	860

Gesundheitskrisen – gestern, heute und morgen

Inhaltsverzeichnis

Kapitel 1 Historische Beispiele für Pandemien und daraus folgende Präventionsmaßnahmen – 3
Karen Nolte

Kapitel 2 Arbeit in Zeiten von Gesundheitskrisen – Zahlen und Fakten – 13
Julia Freuding und Klaus Wohlrabe

Kapitel 3 Arbeit in Zeiten von Gesundheitskrisen – Veränderungen in der Corona-Arbeitswelt und danach – 27
Josephine Charlotte Hofmann

Kapitel 4 Zukünftige Gesundheitsrisiken: Was kommt auf die Gesellschaft zu? – 43
Holger Pfaff und Kristina Schubin

Historische Beispiele für Pandemien und daraus folgende Präventionsmaßnahmen

Karen Nolte

Inhaltsverzeichnis

1.1 Einführung – 4

1.2 Quarantäne, Kontaktbeschränkungen und Versammlungsverbote – 5

1.3 Maßnahmen der Prävention – 6
1.3.1 Sanitäre Maßnahmen – 6
1.3.2 Hygieneerziehung – 8
1.3.3 Geschichte des Impfens – 9

1.4 Fazit – 10

Literatur – 11

▪▪ Zusammenfassung

Die meisten Präventionsmaßnahmen, die heute in der Bekämpfung der SARS-CoV-2-Pandemie zur Anwendung kommen, haben bereits eine lange Geschichte. Schon im Zuge der Pestpandemie im 14. Jahrhundert trugen Quarantäne, Versammlungsverbote sowie die Reinigung von Gegenständen, mit denen Kranke in Berührung gekommen waren, wesentlich zur Eindämmung der Seuche bei. Im 19. Jahrhundert wurden Wohn- und Lebensbedingungen der Stadtbevölkerung untersucht, um die Entstehung bzw. Verbreitung von gefährlichen Seuchen wie der damals ausbrechenden Cholera zu verhindern. Im ausgehenden 18. Jahrhundert kam mit der Entstehung der „Medicinischen Polizey", einem obrigkeitlichen Konzept mit dem Ziel der Förderung und Kontrolle des Gesundheitsverhaltens der Bevölkerung, die Impfung als Präventionsmaßnahme gegen Seuchen hinzu. Den im 19. Jahrhundert erlassenen Impfgesetzen folgte als Reaktion auf den staatlichen Zugriff auf den Körper die Entstehung einer Impfgegnerbewegung. Am Beispiel des Impfens lässt sich in besonderem Maße ablesen, dass präventive Maßnahmen zum Schutz der Gesundheit auch stets als Eingriff in die private Selbstbestimmung und die Integrität des Körpers wahrgenommen wurden und daher auch immer Protest und Gegenbewegungen hervorriefen.

1.1 Einführung

Der historische Begriff „Seuche" umfasst mehr als die heute gebräuchlichen epidemiologischen Begriffe Pandemie, Epidemie und Endemie (pan = alles umfassend; epi = auf, bei; en = in/im + demos = Volk). Dieser beschreibt nicht nur eine gefährliche Krankheit, die sich im Körper und im Land schnell ausbreitete, sondern lässt die sozialen und gesellschaftlichen Auswirkungen einer sich rasant verbreitenden ansteckenden Krankheit gleich mitdenken. Mit diesem heute archaisch wirkenden Begriff wird zudem das große Leiden der Menschen assoziiert. Den Umgang mit einer Seuche bestimmten nicht nur Mediziner, sondern außerdem Akteure der Obrigkeit, der Kirche, der Kunst und andere „Interessierte"; mit Letzteren sind Personen oder Interessenverbände gemeint, die nicht durch die Funktion des Heilens definiert sind, so z. B. in der Vormoderne Wohltäter:innen, später Krankenkassen (Dinges 1995, S. 9, 14). Während eine Epidemie als ein örtlich und zeitlich begrenztes vermehrtes Auftreten von Krankheitsfällen einheitlicher Ursache zu verstehen ist, ist eine Pandemie nicht örtlich begrenzt, sondern breitet sich rasch über mehrere Länder aus. Bei einer Endemie wiederum sind Krankheitsfälle gleicher Ursache örtlich begrenzt, jedoch zeitlich unbegrenzt festzustellen, wie es z. B. bei der Tuberkulose der Fall ist.

Interessant neben dem Wandel des Begriffs „Seuche" hin zu den epidemiologischen Begriffen Epi-, Pan- und Endemie sind auch die Bezeichnungen von Pandemien, die Ausdruck einer Distanzierung, eines „Otherings" – der Grenzziehung zwischen dem Eigenen und dem Fremden – im gesellschaftlichen Umgang mit ihnen sind.

▪▪ Othering

Bereits im Zuge der Ausbreitung der Pest im 14. Jahrhundert lässt sich ein Prozess eines „Otherings" beobachten, in dem den Jüd:innen unterstellt wurde, den sogenannten „schwarzen Tod" durch die Vergiftung von Brunnen hervorgerufen zu haben. Die Folge dieses „Otherings" waren Judenpogrome, Verfolgungen von Jüd:innen mit Gewaltexzessen (Scholl 2019; Wilderotter 1995). Die Cholera der 1830er Jahre wurde als das „Asiatische Ungeheuer" bezeichnet und mit diesem Begriff wurde der Gegensatz des „zivilisierten", „hygienischen" Europas zum „wilden", „schmutzigen" Asien evoziert (Dorrmann 1995, S. 204). Die Krankheitsbezeichnungen von Syphilis im 19. Jahrhunderts zeigen ebenfalls das Bedürfnis, „Seuchen" den „Anderen" zuzuschreiben: In Deutschland hieß sie „Franzosenkrankheit" und in Frankreich „Maladie Anglaise". Die „Spanische Grippe" war nicht in Spanien das erste Mal aufgetreten, wie man vielleicht wegen des Namens annehmen könnte: Diese gefährliche Influenza war im März 1918 in der Militärbasis Camp Funston in Kansas in den USA vermutlich vom Hausschwein auf den Menschen übergegangen und gelangte mit den Truppenbewegungen des Ersten Weltkriegs über Frankreich nach Europa, wo sie sich rasch ausbreitete. Im Gegensatz zu anderen europäischen Ländern, die in den Ersten Weltkrieg involviert waren, war in Spanien eine freie Berichterstattung möglich, sodass die Nachrichten über die gefährliche Influenza zuerst aus Spanien kamen. Bis heute hat sich der Name „Spanische Grippe" resp. „Spanish Flu" gehalten (Spinney 2020).

Auch die Bezeichnung „Asiatische Grippe" für die Influenza-Pandemie von 1957/58 war Ausdruck eines „Otherings", demzufolge „den Asiaten" die Verantwortung für die Pandemie zugeschrieben wurde. Deutlicher wurden die Ressentiments gegen China, als die Influenza-Pandemie von 1968–1970 in Deutschland nicht nur „Hong-Kong-Grippe" genannt wurde. Vielmehr deutete eine zweite Bezeichnung in der konservativen Presse als „Mao-Grippe" auf Ängste vor der „roten Gefahr" in China hin, da der Kommunist und Revolutionär Mao Tse-tung (1893–1976) eine Identifikationsfigur der Studentenbewegung, der sogenannten 1968er war.

Bevor die SARS-CoV-2-Pandemie zu Beginn des Jahres 2020 Europa erfasste, lebten Menschen mitteleuropäischer Länder in der Gewissheit, „immunisierte Gesellschaften" (Thießen 2017) zu sein. Das Zeitalter der „Seuchen" galt als historisch überwunden, gefährliche Infektionskrankheiten wurden als fernes Problem der anderen, der Menschen im globalen Süden wahrgenommen. Die Perspektive auf die „Seuchengeschichte" hat sich im vergangenen Jahr grundlegend verändert: Interessiert blicken wir auf Maßnahmen zur Eingrenzung vergangener Pandemien sowie zur Prävention derselben in europäischen Gesellschaften der Vergangenheit. So möchten heutige (politische) Akteure aus der Vergangenheit lernen bzw. ergründen, was bereits gelernt wurde. Tatsächlich basieren heutige präventive Maßnahmen zum „Infektionsschutz" auf solchen, die sich bei der Bekämpfung von Pandemien in der Vergangenheit bewährt haben.

1.2 Quarantäne, Kontaktbeschränkungen und Versammlungsverbote

Lange vor dem Zeitalter der Mikrobiologie, bevor Krankheitserreger identifiziert und somit Übertragungswege nachvollzogen werden konnten, gab es die Beobachtung, dass Menschen sich bei Seuchen im Kontakt mit Menschen mit gefährlichen Krankheiten ansteckten. Neben der Humoralpathologie (= Vier-Säfte-Lehre) gab es die Vorstellung, dass der Mensch sich durch die Aufnahme von Krankheitsstoffen „infizierte", die entweder von Mensch zu Mensch oder über Gegenstände resp. Waren, mit denen kranke Menschen in Berührung gekommen waren, übertragen wurden (Leven 1997, S. 21–27).

Demzufolge galt es bereits im Zuge des „Schwarzen Tods", der Pestpandemie des 14. Jahrhunderts, Kontakte zwischen Menschen und mit den Dingen und Waren, die von kranken Menschen angefasst oder gebraucht worden waren, zu unterbinden. Vor Venedig wurden auf zwei Inseln Lazarette eingerichtet, in denen die Besatzung und Waren einlaufender Schiffe für 40 Tage in Quarantäne bleiben mussten und diese Inseln erst verlassen durften, wenn in diesem Zeitraum niemand erkrankt war. In mittelalterlichen Städten wurden Märkte und Feste verboten, um Ansammlungen von Menschen zu vermeiden. Händler, die mit ihren Waren aus anderen Regionen kamen, mussten ihre Ware vor den Stadtmauern ablegen. Die Geldmünzen wurden in Essiglösung „desinfiziert". In Florenz wurde die Bevölkerung zur Reinhaltung der Straßen und Häuser, zur Beseitigung von Abfällen und zur Einhaltung von Hygienemaßnahmen im Lebensmittelverkauf verpflichtet. In der Folge der Pestpandemie von 1348 bildeten sich vielerorts Behörden, die dem Vorbild des venezianischen Gesundheitsmagistrats zur Bekämpfung von Seuchen folgten. Schätzungen gehen davon aus, dass ca. 30 % der europäischen Bevölkerung der ebenfalls nur ungefähr zu berechnenden 60 Millionen Menschen im 14. Jahrhundert an der Pest starben. Wegen der einschneidenden demographischen Folgen und der obrigkeitlichen Maßnahmen gegen die Seuche markiert die Pest den Beginn eines modernen öffentlichen Gesundheitswesens (Wilderotter 1995; Wolff 2019)

Die Verhängung von Quarantänen und Kontaktbeschränkungen gehörten weiterhin zu den wichtigsten Maßnahmen, als sich in den 1830er Jahren die Cholera über Europa verbreitete. Diese Seuche, die infolge des beginnenden britischen Kolonialismus aus Indien über die Handelswege nach Mitteleuropa gelangte und viele Todesopfer forderte, war für das 19. Jahrhundert und die Gesundheitspolitik national und international sehr prägend. Schon in dieser Zeit erkannten die Regierungen der einzelnen Länder, dass eine Pandemie nicht nur national bekämpft werden konnte, daher fanden seit 1851 internationale Gesundheitskonferenzen statt, in denen europäische Länder über Quarantänemaßnahmen verhandelten. Ziel war es, die Handelsbeziehungen möglichst wenig zu belasten und zugleich Europa vor dem „Asiatischen Ungeheuer", wie Cholera genannt wurde, da ihr Ursprung in Asien vermutet wurde, zu schützen (Zimmer 2017, S. 27–34). Die Cholera sollte die europäischen Länder noch bis zum Ende des 19. Jahrhunderts beschäftigen. In Hamburg erkrankten beispielsweise während der letzten großen Choleraepidemie 1892 von rund 880.000 Einwohner:innen noch 16.956, von denen insgesamt 8.605 Menschen verstarben. In Deutschland trugen vor allem staatliche Wohlfahrt sowie Einführung eines Trink- und Abwassersystems zur erfolgreichen Bekämpfung dieser Seuche bei, wie im Folgenden ausgeführt wird.

Die Maßnahme der Quarantäne ist noch heute das Mittel der Wahl, um Infektionsketten zu unterbrechen.

1.3 Maßnahmen der Prävention

Vor der Entstehung der Bakteriologie in den 1880er Jahren prägte die Lehre von den Miasmen den Umgang mit Seuchen. Dieser Lehre zufolge stiegen krankmachende Dämpfe aus dem Erdreich, auch konnten demnach üble Gerüche von Unrat auf der Straße und in verschmutzten Gewässern viele Menschen zugleich krank werden lassen. Die Miasmenlehre prägte medizinisches und gesundheitspolitisches Handeln noch, nachdem Bakteriologen bereits überzeugend die Ursache für epidemisch auftretende Krankheiten aufgezeigt hatten.

So waren die epidemiologischen Forschungen Max Pettenkofers (1818–1901) zur Beschaffenheit von Boden und Grundwasser noch von der Miasmenlehre beeinflusst. Die sanitären Maßnahmen zur Prävention von Seuchen, die der Münchner Hygieniker empfahl, gelten allerdings auch heute noch als wirksam, um das Aufkommen von Cholera oder anderen Seuchen zu verhindern (von Pettenkofer 1869). Im Folgenden werden diese und andere Hygienemaßnahmen dargestellt.

1.3.1 Sanitäre Maßnahmen

▪▪ Trinkwasserversorgung
Schon bevor Robert Koch (1843–1910) im Jahre 1884 den Krankheitserreger der Cholera nachwies, forschte der Londoner Chirurg John Snow (1813–1858) im Jahr 1855 zur Verbreitung von Cholera in der englischen Metropole. Er erstellte eine *Medizinische Topographie* der Cholera, mit der er die Todesfälle, die diese Seuche gefordert hatte, auf dem Londoner Stadtplan verzeichnete. So stellte Snow eine Häufung der Choleratoten in der Nähe einer Pumpe fest, mit der Trinkwasser aus der Them-

1.3 · Maßnahmen der Prävention

se gewonnen wurde. Unmittelbar neben der Pumpe, so seine Beobachtungen im Weiteren, wurde zugleich Abwasser mit Abfällen und Fäkalien in den Fluss eingeleitet. Snow veranlasste, dass dieser Trinkwasserpumpe abgeschaltet wurde, und konnte so die Verbreitung der Cholera eindämmen und zugleich durch seine frühen epidemiologischen Forschungen den Zusammenhang von verschmutztem Wasser und Cholera-Epidemien nachweisen (Hempel 2003). Zwar hatte der italienische Anatom Filippo Pacini (1812–1883) bereits im Jahr 1854 einen Mikroorganismus unter dem Mikroskop entdeckt, den er für den Krankheitserreger der Cholera hielt. Doch konnte er sich mit seiner Krankheitstheorie nicht gegen die noch vorherrschende Miasmenlehre durchsetzen (Schmiedebach 2005). Snow arbeitete eng mit dem Londoner Arzt und Anatomen Arthur Hill Hassall (1817–1894) zusammen, der anknüpfend an Pacinis These das Wasser der Themse mikroskopisch untersuchte und die Existenz eines Mikroorganismus bestätigte, den er ebenfalls als Krankheitserreger der Cholera identifizierte.

Max von Pettenkofer ging hingegen davon aus, dass Abwasser aus den Haushalten und der Industrie den Boden vergifte und die aus dem Boden aufsteigenden Dämpfe Cholera hervorriefen, womit er an der Miasmenlehre festhielt (von Pettenkofer 1869). Gleichwohl der bayerische Hygieniker also der Lehre der Engländer widersprach, die die Cholera auf die Übertragung von lebendigen „Kontagien" zurückführten, sorgte er in München mit einer anderen Theorie dafür, dass die bayerische Großstadt im 19. Jahrhundert bereits über eines der modernsten Systeme von Kanalisation und Trinkwasserversorgung verfügte (Labisch 1992, S. 131; Locher 2007, S. 243).

Hamburg war bereits 1831 von der Cholera heimgesucht worden. Als Folge der Seuche plante der Hamburger Senat, nach dem Münchner Vorbild die Trinkwasserversorgung zu verbessern. Zwar wurde ein zentrales Trinkwassersystem installiert, an das der größte Teil der Hamburger Haushalte angeschlossen wurde. Doch war die Sandfiltrierungsanlage zur Säuberung des Trinkwassers noch im Bau, als 1892 die Cholera erneut in Hamburg grassierte. Das System transportierte daher durch Abwasser „verseuchtes" Trinkwasser in viele Haushalte. Demzufolge war die Cholerarate in den Stadtvierteln besonders hoch, die eigentlich von dem neuen Trinkwassersystem profitieren sollten. Der Teil der Hamburger Bevölkerung, der sich noch aus Brunnen versorgen musste, war weniger von Cholera betroffen (Evans 2005, S. 144–160).

▪▪ Wohnverhältnisse

Bereits in der ersten Hälfte des 19. Jahrhunderts beschrieben Stadtärzte unter dem Eindruck sich ungehindert verbreitender Seuchen in *Medizinischen Topographien* den Einfluss von ungünstigen Wohnverhältnissen auf die Entstehung von Krankheiten (Brüggelmann 1982). Der Miasmenlehre zufolge konnte die Verbreitung von Krankheiten und Seuchen durch Licht und ausreichende „Ventilation" der Wohnungen verhindert werden. Basieren aktuelle Empfehlungen, möglichst viel zu lüften, auf der Aerosolforschung, war es im 19. Jahrhundert zuerst die Miasmenlehre und nach der Etablierung der Mikrobiologie die Vorstellung von der Verbreitung von „Luftkeimen", die das häufige Lüften wissenschaftlich begründete (Labisch 1992, S. 164–170).

Eine Konsequenz der Cholera in Hamburg im ausgehenden 19. Jahrhundert war die Erkenntnis, dass die beengten Wohnverhältnisse im „Gängeviertel" in der Innenstadt unter den armen Menschen die Verbreitung der Cholera begünstigt hatte. Die Folge war ein Programm der „Assanierung": Auch in anderen deutschen Großstädten wurden Mietskasernen mit dunklen Hinterhöfen entkernt, in Randbezirken der Großstädte entstanden in neuen Vorstädten Wohnviertel mit viel Licht und Luft und Gärten (Labisch 1992, S. 164–170).

1.3.2 Hygieneerziehung

Nicht nur die Schaffung hygienischer Infrastruktur diente der Prävention von ansteckenden Krankheiten und ihrer epidemischen Verbreitung. Das moderne Konzept der Hygiene transformierte vormoderne Diätetik in ein bürgerliches Programm gesunder Selbstführung (Sarasin 2001). So sollten Arbeiterfrauen durch „fürsorgliche Belagerung" bürgerlicher Besuchsdamen in hygienischer Haushaltsführung unterwiesen werden – die bürgerliche Vorstellung von hygienischer Lebensführung beinhaltete auch eine Vorstellung von Reinheit im sittlich-moralischen Sinne (Frevert 1985). Auch grenzte sich das aufstrebende Bürgertum vom Adel einerseits und den unterbürgerlichen Schichten anderseits durch routinierte Praktiken der Körperhygiene ab, so z. B. durch die Etablierung der täglichen Ganzkörperwäsche. Dazu gehörte auch das täglich mehrmalige Waschen der Hände (Frey 1997).

▪▪ Tuberkulose

Als besonders nachhaltig erwies sich die Hygieneerziehung zur Prävention von Tuberkulose und ihrer Verbreitung. So entwarf das Deutsche Hygienemuseum Aufklärungsplakate, auf denen erklärt wurde, wie Tuberkulose übertragen wurde und welches Verhalten ebendieses verhindern sollte: Insbesondere das „Auf-den-Boden-Spucken" sollte den Deutschen in erzieherischer Absicht abgewöhnt werden. Kinder sollten nicht im Schmutz spielen und das Fegen sollte vermieden werden, da nach den Erkenntnissen der Bakteriologie Tuberkelbazillen sich lange auf Staubkörnern halten und so über Staub in der Luft eingeatmet werden konnten. Im öffentlichen Raum wurden flächendeckend Spucknäpfe angebracht, zu deren Benutzung die Bevölkerung angehalten wurde. Ein kleines Spuckfläschchen aus blauem Glas, der sogenannte „Blaue Heinrich", wurde von dem Tuberkulosearzt Peter Dettweiler (1837–1904) entwickelt, um Tuberkulosekranke in der Lungenheilstätte dazu zu erziehen, stets das Fläschchen zu benutzen (◘ Abb. 1.1).

◘ **Abb. 1.1** Spuckfläschen, „Blauer Heinrich", Lehrsammlung des Instituts für Geschichte und Ethik der Medizin Heidelberg. (Foto: Karen Nolte)

Diese Hygieneerziehung war so wirkungsvoll und nachhaltig, dass es fortan bis heute als kulturell und sozial unangemessen gilt, auf den Boden zu spucken. Auch die soziale Ächtung des Anhustens anderer Menschen ist Teil der Hygieneerziehung, die im Zuge der Coronapandemie reaktiviert wurde (Hähner-Rombach 1998).

▪▪ Spanische Grippe

Die Praktik des hygienisch einwandfreien Hustens, die bereits im Kontext der Tuberkulosevorsorge mit der deutschen Bevölkerung eingeübt wurde, wurde bekräftigt, als 1918 die Influenzapandemie, die sogenannte „Spanische Grippe", Deutschland erreichte. Zu den empfohlenen präventiven Hygienemaßnahmen zählten das Husten in ein Taschentuch und das regelmäßige Händewaschen. Der Mund-Nasen-Schutz gehörte in Deutschland ebenso wenig zum Repertoire der hygienischen Prävention wie die Einschränkung des öffentlichen Lebens, d. h. auf die Schließung von Läden, Kinos, Theater und Schulen wurde weitgehend verzichtet. Eine Schulschließung

1.3 · Maßnahmen der Prävention

in Form von sechswöchigen „Grippeferien" gab es im Deutschen Reich lediglich im Oktober 1918 (Witte 2020).

In einigen Staaten der USA und in Japan wurde bereits während der ersten Welle der Influenza von 1918–1920 das Tragen von „Gesichtsmasken" angeordnet (Barry 2018; Hayami 2015). Durch die Maskenpflicht und Schließung von Läden und Schulen konnte in der ersten Welle der Pandemie 1918 beispielsweise in San Francisco die Zahl der Infizierten erfolgreich gesenkt werden. Als die zweite Welle der Influenza 1918/19 nahte, war es deutlich schwieriger geworden, die Maskenpflicht durchzusetzen, da die Menschen nun glaubten, die Pandemie überstanden zu haben. Gegner der staatlichen Gesundheitspolitik formierten sich, eine „Anti-Mask League" wurde gegründet. In der Folge schnellten die Infektionszahl und Zahl die der Toten wieder rasch in die Höhe (Barry 2018, S. 369–377). Eine zentrale Bedeutung bei der Bekämpfung der „Spanischen Grippe" in Chicago kam den „Visiting Nurses" zu, die nicht nur den Krankheitsverlauf der an der Influenza Erkrankten durch professionelle Pflege milderten, sondern vielmehr die Angehörigen in grundlegenden hygienischen Maßnahmen zur Prävention einer weiteren Verbreitung der ansteckenden Krankheit unterwiesen (Robinson 1990; Nolte 2020). Aktuell sorgen Pflegefachkräfte mit Unterstützung von Medizinstudent:innen in Heidelberg mit dem Modellprojekt „Corona-Taxi" für eine Betreuung von Covid-Patient:innen, die in Quarantäne sind und nicht stationär aufgenommen wurden. Auch klären sie Angehörige über die AHA-Regeln, d. h. die grundlegenden präventiven Hygienemaßnahmen wie das Tragen von Alltagsmasken, Händewaschen und Abstandhalten, auf (Corona-Taxi 2020).

1.3.3 Geschichte des Impfens

Im Jahre 1796 impfte der englische Landarzt Edward Jenner (1749–1823) einen achtjährigen Jungen mit Kuhpockensekret. Der Arzt beobachtete, dass die ländliche Bevölkerung diese „Impfung" bereits praktizierte. Kuhmägde hatten zufällig entdeckt, dass sie bei Menschenpockenepidemien nicht erkrankten, nachdem sie sich zuvor mit den für Menschen harmlosen Kuhpocken infiziert hatten. Jenner führte ein wissenschaftliches Experiment an dem Jungen durch: Er impfte ihn mit Kuhpockenlymphe und infizierte ihn zwei Monate danach gezielt mit Menschenpockenmaterial – er blieb gesund. Nach damaliger Vorstellung von Wissenschaftlichkeit reichte ein Experiment an nur einem Menschen aus, um den Nachweis zu erbringen, dass die Impfung wirksam war. Abgeleitet von dem lateinischen Wort *vacca* für Kuh heißt die Schutzimpfung noch heute Vakzination (Wolff 1998, S. 109–113). Bereits im ausgehenden 18. Jahrhundert entwickelte Johann Peter Frank (1745–1821) das Konzept der „Medicinischen Polizey" (Frank 1778–1817), indem er die Bereiche obrigkeitlicher Gesundheitsförderung und -aufsicht beschrieb. Eine wesentliche Maßnahme der Gesundheitsfürsorge des Staates sah er in der Impfung: Um die „Einimpfung der vaccine" auch auf dem Land flächendeckend trotz Mangels an akademischen Ärzten durchführen zu können, empfahl er, diese durch Geistliche durchführen zu lassen (Frank 1817, S. 418).

Erst in den 1940er Jahren war der Nachweis von Viren generell möglich.

Die von Edward Jenner wissenschaftlich begründete Impfmethode verbreitete sich schnell in Europa. In Deutschland wurde in Bayern bereits 1807 eine Impfpflicht gegen Pocken erlassen. Diesem Beispiel folgten auch andere deutsche Kleinstaaten, kurz nach der Gründung des Deutschen Reichs wurde 1874 das Reichsimpfgesetz erlassen, das mit einer knappen Mehrheit im Reichstag beschlossen wurde. Im gleichen Jahr wurde der erste „Anti-Impfverein" in Hamburg gegründet; dieser Gründung folgten zahlreiche weitere Vereine, die den Kern der Impfgegnerbewegung ausmachten. Die Lebensreformbewegung und Impfgegnerschaft waren eng miteinander verbunden. Der Widerstand gegen Impfungen richtete sich gegen den staatlichen Zugriff auf die Gesundheit und die körperliche Integrität (Thießen 2017, S. 31–37). Zu Beginn der Pockenschutzimpfung entwickelten Eltern aus guten Gründen eine Impfskepsis: Aufgrund von Impfstoffmangel wurde die Technik des Überimpfens angewendet: Mit dem Sekret der Impfpustel eines geimpften Kindes wurde das nächste geimpft. Auf diese Weise wurden mit der Pockenimpfung andere gefährliche Infektionskrankheiten wie z. B. Syphilis übertragen, sodass gesunde Kinder durch die Pflichtimpfung schwer krank wurden. Bevor die Revakzination in den 1830er Jahren eingeführt wurde, erkrankten Kinder trotz Impfung an den Pocken, was ebenfalls dazu beitrug, dass Eltern der Impfung nicht vertrauten (Wolff 1998, S. 296–361).

Trotz der Impfgegnerschaft erwies sich die Pockenimpfung letztlich als erfolgreich, auch wenn hin und wieder die Bereitschaft der Bevölkerung, sich impfen zu lassen, nachließ. In den späten 1950er und 1960er Jahren kam es zuweilen zu kleinen Pockenepidemien, so z. B. in Heidelberg, als 1958 Dr. Josef Krump aus einem Indienurlaub zurückkommend nicht nur Kolleg:innen, sondern auch Patient:innen in der Ludolf-Krehl-Klinik für Innere Medizin und Personen seines persönlichen Umfelds mit Pocken infizierte. Insgesamt 400 Personen mussten in Quarantäne geschickt und die gesamte Heidelberger Bevölkerung gegen Pocken geimpft werden (Der Spiegel 1959, S. 2). Im Jahr 1980 erklärte die WHO (Weltgesundheitsorganisation) die Pocken nach einem durchgreifenden Eradikationsprogramm als „ausgerottet" (Packard 2016, S. 137–179).

Aus den Konflikten mit den Impfgegnern hatte man jedoch gelernt. Im Nationalsozialismus gab es eine großangelegte Kampagne in Radio, Kinos und Theatern mit einer flächendeckenden Plakatierung für die freiwillige Impfung gegen Diphtherie. Die Impfkampagne arbeitete mit Emotionen, indem sie Mütter an ihre Verantwortung und den einzelnen Volksgenossen an seine Verantwortung für den gesunden Volkskörper erinnerte. Die Methoden der nationalsozialistischen Impfkampagne wurden unreflektiert in der Nachkriegszeit übernommen, um für die Schluckimpfung gegen Kinderlähmung (Poliomyelitis) zu werben. Die Impfkampagne mit dem Slogan „Schluckimpfung ist süß, Kinderlähmung ist grausam" war sehr erfolgreich, mit der Einführung der oralen Impfung 1962 konnten die Neuinfektionen und somit auch die Todesfälle deutlich gesenkt werden (Thießen 2015).

Erst nach der Influenza-Pandemie von 1968–1970 wurden in Westdeutschland Personen mit systemrelevanten Berufen wie Pflegefachpersonen, Ärzt:innen, Lehrer:innen usf., zuweilen auch die gesamte Belegschaft von Betrieben gegen Influenza geimpft. Während der Influenzapandemie von 1957/58 wurde von Experten in der Bundesrepublik Deutschland noch bezweifelt, dass eine Schutzimpfung ein wirksames Mittel zur Pandemiebekämpfung sei. In der DDR waren die Verantwortlichen von der Wirksamkeit der Grippeimpfung überzeugt, doch verfügte man noch nicht über die notwendige Infrastruktur, um die Bevölkerung im großen Stil zu impfen (Witte 2013, S. 43). Erst nach der Influenza-Pandemie von 1968–1970 konnte sich die Bundesregierung vor dem Eindruck eines überlasteten Gesundheitssystems und rund 40.000 Grippetoten zu einer Impfempfehlung durchringen. Auch in der DDR war 1971 erstmals ein zentral organisiertes Impfprogramm möglich. Die Grippeimpfung war dort im Gegensatz zu den Impfungen gegen Poliomyelitis und Diphtherie freiwillig (Witte 2011, 2013).

1.4 Fazit

Schon bevor das Zeitalter der Mikrobiologie begonnen hatte, konnten sich rasch ausbreitende Seuchen durch Quarantäne, Versammlungsverbote und Reinlichkeit sowie durch die genaue Beobachtung von Übertragungswegen effektiv bekämpft werden. Diese Maßnahmen werden bis heute dann eingesetzt, wenn eine sich epidemisch ausbreitende Infektionskrankheit nicht ursächlich mit Therapien oder

Impfungen bekämpft werden kann. Die erfolgreiche Zurückdrängung von „Seuchen" seit dem ausgehenden 20. Jahrhundert führte dazu, dass Menschen in ihrem Alltag hygienische, präventive Maßnahmen wie Händewaschen, Husten- und Nießetikette vernachlässigten oder die Impfdisziplin nachließ. Ein eindrucksvolles Beispiel dafür ist die Heidelberger Pockenepidemie von 1958. Nachhaltig blieb das bis heute wirksame intensiv eingeübte Verbot des „Auf-den-Boden-Spuckens" im Kontext der Aufklärungskampagnen zur Prävention von Tuberkulose im 19. und frühen 20. Jahrhundert. Bis heute gilt es in Deutschland als kulturell unangemessen, in der Öffentlichkeit auf den Boden zu spucken.

Mit der Einführung der Methode der Vakzination im ausgehenden 18. Jahrhundert stand schon vor dem Zeitalter der Mikrobiologie eine wirksame Impfung gegen eine in Abständen immer wieder epidemisch auftretende Krankheit zur Verfügung: Kinder konnten vor den für sie häufig tödlichen Pocken geschützt werden. Nach der Einführung der gesetzlichen Impfpflicht war zu beobachten, dass Impfzwang und Impfgegnerschaft offenbar ursächlich zusammenhingen. In Westdeutschland reagierte man auf die Impfgegnerbewegung des ausgehenden 19. Jahrhunderts folglich dadurch, dass weitere Impfungen nur noch auf freiwilliger Basis eingeführt wurden. In der DDR konnte mit einer Kombination aus Impflicht und auf Solidarität zielenden Kampagnen die Bevölkerung durchgeimpft werden. Am Beispiel des Impfens lässt sich in besonderem Maße ablesen, dass präventive Maßnahmen zum Schutz der Gesundheit auch stets als Eingriff in die private Selbstbestimmung und – wegen der zu Beginn der staatlichen Impfprogramme gegen Pocken durchaus erheblichen Impfschäden bei Kindern – die Integrität des Körpers wahrgenommen wurden und daher auch immer Protest und Gegenbewegungen hervorriefen. Vor dem Hintergrund dieser historischen Erfahrungen setzt die gegenwärtige Gesundheitspolitik auf Freiwilligkeit bei den Impfungen gegen SARS-CoV-2. Auch aus Gesundheitsaufklärung und -kampagnen vergangener Zeiten scheint man heute gelernt zu haben, wenn für die „Coronaimpfung" mit Plakaten und dem Slogan „Deutschland krempelt den Ärmel hoch" geworben wird. Dieser Aufruf knüpft an vertraute Kampagnen an, die in früheren Zeiten erfolgreich an das Gemeinschaftsgefühl appelliert haben. Das „Ärmel-Hochkrempeln" ist zudem eine Metapher aus der Wirtschaftswunderzeit und lässt sich nicht nur mit der „anpackenden" Bekämpfung der Pandemie, sondern auch mit deren wirtschaftlichen Folgen assoziieren.

Literatur

Barry JM (2018) The great influenza. The story of the deadliest pandemic in history. Penguin Books, New York

Brüggelmann J (1982) Der Blick des Arztes auf die Krankheit im Alltag 1779–1850. Medizinische Topographien als Quelle für die Sozialgeschichte des Gesundheitswesens. Dissertation, Berlin

Dinges M (1995) Neue Wege aus der Seuchengeschichte? In: Dinges M, Schlich T (Hrsg) Neue Wege in der Seuchengeschichte. Franz Steiner, Stuttgart

Dorrmann M (1995) „Das asiatische Ungeheuer". Die Cholera im 19. Jahrhundert. In: Wilderotter H (Hrsg) Das große Sterben. Seuchen machen Geschichte. Jovis, Berlin, S 204–275

Evans RJ (2005) Death in Hamburg: society and politics in the cholera years. Penguin Books, New York

Frank JP (1817) System einer Vollständigen Medicinschen Polizey. Schaumburg, Wien

Frevert U (1985) „Fürsorgliche Belagerung": Hygienebewegung und Arbeiterfrauen im 19. und frühen 20. Jahrhundert. Gesch Ges 11(4):420–446

Frey M (1997) „Der reinliche Bürger". Entstehung und Verbreitung bürgerlicher Tugenden in Deutschland, 1760–1860. Kritische Studien zur Geschichtswissenschaft, Bd. 119. Vandenhoeck & Ruprecht, Göttingen

Hähner-Rombach S (1998) Von der Aufklärung zur Ausgrenzung. Folgen der bakteriologischen Krankheitserklärung am Beispiel der Tuberkulose. In: Roeßiger S, Merk H (Hrsg) Hauptsache gesund! Gesundheitsaufklärung zwischen Disziplinierung und Emanzipation. Jonas, Marburg, S 59–76

Hayami A (2015) The influenza pandemic in Japan 1918–1920. International Research Center for Japanese Studies, Kyoto (Übers v Riggs LE und Manau T)

Hempel S (2003) The strange case of the broad street pump: John Snow and the mystery of cholera. University of California Press, Berkeley

Labisch A (1992) Homo hygienicus. Gesundheit und Medizin in der Neuzeit. Campus, Frankfurt am Main, New York

Leven KH (1997) Geschichte der Infektionskrankheiten. Von der Antike bis ins 20. Jahrhundert. Ecomed, Landsberg

Locher WG (2007) Max von Pettenkofer (1818–1901) as a pioneer of modern hygiene and preventive medicine. Environ Health Prev Med 2:238–245

Nolte K (2020) Pandemie- und Seuchengeschichte als Pflegegeschichte? NTM 28:203–210

Packard RM (2016) A history of global health. Interventions into the lives of other peoples. Johns Hopkins University Press, Baltimore

von Pettenkofer M (1869) Boden und Grundwasser in ihren Beziehungen zu Cholera und Typhus (Reprint 2020). Oldenbourg Wissenschaftsverlag, München

Robinson KR (1990) The role of nursing in the influenza epidemic of 1918–1919. Nurs Forum 25(2):19–26

Sarasin P (2001) Reizbare Maschinen. Eine Geschichte des Körpers 1765–1914. Suhrkamp, Frankfurt am Main

Schmiedebach H-P (2005) Pacini, Filippo. In: Gerabek WE, Haage BD, Keil G et al (Hrsg) Enzyklopädie Medizingeschichte. De Gruyter, Berlin, New York, S 1087

Scholl C (2019) Die Judenverfolgungen zur Zeit des Schwarzen Todes am Beispiel der oberdeutschen Reichsstädte Ulm, Augsburg und Straßburg. In: LWL-Museum für Archäologie Herne (Hrsg) Pest! Eine Spurensuche. Wissenschaftliche Buchgesellschaft, Darmstadt, S 112–121

Spinney L (2020) 1918. Die Welt im Fieber. Wie die Spanische Grippe die Gesellschaft veränderte. Hanser, München

Thießen (2015) Im Zeitalter der Immunität. Einblicke 60:38–42

Thießen M (2017) Immunisierte Gesellschaft. Impfen in Deutschland im 19. und 20. Jahrhundert. Vandenhoek & Ruprecht, Göttingen

Wilderotter B (1995) „Alle dachten, das Ende der Welt sei gekommen" Vierhundert Jahre Pest in Europa. In: Wilderotter H (Hrsg) Das große Sterben. Seuchen machen Geschichte. Jovis, Berlin, S 12–53

Witte W (2011) Grippepandemie 1968–1970: Strategien der Krisenbewältigung im getrennten Deutschland. „Wodka" und „Himbeertee". Dtsch Med Wochenschr 136:2664–2668

Witte W (2013) Pandemie ohne Drama. Die Grippeschutzimpfung zur Zeit der Asiatischen Grippe in Deutschland. Medizinhist J 48:34–66

Witte W (2020) Tollkirschen und Quarantäne. Die Geschichte der Spanischen Grippe. Klaus Wagenbach, Berlin

Wolff E (1998) Einschneidende Maßnahmen. Pockenschutzimpfung und traditionelle Gesellschaft im Württemberg des frühen 19. Jahrhunderts. Franz Steiner, Stuttgart

Wolff K (2019) Krankheit, Konzept und Kollektiv. Städtische Pestbewältigung und die Suche nach ihren Wurzeln. In: LWL Museum für Archäologie (Hrsg) Pest! Eine Spurensuche. Wissenschaftliche Buchgesellschaft, Darmstadt, S 230–241

Zimmer T (2017) Welt ohne Krankheit. Geschichte der internationalen Gesundheitspolitik 1940–1970. Wallstein, Göttingen

Internetressourcen

Corona-Taxi (2020). https://www.klinikum.uni-heidelberg.de/newsroom/mit-corona-taxi-leben-retten/. Zugegriffen: 1. Apr. 2021

Der Spiegel (1959) Die Jagd nach den Tätern. Ausg 2/1959. https://www.spiegel.de/politik/jagd-nach-den-taetern-a-bb94d0ba-0002-0001-0000-000042624234. Zugegriffen: 6. Apr. 2021

Arbeit in Zeiten von Gesundheitskrisen – Zahlen und Fakten

Julia Freuding und Klaus Wohlrabe

Inhaltsverzeichnis

2.1 Einleitung – 14

2.2 Der Zusammenhang zwischen Gesundheit und Wirtschaftsentwicklung – 14

2.3 Allgemeine wirtschaftliche Entwicklung im Jahr 2020 – 16

2.4 Ein Blick auf die Sektoren und Branchen – 16

2.5 Wie wirkt sich die Krise auf den Arbeitsmarkt aus? – 19

2.6 Mit welchen Maßnahmen haben die Unternehmen mit Blick auf ihre Mitarbeiter:innen reagiert? – 20
2.6.1 Kurzarbeit – 20
2.6.2 Umsetzung von Homeoffice – 22

2.7 Schlussbemerkung – 24

Literatur – 25

© Springer-Verlag GmbH Deutschland, ein Teil von Springer Nature 2021
B. Badura et al. (Hrsg.), *Fehlzeiten-Report 2021*, Fehlzeiten-Report, https://doi.org/10.1007/978-3-662-63722-7_2

■■ **Zusammenfassung**

Die COVID-19 Pandemie erreichte zum Beginn des Jahres 2020 Europa und traf alle Länder hart. Damit einher gingen massive gesundheitliche und wirtschaftliche Schäden. Da die Gesundheit der Bevölkerung eine zentrale Rolle für die Entwicklung der Wirtschaft spielt – aber auch umkehrt die Wirtschaft das Wohlbefinden eines jeden Individuums beeinflusst –, brachte dies enorme Herausforderungen mit sich. Neben gesundheitlichen Leiden sah man sich mit einer in die Rezession abgleitenden Wirtschaft und weitgreifenden Corona-Einschränkungen für das alltägliche Leben konfrontiert. Besonders solche Bereiche, die auf physische Anwesenheit und sozialen Kontakten basieren, litten stark unter den Corona-Maßnahmen. Die Angst vor einer Kündigungswelle stieg an, verbunden mit Existenzängsten. Dem entgegen wirken konnte der Staat unter anderem durch eine erleichterte Handhabung von Kurzarbeit, wodurch auch der Arbeitsmarkt in einer robusten Verfassung blieb. Neben dieser staatlichen Förderung reagierten Unternehmen mit Flexibilisierungsmechanismen, wie einer Ausweitung der Homeoffice-Nutzung, um so ihre Mitarbeiter:innen zu entlasten. Schlimmere wirtschaftliche Folgen konnten dadurch vermutlich abgefedert werden, trotzdem bleibt abzuwarten, als wie wirksam sich das Krisenmanagement langfristig entpuppen wird. Der Artikel dokumentiert, wie sich die Pandemie auf die Wirtschaft auswirkte und wie die Unternehmen mit Blick auf ihre Mitarbeiter:innen reagieren. Dabei werden insbesondere die Instrumente Kurzarbeit und Homeoffice beleuchtet.

2.1 Einleitung

Der vorliegende Beitrag gibt zunächst einen Einblick über den aktuellen Forschungsstand hinsichtlich des Zusammenhangs zwischen Gesundheit und Wirtschaftsentwicklung bzw. -wachstum. Dieser kann in zwei Richtungen bestehen: Welche Rolle spielt die Gesundheit von Arbeitnehmer:innen für das Wirtschaftswachstum? Und wie beeinflussen wirtschaftliche Krisen das Wohlbefinden von Arbeitnehmer:innen? Im Anschluss wird die wirtschaftliche Entwicklung in Deutschland im Jahr 2020 nachgezeichnet. Neben einem generellen Einblick wird der Fokus auch auf einzelne Branchen gerichtet. Ein wichtiger Aspekt ist dabei, inwieweit sich der Arbeitsmarkt entwickelte. Schließlich beleuchten die Autorin und der Autor die Reaktionen der Unternehmen hinsichtlich der Bewältigung des Arbeitsalltags ihrer Mitarbeiter:innen in Krisenzeiten. Zwei Instrumente werden in den Mittelpunkt gestellt: der Einsatz von Kurzarbeit und die Nutzung von Homeoffice.

2.2 Der Zusammenhang zwischen Gesundheit und Wirtschaftsentwicklung

Im Laufe der Corona-Pandemie wurde oftmals die Gesundheit der Bevölkerung dem **Wirtschaftswachstum** gegenübergestellt: Sollen Einzelhandel und Gastronomie geschlossen bleiben, um eine Senkung des Inzidenzwerts zu erreichen? In diesem Zusammenhang mag es den Anschein haben, dass beide Interessen in einem konfliktreichen Verhältnis zueinander stehen, die Wissenschaft zeigte jedoch – auch bereits vor der Pandemie –, dass es sich hierbei um eine weitaus komplexere Beziehung handelt. Grundsätzlich lässt sich sagen, dass gesunde Arbeitnehmer:innen körperlich und geistig leistungsfähiger sind und robust agieren können. Dadurch sind sie produktiver und erzielen sowohl für sich selbst einen höheren Nutzen – beispielsweise in Form von steigenden Löhnen – wie auch im gesamtwirtschaftlichen Kontext (Strauss und Thomas 1998).

Der Fortschritt in der menschlichen Gesundheit und der Lebenserwartung ist eng mit der sozioökonomischen Entwicklung verbunden. Bessere Ernährung und eine erschwinglichere Gesundheitsversorgung, die mit einem höheren Einkommen einhergehen, werden weithin als primäre Determinanten für den historischen und aktuellen Rückgang der Sterblichkeit angesehen (Lutz und Kebede 2018). Wegweisende Studien wie die von Preston (1975) prüften in diesem Zusammenhang die Korrelation von Wirtschaftsleistung, ausgedrückt durch das Bruttoinlandsprodukt (BIP) pro Kopf, und Lebenserwartung. Er folgerte, dass mit der Höhe des BIP in einem Land auch die durchschnittliche Lebenserwartung der Durchschnittsbevölkerung steigt. Es bleibt jedoch zu berücksichtigen, dass Gesundheit nicht zwangsläufig mit der Lebenserwartung gleichzusetzen ist, denn Gesundheit ist viel zu vielschichtig, als dass sie lediglich auf die Lebenserwartung reduziert werden könnte (Bloom und Canning 2007). Trotzdem dient dieses Instrument – auch aufgrund seiner guten Messbarkeit – als Ausgangspunkt nachfolgender Studien. Somit analysieren zahlreiche Studien Gesundheit anhand der **Lebenserwartung** der Bevölkerung und entnehmen dem, dass eine höhere Lebenserwartung auf einen höheren Gesundheitsgrad hinweisen kann (für eine Zusammenfassung an Studien dazu vgl. Bloom et al. 2004). Vielmehr noch kristallisierte sich ein positiver und statistisch signifikanter Effekt auf das Wirtschaftswachstum heraus. Eine Steigerung der Lebenserwartung der Bevölkerung um ein Jahr trägt nämlich zu einer Erhöhung der Wirtschaftsleistung um rund 4 % bei (Bloom et al. 2004). Eine bessere Lebenserwartung schafft stärkere Anreize für Investitionen in den Bereichen Bildung und Innovation, was sich wiederum förderlich auf das Wirtschaftswachstum auswirkt (Bloom et al. 2019). Festzuhalten ist an dieser Stelle, dass Gesundheit einen positiven Einfluss auf die Wirtschaft hat.

Umgekehrt betrachtet führt eine negative ökonomische Entwicklung auch zu einer Verschlechterung des physischen oder psychischen Wohlergehens. In wirtschaftlich unruhigen Zeiten verfolgten viele Länder eine Sparpolitik mit erheblichen Kürzungen der öffentlichen Ausgaben, die sich auf die Budgets für Gesundheit und Soziales auswirken. Ein anderer Aspekt bezieht sich auf die **Arbeitslosigkeit**: Befindet sich die Wirtschaft in einer Rezession, so nimmt diese zu, wodurch sich viele Bürger:innen einer wachsenden Unsicherheit und sozialer Ausgrenzung gegenüberstehen (Maresso et al. 2015). Dies führt zu geringerem Einkommen und einer vermehrten Anhäufung von Schulden sowie zum Verlust des sozioökonomischen Status. Solche Belastungen wirken sich insbesondere auf die emotionale Gesundheit aus und bringen psychische Störungen wie die Verschlimmerung von Stimmungs- und Angstzuständen oder starken Alkoholkonsum und – zum Teil – eine erhöhte Suizidrate mit sich (Frasquilho et al. 2016; Glonti et al. 2015; Haw et al. 2015). Selbst in wirtschaftlich stabilen Zeiten stellten Anlaufstellen für psychische Gesundheit bei einer steigenden Arbeitslosenrate eine höhere Anzahl an Patient:innen fest (Bidargaddi et al. 2015). Darüber hinaus wurde in diesem Kontext ein erhöhter Gebrauch von verschreibungspflichtigen Medikamenten und ein Anstieg von Krankenhauseinweisungen aufgrund psychischer Störungen festgestellt (Silva et al. 2018). Hawton et al. (2016) zeigten zudem, dass erhöhte Raten von Selbstverletzungen in solchen Gegenden, in denen vermehrte Arbeitslosigkeit geherrscht hatte, häufiger auftraten. Arbeits-, Finanz- und Wohnungsprobleme wiederum nahmen dann bei Menschen, die sich selbst verletzten, nochmals zu. Während der Finanzkrise 2008 erhöhten sich psychische Leiden und Selbstmorde vor allem in Ländern, die stark von den wirtschaftlichen Auswirkungen der Krise betroffen waren oder lange unter anhaltenden Sparmaßnahmen litten (Karanikolos et al. 2016). In den Krisenjahren 2012 und 2013 konnte eine ähnliche Entwicklung diagnostiziert werden: In Spanien beispielsweise erhöhte sich der Einsatz von Antidepressiva bei der Behandlung von schweren depressiven Störungen um 35 % (Sicras-Mainar und Navarro-Artieda 2016). Dies hebt deutlich hervor, dass **Gesundheit und Wirtschaft** sich gegenseitig – positiv wie auch negativ – beeinflussen: Sowohl die Gesundheit hat Auswirkungen auf die Entwicklung der Wirtschaft als auch umgekehrt. Diese Wechselwirkungen erfordern eine differenzierte Betrachtungsweise, denn vor allem der Aspekt Gesundheit kann nicht nur durch ein einziges Kriterium (z. B. Lebenserwartung) gemessen werden. In der aktuellen Corona-Debatte hat neben wirtschaftspolitischen Instrumenten vor allem die Thematik der Impfprogramme hohe Relevanz, denn auch Maßnahmen im Bereich der öffentlichen Gesundheit dienen als wichtiger Hebel zur Förderung der wirtschaftlichen Entwicklung (Bloom et al. 2019).

2.3 Allgemeine wirtschaftliche Entwicklung im Jahr 2020

Die Corona-Pandemie stürzte die deutsche Wirtschaft 2020 in eine **Rezession**. Im zweiten Quartal sank das Bruttoinlandsprodukt (BIP) als Maß für die Wirtschaftskraft eines Landes um 9,7 %. Ein größerer Einbruch während eines Quartals wurde noch nie seit 1991 gemessen. Einer der Hauptgründe umfasste die Unterbrechung vieler Lieferketten, was viele Unternehmen in der Industrie betraf. Dies war auch teilweise auf die Schließung von Grenzen zurückzuführen. Natürlich spielte auch der erste Shutdown eine wichtige Rolle. Neben dem Einzelhandel litten viele Dienstleistungssektoren, wie z. B. der Tourismusbereich. Ein weiterer Aspekt stellte die Schließung von Schulen und Kindergärten dar. Als Konsequenz konnten viele Arbeitnehmer:innen kurzfristig nicht mehr für ihre Organisation arbeiten, da etwa die Betreuung der Kinder organisiert werden musste. Ein genereller Faktor für den Einbruch der Wirtschaft bildete die **allgemeine Unsicherheit** zu Beginn der Pandemie und deren Fortgang. Infolgedessen mussten viele Firmen unter anderem große Investitionsprojekte zurückstellen. Auf das gesamte Jahr gerechnet sank die Wirtschaftsleistung um 4,9 %. Damit fiel der Rückgang nicht so stark aus wie es ursprünglich am Anfang der Krise befürchtet worden war. In der Wirtschafts- und Finanzkrise von 2009 sank das BIP um 5,7 %. Aufgrund des überraschend guten zweiten Quartals, welches ein Wachstum von 8,5 % verzeichnete, brach die jährliche Wirtschaftsleistung weniger stark als erwartet ein. Im letzten Quartal 2020 konnte trotz erneutem Shutdown die Wirtschaft um 0,3 % zulegen. Mit Blick auf die Bestandteile des Bruttoinlandsprodukts zeigte sich, dass zu dem Rückgang des Bruttoinlandsprodukts insbesondere ein geringerer Konsum von Dienstleistungen beigetragen hat. Dies gilt insbesondere für solche Bereiche, wo Kontakte eine große Rolle spielen – wie der Touristikbereich, das Gastgewerbe oder die Veranstaltungsbranche. Der Konsum reduzierte sich 2020 insgesamt um mehr als 5 %. Die Mehrwertsteuersenkung konnte zum Teil die Zurückhaltung beim Kaufverhalten lösen. Dennoch nahm die Sparquote massiv zu. Auf Unternehmensseite gingen Investitionen angesichts der generellen Unsicherheit teilweise sogar deutlich zurück. Nicht so im Bausektor: Dieser konnte um knapp 2 % zulegen. Um den Wirtschaftseinbruch abzufedern, ergriff der Staat verschiedene Maßnahmen: temporäre Mehrwertsteuersenkung, Ausweitung des Kurzarbeitergeldes sowie direkte Hilfszahlungen an Unternehmen und Haushalte. Ferner wurden massiv Kredite und Bürgschaften an Unternehmen verteilt und auch der Staatskonsum wurde merklich nach oben gefahren.

2.4 Ein Blick auf die Sektoren und Branchen

Aufbauend auf die Ausführungen zur allgemeinen Entwicklung stellt sich die Frage, wie **Auswirkungen** in den einzelnen Branchen aussahen. Für die **Industrie** gibt ◘ Tab. 2.1 eine Antwort: Sie stellt die Veränderung der Produktion im Jahr 2020 im Vergleich zu 2019 für ausgewählte wichtige Industriezweige dar.[1] Nahezu alle Branchen verzeichneten

---

1 Die Auswahl orientiert sich an den wichtigsten Branchen gemessen am Bruttowertschöpfungsanteil in der Industrie.

2.4 · Ein Blick auf die Sektoren und Branchen

Tab. 2.1 Veränderung der Produktion im Jahr 2020 für ausgewählte Industriezweige. (Quelle: Statistisches Bundesamt, Berechnungen der Autoren)

	Veränderung in %
Herstellung von Kraftwagen und Kraftwagenteilen	−23,9
Herstellung von Bekleidung	−19,6
Metallerzeugung und -bearbeitung	−12,8
Maschinenbau	−12,8
Herstellung von Druckerzeugnissen, Vervielfältigung von Ton-, Bild-, Datenträgern	−12,2
Tabakverarbeitung	−11,1
Herstellung von Metallerzeugnissen	−10,7
Herstellung von Textilien	−8,2
Herstellung von Gummi- und Kunststoffwaren	−8,1
Herstellung von elektrischen Ausrüstungen	−6,7
Herstellung von DV-Geräten, elektronischen und optischen Erzeugnissen	−6,3
Herstellung von Möbeln	−5,9
Herstellung von Papier, Pappe und Waren daraus	−3,4
Herstellung von Nahrungs- und Futtermitteln	−2,1
Herstellung von chemischen Erzeugnissen	−0,7
Herstellung von pharmazeutischen Erzeugnissen	0,2
Herstellung von Holz-, Flecht-, Korb- und Korkwaren (ohne Möbel)	4,4
Fehlzeiten-Report 2021	

ein – zum Teil sogar deutliches – Minus. Den gravierendsten Einbruch bei der Produktion mit knapp 24 % musste die Automobilbranche verkraften. Dort wurde im April teilweise die Herstellung von Fahrzeugen komplett eingestellt. Ebenfalls hart getroffen war eine andere Schlüsselbranche der deutschen Wirtschaft, der Maschinenbau. Dort sank die Produktion um rund 13 %. Vergleichsweise glimpflich kam die chemische Industrie durch die Krise. Der einzige Produktionszweig, der seine Produktion ausweiten konnte, stellte die Herstellung von Holz-, Flecht- und Korbwaren (ohne Möbel) aller Art dar.

In Tab. 2.2 lässt sich mit Hilfe der Wachstumsrate des Umsatzes 2020 ablesen, wie heterogen die Entwicklung in ausgewählten **Dienstleistungsbereichen** verlief. IT-Dienstleister aller Art gehören zu den „Gewinnern" der Krise: Viele Unternehmen konnten hier ihre Umsätze klar steigern. Dies war vor allem auf den vermehrten Einsatz von Homeoffice zurückzuführen, der den Bedarf an digitalen Dienstleistungen deutlich erhöhte. In diesem Zusammenhang profitierten auch viele Telekommunikationsunternehmen. Zu den „Verlierern" im Dienstleistungssektor gehören alle Bereiche des sogenannten sozialen Konsums, also überall dort, wo beim Kontakt physische Anwesenheit notwendig ist. Den stärksten Umsatzeinbruch erlebten die Reisebüros und Reiseveranstalter: Fast drei Viertel des Umsat-

Tab. 2.2 Veränderung des Umsatzes im Jahr 2020 für ausgewählte Dienstleistungszweige. (Quelle: Statistisches Bundesamt, Berechnungen der Autoren)

Branche	Veränderung in %
Datenverarbeitung, Hosting, Webportale	6,2
Informationsdienstleistungen	4,0
Wirtschaftsprüfung und Steuerberatung, Buchführung	3,4
Rechts- und Steuerberatung, Wirtschaftsprüfung	2,7
Telekommunikation	2,5
Architektur- und Ingenieurbüros	0,2
Freiberufliche, wiss. u. techn. Dienstleistungen	−0,9
Güterbeförderung im Straßenverkehr, Umzugstransporte	−1,3
Werbung und Marktforschung	−9,2
Werbung	−9,6
Vermittlung und Überlassung von Arbeitskräften	−15,8
Verkehr	−16,1
Personenbeförderung im Eisenbahnfernverkehr	−38,2
Luftfahrt	−49,5
Messe-, Ausstellungs- und Kongressveranstalter	−54,8
Reisebüros und Reiseveranstalter	−71,4

Fehlzeiten-Report 2021

zes fiel 2020 weg. Bei Messe-, Ausstellungs- und Kongressveranstaltern brach der Umsatz um mehr als die Hälfte ein. Auch Beförderungen aller Art litten unter dem verringerten Mobilitätsverhalten. Aufgrund der allgemein schlechten wirtschaftlichen Lage reduzierte sich auch die Nachfrage nach privaten Arbeitsvermittelnden und auch Leiharbeit wurde seltener in Anspruch genommen.

Der stationäre **Einzelhandel** verlor aufgrund des zweiten harten Shutdowns deutlich an Marktanteilen gegenüber dem Online-Handel. Zudem waren die Zuwachsraten beim Umsatz der Online-Händler deutlich größer. Zu den Siegern gehörten auch die Supermärkte, die kontinuierlich geöffnet blieben. Ebenfalls deutlich zulegen konnten Baumärkte, Möbel- und Einrichtungshäuser.[2] Nach dem ersten Shutdown kam es zu einem regelrechten Einrichtungsboom. Für viele kleine Modehändler war es hingegen ein sehr schwieriges Jahr.

---

[2] Dies mag zunächst im Widerspruch zu Tab. 2.1 stehen, wo ein starker Produktionsrückgang für die Möbelindustrie dokumentiert wird. Die erhöhte Nachfrage wurde zunächst über volle Lagerbestände sowohl bei den Händlern als auch bei den Herstellern bedient. Mit Blick auf die hohe Unsicherheit und die Sorge über ein Strohfeuer bei der Nachfrage hielten sich die Möbelfirmen bei der Produktion zurück.

2.5 Wie wirkt sich die Krise auf den Arbeitsmarkt aus?

Um sich einen Überblick über die Situation am Arbeitsmarkt zu verschaffen, lohnt sich ein Blick auf die **Arbeitslosenquote** – also dem Anteil der Arbeitslosen gemessen an allen zivilen Erwerbspersonen – im Zeitverlauf. ◘ Abb. 2.1 veranschaulicht die Entwicklung der Arbeitslosenquote von 1992 bis 2020 und wie sich die Corona-Pandemie hier einordnen lässt. Gemäß der Datenerhebung der Bundesagentur für Arbeit erreichte die Arbeitslosenquote im Jahre 2005 mit einem Wert von 11,5 ihren höchsten Stand und somit einen Tiefpunkt für knapp 4,9 Mio. Arbeitsuchende. Seither erholte sich der Arbeitsmarkt kontinuierlich, auch Einschnitte wie die weltweite Finanz- und Wirtschaftskrise 2008 bis 2009 sowie die Staatsschulden- und Bankenkrisen in Europa unterbrachen diesen Erholungskurs in Deutschland nicht. Ab 2013 reduzierte sich die Quote jährlich, bis sie 2019 ein Minimum von 5,0 erreichte. Diesem Trend setzte 2020 das COVID-19-Virus einen Riegel vor und ließ die Quote auf einen Jahreswert von 5,9 – das entspricht rund 2,7 Mio. Arbeitslosen – ansteigen.

Hinsichtlich des Jahresverlaufs 2020 spiegelt sich der Beschluss der Bundesregierung vom 22. März 2020, soziale Kontakte umfangreich einzuschränken und das öffentliche Leben herunterzufahren, in verschiedenen Indikatoren zum Arbeitsmarkt wider. Die Daten des Statistischen Bundesamtes und der Bundesagentur für Arbeit zeigen einen sprunghaften Anstieg der Arbeitslosenquote von 5,1 im März auf 5,8 im April. Mit Fortgang des Jahres erhöhte sich diese noch weiter, überschritt aber nicht die 6,4 (August 2020) und blieb damit deutlich unter dem Höchstwert von 2005. Nach diesem erheblichen Rückgang durch die erste Welle des Virus erholte sich die Anzahl an Erwerbstätigen und sozialversicherungspflichtigen Beschäftigten, geringfügig entlohnte Beschäftigungen sowie die Selbstständigkeit nahmen jedoch deutlich ab. Mit Jahresende 2020 und Jahresbeginn 2021 konnten Arbeitslosigkeit und Unterbeschäftigung (ohne Kurzarbeit) saisonbereinigt weiter gesenkt werden, im Vorjahresvergleich präsentierte sich aber weiterhin ein erheblich höheres Niveau. Zusammenfassend zeigte sich,

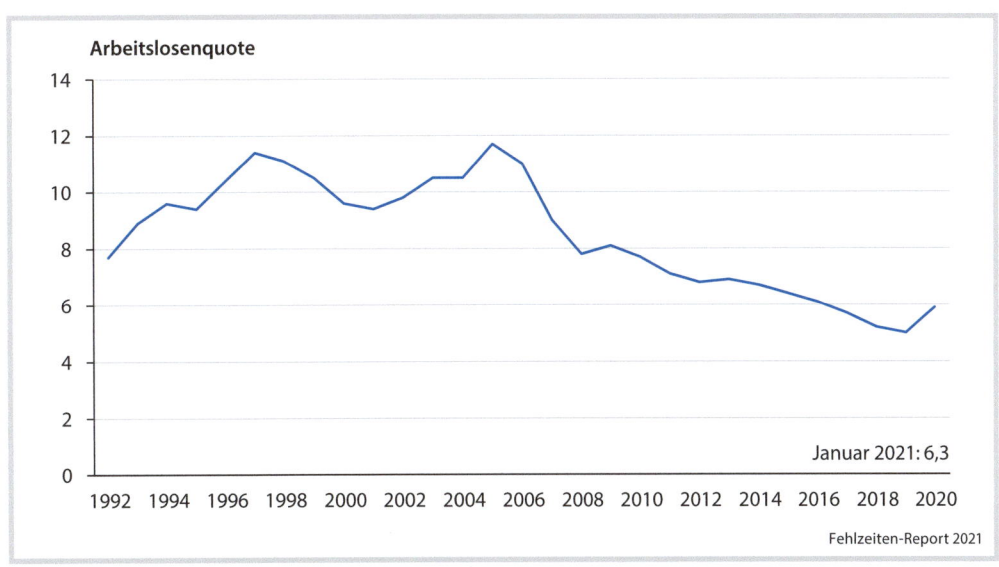

◘ **Abb. 2.1** Entwicklung der Arbeitslosenquote 1992–2020 (in %). (Quelle: Bundesagentur für Arbeit)

dass die Corona-Pandemie zwar massive Spuren auf dem Arbeitsmarkt hinterließ, dieser nichtsdestotrotz in einer robusten Verfassung verblieb.

2.6 Mit welchen Maßnahmen haben die Unternehmen mit Blick auf ihre Mitarbeiter:innen reagiert?

Die Pandemie stellte nahezu alle Unternehmen vor gewaltige Herausforderungen auf allen Ebenen. Die zuvor beschriebenen Rückgänge bei Umsätzen und Produktion in vielen Branchen zusammen mit der Schließung von Schulen und Kindergärten hatten auch merkliche Auswirkungen auf das Personalmanagement sowie die organisatorischen Abläufe innerhalb der Unternehmen. Im Folgenden sollen zwei wichtige Instrumente im Umgang mit der Krise mit Blick auf die Mitarbeiter:innen vorgestellt werden: **Kurzarbeit** und **Homeoffice**.

2.6.1 Kurzarbeit

Ein deutlicher Einbruch am Arbeitsmarkt konnte insbesondere durch Maßnahmen der Bundesregierung verhindert werden. Mit der Ausweitung des Kurzarbeitergeldes am 16. März 2020 – mit rückwirkender Gültigkeit ab 01. März – schuf die Bundesregierung ein Schutzschild für den Arbeitsmarkt. Grundsätzlich verfolgt Kurzarbeitergeld das Ziel, Kündigungen bei vorübergehend schlechter wirtschaftlicher Lage zu vermeiden. Angestellte arbeiten somit weniger oder gar nicht für einen bestimmten Zeitraum, für den ihr Verdienstausfall durch das Kurzarbeitergeld ausgeglichen wird. Die Ausweitung der Regelungen für Unternehmen besagt, dass ein Antrag bereits bei einem Arbeitsausfall von 10 % der Beschäftigten mit einem Entgeltausfall von mehr als 10 % erfolgen kann.[3] Ebenso wurde die maximale **Bezugsdauer** von zwölf auf 24 Monate erhöht. Am 16. September 2020 wurde zudem entschieden, diese Erleichterungen bis Ende 2021 zu verlängern. Dies bedeutet für die Kurzarbeitergeldbeziehenden, dass 60 bzw. 67 % (für Beschäftigte mit mindestens einem Kind) des Lohnausfalls von der Bundesagentur für Arbeit übernommen werden. Zudem erhöht sich dieser Satz ab dem vierten Monat auf 70 bzw. 77 %, ab dem siebten Monat auf 80 bzw. 87 %.

Auf diese beschlossenen Maßnahmen folgte umgehend rege **Inanspruchnahme**: Noch zum Jahresbeginn 2020 erhielten lediglich gut 130.000 Personen Kurzarbeitergeld, im März sprang der Wert auf knapp 2,6 Mio. Im April erhöhte sich die Anzahl nochmal auf mehr als das Doppelte, nämlich auf knapp 6 Mio. Dies bedeutete aber auch, dass für diesen Spitzenmonat Arbeitsplätze von rund 3 Mio. Beschäftigten gesichert und deren Arbeitslosigkeit verhindert wurde. Gesamtwirtschaftlich befanden sich gemessen an allen sozialversicherungspflichtigen Beschäftigten im April 2020 17,8 % in Kurzarbeit, im Handel waren es 22,8 % und im Gastgewerbe 62,7 %. Das verarbeitende Gewerbe erreichte seinen Höchstwert von 29,2 % im Mai 2020. Über die Sommermonate reduzierte sich die Anzahl an Betroffenen wieder, blieb aber auf sehr hohem Niveau.[4]

Da die Daten der Bundesagentur für Arbeit zur Kurzarbeit nur sehr zögerlich veröffentlicht werden, können die Umfragedaten des ifo Instituts aufgrund ihrer Aktualität diese Prognosen ergänzen. Im Rahmen der monatlichen Konjunkturumfragen wurden die teilneh-

---

3 Nach den §§ 95 ff. SGB II besteht erst dann Anspruch auf Kurzarbeitergeld, wenn mindestens ein Drittel der Beschäftigten von einem Entgeltausfall betroffen sind; dies wurde im Zuge der Covid-19 Pandemie ausgeweitet.

4 Nach Stand 03.03.2021 erstreckten sich die endgültigen detaillierten Daten bis August 2020. Die darauffolgenden Werte entsprechen den Hochrechnungen der realisierten Kurzarbeit auf Basis der Daten von Abrechnungslisten.

2.6 · Mit welchen Maßnahmen haben die Unternehmen reagiert?

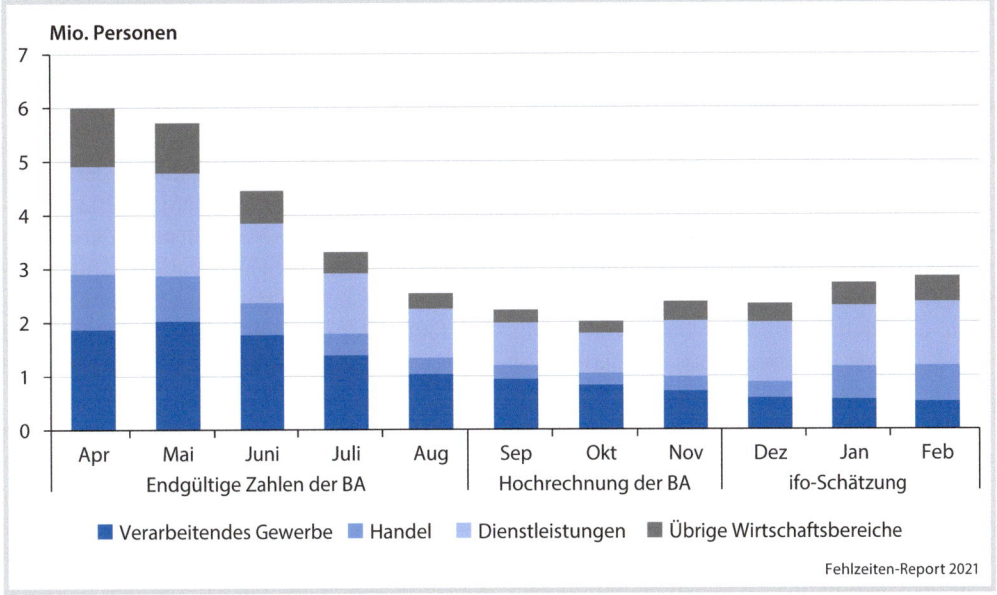

Abb. 2.2 Entwicklung der Kurzarbeit nach Sektoren im Zeitraum April 2020 bis Februar 2021. (Quelle: Bundesagentur für Arbeit (BA), Berechnung der Autorin und des Autors (Stand: 2. März 2021))

menden Unternehmen ebenfalls zum Umfang der Kurzarbeit befragt. Im Zuge der Corona-Pandemie wurde somit monatlich der Anteil ihrer Beschäftigten in Kurzarbeit und deren durchschnittliche Arbeitszeitreduzierung ermittelt.[5] Mit Beginn der kalten Jahreszeit setzte die zweite Welle der Corona-Pandemie ein. Die Bundesregierung reagierte darauf mit dem Shutdown-Light im Herbst und einem anschließenden zweiten harten Shutdown ab Mitte Dezember. Die ergriffenen Maßnahmen zur Eindämmung der Pandemie waren vergleichbar mit denen im Frühjahr 2020, sodass die Wirtschaftsbereiche, in denen soziale Kontakte ein wichtiger Bestandteil des Geschäftsmodells sind, erneut kräftige Umsatzeinbußen erleiden mussten. Die Industrie hingegen konnte ihre Erholung über den Sommer auch in den Winter hinein mitnehmen (vgl. Abb. 2.2).

Ähnlich wie die Daten der Bundesagentur für Arbeit zeigten auch die **Schätzungen des ifo Instituts**, dass sich gesamtheitlich betrachtet die Anzahl der Personen in Kurzarbeit ab November wieder erhöhte. Im Gastgewerbe verdoppelte sie sich, im Handel stieg sie etwas an. Im Dezember sank die Inanspruchnahme von Kurzarbeit geringfügig, zum Jahresende waren somit nach ifo-Schätzungen 2,3 Mio. Menschen betroffen. Der Rückgang jedoch ist von zweierlei Seiten zu betrachten: (1) Zum einen beruht dieser vor allem auf den niedrigeren Werten in der Industrie, die ihre positive Entwicklung über die Sommermonate auch im Winter fortführen konnte. Im Kontrast dazu vergrößerte sich die Zahl an Mitarbeiter:innen in Kurzarbeit des Gastgewerbes und des Einzelhandels. (2) Zum anderen drückte sich der zweite „harte Shutdown" mit Beginn Mitte Dezember erst in der kommenden Periode deutlich aus: Zum Jahresbeginn 2021 wuchs die Kurzarbeit um gut 20 % auf 2,7 Mio. Menschen an, im Februar 2021 sogar um weitere 100.000 auf 2,8 Mio. Hauptleidtragende blieben Hotellerie und Gastronomie, die zum Jahresauftakt 2021 55,1 % ihrer Beschäftigten

---
5 Für Hintergründe der Berechnung siehe Link und Sauer (2020).

in Kurzarbeit schicken mussten. Mehr als verdoppelt hat sich dieser Prozentsatz im Handel von 5,7 % im Dezember auf 13,5 % im Januar und 14,8 % im Februar. Der Einzelhandel lag im Februar 2021 sogar bei 16,8 %.[6]

Beide Datenquellen zeigen somit, dass sowohl das verarbeitende und das dienstleistende Gewerbe als auch der Handel während der **ersten Welle** stark betroffen waren. In der Industrie stellten die Hauptbetroffenen die Branchen der Metallerzeugung und -bearbeitung sowie der Maschinenbau dar. Ab Juni 2020 erholte sich die Industrie kontinuierlich und dürfte damit im Februar 2021 erstmals unter dem gesamtwirtschaftlichen Durchschnitt liegen. In Tätigkeitsfeldern mit häufigen sozialen bzw. körpernahen Kontakten musste die Erholung der Sommermonate einer deutlichen Verschlechterung der Gesamtsituation im Zuge der zweiten Welle weichen. Dazu zählten unter anderem das Gastgewerbe, die Freizeit-, Kultur-, Unterhaltungs- und Sporteinrichtungen sowie Frisör- und Kosmetiksalons. Im Handel stachen vor allem der Einzelhandel und der Kfz-Handel hervor.

2.6.2 Umsetzung von Homeoffice

Die Analyse zu den Auswirkungen auf dem Arbeitsmarkt hat gezeigt, dass insbesondere Branchen, die auf physische Anwesenheit und damit verbundene persönliche Kontakte angewiesen sind, stärker betroffen waren. Unternehmen, die auf Homeoffice umsteigen konnten, waren hingegen seltener den negativen wirtschaftlichen Folgen wie der Notwendigkeit von Kurzarbeit ausgesetzt. Viel wichtiger noch: Homeoffice verlangsamt das Infektionsgeschehen und bietet damit ein **konsequentes Mittel** zur Pandemiebekämpfung, ohne die Wirtschaftsaktivität zu minimieren (Alipour et al. 2020a). Steigt die Homeoffice-Quote um 1 %, könnte die Infektionsrate um 4 bis 8 % gesenkt werden (Alipour et al. 2021). Diese Auswirkungen auf das Krankheitsgeschehen zeigten sich dadurch, dass Regionen, Branchen und Firmen mit einem höheren Homeoffice-Potenzial signifikant weniger Kurzarbeitsanmeldungen während der ersten Welle der Pandemie im Frühjahr 2020 tätigten. Gleichzeitig verzeichneten Landkreise mit einem höheren Anteil an telearbeitsfähigen Arbeitsplätzen auch signifikant weniger COVID-19-Fälle. Der gesundheitliche Nutzen erhöhte sich somit durch geringere Mobilität. Folglich implizieren diese Ergebnisse, dass Mobilitätsbeschränkung und Homeoffice-Anreize sich gegenseitig ergänzen, um die Ausbreitung des Coronavirus zu verlangsamen (Alipour et al. 2020a).

Grundsätzlich herrschte bereits vor der Corona-Krise eine hitzige Debatte darüber, ob diese Form des Arbeitens mehr Chancen oder Probleme mit sich bringe. Der Gesetzgeber gab lange keine klaren Regelungen vor, sein Gesetzesentwurf „Mobile Arbeit-Gesetz – MAG" war in der Regierungskoalition stark umstritten. Als Reaktion auf zu niedrige Zahlen der Homeoffice-Nutzung während der Pandemie trat am 27. Januar 2021 eine Homeoffice-Pflicht in Kraft, die besagt, dass Arbeitgeber überall dort Homeoffice anbieten müssen, wo es möglich ist. Grundsätzlich liegt das **Homeoffice-Potenzial** bei 56 % (Alipour et al. 2020b). Gut die Hälfte aller Jobs können demnach zumindest teilweise von zu Hause absolviert werden.

Viele dieser Unternehmen ergriffen bzw. erweiterten 2020 zum Schutz vor Infektions- und Existenzrisiken diese Form des Arbeitens. Im April 2020 arbeiteten 27 % aller Erwerbstätigen überwiegend im Homeoffice (Hans-Böckler-Stiftung 2021). In diesem Zusammenhang fanden Demmelhuber et al. (2020) heraus, dass vor allem Unternehmen mit einer Größe von mehr als 500 Beschäftigten in der ersten Welle deutlich aufgestockt hatten und fast schon flächendeckend das Arbeiten von zu Hause ermöglichten. Über die Sommermonate ebbte dieser Trend jedoch wieder ab, sodass im November insgesamt nur noch 14 % bzw.

---

6 Die aktuellen Schätzungen zur Kurzarbeit werden jeweils zum Monatsanfang auf der Website des ifo Instituts veröffentlicht: ▶ www.ifo.de.

Tab. 2.3 Durchschnittlicher Anteil der Beschäftigten im Homeoffice in % (Februar 2021). (Quelle: ifo Konjunkturumfragen, Berechnung der Autorin und des Autors)

Sektoren	Gesamt	Kleine und mittelständische Unternehmen	Großunternehmen
Gesamtwirtschaft	30,3	26,1	39,3
Verarbeitendes Gewerbe	21,5	15,3	31,1
Dienstleistungen	40,9	37,8	49,5
Handel	18,2	13,1	28,9
Großhandel inkl. Kfz	24,3	19,1	31,2
Einzelhandel inkl. Kfz	9,8	7,3	21,4
Bauhauptgewerbe	10,1	6,1	19,4

Fehlzeiten-Report 2021

im Dezember 17 % aller Erwerbstätigen im Homeoffice arbeiteten. Die Homeoffice-Kapazität von 56 % blieb damit unausgeschöpft.

Die monatliche Konjunkturumfrage des ifo Instituts inkludiert – ähnlich wie zu den oben beschriebenen Themen Kurzarbeit oder Personalplanung – auch Fragen zum Themenbereich Homeoffice. In der Umfrage von Februar 2021 wurden deutschlandweit knapp 8.000 Unternehmen dazu befragt. Dabei gaben sie an, dass sich durchschnittlich 30,3 % ihrer Beschäftigten im Homeoffice befanden. Allerdings gab es deutliche Unterschiede zwischen den Sektoren (vgl. Tab. 2.3): Während bei Firmen im Dienstleistungsbereich ein Anteil von 40,9 % der Beschäftigten von zu Hause arbeitete, waren es im Baugewerbe gerade einmal 10,1 %. Eben dieses galt für den stark unter der Pandemie leidenden Einzelhandel, der lediglich 9,8 % seines Personals in die Heimarbeit schicken konnte, im Großhandel wiederum waren es 24,3 %. Diese sektoralen Unterschiede beruhen auf den unterschiedlichen Berufen in den einzelnen Sektoren. Berufe, die eine körperliche Anwesenheit erfordern, lassen sich nur schwer oder gar nicht ins Homeoffice verschieben. Berufliche Tätigkeiten des Dienstleistungssektors lassen sich grundsätzlich einfacher mit mobilen Arbeiten vereinbaren. Wenig überraschend war es somit, dass die Wirtschaftszweige Erbringung von Dienstleistungen der Informationstechnologie (81,9 %), Informationsdienstleistungen (74,9 %) und Verwaltung und Führung von Unternehmen und Betrieben; Unternehmensberatung (73,1 %) als Spitzenreiter glänzten. Die Beherbergung verkörpert mit 3,0 % eines der Schlusslichter.

Die Umfragedaten verdeutlichten zudem, dass **Großunternehmen** einen höheren Anteil an Beschäftigten im Homeoffice arbeiten ließen. Gesamtheitlich betrachtet bedeutete dies 26,1 % bei kleinen und mittelständischen Unternehmen und 39,3 % bei Großunternehmen. Abermals stachen hier die Dienstleistenden hervor: Bei Großunternehmen gingen knapp die Hälfte der Beschäftigten ihrer Tätigkeit von zu Hause nach.

Da Industrien und Berufe nicht gleich über Deutschland verteilt sind, ergeben sich auch unterschiedliche Homeoffice-Potenziale. Im Vergleich der einzelnen Bundesländer und Regionen in Deutschland hatte Hessen die Nase vorne (vgl. Tab. 2.4). Mit seinem Finanzzentrum Frankfurt am Main wurden über die Hälfte der Mitarbeiter:innen im Dienstleistungssektor ins Homeoffice geschickt. Dies hob abermals hervor, dass Regionen mit einem hohen Anteil an Arbeitnehmer:innen in dienstleistenden Berufen auch höhere Home-

Tab. 2.4 Durchschnittlicher Anteil der Beschäftigten im Homeoffice in % (Februar 2021) nach Bundesländern und Regionen. (Quelle: Berechnung der Autorin und des Autors)

	Gesamt-wirtschaft	Verarbeitendes Gewerbe	Dienst-leistungen	Handel	Bauhaupt-gewerbe
Bayern	29,4	22,7	38,4	18,8	7,6
Baden-Württemberg	32,7	25,7	43,5	19,6	17,4
Hessen	39,5	19,9	52,6	20,5	9,6
Nordrhein-Westfalen	33,3	22,1	42,7	21,6	13,7
Niedersachsen, Hamburg, Bremen, Schleswig-Holstein	30,4	22,7	38,5	18,5	9,5
Mecklenburg-Vorpommern, Brandenburg, Berlin	31,6	19,5	39,9	11,6	7,7
Sachsen, Sachsen-Anhalt, Thüringen	20,4	10,1	30,7	7,2	5,6
Rheinland-Pfalz, Saarland	33,3	18,7	47,5	14,5	10,7

Aufgrund vergleichsweise geringer Fallzahlen wurden einzelne Bundesländer zu Regionen zusammengefasst.
Fehlzeiten-Report 2021

office-Quoten vorweisen können. Am wenigsten von zu Hause gearbeitet wurde in Sachsen, Sachsen-Anhalt und Thüringen, wo ländlichere Strukturen vorherrschen und somit ein geringeres Homeoffice Potenzial besteht.[7]

2.7 Schlussbemerkung

Die Corona-Pandemie hat die deutsche Wirtschaft in eine Rezession gestürzt. Viele Branchen, insbesondere solche, wo viele Kontakte notwendig sind, erlebten deutliche Umsatzeinbußen. 2020 gingen 15.841 Unternehmen insolvent. Dies waren rund 15 % weniger als 2019. Dieser zunächst überraschend scheinende Rückgang war vor allem auf die ausgesetzte Insolvenzantragspflicht zurückzuführen. Für 2021 wird ein deutlicher Anstieg erwartet und hier vor allem mit Blick auf Kleinstunternehmen und Selbstständige im Dienstleistungssektor und im Handel.[8] Insgesamt wird für 2021 jedoch nicht mit einem Anstieg der Arbeitslosigkeit gerechnet. Es wird vielmehr Änderungen in vielen Erwerbsbiographien geben, weg von der (Solo-)Selbständigkeit hin zu einer Festanstellung in der Industrie oder im Dienstleistungssektor.

Neben dem Aussetzen der Insolvenzantragspflicht reagierte der Staat auf die Krise mit großzügigen Hilfen: Kurzarbeitergeld vermied eine große Kündigungswelle und half dabei, die negativen Folgen für den Arbeitsmarkt abzufedern. Auf Unternehmensseite wurde – oft auch mangels Alternativen – verstärkt auf Homeoffice-Lösungen gesetzt. Aufgrund des eingangs beschriebenen wechselseitigen Zusammenhangs zwischen Gesundheit und wirtschaftlicher Entwicklung bleibt abzuwarten, inwieweit sich die Krise auf die (mentale) Gesundheit der Arbeitnehmer:innen bereits auswirkte bzw. sich langfristig noch auswirken wird. Direkt negativ betroffen sind insbesondere Beschäftigte in Branchen, wo physische

---

7 Eine ausführliche Analyse zu Homeoffice-Kapazitäten und -Potenzialen legen Alipour et al. (2020b) dar.

8 Vgl. ▶ www.iwh-halle.de/insolvenzforschung.

Kontakte eine wichtige Rolle spielen, denn diese Bereiche werden auch weiterhin eher schwer auf die Beine kommen. Dies führt zu einer andauernden Belastung, da die Unsicherheit mittelfristig nur langsam abnehmen dürfte. Ebenso ist noch nicht abzusehen, als wie wirksam sich die beschriebenen Maßnahmen entpuppen werden und welche Maßnahmen sich – vor allem in Bezug auf Homeoffice – auch nach der Krise langfristig durchsetzen werden. Trotzdem ist an dieser Stelle festzuhalten, dass die hier aufgezeigten Maßnahmen zur Schmälerung von Existenznöten beitragen und die Senkung der Mobilität u. a. durch Homeoffice durchaus positiv auf den gesundheitlichen Nutzen einwirkte.

Rückblickend wird diese Gesundheits- und Wirtschaftskrise zu neuen Erkenntnissen zum Wohlbefinden von Arbeitnehmer:innen führen. Es gibt bisher keine vergleichbaren Situationen mit dieser Kombination in der Vergangenheit. Es ist dringend geboten, in Zukunft zu analysieren, welche konkreten (langfristigen) Folgen die Krise an sich und auch die Gegenmaßnahmen für die Menschen im Arbeitsleben hatten.

Literatur

Alipour JV, Fadinger H, Schymik J (2020a) My Home Is My Castle – The Benefits of Working from Home During a Pandemic Crisis: Evidence from Germany. CEPR Discussion Paper Nr 14871

Alipour JV, Flack O, Simone S (2020b) Germany's capacity to work from home. CESifo working paper Nr 8227

Alipour JV, Falck O, Peichl A, Sauer S (2021) Homeoffice-Potenzial weiterhin nicht ausgeschöpft. Ifo Schnelld Digit 2(6):1–4

Bidargaddi N, Bastiampillai T, Schrader G, Adams R, Piantadosi C, Strobel J, Tucker G, Allison S (2015) Changes in monthly unemployment rates may predict changes in the number of psychiatric presentations to emergency services in South Australia. BMC Emerg Med 15:16

Bloom D, Canning D, Kotschy R, Prettner K, Schünemann J (2019) Health and economic growth: reconciling the micro and macro evidence. National Bureau of Economic Research Working Paper Nr 26003

Bloom DE, Canning D, Sevilla J (2004) The effect of health on economic growth: a production function approach. World Dev 32(1):1–13

Bloom DE, Canning D (2007) Commentary: The Preston Curve 30 years on: still sparking fires. Int J Epidemiol 36(3):498–499 (discussion 502–503)

Demmelhuber K, Engelmaier F, Leiss F, Möhrle S, Peichl A, Schröter T (2020) Homeoffice vor und nach Corona: Auswirkungen und Geschlechterbetroffenheit. Ifo Schnelld Digit 1(14):1–4

Frasquilho D, Matos MG, Salonna F, Guerreiro D, Storti CC, Gaspar T, Caldas-de-Almeida JM (2016) Mental health outcomes in times of economic recession: a systematic literature review. Bmc Public Health 16:115

Glonti K, Gordeev VS, Goryakin Y, Reeves A, Stuckler D, McKee M, Roberts B (2015) A systematic review on health resilience to economic crises. PLoS ONE 10(4):e123117

Haw C, Hawton K, Gunnell D, Platt S (2015) Economic recession and suicidal behaviour: possible mechanisms and ameliorating factors. Int J Soc Psychiatry 61(1):73–81

Hawton K, Bergen H, Geulayov G, Waters K, Ness J, Cooper J, Kapur N (2016) Impact of the recent recession on self-harm: longitudinal ecological and patient-level investigation from the Multicentre Study of Self-harm in England. J Affect Disord 191:132–138

Hans-Böckler-Stiftung (2021) Erwerbspersonenbefragung der Hans-Böckler-Stiftung. https://www.boeckler.de/pdf/pm_wsi_2021_02_16.pdf. Zugegriffen: 3. März 2021

Karanikolos M, Heino P, McKee M, Stuckler D, Legido-Quigley H (2016) Effects of the global financial crisis on health in high-income OECD countries: a narrative review. Int J Health Serv Plan Adm Eval 46(2):208–240

Link S, Sauer S (2020) Kurzarbeit auf Basis von Unternehmensbefragungen. ifo Forschungsbericht 114

Lutz W, Kebede E (2018) Education and health: redrawing the Preston curve. Population & Development Review 44(2):343–361

Maresso A, Mladovsky P, Thomson S, Sagan A, Karanikolos M, Richardson E, Cylus J, Evetovits T, Jowett M, Figueras J, Kluge H (2015) Economic crisis, health systems and health in Europe. Country experience. World Health Organization Regional Office for Europe; European Observatory on Health Systems and Policies, Copenhagen

Preston SH (1975) The changing relation between mortality and level of economic development. Popul Stud 29(2):231

Sicras-Mainar A, Navarro-Artieda R (2016) Use of antidepressants in the treatment of major depressive disorder in primary care during a period of economic crisis. Neuropsychiatr Dis Treat 12:29–40

Silva M, Resurrección DM, Antunes A, Frasquilho D, Cardoso G (2018) Impact of economic crises on mental health care: a systematic review. Epidemiol Psychiatr Sci 29:e7

Strauss J, Thomas D (1998) Health, nutrition, and economic development. J Econ Lit 36(2):766–817

Arbeit in Zeiten von Gesundheitskrisen – Veränderungen in der Corona-Arbeitswelt und danach

Josephine Charlotte Hofmann

Inhaltsverzeichnis

3.1 Ein Land im Ausnahmezustand – 28

3.2 Corona und die Arbeitswelt – 28
3.2.1 Arbeit von daheim: Ein massiver Aufwuchs im Jahr 2020 – 29
3.2.2 Konsequenzen der hybriden Arbeit – 33
3.2.3 Reaktionsmuster von Unternehmen im Umgang mit Entgrenzung – 35
3.2.4 Entgrenzungsmanagement bleibt ein Dauerthema auch im „Neuen Normal"! – 36
3.2.5 Arbeitsverdichtung und im Speziellen: Zoom-Fatigue – 38

3.3 Unternehmerische Handlungsspielräume und Ansatzpunkte – 39

3.4 Die Arbeitswelt der Zukunft ist eine hybride Arbeitswelt – 40

Literatur – 40

© Springer-Verlag GmbH Deutschland, ein Teil von Springer Nature 2021
B. Badura et al. (Hrsg.), *Fehlzeiten-Report 2021*, Fehlzeiten-Report, https://doi.org/10.1007/978-3-662-63722-7_3

Zusammenfassung

Im Laufe der Corona-Pandemie haben sich Arbeitsformen auf Distanz stark ausgebreitet, sei es über die Arbeit vom Homeoffice aus, sei es mittels digitaler Meetings. Wir können davon ausgehen, dass auch in Zukunft diese Arbeitsformen eine große Bedeutung haben werden und damit die Arbeitswelt deutlich hybrider wird. Der Beitrag skizziert die bereits stattgefundenen Veränderungen und die Wirkungen, die dies auf die Mitarbeitenden gehabt hat. Insbesondere wird thematisiert, welche gesundheitlichen Effekte auftreten können und welche Strategien dagegen zum Tragen kommen können.

3.1 Ein Land im Ausnahmezustand

Die schnelle Ausbreitung des Coronavirus SARS-CoV-2 hat Deutschland und die ganze Welt in eine neue Wirklichkeit auch in der Arbeitswelt gebracht. Im März 2020 hat die WHO die Atemwegserkrankung Covid-19 offiziell zur Pandemie erklärt (WHO 2020), Mitte Februar 2021 lag die Anzahl der weltweit bestätigten Infektionen bereits bei mehr als 107 Mio. und die Zahl der Todesfälle bei mehr als 2,3 Mio., jeweils mit einer wohl sehr hohen Dunkelziffer (JHU 2021). Trotz der mittlerweile entwickelten Impfstoffe und der großen Impfanstrengungen ist es noch nicht absehbar, wie lange das Leben mit dem aktuellen Virus und seinen Mutationen vonstattengehen muss und wird. Die anrollende dritte Welle, die zum Zeitpunkt der Finalisierung dieses Beitrages anlief, lässt erwarten, dass wir auch 2021 kein normales Jahr erleben werden.

Wirtschaft und Gesellschaft sind von der Pandemie hart getroffen. So ist im Jahr 2020 das Bruttoinlandsprodukt weltweit um geschätzt 3,5 % (IWF 2021) und in der Europäischen Union um vermutlich 6,4 % geschrumpft (Eurostat 2021). Großzügige Kurzarbeiterregelungen haben zumindest in Deutschland die Auswirkungen auf dem Arbeitsmarkt bisher noch einigermaßen abfedern können. Die Auswirkung der Krise treffen aber die ganze Gesellschaft. So leidet fast ein Drittel der Kinder und Jugendlichen an psychischen Auffälligkeiten (UKE 2021). Der gesamte Umfang der direkten und indirekten Folgen dieser Krise lässt sich noch nicht sicher abschätzen – weder für die Gesundheit noch für die Volkswirtschaften oder gar das ganze Weltwirtschaftssystem.

3.2 Corona und die Arbeitswelt

Insgesamt hat Corona die Arbeitswelt in vielfältiger Art und Weise verändert. Abstand ist das Gebot der Stunde und äußert sich in entsprechenden Konzepten zur Vermeidung und Entzerrung von Begegnungen, dem Aufbau von physischen Barrieren wie z. B. den häufig zu sehenden Plastikabtrennungen, dem Verteilen von Masken zur Erhöhung des individuellen Schutzes. Bestimmte Arbeitnehmergruppen können aufgrund von Betriebsschließungen gar nicht mehr (Beispiel Gastronomie oder Hotellerie) oder nur noch teilweise arbeiten, weil Lieferungen fehlen und Wertschöpfungsketten unterbrochen werden und auch der Absatzmarkt zusammenbricht; andere Beschäftigtengruppen setzen sich zum Wohle der Gesamtgesellschaft ganz neuen Gefahren aus, wie Beschäftigte im Gesundheits- oder Handelsbereich. Die sogenannten „systemrelevanten" Berufe, häufig im schlechter bezahlten Dienstleistungssektor angesiedelt, wurden bereits 2020 beklatscht, bejubelt – leider ohne dass sich an ihrer Arbeitssituation, ihrer Bezahlung oder ihrem Ansehen wirklich etwas geändert hätte.

Beobachtbar ist eine neue Form der Spaltung unserer Arbeitsgesellschaft: in einen Teil von Arbeitskräften, die aufgrund der hohen Informations- und Wissensorientierung und der hier breit umsetzbaren Digitalisierung auch von zu Hause aus arbeiten können (zumindest prinzipiell, die entsprechende technische Ausstattung und den unternehmensseitigen Willen dazu vorausgesetzt), und einen anderen

3.2 · Corona und die Arbeitswelt

Teil, der aufgrund der Kundenschnittstelle, der Personenzentriertheit oder der Anlagenbindung ihrer Tätigkeiten hiervon keinen oder nur sehr geringen Gebrauch machen können. Auch hierzu gibt es breite Debatten, inwieweit dies in der Zukunft vermeidbar ist oder ob spezifische Ausgleiche gefunden werden können.

Letztlich ist die spezifische Form der „Abstandsgewinnung" über die starke Verlagerung von Arbeit ins Homeoffice ein sehr einschneidender Effekt von Corona auf die Arbeitswelt, der – so wird erwartet – auch deutlich über die Zeit der eigentlichen Pandemie hinaus wirksam werden wird. Damit sind viele Chancen, aber auch Risiken, nicht zuletzt gesundheitlicher Art, verbunden.

Im Folgenden sollen daher die letztgenannten Veränderungen der Arbeit aufgrund der starken Virtualisierung durch Homeoffice bzw. Arbeit über Distanz im Allgemeinen im Zentrum der Betrachtung liegen.

3.2.1 Arbeit von daheim: Ein massiver Aufwuchs im Jahr 2020

Im Bereich der Arbeitswelt hat die deutlich erweiterte Arbeit auf Distanz zu einer bis Mitte März 2020 nicht für vorstellbar gehaltenen Veränderung geführt (vgl. Hofmann et al. 2020). Dort wo Tätigkeiten und Digitalisierungsgrad es ermöglicht haben, wurde und wird Homeoffice in einem Umfang praktiziert, der bis zum März 2020 kaum möglich schien (im Folgenden wird von Homeoffice gesprochen, wenn generell Arbeit von daheim gemeint ist, ungeachtet der Frage, ob die dahinterliegende arbeitsrechtliche Regelung dem klassischen Homeoffice entspricht oder anders geregelt ist; siehe hierzu ▶ Abschn. 3.3). Besprechungen via Teams, Webex, Zoom oder anderen Plattformen reihen sich für viele dieser Beschäftigten jeden Tag in einer langen Reihe aneinander. Denn auch Geschäftsreisen werden pandemiebedingt deutlich häufiger virtuell absolviert. Wir haben eigene Routinen und Rituale entwickelt, um die vollgepackten Arbeitstage zu strukturieren. Und je länger das Ganze nun andauert und je klarer es wird, dass Distanz noch eine ganze Weile zu den Kernelementen unserer Arbeitsgestaltung wird, desto mehr Zeit bekommen wir auch, uns jenseits kurzfristiger Bewältigungsstrategien damit zu beschäftigen, ob und wie sich das Arbeitsleben als solches dauerhafter verändern könnte. Wir erleben Turbobeschleunigung, dichte Arbeitstage, Erschöpfung, aber auch viel Kreativität in der Gestaltung unseres beruflichen Alltages und die gemeinsam gemachte Erfahrung, dass in solch einer außergewöhnlichen Situation im Zusammenwirken aller sehr viel bewältigt werden kann.

Die Aussagen zur erwartbaren Entwicklung sind so vielfältig wie die Verfasser der jeweils mehr euphorischen oder nüchternen Publikationen und Meinungen, und sie umfassen persönliche, kommunikationsbezogene bis hin zu arbeitsmarktbezogenen Folgewirkungen. Eines erscheint sicher: Die „neue Normalität" bzw. das „new Normal", der Begriff, mit dem die Zeit „nach Corona" beschrieben wird, wird in einem deutlich höheren Maß von einem Nebeneinander von über Distanz erbrachten und im Büro stattfindenden Arbeitsformen gekennzeichnet sein. Das Stichwort hierzu: „Hybride Arbeitswelten", also eine Arbeitswelt, die Arbeiten in der Firma deutlich selbstverständlicher mit Arbeiten von verschiedenen Orten aus kombinieren wird. Ein Problem ist sicherlich, dass pandemiebedingt derzeit keiner mit Gewissheit sagen kann, wann diese Phase starten kann.

„Hybride Arbeitswelten" ist ein unspektakulärer Begriff, doch er umfasst sehr starke Veränderungen. Zu Ende gedacht, kommen damit bisher als unverrückbar geltende Eckpfeiler der Arbeitsgestaltung in Bewegung. War es doch bisher, von stark vertrieblich ausgerichteten Beschäftigtengruppen oder einzelnen, bereits hochgradig digital arbeitenden Vorreiterunternehmen einmal abgesehen, eben doch immer noch der Normalfall, dass man „zur Arbeit" fährt – in der Mehrheit in firmenspezifische Büros bzw. Produktionsstätten. Lebens- und Arbeitswelt waren im Grundsatz getrennt, wenn auch die letzten Jahre bereits eine deutliche Zunahme orts- und zeitflexibler Arbeitsformen und darauf aufbauender alternativer Bürobewirtschaftungskonzepte wie z. B. Shared Desks (also von mehreren Personen geteilte bzw. genutzte Arbeitsplätze) mit sich gebracht hatten. Doch wir wissen – auch bei schwierig vorzunehmenden Schätzungen aufgrund unterschiedlichster Definitionsansätze –, dass dies immer noch eine Minderheit von Beschäftigten und einen kleineren Teil der Arbeitszeit bzw. -menge der jeweiligen Personen umfasst hatte (vgl. Hofmann et al. 2020). Im Folgenden sollen die Veränderungen, die das Jahr 2020 bewirkt hat, detaillierter gezeigt werden.

Was hat sich verändert?

▪▪ Umfassendes Homeoffice

In einer vom Fraunhofer-Institut für Arbeitswirtschaft und Organisation (IAO) in Kooperation mit der Deutschen Gesellschaft für Personalführung (DGFP) durchgeführten Studie im Frühjahr 2020, in der HR-Verantwortliche von annähernd 500 deutschen Unternehmen befragt wurden, gaben 70 % der Befragten an, dass ihre Büroarbeitenden in der Corona-Phase annähernd komplett bzw. größtenteils im Homeoffice arbeiten, bei gut 21 % wurde das Modell einer 50:50-Aufteilung gewählt. Adressiert wurden die Mitgliedsorganisationen der Deutschen Gesellschaft für Personalführung, in der vor allem mittlere und große Unternehmen aller Branchen in der Bundesrepublik engagiert sind; die Hauptadressaten dort sind verantwortliche HR-Entscheider. Dabei gehörten 78 % der Privatwirtschaft an und 22 % dem öffentlichen Bereich. Hiervon waren knapp 20 % ausschließlich produzierende Unternehmen, 52 % im reinen Dienstleistungsbereich und 28 % produzierende Unternehmen mit dazugehörigen Dienstleistungen. Knapp 30 % der Teilnehmer waren Vertreter von Unternehmen mit bis zu 250 Beschäftigten, die übrigen hatten eine größere Mitarbeitendenzahl. Unternehmen mit mehr als 1.000 Mitarbeitenden hatten mit knapp 50 % den weitaus größten Anteil. Der damit realisierte Umfang der Virtualisierung sowie die Geschwindigkeit der Umsetzung sind und waren bemerkenswert. Hier hat im Zeitraffer und unter starkem Druck eine immense Modifikation der Arbeitssituation stattgefunden. Diese Zahlen sind umso beeindruckender, wenn man das realisierte Ausmaß mit der geübten Praxis vor der Krise vergleicht: Bei knapp 56 % der Befragten gab es vor der Corona-Krise keine oder wenige Mitarbeitende, die vom Homeoffice Gebrauch machen konnten, bei lediglich 15 % bzw. 17 % der Befragten waren es die meisten oder alle Mitarbeitenden. Zudem war der Grad der Inanspruchnahme größtenteils bei einem Tag pro Woche Homeoffice oder weniger angesiedelt. Allerdings gab es auch vor der Corona-Krise bei etwa 20 % der befragten Unternehmen die Praxis, mehr als zehn Tage pro Monat im Homeoffice zu arbeiten. Die Spreizung in der Inanspruchnahme bzw. der Möglichkeit des Arbeitens von daheim in der Vor-Corona-Praxis war damit ausgesprochen groß.

Dennoch kann festgehalten werden, dass in den Monaten der Corona-Krise Veränderungen stattgefunden haben, die vorher auch über viele Jahre hinweg nicht realisierbar schienen. Deutschland in der Corona-Krise manifestiert sich damit als ein großräumig angelegter Experimentierraum! Eine Fortführung dieser Befragung im Dezember 2020 ergab, dass bei 40,8 % der Unternehmen „(fast) alle" Mitarbeitenden im Homeoffice arbeiteten, bei 31,5 % „die meisten", bei 20,1 % etwa die Hälfte und bei 7,3 % wenige/fast keiner (vgl. Hofmann et al. 2021). Befragt wurden 179 Mitglieder der Deutschen Gesellschaft für Personalführung und damit Verantwortungstragende vorwiegend aus dem Bereich HR. 78 % der Befragten arbeiten wie schon in der ersten Befragung in privatwirtschaftlichen Unternehmen und 22 % im öffentlichen Bereich. Die Befragten kommen zu 59 % aus dem Dienstleistungssektor oder Einzelhandel, zu 19 % aus produzierenden Unternehmen und zu 23 % aus Unternehmen mit hybridem Angebot. 58 % der Befragten stammen aus Unter-

3.2 · Corona und die Arbeitswelt

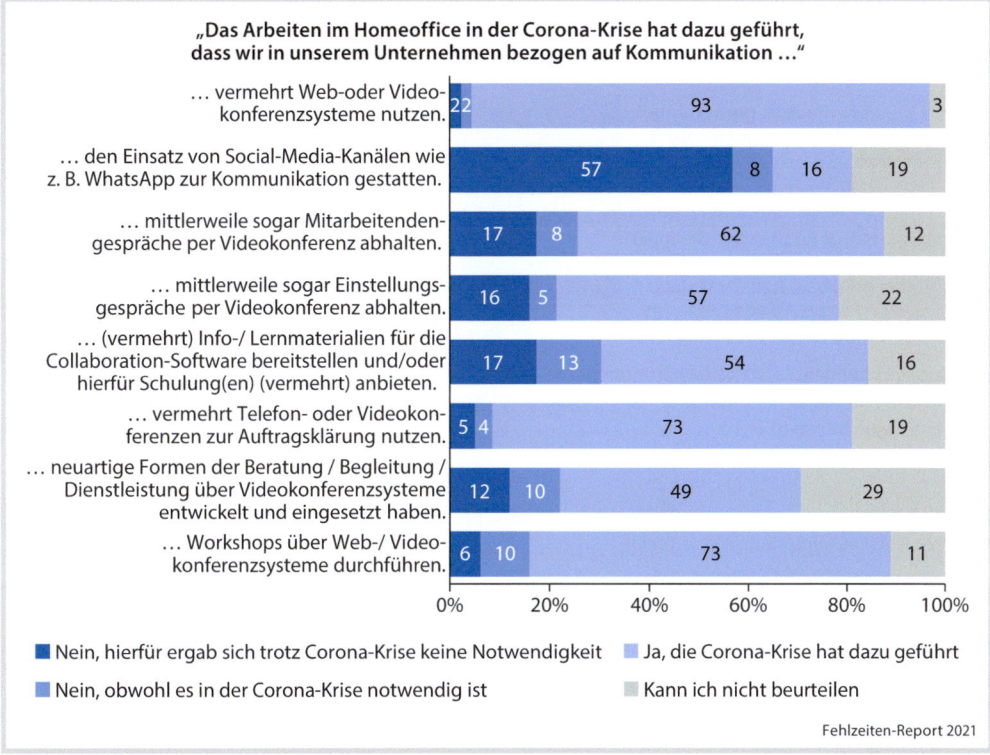

Abb. 3.1 Veränderte Kommunikationskanäle in der Corona-Pandemie. Gesamtzahl der Befragten knapp 500 Personen (Quelle: Hofmann et al. 2020)

nehmen mit mehr als 1.000 Beschäftigten. Der Zeitpunkt der Befragung reichte vom 15. Dezember 2020 bis zum 22. Dezember 2020. Untersuchungen der Bitkom (Bitkom-Studie 2020) bzw. der Hans-Böckler-Stiftung (Hans-Böckler-Stiftung 2020) kommen auf etwas geringere Werte, bestätigen jedoch beide ebenfalls einen gegenüber der Zeit vor März 2020 deutlich erhöhten Homeoffice-Anteil.

▪▪ Virtualisierung auch bisher nicht virtueller Prozesse

Wirklich beeindruckend war in der Fraunhofer-Studie auch das Ausmaß, in dem bisher kaum praktizierte Formen des Lernens, von HR-Prozessen und von Kundenbeziehungen virtuell abgewickelt wurden. Dabei wird auch ganz explizit die Grenze zur Unternehmensumwelt nach außen mit eingeschlossen: Hierzu gehören Bewerbungs- und Einstellungsgespräche, die aufgrund der Corona-Krise erstmals virtuell abgewickelt werden (57 %), die Durchführung von Mitarbeitendengesprächen (62 %), Auftragsklärungsgespräche mit Kunden (72 %) bis hin zu virtuellen Beratungs- und Dienstleistungskonzepten (49 %) (◨ Abb. 3.1) (vgl. Hofmann et al. 2020).

▪▪ Örtliche Flexibilisierung zieht zeitliche Flexibilisierung nach sich

Die Befragungen des IAO haben auch einen bereits vor der Corona-Krise bekannten Trend bestätigt: Dass eine zunehmend räumliche Flexibilisierung von Arbeit auch ein Bestreben nach zeitlicher Flexibilisierung nach sich zieht, indem z. B. die erlaubten täglichen Arbeitszeitkorridore ausgedehnt werden,

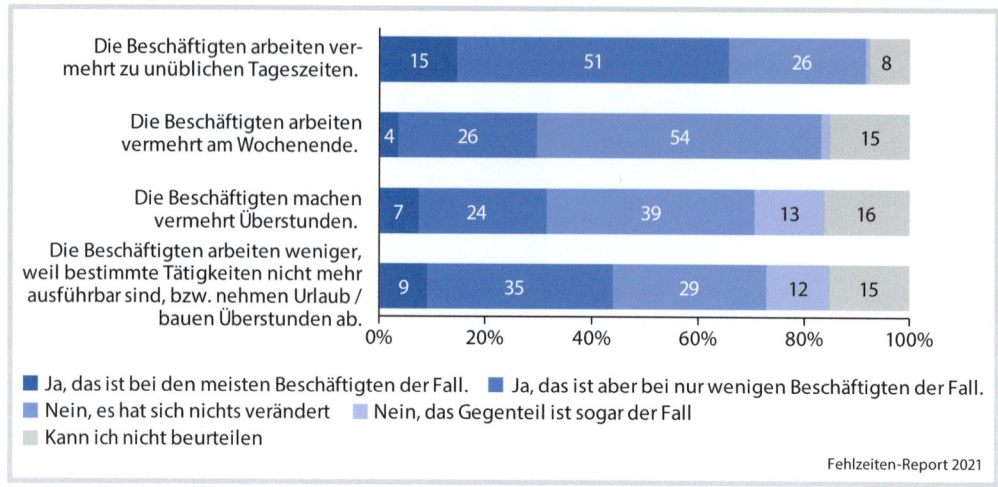

◘ **Abb. 3.2** Wirkungen der Corona-Krise auf die Arbeitszeiten der Beschäftigten. Gesamtzahl der Befragten knapp 500 Personen (Quelle: Hofmann et al. 2020)

längere Pausen möglich werden oder sogar über eine Ausweitung von Arbeitszeiten auf Samstage nachgedacht wird, wenn dies dem Ausgleich privat induzierter Arbeitszeitflexibilisierung unter der Woche dient. Die hierzu von unserem Institut im Mai 2020 gewonnenen Erkenntnisse müssen mit Augenmaß auf die spezifischen Umstände der Corona-Phase, insbesondere die häufige Koinzidenz von Homeoffice und Homeschooling, bewertet werden. Dies zeigte sich in unserer Erhebung in Bezug auf das Arbeiten zu unüblichen Tageszeiten: 15 % bestätigen für die meisten Beschäftigten, dass dies vorkommt, 51 % für wenige Beschäftigte. Auch die aus Sicht von Sozialpartnern kontrovers diskutierte Arbeit an Wochenenden fand statt, wenn auch in überschaubarem Umfang: 4 % bestätigen dies für die „meisten Mitarbeitenden", 26 % für „wenige Mitarbeitende". In einer breiten Spreizung zeigt sich das Thema Überstunden: 7,5 % der Befragten bestätigen deren Zunahme für die meisten Beschäftigten, 24 % für wenige Beschäftigte; immerhin 13 % sagen allerdings auch, dass diese weniger werden (◘ Abb. 3.2). Die Gründe hierfür sind mutmaßlich die unterschiedlichen Möglichkeiten, die Arbeit aus dem Büro umfänglich auch von zu Hause aus zu erledigen oder hierbei prozessbedingt Einschränkungen zu erleben.

■■ **Fortführung von Arbeit über Distanz auch in post-pandemischen Zeiten hoch wahrscheinlich**

Die umfänglichen Erfahrungen der letzten Monate hatten in unserer ersten Befragung im Mai 2020 bei knapp der Hälfte der Befragten bereits zu dem Entschluss geführt, das Angebot an Homeoffice auszuweiten (43 %); in etwa der gleiche Anteil der Befragten befand sich zu diesem Zeitpunkt noch in einer Abwägungsphase. In einer Fortführung dieser Befragung im Dezember 2020 gaben 71,2 % der Befragten an, nach der Corona-Pandemie mehr Homeoffice oder mobiles Arbeiten anbieten zu wollen als vor der Krise. Das ist ein deutlicher Anstieg im Vergleich zur ersten Studie. Hier haben die mutmaßlich stabil guten Erfahrungen der letzten Monate nachhaltig gewirkt (vgl. Hofmann et al. 2021).

■■ **Die Zukunft der Arbeitswelt ist hybrid**

Diese konkreten Absichtserklärungen wurden bereits im Mai 2020 stark gestützt durch die Einschätzung der konkreten Lernerfahrungen aufgrund der Corona-Krise: Überwältigende

3.2 · Corona und die Arbeitswelt

56 % („*stimme voll und ganz zu*") bzw. 33 % („*stimme eher zu*") kamen zu der Einschätzung, dass Homeoffice in größerem Umfang realisiert werden kann, ohne dass hieraus Nachteile entstehen. Die annähernd gleichen Prozentzahlen ergeben sich bei der Frage, inwieweit auch Dienst- bzw. Geschäftsreisen in Zukunft virtuell, z. B. über Videokonferenzen, abgewickelt werden können. Gleiche Zustimmungsquoten fanden sich auch für die realistische Einschätzung, dass vor dem Hintergrund der gemachten Erfahrungen in Zukunft auch entsprechende Wünsche der Mitarbeitenden nicht mehr ablehnend beschieden werden können – zu beeindruckend war der Beweis der Machbarkeit. Und man rechnete bereits letztes Jahr damit, dass diese Nachfragen kommen werden. Auch hier bestätigt sich nochmals: Die zukünftige Arbeitswelt wird eine deutlich hybridere Arbeitswelt sein. Das bedeutet ganz klar, dass in Zukunft Arbeit über Distanz – sei es von daheim aus, sei es in der standortübergreifenden Projektarbeit, sei es in der direkten Zusammenarbeit mit Kunden und Lieferanten – eine gleichwertige Option im Vergleich zur Arbeit im Office darstellen wird. Ein „Zurückdrehen" auf die Zustände vor März 2020 ist nicht denkbar und wäre auch schlicht eine Potenzialverschwendung: Dazu haben wir viel zu viel gelernt, Medienkompetenzen aufgebaut, Infrastrukturen ausgebaut, neue Flexibilitäts- und Vereinbarkeitspotenziale realisiert und nicht zuletzt auch Nachhaltigkeitspotenziale realisiert, z. B. bei der Einsparung von Dienstreisen (vgl. Hofmann et al. 2020).

3.2.2 Konsequenzen der hybriden Arbeit

■■ **Disclaimer: Arbeiten in der Corona-Pandemie ist kein „normales" Arbeiten**

Bei aller Relevanz der Veränderungen der letzten zwölf Monate: Natürlich muss man sich bewusst dessen sein, dass Arbeit in Zeiten der Corona-Krise in Teilen unter Voraussetzungen stattfindet, die mit üblichen Praktiken und Vorgaben wenig vereinbar sind bzw. „normalerweise" so nicht realisiert würden. Dazu gehört zuallererst das Nebeneinander von Homeoffice und Homeschooling oder aber die teilweise beobachtbare Praxis, auch mit privaten Endgeräten zu arbeiten, obwohl das bisher nicht den Standards der Unternehmen entsprach. Dies ist natürlich auch ein wesentlicher Hintergrund bei der Interpretation von Daten in Bezug auf Wirkungen der veränderten Arbeitswelt, die in den letzten Monaten während der pandemischen Ausnahmesituation erarbeitet wurden.

■■ **Gesundheitliche Implikationen für die Beschäftigten**

Hier finden sich eine Reihe von Wirkungen, wie sie unter anderem auch in unserer bereits mehrfach zitierten Studie analysiert werden konnten. Schon im Mai 2020 ergab unsere Befragung, dass 4 % bzw. 23 % unserer befragten Unternehmen „voll und ganz" bzw. „eher zustimmen", dass gesundheitliche Wirkungen durch Überlastung und/oder Entgrenzung eintraten (◘ Abb. 3.3).

Unter Entgrenzung verstehen wir dabei eine fehlende Trennung von Arbeits- und Privatleben und die damit verbundenen Gefahren – insbesondere für die Gesundheit der Beschäftigten. Denn es war schon aus der Vor-Corona-Zeit durch eine Reihe von Studien, die unter anderem auch im Fehlzeiten-Report 2019 veröffentlicht wurden, bekannt, dass zu viel Entgrenzung letztlich zu gesundheitlichen Einschränkungen durch mangelnde Erholung führen kann. Fasst man den Zusammenhang möglichst kurz zusammen, so kann man dies folgendermaßen formulieren: Produktivität braucht Erholung. Und Erholung setzt ein echtes „Abschalten" (im technischen wie im kognitiven Sinne) voraus. Als arbeitswissenschaftliches Institut hatten wir uns daher bereits im Sommer 2020 vorgenommen, diese Thematik vertieft zu untersuchen, und haben daher eine Folgebefragung zum Themenkomplex vorgenommen, wiederum gemeinsam mit der DGFP. Im Folgenden finden sich dazu einige der Schlaglichter, wie sie auch von uns im

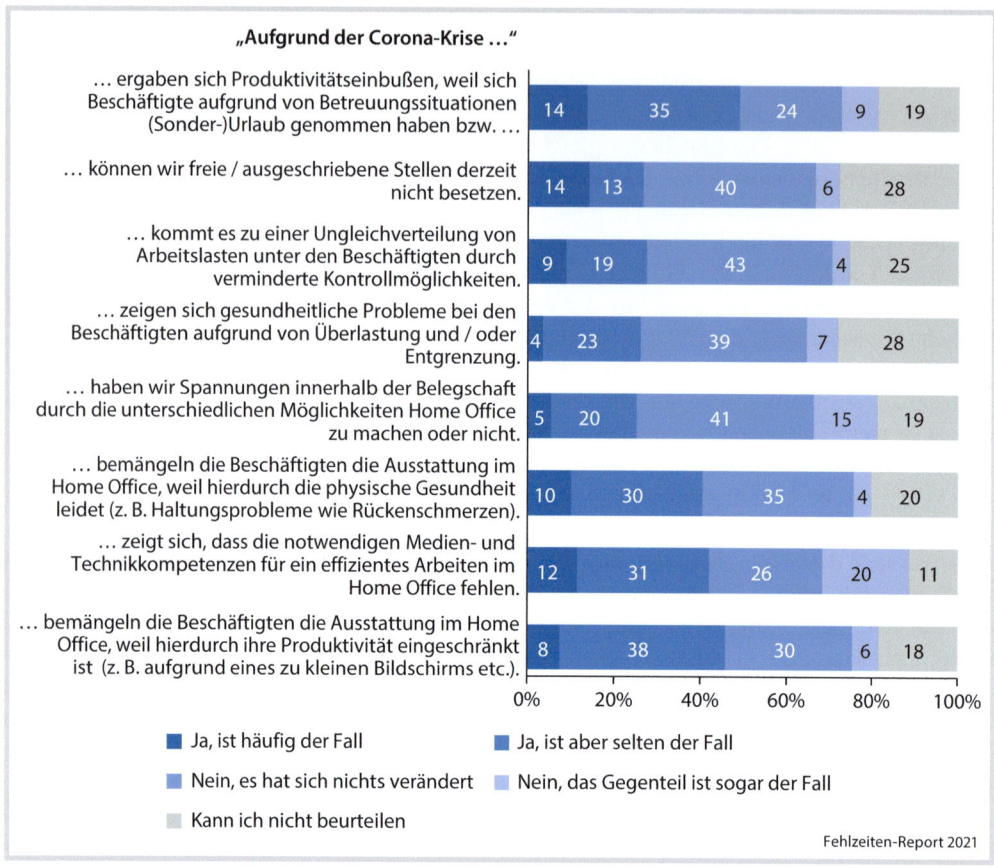

Abb. 3.3 Wirkungen der Corona-Krise auf Produktivität, Gesundheit und Arbeitsbelastung. Gesamtzahl der Befragten knapp 500 Personen (Quelle: Hofmann et al. 2020)

Februar 2021 veröffentlicht wurden (vgl. Hofmann et al. 2021).

Entgrenzung ist erkennbar eine Nebenwirkung der neuen Arbeitswelt, die Bedeutung gewinnt (vgl. den Beitrag von Ott et al. im gleichen Band). Für 47 % der im Dezember 2020 befragten HR-Verantwortlichen wird das Thema Entgrenzung zunehmend wichtiger, für etwas weniger, nämlich knapp 43 %, steht es jetzt wie vor Corona nicht im Fokus. In etwa bei der gleichen Größenordnung liegt der Anteil der Befragten, der bestätigt, dass er aktuell bei einigen Beschäftigten negative Wirkungen beobachten kann (35 %), bei immerhin gut 6 % trifft diese Beobachtung bei vielen ihrer Beschäftigten zu. Immerhin 30 % sehen diese negativen Wirkungen bei wenigen Beschäftigten. Das bedeutet insgesamt, dass über 70 % der Befragten bei den Beschäftigten ihres Unternehmens negative Wirkungen durch eine Entgrenzung beobachten. An dieser Befragung haben sich 179 HR-Verantwortliche aus dem DGFP-Mitgliederkreis beteiligt.

Wir konnten auch feststellen, dass Lockdown-spezifische Effekte der Entgrenzung gut zu erkennen sind, denn wir wollten zudem wissen, welche detaillierten Gründe für die insgesamt problematischen Entgrenzungseffekte zu beobachten sind. Für zumindest einige Beschäftigte im Unternehmen sind dies laut der befragten HR-ler: die Arbeit zu unüblichen Tageszeiten (66 %), Überstunden (65 %), fragmentiertes Arbeiten (also Arbeiten früh morgens und dann mit langer Pause erst wieder abends (51 %)) und für immerhin 35 % die Arbeit am Wochenende (was wiederum die oben gemachten Ausführungen zur Folge zeitlicher Flexibilisierung im Kontext von Ortsflexibilisierung aufgreift). Hier manifestieren sich auch die spezifischen Corona-Bedingungen der Parallelität von Homeoffice und besonderen Herausforderungen wie Homeschooling, mutmaßlich auch Platzprobleme in der Privatwohnung oder sonstige Aufgaben, die nebenher erledigt werden müssen.

Diese und andere Effekte werden auch durch andere Studien bestätigt, die allerdings nicht nur auf Erwerbstätige beschränkt sind. So hat die NAKO-Gesundheitsstudie (teilgenommen haben 159.562 Individuen während des Lockdowns im Frühjahr 2020) aus dem Jahr 2020 mit Fokus auf dem ersten Lockdown bestätigt, dass sich die Pandemie auf die allgemeine und die psychische Gesundheit der Bevölkerung in Deutschland ausgewirkt hat, insbesondere sei eine signifikante Zunahme von depressiven und Angstsymptomen sowie Stress zu verzeichnen (NAKO 2020). Depressive und Angstsymptome nahmen bei den Teilnehmenden unter 60 Jahren – besonders bei jungen Frauen – zu; der Anteil derjenigen mit moderat bis schwer ausgeprägten depressiven Symptomen, die klinische Relevanz nahelegen, stieg von 6,4 % auf 8,8 % an, bei Angstsymptomen von 4,3 % auf 5,7 %. Wichtig war auch, dass der selbst empfundene Stress in allen Altersgruppen und bei beiden Geschlechtern zunahm, vor allem in der Gruppe der 30- bis 49-Jährigen, aber auch bei Älteren. Dabei waren bei den Frauen deutlich höhere Anstiege zu verzeichnen als bei Männern (vgl. Peters et al. 2020).

Auch aktuelle Zahlen der AOK zeigen ähnliche Problematiken auf. Die AOKs versichern 14,1 Mio. Menschen und werten die Daten ihrer Versicherten aus. So ist die Zahl der Arbeitsunfähigkeitsfälle wegen psychischer Erkrankungen zwischen 2009 und 2019 um 36,5 % gestiegen (vgl. Meyer et al. 2020), also bereits vor der Pandemie. Und auch die neuesten Auswertungen zeigen die starke Wirkung von Corona: Noch nie gab es wegen psychischer Erkrankungen so viele Ausfalltage im Job wie im Corona-Jahr 2020; sie erreichten mit 327,7 Fehltagen je 100 Versicherte einen neuen Höchststand. Die Daten der AOK zeigen auch, dass Frauen besonders betroffen sind. Bedenklich ist auch, dass ein psychischer Krankheitsfall 2020 durchschnittlich 30,3 Tage dauerte – so lange wie noch nie bei den AOK-Mitgliedern. Im Vergleich der Diagnosen waren Depressionen die wichtigste Ursache für Krankschreibungen. Bei den Anpassungsstörungen gab es mit 7,6 % den größten Zuwachs gegenüber dem Vorjahr (Wissenschaftliches Institut der AOK (WIdO)). Dabei bezieht sich Anpassungsstörungen auf eine Reaktion auf ein belastendes Lebensereignis.

3.2.3 Reaktionsmuster von Unternehmen im Umgang mit Entgrenzung

Mit Blick auf den hier betonten Fokus auf die Arbeitswelt ist es interessant zu erfahren, mit welchen Strategien Unternehmen auf diese Herausforderungen reagieren. Auch hier konnten wir durch unsere Folgebefragung zum Jahresende 2020 näher nachfragen. So konnten wir herausarbeiten, wie die befragten Personalverantwortlichen den Umgang der Unternehmen mit dem Themengebiet der Entgrenzung beurteilen (vgl. im Folgenden dazu Hofmann et al. 2021). Nur knapp 13 % der Befragten sagten, dass der Umgang mit dem Thema Entgrenzung vollkommen angemessen sei, gut 50 % hielten ihn für überwiegend angemessen mit nur wenig Handlungsbedarf, immerhin 37 % sahen deutlichen bzw. sogar dringenden Handlungsbedarf.

Uns interessierte unter anderem, wem hinsichtlich der Verhinderung bzw. des gesundheitsbezogenen Managements von Entgrenzung eigentlich die führende Rolle zugeschrieben wird. Die Antworten darauf zeigten einen interessanten Dreisprung: 52 % der befragten Personalverantwortlichen sahen die direkte Führungskraft in der Hauptverantwortung, knapp 48 % die Unternehmensleitung, immerhin 44 % sahen die Top-Priorität bei den Beschäftigten selbst. Dem HR-Bereich oder den Sozialpartnern wurden geringere Bedeutung zugemessen. In Bezug auf die direkte Einwirkungs- und Wahrnehmungsmöglichkeiten können wir die Nennung der Führungskraft als primären Handlungsträger sehr gut nachvollziehen, sind es doch genau die Personen, die einfach am nächsten „dran" an den Mitarbeitenden sind und zudem am ehesten durch Aufgabenverteilung und große Aufmerksamkeit für das Thema solche Fehlentwicklungen verhindern können. Und damit so etwas auch wirklich geschieht, braucht es in der Regel auch eine spürbare Aufmerksamkeit und Prioritätensetzung seitens der Unternehmensleitung.

Interessant auch die Ergebnisse dazu, wie die umgesetzten Strategien seitens der Personalverantwortlichen eingeschätzt wurden. Wohlgemerkt: Hier wurde die Selbsteinschätzung maßgeblich von HR-Verantwortlichen abgefragt. Am häufigsten fanden sich hier mit 39 % teamverantwortete Gestaltungsansätze gegen Entgrenzung, wie z. B. gemeinsame Regelungen zu Erreichbarkeit und Reaktionszeiten in der tatsächlichen Umsetzung. Die Beratung durch den betrieblichen Gesundheitsdienst wird bei 36 % auch zum Thema Entgrenzung angeboten, bei 34 % finden Kontrollen z. B. zur Einhaltung des Arbeitszeitrahmens als Maßnahme gegen Entgrenzung Anwendung, gefolgt von der Sensibilisierung der Führungskräfte mit etwas über 30 % und bei 24 % spricht sich die Unternehmensleitung aktiv gegen Entgrenzung aus. Ein deutliches Defizit spiegelte sich in der Befragung umgekehrt in den Anteilen der Nennungen von Maßnahmen, die nicht stattfinden, aber als wichtig betrachtet werden: Breite Informationen und Schulungen bzw. Sensibilisierungen von Führungskräften finden sich mit bis zu 60 % der Nennungen auf Platz 1 der Liste erkannter, aber nicht umgesetzter Notwendigkeiten, gefolgt von klaren Statements der Unternehmensleitung mit 54 %. In Bezug auf die Sinnhaftigkeit technischer Restriktionen zur Vermeidung von Entgrenzung scheiden sich hingegen die Geister – diese werden zu knapp 60 % von den Unternehmen nicht in Betracht gezogen; wiederum 58 % hiervon halten sie jedoch für sinnvoll, bei den restlichen 42 % ist das Gegenteil der Fall. ◘ Abb. 3.4 fasst Gewünschtes und Realisiertes im Überblick zusammen.

3.2.4 Entgrenzungsmanagement bleibt ein Dauerthema auch im „Neuen Normal"!

Wir sehen, dass die Lockdown-bedingte Situation die Herausforderung der Entgrenzung sicherlich zusätzlich beflügelt. Doch wir sollten eben wie bereits beschrieben zur Kenntnis nehmen, dass Ortsflexibilisierung latent immer zu einer zeitlichen Flexibilisierung führt und dies bis zu einem gewissen Ausmaß auch arbeitnehmerseitig durchaus gewünscht ist. Dies ist unsere Beobachtung aus vielen konkret begleiteten Projekten zur Einführungs- und Optimierung mobiler Arbeit auch bereits vor der Pandemie. Es ist vor allem eine Frage der eigenen Handlungssouveränität, der Autonomie in der eigenen Entscheidung; das Ausmaß, in dem Flexibilisierung selbst gewählt oder eben abgefordert wird, entscheidet mit darüber, ob es zu gesundheitlichen Risiken führen kann. Doch selbst diese vermeintlich eigene Entscheidung ist äußerst bedenklich, wenn sich sehr engagierte Mitarbeitende mit voller Hingabe in ihre Arbeit eben auch latent selbst überfordern und dabei eigene Grenzen überschreiten. Dazu tragen auch ergebnisorientierte Systeme der Leistungsbemessung bei – und diese treffen übrigens auch überproportional gerade Führungskräfte selbst. Arbeitswissenschaftlich ist hierzu das Konstrukt der sogenannten „interessierten Selbstgefährdung" ein benanntes und messbares Problem (vgl. Krause et al. 2012). Mit Blick auf die erwartbare zunehmende Hybridität unserer Arbeitswelt und

3.2 · Corona und die Arbeitswelt

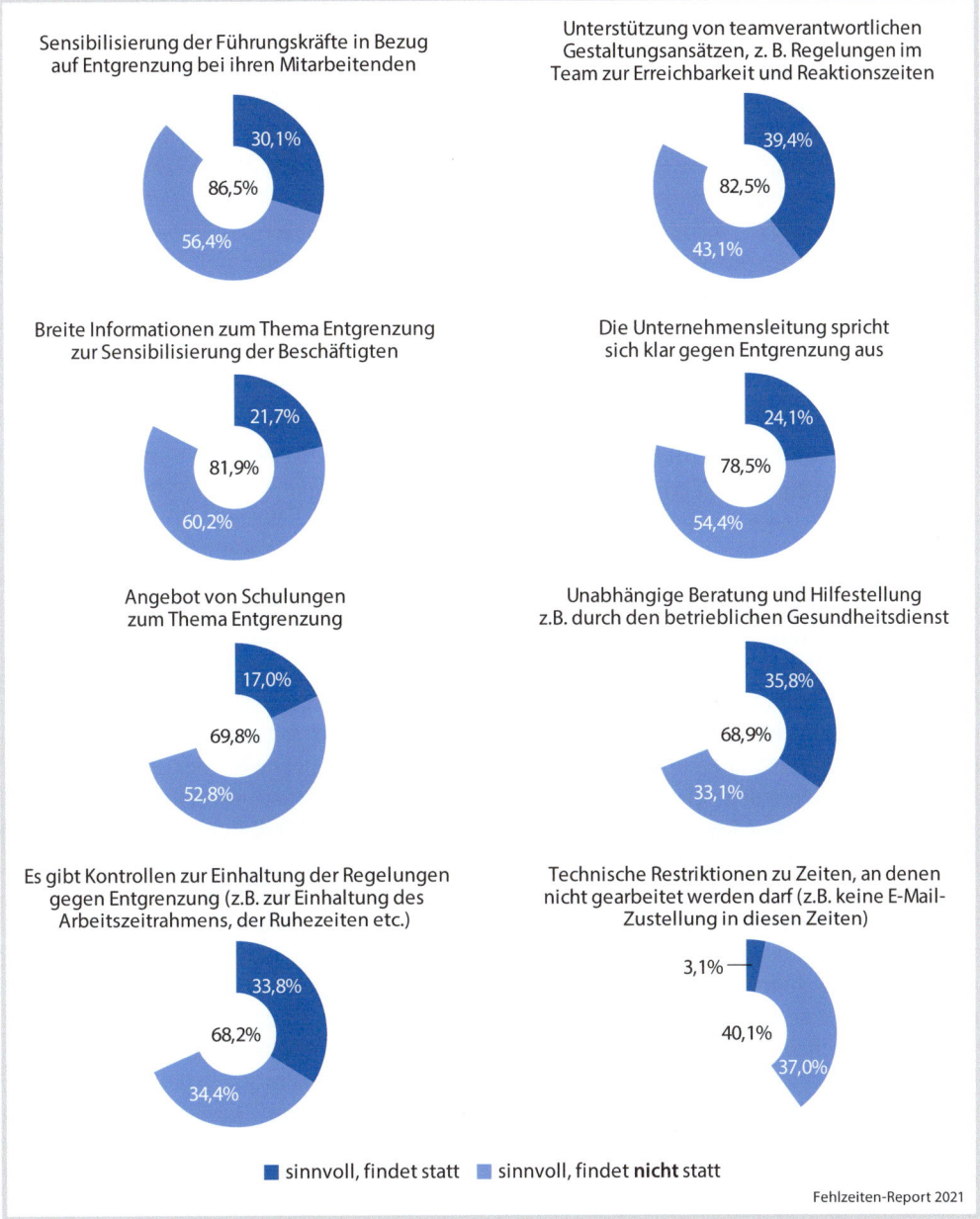

Abb. 3.4 Unternehmerische Strategien im Umgang mit Entgrenzung (n = 179) (Quelle: Hofmann et al. 2021)

den wachsenden Anteil an Wissensarbeit bedeutet das, dass wir auch im „neuen Normal" daran arbeiten müssen, erfüllende, produktive, flexible Arbeitsformen in guter, langfristig erhaltener Gesundheit zu realisieren. So fasste es ein Befragungsteilnehmender in einem Kommentar sehr passend zusammen, wobei zugleich der Einsatzzweck moderner Technik auch mal in einer weiteren Perspektive gesehen wird:

> *Es sollte überlegt werden, ob man die immer vielfältiger werdenden technischen Möglichkeiten im Rahmen der Digitalisierung auch dahingehend nutzt, um Berufliches und Privates klarer abzugrenzen. Dem kommt in Zeiten des zunehmenden Homeoffice in der neuen Normalität eine immer höhere Bedeutung zu. Homeoffice gemischt mit interessierter Selbstgefährdung und indirekter Steuerung ist eine brisante Mischung, die sich langfristig in negativen Gesundheitsauswirkungen zeigen wird.*

3.2.5 Arbeitsverdichtung und im Speziellen: Zoom-Fatigue

Ein zusätzliches Problem ist die gefühlte zunehmende Arbeitsverdichtung, die zu einem nicht geringen Teil auch durch den großen Zuwachs an täglich durchgeführten Videokonferenzen herbeigeführt wird. Denn sie treten an die Stelle bisher zumeist physisch abgewickelter, mit Geschäftsreisen verbundener Termine. Im Gegensatz zu diesen früheren Meetings entfällt aber komplett die An- und Abreise; man kann theoretisch innerhalb von zwei Minuten von einem internen Meeting mit Mitarbeitenden überwechseln zur Angebotspräsentation mit drei ausländischen Partnern. Auch das führt latent dazu, dass man geneigt ist, viel zu viele dieser kommunikativen Events nacheinander in den Kalender zu füllen, ohne zu bedenken, dass es auch Vor- und Nachbereitungszeit hierfür erfordert bzw. man sich schlicht auch auf andere Gesprächspartner und -situationen einstellen muss. Doch nicht nur das gestaltet diese Abfolge von Besprechungen anstrengend. In einer vom Institut für Employability (IBE) durchgeführten Studie zur „Zoom-Fatigue" wurde dieses Phänomen kritischer beleuchtet („Zoom-Fatigue" steht dabei als Oberbegriff für potenzielle Auswirkungen der Arbeit mit synchronen Audio-Video-Konferenzen und beschränkt sich keinesfalls auf die Erfahrungen mit diesem einen Anbieter). Befragt wurden 422 Geschäftsführer:innen, Führungskräfte, Personalleiter:innen, Personal-Fachleute, Betriebs- und Personalräte sowie HR-Fachleute zu ihren diesbezüglichen Erfahrungen (vgl. Rump und Brandt 2020). Die Kernergebnisse besagen, dass fast 60 % der Personen die mit der Nutzung dieser Technologien verbundene Erschöpfung spüren, 160 dieser 422 Personen nehmen diese Belastungen sogar sehr stark wahr. Diese als „Fatigue" bezeichnete Wirkung umfasst ein ganzes Bündel von Symptomen und reicht von erhöhter Reizbarkeit, fehlender Balance, unwirschem Agieren gegenüber Mitmenschen über Kopfschmerzen bis hin zu Rücken- und Gliederschmerzen, Schlafstörungen etc. Gefragt nach den „Belastungstreibern", wurde ebenfalls eine Fülle von Gründen genannt: vom „Sich-beobachtet-Fühlen" über die Unmöglichkeit Small Talk zu machen bis hin zu technischen Problemen. Die Autoren fassen alles unter den Oberkategorien zwischenmenschliche, organisatorische und technische Rahmenbedingungen zusammen. Als Ansatzpunkte der Besserung werden Dinge genannt wie künstliche Pausen, eine auch Small-Talk-integrierende Moderation genauso wie die Reduktion der Anzahl der Meetings. Letztlich kommt es also neben technischen Tools vor allem auf das individuelle Verhalten, die gesamte Gesprächssteuerung und eine gemeinsam zu entwickelnde virtuelle Meetingkultur an. Es ist nicht die Technik als solche, die uns zwingt, z. B. keine Pausen zu machen, sondern ein Stück weit natürlich auch unsere eigene Entscheidung. Inwieweit mehrere Pausen oder z. B. eine „Obergrenze" an Online-Meetings dann auch realisiert werden, hängt aber sicher auch von der erlebten Kommunikationskultur, dem Druck und der Entscheidungssouveränität der Beschäftigten ab.

Die genannten Folgewirkungen sind nur ausgewählte, aber in der Wahrnehmung der Verfasserin hoch relevante gesundheitliche Wirkungsmöglichkeiten. Bleibt zu fragen, welche Handlungsoptionen bestehen.

3.3 Unternehmerische Handlungsspielräume und Ansatzpunkte

■■ **Gute Ausstattung und die Besonderheiten der arbeitsrechtlichen Einordnung der Arbeitsformen**

Zur Beantwortung der Frage, was gerade Unternehmen tun können und sollen, ist es erforderlich, auch die arbeitsrechtliche „Verfasstheit" der Arbeit von daheim aus zu benennen (vgl. hierzu auch Hofmann 2020). Denn hier gibt es aus der vor-pandemischen Zeit eine sehr bewusste Aufteilung zwischen der klassischen Teleheimarbeit bzw. Homeoffice und der Art von Arbeit über Distanz, die mit Begriffen wie mobiles Arbeiten etc. umschrieben wird. Auch wenn zu Zeiten der Pandemie häufig Ausnahmeregelungen gelten, ist diese arbeitsrechtliche Unterscheidung wichtig. Das zeigte auch die aktuelle Debatte um den Gesetzentwurf zur Pflicht für Homeoffice in den Medien, die aus Pandemiebekämpfungsgründen von Arbeitsminister Heil auf die Agenda gesetzt wurde. In der öffentlichen Diskussion gehen die Begrifflichkeiten stark durcheinander, allerdings stecken hinter den Termini „Telearbeit" und „Mobiles Arbeiten" in vielen Unternehmen und in der allgemeinen Rechtsauffassung unterschiedlich stark geregelte Konzepte der Arbeitsgestaltung; mit – und das ist wesentlich – gestaffelten Verantwortlichkeiten des Arbeitgebers für die Ausstattung des Arbeitsplatzes, von dem aus gearbeitet wird. Hier die „klassische Telearbeit" – verstanden als eng geregelte Arbeitsform, in der an zumeist festgelegten Tagen und in fixiertem Umfang von daheim aus gearbeitet wird, an einem Arbeitsplatz, der den Anforderungen in Bezug auf Ergonomie, Arbeitssicherheit, Datenschutz und Datensicherheit den Maßstäben der Arbeitsplätze in der Firma entsprechen muss. Für deren Ausstattung sorgt logischerweise die Firma – und bezahlt diese auch. Und auf der anderen Seite die „mobile Arbeit" – im Grundgedanken fallweise, weniger regelmäßig, und daher auch mit reduzierten Anforderungen an genau diese Ausstattung verbunden. Das Konzept der mobilen Arbeit ist auch eine Reaktion auf den Trend, von verschiedensten Orten aus zu arbeiten und dies auch aus den unterschiedlichsten Gründen zu tun: Weil der Mitarbeitende beim Kunden sitzt, im Hotel, im Zug oder eben auch daheim, weil sich der Handwerker angekündigt hat. Zumindest bis vor Corona war ein klarer Trend erkennbar, dass diese Umsetzungsform ortsflexibler Arbeit deutlicher im Anstieg begriffen war, was sicher auch veränderten Lebensentwürfen, betrieblichen Prozessen, nicht zuletzt auch den zunehmend verfügbaren mobilen Endgeräten geschuldet ist. Nur: gerade in Corona-Zeiten hat diese mobile Arbeit eben ganz wesentlich von daheim aus stattgefunden, und das häufig sehr intensiv. Das erleichtert die Trennung der Konzepte nicht gerade.

■■ **Die Frage der Ausstattung ist für eine gesunde Gestaltung der Arbeit über Distanz wesentlich**

Derzeit erleben wir viele grundsätzliche Debatten dazu, wieviel Ausstattung vom Arbeitgeber „prinzipiell" oder „eigentlich" gestellt werden könnte, wieviel privates Engagement hierfür erwartbar sei (schließlich gewinnen die Mitarbeitenden ja auch z. B. Freizeit durch Wegfall von Pendelzeiten), ob alternativ steuerliche Anreize erwartbar und einforderbar sind. Natürlich hängt das – neben der formalen „Form" der ortsflexiblen Arbeit – auch vom Ausmaß von deren Praktizierung, der Finanzkraft des Unternehmens, der arbeitgebenden Institution ab. Die Autorin ist der Auffassung, dass je mehr ortsmobil gearbeitet wird, umso mehr es den Arbeitgeber interessieren sollte, dass dies in ergonomisch sinnvollen Kontexten getan wird, denn es muss auch im arbeitgeberseitigen Interesse sein, dass Mitarbeitende langfristig gesund und arbeitsfähig und produktiv sein können. Hier ist eine gute Abwägung von unternehmerischen Interessen, Fürsorge und Selbstverantwortung nötig. Die immer günstiger werdenden Beschaffungskosten gerade für IT sind hier aber sicher hilfreich. Auch dann, wenn langfristig über andere Bürokonzepte nachgedacht wird, sollte realistisch und auch mit Blick auf die Gesundheit – und nicht zuletzt in Bezug auf Datenschutz und Datensicherheit – über das formal Notwendige weitergedacht werden (vgl. Hofmann 2020).

Team-/Selbst- und Führungsverantwortung

Ein weiterer Anker zur Vermeidung gesundheitlicher, psychischer Einschränkungen ist die Verankerung „gesunder" Verhaltensweisen im gesamten Arbeitsbereich bzw. Team. Hier liegt ein wichtiger Schlüssel, denn es ist ja ganz maßgeblich die gesamte Kollegenschaft inklusive der Führungskraft, die für die gemeinsam gelebte Arbeitskultur verantwortlich ist. Es ist ganz wesentlich, dass alle miteinander verstehen, dass in komplexen, interdependenten Arbeitsumfeldern und bei definierten Kundenanforderungen nur ein aufeinander bezogenes, hoch verbindliches Miteinander der Garant dafür ist, dass leistungs- und ergebnisorientiert, effizient, aber eben auch gesund und ohne negative Folgen gearbeitet wird. Alle müssen an Verbindlichkeit, Erreichbarkeit, aktiver Kommunikation und Verlässlichkeit arbeiten, aber auch gemeinsam darauf achten, dass die Arbeit nicht im gegenseitig aufgebauten Erwartungsdruck übergroß ins Privatleben eindringt. Hier kommt auch gerade Führungskräften eine wichtige Aufgabe zu, Erwartungen zu konkretisieren, Begrenzungen zu ziehen und auch die eigene Vorbildfunktion immer klar vor Augen zu haben. Nicht zuletzt gehört dazu aber auch die Selbstverantwortlichkeit jedes einzelnen Beschäftigten.

3.4 Die Arbeitswelt der Zukunft ist eine hybride Arbeitswelt

Langfristig werden hybride Arbeitskonzepte mit einem Mix von Arbeitsanteilen in und außerhalb des Unternehmens bestehen bleiben. Sehr viele Entscheidungstragende haben verstanden, welche Flexibilitäts-, Vereinbarkeits-, Nachhaltigkeits- und auch Produktivitätspotenziale hierdurch nutzbar sind. Damit haben sich die virtuellen Arbeitsformen „über Distanz" vom „Wohlfühlthema" für ausgewählte Mitarbeitende zu einem belastbaren Faktor betrieblicher Organisations- und Prozessplanung weiterentwickelt. Zudem hat die Krise wie ein Digitalisierungsbeschleuniger gewirkt und Mitarbeitende wie Führungskräfte und die Unternehmensleitung von der vitalen Bedeutung der Digitalisierung und der hierfür erforderlichen Kompetenzen und Arbeitskultur überzeugt. Doch die Ausführungen haben gezeigt, dass auch in der hybriden Arbeitswelt ein besonderes Augenmerk auf die Gesundheit der Beschäftigten gelegt werden muss, um deren dauerhafte Leistungsfähigkeit zu erhalten und gesunde, motivierende Arbeitsumgebungen zu schaffen. Die Zukunft benötigt hierfür ein sorgfältiges Austarieren von Führungs-, Team- und Selbstverantwortlichkeit, die den neuen Flexibilitäten Rechnung trägt.

Literatur

Bitkom (2020) Mehr als 10 Millionen arbeiten ausschließlich im Homeoffice. https://www.bitkom.org/Presse/Presseinformation/Mehr-als-10-Millionen-arbeiten-ausschliesslich-im-Homeoffice. Zugegriffen: 19. Mai 2021

Eurostat (2021) Vorläufige Schnellschätzung für das vierte Quartal 2020: BIP im Euroraum um 0,7 % und in der EU um 0,5 % gesunken. https://ec.europa.eu/eurostat/documents/portlet_file_entry/2995521/2-02022021-AP-DE.pdf/914b7c4b-cbf4-6265-2f0f-35d92ffdd915. Zugegriffen: 12. Febr. 2021

Hans-Böckler-Studie (2020) Studien zu Homeoffice und mobiler Arbeit. https://www.boeckler.de/de/auf-einen-blick-17945-Auf-einen-Blick-Studien-zu-Homeoffice-und-mobiler-Arbeit-28040.htm. Zugegriffen: 19. Mai 2021

Hofmann J (2020) Ein Recht auf Homeoffice. Standpunkt zum Entwurf des »Mobile Arbeit Gesetz«. https://blog.iao.fraunhofer.de/ein-recht-auf-homeoffice-standpunkt-zum-entwurf-des-mobile-arbeit-gesetz/. Zugegriffen: 19. Mai 2021 (Beitrag im IAO-Blog)

Hofmann J, Piele A, Piele C (2020) Arbeiten in der Corona-Pandemie – Auf dem Weg zum New Normal. http://publica.fraunhofer.de/eprints/urn_nbn_de_0011-n-5934454.pdf. Zugegriffen: 2. Nov. 2020 (Fraunhofer Institut für Arbeitswirtschaft und Orga-

Literatur

nisation (IAO), Stuttgart; Deutsche Gesellschaft für Personalführung e V, Frankfurt am Main

Hofmann J, Piele A, Piele C (2021) Arbeiten in der Corona-Pandemie – Entgrenzungseffekte durch mobiles Arbeiten, und deren Vermeidung. Folgeergebnisse. https://www.iao.fraunhofer.de/content/dam/iao/images/iao-news/arbeiten-in-der-corona-pandemie-folgeergebnisse-entgrenzungseffekte-durch-mobiles-arbeiten.pdf. Zugegriffen: 19. Mai 2021 (Fraunhofer Institut für Arbeitswirtschaft und Organisation (IAO), Stuttgart.)

IWF – Internationaler Währungsfonds (2021) World economic outlook update, Januar 2021. https://www.imf.org/en/Publications/WEO/Issues/2021/01/26/2021-world-economic-outlook-update. Zugegriffen: 12. Febr. 2021

JHU – John Hopkins University (2021) COVID-19 Dashboard. https://coronavirus.jhu.edu/map.html. Zugegriffen: 12. Febr. 2021

Krause A, Dorsemagen C, Stadlinger J, Baeriswyl S (2012) Indirekte Steuerung und interessierte Selbstgefährdung: Ergebnisse aus Befragungen und Fallstudien. Konsequenzen für das Betriebliche Gesundheitsmanagement. In: Badura B, Ducki A, Schröder H, Klose J, Meyer M (Hrsg) Fehlzeiten-Report 2012. Gesundheit in der flexiblem Arbeitswelt: Chancen nutzen, Risiken minimieren. Springer, Berlin, Heidelberg https://doi.org/10.1007/978-3-642-29201-9_20

Meyer M, Wiegand S, Schenkel A (2020) Krankheitsbedingte Fehlzeiten in der deutschen Wirtschaft im Jahr 2019. In: Badura B, Ducki A, Schröder H, Klose J, Meyer M (Hrsg) Fehlzeiten-Report 2020: Gerechtigkeit und Gesundheit. Springer, Berlin, Heidelberg

NAKO (2020) NAKO Studie veröffentlicht erste Ergebnisse zur COVID-19 Pandemie: psychosoziale Auswirkungen auf die Bevölkerung. https://nako.de/wp-content/uploads/2020/11/PM_COVID-19-Fragebogen_2020_11_24_final.pdf. Zugegriffen: 19. Mai 2021

Peters A, Rospleszcz S, Greiser KH, Dallavalle M, Berger K (2020) The impact of the COVID-19 pandemic on self-reported health—early evidence from the German National Cohort. Dtsch Arztebl Int 117:861–867. https://doi.org/10.3238/arztebl.2020.0861

Rump J, Brandt M (2020) Zoom-Fatigue. Eine Studie des Instituts für Beschäftigung und Employability. IBE, Ludwigshafen (September 2020)

UKE – Universitätsklinikum Hamburg-Eppendorf (2021) COPSY-Studie: Kinder und Jugendliche leiden psychisch weiterhin stark unter Corona-Pandemie, Februar 2021. https://www.uke.de/allgemein/presse/pressemitteilungen/detailseite_104081.html. Zugegriffen: 12. Febr. 2021

WHO – World Health Organization (2020) WHO announces COVID-19 outbreak a pandemic. https://www.euro.who.int/en/health-topics/health-emergencies/coronavirus-covid-19/news/news/2020/3/who-announces-covid-19-outbreak-a-pandemic. Zugegriffen: 2. Nov. 2020

Zukünftige Gesundheitsrisiken: Was kommt auf die Gesellschaft zu?

Holger Pfaff und Kristina Schubin

Inhaltsverzeichnis

4.1 Einleitung – 45

4.2 Die vier Subsysteme der Welt als Quellen von Gesundheitsrisiken – 45

4.3 Gesundheitsrisiken aus dem System der Letztorientierung: „Weltbeherrschung" als riskante und zugleich nützliche Grundprogrammierung – 47

4.4 Gesundheitsrisiken aus der physikalisch-chemischen Welt – 47

4.5 Gesundheitsrisiken aus der biologischen Welt – 48
4.5.1 Gesundheitsrisiken aus der pflanzlichen Welt – 48
4.5.2 Gesundheitsrisiken aus der Tierwelt – 48
4.5.3 Gesundheitsrisiken aus dem menschlichen Organismus – 49

4.6 Gesundheitsrisiko: menschliches und zwischenmenschliches Handeln – 50
4.6.1 Gesundheitsrisiken aus der sozio-kulturellen Welt – 50
4.6.2 Gesundheitsrisiken aus der sozialen Welt – 51
4.6.3 Gesundheitsrisiken aus dem Verhalten der Menschen – 53
4.6.4 Gesundheitsrisiken aus der Psyche des Menschen – 54

© Springer-Verlag GmbH Deutschland, ein Teil von Springer Nature 2021
B. Badura et al. (Hrsg.), *Fehlzeiten-Report 2021*, Fehlzeiten-Report, https://doi.org/10.1007/978-3-662-63722-7_4

4.7 Schutzmaßnahmen auf der Makro- und Mesoebene zur Erhöhung der Resilienz von Gesellschaft und Unternehmen – 54

4.8 Schlussfolgerungen – 56

Literatur – 57

Zusammenfassung

Die COVID-19-Pandemie verdeutlicht, dass es nicht eingeplante Gesundheitsrisiken gibt, die erhebliche Auswirkungen auf Gesellschaft, Unternehmen und Menschen haben können. Unabhängig von der COVID-19-Pandemie sind daher Unternehmen und ihr Gesundheitsmanagement gut beraten, sich auf mögliche zukünftige Gesundheitsrisiken vorzubereiten. In unserem Beitrag zeigen wir potenzielle Quellen solcher Risiken auf und versuchen, potenzielle Trends zu identifizieren. Wir nutzen hierfür die soziologische Human-Condition-Perspektive von Talcott Parsons unter Zuhilfenahme empirischer Befunde. Die Quellen der Gesundheitsrisiken werden aus dieser systemtheoretischen Perspektive im telischen System, physikalisch-chemischen System, biologischen System und Handlungssystem gesehen. Der Fokus liegt dabei auf dem menschlichen Handlungssystem, aus dem die relevantesten Gesundheitsrisiken, aber auch die wichtigsten Ressourcen stammen. Es wird ein Sechs-Punkte-Programm vorgeschlagen, das den Unternehmen und dem Betrieblichen Gesundheitsmanagement helfen kann, auf zukünftige Gesundheitsrisiken besser vorbereitet zu sein.

4.1 Einleitung

Die COVID-19-Pandemie hat eine internationale Gesundheitskrise ausgelöst, die erhebliche Auswirkungen auf das gesellschaftliche Leben hat. Gesellschaften, Menschen und Organisationen müssen sich an diese neuen Umstände anpassen. Gleichzeitig müssen sie sich für zukünftige Gesundheitsrisiken wappnen. Doch welche Gesundheitsrisiken können – auch unabhängig von der COVID-19-Pandemie – in Zukunft auf die Gesellschaft und die Wirtschaft zukommen? Kann das Betriebliche Gesundheitsmanagement (BGM) einen – kleinen – Beitrag zur Verminderung eines Teils dieser möglichen Gesundheitsrisiken leisten? Ziel dieses Beitrags ist es, einige Antworten auf diese Fragen zu finden. Da wir zur Beantwortung dieser Fragen eine Langfristperspektive einnehmen müssen, haben wir uns dafür entschieden, in dieser Abhandlung von einer **systematischen soziologischen Perspektive** auszugehen. Als Rahmen für die Betrachtung dient uns dabei das Konzept der Human Condition von Talcott Parsons (Parsons 1978). Unser Beitrag will aufzeigen, dass es aus systemischer Sicht in der Welt **vier dauerhafte Quellen für Gesundheitsrisiken** gibt. Über diese Quellen werden wir einen umrisshaften Überblick gegeben. Zum Schluss skizzieren wir, wie sich das BGM auf diese Gesundheitsrisiken vorbereiten kann und so zur Steigerung der organisationalen Resilienz beitragen kann.

4.2 Die vier Subsysteme der Welt als Quellen von Gesundheitsrisiken

Das Paradigma der **menschlichen Grundverfassung** („paradigm of human condition") von Parsons (1978) dient uns als Rahmen und Kategoriensystem zur Einordnung der Gesundheitsrisiken der Zukunft. Es ist eine der wenigen soziologischen Begriffssystematiken, die es erlauben, Kultur, Gesellschaft, Psyche, Organismus und natürliche Umwelt gleichzeitig und zusammenhängend in den Blick zu nehmen. Genau dies ist bei einer Analyse der zukünftigen Gesundheitsrisiken unabdingbar. Ein weiterer Vorteil ist, dass mit diesem Paradigma eine bewusst anthropozentrische Perspektive verbunden ist (Parsons 1978). Sie stellt den Menschen – und damit auch seine Gesundheit – in den Mittelpunkt, bezieht aber alle potenziell einflussnehmenden Faktorenquellen ein. Die Subsysteme der Welt sind ambivalent hinsichtlich ihrer Wirkung, weil sie einerseits für die Gesellschaft, die Organisationen und/oder die Menschen eine Quelle von Ressourcen und Problemlösungen und andererseits auch eine potenzielle Quelle von Belastungen und Gesundheitsrisiken darstellen.

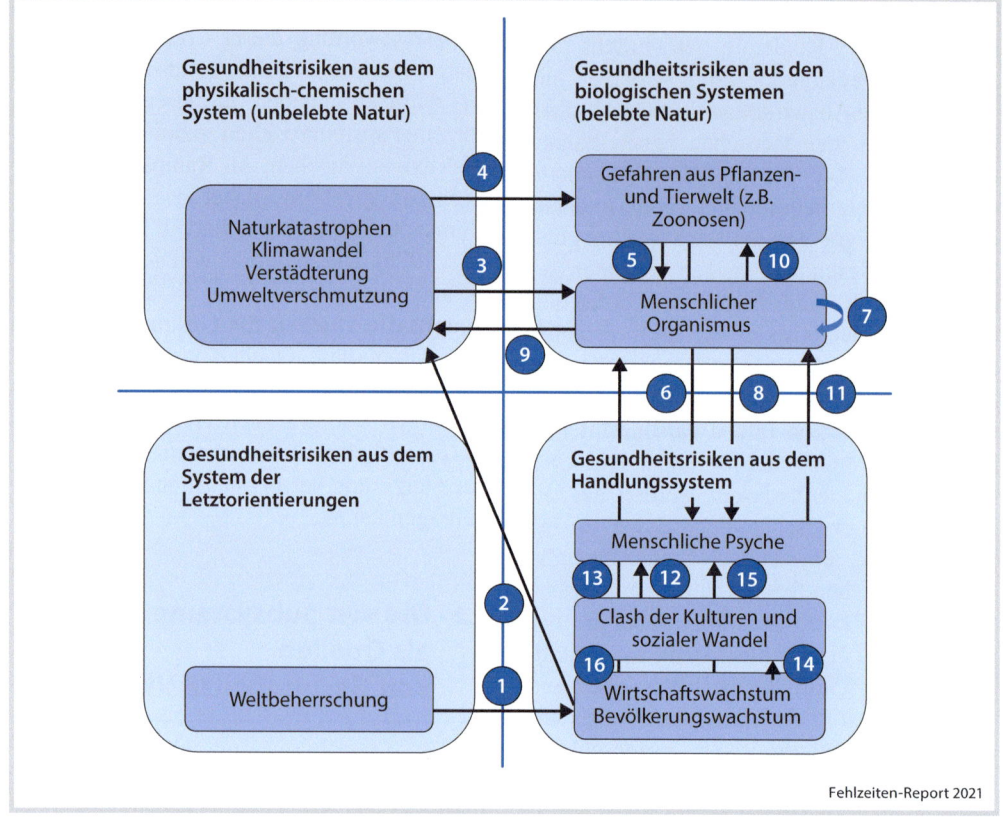

Abb. 4.1 Das Portfolio der Gesundheitsrisiken

Man kann nach diesem Paradigma die Welt begreifen als eine Kombination aus vier Systemen (Abb. 4.1): dem System der Letztorientierungen (telisches System), dem Handlungssystem, dem physikalisch-chemischen System (unbelebte Natur) und dem System der biologischen Organismen (belebte Natur). Das System der Letztorientierungen (z. B. Religion) kontrolliert das Handlungssystem und wird von diesem konditioniert (Münch 1980). Das Handlungssystem wiederum kontrolliert und reguliert den menschlichen Organismus und wird im Gegenzug von diesem konditioniert. Organische Systeme kontrollieren in mancher Hinsicht die physikalisch-chemische Welt und werden von dieser aber auch bedingt (Parsons 1978). Der Energie- und Ressourcenfluss verläuft vom physikalisch-chemischen System zum System der Organismen und geht von diesem zum Handlungssystem.

Parsons' Modell beansprucht, universelle Gültigkeit zu besitzen und somit auf jedes gesellschaftliche System und jede Kultur anwendbar zu sein. Gleichzeitig ist das Konzept selbst jedoch kulturabhängig, weil es in der Tradition des okzidentalen Rationalismus (Max Weber) steht. Um diesen Unterschied zu verdeutlichen, lohnt sich ein kurzer Blick auf die Schulmedizin. Sie steht in der okzidentalen Kulturtradition, beansprucht aber generelle Gültigkeit für alle menschlichen Wesen, unabhängig davon, welcher Kultur diese Wesen angehören. Die Logik ist, dass die biologischen, chemischen und physikalischen Prozesse im menschlichen Körper, die von der Schulmedizin beschrieben und analysiert werden, für alle menschlichen Körper gelten, gleich welchem Kulturkreis die betroffenen Personen angehören. Der Gegenstand der Schulmedizin ist der menschliche Körper, der Gegenstand des Paradigmas der menschlichen Grundverfassung ist das System.

Unsere These ist, dass aus der unbelebten und belebten Natur sowie aus dem Handlungssystem immer wieder Gesundheitsrisiken für Körper und Geist entstehen können. Der untergründige Haupttreiber dieser Gesundheitsrisiken, aber auch der vor sie schützenden Ressourcen, ist hierbei die kulturelle Grundprogrammierung, die sich aus dem System der Letztorientierung speist.

4.3 Gesundheitsrisiken aus dem System der Letztorientierung: „Weltbeherrschung" als riskante und zugleich nützliche Grundprogrammierung

Das System der Letztorientierung (telisches System) liefert die Grundprogrammierung für das Handeln der Menschen (Handlungssystem). In der jüdisch-christlichen Kulturtradition gehört z. B. die rationale Weltbeherrschung zum zentralen kulturellen Programm (Schluchter 1980; Weber 1988). Im Rahmen dieser Kulturtradition gibt es gewissermaßen einen Auftrag zur Beherrschung der Welt („Macht euch die Erde untertan"). Diese kulturelle Grundprogrammierung hat nicht nur Auswirkungen auf das Handeln der Menschen, sondern auch auf Nutzung – sprich Ausbeutung – der physikalisch-chemischen Umwelt und der Welt der pflanzlichen, tierischen und menschlichen Organismen. Der wichtige und problematische Aspekt dabei ist, dass das System der Letztorientierung extrem dauerhaft, veränderungsresistent und so tief kulturell verankert ist, dass es über die Jahrzehnte, wenn nicht Jahrhunderte hinweg kaum grundlegenden Veränderungen unterliegt. Damit legt es die **langfristige Linie menschli-** **cher Kulturentwicklung** als Grundkonstante fest (Schluchter 1980).

Das kulturelle Programm der Weltbeherrschung hat dazu geführt, dass wir durch Nutzung von medizinischem und technischem Wissen weit mehr als in der frühen Menschheitsgeschichte **Gesundheit** schützen und wiederherstellen können. Dieses Programm hat aber auch – beginnend spätestens im vorletzten Jahrhundert – dazu geführt, dass das Handeln der Menschen zu einer Gefährdung der physikalisch-chemischen Grundlagen des Lebens führte und damit zur Gefährdung des Lebens selbst. Das Programm der Weltbeherrschung ist der entscheidende Hintergrundfaktor für Wirtschaftswachstum (Pfeil 1, ◘ Abb. 4.1) und in der negativen Folge von Umweltverschmutzung und Klimaerwärmung (Pfeil 2, ◘ Abb. 4.1). Selbst die Bewegung der Klimaretter:innen (z. B. „Fridays for future") ist von diesem Kulturprogramm geprägt, weil sie davon ausgehen, dass Klimaveränderungen beherrschbar sind und eine ökologisch geprägte Beherrschung des menschlichen Verhaltens und der Technik einfordern (Marotzke 2017). Über das Vordringen der kapitalistischen Wirtschaftsweise in die nicht-westlichen Zivilisationen hat sich das Programm der Weltbeherrschung auch in anderen Kulturen allmählich ausgebreitet und kann aus unserer Sicht – zumindest in kapitalistisch orientierten Gesellschaften – inzwischen als kulturübergreifendes Programm angesehen werden.

4.4 Gesundheitsrisiken aus der physikalisch-chemischen Welt

Zukünftige Gesundheitsrisiken aus der physikalisch-chemischen Welt können einerseits **natürlichen** und andererseits **anthropogenen Ursprungs** sein (Kaufmann et al. 2011; Rosenzweig et al. 2008). Diese Gesundheitsrisiken können sich auf den menschlichen Organismus, aber auch auf die Pflanzen- und Tierwelt auswirken (Pfeile 3 und 4, ◘ Abb. 4.1).

Zu den „natürlichen" Naturereignissen, die also weder direkt noch indirekt menschenbedingt sind, zählen Erdbeben, Vulkanausbrüche, Lawinen und Monsterwellen etc. (Glade und Richard 2001; Schwanke et al. 2009). Andererseits gibt es auch Naturphänomene, die direkt oder indirekt menschengemacht sind, wie z. B. der CO_2-bedingte Klimawandel mit seinen Begleiterscheinungen wie Hitzeperioden, Wassermangel und Überschwemmungen (Jaccard 2019; Bunz und Mücke 2017; Nikendei et al. 2020). Während bei den Naturereignissen Gesundheitsrisiken durch Naturgewalteinwirkungen im Zentrum stehen, rückt bei menschenbedingten Naturphänomenen eine ganze Bandbreite von Gesundheitsproblemen in den Blickpunkt, wie z. B. Hitzetod, Verdursten, Mangelernährung durch Ernteausfälle und Verschärfung chronischer Erkrankungen (Kaspar-Ott et al. 2020). Es handelt sich dabei um Risiken, die vornehmlich den menschlichen Körper direkt gefährden, und zwar vor allem den geschwächten, vulnerablen Körper (Pfeil 3, ◘ Abb. 4.1).

4.5 Gesundheitsrisiken aus der biologischen Welt

Betrachten wir die organische Welt, so unterscheiden wir die pflanzliche Welt von der Tierwelt und diese wiederum von der Welt der menschlichen Körper. Die Pflanzen- und Tierwelt ist für Körper und Psyche des Menschen in erster Linie ein Reservoir an Ressourcen und erst in zweiter Linie eine Quelle für Gesundheitsrisiken (Pfeile 5 und 6, ◘ Abb. 4.1). Da diese beiden Welten aus autopoietischen Systemen bestehen, aus Systemen also, die sich selbst (re-)produzieren (Varela et al. 1974), gehen von dieser Welt – eher zufallsbedingt (z. B. durch Mutationen) – von Zeit zu Zeit natürliche (nicht-menschenbedingte) Gefahren aus. Weitere Gesundheitsrisiken können sich besonders durch menschengemachte Veränderungen in der Pflanzen- und Tierwelt ergeben (Berger 2007; Müller-Lindenlauf et al. 2013). Diese Eingriffe des Menschen können sich auf die **Quantität und Qualität** der pflanzlichen und tierbedingten Risiken auswirken.

4.5.1 Gesundheitsrisiken aus der pflanzlichen Welt

Quantitativ bedingte pflanzliche Gesundheitsrisiken können für den menschlichen Körper entstehen (Pfeil 5, ◘ Abb. 4.1), wenn wichtige pflanzliche Ressourcen durch Menschenhand abgebaut werden, wie es z. B. bei der Abholzung der klimaschützenden tropischen Regenwälder zwecks extensiver landwirtschaftlicher Nutzung der Fall ist (z. B. Palmöl in Indonesien; Pichler et al. 2017). Ein Beispiel für eine indirekte Wirkung ist die Verringerung des Bienenbestandes durch die Nutzung von Pestiziden in der Landwirtschaft (Ali et al. 2021). Die Nutzung von Pestiziden erlaubt es einerseits, die Weltbevölkerung zu ernähren, hat aber andererseits auch z. T. massive negative gesundheitliche Folgen für die Menschen (Ali et al. 2021; von Philipsborn et al. 2020; Kim et al. 2017).

4.5.2 Gesundheitsrisiken aus der Tierwelt

Aus der Tierwelt können sich ebenfalls Gesundheitsrisiken ergeben (Pfeil 5, ◘ Abb. 4.1). Ein wichtiges natürliches Gesundheitsrisiko der Tierwelt stellen die Zoonosen dar, wozu auch SARS-COV-2 bzw. COVID-19 gehört. **Zoonosen** sind „Infektionskrankheiten, die von Bakterien, Parasiten, Pilzen, Prionen oder Viren verursacht und wechselseitig zwischen Tieren und Menschen übertragen werden können" (Bundesinstitut für Risikobewertung (BfR) 2021). Zu den Mechanismen berichtet das BfR: „Nahezu zwei Drittel aller bekannten [...] Erreger, die beim Menschen eine Krankheit auslösen können [,] werden vom Tier zum Menschen weitergegeben. [...] Durch schnelles Bevölkerungswachstum, zunehmende Mobilität, veränderte Tierzucht und -haltung sowie Klimaveränderungen gewinnen Zoonosen immer mehr an Bedeutung" (Bundesinstitut für Risikobewertung (BfR) 2021). Neuere Erkenntnisse weisen darauf hin, dass Zoonosen zukünftig eine noch größere Rolle im Portfolio der menschlichen Gesundheitsrisiken spielen werden (Bauerfeind et al. 2015; Cunningham et al. 2017; McArthur 2019).

Eine Reihe von tierbedingten Gesundheitsrisiken geht darauf zurück, dass es entweder **zu viele oder zu wenig Tiere** gibt (quantitativ bedingte Gesundheitsrisiken). Ein Gesundheitsrisiko ist dann gegeben, wenn es zu wenig Nutztiere gibt, also ein Mangel an Nahrungsressourcen und damit an tierischer Nahrung herrscht. Gibt es zu viele Nutztiere und ist damit ein zu hoher Nutzviehbestand gegeben, so wirkt sich das zum Beispiel negativ auf das Klima (CO_2) aus (Müller-Lindenlauf et al. 2013; Frei et al. 2011; Lemke 2011). Es gibt auch tierbedingte Gesundheitsrisiken, die indirekt auf den Menschen zurückgeführt werden können: Die anthropogene Erderwärmung führt zum Beispiel dazu, dass Mücken und Zecken in Regionen vordringen, in denen sie bisher nicht heimisch waren. Dadurch können Krankheiten wie das Zika-Fieber, Dengue-Fieber und Borreliose in Regionen auftreten, die bisher davon verschont waren (Hemmer et al. 2018).

Im Gegensatz dazu können qualitativ bedingte pflanzliche und tierische Gesundheitsrisiken entweder natürlich entstehen oder dann, wenn die Qualität der Pflanzen oder der Tiere durch den Menschen verändert wird (Burchardt et al. 2017; Luger et al. 2017). **Gentechnisch** veränderte Pflanzen sollen unter anderem das Problem der Übervölkerung lösen (Tyczewska et al. 2018). Ob Nahrung aus gentechnisch veränderten Pflanzen und Tieren die Gesundheit der Menschen gefährdet, ist immer noch eine offene und strittige Frage und bedarf zur Klärung noch intensiverer Forschung (Tsatsakis et al. 2017; Jany und Kiener 2002; Dona und Arvanitoyannis 2009).

4.5.3 Gesundheitsrisiken aus dem menschlichen Organismus

Der menschliche Organismus ist für den Menschen selbst natürlich in erster Linie eine „lebenswichtige" Ressource. Im Fall von Krankheiten wird der menschliche Organismus jedoch selbst zu einem Gesundheitsrisiko. Neben den Gesundheitsrisiken, die sich aus dem eigenen Körper ergeben, gibt es Gesundheitsrisiken, die sich aus dem Körper anderer Menschen ergeben.

Bei den Gesundheitsrisiken, die sich aus dem menschlichen Körper ergeben, handelt es sich um alle Formen von Krankheiten, die **im Körper selbst** entstehen. Beispiele hierfür sind Krebs und die Autoimmunerkrankungen. In diesen Fällen wird der Körper zum Feind des Körpers (Pfeil 7, ◘ Abb. 4.1) oder des Geistes (Pfeil 8, ◘ Abb. 4.1) (Richter 2016; Oberhofer 2016). Der medizinische Fortschritt ermöglicht ein höheres Alter, beschleunigt den demographischen Wandel und beeinflusst die Prävalenz von (chronischen) Krankheiten (Hintzpeter et al. 2011). Gesundheitsrisiken, die von anderen menschlichen Körpern ausgehen, sind vor allem die übertragbaren Krankheiten. Das aktuellste Beispiel hierfür ist die Übertragung des SARS-COV-2-Virus von Mensch zu Mensch (Salzberger et al. 2020; Müller et al. 2020). In diesem Fall ist – in Abwandlung eines Zitats von Hobbes (Hespe 2011) – der fremde menschliche Körper dem menschlichen Körper ein Feind. Man kann das SARS-COV-2-Virus auch als soziobiologisches Risiko bezeichnen, da Biologie und Soziales zusammenwirken (Schrappe et al. 2020).

Auch ohne biologische Ansteckung kann der Organismus Mensch anderen menschlichen Organismen zur Bedrohung werden. Dies ist bei dem Gesundheitsrisiko der Überbevölkerung der Fall. Eine hohe Bevölkerungsdichte kann je nach Region zu Nahrungsmittelknappheit, Abholzung der Wälder, Umweltverschmutzung, Migration und einer Zurückdrängung der Tierwelt führen (vgl. Pfeile 9 und 10, ◻ Abb. 4.1) (Pimentel 2012; Turyagyenda 1964; Eyo und Ogo 2013; Bundeszentrale für politische Bildung 2020). Eine hohe Bevölkerungsdichte in urbanen Zentren kann auch – Stichwort: Crowding Stress (Epstein 1981) – zur Beeinträchtigung der Psyche und des Wohlbefindens führen (Pfeile 8 und 15, ◻ Abb. 4.1) (Engelniederhammer et al. 2019; Pykett et al. 2020). Durch das Bevölkerungswachstum wird auch die Anzahl potenzieller Virenüberträger:innen steigen. So wird das durch die Überbevölkerung erzwungene Zurückdrängen der Tierwelt von manchen Wissenschaftler:innen dafür verantwortlich gemacht, dass die Zoonosen zunehmend zu einer Gefahr für den Menschen werden (Panknin 2020; Bauerfeind et al. 2015). Manche Autor:innen stellen gar die provokante Frage, ob im Überbevölkerungsfall die Menschheit nicht an sich selbst erstickt (Weller 2018).

4.6 Gesundheitsrisiko: menschliches und zwischenmenschliches Handeln

Das Handlungssystem, also die Kombination aller menschlichen und zwischenmenschlichen Handlungen, besteht wie das Weltsystem ebenfalls aus vier Grundkomponenten, die als Quelle zukünftiger Gesundheitsrisiken infrage kommen. Dies sind die sozio-kulturelle, die soziale, die verhaltensbezogene und die psychische Welt.

4.6.1 Gesundheitsrisiken aus der sozio-kulturellen Welt

Unter sozio-kultureller Welt verstehen wir hier in Anlehnung an Habermas das gemeinsame Reservoir an Wissen, Werten und Symbolen einer Gesellschaft oder Gemeinschaft, die dem sozialen Handeln der Menschen zugrunde liegen (Habermas 1984, 1987). Die sozio-kulturelle Welt kann zur gesundheitlichen Bedrohung werden, wenn die Werte selbst gesundheitsgefährdenden Charakter oder ebensolche Konsequenzen haben (z. B. menschenverachtende Werte; Gesundheit als untergeordneter Wert) oder wenn sich die sozio-kulturelle Welt in Subkulturen mit jeweils eigenen Wertsystemen aufspaltet und es zu Wertekonflikten zwischen den Subkulturen kommt. Die sozio-kulturelle Welt kann in diesem zweiten Fall zu einem Gesundheitsrisiko werden (Pfeile 12 und 13, ◻ Abb. 4.1), wenn es einen **Clash der Kulturen** (Hermida und Thurman 2008) oder der Zivilisationen gibt (Huntington 2000; Inglehart und Norris 2003; Rüsen 2007). Daraus können sich auf nationaler und regionaler Ebene Kriege, Terrorakte oder soziale Exklusion und auf Unternehmensebene Schwierigkeiten bei der Zusammenarbeit von Personen aus unterschiedlichen Kulturen ergeben (Irvine et al. 2002; Croissant et al. 2009; Robertson-von Trotha 2009). Globalisierung und Migration werden – aus unserer Sicht – die Wahrscheinlichkeit eines Clashs der Kulturen mittelfristig eher erhöhen als vermindern (Pfeil 14, ◻ Abb. 4.1) (Huntington 2000; Inglehart und Norris 2003; Rüsen 2007). Die gesundheitlichen Folgen eines Clashs der Kulturen reichen von psychischen Schäden durch soziale Exklusion kultureller Minderheiten bis hin zu körperlichen Schäden im Rahmen von Terrorakten. Die sozio-kulturelle Umwelt kann auch dann zum Gesundheitsrisiko werden, wenn sich daraus Bedingungen ergeben, die den Zugang zu Gesundheitsinformationen sowie die Inanspruchnahme von medizinischer Versorgung beeinträchtigen. Dies ist z. B. bei Sprachbarrieren gegeben (Bermejo et al. 2012; Siebert et al. 2020). Bereits vor der COVID-19-Pandemie zeigten Studien, dass Migrant:innen gesundheitsbezogene Leistungen, wie beispielsweise medizinische Rehabilitation oder Früherkennungsuntersuchungen bei Kindern, seltener in Anspruch nehmen (Breckenkamp et al. 2021; Kamtsiuris et al. 2007). Obwohl nationenübergreifende Aussagen aufgrund der heterogenen

Datenlage schwierig sind, gibt es zum Beispiel auch Hinweise, dass Migrant:innen ein erhöhtes Infektions- und Todesrisiko durch COVID-19 aufweisen (Laczko 2021). Dieses erhöhte Infektionsrisiko hängt teils mit den besonderen Lebens- und Arbeitsbedingungen der Migrant:innen zusammen und tritt auch in Ländern mit höherem Pro-Kopf-Einkommen auf (Hintermeier et al. 2020; Hayward et al. 2020).

Ein weiterer relevanter Trend innerhalb der sozio-kulturellen Welt ist der **Individualisierungstrend**. Er hat frühestens mit der Industrialisierung eingesetzt. Merkmale dieses Trends sind der Wandel von der Fremd- zur Selbstbestimmung und das Zurückdrängen der vorbestimmten Normalbiographie zugunsten der Wahlbiographie (Beck und Beck-Gernsheim 1994; Beck 1983; Dahrendorf 1994; Ewinger et al. 2016; Huinink und Wagner 1998). Der Individualisierungstrend eröffnet den Menschen viele Freiräume, setzt aber auch den Einzelnen erheblich unter Druck, denn die Individuen müssen sich in der individualisierten Welt ihre Existenz selbst „zusammenbasteln" (Hitzler und Honer 1994) und sind dann auch selbst schuld, wenn dieses Basteln nicht zu einem zufriedenstellenden Ergebnis führt. Da der Trend zur Individualisierung noch nicht zu einem Ende gekommen ist (Kron und Horácek 2009; Berger 2020), wird die Individualisierung als Teil des sozialen Wandels auch in Zukunft ein Quell des Handlungsspielraums, aber auch ein Quell für Belastungen sein (Pfeil 12, ◘ Abb. 4.1). Der Zwang zur Selbstorganisation und Selbstregulierung in der Arbeitswelt macht nicht jedem Arbeitenden Freude (Kuhl 2010; Scholz-Reiter et al. 2007; Holler et al. 2005; Au 2017; Geramanis und Hutmacher 2020; Kaudela-Baum und Altherr 2020). Single-Haushalte und Vereinsamung sind weitere Phänomene der Individualisierung (Holtbernd 2018; Szypulski 2008). Diese Phänomene könnten durch den Homeoffice-Trend verstärkt werden (Seinsche et al. 2020; Neumann et al. 2020). Somit kann der Trend zu mehr Individualisierung für viele Menschen eine Erweiterung des Handlungsspielraums mit sich bringen, für manch andere Menschen aber kann dies auch eine Zumutung darstellen (Esch 2003; Schroer 2010). Eine weitere potenzielle Folge der Individualisierung ist die interessierte Selbstgefährdung, also ein Verhalten, bei dem man des beruflichen Erfolgs wegen die eigene Gesundheit bewusst oder unbewusst gefährdet (Krause 2015; Krause et al. 2014).

4.6.2 Gesundheitsrisiken aus der sozialen Welt

Die Gesundheitsrisiken aus der sozialen Welt sind Risiken, die sich aus dem **sozialen System** ergeben. Diese sind mannigfach, daher können wir diese hier nur ansatzweise benennen.

Ein großer Teil der Gesundheitsrisiken der sozialen Welt geht in der Zukunft – aus unserer Perspektive – vom **Wirtschaftssystem** aus (Pfeile 15 und 16, ◘ Abb. 4.1). Altbekannte Risiken und Ressourcen stellen die Globalisierung der Wirtschaft, die internationale Arbeitsteilung, das Wirtschaftswachstum und die mit der Globalisierung verbundenen Risiken dar. Zu diesen Globalisierungsrisiken zählen z. B. mobilitätsbedingte Belastungen, Lieferengpässe bei Medikamenten in Krisenzeiten, gesundheitsgefährdende Arbeitslosigkeit durch Verlagerung der Produktion in Drittländer, Verbreitung von Viren durch Reisetätigkeit sowie Burnout durch Reisebelastungen (Nollmann und Strasser 2008). Diese Globalisierungsrisiken haben auch Auswirkungen auf die Arbeit selbst (Bhagat et al. 2016). Hinzu kommt die fortwährende Ökonomisierung der Arbeit mit einerseits positiven Folgen, wie z. B. Effizienzsteigerung, und andererseits negativen Folgen, wie z. B. Arbeits- und Leistungsverdichtung (Groß et al. 2010; Schimank und Volkmann 2017).

Ein weiterer Trend, der in der sozialen Welt zu beobachten ist, ist die Polarisierung der Arbeitswelt. So gibt es in den Industrieländern der westlichen Welt auf der einen Seite die Gewinner:innen der Globalisierung und auf der anderen Seite die Verlierer:innen dieser Entwicklung, wie z. B. Arbeitslose und das Prekariat (Butschek 2016; Schimank und Volkmann 2017; Schmidt 2010). In den Entwicklungsländern gibt es ebenfalls Gewinner:innen und Verlierer:innen. Den Verlierer:innen in den Industrieländern (z. B. Arbeitslose) stehen die Gewinner:innen in den Entwicklungsländern gegenüber, die durch die Produktionsverlagerung Arbeit bekommen haben. Die Prekarisierung der Beschäftigten ist eine ernstzunehmende Zukunftsbedrohung in den Industrieländern, die nachgewiesenermaßen mit gesundheitlichen Beeinträchtigungen einhergeht (Pförtner et al. 2019).

Der Trend zur **Digitalisierung** reiht sich in diese ambivalenten Trends nahtlos ein. Die Digitalisierung kann Belastung und Ressource zugleich sein. Die Unternehmen werden nach der COVID-19-Pandemie genau überlegen müssen, welche Form der Kommunikation – Face-to-Face oder technisch vermittelt – für welche Aufgabe und Projektphase benötigt wird (Hollingshead et al. 1993; Ishii et al. 2019; Handke et al. 2019). Virtuelle Arbeit und virtuelle Führung werden wie die digitalen Skills zu den Themen der Zukunft gehören (Pfaff und Zeike 2017; Zeike et al. 2019a, b). Mit der Digitalisierung nehmen in unserer **Multioptionsgesellschaft** auch die Handlungsoptionen zu (z. B. Angebotsvielfalt im Internet) (Gross 1994, 2004). Hieraus resultieren Gesundheitsrisiken, die ihren Ursprung in Informationsüberflutung und Optionsstress haben. Unsere Informations- und Wissensgesellschaft leidet nicht unter zu wenig Informationen, sondern unter zu vielen Informationen (Pfaff et al. 2010; Pfaff 2013). Es entsteht ein neuer Stress, den wir als Optionsstress bezeichnen, also gewissermaßen der Stress der „Qual der Wahl" (Pfaff 2013; Zeike et al. 2019b). Ein weiterer Aspekt der Digitalisierung ist, dass sie den schon stattfindenden Wandel weg von der Präsenzkultur hin zur **Ergebniskultur** verstärkt. Dieser Trend war schon vor der COVID-19-Pandemie erkennbar und gewinnt durch die Pandemie noch an Fahrt. Die Gefahr besteht darin, dass nicht jede:r mit der höheren Autonomie und dem damit verbundenen Optionsstress gesund umgehen kann (Pfaff 2013). Die mit der Digitalisierung verbundene Formalisierung der Arbeitswelt führt außerdem – so unsere unbestätigte These – zum Rückgang der Face-to-Face-Kontakte und damit zu einem schleichenden Abbau des Sozialkapitals in den Unternehmen.

Der nächste Trend, den wir betrachten sollten, ist der Trend zur **VUCA**-Welt. Unter VUCA-Welt versteht man eine volatile (V), ungewisse (U), komplexe (C) und mehrdeutige (A) Welt (VUCA = Volatility, Uncertainty, Complexity, Ambiguity) (Rodriguez und Rodriguez 2015; Johansen 2007). Die VUCA-Welt zwingt Arbeiter:innen, Angestellte, Manager:innen und Bürger:innen dazu, Antworten auf die Frage zu finden, wie sie sich in dieser unsicheren Welt verhalten sollen. Die COVID-19-Pandemie hat dieses vierfache Problem nun exponentiell verstärkt. Man könnte von der „verunsicherten Gesellschaft" sprechen (Schrappe et al. 2020). Dieser VUCA-Trend und die daraus resultierenden Stressformen werden aufgrund der Digitalisierung und der Globalisierung weiter zunehmen. Unternehmen mit wenig organisationaler Resilienz werden weniger in der Lage sein, mit den VUCA-Anforderungen zurechtzukommen (Unkrig 2020). Dies könnte erhebliche Konsequenzen für die psychische Gesundheit der dort arbeitenden Menschen haben.

Ein weiterer Trend ist der Trend von der hierarchischen Organisation zur **Aushandlungsorganisation.** Wir befinden uns in einer Zeit, in der viele Organisationen nicht mehr rein hierarchisch geführt werden, sondern das Prinzip der Aushandlung von Regeln und Entscheidungen vorherrscht (Habermas 1984, 1987; Pfaff et al. 2009; Strauss 1978). Diese Bewegung hin zur Selbststeuerung und Aushandlung geht – trotz einiger „Rückzugsgefechte" der Zentralisierungs- und Hierarchieanhänger:innen – relativ konstant vonstatten. Auf der Basis dieses Selbststeuerungstrends kann aus unserer Sicht vorausgesagt werden, dass die direkte Führung durch den oder die Vorgesetzten (Hämmig 2017) tendenziell zurückgehen wird und der Aushandlungsstress zunehmen wird. Dieser ist bedingt durch den Mehraufwand, der mit der Aushandlung von Deutungen, Interpretationen, Lösungen und Entscheidungen einhergeht. Aushandlungsorganisationen bringen somit eine Reihe von neuen Stressformen mit sich, wie Optionsstress, Aushandlungsstress, Koordinationsstress und Kommunikationsstress (Pfaff et al. 2010; Pfaff 2013; Zeike et al. 2019b; Lehner et al. 2013). Diese relativ neuen Stressformen zu untersuchen, zu messen und zu gestalten wird eine der wichtigen Zukunftsaufgaben der Organisations- und Arbeitswissenschaften und der Organisationsentwicklung in den Betrieben sein.

4.6.3 Gesundheitsrisiken aus dem Verhalten der Menschen

Aus der Verhaltenswelt stammen mit die wichtigsten Gesundheitsrisiken (Pfeil 7, ◘ Abb. 4.1). Es gibt zwei große Bündel von Risikofaktoren für die Gesundheit: a) gesundheitsbeeinträchtigende Verhaltensweisen gegenüber Anderen und b) gesundheitsbeeinträchtigende Verhaltensweisen gegenüber sich selbst.

Bei der Klasse der gesundheitsbeeinträchtigenden **Verhaltensweisen gegenüber anderen Personen** geht es vor allem um a) Gewaltanwendung (Kraus et al. 2020; Melzer und Schubarth 2016; Knight und Hester 2016), b) Infektionen durch das Handeln Dritter (Hao et al. 2020; Jamrozik und Selgelid 2020), c) Stigmatisierung von Andersartigen und speziell von psychisch kranken Menschen (Lyndon et al. 2019; Knaak et al. 2017), d) Mobbing (Leymann 2013; Kessemeier et al. 2017) und e) Ausgrenzung von Minderheiten oder Einzelnen (Scherr 2017). Forschungsarbeiten deuten darauf hin, dass die Häufigkeit solcher Verhaltensweisen tendenziell zunimmt, wie im Fall des Mobbings (Nolden 2020) oder im Fall häuslicher Gewalt in der Pandemie (Fatke et al. 2020).

Bei der Klasse der **selbstgefährdenden Verhaltensweisen** handelt es sich einerseits um die Selbstgefährdung im Freizeitbereich (z. B. Ausübung von Extremsportarten) (Mei-Dan et al. 2012; Stroebe 2011; Oertel et al. 2009). Andererseits handelt es sich um die ganze Breite der gesundheitsschädlichen Verhaltensweisen, die zu chronischen Krankheiten führen können. Bei dem letzteren Faktorenbündel stehen klassische Risikofaktoren des Herz-Kreislauf-Systems im Zentrum des Interesses wie Rauchen, Bewegungsmangel, Fehlernährung und deren Folgen wie Übergewicht, Hypertonie etc. (Thefeld 2000; Daviglus und Stamler 2001; Zeiher et al. 2017). Auch Alkohol- und Tablettenmissbrauch gehören in diese Auswahl der prominenten selbstgefährdenden Verhaltensweisen (Atzendorf et al. 2019).

Wir wollen an dieser Stelle den Bewegungsmangel herausgreifen, weil er in Zukunft tendenziell an Bedeutung gewinnen wird („Sitzen ist das neue Rauchen"; Bischoff 2018). Die Digitalisierung der Lebens- und Arbeitswelt wird mit einer Reduktion der körperlichen Bewegung einhergehen (Thiemann et al. 2020; Rabast 2018). Für bisher Aktive entfällt z. B. die Fahrt zur Arbeit mit dem Fahrrad. Der Einkaufsbummel wird durch das Surfen im Internet verdrängt und die Städte werden durch das Ladensterben weniger attraktiv für einen Besuch (Christmann 2018). Dies ist auch deshalb relevant, weil die Datenlage immer deutlicher macht, dass Bewegungsmangel nicht nur ein Risikofaktor für Herz und Kreislauf darstellt (Thefeld 2000), sondern auch für Krebs (Baumann und Schüle 2008; Shaw et al. 2018; Liss et al. 2017; Moore et al. 2016; Ladwig et al. 2020) und chronische Lungenerkrankungen (Bischoff 2018). Gleichzeitig wird sich der schon lange in der Arbeitswelt vorhandene Trend des Zurückdrängens körperlicher Belastungen durch psychische Belastungen weiter fortsetzen: der Körper wird immer weniger gebraucht und der Kopf umso mehr (Siegrist 2015).

4.6.4 Gesundheitsrisiken aus der Psyche des Menschen

Auch die Psyche des Menschen kann Quelle von Gesundheitsrisiken sein. Zwei Klassen von Risikofaktoren sind hier zu nennen: a) Einstellungen, Überzeugungen, Denkweisen und Emotionen, die das Potenzial haben, die Gesundheit anderer Menschen zu schädigen, und b) Einstellungen, Überzeugungen, Denkweisen und Emotionen, die das Potenzial haben, die eigene Gesundheit zu schädigen (Pfeil 11, ◘ Abb. 4.1).

Zur ersten Klasse der psychischen Faktoren gehören stigmatisierende und ausgrenzende **Denkweisen, Einstellungen und Emotionen**. Zur zweiten Klasse der gesundheitsbeeinträchtigenden Denkweisen und Emotionen gehören Phänomene wie ein negatives **Selbstbild,** selbstwertschädigende **Ursachenzuschreibung,** geringe Selbstwirksamkeit, mangelnde Kontrollüberzeugung und Minderwertigkeitsgefühle (Abramson et al. 1978; Schwarzer 2004; Pearlin et al. 1981; Barysch 2016; Lemper-Pychlau 2015). Inwieweit diese Phänomene in Zukunft zunehmen, ist unklar und eine empirische Frage. Es kann jedoch angenommen werden, dass im Rahmen des Individualisierungsprozesses und des damit verbundenen Trends zur Selbstorganisation und Selbstregulation die Wahrscheinlichkeit der Überforderung und des Nicht-Erreichens von Zielen eher zu- als abnimmt. Solche Misserfolge können – bei entsprechender internaler Ursachenzuschreibung – sprichwörtlich „persönlich genommen werden" und zu Hilflosigkeitsgefühlen und Depression führen (Abramson et al. 1978).

4.7 Schutzmaßnahmen auf der Makro- und Mesoebene zur Erhöhung der Resilienz von Gesellschaft und Unternehmen

Die Darstellung der Gesundheitsrisiken, die aus den verschiedenen Subsystemen der Welt resultieren können, hat gezeigt, wie vielfältig die Wirkungen und Wechselwirkungen zwischen den Systemen sind. Die Risikofaktoren der physikalisch-chemischen und biologischen Welt reichen von Überbevölkerung, Klimawandel und Umweltverschmutzung bis hin zu der zunehmenden Gefahr der tierbedingten Infektionen (Zoonosen). Auf der Ebene des menschlichen Handelns bedingen Kultur, sozio-ökonomische Entwicklungen, Verhalten und Psyche des Menschen die zukünftigen Gesundheitsrisiken. Was kann nun die Gesellschaft dagegen tun, um die eigene Resilienz zu erhöhen? Und welchen Beitrag kann das BGM auf betrieblicher Ebene angesichts dieser großen Herausforderungen leisten?

Wichtige Schutzmaßnahmen auf der Makro-Ebene sind zum Beispiel internationale Vereinbarungen zur Bekämpfung des Klimawandels (Kurze 2020), der WHO-Hitzeaktionsplan (Grewe und Blättner 2020), Maßnahmen zur hitzeangepassten Stadtplanung (Hoeckner et al. 2020), Maßnahmen zur Verbesserung der Ernährung (Tyczewska et al. 2018), Aktionen zur Verringerung des CO_2-Ausstoßes (Jaccard 2019) oder die One-Health-Strategie (Bundesministerium für wirtschaftliche Zusammenarbeit und Entwicklung 2020), um nur einige Maßnahmen auf der Makroebene zu nennen.

Auf der Meso- und Mikroebene sind ebenfalls vielfältige Maßnahmen und Programme in den verschiedensten Lebenswelt-Settings denkbar. Der betriebliche Bereich ist darunter eines der wichtigen Settings (Bhagat et al. 2016). Hier spielt das Betriebliche Gesundheitsmanagement eine besondere Rolle. Im zukunftsfesten BGM wird aus unserer Sicht die

4.7 · Schutzmaßnahmen zur Erhöhung der Resilienz

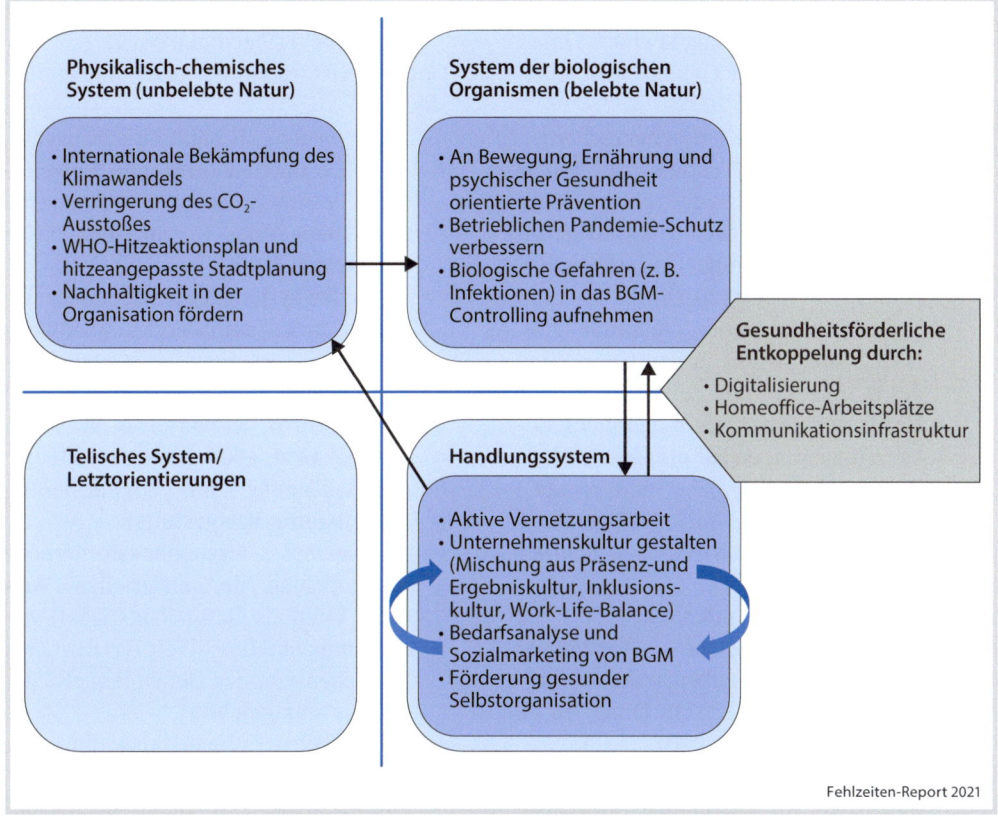

Abb. 4.2 Das Portfolio resilienzsteigernder Präventionsmaßnahmen

Bekämpfung der Gesundheitsrisiken aus dem Handlungssystem mit hoher Wahrscheinlichkeit ein zentrales Thema sein (Prinzing et al. 2019). Dies liegt daran, dass der unmittelbare Einfluss des BGM auf die soziale Handlungsebene größer ist als auf die (un-)belebte Natur. Hier sind größere Wirkeffekte zu erwarten. Große Wirkeffekte des BGM sind aber auch dort zu erwarten, wo es um die Bekämpfung der biologischen, chemischen und physikalischen Risiken geht, die von dem Betrieb selbst ausgehen. Hier ist der Arbeits- und Umweltschutz gefragt. Zusätzlich sollten Gesundheitsrisiken, die sich aus den Wechselwirkungen zwischen der physikalisch-chemischen Welt, der biologischen Welt und der sozialen Welt ergeben können (z. B. im Rahmen von Infektionspandemien), immer mitgedacht werden.

Aus dieser Gesamtperspektive heraus gewinnt der Begriff „Health & Safety", der sich in internationalen Konzernen zur Bezeichnung der Zusammenarbeit von betrieblicher Gesundheitsförderung und Arbeitsschutz durchgesetzt hat, symbolische Bedeutung. Die Bekämpfung zukünftiger Gesundheitsrisiken wird besonders dann gelingen, wenn man „Health & Safety" als eine Einheit und eine Strategie betrachtet. Im Rahmen einer so begriffenen „Health & Safety"-Strategie könnten aus unserer Sicht folgende Schutzmaßnahmen im Sinne eines Sechs-Punkte-Programms der Basis für eine bessere betriebliche Vorsorge vor zukünftigen Gesundheitsrisiken dienen (Abb. 4.2):

1. Soziale **Vernetzung vorantreiben:**
   Aktive Vernetzungsarbeit und Förderung der Partizipation im Betrieb zur Redukti-

on der digitalisierungsbedingten Einsamkeit und zur Verbesserung sozialer Unterstützung (Prusak und Cohen 2001; Baxheinrich und Henssler 2018).
2. Biophysikalische **Risiken beherrschen:**
   - Pandemie-Schutz verbessern mittels präventiver und kurativer betrieblicher Pandemiepläne (Bundesvereinigung Prävention und Gesundheitsförderung e. V. (bvpg) 2020)
   - Aufnahme der neuen Gefahren (z. B. Hitze, Infektionen) in das Controlling des BGM (Pfaff und Zeike 2019)
   - Health & Safety fördern und menschliche Einwirkungen auf die Umwelt mitdenken („people, planet and profits") (Al-Minhas et al. 2020; Millar 2013; Pham et al. 2020; Schulz und Schiffer 2018)
3. Das „B" im BGM **neu denken**:
   - Gesundheitsförderliche Gestaltung der Homeoffice-Arbeitsplätze (Mojtahedzadeh et al. 2021; Dittes et al. 2019; Lengen et al. 2020)
   - Digitale und materielle Rahmenbedingungen für gesundheitsförderliche Selbstorganisation schaffen (z. B. Verhältnisprävention im Homeoffice durch Verhaltensprävention) (Kaudela-Baum und Altherr 2020; Thiemann et al. 2020; Geramanis und Hutmacher 2020)
   - Gestaltung der (gesundheitlichen) Kommunikationsinfrastruktur als Antwort auf Options- und Informationsüberladung (Jecker und Huck-Sandhu 2020)
4. Unternehmenskultur **gestalten**:
   - Die richtige Mischung aus Präsenz- und Ergebniskultur finden (Seinsche et al. 2020; Neumann et al. 2020)
   - Die Work-Life-Balance im Rahmen des informellen Arbeitsvertrages systematisch und bedarfsgerecht aushandeln (Nitzsche et al. 2011; Institut für Betriebliche Gesundheitsberatung 2020)
   - Inklusionskultur schaffen, z. B. Entstigmatisierung psychischer Erkrankungen (Hasselmann et al. 2018; Schaff 2019) und Diversity Management („Vielfalt als Stärke") (Pietzonka 2019)
5. Gesundheitsförderung und Prävention **stärken**:
   - An Bewegung, Ernährung und psychischer Gesundheit orientierte Prävention im Betrieb konsequent, systematisch und datengestützt vorantreiben (Götz und Deimel 2013
   - Verstärkte systematische Bedarfsanalyse und darauf aufbauendes Sozialmarketing zur Förderung der breiten Inanspruchnahme von BGM-Maßnahmen (Heindl 2016; Kilpatrick et al. 2017; Robroek et al. 2009; Lier et al. 2019)
6. Entmaterialisierung und Digitalisierung gesundheitsförderlich **gestalten**:
   - Allgemein: Gesundheitsförderliche Entkoppelung der materiellen Welt (z. B. Viren als Gesundheitsrisiko) von der immateriellen Welt (z. B. „Den Menschen von der Gefahrenquelle der Materie entkoppeln")
   - Arbeitswelt: Entmaterialisierung der Arbeitswelt als (implizite) Entkoppelungsstrategie, z. B. durch Digitalisierung und Homeoffice (z. B. „Betriebliche Prozesse vom Körper unabhängig machen")

4.8 Schlussfolgerungen

Die COVID-19-Pandemie hat den Blick darauf gelenkt, dass es Zukunftsrisiken gibt, die erhebliche Auswirkungen auf Gesellschaft, Unternehmen und Menschen haben können. Die sich darauf beziehenden Ausgangsfragen dieses Beitrags waren: Auf welche Gesundheitsrisiken müssen sich Gesellschaft und Organisationen in Zukunft einstellen? Kann das Betriebliche Gesundheitsmanagement einen Beitrag zur Senkung eines Teils dieser Gesundheitsrisiken leisten? Wir haben in diesem Beitrag aufgezeigt, dass es vier große Quellen für Gesundheitsrisiken gibt. Diese ergeben sich aus dem telischen System, dem physikalisch-chemischen System, den biologischen Systemen und dem Handlungssystem sowie aus Wechselwirkungen zwischen diesen Systemen. Parsons' Modell der menschlichen Grundverfassung erweist sich hier als nützlich, weil es Ordnung in die Vielfalt der Gesundheitsrisiken bringt. Wir haben aufgezeigt, dass das System der Letztorientierung als Grundkonstante menschlicher Kulturentwicklung äußerst veränderungsresistent ist. Während die Kultur das Individuum über Werte und Normen direkt und schnell beeinflusst, verändert das Individuum die Kultur nur sehr langsam. Eine pessimistische Auffassung in der Soziologie geht davon aus, dass es Generationen braucht, um grundlegende kulturelle Werte und Orientierungen zu ändern. Was jedoch aus Sicht der Soziologie relativ schnell geändert werden kann, sind die Regeln und Normen innerhalb der sozialen Welt, also in Wirtschafts- und Verwaltungsorganisationen. Hier sind Gestaltungschancen vorhanden, die genutzt werden sollten. Ein solcher Normwandel in der sozialen Welt kann auf Dauer einen Wertewandel auf der Kulturebene auslösen. Dieser Kulturwandel könnte dann über Generationen und Jahrhunderte hinweg auch das System der Letztorientierungen etwas verändern. Ein wesentliches Fazit dieser Ausarbeitung ist, dass wir uns daran gewöhnen müssen, dass ein großer Teil der Gesundheitsrisiken der Zukunft aus der immateriellen, sozialen und kulturellen Welt kommt, ein Teil aber auch aus der materiellen Welt stammen kann (z. B. Infektionen durch Viren). Die Gesundheitsrisiken aus der unbelebten und belebten Natur wird man daher ebenfalls im Auge behalten müssen. Ob eine tendenzielle Entkoppelung von der materiellen Welt helfen kann, diese materiellen Gesundheitsrisiken besser zu beherrschen, wird sich erst in Zukunft zeigen.

Literatur

Abramson LY, Seligman MEP, Teasdale JD (1978) Learned helplessness in humans: critique and reformulation. J Abnorm Psychol 87:49–74

Ali S, Ullah MI, Sajjad A, Shakeel Q, Hussain A (2021) Environmental and health effects of pesticide residues. In: Inamuddin AMI, Lichtfouse E (Hrsg) Analysis. Sustainable agriculture reviews 48: pesticide occurrence, analysis and Remediation, Bd. 2. Springer, Cham, S 311–336

Al-Minhas U, Ndubisi NO, Barrane FZ (2020) Corporate environmental management. MEQ 31:431–450. https://doi.org/10.1108/MEQ-07-2019-0161

Atzendorf J, Rauschert C, Seitz NN, Lochbühler K, Kraus L (2019) The use of alcohol, tobacco, illegal drugs and medicines – an estimate of consumption and substance-related disorders in Germany. Dtsch Arztebl Int 116:577–584. https://doi.org/10.3238/arztebl.2019.0577

von Au C (Hrsg) (2017) Struktur und Kultur einer Leadership-Organisation: Holistik, Wertschätzung, Vertrauen, Agilität und Lernen. Springer, Wiesbaden

Barysch KN (2016) Selbstwirksamkeit. In: Frey D (Hrsg) Psychologie der Werte. Springer, Berlin Heidelberg, S 201–211

Bauerfeind R, von Graevenitz A, Kimmig P, Schiefer HG, Schwarz TF, Slenczka W, Zahner H (Hrsg) (2015) Zoonoses. Infectious diseases transmissible between animals and humans. ASM Press, Washington, DC

Baumann FT, Schüle K (2008) Bewegungstherapie als supportive und präventive Maßnahme in der Onkologie. In: Baumann F, Schüle K (Hrsg) Bewegungstherapie und Sport bei Krebs. Leitfaden für die Praxis. Dt. Ärzte-Verl, Köln, S 21–31

Baxheinrich A, Henssler O-T (2018) Auf dem Weg zum BGM 4.0: Verknüpfung der analogen und digitalen Welt – Chancen und Grenzen für das Betriebliche Gesundheitsmanagement. In: Matusiewicz D, Kaiser L (Hrsg) Digitales Betriebliches Gesundheitsmanagement. Springer, Wiesbaden, S 301–311

Beck U (1983) Jenseits von Stand und Klasse? Soziale Ungleichheiten, gesellschaftliche Individualisierungsprozesse und die Entstehung neuer sozialer Formationen und Identitäten. In: Kreckel R (Hrsg) Soziale Ungleichheiten. Schwartz, Göttingen, S 35–74

Beck U, Beck-Gernsheim E (Hrsg) (1994) Riskante Freiheiten. Individualisierung in modernen Gesellschaften. Suhrkamp, Frankfurt am Main

Berger S (2007) Die Auswirkungen des Klimawandels auf Pflanzen in unterschiedlichen Lebensräumen. Abh D Braunschw Wissenschaftl Ges 59:37–52

Berger P (2020) Individualisierung als Integration. In: Poferl A, Sznaider N (Hrsg) Ulrich Becks kosmopolitisches Projekt. Auf dem Weg in eine andere Soziologie. Nomos, Baden-Baden, S 106–122

Bermejo I, Hölzel L, Kriston L, Härter M (2012) Subjektiv erlebte Barrieren von Personen mit Migrationshintergrund bei der Inanspruchnahme von Gesundheitsmaßnahmen. Bundesgesundheitsblatt Gesundheitsforschung Gesundheitsschutz 55:944–953. https://doi.org/10.1007/s00103-012-1511-6

Bhagat RS, Segovis JC, Nelson TA (2016) Work stress and coping in the era of globalization. Routledge, New York

Bischoff A (2018) Gilt auch für COPD: Sitzen ist das neue Rauchen. MMW Fortschr Med 160:20. https://doi.org/10.1007/s15006-018-0461-9

Breckenkamp J, Dyck M, Schröder CC, Schönfeld S, du Prel J-B, Razum O, Hasselhorn HM (2021) Inanspruchnahme medizinischer Rehabilitation und Zugangsbarrieren bei Personen mit Migrationshintergrund – Ergebnisse der lidA-Kohortenstudie. Rehabilitation 60(01):11–20. https://doi.org/10.1055/a-1276-6811

Bundesinstitut für Risikobewertung (2021) Zoonosen: Gesundheitliche Bewertung. https://www.bfr.bund.de/de/zoonosen.html. Zugegriffen: 26. Jan. 2021

Bundesministerium für wirtschaftliche Zusammenarbeit und Entwicklung (2020) One Health – Gesundheit systematisch denken. https://www.bmz.de/de/mediathek/publikationen/reihen/infobroschueren_flyer/infobroschueren/sMaterialie530_gesundheit.pdf. Zugegriffen: 12. Febr. 2021

Bundesvereinigung Prävention und Gesundheitsförderung e. V. (2020) Interview: Prävention und Gesundheitsförderung – Schwerpunkt COVID-19 „Gesundheitsfördernde Strukturen sind auch in Krisenzeiten handlungsfähig". https://www.bvpgblog.de/blog/gesundheitsfoerdernde-strukturen-sind-auch-in-krisenzeiten-handlungsfaehig/. Zugegriffen: 29. Jan. 2021

Bundeszentrale für politische Bildung (2020) Folgen des Bevölkerungsanstiegs für die weltweiten Migrationsverhältnisse. https://www.bpb.de/gesellschaft/migration/kurzdossiers/168592/bevoelkerungswachstum-und-migration. Zugegriffen: 26. Jan. 2020

Bunz M, Mücke H-G (2017) Klimawandel – physische und psychische Folgen. Bundesgesundheitsblatt Gesundheitsforschung Gesundheitsschutz 60:632–639. https://doi.org/10.1007/s00103-017-2548-3

Burchardt H-J, Peters S, Weinmann N (Hrsg) (2017) Entwicklungstheorie von heute – Entwicklungspolitik von morgen. Nomos, Baden-Baden

Butschek F (2016) Wirtschaftswachstum – eine Bedrohung? Böhlau, Wien Köln Weimar

Christmann M (2018) Körperliche Aktivität in der modernen Arbeitswelt. In: Seiferlein W, Kohlert C (Hrsg) Die vernetzten gesundheitsrelevanten Faktoren für Bürogebäude. Die geplante Gesundheit. Springer Vieweg, Wiesbaden, S 163–170

Croissant A, Wagschal U, Schwank N, Trinn C (2009) Kulturelle Konflikte seit 1945. Nomos, Baden-Baden

Cunningham AA, Daszak P, Wood JLN (2017) One Health, emerging infectious diseases and wildlife: two decades of progress? Philos Trans Royal Soc London Ser B Biol Sci. https://doi.org/10.1098/rstb.2016.0167

Dahrendorf R (1994) Das Zerbrechen der Ligaturen und die Utopie der Weltbürgerschaft. In: Beck U, Beck-Gernsheim E (Hrsg) Riskante Freiheiten. Individualisierung in modernen Gesellschaften. Suhrkamp, Frankfurt am Main, S 421–436

Daviglus ML, Stamler J (2001) Major risk factors and coronary heart disease: much has been achieved but crucial challenges remain. J Am Coll Cardiol 38:1018–1022

Dittes S, Richter S, Richter A, Smolnik S (2019) Toward the workplace of the future: how organizations can facilitate digital work. Bus Horiz 62:649–661. https://doi.org/10.1016/j.bushor.2019.05.004

Dona A, Arvanitoyannis IS (2009) Health risks of genetically modified foods. Crit Rev Food Sci Nutr 49:164–175. https://doi.org/10.1080/10408390701855993

Engelniederhammer A, Papastefanou G, Xiang L (2019) Crowding density in urban environment and its effects on emotional responding of pedestrians: Using wearable device technology with sensors capturing proximity and psychophysiological emotion responses while walking in the street. J Hum Behav Soc Environ 29:630–646. https://doi.org/10.1080/10911359.2019.1579149

Epstein YM (1981) Crowding stress and human behavior. J Soc Issues 37:126–144. https://doi.org/10.1111/j.1540-4560.1981.tb01060.x

Esch T (2003) Stress, Anpassung und Selbstorganisation: Gleichgewichtsprozesse sichern Gesundheit und Überleben. Complement Med Res 10:330–341. https://doi.org/10.1159/000075887

Ewinger D, Ternès A, Koerbel J, Towers I (Hrsg) (2016) Arbeitswelt im Zeitalter der Individualisierung. Trends: Multigrafie und Multi-Option in der Generation Y. Springer, Wiesbaden

Eyo EO, Ogo UI (2013) Environmental implication of over population and rural-urban migration on development in Nigeria. Acad Res Int 4:261–271

Fatke B, Hölzle P, Frank A, Förstl H (2020) Psychische Probleme in der Pandemie – Beobachtungen während der COVID-19-Krise. Dtsch Med Wochenschr 145:675–681. https://doi.org/10.1055/a-1147-2889

Frei AG, Groß T, Meier T (2011) Es geht um die Wurst. Vergangenheit, Gegenwart und Zukunft tierischer Kost. In: Ploeger A, Hirschfelder G, Schönberger G (Hrsg) Die Zukunft auf dem Tisch. Analysen, Trends und Perspektiven der Ernährung von morgen. VS, Wiesbaden, S 57–75

Geramanis O, Hutmacher S (Hrsg) (2020) Der Mensch in der Selbstorganisation: Kooperationskonzepte für eine dynamische Arbeitswelt. Springer, Wiesbaden

Glade T, Richard D (2001) Gravitative Massenbewegungen – vom Naturereignis zur Naturkatastrophe. Z Geo- Umweltwissenschaften 145:42–53

Götz V, Deimel H (2013) Entwurf eines verhaltens- und bewegungsorientierten Präventionsprogramms zur Vorbeugung von Burnout im Kontext betrieblicher Gesundheitsförderung. B&G Bewegungstherapie Gesundheitssport 29:176–182

Grewe HA, Blättner B (2020) Systematischer Gesundheitsschutz bei Hitzeextremen. Public Health Forum 28:33–36. https://doi.org/10.1515/pubhef-2019-0123

Gross P (1994) Die Multioptionsgesellschaft. Suhrkamp, Frankfurt am Main

Gross P (2004) Zukunftsungewissheit. Management und Führung in der Multioptionsgesellschaft. In: Boyens WF (Hrsg) Jahrzehnte der Führung. 40 Jahre Egon Zehnder International. Egon Zehnder International, Düsseldorf, S 88–91

Groß EM, Gundlach J, Heitmeyer W (2010) Die Ökonomisierung der Gesellschaft. Ein Nährboden für Gruppenbezogene Menschenfeindlichkeit in oberen Status- und Einkommensgruppen. In: Heitmeyer W (Hrsg) Deutsche Zustände, Folge 9. Suhrkamp, Berlin, S 138–157

Habermas J (1984) The theory of communicative action. Volume one: reason and the rationalization of society. Beacon Press, Boston

Habermas J (1987) The theory of communicative action. Volume two: lifeworld and system: a critique of functionalist reason. Polity, Cambridge

Hämmig O (2017) Health and well-being at work: The key role of supervisor support. SSM – Popul Health 3:393–402. https://doi.org/10.1016/j.ssmph.2017.04.002

Handke L, Schulte E-M, Schneider K, Kauffeld S (2019) Teams, time, and technology: variations of media use over project phases. Small Group Res 50:266–305. https://doi.org/10.1177/1046496418824151

Hao X, Cheng S, Wu D, Wu T, Lin X, Wang C (2020) Reconstruction of the full transmission dynamics of COVID-19 in Wuhan. Nature 584:420–424. https://doi.org/10.1038/s41586-020-2554-8

Hasselmann O, Meyn C, Schröder J, Sareika C (2018) Gesundheit in der Arbeitswelt 4.0. In: Cernavin O, Schröter W, Stowasser S (Hrsg) Prävention 4.0. Springer, Wiesbaden, S 231–268

Hayward SE, Deal A, Cheng C et al (2020) Clinical outcomes and risk factors for COVID-19 among migrant populations in high-income countries: a systematic review. medrxiv. https://doi.org/10.1101/2020.12.21.20248475

Heindl S (2016) Noch viel Luft nach oben. Personalwirtschaft Sonderheft Betriebliches Gesundheitsmanagement 9:32–33

Hemmer CJ, Emmerich P, Loebermann M, Frimmel S, Reisinger EC (2018) Mücken und Zecken als Krankheitsvektoren: der Einfluss der Klimaerwärmung. Dtsch Med Wochenschr 143:1714–1722

Hermida A, Thurman N (2008) A clash of cultures: the integration of user-generated content within professional journalistic frameworks at British newspaper websites. Journalism Pract 2:343–356. https://doi.org/10.1080/17512780802054538

Hespe F (2011) Homo homini lupus – Naturzustand und Kriegszustand bei Thomas Hobbes. In: Jäger T, Beckmann R (Hrsg) Handbuch Kriegstheorien. VS, Wiesbaden, S 178–190

Hintermeier M, Gencer H, Kajikhina K, Rohleder S, Santos-Hövener C, Tallarek M, Spallek J, Bozorgmehr K (2020) SARS-CoV-2 among migrants and forcibly displaced populations: a rapid systematic review. medrxiv. https://doi.org/10.1101/2020.12.14.20248152

Hintzpeter B, List SM, Lampert T, Ziese T (2011) Entwicklung chronischer Krankheiten. In: Günster C, Altenhofen L (Hrsg) Versorgungs-Report 2011. Schwerpunkt: Chronische Erkrankungen. Schattauer, Stuttgart, S 3–28

Hitzler R, Honer A (1994) Bastelexistenz: über subjektive Konsequenzen der Individualisierung. In: Beck U, Beck-Gernsheim E (Hrsg) Riskante Freiheiten. Individualisierung in modernen Gesellschaften. Suhrkamp, Frankfurt am Main, S 307–315

Hoeckner H, Stecking M, Singer-Posern S (2020) KLIMPRAX Stadtklima: Ansätze für eine hitzeangepasste Stadtplanung. Public Health Forum 28:50–53. https://doi.org/10.1515/pubhef-2019-0100

Holler M, Fellner B, Kirchler E (2005) Selbstregulation, Regulationsfokus und Arbeitsmotivation. J Betriebswirtsch 55:145–168. https://doi.org/10.1007/s11301-005-0011-2

Hollingshead AB, McGrath JE, O'Connor KM (1993) Group task performance and communication technology: a longitudinal study of computer-mediated versus face-to-face work groups. Small Group Res 24:307–333

Holtbernd T (2018) Einsamkeit und Singularisierung: Ein kulturanalytischer Versuch. Int Z Philos Psychosom 2:1–12

Huinink J, Wagner M (1998) Individualisierung und die Pluralisierung von Lebensformen. In: Friedrichs J (Hrsg) Die Individualisierungs-These. VS, Wiesbaden, S 85–106

Huntington SP (2000) The clash of civilizations? In: Crothers L, Lockhart C (Hrsg) Culture and politics: a reader. Palgrave Macmillan, New York, S 99–118

Inglehart R, Norris P (2003) The true clash of civilizations. Foreign Policy. https://doi.org/10.2307/3183594

Institut für Betriebliche Gesundheitsberatung (2020) whatsnext2020 – Erfolgsfaktoren für gesundes Arbeiten in der digitalen Arbeitswelt. https://www.tk.de/resource/blob/2090400/

faed14b64a2793257941f2e9f12afda4/whatsnext-2020-data.pdf. Zugegriffen: 28. Jan. 2021

Irvine R, Kerridge I, McPhee J, Freeman S (2002) Interprofessionalism and ethics: consensus or clash of cultures? J Interprof Care 16:199–210. https://doi.org/10.1080/13561820220146649

Ishii K, Lyons MM, Carr SA (2019) Revisiting media richness theory for today and future. Hum Behav Emerg Tech 1:124–131. https://doi.org/10.1002/hbe2.138

Jaccard R (2019) Klimawandel als Herausforderung für Medizin und Gesundheitswesen. Bull Des Médecins Suisses 100:1312–1314

Jamrozik E, Selgelid MJ (2020) COVID-19 human challenge studies: ethical issues. Lancet Infect Dis 20:e198–e203. https://doi.org/10.1016/S1473-3099(20)30438-2

Jany KD, Kiener C (2002) Gentechnik und Lebensmittel. Gefährden gentechnisch modifizierte Lebensmittel unsere Gesundheit? Internist 43:840–846. https://doi.org/10.1007/s00108-002-0662-1

Jecker C, Huck-Sandhu S (2020) Von der Information zur Orientierung. Zur (neuen) Rolle der internen Kommunikation in Selbstorganisationen. In: Geramanis O, Hutmacher S (Hrsg) Der Mensch in der Selbstorganisation: Kooperationskonzepte für eine dynamische Arbeitswelt. Springer, Wiesbaden, S 351–371

Johansen B (2007) Get there early. Sensing the future to compete in the present. Berrett-Koehler, San Francisco

Kamtsiuris P, Bergmann E, Rattay P, Schlaud M (2007) Inanspruchnahme medizinischer Leistungen. Ergebnisse des Kinder- und Jugendgesundheitssurveys (KiGGS). Bundesgesundheitsblatt Gesundheitsforschung Gesundheitsschutz 50:836–850. https://doi.org/10.1007/s00103-007-0247-1

Kaspar-Ott I, Hertig E, Traidl-Hoffmann C, Fairweather V (2020) Wie sich der Klimawandel auf unsere Gesundheit auswirkt. Pneumo News 12:38–41

Kaudela-Baum S, Altherr M (2020) Freiheiten bewusst organisieren – oder: Wie führe ich eine Organisation in die Selbstorganisation? Ansatzpunkte autonomiefördernder Führung. In: Geramanis O, Hutmacher S (Hrsg) Der Mensch in der Selbstorganisation: Kooperationskonzepte für eine dynamische Arbeitswelt. Springer, Wiesbaden, S 125–141

Kaufmann RK, Kauppi H, Mann ML, Stock JH (2011) Reconciling anthropogenic climate change with observed temperature 1998–2008. Proc Natl Acad Sci 108:11790–11793. https://doi.org/10.1073/pnas.1102467108

Kessemeier F, Petermann F, de Vries U, Walter F, Stöckler C, Bassler M, Kobelt A (2017) Wie beeinflusst Mobbing im Beruf Arbeitsmotivation und die psychische Gesundheit? Z Psychiatr Psychol Psychother 65:241–249. https://doi.org/10.1024/1661-4747/a000327

Kilpatrick M, Blizzard L, Sanderson K, Teale B, Jose K, Venn A (2017) Barriers and facilitators to participation in workplace health promotion (WHP) activities: results from a cross-sectional survey of public-sector employees in Tasmania, Australia. Health Promot J Austr 28:225–232. https://doi.org/10.1071/HE16052

Kim K-H, Kabir E, Jahan SA (2017) Exposure to pesticides and the associated human health effects. Sci Total Environ 575:525–535. https://doi.org/10.1016/j.scitotenv.2016.09.009

Knaak S, Mantler E, Szeto A (2017) Mental illness-related stigma in healthcare: barriers to access and care and evidence-based solutions. Healthc Manage Forum 30:111–116. https://doi.org/10.1177/0840470416679413

Knight L, Hester M (2016) Domestic violence and mental health in older adults. Int Rev Psychiatry 28:464–474. https://doi.org/10.1080/09540261.2016.1215294

Kraus A-K, Schröder J, Nick S, Briken P, Richter-Appelt H (2020) Ressourcen von Betroffenen und psychosozialen Fachkräften im Kontext von organisierter und ritueller Gewalt. PTT Persönlichkeitsstörungen Theor Ther 24:241–254. https://doi.org/10.21706/ptt-24-3-241

Krause A (2015) Interessierte Selbstgefährdung – von der direkten zur indirekten Steuerung. Arbeitsmed Sozialmed Umweltmed 50:164–170

Krause A, Baeriswyl S, Berset M, Deci N, Dettmers J, Dorsemagen C, Meier W, Schraner S, Stetter B, Straub L (2015) Selbstgefährdung als Indikator für Mängel bei der Gestaltung mobil-flexibler Arbeit: Zur Entwicklung eines Erhebungsinstruments. Wirtschaftspsychologie 1:49–59

Kron T, Horácek M (2009) Individualisierung. transcript, Bielefeld

Kuhl J (2010) Individuelle Unterschiede in der Selbststeuerung. In: Heckhausen J, Heckhausen H (Hrsg) Motivation und Handeln. Springer, Berlin Heidelberg, S 337–363

Kurze K (2020) Die internationale Klimapolitik nach Paris: EU-Leadership auf dem Prüfstand. Z Außen Sicherheitspolitik 13:357–378. https://doi.org/10.1007/s12399-020-00827-4

Laczko F (2021) COVID-19 and migration in 2020: Five key trends. Migr Policy Pract 11(1):5–9

Ladwig K-H, Johar H, Kruse J, Henningsen P, Peters A, Atasoy S (2020) Seelische Gesundheit als Forschungsgegenstand in der MONICA-KORA-Studie. Z Psychosom Med Psychother 66:324–336. https://doi.org/10.13109/zptm.2020.66.4.324

Lemke H (2011) Klimagerechtigkeit und Esskultur – oder „Lerne Tofuwürste lieben!". In: Ploeger A, Hirschfelder G, Schönberger G (Hrsg) Die Zukunft auf dem Tisch. Analysen, Trends und Perspektiven der Ernährung von morgen. VS, Wiesbaden, S 167–185

Lehner BS, Jung J, Stieler-Lorenz B, Nitzsche A, Pomorin N, Pfaff H (2013) Is WDLR (Wish for Decision Latitude Reduction) linked to work engagement? An

Literatur

exploratory study among knowledge workers. Psychol Res 3(7):385–395

Lemper-Pychlau M (Hrsg) (2015) Erfolgsfaktor gesunder Stolz. Springer, Wiesbaden

Lengen JC, Kordsmeyer A-C, Rohwer E, Harth V, Mache S (2020) Soziale Isolation im Homeoffice im Kontext der COVID-19-Pandemie: Hinweise für die Gestaltung von Homeoffice im Hinblick auf soziale Bedürfnisse. Zentralbl Arbeitsmed Arbeitsschutz Ergon. https://doi.org/10.1007/s40664-020-00410-w

Leymann H (2013) Mobbing: Psychoterror am Arbeitsplatz und wie man sich dagegen wehren kann. Rowohlt, Hamburg (E-Book)

Lier LM, Breuer C, Dallmeyer S (2019) Organizational-level determinants of participation in workplace health promotion programs: a cross-company study. BMC Public Health 19:268. https://doi.org/10.1186/s12889-019-6578-7

Liss M, Natarajan L, Hasan A, Noguchi JL, White M, Parsons JK (2017) Physical activity decreases kidney cancer mortality. Curr Urol 10:193–198. https://doi.org/10.1159/000447180

Luger O, Tröstl A, Urferer K (2017) Gentechnik geht uns alle an! Ein Überblick über Praxis und Theorie. Springer, Wiesbaden

Lyndon AE, Crowe A, Wuensch KL, McCammon SL, Davis KB (2019) College students' stigmatization of people with mental illness: familiarity, implicit person theory, and attribution. J Ment Health 28:255–259. https://doi.org/10.1080/09638237.2016.1244722

Marotzke W (2017) Risikobeteiligung und Verantwortung als notwendige Machtkorrektive: Nachdenkliches zum Gesellschaftsrecht sowie zu Banken- und Umweltkrisen. Springer, Wiesbaden

McArthur DB (2019) Emerging Infectious Diseases. Nurs Clin N Am 54:297–311. https://doi.org/10.1016/j.cnur.2019.02.006

Mei-Dan O, Carmont MR, Monasterio E (2012) The epidemiology of severe and catastrophic injuries in BASE jumping. Clin J Sport Med 22:262–267. https://doi.org/10.1097/JSM.0b013e31824bd53a

Melzer W, Schubarth W (2016) Gewalt in der Schule und die Gesundheit von Schülerinnen und Schülern. Bundesgesundheitsblatt Gesundheitsforschung Gesundheitsschutz 59:66–72. https://doi.org/10.1007/s00103-015-2270-y

Millar JS (2013) The corporate determinants of health: how big business affects our health, and the need for government action! Can J Public Health 104:e327–e329. https://doi.org/10.17269/cjph.104.3849

Mojtahedzadeh N, Rohwer E, Lengen J, Harth V, Mache S (2021) Gesundheitsfördernde Arbeitsgestaltung im Homeoffice im Kontext der COVID-19-Pandemie. Zentralbl Arbeitsmed Arbeitsschutz Ergon. https://doi.org/10.1007/s40664-020-00419-1

Moore SC, Lee I-M, Weiderpass E et al (2016) Association of leisure-time physical activity with risk of 26 types of cancer in 1.44 million adults. JAMA Intern Med 176:816–825. https://doi.org/10.1001/jamainternmed.2016.1548

Müller O, Neuhann F, Razum O (2020) Epidemiology and control of COVID-19. Dtsch Med Wochenschr 145:670–674

Müller-Lindenlauf M, Zipfel G, Münch J, Gärtner S, Rettenmaier N, Paulsch D, Reinhardt G (2013) CO_2-Fußabdruck und Umweltbilanz von Fleisch aus Baden-Württemberg. https://www.ifeu.de/fileadmin/uploads/landwirtschaft/pdf/IFEU-MBW_Fleisch_Bericht_2013-final.pdf. Zugegriffen: 12. Febr. 2021

Münch R (1980) Talcott Parsons und die Theorie des Handelns II: Die Kontinuität der Entwicklung. Soziale Welt 31:3–47

Neumann J, Lindert L, Seinsche L, Zeike SJ, Pfaff H (2020) Homeoffice- und Präsenzkultur im öffentlichen Dienst in Zeiten der COVID-19-Pandemie. Universität zu Köln. https://kups.ub.uni-koeln.de/11744/. Zugegriffen: 11. Febr. 2021

Nikendei C, Bugaj TJ, Nikendei F, Kühl SJ, Kühl M (2020) Klimawandel: Ursachen, Folgen, Lösungsansätze und Implikationen für das Gesundheitswesen. Z Evid Fortbild Qual Gesundhwes 156-157:59–67. https://doi.org/10.1016/j.zefq.2020.07.008

Nitzsche A, Kallmeyer J, Hofmann A, Diener SE, Pfaff H (2011) Gestaltung der Balance von Flexibilität und Stabilität durch implizite Vereinbarungen in der Mikro- und Nanotechnologie-Industrie – GeMiNa –. Kennzahlenhandbuch. Institut für Medizinsoziologie, Versorgungsforschung und Rehabilitationswissenschaft (IMVR),, Köln

Nolden D (2020) Fast zwei Millionen Schülerinnen und Schüler sind in Deutschland von Cybermobbing betroffen. JMS 43:7. https://doi.org/10.5771/0170-5067-2020-6-7

Nollmann G, Strasser H (2008) Unternehmen im globalen Stress: Zum kulturellen Wandel sozialer Beziehungen. Sociol Int 46:49–68. https://doi.org/10.3790/sint.46.1.49

Oberhofer E (2016) Mein Rücken ist mein ärgster Feind. CME 13:24–25. https://doi.org/10.1007/s11298-016-5906-9

Oertel R, Walther A, Kirch W (2009) Sport als Gesundheitsprävention und Gesundheitsrisiko. Praev Gesundheitsf 4:240–244. https://doi.org/10.1007/s11553-009-0183-z

Panknin H-T (2020) Die Nähe zu Tieren birgt auch ein Risiko. ProCare 25:8–11. https://doi.org/10.1007/s00735-020-1278-1

Parsons T (1978) Action theory and the human condition. Free Press, New York

Pearlin LI, Menaghan E, Lieberman MA, Mullan JT (1981) The stress process. J Health Soc Behav 22:337–356

Pfaff H (2013) Optionsstress und Zeitdruck. In: Bundesanstalt für Arbeitsschutz und Arbeitsmedizin, Junghanns

G, Morschhäuser M (Hrsg) Immer schneller, immer mehr: Psychische Belastung bei Wissens- und Dienstleistungsarbeit. Springer VS, Wiesbaden, S 113–143

Pfaff H, Zeike S (2017) Digitalisierung von Arbeit und Gesundheit: ein Überblick. In: Knieps F, Pfaff H (Hrsg) Digitale Arbeit – Digitale Gesundheit. Zahlen, Daten, Fakten mit Gastbeiträgen aus Wissenschaft, Politik und Praxis. Medizinisch Wissenschaftliche Verlagsgesellschaft, Berlin, S 23–31

Pfaff H, Zeike S (Hrsg) (2019) Controlling im Betrieblichen Gesundheitsmanagement: Das 7-Schritte-Modell. Springer, Wiesbaden

Pfaff H, Kowalski C, Ommen O (2009) Modelle zur Analyse von Integration und Koordination im Versorgungssystem. In: Amelung VE, Sydow J, Windeler A (Hrsg) Vernetzung im Gesundheitswesen. Wettbewerb und Kooperation. Kohlhammer, Stuttgart, S 75–90

Pfaff H, Stieler-Lorenz B, Jung J, Nitzsche A, Lautenbach C (2010) Optionsstress in der Wissensarbeit. Wirtschaftspsychologie 12:29–37

Pförtner T-K, Pfaff H, Hower KI (2019) Trends in the association of different forms of precarious employment and self-rated health in Germany. An analysis with the German Socio-Economic Panel between 1995 and 2015. J Epidemiol Community Health 73:1002–1011. https://doi.org/10.1136/jech-2018-211933

Pham NT, Hoang HT, Phan QPT (2020) Green human resource management: a comprehensive review and future research agenda. IJM 41:845–878. https://doi.org/10.1108/IJM-07-2019-0350

von Philipsborn P, Wabnitz K, Sell K, Maintz E, Rehfuess E, Gabrysch S (2020) Klimapolitik als Chance für bessere Gesundheit. Public Health Forum 28:75–77. https://doi.org/10.1515/pubhef-2019-0128

Pichler M, Brad A, Schaffartzik A (2017) Räumliche Dynamiken und rohstoffbasierte Entwicklung in Südostasien: Das Beispiel der Palmölexpansion in Indonesien. In: Burchardt H-J, Peters S, Weinmann N (Hrsg) Entwicklungstheorie von heute – Entwicklungspolitik von morgen. Nomos, Baden-Baden, S 223–240

Pietzonka M (2019) Schlüsselkompetenzen zum Umgang mit sozialer Vielfalt für die Arbeitswelt 4.0 – Einordnung, Kennzeichnung und Messung. In: Hermeier B, Heupel T, Fichtner-Rosada S (Hrsg) Arbeitswelten der Zukunft. Wie die Digitalisierung unsere Arbeitsplätze und Arbeitsweisen verändert. Springer Gabler, Wiesbaden, S 477–496

Pimentel D (2012) World overpopulation. Environ Dev Sustain 14:151–152. https://doi.org/10.1007/s10668-011-9336-2

Prinzing G, Schröder J, König M (2019) BGM für die Arbeitsbedingungen der Zukunft – BGM 4.0. In: Kliner K, Rennert D, Richter M (Hrsg) Netzwerke(n) für Gesundheit. Medizinisch Wissenschaftliche Verlagsgesellschaft, Berlin, S 59–66

Prusak L, Cohen D (2001) How to invest in social capital. Harv Bus Rev 79:86–93

Pykett J, Osborne T, Resch B (2020) From urban stress to neurourbanism: how should we research city well-being? Ann Am Assoc Geogr 110:1936–1951. https://doi.org/10.1080/24694452.2020.1736982

Rabast U (Hrsg) (2018) Gesunde Ernährung, gesunder Lebensstil. Was schadet uns, was tut uns gut? Springer, Berlin Heidelberg

Richter A (2016) Das Immunsystem wird zum Feind. Pro-Care 21:16–17. https://doi.org/10.1007/s00735-016-0661-4

Robertson-von Trotha CY (2009) Die Dialektik der Globalisierung: Kulturelle Nivellierung bei gleichzeitiger Verstärkung kultureller Differenz. Universitätsverlag, Karlsruhe

Robroek SJW, van Lenthe FJ, van Empelen P, Burdorf A (2009) Determinants of participation in worksite health promotion programmes: a systematic review. Int J Behav Nutr Phys Act 6:26. https://doi.org/10.1186/1479-5868-6-26

Rodriguez A, Rodriguez Y (2015) Metaphors for today's leadership. VUCA world, millennial and "Cloud Leaders". J Mgmt Dev 34:854–866. https://doi.org/10.1108/JMD-09-2013-0110

Rosenzweig C, Karoly D, Vicarelli M, Neofotis P, Wu Q, Casassa G, Menzel A, Root TL, Estrella N, Seguin B, Tryjanowski P, Liu C, Rawlins S, Imeson A (2008) Attributing physical and biological impacts to anthropogenic climate change. Nature 453:353–357. https://doi.org/10.1038/nature06937

Rüsen J (2007) Kulturelle Identität in der Globalisierung – Über die Gefahren des Ethnozentrismus und die Chancen des Humanismus. In: Gunsenheimer A (Hrsg) Grenzen. Differenzen. Übergänge. transcript, Bielefeld, S 49–54

Salzberger B, Buder F, Lampl B, Ehrenstein B, Hitzenbichler F, Hanses F (2020) Epidemiologie von SARS-CoV-2-Infektion und COVID-19. Internist 61:782–788. https://doi.org/10.1007/s00108-020-00834-9

Schaff A (2019) Arbeit 4.0: Risiken für die psychische Gesundheit. In: Hermeier B, Heupel T, Fichtner-Rosada S (Hrsg) Arbeitswelten der Zukunft. Wie die Digitalisierung unsere Arbeitsplätze und Arbeitsweisen verändert. Springer Gabler, Wiesbaden, S 303–321

Scherr A (2017) Integration und Ausgrenzung – Inklusion und Exklusion. In: Kessl F, Kruse E, Stövesand S, Thole W (Hrsg) Soziale Arbeit – Kernthemen und Problemfelder. Barbara Budrich, Opladen Toronto, S 34–42

Schimank U, Volkmann U (2017) Ökonomisierung der Gesellschaft. In: Maurer A (Hrsg) Handbuch der Wirtschaftssoziologie. Springer, Wiesbaden, S 593–609

Schluchter W (1980) Rationalismus der Weltbeherrschung. Studien zu Max Weber. Suhrkamp, Frankfurt am Main

Literatur

Schmidt H (2010) Die Mächte der Zukunft: Gewinner und Verlierer in der Welt von morgen. Goldmann, München

Scholz-Reiter B, Böse F, Jagalski T, Windt K (2007) Selbststeuerung in der betrieblichen Praxis. SIMULATION 12:16–18

Schrappe M, François-Kettner H, Knieps F, Pfaff H, Püschel K, Glaeske G (2020) Pandemie durch SARS-CoV-2/COVID-19. MedR 38:637–644. https://doi.org/10.1007/s00350-020-5614-z

Schroer M (2010) Individualisierung als Zumutung. In: Berger PA, Hitzler R (Hrsg) Individualisierungen: Ein Vierteljahrhundert „jenseits von Stand und Klasse"? VS, Wiesbaden, S 275–289

Schulz M, Schiffer D (2018) Changers CO2 fit – BGM und der Klimawandel. In: Matusiewicz D, Kaiser L (Hrsg) Digitales Betriebliches Gesundheitsmanagement. Springer, Wiesbaden, S 313–321

Schwanke K, Podbregar N, Lohmann D, Frater H (2009) Naturkatastrophen. Wirbelstürme, Beben, Vulkanausbrüche – entfesselte Gewalten und ihre Folgen, 2. Aufl. Springer, Berlin

Schwarzer R (2004) Psychologie des Gesundheitsverhaltens. Einführung in die Gesundheitspsychologie, 3. Aufl. Hogrefe, Göttingen Bern Toronto Seattle Oxford Prag

Seinsche L, Lindert L, Neumann J, Zeike SJ, Pfaff H (2020) Homeoffice- und Präsenzkultur im Bereich IT und technische Dienstleistungen in Zeiten der COVID-19-Pandemie. Universität zu Köln. https://kups.ub.uni-koeln.de/11743/. Zugegriffen: 11. Febr. 2021

Shaw E, Farris MS, Stone CR, Derksen JWG, Johnson R, Hilsden RJ, Friedenreich CM, Brenner DR (2018) Effects of physical activity on colorectal cancer risk among family history and body mass index subgroups: a systematic review and meta-analysis. BMC Cancer 18:71. https://doi.org/10.1186/s12885-017-3970-5

Siebert U, Naghavi B, Hollweg W, Heepe J, Borde T, Sehouli J (2020) Gesundheitsversorgung: Interkulturell kompetent. Pflegezeitschrift 73:20–23. https://doi.org/10.1007/s41906-020-0911-8

Siegrist J (2015) Arbeitswelt und stressbedingte Erkrankungen. Forschungsevidenz und präventive Maßnahmen. Urban & Fischer in Elsevier, München

Strauss A (1978) Negotiations. Varieties, contexts, processes, and social order. Jossey-Bass, San Francisco London

Stroebe W (2011) Social psychology and health, 3. Aufl. McGraw-Hill, Maidenhead

Szypulski A (2008) Gemeinsam bauen – gemeinsam wohnen. Wohneigentumsbildung durch Selbsthilfe. VS GWV Fachverlage, Wiesbaden

Thefeld W (2000) Verbreitung der Herz-Kreislauf-Risikofaktoren Hypercholesterinämie, Übergewicht, Hypertonie und Rauchen in der Bevölkerung. Bundesgesundheitsblatt Gesundheitsforschung Gesundheitsschutz 43:415–423. https://doi.org/10.1007/s001030070047

Thiemann D, Müller M, Kozica A (2020) Selbstorganisation in komplexen digitalen Arbeitswelten. In: Geramanis O, Hutmacher S (Hrsg) Der Mensch in der Selbstorganisation. Kooperationskonzepte für eine dynamische Arbeitswelt. Springer, Wiesbaden, S 337–350

Tsatsakis AM, Nawaz MA, Tutelyan VA, Golokhvast KS, Kalantzi O-I, Chung DH, Kang SJ, Coleman MD, Tyshko N, Yang SH, Chung G (2017) Impact on environment, ecosystem, diversity and health from culturing and using GMOs as feed and food. Food Chem Toxicol 107:108–121. https://doi.org/10.1016/j.fct.2017.06.033

Turyagyenda JD (1964) Overpopulation and its effects in the Gombolola of Buhara, Kigezi. Uganda J 28:127–153

Tyczewska A, Woźniak E, Gracz J, Kuczyński J, Twardowski T (2018) Towards food security: current state and future prospects of agrobiotechnology. Trends Biotechnol 36:1219–1229. https://doi.org/10.1016/j.tibtech.2018.07.008

Unkrig ER (Hrsg) (2020) Mandate der Führung 4.0: Agilität – Resilienz – Vitalität. Springer, Wiesbaden

Varela FG, Maturana HR, Uribe R (1974) Autopoiesis: the organization of living systems, its characterization and a model. Biosystems 5:187–196. https://doi.org/10.1016/0303-2647(74)90031-8

Weber M (Hrsg) (1988) Gesammelte Aufsätze zur Religionssoziologie I, 9. Aufl. Mohr, Tübingen

Weller W (2018) Wird die Menschheit an sich selbst ersticken? Humboldt-Universität zu Berlin. http://edoc.hu-berlin.de/18452/19955. Zugegriffen: 12. Febr. 2021

Zeiher J, Kuntz B, Lange C (2017) Rauchen bei Erwachsenen in Deutschland. J Health Monit 2:59–65. https://doi.org/10.17886/RKI-GBE-2017-030

Zeike S, Bradbury K, Lindert L, Pfaff H (2019a) Digital leadership skills and associations with psychological well-being. IJERPH 16:2628–2639. https://doi.org/10.3390/ijerph16142628

Zeike S, Choi K-E, Lindert L, Pfaff H (2019b) Managers' well-being in the digital era: is it associated with perceived choice overload and pressure from digitalization? An exploratory study. IJERPH 16:1746. https://doi.org/10.3390/ijerph16101746

Pandemiebedingte Maßnahmen und deren Folgen für Gesellschaft, Wirtschaft und Beschäftigte

Inhaltsverzeichnis

Kapitel 5　Die soziale Resilienz von Unternehmen und die Gesundheit der Beschäftigten – 67
Andrea Waltersbacher, Julia Klein und Helmut Schröder

Kapitel 6　Corona und die Folgen für das Betriebliche Gesundheitsmanagement aus Sicht der Expert:innen – Ergebnisse einer qualitativen Studie – 105
Uta Walter und Julia Rotzoll

Kapitel 7　Der Arbeitsplatz Hochschule in Zeiten von Corona: Arbeitsbedingungen und Gesundheit in Wissenschaft und Verwaltung – 123
Johanna S. Radtke und Julia Burian

Kapitel 8　Ängste, Sorgen und psychische Gesundheit in der Corona-Pandemie – 149
Jan Paul Heisig, Christian König und Simon Löbl

Kapitel 9	Prävention schützt die Bevölkerung und stützt die Wirtschaft – 163 *Bernhard Badura*
Kapitel 10	Arbeit made in Germany: Arbeitsschutz und gesunde Arbeitsgestaltung in der Zeit vor, während und nach Corona – 169 *Elisa Clauß, Kristina Harrer-Kouliev und Helena Wolff*
Kapitel 11	Soziale Ungleichheit als prägendes Merkmal – die Arbeitswelt während und nach der Corona-Krise – 187 *Rolf Schmucker*

Die soziale Resilienz von Unternehmen und die Gesundheit der Beschäftigten

Ergebnisse einer repräsentativen Befragung unter Erwerbstätigen zu gesundheitlichen Beschwerden während der COVID-19-Pandemie

Andrea Waltersbacher, Julia Klein und Helmut Schröder

Inhaltsverzeichnis

5.1	Einleitung – 68	
5.1.1	Zur Einführung – 68	
5.1.2	Forschungsfragen und Methodik – 72	
5.2	Ergebnisse – 73	
5.2.1	Alltagsweltliche Belastungen durch COVID-19 und die Gesundheit der Befragten – 73	
5.2.2	Gesundheitliche Belastungen durch Maßnahmen des Unternehmens zum Betriebserhalt – 80	
5.2.3	Soziale Resilienz in Unternehmen – 84	
5.3	Diskussion der Ergebnisse – 97	
5.4	Ausblick – 100	
	Literatur – 102	

▪▪ Zusammenfassung

Für die Bewältigung von disruptiven Ereignissen wie der aktuellen COVID-19-Pandemie ist es von Bedeutung, wie resilient die sozialen Komponenten eines Unternehmens sind. Soziale Resilienz bedeutet, es findet ein gelingender Anpassungs- und Krisenbewältigungsprozess sowohl auf der Ebene der einzelnen Mitarbeitenden als auch bei der Zusammenarbeit unter den Mitarbeitenden und zwischen den Führungskräften und den Mitarbeitenden statt. In der vorliegenden Studie wurde untersucht, ob sich in Bezug auf Gesundheit und Wohlbefinden ein Unterschied zwischen den Erwerbstätigen in Abhängigkeit von ihrer Beurteilung des eigenen Resilienzverhaltens sowie des sozialen Resilienzverhaltens des Unternehmens, in dem sie arbeiten, feststellen lässt.

In einer deutschlandweiten telefonischen repräsentativen Erhebung wurden Erwerbstätige zwischen 20 und 65 Jahren zu verschiedenen Aspekten von Resilienz befragt. Dabei wurde ein signifikanter Zusammenhang zwischen der Bewertung der Resilienz einerseits und dem psychischen Wohlbefinden andererseits sowie der Gesundheit und den Fehlzeiten gefunden. So zeigen Extremgruppenvergleiche, dass Befragte mit niedriger individueller Resilienz signifikant häufiger unter Lustlosigkeit und dem Gefühl, wie „ausgebrannt" zu sein, sowie unter Erschöpfung und Schlafstörungen leiden. Besonders stark ist der negative Einfluss einer schlechteren Stressregulation. Achtet das Unternehmen hingegen nach Einschätzung der Beschäftigten darauf, dass die Arbeitsbelastung nicht zu groß wird, so wirkt sich dies positiv auf die Gesundheit der Beschäftigten aus. Die Führungskraft stellt dabei sowohl für die emotionalen als auch für die psychosomatischen Beschwerden den zweitstärksten Einflussfaktor der sozialen Resilienz des Unternehmens dar. Damit ist sowohl die Ansprechbarkeit und die Unterstützung bei Problemen mit der Arbeit als auch die Wertschätzung der Arbeit der Befragten gemeint.

Soziale Resilienz ist eine Ressource, die zukünftig immer wichtiger für Unternehmen wird, weil die Geschwindigkeit des Wandels und die globale Verflechtung der Wirtschaft insgesamt zunehmen. Die soziale Resilienz im Unternehmen zu fördern trägt mit dazu bei, die wichtigste Ressource des Unternehmens – die Innovationskraft, Anpassungskapazität und Leistungsfähigkeit der Mitarbeiter:innen – auch in pandemiefreien Zeiten zu erhalten.

5.1 Einleitung

5.1.1 Zur Einführung

Im Jahr 2018 veröffentlichte die Wissenschaftsjournalistin Laura Spinney ein Buch über die sogenannte „Spanische Grippe", die 1918 geschätzte 50 bis 100 Millionen Todesopfer forderte (Spinney 2018). Spinney beschreibt Gesundheitssysteme, die nicht auf eine Pandemie vorbereitet waren, Unsicherheit über die Übertragungswege, schließlich Maskenpflicht, Fußballspiele vor leeren Rängen und die „Flatten-the-Curve"-Strategie. Mit der COVID-19-Pandemie hat nun gut 100 Jahre später ein Virus dieselbe globale Verbreitung wie die „Spanische Grippe" entwickelt, aber ob diese auch eine vergleichbare zerstörerische Kraft entfaltet, hängt davon ab, ob die Gesundheitssysteme, die Gesellschaft, die Wirtschaft und die politischen Entscheidungsträger ein ausreichendes Resilienzverhalten zeigen.

„Flatten the Curve". Zum Zeitpunkt der vorliegenden Untersuchung im Februar 2021 hatte die Bevölkerung Deutschlands bereits seit zwölf Monaten durch ein Corona-Virus im Ausnahmezustand gelebt. Neben der allgegenwärtigen Bedrohung durch eine Ansteckung (die den Tod zur Folge haben könnte) gab es behördliche Regelungen zur Eindämmung der aktuellen COVID-19-Pandemie, die auch tief in das unternehmerische Handeln eingriffen und für manche Branchen bedeuteten, dass die Unternehmen ihren Betrieb völlig einstellen mussten. Andere Branchen konnten ihren Betrieb nur aufrechterhalten, wenn sie die geforderten Kontaktbeschränkungen bzw. Distanzregelungen einhalten konnten.

5.1 · Einleitung

Ganze Wirtschaftszweige wie die Tourismus-, Gaststätten- und Unterhaltungsbranche erlitten den (vorübergehenden) Stillstand, brauchten staatliche Unterstützung oder haben ein Insolvenzverfahren eingeleitet. In anderen Branchen, z. B. im Pflegebereich, arbeiteten die Beschäftigten am Limit ihrer Leistungsfähigkeit. Die Pandemie zeigt nach einem Jahr – abgesehen von den direkten Opfern, die an COVID-19 erkrankten oder starben – eine nicht unerhebliche Veränderung in Bezug auf die Lebens- und Arbeitsverhältnisse im gesamten Land.

Gesundheit im Jahr der Pandemie

Im Jahr 2020 wurden einige Studien veröffentlicht, die das gesundheitliche Wohlbefinden unter der Belastung durch die derzeitige Pandemie untersucht haben. So berichten Peters et al. (2020) mit Fokus auf dem ersten „Lockdown" von einer Verschlechterung der psychischen Gesundheit, mit einer Zunahme von Stressempfinden, Angststörungen und Depressionen, die sie mit der grundsätzlichen Angst vor einer Ansteckung in Verbindung bringen (Peters et al. 2020). Auch Skoda et al. fanden in einer Untersuchung im zweiten Quartal 2020 eine Zunahme von Angst, Depressionen und Schlafstörungen (Skoda et al. 2021; COSMO 2020). Die Maßnahmen zum Betriebserhalt bestehen – sofern das möglich ist – häufig in der Flexibilisierung des Arbeitsortes (Homeoffice) und der Arbeitszeit (eine Übersicht entsprechender Studien referiert Hofmann (▶ Kap. 3 in diesem Band) und soll hier nicht erfolgen). Aber das Arbeiten im Homeoffice findet nicht unter „normalen" Bedingungen statt: Es fehlt zumeist die ergonomisch richtige, auch technisch ausreichende Arbeitsumgebung und die Organisation der Arbeit im Homeoffice konnte (zunächst) nicht durch entsprechende Angebote seitens der Unternehmen begleitet werden. Gleichzeitig müssen Kinder betreut werden; eine Aufgabe, für die die Großeltern wegen der Distanzregeln sehr viel weniger zur Verfügung stehen, und diese Aufgabe kommt tendenziell immer noch eher den Müttern zu (siehe Möhring et al. 2020; Kohlrausch und Zucco 2020; Huebener et al. 2020; Ahrens, ▶ Kap. 22 in diesem Band). Die im Fehlzeiten-Report 2019 berichteten Chancen und insbesondere Herausforderungen des mobilen Arbeitens (Waltersbacher et al. 2019) zeigen die Belastungen unter „normalen" Bedingungen – unter Pandemiebedingungen stellt das Arbeiten im heimischen Umfeld einen besonderen Stresstest dar.

Manche Autor:innen beschreiben mit „Zoom-Fatigue" eine neue Art der Stressbelastung: Die technischen Probleme einer insuffizienten Ausrüstung, die fehlenden sozialen Kontakte („Small Talk", „Flurfunk") und die fehlenden Erholungszeiten durch die Trennung von Arbeitsort und Zuhause führten zu einer Erschöpfung durch Kommunikations-Technologien. In der Folge klagten die Beschäftigten über Reizbarkeit, Müdigkeit, Kopfschmerzen und Schlafstörungen, schreiben Rump und Brandt (2020).

Die vorliegende Untersuchung setzt bei diesem Zusammenhang zwischen gesundheitlichem Wohlbefinden und den Belastungen von Erwerbstätigen durch die COVID-19-Pandemie bei der Ausübung ihrer Tätigkeiten an und geht speziell der Frage nach, wie die Befragten die Resilienz des Unternehmens, in dem sie arbeiten, subjektiv bewerten, um den Einfluss auf ihre Gesundheit zu analysieren.

Die Erforschung der Resilienz von Individuen und sozialen Systemen

Pandemien gehören zu den großen disruptiven Ereignissen, wie auch Kriege, Erdbeben, Börsencrashs, Havarien von Öltankern oder Unfälle in Kernreaktoren. Seit mehr als 50 Jahren werden diese jeweils einen Teil der Infrastruktur oder ein ganzes „System" („Ökosystem", „Finanzsystem") stark störenden Ereignisse von Wissenschaftler:innen untersucht. In den verschiedenen Disziplinen werden jeweils die Gefährdung, die Widerstandsfähigkeit, die Belastbarkeit und die Erholungsfähigkeit von technischen, ökologischen oder infrastrukturellen, miteinander verflochtenen „Systemen" analysiert. Sozialwissenschaftliche Forschung fokussiert dabei soziale Systeme wie Teams, Familien, Organisationen oder ganze Gesellschaften. In den letzten Jahren hat sich dafür ganz allgemein der Oberbegriff „Resilienz" herausgebildet und das Ziel der Resilienzforschung ist es, die entscheidenden Faktoren zu finden, die diese „Systeme" weniger anfällig machen oder helfen, ihre Funktionalität schnell wiederherzustellen.[1] Welche Auswirkungen Krisen auf die Gesundheit haben, wurde bereits differenziert im Fehlzeiten-Report 2017 gezeigt (Klose et al. 2017). Die darin beschriebenen Mechanismen, die bei Krisen im Betrieb oder bei individuellen Krisen zum Tragen kommen, gelten grundsätzlich auch bei einer pandemischen Krise – auch wenn der Kreis der betroffenen Personengruppen umfassender ist.

Resilienz gilt in der sozialwissenschaftlichen Forschung als Eigenschaft bzw. Ressource einer Person, die eine Adaption an schwierige Umgebungsbedingungen ermöglicht. Dabei handelt es sich um ein erlernbares Einstellungs- und Verhaltensrepertoire, das sich im Kontext eines speziellen Umfeldes anhand von Bewältigungserfahrungen ein Leben lang dynamisch entwickelt (vgl. Hoffmann 2017, S. 49 ff; ebenso Youssef und Luthans 2007; Wagnild und Young 1993; Luthans 2002a, b; Luthans und Youssef-Morgan 2017). Das Resilienzkonzept, wie es im sozialen Kontext verwendet wird, zeigt Verwendungen und Überlappungen mit älteren bekannten Konzepten der Widerstandsfähigkeit, beispielsweise dem „Kohärenzgefühl" (Antonovsky 1987), „Hardiness" (Kobasa 1982, hier zitiert nach Mund 2019), dem Konzept der „Selbstwirksamkeitserwartungen" (Bandura 1997) oder des „positiven psychologischen Kapitals" (beispielhaft: Luthans et al. 2002a).

Holling beschreibt seit 1973 parallel dazu aus einer sozioökonomischen Sicht heraus Resilienz als das Bewältigungsverhalten von Menschen, die mit anderen Menschen zu einem gemeinsamen Handlungskontext (System) verflochten sind. Das können kleine Gruppen wie die Familie, aber auch Organisationen oder ganze Gesellschaften sein (Holling 1973; vgl. dazu auch Walker et al. 2004). Luthar et al. (2000) betrachten weniger eine feste Struktur (Merkmal, Ressource) als resilient, sondern vielmehr das Anpassungs*verhalten*, das durch Ressourcen ermöglicht wird. Wurstmann spricht von Resilienz als dem *Resultat* des Verhaltens unter Ausschöpfung der Ressourcen bei Störungen (Wustmann 2004). Das bedeutet, dass sich Resilienz erst in oder sogar nach einer Bewältigungsphase beurteilen ließe, wenn sich die zur Resilienz aufgebauten Strukturen bewährt haben.

Seville et al. (2008) sehen im Bewältigungsprozess dagegen mehr als nur das Bemühen, den Status quo von vor dem kritischen Ereignis wiederherzustellen – also den Aspekt der Widerständigkeit und der Erholung –, sondern eine Weiterentwicklung und Transformation, mithin eine ständige Anpassung an sich verändernde Umwelten (Seville et al. 2008; Lee et al. 2013; Kuntz et al. 2017; Folke et al. 2010).

Was diese Resilienz-Konzepte gemeinsam beschreiben: Resilienz bedeutet, es findet ein gelingender Anpassungs- und Krisenbewältigungsprozess in verschiedenen Dimensionen mit gegenseitiger Beeinflussung statt, und zwar in der individuellen Dimension als personale Resilienz und in der systemischen Dimension als Resilienz von Gruppen – immer in wechselseitigem Austausch mit adaptiven und transformativen Bausteinen.

■■ **Die soziale Resilienz von Unternehmen**

Unternehmen werden in der sozial- und wirtschaftswissenschaftlichen Literatur als eine Ausprägung eines sozialen Systems bzw. einer Organisation aufgefasst (Luthans 2002a; Luthans et al. 2004). Für die Untersuchung der

---

1 Zum Begriff „Resilienz" als alltagssprachlichem Begriff, der in die wissenschaftliche Sprache diffundiert ist, ohne ein eigenes wissenschaftliches Konstrukt zu bezeichnen, siehe Hoffmann (2017, S. 50 f „Exkurs"), sowie Rolfe 2019.

sozialen Resilienz von Unternehmen[2] werden entsprechend bis zu drei Ebenen unterschieden: das resiliente Verhalten der Individuen am Arbeitsplatz, die Resilienz von Teams und die Ebene der Organisation als Ganzes (Beispielhaft: Soucek et al. 2015, 2016; Hoffmann 2017; S. 97 ff; Schulte et al. 2016).

Was bedeutet soziale Resilienz auf der Organisationsebene? Hollnagel et al. unterteilen die Resilienz von Unternehmen beispielsweise in diese vier Kompetenzbereiche: die Antizipation zukünftiger Entwicklungen, das Erkennen von internen und externen Störgrößen, Adaption an Unvorhergesehenes und das Lernen aus der Erfahrung („Schweizer-Käse-Modell", Hollnagel et al. 2006; vgl. auch Soucek et al. 2016). Das Konzept zeigt Überlappungen mit anderen organisationalen Resilienzkonzepten, wie die Einteilung in vier Kompetenzbereiche bei Soucek et al.: „Emotionale Bewältigung", „Umfassende Planung", „Positive Umdeutung" und „Fokussierte Umsetzung" (Soucek et al. 2015). Whitman et al. beschreiben in ihrem Konzept die Elemente „Vorausschauende Planung" und „Adaptive Kapazität" (Whitman et al. 2013), die auch bei Brown et al. (2018) und besonders in Bezug auf die adaptiven Kapazitäten bei Lee et al. (2013) Anwendung finden. Die Bereiche „Emotionale Bewältigung" und „Positive Umdeutung" zeigen wiederum Überschneidungen mit älteren Konzepten, beispielsweise aus der positiven Psychologie: „Hoffnung", „Optimismus" und „Selbstwirksamkeit" (Luthans et al. 2007).

Quer zu diesen Kompetenzbereichen wird die Unterstützung der individuellen Resilienz der Beschäftigten als Element der sozialen Unternehmensresilienz betrachtet. Brown et al. (2018) integrieren die bestehenden Ansätze zur Förderung der individuellen Resilienz durch das Unternehmen und verstehen darunter die Sorge um das Wohlergehen, den Zugang zu Gesundheitsversorgung, die Vertrauenskultur und die Unterstützung der Selbstwirksamkeitserwartungen (Brown et al. 2018; siehe auch Rolfe 2019). Das „Mitgefühl" des Unternehmens mit den Beschäftigten in einer kritischen Situation als Hilfe zur emotionalen Bewältigung wird auch bei anderen Konzepten als Komponente der Unternehmensresilienz gesehen, beispielsweise bei der wahrgenommenen organisationalen Unterstützung (*Perceived Organizational Support*) (Eisenberger et al. 1986) oder unternehmerischen Sozialverantwortung (*Corporate Social Responsibility*) (Lv et al. 2019; Mao et al. 2020).

Als Konglomerat der oben beschriebenen verschiedenen Ansätze lässt sich die organisationale Resilienz relativ weit gefasst wie folgt beschreiben: als lernorientierte Unternehmenskultur mit einer grundsätzlichen Offenheit, einer positiven Fehlerkultur, einem ständigen Monitoring der störenden Einflüsse, einem schnellen Entscheidungsmanagement, dem Blick auf die internen Personalressourcen, einem unterstützenden Führungsstil, dem positiven Umgang mit Kreativität sowie einer Fairness- und Vertrauenskultur (Lee et al. 2013; Hollnagel et al. 2006; Brown et al. 2018; Näswall et al. 2015). Eine Übersicht mit Hinführung zur Fairness- und Vertrauenskultur gibt Rigotti (2020). Heller et al. verorten die organisationale Resilienz deshalb auch als Teil der Unternehmenskultur hauptsächlich auf der Ebene der Werte und Normen und nehmen bei den Einflussfaktoren der betrieblichen Widerstandsfähigkeit ganz besonders die Führungskräfte in den Blick, weil diese die Unternehmenskultur, mithin die Resilienzkultur des Unternehmens vorleben (Heller et al. 2012).

Defizite bei der sozialen Resilienz von Unternehmen können verschiedene Folgen nach sich ziehen. Die oben referierten Autor:innen bringen die soziale Resilienz von Unternehmen mit der Leistungsfähigkeit (Krankenstand, Leistungsbereitschaft, Commitment) in Verbindung. Lee et al. weisen darauf hin, dass soziale Resilienz und die damit verbundene Leistungsfähigkeit auch außerhalb von Krisen-

---
2   Unternehmensresilienz umfasst ökonomische, personelle, geopolitische und viele weitere Dimensionen. Hier wird ausschließlich die Dimension der darin Beschäftigten, also des Humankapitals betrachtet.

zeiten in der Wettbewerbssituation von Vorteil für ein Unternehmen ist (Lee et al. 2013). Filimonau et al. ziehen aus ihrer Analyse des Hotelgewerbes in der COVID-19-Pandemie die Erkenntnis, dass bei fehlender Resilienz zudem die Attraktivität einer ganzen Branche für zukünftige Nachwuchskräfte leiden könnte (Filimonau et al. 2020; siehe dazu auch Chipunza und Berry 2010.[3]).

5.1.2 Forschungsfragen und Methodik

■■ **Analyse des Zusammenhangs von individueller Resilienz und sozialer Resilienz des Unternehmens mit gesundheitlichem Wohlbefinden**

Für die vorliegende Untersuchung von Erwerbstätigen in der aktuellen COVID-19-Pandemie werden die folgenden Aspekte von Resilienz fokussiert:
- Individuelles Resilienz*verhalten* im Betrieb, über das die Erwerbstätigen *selbst* berichten: Stressbewältigung, Flexibilität bei der Arbeit, Selbstwirksamkeitserwartungen, Optimismus, den Umgang mit Fehlern und die soziale Vernetzung im Unternehmen.
- Einen Ausschnitt des sozialen Resilienz*verhaltens* des Unternehmens, wie es die Mitarbeitenden subjektiv erleben: Führungsstil, Zusammenhalt und soziale Unterstützung sowie die Anpassungskapazität in Form von Fehlerkultur, Entscheidungskompetenz, Unternehmenskommunikation und Offenheit für den Ideenaustausch.
- Eine Einschätzung der sozialen Resilienz des Unternehmens durch die Mitarbeitenden mit einem „Blick in die Zukunft des Unternehmens" und der Zufriedenheit mit den Maßnahmen zum Betriebserhalt und zur Unterstützung der Mitarbeitenden.

Die Untersuchung zielt auf die Beantwortung folgender Forschungsfragen:
- Wie stark ist die gesundheitliche Belastung durch die behördlichen Regelungen zur Bekämpfung der COVID-19-Pandemie bzw. durch die Maßnahmen der Unternehmen zum Betriebserhalt?
- Lässt sich in Bezug auf Gesundheit und Wohlbefinden ein Unterschied zwischen den Erwerbstätigen in Abhängigkeit von ihrer jeweiligen Beurteilung des eigenen Resilienzverhaltens sowie des sozialen Resilienzverhaltens des Unternehmens, in dem sie arbeiten, feststellen?
- Welche Elemente des sozialen Resilienzverhaltens des Unternehmens und des eigenen individuellen Resilienzverhaltens am Arbeitsplatz sind von besonderer Bedeutung für Gesundheit und Wohlbefinden der Erwerbstätigen, welche Elemente haben weniger Einfluss?

■■ **Methodisches Vorgehen**

Die empirische Basis dieser Untersuchung bildet eine bundesweite repräsentative Befragung von 2.501 Erwerbstätigen im Alter von 20 bis 65 Jahren, die zwischen dem 8. Februar und dem 2. März 2021 durch das Befragungsinstitut FORSA als computergestützte Telefonbefragung (CATI) durchgeführt wurde. Der für die Befragung eingesetzte Fragebogen wurde im Wissenschaftlichen Institut der AOK (WIdO) entwickelt und nach einer methodischen Beratung durch Prof. Dr. Michael Braun vom GESIS – Leibniz-Institut für Sozialwissenschaften in Mannheim im Rahmen eines Pretests überprüft.

Der Fragebogen enthält vorwiegend standardisierte, geschlossene Fragen. Die in Studien zur Resilienz eingesetzten Fragebatterien sind ausnahmslos sehr umfangreich und konnten in dieser Befragung, die auch Fragebatterien zu anderen Themen wie Maßnahmen der Unternehmen und Gesundheit der Befragten enthielt, nur auszugsweise verwendet werden (Eine ausführliche Darstellung von Fragebatterien zur Resilienz findet sich in Rolfe 2019). Die hier verwendeten Fragen zur Resilienz

---
3   Für Pflegekräfte und Ärzte wird in Publikumszeitschriften eine Flucht aus dem Beruf vermutet. Es fehlen derzeit aber belastbare Studien dazu.

lehnen sich an die entsprechenden Fragestellungen von Lee et al. (2013), Brown et al. (2018), Leppert et al. (2008), Schumacher et al. (2005), Malik und Garg (2018) sowie Luthans (2002a und 2002b) und Näswall et al. (2015) an (vgl. auch Bettenbühl et al. 2017). Die häufig in den bisherigen Ausgaben des Fehlzeiten-Reports verwendeten Fragen zur emotionalen und kognitiven Irritation in Form von Wut oder Verzweiflung sind einer Fragebatterie von Mohr und Rigotti entnommen (Mohr et al. 2006). Die gesundheitsbezogenen Fragen zu Beschwerden und Fehlzeiten schließen an die traditionell im Rahmen des Fehlzeiten-Reports verwendeten Fragen zum Gesundheitszustand an. Nahezu alle Fragen werden mit der Zustimmung zu Aussagen auf einer siebenstufigen Skala von 1 (trifft überhaupt nicht zu) bis 7 (trifft voll und ganz zu) beantwortet.[4]

In dieser Untersuchung kommen ausschließlich Erwerbstätige zu Wort, die zum Befragungszeitpunkt zu Beginn des Jahres 2021 seit mindestens einem Jahr durchgehend in einem Beschäftigungsverhältnis bei ihrem derzeitigen Unternehmen standen. Die Befragung ist somit nicht repräsentativ für alle Erwerbstätigen, sondern nur für diejenigen, die trotz der Beeinträchtigungen durch die Pandemie bis zum Befragungszeitraum in ihren Unternehmen durchgängig beschäftigt waren.

5.2 Ergebnisse

5.2.1 Alltagsweltliche Belastungen durch COVID-19 und die Gesundheit der Befragten

Alltagsweltliche Belastungen

■■ Ängste und Sorgen in Zusammenhang mit COVID-19

Zum Zeitpunkt der Befragung lagen von ca. Ende November/Anfang Dezember 2020 bis Ende Februar/Anfang März 2021 drei Monate mit Lockdown-Maßnahmen und stetig steigenden Infektionszahlen hinter den Befragten. Auf einer Skala von 1 (überhaupt nicht beeinträchtigt) bis 7 (sehr stark beeinträchtigt) konnten die Befragten ihre subjektive Beeinträchtigung durch Ängste und Sorgen aufgrund der COVID-19-Pandemie jeweils einordnen. Über 90 % der Befragten geben an, zu fürchten, dass sie selbst oder eine nahestehende Person sich mit dem Virus anstecken könnten (◘ Abb. 5.1).[5] Sehr stark (Wertung 6 und 7) fürchten sich 27,9 %. Im Durchschnitt bewerteten die Befragten ihre Angst vor Erkrankung auf dieser Skala mit 4,2. Frauen sind durch diese Angst signifikant stärker belastet als Männer (4,44 zu 3,98). Die Befürchtung, sich auf dem Arbeitsweg oder im Unternehmen anzustecken, ist geringer und betrifft insgesamt über 70 % der Befragten. Mehr als 80 % der Befragten fühlen sich durch ihre Ängste in ihrem Alltag eingeschränkt, teilweise sehr stark (15,4 %). Die berichtete Angst korreliert mit der Impfbereitschaft und diese steigt jeweils mit der Angst vor Ansteckung. Insgesamt liegt eine mäßige Impfbereitschaft vor: 64,8 % der Befragten wurden bereits geimpft oder würden sich auf jeden Fall impfen lassen. Lediglich 15,3 % lehnen eine Impfung (eher) ab. Insge-

---

[4] Die Skalen werden für statistische Berechnungen als „quasi-stetig" behandelt. Siehe dazu: Bortz und Schuster (2010).

[5] Bei allen Auswertungen beziehen sich die Kennzahlen, wie beispielsweise die Prozentwerte, auf die Befragten, die die Frage inhaltlich beantwortet haben (Ausschluss von „keine Angabe" oder „weiß nicht").

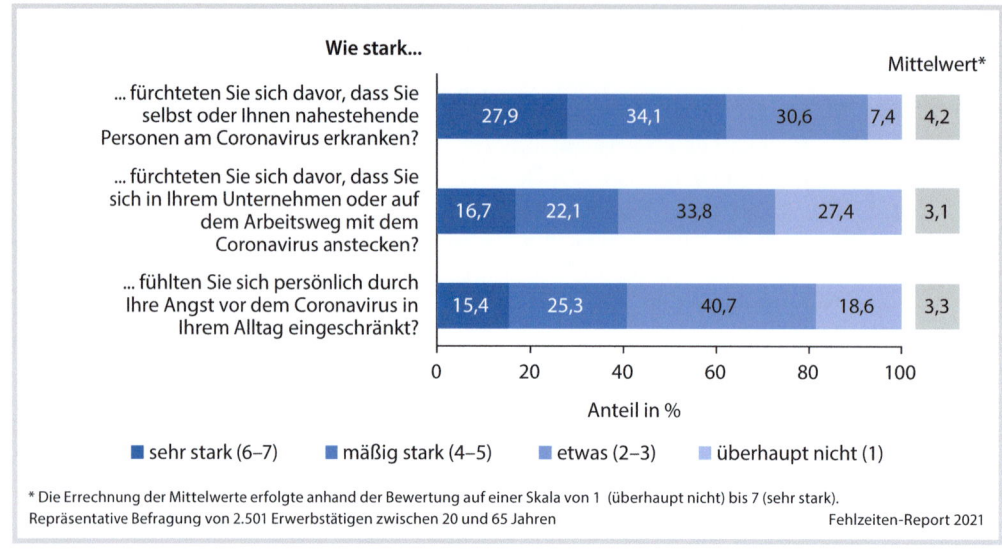

Abb. 5.1 Angst vor einer COVID-19-Erkrankung in den vorangegangenen drei Monaten

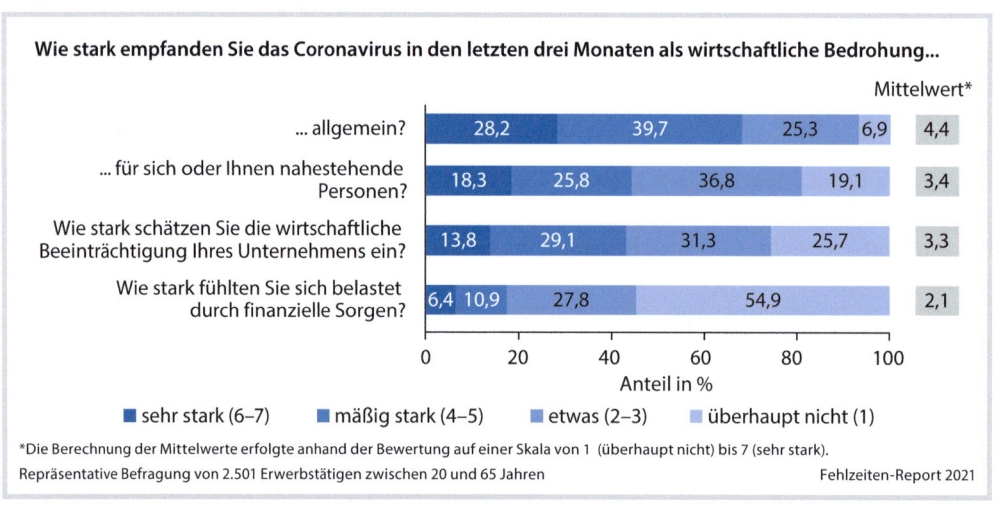

Abb. 5.2 Die wirtschaftliche Bedrohung durch COVID-19

samt ist die Impfbereitschaft bei den Älteren etwas höher als bei den Jüngeren.

Rund drei Viertel der Befragten sehen das Unternehmen, in dem sie arbeiten, (etwas bis sehr stark) durch die Pandemie wirtschaftlich beeinträchtigt (Abb. 5.2). Mit knapp 43 % sehen sehr viele Befragte dabei eine mäßige bis sehr starke Beeinträchtigung ihres Unternehmens in den letzten drei Monaten. Rund 80 % der Befragten empfinden eine Bedrohung der wirtschaftlichen Situation für sich selbst oder Nahestehenden. Gänzlich frei von einem wirtschaftlichen Bedrohungsgefühl für sich oder nahestehende Personen ist nur etwa ein Fünftel der Befragten. Die enorme wirtschaftliche Beeinträchtigung durch die sogenannten „Lockdown"-Maßnahmen, deren Folgen Unternehmen und Erwerbstätige generell

5.2 · Ergebnisse

ausgesetzt sind, löst Furcht aus: Über 90 % der Befragten geben an, dass sie die allgemeine Bedrohung der Wirtschaft durch das Virus belastet, dabei empfinden 28,2 % der Befragten die Bedrohung sogar als sehr stark. Über die Angst vor wirtschaftlicher Bedrohung berichten Frauen signifikant häufiger als Männer. Im Vergleich der Mittelwerte bewerten die Frauen ihr Gefühl von Bedrohung der allgemeinen wirtschaftlichen Lage mit 4,6 im Gegensatz zu Männern mit 4,17. Fast die Hälfte der Befragten berichtet auch von Beeinträchtigungen aufgrund von eigenen finanziellen Sorgen (45,1 %).

▪ ▪ Belastungen durch Veränderungen aufgrund der Bekämpfung von COVID-19

Zahlreiche behördliche Maßnahmen wie beispielsweise die Abstandsregeln, die Schließung von Geschäften sowie Kultureinrichtungen sollen die Ausbreitung des Coronavirus unterbinden – oder diese zumindest verlangsamen. Diese Maßnahmen zur Bekämpfung des Virus, haben zahlreiche Veränderungen und Einschränkungen im täglichen Leben zur Folge. Auf einer Skala von 1 (überhaupt nicht belastet) bis 7 (sehr stark belastet) konnten die Befragten bewerten, wie stark sie sich in den vorangegangenen drei Monaten durch das Virus in ihrer persönlichen Situation belastet fühlten.

Die Einschränkungen bei fast allen Freizeitbeschäftigungen, die außerhalb der eigenen Wohnung stattfinden, betreffen nahezu alle Befragten (96,8 %) (◘ Abb. 5.3). Und fast 60 % der Befragten belastet das sehr stark. Im Mittel bewerten die Befragten die Belastung mit 5,4. Durch die Einschränkungen bei den täglichen Verrichtungen fühlen sich 84,3 % der Befragten belastet. Drei Viertel der Befragten leiden durch die Kontaktbeschränkungen unter Vereinsamung. Rund 70 % der Erwerbstätigen geben hier aber auch eine Belastung durch Mehrarbeit an, die mit dem Coronavirus in Zusammenhang steht. Die veränderte Arbeitssituation belastet 67,6 % der Befragten – dieser Belastung wird in dieser Untersuchung noch detaillierter nachgegangen.

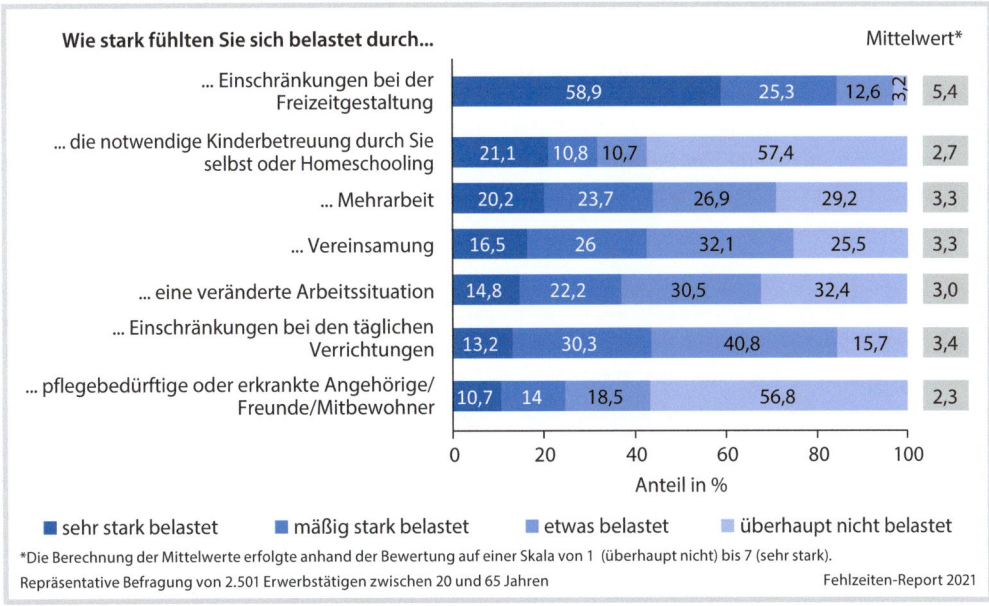

◘ Abb. 5.3 Belastungen in den vorangegangenen drei Monaten infolge der Maßnahmen zur Eindämmung von COVID-19

Kinderbetreuung und Homeschooling belasten insgesamt 42,6 % der Befragten, etwa ein Fünftel sehr stark. Von den 33,6 % der Befragten, bei denen Kinder unter 18 Jahren im Haushalt leben, fühlt sich rund die Hälfte durch Kinderbetreuungs- und -Unterrichtungsaufgaben stark bis sehr stark belastet (49,3 %), ein weiteres Fünftel mäßig stark (21,6 %). Im Mittel wird die Belastung durch diese zusätzlichen Aufgaben in Verbindung mit Kindern mit 4,79 angegeben. Frauen (MW 5,11) berichten von signifikant stärkerer Belastung durch Kinderbetreuung und Homeschooling als Männer (MW 4,50). 54,9 % der Frauen mit Kindern fühlen sich sehr stark davon belastet, gegenüber 44,3 % der Männer. Auch Erwerbstätige ohne Kinder (beispielsweise Lehrende) geben Belastungen durch die veränderte Kinderbetreuungssituation an (3,7 % sehr stark). Ein signifikanter Unterschied zwischen Befragten mit und ohne Kinder(n) zeigt sich auch in der durchschnittlichen Bewertung der Belastung durch Mehrarbeit (MW 3,6 bei Befragten mit Kindern gegenüber 3,15 bei Befragten ohne Kinder) und durch finanzielle Sorgen (2,19 bei Befragten mit Kindern und 2,05 bei Befragten ohne Kinder). Befragte ohne Kinder sind tendenziell älter und fühlen sich signifikant stärker belastet durch Vereinsamung oder durch die Pflege von Angehörigen. Mehr als die Hälfte der 22,8 % der Befragten, die in einem Ein-Personen-Haushalt leben, leidet (mäßig bis sehr stark) unter Vereinsamung (55,3 %).

Gesundheit und psychisches Wohlbefinden der Befragten in den vorangegangenen vier Wochen

Wie geht es den Erwerbstätigen in dieser speziellen Situation gesundheitlich? Um die Auswirkungen der subjektiv erlebten Belastung durch das Arbeiten unter den Bedingungen der COVID-19-Pandemie auf das Wohlbefinden zu untersuchen, wurden die Befragten in dieser Untersuchung gefragt, wie oft sie innerhalb der letzten vier Wochen unter bestimmten emotionalen Irritationen (wie Wut oder Niedergeschlagenheit), psychosomatischen Beeinträchtigungen (wie Angstgefühlen oder Schlaflosigkeit) oder körperlichen Beschwerden gelitten haben, sofern sie einen Zusammenhang zum Arbeitsleben herstellten. Die Einzelitems werden zu den Gruppen der emotionalen Irritationen, der psychosomatischen Beschwerden und der körperlichen Beschwerden zusammengefasst. Zu den einzelnen Beschwerden gaben die Befragten die Häufigkeit auf einer Skala von 1 (überhaupt nicht darunter gelitten) bis 7 (ständig darunter gelitten) an. Für die Darstellung der Häufigkeit in Prozent wurden die Werte 2 und 3 zu „seltene Beschwerden", die Werte 4 und 5 zu „häufige Beschwerden" und die Werte 6 und 7 zu „ständige Beschwerden" zusammengefasst (◘ Abb. 5.4). Im Folgenden werden sowohl zu den Einzelitems als auch zu den Beschwerdegruppen auch die Mittelwerte, also die durchschnittlichen Angaben zur Beschwerdehäufigkeit, dargestellt.

Nur ein kleiner Anteil von 6 % der Befragten gibt an, unter keiner der aufgezählten Beschwerden und Irritationen in den vorausgegangenen vier Wochen gelitten zu haben. Im Mittel bewerten die Befragten ihre Gesundheit und ihr psychisches Wohlbefinden insgesamt mit 2,25. Knapp 12 % der Befragten geben an, unter keiner der fünf hier abgefragten Irritationen emotionaler Art gelitten zu haben (◘ Abb. 5.4). Frei von psychosomatischen Beschwerden sind 16,1 % der Befragten und ohne die hier abgefragten körperlichen Beschwerden sind 22,1 %.

Die am häufigsten genannten Beschwerden gehören zum Bereich der emotionalen Irritationen, die im Mittel mit 2,61 bewertet werden. Emotionale Irritation gilt als Indikator für Beeinträchtigungen des psychischen Befindens aufgrund von Fehlbeanspruchungen. Die Beeinträchtigung äußert sich im Wesentlichen durch ein Gefühl von Lustlosigkeit und wie „ausgebrannt" sein, das von 70,8 % angegeben wird, von Nervosität und Reizbarkeit (insgesamt 69,6 %) sowie Wut und Verärgerung (68,4 %).

Einige Beschwerden hinsichtlich des Wohlbefindens und der Gesundheit gehen

5.2 · Ergebnisse

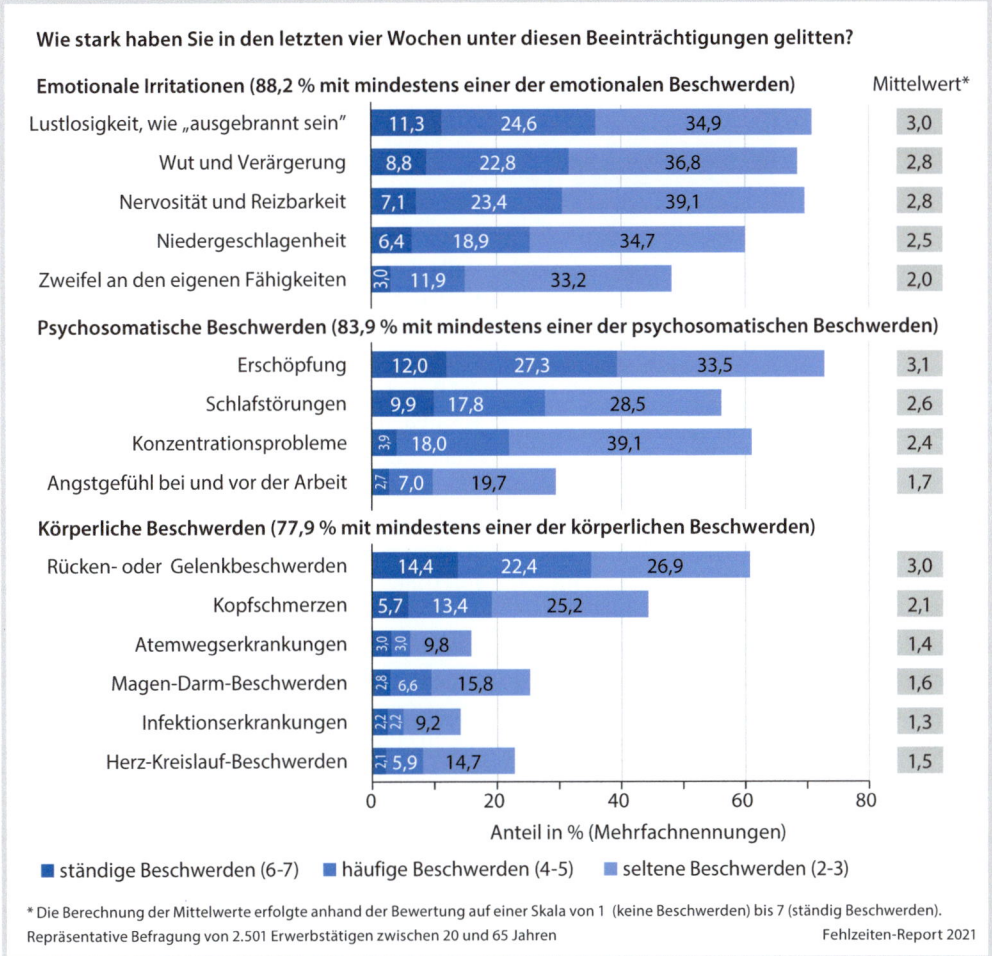

☐ Abb. 5.4 Gesundheit und psychisches Wohlbefinden in den vorangegangenen vier Wochen

mit Beeinträchtigungen von Psyche und Körper einher. Im Folgenden werden diese Beeinträchtigungen pragmatisch zu einer Gruppe von psychosomatischen Beschwerden zusammengefasst. Die Beeinträchtigung durch psychosomatische Beschwerden wird im Durchschnitt von den Befragten mit 2,42 bewertet und ist damit etwas geringer als die Belastung durch emotionale Irritationen. Erschöpfung wird von 72,8 % der Befragten für die letzten vier Wochen angegeben. Von ständiger Erschöpfung berichtet mehr als jede:r Zehnte (12 %).

Die Häufigkeit der Belastung durch körperliche Beschwerden bewerten die Befragten im Durchschnitt mit 1,82. Am seltensten betroffen waren die Befragten von Infektionserkrankungen (13,6 %) und Atemwegserkrankungen (15,8 %), was sicherlich auf die eingeschränkten Kontakte zurückzuführen ist. Die häufigsten körperlichen Beschwerden sind Rücken- und Gelenkprobleme: Knapp 63,7 % der Befragten waren davon betroffen und 14,4 % litten ständig darunter.

▪▪ Arbeitsunfähigkeitszeiten und Präsentismus

Rund vier von zehn Befragten geben an, keinen einzigen krankheitsbedingten Fehltag in den zwölf Monaten vor der Befragung ge-

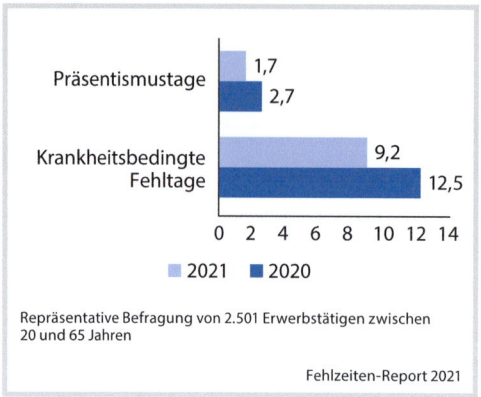

Abb. 5.5 Krankheitsbedingte Fehlzeiten und Präsentismustage im Vergleich zum Vorjahr

habt zu haben (41,1 %). Die Befragten waren insgesamt in dem Zeitraum durchschnittlich 9,2 Tage krankheitsbedingt arbeitsunfähig.[6] Im Vergleich zur Vorjahresbefragung (Waltersbacher et al. 2020) ist dies ein Rückgang von 3,3 AU-Tagen (Abb. 5.5). Frauen berichten von durchschnittlich 10,3 AU-Tagen, Männer von durchschnittlich 8,2 AU-Tagen.

Die Befragten, die mindestens einen Tag krankheitsbedingt nicht gearbeitet haben (57,8 % der Befragten), waren im Durchschnitt an 15,7 Tagen arbeitsunfähig. Nur ein knappes Fünftel (18,3 %) der Befragten, die in den vergangenen zwölf Monaten an mindestens einem Tag krankheitsbedingt arbeitsunfähig waren, machten von der Möglichkeit der telefonisch angeforderten Bescheinigung der Arbeitsunfähigkeit Gebrauch. Im Durchschnitt bezogen sich diese telefonisch angeforderten Bescheinigungen auf insgesamt 10,4 AU-Tage. Insgesamt wurden 11,8 % aller AU-Tage telefonisch bescheinigt.

Im Durchschnitt gaben die Befragten an, an 1,7 Tagen gegen ärztlichen Rat gearbeitet zu haben. Anwesenheit am Arbeitsplatz trotz krankheitsbedingt eingeschränkter Arbeitsfähigkeit – Präsentismus genannt – kann vielfältige Folgen haben: Die Erkrankung kann „verschleppt" werden und das Risiko für eine schlimmere oder langwierigere Erkrankung ist größer, Mitarbeiter:innen geben ansteckende Krankheiten an Kolleg:innen oder Kund:innen weiter oder machen aufgrund mangelnder Arbeitstauglichkeit Fehler. In Zeiten einer allgemeinen Angst vor Ansteckung haben die Befragten aber häufiger den ärztlichen Rat befolgt und bei Erkrankung nicht gearbeitet als im Vorjahr (2,7 Präsentismus-Tage). Frauen sind mit 2,0 Tagen im Durchschnitt häufiger gegen ärztlichen Rat zur Arbeit gegangen als Männer (1,4 Tage). Von den Befragten des Jahres 2021 haben 84,3 % an keinem einzigen Tag gegen ärztlichen Rat gearbeitet.

■■ **Vergleich der berichteten Beschwerden vor und während der COVID-19-Pandemie**

Die COVID-19-Pandemie und die Regelungen zur Eindämmung der Infektionsgefahr belasten – wie schon dargestellt – den weit überwiegenden Teil der Befragten stark. Inwieweit sich die lange Phase mit ständigen Einschränkungen, zusätzlicher Arbeit und fehlenden Rekreationsmöglichkeiten (Kultur, Sport, Geselligkeit) auf das Wohlbefinden von Erwerbstätigen auswirkt, soll hier mit einer Gegenüberstellung zum Wohlbefinden unmittelbar vor Ausbruch der Pandemie gezeigt werden. In einer Untersuchung mit Schwerpunkt Unternehmensgerechtigkeit (Waltersbacher et al. 2020) wurden im Zeitraum von 3. Februar 2020 bis 11. März 2020 dieselben Fragen zu Gesundheit und psychischem Wohlbefinden gestellt.

Der Anteil der Befragten, der über mindestens eine der Beschwerden in den vier der Befragung vorausgegangenen Wochen berichtet, ist in beiden Jahren (2020/2021) gleich.

---

6   Hier werden die AU-Tage erfasst, an die sich die Befragten erinnern. Ein Vergleich mit offiziellen Angaben der durchschnittlichen Fehltage in der deutschen Wirtschaft ist nicht möglich: In der Fehlzeitenstatistik werden gemeldete Fehltage erfasst. Das bedeutet, dass beispielsweise Sonn- und Feiertage mitgezählt werden, die die Befragten hier unter Umständen nicht mitzählen. Eine weitere Differenz zu offiziellen Zählungen von AU-Tagen ergibt sich dadurch, dass manche Arbeitgeber bereits für den ersten Fehltag ein ärztliches Attest verlangen, andere erst am dritten Tag.

5.2 · Ergebnisse

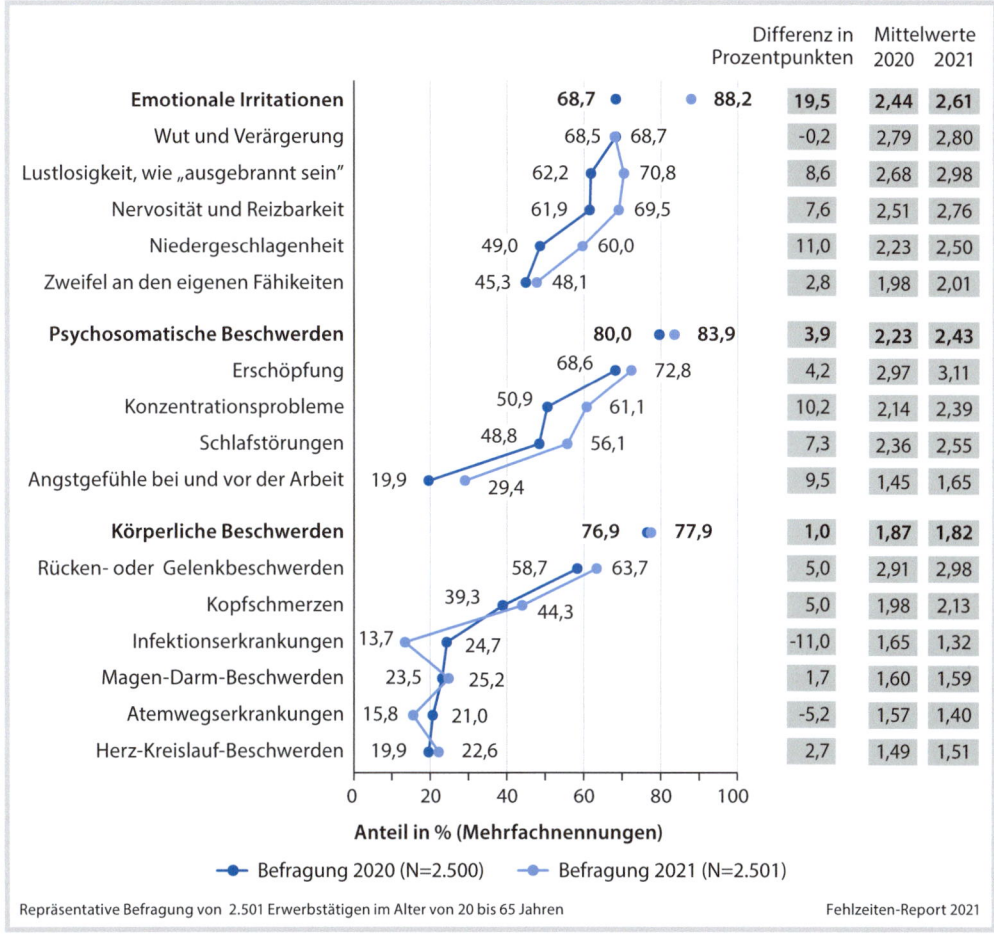

Abb. 5.6 Anteil der Befragten mit Beschwerden, die durch die Arbeit entstanden sind, in den vorangegangenen vier Wochen im Vergleich (2020/2021)

Auch der Anteil der Befragten mit mindestens einer der körperlichen Beschwerden (77,9 %) liegt ungefähr bei dem Wert des Vorjahres (76,9 %). Eine deutliche Zunahme der Beeinträchtigung ist bei den psychosomatischen Beschwerden und emotionalen Irritationen zu sehen: Während bei der Befragung von 2020 80 % der Erwerbstätigen von mindestens einer der psychosomatischen Beschwerden berichteten, sind es in der Befragung von 2021 bereits 83,9 %. Noch viel deutlicher ist der Anteil von Befragten gestiegen, der über emotionale Irritationen berichtet: von 68,7 % im Jahr 2020 auf 88,2 % in der Befragung von 2021.

Abb. 5.6 vergleicht die Anteile der Befragten, die jeweils von mindestens einer der Beschwerden berichten. Bei den Atemwegserkrankungen und Infektionskrankheiten hat sich der Anteil der Betroffenen an den Befragten als Folge der Maßnahmen zur Eindämmung der Infektionsgefahr erwartungsgemäß verringert (um 24,7 % bzw. 44,5 %). Bei einigen Beschwerden sind die Veränderungen moderat. Besonders groß ist dagegen die Zunahme des Anteils von Befragten mit Beschwerden bei den emotionalen Irritationen und psychosomatischen Beeinträchtigungen: Um 47,7 % vergrößert sich die Gruppe mit

Angstgefühlen bei und vor der Arbeit, mit Niedergeschlagenheit um 22,4 %, mit Konzentrationsstörungen um 20 % und mit Lustlosigkeit und dem Gefühl, wie „ausgebrannt" zu sein, um 13,8 %.

5.2.2 Gesundheitliche Belastungen durch Maßnahmen des Unternehmens zum Betriebserhalt

Die Veränderung der Arbeitssituation

▪▪ Veränderungen als Belastungsfaktor

Bei dieser Untersuchung wurde nach Veränderungen in der Arbeitssituation gefragt, die auf die Maßnahmen des Unternehmens zur Fortführung des Betriebes unter den behördlichen Auflagen bzw. für den generellen Erhalt des Unternehmens zurückzuführen sind. Der ganz überwiegende Teil der Befragten (80 %) gibt eine veränderte Arbeitssituation gegenüber der Situation vor der COVID-19-Pandemie an. Frauen berichten signifikant häufiger von Veränderungen der Arbeitssituation (83,1 %) als Männer (77,2 %). Eine Gegenüberstellung dieser Gruppen zeigt, dass sich Veränderungen in der Arbeitssituation generell belastend für die Erwerbstätigen bemerkbar machen – besonders aber für die Erwerbstätigen, die mit Kindern in einem Haushalt leben (◘ Abb. 5.7). Die drei Gruppen (ohne Veränderung oder mit Veränderung/jeweils ohne oder mit Kinder(n)) unterscheiden sich vor allem bei den emotionalen Irritationen und psychosomatischen Beschwerden: Nervosität und Reizbarkeit weisen den größten Unterschied auf, gefolgt von Erschöpfung sowie Lustlosigkeit und sich wie „ausgebrannt" zu fühlen. Es ist nachvollziehbar, dass Veränderungen in der Arbeitssituation gepaart mit der Erziehungsarbeit im familiären Umfeld eine starke psychische, aber auch emotionale Belastung darstellen.

▪▪ Aspekte der Veränderungen der persönlichen Arbeitssituation

Von den 80 % der Befragten, die über eine Veränderung der Arbeitssituation berichten, wird am häufigsten die Flexibilisierung des Arbeitsortes und der Arbeitszeit genannt (◘ Abb. 5.8). Knapp 70 % der von Veränderung betroffenen Befragten arbeiteten im Homeoffice, ein weiterer anderer Arbeitsort als der gewohnte Arbeitsplatz im Unternehmen wurde von einem guten Zehntel angegeben. Über 60 % der Befragten berichten von einer Flexibilisierung der Arbeitszeiten.

Von quantitativen Veränderungen der Arbeitszeit waren die Erwerbstätigen ganz unterschiedlich betroffen: Fast die Hälfte (47,8 %) gibt an, Mehrarbeit bzw. Überstunden geleistet zu haben. Frauen berichten dabei signifikant häufiger von Mehrarbeit: Ein Viertel der Frauen gibt an, davon sehr stark betroffen zu sein, gegenüber Männern mit 15,9 %. Andererseits berichten Befragte von einer arbeitsfreien Zeit aufgrund von vorab geleisteter Arbeitszeit: 35,3 % sprechen von einem Abbau von Überstunden und ein Fünftel der Befragten musste gesetzliche Urlaubstage abbauen. Fast ein Viertel der Befragten arbeitete in Kurzarbeit. Auf den hohen Anteil von Befragten, die unter Fortzahlung ihres Gehalts von der Arbeit befreit wurden, wird im nächsten Abschnitt nochmal eingegangen. Die befragten Erwerbstätigen waren häufig von mehreren Maßnahmen betroffen: Im Durchschnitt berichtet jeder Befragte von etwa drei (2,88) der insgesamt neun ausgewählten Veränderungen.

▪▪ Maßnahmen der Unternehmen zum Betriebserhalt

Die Veränderungen der Arbeitssituation sind maßgeblich darauf zurückzuführen, dass die Unternehmen behördlichen Anordnungen zur Bekämpfung der Pandemie Folge leisten mussten. Das betrifft zunächst Hygienemaßnahmen und den Schutz der Beschäftigten vor Ansteckung. Entsprechend berichten nahezu alle Befragten von der Einhaltung der Hygienemaßnahmen und Distanzregeln in ihrem Unternehmen, fast 90 % auch von der Bereit-

5.2 · Ergebnisse

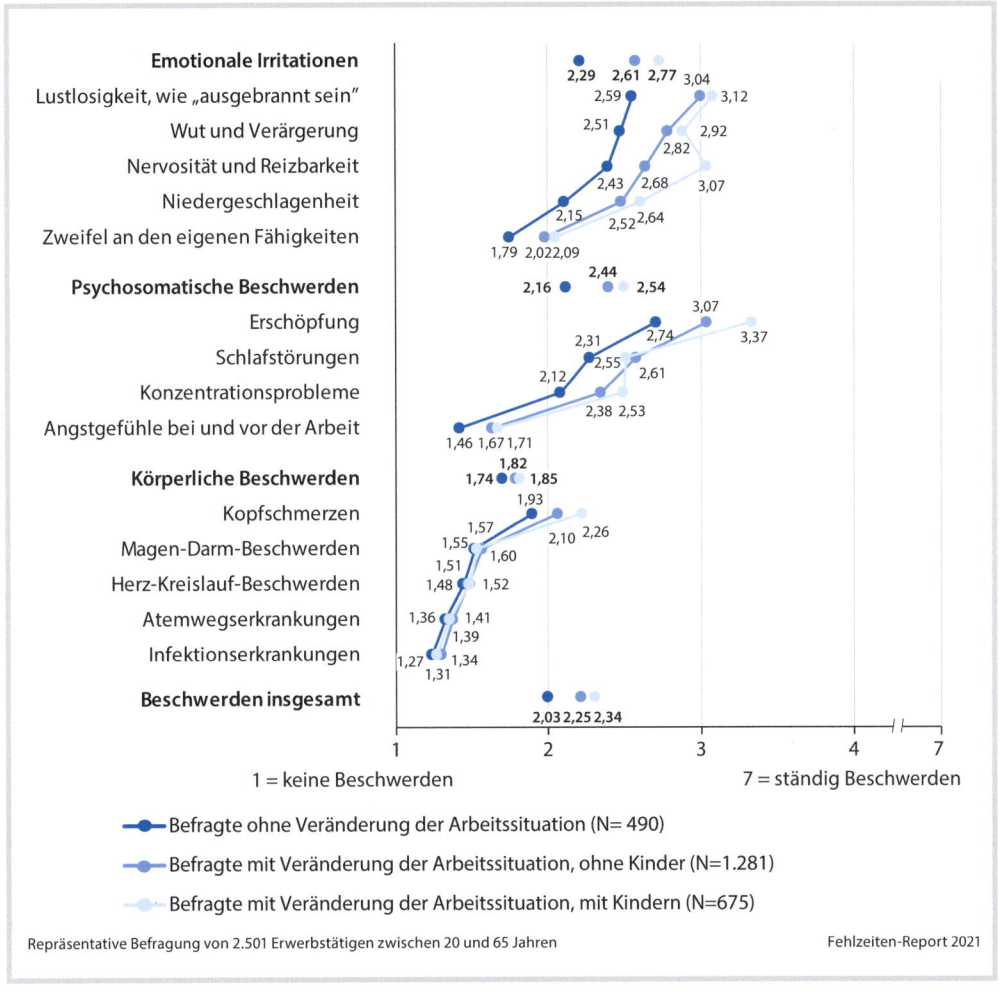

◘ **Abb. 5.7** Gesundheitliche Beschwerden nach Veränderung der Arbeitssituation mit und ohne Kinder(n), Vergleich der Mittelwerte

stellung von Informationen zum Coronavirus (◘ Abb. 5.9).

Die Distanzregeln und der „Lockdown" führten bei gut 70 % der Befragten dazu, dass es im Unternehmen das Angebot gab, von zu Hause zu arbeiten. Bei der Hälfte der Befragten wurde im Unternehmen eine Freistellung für besonders schutzbedürftige Personen angeboten. Jeder zehnte der hier Befragten erhielt das Angebot auch persönlich. Sowohl das Homeoffice-Angebot als auch die Freistellung besonders schutzbedürftiger Mitarbeiter:innen waren Angebote, die eher große Unternehmen gemacht haben. Die Folge dieser Maßnahmen war unter anderem, dass der persönliche Kontakt zwischen den Erwerbstätigen abgenommen hat: Zwei Drittel der Befragten geben an, dass es weniger Gespräche mit Kolleg:innen und Vorgesetzten gegeben habe.

Die Maßnahmen erzwangen für manche Branchen auch, dass die Produktion zurückgefahren bzw. die Dienstleistung eingestellt wurde(n). Einige Unternehmen mussten auf Umsatzeinbußen, andere auf die Anforderung

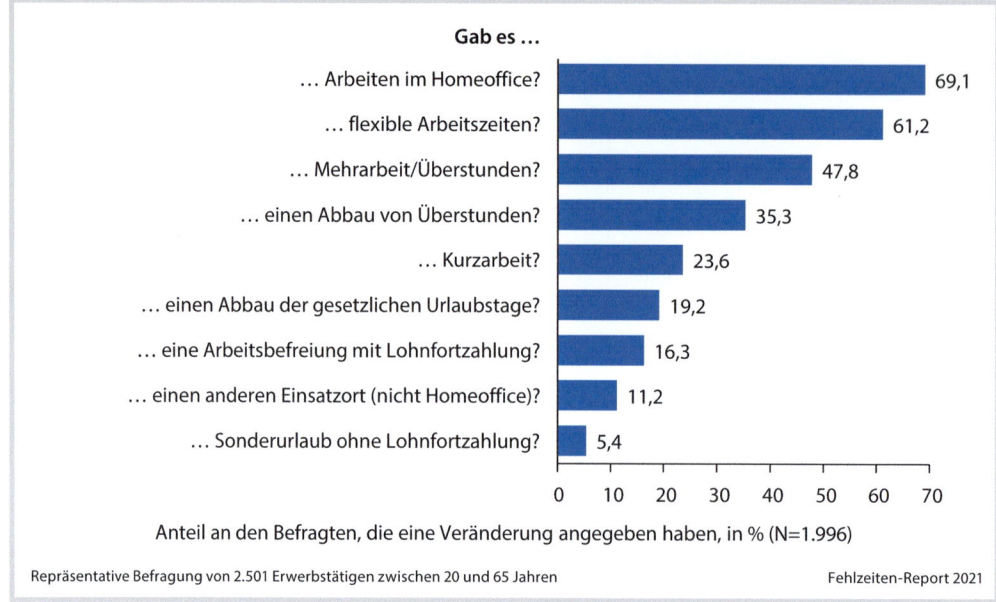

◨ **Abb. 5.8** Veränderungen der Arbeitssituation durch die Maßnahmen zum Betriebserhalt

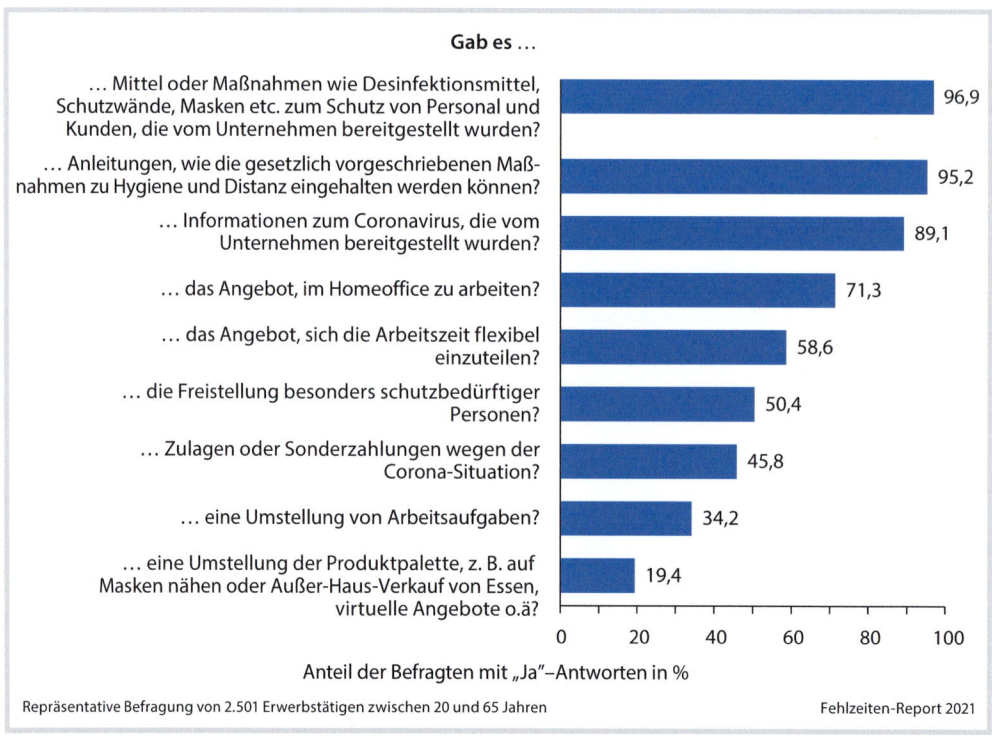

◨ **Abb. 5.9** Maßnahmen zum Betriebserhalt unter Beachtung gesetzlicher Vorschriften

von Mehrarbeit reagieren. Zum ökonomischen Anpassungs- und Bewältigungsverhalten der Unternehmen gehören nicht nur der Antrag auf Kurzarbeitergeld oder der Abbau bereits geleisteter Arbeitszeit – die Anpassung kann auch eine Umstellung auf andere Produkte/Arbeitsaufgaben umfassen, um weiterhin Einnahmen zu erzielen, oder die Zahlung von Sonderzulagen, wenn die Arbeitsanforderungen angestiegen sind. Bei einem Fünftel der Befragten reagierte das Unternehmen auf die veränderten Arbeitsbedingungen mit der Umstellung seiner Produktpalette bzw. seines Angebots und ein Viertel der Befragten berichtet von einer Umstellung der persönlichen Arbeitsaufgaben. Ein großer Anteil von 45,8 % der Befragten arbeitete in Unternehmen, in denen es Zulagen bzw. Sonderzahlungen wegen der anfallenden Mehrarbeit gab. Die Ergebnisse zeigen insgesamt deutlich, wie flexibel die Unternehmen mit zahlreichen Maßnahmen auf Anpassungszwänge und Verordnungen reagieren mussten.

▪▪ Die Zufriedenheit mit den Maßnahmen zum Betriebserhalt und der sozialen Unterstützung im Unternehmen

Wie bewerten die Erwerbstätigen diese Maßnahmen des Unternehmens zum Betriebserhalt in den letzten drei Monaten vor der Befragung? Auf einer Skala von 1 (überhaupt nicht zufrieden) bis 7 (ganz und gar zufrieden) erklärten die Erwerbstätigen ihre Zufriedenheit mit den Maßnahmen, aber auch mit der Unterstützung durch die Kolleg:innen und durch die Vorgesetzten. Die Zufriedenheit ist grundsätzlich hoch: Sie liegt bei der Unterstützung durch die Vorgesetzten bei 5,4 (ohne Abbildung). Hier geben 29,4 % der Befragten an, ganz und gar zufrieden zu sein und weitere 47,8 % der Befragten sind eher zufrieden. Bei der Unterstützung durch die Kolleg:innen liegt die Zufriedenheit bei 5,9. Fast 40 % der Befragten sind ganz und gar zufrieden mit der Unterstützung durch ihre Kolleg:innen, fast die Hälfte ist eher zufrieden (48,7 %). Das ergibt im Durchschnitt eine Bewertung von 5,9. Frauen bewerten ihre Zufriedenheit mit der Unterstützung durch den Kolleg:innenkreis signifikant besser (5,95) als Männer (5,83).

Die Belastung der Befragten durch die betrieblichen Maßnahmen variiert je nach Art der Maßnahme und damit auch die Zufriedenheit mit diesen Maßnahmen. Befragte, deren Unternehmen das Arbeiten im Homeoffice ermöglichte, bewerten die Zufriedenheit mit den Maßnahmen (5,83 zu 5,57), aber auch die Unterstützung durch Kolleg:innen (6,0 zu 5,56) und Vorgesetze (5,56 zu 5,11) signifikant positiver. Auch die Freistellung schutzbedürftiger Personen, die Zahlung von Zulagen und die Flexibilisierung der Arbeitszeit erhöht die Zufriedenheit mit Unternehmen, Kolleg:innen und Vorgesetzten, und zwar unabhängig davon, ob die Befragten selbst dieses Angebot bekamen.

Andere Maßnahmen senken die Zufriedenheit: Betroffene, in deren Unternehmen es eine Umstellung von Arbeitsaufgaben gab, bewerten ihre Zufriedenheit mit den Maßnahmen des Unternehmens und die Unterstützung durch den Vorgesetzten signifikant niedriger. Eine Umstellung der Produktpalette führt nicht generell zu einer schlechteren Bewertung der Zufriedenheit. Befragte, die selbst von dieser Umstellung betroffen waren, sind demgegenüber aber weniger zufrieden mit dem Unternehmen und der Unterstützung durch die Vorgesetzten. Gibt es (als Folge der angeordneten Distanzregeln) weniger Gespräche mit Kolleg:innen und Vorgesetzten, bewerten die Befragten die Maßnahmen des Unternehmens ebenfalls schlechter und sind weniger zufrieden mit der Unterstützung durch Kolleg:innen und Vorgesetzte.

Veränderte Arbeitssituation und Gesundheit

Veränderungen können die Befragten unterschiedlich stark gesundheitlich belasten: Einige Maßnahmen der Unternehmen führen zu einer weiteren Belastung in der Arbeitssituation, andere wirken unter den gegebenen Umständen entlastend: Befragte, die die Möglichkeit haben, zu flexiblen Zeiten und/oder im Home-

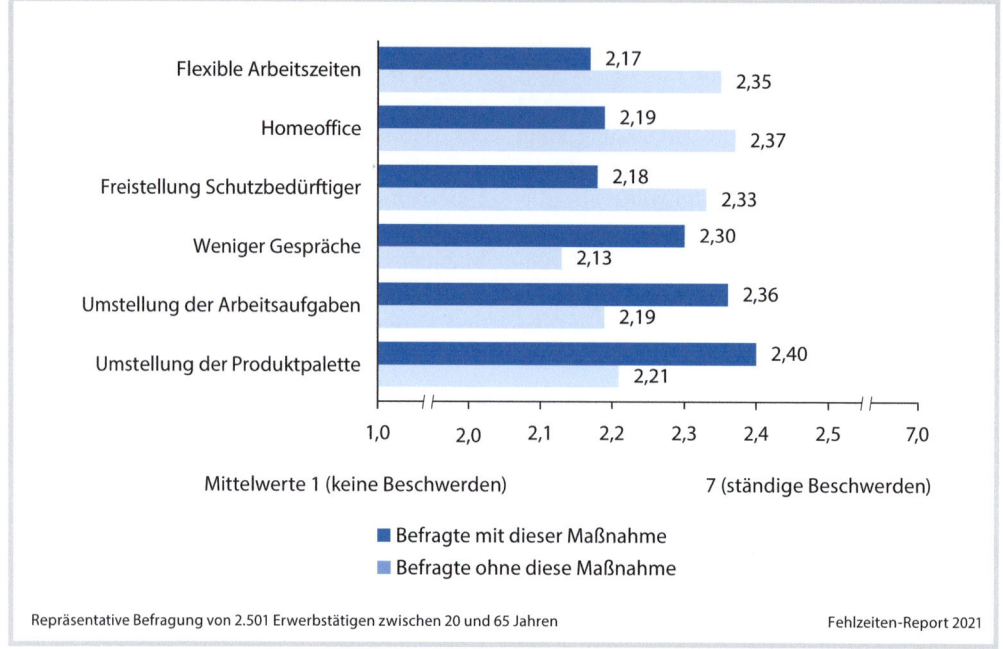

Abb. 5.10 Maßnahmen des Unternehmens und die Bewertung von Gesundheit und psychischem Wohlbefinden insgesamt, Vergleich der Mittelwerte

office zu arbeiten, berichten im Mittel über weniger Beschwerden als Befragte ohne diese Möglichkeit (Abb. 5.10). Beispielsweise liegt die Bewertung von Befragten mit flexiblen Arbeitszeiten auf der Skala von 1 (keine Beschwerden) bis 7 (ständig Beschwerden) im Mittel bei 2,17 gegenüber dem Mittel von 2,35 bei Befragten ohne dieses Angebot. Befragte, die selbst freigestellt waren, bewerteten ihre Beschwerden im Durchschnitt mit 2,14.

Demgegenüber berichten Befragte mit anderen Veränderungen in der Arbeitssituation von einer insgesamt schlechteren Gesundheit: Weniger Gespräche mit Kolleg:innen und Vorgesetzten sowie Umstellungen der Arbeitsaufgaben gehen mit mehr Beschwerden einher. Befragte, die von der Umstellung der Produktpalette bzw. der angebotenen Dienstleistung betroffen sind, geben ihre Beschwerdenlast im Durchschnitt mit 2,4 an, Befragte ohne diese Veränderung mit 2,21. Die in der Abbildung gezeigten Unterschiede in der Bewertung der eigenen Gesundheit sind alle signifikant.

5.2.3 Soziale Resilienz in Unternehmen

Die soziale Resilienz eines Unternehmens als gelingender Anpassungs- und Krisenbewältigungsprozess findet in den verschiedenen Dimensionen statt, in denen die Beschäftigten mit dem Unternehmen verbunden sind: als Strateg:innen oder Entscheider:innen, als Produzent:innen oder Dienstleister:innen, als Führungskräfte oder Auszubildende. Die Ressourcen für das resiliente Verhalten von Unternehmen liegen dabei zum einen bei den einzelnen Beschäftigten als individuelle Resilienz vor, sie liegen aber auch in der Kooperation im Team und im Gesamtunternehmen als systemische Resilienz – bei wechselseitiger Beeinflussung. Für die vorliegende Untersuchung der sozialen Resilienz von Unternehmen werden entsprechend drei Aspekte unterschieden: das individuelle Verhalten, die Beschreibung des Verhaltens von anderen Beschäftigten des Un-

5.2 · Ergebnisse

ternehmens wie beispielsweise Kolleg:innen und Vorgesetzten und die Bewertung der Resilienz des Unternehmens durch die Befragten.

Die individuelle Resilienz der befragten Erwerbstätigen

Zur Selbstbeschreibung der individuellen Resilienz stimmten die Befragten insgesamt neun vorgelegten Aussagen zur Stressregulation und Flexibilität, zu ihren Selbstwirksamkeitserwartungen und ihrer Vernetzung anhand einer siebenstufigen Antwortskala von 1 (stimme überhaupt nicht zu) bis 7 (stimme voll und ganz zu) zu (Abb. 5.11).

Zur Darstellung der **Stressregulation** (drei Aussagen) in den vorangegangenen drei Monaten wurden die Erwerbstätigen gefragt, ob sie wüssten, wie sie sich in stressigen Arbeitssituationen beruhigen könnten, ob sie zu Hause von der Arbeit „abschalten" könnten und ob sie sich Erholungspausen gönnten. Schaffen es

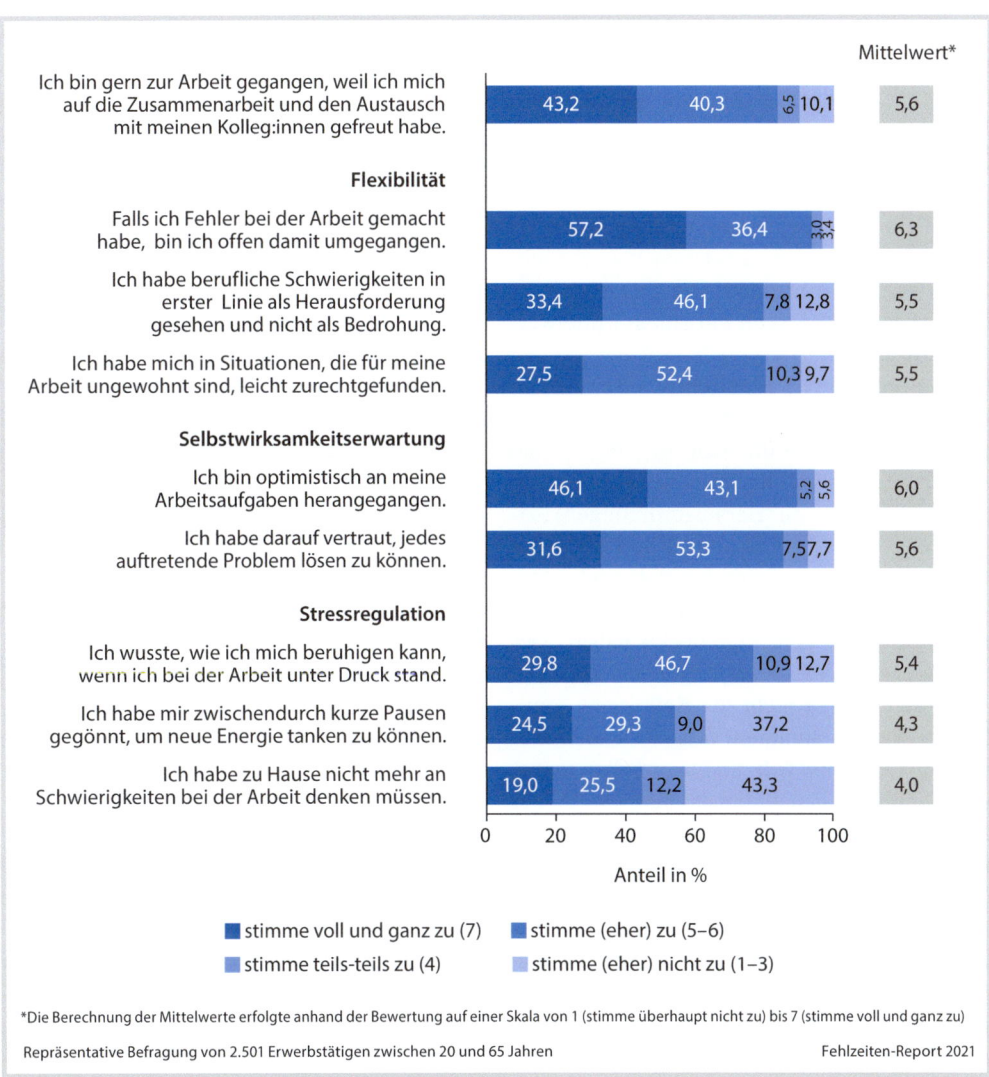

Abb. 5.11 Individuelle Resilienz

die Beschäftigten nicht abzuschalten und sich ausreichende Pausen zu gönnen, so sind die Erholungsphasen und damit auch die Regenerationsmöglichkeiten eingeschränkt, was nicht nur das Wohlbefinden, sondern auch die Leistungsfähigkeit einschränken kann. Die Unfähigkeit, sich in Situationen, in welchen man unter Druck steht, beruhigen zu können, erhöht den Stresspegel zusätzlich. Eine schlechte Stressregulation kann zu chronischem Stress führen – mit weitreichenden gesundheitlichen Folgen.

Der überwiegende Anteil von 43,3 % stimmt der Aussage, zu Hause nicht mehr an Schwierigkeiten bei der Arbeit denken zu müssen, (eher bis überhaupt) nicht zu. Etwa ein Viertel der Befragten hat sich angemessen oft Pausen gegönnt, andererseits stimmen 37,2 % der Aussage (eher bis überhaupt) nicht zu. Gut drei Viertel der Befragten stimmen (eher bis voll und ganz) zu, dass sie sich bei erlebtem Stress beruhigen konnten. Die Stressregulation wird damit insgesamt mit einem Mittelwert von 4,60 bewertet.

Die individuelle **Flexibilität** (drei Aussagen) bei der Arbeit umfasst bei dieser Befragung das Sich-Einfinden in ungewohnte Arbeitssituationen, die positive Umdeutung (Schwierigkeiten zu Herausforderungen) sowie eine offene Fehlerkultur. Rund 80 % der Befragten stimmen (eher bis voll und ganz) zu, dass sie sich in ungewohnten Arbeitssituationen leicht zurechtgefunden haben. Der Aussage, dass sie Schwierigkeiten als Herausforderung und nicht als Bedrohung empfunden haben, stimmen fast 80 % der Befragten (eher bis voll und ganz) zu. Insgesamt stimmen erstaunliche knapp 94 % der Befragten (eher bis voll und ganz) zu, eine offene Fehlerkultur zu leben. Es wäre denkbar, dass Fehler bei der Arbeit in der Pandemiezeit, die durch neue und ungewohnte Aufgaben und Arbeitsbedingungen geprägt ist, leichter verziehen und als menschlich betrachtet werden und dadurch auch ein offener Umgang mit Fehlern leichter fällt. Die Befragten bewerten ihre eigene Flexibilität bei der Arbeit zusammengefasst durchschnittlich mit 5,73 – eine positive Gesamtbewertung.

Zum Vertrauen in die eigene Tüchtigkeit, den **Selbstwirksamkeitserwartungen** (zwei Aussagen), gehört neben der optimistischen Herangehensweise an Arbeitsaufgaben auch das Vertrauen, auftretende Probleme lösen zu können. Fast die Hälfte der Befragten stimmt der Aussage, dass sie optimistisch an die Arbeitsaufgaben herangegangen sind, voll und ganz zu. Ebenfalls der Großteil der Befragten (86,7 %) stimmt (eher bis voll und ganz) zu, dass sie darauf vertraut haben, jedes aufkommende Problem lösen zu können. Insgesamt liegt die Zustimmung zu einer zuversichtlichen Grundeinstellung damit sehr hoch: Sie wird von den Befragten im Mittel mit 5,81 bewertet.

Der weit überwiegende Teil der Befragten (83,5 %) ist gern zur Arbeit gegangen, weil sie sich auf die Zusammenarbeit und den Austausch mit den Kolleg:innen gefreut haben. Diese Beurteilungen sprechen für eine gute soziale Vernetzung am Arbeitsplatz und unterstreichen die Bedeutung von Kolleg:innen für die eigene Resilienz.

Die dargestellten Aussagen zur individuellen Resilienz werden für weitere Berechnungen zu einem Wert zusammengefasst: „Individuelle Resilienz". Dafür wird der Mittelwert aus den neun oben dargestellten Bewertungen zur individuellen Resilienz gebildet. Die Befragten bewerten ihre individuelle Resilienz auf einer siebenstufigen Antwortskala von 1 (stimme überhaupt nicht zu) bis 7 (stimme voll und ganz zu) im Durchschnitt mit 5,37 und damit sehr positiv.

Die individuelle Resilienz und die Gesundheit der Befragten

Um der Frage nachzugehen, ob sich Befragte je nach eigener Einschätzung ihrer individuellen Resilienz im Hinblick auf Gesundheit und Wohlbefinden unterscheiden, wurden Extremgruppen gebildet. Hierfür werden die Befragten anhand ihrer Gesamtbewertung der individuellen Resilienz in vier gleich große Gruppen eingeteilt (Quartile). Das obere Quartil

5.2 · Ergebnisse

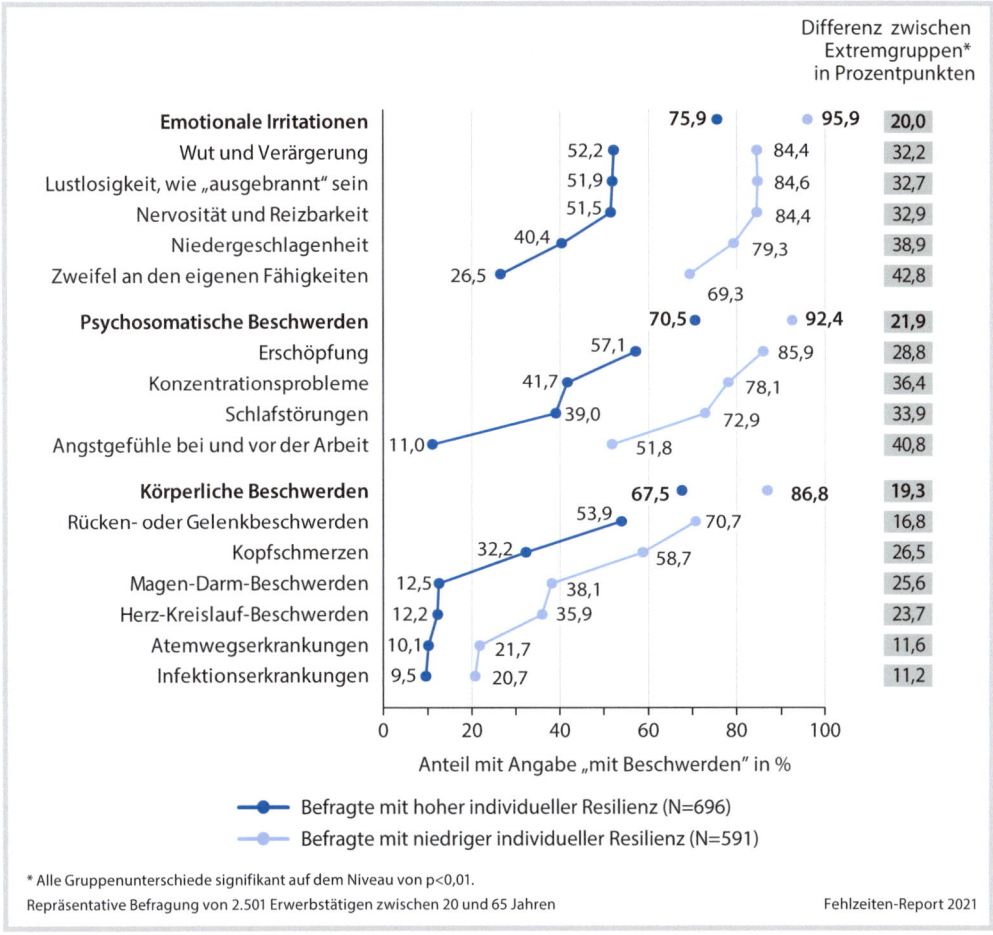

Abb. 5.12 Extremgruppenvergleich: Hohe versus niedrige individuelle Resilienz und gesundheitliche Beschwerden

(27,8 %; N = 696) bewertet die eigene individuelle Resilienz im Durchschnitt mit 6,34 (von 7) und wird hier Gruppe „Hohe individuelle Resilienz" genannt. Das unterste Quartil (23,6 %, N = 591) bewertet die eigene Resilienz im Durchschnitt mit 4,15 und wird hier als Gruppe „Niedrige individuelle Resilienz" bezeichnet. Es fällt auf, dass auch die Gruppe vom unteren Teil der Skala ihre individuelle Resilienz im Durchschnitt als mittelmäßig gut und nicht als schlecht bewertet. Die Gruppen unterscheiden sich hinsichtlich Geschlecht und Alter nicht signifikant voneinander.

Die Befragten der Gruppe „Hohe individuelle Resilienz" berichten signifikant seltener von mindestens einer der gesundheitlichen Beschwerden (87,1 %) als Befragte der Gruppe „Niedrige individuelle Resilienz" (97,8 %) (◘ Abb. 5.12).

Am weitesten liegen die beiden Resilienzgruppen bei „Zweifel an den eigenen Fähigkeiten" auseinander: Während ein gutes Viertel (26,5 %) aus der Gruppe „Hohe individuelle Resilienz" Zweifel an den eigenen Fähigkeiten hatte, berichten dies 69,3 % der Befragten aus der Gruppe „Niedrige individuelle Resilienz". Der zweitgrößte Unterschied ist bei den psychosomatischen Beschwerden „Angstgefühl bei und vor der Arbeit" zu sehen. Auch für Niedergeschlagenheit, Schlaf-

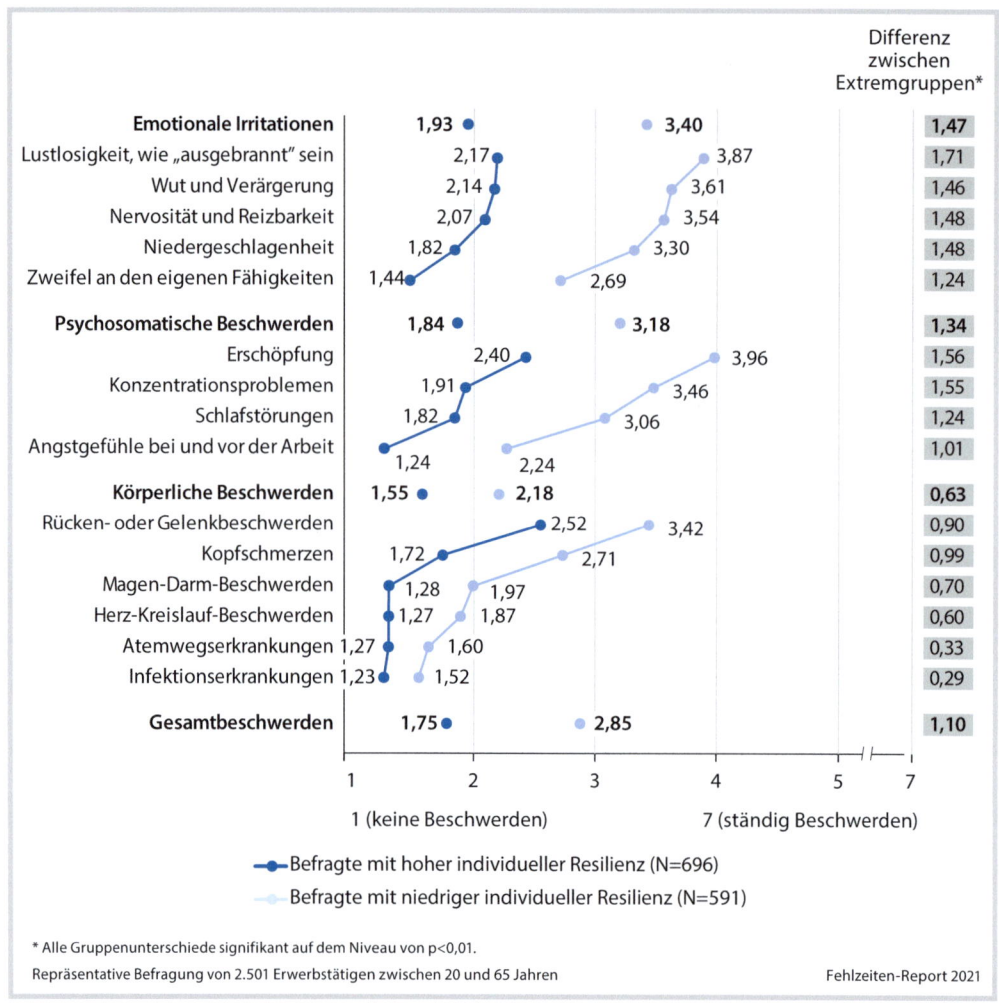

Abb. 5.13 Extremgruppenvergleich: Hohe versus niedrige individuelle Resilienz und gesundheitliches Wohlbefinden, Vergleich der Mittelwerte

störungen und Konzentrationsprobleme liegt der Gruppenunterschied bei mehr als einem Drittel. Bei allen Beschwerden sind die Gruppenunterschiede auf dem Niveau p < 0,001 signifikant.

Die Unterschiede zwischen den Extremgruppen werden bei einer Betrachtung nach Mittelwerten noch stärker deutlich (◘ Abb. 5.13). Die Gesamtbeschwerden der Gruppe „Hohe individuelle Resilienz" liegen auf der Skala von 1 (keine Beschwerden) bis 7 (ständig Beschwerden) mit einem Durchschnittswert von 1,75 deutlich unter dem Wert für Gesamtbeschwerden der Gruppe „Niedrige individuelle Resilienz" (2,85).

Der stärkste Unterschied zwischen den Gruppen ist für die Lustlosigkeit und das Gefühl, wie „ausgebrannt" zu sein, zu erkennen. Die Gruppe „Hohe individuelle Resilienz" bewertet diese im Durchschnitt mit 2,17, während die Gruppe „Niedrige individuelle Resilienz" im Durchschnitt einen Wert von 3,87 angibt. Dies macht eine Differenz der Mittelwerte von 1,7 aus. Ebenfalls besonders deutlich sind die Gruppenunterschiede für Erschöpfung, Schlafstörungen, Niedergeschlagenheit und Nervosität und Reizbarkeit, also bei den emotionalen Irritationen und psychosomatischen Beschwerden. Die geringsten Unterschiede bestehen bei den körperlichen Beschwerden.

▪▪ Der Zusammenhang zwischen individueller Resilienz und Gesundheit sowie psychischem Wohlbefinden

Eine hohe individuelle Resilienz ist bei diesem Extremgruppenvergleich mit einer geringeren Beschwerdelast verbunden. Über schrittweise Regressionsanalysen wurde ermittelt, welche Aspekte der individuellen Resilienz dabei den jeweils größten Einfluss auf die gesundheitlichen Beschwerden nehmen.[7] Die drei stärksten Einflussfaktoren der individuellen Resilienz erklären 16,7 % der Varianz der emotionalen Beschwerden (◯ Tab. 5.1). Den stärksten Einfluss hat die individuelle **Stressregulation**, gefolgt von den **Selbstwirksamkeitserwartungen** und der sozialen Vernetzung mit den Kolleg:innen. Für die psychosomatischen Beschwerden liegt der Erklärungsgehalt der individuellen Resilienz mit 15,2 % etwas niedriger. Auch hier stellt die **Stressregulation** den stärksten Einflussfaktor dar. Bei den körperlichen Beschwerden ist der Erklärungsgehalt durch die individuelle Resilienz am geringsten. Den stärksten Einfluss auf die körperlichen Beschwerden haben die **Selbstwirksamkeitserwartungen**, gefolgt von der **Stressregulation** und der **Flexibilität**. Damit tritt die Fähigkeit zur Stressregulation in dieser Analyse als wichtigster Baustein der individuellen Resilienz hervor.

Aspekte der nicht-individuellen Resilienz des Unternehmens: Kolleg:innen, Vorgesetzte und die Kooperation

Ein weiterer im Rahmen dieser Untersuchung betrachteter Aspekt der sozialen Resilienz des Unternehmens geht über die individuellen Resilienzen hinaus und betrachtet die Dimensionen der Kolleg:innen und Vorgesetzten sowie die Kooperation. In dieser Dimension wird die Einschätzung der systemischen Resilienz des Unternehmens durch die Befragten anhand von 14 Aussagen erfasst, denen auf einer Skala von 1 (stimme überhaupt nicht zu) bis 7 (stimme voll und ganz zu) zugestimmt werden konnte. Die ausgewählten Aussagen betreffen die Anpassungskapazität des Unternehmens, das Führungsverhalten, den Zusammenhalt im Unternehmen sowie die Arbeitsbelastung, die Gemeinwohlorientierung des Unternehmens und die Zuversicht, dass das Unternehmen auftretende Probleme lösen kann.

▪▪ Anpassungskapazität

Zur Anpassungskapazität zählen in dieser Untersuchung die Informationsweitergabe an die Mitarbeiter:innen, die Fehlerkultur, der Umgang mit Kreativität sowie die Fähigkeit der schnellen Entscheidungsfindung.

Insgesamt wurde die schnelle Informationsweitergabe von einem großen Teil der Beschäftigten als gut bewertet: So stimmen 73,1 % der Befragten (eher bis voll und ganz) zu, dass in ihrem Unternehmen Informationen an Mitarbeiter:innen weitergegeben wurden, damit diese schnell auf Unerwartetes reagieren können (◯ Abb. 5.14). Der Aussage „Über wichtige Dinge und Vorgänge in unserem Unternehmen wurden wir ausreichend informiert" stimmen 71,1 % (eher bis voll und ganz) zu. Die Fehlerkultur sowie die Fähigkeit zur schnellen Entscheidungsfindung wurden von den Befragten sehr positiv bewertet. Es stimmen jeweils rund drei Viertel der Befragten (eher bis voll und ganz) zu, dass in ihrem Unternehmen eine offene Fehlerkultur (75,4 %) sowie die Fähigkeit einer

---

7   Die angegebenen standardisierten Regressionskoeffizienten (Beta-Werte) geben den Einfluss der jeweiligen Variable auf die Zielvariable an (hier emotionale Irritationen, psychosomatische Beschwerden bzw. körperliche Beschwerden). Ein positiver Wert steht für einen positiven Einfluss („je mehr Resilienz – desto mehr gesundheitliche Beschwerden") und ein negativer Wert für einen negativen Einfluss („je mehr Resilienz – desto weniger Beschwerden"). Der Regressionskoeffizient Beta kann Werte zwischen −1 und +1 annehmen. Eine 0 bedeutet, dass kein Einfluss vorhanden ist.

Tab. 5.1 Einflussfaktoren der individuellen Resilienz auf die gesundheitlichen Beschwerden

Beschwerden-gruppen	1. Einflussfaktor	2. Einflussfaktor	3. Einflussfaktor
Emotionale Beschwerden 16,7 % Varianzaufklärung	Stressregulation	Selbstwirksamkeitserwartungen	Ich bin gerne zur Arbeit gegangen, weil ich mich auf die Zusammenarbeit und den Austausch mit meinen Kolleg:innen gefreut habe
	−0,240	−0,198	−0,102
Psychosomatische Beschwerden 15,2 % Varianzaufklärung	Stressregulation	Selbstwirksamkeitserwartungen	Ich bin gerne zur Arbeit gegangen, weil ich mich auf die Zusammenarbeit und den Austausch mit meinen Kolleg:innen gefreut habe
	−0,249	−0,174	−0,087
Körperliche Beschwerden 7,7 % Varianzaufklärung	Selbstwirksamkeitserwartungen	Stressregulation	Flexibilität
	−0,122	−0,134	−0,099

Fehlzeiten-Report 2021

schnellen Entscheidungsfindung (74,4 %) besteht.

Der Umgang mit Kreativität und Ideenreichtum wird hingegen etwas schlechter bewertet: Während knapp zwei Drittel (64,8 %) der Befragten (eher bis voll und ganz) zustimmen, dass Mitarbeiter:innen Ideen dazu einbringen konnten, wie Arbeitsabläufe zu verbessern sind, stimmt eben auch ein Drittel dieser Aussage nur teilweise (14,5 %) oder (eher) nicht (20,7 %) zu.

Fasst man alle Aspekte der Anpassungskapazität zusammen, erhält dieser Aspekt des resilienten Verhaltens des Unternehmens von den Befragten auf einer siebenstufigen Antwortskala von 1 (trifft überhaupt nicht zu) bis 7 (trifft voll und ganz zu) im Durchschnitt eine Bewertung von 5,2.

Führungsverhalten

Insgesamt bewertet ein Großteil der Befragten die Führungskräfte in ihrem Unternehmen überdurchschnittlich gut. Über ein Drittel der Befragten (35,3 %) stimmen voll und ganz zu, dass ihre Führungskraft sie bei Problemen mit der Arbeit unterstützt hat. Weitere 42,9 % stimmen dem eher zu. Der Aussage, dass ihre Führungskraft ansprechbar war, wenn es um Probleme bei der Arbeit ging, stimmen sogar 44,2 % der Befragten voll und ganz zu und weitere 37,6 % stimmen eher zu. Diese positiven Bewertungen der Führungskraft sprechen dafür, dass sich die Befragten auch während der Pandemiezeit und der damit verbundenen Veränderungen, wie beispielsweise der Arbeit im Homeoffice, gut von ihren Führungskräften unterstützt fühlten. Jedoch empfinden die Befragten die Wertschätzung, die ihrer Arbeit entgegengebracht wurde, teilweise als unzureichend. Es stimmt nur ein Fünftel voll und ganz zu, dass die Arbeit der Mitarbeiter:innen Wertschätzung durch die Vorgesetzten erfuhr. Zusammengefasst wird das Führungsverhalten auf einer siebenstufigen Antwortskala von 1 (trifft überhaupt nicht zu) bis 7 (trifft voll und ganz zu) mit einem Mittelwert von 5,14 bewertet.

Zusammenhalt, Zuversicht und Arbeitsbelastung

Der Zusammenhalt im Unternehmen wird ebenfalls vergleichsweise gut bewertet. 77,7 %

5.2 · Ergebnisse

☐ **Abb. 5.14** Die nicht-individuellen Aspekte der sozialen Unternehmensresilienz

der Befragten stimmen zu, dass das Unternehmen hinter seinen Mitarbeiter:innen stand (davon 33,4 % voll und ganz). Auch die Unterstützung durch die Kolleg:innen wird sehr positiv bewertet: 43,4 % der Befragten stimmen voll und ganz zu, dass ihre Kolleg:innen sie bei Problemen bei der Arbeit unterstützt haben. Weitere 44,3 % stimmen eher zu. Mit 12,3 % fühlte sich nur ein vergleichsweise kleiner Anteil der Befragten unzureichend durch die

Kolleg:innen unterstützt. Eine Verzichtbereitschaft von Seiten der Mitarbeitenden zeugt ebenfalls von einem starken Zusammenhalt und Commitment. Hier fällt die Bewertung nicht ganz so gut aus: Weniger als ein Fünftel der Befragten (18,0 %) stimmen voll und ganz der Aussage zu, dass die Mitarbeiter:innen zu Verzicht bereit waren, wenn es der Firma schlecht ging. Ein relativ großer Anteil (42,4 %) stimmt dieser Aussage (eher) zu.

Eine sinnvolle Tätigkeit gilt als ein Baustein von Resilienz und bei Unternehmen äußert sich der Unternehmenssinn beispielsweise darin, zum Wohl der Gesellschaft zu agieren. Rund vier Fünftel der Befragten (80,7 %) stimmen (eher bis voll und ganz) zu, dass ihr Unternehmen zum Wohl der Gesellschaft beigetragen habe. Dies entspricht auf einer siebenstufigen Antwortskala von 1 (trifft überhaupt nicht zu) bis 7 (trifft voll und ganz zu) einem Mittelwert von 5,73. Das als weithin positiv empfundene Resilienzverhalten äußert sich auch in der dem Unternehmen zugeschriebenen kollektiven Wirksamkeit: Ein Großteil der Befragten (70,2 %) hat (eher bis voll und ganz) darauf vertraut, dass ihr Unternehmen jedes auftretende Problem lösen kann. Jedoch äußert fast ein Drittel Bedenken.

Die Beurteilung des Resilienzverhaltens beim Aspekt der Arbeitsbelastung fällt deutlich schlechter aus: Hier stimmen lediglich 12,7 % voll und ganz zu, dass in ihrem Unternehmen darauf geachtet wurde, dass die Arbeitsbelastung nicht zu groß wird. Im Gegensatz dazu stimmen ein Drittel (33,4 %) dieser Aussage (eher) nicht zu.

Über alle hier dargestellten Aspekte hinweg bewerten die Befragten den nicht-individuellen Anteil der Unternehmensresilienz auf einer siebenstufigen Antwortskala von 1 (trifft überhaupt nicht zu) bis 7 (trifft voll und ganz zu) mit 5,26 und damit noch etwas besser als die eigene Resilienz (5,37).

Das Resilienzempfinden: Prognosen für die Zukunft

Die Einschätzung der sozialen Resilienz des Unternehmens, das Resilienzempfinden, wurde in der Untersuchung durch einen „Blick in die Zukunft" erfragt. Dabei ging es um die Einschätzung der Befragten, ob bestimmte soziale, unternehmensinterne Aspekte wie die Führungskräfte, die Unternehmenskultur oder das vorhandene Wissen dabei helfen würden, das Unternehmen gut durch die Krise zu bringen.

Insgesamt bewerten die meisten Befragten die Zukunft positiv (◘ Abb. 5.15). Es stimmen 83,4 % der Befragten (eher bis voll und ganz) zu, dass in ihrem Unternehmen genug Wissen, Erfahrung und Einfallsreichtum vorhanden ist, um mit den Folgen der Corona-Pandemie zurechtzukommen. Eine als hoch empfundene Anpassungskapazität im Unternehmen geht mit einem positiven Zukunftsblick in Bezug auf das Wissen, die Erfahrung und den Einfallsreichtum einher. Die Korrelation dieser beiden Aspekte liegt bei r = 0,500 und ist signifikant. Die Führungskräfte schneiden in der Bewertung der Resilienz nicht ganz so gut ab: 77,5 % stimmen (eher bis voll und ganz) zu, dass die Führungskräfte dafür geeignet sind, das Unternehmen durch die Corona-Krise zu steuern. Ähnlich fällt die Beurteilung der Unternehmenskultur aus: Es stimmen 76,9 % der Befragten (eher bis voll und ganz) zu, dass die Unternehmenskultur sie gut durch die Corona-Pandemie bringen wird.

Der Zusammenhalt unter den Kolleg:innen wird hingegen besser bewertet. Über ein Drittel der Befragten (34,8 %) stimmen voll und ganz zu, dass der Zusammenhalt unter den Kolleg:innen sie gut durch die Corona-Pandemie bringen wird. Weitere 50,9 % stimmen dieser Aussage eher zu. Diese Beurteilung unterstreicht die Bedeutung der Kollegenschaft bzw. des Teams sowie der sozialen Vernetzung im Unternehmen für die Erwerbstätigen.

Insgesamt wird das Resilienzempfinden, das sich aus den beschriebenen Aspekten zusammensetzt, auf einer siebenstufigen Ant-

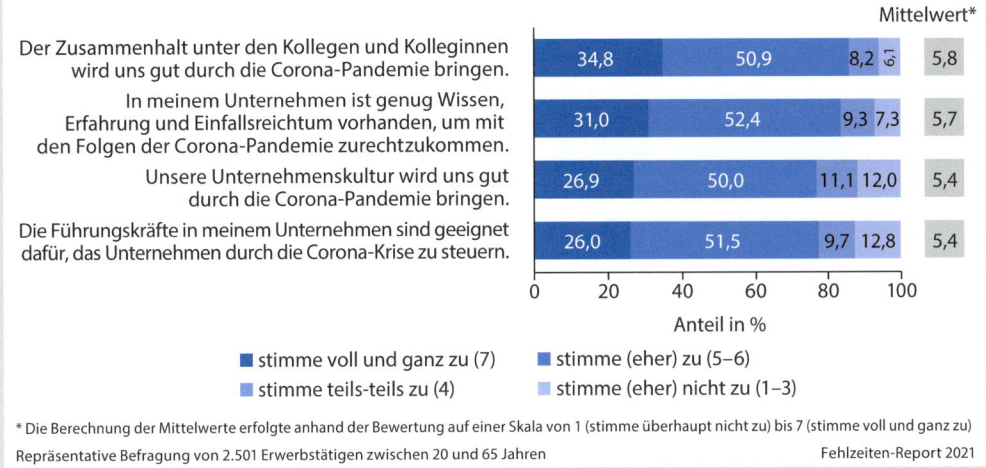

Abb. 5.15 Resilienzempfinden der Befragten: Prognosen für die Zukunft

wortskala von 1 (stimme überhaupt nicht zu) bis 7 (stimme voll und ganz zu) mit einem Mittelwert von 5,55 bewertet. Ein als positiv empfundenes Resilienz*verhalten* im Unternehmen geht bei den Befragten mit einem positiven Resilienz*empfinden* einher. Die signifikante Korrelation zwischen der „Unternehmensresilienz" und dem „Resilienzempfinden" liegt mit r = 0,726 sehr hoch. Die Beurteilung der Führungskraft hängt dabei weniger stark mit dem Resilienzempfinden zusammen (r = 0,588) als die Beurteilung der Anpassungskapazität (r = 0,669).

Aspekte der nicht-individuellen Unternehmensresilienz und das gesundheitliche Wohlbefinden

Fasst man alle Aussagen zur sozialen Resilienz des Unternehmens (Abb. 5.14) zu einer Variablen zusammen,[8] wird diese „Unternehmensresilienz" von den Befragten auf einer siebenstufigen Antwortskala von 1 (trifft überhaupt nicht zu) bis 7 (trifft voll und ganz zu) im Durchschnitt mit 5,26 und damit sehr positiv bewertet.

---

[8] Es wird der Mittelwert über alle Aussagen zu den Aspekten der nicht-individuellen Resilienz des Unternehmens gebildet.

Damit untersucht werden kann, ob sich Befragte, die die soziale Resilienz des Unternehmens unterschiedlich bewerten, auch in Bezug auf ihre gesundheitlichen Beschwerden unterscheiden, wurden Extremgruppen gebildet. Dafür wurden die Befragten anhand der Gesamtbewertung der „Unternehmensresilienz" in vier gleich große Gruppen (Quartile) unterteilt. Das Quartil, das die „Unternehmensresilienz" am besten bewertet, bildet die Gruppe „Hohe Unternehmensresilienz" (26,3 %, N = 658). Die Befragten vom unteren Ende der Bewertungsskala bilden die Gruppe „Niedrige Unternehmensresilienz" (24,8 %, N = 621). Die Gruppe „Hohe Unternehmensresilienz" bewertet die soziale Resilienz des Unternehmens im Mittel mit 6,45, Befragte der Gruppe „Niedrige Unternehmensresilienz" mit 3,74.

In der Gruppe „Hohe Unternehmensresilienz" liegt der Frauenanteil mit 55,4 % signifikant höher als in der Gruppe „Niedrige Unternehmensresilienz" (45,6 %). In Bezug auf das Alter unterscheiden sich die Gruppen nicht signifikant voneinander.

Die Befragten der Gruppe „Hohe Unternehmensresilienz" sind signifikant seltener von gesundheitlichen Beschwerden betroffen als die Befragten der Gruppe „Niedrige Unternehmensresilienz" (Abb. 5.16). Der deut-

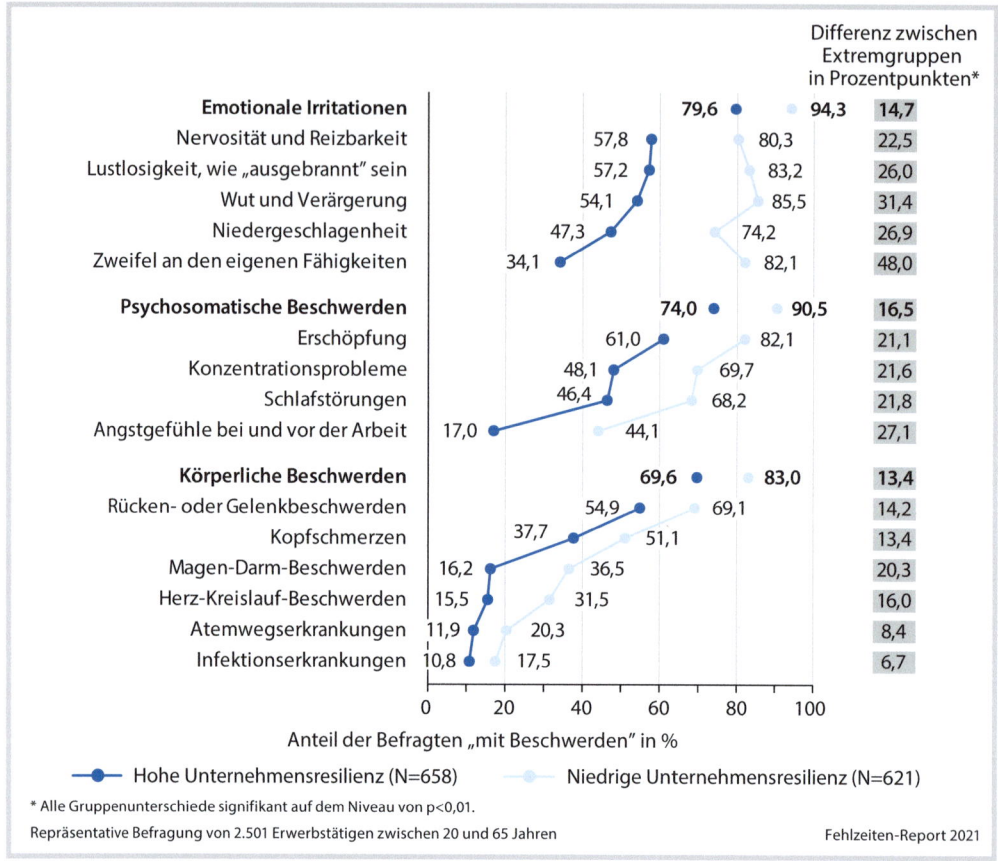

Abb. 5.16 Extremgruppenvergleich: Aspekte der nicht-individuellen Unternehmensresilienz und gesundheitliche Beschwerden

lichste Unterschied ist in Bezug auf das Gefühl von Wut und Verärgerung zu erkennen: Von den Befragten der Gruppe „Hohe Unternehmensresilienz" geben 54,1 % an, innerhalb der vorausgegangenen vier Wochen darunter gelitten zu haben. Aus der Gruppe „Niedrige Unternehmensresilienz" berichten davon 85,5 % der Befragten. Ebenfalls eine besonders große Differenz ist für das Angstgefühl vor und bei der Arbeit sowie für Niedergeschlagenheit und Lustlosigkeit zu erkennen. Die geringsten Gruppenunterschiede sind bei Infektionserkrankungen (6,7 %) und Atemwegserkrankungen (8,4 %) zu sehen, über die die Befragten beider Gruppen vergleichsweise weniger häufig berichteten.

Für die Gesamtbeschwerden liegt der Durchschnittswert in der Gruppe „Hohe Unternehmensresilienz" bei 1,94 und damit signifikant niedriger als der Wert der Gesamtbeschwerden der Gruppe „Niedrige Unternehmensresilienz", der bei 2,69 liegt (Abb. 5.17).

Besonders groß ist die Differenz zwischen den Gruppen in Bezug auf Wut und Verärgerung (1,54) sowie Lustlosigkeit, wie „ausgebrannt" sein (1,38). Dies sind zudem die Beschwerden, unter denen die Befragten der Gruppe „Niedrige Unternehmensresilienz" am stärksten gelitten haben. Für Lustlosigkeit und das Gefühl, wie „ausgebrannt" zu sein, erreicht die Gruppe vom unteren Rand der Ska-

5.2 · Ergebnisse

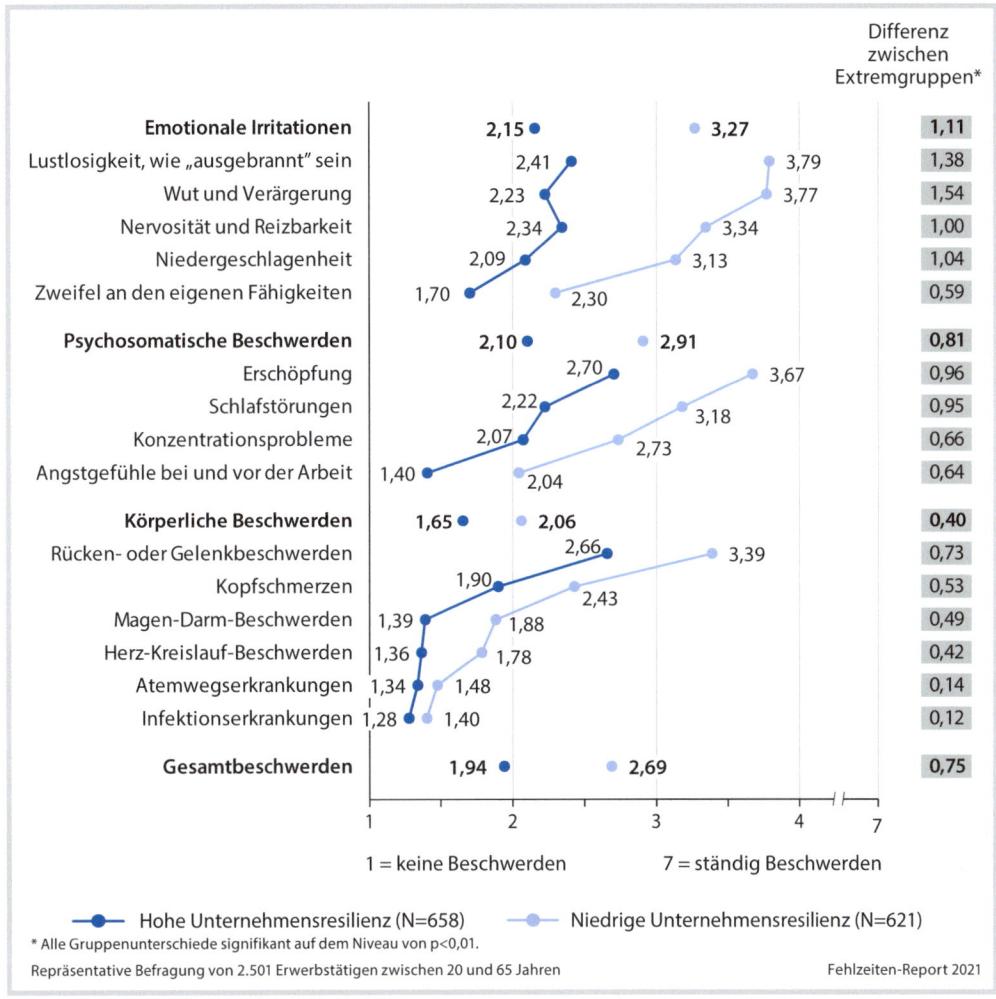

☐ **Abb. 5.17** Extremgruppenvergleich: Hohe versus niedrige Unternehmensresilienz und gesundheitliche Beschwerden, Vergleich der Mittelwerte

la einen Mittelwert von 3,79. Für Wut und Verärgerung liegt dieser Wert bei 3,77. Die Belastung durch Erschöpfung ist in beiden Gruppen hoch. Die Gruppe „Niedrige Unternehmensresilienz" gibt dafür einen Mittelwert von 3,67 an. Mit einem durchschnittlichen Leidensdruck von 2,70 stellt die Erschöpfung das Gesundheitsproblem dar, unter dem die Befragten der Gruppe „Hohe Unternehmensresilienz" in den vorangegangenen vier Wochen am häufigsten gelitten haben.

Die geringsten Unterschiede zwischen den Gruppen sind auch hier in Bezug auf die Infektions- und Atemwegserkrankungen zu erkennen, den Beschwerden, unter denen die Befragten beider Gruppen am seltensten gelitten haben.

■■ **Der Einfluss nicht-individueller Aspekte der Unternehmensresilienz auf die Gesundheit und das psychische Wohlbefinden**

Der Extremgruppenvergleich zeigt, dass ein von den Befragten als gut bewertetes Resilienzverhalten von Unternehmen („Hohe Unternehmensresilienz") mit der Beschreibung von

Tab. 5.2 Unternehmensresilienz: Einflussfaktoren auf die gesundheitlichen Beschwerden

Beschwerdengruppen	1. Einflussfaktor	2. Einflussfaktor	3. Einflussfaktor
Emotionale Beschwerden 14,5 % Varianzaufklärung	Arbeitsbelastung	Führungskraft	Unterstützung durch Kolleg:innen
	−0,209	−0,172	−0,097
Psychosomatische Beschwerden 10,0 % Varianzaufklärung	Arbeitsbelastung	Führungskraft	Unterstützung durch Kolleg:innen
	−0,194	−0,119	−0,083
Körperliche Beschwerden 5,5 % Varianzaufklärung	Arbeitsbelastungen	Unterstützung durch Kolleg:innen	Mein Unternehmen stand hinter seinen Mitarbeiter:innen
	−0,134	−0,089	−0,080

Fehlzeiten-Report 2021

weniger emotionalen, psychosomatischen sowie körperlichen Beschwerden verbunden ist. Mit Hilfe von schrittweisen Regressionsanalysen wurden jeweils die drei Aspekte der Unternehmensresilienz identifiziert, die den stärksten Einfluss auf die jeweiligen gesundheitlichen Beschwerdegruppen haben (Tab. 5.2). Die größte Varianzaufklärung leistet die Unternehmensresilienz für die emotionalen Beschwerden (14,5 %). Für die psychosomatischen sowie die körperlichen Beschwerden liegt der Erklärungsgehalt niedriger. Für alle drei Beschwerdegruppen konnte die Arbeitsbelastung als stärkster Einflussfaktor identifiziert werden. Achtet das Unternehmen nach Einschätzung der Beschäftigten darauf, dass die Arbeitsbelastung nicht zu groß wird, so wirkt sich dies positiv auf die Gesundheit der Beschäftigten aus.

Die Führungskraft stellt sowohl für die emotionalen als auch für die psychosomatischen Beschwerden den zweitstärksten Einflussfaktor dar. Damit ist sowohl die Ansprechbarkeit und die Unterstützung bei Problemen mit der Arbeit als auch die Wertschätzung der Arbeit der Befragten gemeint. Auch die Unterstützung durch die Kolleg:innen bildet einen wichtigen Einflussfaktor für alle drei Beschwerdegruppen. Als drittwichtigsten Einflussfaktor auf die körperlichen Beschwerden findet man das Gefühl, dass das Unternehmen hinter seinen Mitarbeiter:innen steht. Dieser Aspekt betont die Relevanz des Zusammenhalts innerhalb des Unternehmens.

Resilienz und Arbeitsunfähigkeitszeiten sowie Präsentismus

Die beiden dargestellten Extremgruppen – jeweils der individuellen Resilienz und der Unternehmensresilienz – zeigen auch bei der Analyse von krankheitsbedingten Arbeitsunfähigkeitszeiten (AU-Tage) oder beim Präsentismus Unterschiede auf: Während die Gruppe „Hohe Unternehmensresilienz" im Durchschnitt 7,7 krankheitsbedingte Fehltage angab, berichten die Befragten der Gruppe „Niedrige Unternehmensresilienz" von 11,9 krankheitsbedingten Fehltagen – eine Differenz von 4,2 AU-Tagen (Abb. 5.18). Die beiden Extremgruppen „Hohe individuelle Resilienz" und „Niedrige individuelle Resilienz" unterscheiden sich mit einer Differenz von 2,0 AU-Tagen weniger stark voneinander.

Auch in Bezug auf den Präsentismus ist eine Differenz zwischen den Extremgruppen der Unternehmensresilienz zu sehen: Befragte der Gruppe „Niedrige Unternehmensresilienz" arbeiten deutlich häufiger gegen ärztlichen Rat als Befragte der Gruppe „Hohe Unternehmensresilienz". Die Differenz liegt hier bei 1,3 Tagen. Arbeiten trotz eingeschränkter krankheitsbedingter Arbeitsfähigkeit kann

5.3 Diskussion der Ergebnisse

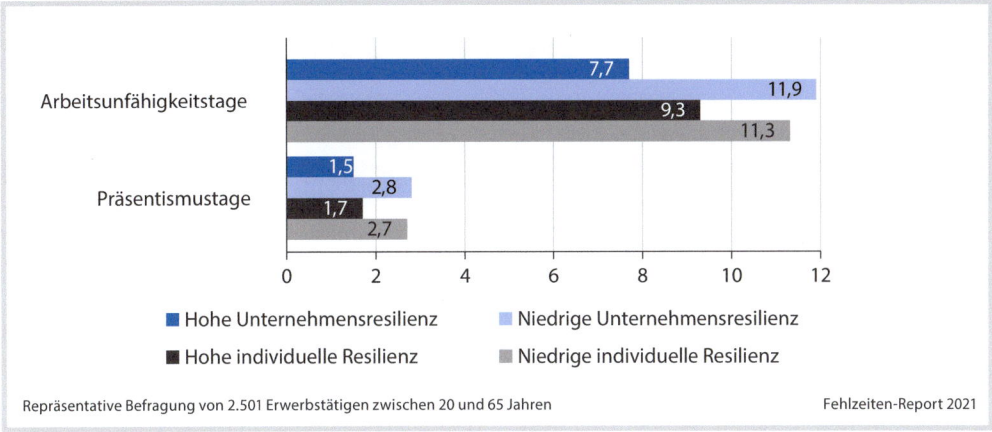

Abb. 5.18 Vergleich der Extremgruppen bei individueller Resilienz und Unternehmensresilienz: Fehlzeiten und Präsentismustage

vielfältige negative Folgen haben. Im Krankheitsfall nicht zu arbeiten entspricht daher einem verantwortungsvollen Gesundheitsverhalten und wird in beiden Resilienzgruppen häufiger von den Befragten aus der Gruppe mit der jeweils höheren Resilienzbewertung beachtet.

5.3 Diskussion der Ergebnisse

Die Maßnahmen zur Eindämmung der COVID-19-Pandemie führten in den zwölf Monaten vor Durchführung dieser Befragung von Beschäftigten zu weitreichenden Veränderungen, die – neben der Angst vor Ansteckung und der Sorge vor den negativen wirtschaftlichen Konsequenzen – im Arbeitsalltag eine schwere Last bedeuteten, wie diese Befragung unter Erwerbstätigen zeigt. Eltern, die auch noch Belastungen durch Kinderbetreuung und Homeschooling zu bewältigen haben, sind dabei noch stärker betroffen. Wie stark sich die Sorgen und Ängste sowie unzureichende Erholungsmöglichkeiten bei Mehrarbeit oder – teilweise ungewohnter – Heimarbeit unter erschwerten Bedingungen auf die Gesundheit und das Wohlergehen auswirken, spiegelt sich in den Angaben zu den gesundheitlichen Beschwerden wider: Im Vergleich zur Erhebung vom 03. Februar 2020 bis 11. März 2020 berichten die Erwerbstätigen der diesjährigen Befragung (2021) deutlich häufiger von emotionalen und psychischen Beschwerden und besonders von Erschöpfung.

■ ■ Veränderungen des Arbeitsalltags sind grundsätzlich belastend – aber nicht alle gleich stark

Die Unternehmen waren durch die von der Regierung erlassenen Regelungen zur Eindämmung der Infektionsgefahr oftmals gezwungen, Arbeitsabläufe umzustellen, die Arbeitsorte – soweit möglich – in die Privaträume der Angestellten zu verlegen, Kurzarbeit anzumelden oder die Beschäftigten (unbezahlt) freizustellen. In einigen Branchen, wie beispielsweise den Pflegeberufen, führte die COVID-19-Pandemie zu einer Erhöhung des Arbeitsumfangs und damit zu Mehrarbeit und Überstunden. Mehr als drei Viertel der hier befragten Erwerbstätigen sind von solchen – zum Teil unvermeidlichen – Veränderungen im Arbeitskontext betroffen und berichten im Gegensatz zu Erwerbstätigen ohne diese Veränderungen häufiger von einem verminderten Wohlergehen. Erwerbstätige mit minderjährigen Kindern – insbesondere Mütter – leiden als Resultat einer ständigen Doppelbelastung unter diesen Veränderungen besonders. Die Untersuchung bestätigt hier eindeutig die eingangs erwähnten Forschungsergebnisse zur Gesundheit und Belastung in der Pandemie.

Das gesundheitliche Wohlbefinden variiert je nach Charakter der Veränderungen der Arbeitssituation. Beispielsweise erhöht die Flexibilisierung von Arbeitszeit und -ort die Vereinbarkeit von Beruf und Privatleben und senkt die Ansteckungsgefahr. Befragte, die von diesen Maßnahmen profitierten, geben seltener gesundheitliche Beschwerden an als Befragte ohne diese Option. Auch die Freistellung Schutzbedürftiger – durch die das Unternehmen seine Fürsorge signalisiert – wirkt sich positiv auf das Wohlergehen der Mitarbeiter:innen aus. Neben diesen strukturellen Veränderungen bewirken die Maßnahmen auch, dass Befragte weniger Gespräche mit Kolleg:innen und Vorgesetzten führen können. Befragte, die weniger von dieser Einschränkung in der Kommunikation betroffen sind, berichten von besserer Gesundheit.

■■ **Der Umgang mit Stress und die soziale Einbindung entscheiden über die individuelle Resilienz**

Insgesamt fällt die Einschätzung ihrer individuellen Resilienz bei den Befragten weithin positiv aus: Die Erwerbstätigen beschreiben sich nach fast zwölf Monaten des Arbeitens im Ausnahmezustand als flexibel, optimistisch und voller Vertrauen in die eigenen Fähigkeiten. Die Erfahrung, als Unternehmen eine solche Krise bis zum derzeitigen Zeitpunkt überstanden zu haben, für auftretende Probleme Lösungen gefunden zu haben und neue Situationen gemeistert zu haben, hat unter Umständen das arbeitsbezogene Selbstvertrauen der Erwerbstätigen gestärkt.

Die Fähigkeit zur Stressregulation fällt im Vergleich dazu geringer aus: Die Beschäftigten haben Schwierigkeiten, nach der Arbeit abzuschalten, sich in stressigen Situationen zu beruhigen oder sich ausreichende Erholungspausen zu nehmen. Dies kann in Zusammenhang mit der Schwierigkeit der Entgrenzung und Selbstorganisation im Homeoffice stehen. Außerdem passt dieses Resultat zum höheren allgemeinen Belastungsempfinden sowie den Doppelbeanspruchungen von Eltern unter den Bedingungen der COVID-19-Pandemie.

Die individuelle arbeitsbezogene Resilienz mit all ihren Facetten steht in einem deutlichen Zusammenhang zum gesundheitlichen Wohlbefinden: Erwerbstätige, die ihre individuelle Resilienz als besonders positiv einschätzen, leiden unter weniger gesundheitlichen Beschwerden als solche, die ihre individuelle Resilienz vergleichsweise schlecht beurteilen. Besonders deutlich sind diese Unterschiede für die emotionalen und psychosomatischen Beschwerden. Dabei beschreiben die Befragungsergebnisse die individuelle Stressregulation als größten Einflussfaktor aus dem Bereich der individuellen Resilienz, gefolgt vom Vertrauen in die eigenen Fähigkeiten. Ein weiterer wichtiger Einflussfaktor stellt die soziale Vernetzung am Arbeitsplatz dar: Gehen die Befragten gerne zur Arbeit, da sie sich auf die Zusammenarbeit mit ihren Kolleg:innen freuen, leiden sie seltener unter emotionalen und psychischen Erkrankungen. In Zeiten von Maßnahmen wie Kontaktbeschränkungen erhält die soziale Eingebundenheit am Arbeitsplatz eine noch stärkere Bedeutung für das psychische Wohlergehen. Die sozialen Kontakte im Privatleben sind weitestgehend reduziert – umso wichtiger ist der Kontakt zu den Kolleg:innen.

Der Einfluss der individuellen arbeitsbezogenen Resilienz zeigt sich auch in Bezug auf die krankheitsbedingten Arbeitsunfähigkeitszeiten. Beschäftige mit einer guten individuellen Resilienz fehlen seltener krankheitsbedingt bei der Arbeit. Zudem achten sie mehr auf die eigene Gesundheit und die der Kolleg:innen und Kund:innen, indem sie seltener gegen ärztlichen Rat arbeiten.

■■ **Das resilient agierende Unternehmen lässt die Befragten optimistisch in die Zukunft schauen**

Die nicht-individuellen Aspekte der Resilienz des Unternehmens, also die systemische Re-

5.3 · Diskussion der Ergebnisse

silienz, wird von den Befragten überwiegend positiv bewertet: Ein Unternehmen, das bereits zwölf Monate Krisenzeit mit seinem Personal gemeistert, wird von seinen Mitarbeiter:innen auch als entsprechend anpassungsfähig erlebt. Wesentliche Bausteine des Resilienzverhaltens bestehen aus der Anpassungskapazität mit (schneller) Kommunikation, schneller Entscheidungsfindung, positiver Fehlerkultur und Kreativität. Bei einem Viertel der Befragten ist hier aber auch noch „Luft nach oben", insbesondere bei der Einbeziehung von Ideen der Mitarbeiter:innen bei der Lösungsfindung.

Auch die zum Resilienzverhalten gehörende zwischenmenschliche Interaktion und die gegenseitige Unterstützung wird in den Unternehmen überwiegend positiv wahrgenommen. Die Mehrheit der Befragten hat das Gefühl, dass die Führungskräfte für sie ansprechbar waren und sie bei Problemen unterstützten. Da über die Hälfte der Befragten zumindest zeitweise im Homeoffice gearbeitet haben, ist das hier berichtete Maß an Ansprechbarkeit und Unterstützung durchaus überraschend.

Ein als positiv erlebtes Resilienzverhalten des Unternehmens, insbesondere eine gute Anpassungskapazität, geht mit einem positiven Resilienzempfinden in Bezug auf das Unternehmen einher: Ein Großteil der Erwerbstätigen vertraut darauf, dass ihr Unternehmen die Krise bewältigen wird, weil es in ihrem Unternehmen ausreichend Wissen sowie geeignete Führungskräfte gibt, um gut durch die Krise zu kommen. Aber auch der Stellenwert des sozialen Miteinanders wird hier erneut deutlich: Die meisten Erwerbstätigen stimmen zu, dass die Unternehmenskultur und der Zusammenhalt unter den Kolleg:innen sie gut durch die Krise bringen werden. Diese positive Zukunftseinschätzung kann das Resultat einer bis dato funktionierenden Krisenbewältigung ihrer Unternehmen sein. Die Erfahrung, als Unternehmen eine solche Krise bis zum derzeitigen Zeitpunkt überstanden zu haben, für auftretende Probleme Lösungen gefunden und neue Situationen gemeistert zu haben, könnte das Gefühl kollektiver Wirksamkeit bei den Beschäftigten gestärkt haben. Allerdings werden die der Befragung vorausgegangenen Monate als ein großer Kraftakt bewertet und ein Drittel der Befragten gibt an, dass zu wenig im Unternehmen darauf geachtet wurde, dass die Arbeitsbelastung nicht zu groß wird.

▪▪ Das resiliente Verhalten des Unternehmens erhöht das gesundheitliche Wohlbefinden – vor allem durch Fürsorge, Unterstützung und Zusammenhalt

Der Vergleich von Befragten, die das Resilienzverhalten ihres Unternehmens besonders gut bewerten, mit Befragten, die ihr Unternehmen am wenigsten gut bewerten (Extremgruppenvergleich), macht die Relevanz für die Gesundheit der Beschäftigten deutlich: Erleben die Mitarbeiter:innen ihr Unternehmen als anpassungsfähig, die Führungskraft als Unterstützung und den Zusammenhalt als gut, berichten sie seltener von gesundheitlichen Beschwerden. Die Befragten aus diesen Unternehmen sind seltener wütend oder verärgert, fühlen sich seltener niedergeschlagen oder lustlos und leiden seltener unter arbeitsbezogener Angst. Aber nicht nur die Stimmung der Beschäftigten, auch ihre körperliche Verfassung wird durch die Unternehmensresilienz beeinflusst.

Eine hohe Arbeitsbelastung kann zu Stress und verlängerten Arbeitszeiten mit entsprechend verminderter Erholungszeit führen. Achtet das Unternehmen darauf, dass die Arbeitsbelastung nicht zu groß wird, so wirkt sich das positiv auf die Gesundheit aus. Dieser Aspekt der gesundheitlichen Fürsorge durch das Unternehmen erweist sich in dieser Untersuchung als der Aspekt mit dem größten Einfluss auf Gesundheit und psychisches Wohlbefinden der Befragten. Als weiterer wichtiger Einflussfaktor wurde die als unterstützend wahrgenommene Führungskraft identifiziert. Die Relevanz des sozialen Zusammenhalts für das Wohlbefinden der Erwerbstätigen wird auch durch den Einfluss der Kolleg:innen auf die emotionalen und psychosomatischen Beschwerden ersichtlich.

Die im Zusammenhang mit dem Resilienzverhalten beobachteten gesundheitlichen Unterschiede spiegeln sich auch in den krankheitsbedingten Fehltagen wider. Die beiden Extremgruppen der Unternehmensresilienz unterschieden sich noch stärker als die Extremgruppen der individuellen Resilienz – obwohl die individuelle Resilienz einen stärkeren Einfluss auf die gesundheitlichen Beschwerden zeigt. Dies könnte ein Signal dafür sein, dass die als negativ bewerteten Aspekte – wie eine zu hohe Arbeitsbelastung oder mangelnde Unterstützung oder Anerkennung – nicht nur zu mehr gesundheitlichen Beschwerden, sondern auch zu vermehrten Fehltagen aufgrund von emotionalen Irritationen, beispielsweise Lustlosigkeit oder Verärgerung, führen.

5.4 Ausblick

Die COVID-19-Pandemie stürzte Deutschland und die Welt unvorbereitet in eine gesamtgesellschaftliche Krise, der sich nahezu kein Unternehmen entziehen konnte. Gibt es etwas, das die Unternehmen aus dieser nicht-beeinflussbaren Krise lernen können, um zukünftige disruptive Ereignisse besser zu meistern? Die Frage nach der Bedeutung der Unternehmenskultur bei der Bewältigung von großen Veränderungen kann diese Untersuchung beantworten helfen: Die Ergebnisse zeigen, welche Rolle die soziale Resilienz bei der Leistungsfähigkeit des Unternehmens spielt, wenn das Unternehmen so agiert, dass die Beschäftigten optimistischer, psychisch unbelasteter und gesünder sind.

Als wesentliche Komponenten der Resilienz eines Unternehmens treten dabei die Art der zwischenmenschlichen Interaktion und die Unterstützung durch Kolleg:innen und Führungskraft hervor: ein barrierefreier Austausch von Informationen (auch zu Ideen, Fehlern und Überlastung), ein zugewandter Führungsstil (wertschätzend und „jederzeit ansprechbar") sowie ein vertrauensvoller innerbetrieblicher Zusammenhalt. Wie kann sich eine resiliente Unternehmenskultur entwickeln?

Empathische Führung. Die Unternehmenskultur ist immer mit Werten und Normen verbunden und wird in erster Linie über die Führungskräfte vermittelt (Heller et al. 2012). Führungskräfte können durch ihre Nähe zu den Mitarbeiter:innen und ihre Verantwortung für organisatorische Aufgaben das Wohlergehen der Beschäftigten positiv oder negativ beeinflussen (Lilius et al. 2008). Rolfe beschreibt verschiedene bekannte Führungsstile, die als resilienzförderlich gelten (Rolfe 2019, S. 164 ff). Die Führungsstile haben eine gemeinsame Schnittmenge, die darin besteht, dass Führungskräfte darauf achten, was die Mitarbeiter:innen brauchen, um ihre Fähigkeiten und ihr Wissen bei der Arbeit bestmöglich einzusetzen. Resiliente Führungskräfte zeigen Einfühlungsvermögen in die Situation der Mitarbeitenden, besonders während einer Krise. Dazu gehört nicht nur eine angemessene Arbeitsverteilung, sondern im Rahmen der Vorbildfunktion als Führungskraft auch, dass adäquate Erholungspausen eingehalten und gefördert werden sowie generell ein gesundheitsförderlicher Umgang mit stressigen und ungewohnten Situationen gepflegt wird (Felfe et al., ▶ Kap. 17 in diesem Band; Hofmann et al. 2021; Klamar et al. 2018; Franke und Felfe 2011; Kuntz et al. 2017). Zudem investieren resiliente Führungskräfte in eine angemessene Vertrauensbasis zwischen sich und den Mitarbeitenden und auch innerhalb von Arbeitsteams. Vertrauen umfasst auch den Respekt vor der Kompetenz von Mitarbeiter:innen; eine Führungskraft, die den offenen und konstruktiven Umgang mit Herausforderungen, Schwierigkeiten und Fehlern fördert, trägt damit zum arbeitsbezogenen Selbstvertrauen der Mitarbeiter:innen bei (Lilius et al. 2008; Meissner und Hunziker 2017).

Angstfreies Unternehmen. Eine Fairness- und Vertrauenskultur gilt generell als ein wichtiger Baustein für ein resilientes Unternehmen (Rigotti 2020), denn zahlreiche Elemente von sozialer Resilienz benötigen als Nährbo-

5.4 · Ausblick

den psychologische Sicherheit, ein „angstfreies Unternehmen" (Edmondson 2020). Psychologische Sicherheit bzw. eine solche Vertrauenskultur bedeutet, dass die Mitarbeiter:innen keine Angst haben, ihre Ideen zur Verbesserung von Arbeitsabläufen einzubringen, um Hilfe zu bitten oder Fehler zu machen. Mitarbeiter:innen müssen bei ihrer Arbeit auf Gefahren und übermäßige Belastungen aufmerksam machen können, in dem sicheren Gefühl, dass das Unternehmen ihre Gesunderhaltung schätzt. Diese Sicherheit schafft eine Arbeitsumgebung, in der bei der täglichen Arbeit ständig dazugelernt wird. Zu dieser Unternehmenskultur gehört das Teilen von Wissen und Erfahrung und der Respekt vor dem Beitrag der Mitarbeiter:innen (Edmondson 2020, S. 134 ff). Ein angstfreies Unternehmen ermöglicht Innovationen und Kreativität dadurch, dass talentierte Mitarbeiter:innen selbständig und selbstorganisiert zu Lösungen kommen, indem sie ihr (vom Unternehmen geschätztes) spezielles Erfahrungswissen ohne Angst auf ein Problem anwenden können (zu Vertrauen in der Krise siehe auch Enste et al. 2020; Watkins et al. 2015; Witkowski, ▶ Kap. 12 in diesem Band).

Zukunftsorientiertes Führen. Eine aufmerksame Art der Führung, die die Bedürfnisse und Fähigkeiten von Mitarbeitenden im Blick behält, sowie eine angstfreie Unternehmenskultur nutzen das Anpassungs- und Innovationspotenzial, das in einem Unternehmen zur Verfügung steht, zum Aufbau von sozialer Resilienz. Für die (immer ungewisse) Zukunft kommt es zudem auch auf die Vorstellungskraft und Veränderungsbereitschaft von Unternehmen und ihren Führungskräften an (Laloux 2016). Unternehmen müssen in einer zukünftig noch stärker von Katastrophen wie beispielsweise Klimawandel und der Endlichkeit natürlicher Ressourcen bedrohten globalen Wirtschaft bestehen können. Möglicherweise müssen Führungskräfte und Unternehmen ihren Zeithorizont erweitern, um bei Entscheidungen über Unternehmensabläufe den zukünftigen Entwicklungen nicht unvorbereitet gegenüberzustehen, beispielsweise den durch den Klimawandel veränderten Rahmenbedingungen, Ressourcenmangel oder den ökologischen Folgen heutigen Wirtschaftens. Zahlreiche globale Herausforderungen sind zudem nur mit einem globalen Blick und einer neuen ethischen Haltung zu bewältigen, die Verantwortung für die Folgen des unternehmerischen Handelns für Mensch und Natur übernimmt (Permantier 2019, S. 325; zu den Führungskompetenzen der Zukunft siehe auch Felfe et al. 2014; Iqbal et al. 2019).

Abgesehen von der Reaktionsfähigkeit bei disruptiven Ereignissen wird die soziale Resilienz von Unternehmen auch deshalb zukünftig immer wichtiger, weil die Geschwindigkeit des Wandels und die globale Verflechtung insgesamt zugenommen haben. Die soziale Resilienz im Unternehmen zu fördern trägt mit dazu bei, die wichtigste Ressource des Unternehmens – die Innovationskraft, Anpassungskapazität und Leistungsfähigkeit der Mitarbeiter:innen – auch in pandemiefreien Zeiten zu erhalten.

Wie kann es weitergehen? Der Anspruch an die Unternehmen, die Führungskräfte und die Erwerbstätigen ist während der aktuellen COVID-19-Pandemie sehr hoch. Es wird durch die vorliegenden Ergebnisse deutlich, dass die hier untersuchten Aspekte von Resilienz – sowohl des Unternehmens als Kooperationssystem als auch der einzelnen Erwerbstätigen – essentiell für eine gelingende Krisenbewältigung sind. Erwerbstätige können mit Unterstützung ihres Unternehmens und ihrer Führungskräfte selbst unter diesen schweren Rahmenbedingungen noch produktiv sein und gesund bleiben. Bei einer weiter andauernden Pandemie wird es sich für Unternehmen und Führungskräfte auszahlen, das Thema Resilienz stärker in den Vordergrund zu rücken.

Wenn die Pandemie bewältigt oder zumindest mehr Planbarkeit möglich ist, kann diese Zeit im Nachhinein als eine Art „Stresstest" für die Stabilität der beiderseitigen Beziehung zwischen Unternehmen und Mitarbeiter:innen verstanden werden. Wenn die Pandemie sowohl aus Sicht des Unternehmens als auch der betroffenen Erwerbstätigen gut gemeistert wird, können beide Seiten mit einer gestärkten Beziehung aus dieser Krise hervorgehen (Kühne et al. 2020). Auch die gesetzlichen Krankenkassen können sowohl in Zeiten der Pandemie als auch in der von allen sehnlichst erwarteten Post-Pandemiezeit mit ihren Angeboten der Betrieblichen Gesundheitsförderung unterstützend tätig werden.

Literatur

Antonovsky A (1987) Unraveling the mystery of health: how people manage stress and stay well. APA PsycNET, San Francisco

Bandura A (1997) Self-efficacy: the exercise of control. W H Freeman,Times Books, Henry Holt & Co, New York

Bettenbühl P, Peck A, König C (2017) Analyse des Zusammenhangs von individueller Resilienz auf die Erholungs- und Belastungssituation von Beschäftigten in Produktionsbetrieben Präsentiert auf der Konferenz: Soziotechnische Gestaltung des digitalen Wandels – kreativ, innovativ, sinnhaft. 63. Kongress der Gesellschaft für Arbeitswissenschaft, Brugg-Windisch, Schweiz, 15.–17. Febr. 2017. https://www.arbeitswissenschaft.net/fileadmin/Downloads/Angebote_und_Produkte/Publikationen/GfA_2017_A-1-1_Bettenbuehl_etal_Resilienz.pdf. Zugegriffen: 01. April 2021

Bortz J, Schuster C (2010) Statistik für Human- und Sozialwissenschaftler. Springer, Berlin Heidelberg

Brown NA, Orchiston C, Rovins JE, Feldmann-Jensen S, Johnston D (2018) An integrative framework for investigating disaster resilience within the hotel sector. J Hosp Tour Manag 36:67–75. https://doi.org/10.1016/j.jhtm.2018.07.004

Chipunza C, Berry D (2010) The relationship among survivor qualities–attitude, commitment and motivation–after downsizing. African J Bus Manag 4:604–613

COSMO (2020) COSMO — COVID-19 snapshot monitoring. https://projekte.uni-erfurt.de/cosmo2020/web/. Zugegriffen: 28. Apr. 2021

Edmondson AC (2020) Die angstfreie Organisation. Wie Sie psychologische Sicherheit am Arbeitsplatz für mehr Entwicklung, Lernen und Innovation schaffen. Vahlen, München

Eisenberger R, Huntington R, Hutchison S, Sowa D (1986) Perceived organizational support. J Appl Psychol 71:500–507. https://doi.org/10.1037/0021-9010.71.3.500

Enste D, Kürten L, Schwarz I (2020) Vertrauen in Unternehmen: Die Bedeutung von Vertrauen in Krisenzeiten. http://hdl.handle.net/10419/224503. Zugegriffen: 27. Mai 2021

Felfe J, Ducki A, Franke F (2014) Führungskompetenzen der Zukunft. In: Badura B, Ducki A, Schröder H, Klose J, Meyer M (Hrsg) Fehlzeiten-Report 2014. Erfolgreiche Unternehmen von morgen – gesunde Zukunft heute gestalten. Springer, Berlin Heidelberg, S 139–148

Filimonau V, Derqui B, Matute J (2020) The COVID-19 pandemic and organisational commitment of senior hotel managers. Int J Hosp Manag 91:102659. https://doi.org/10.1016/j.ijhm.2020.102659

Folke C, Carpenter SR, Walker B, Scheffer M, Chapin T, Rockström J (2010) Resilience thinking integrating resilience, adaptability and transformability. Ecol Soc 15:20

Franke F, Felfe J (2011) Diagnose gesundheitsförderlicher Führung – Das Instrument Health-oriented Leadership. In: Badura B, Ducki A, Schröder H, Klose J, Macco K (Hrsg) Fehlzeiten-Report 2011. Führung und Gesundheit. Springer, Berlin Heidelberg, S 3–14

Heller J, Elbe M, Linsenmann M (2012) Unternehmensresilienz. Faktoren betrieblicher Widerstandsfähigkeit. In: Böhle F, Busch S (Hrsg) Management von Ungewissheit. transcript, Bielefeld, S 213–232

Hoffmann GP (2017) Organisationale Resilienz. Kernressource moderner Organisationen. Springer, Berlin

Hofmann J, Piele A, Piele C (2021) Arbeiten in der Corona-Pandemie. https://www.iao.fraunhofer.de/content/dam/iao/images/iao-news/arbeiten-in-der-corona-pandemie-folgeergebnisse-entgrenzungseffekte-durch-mobiles-arbeiten.pdf. Zugegriffen: 27. Mai 2021

Holling CS (1973) Resilience and stability of ecological systems. Annual Review of Ecology and Systematics 4:1–23

Hollnagel E, Reason J, Paries J (2006) Accidents in complex system occur through the accumulation of multiple factors and failures. J Clin Eng 27:110–115 (https://www.researchgate.net/publication/285486777_Revisiting_the_Swiss_Cheese_Model_of_Accidents. Zugegriffen: 05. Juli 2021)

Huebener M, Spieß CK, Siegel NA, Wagner GG (2020) Wohlbefinden von Familien in Zeiten von Corona: Eltern mit jungen Kindern am stärksten beeinträchtigt https://doi.org/10.18723/diw_wb:2020-30-1

Iqbal K, Zahid MS, Arif M (2019) How does socially responsible human resource management influence employee well-being? In: Capaldi N, Idowu SO, Schmidpeter R, Brueckner M (Hrsg) Responsible business in uncertain times and for a sustainable future. Springer, Cham, S 207–218

Klamar A, Felfe J, Krick A, Röttger S, Renner K-H, Stein M (2018) Die Bedeutung von gesundheitsförderlicher Führung und Commitment für die Mitarbeitergesundheit. Wehrmed Monatsschr 62:260–265

Klose J, Waltersbacher A, Zok K (2017) Die betriebliche Unterstützung von Mitarbeitern bei kritischen Lebensereignissen. Ergebnisse einer repräsentativen

Literatur

Befragung unter Erwerbstätigen. In: Badura B, Ducki A, Schröder H, Klose J, Meyer M (Hrsg) Fehlzeiten-Report 2017. Krise und Gesundheit – Ursachen, Prävention, Bewältigung. Springer, Berlin Heidelberg, S 133–162

Kohlrausch B, Zucco A (2020) Die Corona-Krise trifft Frauen doppelt: Weniger Erwerbseinkommen und mehr Sorgearbeit. WSI Policy Brief

Kühne S, Kroh M, Liebig S, Rees JH, Zick A (2020) Zusammenhalt in Corona-Zeiten: Die meisten Menschen sind zufrieden mit dem staatlichen Krisenmanagement und vertrauen einander. DIW aktuell

Kuntz J, Malinen S, Näswall K (2017) Employee resilience. Directions for resilience development. Cunsulting Psychol Journal Pract Res 69(3):223–243

Laloux F (2016) Reinventing Organizations visuell: Ein illustrierter Leitfaden sinnstiftender Formen der Zusammenarbeit. Vahlen, München

Lee A, Vargo J, Seville E (2013) Developing a tool to measure and compare organizations' resilience. Nat Hazards Rev 14:29–41. https://doi.org/10.1061/(ASCE)NH.1527-6996.0000075

Leppert K, Koch B, Brähler E, Strauß B (2008) Die Resilienzskala (RS) – Überprüfung der Langform RS-25 und einer Kurzforem RS-13. Klin Diagn Eval 1:226–243

Lilius JM, Worline MC, Maitlis S, Kanov J, Dutton J, Frost P (2008) The contours and consequences of compassion at work. J Organiz Behav 29:193–218. https://doi.org/10.1002/job.508

Luthans F (2002a) The need for and meaning of positive organizational behavior. J Organiz Behav 23:695–706. https://doi.org/10.1002/job.165

Luthans F (2002b) Positive organizational behavior: developing and managing psychological strengths. AMP 16:57–72. https://doi.org/10.5465/ame.2002.6640181

Luthans F, Luthans KW, Luthans BC (2004) Positive psychological capital: Beyond human and social capital. Bus Horiz 47:45–50

Luthans F, Avolio BJ, Avey JB, Norman SM (2007) Positive psychological capital: measurement and relationship with performance and satisfaction. Personnel Psychology 60:541–572

Luthans F, Youssef-Morgan CM (2017) Psychological capital: an evidence-based positive approach. Annu Rev Organ Psychol Organ Behav 4:339–366. https://doi.org/10.1146/annurev-orgpsych-032516-113324

Luthar S, Dante C, Becker B (2000) The construct of resilience: a critical evaluation and guidelines for future work. Child Dev 71(3):543–562

Lv W, Wei Y, Li X, Lin L (2019) What dimension of CSR matters to organizational resilience? Evidence from China. Sustainability 11:1561. https://doi.org/10.3390/su11061561

Malik P, Garg P (2018) Psychometric testing of the resilience at work scale using Indian sample. Vikalpa 43:77–91. https://doi.org/10.1177/0256090918773922

Mao Y, He J, Morrison AM, Coca-Stefaniak JA (2020) Effects of tourism CSR on employee psychological capital in the COVID-19 crisis: from the perspective of conservation of resources theory. Curr Issues Tour. https://doi.org/10.1080/13683500.2020.1770706

Meissner JO, Hunziker S (2017) Organisationales Resilienzmanagement. Controlling 29:14–21. https://doi.org/10.15358/0935-0381-2017-3-14

Möhring K et al (2020) Die Mannheimer Corona-Studie. Schwerpunktbericht Erwerbstätigkeit und Kinderbetreuung. https://www.uni-mannheim.de/media/Einrichtungen/gip/Corona_Studie/2020-04-05_Schwerpunktbericht_Erwerbstaetigkeit_und_Kinderbetreuung.pdf. Zugegriffen: 27. Mai 2021

Mohr G, Rigotti T, Müller A (2006) Irritation. Ein Instrument zur Erfassung psychischer Beanspruchung im Arbeitskontext. Skalen- und Itemparameter aus 15 Studien https://doi.org/10.1026/0932-4089.49.1.44

Mund P (2019) Kobasa Concept of Hardiness (A Study with Reference to the 3 Cs). Int Res J Eng It Sci Res 2:34–40

Näswall M, Kuntz J, Malinen S (2015) Employee resilience scale (EmpRes) measurement propertie. Resilient Organisations Res Rep 2015/04

Permantier M (2019) Haltung entscheidet. Führung & Unternehmenskultur zukunftsfähig gestalten. Vahlen, München

Peters A, Rospleszcz S, Greiser KH, Dallavalle M, Berger K (2020) The impact of the COVID-19 pandemic on self-reported health. Dtsch Arztebl Int 117:861–867. https://doi.org/10.3238/arztebl.2020.0861

Rigotti T (2020) Fairness- und Vertrauenskultur als Baustein resilienter Organisationen. In: Badura B, Ducki A, Schröder H, Klose J, Meyer M (Hrsg) Fehlzeiten Report 2020. Springer, Berlin Heidelberg, S 133–146

Rolfe M (2019) Positive Psychologie und organisationale Resilienz. Stürmische Zeiten besser meistern. Springer, Berlin Heidelberg

Rump J, Brandt M (2020) Zoom-Fatigue. https://www.ibe-ludwigshafen.de/wp-content/uploads/2020/09/IBE-Studie-Zoom-Fatigue.pdf. Zugegriffen: 27. Mai 2021

Schulte E-M, Gessnitzer S, Kauffeld S (2016) Ich – wir – meine Organisation werden das überstehen! Der Fragebogen zur individuellen, Team- und organisationalen Resilienz (FITOR). Gr Interakt Org 47:139–149. https://doi.org/10.1007/s11612-016-0321-y

Schumacher J, Leppert K, Gunzelmann T, Strauss B, Brähler E (2005) Die Resilienzskala – Ein Fragebogen zur Erfassung der psychischen Widerstandfähigkeit als Personmerkmal. Z Klin Psychol Psychiatr Psychother 53:16–39

Seville E, Brundson D, Dantas A, Le Maurier J, Wilkinson S, Vargo J (2008) Organisational resilience. Res

Real N Z Organisations J Bus Continuity Emerg Plan 2:258–266

Skoda E-M, Spura A, De Bock F et al (2021) Veränderung der psychischen Belastung in der COVID-19-Pandemie in Deutschland: Ängste, individuelles Verhalten und die Relevanz von Information sowie Vertrauen in Behörden. Bundesgesundheitsblatt Gesundheitsforschung Gesundheitsschutz 64:322–333. https://doi.org/10.1007/s00103-021-03278-0

Soucek R, Pauls N, Ziegler M, Schlett C (2015) Entwicklung eines Fragebogens zur Erfassung resilienten Verhaltens bei der Arbeit [Development of a questionnaire for the assessment of resilient behavior in the workplace]. Wirtschaftspsychologie 17:13–22

Soucek R, Ziegler M, Schlett C, Pauls N (2016) Resilienz im Arbeitsleben – Eine inhaltliche Differenzierung von Resilienz auf den Ebenen von Individuen, Teams und Organisationen. Gr Interakt Org 47:131–137. https://doi.org/10.1007/s11612-016-0314-x

Spinney (2018) 1918 – die Welt im Fieber. Hanser, München

Wagnild GM, Young HM (1993) Development and psychometric evaluation of the resilience scale. J Nurs Meas 1:165–178

Walker B, Holling CS, Carpenter S, Kinzig A (2004) Resilience, adaptability and transformability in social-ecological systems. Ecol Soc 9:5

Waltersbacher A, Maisuradze M, Schröder H (2019) Arbeitszeit und Arbeitsort – (wie viel) Flexibilität ist gesund? In: Badura B, Ducki A, Schröder H, Klose J, Meyer M (Hrsg) Fehlzeiten-Report 2019. Digitalisierung – gesundes Arbeiten ermöglichen. Springer, Berlin Heidelberg, S 77–104

Waltersbacher A, Schröder H, Klein J (2020) Gerechtigkeitserleben bei der Arbeit und Gesundheit. In: Badura B, Ducki A, Schröder H, Klose J, Meyer M (Hrsg) Fehlzeiten Report 2020. Springer, Berlin Heidelberg, S 99–131

Watkins M, Ren R, Umphress EE, Boswell WR, Triana MC, Zardkoohi A (2015) Compassion organizing: Employees' satisfaction with corporate philanthropic disaster response and reduced job strain. J Occup Organ Psychol 88:436–458. https://doi.org/10.1111/joop.12088

Whitman ZR, Wilson TM, Seville E, Vargo J, Stevenson JR, Kachali H, Cole J (2013) Rural organizational impacts, mitigation strategies, and resilience to the 2010 Darfield earthquake, New Zealand. Nat Hazards 69:1849–1875. https://doi.org/10.1007/s11069-013-0782-z

Wustmann C (2004) Resilienz: Widerstandsfähigkeit von Kindern in Tageseinrichtungen fördern. Beiträge zur Bildungsqualität. Beltz, Weinheim Basel

Youssef CM, Luthans F (2007) Positive organizational behavior in the Workplace: the impact of hope, optimism, and resilience. J Manage 33:774–800. https://doi.org/10.1177/0149206307305562

Corona und die Folgen für das Betriebliche Gesundheitsmanagement aus Sicht der Expert:innen – Ergebnisse einer qualitativen Studie

Uta Walter und Julia Rotzoll

Inhaltsverzeichnis

6.1 Einleitung – 107

6.2 Unser organisationsbezogenes Verständnis von BGM – 108

6.3 Zielsetzung, Methode und Stichprobe – 109
6.3.1 Zielsetzung – 109
6.3.2 Methode – 109
6.3.3 Stichprobe – 110

6.4 Ergebnisse: Die Auswirkungen der Pandemie auf das BGM, zukünftige Handlungsfelder und den Kompetenzbedarf – 110
6.4.1 Auswirkungen der COVID-19-Pandemie auf das BGM – 111
6.4.2 Relevante Handlungsfelder im BGM – 113
6.4.3 Kompetenzbedarf im BGM – 115
6.4.4 Qualifizierungsformate im BGM – 117

© Springer-Verlag GmbH Deutschland, ein Teil von Springer Nature 2021
B. Badura et al. (Hrsg.), *Fehlzeiten-Report 2021*, Fehlzeiten-Report, https://doi.org/10.1007/978-3-662-63722-7_6

6.5 Diskussion: Schlussfolgerungen
für die betriebliche Praxis, inhaltliche Schwerpunkte
und die Qualifizierung im BGM – 118

6.6 Fazit: Einen Kulturwandel in Sachen Gesundheit
anstoßen! – 120

Literatur – 121

Zusammenfassung

Die COVID-19-Pandemie stellt die Arbeitswelt vor große Herausforderungen mit längst noch nicht absehbaren wirtschaftlichen, sozialen und gesundheitlichen Folgen. Welche Auswirkungen hat die Pandemie auf das Betriebliche Gesundheitsmanagement? Was sind die gesundheitsrelevanten Handlungsfelder der Zukunft? Und welche Kompetenzen sind zu ihrer Bearbeitung erforderlich? Zur Beantwortung dieser Fragen haben wir rund 50 betriebliche und überbetriebliche Gesundheitsexpert:innen deutschlandweit im Zeitraum Juni bis August 2020 befragt. Die Befunde der qualitativen Studie machen deutlich, dass die Pandemie altbekannte Schwächen und Entwicklungsbedarfe in der betrieblichen Gesundheitspolitik deutlicher zutage treten lässt: Mitarbeiterorientierte Führung sowie Achtsamkeit für die psychische Gesundheit sind bedeutsame Handlungsfelder, die es zukünftig noch stärker in den Blick zu nehmen gilt – in der betrieblichen Praxis ebenso wie in der Qualifizierung zum BGM.

6.1 Einleitung

Die Arbeitswelt des 21. Jahrhunderts unterliegt tiefgreifenden Veränderungen und stellt neue Anforderungen an Organisationen und ihre Mitglieder. Insbesondere die digitale Transformation führt in nahezu allen Wirtschaftssektoren zu Umwälzungen, verbunden mit Chancen, aber auch mit potenziellen Risiken für Arbeit und Gesundheit (vgl. Badura und Steinke 2019). Die andauernde COVID-19-Pandemie wirkt wie ein Katalysator, durch den bereits angestoßene Entwicklungen beschleunigt werden. Und sie wirkt wie ein Brennglas, das bereits vorhandene Probleme stärker in den Fokus der sozial- und betriebspolitischen Aufmerksamkeit rückt.

So war das Arbeiten im Homeoffice unter Nutzung digitaler Endgeräte wie Laptop, Tablet oder Smartphone in der Vergangenheit in Deutschland im Vergleich zu anderen Ländern eher wenig verbreitet (Brenke 2016). Die COVID-19-Pandemie hat hier zu einem enormen Schub geführt. Homeoffice ist für viele Beschäftigte mittlerweile zum Alltag geworden. Laut einer repräsentativen Umfrage im Auftrag des BMAS haben im Februar 2021 knapp die Hälfte (49 %) der abhängig Beschäftigten in Deutschland zumindest teilweise im Homeoffice oder an einem anderen, selbstbestimmten Ort gearbeitet (Bonin et al. 2021). Gegenüber dem Zeitraum Juli/August 2020 stieg der Anteil um 13 % und gegenüber dem Vorjahr (Juli 2019) sogar um mehr als das Doppelte an (Bonin et al. 2020).

Homeoffice wird mit einer Reihe von Vorteilen verbunden: Unternehmen sehen u. a. die Möglichkeit für Produktivitätssteigerungen und eine verbesserte Arbeitgeberattraktivität, Arbeitnehmer:innen schätzen die höhere Flexibilität im Arbeitsalltag, wegfallende Fahrtzeiten und den Zugewinn an Zeit für Privatleben und Freizeitaktivitäten (Grunau et al. 2019). Auch in der Corona-Krise zeigen Beschäftigte im Homeoffice eine vergleichsweise hohe Arbeitszufriedenheit, eine gute Work-Life-Balance und eine gute Produktivität (DAK 2020; FIT 2020). Arbeiten im Homeoffice stellt jedoch auf der anderen Seite neue Anforderungen an die Beschäftigten und kann zu gesundheitlichen Beeinträchtigungen führen (Waltersbacher et al. 2019). Gesicherte Antworten auf die Frage, welche Auswirkungen eine verstärkte Homeoffice-Kultur auf Dauer auf das soziale Miteinander sowie die Gesundheit der Beschäftigten haben wird, bleiben den Erkenntnissen weiterer Untersuchungen vorbehalten.

Betriebliches Gesundheitsmanagement (BGM) hat die Aufgabe, gesundheitsrelevante Herausforderungen und Problemstellungen in der Arbeitswelt aufzugreifen und Unternehmen, Verwaltungen und Dienstleistungen geeignete Verfahren und Instrumente zu ihrer Bewältigung an die Hand zu geben. BGM steht in der Verantwortung, auch auf die COVID-19-Pandemie und ihre Folgen für Arbeit und Gesundheit adäquate Antworten zu geben.

6.2 Unser organisationsbezogenes Verständnis von BGM

Im BGM geht es nicht allein um das gesundheitsbewusste Verhalten Einzelner. Es geht vor allem um die Verbesserung der Zusammenarbeit und damit um die Verbesserung des Arbeits- und Leistungsgeschehens (Badura et al. 2010; Badura 2017). Zentrale Voraussetzungen hierfür sind eine mitarbeiterorientierte Kultur und eine inspirierende Führung, ein gutes Beziehungsklima und die erlebte Sinnhaftigkeit der Aufgaben und Ziele. Neuere wissenschaftliche Erkenntnisse belegen entsprechende Zusammenhänge mit Folgen für Kennzahlen wie Absentismus, Präsentismus und Qualitätsbewusstsein. So haben Badura und Ehresmann (2016) auf der Basis von Mitarbeiterbefragungen in 17 verschiedenen Organisationen signifikante Zusammenhänge zwischen der Organisationskultur einerseits sowie der emotionalen Bindung, der Gesundheit und dem Qualitätsbewusstsein andererseits nachgewiesen. Selbige Autoren konnten mit Hilfe von Befragungsdaten aus 21 Reha-Kliniken die positiven Auswirkungen der Sozialkapitalfaktoren Führungsqualität, Beziehungsklima und Kultur auf das Ausmaß von Burnout und innerer Kündigung sowie die Fehlzeiten belegen, jeweils vermittelt über die Sinnhaftigkeit in der Arbeit (Ehresmann und Badura 2018). Jahrzehntelange Forschungsbefunde an der Universität Bielefeld in Verbindung mit unseren Erfahrungen in der Organisationsberatung und der Qualifizierung zum Thema BGM lassen sich wie folgt zusammenfassen: Die Qualität des sozialen Systems einer Organisation ist entscheidend für die psychische Gesundheit ihrer Mitglieder und auch für ihren Erfolg (Badura 2017).

Aufbau und Entwicklung eines bedarfsgerechten, nachhaltig wirksamen BGM erfordern ein organisationsbezogenes, systematisches Vorgehen unter Anwendung wissenschaftlich fundierter Qualitätsstandards. Zu den Mindestanforderungen zählen eine geeignete Organisationsstruktur und hier insbesondere ein prominent besetzter Steuerkreis sowie definierte personelle Verantwortlichkeiten. Als erfolgversprechend hat sich eine klare Arbeitsteilung zwischen den betrieblichen „Macht- und Fachpromotoren" erwiesen: Dem Top-Management kommt die Aufgabe zu, gemeinsam mit der Arbeitnehmervertretung „Motor" für das BGM zu sein, d. h. dem Thema Gesundheit einen wichtigen Stellenwert einzuräumen, geeignete Rahmenbedingungen zu schaffen und die BGM-Standards zu definieren. Führungskräfte des operativen Managements stehen in der Verantwortung, Arbeits- und Organisationsprozesse gesundheitsförderlich zu gestalten, mitarbeiterorientiert zu führen und eine Vorbildfunktion in Sachen Gesundheit und gesundheitsgerechtem Verhalten einzunehmen. Den internen und externen Gesundheitsexpert:innen kommt die Aufgabe zu, Führungskräfte sowie Mitarbeiter:innen zu allen gesundheitsrelevanten Fragestellungen fachlich kompetent zu beraten und für die Umsetzung der BGM-Standards Sorge zu tragen (Walter 2017, 2019).

Unverzichtbar für die Bedarfsgerechtigkeit und Wirksamkeit des BGM – auch dies zeigen unsere langjährigen Erfahrungen in Forschung, Beratungspraxis und Qualifizierung – ist ein prozessorientiertes Handeln entlang des Deming-Zyklus aus dem Qualitätsmanagement, mit den periodisch zu durchlaufenden Arbeitsschritten Diagnose, Planung und Durchführung von Projekten/Maßnahmen sowie nachfolgende Evaluation der Ergebnisse. Die Erkenntnisse hierzu lassen sich wie folgt zusammenfassen:

1. Ohne datengestützte Organisationsdiagnose keine bedarfsgerechte Ableitung von Prioritäten und Maßnahmen
2. Ohne konkrete Zieldefinition und Auswahl quantifizierbarer Zielparameter (Kennzahlen) keine Sicherung der Ergebnisse
3. Ohne Ergebnissicherung (Evaluation) keine nachhaltigen Lernprozesse
4. Ohne Lernprozesse keine kontinuierliche Verbesserung der Bedarfsgerechtig-

keit, Wirksamkeit und Effizienz (Imai 1992; Deming 2000; Walter 2017)

Die Einführung eines BGM bedeutet in aller Regel eine betriebliche Innovation, die neue Anforderungen an Führungskräfte und Gesundheitsexpert:innen stellt. Qualifizierung im Themenfeld BGM sollte die verantwortlich handelnden betrieblichen und überbetrieblichen Akteure zu Organisationsexpert:innen befähigen, die in der Lage sind, vorausschauend Probleme zu erkennen und zu vermeiden sowie Mindeststandards und Leitlinien im BGM professionell anzuwenden. Ziel ist es, über die Qualifzierung Unternehmen, Verwaltungen und Dienstleistungsorganisationen beim Aufbau eines lernenden, sich kontinuierlich selbst beobachtenden Systems zu unterstützen (Walter und Badura 2006).

6.3 Zielsetzung, Methode und Stichprobe

6.3.1 Zielsetzung

Hauptziel der hier dargestellten qualitativen Studie war es, die Folgen der Pandemie für das BGM aus Sicht betrieblicher und überbetrieblicher BGM-Expert:innen zu beleuchten. Folgende Fragestellungen standen im Vordergrund der Untersuchung:
1. Welche Auswirkungen hat die COVID-19-Pandemie auf das BGM?
2. Was sind zukünftig relevante Handlungsfelder im BGM?
3. Welche Kompetenzen benötigen Organisationen zur Bearbeitung der Handlungsfelder?
4. Welche Qualifizierungsformate sind geeignet, um den Kompetenzbedarf zu befriedigen?

6.3.2 Methode

Für die Studie wurde ein qualitatives Design unter Einsatz leitfadengestützter Expert:inneninterviews gewählt (Meuser und Nagel 2009). Planung, Durchführung und Auswertung von Expert:innenbefragungen folgen den Regeln qualitativer Forschung. Der explorative Forschungsansatz dient vor allem der Problemfindung und Problemstrukturierung in einem noch wenig erforschten Themenfeld. Die interviewten betrieblichen und überbetrieblichen Gesundheitsexpert:innen sollten mit ihrem Fach- und Erfahrungswissen zum Erkenntnisgewinn mit Blick auf die betriebliche Praxis und Qualifizierung im BGM beitragen und zudem Hinweise auf weiterführenden Forschungsbedarf geben.

In den Interviews ist ein teilstandardisierter Leitfaden zum Einsatz gekommen, der sich entsprechend der Fragestellungen in folgende Themenblöcke gliedert: 1. Auswirkungen der COVID-19-Pandemie auf das BGM, 2. Relevante Handlungsfelder im BGM, 3. Kompetenzbedarf im BGM, 4. Geeignete Qualifizierungsformate im BGM. Das weitgehend offene Vorgehen bei der Datenerhebung soll Angemessenheit und Offenheit hinsichtlich der untersuchten Fragestellungen ermöglichen (Döring und Bortz 2016).

Die Interviews wurden im Zeitraum Juni bis August 2020, d. h. nach dem ersten Lockdown im Zeitverlauf der Pandemie, als ca. einstündige Telefoninterviews durchgeführt. Im Anschluss wurden alle Interviews anhand der Audioaufzeichnungen und Notizen vollständig transkribiert. Die Datenanalyse erfolgte mittels Kodierung und Kategorienbildung (Meuser und Nagel 2009) sowie unter Einsatz des Programms F4-Analyse.

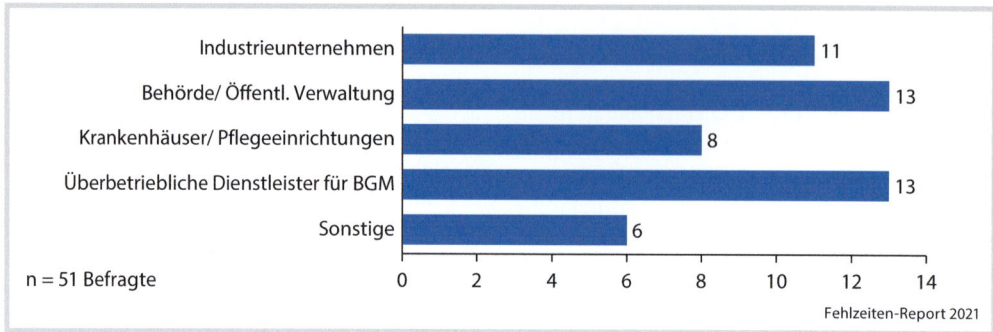

Abb. 6.1 Verteilung der Stichprobe nach Branchen

6.3.3 Stichprobe

Bei Studien mit explorativem Charakter geht es bei der Auswahl der Stichprobe weniger um Repräsentativität als vielmehr um die Auswahl von Fällen mit einem hohen Informationsgehalt. In der vorliegenden Untersuchung erfolgte der Feldzugang über die Weiterbildungsangebote „Betriebliches Gesundheitsmanagement" an der Universität Bielefeld.[1] Rund 360 Absolvent:innen sowie aktuelle Teilnehmer:innen der bisherigen 17 Jahrgänge wurden schriftlich per E-Mail mit der Bitte um ein Interview kontaktiert. Von den angeschriebenen Personen konnten schlussendlich 51 Personen (31 Frauen und 20 Männer) für die Studie gewonnen werden (Rücklaufquote 15 %).[2]

Innerhalb der Gesamtstichprobe (n = 51) sind 38 Personen als betriebliche Gesundheitsexpert:innen innerhalb einer Organisation tätig, weitere 13 Personen arbeiten als überbetriebliche BGM-Expert:innen ein Teil davon selbständig, ein weiterer Teil angestellt bei einem Sozialversicherungsträger oder einem Gesundheitsdienstleister (s. ◘ Abb. 6.1). Von den betrieblichen Expert:innen wiederum sind 11 Personen in einem Industrieunternehmen beschäftigt, 13 arbeiten in einer Behörde bzw. Öffentlichen Verwaltung und 8 Personen sind in einer Einrichtung des Gesundheitswesens (Krankenhaus oder Pflegeeinrichtung) tätig. Sechs weitere Interviewpartner:innen sind in der Kategorie „Sonstige" zusammengefasst.

6.4 Ergebnisse: Die Auswirkungen der Pandemie auf das BGM, zukünftige Handlungsfelder und den Kompetenzbedarf

Im Folgenden werden die Ergebnisse der Expert:inneninterviews entlang der oben genannten Fragestellungen dargestellt. Die Aussagen der interviewten Personen basieren dabei im Fall der betrieblichen Expert:innen auf den Erfahrungen in der eigenen Organisation, im Fall der überbetrieblichen Expert:innen vorrangig auf den Erfahrungen in den von ihnen beratenen Organisationen.

---

1 Die Weiterbildungsprogramme wurden Anfang 2000 auf Initiative staatlicher Arbeitsschutz-Expert:innen (Meyer-Falcke und Lehmann 2000; Richenhagen und Lehmann 2003; Lehmann und Seiler 2010) im Auftrag des Landes Nordrhein-Westfalen entwickelt und mit finanziellen Mitteln des Landes und des Europäischen Sozialfonds gefördert. In die Konzeptentwicklung eingeflossen sind die Grundlagen und Erkenntnisse der Sozial-, Gesundheits- und Arbeitswissenschaften sowie das dokumentierte Erfahrungswissen aus der Praxis betrieblicher Gesundheitspolitik und die daraus hervorgegangenen Qualitätsstandards für BGM (z. B. Badura et al. 1999; Badura und Hehlmann 2003; Münch et al. 2003; Walter 2007).
2 Die Interviewpartner:innen haben im Zeitraum von 2004 bis heute an den BGM-Weiterbildungsmaßnahmen an der Universität Bielefeld teilgenommen.

6.4.1 Auswirkungen der COVID-19-Pandemie auf das BGM

▪▪ Relevanz des BGM

Die Frage, ob die COVID-19-Pandemie Auswirkungen auf das BGM hat, beantwortet die deutliche Mehrheit der interviewten BGM-Expert:innen mit „ja" (n = 41). Die Interviewpartner:innen bringen zum Ausdruck, dass mit dem Beginn der Pandemie Angebote zur Betrieblichen Gesundheitsförderung, wie z. B. Kurse zur Bewegung oder Ernährung, stark reduziert oder gar nicht mehr durchgeführt wurden – einerseits aufgrund der Nichterreichbarkeit der Beschäftigten, andererseits aufgrund der einzuhaltenden Corona-Schutzmaßnahmen. Aber auch das BGM insgesamt – so wird in den Gesprächen deutlich – ist durch die Krise oftmals in den Hintergrund getreten. Einzelne Gesprächspartner:innen machen in diesem Kontext deutlich, dass sich die wirtschaftliche Situation der Unternehmen durch die COVID-19-Pandemie deutlich zugespitzt hat und infolgedessen Budgets für BGM arbeitgeberseitig vorerst zurückgehalten werden.

» „Also BGF liegt im Moment ja platt. Wir machen keinen Sport, keine Workshops. Wir machen nichts." (I20, Abs. 90)

» „Aufgrund des Social Distancing gibt es im Moment fast kaum noch Angebote." (I49, Abs. 39)

» „Also BGM ist momentan als solches eigentlich kein Thema. [...] Und angesichts der anstehenden Aufgaben guckt da dezidiert keiner drauf." (I9, Abs. 95)

» „BGM bietet im Moment online Rückengymnastik oder Yoga an [...], aber sonst ist es sehr weit runtergefahren." (I41, Abs. 81)

» „Im Augenblick kämpfen die Unternehmen ums Überleben, haben keine Aufträge [...] dies bedeutet Kurzarbeit oder ist bereits Kurzarbeit. Die sind eher damit beschäftigt, Aufträge zu akquirieren, und möchten keine Zeit und Ressourcen in Gesundheit investieren." (I46, Abs. 69)

Andererseits werden von den Exert:innen aber auch Positivbeispiele berichtet, was die Relevanz von BGM in der COVID-19-Pandemie betrifft.

» „[BGM hat] weiterhin die gleiche Relevanz, da kann Corona nicht daran rütteln [...] außer jetzt im Bereich medizinische Gesundheit, dass man guckt, was kann man da zusätzlich tun." (I2, Abs. 69)

» „Es [BGM] hat bei uns durchaus einen großen Stellenwert vor Corona, aber [ist] auch jetzt bei der Pandemie und auch in Zukunft ein großes Thema." (I8, Abs. 94)

In vielen Interviews wird berichtet, dass sich die gesundheitlichen Themen seit Beginn der Pandemie verändert haben und der Arbeits- und Gesundheitsschutz sowie aktuelle Fragen rund um die Pandemie deutlich in den Vordergrund gerückt sind.

» „Im Moment ist das BGM lahmgelegt. Im Moment dominiert der Arbeitsschutz." (I22, Abs. 69)

» „D. h. es dreht sich im Moment eigentlich alles um Corona." (I49, Abs. 39)

» „Natürlich hatten wir Pandemiepläne, aber es hat ja niemand ernsthaft damit gerechnet, dass uns das ereilen wird, und selbst in der Anfangsphase von Corona war man ja noch ziemlich entspannt, bis es dann ja auch diverse Hauruck-Aktionen gab. Also insgesamt glaube ich, dadurch sind natürlich auch Defizite in der Arbeitsschutzorganisation sichtbar geworden. Dessen ist man sich jetzt sicher bewusst, dass es da Bedarfe gibt, die wir jetzt decken müssen oder Defizite, die wir aufarbeiten müssen. Gerade im Arbeitsschutz." (I34, Abs. 88)

Über die Einbindung der BGM-Expert:innen in die Corona-Krisenkommunikation wird Unterschiedliches zum Ausdruck gebracht: Auf der einen Seite gibt es Interviewpartner:innen, die deutlich machen, dass ihre BGM-Expertise in der Pandemie eine wichtige Rolle spielt und sie somit in die Corona-Krisenstäbe eingebunden sind. Andere Interviewpartner:innen hingegen berichten, dass ihrer Fachkompetenz aktuell eine untergeordnete oder gar keine Relevanz beigemessen wird und sie daher in die Krisenkommunikation auch nicht integriert werden.

> „Also eher ist es so, dass es sofort selbstverständlich war, wenn jemand Ansprechpartner für die Mitarbeiter ist, wenn jemand irgendwie alles regelt, was damit zu tun hat, dann ist das die BGM-Beauftragte. Insofern war ich Mitglied des Krisenstabs und die Mitarbeiter haben sich bei mir gemeldet. Ich habe drei Monate wirklich nichts anderes gemacht. Also das war ganz automatisch die Rolle im BGM." (I19, Abs. 137)

> „Das heißt, dass wir im BGM die ganze Corona-Situation mitverfolgen und hier als Ansprechpartner zur Verfügung stehen, auch wenn es darum geht: Was soll ich machen, wenn ich einen Corona-Fall habe, muss ich hier desinfizieren oder nein, und wen muss ich jetzt alles in Quarantäne schicken [...] das war alles Aufgabe vom Gesundheitsmanagement in Zusammenarbeit mit dem Arbeitsschutz und dem betriebsärztlichen Dienst." (I13, Abs. 97)

> „Und dann wurde ein Krisenstab gegründet, aber in dem bin ich nicht mal im Ansatz drin. Das heißt, der Krisenstab setzt sich zusammen aus unserem Riskmanager [...], der ist da drin und die Geschäftsführung ist da drin, inklusive des Inhabers. Und da kommt kein Mensch auf die Idee, dass das BGM da drin sein müsste." (I16, Abs. 76)

▪▪ Digitalisierung im BGM

Die Frage, ob in den Unternehmen aktuell bereits digitale Tools bzw. Services im BGM zum Einsatz kommen, beantworten knapp zwei Drittel der Interviewpartner:innen (n = 32) mit „ja", gut ein Drittel der Befragten (n = 18) verneint dies (s. ◘ Abb. 6.2). Zu den vorhandenen digitalen Angeboten gehören z. B. digitale Gesundheitstage, Bewegungs-Schrittzähler, Ernährungs-Workshops oder auch Online-Tools zur Durchführung von Gefährdungsbeurteilungen. Aber auch diejenigen Expert:innen, die vom Einsatz digitaler Tools berichten, fügen hinzu, dass die Digitalisierung im BGM insgesamt in den Unternehmen noch relativ am Anfang steht.

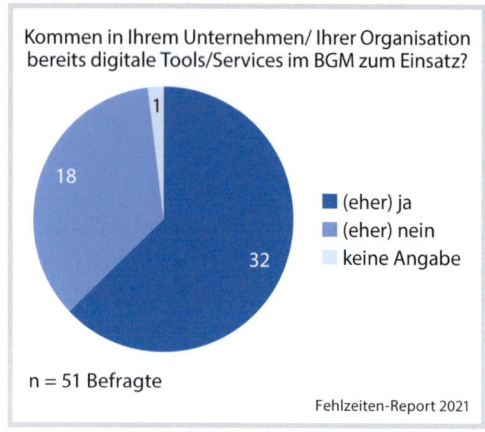

◘ **Abb. 6.2** Einsatz digitaler Tools/Services im BGM

> „Da habe ich einen sehr guten Überblick drüber, weil ich fünf Jahre als BGM-Auditor gearbeitet habe. Das war so eine Frage, inwieweit digitale Tools eingesetzt werden. Da wurde super lange geschlafen, da war das Thema Datenschutz immer ganz hoch aufgehängt. Das hat in den letzten Jahren zugenommen, in der Zeit von 2015 bis 2019." (I21, Abs. 62)

Knapp drei Viertel der Interviewpartner:innen (n = 37) vertreten die Auffassung, dass es durch die COVID-19-Pandemie zukünftig zu einer stärkeren Digitalisierung des BGM kommen wird (s. ◘ Abb. 6.3).

6.4 · Ergebnisse: Die Auswirkungen der Pandemie

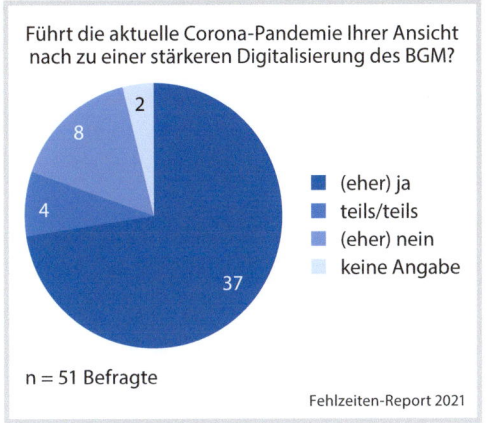

◘ **Abb. 6.3** Zukünftig relevante Digitalisierung im BGM

> „Ja, ich glaube es wird sich generell viel im Bereich Digitalisierung tun, dann auch im BGM." (I6, Abs. 109)

> „Ja, ich glaube schon, weil wenn das so weiter geht, bleibt es uns gar nicht anderes übrig, wenn wir an dem Thema dran bleiben wollen." (I14, Abs. 174)

Auch interne digitale Schulungsangebote im Themenfeld BGM – so die Einschätzung der deutlichen Mehrheit der Befragten (n = 40) – werden in den nächsten Jahren in den Unternehmen eine wachsende Rolle spielen. Gleichzeitig formulieren BGM-Expert:innen diesbezüglich aber auch eine gewisse Skepsis.

> „Ja, ich glaube schon [...], wir sind ohnehin dabei, viele digitale Schulungen zu machen, wie Schulungen zu Arbeitssicherheit, [...] wir haben in vielen Bereichen digitale Schulungen gemacht und ich glaube, dass das Thema BGM sich wiederfindet." (I7, Abs. 91)

> „Ja, wir erproben das jetzt im Rahmen von Corona. Eine ganze Reihe von Seminaren usw. Und dann werden wir danach mal ein Review machen. Also im Moment [sind wir] auch ein bisschen am Erproben, wie

wir sowas gut hinkriegen. Ist so ein bisschen eine offene Entwicklung, sage ich mal. Wobei wir in vielen Dingen gerade den Dialog für sehr wichtig halten, und da habe ich im Moment noch so ein bisschen meine Zweifel. Aber vielleicht müssen wir da auch wirklich noch auf der IT-Ebene besser werden." (I49, Abs. 65)

> „[...] ich glaube, es wird weiterhin der persönliche Kontakt der Wichtigere sein. Und bei Bedarf, also wenn jetzt sowas ist wie Corona, wird es auch digital sein, aber grundsätzlich habe ich den Eindruck, dass die Firmen doch den persönlichen Kontakt noch schätzen." (I1, Abs. 170)

> „Wir sind nunmal emotionale Wesen, und wir sind soziale Wesen und alles, was ich davon entferne, da geht immer was verloren." (I39, Abs. 216)

6.4.2 Relevante Handlungsfelder im BGM

Bei der Frage nach den zukünftig relevanten Handlungsfeldern im BGM zeigt sich aus Sicht der BGM-Expert:innen folgendes Bild: Innerhalb eines definierten Themenkatalogs steht das Thema „Führung" deutlich an erster Stelle, gefolgt von „Psychischer Gesundheit". Mit gewissem Abstand folgen die Themen „Alterung der Belegschaften", „Finden und Binden von Fachkräften" sowie „Digital Health" (s. ◘ Abb. 6.4). Ergänzend werden in den Interviews weitere BGM-relevante Handlungsfelder benannt, darunter Themen wie z. B. „Work-Life-Balance", „Agiles Arbeiten", „Wissensmanagement" oder „Präsentismus".

Im Folgenden wird auf die prioritär eingeschätzten Handlungsfelder „Führung" und „Psychische Gesundheit" näher eingegangen.

■■ Handlungsfeld „Führung"

Von der überwiegenden Mehrheit der Befragten (n = 46) wird das Thema „Führung" als

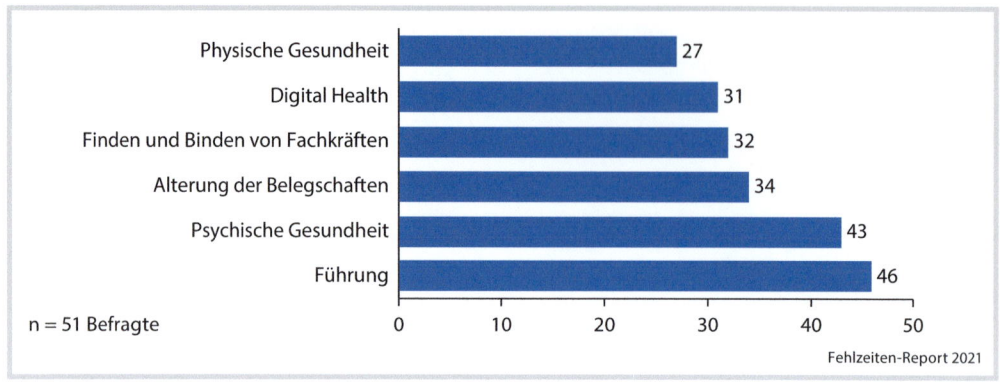

Abb. 6.4 Zukünftig relevante Handlungsfelder im BGM

(sehr) relevantes Handlungsfeld im BGM eingeschätzt.

» „Das ist aus meiner Sicht nach wie vor eins der zentralsten Themen, denn egal wo man hinschaut, [...] es hat immer was mit Führung zu tun. [...] Da ist so viel, was einfach durch eine Führungskraft zu verantworten ist, dass ich das Thema nicht trennen kann von BGM." (I34, Abs. 100)

» „Es bleibt eines der zentralen Handlungsfelder im BGM. Führungskräfte waren und sind die Gestalter von Beziehungsqualität, sind die Personen, die die Struktur auch gesundheitsförderlich positiv oder negativ fördern." (I22, Abs. 91)

» „Ja, in so einer Krisenzeit ist Führung etwas ganz Besonderes und eben auch besonders wichtig [...] da sehe ich die Führungskräfte in besonderer Verantwortung." (I32, Abs. 49)

Durch das Homeoffice verändern sich die Rolle und Aufgaben der Führungskräfte – diese Auffassung wird von der deutlichen Mehrheit der Interviewpartner:innen (n = 40) vertreten. Ein Argument in diesem Kontext ist, dass die Art und Weise der Kommunikation aufgrund der räumlichen Distanz aktiver zu gestalten ist und digitale Kommunikationskanäle die Face-to-Face-Kommunikation ersetzen müssen, um einen regelmäßigen Austausch zwischen Führungskraft und Mitarbeiter:innen zu gewährleisten. Darüber hinaus wird die Bedeutung der Führung für die funktionierende Zusammenarbeit im Team deutlich gemacht.

» „Dann müssen andere Kontaktmöglichkeiten, andere Wege, wie kommuniziert man jetzt miteinander, gefunden werden." (I16, Abs. 42)

» „[...] unterschiedliche Formen der Ansprache, ich muss Meetings organisieren, ich muss sehen, wie ich alle an Bord bekomme [...] nicht jeder ist ausgestattet mit der nötigen Technik und das alles miteinander zu vereinbaren, bedeutet wesentlich mehr Führungsverantwortung und intelligente Konzepte, würde ich sagen." (I11, Abs. 40)

» „[...] und hier ist Führung viel mehr gefragt darauf hinzuwirken, dass im Team zusammengearbeitet wird [...] ich glaube, gerade zu Beginn war Führung noch mal gefragt, da wirklich sehr stark und gut moderierend zu wirken." (I27, Abs. 61)

Weiterhin wird in den Interviews mehrheitlich (n = 32) die Ansicht vertreten, dass Führung auf Distanz nur dann gelingen kann, wenn die Führungskräfte ihren Mitarbeiter:innen ein hohes Maß an Vertrauen entgegenbringen.

> „Also inwieweit vertraue ich wirklich meinen Mitarbeitern, dass sie ihren Job machen. Also dass ich wirklich an den Ergebnissen interessiert bin und nicht nur an der Präsenz […] also dass die Leute nicht nur nach Anwesenheit bezahlt werden, sondern Ergebnisorientierung da ist. Und das halte ich für die allergrößte Veränderung, was die Führungskräfte angeht, also sich selbst zu überprüfen, wie weit sie auch Vertrauen haben können und loslassen können und Kontrolle abgeben können." (I36, Abs. 62)

> „Es muss mehr delegiert und mehr Verantwortung an das Personal abgegeben werden – Eigenverantwortung, selbstbestimmtes Arbeiten – das kann nur auf Grundlage eines bestimmten Vertrauens erfolgen, und das ist hier Voraussetzung." (I3, Abs. 45)

> „Vertrauen haben einerseits in die Kompetenzen, aber auch in das Engagement und die Motivation der Mitarbeiter." (I16, Abs. 40)

■ ■ **Handlungsfeld „Psychische Gesundheit"**

Dem Thema „Psychische Gesundheit" wird ebenfalls von einer deutlichen Mehrheit der Interviewten (n = 43) eine (sehr) hohe Relevanz beigemessen.

> „Das wird natürlich in dem Maße immer wichtiger, wie unsere Arbeit uns auch geistig, mentale Fähigkeiten abverlangt." (I51, Abs. 81)

> „Ja, ich glaube, das hat nochmal nen ganz neuen Stellenwert bekommen. Einfach aufgrund dessen, was wir gerade erlebt haben." (I30, Abs. 152)

Auf die Frage, ob psychische Belastungen aufgrund von Homeoffice zunehmen, zeigt sich seitens der interviewten Expert:innen folgendes Bild: Eine Mehrheit (n = 38) vertritt die Auffassung, dass psychische Belastungen im Homeoffice vor allem dann auftreten, wenn Kinder im Haushalt leben und parallel zur Arbeitstätigkeit Versorgungsleistungen zu erbringen sind. Als zweiter Aspekt werden fehlende soziale Kontakte als mögliche Ursache für psychische Belastungen im Homeoffice benannt.

> „[…] dass sich die klare Trennung zwischen Beruf und Privatleben so ein bisschen auflöst. Das ist beides eng miteinander verknüpft. Und ich glaube so dieses Gefühl, das man dann vor Augen hat, wenn man keinem von beiden irgendwie gerecht wird." (I20, Abs. 70)

> „[…] weil es immer mal wieder den Spagat gibt, Familie und Beruf parallel zu organisieren." (I5, Abs. 66)

> „Die alleine im Homeoffice sind, sind teilweise vereinsamt." (I14, Abs. 86)

> „Wenn man den ganzen Tag im Haus ist und auch abends nicht vor die Tür geht, ist man wie gefangen im eigenen Haus […] ich weiß nicht, ob jeder so in der Lage ist, den Alltag zu gestalten […] ein Stück weit kann da schon eine Isolation entstehen." (I6, Abs. 67)

6.4.3 Kompetenzbedarf im BGM

Gefragt danach, welche Kompetenzen im BGM zukünftig in Unternehmen bedeutsam sind, um die relevanten Handlungsfelder im BGM erfolgreich zu bearbeiten, zeigt sich bei den interviewten BGM-Expert:innen folgendes Bild (s. ◘ Abb. 6.5):

Soziale Kompetenzen, z. B. die Fähigkeit einer mitarbeiterorientierten Kommunikation oder der konstruktive Umgang mit Widerständen und Konflikten, stehen deutlich an erster Stelle. Der ganz überwiegende Teil der Interviewpartner:innen (n = 47) schätzt das Vorhandensein entsprechender Kompetenzen im Unternehmen als wichtig bis sehr wichtig ein.

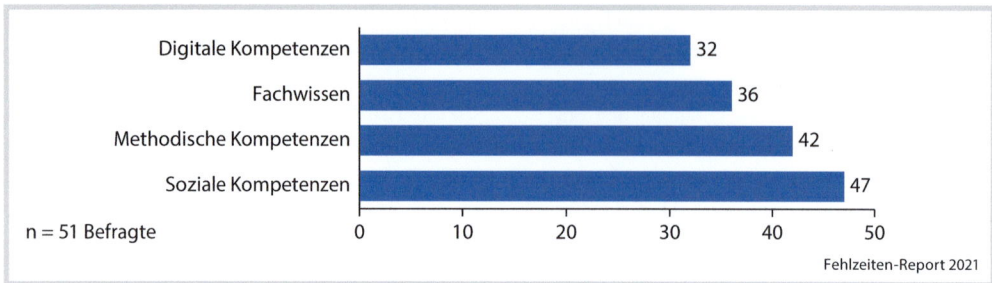

Abb. 6.5 Zukünftig bedeutsame Kompetenzen im BGM

An zweiter Stelle folgen methodische Kompetenzen, z. B. mit Blick auf das Projektmanagement, die Moderation von Gruppen oder den professionellen Umgang mit gesundheitsrelevanten Daten. Ein Großteil der befragten BGM-Expert:innen (n = 42) zeigt sich überzeugt, dass diesbezügliche Kompetenzen im Unternehmen wichtig bis sehr wichtig sind.

36 Gesprächspartner:innen schätzen das gesundheitsbezogene Fachwissen als (sehr) wichtig ein, um Anforderungen im Themenfeld Arbeit und Gesundheit zu bewältigen. Digitale Kompetenzen schließlich beurteilen knapp zwei Drittel der interviewten BGM-Expert:innen (n = 32) als wichtig bis sehr wichtig.

Kompetenzbedarf unterschiedlicher Akteursgruppen

Mit Blick auf unterschiedliche betriebliche Akteursgruppen werden vor allem bei den Führungskräften soziale Kompetenzen als besonders bedeutsam hervorgehoben.

> „Soziale Kompetenz halte ich für am wichtigsten bei den Führungskräften." (I8, Abs. 164)

> „Ich glaube, als Führungskraft ist man erst einmal der oberste Personalentwickler, d. h. man muss schon in der Lage sein, die Stärken und Schwächen seiner Mitarbeiter zu erkennen und die Personen auch entsprechend ihrer Kompetenzen auch gut einsetzen. Das zähle ich auch zu sozialer Kompetenz. Es gehört dazu, das Thema auch gut kommunizieren zu können. Aus meiner Sicht sollte der größte Anteil von Führung auch in echte Führung fließen, d. h. sich mit Konflikten auseinanderzusetzen, sich mit Zufriedenheiten und Unzufriedenheiten auseinanderzusetzen." (I34, Abs. 138)

Insbesondere das Führen auf Distanz – so wird in den Interviews deutlich – verlangt den Führungskräften ein hohes Maß an Sozialkompetenz ab, z. B. in Form von emotionaler Intelligenz.

> „Weil diese persönlichen Kontakte sich verändern, und ich glaube, wenn man sich gar nicht mehr sieht oder über Video [...], ist es dieses Zwischenmenschliche, die Gefühlsebene, die dann einfach wegfällt [...], diese Wahrnehmung verändert sich und ich denke, das ist sehr wichtig für Führungskräfte, um eben da ganz individuell auf die Mitarbeiter eingehen zu können." (I10, Abs. 45)

> „Da sehe ich die große Herausforderung auch für die Führungskraft, in dieser nicht realen Kommunikation alle mitzunehmen [...]. Emotionen können nicht so wirklich wahrgenommen werden, und das ist das, was meines Erachtens eine Führungskraft auch ausmacht." (I17, Abs. 61)

Aber auch mit Blick auf die eigene Akteursgruppe, d. h. die Gesundheitsexpert:innen, werden neben dem als zwingend notwendig erachteten Fach- und Methodenwissen soziale Kompetenzen immer wieder als besonders wichtig betont.

» „Ich glaube, da können Sie noch so ein Fachmann sein, wenn Sie die Personen nicht erreichen und die fühlen sich von Ihnen nicht angesprochen, dann nützt Ihnen das ganze Fachwissen nicht." (I7, Abs. 117)

Hinsichtlich der Mitarbeiter:innen wird zudem die individuelle Gesundheitskompetenz von den Interviewpartner:innen betont und in Verbindung gebracht mit Begrifflichkeiten wie z. B. Achtsamkeit, Selbstfürsorge oder Eigenverantwortung.

» „Bei den Mitarbeitenden ist immer der wichtigste Faktor, wie achte ich auf mich selbst. Dabei aber auch im Blick zu behalten, was tue ich anderen möglicherweise auch an. Also da eine gute Waagschale zu finden. Also sich selbst gut zu tun, integriert im Team." (I20, Abs. 146)

» „Ich finde die Frage immer noch schwierig. Letztlich, wenn es darum geht, sie zu befähigen, muss ihnen klar gemacht werden, dass in erster Linie sie selbst für ihre Gesundheit verantwortlich sind. Also das heißt, sie müssen in ihrer Eigenverantwortung gestärkt werden." (I34, Abs. 146)

» „Die eigene Gesundheitskompetenz natürlich ist der wesentliche Knackpunkt" (I24, Abs. 187)

6.4.4 Qualifizierungsformate im BGM

Mit Blick auf die Kompetenzvermittlung im Rahmen von Qualifizierungsangeboten zum Thema BGM betonen viele Interviewpartner:innen die bleibend hohe Relevanz von Präsenzveranstaltungen. Qualifizierung im BGM ausschließlich über Onlineveranstaltungen – hierzu sind die Einschätzungen der Interviewpartner:innen eher verhalten, und es wird eine gewisse Skepsis zum Ausdruck gebracht.

» „Ich finde die [Präsenz] ganz wichtig. Also wir sind ja nun leider Gottes eher in einer digitalen Welt gerade, auch wegen Corona, aber vom Grunde her halte ich die für ganz wichtig." (I16, Abs. 166)

» „Da würde ich gerade bei Methodenkompetenzen entwickeln sagen, dass da die Präsenzveranstaltung ganz klar im Vorteil ist. Da geht es meines Erachtens um die Interaktion unter den Menschen, die überwiegend im Realformat stattfindet, hat dann Vorteile gegenüber der Onlinevariante." (I17, Abs. 237)

» „Ich glaube, dass man BGM nicht nur rein online machen kann. [...], da es vom Austausch lebt, vom Erfahrungsaustausch und Diskussion." (I47, Abs. 175)

» „[online] wäre für mich als alleiniges Format zu wenig, das kann man als Teaser nehmen zum Anfüttern, zum Reinschnuppern in das Thema, ob ich damit Interesse wecken kann [...] dafür finde ich reine Online-Formate okay." (I11, Abs. 150)

Nahezu ausnahmslos sprechen sich die Interviewpartner:innen für Hybridformate aus, d. h. für eine Kombination aus Präsenz- und Onlineveranstaltungen als beste Qualifizierungsvariante. Welches Format dabei jeweils zum Einsatz kommt, wird in Abhängigkeit von der jeweiligen Thematik gesehen.

» „Ich glaube, dass Hybridveranstaltungen zunehmen werden und auch müssen. Hybridveranstaltungen [können] für immer mehr Betriebe und Dienststellen möglich werden, weil sie technische Voraussetzungen auch haben, und ich glaube, dass der Zeiteinsatz in Präsenz durchaus sinnvoll reduziert werden kann. Vor allem da, wo es um reine Wissensvermittlung geht oder dass Wissensvermittlung besser vorbereitet werden kann, wenn man kleine digitale Wissensvermittlungen dazwischen schaltet [...]. Es gibt aber eine ganze Reihe an Inhalten, die den persönlichen Austausch brauchen, die das Frage- und Antwortspielen zwischen Trainer und Schüler braucht." (I22, Abs. 153)

» „Es gibt Themen, die können Sie gut im Webinar machen oder in eineinhalb Stunden am Telefon, in so einer Konferenz [...]; da gibt es andere Themen, wo ich glaube, dass der persönliche Austausch auch mit den anderen auch wichtig ist." (I19, Abs. 237)

6.5 Diskussion: Schlussfolgerungen für die betriebliche Praxis, inhaltliche Schwerpunkte und die Qualifizierung im BGM

Auch wenn die vorliegenden Befunde keinen Anspruch auf Repräsentativität erheben, sind die Einschätzungen der Expert:innen doch als wichtige Trendaussagen zu bewerten, die Schlussfolgerungen zulassen mit Blick auf die betriebliche Praxis und Qualifizierung im Themenfeld BGM sowie mit Blick auf weitere Forschungsbedarfe.

Was die Auswirkungen der Pandemie auf das BGM betrifft, lässt sich eine gewisse Ambivalenz erkennen: Deutlich wird zum einen, dass Angebote zur BGF, die primär das gesundheitsförderliche Verhalten der Beschäftigten adressieren, aufgrund von Homeoffice und fehlenden Kontaktmöglichkeiten drastisch reduziert bzw. gänzlich ausgesetzt werden mussten. Aber auch BGM insgesamt hat es in Zeiten der Krise offenkundig schwer und läuft Gefahr, zugunsten anderer, aus betrieblicher Sicht wichtigerer oder dringlicherer Themen zumindest vorerst in den Hintergrund zu treten. Arbeitsschutz und BGM werden dabei in einigen Unternehmen immer noch als „getrennte Paar Schuhe" und nicht als „zwei Seiten einer Medaille" betrachtet. Inwieweit das BGM seine Relevanz auch in Krisenzeiten behält oder sogar steigert – dies zeigen die Befunde ebenfalls – hängt vermutlich auch von seinem jeweiligen Reifegrad ab und von der Integration von Strukturen und Prozessen in die betrieblichen Routinen. Ein organisationsweit angelegtes, systematisches BGM kann einen wichtigen Beitrag zur Bewältigung der Krise leisten.

Die Digitalisierung im BGM – darauf weisen die Befunde dieser Studie hin – wird allein im Zuge der gesamtgesellschaftlichen Entwicklung in den nächsten Jahren weiter voranschreiten. Die Mehrheit der Interviewpartner:innen bringt zum Ausdruck, dass die COVID-19-Pandemie diesbezüglich einen zusätzlichen Schub erzeugt und das Angebot digitaler Tools und Serviceangebote im BGM in den nächsten Jahren deutlich zunehmen wird – eine Entwicklung, die nicht nur positiv bewertet wird. Einen umfassenden Überblick zu den Chancen und Risiken der Digitalisierung sowie zu Trends und Best-Practice-Beispielen digitaler betrieblicher Gesundheitsangebote hat bereits der Fehlzeiten-Report 2019 geliefert (Badura et al. 2019). Die im Zuge der Corona-Krise erkennbare Aufweichung der Präsenzkultur zugunsten einer stärkeren Homeoffice-Kultur wird voraussichtlich als erheblicher Verstärker und Beschleuniger der hier skizzierten Entwicklungen wirken. Für die Zukunft wird es allerdings entscheidend sein, neben digitalen Gesundheitsangeboten die Potenziale des BGM zu nutzen, um die digitale Transformation in der Arbeitswelt ihrerseits gesundheitsförderlich zu gestalten. Dazu gehören sowohl die Prozessbegleitung als auch die Unterstützung von Teams und Führungskräften in Veränderungsprozessen (Badura und Steinke 2019).

Was die inhaltlichen Themenfelder im BGM betrifft, steht das Thema Führung aus Sicht der Interviewten eindeutig an erster Stelle und gewinnt ihrer Einschätzung zufolge durch die COVID-19-Pandemie noch zusätzlich an Bedeutung. Der Einfluss des Führungsverhaltens auf Gesundheit und Wohlbefinden ist durch zahlreiche wissenschaftliche Studien mittlerweile sehr gut belegt, nicht zuletzt durch die Beiträge in den jährlich erscheinenden Fehlzeiten-Reporten der vergangenen Jahrzehnte (z. B. Badura et al. 2011). Aufgrund des erkennbaren Entwicklungsbedarfs in der betrieblichen Praxis haben wir bereits im Fehlzeiten-Report 2014 dafür plädiert, das Führungsverhalten, ebenso wie die Kultur und das Betriebsklima, stärker in den Blick zu nehmen – zur Verbesserung der Mitarbeiterorientierung, der Arbeitsfähigkeit und -bereitschaft und zur Verbesserung der Betriebsergebnisse (Badura und Walter 2014). Wir haben in diesem Kontext auch für einen „Führerschein für Führungskräfte" plädiert, d. h. für die Definition von Mindestqualifikationen als Voraussetzung für die Übernahme von Führungsverantwortung. Sozialen Kompetenzen wie Aufmerksamkeit, Empathie und Begeisterungsfähigkeit sollte dabei eine besonders hohe Relevanz zugeschrieben werden (ebd.).

Die Corona-Krise macht die Entwicklungsbedarfe in Richtung einer mitarbeiterorientierten Führung noch stärker sichtbar. Damit das Arbeiten im Homeoffice gelingt – das zeigen die Befunde dieser Studie deutlich –, sind soziale und kommunikative Kompetenzen der Führungskräfte umso mehr gefordert. Ein hohes Maß an Vertrauen gegenüber den Mitarbeitenden, so die Mehrheit der Interviewpartner:innen, ist dabei die Grundvoraussetzung für eine erfolgreiche Zusammenarbeit. Auch im aktuellen Führungskräferadar der Bertelsmann Stiftung geben 64,5 % der befragten Führungskräfte an, dass ihre Rolle als Führungskraft in der Pandemie wichtiger geworden ist. Gleichzeitig wird deutlich gemacht, dass das Aufrechterhalten einer gelingenden Kooperation im Homeoffice mit den Mitarbeitenden nicht nach dem alten Führungsstil gelingt, sondern eine sehr viel stärker vermittelnde als ansagende Führungsrolle notwendig ist (Möllering et al. 2021). Zur gesundheitsfördernden Führung von Teams im Homeoffice hat das Kompetenznetz Public Health bereits im Juni 2020 eine entsprechende Handreichung publiziert (Kordsmeyer et al. 2020).

Auch der psychischen Gesundheit der Beschäftigten und neuen Belastungen aufgrund von Homeoffice – wie z. B. reduzierte oder gänzlich fehlende soziale Kontakte – gilt es aus Sicht der Interviewpartner:innen verstärkte Aufmerksamkeit zu widmen. Und auch bei dem Thema Psyche besteht nicht erst seit gestern Handlungsbedarf. Arbeitsbedingte psychische Belastungen und Beeinträchtigungen liegen seit Langem auf hohem Niveau (BAuA 2020). Zunehmende psychische Erkrankungen und dadurch verursachte Arbeitsunfähigkeiten und Erwerbsminderungsrenten sind durch die Daten der gesetzlichen Kranken- und Rentenversicherung sehr gut dokumentiert (Meschede et al. 2020; Hagen und Himmelreicher 2020). Die Zusammenhänge zwischen Organisation, Arbeitsbedingungen und psychischer Gesundheit einerseits sowie Arbeitsergebnissen und Fehlzeiten anderseits sind inzwischen als gesichert anzusehen (z. B. Badura et al. 2008; Lükermann 2013; Krüger 2013; Steinke et al. 2013; Ehresmann 2014; Badura und Ehresmann 2020).

Gleichwohl wird der Problematik in den Unternehmen immer noch zu wenig Aufmerksamkeit geschenkt. Vorstände und Geschäftsführungen wissen oftmals zu wenig darüber, wie es um das psychische Befinden ihrer Belegschaften steht. Auch ist der Umgang mit psychischen Problemen häufig von großen Unsicherheiten geprägt – bei den Betroffenen, bei Führungskräften und Expert:innen, bei den Kolleginnen und Kollegen (vgl. Walter 2016).

Die mittel- bis längerfristigen Folgen der Corona-Krise für die psychische Gesundheit der Beschäftigten sind noch längst nicht absehbar und es besteht für die Zukunft erheblicher Forschungsbedarf, um die diesbezüglichen Auswirkungen der Pandemie valide zu erfassen. Erste Studien weisen jedoch auf das Vorhandensein eines Belastungs-, Anstrengungs- und Stressempfindens bei den Beschäftigten hin sowie auf den Einfluss der Pandemie auf die emotionale Erschöpfung (als Teildimension von Burnout) – jeweils deutlicher ausgeprägt bei Frauen als bei Männern und in der Stärke abhängig von der persönlichen und beruflichen Situation der Betroffenen (Bonin et al. 2021; Meyer et al. 2020).

Was die Qualifizierung zum Thema BGM betrifft, zeigen langjährige Erfahrungen in der universitären Aus- und Weiterbildung, dass der Erfolg und die nachhaltige Wirksamkeit der Qualifizierungsmaßnahmen grundsätzlich an folgende Voraussetzungen geknüpft ist: 1. Die Maßnahmen müssen wissenschaftlich fundiert sein. 2. Die Maßnahmen müssen passgenau sein, d. h. vom Kompetenzbedarf der zu qualifizierenden Personen und beteiligten Organisationen ausgehen. 3. Die Maßnahmen müssen qualitätsgesichert sein, d. h. einer fortlaufenden, anerkannten Qualitätsüberprüfung und -entwicklung unterliegen.

Die Befunde der vorliegenden Studie weisen zudem auf inhaltliche Themen und Kompetenzbedarfe hin, die im Rahmen jedweder Qualifizierung zum BGM zwingend Berücksichtigung finden sollten. Sie geben auch Hinweise darauf, welche Qualifizierungsformate zu ihrer jeweiligen Vermittlung geeignet sind und ggf. weiterentwickelt werden sollten. Schon jetzt ist absehbar, dass digitale Formate in Zukunft stärker Einzug in die Qualifizierung halten werden – themenabhängig und in Kombination mit Präsenzveranstaltungen.

6.6 Fazit: Einen Kulturwandel in Sachen Gesundheit anstoßen!

Die COVID-19-Pandemie hält die Welt seit über einem Jahr fest im Griff. Flächendeckende Impfungen, sichere Testverfahren sowie das konsequente Einhalten von Schutzmaßnahmen werden voraussichtlich in absehbarer Zeit den Weg aus der unmittelbaren Krise weisen. Bei Weitem nicht absehbar sind hingegen die mittel- bis langfristigen wirtschaftlichen, sozialen und gesundheitlichen Folgen der Pandemie.

Das BGM in Unternehmen, Öffentlichen Verwaltungen und Dienstleistungsorganisationen steht kurzfristig in der Verantwortung, einen Beitrag zu leisten zu einem erfolgreichen Krisenmanagement, bei dem Fragen des Arbeitsschutzes und der Arbeitssicherheit aktuell notwendigerweise im Vordergrund stehen. Mittel- bis längerfristig ist es Aufgabe des BGM, die andauernden gesundheitsrelevanten Entwicklungsbedarfe in den Fokus zu rücken und Beiträge für einen Kulturwandel in Sachen Gesundheit zu liefern. Unsere konkreten Empfehlungen dazu lauten:

1. Führungskräfte insbesondere des mittleren Managements sollten stärker unterstützt und kontinuierlich weiterqualifiziert werden in Richtung einer mitarbeiterorientierten, gesundheitsförderlichen Personalführung. Der Entwicklung und Förderung von Sozialkompetenz ist dabei besondere Aufmerksamkeit zu schenken.
2. Mitarbeitende sind als Expert:innen in eigener Sache stärker zu beteiligen. Sie sind mit Blick auf die Selbststeuerung ihrer Aufgabenerledigung sowie die Eigenverantwortung für ihre Gesundheit zu fördern und zu befähigen.
3. Die psychische Gesundheit sollte noch deutlich stärker als bisher in den Blick genommen werden und geeignete Verfahren und Instrumente zur Erfassung und Bearbeitung psychischer Belastungen sollten bereitgestellt werden. Hierbei gilt es auch Antworten zu geben auf die Herausforderungen der fortschreitenden Digitalisierung der Arbeitswelt.
4. Die Transparenz zum betrieblichen Gesundheitsgeschehen ist insgesamt zu erhöhen – durch eine aussagekräftige Organisationsdiagnostik und Wirksamkeitsprüfung durchgeführter Projekte sowie durch eine kontinuierliche interne Kommunikation zum Thema Gesundheit.
5. Die Steuerungsfunktion des BGM ist zu verbessern – durch die Entwicklung und Anwendung aussagekräftiger und handhabbarer Kennzahlensysteme, unter Berücksichtigung von Routinedaten und Daten aus Mitarbeiter:innenbefragungen.

Literatur

Badura B (2017) Arbeit und Gesundheit im 21. Jahrhundert. Mitarbeiterbindung durch Kulturentwicklung. Springer, Berlin

Badura B, Ducki A, Schröder H et al (2011) Fehlzeiten-Report 2011. Führung und Gesundheit. Springer, Berlin, Heidelberg

Badura B, Ducki A, Schröder H et al (2019) Fehlzeiten-Report 2019. Digitalisierung – gesundes Arbeiten ermöglichen. Springer, Berlin

Badura B, Ehresmann C (2016) Unternehmenskultur, Mitarbeiterbindung und Gesundheit. In: Badura B, Ducki A, Schröder H et al (Hrsg) Fehlzeiten-Report 2016. Unternehmenskultur und Gesundheit – Herausforderungen und Chancen. Springer, Heidelberg, S 81–94

Badura B, Ehresmann C (2020) Die Aussagekraft der Kennzahl „Fehlzeiten" – Deutungsversuch aus Sicht der Gesundheitswissenschaften. In: Badura B, Ducki A, Schröder H et al (Hrsg) Fehlzeiten-Report 2020. Gerechtigkeit und Gesundheit. Springer, Berlin, S 313–329

Badura B, Hehlmann T (2003) Betriebliche Gesundheitspolitik. Der Weg zur gesunden Organisation. Springer, Berlin, Heidelberg, New York

Badura B, Steinke M (2019) Vom Taylorismus zur Selbstorganisation – Wie Betriebliches Gesundheitsmanagement zur Gestaltung der Digitalisierung beitragen kann. In: Badura B, Ducki A, Schröder H et al (Hrsg) Fehlzeiten-Report 2019. Digitalisierung – gesundes Arbeiten ermöglichen. Springer, Berlin, S 367–382

Badura B, Walter U (2014) Führungskultur auf dem Prüfstand. In: Badura B, Ducki A, Schröder H et al (Hrsg) Fehlzeiten-Report 2014. Erfolgreiche Unternehmen von morgen – gesunde Zukunft heute gestalten. Springer, Berlin, S 159–162

Badura B, Ritter W, Scherf M (1999) Betriebliches Gesundheitsmanagement – ein Leitfaden für die Praxis. Edition sigma, Berlin

Badura B, Greiner W, Rixgens P et al (2008) Sozialkapital. Grundlagen von Gesundheit und Unternehmenserfolg. Springer, Berlin, Heidelberg

Badura B, Walter U, Hehlmann T (2010) Betriebliche Gesundheitspolitik. Der Weg zur gesunden Organisation, 2. Aufl. Springer, Berlin

BAuA (2020) Stressreport Deutschland 2019: Psychische Anforderungen, Ressourcen und Befinden. Bundesanstalt für Arbeitsschutz und Arbeitsmedizin, Dortmund

Bonin H, Eichhorst W, Kaczynska J et al (2020) Verbreitung und Auswirkungen von mobiler Arbeit und Homeoffice. BMAS Forschungsbericht Nr. 549. https://www.bmas.de/DE/Service/Publikationen/Forschungsberichte/fb-549-verbreitung-auswirkungen-mobiles-arbeiten.html. Zugegriffen: 25. Febr. 2021

Bonin H, Krause-Pilatus A, Rinne U (2021) Arbeitssituation und Belastungsempfinden im Kontext der COVID-19-Pandemie. Ergebnisse einer repräsentativen Befragung von abhängig Beschäftigten im Februar 2021. BMAS Forschungsbericht Nr. 570. https://www.bmas.de/SharedDocs/Downloads/DE/Publikationen/Forschungsberichte/fb-570-arbeitssituation-belastungsempfinden-COVID-19-Pandemie.pdf?__blob=publicationFile&v=2. Zugegriffen: 25. Febr. 2021

Brenke K (2016) Home Office: Möglichkeiten werden bei weitem nicht ausgeschöpft. https://www.diw.de/documents/publikationen/73/diw_01.c.526036.de/16-5.pdf. Zugegriffen: 25. Febr. 2021

DAK (2020) Digitalisierung und Homeoffice entlasten Arbeitnehmer in der Corona-Krise. DAK-Sonderanalyse. https://www.dak.de/dak/bundesthemen/sonderanalyse-2295276.html#/. Zugegriffen: 12. Apr. 2021

Deming WE (2000) Out of the crisis. MIT Press, Cambridge

Döring N, Bortz J (2016) Forschungsmethoden und Evaluation in den Sozial- und Humanwissenschaften, 5. Aufl. Springer, Berlin, Heidelberg

Ehresmann C (2014) Mobbing im Krankenhaus: Symptom eines Organisationsversagens? In: Badura B, Ducki A, Schröder H et al (Hrsg) Fehlzeiten-Report 2014. Erfolgreiche Unternehmen von morgen – gesunde Zukunft heute gestalten. Springer, Berlin, Heidelberg, S 163–174

Ehresmann C, Badura B (2018) Sinnquellen in der Arbeitswelt und ihre Bedeutung für die Gesundheit. In: Badura B, Ducki A, Schröder H et al (Hrsg) Fehlzeiten-Report 2018. Sinn erleben – Arbeit und Gesundheit. Springer, Berlin, S 47–59

Fraunhofer Institut FIT (2020) Fraunhofer-Umfrage „Homeoffice": erste Ergebnisse. Presseinformation. https://www.fit.fraunhofer.de/de/presse/20-05-07_fraunhofer-umfrage-homeoffice-erste-ergebnisse.html. Zugegriffen: 12. Apr. 2021

Grunau P, Ruf K, Steffes S et al (2019) Homeoffice bietet Vorteile, hat aber auch Tücken. http://doku.iab.de/kurzber/2019/kb1119.pdf. Zugegriffen: 16. Apr. 2021

Hagen C, Himmelreicher RK (2020) Erwerbsminderungsrente der erwerbsfähigen Bevölkerung in Deutschland – ein unterschätztes Risiko? In: Badura B, Ducki A, Schröder H et al (Hrsg) Fehlzeiten-Report 2020. Gerechtigkeit und Gesundheit. Springer, Berlin, S 729–740

Imai M (1992) Kaizen. Der Schlüssel zum Erfolg der Japaner im Wettbewerb. Ullstein, Berlin, Frankfurt

Kordsmeyer A, Rohwer E, Harth V et al (2020) Gesundheitsfördernde Führung von Teams im Homeoffice. Kompetenznetz Public Health COVID-19, Bremen

Krüger A (2013) Zur Erklärung von Fehlzeiten in zwei Stahlwerken. In: Badura B, Greiner W, Rixgens P et al (Hrsg) Sozialkapital. Grundlagen von Gesundheit und Unternehmenserfolg, 2. Aufl. Springer Gabler, Berlin, Heidelberg, S 231–246

Lehmann E, Seiler K (2010) Staatliche Impulse, Konzepte und Fördermaßnahmen. In: Badura B, Walter U, Hehlmann T (Hrsg) Betriebliche Gesundheitspolitik. Der Weg zur gesunden Organisation, 2. Aufl. Springer, Berlin, S 457–467

Lükermann S (2013) Sozialkapital und Qualität von Produkten und Dienstleistungen. In: Badura B, Greiner W, Rixgens P et al (Hrsg) Sozialkapital. Grundlagen von Gesundheit und Unternehmenserfolg, 2. Aufl. Springer Gabler, Berlin, Heidelberg, S 211–230

Meschede M, Roick C, Ehresmann C (2020) Psychische Erkrankungen bei den Erwerbstätigen in Deutschland und Konsequenzen für das Betriebliche Gesundheitsmanagement. In: Badura B, Ducki A, Schröder H et al (Hrsg) Fehlzeiten-Report 2020. Gerechtigkeit und Gesundheit. Springer, Berlin, S 331–364

Meuser M, Nagel U (2009) Das Experteninterview – konzeptionelle Grundlagen und methodische Anlage. In: Pickel S, Pickel G, Lauth H-J et al (Hrsg) Methoden der vergleichenden Politik- und Sozialwissenschaften. Neue Entwicklungen und Anwendungen. VS, Wiesbaden, S 465–479

Meyer B, Zill A, Schuhmann S (2020) Arbeitssituation und Belastung zu Zeiten der COVID-19-Pandemie. In: Techniker Krankenkasse (Hrsg) Corona 2020 Gesundheit, Belastungen, Möglichkeiten. TK Hausdruckerei, S 46–67. https://www.tk.de/resource/blob/2095224/ca7f3e6793109ee9bfbaede39e15517f/dossier--corona-2020-data.pdf. Zugegriffen: 1. Apr. 2021

Meyer-Falcke A, Lehmann E (2000) Occupational Health: Qualifizierung zum betrieblichen Arbeitsschutzberater. Ergo-med 2000(5):194–199

Möllering G, Schuster S, Spilker M (2021) Homeoffice – Fluch und Segen im Corona-Krisenmanagement. In: Bertelsmann Stiftung (Hrsg) Führungskräfte-Radar 2020 Corona-Spezial. Bertelsmann Stiftung, Gütersloh

Münch E, Walter U, Badura B (2003) Führungsaufgabe Gesundheitsmanagement. Ein Modellprojekt im öffentlichen Sektor. Edition sigma, Berlin

Richenhagen G, Lehmann E (2003) Wandel gestalten – gesünder arbeiten. Ein Konzept für einen zukunftsorientierten Arbeitsschutz am Beispiel NRW. In: Badura B, Hehlmann T (Hrsg) Betriebliche Gesundheitspolitik. Der Weg zur gesunden Organisation. Springer, Berlin, Heidelberg, New York, S 295–302

Steinke M, Luschnat S, McCall T (2013) Symptome erkrankter Organisationen – Der Einfluss des Sozialkapitals auf Mobbing und innere Kündigung. In: Badura B, Greiner W, Rixgens P et al (Hrsg) Sozialkapital. Grundlagen von Gesundheit und Unternehmenserfolg, 2. Aufl. Springer Gabler, Berlin Heidelberg, S 187–210

Walter U (2007) Qualitätsentwicklung durch Standardisierung am Beispiel des Betrieblichen Gesundheitsmanagements. Dissertation an der Fakultät für Gesundheitswissenschaften der Universität Bielefeld

Walter U (2016) Auf dem Weg zu einem gendersensiblen Gesundheitsmanagement. In: Hornberg C, Pauli A, Wrede B (Hrsg) Medizin – Gesundheit – Geschlecht. Eine gesundheitswissenschaftliche Perpektive. Springer VS, Wiesbaden, S 259–281

Walter U (2017) Qualitätsstandards im BGM. In: Badura B (Hrsg) Arbeit und Gesundheit im 21. Jahrhundert. Springer, Berlin, S 109–125

Walter U (2019) Mindeststandards in BGM durch Qualifizierung. In: Badura B, Steinke M (Hrsg) Mindeststandards im Behördlichen Gesundheitsmanagement (BGM) der Landesverwaltung Nordrhein-Westfalen. https://www.landtag.nrw.de/portal/WWW/dokumentenarchiv/Dokument/MMV17-2114.pdf. Zugegriffen: 1. Apr. 2021 (Abschlussbericht zum Vergabeverfahren „Entwicklung und Festlegung von Standards für BGM in der Landesverwaltung". (Auftragsnummer ZVSt-2018-192/BGM) S 107–111)

Walter U, Badura B (2006) Betriebliche Gesundheitspolitik: Neue Aufgaben und Kompetenzen für Führungskräfte und Experten. In: Pund J (Hrsg) Professionalisierung im Gesundheitswesen. Positionen – Potenziale – Perspektiven. Huber, Bern, S 146–158

Waltersbacher A, Maisuradze M, Schröder H (2019) Arbeitszeit und Arbeitsort – (wie viel) Flexibilität ist gesund? Ergebnisse einer repräsentativen Befragung unter Erwerbstätigen zu mobiler Arbeit und gesundheitlichen Beschwerden. In: Badura B, Ducki A, Schröder H et al (Hrsg) Fehlzeiten-Report 2019. Digitalisierung – gesundes Arbeiten ermöglichen. Springer, Berlin, S 78–107

Der Arbeitsplatz Hochschule in Zeiten von Corona: Arbeitsbedingungen und Gesundheit in Wissenschaft und Verwaltung

Johanna S. Radtke und Julia Burian

Inhaltsverzeichnis

7.1 Psychische Belastungen als wichtiger Präventionsgegenstand an Hochschulen – 125

7.2 Coronabedingte Chancen und Herausforderungen am Arbeitsplatz Hochschule – 126

7.3 Beurteilung von Arbeitsbedingungen und Gesundheit in der Corona-Pandemie mit dem Bielefelder Fragebogen – 128
7.3.1 Stichprobe und Datenauswertung – 129
7.3.2 Beurteilung der Arbeitssituation in Zeiten von Corona – 130
7.3.3 Beurteilung der hochschulkulturellen Aspekte und Online-Lehre in Zeiten von Corona – 132
7.3.4 Gegenüberstellung ausgewählter Themen unter regulären sowie unter Corona-Bedingungen – 133
7.3.5 Beurteilung der belastungs- und gesundheitsbezogenen Aspekte in Zeiten von Corona – 135

© Springer-Verlag GmbH Deutschland, ein Teil von Springer Nature 2021
B. Badura et al. (Hrsg.), *Fehlzeiten-Report 2021*, Fehlzeiten-Report, https://doi.org/10.1007/978-3-662-63722-7_7

7.4	**Gesamtfazit** – 136	
7.4.1	Methodische Limitationen und weiterer Forschungsbedarf – 136	
7.4.2	Implikation für die Praxis – 137	
7.5	**Anhang** – 139	
	Literatur – 147	

Zusammenfassung

Aufgrund besonderer Anforderungen und spezifischer Rahmenbedingungen am Arbeitsplatz Hochschule stellt die psychische Gesundheit einen wichtigen Präventionsgegenstand im Hochschulkontext dar. Zusätzlich führt die Corona-Pandemie aktuell zu Veränderungen und neuen Herausforderungen in der Arbeitswelt und betrifft damit auch die Hochschulen. Um festzustellen, ob durch die pandemiebedingten Veränderungen ein neuer Fokus für die Prävention an Hochschulen zu setzen ist, sind die Arbeits- und die Gesundheitssituation unter den aktuellen Corona-Bedingungen in Wissenschaft und Verwaltung zu untersuchen. Ein für diesen Zweck geeignetes Instrument stellt der hochschulspezifische Bielefelder Fragebogen dar. Anhand deskriptiver Analysen der coronaspezifischen, hochschulübergreifenden Befragungsergebnisse kann im Rahmen dieses Beitrags insgesamt dargelegt werden, dass die Corona-Pandemie neben erhöhten Belastungen auch positive Auswirkungen und (langfristige) Chancen für den Arbeitsplatz Hochschule hervorbringt. Hierbei sind je nach Statusgruppe allerdings unterschiedliche Einschätzungen der Arbeitssituation zu berücksichtigen. Aufgabe hinsichtlich der Präventionsarbeit an Hochschulen ist schließlich die Auseinandersetzung mit in der Pandemie besonders negativ oder positiv beurteilten Themen, um aktuell und in Zukunft eine gesundheitsförderliche Gestaltung von veränderten Arbeitsbedingungen umsetzen zu können.

7.1 Psychische Belastungen als wichtiger Präventionsgegenstand an Hochschulen

Betrachtet man die Spezifika des Arbeitsplatzes *Hochschule*[1] im Kontext der Präventionsarbeit, so ist insbesondere der **psychischen Gesundheit** von Hochschulbeschäftigten aus verschiedenen Gründen eine wichtige Rolle zuzuschreiben. Hochschulen lassen sich als Expertenorganisationen charakterisieren, in denen hochqualifizierte Akteur:innen tätig sind (Faller 2017). Daraus resultieren u. a. zwei Besonderheiten:

Zum einen richten Expert:innen, die einer **Kopfarbeit** nachgehen, spezifische und anspruchsvolle Erwartungen an ihre Tätigkeiten sowie an die Organisation als solche, wie u. a. einen hohen Grad an selbstständigem Arbeiten, ausreichende Handlungsspielräume, Weiterbildungsoptionen sowie eine ausgeglichene Work-Life-Balance (Badura 2017). Folglich stehen Hochschulen als Organisation mit einem großen Anteil an Kopfarbeiter:innen der Herausforderung gegenüber, vergleichsweise hohen Erwartungen ihrer Mitarbeitenden gerecht zu werden, um beispielsweise hohe Arbeitszufriedenheit, Leistungsfähigkeit und organisationale Bindung erzielen zu können.

Zum anderen werden bei derartigen Tätigkeiten maßgeblich die kognitiven Ressourcen und die Psyche der Beschäftigten beansprucht, sodass speziell die psychische Gesundheit zu einem wichtigen Kriterium u. a. im Hinblick auf die Gestaltung betrieblicher Präventionsaktivitäten an Hochschulen wird. Eine Vielzahl an Untersuchungen zur Arbeits- und Gesundheitssituation von Hochschulbeschäftigten (z. B. Mess et al. 2015; Banscherus et al. 2017; Lesener und Gusy 2017) kann darüber hinaus insgesamt die Relevanz von Gesundheits- und Präventionsmanagement am Arbeitsplatz Hochschule stützen.

Spezifische Rahmenbedingungen an Hochschulen erfordern organisationsspezifische Verfahren

Eine bedeutsame Einflussgröße auf die Bedingungen an Hochschulen stellen die vielfältigen strukturellen Wandlungsprozesse aufgrund zahlreicher Hochschulreformen dar, denen die deutsche Hochschullandschaft seit den 1990er Jahren ausgesetzt ist und die unter anderem zu veränderten Belastungen bei Hoch-

---
1 Die Bezeichnung „Hochschule" umfasst im vorliegenden Beitrag jegliche Form von Hochschulen und Universitäten.

schulbeschäftigten führen (wie z. B. verschärfte Wettbewerbsbedingungen oder zunehmende Administrationsaufgaben) (z. B. Banscherus et al. 2017; Pasternack et al. 2018). Ferner hebt das Arbeitsschutzgesetz *(§ 4 und § 5 ArbSchG)* die Notwendigkeit der Identifikation von psychischen Belastungen an Hochschulen hervor. Neben der Vermeidung von arbeitsbezogenen Belastungen im Rahmen von Prävention stellen auch die Stärkung und der Ausbau von **Ressourcen**, die sich positiv auf die (psychische) Gesundheit auswirken, eine wichtige Aufgabe im Rahmen von Gesundheitsförderung dar (Hurrelmann et al. 2018). So regelt das **Präventionsgesetz** *zur Stärkung der Gesundheitsförderung und Prävention* nicht nur die Vermeidung von Risiken, sondern explizit auch eine *„Förderung des selbstbestimmten gesundheitsorientierten Handelns"* (§ 20 Abs. 1 PrävG).

Die Existenz **heterogener Statusgruppen**[2] und Bereiche in Wissenschaft und Verwaltung an Hochschulen als weitere relevante Einflussgröße auf die spezifischen Bedingungen bedeutet, dass die Gesundheits- und Präventionsarbeit vielschichtigen Anforderungen und Bedarfen gerecht werden muss (Dech 2013; Faller 2006). Unterschiede zwischen den Statusgruppen betreffen beispielsweise die Arbeitsstrukturen und -weisen: Während die Hochschulverwaltung klassischerweise hierarchisch organisiert ist und vorwiegend klar definierte Verantwortlichkeiten mit geringeren Handlungsspielräumen vorsieht, ist die Arbeit von Wissenschaftler:innen dagegen stärker von Autonomie geprägt (Symanski und Grün 2013; Hanft und Maschwitz 2017). Darüber hinaus bestehen auch innerhalb der Wissenschaft deutliche Unterschiede zwischen den Arbeitsbedingungen der Wissenschaftlichen Mitarbeitenden und denen der Professor:innen. Während erstere häufig nur befristet und in Teilzeit beschäftigt werden und sich i. d. R. für eine Karriere außerhalb der (aktuellen) Hochschule weiterqualifizieren, sind letztere mit einem hohen Maß an Selbstbestimmung ausgestattet und wollen von Hochschulen im Idealfall längerfristig gebunden werden. Eine herausfordernde Aufgabe für Hochschulen besteht demnach in der gruppenspezifischen Identifizierung von Belastungen und der daraus resultierenden Ableitung von Präventionsmaßnahmen.

7.2 Coronabedingte Chancen und Herausforderungen am Arbeitsplatz Hochschule

Die **Corona-Pandemie** wirkt sich seit März 2020 maßgeblich auf die Arbeitswelt in Deutschland aus und erweist sich als erhebliche Belastungsprobe in verschiedensten Arbeitskontexten. Mit der Pandemie einhergehende Veränderungen im Arbeits- und Privatleben (z. B. Bünning et al. 2020; Möhring et al. 2020) interferieren an Hochschulen mit vorhandenen Veränderungsprozessen und potenzieren damit die **Herausforderungen**. Vor allem die Themen *Zeit* und *Entgrenzung* (die fehlende Trennung von Privat- und Berufsleben) stellen gerade durch die zunehmende Flexibilität des Arbeitsortes wichtige Präventionsthemen dar (Hofmann et al. 2020). Beispielsweise verrichten Hochschulbeschäftigte mit Kindern seit Beginn der Pandemie ihre Arbeit häufig zur Abend- und Nachtzeit (Mordhorst et al. 2021). Für Hochschulen konnten Klöver et al. (2020) insgesamt *eine reduzierte zeitliche Verfügbarkeit, fehlende Präsenztreffen, eine (unvollständige und unzureichend vorbereitete) Digitalisierung von Prozessen und Arbeitsabläufen* und *den Ausfall bestimmter Tätigkeiten* als primäre Herausforderungen im Kontext der Corona-Pandemie identifizieren.

Da das Arbeits- und Studierendenleben in Hochschulen seit jeher überwiegend in (kontemporärer) Präsenz stattfand, stellt die Um-

---

2 Im Bielefelder Fragebogen (und somit auch im vorliegenden Beitrag) werden mit „Statusgruppen" die an Hochschulen vertretenen Beschäftigtengruppen (Professor:innen, Wissenschaftliche Mitarbeiter:innen, Mitarbeiter:innen in Technik und Verwaltung) bezeichnet – siehe auch Burian et al. 2019.

stellung auf digitale Formate eine große Veränderung an Hochschulen dar. Nicht nur Studierende nehmen seit Ausbruch der Corona-Pandemie überwiegend digital am Hochschulleben teil, auch für viele Hochschulbeschäftigte hat sich das Arbeitsleben in das (zumeist improvisierte) **Homeoffice** verlagert. Diesbezüglich zeigt eine erste Corona-Befragung an Hochschulen im Mai/Juni 2020 allerdings Unterschiede zwischen den Statusgruppen: Demnach arbeitet das wissenschaftliche Personal deutlich häufiger im Homeoffice als Verwaltungsmitarbeiter:innen (Klöver et al. 2020). Diese unterschiedliche Arbeitsplatzsituation in den einzelnen Statusgruppen kann zu ebenso differenten Beurteilungen der Arbeitsbedingungen in Corona-Zeiten[3] führen und bedarf daher nicht zuletzt einer gruppenspezifischen Betrachtung.

Die Homeoffice-Situation bringt neben den bereits erwähnten veränderten **zeitlichen Anforderungen** sowie fehlendem persönlichem Austausch mit Kolleg:innen und Studierenden (z. B. Seyfeli et al. 2020) auch andere Herausforderungen mit sich. Hinsichtlich der ansteigenden Heimarbeit ist beispielsweise problematisch, dass an den meisten Hochschulen seit Pandemiebeginn keine Gefährdungsbeurteilung des Heimarbeitsplatzes durchgeführt wird (Klöver et al. 2020). Daher ist fraglich, inwieweit die Ausstattung des zumeist improvisierten Heimarbeitsplatzes von Hochschulbeschäftigten insgesamt gesundheitsförderlich gestaltet ist.

Ferner wurden **Familienaufgaben** wie Kinderbetreuung oder Pflege von Angehörigen durch die Corona-Pandemie zu einer zunehmenden Anforderung für Hochschulbeschäftigte (Mordhorst et al. 2021). So wurden insbesondere Frauen mit Kindern durch einen erhöhten Betreuungsaufwand – beispielsweise aufgrund fehlender Kinderbetreuung im Lockdown – vor Herausforderungen im Kontext der Vereinbarkeit von Familie und Beruf gestellt (Möhring et al. 2020). Diese hatten entsprechend negative Auswirkungen auf die Arbeit von Wissenschaftlerinnen in der Corona-Zeit, wie z. B. auf die generell aufgewendete Zeit für Forschung bei Wissenschaftlerinnen und insbesondere Wissenschaftlerinnen mit Kindern (Myers et al. 2020) sowie auf die Publikationstätigkeit von Wissenschaftlerinnen bzw. Professorinnen, die einer Kinderbetreuung nachgingen (z. B. Andersen et al. 2020; Rusconi et al. 2020). Auch in dieser Hinsicht wird deutlich, dass coronabedingte Veränderungen unterschiedliche Auswirkungen je nach Personengruppe implizieren.

Neben der Zunahme von Belastungen hat die Arbeitswelt auch **positive Entwicklungen** erfahren. So gehen mit der Pandemie eine Beschleunigung hochrelevanter Entwicklungsprozesse und damit vielfältige Möglichkeiten für die Zukunft an Hochschulen einher. Hierunter sind vor allem das Voranschreiten der Digitalisierung und der digitalen Lehre zu fassen (Bosse et al. 2020; Seyfeli et al. 2020; Zawacki-Richter 2020) sowie eine mögliche Optimierung von langfristigen Konzepten für eine familienorientierte bzw. -gerechte Hochschule auf Basis nun bewährter Erfahrungen aus der Corona-Zeit. Hierbei wäre beispielsweise die Fokussierung flexiblerer Arbeitsbedingungen im Hinblick auf Ort und Zeit zu nennen, wie u. a. *Vertrauensarbeitszeit, Homeoffice, digitale Teilhabe* – von denen in Zeiten mit regulärer Kinderbetreuung besonders Beschäftigte mit Familienaufgaben profitieren können. Aufgrund der damit andererseits verbundenen Risiken (z. B. Entgrenzungen) ist hinsichtlich längerfristiger Lösungen ein adäquater Ausgleich zwischen den Chancen und Risiken anzustreben (Mordhorst et al. 2021). Positive Entwicklungen deuten bereits heute darauf hin, dass eine zukünftige Integration digitaler Konzepte in den Präsenzbetrieb in Form **hybrider** Praktiken und Formate sinnvoll sein könnte, wie dies u. a. Seyfeli et al. (2020) und Mordhorst et al. (2021) vorgebracht haben.

Im Rahmen von Prävention ist eine Identifizierung von Risikofaktoren maßgeblich, um frühzeitig entsprechende Interventionen um-

---

3   Mit *Corona-Zeiten* bzw. *in Zeiten von Corona* ist in diesem Beitrag der Zeitraum seit dem Ausbruch der Covid-19 Pandemie ab März 2020 gemeint.

setzen zu können (Hurrelmann et al. 2018). Dies erfordert eine regelmäßige Überprüfung von risikobehafteten Faktoren, um gegebenenfalls Interventionen anzupassen oder neu zu definieren. Aufgrund der Veränderungen, die an Hochschulen im vergangenen Jahr mit der Corona-Pandemie einhergingen, ist es somit besonders relevant, Belastungspotenziale vor dem Hintergrund des Pandemiefokus neu in den Blick zu nehmen und damit gegebenenfalls Präventionsmaßnahmen neu zu bewerten. Für die Bewertung gesundheitsbezogener Belastungen und Ressourcen sowie die daraus resultierende Ableitung von gesundheitsförderlichen Maßnahmen sind datenbasierte Methoden notwendig (Walter 2017); wie beispielsweise **Mitarbeitendenbefragungen**. Ein für diesen Zweck geeignetes und bundesweit eingesetztes Instrument stellt der *Bielefelder Fragebogen* dar. Das verhältnisorientierte und organisationsspezifische Verfahren berücksichtigt die besonderen Rahmenbedingungen an Hochschulen und die spezifischen Bedingungen, die für die verschiedenen Statusgruppen *Professor:innen, Wissenschaftliche Mitarbeiter:innen* sowie *Mitarbeiter:innen aus Technik und Verwaltung* gelten.

7.3 Beurteilung von Arbeitsbedingungen und Gesundheit in der Corona-Pandemie mit dem Bielefelder Fragebogen

Die in diesem Beitrag berichteten Daten stammen aus Online-Befragungen, die mit dem *Bielefelder Fragebogen* im Zeitraum April 2020 bis März 2021 erhoben wurden. Mit dem **Bielefelder Fragebogen** als an bereits 33 Hochschulen[4] (Stand: März 2021) er-

probtem Instrument lassen sich psychosoziale Ressourcen und Belastungen von Hochschulbeschäftigten identifizieren; er stellt damit u. a. eine etablierte Grundlage für die Ableitung von (gesundheitsförderlichen) Maßnahmen in der Hochschulpraxis dar (Burian et al. 2019). Der Bielefelder Fragebogen basiert auf dem Sozialkapital-Ansatz sowie dem ProSoB-Fragebogen („Produktivität und Sozialkapital im Betrieb") nach Badura et al. (2008, 2013).

Das Befragungsinstrument wurde vor dem Hintergrund der pandemiebedingten Veränderungen der Arbeitsbedingungen im Frühsommer 2020 auf die aktuellen Corona-Bedingungen angepasst und seither in seiner coronaspezifischen Version in der Praxis eingesetzt. Die Anpassung des Instruments bestand primär in der Ergänzung von Fragen zu pandemiebedingten arbeits- und aufgabenbezogenen Belastungen bzw. Veränderungen. Außerdem wurden bestehende Frageblöcke zu Themen, die sich unter Corona-Bedingungen deutlich verändert haben, per Doppelskala um die Möglichkeit erweitert, diese sowohl retrospektiv unter regulären Bedingungen als auch unter Corona-Bedingungen zu beurteilen.

Um möglichst frühzeitig auf veränderte Belastungssituationen in der Hochschulwelt reagieren zu können, zielt der vorliegende Beitrag darauf ab, eine erste Bilanz ausgewählter Ergebnisse des neuen coronaspezifischen Fragebogenanteils deskriptiv darzustellen. Wie dargelegt, gehen die Zunahme von Arbeit im Homeoffice und die gleichzeitige Reduktion des Präsenzbetriebs mit veränderten Arbeitsbedingungen, -zeiten, -plätzen sowie Familienaufgaben einher. Daher werden diese Themen im Rahmen des vorliegenden Beitrags in einen besonderen Fokus gesetzt. Dazu wird die Beurteilung zu den Themen *Ausstattung am Arbeitsplatz, Arbeitsbedingungen für erfolgreiches Arbeiten, zeitliche Anforderungen* und *Vereinbarkeit von Beruf und Familie* sowohl unter regulären Bedingungen als auch

---

4 Mit freundlicher Unterstützung und Förderung durch die Unfallkasse (UK) NRW und die Deutsche Gesetzliche Unfallversicherung (DGUV) wurde der Großteil der Befragungsdaten im Zeitraum 2013 bis 2019 im Rahmen der geförderten Projekte „Weiterentwicklung und Erprobung eines nachhaltigen Verfahrens zum Umgang mit psychosozialen Ressourcen und Belastungen am Arbeitsplatz Hochschule" bzw. „Gesund und sicher an Hochschulen mit dem Bielefelder Verfahren – Belastungen analysieren – Maßnahmen evaluieren – Prävention sichern" erhoben.

unter Corona-Bedingungen gegenübergestellt, um mögliche Implikationen für die Prävention und das **hochschulische Gesundheitsmanagement** zu diskutieren. Ergänzend werden die coronabezogene persönliche Situation sowie gesundheitliche Veränderungen dargestellt.

7.3.1 Stichprobe und Datenauswertung

Der an Corona-Bedingungen adaptierte Bielefelder Fragebogen wurde an bisher sechs Hochschulen – davon eine Universität und fünf (Fach-)Hochschulen – eingesetzt. An den Befragungen nahmen insgesamt **1.991 Beschäftigte** (davon 576 Wissenschaftliche Mitarbeitende, 445 Professor:innen sowie 970 Mitarbeitende in Technik und Verwaltung) teil. Von den Befragungsteilnehmer:innen machten 1.533 Personen Angaben zu ihrem Geschlecht: 49 % gaben an, weiblich zu sein, 50 % männlich und 1 % divers. Zudem wurde an fünf Hochschulen die Arbeitsplatzsituation erhoben, um die Beurteilungen der Arbeitssituation unter Corona-Bedingungen sinnvoller interpretieren zu können. Nur den Beschäftigten, die angaben, dass sie (überwiegend) nicht bzw. nur teilweise vor Ort arbeiten, wurden anschließend die Auswahlfragen zum „improvisierten" Homeoffice und regulären Telearbeitsplatz gestellt (◘ Abb. 7.1).

Den Angaben zur Arbeitsplatzsituation lässt sich entnehmen, dass aus jeder Statusgruppe zum Zeitpunkt der Befragung der größere Teil der Befragten (überwiegend) vor Ort in der Hochschule arbeitete, sowie dass von denjenigen Befragten, die angaben, (überwiegend) nicht vor Ort zu arbeiten, wiederum der deutlich größere Teil im „improvisierten" Homeoffice und nur ein geringer Teil an einem regulären Telearbeitsplatz arbeitete. Obgleich diese Information hilfreich für die Einordnung der folgenden Ergebnisse ist, muss betont werden, dass diese Arbeitsplatzsituation nicht beispielhaft für die generelle Situation an Hochschulen während der Corona-Pandemie zu sehen ist, da die jeweiligen Befragungszeiträume zum größeren Teil außerhalb der *Lockdowns* lagen und die erhobene Arbeitsplatzsituation entsprechend von einer Phase mit mehr Arbeit vor Ort geprägt wird.

Weiterhin gaben an fünf Hochschulen 49 % von 1.219 Beschäftigten an, dass sie (überwiegend bzw. zeitweise) während der letzten Monate parallel zur Arbeit mindestens ein betreuungspflichtiges Kind, für das derzeit keine oder nicht ausreichend Kinderbetreuung besteht oder das sich im Homeschooling befindet und/oder pflegebedürftige Angehörige, für die derzeit keine bzw. geringfügige Unterstützung besteht, betreut haben: Das traf auf 48 % von 291 Wissenschaftlichen Mitarbeitenden, 54 % von 344 Professor:innen und 47 % von 584 Mitarbeitenden in Technik und Verwaltung zu.

Die Ergebnisdaten dieser Stichprobe zu den coronaspezifischen Befragungsergänzungen wurden mithilfe der Statistiksoftware IBM SPSS (Version 19) deskriptiv analysiert (Häufigkeiten, Mittelwerte und Standardabweichungen). Die untersuchten Items waren auf einer 5-stufigen Likert-Skala *(trifft sehr zu – trifft eher zu – teils/teils – trifft eher nicht zu – trifft gar nicht zu)* zu beantworten. Für die Interpretation der Daten wurden die Items so (re)kodiert, dass die Antworten inhaltlich umso positiver zu verstehen sind, je höher der Wert ausgeprägt ist. Die Interpretation der Daten basiert auf einem standardisierten Bewertungssystem (◘ Tab. 7.1) (siehe dazu auch Burian et al. 2019).

Eine Ausnahme des o. g. Antwortformats bzw. des Ampelschemas sind die in ▶ Abschn. 7.3.2 dargestellten Items zu der veränderten Arbeits(platz)situation, die mit den drei Antwortmöglichkeiten *ja (überwiegend) – teils/teils – nein (überwiegend nicht)* versehen sind.

Da der Bielefelder Fragebogen zum größtmöglichen **Anwendungsbezug** für jede Hochschule auf individuelle Bedingungen angepasst wird, wird nicht immer der Gesamtpool an vorhandenen Items an jeder Hochschule abgefragt. In der Gegenüberstellung der Er-

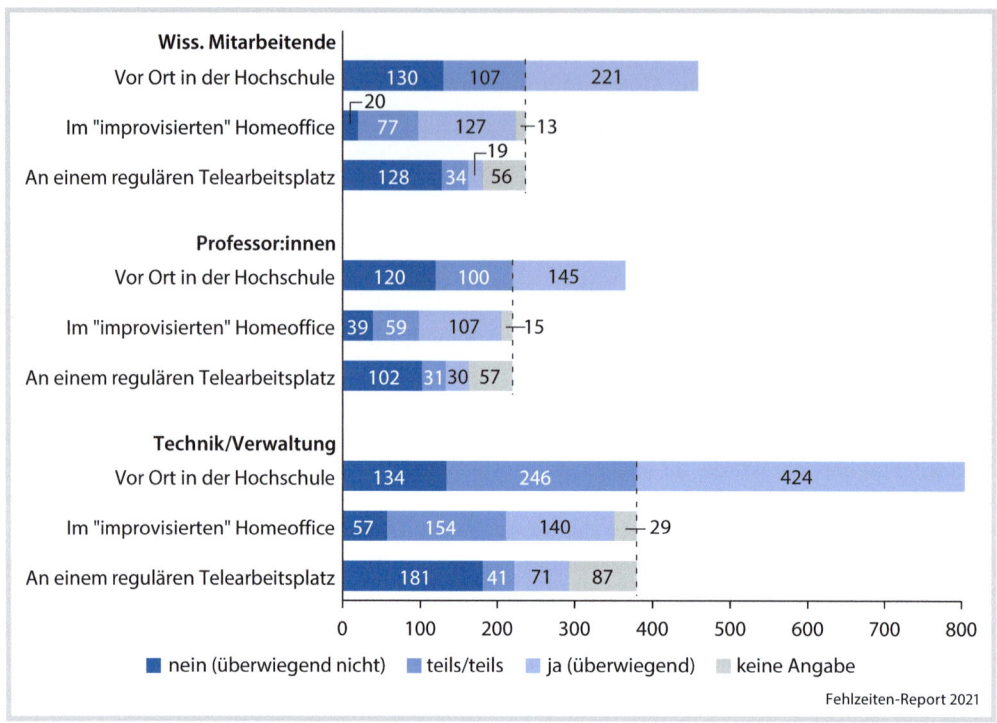

◘ **Abb. 7.1** Absolute Häufigkeiten zur Arbeitsplatzsituation an fünf Hochschulen

◘ **Tab. 7.1** Ampelschema zur Bewertung der Mittelwerte im Bielefelder Fragebogen

Mittelwertbereich	Kategorie
1,0–2,49 (rot)	Kritische Werte (Belastungen)
2,50–3,49 (gelb)	Mittlere Werte (Entwicklungspotenzial)
3,50–5,0 (grün)	Positive Werte (Ressourcen)

Fehlzeiten-Report 2021

gebnisse unter regulären bzw. unter Corona-Bedingungen in den ◘ Tab. 7.3–7.6 sind nur diejenigen Hochschulen berücksichtigt worden, an denen die dargestellten Items sowohl unter regulären als auch unter Corona-Bedingungen abgefragt wurden. In den Ergebnistabellen wird daher zusätzlich zu der Anzahl der teilnehmenden Personen auch die Anzahl der Hochschulen angegeben, an denen das Item eingesetzt wurde. Aus Datenschutzgründen werden keine Items dargestellt, die nur an einer Hochschule eingesetzt worden sind.

7.3.2 Beurteilung der Arbeitssituation in Zeiten von Corona

Die folgende Abbildung stellt differenziert nach Statusgruppen das empfundene Ansteckungsrisiko und die (damit einhergehende) Sorge vor einer Infektion dar – beantwortet von denjenigen Beschäftigten, die angaben, (überwiegend) vor Ort in der Hochschule zu arbeiten. Je nach Statusgruppe zeichnet sich hier ein differentes Bild ab: Besonders Professor:innen beurteilen die Arbeitsbedingungen

7.3 · Beurteilung von Arbeitsbedingungen mit dem Bielefelder Fragebogen

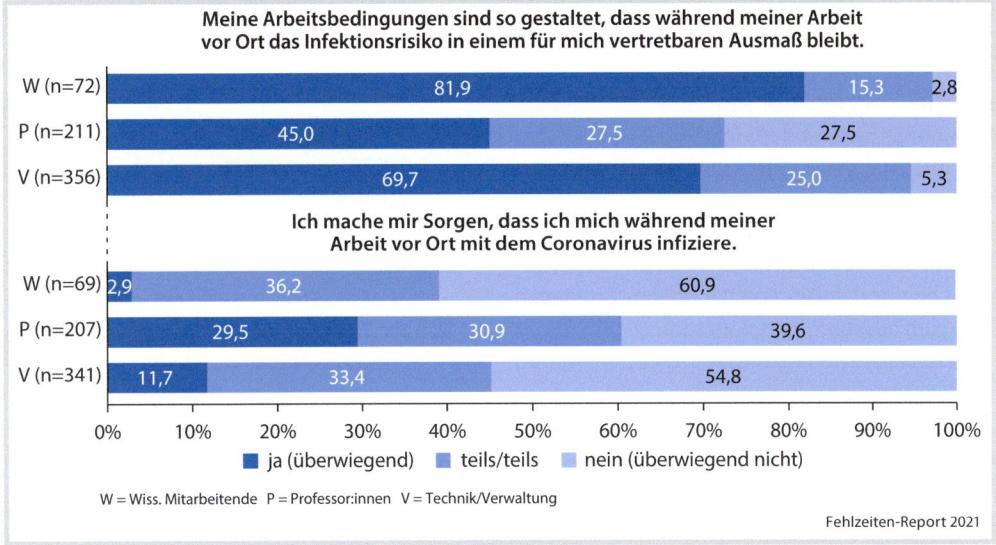

Abb. 7.2 Beurteilung des Infektionsrisikos von Beschäftigten, die vor Ort arbeiten (in %)

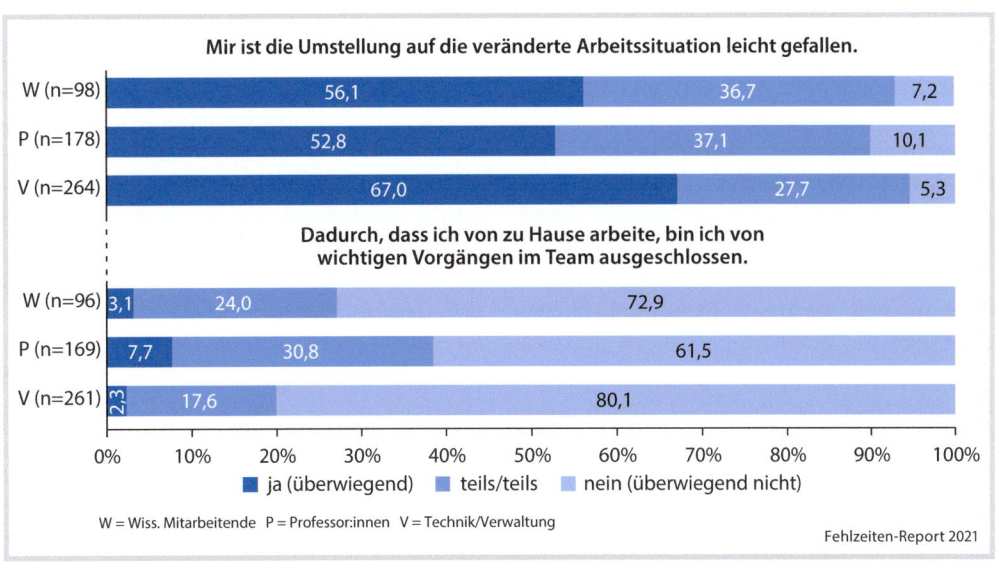

Abb. 7.3 Beurteilung der veränderten Arbeitssituation von Beschäftigten, die teilweise bzw. nicht vor Ort arbeiten (in %)

als *(zu)* risikoreich und haben entsprechend mehr Sorgen hinsichtlich einer möglichen Ansteckung vor Ort (◘ Abb. 7.2).

In ◘ Abb. 7.3 wird hingegen dargestellt, wie Mitarbeitende, die angaben, nur teilweise bzw. (überwiegend) nicht vor Ort zu arbeiten, die veränderte Arbeitssituation beurteilen. In dieser Gruppe machen diejenigen, denen die Umstellung auf die veränderte Arbeitssituation (überwiegend) leicht gefallen ist, in allen Statusgruppen den größten Anteil aus – am positivsten fällt dieses Ergebnis in der Gruppe der Mitarbeitenden in Technik und Verwaltung aus. Jedoch gibt auch ein relevanter Anteil jeder Statusgruppe (zwischen rund einem Drittel und rund der Hälfte) an, dass die Umstellung nur teilweise oder nicht leicht gefallen ist. Obgleich die meisten Beschäftigten sich (überwiegend) nicht von wichtigen Vorgängen im Team ausgeschlossen fühlen, berichtet immerhin ein Drittel der Professor:innen, (überwiegend bzw. teilweise) von wichtigen Vorgängen im Team ausgeschlossen zu sein.

Zunächst sprechen diese Ergebnisse dafür, im Rahmen von Prävention sowohl explizit Beschäftigte, die vor Ort arbeiten, als auch Beschäftigte, die nicht vor Ort arbeiten, zu berücksichtigen. Nach wie vor war zum Zeitpunkt der Erhebungen ein erheblicher Anteil der Befragten weiterhin vor Ort in der Hochschule tätig. Insbesondere der vergleichsweise hohe Anteil mittelmäßiger bzw. kritischer Beurteilungen der Professor:innen hinsichtlich des Infektionsrisikos vor Ort und die damit einhergehende Sorge, sich dort mit dem Coronavirus zu infizieren, verdeutlicht, wie wichtig es ist, Maßnahmen zur maximalen Reduktion von Ansteckungsrisiken umzusetzen. Im Rahmen der Prävention sollte neben der Umsetzung idealerweise auch die Einhaltung dieser Maßnahmen sichergestellt werden. Außerdem wäre zu raten, die Homeoffice-Möglichkeiten insgesamt für Beschäftigte (sofern praktikabel) zu erweitern. Gleichzeitig sollte für den ebenfalls erheblichen Anteil der Beschäftigten, die nicht vor Ort arbeiten, statusgruppenspezifisch in den Blick genommen werden, inwieweit Umstellungen durch den veränderten Arbeitsort (noch) adäquater erfolgen können, um daraus resultierende Belastungen – gerade bei Wissenschaftlichen Mitarbeitenden und Professor:innen – zu minimieren. Dass sich ein relevanter Anteil der Professor:innen von wichtigen Vorgängen im Team ausgeschlossen fühlt, spricht schließlich dafür, Alternativen zur traditionellen persönlichen Teilhabe an wichtigen Vorgängen im Team zu erproben. So könnte ein regelmäßiger Teamaustausch auf verschiedene digitale Formate verlagert werden, deren jeweilige Praxistauglichkeit für diesen spezifischen Zweck der **sozialen Teilhabe** weiterhin zu untersuchen ist.

7.3.3 Beurteilung der hochschulkulturellen Aspekte und Online-Lehre in Zeiten von Corona

In ◘ Tab. 7.2 (siehe Anhang) werden Ergebnisse zu ausgewählten Items der Themenblöcke *Führungs-, Zusammenarbeits- und Hochschulkultur* sowie die Items zur *Arbeitssituation mit Studierenden* und *Online-Lehre* unter Corona-Bedingungen deskriptiv dargestellt. Der überwiegende Teil dieser Themen zeigt Mittelwerte von mindestens 3,50 an und liegt damit im positiven („grünen") Bereich des standardisierten Ampelschemas. Jedoch gibt es ebenfalls einige Themen, die Mittelwerte im mittleren („gelben") Bereich und damit Verbesserungspotenzial aufweisen.

Obwohl die hochschulkulturellen Aspekte *(Führungs-, Zusammenarbeits-, Hochschulkultur)* von den Statusgruppen überwiegend positiv beurteilt werden, zeigt sich an einzelnen Stellen Handlungsbedarf: So weist z. B. die mittelmäßige Beurteilung der *Anpassung der Arbeitsaufgaben bzw. -menge an die veränderten Corona-Bedingungen durch die direkten Vorgesetzten* darauf hin, dass hier ein konkreter Ansatzpunkt für die Reduktion von Corona-spezifischen Belastungen vorliegt. Insgesamt ist festzuhalten, dass die Antworten zur Führungskultur unter Corona-Bedingungen überwiegend im unteren positiven Bereich liegen – es somit auch einen Anteil an Personen gibt, der kritischer geantwortet hat, was folglich für eine verstärkte Auseinandersetzung mit einzelnen (Führungs-)Themen spricht. Positiv hervorzuheben ist im Kontext der Hochschulkultur dagegen, dass der Großteil der Beschäftigten aller Statusgruppen offensichtlich über wichtige Vorgänge im Zusammenhang mit den Corona-bedingten Veränderungen in der Hochschule gut informiert wird. Alle Statusgruppen äußern allerdings, dass ihnen sowohl der **persönliche Kontakt** sowohl zu Studierenden als auch zu Kolleg:innen fehlt. Dies sind Hinweise darauf, dass trotz der durchschnittlich durchaus positiv wahrgenommenen Umstellung auf die digitale Lehre die **Präsenzkultur** an Hochschulen in Zukunft nicht durch digitale Prozesse ersetzt, sondern komplementär ergänzt werden sollte. Wie bereits Seyfeli et al. (2020) in ihrer Erhebung explizieren, erscheinen Strukturen, die **hybride Arbeitsformen** (sowohl Präsenz- als auch Digitalkonzepte) ermöglichen, auf Grundlage der hier vorliegenden Ergebnisse sinnvoll. Zwar werden das Arbeiten mit Studierenden und die Online-Lehre in der Corona-Pandemie überwiegend positiv beurteilt, jedoch besteht in Bezug auf die didaktische und technische Umsetzung der Online-Lehre noch offensichtlicher Unterstützungsbedarf.

7.3.4 Gegenüberstellung ausgewählter Themen unter regulären sowie unter Corona-Bedingungen

Die ◘ Tab. 7.3 – 7.6 (im Anhang) stellen die Ergebnisse zu den Themen *Ausstattung des Arbeitsplatzes* (◘ Tab. 7.3), *Arbeitsbedingungen für erfolgreiche Arbeit* (◘ Tab. 7.4), *Zeitliche Anforderungen* (◘ Tab. 7.5) und *Vereinbarkeit von Beruf und Familie* (◘ Tab. 7.6) dar. Im Hinblick auf die *Ausstattung des Arbeitsplatzes* sind alle drei Statusgruppen mit den *ergonomischen Bedingungen* unter Corona-Bedingungen weniger zufrieden als unter regulären Bedingungen. Währenddessen ist die Zufriedenheit hinsichtlich *Belüftung, Beleuchtung, Lärm und Raumgröße* in allen Statusgruppen höher unter Corona-Bedingungen (◘ Tab. 7.3 im Anhang). Aus der ◘ Tab. 7.4 (im Anhang) geht für die drei Statusgruppen hervor, dass im Vergleich zu den regulären Bedingungen die Einschätzungen zu allen Items hinsichtlich der *Arbeitsbedingungen für erfolgreiche Arbeit* unter Corona-Bedingungen negativer ausfällt. In der Beurteilung der *zeitlichen Anforderungen* zeigt sich zwischen den drei Statusgruppen ein deutlich heterogenes Bild. Bis auf einzelne Items bei Wissenschaftlichen Mitarbeiter:innen und Mitarbeiter:innen in Technik und Verwaltung mit positiveren Antworten werden die meisten Items unter Corona-Bedingungen schlechter beurteilt (◘ Tab. 7.5 im Anhang). Im Themenblock *Vereinbarkeit von Beruf und Familie* werden ebenfalls Unterschiede zwischen den Statusgruppen sichtbar. Im Vergleich zu den Professor:innen und Wissenschaftlichen Mitarbeitenden erfahren die Items in der Gruppe der Mitarbeitenden aus Technik und Verwaltung eine höhere Zustimmung unter Corona-Bedingungen als unter regulären Bedingungen (◘ Tab. 7.6 im Anhang).

Diese Ergebnisgegenüberstellung zu den Themen *Ausstattung am Arbeitsplatz, Arbeitsbedingungen für erfolgreiches Arbeiten, zeitliche Anforderungen* und *Vereinbarkeit von Beruf und Familie* unter regulären und Corona-Bedingungen deckt sowohl Potenziale als auch Risiken auf. Zunächst scheint eine **Gefährdungsbeurteilung** des von Hochschulbeschäftigten unter Corona-Bedingungen genutzten Arbeitsplatzes insofern erforderlich, als dass Wissenschaftliche Mitarbeitende und Verwaltungsmitarbeitende die Ausstattung des Arbeitsplatzes unter Corona-Bedingungen im Durchschnitt als schlechter beurteilen als unter regulären Bedingungen. Gerade die kritischere Rückmeldung zu den **ergonomischen Bedingungen** in der Corona-Situation, insbesondere bei Verwaltungsmitarbeitenden, weist auf einen deutlichen Handlungsbedarf hin. Präventionsarbeit an Hochschulen kann hier ansetzen, um mit einer **gesundheitsförderlichen Gestaltung** des unter Corona-Bedingungen genutzten (Heim-)Arbeitsplatzes potenzielle Beanspruchungen zu vermeiden. Positiv hervorzuheben ist in diesem Kontext andererseits, dass alle Statusgruppen und insbesondere Professor:innen mit der Belüftung, Beleuchtung, dem Lärm und der Raumgröße des genutzten Arbeitsplatzes unter Corona-Bedingungen im Durchschnitt zufriedener sind als in der regulären Arbeitssituation. Insofern gilt es zu prüfen, inwieweit Hochschulen langfristig die Gestaltung der regulären Arbeitsplätze hinsichtlich dieser Kriterien verbessern können.

Weiterer Handlungsbedarf zeigt sich hinsichtlich der in Zeiten von Corona erkennbar schlechter beurteilten *Arbeitsbedingungen für erfolgreiche Arbeit* bei Mitarbeitenden in Technik und Verwaltung und *Arbeitsbedingungen für erfolgreiche Lehre und Forschung* von Wissenschaftlichen Mitarbeitenden und Professor:innen. Die kritischere Beurteilung unter den Corona-Bedingungen lässt sich mutmaßlich auf den Wegfall bzw. die Reduktion des Präsenzbetriebs zurückführen und könnte zum einen bedeuten, dass der persönliche Austausch und die Arbeit vor Ort für bestimmte Tätigkeiten in der Wissenschaft erforderlich sind. Zum anderen könnte die kritischere Beurteilung dieser Themen damit einhergehen, dass Hochschulen aufgrund der rapiden Umstellungen des Hochschulbetriebs in der Corona-Pandemie bisher noch keine (vollständig) ausgearbeiteten Konzepte für digitalisierte Lehre und Forschung verankert hatten. Der vor Corona noch heterogene Implementierungs- und Nutzungsgrad an Digitalisierungsstrategien in Forschung, Lehre und Verwaltung an Hochschulen (Gilch et al. 2019) wäre eine weitere Erklärung für den hohen Aufwand und die damit einhergehenden Defizite von entsprechenden Konzeptentwicklungen. Um sowohl in der aktuellen Pandemiesituation als auch hinsichtlich der (durch die Corona-Pandemie angestoßenen) langfristigen Entwicklungen an Hochschulen adäquate Arbeitsbedingungen sicherstellen zu können, muss außerdem konkretisiert werden, welche spezifischen Arbeitsbedingungen den Erfolg der (Lehr- und Forschungs-)Arbeit von Hochschulbeschäftigten während der Corona-Bedingungen negativ beeinflussen.

Durch Corona-Bedingungen verstärkte Belastungen finden sich auch im Kontext der *zeitlichen Anforderungen*. In diesem Bereich gibt es überwiegend eine erhöhte Belastung; sowohl unter regulären als auch unter Corona-Bedingungen. Eine Erklärung für die unter Corona-Bedingungen noch kritischere Beurteilung einiger Items ist möglicherweise, dass zunehmende Flexibilität mit mehr **Entgrenzung** einhergeht, die u. a. zu erhöhtem Zeitdruck sowie fehlenden Regenerationsphasen führt. Solche Effekte der Entgrenzung sind laut einer aktuellen Studie in der pandemiegeprägten Arbeitswelt insgesamt zu erkennen und zeigen sich u. a. durch *veränderte Arbeitszeiten, Überstunden, fragmentiertes Arbeiten* und *Wochenendarbeit* (Hofmann et al. 2020). Ein als positiv zu bewertender Aspekt der zeitlichen Anforderungen unter Corona-Bedingungen zeigt sich allerdings bei Wissenschaftlichen Mitarbeitenden: Diese konnten im Durchschnitt eher ihre Arbeit zum vorgesehenen Zeitpunkt beenden und ungestörter arbeiten als unter regulären Bedingungen. Auch Mitarbeitende aus Technik und Verwaltung gaben an, unter Corona-Bedingungen ungestörter arbeiten zu können. Hier zeigt sich möglicherweise ein positiver Nebeneffekt des „kontaktarmen" Arbeitens und es empfiehlt sich, die Möglichkeit des ungestörten Arbeitens als wertvolle Ressource bei einer Rückkehr zum Regulärbetrieb zu stärken. Hier gilt es, (präventive) Maßnahmen zur Schaffung einer **störungsarmen** Arbeitsumgebung zu implementieren – bereits bei der Arbeitsplatzgestaltung kann darauf geachtet werden, Störungen und Unterbrechungen zu reduzieren (z. B. durch eine räumliche Trennung von Arbeits- und Publikumsbereichen, „Bitte nicht stören"-Türschilder, die Verwendung schalldämmender Materialien, etc.). Aber auch Regelungen und klare Arbeitsstrukturen wie verbindliche Sprech- und Telefonzeiten oder „meetingfreie" Nachmittage können dazu beitragen. Idealerweise stimmen Kolleg:innen gemeinsam einen Wechsel aus Phasen des sozialen Austauschs und „Flurfunk" mit störungsfreien Arbeitsintervallen ab.

Außerdem legen bisherige Untersuchungen Corona-bedingte (Mehr-)Belastungen im Bereich der *Vereinbarkeit von Beruf und Familie* nahe. Dass Wissenschaftliche Mitarbeitende und Mitarbeitende in Technik und Verwaltung der Aussage *„Ich kann meine Arbeitszeit entsprechend familiärer Belange flexibel gestalten"* unter Corona-Bedingungen stärker zustimmen, lässt sich wahrscheinlich auf die Corona-bedingte Zunahme von zeitlicher und räumlicher **Flexibilität** (z. B. durch Homeoffice) in der Arbeitswelt zurückzuführen. Bislang wurde eine Zustimmung zu dieser Aussage im Rahmen der Auswertungen des Bielefelder Fragebogens als *positiv* bewertet – ob eine erhöhte Flexibilität der Arbeitszeit unter Corona-Bedingungen und vor dem Hintergrund von z. B. Homeschooling und weiteren (neuen) familiären (Betreuungs-)Anforderungen weiterhin ausschließlich als Ressource interpretiert werden kann, gilt es zu überprüfen. Es ist zu vermuten, dass eine *(zu)* hohe Flexibilität in diesem Kontext zumindest teilweise mit belastenden Faktoren einhergeht. Da offensichtlich viele Professor:innen und Wissenschaftliche Mitarbeiter:innen ihren familiären Aufgaben aufgrund ihrer Arbeitsbedingungen unter Corona-Bedingungen nicht angemessen gerecht werden, sollte ein Fokus der familienorientierten Hochschulinterventionen außerdem auf einer **familiengerechten** Arbeitsgestaltung liegen, d. h. den Beschäftigten zu ermöglichen, privaten und familiären Belangen nachzukommen. Entsprechende Interventionen werden gerade bei zunehmender Flexibilität umso wichtiger.

7.3.5 Beurteilung der belastungs- und gesundheitsbezogenen Aspekte in Zeiten von Corona

In den ◘ Tab. 7.7 und 7.8 (siehe Anhang) werden schließlich die Ergebnisse zu *gesundheitsbezogenen Veränderungen* seit Pandemiebeginn sowie zu *persönlichen und beruflichen Belastungen* in der Corona-Situation dargestellt. Wie bereits erläutert, sind Beschäftigte mit Familienaufgaben in Corona-Zeiten einer besonders herausfordernden Situation ausgesetzt. Daher wird in ◘ Tab. 7.7 zu *Veränderungen seit Beginn der Corona-Pandemie* eine spezifische Differenzierung zwischen Beschäftigten mit und ohne Familienaufgaben vorgenommen. Obwohl die Items in allen dargestellten Gruppen positiv beurteilt werden, zeigt sich doch eine überwiegend kritischere Einschätzung zu den Gesundheitsveränderungen durch Personen **mit Familienaufgaben**. Hinsichtlich der Beurteilungen persönlicher bzw. beruflicher Aspekte in der Corona-Pandemie lassen sich ebenfalls Unterschiede zwischen den Statusgruppen identifizieren. Die durchschnittliche Beurteilung der meisten Items ist nach dem Ampelschema dem mittleren („gelben") Bereich zuzuordnen und erfordert entsprechende Maßnahmen (◘ Tab. 7.8 im Anhang).

Obwohl die Items zu *gesundheitsbezogenen Veränderungen* in der Corona-Pandemie von allen Statusgruppen mit und ohne Familienaufgaben mehrheitlich positiv beurteilt werden, sind die vergleichsweise kritischeren Rückmeldungen von Beschäftigten mit Familienaufgaben zu beachten. Besonders im Hinblick auf das seit Pandemiebeginn zugenommene Stressempfinden bei Beschäftigten mit Familienaufgaben besteht Handlungsbedarf. Im Rahmen präventionsbezogener Interventionen in der Corona-Pandemie müssen Hochschulbeschäftigte mit Familienaufgaben daher in einen spezifischen Fokus rücken. Letztlich ist auch die *arbeits- und gesundheitsbezogene Belastungssituation* unter Corona-Bedingungen im Sinne eines personenbezogenen „Outcomes" der veränderten Bedingungen im Rahmen von Präventionsmaßnahmen in der Corona-Pandemie zu berücksichtigen. Es sei zu explizieren, wieso alle drei Statusgruppen und besonders Professor:innen die mit der Pandemie einhergehenden Veränderungen der Arbeitssituation teilweise als belastend und herausfordernd erleben. Hinsichtlich der Sorge um die eigene gesundheitliche Situation der Wissenschaftlichen Mitarbeiter:innen sowie der Beschäftigten in Technik und Verwaltung ist zu vermuten, dass sich hier u. a. generelle Einflüsse der Corona-Pandemie manifestieren, denen nur begrenzt mit gesundheitsförderlicher Arbeitsgestaltung entgegengewirkt werden kann. Dennoch sind diese Erkenntnisse auch für Hochschulen hilfreich, um die aktuelle (gesundheitsbezogene) **Be-**

lastungssituation ihrer Beschäftigten adäquat einschätzen und berücksichtigen zu können. Die Umsetzung von **Hygiene-Regeln** im Rahmen der hochschulischen Prävention in der Corona-Pandemie sollte diesbezüglich ebenfalls stetig geprüft und sichergestellt werden. Da weiterhin die Pandemie in allen drei Gruppen mit einer erhöhten Sorge um die berufliche Zukunft einhergeht, ist es umso wichtiger, dass Hochschulen auch in Pandemiezeiten die **berufliche Perspektive** ihrer Beschäftigten in den Blick nehmen und deren individuelle Karriere fördern bzw. adäquate Personalentwicklungsangebote umsetzen.

7.4 Gesamtfazit

Mit diesem Beitrag wird eine erste Bilanz zur Arbeitssituation und (psychischen) Gesundheit von Hochschulbeschäftigten während der Corona-Pandemie unter dem Fokus „Prävention" gezogen. Präventionsarbeit geschieht sinnvollerweise auf Basis identifizierter Belastungen und Ressourcen, wie beispielsweise durch die vorliegende Datenanalyse der von Hochschulbeschäftigten beurteilten Arbeits- und Gesundheitssituation unter Corona-Bedingungen. So ermöglichen die Befragungsdaten die Bestimmung von potenziell **belastenden** Faktoren (negativ beurteilte Themen) und potenziellen **Ressourcen** (positiv beurteilte Themen) als essenzielle Basis für die Umsetzung von adäquaten Präventionsmaßnahmen. Ein Vorteil der Beurteilung von Themen unter regulären sowie unter Corona-Bedingungen im direkten Vergleich zeigt sich weiterhin darin, dass so eine Veränderung des aktuellen Präventionsbedarfs effektiver eingeschätzt werden kann.

Eingangs wurde bereits auf die Besonderheit von Hochschulen u. a. aufgrund der Heterogenität der Statusgruppen und der damit einhergehenden differenten Arbeitsweisen und -anforderungen eingegangen. Auch im Rahmen der Ergebnisdiskussion wird deutlich, dass bei der Ableitung von konkreten (Präventions-) Maßnahmen eine **statusgrup-** **penspezifische** Betrachtungsweise notwendig ist: Obgleich einzelne Items von den Statusgruppen weitestgehend homogen beantwortet wurden, weist doch der Großteil der dargestellten Ergebnisse statusgruppenbezogene Unterschiede auf. Gleichzeitig ist hervorzuheben, dass die statusgruppenbezogene Analyse im Rahmen der Prävention eine Möglichkeit bietet, „voneinander zu lernen"– beispielsweise, wenn sich in einer Statusgruppe themenspezifisch besonders positive Ergebnisse eruieren lassen.

7.4.1 Methodische Limitationen und weiterer Forschungsbedarf

Der vorliegende Beitrag umfasst eine deskriptive Darstellung der Corona-bezogenen Arbeits- und Gesundheitssituation von Hochschulbeschäftigten innerhalb des **ersten Pandemiejahres**. Die zugrunde liegenden Daten bringen einzelne Limitationen mit, die es für die Interpretation der Ergebnisse zu beachten gilt: Zunächst ist hinsichtlich der Stichprobe, in die sowohl (Fach-) Hochschulen als auch eine Universität einbezogen wurden, anzunehmen, dass die Repräsentativität der Ergebnisse eingeschränkt ist. Sobald eine entsprechende Datenbasis vorliegt, wäre zusätzlich zu überprüfen, inwieweit die Corona-Situation in den verschiedenen Hochschultypen unterschiedliche Effekte hervorbringt. Aufgrund der vorliegenden Querschnittsanalyse stellen die Ergebnisse außerdem eine „Momentaufnahme" der Arbeitssituationsbeurteilung unter den Corona-Bedingungen im ersten Pandemiejahr dar. Folglich geht aus den Befragungsergebnissen zwar hervor, wie die Arbeitssituation insgesamt unter den Corona-Bedingungen beurteilt wird, aber nicht, ob Veränderungen innerhalb dieses ersten Pandemiejahres stattfanden – z. B. aufgrund der stetigen (Weiter-)Entwicklung von pandemiegerechten Konzepten. Dass der vorliegende Beitrag primär darauf abzielt, erste Ergebnisse zur Corona-Situation an Hochschulen deskriptiv darzustellen, um so einen aktuellen Eindruck zum Einfluss der Pandemie auf die Arbeitsbedingungen zu gewinnen, verdeutlicht den weiteren Forschungsbedarf. So wären beispielsweise in einem nächsten Schritt auch Korrelationsanalysen sinnvoll, um zu untersuchen, inwiefern die aktuellen Arbeitsbedingungen mit den (veränderten) personenbezogenen Outcomes in Beziehung stehen.

7.4.2 Implikation für die Praxis

Abschließend ist festzuhalten, dass die Arbeit von Hochschulbeschäftigten in der Corona-Pandemie einerseits herausfordernd bzw. belastend sein kann, andererseits die veränderten Bedingungen aber auch Chancen für die postpandemische Ära am Arbeitsplatz Hochschule aufzeigen. Die Notwendigkeit einer statusgruppenspezifischen Betrachtung und Bearbeitung von Themen zeigt sich insbesondere hinsichtlich der heterogenen Ergebnisse zu den folgenden Themen:
- *Infektionsrisiko vor Ort*: Dieses Thema wird von Professor:innen kritischer beurteilt als von Wissenschaftlichen Mitarbeitenden und Verwaltungsmitarbeitenden.
- *Sorgen um die eigene gesundheitliche Situation*: Dieses Thema erweist sich bei Wissenschaftlichen Mitarbeitenden und Verwaltungsmitarbeitenden als größere Belastung als bei Professor:innen.
- *Ungestörtes Arbeiten* und *flexible Gestaltung der Arbeitszeit entsprechend familiärer Belange*: Bei diesen Themen zeigt sich in der Gruppe der Professor:innen aufgrund ihrer kritischeren Beurteilung unter Corona-Bedingungen Handlungsbedarf in der Corona-Situation. Die anderen beiden Statusgruppen beurteilen diese Themen unter Corona-Bedingungen hingegen besser.
- *Software- und Hardwareausstattungen am Arbeitsplatz*: Dieses Thema wird von Wissenschaftlichen Mitarbeitenden und Verwaltungsbeschäftigten unter Corona-Bedingungen kritischer und von Professor:innen besser beurteilt.
- *Möglichkeit, durch Arbeitsbedingungen den beruflichen und familiären Belangen gerecht zu werden*: Dieses Thema wird von Professor:innen und Wissenschaftlichen Mitarbeitenden (im Gegensatz zu den Verwaltungsmitarbeitenden) unter Corona-Bedingungen kritischer beurteilt als unter regulären Bedingungen.

Überraschend positiv ist das Ergebnis, dass seit Beginn der Corona-Pandemie kaum negative gesundheitsbezogene Veränderungen (wie z. B. Ängste, Hilflosigkeit) zurückgemeldet werden, obgleich in diesem Kontext von Beschäftigten mit Familienaufgaben mehrheitlich etwas kritischere Beurteilungen vorliegen als von Beschäftigten ohne Familienaufgaben. Das einzige Thema, das von **allen** Statusgruppen eine höhere Zufriedenheit unter Corona-Bedingungen im Vergleich zu regulären Bedingungen erlangte, betraf das Thema *Belüftung, Beleuchtung, Lärm und Raumgröße des Arbeitsplatzes*. Auch die Themen *Umstieg auf Online-Lehre* sowie *angemessenes Nachkommen von Lehr- und Betreuungsverpflichtungen gegenüber Studierenden* und *Informationen über wichtige Vorgänge (im Zusammenhang mit Corona-bedingten Veränderungen) in der Hochschule* gehören zu den in allen Statusgruppen deutlich positiv beurteilten und damit als Ressourcen zu betrachtenden Themen, die es weiterhin zu stärken gilt.

Sowohl die Erkenntnisse zu (veränderten) Belastungen als auch zu (neuen) Ressourcen sollten nicht nur im Rahmen der Prävention und Gesundheitsförderung, sondern auch auf Ebene von **Organisationsentwicklungs- und Changeprozessen** an Hochschulen während der aktuellen Pandemielage sowie für die daraus entstehenden langfristigen Entwicklungen berücksichtigt werden. Ein großer Vorteil der vorliegenden simultanen Untersuchung von regulären und Corona-Bedingungen zeigt sich darin, dass besonders bei solchen Themen, die unter Corona-Bedingungen besser ausfielen, **Verbesserungspotenziale** für die Arbeit im Regulärbetrieb sichtbar werden. Besonders Beschäftigte mit Familienaufgaben sollten in einen spezifischen Präventionsfokus gelangen, um ihre gesundheitsbezogenen Mehrbelastungen und insbesondere ihr erhöhtes Stressempfinden in der Corona-Pandemie effektiv zu reduzieren.

Es wird außerdem deutlich, dass die Etablierung digitaler Formate (z. B. in der Lehre) sowie zunehmend flexiblere Arbeitsformen die klassische Präsenzkultur an Hochschulen in Form von „hybriden Konzepten" sinnvoll ergänzen können. Jedoch ist zu beachten: Der persönliche Austausch als Bestandteil einer Präsenzkultur bleibt für viele Hochschulakteur:innen aus allen Statusgruppen ein wichtiger Aspekt und darf daher auch in Zukunft nicht verloren gehen. Zudem inkludiert erhöhte (räumliche und zeitliche) Flexibilität nicht nur Potenziale für eine familienfreundlichere Arbeitszeitgestaltung, sondern es geht hiermit auch eine potenzielle Zunahme der Beanspruchung durch Entgrenzung von Arbeit und Privatleben einher, der strategisch entgegenzuwirken ist.

Insgesamt führen pandemiebedingte Veränderungen und Beschleunigungen im Arbeitskontext für alle betrachteten Statusgruppen zu einem veränderten hochschulbezogenen Bedarf an Prävention, die auf neue Herausforderungen zielgruppenspezifisch eingeht und sich dabei immer wieder an veränderte Rahmenbedingungen flexibel anpasst – idealerweise datengestützt auf Basis **regelmäßiger Erhebungen** von Arbeitsbedingungen und (psychischer) Gesundheit am besonderen Arbeitsplatz Hochschule.

7.5 Anhang

Tab. 7.2 Führungs-, Zusammenarbeits-, Hochschulkultur, Arbeit mit Studierenden unter Corona-Bedingungen

Führungskultur unter Corona-Bedingungen: *Mein:e direkte:r Vorgesetzte:r* …	Wiss. Mitarbeitende	Professor:innen	Technik/Verwaltung
… *unterstützt* mich während der Corona-Pandemie bei der **Bewältigung von Veränderungen**	n = 344 (3) MW = **3,78**/s = 1,18	–	n = 624 (4) MW = **3,78**/s = 1,16
… *beachtet* während der Corona-Pandemie meine **individuellen Belastungsgrenzen**	n = 325 (3) MW = **3,63**/s = 1,25	–	n = 615 (4) MW = **3,61**/s = 1,24
… *informiert* zeitnah über **wichtige Vorgänge** während der Corona-Pandemie	n = 349 (3) MW = **3,77**/s = 1,24	–	n = 661 (4) MW = **3,80**/s = 1,15
… *passt meine Arbeitsaufgaben/Arbeitsmenge* an die veränderten Bedingungen während der Corona-Pandemie an	n = 75 (2) MW = **3,36**/s = 1,37	–	n = 340 (3) MW = **3,29**/s = 1,31
… *unterstützt* mich während der Corona-Pandemie bei meiner **wissenschaftlichen Weiterqualifizierung** (z. B. Promotion)	n = 247 (3) MW = **3,57**/s = 1,29	–	–
Zusammenarbeitskultur unter Corona-Bedingungen	Wiss. Mitarbeitende	Professor:innen	Technik/Verwaltung
Zwischen den Kolleg:innen haben die **Spannungen und Konflikte** während der Corona-Situation **zugenommen**	n = 338 (4) MW = **4,25**/s = 0,99	n = 264 (4) MW = **4,22**/s = 1,04	n = 613 (4) MW = **3,99**/s = 1,11
Trotz der aktuellen Einschränkungen bin ich mit meinen Kolleg:innen in gutem **Kontakt**	n = 376 (4) MW = **3,90**/s = 0,96	n = 314 (4) MW = **3,70**/s = 0,89	n = 667 (4) MW = **4,10**/s = 0,89
In der aktuellen Situation **fehlt** mir der **persönliche Kontakt** zu meinen Kolleg:innen	n = 367 (4) MW = **3,12**/s = 1,26	n = 315 (4) MW = **2,55**/s = 1,23	n = 653 (4) MW = **3,05**/s = 1,31
Hochschulkultur unter Corona-Bedingungen	Wiss. Mitarbeitende	Professor:innen	Technik/Verwaltung
Über **wichtige Vorgänge** im Zusammenhang mit den coronabedingten Veränderungen wird in der Hochschule **informiert**	n = 349 (4) MW = **3,97**/s = 0,95	n = 304 (4) MW = **3,78**/s = 1,04	n = 648 (4) MW = **4,01**/s = 0,88
Alles in allem leistet die **Hochschulleitung gute Arbeit** unter den Corona-Bedingungen	n = 329 (4) MW = **3,67**/s = 0,99	n = 281 (4) MW = **3,69**/s = 1,06	n = 587 (4) MW = **3,88**/s = 0,84

◘ **Tab. 7.2** (Fortsetzung)

Arbeiten mit Studierenden/Online-Lehre unter Corona-Bedingungen[a]:	Wiss. Mitarbeitende	Professor:innen	Technik/Verwaltung
Ich kann meinen **Lehrverpflichtungen** *gegenüber den Studierenden trotz der coronabedingten Einschränkungen noch angemessen nachkommen*	n = 259 (4) MW = **3,95**/s = 0,86	n = 303 (4) MW = **4,04**/s = 0,76	–
Ich kann meinen **Betreuungsaufgaben** *gegenüber den Studierenden trotz der coronabedingten Einschränkungen noch angemessen nachkommen*	n = 285 (4) MW = **4,04**/s = 1,30	n = 297 (4) MW = **3,91**/s = 0,89	n = 173 (3) MW = **3,91**/s = 0,96
Ich kann den **Kontakt** *zu den Studierenden trotz der coronabedingten Einschränkungen in* **angemessener** *Weise gestalten*	n = 300 (4) MW = **3,78**/s = 0,89	n = 300 (4) MW = **3,66**/s = 0,97	n = 211 (3) MW = **3,87**/s = 0,97
In der aktuellen Situation **fehlt** *mir der* **persönliche** *Kontakt mit den Studierenden*	n = 305 (4) MW = **2,68**/s = 1,34	n = 297 (4) MW = **2,84**/s = 1,50	n = 203 (3) MW = **2,89**/s = 1,32
Ich bekomme trotz der coronabedingten Einschränkungen **Feedback** *von Studierenden*	n = 287 (4) MW = **3,39**/s = 1,04	n = 297 (4) MW = **3,68**/s = 0,94	n = 195 (3) MW = **3,80**/s = 0,98
Der **Umstieg** *auf Online-Lehre ist mir gut gelungen*	n = 220 (4) MW = **3,97**/s = 0,75	n = 127 (3) MW = **4,08**/s = 0,71	/
Ich wurde (bzw. werde) hinsichtlich der **technischen** *Umsetzung* **ausreichend** *unterstützt*	n = 219 (4) MW = **3,44**/s = 1,07	n = 126 (3) MW = **3,63**/s = 1,02	/
Ich wurde (bzw. werde) hinsichtlich der **didaktischen** *Umsetzung ausreichend* **unterstützt**	n = 210 (4) MW = **2,85**/s = 1,18	n = 113 (3) MW = **3,28**/s = 0,99	/

n = Anzahl der Befragungsteilnehmer:innen (Anzahl der befragten Hochschulen) – MW = arithmetisches Mittel – s = Standardabweichung
[a] Filterfragen für Beschäftigte, die angaben, dass sie mit Studierenden arbeiten
Fehlzeiten-Report 2021

7.5 · Anhang

Tab. 7.3 Ausstattung des Arbeitsplatzes unter regulären und Corona-Bedingungen

Ausstattung des Arbeitsplatzes Wie zufrieden sind Sie mit …	Wiss. Mitarbeitende		Professor:innen		Technik/Verwaltung	
	Regulär	Corona	Regulär	Corona	Regulär	Corona
… den *Materialien, Arbeitsmitteln und der technischen Ausstattung* Ihres Arbeitsplatzes?	n = 454 (4) MW = 4,02 s = 0,90	n = 385 (4) ↘MW = 3,74 s = 1,03	n = 354 (4) MW = 3,69 s = 1,11	n = 295 (4) ↘MW = 3,67 s = 1,07	n = 802 (4) MW = 4,12 s = 0,85	n = 630 (4) ↘MW = 3,72 s = 1,01
… der *Softwareausstattung* (z. B. Programme für Videokonferenzen, Chats) Ihres Arbeitsplatzes?	n = 426 (4) MW = 4,11 s = 0,87	n = 369 (4) ↘MW = 3,95 s = 0,96	n = 326 (4) MW = 3,63 s = 1,16	n = 280 (4) ↗MW = 3,70 s = 1,14	n = 692 (4) MW = 3,97 s = 0,99	n = 556 (4) ↘MW = 3,80 s = 1,08
… der *Hardwareausstattung* (z. B. Kamera, Bildschirm, Telefon, Rechner/Laptop) Ihres Arbeitsplatzes?	n = 445 (4) MW = 3,82 s = 1,02	n = 382 (4) ↘MW = 3,65 s = 1,12	n = 353 (4) MW = 3,67 s = 1,15	n = 292 (4) ↗MW = 3,74 s = 1,13	n = 785 (4) MW = 3,92 s = 1,05	n = 622 (4) ↘MW = 3,58 s = 1,17
… der *Belüftung, Beleuchtung, Lärm und Raumgröße*?	n = 452 (4) MW = 3,66 s = 1,14	n = 383 (4) ↗MW = 3,88 s = 1,10	n = 347 (4) MW = 3,35 s = 1,41	n = 289 (4) ↗MW = 3,72 s = 1,32	n = 791 (4) MW = 3,76 s = 1,19	n = 614 (4) ↗MW = 3,94 s = 1,09
… den *ergonomischen Bedingungen* (insbesondere Schreibtisch, Stuhl, Bildschirm)?	n = 451 (4) MW = 3,56 s = 1,13	n = 384 (4) ↘MW = 3,35 s = 1,23	n = 340 (4) MW = 3,73 s = 1,14	n = 285 (4) ↘MW = 3,58 s = 1,21	n = 790 (4) MW = 3,97 s = 1,06	n = 614 (4) ↘MW = 3,39 s = 1,25

n = Anzahl der Befragungsteilnehmer:innen (Anzahl der befragten Hochschulen) – MW = arithmetisches Mittel – s = Standardabweichung
Fehlzeiten-Report 2021

Tab. 7.4 Arbeitsbedingungen für erfolgreiche Arbeit unter regulären und Corona-Bedingungen

Arbeitsbedingungen für erfolgreiche Arbeit	Wiss. Mitarbeitende		Professor:innen		Technik/Verwaltung	
	Regulär	Corona	Regulär	Corona	Regulär	Corona
Meine Arbeitsbedingungen sind insgesamt so gestaltet, dass ich erfolgreich arbeiten kann	n = 309 (4) MW = 4,04 s = 0,72	–	–	–	n = 748 (4) MW = 4,03 s = 0,81	n = 659 (4) ↘MW = 3,77 s = 0,93
Meine Arbeitsbedingungen sind insgesamt so gestaltet, dass ich erfolgreich lehren kann	n = 373 (4) MW = 3,73 s = 0,98	n = 273 (4) ↘MW = 3,44 s = 0,91	n = 149 (3) MW = 4,05 s = 0,86	n = 136 (3) ↘MW = 3,60 s = 1,01	–	–
Meine Arbeitsbedingungen sind insgesamt so gestaltet, dass ich erfolgreich forschen kann	–	n = 339 (4) ↘MW = 3,33 s = 1,08	n = 140 (3) MW = 3,07 s = 1,20	n = 126 (3) ↘MW = 2,80 s = 1,10	–	–
Meine Arbeitsbedingungen sind insgesamt so gestaltet, dass ich mich erfolgreich wissenschaftlich weiterqualifizieren kann (z. B. Promotion)	n = 329 (4) MW = 3,40 s = 1,13	n = 292 (4) ↘MW = 3,16 s = 1,17	–	–	–	–
Innerhalb der Hochschule bestehen gute Bedingungen für interdisziplinäre Kooperation	–	–	n = 135 (3) MW = 3,40 s = 1,12	n = 121 (3) ↘MW = 3,10 s = 1,10	–	–
Die Hochschule bietet gute Bedingungen für internationale Kooperationen	–	–	n = 124 (3) MW = 3,06 s = 1,11	n = 106 (3) ↘MW = 2,58 s = 1,13	–	–

n = Anzahl der Befragungsteilnehmer:innen (Anzahl der befragten Hochschulen) – MW = arithmetisches Mittel – s = Standardabweichung
Fehlzeiten-Report 2021

7.5 · Anhang

Tab. 7.5 Zeitliche Anforderungen unter regulären und Corona-Bedingungen

Zeitliche Anforderungen	Wiss. Mitarbeitende		Professor:innen		Technik/Verwaltung	
	Regulär	Corona	Regulär	Corona	Regulär	Corona
Ich stehe bei meiner Arbeit unter *Zeitdruck*	n = 410 (4) MW = 2,85 s = 0,95	n = 370 (4) ↘MW = 2,75 s = 1,08	n = 341 (4) MW = 2,75 s = 1,10	n = 287 (4) ↘MW = 2,43 s = 1,16	n = 740 (4) MW = 2,89 s = 1,00	n = 607 (4) MW = 2,89 s = 1,11
Ich muss *zu viele Dinge auf einmal* bewältigen	n = 409 (4) MW = 2,72 s = 1,09	n = 366 (4) ↘MW = 2,64 s = 1,16	n = 337 (4) MW = 2,75 s = 1,16	n = 283 (4) ↘MW = 2,41 s = 1,20	n = 737 (4) MW = 2,72 s = 1,12	n = 602 (4) MW = 2,73 s = 1,20
Ich kann meine Arbeit zum *vorgesehenen Zeitpunkt beenden*	n = 106 (3) MW = 3,42 s = 1,02	n = 98 (3) ↗MW = 3,54 s = 1,02	–	–	n = 427 (3) MW = 3,57 s = 0,97	n = 362 (3) MW = 3,56 s = 1,02
Es wird von mir (unausgesprochen oder ausgesprochen) erwartet, dass ich *über die vertraglich festgelegte Arbeits-/Dienstzeit hinaus* arbeite	n = 104 (3) MW = 3,42 s = 1,31	n = 95 (3) ↘MW = 3,31 s = 1,50	–	–	n = 412 (3) MW = 4,07 s = 1,13	n = 355 (3) MW = 4,08 s = 1,13
Ich habe die notwendige Zeit für meine *wissenschaftliche Weiterqualifikation* (z. B. Promotion)	n = 74 (3) MW = 2,55 s = 1,12	n = 67 (3) ↘MW = 2,36 s = 1,29	–	–	–	–
Bei hoher Arbeitsbelastung werden meine Aufgaben *angepasst* (z. B. durch Umverteilung, Abstriche in Qualität oder Priorisierung)	n = 358 (4) MW = 2,76 s = 1,09	n = 340 (4) ↘MW = 2,74 s = 1,13	–	–	n = 661 (4) MW = 2,59 s = 1,20	n = 579 (4) ↘MW = 2,57 s = 1,24
Bei hoher Arbeitsbelastung kann ich *meine Aufgaben anpassen* (z. B. durch Umverteilung, Abstriche in Qualität oder Priorisierung)	–	–	n = 324 (4) MW = 3,21 s = 1,12	n = 304 (4) ↘MW = 3,04 s = 1,18	–	–
Es gibt Phasen, in denen ich *ungestört arbeiten* kann	n = 409 (4) MW = 3,64 s = 1,05	n = 395 (4) ↗MW = 3,86 s = 1,10	n = 333 (4) MW = 3,82 s = 1,04	n = 313 (4) ↘MW = 3,63 s = 1,15	n = 741 (4) MW = 3,43 s = 1,06	n = 660 (4) ↗MW = 3,73 s = 1,13

n = Anzahl der Befragungsteilnehmer:innen (Anzahl der befragten Hochschulen) – MW = arithmetisches Mittel – s = Standardabweichung

Fehlzeiten-Report 2021

Tab. 7.6 Vereinbarkeit von Beruf und Familie unter regulären und Corona-Bedingungen

Vereinbarkeit von Beruf und Familie[a]	Wiss. Mitarbeitende		Professor:innen		Technik/Verwaltung	
	Regulär	Corona	Regulär	Corona	Regulär	Corona
Meine Arbeitsbedingungen ermöglichen es mir, meinen beruflichen und meinen *familiären/privaten Belangen gerecht* zu werden	n = 119 (4) MW = 3,66 s = 0,95	n = 109 (4) ↘MW = 3,35 s = 1,16	n = 167 (4) MW = 3,82 s = 0,96	n = 149 (4) ↘MW = 3,30 s = 1,20	n = 236 (4) MW = 3,78 s = 0,90	n = 214 (4) ↗MW = 3,82 s = 1,11
Ich kann meine Arbeitszeit entsprechend familiärer Belange *flexibel* gestalten	n = 119 (4) MW = 3,76 s = 1,00	n = 108 (4) ↗MW = 3,94 s = 1,00	n = 167 (4) MW = 3,64 s = 0,97	n = 149 (4) ↘MW = 3,44 s = 1,06	n = 237 (4) MW = 3,80 s = 1,04	n = 214 (4) ↗MW = 4,07 s = 1,00
In meinem Arbeitsumfeld bin ich bzw. sind meine Kolleg:innen mit (bestehenden oder bevorstehenden) *Familienaufgaben willkommen*	n = 100 (4) MW = 4,08 s = 0,90	n = 90 (4) ↘MW = 3,99 s = 1,02	n = 126 (4) MW = 3,68 s = 1,19	n = 106 (4) ↘MW = 3,60 s = 1,22	n = 199 (4) MW = 3,99 s = 1,01	n = 173 (4) ↗MW = 4,01 s = 1,02
Die Fachbereichsleitung/Hochschulleitung *unterstützt* mich bei der *Vereinbarkeit* der Arbeitsaufgaben mit Familienaufgaben	–	–	n = 53 (3) MW = 3,02 s = 1,35	n = 44 (3) MW = 3,02 s = 1,42	–	–
Mein:e direkte:r Vorgesetzte:r *unterstützt* mich bei der *Vereinbarkeit* der Arbeitsaufgaben mit Familienaufgaben	n = 83 (2) MW = 4,11 s = 0,99	n = 80 (2) MW = 4,11 s = 1,08	–	–	n = 137 (2) MW = 3,96 s = 1,11	n = 127 (2) ↗MW = 4,11 s = 1,07

n = Anzahl der Befragungsteilnehmer:innen (Anzahl der befragten Hochschulen) – MW = arithmetisches Mittel – s = Standardabweichung
[a] In die Auswertung gehen nur Beschäftigte mit ein, die angaben, dass sie in den letzten Monaten parallel zu ihrer Arbeit (zeitweise) mindestens ein betreuungspflichtiges Kind und/oder pflegebedürftige Angehörige betreut haben.
Fehlzeiten-Report 2021

7.5 · Anhang

Tab. 7.7 Gesundheitsbezogene Veränderungen unter Corona-Bedingungen

Veränderungen seit Beginn der Corona-Pandemie	Wiss. Mitarbeitende		Professor:innen		Technik/Verwaltung	
Seit dem Beginn der Corona-Pandemie …	Ohne Betreuungsaufg.[a]	Mit Betreuungsaufg.[b]	Ohne Betreuungsaufg.	Mit Betreuungsaufg.	Ohne Betreuungsaufg.	Mit Betreuungsaufg.
… habe ich vermehrt Ängste	n = 105 (3) MW = 4,38 s = 0,95	n = 97 (3) MW = 4,15 s = 1,07	n = 123 (4) MW = 4,40 s = 0,84	n = 141 (4) MW = 4,16 s = 1,04	n = 252 (4) MW = 4,04 s = 1,02	n = 207 (4) MW = 3,99 s = 0,99
… bin ich oft unruhig	n = 105 (3) MW = 4,26 s = 1,09	n = 98 (3) MW = 3,91 s = 1,13	n = 123 (4) MW = 4,30 s = 1,00	n = 139 (4) MW = 4,00 s = 1,12	n = 253 (4) MW = 3,97 s = 1,07	n = 207 (4) MW = 3,93 s = 1,06
… fühle ich mich schnell gestresst	n = 105 (3) MW = 4,16 s = 1,09	n = 98 (3) MW = 3,62 s = 1,22	n = 124 (4) MW = 4,11 s = 1,08	n = 139 (4) MW = 3,65 s = 1,10	n = 254 (4) MW = 3,70 s = 1,16	n = 207 (4) MW = 3,53 s = 1,22
… fühle ich mich oft hilflos	n = 105 (3) MW = 4,28 s = 1,01	n = 98 (3) MW = 4,01 s = 1,09	n = 123 (4) MW = 4,33 s = 0,97	n = 140 (4) MW = 4,14 s = 1,07	n = 249 (4) MW = 4,08 s = 1,11	n = 207 (4) MW = 4,00 s = 1,06
… habe ich häufiger Schlafprobleme	n = 104 (3) MW = 4,17 s = 1,08	n = 99 (3) MW = 3,98 s = 1,10	n = 125 (4) MW = 4,16 s = 1,15	n = 139 (4) MW = 3,99 s = 1,12	n = 250 (4) MW = 3,96 s = 1,13	n = 206 (4) MW = 3,87 s = 1,25
… habe ich Schwierigkeiten, mich gedanklich von der Corona-Thematik zu lösen	n = 105 (3) MW = 3,98 s = 1,13	n = 98 (3) MW = 3,99 s = 1,10	n = 127 (4) MW = 3,96 s = 1,12	n = 141 (4) MW = 3,90 s = 1,21	n = 252 (4) MW = 3,71 s = 1,20	n = 206 (4) MW = 3,75 s = 1,18

n = Anzahl der Befragungsteilnehmer:innen (Anzahl der befragten Hochschulen) – MW = arithmetisches Mittel – s = Standardabweichung
[a] In die Auswertung gehen Beschäftigte mit ein, die angaben, dass sie in den letzten Monaten parallel zu ihrer Arbeit *keine* Betreuungsaufgaben hatten.
[b] In die Auswertung gehen Beschäftigte mit ein, die angaben, dass sie in den letzten Monaten parallel zu ihrer Arbeit (zeitweise) mindestens ein betreuungspflichtiges Kind und/oder pflegebedürftige Angehörige betreut haben.
Fehlzeiten-Report 2021

Tab. 7.8 Persönliche und berufliche Belastungssituation unter Corona-Bedingungen

Persönliche und berufliche Belastungen/Herausforderungen in der Corona-Pandemie	Wiss. Mitarbeitende	Professor:innen	Technik/Verwaltung
Die **Veränderung** meiner Arbeitssituation wegen der Corona-Pandemie **belastet** mich	n = 126 (3) MW = **3,48**/s = 1,11	n = 314 (3) MW = **2,88**/s = 1,21	n = 465 (3) MW = **3,49**/s = 1,23
Ich kann meine beruflichen Aufgaben unter den aktuellen Arbeitsbedingungen mit meinen **familiären Aufgaben vereinbaren**[a]	n = 172 (5) MW = **3,44**/s = 1,14	n = 190 (5) MW = **3,57**/s = 1,14	n = 326 (5) MW = **3,51**/s = 1,22
Ich mache mir im Hinblick auf die Corona-Pandemie **Sorgen** um meine eigene **gesundheitliche Situation**	n = 566 (5) MW = **3,13**/s = 1,10	n = 434 (5) MW = **3,71**/s = 1,18	n = 943 (5) MW = **3,38**/s = 1,23
Ich mache mir im Hinblick auf die Corona-Pandemie **Sorgen** um meine **berufliche Weiterentwicklung/Zukunft**	n = 570 (5) MW = **3,39**/s = 1,18	n = 440 (5) MW = **3,26**/s = 1,36	n = 950 (5) MW = **3,39**/s = 1,26
Die vielfältigen **Einschränkungen und Veränderungen**, die derzeit mit der Corona-Pandemie einhergehen, stellen mich persönlich vor große **Herausforderungen**	n = 447 (2) MW = **3,28**/s = 1,17	n = 127 (2) MW = **2,80**/s = 1,24	n = 484 (2) MW = **3,05**/s = 1,17

n = Anzahl der Befragungsteilnehmer:innen (Anzahl der befragten Hochschulen) – MW = arithmetisches Mittel – s = Standardabweichung
[a] In die Auswertung gehen Beschäftigte mit ein, die angaben, dass sie in den letzten Monaten parallel zu ihrer Arbeit (zeitweise) mindestens ein betreuungspflichtiges Kind und/oder pflegebedürftige Angehörige betreut haben
Fehlzeiten-Report 2021

Literatur

Andersen JP, Nielsen MW, Simone NL et al (2020) COVID-19 medical papers have fewer women first authors than expected. eLife. https://doi.org/10.7554/eLife.58807

Badura B (2017) Arbeit und Gesundheit im 21. Jahrhundert. Mitarbeiterbindung durch Kulturentwicklung. Springer Gabler, Berlin

Badura B, Greiner W, Rixgens P et al (2008) Sozialkapital. Grundlagen von Gesundheit und Unternehmenserfolg. Springer, Berlin, Heidelberg

Badura B, Greiner W, Rixgens P et al (2013) Sozialkapital. Grundlagen von Gesundheit und Unternehmenserfolg, 2. Aufl. Springer, Berlin, Heidelberg

Banscherus U, Baumgärtner A, Böhm U et al (2017) Wandel der Arbeit in wissenschaftsunterstützenden Bereichen an Hochschulen. Hochschulreformen und Verwaltungsmodernisierung aus Sicht der Beschäftigten (No. 362). http://hdl.handle.net/10419/172334. Zugegriffen: 1. Apr. 2021 (Hans-Böckler-Stiftung, Düsseldorf)

Bosse E, Lübcke M, Book A et al (2020) Corona@Hochschule. Ergebnisse einer bundesweiten Befragung von Hochschulleitungen. https://his-he.de/publikationen/detail/coronahochschule. Zugegriffen: 1. Apr. 2021 (HIS-Institut für Hochschulentwicklung e V, Hannover)

Bünning M, Hipp L, Munnes S (2020) Erwerbsarbeit in Zeiten von Corona. https://www.econstor.eu/handle/10419/216101. Zugegriffen: 1. Apr. 2021 (Wissenschaftszentrum Berlin für Sozialforschung, Berlin)

Burian J, Gieselmann J, Neldner S (2019) Der Bielefelder Fragebogen zu Arbeitsbedingungen und Gesundheit an Hochschulen – Entwicklung und Erprobung eines hochschulspezifischen Befragungsinstruments. Pers Organisationsentwickl 2019(1):16–24

Dech H (2013) Stressbelastung und psychische Gesundheit an der Hochschule. Neue Hochsch 2013(6):186–189

Faller G (2006) Gesundheit und Arbeit aus Sicht der verschiedenen Statusgruppen an Hochschulen. In: Faller G, Schnabel P-E (Hrsg) Wege zur gesunden Hochschule. Hans-Böckler-Stiftung, Berlin, S 36–57

Faller G (2017) Gesund lernen, lehren und forschen: Gesundheitsförderung an Hochschulen. In: Faller G (Hrsg) Lehrbuch Betriebliche Gesundheitsförderung, 3. Aufl. Hogrefe, Bern, S 391–401

Gilch H, Beise AS, Krempkow R et al (2019) Digitalisierung der Hochschulen: Ergebnisse einer Schwerpunktstudie für die Expertenkommission Forschung und Innovation. Studien zum deutschen Innovationssystem (No. 14-2019). https://www.econstor.eu/handle/10419/194284. Zugegriffen: 1. Apr. 2021 (Expertenkommission Forschung und Innovation, Berlin)

Hanft A, Maschwitz A (2017) Hochschulen in Reformprozessen – Managen oder führen? In: Truniger L (Hrsg) Führen in Hochschulen. Springer Gabler, Wiesbaden, S 51–67

Hofmann J, Piele A, Piele C (2020) Arbeiten in der Corona-Pandemie. Auf dem Weg zum New Normal. Studie des Fraunhofer IAO in Kooperation mit der deutschen Gesellschaft für Personalführung DGFP e. V. http://publica.fraunhofer.de/eprints/urn_nbn_de_0011-n-5934454.pdf. Zugegriffen: 1. Apr. 2021

Hurrelmann K, Richter M, Klotz T et al (2018) Referenzwerk Prävention und Gesundheitsförderung, 5. Aufl. Hogrefe, Bern

Klöver B, Himbert E, Gehlke A et al (2020) Home-Office an deutschen Hochschulen. Zwischen unbegrenzter Legitimation und übermäßiger Begrenzung. http://www.che-consult.de/fileadmin/pdf/publikationen/Home-Office_an_deutschen_Hochschulen_September_2020.pdf. Zugegriffen: 1. Apr. 2021

Lesener T, Gusy B (2017) Arbeitsbelastungen, Ressourcen und Gesundheit im Mittelbau. Ein systematisches Review zum Gesundheitsstatus der wissenschaftlich und künstlerisch Beschäftigten an staatlichen Hochschulen in Deutschland. Gewerkschaft Erziehung und Wissenschaft, Frankfurt am Main

Mess F, Gerth D, Hanke J et al (2015) Gesundheitsverhalten und Gesundheit bei wissenschaftlichen und nicht wissenschaftlichen Beschäftigten ein Vergleich an der Universität Konstanz. In: Göring A, Möllenbeck D (Hrsg) Bewegungsorientierte Gesundheitsförderung an Hochschulen. Universitätsverlag Göttingen, Göttingen, S 115–130

Möhring K, Naumann E, Reifenscheid M et al (2020) Die Mannheimer Corona-Studie: Schwerpunktbericht zu Erwerbstätigkeit und Kinderbetreuung. https://madoc.bib.uni-mannheim.de/55139/. Zugegriffen: 1. Apr. 2021

Mordhorst L, Friedhoff C, Horstmann N et al (2021) Der Weg zur familienorientierten Hochschule. Lessons Learnt aus der Corona-Pandemie. https://www.che.de/download/familienorientierte-hochschule/. Zugegriffen: 1. Apr. 2021 (Gemeinnütziges Centrum für Hochschulentwicklung, Gütersloh)

Myers KR, Tham WY, Yin Y (2020) Unequal effects of the COVID-19 pandemic on scientists. Nat Hum Behav 4:880–883

Pasternack P, Schneider S, Trautwein P et al (2018) Die verwaltete Hochschulwelt. Reformen, Organisation, Digitalisierung und das wissenschaftliche Personal. Berliner Wissenschaftsverlag, Berlin

Rusconi A, Netz N, Solga H (2020) Publizieren im Lockdown Erfahrungen von Professorinnen und Professoren. https://bibliothek.wzb.eu/artikel/2020/f-23507.pdf. Zugegriffen: 1. Apr. 2021 (Wissenschaftszentrum Berlin für Sozialforschung, Berlin)

Seyfeli F, Elsner L, Wannemacher K (2020) Vom Corona-Shutdown zur Blended University? Tectum, Baden-Baden https://doi.org/10.5771/9783828876484

Symanski U, Grün J (2013) Einleitung: Führung und Leitung an Hochschulen – Leadership ist gefragt. In: Dorado M, Symanski U (Hrsg) Führungspraxis in Forschung und Lehre. Lemmens, Bonn, S 13–22

Walter U (2017) Qualitätsstandards im BGM. In: Badura B (Hrsg) Arbeit und Gesundheit im 21. Jahrhundert. Mitarbeiterbindung durch Kulturentwicklung. Springer Gabler, Berlin, S 109–125

Zawacki-Richter O (2020) The current state and impact of Covid-19 on digital higher education in Germany. Hum Behav Emerg Technol 3:218–226

Ängste, Sorgen und psychische Gesundheit in der Corona-Pandemie

Jan Paul Heisig, Christian König und Simon Löbl

Inhaltsverzeichnis

8.1 Einleitung – 150

8.2 Zentrale pandemiebedingte Risiken für die psychische Gesundheit – 151
8.2.1 Gesundheitliche Sorgen – 151
8.2.2 Einsamkeit – 152
8.2.3 Wirtschaftliche Sorgen – 154
8.2.4 Familiäre Belastungen – 156

8.3 Handlungsempfehlungen – 157

8.4 Schlussbetrachtung – 159

Literatur – 159

© Springer-Verlag GmbH Deutschland, ein Teil von Springer Nature 2021
B. Badura et al. (Hrsg.), *Fehlzeiten-Report 2021*, Fehlzeiten-Report, https://doi.org/10.1007/978-3-662-63722-7_8

Zusammenfassung

Die Auswirkungen der Corona-Pandemie gehen weit über die gesundheitlichen Risiken einer Infektion mit SARS-CoV-2 hinaus. Der vorliegende Beitrag fasst empirische Befunde zu vier zentralen Risikofaktoren für die psychische Gesundheit Erwachsener zusammen: 1) gesundheitliche Ängste und Sorgen; 2) Einsamkeit und soziale Isolation; 3) wirtschaftliche Sorgen und Probleme; 4) familiäre Belastungen. Alle vier Risikofaktoren sind weit verbreitet und stellen ernstzunehmende Bedrohungen für die Gesundheit vieler Beschäftigter dar, wobei einige Gruppen besonders gefährdet sind. Zu diesen gehören – aus jeweils anderen Gründen – Menschen mit niedrigem Einkommen, Alleinlebende, Menschen mit psychischen Vorerkrankungen und erwerbstätige Eltern. Diesen Gruppen gebührt daher besondere Aufmerksamkeit, jedoch ohne Problemlagen jenseits dieser „Risikogruppen" deshalb zu übersehen. Durch einen responsiven Führungsstil, offene Kommunikation, wirksamen Infektionsschutz und eine aktive Gestaltung pandemiebedingter Veränderungen wie der Zunahme von mobiler Arbeit und Homeoffice können Führungskräfte dazu beitragen, die negativen Folgen für die Beschäftigten zu begrenzen.

8.1 Einleitung

Als Auslöser der oftmals lebensbedrohlichen Erkrankung COVID-19 ist das Coronavirus SARS-CoV-2 zunächst eine Bedrohung für die körperliche Gesundheit. Aber auch für die psychische Gesundheit der Menschen birgt die Pandemie enorme Risiken. Zum Teil sind diese eine mehr oder weniger direkte Folge der Pandemie, etwa dann, wenn sich die Menschen vor einer Infektion mit dem Virus und der damit verbundenen Gefährdung der eigenen Gesundheit fürchten. Zum Teil sind sie aber auch eine Folge von Maßnahmen zur Eindämmung des Infektionsgeschehens, so zum Beispiel, wenn Schließungen von Kitas und Schulen zu einer Mehrbelastung von Eltern führen.

Die Leitfrage des vorliegenden Beitrags lautet vor diesem Hintergrund: *Inwieweit kommt es durch die Corona-Pandemie und die Maßnahmen zur Pandemiebekämpfung zu einer Zunahme von Sorgen, Ängsten und psychischen Problemen?*

Angesichts der weitreichenden Veränderungen, die die Pandemie in den verschiedensten Lebensbereichen ausgelöst hat, sind einige Akzentsetzungen dabei unvermeidlich. Der Schwerpunkt des Beitrags liegt auf empirischen Befunden für Deutschland; ergänzend nehmen wir jedoch auch auf Ergebnisse aus anderen Ländern Bezug. Zudem konzentrieren wir uns auf vier Themenbereiche: Gesundheitliche Ängste und Sorgen, Vereinsamung und soziale Isolation, finanzielle und wirtschaftliche Sorgen sowie eine mögliche Überforderung durch berufliche und familiäre Belastungen. Zudem konzentrieren wir uns weitestgehend auf die Situation von Erwachsenen im erwerbsfähigen Alter; nur im Abschnitt zu Vereinsamung und sozialer Isolation gehen wir auch auf die Lage älterer Menschen ein. Ein weiterer Schwerpunkt ist die Identifikation von Risikogruppen, die in besonderem Maße von pandemiebedingten Sorgen, Ängsten und psychischen Problemen betroffen sind oder sein könnten.

Im nächsten Abschnitt gehen wir zunächst auf empirische Ergebnisse zu den vier genannten Themenbereichen ein. Von dieser Befundlage ausgehend formulieren wir in ▶ Abschn. 8.3 einige Handlungsempfehlungen für Betriebe und Führungskräfte, bevor wir im letzten ▶ Abschn. 8.4 zusammenfassen und einen kurzen Ausblick wagen.

8.2 Zentrale pandemiebedingte Risiken für die psychische Gesundheit

8.2.1 Gesundheitliche Sorgen

Eine erste Bedrohung der psychischen Gesundheit durch die Pandemie geht von der Angst vor einer Infektion mit dem Coronavirus aus. Verschiedene Studien belegen, dass ein großer Teil der deutschen Bevölkerung davon ausgeht, sich früher oder später mit dem Coronavirus zu infizieren. Laut einer regelmäßigen Befragung von der Universität Erfurt, dem Robert Koch-Institut und weiteren Institutionen, dem „COVID-19 Snapshot Monitoring" (COSMO)[1], schwankt der Anteil der Befragten, die eine Infektion mit dem Coronavirus für wahrscheinlich halten, seit dem Beginn der Pandemie zwischen etwa 45 und 65 %.[2] Hinzu kommt, dass die individuellen gesundheitlichen Folgen einer Infektion von vielen als ernstzunehmend angesehen werden. Zu keinem Zeitpunkt schätzten mehr als 44 % der COSMO-Befragten eine Infektion für sich selbst als „eher harmlos" oder „völlig harmlos" ein. Das bedeutet umgekehrt, dass durchgängig mindestens fast drei Fünftel der Bevölkerung eine Infektion für ein nicht zu vernachlässigendes Gesundheitsrisiko halten. Andere Befragungen kommen zu qualitativ ähnlichen Ergebnissen (Bäuerle et al. 2020; Hertwig et al. 2020; Petzold et al. 2020) wobei neben Sorgen um die eigene Gesundheit auch Ängste um die Gesundheit von Angehörigen weit verbreitet sind (Petzold et al. 2020).

Ein interessanter Befund aus den ersten Wochen der Pandemie ist, dass die tatsächlichen Ansteckungs-, Erkrankungs- und Sterblichkeitsrisiken insgesamt deutlich überschätzt wurden (Hertwig et al. 2020; Petzold et al. 2020). So lag das durchschnittliche subjektive Risiko, innerhalb der nächsten zwölf Monate lebensgefährlich an COVID-19 zu erkranken, in der Studie SOEP-CoV – einer repräsentativen Corona-spezifischen Zusatzerhebung der Längsschnittstudie Sozio-oekonomisches Panel (SOEP) – Anfang April 2020 bei fast 29 %. In den Folgewochen ging das subjektive Risiko leicht zurück, lag aber auch Ende Juni/Anfang Juli noch bei 24 %.[3] Auch wenn zu Beginn der Pandemie noch erhebliche Unsicherheit bezüglich des tatsächlichen Gefährdungsgrads bestand, lag das subjektive Risiko damit deutlich über dem wissenschaftlich plausiblen Wert (Hertwig et al. 2020). Sehr deutlich wird dies zum Beispiel durch einen Vergleich mit der tatsächlichen Hospitalisierungsquote von positiv auf SARS-CoV-2 getesteten Personen: Für England kommt eine aktuelle Studie (Nyberg et al. 2021) hier zu dem Ergebnis, dass 3,5 % der mit der Ursprungsvariante infizierten Personen und 4,7 % der mit der sogenannten Alpha-Variante (B.1.1.7) infizierten Personen innerhalb von 14 Tagen nach dem positiven Test in einem Krankenhaus aufgenommen wurden.

Während das Risiko einer schweren Erkrankung also deutlich überschätzt wird, stimmen die Unterschiede in der Risikowahrnehmung zwischen verschiedenen Gruppen zumindest teilweise mit den objektiven Daten überein. Insbesondere zeigt sich hier, dass ältere Befragte und Befragte mit Vorerkrankungen – beides zentrale Risikofaktoren für schwere Verläufe von COVID-19 – eine lebensbedroh-

---

1 ▶ https://projekte.uni-erfurt.de/cosmo2020/web/topic/risiko-emotionen-sorgen/10-risikowahrnehmung/.
2 Antwortkategorien: teils/teils, eher wahrscheinlich, extrem wahrscheinlich.
3 Ein interessanter Befund ist, dass sich diese erheblichen Corona-spezifischen Sorgen zumindest zu Beginn der Pandemie nicht in größeren allgemeinen Sorgen um die eigene Gesundheit niederschlugen. So machten sich die Befragten der SOEP-CoV-Befragung im April 2020 insgesamt sogar weniger Sorgen um ihre Gesundheit als in den Vorjahren (Entringer et al. 2020). Entringer et al. (2020) spekulieren, dass dieses überraschende Muster auf Vergleichs- bzw. Kontrasteffekten beruhen könnte: Möglicherweise treten vorhandene Beeinträchtigungen des eigenen Gesundheitszustands im Vergleich zu den oftmals gravierenden Folgen einer Corona-Infektion in den Hintergrund.

liche Erkrankung für wahrscheinlicher halten (Hertwig et al. 2020). Gleiches gilt für Personen mit niedriger Bildung und niedrigem Einkommen – beides Gruppen, die auch tatsächlich eine höhere Sterblichkeit aufweisen. Wichtige Ursachen für diese erhöhte Sterblichkeit sind höhere Infektionsrisiken (z. B. aufgrund beruflicher Tätigkeiten mit hoher Kontaktintensität oder beengter Wohnverhältnisse, die Übertragungen im Haushalt begünstigen) und die stärkere Betroffenheit von relevanten Vorerkrankungen wie z. B. COPD (chronisch obstruktive Lungenerkrankung) oder Diabetes (Heisig 2021). Holst et al. (2020) zeigen auf Grundlage einer nicht-repräsentativen Stichprobe aus dem April und Mai 2020, dass Sorgen vor einer Infektion in (Dienstleistungs-) Berufen mit häufigen Kontakten zu anderen Menschen stärker ausgeprägt sind. Zudem beklagte sich mehr als ein Drittel der Beschäftigten in diesen Berufen über unzureichende Schutzmaßnahmen. An einigen Stellen weichen die Unterschiede in den wahrgenommenen Risiken jedoch auch von den tatsächlichen ab. Der Analyse von Hertwig et al. (2020) zufolge schätzten Frauen das Risiko einer schweren Erkrankung deutlich höher ein (vgl. hierzu auch Holst et al. 2020; Petzold et al. 2020), und dies obwohl die COVID-19-bedingte Sterblichkeit für Männer deutlich höher ist (Kremer und Thurner 2020).

Sorgen um die eigene Gesundheit können sich nachteilig auf das allgemeine Wohlbefinden und die psychische Gesundheit auswirken. Dabei können sie diese unmittelbar beeinflussen, indem sie Schlafprobleme, übermäßiges „Grübeln" oder allgemeine Niedergeschlagenheit auslösen. Sie können aber auch indirekt wirken, indem sie beispielsweise zu einer starken (freiwilligen) Einschränkung sozialer Kontakte und zu Vereinsamung führen – ein Risikofaktor, auf den wir im nächsten Abschnitt näher eingehen. Was die direkten Folgen gesundheitsbezogener Sorgen angeht, zeigt eine US-amerikanische Untersuchung auf Grundlage von Daten aus dem März 2020, dass eine höhere subjektive Wahrscheinlichkeit, an COVID-19 zu versterben, tatsächlich mit einem höheren Risiko für Depressions- und Angstsymptomatiken einhergeht (Kämpfen et al. 2020). Zum selben Schluss kommen auch zwei britische Studien zu Zusammenhängen zwischen pandemiebezogenen Sorgen und Schlafqualität (Wright et al. 2021) sowie Depressions- und Angstsymptomatiken (Wright et al. 2020). Einschränkend anzumerken ist hier allerdings, dass diese Zusammenhänge keine eindeutigen Schlussfolgerungen bezüglich der Kausalrichtung erlauben. Ein kausaler Einfluss gesundheitsbezogener Sorgen auf die psychische Gesundheit ist sicherlich plausibel. Umgekehrt kann aber auch nicht ausgeschlossen werden, dass Personen mit vorbestehender Depressions- und Angstsymptomatik sensibler auf die Bedrohung durch einen neuen Krankheitserreger reagieren, wobei die Studien von Wright et al. (2020, 2021) dieses Problem durch die Nutzung eines sogenannten Fixed-Effects-Ansatzes zumindest teilweise zu kontrollieren versuchen.[4]

8.2.2 Einsamkeit

Bereits in den Jahren vor der Corona-Pandemie wurde Einsamkeit als zunehmende Bedrohung nicht nur für die psychische, sondern auch für die körperliche Gesundheit diskutiert (Beutel et al. 2017; Hawkley und Cacioppo 2010). Immer wieder war und ist in diesem Zusammenhang auch von einer „Einsamkeitsepidemie" die Rede. Mit der teils freiwilligen, teils vorgeschriebenen Reduzierung sozialer Kontakte in der Corona-Pandemie

---

4 Vereinfacht gesagt wird im Rahmen des Fixed-Effects-Ansatzes unter Nutzung von Längsschnittdaten mit wiederholten Befragungen nur betrachtet, wie sich Sorgen und Depressions-/Angstsymptomatik bzw. Schlafqualität für ein- und dieselbe Person im Zeitverlauf verändern, also ob ein Anstieg von Sorgen z. B. mit einer Zunahme von Depressionssymptomen einhergeht. Damit kann ausgeschlossen werden, dass die Zusammenhänge zwischen z. B. Depressionssymptomatik und gesundheitlichen Sorgen darauf beruhen, dass Personen mit einer allgemein höheren Neigung zu Depressionen im Kontext der Pandemie stärker zu Covid-19-bezogenen Sorgen neigen.

hat die Verbreitung dieses Gesundheitsrisikos neue Ausmaße erreicht.

Dabei scheinen fast alle Bevölkerungsgruppen von zunehmenden Einsamkeitsrisiken betroffen zu sein. Ein Anstieg ist für Männer wie für Frauen, für Menschen mit wie für Menschen ohne Migrationshintergrund und über alle Alters-, Bildungs- und Einkommensgruppen hinweg feststellbar. Empirisch belegt wird dies wiederum durch die Daten der SOEP-CoV-Studie, die als Sonderbefragung der Längsschnittstudie SOEP direkte Vergleiche mit der Zeit vor der Pandemie erlaubt, in diesem Fall mit dem Jahr 2017 (Entringer et al. 2020).

Trotz dieser allgemeinen Tendenz war der Anstieg von Einsamkeit nicht für alle Gruppen gleich stark ausgeprägt. So zeigt sich in der Studie von Entringer et al. (2020) für Frauen eine stärkere Zunahme als für Männer. Personen mit hoher Bildung und Einkommen waren vor und während der Pandemie tendenziell weniger einsam, allerdings scheinen sich die Unterschiede in der Pandemie etwas verringert zu haben.

Bei den Altersunterschieden gibt es Hinweise auf eine besonders starke Zunahme von Vereinsamung bei jungen Erwachsenen, insbesondere, wenn diese allein leben (Entringer et al. 2020; Lippke et al. 2021). Entgegen einer weit verbreiteten Auffassung fühlten sich ältere Befragte im Alter von 70 bis 80 und über 80 Jahren den Ergebnissen von Entringer et al. (2020) zufolge sowohl vor als auch während der Corona-Pandemie tendenziell weniger einsam als jüngere Befragte (◘ Abb. 8.1). Allerdings sind hier mindestens zwei Einschränkungen vorzunehmen. Erstens beziehen sich diese Ergebnisse auf den Mittelwert eines Einsamkeitsindex. Es kann also nicht ausgeschlossen werden, dass besonders stark ausgeprägte Formen von Einsamkeit und sozialer Isolation unter Älteren stärker verbreitet sind als unter Jüngeren. Hinzu kommt zweitens, dass Bewohner:innen von Pflegeeinrichtungen, für die in der Pandemie besonders starke Kontaktbeschränkungen galten und gelten, in Bevölkerungsbefragungen üblicherweise nicht repräsentiert sind, und dies gilt auch für das SOEP und das SOEP-CoV.[5]

Weitreichende Folgen des pandemiebedingten Anstiegs von Einsamkeit und sozialer Isolation für die psychische Gesundheit sind wahrscheinlich. Zusammenhänge zwischen Vereinsamung und dem allgemeinen Wohlbefinden, verschiedenen psychischen Erkrankungen und Suizidgedanken sind umfassend dokumentiert (Hawkley und Cacioppo 2010; Mushtaq et al. 2014). Daten der Beratungshotline „TelefonSeelsorge" für den Zeitraum vom 01.01.2019 bis zum 28.04.2020 zeigen in der Tat, dass es im Zuge des ersten sogenannten Lockdowns ab Mitte März 2020 zu einem Anstieg an telefonischen Kontaktaufnahmen aufgrund von subjektiver Einsamkeit kam (Armbruster und Klotzbücher 2020). Dabei war der Anstieg der Kontaktaufnahmen in Bundesländern mit strengeren Kontaktbeschränkungen tendenziell größer.

Besonders hohen Einsamkeitsrisiken sind, wie bereits angedeutet, alleinlebende Menschen ausgesetzt, und hier offenbar nicht nur ältere, sondern gerade auch jüngere Menschen. Die Forschungsliteratur zu Einsamkeit gibt weitere Hinweise auf besonders gefährdete Gruppen, zu denen insbesondere Einwander:innen, sexuelle Minderheiten und Menschen mit vorbestehenden psychischen Erkrankungen gehören. Insbesondere die letztgenannte Gruppe hat zudem oftmals große Schwierigkeiten bei der Bewältigung von Einsamkeit (Hwang et al. 2020). Hier bestehen erhebliche Risiken, dass es durch pandemiebedingte Einschränkungen sozialer Kontakte zu einer gravierenden Verschlechterung des psychischen Gesundheitszustands kommt.

---

5   Aufschluss über die Situation von Pflegebedürftigen gibt eine bundesweite Befragung der Leitungspersonen von Pflegeeinrichtungen aus dem April 2020. Diese belegt klar, dass Einsamkeit und soziale Isolation von den Einrichtungsleitungen schon zu diesem frühen Zeitpunkt als zentrale Gefahren für das Wohlbefinden der Pflegebedürftigen gesehen wurden (Hower et al. 2020).

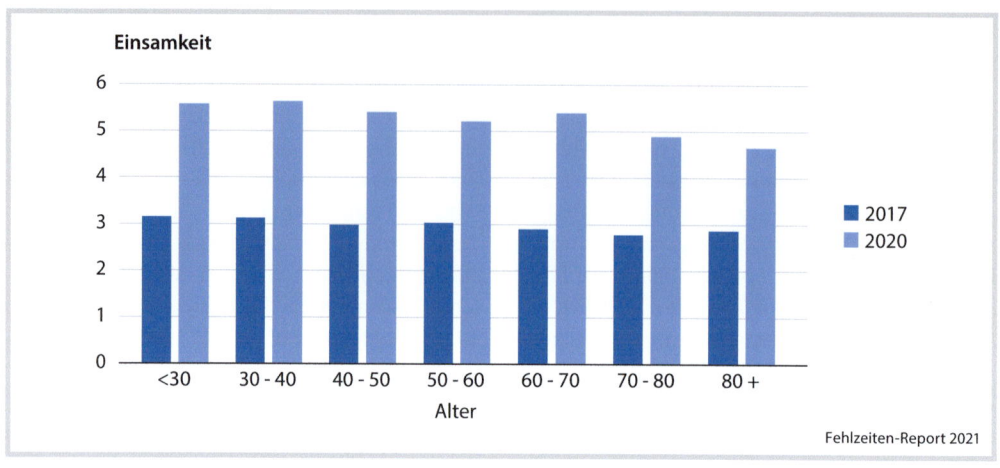

☐ **Abb. 8.1** Einsamkeit nach Alter. (Erläuterung und Quelle: Eigene Darstellung, basierend auf Entringer et al. 2020. N = 3.599. Gewichtete Ergebnisse auf Grundlage der repräsentativen SOEP-CoV-Befragung (Tranche 1 und 2). Dargestellt sind die altersspezifischen Mittelwerte eines Einsamkeitsmaßes, das auf drei Fragen beruht (vgl. Entringer et al. 2020, S. 10): „Wie oft haben Sie das Gefühl, dass Ihnen die Gesellschaft anderer fehlt?"; „Wie oft haben Sie das Gefühl, außen vor zu sein?"; „Wie oft haben Sie das Gefühl, dass Sie sozial isoliert sind?". Die Antworten auf diese Fragen wurden auf einer Skala von 0 („Nie") bis 4 („Sehr oft") gemessen und aufsummiert, sodass der Wertebereich des hier dargestellten kombinierten Einsamkeitsmaßes von 0 bis 12 reicht. Die dargestellten Werte wurden mit dem Online-Tool WebPlotDigitizer (▶ https://automeris.io/WebPlotDigitizer/) aus Abbildung 4 in Entringer et al. (2020) ausgelesen. Daher sind minimale Abweichungen möglich)

8.2.3 Wirtschaftliche Sorgen

Die deutsche Wirtschaft stürzte durch die Corona-Pandemie in eine tiefe Rezession. Im Vergleich zum Vorjahr sank das Bruttoinlandsprodukt im ersten Quartal 2020 um 1,8 %, im zweiten Quartal um mehr als 11 % (Statistisches Bundesamt 2021). Erste Studien belegen, dass diese gesamtwirtschaftlichen Entwicklungen trotz zahlreicher staatlicher Unterstützungsmaßnahmen auf die wirtschaftliche Lage der privaten Haushalte durchschlagen (Hövermann 2020; Hövermann und Kohlrausch 2020; Schröder et al. 2020). Dabei sind einige Bevölkerungs- und Beschäftigtengruppen stärker betroffen als andere. Personen mit Migrationshintergrund erlitten deutlich häufiger Einkommenseinbußen (Hövermann und Kohlrausch 2020). Gleiches gilt für Haushalte mit Kindern, was zu einem guten Teil auf Arbeitszeitreduktionen infolge von Kita- und Schulschließungen zurückzuführen sei (Collins et al. 2020; Kohlrausch und Zucco 2020).

Auch im Hinblick auf die soziale Lage der Beschäftigten zeigen sich klare Unterschiede in den Beschäftigungs- und Einkommensveränderungen während der Pandemie. Schröder et al. (2020) nutzen wiederum die Daten der SOEP-CoV-Befragung und unterteilen die Beschäftigten hinsichtlich ihres Bildungs- und Einkommensniveaus in drei etwa gleich große Gruppen. Unter den Beschäftigten mit einem Bildungsabschluss im obersten Drittel waren im April 2020 nur 13 % in Kurzarbeit, unter den Beschäftigten mit einem Bildungsabschluss im untersten Drittel hingegen 23 %. Dies dürfte unter anderem damit zusammenhängen, dass Beschäftigte mit niedriger Bildung ihre Tätigkeit seltener ins Homeoffice verlegen können (siehe ☐ Abb. 8.2a,b).

In einer Erwerbstätigenbefragung der Hans-Böckler-Stiftung gab fast ein Drittel der Befragten (31,8 %) in der ersten und/

8.2 · Zentrale pandemiebedingte Risiken für die psychische Gesundheit

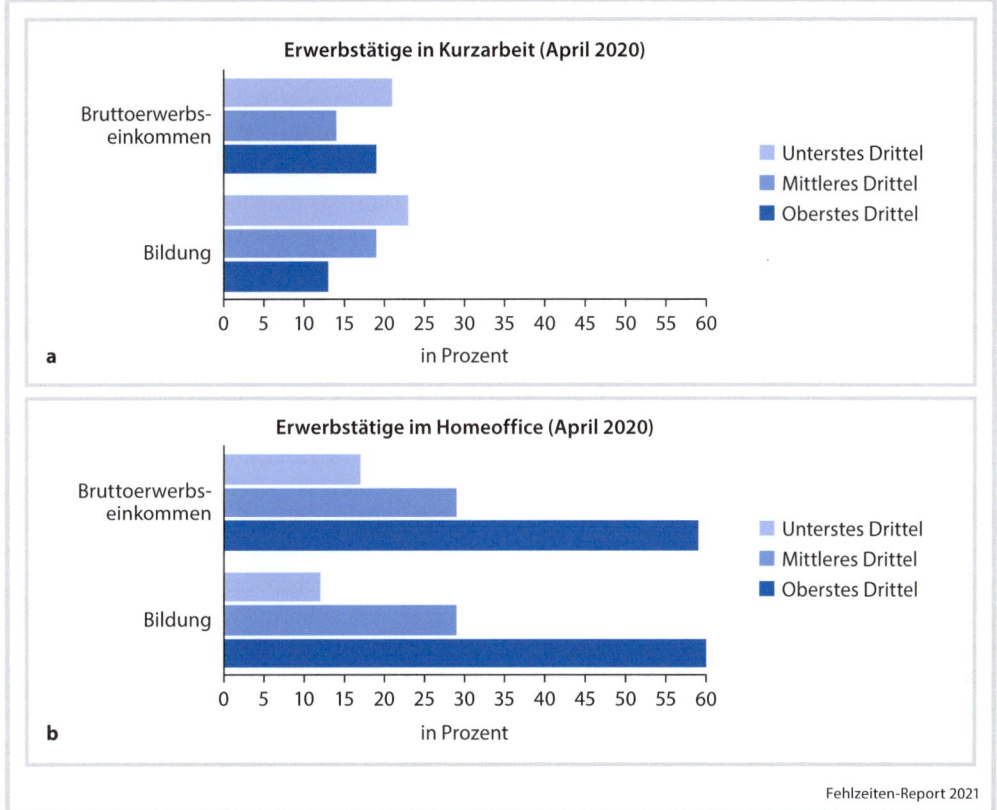

Abb. 8.2 Kurzarbeit und Homeoffice nach Bildung und Bruttoerwerbseinkommen. (Erläuterung und Quelle: Eigene Darstellung, basierend auf Schröder et al. 2020. N = 919. Gewichtete Ergebnisse auf Grundlage der repräsentativen SOEP-CoV-Befragung (Tranche 1). Es wurden nur Befragte berücksichtigt, die im Jahr 2019 erwerbstätig waren)

oder zweiten Welle der Befragung (April bzw. Juni 2020) an, Einbußen beim persönlichen Einkommen erlitten zu haben (Hövermann und Kohlrausch 2020). Einkommensverluste traten besonders häufig bei Personen auf, die ohnehin schon über niedrige Einkommen verfügten – ein Muster, das zum Teil über die Branchenzugehörigkeit und andere Tätigkeitsmerkmale (geringfügige Beschäftigung, Befristung) erklärt werden kann. Angesichts dieser Befunde verwundert es nicht, dass sich ein beträchtlicher Teil der Befragten mit Einkommenseinbußen, nämlich etwas über 30 %, große Sorgen um die eigene wirtschaftliche Situation macht. Bei den Befragten ohne Einkommenseinbußen lag dieser Anteil mit weniger als 10 % deutlich niedriger (Hövermann und Kohlrausch 2020).

Inwiefern wirken sich die beschriebenen Entwicklungen auf die psychische Gesundheit der Beschäftigten aus? Frühere Arbeiten zu den Auswirkungen wirtschaftlicher Rezessionen auf die psychische Gesundheit sprechen dafür, dass negative Effekte insgesamt überwiegen und es zu einem Anstieg von psychischen Erkrankungen und Selbsttötungen kommt (Frasquilho et al. 2015). Dabei scheinen die negativen Auswirkungen auf die psychische Gesundheit vor allem bei Personen bzw. in Familien aufzutreten, die von Arbeitsplatz- und Einkommensverlust betroffen sind (Drydakis 2016; Frasquilho et al. 2015; Paul und Zechmann 2019).

Angesichts dieser Ergebnisse ist damit zu rechnen, dass sich auch die pandemiebedingte Rezession negativ auf die psychische Gesundheit vieler Menschen auswirkt. Erste Studien bestätigen diese Vermutung. So zeigen Witteveen und Velthorst (2020) auf Grundlage von Daten für Deutschland und fünf weitere europäische Länder, dass der Verlust des Arbeitsplatzes und Einkommenseinbußen auch zu Beginn der Corona-Pandemie im März und April 2020 mit einer höheren Wahrscheinlichkeit depressiver Gefühle einherging. Dabei waren Beschäftigte mit niedrigem beruflichem Status (und damit in der Regel auch niedrigem Einkommen) nicht nur besonders häufig von Arbeitsplatzverlusten und Einkommenseinbußen betroffen; auch der Zusammenhang dieser Ereignisse mit der Stärke depressiver Gefühle war in dieser Gruppe besonders stark ausgeprägt. Die britische Studie von Wright et al. (2020) deutet zudem darauf hin, dass auch die bloße Angst vor einem Arbeitsplatzverlust und vor finanziellen Einbußen negative Auswirkungen auf die psychische Gesundheit haben kann. Depressions- und Angstsymptome waren unter Befragten mit entsprechenden Ängsten und Sorgen deutlich stärker ausgeprägt – auch nach Kontrolle anderer Sorgen und entsprechender tatsächlichen Erfahrungen.

8.2.4 Familiäre Belastungen

Pandemiebedingte Einschränkungen des Betriebs von Kindergärten und Schulen – bis hin zur vollständigen Aussetzung von Betreuung und Präsenzunterricht – stellten und stellen Familien mit Kindern im Verlauf der Pandemie immer wieder vor große Herausforderungen. Der zusätzliche Betreuungsaufwand kann vor allem für berufstätige Eltern schwer zu bewältigen sein und zu Stress und Überlastung führen. Eine mögliche Einschränkung der beruflichen Tätigkeit zur Bewältigung der familiären Mehrbelastung kann negative Auswirkungen auf das Einkommen haben. Sorgen um das kurz- und längerfristige berufliche Vorankommen, um ein mögliches „Abgehängtwerden", können die Psyche ebenso belasten wie Sorgen um das Wohl der eigenen Kinder, deren allgemeines Wohlbefinden und längerfristige geistige und soziale Entwicklung durch die Pandemie beeinträchtigt werden könnten.

Die zum Teil erhebliche pandemiebedingte Mehrbelastung von Eltern wird durch eine Reihe von Studien belegt. In einer Befragung des Instituts für Arbeitsmarkt- und Berufsforschung (IAB) gaben im Mai 2020 knapp drei Viertel der erwerbstätigen Eltern im Alter von 18 bis 60 Jahren an, dass ihre persönliche Belastung durch die Kinderbetreuung in der COVID-19-Pandemie „etwas" oder sogar „stark" gestiegen sei (Fuchs-Schündeln und Stephan 2020). Dabei unterschied sich dieser Anteil nur geringfügig zwischen Männern und Frauen, letztere berichteten allerdings etwas häufiger von einer starken Zunahme (44 vs. 49 %) (◘ Abb. 8.3). Bei erwerbstätigen Eltern, die in der Woche vor der Befragung zumindest teilweise im Homeoffice gearbeitet hatten, waren die entsprechenden Anteile sogar noch etwas höher.

Andere Datensätze bestätigen diese Befunde, u. a. die Daten vom SOEP-CoV, die aufgrund des Längsschnittcharakters des SOEP direkte Vergleiche mit dem Zeitaufwand für die Kinderbetreuung in den Jahren vor der Pandemie erlauben. Sowohl Mütter als auch Väter wandten während des ersten Lockdowns im April und Mai 2020 deutlich mehr Zeit für die Kinderbetreuung auf, wobei hier nur Haushalte berücksichtigt wurden, in denen das jüngste Kind höchstens elf Jahre alt war (Zinn et al. 2020): Für Väter lag die durchschnittliche Betreuungszeit an Werktagen um ca. 2,5 Stunden höher als im Vorjahr, für Mütter um 2,9 Stunden. Väter und Mütter erhöhten die Betreuungszeit also ungefähr in gleichem Maße, dabei ist jedoch zu berücksichtigen, dass das Ausgangsniveau bei den Müttern um etwa vier Stunden über dem von Vätern lag.

Verschiedene deutsche und internationale Studien belegen zudem, dass bestimmte Gruppen von Eltern besonders stark vom teilweisen Wegfall externer Betreuung und Be-

8.3 · Handlungsempfehlungen

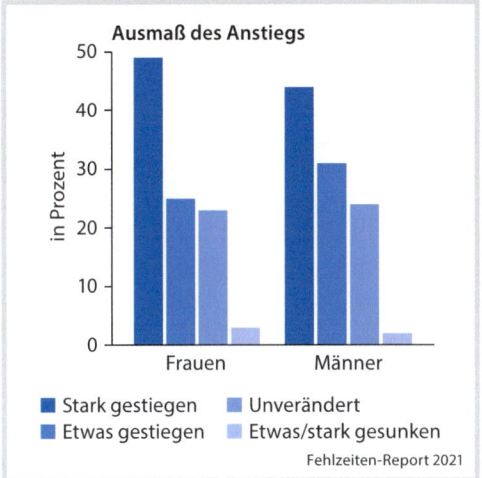

◨ **Abb. 8.3** Veränderung der Belastung durch Kinderbetreuung bei erwerbstätigen Eltern. (Erläuterungen und Quelle: Eigene Darstellung, basierend auf Fuchs-Schündeln und Stephan 2020. N = 2.889, gewichtete Ergebnisse. Datengrundlage ist die HOPP-Befragung („Hochfrequentes-Online-Personen-Panel"), die auf einer repräsentativen Zufallsstichprobe aus den Integrierten Erwerbsbiografien (IEB) des Instituts für Arbeitsmarkt- und Berufsforschung basiert. Die IEB „umfassen alle Episoden sozialversicherungspflichtiger sowie geringfügiger Beschäftigung, des Arbeitslosengeld- und Arbeitslosengeld-II-Bezugs, der Arbeitsuche und Arbeitslosigkeit sowie der Teilnahme an durch die BA administrierten arbeitsmarktpolitischen Maßnahmen. Nicht enthalten in den Daten sind Informationen zu Selbstständigen und Beamten sowie zu Personen, die sich (zeitweilig) aus dem Arbeitsmarkt zurückbezogen haben" (Fuchs-Schündeln und Stephan 2020, S. 8))

schulung betroffen waren. Zu diesen gehören erwartungsgemäß Alleinerziehende, aber auch Eltern mit niedrigem Bildungsniveau, die sich insbesondere von den Anforderungen des Homeschoolings häufiger überfordert zu fühlen scheinen (Bol 2020; Zinn und Bayer 2021).

Wie wirken sich die Schließungen von Betreuungseinrichtungen und Schulen und die damit verbundenen Belastungen auf das Wohlbefinden und die psychische Gesundheit von Eltern aus? Insgesamt verweist die Befundlage hier auf ernstzunehmende negative Effekte für zumindest einen Teil der Eltern. So zeigt die bereits erwähnte IAB-Befragung von Erwerbstätigen, dass Eltern, deren Belastung durch die Kinderbetreuung mit der COVID-19-Pandemie subjektiv stark gestiegen war, eine spürbar niedrigere Lebenszufriedenheit hatten als Eltern, die keinen starken Belastungsanstieg berichteten (Fuchs-Schündeln und Stephan 2020). Da die IAB-Daten keinen Vorher-Nachher-Vergleich erlauben, kann zwar nicht ausgeschlossen werden, dass diese Unterschiede zumindest teilweise schon vor der Pandemie bestanden, ein (kausaler) Zusammenhang mit der zusätzlichen Belastung durch die Kinderbetreuung erscheint jedoch wahrscheinlich.

Eine nicht-repräsentative Längsschnittbefragung von Forscher:innen der TU Chemnitz liefert weitere Daten zur psychischen Gesundheit erwerbstätiger Eltern (Meyer et al. 2021). Die ersten zwei Befragungswellen im April und Anfang Mai 2020 fielen dabei in eine Phase mit vergleichsweise starken Einschränkung des (Präsenz-)Betriebs von Kindertagesstätten und Schulen. Die letzte Welle aus dem Juni 2020 fiel in eine Phase vergleichsweise geringer Beschränkungen. Kernergebnis ist, dass es im Verlauf des ersten Lockdowns zu einem deutlichen Anstieg von Erschöpfungssymptomen als eine zentrale Facette von „Burnout" kam, allerdings fast ausschließlich bei weiblichen Beschäftigten. Kurz vor der Wiederöffnung von Kindertagesstätten und Schulen begann die Erschöpfung allmählich wieder zu sinken, um sich gegen Ende des Untersuchungszeitraums in etwa auf dem Niveau von Anfang April einzupendeln. Vertiefende Analysen zeigen, dass sich die vorübergehende Zunahme von Erschöpfungssymptomen auf Frauen konzentrierte, die ihre Partner als nicht oder kaum unterstützend wahrnahmen.

8.3 Handlungsempfehlungen

Welche Konsequenzen sollten Führungskräfte aus den obigen Befunden ziehen? Wie können Betriebe ihre Beschäftigten bei der Bewältigung der Pandemie unterstützen? Wie können sie Risiken für das Wohlbefinden und die psychische Gesundheit der Beschäftigten verringern?

Die Antworten auf diese Fragen müssen letztlich so differenziert und vielfältig sein wie die Risikofaktoren selbst. Die alleinstehende Berufsanfängerin, die allein lebt und gerade erst in eine neue Stadt gezogen ist, steht vor ganz anderen Herausforderungen als der alleinerziehende Vater von drei Kindern. Die oben diskutierten Forschungsergebnisse liefern wichtige Hinweise auf typische Risikogruppen und deren spezifische Problemlagen: Alleinstehende oder Menschen mit Vorerkrankungen, die unter fehlenden sozialen Kontakten leiden; Beschäftigte mit einfachen Tätigkeiten und niedrigem Einkommen, für die der Verlust des Arbeitsplatzes eine existentielle Bedrohung darstellt; Menschen mit psychischen Vorerkrankungen, die besonders sensibel auf die zahlreichen durch die Pandemie bedingten Herausforderungen reagieren. Abhängig von familiärem Kontext und Wohnsituation kann eine weitgehende Verlagerung der Tätigkeit ins Homeoffice für die eine Beschäftigte attraktiv sein, während für einen anderen ein regelmäßiges Arbeiten im Betrieb erstrebenswert ist und zumindest begrenzte soziale Kontakte mit Kolleg:innen ermöglichen kann.

Die in diesem Beitrag diskutierten Befunde liefern erste Anhaltspunkte bezüglich besonders gefährdeter Beschäftigtengruppen. Gleichzeitig ist es angesichts der Vielschichtigkeit der pandemiebedingten Veränderungen aber kaum möglich, alle Problemlagen und geeigneten Lösungsansätze zu antizipieren. Gerade in der Pandemie ist es daher entscheidend, dass Betriebe und Führungskräfte den Beschäftigten zuhörend gegenübertreten, damit die vielfältigen Problemlagen und Bedürfnisse der Beschäftigten wahrgenommen und Lösungsansätze entwickelt werden können. Dabei müssen auch neue Wege der Kommunikation beschritten werden, da viele traditionelle Formen der informellen Kommunikation (z. B. spontane Gespräche bei der Mittags- oder Kaffeepause) nicht mehr oder nur eingeschränkt möglich sind (vgl. dazu z. B. Keller 2021). Als Gegenstück zu dieser zuhörenden und responsiven Haltung gegenüber den Beschäftigten ist gerade in Krisenzeiten eine klare Kommunikation seitens der Führungskräfte von größter Wichtigkeit. Probleme und Herausforderungen lassen sich nicht einfach wegreden, aber eine transparente und verlässliche Kommunikation kann Verunsicherung bei den Beschäftigten und damit einen wichtigen Auslöser von psychischen Problemen reduzieren (Freeston et al. 2020). Führungskräfte haben zudem eine Vorbildfunktion und können psychische Probleme entstigmatisieren, indem sie die besonderen Belastungen durch die Pandemie anerkennen und diese auch als Herausforderungen für sich selbst thematisieren. Durch Hinweise auf eventuelle innerbetriebliche wie externe Beratungs- und Unterstützungsangebote können sie nicht nur informieren, sondern zusätzlich zur Enttabuisierung psychischer Probleme und Erkrankungen beitragen.

Angesichts der weit verbreiteten Sorgen vor einer COVID-19-Erkrankung kann die konsequente Minimierung der Infektionsrisiken am Arbeitsplatz einen weiteren wichtigen Beitrag zum psychischen Wohlergehen der Beschäftigten leisten. In einer nicht-repräsentativen Erwerbstätigenbefragung des Wissenschaftlichen Instituts der Hans-Böckler-Stiftung waren während der ersten Monate des zweiten Lockdowns von November 2020 bis Januar 2021 nur etwas mehr als die Hälfte aller Befragten der Auffassung, ihr Arbeitgeber habe ausreichende Schutzmaßnahmen umgesetzt.[6] Auch hinsichtlich des Arbeitsschutzes gilt, dass Führungskräfte mit gutem Beispiel vorangehen und sich selbst konsequent und sichtbar an Maßnahmen wie Abstands- und Hygieneregeln halten sollten. Zusätzlich kann und sollte die regelmäßige Testung von Mitarbeiter:innen eine wichtige Rolle spielen. Auch bei der Organisation von Arbeitsabläufen und der Ermöglichung von mobilem Arbeiten bzw. Homeoffice können weitere Potenziale bestehen. Gerade im Hin-

---

6 ▶ https://www.lohnspiegel.de/thematische-analysen-20014-28869.htm (Zugegriffen: 21. März 2021).

blick auf diese Instrumente gilt aber, dass sie aktiv gestaltet werden sollten – und das in einer hinreichend flexiblen Art und Weise, die den oben beschriebenen heterogenen Bedürfnissen der Beschäftigten Rechnung trägt (vgl. dazu auch die Ergebnisse und Empfehlungen der Konstanzer Homeoffice-Studie; Kunze et al. 2020).

8.4 Schlussbetrachtung

Die Auswirkungen der Corona-Pandemie gehen weit über die gesundheitlichen Risiken einer Infektion mit SARS-CoV-2 hinaus. Im vorliegenden Beitrag haben wir empirische Befunde zu vier zentralen Risikofaktoren für die psychische Gesundheit Erwachsener zusammengefasst: zu gesundheitlichen Ängsten und Sorgen, zu Einsamkeit und sozialer Isolation, zu wirtschaftlichen Sorgen und zu familiären Belastungen. Dabei wurde deutlich, dass alle dieser Faktoren weit verbreitet sind und ernstzunehmende Bedrohungen für die Gesundheit vieler Beschäftigter darstellen. Einige Gruppen wie Menschen mit niedrigem Einkommen, Alleinlebende, Menschen mit psychischen Vorerkrankungen oder erwerbstätige Eltern sind besonders gefährdet. Zugleich sind die Herausforderungen und Problemlagen aber so komplex, dass sie sich nicht auf diese Gruppen beschränken. Durch einen responsiven Führungsstil, offene Kommunikation, wirksamen Infektionsschutz und eine aktive Gestaltung pandemiebedingter Veränderungen wie die Zunahme von mobiler Arbeit und Homeoffice können Führungskräfte dazu beitragen, die negativen Folgen für die Beschäftigten zu begrenzen. Im besten Fall können dabei neue Routinen und Praktiken entstehen, mit denen die psychische Gesundheit der Beschäftigten auch nach dem Ende der Pandemie gestützt und gefördert werden kann.

Literatur

Armbruster S, Klotzbücher V (2020) Lost in lockdown? COVID-19, social distancing, and mental health in Germany. Diskussionsbeiträge No. 2020-04. Albert-Ludwigs-Universität Freiburg, Wilfried-Guth-Stiftungsprofessur für Ordnungs- und Wettbewerbspolitik, Freiburg i Br

Bäuerle A, Teufel M, Musche V, Weismüller B, Kohler H, Hetkamp M, Dörrie N, Schweda A, Skoda E-M (2020) Increased generalized anxiety, depression and distress during the COVID-19 pandemic: a cross-sectional study in Germany. J Public Health 42(4):672–678. https://doi.org/10.1093/pubmed/fdaa106

Beutel ME, Klein EM, Brähler E, Reiner I, Jünger C, Michal M, Wiltink J, Wild PS, Münzel T, Lackner KJ (2017) Loneliness in the general population: Prevalence, determinants and relations to mental health. BMC Psychiatry 17(1):97

Bol T (2020) Inequality in homeschooling during the Corona crisis in the Netherlands. First results from the LISS Panel. SocArXiv. https://doi.org/10.31235/osf.io/hf32q

Collins C, Landivar LC, Ruppanner L, Scarborough WJ (2020) COVID-19 and the gender gap in work hours. Gend Work Organ. https://doi.org/10.1111/gwao.12506

Drydakis N (2016) The relationship between recessions and health. IZA World Labor 283:1

Entringer T, Kröger H, Schupp J, Kühne S, Liebig S, Goebel J, Grabka MM, Graeber D, Kroh M, Schröder C, Seebauer J, Zinn S (2020) Psychische Krise durch Covid-19? Sorgen sinken, Einsamkeit steigt, Lebenszufriedenheit bleibt stabil. Working Paper No. 1087; SOEPpapers on Multidisciplinary Panel Data Research. Deutsches Institut für Wirtschaftsforschung (DIW), Berlin, S 35

Frasquilho D, Matos MG, Salonna F, Guerreiro D, Storti CC, Gaspar T, Caldas-de-Almeida JM (2015) Mental health outcomes in times of economic recession: A systematic literature review. Bmc Public Health 16(1):115. https://doi.org/10.1186/s12889-016-2720-y

Freeston M, Tiplady A, Mawn L, Bottesi G, Thwaites S (2020) Towards a model of uncertainty distress in the context of Coronavirus (COVID-19). Cogn Behav Ther. https://doi.org/10.1017/S1754470X2000029X

Fuchs-Schündeln N, Stephan G (2020) Bei drei Vierteln der erwerbstätigen Eltern ist die Belastung durch Kinderbetreuung in der Covid-19-Pandemie gestiegen. IAB-Forum 2020-08-19

Hawkley LC, Cacioppo JT (2010) Loneliness matters: a theoretical and empirical review of consequences and mechanisms. Ann Behav Med 40(2):218–227

Heisig JP (2021) Soziale Ungleichheit und gesundheitliches Risiko in der Pandemie. In: Bundeszentrale für politische Bildung (Hrsg) Corona. Pandemie und Krise. Bundeszentrale für politische Bildung, Bonn, S 332–344

Hertwig R, Liebig S, Lindenberger U, Wagner GG (2020in) Wie gefährlich ist COVID-19? Die subjektive Risikoeinschätzung einer lebensbedrohlichen COVID-19-Erkrankung im Frühjahr und Frühsommer 2020 in Deutschland. Research Report No. 1095; SOEPpapers on Multidisciplinary Panel Data Research. Deutsches Institut für Wirtschaftsforschung (DIW), Berlin, S 14

Holst H, Fessler A, Niehoff S (2020) Covid-19, social class and work experience in Germany: Inequalities in work-related health and economic risks. Eur Soc. https://doi.org/10.1080/14616696.2020.1828979

Hövermann A (2020) Soziale Lebenslagen, soziale Ungleichheit und Corona – Auswirkungen für Erwerbstätige. WSI Policy Brief, S 1–24

Hövermann A, Kohlrausch B (2020) Soziale Ungleichheit und Einkommenseinbußen in der Corona-Krise – Befunde einer Erwerbstätigenbefragung. WSI Mitt 73(6):485–492. https://doi.org/10.5771/0342-300X-2020-6-485

Hower KI, Pförtner T-K, Pfaff H (2020) Pflegerische Versorgung in Zeiten von Corona – Drohender Systemkollaps oder normaler Wahnsinn? [Forschungsbericht]. Universität zu Köln, Institut für Medizinsoziologie, Versorgungsforschung und Rehabilitationswissenschaft, Köln

Hwang T-J, Rabheru K, Peisah C, Reichman W, Ikeda M (2020) Loneliness and social isolation during the COVID-19 pandemic. Int Psychogeriatrics 32(10):1217–1220. https://doi.org/10.1017/S1041610220000988

Kämpfen F, Kohler IV, Ciancio A, de Bruin WB, Maurer J, Kohler H-P (2020) Predictors of mental health during the Covid-19 pandemic in the US: Role of economic concerns, health worries and social distancing. PLoS ONE 15(11):e241895. https://doi.org/10.1371/journal.pone.0241895

Keller A (2021) Interne Mitarbeiterkommunikation in Krisensituationen: Erfahrungen aus der Coronakrise. Abi Tech 41(1):21–32. https://doi.org/10.1515/abitech-2021-0005

Kohlrausch B, Zucco A (2020) Die Corona-Krise trifft Frauen doppelt. Weniger Erwerbseinkommen und mehr Sorgearbeit. Policy Brief No. 40; Policy Brief WSI. Hans-Böckler-Stiftung, Düsseldorf, S 12

Kremer H-J, Thurner W (2020) Altersabhängigkeit der Todesraten im Zusammenhang mit COVID-19 in Deutschland. Dtsch Arztebl 117(25):432–433

Kunze F, Hampel K, Zimmermann S (2020) Homeoffice in der Corona-Krise – eine nachhaltige Transformation der Arbeitswelt? Policy Paper 02 des Clusters „The Politics of Inequality" an der Universität Konstanz. Universität Konstanz, Konstanz

Lippke S, Keller F, Derksen C, Kötting L, Ratz T, Fleig L (2021) Einsam(er) seit der Coronapandemie: Wer ist besonders betroffen? – Psychologische Befunde aus Deutschland. Präv Gesundheitsf. https://doi.org/10.1007/s11553-021-00837-w

Meyer B, Zill A, Dilba D, Gerlach R, Schumann S (2021) Employee psychological well-being during the COVID-19 pandemic in Germany: A longitudinal study of demands, resources, and exhaustion (supplemental materials) https://doi.org/10.17605/OSF.IO/AT3MY

Mushtaq R, Shoib S, Shah T, Mushtaq S (2014) Relationship between loneliness, psychiatric disorders and physical health? A review on the psychological aspects of loneliness. J Clin Diagnostic Res (JCDR) 8(9):WE1–WE4. https://doi.org/10.7860/JCDR/2014/10077.4828

Nyberg T, Twohig KA, Harris RJ, Seaman SR, Flannagan J, Allen H, Charlett A, De Angelis D, Dabrera G, Presanis AM (2021) Risk of hospital admission for patients with SARS-CoV-2 variant B.1.1.7: cohort analysis. BMJ 373:n1412

Paul KI, Zechmann A (2019) Arbeitslosigkeit und Gesundheit. In: Haring R (Hrsg) Gesundheitswissenschaften. Springer, Berlin, S 487–496 https://doi.org/10.1007/978-3-662-58314-2_45

Petzold MB, Bendau A, Plag J, Pyrkosch L, Mascarell Maricic L, Betzler F, Rogoll J, Große J, Ströhle A (2020) Risk, resilience, psychological distress, and anxiety at the beginning of the COVID-19 pandemic in Germany. Brain Behav 10(9):e1745. https://doi.org/10.1002/brb3.1745

Schröder C, Goebel J, Grabka MM, Graeber D, Kroh M, Kröger H, Kühne S, Liebig S, Schupp J, Seebauer J, Zinn S (2020) Erwerbstätige sind vor dem Covid-19-Virus nicht alle gleich. Working Paper No. 1080; SOEPpapers on Multidisciplinary Panel Data Research. Deutsches Institut für Wirtschaftsforschung (DIW), Berlin, S 20

Statistisches Bundesamt (Destatis) (2021) Volkswirtschaftliche Gesamtrechnungen, Inlandsproduktberechnung, Vierteljahresergebnisse. Fachserie 18 Reihe 1.2

Witteveen D, Velthorst E (2020) Economic hardship and mental health complaints during COVID-19. Proc Natl Acad Sci 117(44):27277–27284. https://doi.org/10.1073/pnas.2009609117

Wright L, Steptoe A, Fancourt D (2020) How are adversities during COVID-19 affecting mental health? Differential associations for worries and experiences and implications for policy. MedRxiv. https://doi.org/10.1101/2020.05.14.20101717

Wright L, Steptoe A, Fancourt D (2021) Are adversities and worries during the COVID-19 pandemic related to sleep quality? Longitudinal analyses of 46,000 UK adults. PLoS ONE 16(3):e248919. https://doi.org/10.1371/journal.pone.0248919

Zinn S, Bayer M (2021) Subjektive Belastung der Eltern durch die Beschulung ihrer Kinder zu Hause zu Zeiten des Corona-bedingten Lockdowns im Frühjahr 2020. Z Erziehungswiss 24:339–365. https://doi.org/10.1007/s11618-021-01012-9

Zinn S, Kreyenfeld M, Bayer M (2020) Kinderbetreuung in Corona-Zeiten: Mütter tragen die Hauptlast, aber Väter holen auf. DIW Aktuell 51:1

Prävention schützt die Bevölkerung und stützt die Wirtschaft

Bernhard Badura

Inhaltsverzeichnis

9.1 Die Covid-Pandemie und die Epidemie psychisch bedingter Arbeitsunfähigkeit – 164

9.2 Der Abstieg der US-amerikanischen Arbeiter in die Perspektivlosigkeit – 164

9.3 Suche nach den Ursachen – 165

9.4 Spontane Begeisterung für das Homeoffice – 167

Literatur – 168

Zusammenfassung

Auch wenn die Covid-Pandemie heute alles andere überschattet, sollten wir die sich in unserem Lande schleichend verbreitende Epidemie psychisch bedingter Arbeitsunfähigkeit nicht weiter übersehen. Zwei namhafte US-Ökonomen haben eine Analyse zur psychischen Verelendung der Arbeiterschicht ihres Landes vorgelegt, deren Fragestellung und Methodik für das Fachgebiet „public health" paradigmatische Bedeutung hat.

9.1 Die Covid-Pandemie und die Epidemie psychisch bedingter Arbeitsunfähigkeit

Die weltweite Covid-Krise zeigt, wie wenig wir auf eine massenhafte Verbreitung potenziell tödlicher Mikroorganismen vorbereitet sind. Dabei begleiten uns Seuchen seit Menschengedenken (z. B. Harper 2020) und werden das auch weiter tun. „Behandlung und Kontrolle von Infektionskrankheiten sind realistischere Ziele, nicht ihre Ausrottung" (Christakis 2020, S. 298). Wenn es gelingt, diese Epidemie zu kontrollieren, drängt sich die Frage auf: Tun wir genug zur Verhütung und Früherkennung (Prävention) der nächsten? Ist Kuration alternativlos? Wäre es nicht humaner und effizienter, Epidemien schneller zu erkennen und zu bekämpfen?

In der Corona-Pandemie stehen Leben und körperliche Gesundheit großer Teile der Gesellschaft auf dem Spiel. Nicht mehr weiter übersehen sollten wir dennoch, dass unser Land bereits von einer Epidemie ganz anderer Art betroffen ist: dem seit über einem Jahrzehnt beobachtbaren Anstieg psychisch bedingter Arbeitsunfähigkeit und den damit verbundenen exorbitanten Folgekosten für Unternehmen, Verwaltungen, Versorgungseinrichtungen, Krankenkassen und die Rentenversicherung:

„Im Jahr 2018 waren 3,56 Mio. erwerbstätige AOK-Versicherte (30,4 % aller erwerbstätigen AOK-Versicherten) wegen einer psychischen Erkrankung aus dem Diagnosespektrum ICD-10 F10–F69 in stationärer oder ambulanter Behandlung" (Meschede et al. 2020, S. 334).

9.2 Der Abstieg der US-amerikanischen Arbeiter in die Perspektivlosigkeit

Kann man die Entstehung der Corona-Krise noch als schicksalhaft begreifen, gilt dies keinesfalls für die psychische Krise der Erwerbsbevölkerung. Werden aus Einzelfällen massenhaft auftretende psychische Beeinträchtigungen, helfen auch moralische Verurteilungen nicht mehr weiter, insbesondere dann nicht, wenn wissenschaftliche Erkenntnisse ihre gesellschaftlichen Ursachen belegen. Dazu haben jüngst zwei namhafte US-amerikanische Ökonomen, Anne Case und der Nobelpreisträger Angus Deaton, eine tiefschürfende Untersuchung vorgelegt (Case und Deaton 2020). Auf über 250 Seiten dokumentieren Case und Deaton den sozialen und ökonomischen Abstieg der weißen Arbeiterschaft ihres Landes in die Perspektivlosigkeit und benennen dafür folgende Gründe:
- Verschlechterung der Qualität der Arbeit durch Outsourcing, Dequalifizierung, Statusverluste
- Einkommensverluste – zwischen 1979 und 2017 von real 13 %
- Arbeitslosigkeit – und der damit oft verbundene Verlust auch privater Schutz- und Stützfaktoren
- Verlust an Sinn und Vertrauen sowie an Bindung an Werte und Institutionen

Sinkende Sterblichkeit und zunehmende Lebenserwartung gelten heute als eine der weltweit unbestreitbar positiven Folgen wirtschaftlicher und gesellschaftlicher Entwicklung im 20. Jahrhundert. Umso mehr muss es zu denken geben – so Case und Deaton –, wenn dieser positive Trend in Teilen der US-amerikanischen Gesellschaft zum Stillstand kommt und sich sogar umkehrt. Betroffen davon ist seit der Jahrhundertwende die weiße Arbeiterschicht. Im Jahr 2017 starben 158.000 weiße amerikanische Arbeiter mittleren Alters ohne Collegeabschluss an Selbstmord, Abhängigkeit von Schmerzmedikamenten und Alkohol – aus „Verzweiflung" (despair), um ihrem durch Armut, Einsamkeit, durch Ängste und Missachtung bedingten Leid zu entkommen (Case und Deaton 2020, S. 94 ff.).

Ausgangspunkt ihrer Analysen sind große regionale Unterschiede in den Selbstmordraten und die Frage, wie weit dies mit Unterschieden in den ökonomischen und sozialen Lebensumständen der betroffenen Bevölkerung begründet werden kann. Zum Beispiel lag im Madison County (Montana) die Selbstmordrate in den zurückliegenden Jahren viermal höher als im Mercer County (New Jersey) (Case und Deaton 2020, S. 100). Einer ähnlichen Frage ging bereits vor über hundert Jahren Emile Durkheim in seinem Klassiker Le Suicid: Etude de Sociologie (1897, Neuauflage 1983) nach, auf den sich die Autoren mehrfach beziehen.

Bei genauerer Betrachtung der Daten stellte sich heraus, dass weiße Arbeiter mittleren Alters ohne Collegeabschluss von dem Anstieg der Selbstmorde am stärksten betroffen sind. Zudem stellte sich heraus, dass in diesem Teil der Bevölkerung nicht nur Selbstmorde zunehmen, sondern auch Tod durch Medikamentenmissbrauch und Alkoholismus. Bei ihren weitergehenden Analysen der Lebensumstände stießen sie auf ein Syndrom miteinander verflochtener sozialer, ökonomischer und psychischer Probleme, das Case und Deaton veranlasste, die genannten drei Todesursachen als „Tode aus Verzweiflung" zusammenzufassen. In den Jahren zwischen 1990 und 2017 verdreifachte sich unter der weißen Arbeiterschaft der „Tod aus Verzweiflung" (Case und Deaton 2020, S. 45).

Ihre zentrale, an Durkheims Selbstmordstudie angelehnte, These lautet: Es gibt einen Zusammenhang zwischen Zerstörung („disruption") individueller Bindungen an Werte, an Personen und an Institutionen und dem Tod aus Verzweiflung: „Abnehmendes Vertrauen ist ein Indikator für sinkendes Sozialkapital und zunehmende Mortalität" (ebd., S. 100).

Ihr Ansatz ist interdisziplinär und stützt sich auf ein breites statistisches Datenmaterial. Ihr Anspruch ist es, nicht nur den Einfluss von Einkommen, sondern der gesamten Lebenssituation auf psychisches Wohlbefinden und Gesundheit zu untersuchen. Damit liefern sie eine paradigmabildende Studie, ähnlich wie es Emile Durkheim gelang und wie sie von Marie Jahoda, Paul Lazarsfeld und Hans Zeisel später mit ihrer Untersuchung der Folgen massenhafter Arbeitslosigkeit in Marienthal vorgelegt haben (Jahoda et al. 1933; Neuauflage 1975).

Menschen sind nicht weniger wert – so Case und Deaton – nur weil sie keinen akademischen Abschluss vorweisen können. Unterschiede im Bildungsniveau seien kein Grund, Mitbürger als Menschen zweiter Klasse zu behandeln. Letztlich sei aber der übermächtige Einfluss des Finanzkapitals auf die demokratischen Institutionen für die beschriebenen Fehlentwicklungen verantwortlich, sowie ein medizinisch-pharmazeutischer Komplex mit seiner Umverteilungswirkung des gemeinsam Erwirtschafteten von unten nach oben (ebd., S. 227 ff.).

9.3 Suche nach den Ursachen

Für den starken Anstieg psychisch bedingter Arbeitsunfähigkeit in Deutschland gilt ebenso wie für die von Case und Deaton identifizierte epidemische Verbreitung des „death of despair" unter der weißen US-Arbeiterschaft: Beide sind weder verursacht durch Viren noch durch Bakterien. Sie sind nicht verursacht durch Verseuchung der Luft, des Trinkwassers oder von Lebensmitteln. Als Ursache für die Epidemie psychisch bedingter Arbeitsunfähigkeit kommen – in Übereinstimmung mit Case und Deaton – in Frage: Gefühle der Missachtung und Überforderung („Stress") sowie ein Mangel an sozialen Bindungen und an Sinnhaftigkeit von Aufgaben und Zielen. Auch das veränderte Verhalten der Hilfesuchenden und Veränderungen im Diagnose-Verhalten der behandelnden Ärzte haben wahrscheinlich Einfluss darauf, ob ein Arzt aufgesucht und wie häufig eine psychische Erkrankung dokumentiert wird. Hier besteht weiterer Forschungsbedarf.

Unsere an Emile Durkheim, Victor Frankl und Aaron Antonovsky angelehnte These lautet: Mitarbeitende, die eine emotionale Bindung an die Werte, Menschen und Aufgaben ihrer Organisation entwickeln, erleben ihre Arbeit als sinnhafter und sind deshalb bereit, sich zu engagieren und Verantwortung für das Ganze zu übernehmen. Sinnerleben, emotionale Bindung und psychisches Wohlbefinden hängen auf das Engste miteinander zusammen. Menschen wachsen und gedeihen durch sinnvolle Betätigung in einem sicheren Umfeld vertrauensvoller Beziehungen. Menschen entwickeln Wutgefühle, resignieren, fühlen sich ausgebrannt oder ohnmächtig, wenn sie wenig Sinn in ihrer Arbeit sehen oder einer Kultur der Ausgrenzung, der Angst und des Misstrauens ausgesetzt sind (Csikszentmihalyi 2014; Ehresmann und Badura 2018; Edmondson 2020).

In einer repräsentativen Bevölkerungsstudie berichten 26 % der befragten Erwerbstätigen über emotionale Erschöpfung und 30 % über Schlafstörungen (BMAS und BAuA 2020). Beides mindert die Lebensqualität der Betroffenen, aber auch ihr Arbeitsvermögen. Die Routinedaten der gesetzlichen Krankenversicherungen belegen einen starken Anstieg insbesondere von Ängsten, psychischer Erschöpfung oder Depressionen – bei Stagnation oder sogar einem Rückgang schwerer körperlicher Erkrankungen, tödlicher Arbeitsunfälle und Selbstmorde. Psychisch bedingte Arbeitsunfähigkeit führt mittlerweile jährlich zu über 100 Mio. AU-Tagen. Die Ausgaben der GKV für das Krankengeld belaufen sich auf weit über 14 Mrd., wovon vermutlich ein stattlicher Anteil auf die Versorgung psychisch Erkrankter entfällt (Herr und Schwanke 2020). Psychische Krankheiten bilden zudem die Hauptursache für Frühberentungen (Meschede et al. 2020). Die zu erwartenden physischen und psychischen Schäden durch die Corona-Krise sind dabei noch gar nicht mitgerechnet.

Der Sonderweg des amerikanischen Kapitalismus unterscheidet sich erheblich von dem in Europa und ganz sicherlich von dem in Deutschland eingeschlagenen Weg einer Gesellschaft, die sich der Vision der sozialen Marktwirtschaft verschrieben hat. Konzeptionelle Grundlagen, Methodik und der kritische Blick von Case und Deaton sind gleichwohl hervorragend zur Orientierung auch für entsprechende Analysen hierzulande geeignet, z. B. zu den psychischen, sozialen und ökonomischen Folgen der Corona-Pandemie.

Mit ihrem Konzept der „Verzweiflung" schlagen Case und Deaton eine Brücke zwischen Biologie, Psychologie und Sozialwissenschaften. „Verzweiflung" bezeichnet einen Zustand physischen und psychischen Leidens, bedingt durch Auflösung sozialer Werte, durch verlorenes Vertrauen in Mitmenschen und zentrale Institutionen einer Gesellschaft. Menschen sind verzweifelt – so die Autoren –, weil sie sich von der Gesellschaft im Stich gelassen fühlen und ihren Glauben an die Gerechtigkeit demokratischer Institutionen verloren haben.

Alle drei Entwicklungen: die massenhafte Verbreitung des Coronavirus, des Todes aus Verzweiflung und der psychisch bedingten Arbeitsunfähigkeit sollten genügen als Begründung für den hohen Bedarf an einem starken, die Krankenversorgung ergänzenden Arm zum Schutz und zur Förderung der Bevölkerungsgesundheit (public health). Es sollten Zuständigkeiten geklärt und bereits existierende Strukturen besser miteinander vernetzt und zielorientierter geführt und ausgestattet werden. Es sollte zudem ein Strategieentwicklungsprozess angestoßen und der Dialog zwischen Wissenschaft und Praxis gefördert werden. Bei Kopfarbeitern entscheidet die psychische Gesundheit über Energieeinsatz, Qualität und Innovationskraft. Daher gilt es insbesondere Schutz und Förderung der psychischen Gesundheit deutlich aufzuwerten und diesen Prozess verstärkt durch Forschung und Entwicklung zu begleiten und zu unterstützen.

Prävention – verstanden als Früherkennung und Kontrolle gesundheitlicher Gefährdungen und Beeinträchtigungen – schützt die Bevölkerung und stützt die Wirtschaft. Voraussetzung dafür ist eine Gesundheitsberichterstattung, die uns genauere Daten über den Gesundheitszustand einzelner Bevölkerungsgruppen, einzelner Branchen und Unternehmen liefert, die dabei interdisziplinär vorgeht und den Menschen als biopsychosoziales Wesen begreift. Dass in Deutschland insgesamt die Selbstmordraten sinken, schließt ihr Ansteigen in einzelnen Bevölkerungsgruppen, z. B, in einzelnen Berufen, nicht aus. Durchschnittszahlen und repräsentative Bevölkerungsstudien sind wenig geeignet zur Identifizierung einzelner Risikogruppen oder -regionen, insbesondere zur Entwicklung gezielter Präventionsprogramme (z. B. Badura und Ehresmann 2020).

9.4 Spontane Begeisterung für das Homeoffice

Als soziale Wesen sind Menschen abhängig von der Zugehörigkeit zu stabilen sozialen Netzwerken und von der dort erfahrenen Anerkennung und Zuwendung. Unsere Abhängigkeit von Mitmenschen begründet zugleich unsere Verwundbarkeit. Kaum etwas verletzt psychisch so sehr wie erfahrene Missachtung und Zurückweisung. Nur der Verlust wichtiger Menschen, aber auch von Einkommen und wichtigen Tätigkeiten wiegt noch schwerer. Gemeinsame Ziele und der gemeinsame Glaube an Regeln und Werte bilden die Grundlage für sozialen Zusammenhalt und gelingende Krisenbewältigung. Psychische Gesundheit, verstanden als nachhaltiges Wohlbefinden, wird durch gemeinsinnige, d. h. anderen Menschen dienliche Aktivitäten erzeugt, durch das Gefühl, selbst wertvoll für andere zu sein. Erzwungene soziale Isolation und Einsamkeit bedrohen nicht nur die psychische, sondern auch die physische Gesundheit (Murthy 2020). Das wirklich teuflische an dem Coronavirus liegt in der Transformation zwischenmenschlicher Kontakte und ihrer schützenden und stützenden Wirkungen zu existenzbedrohenden Risikofaktoren.

Die Corona-Pandemie trifft auf Gesellschaften, deren Gesundheitssysteme, deren soziale, kulturelle, ökonomische und politische Verhältnisse ihre Verbreitung eher fördern denn verhindern. Im Verlauf seiner wiederkehrenden Verbreitung wirkt das Virus zurück auf eben diese Verhältnisse. Diese Wechselwirkungen gilt es zu verstehen, um zukünftigen Herausforderungen besser gewachsen zu sein (siehe dazu Christakis 2020).

In der Arbeitswelt bewirkt die Pandemie erhebliche Erschütterungen – nicht nur durch Unterbrechungen von Lieferketten oder durch einbrechende Nachfrage der Kunden. Homeoffice, bei der Pandemie eingesetzt zur Beschränkung sozialer Kontakte, erfreut sich spontan hoher Akzeptanz, spart Mietausgaben beim Arbeitgeber, reduziert den Nahverkehr und bedeutet einen Quantensprung in Richtung selbstorganisierter Arbeit. Aber sind das tatsächlich die einzigen Gründe für den so bereitwilligen Rückzug von erheblichen Teilen der Erwerbsbevölkerung ins Private?

Für zahlreiche Unternehmen entwickelt sich die Corona-Krise zu einer Bedrohung nicht nur für die Gesundheit der Beschäftigten, sondern auch für ihre Arbeitsplätze. Erfordert nicht gerade diese Situation besonderen kollektiven Energieeinsatz und besonders intensive Zusammenarbeit, mit anderen Worten ein Mehr an Solidarität und Präsenz zur Krisenbewältigung? Ist die bisher praktizierte Präsenzkultur vielleicht noch zu häufig eine Misstrauenskultur? Organisationskrisen lassen sich eingebettet in ein soziales Netzwerk vertrauensvoller Beziehungen und getragen von einem gemeinsamen Grundverständnis handlungsleitender Überzeugungen, Werte und Prinzipien leichter bewältigen. Müssen Krisen dagegen in einer von Ängsten, Misstrauen und Unsicherheiten geprägten Präsenzkultur bewältigt werden, steigt das Risiko beeinträchtigter Gesundheit, sinkender Leistungskraft und Loyalität. Organisationen nehmen Einfluss auf Biologie und Energieeinsatz ihrer Mitglieder durch Einfluss auf ihr Gefühlsleben (Badura 2017).

Die Pandemie deckt Schwächen bei der Mitarbeiterführung auf. Und diese Schwächen könnten beides erklären helfen: warum bislang so wenig gegen den bereits seit vielen Jahren beobachtbaren Trend zunehmender psychisch bedingter Arbeitsunfähigkeit getan wird und warum das Homeoffice sich spontan einer so großen Beliebtheit erfreut hat.

Literatur

Badura B (Hrsg) (2017) Arbeit und Gesundheit im 21. Jahrhundert. Springer Gabler, Wiesbaden

Badura B, Ehresmann C (2020) Die Aussagekraft der Kennzahl „Fehlzeiten" – Deutungsversuch aus Sicht der Gesundheitswissenschaften. In: Badura B, Ducki A, Schröder H, Klose J, Meyer M (Hrsg) Fehlzeiten-Report 2020. Gerechtigkeit und Gesundheit. Springer, Berlin, Heidelberg, S 313–329

Bundesministerium für Arbeit und Soziales (BMAS), Bundesanstalt für Arbeitsschutz und Arbeitsmedizin (BAuA) (Hrsg) (2020) Sicherheit und Gesundheit bei der Arbeit – Berichtsjahr 2019: Unfallverhütungsbericht Arbeit. Bundesministerium für Arbeit und Soziales (BMAS), Bundesanstalt für Arbeitsschutz und Arbeitsmedizin (BAuA) (Hrsg), Berlin, Dortmund, Dresden

Case A, Deaton A (2020) Deaths of despair and the future of capitalism. Princeton University Press, Princeton

Christakis NA (2020) Apollo's arrow: the profound and enduring impact of coronavirus on the way we live. Hachette, New York

Csikszentmihalyi M (2014) Flow im Beruf. Klett-Cotta, Stuttgart

Durkheim E (1983) Der Selbstmord. Suhrkamp, Berlin (Neuauflage)

Edmonson C (2020) Die angstfreie Organisation. Valen, München

Ehresmann C, Badura B (2018) Sinnquellen in der Arbeitswelt und ihre Bedeutung für die Gesundheit. In: Badura B, Ducki A, Schröder H, Klose J, Meyer M (Hrsg) Fehlzeiten-Report 2018. Sinn erleben – Arbeit und Gesundheit. Springer, Berlin, Heidelberg, S 47–59

Harper K (2020) Fatum: Das Klima und der Untergang des Römischen Reiches. C.H.BECK, München

Herr D, Schwanke R (2020) Entwicklung der Krankengeldausgaben bei AOK-Mitgliedern unter Einordnung in die verfügbaren Datenquellen. In: Badura B, Ducki A, Schröder H, Klose J, Meyer M (Hrsg) Fehlzeiten-Report 2020. Gerechtigkeit und Gesundheit. Springer, Berlin, Heidelberg, S 685–696

Jahoda M, Lazarsfeld P, Zeile H (1975) Die Arbeitslosen von Marienthal. Ein soziodemografischer Versuch über die Wirkungen lang andauernder Arbeitslosigkeit. Suhrkamp, Berlin (Neuauflage)

Meschede M, Roick C, Ehresmann C, Badura B, Meyer M, Ducki A, Schröder H (2020) Psychische Erkrankung bei den Erwerbstätigen in Deutschland und Konsequenzen für das Betriebliche Gesundheitsmanagement. In: Badura B, Ducki A, Schröder H et al (Hrsg) Fehlzeiten-Report 2020. Gerechtigkeit und Gesundheit. Springer, Berlin, Heidelberg, S 331–364

Murthy VH (2020) Together: the healing power of human connection in a sometimes lonely world. Harper Collins, New York

Arbeit made in Germany: Arbeitsschutz und gesunde Arbeitsgestaltung in der Zeit vor, während und nach Corona

Elisa Clauß, Kristina Harrer-Kouliev und Helena Wolff

Inhaltsverzeichnis

10.1 Arbeit made in Germany vor Corona: Den Arbeitgeber:innen sind gute Arbeitsbedingungen ein wichtiges Anliegen – 171
10.1.1 Arbeitgeber:innen investieren viel in gute Arbeit – 171
10.1.2 Unternehmen schützen ihre Beschäftigten vor Arbeitsunfällen und arbeitsbedingten Erkrankungen – 173
10.1.3 Arbeitsschutz und Eigenverantwortung in der digitalisierten Arbeitswelt – 174

10.2 Gemeinsam durch die Krise: Arbeit made in Germany während der Pandemie – 175
10.2.1 Arbeits- und Infektionsschutz im Betrieb als zentrale Elemente in der Corona-Epidemie – 175
10.2.2 Studienergebnisse zeigen das große Engagement der Betriebe in der Krise – 176
10.2.3 Herausforderungen des Infektionsschutzes in der täglichen Arbeitspraxis – 179

10.3	Wie sieht das neue Normal nach der Corona-Zeit aus?	– 181
10.3.1	Unternehmen wagen den digitalen Sprung nach vorn	– 181
10.3.2	Das Potenzial von zeitlicher und räumlicher Flexibilität ist noch längst nicht ausgeschöpft	– 182
10.3.3	Für Unternehmen besteht weiterer Veränderungs-, Forschungs- und Unterstützungsbedarf	– 183
10.4	Fazit	– 184
	Literatur	– 184

■■ Zusammenfassung

Gute Arbeit sollte nicht nur Geld einbringen, sondern auch Sinn stiften und Freude bereiten. Sie hält die Unternehmen wettbewerbsfähig, innovativ und leistungsstark. Dies gilt umso mehr in der Corona-Pandemie, die die größte Bewährungsprobe seit dem Bestehen der Bundesrepublik Deutschland darstellt. Zur Bewältigung haben Arbeitgeber in großem Maßstab in Hygienemaßnahmen und Unternehmensinfrastruktur investiert, um ihre Belegschaft zu schützen. Gerade in der Corona-Krise hat sich gezeigt, wie wichtig insbesondere der Arbeits- und Infektionsschutz, aber auch flexible Arbeitsformen wie z. B. Arbeiten in flexiblen Zeitblöcken oder mobile Arbeit von zu Hause sein können – und wie viel unsere Betriebe auch in unsicheren und herausfordernden Zeiten leisten können. Dieser Artikel bietet einen Rückblick in die Zeit vor Corona sowie einen Überblick zu den Maßnahmen im Arbeits- und Infektionsschutz zur Bewältigung der Pandemie und erörtert, was für einen Start in das „neue Normal" nach der Krise nützlich und hilfreich sein kann.

10.1 Arbeit made in Germany vor Corona: Den Arbeitgeber:innen sind gute Arbeitsbedingungen ein wichtiges Anliegen

10.1.1 Arbeitgeber:innen investieren viel in gute Arbeit

Gut gestaltete Arbeit ist ein Schlüsselfaktor für Gesundheit, Motivation und Selbstwertgefühl (Knieps und Pfaff 2020). Gute Arbeitsverhältnisse zu schaffen ist daher nicht nur ein Motto oder Werbeslogan für Unternehmen, sondern deren stetiges Anliegen. Grundsätzlich ist Arbeitstätigkeit ein zentraler Faktor für unsere Gesundheit: Sie bietet soziale Kontakte und ein unterstützendes Umfeld, strukturiert den Tag (die Woche, das Jahr), ermöglicht persönliche Weiterentwicklung und die Erfahrung, dass das eigene Handeln wertvoll ist (Knieps und Pfaff 2020). Schlecht gestaltete Arbeit kann die Gesundheit gefährden und körperliche sowie psychische Erkrankungen nach sich ziehen.

Um neue Talente gewinnen und bisherige Beschäftigte halten zu können, ist gute Arbeitsgestaltung ein Muss. Arbeitgeber:innen investieren daher gern in gute Arbeitsgestaltung auch bereits vor der Pandemie: Laut Stressreport 2019 (BAuA 2020b) sanken kritische Belastungsfaktoren wie Arbeitstempo, Termin- und Leistungsdruck, ständig wiederkehrende Arbeitsvorgänge und die Zahl der Umstrukturierungen bereits seit mehreren Jahren (BAuA 2020b). Zu diesen Ergebnissen kommen auch internationale Erhebungen (Eurofound 2015 – neue Daten noch nicht erschienen). Während 2005 noch 32 % der Erwerbstätigen in Deutschland angaben, (fast) die ganze Zeit in einem hohen Arbeitstempo zu arbeiten, lag der Anteil 2015 nur noch bei 20 %. Gleiches gilt für den Termindruck. Im Jahr 2005 gaben noch 28 % der Beschäftigten an, (fast) die ganze Zeit unter hohem Termindruck zu arbeiten. 2015 waren es nur noch 22 %. Ebenso lässt sich ein positiver Trend bei kleinen und mittelständischen Unternehmen: Hier lässt sich kein Anstieg der Belastungsfaktoren feststellen – im Gegenteil, Arbeit unter Zeitdruck sinkt seit 2015 kontinuierlich (Fischmann 2019). Auch im europäischen Vergleich arbeiteten die Beschäftigten in Deutschland mit weniger Zeitdruck als in anderen Ländern. Auch sanken überlange Arbeitszeiten, ebenso wie (bezahlte und nicht bezahlte) Überstunden bzw. Mehrarbeit (BAuA 2020b; IAB 2020). Dies ist eine wichtige Entwicklung, da (über-)lange Arbeitszeiten zu gesundheitlichen Beeinträchtigungen führen können und auch die Unfallgefahr erhöhen.

Natürlich sind dies Ergebnisse über alle Branchen hinweg. Es gibt auch Branchen, wo sich diese positiven Entwicklungen nicht zeigen, wie z. B. die Pflegebranche und auch Bereiche der Logistik. Mitarbeiter:innen und

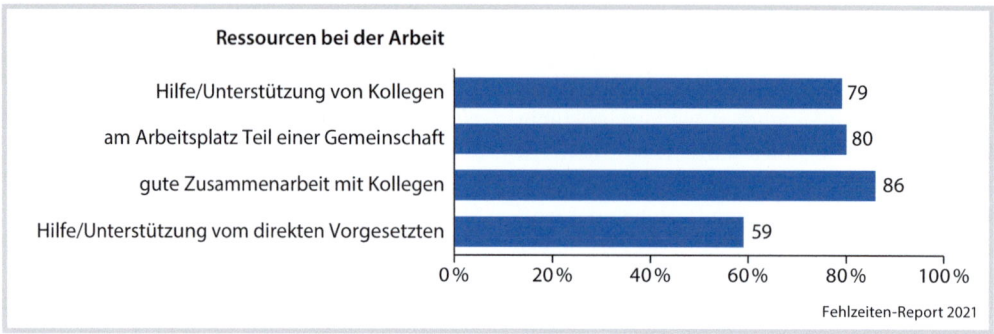

Abb. 10.1 Ressourcen bei der Arbeit (Quelle: BAuA 2020b, S. 189, Tab. 46)

Führungskräfte arbeiten laut Stressreport 2019 in diesen Branchen weiterhin unter hohem Arbeitstempo. Interessant ist ebenso, dass sich die subjektive Wahrnehmung der Arbeitsbedingungen teilweise von den objektiven Erhebungen unterscheidet. Objektiv erhoben zeigen sich Verbesserungen in Arbeitszeit und -menge, subjektiv bewerten Beschäftigte die Entwicklungen jedoch negativer (Clauß 2020). Diese Diskrepanzen in den Branchen und der Wahrnehmung bezüglich Arbeitszeit, -tempo und -menge aufzuheben bleibt weiterhin Aufgabe der Arbeitgeber:innen sowie der Gesundheitspolitik.

Zeitgleich waren Ressourcen bei der Arbeit wie die soziale Unterstützung auf gleichbleibend hohem Niveau, z. B. was die gute Zusammenarbeit bzw. Unterstützung durch Kolleg:innen und das Gefühl, ein Teil der Gemeinschaft am Arbeitsplatz zu sein anbelangt. ◘ Abb. 10.1 verdeutlicht den guten Stand der Ressourcen bei der Arbeit laut aktuellem Stressreport der Bundesanstalt für Arbeitsschutz und Arbeitsmedizin, wenngleich die Unterstützung durch die Führungskraft hier noch Luft zur Entwicklung aufwies. Neben dem Anstieg an Ressourcen bei der Arbeit und der Verringerung psychischer Belastungsfaktoren war auch die physische und umgebungsbezogene Arbeitsbelastung in Deutschland niedriger als in den Vorjahren und lag unter dem europäischen Durchschnitt (Eurofound 2015). In Bezug auf die psychische Gesundheit zeigt sich, dass diese sich in der Bevölkerung nicht verschlechtert oder anders gesagt, dass psychische Erkrankungen nicht zunehmen; es steigt jedoch die Anzahl der entsprechenden Diagnosen und nähert sich der Zahl derer, die tatsächlich psychisch erkrankt sind (Jacobi et al. 2014; Jacobi und Linden 2018). Dies spricht für eine zunehmende und willkommene Enttabuisierung des Themas und stärkere Sensibilisierung bei Ärzten, bei betrieblichen Akteuren und uns selbst – denn Psyche ist ein Thema in allen Lebensbereichen, wie auch die Offensive Psychische Gesundheit verschiedener Ministerien verdeutlicht.[1] Gut gestaltete Arbeit ist ein Schutzfaktor für die psychische Gesundheit, denn sie schafft Sinn, soziale Kontakte und Strukturierung (Knieps und Pfaff 2020; Enste und Ewers 2014). Daher bleibt gute Arbeit ein zentrales Anliegen der Arbeitgeber:innen.

Auf Basis der vorliegenden Untersuchungen zu den Arbeitsbedingungen in Deutschland kommen Untersuchungen des Statistischen Bundesamtes zu dem Schluss, dass ein Großteil der Beschäftigten ihre Arbeitssituation vor der Pandemie sehr positiv sah. 89 %

---

1 Die Offensive Psychische Gesundheit ist eine gemeinsame Initiative des Bundesministeriums für Arbeit und Soziales (BMAS), des Bundesministeriums für Gesundheit (BMG) und des Bundesministeriums für Familie, Senioren, Frauen und Jugend (BMFSFJ) sowie zentraler Akteur:innen aus dem Bereich der Prävention. Die Offensive wirbt für mehr Offenheit und will die Präventionsangebote stärker miteinander vernetzen.

der Erwerbstätigen in Deutschland sind mit ihrer Arbeit mindestens zufrieden, 33 % sogar sehr zufrieden (Statistisches Bundesamt 2018). Dabei unterschied sich die Jobzufriedenheit kaum nach Alter (BMAS 2018). Gerade der Mittelstand zeigte viel Engagement, durch ein mitarbeiterorientiertes Personalmanagement die Arbeitszufriedenheit weiter zu steigern (BMAS 2018).

10.1.2 Unternehmen schützen ihre Beschäftigten vor Arbeitsunfällen und arbeitsbedingten Erkrankungen

Arbeitsschutz für die Beschäftigten wird in Deutschland durch ein umfassendes Regelungssystem sichergestellt. Das Arbeitsschutzgesetz wird durch Arbeitsschutzverordnungen und diese werden durch technische Regeln konkretisiert. Die Erarbeitung technischer Regeln erfolgt durch Ausschüsse, in denen Arbeitgeber:innen- wie Gewerkschaftsvertreter:innen neben Wissenschaftler:innen und Vertreter:innen der Unfallversicherungsträger zusammenarbeiten. Diese Besetzung stellt sicher, dass im Bereich des Arbeitsschutzes alle Beteiligten Gehör finden und ihre Positionen einbringen können. Der Arbeitsschutz ist ein wichtiges Thema für Arbeitgeber:innen – auch bereits vor Corona, denn diese möchten sicheres Arbeiten gewährleisten und sicherstellen, dass ihre Beschäftigten auch bis ins Rentenalter gesundheitlich fit, leistungsfähig und leistungsbereit sind.

Arbeitgeber:innen sind grundsätzlich rechtlich für den Arbeitsschutz verantwortlich und dazu verpflichtet, entsprechende Schutzvorkehrungen zu treffen, um ihre Beschäftigten vor Gefahren zu schützen. Um Risiken für Krankheiten und Unfälle (d. h. Gefährdungen) aufzudecken, führen die Unternehmen eine entsprechende Gefährdungsbeurteilung zu verschiedenen Aspekten wie Gefahrstoffen, Muskel-Skelett-Belastungen und psychischer Belastung durch (siehe Definition zur Gefährdungsbeurteilung in Informationsbox 1). Bei einer repräsentativen Befragung von Betrieben und Beschäftigten gaben 80 % der Verantwortlichen für Arbeitsschutz an, dass an den Arbeitsplätzen in ihrem Betrieb eine Gefährdungsbeurteilung durchgeführt wird (NAK und BAuA 2017). Nach einer DEKRA/forsa-Befragung (2019) von 300 kleinen und mittleren Unternehmen (KMU) führen insbesondere Unternehmen mit 50 bis 250 Beschäftigten bei (fast) allen Arbeitsplätzen (90 %) eine Gefährdungsbeurteilung durch. Bei Unternehmen mit 250 bis 500 Beschäftigten sind es sogar 96 %. Natürlich ist diese Stichprobe (bestehend aus 300 KMU) nicht repräsentativ, zeigt jedoch eine positive Tendenz. Entwicklungsbedarf scheint es bei der schriftlichen Dokumentation zu geben: Insbesondere Kleinst- und Kleinbetriebe verfügen noch zu oft über keine schriftlich dokumentierte Gefährdungsbeurteilung und berücksichtigen häufiger Büroarbeitsplätze bei der Gefährdungsbeurteilung nicht voll (DEKRA/forsa 2019).

Ein Grund hierfür ist, dass Gefährdungen in diesen Betrieben im betrieblichen Alltag aufgedeckt und behoben werden (Beck et al. 2017), also unabhängig von der Durchführung einer formalisierten Gefährdungsbeurteilung. Nichtsdestotrotz ist die Gefährdungsbeurteilung für alle Unternehmen das grundlegende Instrument zum Gesundheitsschutz. Daher war und ist es Ziel und Aufgabe der Gemeinsamen Deutschen Arbeitsschutzstrategie „GDA", an der sich auch Arbeitgeberverbände beteiligen, dass möglichst alle Betriebe die Gefährdungsbeurteilung umsetzen und dokumentieren. Hierzu bedarf es niederschwelliger Handlungshilfen und Zusammenfassungen, die branchenspezifisch alle wesentlichen Informationen zum Arbeitsschutz beinhalten – wie die Branchenregeln der Deutschen Gesetzlichen Unfallversicherung.

> **Informationsbox 1 – Definition der Gefährdungsbeurteilung**
>
> Die Gefährdungsbeurteilung ist das zentrale Element für den betrieblichen Arbeitsschutz. Bei einer Gefährdungsbeurteilung werden die Arbeitsbedingungen auf Gefährdungen hin untersucht. Dabei werden alle Tätigkeiten, die Beschäftigte im Rahmen ihrer Arbeit verrichten, in die Beurteilung einbezogen, ebenso alle Arbeitsplätze im Betrieb, an denen Beschäftigte tätig werden. Zu den gesetzlichen Vorgaben gehört, dass die Gefährdungsbeurteilung tätigkeitsbezogen erfolgt. Dabei ist eine standardisierte Beurteilung eines Arbeitsplatzes oder einer Tätigkeit ausreichend, wenn und soweit gleichartige Arbeitsbedingungen bestehen (§ 5 Abs. 2 S. 5 ArbSchG). Sind die Beschäftigten einer Organisationseinheit gleichen Gefährdungen ausgesetzt, muss nur eine Beurteilung vorgenommen werden. Im Rahmen der Gefährdungsbeurteilung besteht ein Mitbestimmungsrecht des Betriebsrats nach § 87 Abs. 1 Nr. 7 BetrVG.

10.1.3 Arbeitsschutz und Eigenverantwortung in der digitalisierten Arbeitswelt

Die zunehmend digitalisierte Arbeitswelt verändert die Umstände des Arbeitslebens. Der Einsatz von mobilen Endgeräten führt mehr und mehr dazu, dass Beschäftigte ihre Arbeit von überall aus erbringen können. Diese Entwicklung hat sich bereits vor der Corona-Krise gezeigt, doch die Krise hat diese Thematik massiv vorangebracht, z. B. indem während der Pandemie vermehrt auf mobile Arbeit von zu Hause aus gesetzt wurde (mehr zum Thema Homeoffice in der Informationsbox 3). Die digitalisierte Arbeitswelt verändert somit die Anforderungen an den Arbeitsschutz. Grundsätzlich haben die Arbeitgeber:innen eine Gefährdungsbeurteilung und Unterweisung durchzuführen. Arbeiten Beschäftigte nicht von ihrem Arbeitsplatz im Betrieb aus, sondern z. B. von daheim, sind den Arbeitgeber:innen jedoch enge Grenzen gesetzt, die Bedingungen, unter denen gearbeitet wird, zu untersuchen: So können die Arbeitgeber:innen den Arbeitsplatz zu Hause, im Zug oder im Hotel kaum oder gar nicht begutachten, bevor sie mobile Arbeit ermöglichen.

In diesen Fällen ist es die Aufgabe der Arbeitgeber:innen, ihrer Pflicht zum Arbeitsschutz dadurch nachzukommen, dass sie die Beschäftigten entsprechend über Arbeitsschutzmaßnahmen unterweisen und erfragen, wie sich die Situation z. B. zu Hause gestaltet. Dadurch gewinnt die Eigenverantwortung, Selbstfürsorge und Arbeitsgestaltungskompetenz der Beschäftigten immer weiter an Bedeutung. Besonders im Rahmen der digitalisierten Arbeitswelt können Tätigkeiten immer eigenverantwortlicher bzw. selbstbestimmter gestaltet und damit Gesundheit und Wohlbefinden gefördert werden. Ein höherer Grad an Autonomie kann zu weniger Erschöpfung und besserem Abschalten von der Arbeit führen (BAuA 2016; Clauss et al. 2021). Zusammen mit der Selbstbestimmung wächst daher bereits seit Jahren die Rolle der Arbeitsgestaltungskompetenz im Arbeitsschutz. Darunter wird die Kompetenz verstanden, die eigene Arbeit so zu gestalten, dass man selbst gesund, motiviert und leistungsfähig bleibt. Arbeitgeber:innen können zur Stärkung der Kompetenz z. B. zusätzlich Workshops anbieten bzw. zur besseren Umsetzung mobiler Arbeit Arbeitsmittel wie einen Laptop zur Verfügung stellen. Auf eine adäquate und ergonomische Sitzposition, Blendungsfreiheit etc. müssen die Beschäftigten jedoch selbst am gewählten Arbeitsort achten.

10.2 Gemeinsam durch die Krise: Arbeit made in Germany während der Pandemie

Auch während der Corona-Zeit stellen die große Mehrheit Beschäftigten ihren Betrieben ein sehr gutes Zeugnis aus (psyGA 2020). Ein Grund dafür ist, dass die Betriebe in der Krise viel leisten und z. B. den so wichtigen Arbeits- und Infektionsschutz schnell umgesetzt und zur Chefsache gemacht haben: Bei 98 % der Betriebe mit spezifischen Corona-Regelungen zum Arbeitsschutz ist die Geschäftsleitung involviert, d. h. an der Entwicklung und Umsetzung der Schutzmaßnahmen beteiligt (BAuA 2020a). Aufgrund der zum Teil schwierigen wirtschaftlichen Lage gibt es natürlich einen allgemeinen Anstieg an Unsicherheit. Hier ist die gute Kommunikation und Unterstützung gefragt, wobei 66 % der befragten Beschäftigten angeben, dass die Unterstützung ihrer Betriebe vorbildlich ist (psyGA 2020).

10.2.1 Arbeits- und Infektionsschutz im Betrieb als zentrale Elemente in der Corona-Epidemie

Der Gesundheitsschutz der Beschäftigten war und ist für die absolute Mehrheit der Betriebe, Unternehmen und Organisationen in dieser Corona-Ausnahmezeit von Anfang an von zentraler Bedeutung, wie verschiedene genannte Studien belegen (BAuA 2020a; psyGA 2020). Durch schnelles Reagieren, viel Flexibilität und kreative Lösungen konnten die Arbeitgeber:innen zusammen mit ihren Beschäftigten die Corona-Pandemie bisher sehr gut meistern – so konnten zahlreiche Betriebe bereits vor Veröffentlichung von Regeln und Verordnungen verschiedenste Maßnahmen zum Händewaschen und Abstand halten vorweisen (Clauß und Rigo 2020) bzw. haben schnell ihre Geschäftsmodelle erweitert z. B. auf Take-away-Angebote. Neben dem Gesundheitsschutz ist für die Unternehmen wesentlich, auch wieder „hochzufahren", wieder wirtschaftlich arbeiten zu können und damit Arbeitsplätze zu sichern. Dabei wurden sie zunächst durch verschiedene Handlungshilfen bzw. Regelungen unterstützt:

- SARS-CoV-2 Arbeitsschutzstandard
- SARS-CoV-2 Arbeitsschutzregel
- über 300 branchenspezifische Handlungshilfen der Unfallversicherungsträger

SARS-CoV-2-Arbeitsschutzstandard und Arbeitsschutzregel sind hierbei durchgängig mit allen relevanten Playern (d. h. der Bundesregierung und dem Bundesarbeitsministerium, den Bundesländern und Unfallversicherungsträgern als Aufsichtsbehörden, die die Unternehmen bei der Umsetzung beraten und kontrollieren, dem Robert Koch-Institut sowie den Sozialpartnern) abgestimmt. Im Januar 2021 folgte zusätzlich die SARS-CoV-2-Arbeitsschutzverordnung, die mit weiteren konkreten Maßnahmen die Arbeitsschutzregel ergänzt bzw. erweitert.

Problematisch für die Betriebe sind von Beginn an die zahlreichen nicht immer aufeinander abgestimmten Verordnungen und Regeln auf Bundes- und Länderebene. Besonders die Landesverordnungen gaben zum Teil abweichende Maßnahmen im Vergleich zur SARS-CoV-2-Arbeitsschutzregel oder zu den Empfehlungen der Berufsgenossenschaften vor, z. B. wann und welche Maskentypen zu tragen sind (Clauß und Rigo 2020). Durch die SARS-CoV-2-Arbeitsschutzverordnung kam ein weiteres Maßnahmenpaket hinzu, das innerhalb kürzester Zeit noch einmal um Verpflichtungen wie einen Hygieneplan sowie konkrete Vorgaben zur Verwendung von Schutzmasken erweitert wurde. Für die Unternehmen bedeutet diese Fülle an Änderungen einen ständigen Abgleich der verschiedenen Verordnungen bzw. Regeln und daraus folgend eine große (Rechts-)Unsicherheit. Die Unternehmen und ihre (Spitzen-)Verbände hatten hier vielfach um eine einheitliche, abgestimmte Vorgehensweise zwischen Bund und Ländern gebeten – leider jedoch ohne Erfolg.

10.2.2 Studienergebnisse zeigen das große Engagement der Betriebe in der Krise

Trotz dieser zusätzlichen Belastungen ist das Engagement der Unternehmen im Arbeits- und Infektionsschutz ungebrochen. Neutrale Forschungsinstitute wie die Bundesanstalt für Arbeitsschutz und Arbeitsmedizin (BAuA) bestätigen in verschiedenen Studien den sehr guten Schutz und den Einsatz der Betriebe bei der Umsetzung der Schutzmaßnahmen aus der Arbeitsschutzregel. Knapp 80 % der Betriebe setzen spezielle Regelungen zum Arbeitsschutz in der Corona-Krise um, um die Beschäftigten bestmöglich vor Infektionen zu schützen. Nur 16 % der Betriebe gaben im September 2020 an, dass ihre Anstrengungen eher nicht bzw. überhaupt nicht zugenommen haben. Der am häufigsten genannte Grund derjenigen Betriebe ohne erkennbare Zunahme der Arbeitsschutzanstrengungen war, dass der bereits bestehende Arbeits- und Infektionsschutz als ausreichend bewertet wurde (BAuA 2020a). Laut Bertelsmann-Stiftung (2021) geben 90 % der Befragten an, dass ihr Unternehmen Maßnahmen ergriffen hat, damit Beschäftigte sich nicht infizieren. Meistens wird ein großes Maßnahmenbündel umgesetzt; so werden von den 17 Maßnahmen der Arbeitsschutzregel durchschnittlich 11,1 Maßnahmen realisiert (BAuA 2021). Dabei wird über die verhaltensbezogenen Maßnahmen (wie vermehrtes Händewaschen) hinaus ein Großteil verhältnisbezogener Schutzmaßnahmen (wie die Umgestaltung des Arbeitsplatzes, siehe ◘ Abb. 10.2) umgesetzt. Um auch Gefährdungen auf dem Weg von und zur Arbeitsstätte zu minimieren, haben Unternehmen der Privatwirtschaft bereits früh in der Pandemie nach großzügigen Homeoffice-Lösungen gesucht, z. B. Unternehmen im Bereich „Information und Kommunikation" (BAuA 2020a), aber auch Unternehmen mit Büroarbeitsplätzen, wo das Arbeiten vor Ort nicht zwingend notwendig ist. Genauere Zahlen und Daten zum Homeoffice finden sich in der Informationsbox 2. Treten in der Praxis Missstände auf, greifen Kontroll- und Sanktionsmechanismen. So haben sich die Sozialpartner bereits Mitte 2020 zusammen mit dem Bund sowie den Aufsichtsbehörden der Länder und Unfallversicherungsträger in der Gemeinsamen Deutschen Arbeitsschutzstrategie (GDA) auf eine gemeinsame „Leitlinie zur Beratung und Überwachung während der SARS-CoV-2-Epidemie" verständigt (GDA 2020).

Der Arbeitsplatz ist also durch die gesamte Pandemie hinweg ein vergleichsweise sicherer Ort. Dies zeigen die Auswertungen des Robert Koch-Instituts zu den gemeldeten Covid-19-Fällen nach Infektionsumfeld (Setting), bei welchem auch Ausbrüche am Arbeitsplatz erfasst werden (RKI 2021). Die Auswertung zeigt, dass der Anteil der Ausbrüche bei der Arbeit vergleichsweise klein ist. Lange wurden besonders häufig Ausbrüche in Alten- und Pflegeheimen, Krankenhäusern und im privaten Umfeld beobachtet. Durch die erfreulicherweise steigende Zahl an Impfungen sind diese Anteile nun fast verschwunden. Der Anteil von Ausbrüchen am Arbeitsplatz war in den Wochen 16 und 17 etwas gestiegen, sinkt nun wieder und liegt in Kalenderwoche 20 bei 9,4 %. Ein beträchtlicher Teil der Ausbruchsfälle wird derzeit in privaten Haushalten dokumentiert (Stand Meldewoche 20: 63 %). Der Forschungsbericht 570/04 im Auftrag des Bundesministeriums für Arbeit und Soziales kommt zu dem Schluss: „Die Sorge vor einer Ansteckung mit dem Coronavirus am Arbeitsplatz war somit auch Mitte April 2021 nicht sehr verbreitet" (S. 35). 82 % der befragten Beschäftigten machen sich keine bzw. weniger große Sorgen, 15 % große und 3 % sehr große Sorgen (Bonin et al. 2021)

Natürlich gibt es auch weiterhin Branchen wie der gesamte medizinische und pflegerische Bereich, wo die Arbeit ein großes (und auch

10.2 · Gemeinsam durch die Krise: Arbeit made in Germany während der Pandemie

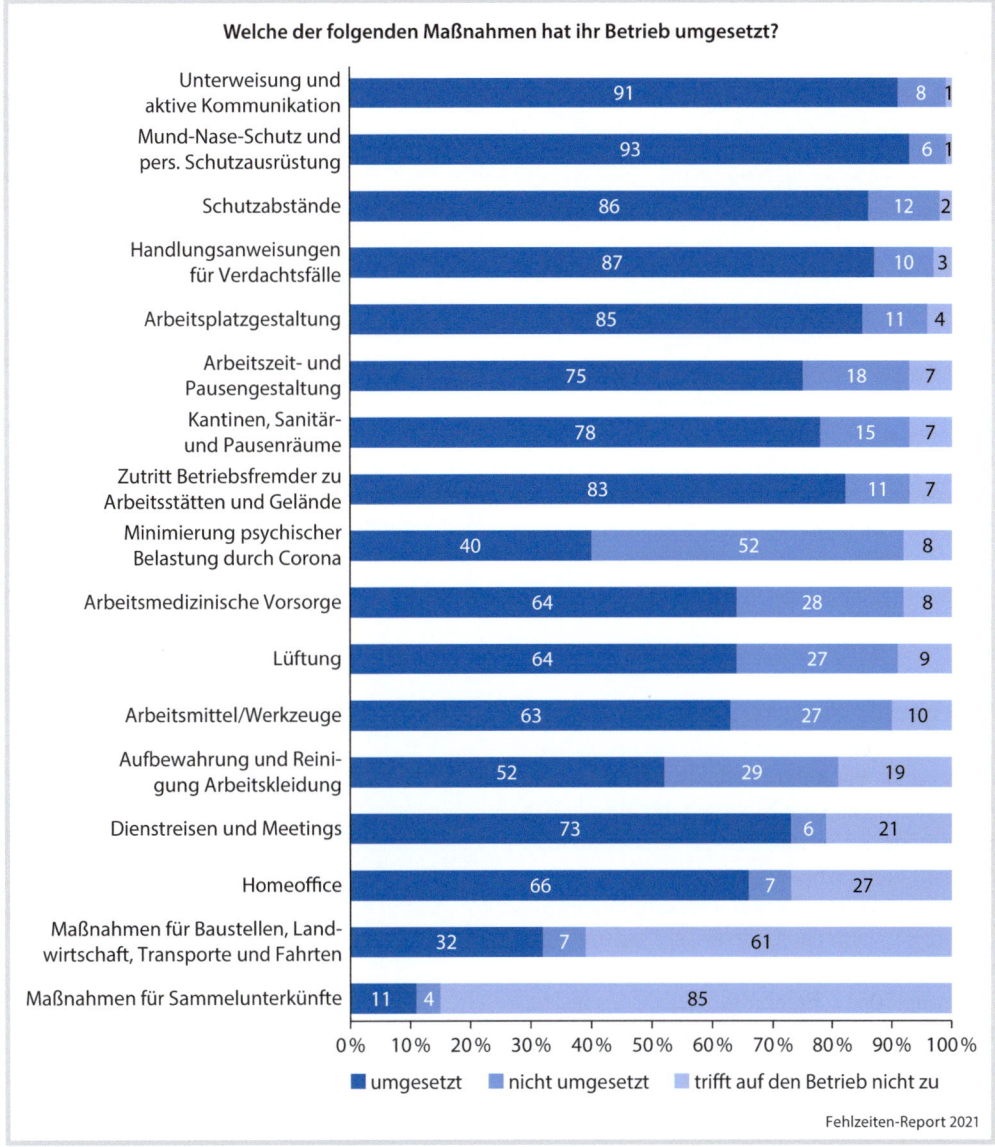

Abb. 10.2 Umsetzungsgrad der Maßnahmen aus SARS-CoV-2-Arbeitsschutzstandard und -regel in den befragten Betrieben, N = 724 (Quelle: BAuA 2021)

belastendes) Infektionsrisiko birgt. Hier und für alle anderen Betriebe hoffen wir auf weitere Entspannung durch konsequentes Impfen und Testen.

> **Informationsbox 2 – Testangebote der Arbeitgeber:innen**
> Die Testangebote durch Arbeitgeber:innen sind von März auf April 2021 sprunghaft angestiegen, so der BMAS-Forschungsbericht (Bonin et al. 2021): Von Ende März bis Anfang April 2021 hatten 60 % der abhängig Beschäftigten einen Arbeitgeber oder eine Arbeitgeberin, der/die Corona-Tests für die Mitarbeiter:innen anbot. Bei weiteren 11 % der abhängig Beschäftigten wurde ein Testangebot bereits angekündigt. Mitte April 2021 betrug der der Anteil der Beschäftigten, mit einem/einer Arbeitgeber:in, der oder die Corona-Tests anbietet, bereits 79 % und weitere 9 % der Beschäftigten geben an, dass ihr/e Arbeitgeber:in dies angekündigt hat.

Verschiedene Studien zeigen, dass das Engagement der Arbeitgeber:innen im Arbeitsschutz auch bei ihren Beschäftigten ankommt: Mitte April gab eine Mehrheit der Beschäftigten an, sie seien mit den Arbeitsschutzmaßnahmen ihrer Arbeitgeberin bzw. ihres Arbeitgebers zufrieden (79 %), 7 % empfanden die Schutzmaßnahmen sogar als zu weitreichend und 13 % als nicht weitreichend genug (Bonin et al. 2021). Ergebnisse der „Corona-Umfrage" (psyGA 2020) zeigen, dass sich zwei Drittel der Beschäftigten von ihren Arbeitgeber:innen über die gesamte Krise hinweg gut bis sehr gut unterstützt und informiert fühlen. Laut Bertelsmann Stiftung (2021) sind 86 % der Arbeitnehmer:innen in der Privatwirtschaft mit dem Verhalten ihrer Arbeitgeber:innen zufrieden. Zusätzlich gaben z. B. 65 % der befragten Beschäftigten in dieser Studie an, dass ihre Arbeitgeber:innen geholfen haben, während der Corona-Krise Beruf und Familie miteinander zu vereinbaren.

Einzig im Bereich „psychische Belastung" gab es zumindest laut BAuA-Erhebung vom September 2020 (BAuA 2021) noch Potenzial bei den Unternehmen: 40 % der Unternehmen gaben an, Maßnahmen zur Minimierung psychischer Belastung durch Corona umgesetzt zu haben. Hier wäre es natürlich spannend zu erfahren, ob und inwiefern sich diese Prozentzahl im Laufe der Pandemie noch verändert hat, da psychische Belastung sicherlich weiter in den Fokus gerückt ist, nachdem die dringlicheren Maßnahmen zum Schutz vor einer Infektion in den Betrieben umgesetzt wurden. Studien wie die „Corona-Umfrage" des psyGA-Projektes (2020) zeigen, dass die Beschäftigten im Mittel psychisch stabil sind. Einigen geht es psychisch sogar besser, da Stressoren wie Pendelzeiten wegfallen. Allerdings zeigt sich auch im Laufe der Pandemie eine allgemeine Verschlechterung des subjektiven Wohlbefindens, die mit der anhaltenden Ausnahmesituation zusammenhängt (Peters et al. 2020).

> **Informationsbox 3 – Mobile Arbeit gestern, heute und morgen**
> Mobile Arbeit bringt für viele Beschäftigte mehr Spielraum bzw. Autonomie im Arbeitsalltag und eine bessere Vereinbarkeit von Arbeit und Privatleben. Während der Krise hat insbesondere das Arbeiten im Homeoffice als Form mobiler Arbeit zur Reduzierung von Kontakten und damit Infektionsrisiken an Bedeutung gewonnen. Der Anteil der Beschäftigten, die Homeoffice nutzen können, ist gemäß der IAB-Befragung Befragung „Betriebe in der Covid-19-Krise" deutlich gestiegen (Bellmann et al. 2020).
>
> Dabei sind die Potenziale von mobiler Arbeit noch nicht ausgeschöpft. In Zukunft wird sich der Anteil der Beschäftigten, die ortsflexibel arbeiten können, vermutlich noch weiter erhöhen, denn bei dem Thema Arbeitsort bestehen vielfach noch Wünsche nach Flexibilisierung auf Seiten der Betriebe und Beschäftigten. Der technologische Fortschritt (steigende Leistungsfähigkeit der Breitbandtechnologie, Wei-

terentwicklung mobiler Anwendungen und Endgeräte) ermöglicht beispielsweise ortsunabhängiges Arbeiten z. B. auch in der Produktion (TAB 2017). Die Corona-Krise hat vor Augen geführt, in welchem Umfang mobile Arbeit möglich ist und gezeigt, dass Arbeitgeber:innen mit ihren Beschäftigten in sinnvoller und verantwortungsvoller Weise Vereinbarungen über mobile Arbeit treffen.

In welche Richtung sich Unternehmen während der Krise bereits verändert haben, verdeutlicht der „Resilienz-Check 2020" von Microsoft und BDA (2020). So sind Unternehmen deutlich flexibler geworden, haben ihre digitale Infrastruktur erweitert und nutzen Führungsformen, die dem Handlungsspielraum bei mobiler Arbeit gerecht werden. Natürlich stellen sich mit Blick in die Zukunft neue Fragen, wie z. B. Bürokonzepte aussehen, die einer steigenden Zahl an Tagen mobiler Arbeit pro Woche Rechnung tragen. Ebenso in welchem Rahmen mobile Arbeit noch vertretbar ist im Hinblick auf soziale Ressourcen am Arbeitsplatz und die wichtige soziale Unterstützung durch Kolleg:innen und Führungskräfte. In einigen Tarifverträgen haben Tarifvertragsparteien dazu bereits Regelungen implementiert und schaffen damit gute Rahmenbedingungen für mobile Arbeit

Vor, während und nach der Pandemie gilt auch weiterhin: Vertrauen und Absprachen schaffen Klarheit bei mobiler Arbeit. Interne Regelungen wie Kommunikationsregeln, die Festlegung von Reaktionszeiten und Begrenzung von Verteilerkreisen haben sich daher in der Praxis bewährt. Erreichbarkeit außerhalb der Arbeitszeiten ist tatsächlich und erfreulicherweise selten anzutreffen: Der Anteil Beschäftigter, die im Privatleben kontaktiert wurden (von Kolleg:innen, Mitarbeiter:innen , Vorgesetzten oder Kund:innen), liegt seit 2015 konstant bei 12 % (BAuA 2018). Anders sieht es in Bezug auf die Erwartung der Beschäftigten aus. Hier gehen 24 % der Beschäftigten davon aus, privat erreichbar sein zu müssen (BAuA 2018), auch wenn dies gar nicht erwartet wird. Auch das Verhalten von Kolleg:innen und Vorgesetzten spielen eine große Rolle: Je höher Druck bzw. die Erwartung, erreichbar sein zu müssen, desto eher ist man auch außerhalb der Arbeitszeit erreichbar (Kauffeld 2020).

Zu berücksichtigen bleibt, dass nicht alle Tätigkeiten mobiles Arbeiten und Homeoffice zulassen. Vor der Pandemie gaben 60 % der Beschäftigten an, auf Homeoffice bewusst zu verzichten, um Grenzen zwischen den Lebensbereichen zu wahren oder weil die Zusammenarbeit mit Kolleg:innen sonst erschwert werden würde. Nur 8 % der Befragten gaben an, dass sie sich Homeoffice wünschen, die Arbeitgeberin oder der Arbeitgeber dies jedoch nicht zulässt (BAuA 2020b). Auch nach der Pandemie wird sicherlich ein Teil der Beschäftigten dankend auf Homeoffice verzichten. Am Ende muss daher jedes Unternehmen die Möglichkeit haben, eine eigene Lösung zum passenden Umgang mit dem Arbeiten von unterwegs und von zu Hause zu finden.

10.2.3 Herausforderungen des Infektionsschutzes in der täglichen Arbeitspraxis

Gerade zu Beginn der Corona-Krise bestand bei vielen Unternehmen ein erhöhter Beratungsbedarf. Die Erarbeitung von Pandemieplänen, die Verlagerung vieler Arbeitsplätze ins Homeoffice, der Umgang mit vermutlich Erkrankten, der Kontakt mit den Gesundheitsämtern sowie die Einführung von zusätzlichen Arbeitsschutz- und Infektionsschutzmaßnahmen hat Arbeitgeber:innen und ihre Beschäftigten vor gewaltige Herausforderungen gestellt. Zusätzlich gewann das Infektionsschutzgesetz und die dort geregelten Entschädigungsansprüche für Arbeitgeber:innen und ihre Beschäftigten an Bedeutung und wurde vom Gesetzgeber etwa durch die Schaffung von § 56 Abs. 1a IfSG im Laufe der Corona-Pandemie geändert, um auf die Umstände der Krise zu reagieren. Neben dem Infektionsschutzgesetz kann auch die Ausweitung der Kinderkranktage in § 45 SGB V für von Schul- und Kitaschließungen betroffene Eltern einen Beitrag leisten, Kinderbetreuung und Arbeitsverpflichtungen zu vereinen. Einen weiteren Beitrag zum Infektionsschutz hat die vom Gemeinsamen Bundesausschuss beschlossene Möglichkeit der telefonischen Krankschreibung geleistet und für Arztpraxen wie für Patient:innen eine Erleichterung gebracht.

Zur Auslegung und Umsetzung des Infektionsschutzgesetzes und zur Praxis der zuständigen Landesbehörden stellen sich trotz zahlreicher inzwischen erfolgter Änderungen des Gesetzes nach wie vor viele Fragen. Die zum Teil zwischen den Bundesländern divergierenden Rechtsauffassungen bedeuten für Arbeitgeber:innen große Unwägbarkeiten und aufgrund der im Gesetz vorgesehenen Vorleistungspflicht auch erhebliche finanzielle Risiken. Einheitliche Auslegungskriterien und Abstimmungen zwischen den Bundesländern wären – wie auch schon beim Arbeitsschutz –für die Betriebe eine große Hilfe. Es hilft weder den Betrieben noch dem Infektionsschutz, wenn in dem einen Land Erstattungen für Fälle erfolgen und in anderen Ländern ablehnende Bescheide ergehen.

Zu einem in Zukunft erfolgreicheren Infektionsschutz gehört neben der notwendigen Abstimmung zwischen den Ländern auch eine bessere Ausstattung der Gesundheitsämter. Dazu zählen zum einen die personelle Ausstattung, aber auch finanzielle Ressourcen und eine angemessene technische Ausstattung, die schnelle Meldungen an das RKI, einen schnellen Austausch mit anderen Behörden sowie ein möglichst aktuelles Monitoring von Infektionsfällen ermöglicht. Gerade in diesem Bereich muss die Digitalisierung vorangetrieben werden, damit die Gesundheitsämter zeitnah Kontakte nachverfolgen und Meldungen vornehmen können, um Infektionsketten möglichst schnell zu unterbrechen und Betroffene zu benachrichtigen.

Insgesamt ist eine Überarbeitung des Infektionsschutzgesetzes dringend erforderlich, insbesondere zu den Entschädigungsregelungen der §§ 56 ff. Das vergangene Jahr hat deutlich gemacht, dass das Gesetz für Einzelausbrüche ansteckender Krankheiten ausreichen mag, angesichts einer Pandemie jedoch praktisch an Grenzen stößt, wenn es darum geht, das Gesetz in der Praxis umzusetzen und damit den Infektionsschutz zu verbessern, um die Aufgaben und Pflichten gleichmäßig auf verschiedene Schultern zu verteilen. So wäre es aus Sicht der Arbeitgeber:innen sinnvoll, wenn Arbeitnehmer:innen selbst den Antrag auf Entschädigung stellen müssten. Eine Vorleistungs- und Antragsstellungspflicht für Arbeitgeber:innen ist in Zeiten einer Pandemie – zum Teil bei gleichzeitigen Betriebsschließungen – nur sehr schwer umsetzbar. Sinnvoll und systematisch richtig wäre weiterhin, Regelungen zur Betreuung von Kindern aufgrund von Kita- oder Schulschließungen allein im IfSG und nicht im SGB V zu regeln. Arbeitnehmer:innen, die aufgrund von Schul- und Kitaschließungen ihre Kinder zu Hause betreuen, würden in diesem Fall einheitlich die Entschädigung nach § 56 Abs. 1a IfSG beantragen, die vom Arbeitgeber ausgezahlt und anschließend vom zuständigen Gesundheitsamt erstattet wird. Die Regelung in § 45 SGB V würde – entsprechend ihrem ursprünglichen Regelungsgehalt – nur in den Fällen in Anspruch genommen werden können, in denen ein *krankes* Kind zu Hause betreut werden muss, während es bei den Leistungen bei Schul- und Kitaschließungen um eine Leistung für Eltern von gesunden Kindern handelt, was deshalb nicht zur Systematik des § 45 SGB V passt. Für Arbeitgeber:innen und Arbeitnehmer:innen wäre klarer, welcher Anspruch für welche Fälle gilt und sie müssten in der Praxis nicht bei verschiedenen Stellen Anträge stellen und deren Bearbeitung nachhalten. Bezüglich der Regelungen zur telefonischen Krankschreibung muss eine Rückkehr zum Normalzustand erfolgen, sobald die Corona-Lage dies zulässt, denn es handelt sich bei ihnen lediglich um zeitlich befristete Ausnahmen von den Regelungen der Arbeitsunfähigkeits-Richtlinie. Die Möglichkeit zur telefonischen Krankschreibung ist eine Ausnahme von der Regel der persönlichen Untersuchung, diese bleibt weiterhin der Goldstandard, da eine Ärztin oder ein Arzt im Rahmen einer persönlichen Untersuchung am besten ein Bild vom Gesundheitszustand der Patientin oder des Patienten gewinnen und eine körperliche Untersuchung (Abhorchen, Abtasten etc.) vornehmen kann. Dies verdeutlicht auch die Systematik in der Arbeitsunfähigkeits-Richtlinie des Gemeinsamen Bundesausschusses, der in § 4 Abs. 1 Satz 2 festlegt, dass die Feststellung von Arbeitsunfähigkeit nur aufgrund einer unmittelbar persönlichen ärztlichen Untersuchung erfolgt und erst in Abs. 5 als Abweichung von Abs. 1 auch die Möglichkeit vorsieht, Arbeitsunfähigkeit mittelbar persönlich im Rahmen von Videosprechstunden festzustellen. Die Möglichkeit zur telefonischen Krankschreibung ist gemäß § 8 eine räumlich begrenzte und zeitlich befristete Ausnahme von den Regelungen der Richtlinie.

10.3 Wie sieht das neue Normal nach der Corona-Zeit aus?

Die Maßnahmen zur Eindämmung der Corona-Pandemie haben viele Betriebe hart getroffen. Um Arbeitsplätze, Innovationsfähigkeit und nicht zuletzt auch unseren gesellschaftlichen Wohlstand zu sichern, ist es daher notwendig, kluge Maßnahmen für den Neustart des Wirtschaftslebens zu entwickeln. Notwendig ist, die Flexibilität in der Arbeitswelt beizubehalten bzw. an verschiedenen Stellen noch auszubauen, um auch zukünftig schnell und betriebsgerecht auf unterschiedlichste Anforderungen reagieren zu können.

10.3.1 Unternehmen wagen den digitalen Sprung nach vorn

Deutschlands Wirtschaft hat gute Voraussetzungen, gestärkt aus der tiefsten Rezession in der Geschichte der Bundesrepublik hervorzugehen. Das zeigen die Ergebnisse einer repräsentativen Umfrage – dem „Resilienz-Check" – die im Auftrag von Microsoft und der Bundesvereinigung der Deutschen Arbeitgeberverbände (Microsoft und BDA 2020) die Fähigkeit deutscher Unternehmen zur Bewältigung von Krisen untersucht hat. Demnach erfüllt die Mehrzahl der Unternehmen entscheidende Bedingungen für Resilienz – und viele haben die Corona-Pandemie genutzt, um ihre Widerstandsfähigkeit weiter zu verbessern (siehe ◘ Abb. 10.3). Wie die Untersuchung zeigt, haben Unternehmen in der Corona-Pandemie eine hohe organisatorische Anpassungsfähigkeit bewiesen. Zwei Drittel der Befragten sagen, dass sie sich während der Pandemie neue Arbeitsweisen angewöhnt haben, die Hälfte sagt, dass ihr Unternehmen insgesamt flexibler geworden ist. In den Belegschaften herrscht eine große Offenheit für neue Lösungen. Sechs von zehn Beschäftigten sagen, dass sie sich gerne mit neuen Technologien und Arbeitsweisen auseinandersetzen.[2]

---

2 Die vollständige Studie findet man unter ▶ https://arbeitgeber.de/www/arbeitgeber.nsf/res/Resilienz-Check2020.pdf/$file/Resilienz-Check2020.pdf.

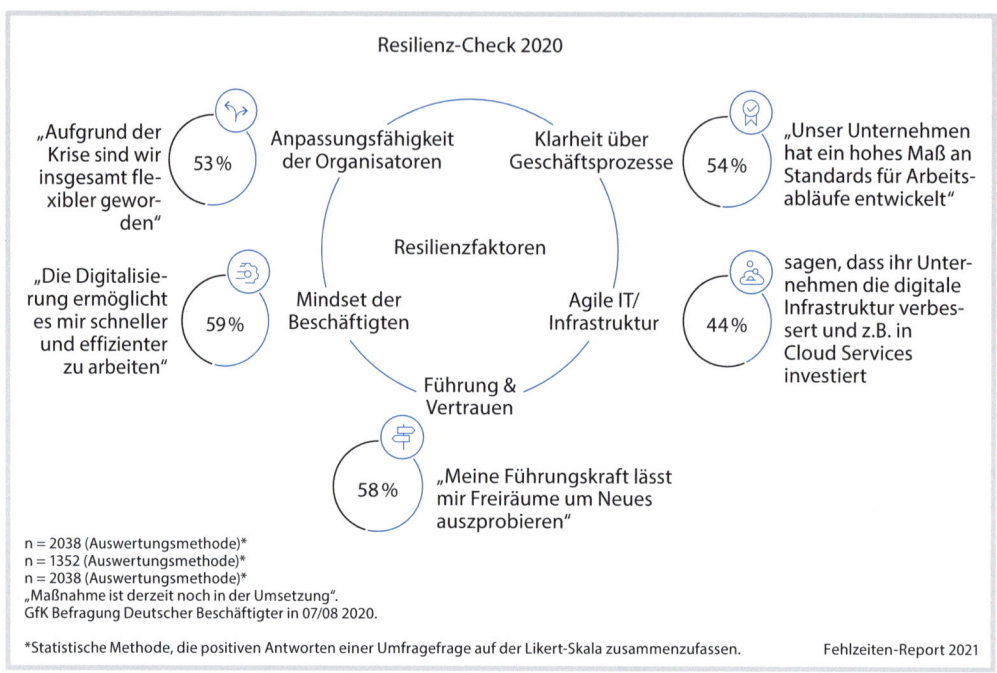

◘ Abb. 10.3 Ergebnisse des Resilienz-Checks 2020 von Microsoft und BDA (2020)

10.3.2 Das Potenzial von zeitlicher und räumlicher Flexibilität ist noch längst nicht ausgeschöpft

Die Bedeutsamkeit und der Wert der Arbeit ist der gleiche wie noch vor Jahrzehnten – was sich jedoch bereits lange vor der Corona-Krise zu wandeln begonnen hat, ist die Erwartung an die Arbeitsbedingungen. Viele Beschäftigte haben heute andere Erwartungen an ihre Arbeit als noch vor einigen Jahrzehnten: Der Wunsch nach Vereinbarkeit der Lebensbereiche ist stärker denn je: Beschäftigte fordern verstärkt eine zeitlich und örtlich flexibel gestaltbare Arbeit (DGCN 2018). Das heißt also, es verändern sich durch den Wandel in der Arbeitswelt psychologische Verträge und damit die Wahrnehmung von Gerechtigkeit im Arbeitskontext. Im „alten, traditionellen" psychologischen Vertrag stehen Arbeitsplatzsicherheit, lebenslange Beschäftigung, interner Aufstieg und Spezialisierung mit an vorderster Stelle. Der „neue Vertrag" indes beinhaltet die Erwartung an Eigenverantwortung, interne Entwicklungsmöglichkeiten, Zielorientierung und Flexibilität (Raeder und Grote 2001).

Auch wird es für die Unternehmen in Deutschland immer wichtiger werden, flexibel und veränderungsbereit zu sein. Sie stehen vor der Herausforderung, die verschiedenen Erwartungen der Beschäftigten mit den Anforderungen durch Digitalisierung, Change-Prozesse, Nachhaltigkeit, neue Formen der Führung, Agilität und Flexibilität zu vereinbaren und zwar so, dass die Arbeitsbedingungen weiterhin positiv für Gesundheit, Leistungsfähigkeit und Motivation sind. Der Wunsch nach mehr Flexibilität bestand also bereits vor der Corona-Krise und wird als solcher – sicherlich sogar in verstärkter Form – auch nach der Pandemie noch bestehen. Neben den bereits vorhandenen Optionen zur Arbeitszeitflexibilisierung (wie Gleitzeit) oder für mobile Arbeit ist hier die Politik gefragt: Eine wöchentliche statt tägliche Höchstarbeitszeit würde es erlauben, die Woche entsprechend flexibel zu gestalten. Arbeitgeber könnten so ihren Beschäftigten legal einräumen, unterschiedlich lang oder in zeitlich getrennten Blöcken zu arbeiten. Hierbei spielt das Thema Pausen bzw. Ruhezeiten eine wichtige Rolle. Für die Beschäftigten wäre es ein großer Gewinn an Autonomie, wenn sie ihre Ruhezeiten beispielsweise in zwei Blöcke aufteilen könnten, von denen einer jedoch mindestens acht Stunden umfasst. Natürlich soll es nicht darum gehen, dass Beschäftigte mehr arbeiten. Diese Anpassung gibt die Chance, die Arbeitszeiten und -orte flexibel an die jeweiligen Arbeitsphasen und Lebensumstände anzupassen und bietet Unternehmen die Möglichkeit, auf plötzliche Veränderungen auf dem Markt (so wie wir sie auch in den letzten Monaten erlebt haben) sinnvoll zu reagieren.

10.3.3 Für Unternehmen besteht weiterer Veränderungs-, Forschungs- und Unterstützungsbedarf

Die Corona-Krise hat deutlich gezeigt, wie wichtig Arbeitsschutz und eine gute Arbeitsgestaltung sind. Sie hat jedoch ebenfalls gezeigt, dass es noch zahlreiche ungeklärte Fragen in Bezug auf die künftigen Arbeitsformen und auf den Umgang mit Krisen gibt. Hauptziel bleibt, die Arbeit der Zukunft gut und sicher zu gestalten und dabei für die Unternehmen und Beschäftigten die passenden Rahmenbedingungen zu schaffen. Damit dies gelingt, müssen aus Sicht der Unternehmen noch einige zentrale Fragen beantwortet werden und auch die Bedarfe von Kleinst- und Kleinunternehmen (KKU) sowie mittelständischen Betrieben Berücksichtigung finden (wie der Wunsch nach weniger bürokratischen Zetteleien und dafür mehr Unterstützung auf regionaler Ebene). Insbesondere bei Letzteren muss in den Forschungsprojekten sichergestellt werden, dass die Ergebnisse auf KKU übertragbar sind. Forschungsfragen, die sich bereits vor der Corona-Zeit herauskristallisiert haben und während der Krise teilweise an Dringlichkeit gewonnen haben, beziehen sich auf zeitliche und örtliche Flexibilität, agiles Arbeiten, Digitalisierung und Eigenverantwortung, aber auch auf Nachhaltigkeit, permanenten Wandel und neue Anforderungen an Führungskräfte (BDA 2021). Sie umfassen beispielsweise folgende Fragen:

- Wie können die Unternehmen in die Lage versetzt werden, ganzheitliche und bedarfsgerechte Arbeitszeitmodelle zu entwickeln und ihre Arbeitsorganisation nachhaltig im Hinblick auf die zunehmend digitalisierte und dynamisierte Arbeitswelt anzupassen?
- Welche Faktoren sind wesentlich, um das Potenzial mobiler Arbeit auch in „krisenfreien" Zeiten besser zu nutzen?
- Wie können die Rahmenbedingungen so gestaltet werden, dass Unternehmen auf kommende Krisen/Veränderungen schnell und effektiv reagieren können?
- Wie kann die Digitalisierung der Verwaltung umgesetzt und gestaltet werden?
- Was gilt es bei der Einführung agiler Methoden und Mindsets auf betrieblicher Ebene zu beachten und welche Konsequenzen ergeben sich daraus für das Management, die Führungskräfte und Mitarbeiter:innen?
- Welche Führungsstile werden zukünftig für welche Aufgaben/Situationen verstärkt benötigt?
- Welche Rahmenbedingungen von Seiten der Unternehmen braucht es, um die Arbeitsgestaltungskompetenz passend zu flankieren?
- Wie verändern neue Treiber wie z. B. die Nachhaltigkeit den Arbeitsmarkt?
- Wie verändern die Digitalisierung und der Einsatz von KI typische Aufgaben und Berufe in den Unternehmen?

10.4 Fazit

Die vergangenen Monate haben Arbeitgeber:innen wie Beschäftigte vor große Herausforderungen gestellt und von allen ein hohes Maß an Veränderungsbereitschaft, Flexibilität und Resilienz gefordert – was viele Betriebe und Beschäftigten auch in hohem Maße gezeigt haben. Die Basis hierfür war die gute Arbeit(sgestaltung) der Betriebe vor der Corona-Pandemie. Arbeitgeber:innen haben bereits vor der Pandemie gute und sichere Arbeit gestaltet und gelebt und während der Pandemie alle möglichen Maßnahmen zusammen mit ihren Beschäftigten unternommen, um dies aufrechterhalten zu können. Natürlich gab und gibt es auch weiterhin verschiedene Herausforderungen und Probleme, die die Arbeitgeber:innen beschäftigen werden und für die Lösungen gefunden werden müssen. Nicht nur die Corona-Situation an sich, sondern auch die zahlreichen Neuregelungen in Gesetzen, Verordnungen und Regeln haben bei Unternehmen und Betrieben zu vielen Fragen und Unsicherheiten geführt. Dies gilt sowohl für das Infektionsschutzgesetz als auch für die Länderverordnungen, insbesondere aber auch für den Bereich des Arbeitsschutzes mit seinen zahlreichen Regelungen. Der Abstimmungs- und Beratungsbedarf für die (Spitzen-)Verbände war dementsprechend sehr hoch. Mit Auslegungshilfen, Übersichten, Positionspapieren und Praxisseminaren in Form von Webinaren haben sie für ihre Mitglieder Beratungsangebote geschaffen und Antworten auf drängende Fragen gegeben. Die Bemühungen der Unternehmen und die Beratungsarbeit der Verbände muss aber zusätzlich durch kluge politische Maßnahmen flankiert werden, die unter Berücksichtigung des Infektionsschutzes Öffnungsschritte erlauben und so einen für viele Unternehmen dringend erforderlichen Neustart ermöglichen und den Unternehmen und Beschäftigten eine Perspektive bieten. Die Pandemie zeigt jedoch ganz deutlich, dass Beschäftigte und Arbeitgeber:innen erfolgreich Hand in Hand arbeiten und schnelle, sehr gute Lösungen für ihren Betrieb finden können.

Literatur

Beck D, Schuller K, Schulz-Dadaczynski A (2017) Aktive Gefährdungsvermeidung bei psychischer Belastung. Präv Gesundheitsf 4:1–9

Bellmann L, Gleiser P, Kagerl C et al (2020) Potenzial für Homeoffice noch nicht ausgeschöpft. https://www.iab-forum.de/potenzial-fuer-homeoffice-noch-nicht-ausgeschoepft/. Zugegriffen: 22. Febr. 2021 (IAB-Forum, 21. Dezember 2020)

Bertelsmann Stiftung (Hrsg) (2021) Mitarbeiterorientierung und Engagement in schwierigen Zeiten Eine Beschäftigtenbefragung zum Verhalten der Arbeitgeber während der Coronapandemie. https://www.bertelsmann-stiftung.de/fileadmin/files/Projekte/89_Unternehmensverantwortung__regional_wirksam_machen/Downloads/Bertelsmann-Stiftung_Beschaeftigtenbefragung.pdf. Zugegriffen: 30. März 2021

Bonin H, Krause-Pilatus A, Rinne U (2021) BMAS-FORSCHUNGSBERICHT 570/4 Arbeitssituation und Belastungsempfinden im Kontext der Corona-Pandemie im April 2021 Ergebnisse einer repräsentativen Befragung von abhängig Beschäftigten. https://www.bmas.de/DE/Service/Publikationen/Forschungsberichte/fb-570-4-arbeitssituation-belastungsempfinden-corona-pandemie-april-2021.html;jsessionid=9EC5BDFAE559A130A8A9189CF481E12A.delivery1-replication. Zugegriffen: 31. Mai 2021

Bundesanstalt für Arbeitsschutz und Arbeitsmedizin (BAuA) (2016) Arbeitszeitreport Deutschland 2016. Bundesanstalt für Arbeitsschutz und Arbeitsmedizin, Dortmund, Berlin, Dresden

Bundesanstalt für Arbeitsschutz und Arbeitsmedizin (BAuA) (2018) BAuA-Arbeitszeitbefragung: Vergleich 2015–2017. Bundesanstalt für Arbeitsschutz und Arbeitsmedizin, Dortmund

Bundesanstalt für Arbeitsschutz und Arbeitsmedizin (BAuA) (2020a) Bericht kompakt: Betrieblicher Arbeitsschutz in der Corona-Krise. https://www.baua.de/DE/Angebote/Publikationen/Bericht-kompakt/Betrieblicher-Arbeitsschutz-Corona.html. Zugegriffen: 15. Febr. 2021

Bundesanstalt für Arbeitsschutz und Arbeitsmedizin (BAuA) (2020b) Stressreport Deutschland 2019: Psychische Anforderungen, Ressourcen und Befinden. https://www.baua.de/DE/Angebote/Publikationen/Berichte/Stressreport-2019.pdf?__blob=publicationFile&v=8. Zugegriffen: 18. Febr. 2021

Bundesanstalt für Arbeitsschutz und Arbeitsmedizin (BAuA) (2021) SARS-CoV-2-Arbeits- und Infektionsschutzmaßnahmen in deutschen Betrieben: Ergebnisse einer Befragung von Arbeitsschutzexpertinnen und -experten. https://www.baua.de/DE/Angebote/Publikationen/Fokus/SARS-CoV-2-

Literatur

Befragung.pdf?__blob=publicationFile&v=9. Zugegriffen: 29. März 2021

Bundesministerium für Arbeit und Soziales (BMAS) (2018) Forschungsbericht 505: Arbeitsqualität und wirtschaftlicher Erfolg: Längsschnittstudie in deutschen Betrieben. https://www.bundesregierung.de/breg-de/suche/arbeitsqualitaet-und-wirtschaftlicher-erfolg-1837828. Zugegriffen: 30. März 2021

Bundesvereinigung der Deutschen Arbeitgeberverbände (BDA) (2021) Arbeitsforschung 2021+: Welche Forschungsfragen bewegen die Arbeitgeber und wie sieht die Arbeitswelt der Zukunft aus? https://arbeitgeber.de/wp-content/uploads/2021/02/bda-arbeitgeber-forschungspapier-arbeitsforschung-2021.pdf. Zugegriffen 30. März 2021

Büro für Technikfolgen-Abschätzung beim Deutschen Bundestag (TAB) (2017) Chancen und Risiken mobiler und digitaler Kommunikation in der Arbeitswelt. Büro für Technikfolgen-Abschätzung beim Deutschen Bundestag, Berlin

Clauß E (2020) Selbstbestimmung versus Arbeitsintensivierung. Arbeitsmed Sozialmed Umweltmed 9:551–555

Clauß E, Rigo C (2020) Arbeitsplatzgestaltung in der Pandemie. Praktische Erfahrungen aus verschiedenen Branchen. Arbeitsmed Sozialmed Umweltmed 8:485–488

Clauss E, Hoppe A, Schachler V, O'Shea D (2021) Occupational self-efficacy and work engagement as moderators in the stressor-detachment model. Work Stress 35(1):74–92

Deutsches Global Compact Netzwerk (DGCN) (2018) Arbeitsstandards 2.0. Flexibilisierung, Optimierung oder Marginalisierung? Im Auftrag des Bundesministeriums für wirtschaftliche Zusammenarbeit und Entwicklung. DGCN, Berlin

DEKRA/forsa (2019) Arbeitssicherheitsreport 2018/19. Eine DEKRA/forsa-Befragung in mittelständischen Unternehmen. https://www.dekra.de/fileadmin/76_Images/Geschaeftskunden/Mensch_und_Gesundheit/Arbeitssicherheitsreport_2018/Arbeitssicherheitsreport_2018.pdf. Zugegriffen: 25. Febr. 2021

Enste D, Ewers M (2014) Lebenszufriedenheit in Deutschland – Entwicklung und Einflussfaktoren. IW-Trends 2:1–18

Eurofound (2015) Sechste Europäische Erhebung über die Arbeitsbedingungen. https://www.eurofound.europa.eu/de/surveys/european-working-conditions-surveys/sixth-european-working-conditions-survey-2015. Zugegriffen: 9. Febr. 2021

Fischmann W (2019) Psychische Belastung und Beanspruchung am Arbeitsplatz. Arbeitsmed Sozialmed Umweltmed 54:85–89

Gemeinsame Deutsche Arbeitsschutzstrategie (GDA) (2020) Leitlinie zur Beratung und Überwachung während der SARS-CoV-2-Epidemie. https://www.gda-portal.de/DE/Downloads/pdf/Leitlinie-SARS-CoV-2.pdf?__blob=publicationFile&v=3. Zugegriffen: 16. Juni 2021

Institut für Arbeitsmarkt- und Berufsforschung (IAB) (2020) Aktuelle Daten und Indikatoren: Befristete Beschäftigung in Deutschland 2019. http://doku.iab.de/arbeitsmarktdaten/tab-az2020.pdf. Zugegriffen: 14. März 2021

Jacobi F, Höfler M, Strehle J et al (2014) Psychische Störungen in der Allgemeinbevölkerung: Studie zur Gesundheit Erwachsener in Deutschland und ihr Zusatzmodul „Psychische Gesundheit" (DEGS1-MH). Nervenarzt 85:77–87

Jacobi F, Linden M (2018) Macht die moderne Arbeitswelt psychisch krank – oder kommen psychisch Kranke in der modernen Arbeitswelt nicht mehr mit? Arbeitsmed Sozialmed Umweltmed 53:530–536

Kauffeld S (2020) Räumlich und zeitlich verteilt mobil im Team arbeiten. In: Knieps F, Pfaff H (Hrsg) BKK Gesundheitsreport 2020: Mobilität – Arbeit – Gesundheit. Medizinisch Wissenschaftliche Verlagsgesellschaft, Berlin, S 254–264 (https://www.bkk-dachverband.de/fileadmin/Artikelsystem/Publikationen/2020/Gesundheitsreport_2020/BKK_Gesundheitsreport_2020_web.pdf. Zugegriffen: 12.03.2021)

Knieps F, Pfaff H (Hrsg) (2020) BKK Gesundheitsreport 2019: Psychische Gesundheit und Arbeit. https://www.bkk-dachverband.de/fileadmin/Artikelsystem/Publikationen/2019/BKK_Gesundheitseport_2019_eBook.pdf. Zugegriffen: 15. März 2021

Microsoft und Bundesvereinigung der Deutschen Arbeitgeberverbände (BDA) (2020) Resilienz-Check 2020. https://news.microsoft.com/wp-content/uploads/prod/sites/40/2020/09/Resilienz-Check2020.pdf. Zugegriffen: 30. März 2021

Nationale Arbeitsschutzkonferenz (NAK) und Bundesanstalt für Arbeitsschutz und Arbeitsmedizin (BAuA) (2017) Grundauswertung der Betriebsbefragung 2015 und 2011 – beschäftigtenproportional gewichtet (korrigierte Fassung). https://www.gda-portal.de/DE/Downloads/pdf/Grundauswertung-Evaluation.pdf?__blob=publicationFile&v=2. Zugegriffen: 2. März 2021

Peters A, Rospleszcz S, Greiser K, Dallavalle M, Berger K (2020) COVID-19-Pandemie verändert die subjektive Gesundheit. Dtsch Arztebl 117:861–867

psyGA (2020) Ergebnisse der Corona-Umfrage psyGA – Bewältigung. https://www.psyga.info/corona-umfrage. Zugegriffen: 31. März 2021

Raeder S, Grote G (2001) Flexibilität ersetzt Kontinuität. Veränderte psychologische Kontrakte und neue Formen persönlicher Identität. Arbeit 10(4):352–364

Robert Koch-Institut (RKI) (2021) Täglicher Lagebericht des RKI zur Coronavirus-Krankheit-2019 (COVID-19). 25.05.2021 – Aktualisierter Stand für Deutschland. https://www.rki.de/DE/Content/InfAZ/

N/Neuartiges_Coronavirus/Situationsberichte/Mai_2021/2021-05-25-de.pdf?__blob=publicationFile. Zugegriffen: 31. Mai 2021

Statistisches Bundesamt (Destatis) (2018) Pressemitteilung Nr. 154 vom 30. April 2018. https://www.destatis.de/DE/Presse/Pressemitteilungen/2018/04/PD18_154_12211.html. Zugegriffen: 12. März 2021

Soziale Ungleichheit als prägendes Merkmal – die Arbeitswelt während und nach der Corona-Krise

Rolf Schmucker

Inhaltsverzeichnis

11.1 Einleitung – 188

11.2 Vorrang für Gesundheit – 188

11.3 Die zwei Seiten des Homeoffice – 190

11.4 Kinder, Küche, Corona – 192

11.5 Systemrelevanz: Aufwertung von Arbeit – 194

11.6 Ausblick: Gute Arbeit für alle! – 196

Literatur – 197

▪ ▪ Zusammenfassung

Die Auswirkungen der Corona-Pandemie auf die Arbeitswelt haben eine Debatte über Defizite und Perspektiven von (Erwerbs-)Arbeit angestoßen. Während der Pandemie wurde eine Reihe von Problemen und Fehlentwicklungen deutlich sichtbar. Soziale Unsicherheit, gesundheitliche Risiken, existenzielle Sorgen, fehlende Wertschätzung und hohe Arbeitsbelastungen sind weit verbreitet. Ein Querschnittsthema ist die ausgeprägte soziale Ungleichheit in der Arbeitswelt. Je nach Branche, Berufsgruppe, Geschlecht, beruflichem Status und Qualifikationsniveau sind Risiken und Belastungen ungleich verteilt. Die Gewerkschaften haben diese Schieflage schon vor der Pandemie kritisiert und Konzepte für eine solidarische Gestaltung von Arbeit vorgelegt. Während der Corona-Krise sind die Probleme noch einmal schärfer hervorgetreten. Mit Blick auf vier Themenfelder – Arbeits- und Gesundheitsschutz, mobile Arbeit, Geschlechtergerechtigkeit, Systemrelevanz – werden die Folgen der Pandemie und mögliche Schlussfolgerungen für die künftige Gestaltung der Arbeitswelt diskutiert.

11.1 Einleitung

Die Corona-Pandemie und die Maßnahmen zu ihrer Eindämmung haben tiefgreifende Auswirkungen auf die Arbeitswelt. Innerhalb kürzester Zeit wurden ganze Branchen vorübergehend stillgelegt, Millionen Beschäftigte in Kurzarbeit geschickt und Hunderttausende entlassen. Um die Infektionsgefahr einzudämmen, verlagern viele Arbeitnehmer:innen ihre Arbeit in die eigenen vier Wände. Auf der anderen Seite sind zahlreiche Beschäftigte auch während der Hochphasen der Pandemie in Präsenz tätig, weil ihre Arbeit „vor Ort" für die Bewältigung der Krise unverzichtbar ist. Beschäftigte im Gesundheitswesen, im Lebensmittelhandel oder der Logistik sind aufgrund der Pandemie verstärkten Belastungen sowie einem erhöhten Infektionsrisiko ausgesetzt.

Schon die wenigen Beispiele machen deutlich, dass die Auswirkungen der Corona-Krise auf die Arbeitswelt in Abhängigkeit von Branche, Beruf und Status sehr unterschiedlich sind. Grundsätzlich kann sich jede:r mit dem Virus infizieren, dennoch ist die Pandemie kein Gleichmacher. Eine Zwischenbilanz der coronabedingten Veränderungen in der Arbeitswelt muss sich daher mit sozialer Ungleichheit beschäftigen.

Die Corona-Pandemie hat neben den kurzfristigen Herausforderungen der Krisenbewältigung auch eine Reihe von Fragen zur künftigen Gestaltung der Arbeitswelt aufgeworfen. Viele davon sind nicht neu, traten unter den Bedingungen der Pandemie jedoch deutlicher hervor. Im vorliegenden Beitrag sollen vier Themen aufgegriffen werden: Zum einen der Arbeits- und Gesundheitsschutz, der während der Pandemie – mit dem Fokus auf Infektionsschutz – verstärkte Aufmerksamkeit erhalten hat. Zum zweiten die zunehmende Verbreitung mobiler Arbeit und damit einhergehende Fragen von Selbstbestimmung und Entgrenzung. Ein drittes Thema ist die ungleiche Arbeitsteilung zwischen den Geschlechtern, die aufgrund eingeschränkter Betreuungsangebote während der Corona-Krise eine Zuspitzung erfuhr. Und schließlich wird die Debatte um systemrelevante Berufe aufgegriffen, die die grundsätzliche Frage nach dem gesellschaftlichen Wert und der Anerkennung von Arbeit aufwirft.

Die kurzfristigen Auswirkungen von Corona werden zum Anlass genommen, über notwendige Veränderungen der Arbeitswelt nachzudenken, die über die Pandemie hinausreichen. Im Mittelpunkt steht dabei die Perspektive der Beschäftigten und die Frage, wie die Arbeit der Zukunft human, selbstbestimmt und solidarisch gestaltet werden kann.

11.2 Vorrang für Gesundheit

Das Corona-Virus bedroht nicht alle Menschen in gleichem Maße. Das Erkrankungsrisiko und die Schwere des Verlaufs stehen im Zusammenhang mit dem Alter und existierenden Vorerkrankungen (BMAS 2020). Darüber hinaus hängt die Wahrscheinlichkeit, sich mit dem Virus zu infizieren, eng mit der Frage zusammen, ob Menschen in der Lage sind, Kontakte zu reduzieren und Abstand zu anderen Menschen zu halten. Neben den Wohnverhältnissen ist die Arbeitssituation hier ein entscheidender Faktor.

Betriebliche Prävention während der Pandemie bedeutet, ein Infektionsrisiko bei der Arbeit auszuschließen, oder, wenn dies nicht vollständig möglich ist, auf das geringstmögliche Maß zu reduzieren. Diese gesundheitspolitische Priorität steht allerdings häufig im Widerspruch zu (kurzfristigen) wirtschaftlichen Interessen, da die entsprechenden Maßnahmen Eingriffe in die betrieblichen Abläufe oder sogar deren vorübergehende Stilllegung bedeuten, Wertschöpfungsketten oder auch Umsätze beeinträchtigen können. Viele Unternehmen haben daher nur zögerlich oder unzureichend Maßnahmen ergriffen. Besonders sichtbar wurde dies während des ersten Lockdowns in Betrieben der Fleischindustrie: Fehlende oder unwirksame Schutzmaßnahmen in einer Reihe von Schlachthöfen in Verbindung mit überfüllten Unterkünften führten zu einer schnellen Ausbreitung des Virus unter den zumeist osteuropäischen Werkvertragsarbeitnehmer:innen (Bosch et al. 2020).

Die IG Metall führte im Herbst 2020 eine Befragung von über 250.000 Beschäftigten durch, in der die betrieblichen Maßnahmen zur Bekämpfung der Pandemie thematisiert wurden. Mehrheitlich waren die Befragten mit dem betrieblichen Infektionsschutz zufrieden. Bei der Bewertung der verschiedenen Maßnahmenbereiche wird jedoch deutlich, dass deren Wirksamkeit von einer relevanten Minderheit der Befragten kritisch gesehen wird. Jede:r Fünfte (21 %) fühlte sich durch den Arbeitgeber bezüglich der Hygiene- und Vorsorgemaßnahmen nicht gut informiert, ein Viertel der Befragten (27 %) bewertete die Maßnahmen zur Umgestaltung der Arbeitsplätze kritisch, ebenfalls jede:r Vierte (23 %) sah Defizite bei der Ausstattung der Beschäftigten mit Schutzausrüstung (IG Metall 2020, S. 4).

Verbreitete Sorgen zeigen sich auch in einer Beschäftigtenbefragung, die während des ersten Lockdowns im April/Mai 2020 durchgeführt wurde. Ein Viertel der Befragten (22 %) gab an, sich Sorgen um eine Corona-Infektion bei der Arbeit zu machen (Holst et al. 2021, S. 4). Besonders ausgeprägt waren die Ängste in Dienstleistungsberufen, deren Tätigkeit durch die Interaktion mit Kund:innen, Patient:innen oder anderen Personengruppen gekennzeichnet ist. Vor allem in den sogenannten „unteren Erwerbsklassen", die durch geringere Qualifikationsanforderungen charakterisiert sind, war die Angst vor einer Infektion weit verbreitet. In dieser Gruppe hatten 44 % der Beschäftigten Sorge vor einer Ansteckung. Dazu zählen Berufsgruppen wie nicht-akademische Pflege- und Erziehungsberufe, Verkäufer:innen, Beschäftigte im Gastgewerbe sowie Zusteller:innen.

Es ist wenig überraschend, dass die Sorge vor einer Covid-Infektion bei der Arbeit in den Berufsgruppen besonders stark ausgeprägt ist, in denen interaktiv mit anderen Menschen gearbeitet wird. Wo Kontakte nicht vermieden und ein angemessener Abstand nicht eingehalten werden können, besteht ein erhöhtes Risiko. Dass die Sorgen der Beschäftigten nicht aus der Luft gegriffen sind, legen erste Auswertungen von Morbiditäts- und Mortalitätsstatistiken nahe. Die Arbeitsunfähigkeitsdaten der Krankenkassen im Verlauf des Jahres 2020 weisen die höchsten Corona-Erkrankungsraten für Berufsgruppen in den Bereichen Erziehung und Gesundheit auf (Barmer 2021; WIdO 2020). Die britische Statistikbehörde berichtet für England und Wales im Zeitraum März bis Dezember 2020 die höchste Sterblichkeit im Zusammenhang mit Covid-19 bei un- und angelernten Beschäftigten mit manuellen Tätigkeiten (z. B. in der Produktion) sowie in Pflege- und sozialen Dienstleistungsberufen (ONS 2021).

Die Corona-Pandemie hat den arbeitsbedingten Gesundheitsgefahren und der damit verbundenen gesundheitlichen Ungleichheit (Schmucker 2020a) eine neue Dimension hinzugefügt. In den wenigsten Betrieben war die Vermeidung von ansteckenden Erkrankungen vor Beginn der Pandemie ein wichtiger Bestandteil des Arbeitsschutzsystems. Entsprechend war der Infektionsschutz „Neuland für die betriebliche Arbeitsschutzpolitik" (Fergen und Neumann 2021, S. 158). Während für die Prävention körperlicher und – in geringerem Maße – auch psychischer Erkrankungen eine Reihe von Vorgaben und Hilfestellungen für die betrieblichen Arbeitsschutzakteure existiert, gab es für Infektionskrankheiten kein entsprechendes Regelwerk. Mit der SARS-CoV-2-Arbeitsschutzregel und der Corona-Arbeitsschutzverordnung mussten entsprechende Regelungen erst erarbeitet und in die betriebliche Praxis implementiert werden.

Die konsequente Umsetzung betrieblicher Prävention ist die Voraussetzung für einen wirksamen Gesundheitsschutz und für solidarisches Handeln während der Pandemie. Eine Säule des verhältnispräventiven Arbeitsschutzes in der Corona-Pandemie ist die Kontaktreduzierung. Dabei ist das Homeoffice die wirksamste Maßnahme. Wo dies nicht möglich ist, bedarf es einer genauen Beurteilung der Gefährdung in den unterschiedlichen Organisationsbereichen und Tätigkeitsfeldern. Für alle Beschäftigtengruppen, die weiterhin im Kontakt mit Kolleg:innen, Patient:innen oder Klient:innen arbeiten, müssen mit deren Beteiligung passgenaue Maßnahmen entwickelt werden, um die Ansteckungsgefahr zu minimieren. Damit wird nicht nur ein Beitrag geleistet, die Gesundheit der Beschäftigten zu schützen. Besondere Anstrengungen für die am stärksten gefährdeten Gruppen zu unternehmen ist auch Ausdruck solidarischen Handelns. Der Fragmentierung von Belegschaften und dem Gefühl, lediglich „Kanonenfutter" bei der Aufrechterhaltung betrieblicher Abläufe zu sein (Holst et al. 2021, S. 42), kann nur durch eine konsequente und wirksame zielgruppenspezifische Prävention begegnet werden.

Eine grundsätzliche Lehre aus der Pandemie besteht darin, dass die Gesundheit der Beschäftigten nicht verhandelbar ist. Der Arbeits- und Gesundheitsschutz, der während der Pandemie erhöhte Aufmerksamkeit bekam (BAuA 2020), muss auch nach Corona einen hohen Stellenwert behalten. Die in der Vergangenheit verbreitete Missachtung gesetzlicher Vorgaben, etwa bei der fehlenden Durchführung von betrieblichen Gefährdungsbeurteilungen – knapp die Hälfte der Betriebe führt keine Gefährdungsbeurteilung durch (Hägele und Fertig 2017) –, und die unzureichende Personalausstattung der staatlichen Aufsicht – die Zahl der Aufsichtspersonen in den Arbeitsschutzbehörden wurde zwischen 2002 und 2017 halbiert (Heimann 2020) – sind Ausdruck der Vernachlässigung der Gesundheit von Arbeitnehmerinnen und Arbeitnehmern. Die Pandemie hat deutlich gemacht, dass das Interesse der Beschäftigten am Schutz ihrer Gesundheit nicht hinter ökonomischen Interessen zurückstehen darf.

11.3 Die zwei Seiten des Homeoffice

Das Ziel, Infektionen durch die Reduzierung direkter persönlicher Kontakte zu vermeiden, wurde ab März 2020 zu einem Katalysator für weitreichende Veränderungen in der Organisation von Arbeit. Zahlreiche Beschäftigte verlagerten ihre berufliche Tätigkeit in die eigenen vier Wände – auch in vielen Unternehmen, in denen die Möglichkeit mobilen Arbeitens vor der Pandemie nicht gegeben war.

Die Zahlen zur Verbreitung des Homeoffice variieren in Abhängigkeit von der jeweiligen Datengrundlage, vermitteln jedoch einen Eindruck vom Ausmaß der Veränderungen. In einer Beschäftigtenbefragung in Betrieben mit mehr als 50 Beschäftigten gab im April/Mai die Hälfte aller Befragten an, „zumindest gelegentlich" von zu Hause zu arbeiten. Im Jahr zuvor lag der Wert bei 30 % (Frodermann et al. 2020, S. 5). In der Mannheimer Corona-Studie gaben Ende März 25 % der Befragten an, „komplett oder überwiegend" zu Hause zu arbeiten (Möhring et al. 2020,

S. 3). Die vier Wellen der Erwerbspersonenbefragung der Hans-Böckler-Stiftung zeigen die Schwankungen über den Pandemieverlauf: „Ausschließlich oder überwiegend" im Homeoffice arbeiteten danach im März 2020 27 %, im November 14 % und im Januar 2021 wieder 24 % der Befragten (Emmler und Kohlrausch 2021, S. 5).

Grundsätzlich wurden mehrere Entwicklungen deutlich: Die Pandemie führte zu einer starken Ausweitung der Arbeit von zu Hause. Die Arbeit im Homeoffice war in Abhängigkeit der jeweiligen Branche und Tätigkeit sehr ungleich verteilt. In den Branchen Finanzwesen, Medien und IT gab es sehr hohe Anteile von Beschäftigten, die auch von zu Hause gearbeitet haben, im Einzelhandel und im Sozial- und Gesundheitswesen waren die Anteile am geringsten. Und es existierte eine stark ausgeprägte soziale Ungleichheit entlang unterschiedlicher Qualifikationsniveaus und Einkommensgruppen: Je höher das Qualifikationsniveau, desto häufiger wurde im Homeoffice gearbeitet (Ahlers et al. 2021, S. 8 f).

Während der Pandemie ist der Infektionsschutz der wichtigste Anlass für die Arbeit von zu Hause. Aus der Perspektive vieler Beschäftigten gibt es – pandemieunabhängig – noch weitere Motive: Der Wunsch nach einer besseren Vereinbarkeit von Arbeit und Privatleben, die Reduzierung von Fahrt- und Pendelzeiten und die Einschätzung, bestimmte Tätigkeiten besser von zu Hause aus erledigen zu können, sind die häufigsten Gründe, die für die Arbeit im Homeoffice angeführt werden (DGB-Index Gute Arbeit 2020b). Beschäftigte, die von zu Hause aus arbeiten, geben ein höheres Maß an Selbstbestimmung über die Gestaltung ihrer Arbeit und ihrer Arbeitszeit an.

Gleichzeitig – und dies ist die andere Seite mobiler Arbeit – zeigen sich bei Beschäftigten im Homeoffice überdurchschnittlich hohe Arbeitsbelastungen durch ständige Erreichbarkeit, überlange Arbeitszeiten und unbezahltes Arbeiten für den Betrieb. Beschäftigte, die auch im Homeoffice arbeiten, geben zudem häufiger an, dass sie Erholungspausen und die gesetzlich vorgeschriebene Ruhezeit verkürzen. Das Abschalten von der Arbeit gelingt mobilen Beschäftigten seltener, d. h. die räumliche Entgrenzung der Arbeit geht auch mit einer mentalen Belastung einher. Ein wichtiger Grund, der aus Beschäftigtenperspektive gegen ein (dauerhaftes) Arbeiten im Homeoffice spricht, ist zudem die soziale Isolation, d. h. der fehlende persönliche Kontakt zu den Kolleg:innen (ebd.).

Angesichts dieser ambivalenten Arbeitssituation ist es nicht verwunderlich, dass längst nicht alle Beschäftigten, die während der Pandemie von zu Hause arbeiten, diesen Zustand nach der Pandemie beibehalten möchten. Im Januar 2021 gab knapp die Hälfte der im Homeoffice Arbeitenden an, weniger (39 %) oder gar nicht mehr (7 %) von zu Hause arbeiten zu wollen (Emmler und Kohlrausch 2021, S. 17). Dabei spielen auch die Bedingungen der Arbeit in den eigenen vier Wänden eine Rolle. Wer in beengten Wohnverhältnissen arbeitet und den Wohn-/Arbeitsraum mit anderen Personen gemeinsam nutzt, weiß die Vorzüge eines ergonomisch eingerichteten Büroarbeitsplatzes zu schätzen.

Doch auch wenn die Verbreitung von Homeoffice nach der Pandemie wieder zurückgeht, ist davon auszugehen, dass diese Arbeitsform zukünftig eine größere Bedeutung erlangen wird. Auf Seiten der Beschäftigten bleibt es ein verbreiteter Wunsch, die größere Selbstbestimmung bei der Arbeit von zu Hause in Anspruch nehmen zu können. Und in vielen Unternehmen haben die Lockdown-Phasen als Katalysator für eine Umgestaltung von Arbeitsorganisation und Geschäftsmodellen gewirkt. Die Pandemie gilt als möglicher „Turbobeschleuniger" eines „Paradigmenwechsel[s] in der Gestaltung von Arbeits- und Kooperationsbeziehungen" (Hofmann et al. 2020, S. 4). Perspektivisch soll der „Normalfall Büro" durch eine „hybride Arbeitswelt" mit unterschiedlichen Arbeitsorten abgelöst werden.

Die Videokonferenz am Küchentisch macht jedoch noch kein „New Work", wie die zuvor genannten Schattenseiten der Arbeit im Homeoffice verdeutlichen (vgl. auch Urban 2021). Aus der Perspektive der Beschäftigten ist es daher wichtig, Bedingungen zu schaffen, mit denen die Potenziale für eine größere Selbstbestimmung in der eigenen Arbeit gefördert werden, ohne die bestehenden Standards einer menschengerechten Arbeitsgestaltung zu unterlaufen. Unter Pandemiebedingungen wurde das Arbeiten im Homeoffice oft kurzfristig umgesetzt und informell gehandhabt. Wichtige Fragen der Ergonomie, der Arbeitszeitgestaltung, der technischen Ausstattung etc. sind offen geblieben. Für die zukünftige Gestaltung guter Arbeit im Homeoffice ist daher ein gesetzlicher Regelungsrahmen für eine selbstbestimmte mobile Arbeit nötig, der die Rechte der Beschäftigten stärkt und bisherige Grauzonen beseitigt. Neben einem Recht auf Homeoffice – wo es die Art der Tätigkeit zulässt – ist dabei die Freiwilligkeit eine zentrale Komponente. Niemand darf zum Arbeiten von zu Hause aus gezwungen werden, der Arbeitgeber muss immer auch einen betrieblichen Arbeitsplatz zur Verfügung stellen. Und bei der Arbeitsgestaltung im Homeoffice darf es keine Aufweichung bestehender Arbeitsschutzstandards geben. Die Einhaltung des Arbeitszeitgesetzes und der Schutz vor Entgrenzung sind ebenso notwendig wie Regelungen zur Arbeitsausstattung und Kostenübernahme sowie ein umfassender Unfallversicherungsschutz (vgl. DGB 2020).

Die Möglichkeit, von zu Hause aus zu arbeiten, wird von vielen Beschäftigten gewünscht, weil sie sich davon mehr Autonomie bei der Gestaltung von Arbeit und Privatleben sowie Zeitersparnisse versprechen (DGB-Index Gute Arbeit 2020b, S. 34). Der Mehrheit der Beschäftigten steht diese Möglichkeit jedoch nicht offen, weil die besonderen Anforderungen ihrer Tätigkeit dies verhindern. Größere Gestaltungsspielräume bei der Arbeit im Homeoffice sind daher Themen, die auch nach der Pandemie zu Fragmentierungen und Konflikten innerhalb von Belegschaften führen können. Um dem entgegenzuwirken und auch die Interessen der nicht-mobilen Beschäftigten an einer größeren Arbeitszeitsouveränität zu berücksichtigen, ist über einen Ausgleich nachzudenken. Denkbar wären zum Beispiel zusätzliche freie Tage für Beschäftigte, für die das Arbeiten von zu Hause nicht möglich ist. Auch dies wäre ein Zeichen für einen solidarischen Umgang mit arbeitsbedingten Ungleichheiten.

11.4 Kinder, Küche, Corona

Auswirkungen der Corona-Pandemie auf die Arbeitswelt betreffen auch die Arbeitsteilung zwischen den Geschlechtern. Die Verteilung von Erwerbs- und Sorgearbeit ist in Deutschland überwiegend am Modell des zumeist männlichen Hauptnährers orientiert. Frauen weisen nach wie vor eine geringere Erwerbsquote auf und sind deutlich häufiger in Teilzeit beschäftigt als Männer. Die vorherrschende geschlechtsspezifische Arbeitsteilung ist mit verschiedenen Ungleichheitsdimensionen verwoben. Neben den ungleichen Arbeitszeitvolumen (Gender Time Gap) (Zucco und Lott 2021, S. 6) existiert eine schlechtere Bezahlung von Frauen (Gender Pay Gap), die in Deutschland im europäischen Vergleich besonders stark ausgeprägt ist (Schmieder und Wrohlich 2021), sowie eine ungleiche Verteilung von unbezahlter Sorgearbeit, etwa bei der Betreuung von Kindern und Angehörigen (Gender Care Gap) (BMFSFJ 2017, S. 12).

Coronabedingte Kurzarbeit, die Verkürzung von Arbeitszeiten und die Verlagerung des Arbeitens ins Homeoffice haben bestehende Arrangements von Erwerbs- und Sorgearbeit durcheinandergewirbelt. Die Schließung von Schulen und Kindertagesstätten und die Verlagerung der Kinderbetreuung in die privaten Haushalte hat die Frage aufgeworfen, wer die zusätzlich anfallende Sorgearbeit übernimmt. Erste Daten aus dem Frühjahr 2020 lieferten Hinweise auf eine „Retraditionalisierung" von Geschlechterrollen (Allmendinger 2020). Die Befunde zeigten eine stärkere Arbeitszeitreduzierung bei Müttern als bei Vätern und eine höhere Wahrscheinlichkeit bei

Müttern, ihre Erwerbsarbeit während der Pandemie komplett aufzugeben. Eine der möglichen Ursachen ist die stärkere Übernahme der Kinderbetreuung durch Frauen während der Pandemie (Bünning et al. 2020, S. 4). Mit einer Ausweitung der Sorgearbeit zu Lasten der Frauen ist die Gefahr verbunden, dass das Ziel einer größeren Geschlechtergerechtigkeit bei der Aufteilung von Erwerbs- und Sorgearbeit nach der Pandemie weiter entfernt ist als zuvor.

In einer Auswertung des „pairfam"-Panels zeigen Jessen et al. (2021), dass von Paaren, bei denen vor der Pandemie eine egalitäre Arbeitsteilung praktiziert wurde, die Verantwortung für die Kinderbetreuung auch während des Lockdowns von beiden Partnern in gleichem Maße getragen wurde. Dies betrifft etwa ein Drittel der Haushalte. Stärkere Veränderungen betreffen die Familien, bei denen im Jahr 2019 die Frau „überwiegend" oder „(fast) vollständig" die Kinderbetreuung übernommen hatte. Während der Anteil der Paare, in denen Frauen überwiegend für die Kinderbetreuung zuständig war, zurückgegangen ist, wuchs die Gruppe der Familien, in denen Frauen (fast) vollständig die Verantwortung trugen. Im Frühjahr 2020 lag dieser Anteil mit 16 % doppelt so hoch wie ein Jahr zuvor. Ein ähnlicher Trend zeigt sich bei der Verteilung der Hausarbeit (Waschen, Kochen, Putzen). Die Daten weisen auf eine „zunehmende Traditionalisierung" (ebd., S. 138) bei der Übernahme von Sorgearbeit während der Pandemie hin.

Die verschiedenen Muster bei der Verteilung der Sorgearbeit werden auch in den Daten der Erwerbspersonenbefragung der Hans-Böckler-Stiftung sichtbar (Zucco und Lott 2021): Die überwiegende Mehrheit der befragten Paare (76 %) gab an, dass sich die Aufteilung der Kinderarbeit während der Pandemie nicht geändert habe. In dieser Gruppe waren überwiegend die Frauen für die Kinderbetreuung zuständig. Während 8 % eine Traditionalisierung der Betreuungsaufgaben berichteten (die Partnerin übernimmt in der Pandemie einen größeren Anteil als zuvor), gaben 12 % eine Egalisierung an, d. h. die Betreuung wurde gleichmäßiger aufgeteilt als zuvor. Diese war allerdings überwiegend von kurzer Dauer und wird daher als „kurzfristige Anpassung an die Notsituation" des Lockdowns interpretiert (ebd., S. 19). Insgesamt kommen die Autorinnen zu dem Schluss, dass trotz leichter Verschiebungen auch während der Pandemie die traditionelle Arbeitsteilung bei der Kinderbetreuung dominiert hat.

Mit Blick auf die Verteilung von Erwerbs- und Sorgearbeit sind zwei weitere Ergebnisse von Interesse: Wenn Männer während der Pandemie in einem höheren Umfang Sorgearbeit übernommen haben, ist dies zum einen häufig mit kürzeren Arbeitszeiten verbunden. Männer, die mindestens in gleichem Maße wie ihre Frauen für die Kinderbetreuung zuständig sind, arbeiten im Durchschnitt weniger Stunden als Männer mit traditionellen Mustern. Zum anderen zeigt sich ein Zusammenhang mit der Arbeit im Homeoffice: Väter, die ihre Arbeit überwiegend von zu Hause aus erledigen, haben deutlich häufiger eine egalitäre Verteilung von Betreuungsaufgaben als diejenigen, die ihre Arbeit überwiegend an einem betrieblichen Arbeitsplatz ausüben (ebd., S. 20).

Die Erfahrungen in der Pandemie unterstreichen die Voraussetzungen für eine geschlechtergerechte Arbeitsteilung. Die Schließung von Schulen und Kindertagesstätten hat die Bedeutung einer öffentlichen Betreuungsinfrastruktur unübersehbar gemacht. Fehlen entsprechende Angebote, geraten Familien unter Druck, der unter den Bedingungen des Gender Pay Gaps besonders stark auf die Frauen wirkt. Ein bedarfsgerechter und wohnortnaher Ausbau von Betreuungsangeboten ist eine zentrale Voraussetzung für eine partnerschaftliche Aufteilung von Erwerbs- und Sorgearbeit.

Die generelle Einkommenslücke zwischen Männern und Frauen wird damit allerdings nicht geschlossen. Hier sind weitergehende Veränderungen nötig, wie der Ausbau der Tarifbindung, von der überdurchschnittlich viele Frauen in Dienstleistungsbranchen profitieren würden. Auch die in der Krise diskutierte Aufwertung systemrelevanter Berufe würde vielen frauendominierten Berufsgruppen in den Bereichen Gesundheit, Soziales oder dem Einzelhandel zugutekommen (siehe dazu auch ▶ Abschn. 11.5). Mit einer Reform des Einkommensteuerrechts können Anreize, eine geringfügige statt einer sozialversicherungspflichtigen Beschäftigung aufzunehmen, verringert und eine eigenständige finanzielle Absicherung von Frauen gestärkt werden.

Für eine partnerschaftliche Aufteilung von Erwerbs- und Sorgearbeit und eine bessere Vereinbarkeit von Arbeit und Privatleben ist nicht zuletzt auch die Frage entscheidend, über welches Maß an zeitlicher und räumlicher Flexibilität Beschäftigte bei ihrer Arbeit verfügen. Die Corona-Erfahrungen machen deutlich, dass eine hohe Selbstbestimmung über Arbeitszeit und -ort eine wichtige Rahmenbedingung für eine gelingende Vereinbarkeit darstellen. Lange und starre Arbeitszeiten sind ein Hindernis für eine geschlechtergerechte Arbeitsteilung. Benötigt werden innovative Arbeitszeitmodelle, die es sowohl Männern als auch Frauen ermöglichen, Familienarbeit und Erwerbstätigkeit zu verbinden. Und das Recht auf ein selbstbestimmtes ortsflexibles Arbeiten würde die Möglichkeiten vieler Arbeitnehmer:innen verbessern, die Anforderungen von Erwerbs- und Sorgearbeit besser unter einen Hut zu bekommen.

11.5 Systemrelevanz: Aufwertung von Arbeit

Im Verlauf der Pandemie wurde eine grundsätzliche Debatte über die gesellschaftliche Bedeutung und Anerkennung von Arbeit angestoßen. Während des ersten Lockdowns im Frühjahr 2020 wurde schnell deutlich, dass längst nicht alle Beschäftigten ihre Tätigkeit vorübergehend einstellen oder von zu Hause aus erledigen konnten. Viele Arbeitnehmer:innen im Gesundheitswesen, in der Produktion und dem Handel von Lebensmitteln oder in der Logistik – um nur einige Bereiche zu nennen – mussten ihrer Arbeit weiterhin vor Ort nachgehen.

Der Begriff der „Systemrelevanz", der in der globalen Finanzkrise 2008/2009 verwendet wurde, um die Rettung von Großbanken mit öffentlichen Mitteln zu rechtfertigen, fand Eingang in die Arbeitswelt. In einem grundsätzlichen Sinn werden Berufsgruppen als systemrelevant bezeichnet, deren Tätigkeiten für das Aufrechterhalten der gesellschaftlichen Ordnung unverzichtbar sind. Eine einheitliche Definition des Begriffs existiert allerdings nicht. In Berlin stellte die Senatsverwaltung eine Liste von 14 systemrelevanten Berufsfeldern zusammen. Berufstätige Eltern aus diesen Berufsgruppen erhielten aufgrund der besonderen gesellschaftlichen Bedeutung ihrer Tätigkeit einen Anspruch auf einen Notbetreuungsplatz in den ansonsten geschlossenen Kindertagesstätten und Schulen. Die Liste der Berufsfelder reichte von Polizei und Feuerwehr über den öffentlichen Personennahverkehr, die Energie- und Wasserversorgung bis zum „betriebsnotwendigen Personal" im Gesundheits- und Pflegebereich sowie der öffentlichen Verwaltung (Senatsverwaltung 2020).[1]

Systemrelevant sind sehr heterogene Berufsfelder, die sich hinsichtlich ihrer Aufgaben, Tätigkeitsbereiche und Beschäftigtenstruktur deutlich unterscheiden. Erste Überblicksstudien zur Arbeitssituation in systemrelevanten Berufen (Koebe et al. 2020; Pfeiffer 2020; Tolios 2020) zeigen zum einen die Heterogenität in den Arbeitsbedingungen der verschiedenen Gruppen und zum anderen einen hohen Anteil systemrelevanter Berufe, die

---

1 Die Beschreibung systemrelevanter Berufsgruppen weist viele Überschneidungen, aber auch einige Unterschiede zum weniger bekannten Begriff der „Kritischen Infrastrukturen" auf, mit denen staatlicherseits Branchen bezeichnet werden, deren Beeinträchtigung „dramatische Folgen" für die Gesellschaft hätten: „Kritische Infrastrukturen sind Organisationen und Einrichtungen mit wichtiger Bedeutung für das staatliche Gemeinwesen, bei deren Ausfall oder Beeinträchtigung nachhaltig wirkende Versorgungsengpässe, erhebliche Störungen der öffentlichen Sicherheit oder andere dramatische Folgen eintreten würden." (BMI 2009, S. 3). Die Liste Kritischer Infrastrukturen umfasst neun gesellschaftliche Sektoren, denen 30 verschiedene Branchen zugeordnet sind.

11.5 · Systemrelevanz: Aufwertung von Arbeit

unter schlechten Bedingungen ausgeübt werden. Besonders augenscheinlich wird dies bei den Beschäftigten in der Alten- und Krankenpflege: Hohe Arbeitsbelastungen und ein vergleichsweise niedriges Einkommen (v. a. in der Altenpflege) sind seit Jahren prägende Merkmale dieser Berufsfelder (Schmucker 2019). Mit der Verschärfung der Pandemie spitzte sich die Situation weiter zu. Während die Arbeitsanforderungen stiegen, waren die Beschäftigten einem erhöhten Infektionsrisiko ausgesetzt. Viele Pflegekräfte sind in dieser Zeit an ihre Belastungsgrenze gestoßen.

Viele systemrelevante Berufe weisen ein unterdurchschnittliches Einkommen auf. Am unteren Ende der Einkommensskala liegen Verkaufsberufe im Lebensmittelhandel, Reinigungsberufe, Arzt- und Praxishilfen, Logistikberufe (Fahrer:innen, Lagerwirtschaft u. a.) sowie Berufe in der Altenpflege (Koebe et al. 2020, S. 4). Beschäftigte in systemrelevanten Berufen mit dem geringsten Qualifikationsniveau liegen mit ihrem Einkommen zum überwiegenden Teil im Niedriglohnsegment, d. h. sie verdienen weniger als 60 % des Medianeinkommens. Aber auch viele Beschäftigte mit mehrjähriger Berufsausbildung, die in systemrelevanten Berufen arbeiten, verdienen Niedriglöhne. Im Lebensmittelhandel gilt dies z. B. für 40 % aller Fachkräfte (Tolios 2020, S. 12). Und selbst wenn die hochqualifizierten und überdurchschnittlich bezahlten systemrelevanten Berufe einbezogen werden (z. B. IT-Expert:innen, Berufe in Rechtsberatung etc.), bleibt der generelle Befund: Arbeit in systemrelevanten Bereichen ist in Deutschland im Durchschnitt schlechter bezahlt als die Arbeit in nicht systemrelevanten Berufsgruppen (ebd., S. 20; Schrenker et al. 2021, S. 14).

Betrachtet man die Arbeitsbelastung, zeigen sich ebenfalls deutliche Unterschiede. Hohe Belastungen waren bereits vor der Pandemie vor allem in den systemrelevanten Bereichen verbreitet, wo notwendigerweise „vor Ort" gearbeitet werden musste (Pfeiffer 2020). Der Anteil der vor-Ort-Beschäftigten, die bei ihrer Tätigkeit häufig an die Grenzen ihrer Leistungsfähigkeit gehen müssen, liegt im Bundesdurchschnitt bei 17 %. Bei systemrelevanten Tätigkeiten weisen die Bereiche „Gesundheit/Labore" (26 %), „Liefern/Logistik" (24 %) sowie Lebensmittelhandel (24 %) die stärksten psychischen und emotionalen Belastungen auf (ebd., S. 34). Jeweils ein Viertel der dort tätigen Beschäftigten arbeitet unter hochgradig belastenden Bedingungen. Dabei handelt es sich um Bereiche, deren Systemrelevanz während der Corona-Pandemie besonders deutlich geworden ist – und bei denen davon auszugehen ist, dass ihre Arbeitsbelastung während der Pandemie noch zugenommen hat.

Die Debatte um Systemrelevanz hat die gesellschaftliche Aufmerksamkeit für eine Reihe von Tätigkeitsfeldern erhöht, die ansonsten eher wenig Anerkennung erfahren. Die Gewerkschaften setzen sich seit geraumer Zeit für eine Aufwertung von Berufsgruppen ein, bei denen die Kluft zwischen der gesellschaftlichen Bedeutung ihrer Arbeit und der materiellen und immateriellen Wertschätzung, die sie für ihre Tätigkeit erhalten, besonders groß ist. Eine Aufwertung, etwa im Bereich der Gesundheits-, Sozial- und Erziehungsberufe, würde die dort erbrachten Leistungen honorieren. Sie würde darüber hinaus, da es sich um frauendominierte Berufe handelt, einen Beitrag zur Reduzierung des Gender Pay Gaps und damit zu mehr Geschlechtergerechtigkeit in der Arbeitswelt beitragen (DGB-Index Gute Arbeit 2020a).

Die in der Pandemie gewachsene Aufmerksamkeit für systemrelevante Tätigkeiten hat sich bislang allerdings nicht in einer nachhaltigen Aufwertung niedergeschlagen. Die Ablehnung eines allgemeinverbindlichen Tarifvertrags für die Altenpflege durch Caritas und verschiedene Arbeitgeberverbände im Frühjahr 2021 zeigt, dass es dabei um harte Verteilungskämpfe geht. Eine Aufwertung braucht das Engagement der Beschäftigten und durchsetzungsfähige Gewerkschaften. Die Debatte über „Systemrelevanz" kann dazu beitragen, die Chancen für eine gesellschaftliche Aufwertung von Arbeit zu verbessern, wenn die Beschäftigten in den systemrelevanten Bereichen ein neues Selbstbewusstsein über die gesellschaftliche Bedeutung und den Wert der eigenen Arbeit entwickeln. Das könnte ein positives Ergebnis der Pandemie sein.

11.6 Ausblick: Gute Arbeit für alle!

Die Corona-Pandemie hat die Arbeitswelt nachhaltig erschüttert. Neben den gesundheitlichen Sorgen waren viele Beschäftigte mit steigenden Belastungen, Unsicherheit und z. T. existenzbedrohenden Einkommensausfällen konfrontiert. Die Gewerkschaften haben sich erfolgreich für solidarische Maßnahmen der Krisenbekämpfung eingesetzt, mit denen die Auswirkungen auf Beschäftigte abgefedert wurden: Zu nennen sind hier u. a. die Aufstockung des Kurzarbeitergelds (gesetzlich und tarifvertraglich), der erleichterte Zugang für Solo-Selbständige zu Hartz IV, die Verlängerung des Arbeitslosengeldes, die Ausweitung des Kinderkrankengeldes, der Schutzschirm für Auszubildende sowie Ausbildungsprämien, das Verbot von Werkverträgen und Leiharbeit in der Fleischwirtschaft und verbindliche Arbeitsschutzregeln zur Prävention von Corona-Infektionen. Die Maßnahmen haben dazu beigetragen, die (finanziellen) Folgen der Pandemie für viele Beschäftigte zu mildern. Sie sind allerdings keine Antwort auf die grundsätzlichen Fragen zur Arbeit der Zukunft, die während der Pandemie aufgeworfen wurden.

Die vier skizzierten Themenfelder – Arbeits- und Gesundheitsschutz, mobile Arbeit, Verteilung von Erwerbs- und Sorgearbeit, systemrelevante Arbeit – haben Defizite und Handlungsbedarfe der gegenwärtigen Arbeitsgesellschaft deutlich gemacht. Ein Querschnittsthema ist die soziale Ungleichheit bei der Verteilung von Belastungen und Ressourcen. Sie findet sich hinsichtlich der Wertschätzung und Organisation von Arbeit ebenso wie bei Gesundheitsrisiken und der geschlechtsspezifischen Arbeitsteilung. Ungleichheit ist nicht immer, aber sehr oft mit Ungerechtigkeit verbunden (Schmucker 2020a). Wo Menschen aufgrund schlechter Arbeitsbedingungen einem höheren Erkrankungsrisiko und verstärkten Existenzängsten ausgesetzt sind, besteht dringender (arbeits-)politischer Handlungsbedarf. Das ist während der kurzfristigen Krisenbewältigung deutlich geworden, verweist jedoch darüber hinaus auf tieferliegende Probleme.

Vom Leitbild „Gute Arbeit", das gesundheits- und entwicklungsförderliche, sinnstiftende, angemessen bezahlte und sozial abgesicherte Arbeitsbedingungen umfasst (Schmucker 2020b), sind viele Beschäftigte weit entfernt. Die Verletzlichkeit ganzer Beschäftigtengruppen ist während der Pandemie deutlich sichtbar geworden. Prekär Beschäftigte im Niedriglohnbereich, in Solo-Selbständigkeit, Leiharbeit und geringfügiger Beschäftigung sind in der Krise als erste in existenzielle Nöte geraten (Destatis et al. 2021). Gleichzeitig erfahren sie den geringsten Schutz durch die sozialen Sicherungssysteme (Butterwegge 2021). Aus der Krise zu lernen heißt auch, die Entlohnungs- und Arbeitsbedingungen sowie die soziale Absicherung benachteiligter und prekärer Beschäftigtengruppen nachhaltig zu verbessern. Es geht in einem grundsätzlichen Sinn darum, „… gezielt und demokratisch darüber nachzudenken, was als wahrhaft wertvoller Beitrag zum Gemeinwohl gilt und wo die Urteile der Märkte das Ziel verfehlen" (Sandel 2021, S. 11).

Ob die Erfahrungen mit der Pandemie ein „window of opportunity" für eine (arbeits-)gesellschaftliche Transformation öffnen (Hofmann 2020), ist derzeit offen. Die Herausforderungen werden auch nach Abklingen der Pandemie nicht kleiner. Angesichts wachsender sozialer Ungleichheit und voranschreitendem Klimawandel ist ein Zurück zur Vorkrisen-Normalität jedenfalls nicht erstrebenswert. Gute Arbeitsbedingungen, ein präventiver Gesundheitsschutz, eine umfassende soziale Absicherung, Geschlechtergerechtigkeit sowie mehr Selbstbestimmung und Demokratie in der Arbeitswelt werden auch im Rahmen der notwendigen sozial-ökologischen Transformation zentrale Themen bleiben.

Literatur

Ahlers E, Mierich S, Zucco A (2021) Homeoffice. Was wir aus der Zeit der Pandemie für die zukünftige Gestaltung von Homeoffice lernen können. WSI-Report Nr. 65, April 2021. https://www.boeckler.de/pdf/p_wsi_report_65_2021.pdf. Zugegriffen: 7. Juni 2021

Allmendinger J (2020) Zurück in alte Rollen. Corona bedroht die Geschlechtergerechtigkeit. WZB Mitt 168:45–47

Barmer (2021) Corona grassiert vor allem in Sozialberufen. Presseinformation vom 15. Februar 2021. https://www.barmer.de/presse/presseinformationen/pressemitteilungen/branchenauswertung-corona-280804. Zugegriffen: 22. Febr. 2021

BAuA – Bundesanstalt für Arbeitsschutz und Arbeitsmedizin (2020) Betrieblicher Arbeitsschutz in der Corona-Krise, Bericht kompakt, Oktober 2020. https://www.baua.de/DE/Angebote/Publikationen/Bericht-kompakt/Betrieblicher-Arbeitsschutz-Corona.html. Zugegriffen: 17. Febr. 2021

BMFSFJ – Bundesministerium für Familie, Senioren, Frauen und Jugend (2017) Zweiter Gleichstellungsbericht der Bundesregierung. Eine Zusammenfassung. https://www.bmfsfj.de/resource/blob/122398/87c1b52c4e84d5e2e5c3bdfd6c16291a/zweiter-gleichstellungsbericht-der-bundesregierung-eine-zusammenfassung-data.pdf. Zugegriffen: 17. Febr. 2021

BMAS – Bundesministerium für Arbeit und Soziales (2020) Umgang mit aufgrund der SARS-CoV-2-Epidemie besonders schutzbedürftigen Beschäftigten. Arbeitsmedizinische Empfehlung. November 2020. https://www.bmas.de/SharedDocs/Downloads/DE/Publikationen/arbeitsmedizinische-empfehlung-umgang-mit-schutzbeduerftigen.pdf?__blob=publicationFile&v=2. Zugegriffen: 7. Juni 2021

BMI – Bundesministerium des Inneren (2009) Nationale Strategie zum Schutz Kritischer Infrastrukturen (KRITIS-Strategie). https://www.bmi.bund.de/SharedDocs/downloads/DE/publikationen/themen/bevoelkerungsschutz/kritis.html. Zugegriffen: 22. Febr. 2021

Bosch G, Hüttenhoff F, Weinkopf C (2020) Corona-Hotspot Fleischindustrie: Das Scheitern der Selbstverpflichtung. IAQ-Report. https://doi.org/10.17185/duepublico/72659

Butterwegge C (2021) Die polarisierende Pandemie. Bl Dtsch Int Polit 3:45–48

Bünning M, Hipp L, Munnes S (2020) Erwerbsarbeit in Zeiten von Corona. WZB Ergebnisbericht. https://www.econstor.eu/handle/10419/216101. Zugegriffen: 15. Okt. 2020 (Wissenschaftszentrum Berlin für Sozialforschung (WZB), Berlin)

Destatis et al (Hrsg) (2021) Datenreport 2021. Ein Sozialbericht für die Bundesrepublik Deutschland. Herausgegeben vom Statistischen Bundesamt (Destatis), dem Wissenschaftszentrum Berlin für Sozialforschung (WZB) und dem Bundesinstitut für Bevölkerungsforschung (BiB). Bundeszentrale für politische Bildung, Bonn

DGB – Deutscher Gewerkschaftsbund (2020) Positionspapier des DGB für einen gesetzlichen Ordnungsrahmen für selbstbestimmtes mobiles Arbeiten inklusive Homeoffice. https://www.dgb.de/-/vr3. Zugegriffen: 11. Febr. 2021

DGB-Index Gute Arbeit (2020a) Weiblich, systemrelevant, unterbezahlt. Arbeitsbedingungen in vier frauendominierten Berufsgruppen. DGB-Index Gute Arbeit Kompakt 01/2020. https://index-gute-arbeit.dgb.de/-/Sub. Zugegriffen: 17. Okt. 2020

DGB-Index Gute Arbeit (2020b) Jahresbericht 2020. Schwerpunktthema Mobile Arbeit. https://index-gute-arbeit.dgb.de/-/vy6. Zugegriffen: 17. Febr. 2021

Emmler H, Kohlrausch B (2021) Homeoffice: Potenziale und Nutzung. WSI Policy Brief Nr. 52, 3/2021. https://www.wsi.de/de/faust-detail.htm?sync_id=HBS-007979. Zugegriffen: 21. März 2021

Fergen A, Neumann D (2021) Corona-Prävention im Betrieb. Neue Herausforderungen für eine demokratische Arbeitsschutzpolitik. In: Schmitz C, Urban HJ (Hrsg) Demokratie in der Arbeit. Eine vergessene Dimension der Arbeitspolitik? Bund, Frankfurt, S 158–174

Frodermann C, Grunau P, Haepp T et al (2020) Wie Corona den Arbeitsalltag verändert hat. IAB-Kurzbericht 13/2020. http://doku.iab.de/kurzber/2020/kb1320.pdf. Zugegriffen: 17. Febr. 2021

Hägele H, Fertig M (2017) 1. Zwischenbericht der Dachevaluation der Gemeinsamen Deutschen Arbeitsschutzstrategie – Auswertung der Betriebs- und Beschäftigtenbefragungen. Geschäftsstelle der Nationalen Arbeitsschutzkonferenz, Köln

Heimann K (2020) Der Kollaps droht. Gute Arbeit Arbeitsschutz Arbeitsgestaltung 2:21–23

Hofmann J (2020) Corona oder: Die Krise als Chance für eine sozial-ökologische Transformation. Bl Dtsch Int Polit 9:94–100

Hofmann J, Piele A, Piele C (2020) Arbeiten in der Corona-Pandemie– Auf dem Weg zum New Normal, Studie des Fraunhofer IAO in Kooperation mit der Deutschen Gesellschaft für Personalführung DGFP e. V. http://publica.fraunhofer.de/dokumente/N-593445.html. Zugegriffen: 15. Jan. 2021

Holst H, Fessler A, Niehoff S (2021) Arbeiten in der Pandemie – Klassenungleichheiten und fragmentierte Corona-Erfahrungen. Westfälisches Dampfboot, Münster, S 34–51

IG Metall (2020) Corona-Krise: Die Alltagserfahrungen der Befragten. Datenblatt „Krisenerfahrung". https://www.igmetall.de/im-betrieb/beschaeftigtenbefragung-2020. Zugegriffen: 9. März 2021

Jessen J, Spieß KC, Wrohlich K (2021) Sorgearbeit während der Corona-Pandemie: Mütter übernehmen größeren Anteil – vor allem bei schon zuvor ungleicher Aufteilung. DIW Wochenber 9:132–139. https://doi.org/10.18723/diw_wb:2021-9-1

Koebe J, Samtleben C, Schrenker A, Zucco A (2020) Systemrelevant, aber dennoch kaum anerkannt: Entlohnung unverzichtbarer Berufe in der Corona-Krise unterdurchschnittlich. DIW aktuell Nr. 48. https://www.diw.de/documents/publikationen/73/diw_01.c.792728.de/diw_aktuell_48.pdf. Zugegriffen: 15. Febr. 2021

Möhring K, Naumann E, Reifenscheid M et al (2020) Die Mannheimer Corona-Studie: Schwerpunktbericht zur Nutzung und Akzeptanz von Homeoffice in Deutschland während des Corona-Lockdowns. https://www.mzes.uni-mannheim.de/d7/de/publications/report/die-mannheimer-corona-studie-schwerpunktbericht-zur-nutzung-und-akzeptanz-von-homeoffice-in-deutschland-wahrend-des. Zugegriffen: 22. Febr. 2021

ONS – Office for National Statistics (2021) Coronavirus (COVID-19) related deaths by occupation, England and Wales: deaths registered between 9 March and 28 December 2020. https://www.ons.gov.uk/peoplepopulationandcommunity/healthandsocialcare/causesofdeath/bulletins/coronaviruscovid19relateddeathsbyoccupationenglandandwales/latest. Zugegriffen: 5. Febr. 2021

Pfeiffer S (2020) Die die Last tragen – Beschäftigte in kritischen Infrastrukturen (KRITIS) und systemrelevanten Berufen. Ein Working Paper des Lehrstuhls für Soziologie (Technik – Arbeit – Gesellschaft) am Nuremberg Campus of Technology (NCT). www.labouratory.de/files/downloads/WP-02-2020-KRITIS.pdf. Zugegriffen: 22. Febr. 2020

Sandel MJ (2021) Arbeit, Anerkennung und Gemeinwohl. APuZ 13–15:4–11

Schmieder J, Wrohlich K (2021) Gender Pay Gap im europäischen Vergleich: Positiver Zusammenhang zwischen Frauenerwerbsquote und Lohnlücke. DIW Wochenber 9:142–147. https://doi.org/10.18723/diw_wb:2021-9-2

Schmucker R (2019) Arbeitsbedingungen in den Pflegeberufen. Ergebnisse einer Sonderauswertung der Beschäftigtenbefragung zum DGB-Index Gute Arbeit. In: Jacobs K, Kuhlmey A, Greß S et al (Hrsg) Pflege-Report 2019. Mehr Personal in der Langzeitpflege – aber woher? Springer, Berlin, S 49–60

Schmucker R (2020a) Arbeit, Gesundheit und Gerechtigkeit – Zur ungleichen Verteilung arbeitsbedingter Belastung. In: Badura B, Ducki, Schröder et al (Hrsg) Fehlzeiten-Report 2020. Gerechtigkeit und Gesundheit. Springer, Berlin, S 71–86

Schmucker R (2020b) Von Decent Work zu Guter Arbeit. Zur Bedeutung arbeitspolitischer Leitbilder. SozialpolitikCH. https://doi.org/10.18753/2297-8224-157

Schrenker A, Samtleben C, Schrenker M (2021) Applaus ist nicht genug. Gesellschaftliche Anerkennung systemrelevanter Berufe. APuZ 13–15:12–18

Senatsverwaltung für Bildung, Jugend und Familie (2020) Übersicht über die systemrelevanten Bereiche. Kita- und /oder Schulnotbetreuung (gültig ab 27.04.2020). https://www.berlin.de/sen/bjf/coronavirus/aktuelles/notbetreuung/liste-der-anspruchsberechtigten-berufe-gueltig-27-04-2020.pdf. Zugegriffen: 22. Febr. 2021

Tolios P (2020) Systemrelevante Berufe. Sozialstrukturelle Lage und Maßnahmen zu ihrer Aufwertung. https://www.rosalux.de/fileadmin/rls_uploads/pdfs/Studien/Studien_3-21_Systemrelevante_web.pdf. Zugegriffen: 22. Febr. 2021 (Rosa Luxemburg-Stiftung, Berlin)

Urban HJ (2021) Heilsversprechen Homeoffice. Zu den Schattenseiten eines arbeitspolitischen Shootingstars. Bl Dtsch Int Polit 2:103–103

WIdO – Wissenschaftliches Institut der Ortskrankenkassen (2020) Krankschreibungen wegen Covid-19: Erziehungs- und Gesundheitsberufe am stärksten betroffen. Pressemitteilung vom 21. Dezember 2020. https://aok-bv.de/presse/pressemitteilungen/2020/index_24186.html. Zugegriffen: 5. Febr. 2021

Zucco A, Lott Y (2021) Stand der Gleichstellung. Ein Jahr mit Corona. WSI-Report Nr 64, März 2021. https://www.boeckler.de/pdf/p_wsi_report_64_2021.pdf. Zugegriffen: 21. März 2021

Arbeit gesund gestalten und Prävention stärken

Inhaltsverzeichnis

Kapitel 12 Organisationsbedingte Angst – wenn die psychologische Sicherheit am Arbeitsplatz fehlt – 201
Ramona Witkowski

Kapitel 13 Always on – Grenzen ziehen zwischen Arbeits- und Privatleben in der digitalisierten Arbeitswelt – 217
Ida Ott, Julia Widler, Michaela Knecht und Laurenz Linus Meier

Kapitel 14 Organisationale Resilienz und Gesundheitserhalt in der Corona-Krise – 233
Guido Becke, Stephanie Pöser und Cora Zenz

Kapitel 15 Aktuelle und zukünftige Herausforderungen für den Arbeitsschutz vor dem Hintergrund der Corona-Pandemie – 247
Sabine Sommer, Nils Backhaus und Anita Tisch

Kapitel 16 Arbeitszeit flexibel und gesundheitsgerecht gestalten – 265
Ulrike Hellert

Kapitel 17   Prävention auch in der Krise? – Bedeutung
gesundheitsförderlicher Führung – 279
*Jörg Felfe, Laura Klebe, Katharina Klug, Annika
Krick und Antje Ducki*

Kapitel 18   Gestaltung der Arbeit im Homeoffice als hybrides
Arbeitsortmodell – 295
Rainer Wieland und Sara Groenewald

Kapitel 19   Arbeitsorte der Zukunft – Gesundheitsfördernde
Gestaltung von Coworking Spaces und
Homeoffice – 311
Anthea Backfisch, Antje Ducki und Theda Borde

Kapitel 20   Von der Präsenz- zur Vertrauenskultur – 327
Tobias Munko

Kapitel 21   Corona made my home my office – Arbeit im
Homeoffice sicher und gesund gestalten – 349
*Sieglinde Ludwig, Hanna Zieschang, Christina
Heitmann und Esin Taşkan-Karamürsel*

Kapitel 22   Beruf und Familie in Zeiten von Corona –
Synchrone Vereinbarkeit als
Herausforderung – 363
Regina Ahrens

Organisationsbedingte Angst – wenn die psychologische Sicherheit am Arbeitsplatz fehlt

Ramona Witkowski

Inhaltsverzeichnis

12.1 Problemlage – 202

12.2 Abgrenzung zu pathologischen Ängsten – 204

12.3 Angst im Organisationskontext – 205
12.3.1 Existenzängste – 206
12.3.2 Soziale Ängste – 207
12.3.3 Leistungs- und Versagensängste – 209

12.4 Mechanismen der Angstbewältigung und ihre Folgen am Arbeitsplatz – 210

12.5 Fazit – 213

Literatur – 214

» » Zusammenfassung

In der modernen Arbeitswelt können Ängste und ein mangelndes Gefühl psychologischer Sicherheit weitreichende Folgen für die Organisation sowie ihre Mitarbeitenden haben. Ängste werden in diesem Beitrag als ein unangenehmes Gefühl in Folge subjektiv empfundener, arbeitsbezogener Bedrohungen und Risiken verstanden. Sie sind klar von pathogenen Ängsten abzugrenzen, da sie mit bestimmten Bedingungen in Organisationen zusammenhängen und grundsätzlich bei jedem Beschäftigten auftreten können. Schnelllebigkeit, hohe Flexibilitätsanforderungen und Veränderungsprozesse in Organisationen gehen nicht selten mit Angsterleben einher. Durch den Wandel zu Dienstleistungstätigkeiten sowie digitalisierter Arbeit steigen die psychischen Anforderungen an den Einzelnen und damit die Wahrscheinlichkeit für Überforderungserleben, Insuffizienzgefühle und Ängste. Geprägt durch den Taylorismus, besitzen einige Manager:innen die Überzeugung, das Arbeitsverhalten werde allein durch den Einsatz von Sanktionen und durch materielle Anreize gesteuert. Dies kann Organisationskulturen und Führungsstile hervorbringen, die Angst gezielt als Einflussmittel einsetzen. Dabei können nicht nur negative Folgen für die Gesundheit von Mitarbeitenden, sondern auch auf die betriebswirtschaftlichen Ergebnisse identifiziert werden. Denn steigende Wissensarbeit und der Anspruch an eine gelingende Kooperation am Arbeitsplatz erfordern ein psychologisch sicheres Umfeld, in dem Mitarbeitende angstfrei über ihre Ideen, Beobachtungen und Bedenken kommunizieren können.

Ziel dieses Beitrags ist es, ein Problembewusstsein über das Vorliegen organisationsbedingter Ängste und das Fehlen von psychologischer Sicherheit am Arbeitsplatz zu erzeugen. Im Rahmen einer Literaturarbeit wird dazu analysiert, warum es so wichtig ist, sich mit der Problematik vorherrschender Managementstile zu befassen, in denen durch Druck oder den Einsatz von Sanktionen Angst bei Mitarbeitenden initiiert wird, und in welchen Formen sich Angst am Arbeitsplatz äußern kann.

12.1 Problemlage

Angst wird als unangenehmes Gefühl infolge subjektiv empfundener Bedrohungen und Risiken verstanden. Sie schützt Individuen vor Gefahren und riskanten Handlungen – diese Funktion ist aus evolutionärer Sicht sinnvoll, da Gefahrenvermeidung das Überleben sichert. Auch Ängste in der modernen Arbeitswelt können diese biologisch essenzielle Funktion ausüben.

Schnelllebigkeit, hohe Flexibilitätsanforderungen und Veränderungsprozesse in Organisationen gehen nicht selten mit Angsterleben einher (Dehne 2017; Rosa 2013). Durch den Wandel zu Dienstleistungstätigkeiten sowie digitalisierter Arbeit steigen die psychischen Anforderungen an den Einzelnen und damit die Wahrscheinlichkeit für Überforderungserleben, Insuffizienzgefühle und Ängste (Badura 2017, S. 4; Betzelt und Bode 2020, S. 142 ff). In der unternehmerischen Praxis teilweise verbreitet zeigt sich auch der gezielte Einsatz von Sanktionen und Druck, um Angst bei den Mitarbeitenden zu erzeugen, damit diese vermeintlich schneller und härter arbeiten, positive Resultate erzielen und dazu motiviert werden, negative Konsequenzen zu vermeiden (Edmondson 2020, S. 12; Bude 2014, S. 84). „Angst macht verfügbar" (Meyer 1999, S. 166). Dabei gilt der Grundsatz, dass Mitarbeitende sich nicht richtig anstrengen, wenn ihnen keine negativen Sanktionen in Aussicht gestellt werden (Edmondson 2020, S. 50 f).

Angst als Motivator hatte im Sinne des Taylorismus bei einfachen, sich wiederholenden, individuellen Tätigkeiten Erfolg, wenn es im Arbeitsprozess vor allem auf quantitative Größen wie Geschwindigkeit, Stückzahlen oder Genauigkeit ankam (Edmondson 2020, S. 051). Dies zeigte sich in der Vergangenheit, in der vor allem physische Energie benötigt

12.1 · Problemlage

wurde, oder betrifft aktuell Mitarbeitende in gering qualifizierten Berufen. In Deutschland sind rund 15 % aller Arbeitnehmer:innen in Berufen beschäftigt, die als gering qualifizierte Tätigkeiten gelten – in der Regel sind dies Dienstleistungen oder Transport- und Produktionsarbeiten wie z. B. Paketzustellungen und kaum mehr Arbeiten in der Industrie (Oesch 2006; Bude 2014, S. 84). Zu den Anforderungen an Mitarbeitende gehören heute allerdings vermehrt soziale Kompetenzen, um im Dienstleistungsbereich agieren oder sich extern mit Kooperationspartnern vernetzen zu können (Siegrist und Dragano 2020, S. 192). Innovationskraft und Wettbewerbsfähigkeit einer Organisation lassen sich als Resultat der Motivations- und Leistungsfähigkeit von Mitarbeitenden darstellen. Moderne Organisationen benötigen ein umfangreiches Wissen, das sich aus dem Verständnis für Systeme, Wissenstheorien, psychologischen Aspekten und der Erkenntnis über den hohen Stellenwert von intrinsischer Motivation zusammensetzt (Deming, zitiert nach Neave 1990, S. 3; Senge 2011, S. 2 ff.). Dabei bedingen sich Arbeitsaufgaben und Funktionen innerhalb des Systems der Organisation in einer wechselseitigen Dynamik. Um eine Arbeitsaufgabe erfolgreich ausführen zu können, ist es heute wichtig Informationen und Fachwissen zu teilen, da einzelne Mitarbeitende aufgrund der vorliegenden Komplexität weder in der Lage sein können, alles Notwendige allein zu wissen, noch allein mit den notwendigen Fähigkeiten ausgestattet sind (Edmondson 2020, S. XX). Um als Unternehmen erfolgreich zu sein, ist es daher wichtig, Diversität von Organisationsmitgliedern wahrzunehmen und wertzuschätzen, um Arbeitsergebnisse anhand vorhandener Ressourcen und Talente situativ zu optimieren. Essentiell ist es dabei, die Zielsetzung der Organisation transparent zu kommunizieren, um effizientes Agieren innerhalb der gesamten Unternehmen zu fördern, das sich nicht partikular auf einzelne Organisationsteile beschränkt. Dazu ist es wichtig, Zielbewusstsein, eine reflektierende Konversation und das Verständnis über die Komplexität des Systems innerhalb der Organisation und bei ihren Mitgliedern zu fördern und zu entwickeln. Folgerecht sollten Mitarbeitende dazu motiviert werden, ihre Beobachtungen und Gedanken im Kontext ihrer Arbeit zu teilen, da situationsbezogene Informationen von fundamentaler Bedeutung für eine ganze Organisation sein können (Edmonson 2020, S. XIV).

Um die Anforderungen dieser Arbeitswelt zu erfüllen, stellt der Einsatz von Angst und Einschüchterung durch das Management keinen geeigneten Motivator da (Edmondson 2020, S. 12). Vielmehr werden Mitarbeitende durch diese Art von Managementtechniken vor allem dazu angetrieben, Probleme zu vertuschen und lediglich den Eindruck zu vermitteln, vorgegebene Ziele zu erreichen (Edmondson 2020, S. 51; Isaac 2017).

Um sich auf das Erreichen gemeinsamer Ziele zu fokussieren und mit Veränderungsprozessen in Organisationen umgehen zu können, identifizierte bereits Schein (1993), wie relevant es für Organisationen ist, einen adäquaten Umgang mit Unsicherheitsgefühlen und Angst zu finden (Schein 1993, S. 85–92). Bei Untersuchungen über den Effekt von Angst in Zusammenhang mit Qualität in Organisationen und dem Wohlbefinden von Mitarbeitenden stellte Deming (1982), der als Entwickler des Qualitätsmanagementsystems bezeichnet werden kann, negative Auswirkungen auf Organisationen fest. „*Fear grips everyone*" und „*Where there is fear, there will be wrong figures*" (Deming 1982, S. 107, 266). Kahn (1990) entdeckte in seinen Forschungsarbeiten, in denen er das Einsatzverhalten Mitarbeitender untersuchte, dass Menschen mit einem Gefühl von Angst vor allem passiv agieren, um sich vor unangenehmen Konsequenzen zu schützen (Kahn 1990). Auch Forschende aus der Neurowissenschaft zeigen, dass Mitarbeitende durch Angst daran gehindert werden, den geforderten Anforderungen zu entsprechen. Denn durch das Empfinden von Angst wird das Individuum darin eingeschränkt, analytisch zu denken, zu lernen, kreativ zu sein und Problemlösungen zu finden (Edmondson 2020, S. 13).

Angst besitzt die Eigenschaft, die Leistungsbereitschaft sowie die Leistungsfähigkeit einer Organisation zu mindern und langfristig sogar zu zerstören (Panse und Stegmann 1996, S. 72). In einem der größten Betrugsfälle Deutschlands, dem „Volkswagen Diesel-Skandal", lassen sich exemplarisch die verheerenden Ausmaße skizzieren. Durch einen illegalen Programmcode in der Steuerungssoftware gelang es VW, die strengen Abgaswerte von Kraftfahrzeugen in einer Testsituation einzuhalten, während die Werte im normalen Betrieb um ein Vielfaches über der erlaubten Norm lagen. Mitarbeitende, die frühzeitig vom Dieselbetrug bzw. illegalen Vorgängen erfuhren und diese hätten hinterfragen und melden müssen, wurden dabei *auch* aus Angst davon abgehalten. Sie berichteten von Angst vor direkten Vorgesetzten, Angst vor Gesprächen mit dem damaligen Vorstandsvorsitzenden sowie vor Entlassungen, die aufgrund einer offenen Kommunikation über dieses Problem erfolgen konnten (Wintzenburg 2019). In der Öffentlichkeit wurde in dem Zusammenhang von einem „Klima der Angst" gesprochen. Dies scheint eine unternehmerische Realität widerzuspiegeln, in der Führung über Angst, Druck und Unklarheit erfolgt.

12.2 Abgrenzung zu pathologischen Ängsten

Ängste lassen sich in ihrem Grundsatz als normale Emotionen und Erfahrungen beschreiben. Nimmt Angst an Intensität, Häufigkeit und Dauer übermäßig zu, kann sie das Leben des Menschen stark beeinträchtigen (LeDoux 2016, S. 33). Angst stellt in diesem Kontext ein überlappendes Merkmal in der Differenzialdiagnostik diverser psychischer Störungen dar. Pathologisch erhöhte Angst tritt bei den meisten psychischen Störungen auf und stellt die Primärsymptomatik der Gruppe der Angststörungen dar. Darüber hinaus sind pathologische Ängste durch eine gestörte Differenzierung von Bedrohung und Sicherheit, eine verstärkte Vermeidung, eine verstärkte Reaktion auf unsichere Bedrohungslagen, Überbewertung der Bedeutung und Wahrscheinlichkeit von Bedrohungen und eine unangemessene Verhaltens- und Kognitionssteuerung gekennzeichnet (LeDoux 2016, S. 179–183). Zur behandlungsbedürftigen Erkrankung wird Angst dann, wenn sie ohne eine konkrete Bedrohung in einer übersteigerten Form auftritt und den Menschen daran hindert, ein normales Leben zu führen (vgl. Ströhle et al. 2018, S. 463).

Weil Ängste insbesondere im Leistungskontext gesellschaftlich negativ bewertet werden, neigen Organisationen dazu, sie zu tabuisieren. Mitarbeitende, die diese Emotion offen kommunizieren, werden u. U. als schwach tituliert oder stigmatisierend in das Feld der psychisch Kranken gerückt (Harding 2012, S. 76 f.). Ängste im klinisch-psychiatrischen Sinne sind jedoch nicht so weit verbreitet wie alltägliche Ängste, die jeden Menschen in wechselnder Form und unterschiedlichem Umfang begleiten (◘ Tab. 12.1).

Im alltäglichen Arbeitsalltag geht es dabei weniger um die archaische Angst vor der physischen Bedrohung, sondern insbesondere um die Angst vor der Selbstwertbedrohung. Diese subjektiv wahrgenommene Bedrohung der Mitarbeitenden hat nicht nur die individuelle Folge einer psychischen Beeinträchtigung, sondern beeinflusst die Leistungsfähigkeit einer Organisation, indem kontraproduktive Entscheidungen und Verhaltensweisen im Organisations- und Arbeitskontext von Individuen befördert werden (Sorge 2012, S. 13).

Organisationsbedingte Ängste werden in diesem Kontext als Produkt bestimmter sozialer Organisationsverhältnisse verstanden und aus der Perspektive von Organisationen beleuchtet. Im Gegensatz zu pathologischen Ängsten, deren Diagnostik, Klassifikation und Behandlung in den Kontext der psychiatrischen Krankheitslehre gehört, müssen diese Ängste aus der Perspektive der Organisation und des Managements behandelt werden. Sie treten in Organisationsverhältnissen auf, in denen Mitarbeitende sich psychologisch nicht

12.3 Angst im Organisationskontext

Tab. 12.1 Differenzierung alltäglicher und pathologischer Angst (eigene Darstellung in Anlehnung an LeDoux 2016, S. 34)

Alltägliche Angst	Angststörung
Sorgen rund um den Arbeitsplatz oder um andere wichtige Ereignisse im Leben	Chronisch anhaltende Angst und exzessive Sorgen, die zu erheblichem Leid und zu Beeinträchtigungen im Alltagsleben führen (Generalisierte Angststörung)
Schambesetzte Gefühle oder Hemmungen in unangenehmen oder merkwürdigen zwischenmenschlichen Interaktionen	Vermeidung zwischenmenschlicher Situationen aufgrund der Befürchtung, verurteilt, belästigt oder erniedrigt zu werden (Soziale Phobie)
Nervosität vor wichtigen Prüfungen oder anderen wichtigen Ereignissen	Scheinbar aus heiterem Himmel einsetzende Panikattacken und ständige Angst, eine solche zu erleben (Panikstörung)
Furcht vor tatsächlich gefährlichen Gegenständen, Orten oder Situationen	Irrationale Sorgen oder Vermeidungsverhalten aufgrund von Objekten, Orten oder Situationen, von denen wenig oder gar keine Gefahr ausgeht (Spezifische Phobie)
Bemühungen, gesund zu bleiben und in einem sicheren Umfeld ohne Gefahren zu leben	Unkontrollierte, wiederholte Handlungen wie übermäßiges Waschen, Überprüfen, Anfassen oder Umordnen (Zwangsstörung)
Angst, Traurigkeit oder Schlafstörungen unmittelbar nach einem traumatischen Erlebnis	Wiederkehrende Albträume, Rückblenden oder emotionale Taubheit im Zusammenhang mit einem traumatischen Ereignis, das Monate oder Jahre zurückliegt (Posttraumatische Belastungsstörung)

Fehlzeiten-Report 2021

sicher fühlen. Im Umkehrschluss beschreibt Edmondson (2020) die Umstände, unter denen organisationsbedingte Ängste keinen fruchtbaren Boden finden, wie folgt: *„Psychologische Sicherheit wird allgemein als eine Arbeitsatmosphäre bezeichnet, in der sich Menschen ausdrücken und sie selbst sein können"* und in der Mitarbeitende sich *„sicher genug"* fühlen, *„um darin zwischenmenschliche Risiken einzugehen"* (vgl. Edmondson 2020, S. XVI, 7).

Edmondson (2020) zeigte in ihrer Forschung außerdem auf, dass psychologische Sicherheit keinen Unterschied in der persönlichen Konstitution von Mitarbeitenden, z. B. den Persönlichkeitsmerkmalen Extro- oder Introversion, darstellt. Es liegt vielmehr an den Eigenschaften des Arbeitsplatzes, ob Mitarbeitende sich psychologisch sicher fühlen oder ob organisationsbedingte Ängste entstehen. Es geht dabei auch nicht darum, nur freundlich zueinander zu sein, sondern um Aufrichtigkeit und darum, Konflikte so zu lösen, dass Mitarbeitende voneinander lernen können (Edmondson 2020, S. 14 f.).

12.3 Angst im Organisationskontext

Organisationsbedingte Ängste am Arbeitsplatz können in drei Gruppen klassifiziert werden: Existenzängste, soziale Ängste sowie Leistungs- und Versagensängste (Schwarzer 1987). Eine Klassifizierung von Ängsten am Arbeitsplatz kann an dieser Stelle nur schwerpunktmäßig erfolgen, da diverse Ängste miteinander korrelieren können (Panse und Stegmann 1996, S. 44 f). Die Angstentstehung in Organisationen unterliegt dabei vielfältigen Einflüssen auf der Makro-, Meso- und Mikroebene.

12.3.1 Existenzängste

Existenzängste sind psychologisch in der Angst vor körperlicher Bedrohung begründet (Panse und Stegmann 2004, S. 36). Im betrieblichen Kontext lässt sich unter Existenzangst jede Art von Angst verstehen, die als Bedrohung der physischen und beruflichen Existenz im Hintergrund wahrgenommen wird. Als Existenzängste gelten folglich die Angst vor dem Arbeitsplatzverlust, die Angst vor Verarmung, die Alters- und Krankheitsangst und andererseits auch Ängste, die eine wahrgenommene Bedrohung von Existenzbedürfnissen des Menschen beinhalten (vgl. Panse und Stegmann 1996, S. 45 ff). Angst vor dem Verlust des Arbeitsplatzes nimmt dabei den größten Stellenwert ein, wenn es um die Hierarchie von Arbeitsängsten geht. Laut Gross (2015) haben insbesondere Menschen mit körperlich anstrengenden, häufig unqualifizierten Arbeitstätigkeiten die größte Angst davor, ihren Arbeitsplatz zu verlieren, weil sie leicht durch andere Arbeitskräfte ersetzt werden können (Gross 2015, S. 174). „Job anxiety increases during periods of high unemployment" (Panse und Stegmann 1996, S. 45). Es wird folglich davon ausgegangen, dass in Rezessionsphasen mit hoher Arbeitslosigkeit auch die Angst vor dem Verlust des Arbeitsplatzes zunimmt. Im Kontext der Digitalisierung werden aktuell eine zunehmende Arbeitslosigkeit und das Verschwinden von Arbeitsplätzen prognostiziert (Gordon 2016, S. 3). Der Arbeitsplatz stellt für die meisten Menschen die Basis ihrer Existenzsicherung dar. Des Weiteren sind die individuelle Selbstdefinition sowie der Sozialstatus des Organisationsmitglieds stark mit dem Arbeitsplatz verknüpft. Ein drohender oder eingetretener Arbeitsplatzverlust stellt somit eine Quelle für Angst am Arbeitsplatz dar (Linden und Muschalla 2007). Hierbei spielen auch der Stellenabbau im Rahmen von Veränderungsprozessen, drohende Insolvenzen oder Strafverfahren eine Rolle, die für Irritationen und Angstgefühle sorgen können. Auch die Corona-Pandemie kann eine angstinitiierende Wirkung besitzen, wie Dr. Christoph Kahlenberg, Leiter der Randstad Akademie, im Rahmen einer Befragung erhob: Rund 55 % der Arbeitnehmer:innen sorgen sich aufgrund der Pandemie um ihren Arbeitsplatz (Wolter 2020).

Das Angsterleben wird auch durch die Organisationskultur geprägt. Durch gemeinsame Handlungsmotive, Deutungsstrukturen und geltende Regelungen innerhalb einer Organisation wird das Denken, Fühlen und Verhalten von Organisationsmitgliedern explizit und implizit beeinflusst. Es wird definiert, wovor sich Mitarbeitende ängstigen und zu welchem Zeitpunkt Angst gezeigt werden darf (Becker 2011, S. 34). Zu kulturell bedingten Angstfaktoren gehören etwa Geschichten über Erfahrungen anderer Mitarbeitenden, Annahmen und Interpretationen des Verhaltens anderer Organisationsmitglieder oder negative, kulturell begründete Stereotype über Mitarbeitende in Führungspositionen (Ryan und Oestreich 1991, S. 21). Je nach kultureller Prägung der Organisation werden Ängste eher befördert oder eher reduziert (Harding 2012, S. 72). Wenn Mitarbeitende durch die Internalisierung der Organisationskultur ständig dazu angeregt werden, bestimmte Aktivitäten als gefährlich zu bewerten, oder davon ausgehen, dass bestimmte Situationen wahrscheinlich zu Ärger führen werden, liefert dies eine Grundlage für die Angstentstehung innerhalb von Organisationen (Tudor 2003, S. 249). Gemeinsamkeiten in Bezug auf geltende Regeln, Werte und Normen innerhalb der Organisation fördern die Versteh- und Berechenbarkeit von organisationalen Vorgängen und erleichtern es, sich mit der Zielsetzung der Organisation zu identifizieren. Somit kann die produktive Zusammenarbeit zwischen Individuen dem Entstehen von Misstrauen und Ängsten entgegenwirken.

Führungskräfte fungieren maßgeblich als Vorbild, wenn es darum geht, eine Kultur der Angst, des Misstrauens und der Kontrolle zu entwickeln oder eine vertrauensvolle Kultur, die auf gemeinsamen Werten und Überzeugungen basiert (Senge 2011, S. 57; Badura 2017, S. 30; S. 7; Badura et al. 2010, S. 48). Heinz

Buchmann, ehemaliger Leiter des Geschäftsbereichs Parfums Christian Dior der LVMH Parfums & Kosmetik Deutschland GmbH, äußerte dazu: „*Angst ist immer ein Bestandteil der Unternehmenskultur, d. h. eine Folge starrer Hierarchien, welche lediglich zum Selbstschutz einzelner Mitarbeiter dienen können*" (vgl. Panse und Stegmann 1996, S. 39 f.). Am eindrucksvollsten kann Angst bei Mitarbeitenden initiiert werden, wenn jemand aus unbekannten und/oder unverständlichen Gründen seinen Job verliert.

12.3.2 Soziale Ängste

> *In meiner Ausbildung zur Gesundheits- und Krankenpflegerin war es üblich, auch die Stationsvisite während der Frühschicht zu begleiten. Bis heute erinnere ich mich dabei an eine Situation mit einem Oberarzt, die mich in meiner beruflichen Kommunikation, besonders mit Ärzten oder Personen in höher gestellten Positionen, sehr geprägt hat.*
>
> *Wir befanden uns im Zimmer mit einer Patientin, die von einseitigen Bauchschmerzen berichtete. Der Arzt erklärte, dass es sich hier wohl um einen Leistenbruch handelte. Dies sollte an diesem Tag anhand weiterer Diagnostik abgeklärt werden. Da mir die Patientin und ihre Anamnese vertraut war, richtete ich mich mit einer Frage an den Arzt: „Was meinen Sie, könnte es sich nicht auch um eine Appendizitis handeln?" Insgeheim war ich stolz, dieses Krankheitsbild aus dem Unterricht behalten zu haben.*
>
> *„Ach, bist du jetzt der Arzt?" fragte er und musterte mich abfällig. Ich lief rot an und versuchte, mich zu entschuldigen. Er lachte nur kurz und fuhr mit der Visite fort, ohne mich weiter zu beachten.*
>
> *Es sollte erstmal der letzte Kommentar von mir während einer Visite sein – denn um nicht zu stören oder inkompetent zu wirken, habe ich mich nach dieser Situation (unbewusst) dazu entschlossen, lieber nichts mehr zu kommentieren oder meine Beobachtungen zu teilen.*
>
> (Anonymisiert, persönliche Kommunikation mit der Autorin, Dortmund, 31.03.2021)

Soziale Ängste stellen Selbstwertbedrohungen des Individuums dar, die in antizipierter Form vor oder während des Interaktionsprozesses auftreten können. Psychosoziale Konflikte stellen die wichtigste und am häufigsten vorkommende Aktivierung für eine Stressreaktion dar (Schwarzer 1987, S. 80). Als soziale Ängste gelten die Angst vor Vorgesetzten, die Angst vor Arbeitskollegen, die Angst vor unterstellten Mitarbeitern, die Angst vor offener Meinungsäußerung und die Präsentationsangst.

Angst gilt als Emotion, die häufig durch negativ wahrgenommene zwischenmenschliche Beziehungen oder psychosoziale Konflikte ausgelöst wird. Auslöser sind Befürchtungen, in zwischenmenschlichen Begegnungen zurückgewiesen zu werden, sich zu blamieren oder nicht anerkannt zu werden. Am Arbeitsplatz kann es an diversen Stellen und Situationen zu sozialen Ängsten kommen, da eine Organisation stets eine soziale Gemeinschaft darstellt (Harding 2012, S. 35; Schwarzer 1987, S. 141). Von immenser (pathogener) Bedeutung sind dabei chronisch belastend wahrgenommene soziale Beziehungen im Arbeitskontext. Dazu gehören anhaltende Konflikte mit Kolleg:innen und Vorgesetzten, enttäuschte Erwartungen, der Verlust sozialer Bezugspersonen oder auch das Schwinden sozialer Netzwerke. Mit steigender Interaktionsdichte innerhalb einer Organisation steigt dabei die Wahrscheinlichkeit, soziale Ängste zu entwickeln. Je weniger ein Organisationsmitglied sozial integriert ist und je höher es sich belastet fühlt, desto wahrscheinlicher sind Angst- und Hilflosigkeitsgefühle (Badura et al. 2010, S. 38; Dehne 2017, S. 241). Organisationsmitglieder verbringen – je nach Beruf und Position – viel gemeinsame Zeit miteinander. In der Regel haben Mitarbeitende dabei keinen Einfluss darauf, mit welchen Arbeitskolleg:innen sie in einem Team oder innerhalb der Organisation zusammenarbeiten. Kommt es zu Konflikten, besteht häufig keine einfache Möglichkeit, sich gegenseitig aus dem Weg zu gehen. Dies kann den Verlauf beruflicher Konflikten mitunter problematisch gestalten (Muschalla und Linden 2013, S. 44). Je geringer der persönliche Einfluss auf die Gestaltung zwischenmenschlicher Kontakte ist, desto größer lässt sich die Gefahr des Auftretens von Ängsten erkennen. Als potenziell angstauslösend gelten konfliktbeladene Beziehungen im Team, z. B. aufgrund unklarer Zielsetzungen. Diese lassen sich auch im Vorgesetztenverhalten erkennen: Ein inkonsistentes Verhalten der Führungskraft, „Laissez-Faire-Führungsstile" oder Leitungskräfte, die sich davor scheuen Entscheidungen zu treffen können zu einem unklaren Rollenverständnis von Mitarbeitenden beitragen und Probleme wie z. B. Rollenkonflikte und Mobbing befördern (Neuhaus 2013, S. 198).

Vorgesetzte sind schon allein aufgrund ihrer Stellung in der Hierarchie und ihrer Kontroll- und Sanktionierungsfunktion potenziell angstauslösend, da sie Einfluss auf monetäre Zuwendungen, Arbeitsaufgaben, Beförderungen, die Verteilung von Wissen und Informationen nehmen und somit auch auf die Anerkennung, die Mitarbeitende im betrieblichen Kontext erfahren (Muschalla und Linden 2013, S. 61). Je nach Machteinsatz und Verhaltensweisen können sie dabei Angst erzeugen, wenn sie sich in ihrer (Fach)Kompetenz (siehe Praxisbeispiel) oder in ihrer Stellung innerhalb der Organisation bedroht fühlen. Als Folge kann beobachtet werden, dass diese Vorgesetzten beispielsweise Fortbildungen und Schulungen ihrer Mitarbeitenden behindern (Panse und Stegmann 1996, S. 51 f., 2004, S. 44).

Ein systemisches Phänomen stellt in diesem Kontext die sekundäre Sozialisation von Individuen innerhalb der Gesellschaft dar. Menschen werden bereits in der Schule fortlaufend dazu motiviert, den Wünschen und Anforderungen des jeweiligen Lehrenden zu entsprechen, um positive Resultate – gute Noten – zu erzielen. Dieses Verhalten zeigt sich anschließend auch im Berufsleben. Insbesondere in einem Arbeitsklima, das von Angst geprägt ist, wird das Wohlwollen von Vorgesetzten fokussiert anstatt das System so zu verbessern, dass es dem eigentlichen Unternehmensziel dient (Senge 2011, S. 2 f).

Unter den sozialen Ängsten nimmt die Angst vor der offenen Meinungsäußerung, insbesondere im betriebswirtschaftlichen Kontext, einen besonderen Stellenwert ein. Sobald Organisationsmitglieder die Befürchtung haben, ihre Meinungsäußerung oder das Einreichen von Vorschlägen kann sich zu ihrem Nachteil auswirken, unterlassen sie dies in den meisten Fällen. Mitarbeitende fühlen sich an ihrem Arbeitsplatz häufig einem subtilen zwischenmenschlichen Risiko ausgesetzt, durch Führende oder andere Mitarbeitende als inkompetent oder unwissend bewertet zu werden und negativ aufzufallen, wenn sie Fragen stellen, Ideen äußern, Fehler zugeben oder Beobachtungen teilen (Edmondson 2020, S. 5; Panse und Stegmann 1996, S. 57). Dies zeigte sich z. B. auch in einer betrieblichen Krise der Ford Company. Henry Ford versuchte dabei herauszufinden, aus welchen Gründen die Marktanteile der Firma kontinuierlich zurückgehen. Seine Mitarbeitenden erkannten, dass das Problem das „Model T" darstellte – Henry Fords Lieblingsauto. Die Mitarbeitenden wussten, wie sehr Henry Ford dieses Auto mochte, und ihnen war bewusst, dass er neben seiner eigenen Meinung keine andere akzeptierte. Folglich äußerten sie zahlreiche Ursachen für den Rückgang von Marktanteilen – außer den wahren Grund: Das „Model T" war unmodern und entsprach nicht mehr den Anforderungen der Kund:innen (Lenz 1991, S. 116). Edmondson (2020) spricht davon, dass Mitarbeitende in diesem Fall instinktiv verinnerlicht haben, dass Schweigen sicherer ist, da „noch niemand wegen seines Schweigens gefeuert wurde" (Edmondson 2020, S. 31). Dabei halten sich Mitarbeitende nicht nur mit unangenehmen Nachrichten zurück, sondern auch mit Ideen oder Beobachtungen, um beim Management nicht für das Gefühl zu sorgen, dass aktuelle Systeme oder Prozesse nicht optimal gestaltet sind (Edmondson 2020, S. 29 ff). Führungskräfte gewinnen durch das Nicht-Artikulieren von Informationen den Eindruck, dass alles in Ordnung sei. Es fällt ihnen häufig schwer nachzuvollziehen, dass es Mitarbeitenden in einer hierarchisch untergestellten Position Probleme bereiten könnte, ihre Stimme zu erheben und von Schwierigkeiten oder Verbesserungsmöglichkeiten zu berichten (Edmondson 2020, S. 50).

12.3.3 Leistungs- und Versagensängste

Auf die Frage nach dem Erfolgsrezept von VW gab der Automobilingenieur Ferdinand Piëch dem Leiter des Automobilherstellers Chrysler, Bob Lutz, folgende Antwort:

"Ich gebe Ihnen das Rezept. Ich rief alle Karosserie-Ingenieure, Stanztechniker, Produktionsleiter und Führungskräfte in meinen Sitzungsraum. Und ich sagte: ‚Ich habe genug von all diesen schlechten Designs unserer Karosserien. Sie haben sechs Wochen Zeit, um Karosserien der Weltklasse zu gestalten. Ich habe mir Ihre Namen notiert. Wenn wir das nicht in den nächsten sechs Wochen schaffen, dann werde ich Sie alle ersetzen. Vielen Dank für Ihre Aufmerksamkeit.'" (Lutz 2015; Edmondson 2020, S. 50).

Versagensängste sind in der Moderne weit verbreitet. Dazu gehören Besorgnisse über nicht ausreichendes Fachwissen, schnelle technologische Entwicklungen und notwendige Arbeitsergebnisse oder darüber, Entscheidungen nicht termingerecht entsprechen zu können. Leistungsängste stellen Beurteilungs- und Prüfungsangst, Angst vor Veränderungen und Neuerungen und Angst vor Beförderung und Versetzung dar (Panse und Stegmann 1996, S. 59, 2004, S. 49).

Leistungsangst wird von Schwarzer (1987) als *"Besorgtheit und Aufgeregtheit angesichts von Leistungsanforderungen, die als selbstwertbedrohlich eingeschätzt werden"* definiert (Schwarzer 1987, S. 94). Häufig fließen dabei Leistungs- und soziale Ängste ineinander, da die zu erbringende Leistung in den sozialen Kontext der Organisation eingebettet ist (Laux 1993, S. 121; Harding 2012, S. 35). Ein typischer Auslöser für Leistungs- oder Versagensangst ist die Hervorhebung einzelner Personen in einem sozialen Kontext, in der der Fokus auf das Handeln dieser Person gerichtet ist (z. B. bei einem Vortrag). Dies impliziert eine indirekte oder direkte Bewertungsprozedur im beobachteten Individuum. Ein Misserfolg oder die Vorstellung des Scheiterns wirken an dieser Stelle deswegen so bedrohlich, weil sie öffentlich stattfinden (Schwarzer 1987, S. 132 f; Muschalla 2014, S. 207).

Eine besondere Rolle spielt bei den Leistungs- und Versagensängsten die Kommunikations- und Fehlerkultur innerhalb der Organisation. Mitarbeitende werden durch den Einsatz von Angst zu häufig dazu angeregt, Fehler und Zwischenfälle zu verschweigen oder zu vertuschen, anstatt offen über diese zu reden, eine Lösung zu finden und Verbesserungsvorschläge oder Bedenken zu äußern. Vielmehr geht es im Rahmen einer positiven Fehlerkultur darum, offen nach Lösungen zu suchen, den Fehler zu analysieren und Rückschlüsse für zukünftige Prozesse zu ziehen (Edmondson 2020, S. XIV). Es ist daher wichtig, dass in der Organisation ein gemeinsames Verständnis einer positiven und systematischen Fehlerkultur implementiert wird und das Gefühl vermittelt wird, dass es in Ordnung ist, Fehler zu machen. Die Führungskraft selbst sollte eine offene und glaubhafte Kommunikation pflegen, Informationen transparent und rechtzeitig verbreiten, ein vertrauensvolles Verhältnis zu Mitarbeitenden entwickeln, Anerkennung sowie Wertschätzung vermitteln und die Qualifikationen bzw. die (Weiter-)Bildung von Mitarbeitenden fördern.

12.4 Mechanismen der Angstbewältigung und ihre Folgen am Arbeitsplatz

Die Folgen von Angst lassen sich auf kurzfristiger und langfristiger Ebene skizzieren. Unmittelbare Angstfolgen sind hinlänglich in der psychologischen Forschung beschrieben worden. Die gängigen Angstmodelle unterscheiden dabei die Ebenen, auf denen Angst zum Ausdruck kommt: Kognition, physiologische Reaktion und Verhalten (Flöttmann 2015, S. 23). Angst kann als *„psychosomatisches Geschehen mit einer seelischen Erlebnisseite und körperlicher Manifestationsseite"* betrachtet werden (vgl. Dilling 1984). Auf der physiologischen Ebene lassen sich diverse Veränderungen von Körperfunktionen beobachten, die bereits Siegmund Freud (1895) ausführlich beschrieben hat. Exemplarisch lassen sich an dieser Stelle Schlafstörungen, Muskelverspannungen oder Magenbeschwerden nennen. Angstfolgen auf der kognitiven Ebene umfassen die eingeengte Wahrnehmung, die selektive Erinnerung an Gefahren, die Aktivierung katastrophisierender Gedanken und die Induktion von Selbstunsicherheit. Individuen mit Angst zeigen folglich Probleme dabei, ihre geistigen Kompetenzen vollumfänglich zu nutzen (Flöttmann 2015, S. 23). Folgen auf der Verhaltensebene lassen sich in Angriff, Flucht, Bindung und Erstarren differenzieren. Menschen, deren Handlungsmuster sich durch den Angriffsmodus charakterisiert, neigen zu dem (unbewussten) Verhalten, sich in angstinduzierenden Situationen besonders mutig zu präsentieren, um ihre Ängste zu überspielen. Im Fluchtverhalten kommt es dagegen zur Vermeidung der angstauslösenden Situation, wie z. B. dem Ausweichen vor einer Gesprächssituation mit dem Vorgesetzten. Ähnliches ist bei dem Wunsch nach Bindung zu beobachten – hier flüchten Mitarbeitende an einen sicheren Ort, um dort Sicherheit zu erlangen (Flöttmann 2015, S. 23 ff.). Erfolgt weder Angriff, Flucht noch Bindung, kommt es zum Erstarren (freezing-like behaviour) des Mitarbeitenden.

Aus dem Tierreich ist diese Reaktion als „sich tot stellen" bekannt, was das Überleben sichern soll.

Für Organisationen bedeutet dies in der sozialen Interaktion dysfunktionale kollektive Verhaltensweisen bei Mitarbeitenden, wenn die Organisationskultur durch Angst geprägt wird. Anna Freud (1984) und Panse und Stegmann (1996) beschrieben dazu bewusste und eher unbewusste Mechanismen zur Angstbewältigung.

- Der **Angriffsmodus** lässt sich anhand aggressiver Reaktionen von Mitarbeitenden erkennen, die aufgrund existenzieller Angst, z. B. ihre Position im Unternehmen zu verlieren, unangemessene und schädliche Verhaltensweisen zeigen. Insbesondere die Angst, „etwas verlieren zu können", (z. B. bestimmte Privilegien) kann Organisationsmitglieder dazu motivieren, destruktive Verhaltensweisen und Strategien zu wählen (Panse und Stegmann 1996, S. 113). Insbesondere in Organisationen, die durch die Pandemie in ihrer Stellung am Markt geschwächt wurden, können solche Verhaltensweisen beobachtet werden.
- In vorwiegend autoritär geführten Organisationen erzeugt Angst häufig ein **Anlehnungsverhalten** der Mitarbeitenden an das angstauslösende Subjekt. Dieses Verhalten äußert sich darin, dass Mitarbeitende versuchen, eigene Ängste durch überfreundliche und umschmeichelnde Interaktionshandlungen in inner- und zwischenbetrieblichen Kontexten zu minimieren (Panse und Stegmann 1996, S. 114 f.).
- Verhaltensforschende benennen als weitere Angstfolge das Interaktionsmuster „**Angstbindung**". In der bedrohlich erlebten Situation neigen Individuen dazu, sich am formalen oder informalen Führenden einer Organisation oder Gruppe zu orientieren und seine Entscheidungen zu adaptieren, um eigene Angstgefühle zu reduzieren und Sicherheit zu erlangen (Panse und Stegmann 1996, S. 115 f.). Auch während der Corona-Pandemie lässt sich dies in Organisationen beobachten, z. B. wenn

- Mitarbeitende sich am Verhalten der vorgesetzten Person orientieren und entweder weiterhin in Präsenz oder im Homeoffice arbeiten.
- Beruht die Angst von Mitarbeitenden einer Organisation auf Gegenseitigkeit, so lassen sich Angstfolgen identifizieren, die als **Koalition** bezeichnet werden. Hierbei kommt es zu einer Konfrontationsvermeidung, indem stillschweigend oder offiziell ein Nichtangriffspakt geschlossen wird. Koalitionen ergeben sich z. B., wenn Mitarbeitende voneinander wissen, dass illegale oder ungern gesehene Handlungen vollzogen werden (Panse und Stegmann 1996, S. 117 f.).
- Evolutionär eine der grundlegendsten Angstfolgen ist die Flucht. Primär zeichnete sich die **Fluchtreaktion** dadurch aus, dass das Organisationsmitglied vor den angstauslösenden Stressoren flüchtet, um (wieder) Sicherheit zu erlangen. Dies lässt sich im Rahmen der Pandemie und aufgrund der Sorge, sich oder andere Menschen zu infizieren, verstärkt beobachten (Petzold et al. 2020). Direktes Flucht- bzw. Vermeidungsverhalten im Arbeitskontext lässt sich in vorgeschobenen Erkrankungen, innerer Kündigung oder Fluktuation erkennen. Weiteres Vermeidungsverhalten bezieht sich im Rahmen der Angstbewältigung auf den Konsum von Genussmitteln oder den Medikamentenmissbrauch. Zusätzlich können Individuen zu ungesunden Verhaltensweisen neigen (Panse und Stegmann 1996, S. 121 ff.; Neuhaus 2013, S. 202; Krohne 1981, S. 271 f.).
- Eine eher unbewusste Angstfolge im sozialen Interaktionsmuster stellt die **Verdrängung** dar. Als fundamentaler Abwehrmechanismus werden durch Verdrängung angstauslösende Emotionen oder Gedanken vom Bewusstsein ins Unbewusste verdrängt. So gelingt es, eine objektiv vorhandene Bedrohung zu ignorieren. Im betrieblichen Kontext lässt sich dies z. B. im Vergessen eines angstauslösenden Termins beobachten (Panse und Stegmann 1996, S. 124). Pandemiebedingt kann es zur Verdrängung von Risiken am Arbeitsplatz kommen, die eine Infektion begünstigen können (Lai et al. 2020).
- Durch die **Rationalisierung** gelingt es dem Mitarbeitenden, Ängste zu minimieren, indem rationale Handlungen in den Vordergrund gestellt und als einziger Beweggrund kommuniziert werden (Panse und Stegmann 1996, S. 125).
- Eine **Verschiebung** beinhaltet die Verlagerung von Ressourcen der Mitarbeitenden auf andere Zielsetzungen als eigentlich gewünscht wäre. Eine beispielhafte Verschiebung im organisatorischen Kontext liegt z. B. vor, wenn Mitarbeitende potenziell gute Ideen aufgrund von Differenzen mit den Vorgesetzten und der resultierenden Konfliktvermeidung nicht kommunizieren. Als Ersatz engagieren sich diese Mitarbeitenden außerhalb der Organisation und kompensieren dort die fehlende Wertschätzung (Panse und Stegmann 1996, S. 125).
- Bei der **Reaktionsbildung** kommt es zur gegenteiligen Transformation von Emotionen des Organisationsmitglieds. Angst sorgt in der Regel dafür, dass starke Antipathien und eine starke Ablehnung gegen den Stressor, z. B. die Führungskraft, gehegt werden. Dieses wird bei der Reaktionsbildung in das Gegenteil – Zuneigung – umgewandelt. Ähnlich wie beim Stockholm-Syndrom lassen sich ähnliche Reaktionsmuster auch im betrieblichen Kontext identifizieren. So kommt es dazu, dass Organisationsmitglieder Sympathien für Personen bilden, die zu antisozialen Verhaltensmustern neigen, und diese unterstützen (Panse und Stegmann 1996, S. 126 f.).
- Wenn persönliche Emotionen, Wünsche und Eigenschaften auf ein anderes Subjekt oder Objekt übertragen werden, um angsterzeugende und nicht akzeptierte Gefühle zu eliminieren, wird dies als **Projektion** bezeichnet. Der angstauslösende Stressor wird in diesem Fall unwillkürlich auf ein Organisationsmitglied projiziert und stell-

vertretend angegriffen und dezimiert. So lässt sich zum Beispiel bei einer Abteilungsleitung, die Angst vor einem Vorstandsmitglied verspürt, beobachten, dass diese Person ein Organisationsmitglied von optischer Ähnlichkeit ungerechtfertigt aggressiv behandelt. Projektion stellt somit auch eine mögliche Ursache von Mobbing im Unternehmen dar (Panse und Stegmann 1996, S. 127 f).

- **Regression** als weitere unwillkürliche Angstfolge stellt den Rückzug in infantile Verhaltensmuster des Mitarbeitenden dar. Angst bewirkt in diesem Kontext z. B. eine unterwürfige Körperhaltung und eine kindliche Stimmlage, die das Gegenüber zu einem wohlwollenden Verhalten manipulieren soll (Panse und Stegmann 1996, S. 128).

Angst führt zu einem dysfunktionalem Verhalten von Mitarbeitenden, da der Informationsfluss innerhalb des Systems beschränkt wird. Dies äußert sich in einer fehlenden Kommunikation von Ideen und dadurch, dass Organisationsmitglieder vermeiden, die eigene Position gegenüber Vorgesetzten zu vertreten. Das Wissen von Organisationsmitgliedern wird somit nicht in einem adäquaten Umfang genutzt und die Reflexion sowie das kritische Denken innerhalb der Organisation wird auf ein Minimum reduziert. Wenn Informationen, z. B. schlechte Nachrichten, nicht weitergegeben und kritische Themen von Individuen aus Angst gemieden werden, kann dies zu erheblichen Qualitätsmängeln innerhalb des Systems führen. In einer Kultur des Schweigens neigen Beschäftigte dazu, Missstände in ihren Abteilungen zu vertuschen. Kurzfristig kann dieses Verhalten dafür sorgen, dass der „Schein" für die Außenwelt gewahrt wird. Langfristig lassen sich an dieser Stelle allerdings weitgreifende negative betriebswirtschaftliche Effekte erkennen; zunächst in Form der Verschärfung von Demotivation, sozialen Konflikten und Kontrollproblematiken. Des Weiteren verzögert die Vertuschung die korrekte Erkennung und Aufarbeitung der Problemsituation, da Mängel erst zu einem späteren Zeitpunkt oder sogar gar nicht erkannt und behandelt werden. Dies beeinträchtigt die Leistungsfähigkeit – insbesondere in der schnelllebigen Moderne – in einem hohen Maße und führt zu erhöhten Kosten bei der Wiederaufarbeitung zu einem späteren Zeitpunkt (Deming 1982, S. 59 ff.; Neuhaus 2013, S. 207).

Auch Laloux (2015) führt viele Missstände in Organisationen auf ängstliche Verhaltensweisen zurück: bürokratische Regeln und Prozesse, lange Meetings, das Zurückhalten von Informationen und die Geheimnisbildung, Mangel an Authentizität, Silodenken sowie Konflikte innerhalb von Entscheidungsfindungsprozessen (Laloux 2015, S. 51).

Angst in Organisationen wirkt vertrauensschädigend. Ein Vertrauensverlust resultiert häufig unmittelbar aus einem (angst)auslösenden Ereignis, z. B. einem gebrochenen Versprechen. Im Gegensatz dazu dauert der Aufbau von Vertrauen ungleich länger und ist mit einem hohen Einsatz verbunden. Mangelndes Vertrauen, das aus Ängsten von Mitarbeitenden hervorgeht, bewirkt betriebswirtschaftlich ein vermindertes Leistungspotenzial der Organisation. Mitarbeitende neigen in einem Klima des Vertrauensverlustes dazu, sich Sorgen über die Zukunft zu machen und katastrophale Szenarien zu kreieren, die kollektive Ängste katalysieren können und somit die Demotivation, ihrer Arbeit nachzugehen, beflügeln (Neuhaus 2013, S. 207).

Angst übt einen Einfluss auf kreative und spontane Handlungen in Organisationen aus. Kreativität bedeutet in diesem Kontext, gestalterisch diverse Erfahrungen im Gehirn komplex neu miteinander zu verknüpfen. Bei Druck und Angstgefühlen kommt es zu einem Verlust dieser Fähigkeiten. Empfinden Mitarbeitende Angst, führt das dazu, dass Exploration, Neugier, Motivation und Eigenverantwortung der Organisationsmitglieder sinken, während das Gefühl von Unsicherheit ansteigt. Für die Organisation hat dies zur Folge, dass „Dienst nach Vorschrift", Gewohnheitshandeln und Monotonie den Arbeitsalltag prägen.

Bei einer länger anhaltenden Angst resignieren Mitarbeitende aufgrund ihrer Unsicherheit so wirkungsvoll, dass die Leistungsbereitschaft mitunter gegen Null tendiert. Organisationen sind in der heutigen Arbeitswelt jedoch immer stärker auf die Kreativität ihrer Mitglieder und deren Eigeninitiative angewiesen. Fehlen diese Kompetenzen, versuchen Unternehmen, Kreativität und Eigeninitiative häufig durch den Einsatz von Anreizsystemen, Druck oder Belohnungen zu erhöhen. Um den gewünschten Effekt zu erreichen, sind jedoch immer stärkere Anreize seitens der Organisation nötig – oder die Mittel greifen aufgrund des Misstrauens gar nicht mehr (Panse und Stegmann 1996, S. 79; Neuhaus 2013, S. 199)

Für die Organisation bedeuten länger anhaltende und intensivere Angstgefühle von Mitarbeitenden auch negative Folgen in Form eines erhöhten Präsentismus, Absentismus und dadurch eine potenzielle Schädigung der Gesundheit der Organisationsmitglieder. Im Hinblick auf Präsentismusfolgen gaben über 70 % der Berufstätigen an, dass sie aus Angst vor dem Arbeitsplatzverlust schon krank zur Arbeit gegangen sind (Snow et al. 2003).

Zusammengefasst begünstigt und bewirkt Angst im organisationalen Kontext:
- Destruktive Fehlerkultur, indem Fehler oder schlechte Informationen vertuscht werden
- Dysfunktionale Verhaltensweisen in der sozialen Interaktion
- Erschwerung einer konstruktiven Zusammenarbeit von Mitarbeitenden und des organisationalen Lernens
- schlechtere Arbeits- und Entscheidungsqualität
- hierarchisches oder bürokratisches Verhalten statt einer offenen und konstruktiven Kommunikation
- Wissen, Ideen, Vorschläge von Organisationsmitgliedern werden unzureichend geteilt
- risikoreicheres Verhalten
- Illoyalität oder Sabotage
- unnötig hoher Ausschuss in produzierenden Betrieben
- Mobbing unter den Organisationsmitgliedern
- Arbeitsreduktion oder -Verweigerung (Innere Kündigung)
- Absentismus und Präsentismus von Organisationsmitgliedern
- sinnloses Verpuffen teurer Anreizsysteme
- höhere Fluktuation

12.5 Fazit

Unrealistische Zielvorgaben, Führung durch Befehle und Kontrolle, die Angst vor dem Jobverlust beim Scheitern eines Projekts lassen sich in einigen Organisationen beobachten, da dieses Vorgehen in der Vergangenheit unter den damaligen Bedingungen erfolgreich war (Edmondson 2020, S. 53). Paul Watzlawick beschreibt dieses Verhalten mit der Bezeichnung „mehr desselben" und meint damit das sture Festhalten an Verhaltensweisen und Lösungen, die zu einem früheren Zeitpunkt zu einer adäquaten Problemlösung geführt haben. Da sich die Arbeitswelt und ihre vorherrschenden Bedingungen ändern, ist es als wahrscheinlich zu bewerten, dass eine ehemals geeignete Lösungsstrategie nicht mehr zur aktuellen Problemstellung passt. Verhaltensforschende können beobachten, dass Menschen in solchen Situationen dazu neigen, altbewährte Lösungen zu bevorzugen und im Falle des Scheiterns zu der Überzeugung zu gelangen, noch nicht genug Einsatz gezeigt zu haben. Der Einsatz der altbewährten Lösung wird daher intensiviert (Watzlawick 1983, S. 28 f). Organisationen, deren Kultur und Führungsstile von tayloristischen Prinzipien geprägt sind, werden folglich insbesondere in Krisenzeiten dazu neigen, durch die Androhung von härteren Strafen zum Erfolg zu gelangen.

In der Praxis ist zu beobachten, dass die Verantwortung für die Entstehung und Lösung von psychischen Beeinträchtigungen am Arbeitsplatz häufig auf die subjektive Ebene geschoben wird. Wie im Rahmen dieses Beitrags dargelegt, gehen hiermit vielfältige negative Folgen für die Organisation einher. Im Rahmen einer adäquaten Berücksichtigung von organisationsbedingten Ängsten sollte jedoch insbesondere die organisationale Ebene stärker in den Fokus gerückt werden, um an den Verhältnissen innerhalb der Organisation anzusetzen und diese psychologisch sicherer zu gestalten.

Um eine zukunftsfähige Arbeitsumwelt zu gestalten, ist es daher fundamental, moderne und flexible Arbeitsformen und Organisationsprinzipien zu entwickeln bzw. diese umzusetzen. Unter Berücksichtigung von Anforderungen einer modernen Organisation und der daraus resultierenden Veränderungen spielen Kenntnisse des (zwischen)menschlichen Verhaltens und soziale Kompetenzen eine große Rolle. Vertrauensbildende Maßnahmen, die Entwicklung und Pflege von gemeinsamen Überzeugungen, Werten und Regeln stellen wichtige Ziele von Organisationen dar, um ihre Attraktivität zu steigern und die Bindekraft von Organisationsmitgliedern und damit die Produktivität zu erhöhen (Badura 2017, S. 6).

Dazu ist es primär wichtig, die intrinsische Motivation von Mitarbeitenden zu stärken und aufzuzeigen, welchen sinnvollen Beitrag einzelne Arbeiten von Mitarbeitenden leisten und in welchem Zusammenhang diese mit der Arbeit anderer Mitarbeitender stehen. Neben der Schaffung eines gemeinsamen Arbeitsverständnisses begünstigt dies, Verständnis füreinander zu entwickeln, wechselseitige Abhängigkeiten zu erkennen und Prozesse sowie Entscheidungen besser zu verstehen bzw. Verbesserungsmöglichkeiten für diese zu entwickeln.

Literatur

Badura B, Walter U, Hehlmann T (Hrsg) (2010) Betriebliche Gesundheitspolitik. Der Weg zur gesunden Organisation. Springer, Berlin
Badura B (Hrsg) (2017) Arbeit und Gesundheit im 21. Jahrhundert. Mitarbeiterbindung durch Kulturentwicklung. Springer, Berlin
Becker E (2011) Angst. Ernst Reinhardt, München
Betzelt S, Bode I (2020) Angst im neuen Wohlfahrtsstaat. Kritische Blicke auf ein diffuses Problem. Nomos, Baden-Baden
Bude H (2014) Gesellschaft der Angst. Hamburger Edition, Hamburg
Dehne M (2017) Soziologie der Angst: Konzeptuelle Grundlagen, soziale Bedingungen und empirische Analysen. Springer, Wiesbaden
Deming EW (1982) Out of the crisis. MIT Center for Advanced Engineering Study, Cambridge
Dilling H (1984) Körperliche Ausdrucksformen der Angst. Münch Med Wscht 128:1004–1007
Edmondson A (2020) Die angstfreie Organisation. Wie Sie psychologische Sicherheit am Arbeitsplatz für mehr Entwicklung, Lernen und Innovation schaffen. Vahlen, München
Flöttmann HB (2015) Angst. Ursprung und Überwindung. Kohlhammer, Stuttgart
Freud S (1895) Studien über Hysterie. Digital Collections. Bauhaus University, Weimar
Freud A (1984) Das Ich und die Abwehrmechanismen. Fischer, Frankfurt
Gordon RJ (2016) The Rise and Fall of American growth. Princeton University Press, Princeton
Gross R (2015) Angst bei der Arbeit. Angst um die Arbeit. Psychische Belastungen im Berufsleben. Huber, Bern
Harding G (2012) Topmanagement und Angst. Führungskräfte zwischen Copingstrategien, Versagensängsten und Identitätskonstruktion. Springer, Wiesbaden
Isaac M (2017) Inside Uber's Aggressive, Unrestrained Workplace Culture. The New York Times, 22.02.2017. https://www.nytimes.com/2017/02/22/technology/uber-workplace-culture.html. Zugegriffen: 25. Juni 2021
Kahn W (1990) Psychological conditions of personal engagement and disengagement at work. AMJ 33(4):698–724
Krohne HW (1981) Theorie zur Angst. Kohlhammer, Stuttgart
Laux L (1993) Emotionsbewältigung und Selbstdarstellung. Kohlhammer, Stuttgart
Lai J, Ma S, Wang Y, Cai Z, Hu J, Wei N (2020) Factors associated with mental health outcomes among health care workers exposed to Coronavirus disease 2019. Jama Netw Open 3(3):e203976
Laloux F (2015) Reinventing Organizations: Ein Leitfaden zur Gestaltung sinnstiftender Formen der Zusammenarbeit. Vahlen, München
LeDoux J (2016) Angst. Wie wir Furcht und Angst begreifen und therapieren können, wenn wir das Gehirn verstehen. Ecowin, Salzburg
Lenz G (Hrsg) (1991) Die Seele im Unternehmen. Psychoanalytische Aspekte von Führung und Organisation im Unternehmen. Springer, Berlin
Linden M, Muschalla B (2007) Arbeitsbezogene Ängste und Arbeitsplatzphobie. Nervenarzt 78:39–44

Literatur

Lutz B (2015) One man established the culture that led to VWs emission scandal. Road and track. https://www.roadandtrack.com/car-culture/a27197/boblutz-vw-diesel-fiasco/. Zugegriffen: 13. Juni 2021

Meyer A (1999) „Wenn Sie mir gegenüber nicht loyal sind, schmeiß ich Sie raus!": Mitarbeiterführung – ein Spiel mit der Angst? In: Freimeuth J (Hrsg) Die Angst der Manager. Schriftenreihe Psychologie und innovatives Management. Verlag für angewandte Psychologie, Göttingen, S 165–173

Muschalla B, Linden M (2013) Arbeitsplatzbezogene Ängste und Arbeitsplatzphobie. Kohlhammer, Stuttgart

Muschalla B (2014) Arbeitsbezogene Ängste in Forschung und Praxis. Ein aktuelles Schnittstellenphänomen. Z Arbeits- U Organisationspsychologie 58:206–214

Neave HR (1990) The Deming dimension. Longman Higher Education, London

Neuhaus F (2013) Angstbewusste Führung: Besser und produktiver arbeiten durch den motivierenden Einsatz von Angst. Springer, Wiesbaden

Oesch D (2006) Redrawing the Class Map. Stratification and Institutions in Britain, Germany Sweden and Switzerland. Palgrave Macmillan, Basingstoke

Panse W, Stegmann W (1996) Kostenfaktor Angst. Moderne Industrie, Landsberg

Panse W, Stegmann W (2004) Angst, Macht, Erfolg. Erkennen Sie die Macht der konstruktiven Angst. Volk, München

Petzold B, Plag J, Ströhle A (2020) Umgang mit psychischer Belastung bei Gesundheitsfachkräften im Rahmen der Covid-19-Pandemie. Nervenarzt 91:417–421

Rosa H (2013) Beschleunigung und Entfremdung. Entwurf einer Kritischen Theorie spätmoderner Zeitlichkeit. Nomos, Sintzheim

Ryan K, Oestreich DK (1991) Driving fear out of the workplace. How to overcome the invisible barriers to quality, productivity, an innovation. Jossey Bass, San Francisco

Schein EH (1993) How can organizations learn faster? The challenge of entering the green room. Sloan Manag Rev 34(2):85–92

Schwarzer R (1987) Stress, Angst und Hilflosigkeit: die Bedeutung von Kognitionen und Emotionen bei der Regulation von Belastungssituationen. Kohlhammer, Stuttgart

Senge P (2011) Die Fünfte Disziplin. Kunst und Praxis der lernenden Organisation, 11. Aufl. Schäffer-Poeschel, Stuttgart

Siegrist J, Dragano N (2020) Der Beitrag von Gratifikationen zur Mitarbeitergesundheit. In: Badura B, Ducki A, Schröder H et al (Hrsg) Fehlzeiten-Report 2020. Springer, Berlin

Snow DL, Swan SC, Raghavan C (2003) The relationship of work stressors, coping and social support to psychological symptoms among female secretarial employees. Work Stress 17(3):241–263

Sorge S (2012) Angst und Leistung in Teams der Medienwirtschaft: Systemtheorie – Marktanforderungen – Wirkfaktoren. Gabler, Wiesbaden

Ströhle A, Gensichten J, Domschke K (2018) The diagnosis and treatment of anxiety disorders. Dtsch Arztebl Int 155(37):611–620. https://doi.org/10.3238/arztebl.2018.0611

Tudor A (2003) A macro sociology of fear? Sociol Rev 51:238–256

Watzlawick P (1983) Anleitung zum Unglücklichsein. Piper, München

Wintzenburg J (2019) Viele wussten Bescheid – verstörende Einblicke in den größten Betrugsfall der Bundesrepublik. https://www.stern.de/wirtschaft/news/vw--einblicke-in-den-groessten-betrugsfall-der-bundesrepublik-8694458.html. Zugegriffen: 19. Apr. 2021

Wolter U (2020) Gut jeder zweite Deutsche fürchtet Jobverlust wegen Corona-Krise. https://www.personalwirtschaft.de/der-job-hr/corona-special/artikel/gut-jeder-zweite-deutsche-fuerchtet-wegen-corona-jobverlust.html. Zugegriffen: 25. Juni 2021

Always on – Grenzen ziehen zwischen Arbeits- und Privatleben in der digitalisierten Arbeitswelt

Ida Ott, Julia Widler, Michaela Knecht und Laurenz Linus Meier

Inhaltsverzeichnis

13.1 Digitales Arbeiten als Zukunftstrend mit Chancen und Risiken – 219

13.2 Digitale Transformation und die Abgrenzung von Arbeits- und Privatleben – 220

13.3 Modell der digitalen Arbeitsformen und deren Auswirkungen auf Gesundheit, Leistungsfähigkeit und die Vereinbarkeit von Arbeits- und Privatleben – 221
13.3.1 Segmentierend-responsives digitales Arbeiten – 221
13.3.2 Integrierend-responsives digitales Arbeiten – 222
13.3.3 Integrierend-initiierendes digitales Arbeiten – 223
13.3.4 Segmentierend-initiierendes digitales Arbeiten – 224
13.3.5 Zusammenfassung – 224

13.4 Digitales Arbeiten aktiv gestalten – Handlungsempfehlungen – 225
13.4.1 Das Individuum als handlungsfähiger Akteur – 225
13.4.2 Die Führungskraft als Möglichmacher – 227
13.4.3 Das Team als Gestalter – 227

Die Korrespondenzautorinnen des Kapitels sind Ida Ott und Julia Widler.

© Springer-Verlag GmbH Deutschland, ein Teil von Springer Nature 2021
B. Badura et al. (Hrsg.), *Fehlzeiten-Report 2021*, Fehlzeiten-Report, https://doi.org/10.1007/978-3-662-63722-7_13

13.5   Vielleicht nicht immer „Always on"? – 229

Literatur – 230

Zusammenfassung

Die technischen und kulturellen Entwicklungen der digitalen Transformation machen Arbeit quasi immer und überall verfügbar. Indem digitales Arbeiten flexibler wird, steigt die Integration unserer Lebensbereiche und die Grenzen zwischen Arbeits- und Privatleben beginnen zu verschwimmen. Digitale Arbeit kann in Abhängigkeit von der Informations- und Kommunikationstechnologie (IKT) und der Ausprägung der Integration der Lebensbereiche unterschiedliche Formen annehmen. Das neu entwickelte **Modell der digitalen Arbeitsformen** beschreibt diese und zeigt auf, warum segmentierendes und initiierendes digitales Arbeiten förderlicher für die Gesundheit, die Leistungsfähigkeit und die Vereinbarkeit von Arbeits- und Privatleben ist als integrierendes und responsives digitales Arbeiten. Es zeigt, wie konkrete Handlungsempfehlungen für Individuen, Führungskräfte und Teams aussehen können, damit es gelingt, vorteilhafte digitale Arbeit aktiv zu gestalten.

13.1 Digitales Arbeiten als Zukunftstrend mit Chancen und Risiken

Die digitale Transformation verändert unsere Arbeitswelt in rasantem Tempo. Sogenannte **New Ways of Working** (NWW) zeichnen sich durch moderne IKT aus, die es ermöglichen, unmittelbar und quasi zu jeder Zeit und an jedem Ort zu arbeiten (Demerouti et al. 2014). 2019 lag der Anteil der erwerbstätigen Personen in Deutschland, die wenigstens gelegentlich im Homeoffice arbeiteten, bei 13 % (Statistisches Bundesamt Destatis 2021). Während des ersten Lockdowns in der Corona-Pandemie verdreifachte sich der Anteil fast auf 35 % (Schröder et al. 2020). Die Covid-19 Pandemie sorgte für einen „unfassbaren Schub in Bezug auf Digitalisierung" (Meyer und Hofmann 2021), wobei die Konnektivität auch für die kommenden Jahre als „Megatrend" gehandelt wird (Papasabbas und Pfuderer 2021).

Gleichzeitig gehen NWW auch mit zahlreichen Veränderungen der Arbeitskultur und -gestaltung einher (Kingma 2019; Wang et al. 2020). Kommunikationsprozesse beschleunigen sich, Kollaboration gewinnt an Bedeutung und ergebnisorientierte Formen der Leistungssteuerung sowie vertrauensbasierte Regelungen zur Arbeitszeit nehmen zu (Kingma 2019; Krause et al. 2015b; Spreitzer et al. 2017). Diese Entwicklung bringt einen hohen Grad an Flexibilisierung für Arbeitende mit sich, gleichzeitig verlagert sich damit auch die Verantwortung für die Arbeitsgestaltung hin zum Arbeitenden (Kingma 2019). So hat etwa jeder vierte Deutsche den Eindruck, es werde oft oder sehr häufig von ihm erwartet, außerhalb der normalen Arbeitszeiten erreichbar zu sein (Institut DGB-Index Gute Arbeit 2015) zudem arbeiten 15 % mehrmals pro Monat oder häufiger in ihrer Freizeit, um die Arbeitsanforderungen zu erfüllen (Eurofound 2020).

Doch was bedeutet es für Arbeitende, wenn durch den Laptop die Arbeit abends zuverlässig neben einem auf der Couch liegt und die Kollegen durch das Smartphone in der Hosentasche ständig mit dabei sind?

Der digitale Wandel und die damit verbundene Integration der Lebensbereiche werden in der Forschung in ihren Auswirkungen als paradox beschrieben (Day et al. 2019). Während erhöhte Flexibilität und Vereinbarkeit von Familie und Beruf als Chance gehandelt werden (Allen et al. 2015; Demerouti et al. 2014; Towers et al. 2006), sieht man in der „Always-on"-Mentalität (Derks et al. 2014b; McDowall und Kinman 2017), dem „Technostress" und dem „Telepressure" (Ayyagari et al. 2011; Barber und Santuzzi 2015) eine Gefahr für die Gesundheit der Betroffenen.

Um möglichst viele Vorteile nutzen und die Risiken minimieren zu können, ist es daher wichtig, die verschiedenen **Formen des digitalen Arbeitens** und ihre Auswirkungen auf die Gesundheit, die Leistungsfähigkeit und die Vereinbarkeit von Arbeits- und Privatleben im Detail zu verstehen.

In diesem Beitrag wird, aufbauend auf bisheriger Forschung, ein neues Modell eingeführt, das verschiedene Formen des digitalen Arbeitens beschreibt, eine systematische Einordnung bisheriger empirischer Ergebnisse zulässt und dabei unterschiedliche – sowohl positive als auch negative – Folgen der verschiedenen Formen des digitalen Arbeitens aufzeigt. Darauf aufbauend werden konkrete Handlungsempfehlungen für verschiedene Zielgruppen abgeleitet.

13.2 Digitale Transformation und die Abgrenzung von Arbeits- und Privatleben

Das **digitale Arbeiten** wird in diesem Beitrag als das Arbeiten mit IKT definiert. IKT sind „Technologien oder elektronische Geräte, die Informationen empfangen, verarbeiten, speichern und versenden können" (Steinmueller 2000, S. 361), z. B. Laptops, Smartphones oder Tablets bzw. Email-Clients, Messenger-Apps oder Dienste zum Kalendermanagement. In Anlehnung an die NWW kann die Arbeit dabei zu flexibler Zeit an einem flexiblen Ort (z. B. abends im Homeoffice) verrichtet werden oder entsprechend klassischer Arbeitsformen zu geregelten Zeiten an einem festen Arbeitsort stattfinden (z. B. Kernarbeitszeit im Büro).

Die digitale Transformation verändert sowohl das Nutzungsverhalten von IKT als auch das Verhältnis von Arbeits- und Privatleben. Aufgrund der arbeitskulturellen und technischen Veränderungen laufen asynchrone Kommunikationsprozesse annähernd synchron ab (z. B. Instant Messaging). Funktionen von Hard- und Software (z. B. akustische oder visuelle Signale, die auf Instant-Messages aufmerksam machen) unterbrechen den Empfänger und animieren ihn dazu, Nachrichten sofort zu lesen und zu beantworten. Arbeitende können zudem von überall und jederzeit arbeiten. Fehlende Regelungen zum Umgang mit IKT und eine Erreichbarkeitskultur verstärken diese Anforderungen (Derks und Bakker 2010; Wilkes et al. 2017), sodass ohne aktives Gegensteuern die Grenzen zwischen Arbeits- und Privatleben leicht verschwimmen können.

Um Chancen und Risiken des digitalen Arbeitens differenziert abzubilden und um Veränderungen der digitalen Transformation sichtbar zu machen, wird das digitale Arbeiten in diesem Beitrag unter zwei theoretischen Perspektiven betrachtet. Die erste Perspektive beschreibt das **Nutzungsverhalten von IKT** und die zweite das **Verhältnis von Arbeits- und Privatleben** beim digitalen Arbeiten.

Die wesentliche Funktion von IKT liegt in der Aufgabenbearbeitung in Verbindung mit Kommunikationsprozessen (Wang et al. 2020), wobei man zwischen **initiierender** und **responsiver IKT-Nutzung** differenzieren kann (Rennecker und Godwin 2005). Kontaktiert eine Person eine andere, so nutzt sie ihre IKT initiierend (z. B. eine Chat-Nachricht schicken). Ist eine Person mittels IKT erreichbar und reagiert sie auf Kontaktanfragen oder Nachrichten, so nutzt sie ihre IKT responsiv (z. B. eine Chat-Nachricht beantworten) (Derks und Bakker 2010; Rennecker und Godwin 2005). Ein initiierendes Verhalten einer Person kann bei einer anderen Person responsives Verhalten erzeugen.

Die Boundary Theory (Ashforth et al. 2000) stellt auf einem **Segmentations-Integrations-Kontinuum** dar, wie groß der Abstand zwischen verschiedenen Lebensbereichen – hier zwischen Arbeits- und Privatleben – ist. Ein hohes Maß an Segmentation bedeutet eine klare Trennung. Je näher sich Arbeits- und Privatleben sind bzw. je mehr sich beides überschneidet, desto stärker ist die Integration ausgeprägt. Die Flexibilität und die Permeabilität sind zwei Parameter, die die Stärke der Grenzen zwischen den Lebensbereichen bestimmen (Ashforth et al. 2000). Eine hohe Flexibilität lässt zu, dass die Arbeitsrolle auch im Privaten einfach eingenommen werden kann. Sie wird häufig durch die Arbeitsbedingungen bestimmt (z. B. Möglichkeit zum Homeoffice) (Allen et al. 2014). Ist die Permeabilität hoch, so sind die Grenzen zwischen Arbeits- und Privatleben durchlässig (z. B. Erhalten von arbeitsbezogenen Nachrichten in der Freizeit) (Ashforth et al. 2000).

Aus der Arbeitssituation ergeben sich **Integrationsanforderungen**, die auf Arbeitende einwirken. Integrationsanforderungen werden in diesem Beitrag als Arbeitsbedingungen definiert, die dazu führen, dass die Integration von Arbeits- und Privatleben bei Arbeitenden steigt. In Anlehnung an Kossek (2016a) werden dabei formelle Integrationsanforderungen, die sich aus festen Regeln und organisationalen Strukturen ergeben (z. B. Stellen eines Firmenhandys), und informelle Integrationsanforderungen, die aus sozialen Normen entstehen (z. B. übliche Erreichbarkeit außerhalb der Arbeitszeit im Team), unterschieden.

Boundary Management (Ashforth et al. 2000) beschreibt, wie Menschen auf Integrationsanforderungen reagieren und die Grenzen zwischen verschiedenen Lebensbereichen herstellen und aufrechterhalten. Menschen wenden dazu unterschiedliche **Segmentationsstrategien** an (Kreiner et al. 2009). Im Rahmen der digitalen Transformation können viele der persönlichen Segmentationsstrategien (z. B. den Computer im Büro „hinter sich" lassen) nicht mehr angewendet und müssen angepasst oder neu entwickelt werden (z. B. Laptop nach dem Arbeitstag aus dem Sichtfeld entfernen, getrennte Apps für Geschäftliches und Privates auf dem Smartphone nutzen).

13.3 Modell der digitalen Arbeitsformen und deren Auswirkungen auf Gesundheit, Leistungsfähigkeit und die Vereinbarkeit von Arbeits- und Privatleben

Ziel ist es, die Chancen und Risiken des digitalen Arbeitens einzuordnen und zu verstehen, wo Interventionen zur Vereinbarkeit von Arbeits- und Privatleben ansetzen können. Dazu werden die Wechselwirkungen zwischen dem Ausmaß an Integration bzw. Segmentation und der IKT-Nutzung berücksichtigt. Die IKT-Nutzung ist meistens eine Mischung aus responsivem und initiierendem Verhalten, die jedoch je nach Tätigkeit einen größeren Schwerpunkt in eine Richtung aufweisen kann. Das **Modell der digitalen Arbeitsformen** betrachtet die IKT-Nutzung in Abhängigkeit von der Ausprägung der Integration bzw. Segmentation. Daraus ergeben sich **vier Formen des digitalen Arbeitens** (◘ Abb. 13.1), die im Folgenden erläutert und hinsichtlich ihrer Chancen und Risiken beschrieben werden.

13.3.1 Segmentierend-responsives digitales Arbeiten

Ein(e) Angestellte(r) mit viel Kundenkontakt und Koordinationsaufgaben befindet sich hauptsächlich im responsiven digitalen Arbeiten. Durch viele Unterbrechungen, häufige Wechsel zwischen Aufgaben und dem zeitigen Beantworten von Nachrichten kommt es zu Rollenwechseln innerhalb der Arbeitsrolle und einer eingeschränkten Autonomie in der Planung des Arbeitsablaufs (Rennecker und Godwin 2005; Wilkes et al. 2017). Wenn durch klare Erreichbarkeitszeiten oder eine Übergabe nach Schichtende die Arbeit begrenzt wird, kann nach Beenden der Arbeit in die Privatrolle gewechselt werden. Die Integrationsanforderungen bleiben trotz hoher Responsivität gering, was als **segmentierend-responsives digitales Arbeiten** bezeichnet wird. Die Ereignisse innerhalb der Arbeit selbst werden jedoch von Mitarbeitenden als negativ empfunden (Braukmann et al. 2017) und sind mit Beanspruchung verbunden. So kann es zu Verzögerungen bei der Bearbeitung von Aufgaben und zu wahrgenommener Überlastung kommen (Derks und Bakker 2010; O'Driscoll et al. 2010; Brummelhuis et al. 2012). Kann man die IKT-Nutzung nicht selbst steuern und sich seine Zeit nicht selbst einteilen (z. B. durch hereinkommende Anrufe oder Aufgaben), führt

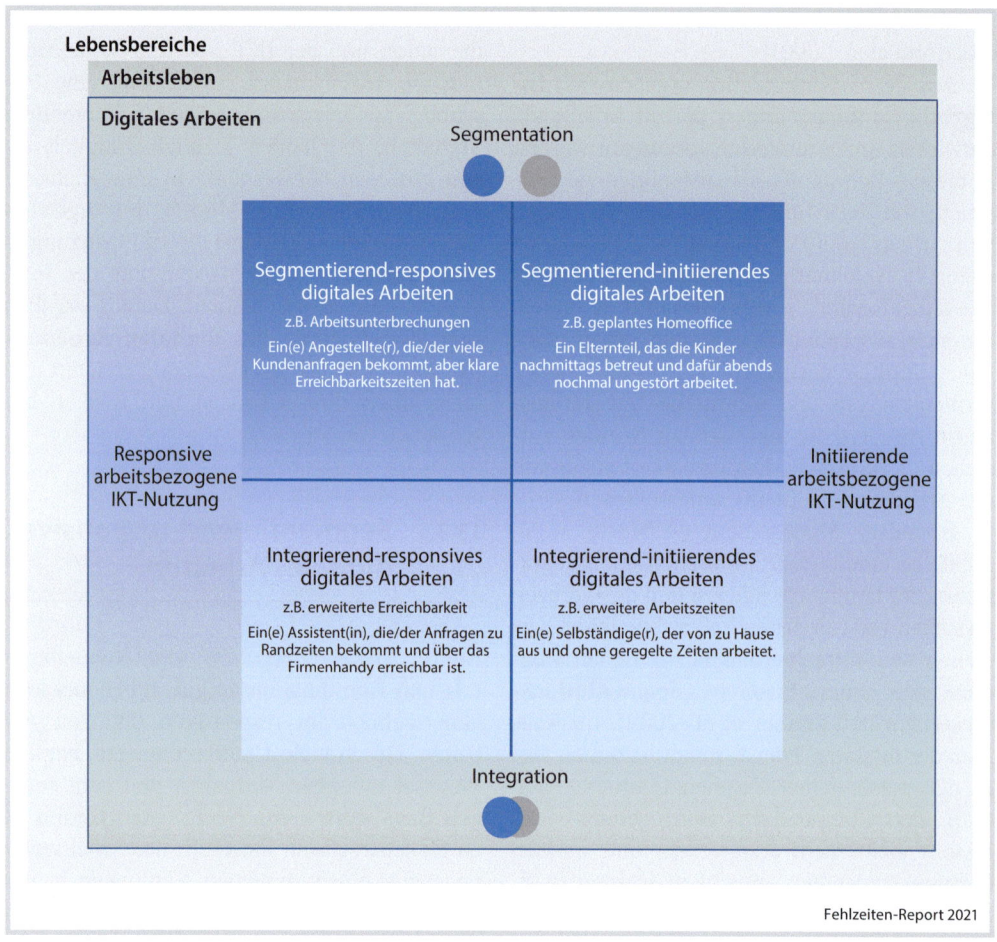

Abb. 13.1 Das Modell der digitalen Arbeitsformen

dies zu Stress und emotionaler Erschöpfung (Day et al. 2012; Dettmers et al. 2016a; Kattenbach et al. 2010).

13.3.2 Integrierend-responsives digitales Arbeiten

Auch beim **integrierend-responsiven digitalen Arbeiten** finden Unterbrechungen durch die responsive IKT-Nutzung statt. Anders als beim segmentierend-responsiven digitalen Arbeiten überschreitet hier die Arbeit die Grenze zum Privatleben, indem Arbeitende mittels IKT für arbeitsbezogene Dinge erreichbar sind und Anrufe oder Nachrichten empfangen und beantworten. Dies kann beispielsweise bei einer Assistentin/einem Assistenten der Fall sein, die/der persönlich für eine Führungskraft zuständig ist, die sich häufig erst zu Randzeiten meldet. Dabei finden unkontrollierte Rollenwechsel vom Privatleben in die Arbeitsrolle statt und es kann zu einem Verschwimmen der Rollen kommen (Matthews et al. 2010; Middleton und Cukier 2006). Das Phänomen der arbeitsbezogenen erweiterten Erreichbarkeit (Dettmers et al. 2016a) weist große Überschneidungen mit dem integrierend-responsiven digitalen Arbeiten auf und ist häufig mit negativen Folgen verbunden. Bereits die gedankliche Antizipation von Kontaktierungen oder hereinkommenden Aufgaben verhindert, dass Betroffene sich von arbeitsbezogenen Gedanken und Gefühlen distanzieren können (Ruderman et al. 2016).

Personen, die außerhalb ihrer regulären Arbeitszeit mittels IKT für berufliche Dinge erreichbar sind, haben eine höhere emotionale Erschöpfung und empfinden subjektiv höheren Stress als weniger erreichbare Menschen (Day et al. 2012; Dettmers et al. 2016b; Dettmers 2017). Zudem sind sie öfters von psychosomatischen Beschwerden wie Kopfschmerzen und schlechterem Schlaf betroffen (Arlinghaus und Nachreiner 2014; Braukmann et al. 2017; Hassler et al. 2016; Lanaj et al. 2014). Je stärker sich Arbeits- und Privatleben überschneiden, desto weniger Erholungsaktivitäten nehmen Arbeitende auf (Derks et al. 2014a). Dementsprechend können sie schlechter von der Arbeit abschalten und sich nicht so gut erholen (Barber und Santuzzi 2015; Derks et al. 2014c; Hassler et al. 2016). Betroffene empfinden weniger Kontrolle über ihre Freizeitaktivitäten (Dettmers et al. 2016b). Erleben Menschen geringe Kontrolle über den eigenen Zeitplan und sind ihre Grenzen für Arbeitsbelange durchlässig, so können sie private Verpflichtungen schlechter erfüllen (Chen und Karahanna 2014) und es kann zu Konflikten zwischen Arbeits- und Privatleben kommen (Allen et al. 2014; Amstad et al. 2011; Tausig und Fenwick 2001).

13.3.3 Integrierend-initiierendes digitales Arbeiten

Unklarer ist die Situation im **integrierend-initiierenden digitalen Arbeiten**. Wie häufig bei Selbständigen oder Manager(inne)n mit ungeregelten Arbeitszeiten zu beobachten ist, werden Privat- und Arbeitsleben oft nicht mehr klar getrennt (Menz et al. 2016). Gleichzeitig erlaubt die initiierende IKT-Nutzung eine hohe Kontrolle über das Strukturieren der Arbeit. Dieser Form des digitalen Arbeitens können unterschiedliche persönliche Einstellungen und Arbeitsbedingungen zugrunde liegen, wie z. B. eine hohe Integrationspräferenz oder eine hohe Arbeitslast. Kennzeichnend ist, dass viele Wechsel zwischen Privat- und Arbeitsleben vollzogen werden und die Abgrenzung der Rollen nicht immer klar ist.

Das integrierend-initiierende digitale Arbeiten ist sowohl mit Chancen als auch Risiken verbunden. Das wird zum Beispiel daran erkennbar, dass die gleiche Tätigkeit, nämlich „eine arbeitsbezogene Aufgabe zu Hause zu bearbeiten", sowohl positiv als auch negativ bewertet werden kann (Braukmann et al. 2017). Für Personen, die Freude am digitalen Arbeiten haben oder einen Sinn darin sehen (autonome Motivation), zeigt sich ein positiver Zusammenhang zur Stimmung und zur Fähigkeit abzuschalten (Ohly und Latour 2014). Positiv verstärkend kommt hinzu, dass Menschen mit autonomer Arbeitsmotivation im Vergleich zu anderen weniger stark abschalten müssen, um sich wohl zu fühlen (Olafsen und Bentzen 2020). Fühlen sich Menschen zum digitalen Arbeiten z. B. durch Vorgaben oder die Erwartungshaltung anderer verpflichtet (kontrollierte Motivation), so kann dies mit erhöhter Beanspruchung und verminderter Leistung verbunden sein (Cooper und Lu 2019; Ohly und Latour 2014).

Allein das Vorhandensein von arbeitsbezogenen IKT kann Menschen dazu bewegen, diese auch zu nutzen und z. B. im Privatleben regelmäßig E-Mails zu checken und gedanklich mit der Arbeit verbunden zu bleiben (Fenner und Renn 2004; Jarvenpaa und Lang 2005), was zu schlechter Erholung führt (Park et al. 2011). Im Gegensatz zu responsiver IKT-Nutzung ist die initiierende IKT-Nutzung mit Kontrolle über die eigene Zeit und die Kontakte verbunden (Derks und Bakker 2010), was die negativen Effekte des integrierenden digitalen Arbeitens auf das Befinden abpuffern kann (Dettmers et al. 2016a). Dies könnte erklären, warum Mitarbeitende das Arbeiten außerhalb der Arbeitszeit kurzfristig als Entlastungsstrategie wahrnehmen (Menz et al. 2016).

Zu erwähnen ist jedoch, dass integrierend-initiierendes digitales Arbeiten häufig aufgrund von hoher Arbeitslast stattfindet (Braukmann et al. 2017) und so zu einer Ausdehnung der Arbeitszeiten (Cooper und Lu 2019; Fenner und Renn 2004) und damit verbunden zu schlechtem Abschalten und mehr Konflikten zwischen Arbeit und Privatleben (Byron 2005) führt.

Bewertet man also das integrierend-initiierende digitale Arbeiten positiv und hat man genug Handlungsspielraum, so können sich daraus kurzfristig Vorteile ergeben. Fühlt man sich fremdbestimmt, so ist von negativen Folgen auszugehen.

13.3.4 Segmentierend-initiierendes digitales Arbeiten

Zuletzt beschreibt das **segmentierend-initiierende digitale Arbeiten** eine Kombination aus selbstgesteuertem digitalem Arbeiten und klaren, abgegrenzten Rollen. Das Elternteil, das am Nachmittag die Arbeit geplant beendet, um die Kinderbetreuung zu übernehmen und die Arbeit dafür abends im Homeoffice zu Ende führt, kann mit wenigen Unterbrechungen und Rollenwechseln einen flexiblen Ablauf gestalten. Anders als beim integrierenden Arbeiten sorgen Arbeitende durch die selbstbestimmte und klare Einteilung von Arbeitszeiten, durch das Setzen von Zielen und Prioritäten dafür, dass die arbeitsbezogene IKT-Nutzung klar begrenzt wird und sich die Lebensbereiche nicht unkontrolliert überlagern.

Segmentierend-initiierendes digitales Arbeiten geht deshalb oft mit positiven Folgen einher. So können Arbeitende die Vorteile der Möglichkeit zum flexiblen Arbeiten nutzen, um sowohl private als auch berufliche Dinge entsprechend den eigenen Bedürfnissen in den Tagesablauf zu integrieren (Parasuraman und Greenhaus 2002). Dies ist mit besserem Abschalten (Park et al. 2011), höherer Produktivität und Zufriedenheit (Baltes et al. 1999) sowie weniger Konflikten zwischen Arbeit und Privatleben verbunden (Fenner und Renn 2010; Matthews und Barnes-Farrell 2010; Matthews et al. 2010). Zudem profitieren Arbeitende von Übertragungseffekten zwischen den Rollen, indem sie z. B. Kompetenzen aus dem Arbeitsbereich auch im Privatleben anwenden können (Barnett und Hyde 2001; Wiese et al. 2010).

Studien zeigen, dass ein moderates Maß an Homeoffice mit hoher Arbeitszufriedenheit, hoher Bindung, guter Leistung, geringer Erschöpfung und weniger Konflikten zwischen Arbeit und Privatleben assoziiert ist (Allen et al. 2015). Das segmentierend-initiierende digitale Arbeiten erlaubt also, die positiven Effekte von initiierender IKT-Nutzung wie z. B. vereinfachte Koordination, Kommunikation und Zusammenarbeit sowie Produktivität zu nutzen (Braukmann et al. 2017; Day et al. 2019), ohne die möglichen Risiken der Integration einzugehen.

13.3.5 Zusammenfassung

Es lässt sich sagen, dass ein hohes Maß an responsiver IKT-Nutzung sowie ein hohes Maß an Integration Risiken für Arbeitende mit sich bringen, auch wenn persönliche Faktoren wie z. B. die Segmentationspräferenz (Kreiner 2006) oder wahrgenommene Vorteile (Dettmers und Biemelt 2018) negative Effekte abschwächen können. Responsive IKT Nutzung geht meist mit Stress und emotionaler Erschöpfung einher (Day et al. 2012; Dettmers et al. 2016a; Kattenbach et al. 2010), während Integration die Grenze zum Privatleben schwächt (Barber und Santuzzi 2015; Derks et al. 2014c; Hassler et al. 2016). Deshalb liegt in den Bereichen des integrierend-responsiven und des integrierend-initiierenden digitalen Arbeitens der höchste Handlungsbedarf. Das segmentierend-initiierende digitale Arbeiten scheint hingegen eher positive Folgen für Arbeitende mit sich zu bringen, sodass diese Form gefördert werden sollte.

Eine empirische Gegenüberstellung der neu beschriebenen vier Formen des digitalen Arbeitens und deren Auswirkungen haben die Autoren bereits gestartet. Erste Ergebnisse und evaluierte Handlungsempfehlungen werden für das Jahr 2022 erwartet.

13.4 Digitales Arbeiten aktiv gestalten – Handlungsempfehlungen

Interventionen zum Boundary Management haben zum Ziel, responsive IKT-Nutzung zu reduzieren sowie übermäßigen Integrationsanforderungen entgegenzuwirken. Es wird also tendenziell eine Verlagerung von integrierend-responsivem zu segmentierend-initiierendem digitalem Arbeiten angestrebt, da initiierende IKT-Nutzung mit mehr Autonomie und Kontrollgefühl einhergeht (Derks und Bakker 2010) und Segmentation die Grenze zwischen Arbeits- und Privatleben bewahrt (Wepfer et al. 2018). Dies kann durch die Gestaltung der formellen und informellen Integrationsanforderungen und durch die Anwendung von Segmentationsstrategien umgesetzt werden. Im Folgenden werden Handlungsempfehlungen und Interventionsansätze für die Zielgruppen Arbeitende, Führungskräfte und Teams beschrieben. Dieser Ansatz stimmt mit Ansätzen aus der Anwendungsforschung überein (Kossek 2016b).

Die Forschung zeigt, dass das individuelle Boundary Management zu großen Teilen durch die **Rahmenbedingungen der Arbeit** beeinflusst wird (Kossek 2016a). Dabei kann insbesondere die von den NWW beeinflusste Arbeitsgestaltung eine Hürde darstellen. Hat die eigene Abgrenzung z. B. zur Folge, dass persönliche berufliche Ziele nicht erreicht werden können, oder ergeben sich daraus negative Konsequenzen für das Team, kann dies davon abhalten, individuelle Segmentationsstrategien umzusetzen (Krause et al. 2015a). Interventionen auf Ebene von Führungskräften und Teams können hier einen Anstoß geben, den Umgang mit den NWW zu reflektieren und die Möglichkeiten innerhalb des eigenen Einflussbereichs gemeinsam auszuschöpfen.

Zudem fällt es vielen Menschen schwer, das **Verhalten**, das sie sich vorgenommen haben, tatsächlich langfristig im Alltag **umzusetzen** (Hagger und Luszczynska 2014). Führungskräfte und Teams stellen für einzelne Mitarbeitende einen Teil der Verhältnisse dar, agieren jedoch gleichzeitig selbst als Individuen (Derks et al. 2014b; Koch und Binnewies 2015). Die vorgestellten Handlungsempfehlungen sollten deshalb in Interventionen zur Verhaltensänderung eingebettet werden.

In einem Kooperationsprojekt der Fachhochschule Nordwestschweiz und der Universität Neuenburg werden spezifische Interventionen für alle drei Zielgruppen entwickelt und evaluiert.

13.4.1 Das Individuum als handlungsfähiger Akteur

Zentraler Ansatzpunkt für **Individuen** ist das Anwenden von Segmentationsstrategien, um mit bestehenden Integrationsanforderungen umzugehen.

Die Anwendung von Segmentationsstrategien ist sowohl für responsiv als auch für initiierend digital arbeitende Menschen relevant, da klare Grenzen zwischen Arbeits- und Privatleben vor Beanspruchung schützen. Menschen, die einer responsiven IKT-Nutzung unterliegen, haben jedoch ein höheres Risiko für negative Folgen, da Belastungen aus dem Arbeitsleben förmlich in das Privatleben vordringen. Ein Firmenhandy ist also dann ein großes Problem, wenn es auch außerhalb der Arbeitszeit ständig läutet, also responsive IKT-Nutzung von anderen eingefordert wird. Deshalb ist es für diese Gruppe besonders wichtig, Segmentationsstrategien anzuwenden.

Aber auch bei einer initiierenden IKT-Nutzung sind Segmentationsstrategien sinnvoll, um z. B. der Verleitung zu widerstehen, abends nochmal die Mails zu checken. Allerdings

☐ Tab. 13.1 Segmentationsstrategien im digitalen Arbeiten, adaptiert und erweitert nach Kreiner et al. 2009 und Kossek 2016b

Themenfeld	Segmentationsstrategien und ausgewählte Beispiele
IKT-Nutzung	Eigene Responsivität steuern – Endgeräte abschalten – Notification Manager einrichten – Erreichbarkeits-Filter setzen, um nur für bestimmte Personen außerhalb der Arbeitszeit erreichbar zu sein
	Initiierende IKT-Nutzung steuern – Wenn der Bedarf besteht, aus dem Privatleben heraus in die Arbeitsrolle zu wechseln, ein klares Zeitfenster mit Ziel setzen (Timeboxing) – Eigene Zeiterfassung oder Bildschirmzeiten dokumentieren, um ein Ausdehnen von Arbeitszeiten zu vermeiden
Physisch	Arbeit und Privates räumlich voneinander trennen, (metaphorische) Distanz schaffen – Festgelegter Arbeitsplatz im Homeoffice, der nicht für Privates genutzt wird – Getrennte Endgeräte und Apps für Privates und Arbeit, arbeitsbezogene Apps in einen separaten Ordner auf dem Smartphone ablegen
Zeitlich	Klare Zeiten für Arbeit und Privates planen, Zeiten für Erholung einplanen – Zeiten für Arbeit und Privates flexibel gestalten, jedoch klar einteilen – „Auszeiten" von der Arbeit und für Zeit mit Freunden, der Familie und Hobbies einplanen
Kommunikation	Eigene Grenzen vorab kommunizieren und Störungen ansprechen – An- und Abwesenheiten sichtbar für andere in den Kalender eintragen – Statusmeldung in Kommunikationssoftware nutzen
	Sich mit Arbeitskontakten (Führungskraft, Team) abstimmen – Mit der Führungskraft und dem Team über Bedürfnisse zur Vereinbarkeit von Arbeit und Privatleben sprechen
Verhalten	Sich Unterstützung suchen – Vertretungsregelungen einrichten – Mit Freunden/Familienmitgliedern Absprachen treffen und sich daran erinnern lassen
	Prioritäten setzen – Mentale Prioritätenlisten definieren, welche arbeitsbezogenen und privaten Verpflichtungen zentral sind
	– Routinen zum Übergang zwischen Privat und Arbeitsleben: klarer Einstieg und klarer Ausstieg mittels symbolhafter Routinen, z. B.: Laptop und Smartphone bewusst an- bzw. ausschalten – Etwas Trinken, Kleidung wechseln

Fehlzeiten-Report 2021

spielen hier auch andere Handlungsmotive eine Rolle und die höhere Autonomie reduziert ebenfalls die negativen Effekte. Insgesamt ist davon auszugehen, dass etwas Segmentation für alle positive Folgen hat (Wepfer et al. 2018), für responsiv Arbeitende aber deutlich stärker als für initiierend Arbeitende.

Kreiner et al. (2009) beschreiben verschiedene Typen von Segmentationsstrategien, die dazu dienen, individuelle Grenzen zwischen der Arbeit und dem Privatleben zu ziehen oder aufrecht zu erhalten. Die Strategien helfen dabei Rollenklarheit zu schaffen sowie den Umgang mit unterschiedlichen Rollen zu erleichtern (Ashforth et al. 2000). Die Strategien zeigen sich in einzelnen alltäglichen Verhaltensweisen, die von Mensch zu Mensch unterschiedlich sein können (Kreiner et al. 2009). Aus dem Modell der digitalen Arbeitsformen geht hervor, dass für das digitale Arbeiten spezifische Segmentationsstrategien notwendig sein können. Deshalb werden die Segmentationsstrategien von Kreiner et al. (2009) und Kossek (2016b) für das digitale Arbeiten adaptiert und ergänzt (◘ Tab. 13.1). Die Umsetzung in der Praxis erfolgt in zwei Schritten:

1. **Status-Check.** Die/der Arbeitende setzt sich zunächst bewusst mit seiner aktuellen Situation auseinander, um seinen Handlungsbedarf zu ermitteln. Dabei kann er auch reflektieren, von welchen Vorteilen er durch das aktuelle Ausmaß an Integration profitiert.
2. **Umsetzung von Segmentationsstrategien.** Erlebt die/der Arbeitende eine Inkongruenz zwischen gewünschter und realer Integration bzw. Segmentation, kann er zum einen bestehende Strategien bewusst festigen und sich zum anderen neue Strategien aneignen.

13.4.2 Die Führungskraft als Möglichmacher

Die **Führungskraft** wirkt auf zweierlei Arten auf das digitale Arbeiten: Einerseits durch das eigene Verhalten durch Segmentationsstrategien und IKT-Nutzung und andererseits durch die Integrationsanforderungen in Form von Vorgaben und Erwartungen (Franke et al. 2014; Hammer et al. 2009). Eine Führungskraft, die selbst wenig auf die Vereinbarkeit von Arbeits- und Privatleben achtet und dieser keinen hohen Wert zumisst, beeinflusst durch ihre Vorbildfunktion und die entstehenden Normen das Verhalten der Mitarbeitenden negativ (Derks et al. 2014b). Auch das IKT-Nutzungsverhalten der Führungskraft kann den Mitarbeitenden den Eindruck vermitteln es sei üblich und zu erwarten, am Wochenende E-Mails zu verschicken oder kontaktiert zu werden. Darüber hinaus macht die Führungskraft Vorgaben über die eingesetzten IKT sowie über den Handlungsspielraum, den die Mitarbeitenden erhalten, um ihre Arbeitsaufgaben und deren Organisation auszuführen. Dabei werden Anforderungen aus dem Arbeitsleben oft durch Einschränkungen in anderen Lebensbereichen kompensiert (Knecht et al. 2016). ◘ Tab. 13.2 beschreibt Handlungsempfehlungen für Führungskräfte für die Gestaltung des digitalen Arbeitens.

13.4.3 Das Team als Gestalter

Ein zentraler Ansatzpunkt im **Team** ist die Gestaltung von Integrationsanforderungen. Dabei spielen soziale Normen in Sinne von informellen Integrationsanforderungen eine zentrale Rolle, da sie das Verhalten der/des Einzelnen wesentlich beeinflussen. Sie werden als gemeinsame Verhaltensstandards definiert, die durch das Verhalten von Mitgliedern innerhalb einer Gruppe geprägt werden und für diese gelten (Cialdini und Trost 1998). Dabei sind sowohl Führungskräfte (siehe ▶ Abschn. 13.4.2) als auch die Teammitglieder von Bedeutung. Je stärker die Normen ausgeprägt sind, desto geringer wird der Einfluss des Individuums auf die Gestaltung seiner Grenzen (Ashforth et al. 2000). So hängt die IKT-Nutzung und das Segmentationsverhalten von Mitarbeitenden maßgeblich davon ab, wie sich die anderen Teammitglieder verhalten (deskriptive Norm), welche Erwartungen die Mitarbeitenden wahrnehmen (subjektive Norm) und ob Segmentationsverhalten mit negativen Folgen assoziiert wird (injunktive Norm) (Koch und Binnewies 2015; Derks et al. 2014b, 2014c; Park et al. 2011). Soziale Normen bestimmen auch, ob strukturelle Rahmenbedingungen zur besseren Vereinbarkeit von Arbeits- und Privatleben in Unternehmen von den Mitarbeitenden in Anspruch genommen werden (z. B. ein Teamklima, das Mitarbeitende darin unter-

☐ Tab. 13.2 Handlungsempfehlungen für Führungskräfte (In Anlehnung an Straub 2012 und Crain und Stevens 2018)

Themenfeld	Handlungsempfehlungen und ausgewählte Beispiele
Gesundheitsorientierung	Verständnis für die Chancen und Risiken der verschiedenen Formen des digitalen Arbeitens sowie deren Auswirkungen auf Gesundheit, Wohlbefinden und Leistung schaffen – Bewusstsein für eigenes IKT-, Integrations- und Segmentationsverhalten bilden – Vorbildfunktion wahrnehmen – Gesundheitsorientiert führen
Vorgaben & Erwartungen kommunizieren	Individuelle Bedürfnisse der Mitarbeitenden verstehen und eine gemeinsame, abgestimmte und transparente Arbeitsweise bilden – Arbeitszeiten und -flexibilität regeln – Abwesenheiten respektieren – Transparenz durch geteilte Kalender erhöhen – IKT-Nutzung klären (keine private Hard- oder Softwarenutzung) – Reaktionszeiten besprechen – Verhalten für Notfälle vereinbaren
Unterstützung geben	Emotionale sowie instrumentelle Unterstützung zum digitalen Arbeiten bieten – Interesse und Verständnis für die persönliche Situation des Mitarbeitenden zeigen – Zum Abschalten ermutigen – Arbeitslast thematisieren – Vertretungsregelungen schaffen – Kompetenz zur Anwendung von IKT schaffen – Unterstützung beim Einrichten und Umsetzen des Homeoffice bieten – Erreichbarkeitszeiten intern und extern kommunizieren
Autonomieunterstützung	Handlungsspielraum einräumen, um eine Verlagerung zu positiveren Formen des digitalen Arbeitens zu erreichen – Höhere Entscheidungskompetenz einräumen – Kontrolle über die Organisation des Arbeitsalltags geben – Gestaltungsfreiraum über die Vollständigkeit und Gestaltung der Aufgaben erlauben

Fehlzeiten-Report 2021

stützt, flexible Arbeitszeiten zu nutzen, ohne dafür sanktioniert zu werden) (Kossek 2016a).

Die Intervention sollte als **allgemeine Intervention** zur Arbeitsgestaltung eingeführt und mit den Unternehmenszielen verknüpft werden, um die Akzeptanz der Maßnahme zu erhöhen (Kossek 2016a). Zunächst werden im Team **kritische Situationen** ermittelt, die eine hohe Responsivität erfordern und in denen eine hohe Integration von Arbeits- und Privatleben stattfindet. Insbesondere Situationen, in denen andere durch initiierende IKT-Nutzung Teammitglieder zu Respondern machen, können hier thematisiert werden. In Bezug auf diese Situationen wird **Klarheit über strukturelle Rahmenbedingungen geschaffen** und **bestehende Normen** werden **explizit** gemacht. Dies bedeutet abzugleichen, welches Verhalten in den betreffenden Situationen üblich ist, welche Erwartungen die Teammitglieder verspüren und an die anderen Teammitglieder haben und welche Konsequenzen drohen, falls von der Norm abgewichen wird. Bei diesem Schritt kann es sinnvoll sein, gemeinsam zu hinterfragen, welche Werte den aktuellen Normen zugrunde liegen. Im nächsten Schritt werden im Team **gewünschte Verhaltensweisen** erarbeitet. Dabei können auch bestehende Regeln angepasst und gemeinsame Segmentationsstrategien entwickelt werden. Das Team hält diese in einer **gemeinsamen Etikette zum digitalen Arbeiten** (Day et al. 2019) explizit fest. Damit die Etikette ihre Wirkung in Form von veränderten sozialen Normen entfaltet, ist es wichtig, dass die Teammitglieder und insbesondere die Führungskraft diese in ihren Alltag transferieren und in Form von regelmäßigen Retrospektiven zum Thema machen.

Das Team kann an folgenden Punkten zur Reduktion der Integrationsanforderungen und Unterstützung der idiosynkratischen Segmentationsstrategien ansetzen (in Anlehnung an Day et al. 2019). Die Inhalte orientieren sich dabei an den Empfehlungen der ▶ Abschn. 13.4.1 und 13.4.2.

– Klare Regelung von Arbeitszeiten
– Klärung von Kommunikationswegen und -kanälen
– Regelungen zum Umgang mit hoher Arbeitslast
– Transparenz von An- und Abwesenheiten
– Regelungen zu responsiver IKT-Nutzung während der Arbeitszeit
– Regelungen zu responsiver und initiierender IKT-Nutzung im Privatleben

13.5 Vielleicht nicht immer „Always on"?

Das vorgestellte **Modell der digitalen Arbeitsformen** vereint etablierte Theorien des Boundary Managements mit dem Nutzungsverhalten von IKT und zeigt damit deren komplexe Wechselwirkungen vor dem Hintergrund der digitalen Transformation auf. Dabei zeigt sich, dass sowohl die Art der IKT-Nutzung als auch die Integration der Lebensbereiche eine Rolle bei der Realisierung der Chancen und Risiken des digitalen Arbeitens spielen. Die präsentierten verschiedenen Formen des digitalen Arbeitens lassen eine differenzierte Einordnung der bestehenden Forschungsergebnisse zu und helfen dabei, das Paradox der NWW aufzulösen.

Die Organisation und das Management von digitaler Arbeit liegen nicht nur in der Verantwortung der Mitarbeitenden, sondern auch in der der Unternehmen (Kossek 2016a). Werden Vernetzung und Flexibilität vorausgesetzt, ist es notwendig, die Mitarbeitenden auch dahingehend auszustatten, zu schulen und zu begleiten. Die beschriebenen Handlungsempfehlungen berücksichtigen diesen Aspekt mit Interventionsansätzen auf verschiedenen Ebenen: das aktive, positive Verhalten durch Segmentationsstrategien zu verstärken und gleichzeitig die Integrationsanforderungen zu reduzieren. Dadurch können Maßnahmen für die persönliche Entwicklung sowie die Entwicklung von Führungskräften und Teams abgeleitet werden, die jeweils präventiv oder auch als Intervention eingesetzt werden können.

Im Zuge der Digitalisierung können Unternehmen mit ihren Führungskräften und Teams, aber auch Individuen präventiv darauf achten, die Grenzen zwischen Arbeit und Privatem aktiv und bewusst zu gestalten. Durch das Erlernen von Segmentationsstrategien werden zum einen individuelle Gesundheitskompetenzen gefördert. Zum anderen wird es mit der zunehmenden zeitlichen und örtlichen Flexibilität wichtig, dass es klare Regelungen zu Erreichbarkeitsnotwendigkeiten gibt, damit Mitarbeitende gar nicht erst unter Druck geraten, außerhalb ihrer Arbeitszeiten verfügbar zu sein. Transparenz über Arbeitsroutinen und Austausch über Erwartungen geben Mitarbeitenden Struktur und tragen so ebenfalls zur Reduktion von Integrationsanforderungen bei. So kann auf Ebene der Verhältnisse der Beanspruchung von Mitarbeitenden vorgebeugt werden.

Wir erleben, dass die digitale Transformation die Türe zwischen unserer Arbeit und unserem Privatleben weit öffnet, sodass die Arbeit entsprechend leicht in unser Privates vordringen kann. Das Modell der digitalen Arbeitsgrenzen eröffnet Perspektiven für Einzelpersonen und Organisationen, wie sie ihre **„Online"-Arbeitszeit bewusst und aktiv gestalten** können.

Literatur

Allen TD, Cho E, Meier LL (2014) Work–family boundary dynamics. Annu Rev Organ Psychol Organ Behav 1(1):99–121

Allen TD, Golden TD, Shockley KM (2015) How effective is telecommuting? Assessing the status of our scientific findings. Psychol Sci Public Interest 16(2):40–68

Amstad FT, Meier LL, Fasel U et al (2011) A meta-analysis of work–family conflict and various outcomes with a special emphasis on cross-domain versus matching-domain relations. J Occup Health Psychol 16(2):151–169

Arlinghaus A, Nachreiner F (2014) Health effects of supplemental work from home in the European Union. Chronobiol Int 31(10):1100–1107

Ashforth BE, Kreiner GE, Fugate M (2000) All in a day's work: boundaries and micro role transitions. Acad Manag Rev 25(3):472–491

Ayyagari R, Grover V, Purvis R (2011) Technostress: technological antecedents and implications. MIS Q 35(4):831–858

Baltes BB, Briggs TE, Huff JW et al (1999) Flexible and compressed workweek schedules: a meta-analysis of their effects on work-related criteria. J Appl Psychol 84(4):496–513

Barber LK, Santuzzi AM (2015) Please respond ASAP: workplace telepressure and employee recovery. J Occup Health Psychol 20(2):172–189

Barnett RC, Hyde JS (2001) Women, men, work, and family: an expansionist theory. Am Psychol 56(10):781–796

Braukmann J, Schmitt A, Ďuranová L et al (2017) Identifying ICT-related affective events across life domains and examining their unique relationships with employee recovery. J Bus Psychol 33(4):529–544

ten Brummelhuis LL, Bakker AB, Hetland J et al (2012) Do new ways of working foster work engagement? Psicothema 24(1):113–120

Byron K (2005) A meta-analytic review of work–family conflict and its antecedents. J Vocat Behav 67(2):169–198

Chen A, Karahanna E (2014) Boundaryless technology: understanding the effects of technology-mediated interruptions across the boundaries between work and personal life. AIS THCI 6(2):16–36

Cialdini RB, Trost MR (1998) Social influence: social norms, conformity and compliance. In: Gilbert DT, Fiske S, Lindzey G (Hrsg) The handbook of social psychology, 4. Aufl. McGraw-Hill, New York, S 151–192

Cooper CL, Lu L (2019) Excessive availability for work: good or bad? Charting underlying motivations and searching for game-changers. Hum Resour Manag Rev 29(4):100682

Crain TL, Stevens SC (2018) Family-supportive supervisor behaviors: a review and recommendations for research and practice. J Organ Behav 39(7):869–888

Day A, Paquet S, Scott N et al (2012) Perceived information and communication technology (ICT) demands on employee outcomes: the moderating effect of organizational ICT support. J Occup Health Psychol 17(4):473–491

Day A, Barber LK, Tonet J (2019) Information communication technology and employee well-being: understanding the "iParadox triad" at work. In: Landers RN (Hrsg) The Cambridge handbook of technology and employee behavior. Cambridge University Press, Cambridge, United Kingdom, New York, NY, S 580–607

Demerouti E, Derks D, Lieke L et al (2014) New ways of working: impact on working conditions, work–family balance, and well-being. In: Korunka C, Hoonakker P (Hrsg) The impact of ICT on quality of working life. Springer, Dordrecht, S 123–141

Derks D, Bakker AB (2010) The impact of E-mail communication on organizational life. Cyberpsychology 4(1):4

Derks D, Ten Brummelhuis LL, Zecic D et al (2014a) Switching on and off …: Does smartphone use obstruct the possibility to engage in recovery activities? Eur J Work Organ Psychol 23(1):80–90

Derks D, Van Duin D, Tims M et al (2014b) Smartphone use and work-home interference: the moderating role of social norms and employee work engagement. J Occup Organ Psychol 88(1):155–177

Derks D, Van Mierlo H, Schmitz EB (2014c) A diary study on work-related smartphone use, psychological detachment and exhaustion: examining the role of the perceived segmentation norm. J Occup Health Psychol 19(1):74–84

Dettmers J (2017) How extended work availability affects well-being: the mediating roles of psychological detachment and work-family-conflict. Work Stress 31(1):24–41

Dettmers J, Biemelt J (2018) Always available—the role of perceived advantages and legitimacy. J Manag Psychol 33(7/8):497–510

Dettmers J, Bamberg E, Seffzek K (2016a) Characteristics of extended availability for work: the role of demands and resources. Int J Stress Manag 23(3):276–297

Dettmers J, Vahle-Hinz T, Bamberg E et al (2016b) Extended work availability and its relation with start-of-day mood and cortisol. J Occup Health Psychol 21(1):105–118

Eurofound (2020) Europäische Erhebung über die Arbeitsbedingungen – Datenvalidierung. https://www.eurofound.europa.eu/de/data/european-working-conditions-survey. Zugegriffen: 31. März 2021

Fenner GH, Renn RW (2004) Technology-assisted supplemental work: construct definition and a research framework. Hum Resour Manag 43(2/3):179–100

Literatur

Fenner GH, Renn RW (2010) Technology-assisted supplemental work and work-to-family conflict: the role of instrumentality beliefs, organizational expectations and time management. Hum Relat 63(1):63–82

Franke F, Felfe J, Pundt A (2014) The impact of health-oriented leadership on follower health: development and test of a new instrument measuring health-promoting leadership. GHRM 28(1/2):139–161

Hagger MA, Luszczynska A (2014) Implementation intention and action planning interventions in health contexts: state of the research and proposals for the way forward. Appl Psychol Health Well Being 6(1):1–47. https://doi.org/10.1111/aphw.12017

Hammer LB, Kossek EE, Yragui NL et al (2009) Development and validation of a multidimensional measure of family supportive supervisor behaviors (FSSB). J Manag 35(4):837–856

Hassler M, Rau R, Hupfeld J et al (2016) Iga.Report 23: Auswirkungen von ständiger Erreichbarkeit und Präventionsmöglichkeiten. Teil 2: Auswirkungen von ständiger Erreichbarkeit und Präventionsmöglichkeiten. Initiative für Gesundheit und Arbeit, Dresden

DGB-Index Gute Arbeit (2015) Arbeitsbedingte Belastung und Beanspruchung. Wie die Beschäftigten den Zusammenhang beurteilen. Ergebnisse einer Sonderauswertung zum DGB-Index Gute Arbeit für die Jahre 2012–14. DGB, Berlin

Jarvenpaa SL, Lang KR (2005) Managing the paradoxes of mobile technology. Inf Syst Manag 22(4):7–23

Kattenbach R, Demerouti E, Nachreiner F (2010) Flexible working times: effects on employees' exhaustion, work-nonwork conflict and job performance. Career Dev Int 15(3):279–295

Kingma S (2019) New ways of working (NWW): work space and cultural change in virtualizing organizations. Cult Organ 25(5):383–406

Knecht M, Wiese BS, Freund AM (2016) Going beyond work and family: a longitudinal study on the role of leisure in the work-life interplay. J Organ Behav 37(7):1061–1077

Koch AR, Binnewies C (2015) Setting a good example: supervisors as work-life-friendly role models within the context of boundary management. J Occup Health Psychol 20(1):82–92

Kossek EE (2016a) Implementing organizational work–life interventions: toward a triple bottom line. Community Work Fam 19(2):242–256

Kossek EE (2016b) Managing work-life boundaries in the digital age. Organ Dyn 45(3):258–270

Krause A, Baeriswyl S, Berset M et al (2015a) Selbstgefährdung als Indikator für Mängel bei der Gestaltung mobil-flexibler Arbeit: Zur Entwicklung eines Erhebungsinstruments. Wirtschaftspsychologie 17(1):49–59

Krause A, Berset M, Peters K (2015b) Interessierte Selbstgefährdung – von der direkten zur indirekten Steuerung. ASU 50(3):164–170

Kreiner GE (2006) Consequences of work-home segmentation or integration: a person-environment fit perspective. J Organ Behav 27(4):485–507

Kreiner GE, Hollensbe EC, Sheep ML (2009) Balancing borders and bridges: negotiating the work-home interface via boundary work tactics. Acad Manag J 52(4):704–730

Lanaj K, Johnson RE, Barnes CM (2014) Beginning the workday already depleted? Consequences of late-night smartphone use and sleep. Organ Behav Hum Decis Process 124(1):11–23

Matthews RA, Barnes-Farrell JL (2010) Development and initial evaluation of an enhanced measure of boundary flexibility for the work and family domains. J Occup Health Psychol 15(3):330–346

Matthews RA, Barnes-Farrell JL, Bulger CA (2010) Advancing measurement of work and family domain boundary characteristics. J Vocat Behav 77(3):447–460

McDowall A, Kinman G (2017) The new nowhere land? A research and practice agenda for the "always on" culture. JOEPP 4(3):256–266

Menz W, Pauls N, Pangert B (2016) Arbeitsbezogene erweiterte Erreichbarkeit: Ursachen, Umgangsstrategien und Bewertung am Beispiel von IT-Beschäftigten. Wirtschaftspsychologie 2:55–66

Meyer C, Hofmann J (2021) Arbeiten in der Zukunft. Bleibt das Homeoffice nach der Corona-Krise? https://www.zdf.de/nachrichten/wirtschaft/corona-homeoffice-pandemie-arbeit-100.html. Zugegriffen: 31. März 2021

Middleton CA, Cukier W (2006) Is mobile email functional or dysfunctional? Two perspectives on mobile email usage. Eur J Inf Syst 15(3):252–260

O'Driscoll MP, Brough P, Timms C et al (2010) Engagement with information and communication technology and psychological well-being. In: Perrewé PL, Ganster DC (Hrsg) New developments in theoretical and conceptual approaches to job stress, Bd. 8. Emerald Group, Bingley, S 269–316

Ohly S, Latour A (2014) Work-related smartphone use and well-being in the evening: the role of autonomous and controlled motivation. J Pers Psychol 13(4):174–183

Olafsen AH, Bentzen M (2020) Benefits of psychological detachment from work: does autonomous work motivation play a role? Front Psychol 11:824

Papasabbas L, Pfuderer N (2021) Die Megatrends nach Corona: Zeit für eine Revision. https://www.zukunftsinstitut.de/artikel/megatrends-nach-corona-zeit-fuer-eine-revision/. Zugegriffen: 31. März 2021

Parasuraman S, Greenhaus JH (2002) Toward reducing some critical gaps in work-family research. Hum Resour Manag Rev 12(3):299–312

Park Y, Fritz C, Jex SM (2011) Relationships between work-home segmentation and psychological detachment from work: the role of communication technology use at home. J Occup Health Psychol 16(4):457–467

Rennecker J, Godwin L (2005) Delays and interruptions: a self-perpetuating paradox of communication technology use. Inf Organ 15(3):247–266

Ruderman M, Braddy P, Hannum K et al (2016) Making your life work. A new approach to increasing your effectiveness on and off the job. http://cclinnovation.org/wp-content/uploads/2020/02/makingyourlifework.pdf. Zugegriffen: 31. März 2021 (Center for Creative Leadership)

Schröder C, Entringer TM, Goebel J et al (2020) Vor dem Covid-19-Virus sind nicht alle Erwerbstätigen gleich. SOEP papers on multidisciplinary panel data research, no. 1080. Deutsches Institut für Wirtschaftsforschung (DIW), Berlin

Steinmueller EW (2000) Will new information and communication technologies improve the 'codification' of knowledge? Ind Corp Chang 9(2):361–376

Spreitzer GM, Cameron L, Garrett L (2017) Alternative work arrangements: two images of the new world of work. Annu Rev Organ Psychol Organ Behav 1:473–499

Statistisches Bundesamt (2021) Erwerbstätige, die von zu Hause aus arbeiten. https://www.destatis.de/DE/Themen/Arbeit/Arbeitsmarkt/Qualitaet-Arbeit/Dimension-3/home-office.html. Zugegriffen: 31. März 2021

Straub C (2012) Antecedents and organizational consequences of family supportive supervisor behavior: a multilevel conceptual framework for research. Hum Resour Manag Rev 22(1):15–26

Tausig M, Fenwick R (2001) Unbinding time: alternate work schedules and work-life balance. JFEI 22:101–119

Towers I, Duxbury L, Higgins C et al (2006) Time thieves and space invaders: technology, work and the organization. J Organ Chang Manag 19(5):593–618

Wang B, Liu Y, Parker SK (2020) How does the use of information communication technology affect individuals? A work design perspective. Acad Manag Ann 14(2):695–725

Wepfer AG, Allen TD, Brauchli R et al (2018) Work-life boundaries and well-being: does work-to-life integration impair well-being through lack of recovery? J Bus Psychol 3(6):727–740

Wiese BS, Seiger CP, Schmid CM et al (2010) Beyond conflict: functional facets of the work–family interplay. J Vocat Behav 77(1):104–117

Wilkes SM, Barber LK, Rogers AP (2017) Development and validation of the workplace interruptions measure. Stress Health 34(1):102–114

Organisationale Resilienz und Gesundheitserhalt in der Corona-Krise

Guido Becke, Stephanie Pöser und Cora Zenz

Inhaltsverzeichnis

14.1 Einleitung – 234

14.2 Organisationale Resilienz und Gesundheit – ein neues Forschungsfeld – 235

14.3 Fallstudienergebnisse zu organisationaler Resilienz in der Corona-Krise – 238
14.3.1 Anticipation – 238
14.3.2 Buffering – 238
14.3.3 Coping bzw. Adaptation – 240
14.3.4 Recovery – 241

14.4 Fazit und Ausblick – 242

Literatur – 244

© Springer-Verlag GmbH Deutschland, ein Teil von Springer Nature 2021
B. Badura et al. (Hrsg.), *Fehlzeiten-Report 2021*, Fehlzeiten-Report, https://doi.org/10.1007/978-3-662-63722-7_14

Zusammenfassung

Vor dem Hintergrund der Corona-Pandemie geht der Beitrag der Frage nach, inwiefern Maßnahmen zur Förderung organisationaler Resilienz die Gesundheit von Beschäftigten und Führungskräften beeinflussen. Das psychologische Resilienzkonzept lässt sich insoweit auf Kollektive bzw. Organisationen übertragen, als es auch auf diesen Ebenen zur Krisenbewältigung der Wiederherstellung von Handlungsfähigkeit bedarf. Die Untersuchung erstreckt sich auf Betriebsfallstudien aus den Bereichen sozialer wie technischer Dienstleistungen, d. h. der stationären Langzeitpflege und der agilen IT-Entwicklung. Die Fallstudien verdeutlichen, dass Führung und eine situativ-flexible Handlungskoordination in Zeiten der Krise für Mitarbeitende wichtige gesundheitsförderliche Orientierungs- und Stabilisierungsfunktionen erfüllen können. Aus der Warte der Beschäftigten erweist sich der soziale Zusammenhalt als ein wesentlicher sozialer Resilienzfaktor und gesunderhaltende Ressource. In der Vernetzung mit externen Akteuren liegen oft noch ungenutzte Potenziale zur Stärkung der organisationalen Resilienz von Unternehmen und der Gesundheitsressourcen ihrer Mitarbeitenden.

14.1 Einleitung

Die COVID-19-Pandemie verdeutlicht, dass der Eintritt systemischer Risiken Unternehmen und ihre Belegschaften unter starken Handlungsdruck bei hoher Unsicherheit setzen. Systemische Risiken bezeichnen *„die Möglichkeit, dass ein katastrophales Ereignis die lebenswichtigen Systeme, auf denen unsere Gesellschaft beruht, in Mitleidenschaft zieht"* (Renn 2014; S. 230). Solche Risiken vorauszusehen und zu bewältigen, fällt oft schwer (ebd., S. 231 ff.): Sie sind lokalen Ursprungs, entfalten aber globale Wirkungen. Zudem sind sie eng verwoben mit anderen Risiken, sodass von ihnen komplexe Wirkungen auf Wirtschaft und Gesellschaft ausgehen (siehe auch Ducki 2017, S. 2). So haben politische Maßnahmen zur Bewältigung der Corona-Pandemie (z. B. der Lockdown von Branchen) ökonomische Krisen mitverursacht. Eingetretene systemische Risiken verlaufen chaotisch mit z. T. irreversiblen Effekten. Überdies werden systemische Risiken oft durch Akteure in Wirtschaft, Politik und Gesellschaft unterschätzt, selbst im Falle langjähriger wissenschaftlicher Warnungen vor einer globalen Epidemie (Promberger 2020, S. 462).

Die Organisations- und Sicherheitsforschung untersucht, wie Unternehmen systemische Risiken frühzeitig erkennen und im Krisenfall bewältigen können (Sutcliffe und Vogus 2003). Resilienz ist ein zentrales Konzept, mit dem Antworten auf diese Frage gesucht werden. Resilienz bezeichnet *„the capacity of any entity – an individual, an organization, or a natural system – to prepare for disruptions, to recover from shocks and stresses, and to adapt and grow from a disruptive experience"* (Rodin 2015, S. 3). Organisationale Resilienz (OR) verknüpft den Systemerhalt mit zukunftsorientiertem Lernen im Umgang mit unerwarteten und existenzgefährdenden Krisen (vgl. Sutcliffe und Vogus 2003; Hoffmann 2017). Kaum erforscht ist der Zusammenhang zwischen OR und der Gesundheit von Beschäftigten bzw. Führungskräften (Hartwig et al. 2016). In diesem Beitrag soll untersucht werden, inwiefern Maßnahmen von Unternehmen, um die Corona-Krise im Sinne organisationaler Resilienz zu bewältigen, auch die psychische Gesundheit von Beschäftigten und Führungskräften beeinflussen können. Zunächst wird ein integratives Verständnis organisationaler Resilienz entfaltet, das strukturelle, soziale und personale Resilienzdimensionen verbindet (▶ Abschn. 14.2). Danach wird die Fragestellung des Beitrags anhand von Betriebsfallstudien untersucht. Im Fokus stehen die betrieblichen Herausforderungen durch die Corona-Krise, die konkreten Veränderungsprozesse und die Identifizierung gesundheitsförderlicher Resilienzfaktoren zur Krisenbewältigung (▶ Abschn. 14.3). Abschließend wer-

14.2 Organisationale Resilienz und Gesundheit – ein neues Forschungsfeld

den Forschungs- und Gestaltungsbedarfe für eine gesundheitsförderliche OR aufgezeigt (▶ Abschn. 14.4.).

Unser OR-Verständnis verbindet grundlegende Phasen resilienzorientierten Handelns mit OR-Kernmerkmalen und drei zentralen Resilienzdimensionen. Nach dem Konzept des Resilience Engineering lassen sich fünf Phasen resilienzförderlichen Handelns unterscheiden: die Antizipation möglicher Krisen oder Risiken, das Abpuffern von Störungswirkungen nach Kriseneintritt, das Coping bzw. die Adaption, wobei zentrale Funktionen der Organisation angesichts akuter Störungswirkungen aufrechterhalten werden, das Wiederherstellen ihrer Funktions- und Leistungsfähigkeit (Recovery) sowie das Lernen für den Umgang mit zukünftigen Krisen (vgl. Hartwig et al. 2016, S. 14–17) (◘ Abb. 14.1).

Resiliente Organisationen sind geprägt durch die Kernmerkmale der Adaptionsfähigkeit, ein breites Handlungsrepertoire im Umgang mit Krisen, Perspektivenvielfalt und Redundanz. *Adaptionsfähigkeit* bezeichnet die Fähigkeit von Organisationen, ihrer Belegschaften und Führungskräfte, verfügbare interne wie externe Ressourcen so zu aktivieren und zu kombinieren, dass sie diese Ressourcen gezielt einsetzen können, um Krisen zu bewältigen (Sutcliffe und Vogus 2003, S. 97). Ein Beispiel bildet die rasche Verlagerung des Arbeitens ins Homeoffice während der Corona-Krise. Durch die Verbindung von technisch-organisatorischen Anpassungen mit hoher Flexibilitätsbereitschaft der Beschäftigten konnte dieser Veränderungsprozess in vielen IT-Unternehmen bewältigt werden. Ressourcen werden hier verstanden als ermöglichende Handlungsbedingungen, um Ziele zu errei-

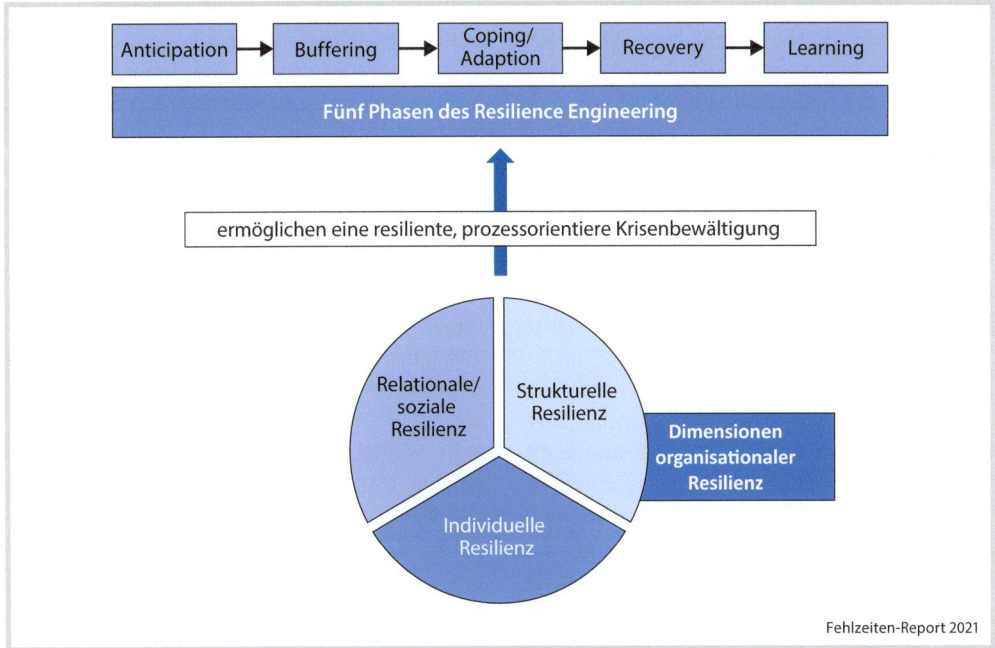

◘ **Abb. 14.1** Die fünf Phasen des Resilience Engineering

chen und Probleme zu lösen. Zu unterscheiden sind materielle (z. B. Geld) und immaterielle Ressourcen (z. B. soziales Vertrauen). Organisationale Ressourcen, wie dezentrale Entscheidungsstrukturen sowie bereichs- und hierarchieübergreifende Formen der Kommunikation und Handlungskoordination, die auf gemeinsamen Zielen der Beteiligten, geteilten Wissensbeständen und sozialer Anerkennung basieren (Gittel 2013), sowie situativ-flexible Problemlösungsstrukturen fördern die Adaptions- und Lernfähigkeit von Organisationen in riskanten und dynamischen Umwelten (Sutcliffe und Vogus 2003; Gittel et al. 2006). Unter den Ressourcen für OR werden Gesundheitsressourcen als „*Faktoren in der Person und in der Umwelt, auf die das Individuum bei Bedarf zurückgreifen kann, um die Gesundheit zu erhalten oder, bei einer Störung, wiederherzustellen*" (Greiner 1998, S. 50) bisher unterschätzt. Sie wirken oft multifunktional, indem sie zugleich die organisationale Adaptions- und Innovationsfähigkeit fördern (vgl. Kunze et al. 2016; Hartwig et al. 2016). Ein Beispiel ist die Ressource kollektiver Selbstregulation, die teil-autonomen Teams dezentrale Entscheidungen zur Krisenbewältigung ermöglicht (Weick und Sutcliffe 2007). Bei der Selbstregulation bilden kollektive Autonomiespielräume in Verbindung mit vollständigen Aufgaben und der Möglichkeit sozialer Unterstützung für Teams und ihre Mitglieder Gesundheitsressourcen, um Stressoren und krisenbedingte Anforderungen (z. B. Handeln unter Zeitdruck) besser bewältigen zu können (vgl. Busch 2010; Ulich und Wülser 2004).

Organisationen sind besser für die Antizipation und Bewältigung systemischer Risiken gewappnet, wenn sie ihre Ressourcenbasis vorausschauend entwickeln (Gittel et al. 2006, S. 5). Hierdurch können sie ein *breiteres Handlungsrepertoire* im Umgang mit bestandskritischen Risiken hervorbringen (Hamel und Välinkangas 2008, S. 519). Unternehmen, die proaktiv in die Entwicklung von OR investieren, erzielen eher eine „Resilience Dividend" (Rodin 2015, S. 317), vor allem in Gestalt von Innovationen, weniger gravierenden Krisenfolgen und rascherer Regeneration. Kapazitäten und Reserven aufzubauen und vorzuhalten, die im Normalbetrieb einer Organisation nicht benötigt werden, aber im Krisenfall helfen können, Störungswirkungen einzudämmen, abzupuffern und die betriebliche Regeneration zu fördern, kennzeichnet *Redundanz* (vgl. Promberger 2020, S. 464). Krisenpräventionspraktiken, zusätzliches Fachpersonal, alternative Produktionsverfahren oder die Bevorratung von Schutzausrüstungen bilden Beispiele hierfür.

Organisierung von Perspektivenvielfalt bedeutet, in Phasen resilienzförderlichen Handelns die Sichtweisen, Probleminterpretationen und Wissensbestände von Fach- und Führungskräften und Mitarbeitenden gezielt in Austausch zu bringen, um systemische Risiken frühzeitig zu erkennen, das Handlungsrepertoire zur Krisenbewältigung zu erweitern und wechselseitige Lernprozesse im Umgang mit systemischen Risiken zu ermöglichen (vgl. Becke 2013; Sutcliffe und Vogus 2003). Perspektivenvielfalt zu organisieren kann z. B. beinhalten, dass sich Fach- und Führungskräfte aus unterschiedlichen Bereichen zusammenfinden, um gemeinsam Krisenursachen zu beleuchten und neue Bewältigungsstrategien zu entwickeln. Perspektivenvielfalt kann durch bereichs- und hierarchieübergreifende Kommunikationsstrukturen, Verfahren der Beschäftigtenbeteiligung und durch ein Klima psychologischer Sicherheit gefördert werden, indem Beschäftigte ihre Sichtweisen einbringen und Kritik äußern können, ohne Benachteiligungen befürchten zu müssen (Edmondson 2020). Psychologische Sicherheit ermöglicht es, bei Mitarbeitenden Ängste vor drohenden Benachteiligungen abzubauen, wenn sie Kritik oder abweichende Ideen äußern (ebd., S. 13). Die direkte Beteiligung kann u. a. die Selbstwirksamkeit von Mitarbeitenden und ihre Anerkennung als betrieblich relevante Träger:innen der Krisenbewältigung fördern (vgl. Bleses 2013).

Wir gehen von einem OR-Verständnis aus, das strukturelle, soziale bzw. relationale und individuelle *Resilienzdimensionen* integriert. Diese drei Resilienzdimensionen weisen zwei verbindende Gemeinsamkeiten auf: Sie ermöglichen es, auf unterschiedlichen Ebenen Handlungsfähigkeit zur Krisenbewältigung zu erhalten bzw. wiederherzustellen. Diese Handlungsfähigkeit äußert sich darin, dass „*Ziele wieder erreicht werden können und stabilflexible Handlungsmuster und -routinen wieder funktionieren oder neu aufgebaut werden*" (Ducki 2017, S. 3). Ferner sind die Resilienzdimensionen jeweils auf die Entwicklung und Regeneration spezifischer Ressourcen gerichtet. *Strukturelle* oder funktionale *Resilienz* bezieht sich darauf, in Krisen Arbeitsstrukturen und -prozesse aufrechtzuerhalten, zu regenerieren und weiterzuentwickeln, um die Primäraufgaben einer Organisation und wichtige Sekundäraufgaben der Systemerhaltung (z. B. Instandhaltung, Handlungskoordination) zu erfüllen. Strukturelle Resilienz erfordert die Entwicklung organisationaler Ressourcen, wie hierarchie- und bereichsübergreifende Koordinationsformen und Kommunikationsstrukturen (vgl. Hartwig et al. 2016; Gittel 2013).

Die Dimension *relationaler Resilienz* richtet sich darauf, Organisationen als kollektive Handlungssysteme in Krisen lern- und veränderungsfähig und ihre Sozialbeziehungen zu erhalten (Kahn et al. 2013). Relationale Resilienz ermöglicht bei hoher Unsicherheit eine flexible Handlungskoordination, kooperative Problemlösungen sowie eine Neuausrichtung von Organisationen nach überstandenen Krisen (vgl. Gittel et al. 2006; Kahn et al. 2013; Sutcliffe und Vogus 2003). Überdies erstreckt sich relationale Resilienz auf Beziehungsnetzwerke zwischen internen und externen Akteur:innen (Hale und Carolan 2020), die das Handlungsrepertoire zur Krisenbewältigung erweitern können (z. B. die Nutzung regionaler Zuliefererbeziehungen in der Corona-Pandemie). Relationale Resilienz fokussiert die Entwicklung und Regeneration sozialer Ressourcen (z. B. soziale Unterstützung, Reziprozität), die in Interaktionsprozessen zwischen Organisationsmitgliedern bzw. zwischen diesen und externen Akteur:innen, wie Kund:innen und Auftraggebende, hervorgebracht werden.

Systemische Krisen, wie die Corona-Pandemie, erweisen sich als erhebliche psychosoziale Stressoren, die hohe Anforderungen an Individuen und ihr Bewältigungshandeln stellen. Individuen mit einem höheren Maß an Resilienz sind eher in der Lage, Krisen positiv zu bewältigen. *Individuelle Resilienz* wird hier verstanden als „*dynamischer Prozess..., der es Menschen ermöglicht, auch unter widrigen Umständen zu bestehen, sich anzupassen und sich so zu entfalten, dass ihr Befinden nach der Krise ähnlich wie davor oder besser ist*" (Rolfe 2019, S. 24). Wenn die individuelle Resilienz relativ gering ausgeprägt ist, besteht die Gefahr, dass Menschen Krisen wie die Corona-Pandemie weniger gut bewältigen. Daraus kann der Verlust von Kontrolle und Handlungsfähigkeit resultieren (vgl. Ducki 2017). Die individuelle Resilienz von Führungskräften und Mitarbeitenden kann durch Maßnahmen der Kompetenzentwicklung und eine persönlichkeitsförderliche Arbeitsgestaltung gestärkt werden (Sutcliffe und Vogus 2003).

Inwiefern OR dazu beitragen kann, die Gesundheit von Organisationsmitgliedern durch Anpassungen der Arbeitsorganisation in Krisenphasen zu erhalten oder zu stärken, ist eine offene empirische Frage. Auf der einen Seite beinhalten dezentralisierte und partizipative Arbeits-, Kommunikations- und Entscheidungsstrukturen und die OR-Kernmerkmale salutogene Potenziale zur Krisenbewältigung. Auf der anderen Seite können systemische Krisen als erhebliche psycho-soziale Stressoren wirken, die Ängste vor Arbeitsplatz-, Kontroll- und Statusverlusten auslösen. Hinzu kommen gerade in sozialen Dienstleistungen erhöhte Anforderungen an Beschäftigte, in Krisen für die Gesundheit und eine gute Betreuungsqualität von Kund:innen und Klient:innen Sorge zu tragen.

14.3 Fallstudienergebnisse zu organisationaler Resilienz in der Corona-Krise

Im Folgenden wird untersucht, inwiefern die von Unternehmen in der Corona-Krise veranlassten Maßnahmen zur Förderung organisationaler Resilienz die Arbeitsbedingungen von Beschäftigten und Führungskräften und damit ihre Gesundheit beeinflussen. Hierbei erfolgt eine vergleichende Analyse zwischen Unternehmen sozialer und technischer Dienstleistungen. Es handelt sich zum einen um zwei Einrichtungen der stationären Langzeitpflege mit 30 bzw. 137 Bewohner:innen, in denen insgesamt neun leitfadengestützte Interviews mit Führungskräften unterschiedlicher Hierarchieebenen und Beschäftigten geführt wurden. Zum anderen bezogen sich die Erhebungen auf ein mittelgroßes IT-Service-Unternehmen, das Software primär auf Basis agiler Projektarbeit entwickelt. Die Arbeitsfolgen der Corona-Krise wurden hier in zwei Hybrid-Workshops (Kombination aus Online- und Präsenz-Workshops) mit ca. 20 Beschäftigten und Telefoninterviews mit vier Außendienstmitarbeitenden des Unternehmens erhoben. Die IT-Fallstudie und die Pflegefallstudien entstammen zwei unterschiedlichen Forschungsprojekten.[1] Die Kernergebnisse der exemplarischen Fallstudien werden nach drei Phasen Resilienzsteigernden Handelns (Hartwig et al. 2016) vorgestellt.

14.3.1 Anticipation

Die Phase der „Anticipation" setzt voraus, Störungen frühzeitig zu erkennen und dadurch zu verhindern (vgl. Hartwig et al. 2016). Die Corona-Pandemie ist in ihren Auswirkungen ein einzigartiges Ereignis, das aus der Warte betrieblicher Akteure nur begrenzt vorhersehbar war. Vor Ausbruch der Corona-Pandemie in Europa wurden weder in den befragten Pflegeeinrichtungen noch in dem IT-Unternehmen Schutzmaßnahmen ergriffen. Diese erfolgten erst reaktiv nach politischen Maßnahmen und Forderungen. Jedoch war eine der beiden Pflegeeinrichtung besser für die geforderten Schutzmaßnahmen gewappnet, da sie bereits vor Ausbruch der Pandemie im Sinne der Redundanz für die Bevorratung persönlicher Schutzausrüstungen sorgte. In einer Einrichtung, in der es nicht genug Schutzausrüstung gab (keine Redundanz), erklärten die Mitarbeitenden in einem Brief an die Einrichtungsleitung, dass sie sich bei der Arbeit nicht ausreichend geschützt fühlten. Gleichzeitig hatte die Einrichtungsleitung zu der Zeit keine Möglichkeit mehr Material zu beschaffen.

14.3.2 Buffering

Die Phase des „Buffering" beschreibt das unmittelbare Abpuffern einer Störung(swirkung) nach ihrem Auftreten (ebd. S. 16); in unseren Fallbeispielen bezieht sich das Buffering auf das direkte Reagieren der Unternehmen auf die staatlich angeordneten Maßnahmen zur Pandemie-Bekämpfung. Während in den Pflegeeinrichtungen eine Anpassung vorhandener Arbeitsprozesse und -organisation an Infektionsschutzanforderungen erfolgte, nahm das IT-Unternehmen eine diskontinuierliche arbeitsorganisatorische Veränderung vor, indem Arbeiten weitgehend in das Homeoffice verlagert wurden. In beiden Fällen zielten die arbeitsorganisatorischen Veränderungen auch darauf ab, die strukturelle Resilienz der Betriebe zu erhalten.

Anfangs wurden z. T. täglich neue politische Vorgaben und Verordnungen zum Infektionsschutz an die Unternehmen herangetragen. Der damit verbundene immense zusätzliche Verwaltungsaufwand und fehlende Erfah-

---

1 Dies betrifft das von der Arbeitnehmerkammer Bremen finanzierte Projekt „Betriebliche Unterstützungsstrukturen in der stationären Langzeitpflege" und das durch das Bundesministerium für Bildung und Forschung geförderte Verbundprojekt „Flexible Dienstleistungsarbeit gesundheitsförderlich gestalten".

rungswerte in der Krisenbewältigung empfanden die für die Umsetzung der Regelungen verantwortlichen Leitungskräfte der Pflegeeinrichtungen als belastend. Sie bemängelten zudem eine geringe Praxisorientierung der Vorgaben. Die Leitungskräfte konnten jedoch verfügbare externe soziale Ressourcen aktivieren (vgl. Hale und Carolan 2020), um diese hohen Anforderungen zu bewältigen. Insbesondere der Austausch und die Vernetzung mit anderen Einrichtungsleitungen, Verbänden oder die Kommunikation mit der Trägerschaft erwiesen sich als soziale Ressourcen der Unterstützung. So wurde in einem Interview berichtet, dass der jeweilige Träger ad hoc ein „Corona-Team" zusammengestellt hatte, das mit Informationen und Beratung aufwartete. Im Rahmen der Vernetzung wurde z. B. besprochen, wo Schutzausrüstungen zu beschaffen seien und wie sich die Vorgaben in konkrete Maßnahmen umsetzen ließen. Die Beratung der Wohn- und Betreuungsaufsicht und des Gesundheitsamts in den Einrichtungen wurde als hilfreich empfunden, da sie bei der Maßnahmenumsetzung vor Ort mehr Handlungssicherheit vermittelten.

In beiden Pflegeeinrichtungen erschwerte die Umsetzung der Infektionsschutzmaßnahmen die Interaktionsarbeit der Pflegekräfte mit bzw. an den Bewohner:innen, insbesondere durch das Tragen von Schutzmasken, das vor allem die Kommunikation mit demenziell erkrankten Bewohner:innen beeinträchtigte.

Besondere organisatorische Herausforderungen hatte eine Pflegeeinrichtung zu bewältigen, die ein stadtteilorientiertes offenes Pflegekonzept verfolgte, das vom Austausch mit Menschen außerhalb der Einrichtung sowie vom Engagement von Freiwilligen lebte. Die Umsetzung des Infektionsschutzes erforderte, das offene Konzept weitgehend einzustellen. Die Maßnahmen schützten auf der einen Seite Pflegekräfte und Bewohner:innen vor Infektionen, auf der anderen Seite bedeuteten sie erhebliche Eingriffe in den Regelbetrieb und in die Lebenswelt der Bewohner:innen.

Im Vergleich zur Sorge um die eigene Gesundheit überwog bei den Pflegekräften die Sorge vor einem unwissentlichen Hereintragen einer Infektion in die Einrichtung. Um die Pflegebedürftigen nicht anzustecken, bemühten sich die Beschäftigten, durch weitgehende private Kontaktbeschränkungen zusätzlich das Infektionsrisiko für die Bewohner:innen auf ein Minimum zu reduzieren.

Im Falle des IT-Unternehmens erforderte die Corona-Pandemie eine kurzfristige Verlagerung fast aller Arbeiten in das Homeoffice, um den Infektionsschutz der Beschäftigten sicherzustellen. Diese Schutzmaßnahme betraf neben Mitarbeitenden des Unternehmensstandorts (mit Ausnahme der Verwaltung) auch Außendienstmitarbeitende, die in Kundenunternehmen tätig waren. In beiden Fällen bedeutete dieser abrupte Wechsel des Arbeitskonzepts auch einen Bruch mit der bis dato vorherrschenden Präsenzkultur im Unternehmen. Der Übergang zum Arbeiten im Homeoffice war mit Problemen verbunden, die vorrangig aufseiten der Beschäftigten zu bewältigen waren, wie die eigenständige Beschaffung noch fehlender Hardware für das Arbeiten im Homeoffice. In Anbetracht des seit Pandemiebeginn dauerhaften Arbeitens im Homeoffice stiegen die Ansprüche der Beschäftigten an die häusliche Arbeitsplatzergonomie; sie erhielten dafür aber kaum betriebliche Unterstützung. Gleichwohl bewältigten die meisten IT-Beschäftigten den abrupten Wechsel des Arbeitskonzepts relativ gut. Hierbei kam ihnen zugute, dass die organisationskulturell stark verankerte agile Arbeitsweise der IT-Entwicklungsteams bereits vor Ausbruch der Pandemie mit einem relativ hohen Grad der teambezogenen Selbstorganisation verbunden war. Daher konnten sie den Übergangsprozess in Abstimmung mit ihren Kolleg:innen weitgehend selbstorganisiert gestalten. Von Vorteil erwies sich hierbei auch der Habitus dieser hochqualifizierten technischen Angestellten, der u. a. durch ihr Selbstverständnis als innovative technische Problemlöser:innen und hohe Selbstwirksamkeitsüberzeugungen, Herausforderungen gut bewältigen zu können (vgl. Becke et al. 2010), geprägt war. Positiv für den Umstieg war zudem, dass – insbesonre aufseiten der Kundenunternehmen – bereits die Software-Infrastruktur für das Arbeiten im Homeoffice mit Nutzung von Videokonferenzen vorlag. Diese war aber zunächst nicht auf die gestiegene Anzahl an Nutzer:innen ausgerichtet. Dies bedeutete für die Außendienstmitarbeitenden Zusatzbelastungen, da sie bis zur Anpassung der technischen Infrastruktur im Schichtdienst arbeiten mussten, um eine Überlastung des technischen Systems zu vermeiden.

14.3.3 Coping bzw. Adaptation

Die Phase des „Coping" bzw. der „Adaptation" zielt darauf ab, zentrale Funktionen einer Organisation trotz akuter Störung aufrechtzuerhalten (Hartwig et al. 2016, S. 16). Konkret ging es darum, die Arbeits- und Leistungsfähigkeit der Betriebe in der Corona-Krise unter Berücksichtigung der Maßnahmen des Infektionsschutzes zu gewährleisten.

In den beiden Pflegeeinrichtungen erwies sich das Führungshandeln in der Corona-Krise als Resilienz-fördernd: Die Leitungskräfte übten in der Krise eine wichtige Lotsenfunktion für ihre Mitarbeitenden aus: Ihre klare Kommunikation sowie das ruhige und besonnene Verhalten der Einrichtungsleitungen vermittelte den Pflegekräften Orientierung und Handlungssicherheit. Es gelang den Leitungskräften, den Pflegekräften zu vermitteln, dass sich die Corona-Krise auf der Ebene der Einrichtungen bewältigen und kontrollieren ließ, wenn alle ihren Beitrag zur Einhaltung der Infektionsschutzregeln im Arbeitsprozess leisteten.

Die Führungskräfte setzten auf eine Anpassung der betrieblichen Kommunikationsstrukturen in der Corona-Krise. So wurden relevante Informationen teils direkt in gesonderten Besprechungen, teils indirekt über E-Mails an die Beschäftigten kommuniziert. Dies ermöglichte den Pflegekräften, sich zeitnah über die Umsetzung von Infektionsschutzmaßnahmen und Änderungen in der Arbeitsorganisation zu informieren. Die neuen Kommunikationswege vermochten infolge der Kontaktbeschränkungen jedoch nicht den weitgehenden Verlust des direkten Austauschs zwischen Pflegekräften, z. B. bei Schichtübergaben, zu kompensieren.

Der Versuch der Leitungskräfte, so viel Normalität im Alltag wie möglich aufrechtzuerhalten sowie Kontinuität, Stabilität und Sicherheit zu vermitteln, schien erfolgreich zu sein. Dazu gehörte, sich zeitnah um die Belange der Mitarbeitenden, etwa deren Anträge auf Stellenaufstockungen, zu kümmern, um ihnen Wertschätzung zu vermitteln. Überdies waren die Leitungskräfte bestrebt, den sozialen Zusammenhalt innerhalb der Einrichtungen zu stärken, etwa durch besondere Aktivitäten wie Feste im Freien. In beiden Einrichtungen förderte die Einsicht der Pflegekräfte, die Corona-Krise nur gemeinsam bewältigen zu können, die soziale Resilienz: Sich gegenseitig zu vertreten, sich zu unterstützen und zusammenzuarbeiten waren relevante soziale Ressourcen in der Krise (vgl. Kahn et al. 2013). Zugleich gab es laut Aussage einer Pflegedienstleitung während der Corona-Krise wenige bis keine Krankschreibungen von Pflegekräften, was als gegenseitige Unterstützung bzw. Solidaritätsmaßnahme interpretiert wurde.

Die Führungskräfte sicherten durch ihre flexible Handlungskoordination die Aufrechterhaltung zentraler Pflege- und Betreuungsprozesse: Die Organisation der Angehörigenbesuche unter Corona-Bedingungen stellte eine neue Herausforderung und zusätzliche Belastung für die Einrichtungen dar. Pflegekräfte sahen sich zunehmend konfrontiert mit nicht erfüllbaren Erwartungen, verbalen wie auch tätlichen Attacken durch einige Angehörige sowie fehlendem Verständnis für notwendige Hygienemaßnahmen der Besuchenden. Die Leitungskräfte pufferten diese hohen psychischen Belastungen der Pflegekräfte zum einen dadurch ab, dass Angehörigenanrufe an Führungskräfte umgeleitet wurden. Zum anderen sorgten die Leitungskräfte für eine Neuverteilung von Arbeitsaufgaben. So wurde den Betreuungskräften, deren Gruppenbeschäftigungsangebote für Bewohner:innen aufgrund des Infektionsschutzes eingestellt werden mussten, nun die Organisation der Angehörigenbesuche übertragen, wodurch die Pflegekräfte entlastet und ihre psychischen Belastungen reduziert werden konnten. Gleichzeitig hat die Pflegekräfte auch in der Krise weiterhin angetrieben, ihre zu Pflegenden gut versorgt und geschützt zu wissen. Sie sahen sich aufgrund ihrer Ausbildung auf einige Hygienemaßnahmen, wie Händehygiene und Mundschutztragen, gut vorbereitet.

Im Unterschied zu den Pflegeeinrichtungen konzentrierte sich im IT-Unternehmen die Unterstützung der Führungskräfte primär auf technische Maßnahmen, d. h. einheitliche technische Standards für die Online-Kooperation und die Datensicherheit zu entwickeln, sowie auf den Wunsch der Beschäftigten, zusätzliche digitale Kommunikationskanäle bereitzustellen. Hingegen wurde die Anpassung der Arbeitsstrukturen und -prozesse an das neue Arbeitskonzept des Arbeitens im Homeoffice weitgehend den Mitarbeitenden übertragen: Sie mussten im Homeoffice ihre Arbeitszeiten, ihre Erreichbarkeit und Pausen selbst regeln sowie vorhandene Kooperations- und Besprechungsroutinen der Teams auf die nahezu ausschließliche Online-Zusammenarbeit ausrichten. Hierbei kam ihnen die teambezogene Selbstregulation ihrer Arbeit als kollektive Handlungsressource zugute. Die Außendienstmitarbeitenden mussten ohne Unterstützung von Führungskräften ihre neuen Arbeitsarrangements mit Kundenunternehmen aushandeln. Diese Übergangsphase bedeutete erhöhte psychische Belastungen der Beschäftigten durch zusätzlich zu leistende Koordinationsarbeit.

Für die agilen IT-Entwicklungsteams bildete die Präsenzkooperation eine zentrale soziale Ressource, die nun durch die Verlagerung der Entwicklungsarbeiten ins Homeoffice stark beeinträchtigt wurde. Mit Fortschreiten der Pandemie wurden Wünsche in der Belegschaft lauter, sich wieder mehr mit Kolleg:innen auszutauschen. Um dem Bedarf nach informeller Kommunikation gerecht zu werden und die soziale Resilienz zu fördern, wurden auf Unternehmensseite bereits im März 2020 virtuelle Formate bereitgestellt. Das waren zum einen der virtuelle „Kaffeemaschinenkanal", über den man sich zum informellen Austausch oder zu gemeinsamen Pausenzeiten mit Kolleg:innen online verabreden konnte, sowie der neu geschaffene Kanal für regelmäßige betriebliche Zusammenkünfte. Diese erfolgten bis zur Corona-Pandemie als Vor-Ort-Veranstaltungen im Unternehmen, bei denen ein gemeinsames Essen mit Informationsaustausch und Kommunikation über die Arbeit kombiniert wurde. Diese Treffen wurden nun online fortgeführt. Gleichwohl konnten die digitalen Kommunikationsformate die Beeinträchtigung der präsenzorientierten Teamkooperation als zentrale soziale Ressource agiler IT-Entwicklung nur begrenzt kompensieren.

14.3.4 Recovery

Die Phase „Recovery" betrifft die Wiederherstellung der normalen Funktionalität einer Organisation nach Beendigung der Störung. Dieser Zustand ist zum gegenwärtigen Zeitpunkt in den Fallstudienbetrieben noch nicht erreicht. Daher sollen nun grundlegende Voraussetzungen hierfür sondiert werden. Wir gehen von der Annahme aus, dass sich die Voraussetzungen für die Wiederherstellung der Funktions- und Leistungsfähigkeit von Organisationen technischer und sozialer Dienstleistungen stärker voneinander unterscheiden.

Im Bereich der stationären Langzeitpflege ist zu erwarten, dass durch die Kombination von Schnelltests mit regelmäßigen Impfmaßnahmen Pflegekräfte und Bewohner:innen weitgehend vor COVID-19-Infektionen geschützt werden können. Für Besucher:innen sind COVID-19-Schnelltests vorgesehen, um einer Verbreitung des Virus zu vorzubeugen. Selbst bei einem Abklingen der Pandemie ist davon auszugehen, dass Infektionsschutzmaßnahmen fortgeführt und in den Pflegealltag der Einrichtungen integriert werden. Es bleibt zu prüfen, wie auf Dauer ausgerichtete Infektionsschutzmaßnahmen organisiert werden können, ohne merkliche Zusatzbelastungen der Pflegekräfte und -einrichtungen nach sich zu ziehen.

Unter den geschilderten Voraussetzungen ist in den Pflegeeinrichtungen eine weitgehende Normalisierung der Pflegearbeit zu erwarten: zum einen hinsichtlich der Interaktionsarbeit zwischen Pflegekräften und Bewohner:innen, zum anderen in Bezug auf den direkten Austausch zwischen Pflegekräften. Überdies ist davon auszugehen, dass die Betreuungskräfte perspektivisch Gruppenangebote für Bewohner:innen wiederaufnehmen werden. Dies hätte voraussichtlich eine Rückkehr zur Arbeitsorganisation und Aufgabenteilung von vor der Corona-Krise zur Folge.

Anders stellt sich die Situation im Fall des IT-Unternehmens und insgesamt für technische Dienstleistungen dar: Es ist derzeit noch offen, ob und inwieweit in und nach der Phase des Recovery betriebliche Präsenzkulturen und dazu passfähige Arbeitskonzepte erhalten bleiben oder aber Konzepte alternierenden ortsflexiblen Arbeitens favorisiert werden.

Im IT-Fallstudienbetrieb zeigte sich, dass der Erwartungsdruck zur Etablierung neuer Arbeitskonzepte im Wechsel zwischen Homeoffice und Arbeiten im Unternehmen steigt: Das Arbeiten im Homeoffice erfährt tendenziell eine positive Resonanz auf der Kundenseite, da die Qualität und Effektivität der Zusammenarbeit nicht beeinträchtigt wurde. Zudem äußerten die IT-Mitarbeitenden den Wunsch, auch zukünftig verstärkt im Homeoffice zu arbeiten. Diese Option wurde als Zuwachs an Arbeitsautonomie und als bessere Vereinbarkeit von Beruf und Privatleben erlebt. Es entfallen die negativen Auswirkungen des täglichen oder – im Fall der Außendienstmitarbeitenden bei Kundenunternehmen – wöchentlichen berufsbedingten Pendelns. Die Mitarbeitenden lehnen jedoch ein ausschließliches Arbeiten im Homeoffice ab. Der zentrale Beweggrund dafür liegt in der Arbeitskultur: Die Arbeit in agilen Projektstrukturen ist im Fallstudienbetrieb geprägt von einem starken Zusammenhalt der Mitarbeitenden untereinander und einer intensiven Kundenbindung. Der fehlende direkte Austausch unter den Mitarbeitenden führte in der Corona-Krise zu Problemen: Die Arbeit wurde als weniger sinnstiftend erlebt, da das ausschließliche Arbeiten im Homeoffice die zentrale Ressource des sozialen Zusammenhalts beeinträchtigte. Aus Sicht der Mitarbeitenden bildete diese soziale Ressource für sie eine zentrale Quelle ihrer Loyalitätsbindung zum Unternehmen. Die aus Sicht der Beschäftigten große Bedeutung des Zusammenarbeitens auf der Basis von Ko-Präsenz wurde durch die Krise verdeutlicht, wenngleich der Anspruch, auch im Homeoffice arbeiten zu können, nach der Krise sicherlich aufrechterhalten wird. Im IT-Fallstudienbetrieb und in vergleichbaren Unternehmen könnten die soziale Resilienz und die Betriebstreue von Mitarbeitenden durch den Wechsel zwischen Arbeiten im Büro und im Homeoffice gestärkt werden. Dadurch ließen sich der Teamzusammenhalt bei agiler Projektarbeit aufrechterhalten und informelle Kommunikationsräume beleben, wie gemeinsame Wege zum Besprechungsraum oder der informelle Smalltalk an der Kaffeemaschine.

Bei der Etablierung neuer Arbeitskonzepte sollten auch die Mitarbeitenden aus dem Schulungsbereich und der Innovationsberatung im Blick behalten werden, für die die Verlegung der Arbeit ins Homeoffice eine starke Belastung bedeutete. Ihre Arbeit erforderte grundlegend den persönlichen Kontakt zu Menschen und so erlebten sie die Fortführung ihrer Arbeitstätigkeit auf der Basis digitaler Formate als Infragestellung ihres Arbeitsethos. Daher sollte ihre vorherige Arbeitssituation möglichst weitgehend wiederhergestellt werden.

14.4 Fazit und Ausblick

Organisationale Resilienz geht nicht per se mit gesundheitsförderlichen Wirkungen bei der Krisenbewältigung einher; insbesondere wenn der Fokus einseitig auf die strukturelle Resilienzdimension gerichtet wird, droht ei-

14.4 · Fazit und Ausblick

ne Beeinträchtigung der relationalen und der individuellen Resilienz. Der durch eine Krise wie die Corona-Pandemie erlebte Kontrollverlust kann sich in Unsicherheit und darauf folgend Angst und Handlungsunfähigkeit niederschlagen (Ducki 2017, S. 4). Organisationale Resilienz setzt hier an, indem die Handlungsfähigkeit der Unternehmen und ihrer Beschäftigten gestärkt werden kann. So kann eine „*Krise als Chance für Gesundheit [verstanden werden][...]: Wer Krisen [gut] durchlebt, kann gestärkt aus ihnen hervorgehen*" (ebd.). Die betrieblichen Fallbeispiele verdeutlichen, dass unterschiedliche Resilienzfaktoren in der Corona-Krise potenziell positive Effekte auf die Gesundheit von Beschäftigten hatten (◘ Tab. 14.1): Zunächst ist hier die Führung in ihrer Lotsenfunktion in Krisensituationen zu nennen, die den Mitarbeitenden Orientierung und Stabilität gibt. Die Lotsenfunktion wird durch eine an die Erfordernisse der Krise angepasste Kommunikationsgestaltung durch Führungskräfte unterstützt, welche die Entwicklung und Erprobung neuer (digitaler) Kommunikationsformate einschließt. Die transparente und unterstützende Krisenkommunikation der Führung fördert tendenziell den Kohärenzerhalt aufseiten der Beschäftigten, die Krisenbewältigung als verstehbar, machbar und sinnhaft zu erleben (vgl. Ducki 2017, S. 3 f.). Damit Führungskräfte die Schlüsselfunktion auch gut ausüben können, ist organisationsintern dafür Sorge zu tragen, dass ihre Gesundheitsressourcen gestärkt und erhalten werden (vgl. Franke et al. 2015; Becke 2020).

Die Corona-Krise erweist sich in Unternehmen als tiefgreifende Störung etablierter Arbeitsprozesse und -strukturen sowie bisher unhinterfragter Praktiken und Alltagsroutinen. Eine situativ-flexible Handlungskoordinierung – sei es durch Führungskräfte oder aber auf Basis einer weitgehenden (kollektiven) Selbstorganisation von Beschäftigten – ermöglicht es, adaptive arbeitsorganisatorische Lösungen zu entwickeln. Überdies unterstützt sie Mitarbeitende dabei, die durch die Krise erhöhten Arbeitsanforderungen zu bewältigen, z. B. indem durch die Neuverteilung von Aufgaben eine Überlastung der Pflegekräfte vermieden werden konnte. Wenn die Handlungskoordinierung Beschäftigten übertragen wird, ohne dass sie über die hierfür erforderlichen Ressourcen (z. B. Zeit und Kompetenzen) verfügen, ist sie jedoch mit einer Zunahme psychischer Belastungen verbunden. Gerade beim Eintritt systemischer Risiken zeigt sich, dass die Handlungsfähigkeit von Organisationen und ihrer Mitarbeitenden durch eine nach Außen gerichtete Vernetzung zur Bündelung von Ressourcen mit anderen Akteur:innen gestärkt werden kann.

In allen Fallstudienunternehmen wird die zentrale Relevanz des sozialen Zusammenhalts und der unterstützenden Kooperation als soziale Resilienzfaktoren zur Krisenbewältigung deutlich: So lebt die stationäre Langzeitpflege von der Zusammenarbeit unterschiedlicher Professionen, aber auch vom Zusammenspiel von Einrichtung, Bewohner:innen und Angehörigen sowie freiwillig Engagierten. Agile Arbeitskonzepte wie in der IT-Entwicklung basieren auf der intensiven Zusammenarbeit zwischen Teammitgliedern. Das Erleben sozialen Zusammenhalts erweist sich für Mitarbeitende in der Corona-Krise als eine relevante Quelle der Sinnstiftung in der Arbeit und damit auch ihres Kohärenzerhalts. Der Zusammenhalt in der Krise trug dazu bei, Ängste vor Status- und Kontrollverlusten zu reduzieren. Eine große Rolle spielte hierbei das solidarische Verhalten von Beschäftigten, z. B. zugunsten von Kolleg:innen Kurzarbeit in Kauf zu nehmen oder freiwillig Aufträge an Kolleg:innen abzugeben.

Die arbeitsorganisatorischen Veränderungen haben potenziell gesundheitsförderliche Auswirkungen auf die Beschäftigten, etwa eine bessere Vereinbarkeit von Beruf und Privatleben oder ein verstärkter Gesundheitsschutz. Soziale Ressourcen sollten auch in Zukunft beachtet und gefördert werden, da sie einerseits gesundheitsförderliche Effekte haben können und andererseits für potenzielle zukünftige Krisensituationen Resilienz-steigernde Faktoren darstellen. Diese Faktoren gilt es auch

□ **Tab. 14.1** Gesunderhaltende Potenziale organisationaler Resilienz

Pflegeeinrichtungen	IT-Unternehmen
Strukturelle Resilienz	
Durchgehende Kommunikation von Informationen	Unterstützung durch das Unternehmen bei der Einrichtung des Homeoffice (wo benötigt)
(Über)betriebliche Vernetzung	Schaffung von virtuellen Formaten für den Austausch und zur Information der Kolleg:innen
Reflexionszeiten	Schaffung von virtuellen Formaten für den Austausch zwischen Kolleg:innen, mit Führungskräften und Kund:innen
Relationale/soziale Resilienz	
Austausch zwischen Kolleg:innen, mit Führungskräften, und zwischen den Berufsgruppen	Solidarität zwischen den Kolleg:innen bei der Verteilung von Aufträgen und beim Umgang mit Kurzarbeit
Führung als Lotsenfunktion: – Klare Kommunikation – Zeitnah und angemessen reagieren – Wertschätzung vermitteln – Stabilität und Zuversicht vermitteln – Probleme ernst nehmen und bearbeiten	Soziale Unterstützung in selbstorganisierten Teams
Beteiligung von Mitarbeitenden	
Individuelle Resilienz	
– Grundlegende Motivation die zu Pflegenden gut versorgt zu wissen	– Hohe informationstechnische Fachqualifikation beim Übergang ins Homeoffice
– Grundsätzliches Verständnis für Infektionsschutzmaßnahmen	– Ausgeprägte Selbstwirksamkeitsüberzeugung

Fehlzeiten-Report 2021

bei der Entwicklung neuer oder der Adaption bestehender Arbeitskonzepte zu beachten. Von essenzieller Bedeutung für die organisationale Resilienz ist es, intern Ressourcen und Kapazitäten aufzubauen, welche die Lern- und Anpassungsfähigkeit von Organisationen und ihrer Mitglieder fördern und zugleich ihre Bedürfnisse nach Stabilität und Orientierung anerkennen (Becke 2013). Hierfür sind Zeitressourcen für Reflexion, Beteiligung und die Entwicklung von Neuerungen zentral.

Literatur

Becke G (2013) Veränderungen achtsam gestalten. In: Becke G, Behrens M, Bleses P, Meyerhuber S, Schmidt S (Hrsg) Organisationale Achtsamkeit. Veränderungen nachhaltig gestalten. Schäffer-Poeschel, Stuttgart, S 7–34

Becke G (2020) Führung von unten. Problemanzeigen und ressourcenorientierte Gestaltungsansätze. Supervision 38:3–7

Becke G, Behrens M, Bleses P, Schmidt S (2010) Schattenseiten betrieblicher Hochleistungskulturen: Gefährdung der Innovationsfähigkeit von IT-Service-Unternehmen. In: Becke G, Klatt R, Schmidt B, Stieler-Lorenz B, Uske H (Hrsg) Innovation durch Prävention. Gesundheitsförderliche Gestaltung von Wissensarbeit. Wirtschaftsverlag NW, Bremerhaven, S 79–96

Literatur

Bleses P (2013) Beteiligung organisieren. In: Becke G, Behrens M, Bleses P, Meyerhuber S, Schmidt S (Hrsg) Organisationale Achtsamkeit. Veränderungen nachhaltig gestalten. Schäffer-Poeschel, Stuttgart, S 35–54

Busch C (2010) Teamarbeit und Gesundheit. In: Badura B, Schröder H, Klose J, Macco K (Hrsg) Fehlzeiten-Report 2009. Arbeit und Psyche: Belastungen reduzieren – Wohlbefinden fördern. Springer, Berlin Heidelberg, S 137–146

Ducki A (2017) „Nervöse Systeme" – Leben in Zeiten der Krise: Ein Überblick. Editorial. In: Badura B, Ducki A, Schröder H, Klose J, Meyer M (Hrsg) Fehlzeiten-Report 2017. Krise und Gesundheit. Ursachen, Prävention, Bewältigung. Springer, Berlin, S 1–8

Edmondson A (2020) Die angstfreie Organisation. Vahlen, München

Franke F, Ducki A, Felfe J (2015) Gesundheitsförderliche Führung. In: Felfe J (Hrsg) Trends der psychologischen Führungsforschung. Neue Konzepte, Methoden und Erkenntnisse. Hogrefe, Göttingen, S 253–263

Kunze D, Ducki A, Brandt M (2016) Ressourcenstärkend führen: Ein Leitfaden für Kleinbetriebe. In: Felfe J, van Dick R (Hrsg) Handbuch Mitarbeiterführung. Wirtschaftspsychologisches Praxiswissen für Fach- und Führungskräfte. Springer, Berlin Heidelberg, S 169–182

Gittel JH (2013) Relational Coordination. New directions for Relational Coordination Theory. In: Cameron KS, Spreitzer GM (Hrsg) The Oxford Handbook of Positive Organizational Scholarship. Oxford University Press, Oxford, S 400–411

Gittel JH, Cameron KS, Lim S, Rivas V (2006) Relationships, layoffs and organizational resilience, airline industry responses to September 11. J Appl Behav Sci 42:300–329

Greiner B (1998) Der Gesundheitsbegriff. In: Bamberg E, Ducki A, Metz A-M (Hrsg) Handbuch Betriebliche Gesundheitsförderung. Verlag für Angewandte Psychologie, Göttingen, S 39–55

Hale J, Carolan M (2020) Relational resilience and the making of diverse worlds. In: Legun K, Keller J, Bell M, Carolan M (Hrsg) The Cambridge handbook of environmental sociology, Bd. 1. Cambridge University Press, Cambridge, S 379–396

Hamel G, Välinkangas L (2008) The quest for resilience. In: Burke WW, Lake DG, Waymire Paine J (Hrsg) Organization change. A comprehensive reader. Jossey-Bass, San Francisco, S 512–532

Hartwig M, Kirchhoff B, Lafrenz B, Barth A (2016) Psychische Gesundheit in der Arbeitswelt: Organisationale Resilienz. Bundesanstalt für Arbeitsschutz und Arbeitsmedizin, Dortmund Berlin Dresden

Hoffmann GP (2017) Organisationale Resilienz – Kernressource moderner Organisationen. Springer, Berlin

Kahn WA, Barton ME, Fellows S (2013) Organizational crisis and the disturbance of relational systems. Acad Manage Rev 38:377–396

Promberger M (2020) Resilienz: Was Organisationen und Regierungen aus der Corona-Krise lernen können. WSI Mitt 73:462–467

Renn O (2014) Das Risikoparadox. Warum wir uns vor dem Falschen fürchten. Fischer, Frankfurt/M

Rodin J (2015) The resilience dividend. Profile Books, London

Rolfe M (2019) Positive Psychologie und organisationale Resilienz. Springer, Berlin

Sutcliffe KM, Vogus TJ (2003) Organizing for resilience. In: Cameron KS, Dutton JE, Quinn RE (Hrsg) Positive organizational scholarship. Foundations of a new discipline. Berret-Koehler, San Francisco, S 94–110

Ulich E, Wülser M (2004) Gesundheitsmanagement in Unternehmen. Arbeitspsychologische Perspektiven. Gabler, Wiesbaden

Weick KE, Sutcliffe KM (2007) Managing the unexpected. Resilient performance in an age of uncertainty, 2. Aufl. Jossey-Bass, San Francisco

Aktuelle und zukünftige Herausforderungen für den Arbeitsschutz vor dem Hintergrund der Corona-Pandemie

Sabine Sommer, Nils Backhaus und Anita Tisch

Inhaltsverzeichnis

15.1 Einleitung – 248

15.2 Arbeits- und Infektionsschutz in den Betrieben – ungleiche Ausgangsbedingungen – 248
15.2.1 Unterschiede nach Branche und Betriebsgröße – 249

15.3 Zunehmende Unsicherheiten in der Krise: Bedeutungsgewinn des Arbeitsschutzes – 251

15.4 Ungleichheiten und Unsichtbarkeiten fordern Arbeitsschutz dauerhaft heraus – 253
15.4.1 Verschärfung von Ungleichheiten – 254
15.4.2 Unsichtbarkeit im Homeoffice als Herausforderung für den Arbeitsschutz – 255
15.4.3 Überwachung und Kontrolle im Homeoffice als Herausforderung für den Arbeitsschutz – 258

15.5 Fazit – 259

Literatur – 260

© Springer-Verlag GmbH Deutschland, ein Teil von Springer Nature 2021
B. Badura et al. (Hrsg.), *Fehlzeiten-Report 2021*, Fehlzeiten-Report, https://doi.org/10.1007/978-3-662-63722-7_15

■■ **Zusammenfassung**

Während der SARS-CoV-2-Pandemie hat der Arbeitsschutz eine große Aufmerksamkeit erfahren. Viele Betriebe waren durch neue Herausforderungen im Infektions- und Gesundheitsschutz gefordert, einen Beitrag zur Eindämmung der Krise zu leisten. Der Beitrag beschreibt die Herausforderungen vor dem Hintergrund ungleicher Ausgangsbedingungen. Vor der Krise war der Arbeitsschutz in den Betrieben abhängig von Branche und Betriebsgröße unterschiedlich entwickelt, z. B. im Hinblick auf die Umsetzung von Gefährdungsbeurteilungen. Auch auf die gestiegenen Anforderungen während der Pandemie haben Betriebe unterschiedlich reagiert. Für viele waren die Maßnahmen des Arbeitsschutzes von einer großen wirtschaftlichen Unsicherheit begleitet und haben nicht zuletzt deshalb an Bedeutung gewonnen. Inwiefern der Arbeitsschutz als bedeutendes Thema in den Betrieben erhalten bleibt, ist ungewiss. Deutlich wurden aber mögliche künftige Herausforderungen für den betrieblichen Arbeitsschutz, v. a. bei der in der Krise zugenommenen Arbeit von zu Hause (Homeoffice).

15.1 Einleitung

Die SARS-CoV-2-Pandemie verdeutlicht einmal mehr die Bedeutung der Gesundheit und dass deren Schutz eine gesamtgesellschaftliche Aufgabe darstellt. Dies gilt besonders auch für die Arbeitswelt, denn die Pandemie hat die Arbeitswelt mit einer zuvor nie dagewesenen Gefährdungssituation konfrontiert und sie herausgefordert, schnell und unter der Bedingung von Unsicherheit zu handeln, um den Gesundheitsschutz von Beschäftigten zu gewährleisten und das Wirtschaftsleben aufrechterhalten zu können. Dementsprechend hat der Arbeits- und Gesundheitsschutz in den vergangenen Monaten an Bedeutung gewonnen. Nahezu alle Betriebe haben während der SARS-CoV-2-Pandemie Maßnahmen zur Reduktion des Infektionsrisikos ergriffen. Dabei waren die Betriebe in sehr unterschiedlicher Weise betroffen und auch ihre vorhandenen Arbeitsschutzstrukturen unterschiedlich ausgeprägt. Für den Arbeits- und Infektionsschutz in den Betrieben gab es somit ungleiche Startbedingungen.

Wie auch andere (wirtschaftliche) Krisen geht die SARS-CoV-2-Pandemie darüber hinaus mit vielen Unsicherheiten für Betriebe und Beschäftigte einher und zieht Anpassungsbedarfe sowie organisationale Veränderungsprozesse (Restrukturierungen) nach sich. Derartige krisenbedingte Restrukturierungen sind jedoch schlecht plan- und steuerbar und stellen ein über die Arbeitsplatzunsicherheit hinausgehendes Risiko für die Motivation, das Wohlbefinden und die Gesundheit von Beschäftigten dar (Köper und Richter 2016). Außerdem fordern sie den Arbeitsschutz auch nach der Krise noch heraus. Dies gilt in besonderem Maße für die in der Pandemie gestiegene Arbeit von zu Hause (Homeoffice). Insbesondere Großbetriebe streben einen Ausbau der Arbeit von zu Hause an, wodurch wohl auch zukünftig mehr Menschen regelmäßig von zu Hause aus arbeiten werden (Backhaus et al. 2020). Aus Sicht der Beschäftigten werden mehrheitlich positive Erfahrungen mit der Arbeit von zu Hause während der Pandemie berichtet und in den Betrieben bestehen weniger Vorbehalte, Vorurteile und technische Barrieren als noch vor der SARS-CoV-2-Pandemie. Der Beitrag diskutiert anhand verschiedener empirischer Grundlagen alte und neue Herausforderungen der sicheren und gesundheitsgerechten Gestaltung von Arbeit und beleuchtet dabei, welche Chancen und neuen Anforderungen durch die SARS-CoV-2-Pandemie für den Arbeitsschutz entstehen.

15.2 Arbeits- und Infektionsschutz in den Betrieben – ungleiche Ausgangsbedingungen

Vieles über das SARS-CoV-2-Virus war (und ist weiterhin) unbekannt. Regeln und Handlungsempfehlungen, mit denen das Infektionsrisiko für Beschäftigte gesenkt und auf niedrigem Niveau gehalten werden kann, mussten erst erarbeitet und bekannt gemacht werden. Für den Umgang mit Gefährdungen für die Sicherheit und Gesundheit der Beschäftigten am Arbeitsplatz an sich existierten jedoch schon vor der Krise eine Vielzahl gesetzlicher Vorgaben und gesichertes Wissen über geeignete Präventions- und Schutzmaßnahmen. Deren betriebliche Umsetzung bzw. Anwendung war und ist allerdings nicht immer flächendeckend gegeben.

15.2.1 Unterschiede nach Branche und Betriebsgröße

Die Gefährdungsbeurteilung stellt das zentrale Instrument für den betrieblichen Arbeitsschutz dar und ist Grundlage für ein systematisches und präventives Sicherheits- und Gesundheitsmanagement (Sommer et al. 2018). In der Gefährdungsbeurteilung müssen alle Gefährdungssituationen – physischer wie psychischer Art – wie auch damit verbundene erforderliche Maßnahmen festgehalten werden. Der Arbeitgeber bzw. die Arbeitgeberin sind darüber hinaus verpflichtet, die Maßnahmen regelmäßig auf ihre Wirksamkeit zu überprüfen und – falls erforderlich – anzupassen.

Allerdings verfügte nach den Ergebnissen der GDA-Betriebsbefragung 2015 (Hägele und Fertig 2018) nur etwas mehr als die Hälfte der Betriebe über eine Gefährdungsbeurteilung (vgl. ◘ Abb. 15.1) und nur in jedem achten Betrieb ist der Prozess der Gefährdungsbeurteilung – von der Ermittlung, über die Umsetzung von Maßnahmen bis hin zur Wirksamkeitskontrolle – vollständig. In Betrieben mit weniger als 50 Beschäftigten ist die Wahrscheinlichkeit, dass eine Gefährdungsbeurteilung durchgeführt wird, niedriger als in Großbetrieben mit 250 oder mehr Beschäftigten (Hägele und Fertig 2018).

Die Hälfte der Betriebe, die auf die Durchführung der vorgeschriebenen Gefährdungsbeurteilung verzichtet, begründet dies damit, dass im Betrieb keine nennenswerten Gefährdungen existierten. Insgesamt sind Gefährdungsbeurteilungen im verarbeitenden Gewerbe wahrscheinlicher als in vielen Dienstleistungsbranchen. Sofern Betriebe Gefährdungsbeurteilungen durchführen, haben sie dabei vorwiegend materiell-stoffliche Gefährdungsarten im Blick, v. a. Gefährdungen durch schwere körperliche Belastungen, durch den Umgang mit Maschinen und Arbeitsgeräten sowie durch Belastungen aus der Arbeitsumgebung (z. B. Lärm). Aspekte wie Arbeitsabläufe und Arbeitsverfahren spielen eine geringere Rolle und in weit weniger als der Hälfte der Fälle werden in der Gefährdungsbeurteilung auch psychische Gefährdungen wie etwa durch die Arbeitszeitgestaltung oder die sozialen Beziehungen (zu Vorgesetzten, Kolleginnen und Kollegen bzw. Kundinnen und Kunden) berücksichtigt (Sommer et al. 2018).

Eben diese arbeitsorganisatorischen Aspekte haben jedoch in der SARS-Cov-2-Pandemie für den Arbeits- und Infektionsschutz an Bedeutung gewonnen. So mussten Arbeitszeiten und -abläufe zur Kontaktvermeidung umgestaltet werden, die Arbeit am und mit Menschen wurde durch das Infektionsrisiko zusätzlich erschwert, einige haben ihre Arbeit unter hohem Zeitdruck erbringen müssen und viele soziale Kontakte wurden soweit möglich ins Virtuelle verlegt.

Darüber hinaus waren vor der Pandemie in vielen Betrieben die gesetzlich vorgeschriebenen Elemente der betrieblichen Arbeitsschutzorganisation nicht vollständig umgesetzt. Nur rund die Hälfte aller Betriebe verfügt über eine vollständige sicherheitstechnische und betriebsärztliche Betreuung (vgl. ◘ Abb. 15.1). Dabei zeigen sich im Zeitverlauf von 2009 bis 2015 eher Rückgänge denn Steigerungen der Betreuungsquote (Lösch et al. 2021). Insbesondere in Betrieben im Dienstleistungssektor, im Einzelhandel und Gastgewerbe sowie in kleineren Betrieben sind seltener Fachkräfte für Arbeitssicherheit und Betriebsärzte bestellt, die den Arbeitsschutz fachlich unterstützen könnten (Hägele 2019). Auch finden sich

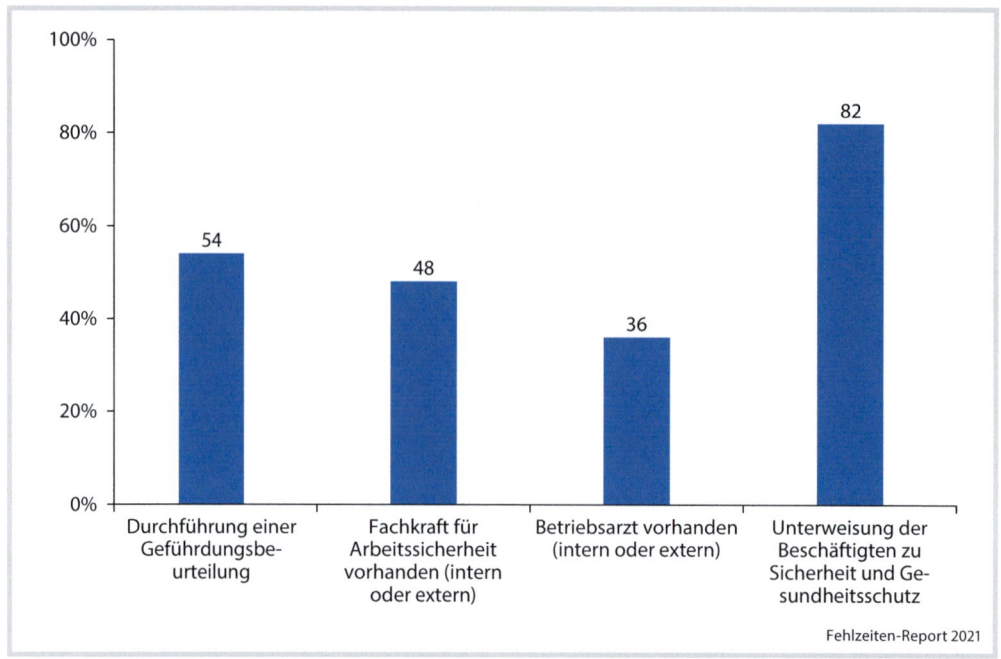

Abb. 15.1 Umsetzung der Instrumente des Arbeitsschutzes in den Betrieben 2015 (in %). (Quelle: Zahlen aus Hägele und Fertig 2018; Datenbasis: GDA-Betriebsbefragung 2015, n = 6.500 Betriebe)

in der Gruppe der Klein- und Kleinstbetriebe mit rund 15 % nur wenige Betriebe, die das alternative Betreuungsmodell nach DGUV-Vorschrift 2 (DGUV 2012) in Anspruch nehmen, wodurch die Unternehmensleitungen über entsprechende Motivations- und Informationsmaßnahmen für Fragen des Arbeitsschutzes sensibilisiert und befähigt werden, externen Betreuungsbedarf zu erkennen und einzuholen (Sommer und Schröder 2019). Nach den Ergebnissen des EU-OSHA-Projektes SESAME (Safety and health in micro and small enterprises in the EU) wird dem Arbeitsschutz in Klein- und Kleinstbetrieben eher eine geringe Bedeutung beigemessen (Walters et al. 2018). Das Hauptaugenmerk ist in diesen Betrieben v. a. darauf gerichtet, die Wettbewerbsfähigkeit und das Überleben des Unternehmens zu sichern.

Das wohl am weitesten verbreitete Instrument des betrieblichen Arbeitsschutzes ist die Unterweisung (vgl. Abb. 15.1). Inhalte der Unterweisungen sind ebenso wie die Gefährdungsbeurteilung häufig an physischen Gefahren orientiert. So werden Unterweisungen am häufigsten zum sicheren Umgang mit Maschinen und Arbeitsgeräten, zum Verhalten bei Unfällen und Notfällen oder zum sicheren Umgang mit Gefahr- und Biostoffen durchgeführt. Personen mit Belastungen durch soziale Interaktionen erhalten unterdurchschnittlich häufig eine Arbeitsschutzunterweisung (Hägele 2019). Eben diese Personengruppe berichtet insgesamt von einer niedrigeren Präventionskultur in ihren Betrieben. In der SARS-Cov-2-Pandemie gehört die Unterweisung zum Infektionsschutz zu einer der am häufigsten ergriffenen Maßnahmen in den Betrieben (Robelski et al. 2020).

Anforderungen an die Unterweisung im Arbeitsschutz
Gesetz über die Durchführung von Maßnahmen des Arbeitsschutzes zur Verbesserung

15.3 · Zunehmende Unsicherheiten: Bedeutungsgewinn des Arbeitsschutzes

> der Sicherheit und des Gesundheitsschutzes der Beschäftigten bei der Arbeit (Arbeitsschutzgesetz – ArbSchG)
>
> § 12 Unterweisung
> (1) Der Arbeitgeber hat die Beschäftigten über Sicherheit und Gesundheitsschutz bei der Arbeit während ihrer Arbeitszeit ausreichend und angemessen zu unterweisen. Die Unterweisung umfaßt Anweisungen und Erläuterungen, die eigens auf den Arbeitsplatz oder den Aufgabenbereich der Beschäftigten ausgerichtet sind. Die Unterweisung muß bei der Einstellung, bei Veränderungen im Aufgabenbereich, der Einführung neuer Arbeitsmittel oder einer neuen Technologie vor Aufnahme der Tätigkeit der Beschäftigten erfolgen. Die Unterweisung muß an die Gefährdungsentwicklung angepaßt sein und erforderlichenfalls regelmäßig wiederholt werden.

Insgesamt lässt sich zu Beginn der SARS-CoV-2-Pandemie eine ungleiche Ausgangslage bei der Organisation von Maßnahmen des betrieblichen Arbeitsschutzes beobachten. Vor der Pandemie hatte der Arbeitsschutz in der Wahrnehmung bzw. im Handeln vieler Betriebe keine übergeordnete Bedeutung und war teilweise für die Betriebe „unsichtbar" (Janda und Guhlemann 2019). Mit der SARS-CoV-2-Pandemie hat sich das Bewusstsein für den Arbeitsschutz merklich erhöht.

15.3 Zunehmende Unsicherheiten in der Krise: Bedeutungsgewinn des Arbeitsschutzes

Um massenhafte Ansteckungen zu vermeiden und Infektionszahlen zu reduzieren, wurde während der SARS-CoV-2-Pandemie wiederholt das soziale und wirtschaftliche Leben heruntergefahren (Lockdown) sowie der überregionale Verkehr eingeschränkt. Infolgedessen ist weltweit die Wirtschaftsleistung gesunken und die Arbeitslosigkeit gestiegen. Auch in Deutschland hat die Arbeitslosigkeit erstmals seit 2013 wieder zugenommen, lag jedoch auch weiterhin deutlich unterhalb des EU-Durchschnitts (saisonbereinigte Arbeitslosenquote Dezember 2020 in Deutschland: 4,6 %; in der EU: 7,5 %; Eurostat 2021). Dies ist nicht zuletzt auf die Kurzarbeit zurückzuführen, die 2020 so häufig wie nie zuvor in Anspruch genommen wurde (IAB 2020).

Dennoch sind gravierende wirtschaftliche Unsicherheiten für Betriebe zu beobachten (Weber et al. 2020) und viele Unternehmen sind aufgrund der angeordneten vorübergehenden Betriebsschließungen in finanzielle Not geraten. Während in vorherigen Krisen in erster Linie wirtschafts- und finanzpolitische Maßnahmen eine bedeutende Rolle für die Erholung der Wirtschaft spielten, hat in der SARS-Cov-2-Krise der Gesundheitsschutz an Bedeutung gewonnen (Walwei 2020).

Um den Betrieben einen rechtssicheren Maßnahmenkatalog an die Hand zu geben, hat das Bundesministerium für Arbeit und Soziales (BMAS) bereits im April 2020 den SARS-CoV-2-Arbeitsschutzstandard herausgegeben. Dieser orientiert sich an dem TOP-Prinzip des Arbeitsschutzes in Deutschland (Pieper und Vorath 2005) und umfasst Empfehlungen sowohl zu technischen (z. B. Anordnung der Arbeitsplätze zur Sicherstellung des Abstands, Homeoffice, Einbau von Abtrennungen und Schutzscheiben, ausreichende Lüftung etc.) und organisatorischen (u. a. Kontaktreduzierung zum Beispiel durch digitale Kommunikation, Bildung von Arbeitsgruppen, Arbeitszeitgestaltung) als auch personenbezogenen Maßnahmen (u. a. Bereitstellung persönlicher Schutzausrüstung wie z. B. Mund-Nase-Bedeckungen, filtrierende Halbmasken (FFP2) etc.). Darauf aufbauend wurde im August 2020 unter Koordination der Bundesanstalt für Arbeitsschutz und Arbeitsmedizin (BAuA) gemeinsam von den Arbeitsschutzausschüssen beim BMAS die SARS-CoV-2-Arbeitsschutzregel erstellt (BAuA und Arbeitsschutzausschüsse im BMAS Im Januar 2021 hat das BMAS darüber hinaus die SARS-CoV-2-Arbeitsschutzverordnung erlassen (BMAS 2021), die neben den vorangegangenen Handlungsempfehlungen Betriebe nochmals deutlicher zur Kontaktreduzierung verpflichtete.

Die vom Institut für Arbeitsmarkt- und Berufsforschung (IAB) in Kooperation mit der BAuA von Ende August bis Anfang September 2020 durchgeführte, für die Privatwirtschaft repräsentative Betriebsbefragung „Betriebe in der COVID-19 Krise" (Bellmann et al. 2020b) zeigt, dass die zu einem frühen Zeitpunkt der SARS-CoV-2-Pandemie veröffentlichten Regelungen wie auch branchenbezogene Informationen zu spezifischen Maßnahmen des Arbeits- und Infektionsschutzes durchaus bedeutsam für das betriebliche Handeln waren. Waren in den Betrieben branchenspezifische Empfehlungen und Handlungshilfen der Unfallversicherungsträger bzw. der Gewerkschaften bekannt, lagen während der Epidemie auch häufiger Regelungen zum Arbeits- und Infektionsschutz in der SARS-CoV-2-Pandemie vor (Michels und Sommer 2021).

Dennoch war die Unsicherheit bezüglich des notwendigen Arbeitsschutzes in den Betrieben immens. Maßnahmen zum Arbeits- und Infektionsschutz mussten vor dem Hintergrund nicht flächendeckend vorhandener Arbeitsschutzressourcen und wenig ausgeprägter formalisierter und systematischer Routinen im Umgang mit Gesundheitsgefährdungen am Arbeitsplatz eingeführt und umgesetzt werden. Hinzu kommt, dass in der SARS-CoV-2-Pandemie bedeutsame Arbeitsbedingungsfaktoren wie Arbeitsabläufe, Arbeitszeitgestaltung und soziale Beziehungen im betrieblichen Arbeitsschutz zuvor nur eingeschränkt Berücksichtigung gefunden hatten.

Frühere Studien konnten zeigen, dass äußere Einflüsse wie z. B. schwere Arbeitsunfälle in einer Branche und die Verfügbarkeit von neuem Wissen zum Umgang mit Gefährdungen bedeutsame Faktoren für die Steigerung von betrieblichen Arbeitsschutzanstrengungen sind (Robson et al. 2016). Die SARS-CoV-2-Pandemie kann in diesem Sinne als ein starker Treiber des betrieblichen Arbeitsschutzes angesehen werden: SARS-CoV-2 ist eine von außen einwirkende Gefährdung der betrieblichen Existenz und den Betrieben wurden neue Regelungen und neues Wissen zur Gewährleistung des Arbeits- und Infektionsschutzes bereitgestellt. Einen zentralen Einfluss auf die Umsetzung von betrieblichen Maßnahmen zur Sicherheit und Gesundheit am Arbeitsplatz haben aber insbesondere auch die Unternehmensleitungen und deren Einstellung und Commitment zum Arbeitsschutz (Elke et al. 2015). Die hohe Bedeutung des Arbeitsschutzes in der SARS-Cov-2-Krise wird auch dadurch verdeutlicht, dass fast 80 % der Betriebe in Deutschland angeben, spezielle Regelungen zum Arbeits- und Infektionsschutz eingeführt zu haben – nahezu immer war auch die Geschäftsführung an der Erstellung und Umsetzung der Regelungen beteiligt (Robelski et al. 2020).

Gleichwohl blieben, wie ◘ Tab. 15.1 zeigt, Unterschiede und Ungleichheiten nach Betriebsgröße und Wirtschaftszweigen bestehen. Während nahezu alle Betriebe mit mehr als 250 Beschäftigten (97 %) über Regelungen zum Arbeits- und Infektionsschutz verfügen, sind es bei den Kleinstbetrieben (bis neun Beschäftigte) nur etwa drei Viertel. Und auch die branchenspezifischen Empfehlungen und Handlungshilfen sind in größeren Betrieben, in Betrieben des verarbeitenden Gewerbes und in Betrieben des Gesundheits- und Sozialwesens eher bekannt. Wie vor der SARS-CoV-2-Pandemie sind betriebliche Regelungen zum Arbeits- und Infektionsschutz wahrscheinlicher in Betrieben, die über betriebliche Strukturen und (Personal-)Ressourcen für den Arbeitsschutz verfügen. Gerade in kleineren Betrieben sind es oft die Leitungen bzw. die Inhaberinnen und Inhaber, die sich neben allen anderen betrieblichen Themen auch um den Arbeitsschutz kümmern müssen. Ihnen

15.4 · Ungleichheiten und Unsichtbarkeiten fordern Arbeitsschutz dauerhaft heraus

Tab. 15.1 Vorhandensein von speziellen Regelungen zum Arbeits- und Infektionsschutz und Kenntnis der branchenspezifischen Empfehlungen *fünf Monate nach Pandemiebeginn* in Deutschland – nach Betriebsgröße und Wirtschaftszweig (in %, hochgerechnete Prozentangaben, Rundungsfehler möglich). (Quelle: IAB/BAuA-Betriebsbefragung „Betriebe in der COVID-19 Krise – 2. Befragungswelle: Arbeitsschutzmaßnahmen" (hochgerechnete Ergebnisse basierend auf n = 1.554 Betrieben, vgl. Robelski et al. 2020); Befragung von leitenden Personen aus der Geschäftsführung)

		Regelungen zum Arbeits- und Infektionsschutz getroffen		Kenntnis der branchenspezifischen Handlungshilfen[b]	
		Ja	Nein	Ja	Nein
Gesamt		79	21	68	32
Betriebsgröße	Kleinstbetriebe (< 10 Beschäftigte)	76	24	66	34
	Kleinbetriebe (10–49 Beschäftigte)	91	9	74	26
	Mittlere Betriebe (50–249 Beschäftigte)	96	4	82	18
	Große Betriebe (≥ 250 Beschäftigte)	97	3	85	15
Wirtschaftszweig[a]	Verarbeitendes Gewerbe	84	16	73	27
	Dienstleistungen	77	23	61	39
	Handel; Instandhaltung und Reparatur von Kraftfahrzeugen	79	21	66	34
	Gesundheits- und Sozialwesen	95	5	83	17

[a] Aus der WZ-Klassifikation 2008 wurden acht Zweige ausgewählt und zu vier Wirtschaftszweigen zusammengefasst: 1. Verarbeitendes Gewerbe, 2. Dienstleistungen (Information und Kommunikation; Finanzdienstleistungen; Grundstück- und Wohnungswesen; freiberufliche, wissenschaftliche und technische Dienstleistungen, Sonstige Dienstleistungen), 3. Handel; Instandhaltung und Reparatur von Kraftfahrzeugen, 4. Gesundheits- und Sozialwesen.
[b] Frage an Betriebsverantwortliche: Kennen Sie die für Sie zutreffenden branchenspezifischen Empfehlungen zum Infektionsschutz in der Corona-Krise, z. B. von Berufsgenossenschaften oder Gewerkschaften?
Fehlzeiten-Report 2021

fehlen vielfach die zeitlichen Ressourcen, um auch vorhandene Informations- und Unterstützungsangebote im Arbeitsschutz von sich aus wahrzunehmen.

15.4 Ungleichheiten und Unsichtbarkeiten fordern Arbeitsschutz dauerhaft heraus

Eine sowohl in der SARS-CoV-2-Arbeitsschutzverordnung adressierte wie auch häufig genutzte Maßnahme für den Infektions- und

Arbeitsschutz in der SARS-Cov-2-Pandemie ist das Homeoffice. Der Befragung „Betriebe in der Covid-19-Krise" zufolge haben im ersten halben Jahr der Pandemie 42 % der Betriebe in Deutschland zumindest einem Teil ihrer Belegschaft grundsätzlich die Möglichkeit eingeräumt, ganz oder teilweise von zu Hause aus zu arbeiten (Bellmann et al. 2020a). In diesen Betrieben arbeiten etwa zwei Drittel aller Beschäftigten. Insbesondere in großen Betrieben hatte die Arbeit von zu Hause als Infektionsschutzmaßnahme eine übergeordnete Bedeutung (Robelski et al. 2020). In den Regelungen und Empfehlungen zum Arbeitsschutz wurde die Arbeit von zu Hause in Form des anlassbezogenen Homeoffice erstmals rechtlich als technische Arbeitsschutzmaßnahme definiert (BAuA und Arbeitsschutzausschüsse im BMAS 2020). Aufgrund der deutlich höheren Infektionszahlen bzw. der Gefahr durch die infektiöseren neuen Virus-Varianten wurden die Betriebe zu Beginn des Jahres 2021 mit der SARS-CoV-2-Arbeitsschutzverordnung sogar verpflichtet, Homeoffice für Büroarbeit und vergleichbare Tätigkeiten anzubieten. Erste Studien zeigen, dass die Arbeit von zu Hause auch effektiv zur Reduktion der Kontakte und zur Eindämmung der Infektionen beitragen konnte (Alipour et al. 2020; Gabler et al. 2021; Kunze et al. 2021).

Viele Beschäftigte und Betriebe machten erstmals Erfahrungen mit der Arbeit von zu Hause, insbesondere kleine und mittlere Unternehmen waren dabei häufig weitgehend unvorbereitet. Die Bewertung fiel zunächst sehr positiv aus, viele Betriebe und Beschäftigte nannten insbesondere die höhere wahrgenommene Flexibilität und Produktivität bei der Arbeit von zu Hause als positiven Faktor (Barrero et al. 2020; DAK 2020; Kunze et al. 2020; Shockley et al. 2020; Weichbrodt und Schulze 2020). Die Produktivität ist auch ein Argument für viele – vor allem Großbetriebe –, die Arbeit von zu Hause weiter zu nutzen und ausbauen zu wollen (Backhaus et al. 2020; ifo Institut 2020; ZEW 2021). Es ist daher davon auszugehen, dass die Arbeit von zu Hause nach der Pandemie deutlich häufiger vorkommt als zuvor und ihr Potenzial weiter ausgeschöpft werden wird (vgl. ◘ Abb. 15.2). Allerdings ist auch davon auszugehen, dass weiterhin viele Beschäftigte nicht von zu Hause arbeiten können oder dies nicht wünschen, etwa weil ihre Tätigkeit dies nicht erlaubt, sie Privatleben und Beruf auch räumlich stärker trennen wollen oder privat nicht über die räumlichen bzw. technischen Voraussetzungen verfügen (z. B. Arbeitszimmer, Breitband-Internet). Dabei wird die zukünftige Arbeit von zu Hause voraussichtlich „hybrid" gestaltet sein, d. h. alternierend im Betrieb und von zu Hause aus bzw. von unterwegs erfolgen (vgl. Kunze et al. 2020). Wie hoch genau der Anteil Beschäftigter zukünftig ausfallen wird und wie sich der wöchentliche Umfang der Arbeit im Betrieb und von zu Hause oder unterwegs nach der Pandemie gestaltet, bleibt abzuwarten.

15.4.1 Verschärfung von Ungleichheiten

Beschäftigte, die vor und während der SARS-CoV-2-Pandemie von zu Hause arbeiten konnten, verfügen durchschnittlich über ein höheres Ausbildungsniveau und Einkommen und übten weniger körperlich belastende Tätigkeiten aus (Mergener 2020; Schröder et al. 2020; Wöhrmann et al. 2020). Beschäftigte mit körperlichen Tätigkeiten und niedriger Bildung bzw. geringem Einkommen waren in der Krise hingegen häufiger von Kurzarbeit und Arbeitsplatzunsicherheit betroffen und hatten zugleich ein höheres Infektionsrisiko aufgrund ihrer Tätigkeiten, z. B. in der Produktion oder bei Interaktionsarbeit wie etwa Pflegekräfte oder Verkaufspersonal (Adams-Prassl et al. 2020; Alipour et al. 2020; Schröder et al. 2020; WSI 2020). Darunter befinden sich viele Beschäftigte in so genannten „systemrelevanten Berufen", die während der Krise besonders belastet waren (Backhaus et al. 2021). Hierunter werden Berufe zusammengefasst, die für die Funktionsfähigkeit der Gesellschaft und

15.4 · Ungleichheiten und Unsichtbarkeiten fordern Arbeitsschutz dauerhaft heraus

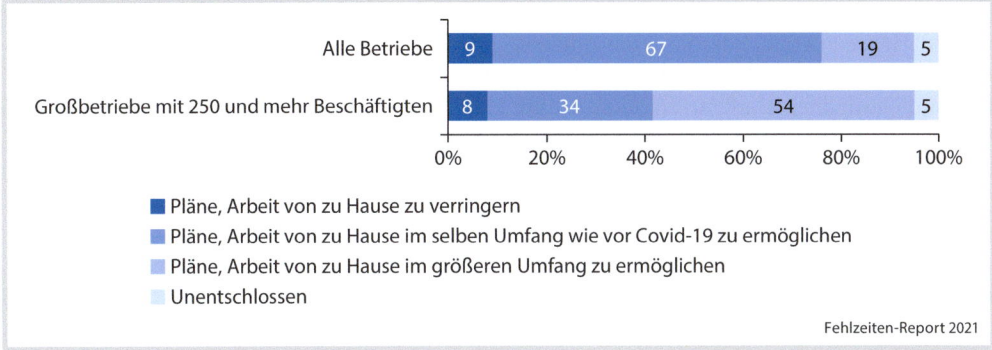

Abb. 15.2 Betriebliche Pläne zum Ausbau der Arbeit von zu Hause (Homeoffice). (Quelle: IAB/BAuA-Betriebsbefragung „Betriebe in der COVID-19 Krise" – 4. Befragungswelle: Homeoffice, Rundungsfehler möglich (Hochgerechnete Ergebnisse basierend auf n = 1.053 Betrieben, die angeben, dass aufgrund der Tätigkeiten grundsätzlich die Möglichkeit der Arbeit von zu Hause besteht, vgl. Backhaus et al. 2020), Befragung von leitenden Personen aus der Geschäftsführung)

die Versorgung der Bevölkerung unabdingbar sind (z. B. Berufe im Gesundheitswesen, im Lebensmitteleinzelhandel, im Transportwesen oder in der öffentlichen Verwaltung). Insgesamt besteht die Gefahr einer zunehmenden Spaltung zwischen den Beschäftigten, die von der Arbeit von zu Hause profitieren können, viele Flexibilitätsmöglichkeiten haben und geringe physische Arbeitsbelastungen aufweisen und denjenigen, die nicht im Homeoffice arbeiten können, die eher Flexibilitätsanforderungen erleben und von hohen körperlichen und psychischen Arbeitsbelastungen betroffen sind (Backhaus et al. 2021; Manokha 2020). Auch sehen einige Betriebe in der Ungleichbehandlung von Beschäftigten im Betrieb eine Gefahr und geben an, dass dies ein Hinderungsgrund sei, die Arbeit von zu Hause auszubauen (Backhaus et al. 2020). Deshalb wird es künftig auch Aufgabe des Betrieblichen Gesundheitsmanagements, aber auch des Arbeitsschutzes sein, unterschiedliche, tätigkeitsspezifische und arbeitsplatzbezogene Belastungsrisiken zu identifizieren, wie auch Entlastungsmöglichkeiten für alle Beschäftigtengruppen zu schaffen. Das Betriebliche Gesundheitsmanagement muss sich hier breiter aufstellen und Angebote für Beschäftigte schaffen und zuschneiden, die zu Hause wie auch im Betrieb tätig sind. Ähnliches gilt für die Akteure und Akteurinnen der betrieblichen Mitbestimmung, deren Aktivitäten ebenfalls noch stark auf Präsenz im Betrieb abzielen (vgl. Schroeder 2020).

15.4.2 Unsichtbarkeit im Homeoffice als Herausforderung für den Arbeitsschutz

Gleichzeitig stellt die zunehmende Arbeit von zu Hause den betrieblichen Arbeitsschutz vor neue Herausforderungen. Die SARS-CoV-2-Pandemie hat einmal mehr verdeutlicht, dass soziale Isolation und Entgrenzung Gefahren für die Gesundheit von Beschäftigten darstellen (Cho 2020; DAK 2020; Kunze und Zimmermann 2020). Eine Vielzahl an Studien weisen darauf hin, dass Regelungen im Betrieb eine wichtige Voraussetzung für eine gute Gestaltung der Arbeit von zu Hause sind (Backhaus et al. 2020; Bellmann et al. 2020a; Lott 2020; Wöhrmann et al. 2020). Die Ergebnisse verdeutlichen, dass die Vereinbarungen auf betrieblicher Ebene die Vorteile der Arbeit von zu Hause für die Beschäftigten erhöhen und potenzielle Gefährdungen für die Sicherheit und Gesundheit eindämmen. Gleichzeitig hatten vor der SARS-CoV-2-Pandemie lediglich 16 % der Beschäftigten Regelungen zur Arbeit von zu Hause mit ihrem Arbeitgeber getroffen (Backhaus et al. 2021).

Für den Arbeitsschutz ist die Unsichtbarkeit der Beschäftigten eine wesentliche Herausforderung bei der Arbeit von zu Hause. Wenn Beschäftigte orts- und zeitflexibel bzw. im Homeoffice arbeiten, reduziert sich die physische Zusammenarbeit und der Betrieb als sozialer Begegnungsort verliert an Bedeutung. Ähnlich wie der Betriebsrat und Gewerkschaften verlassen sich aber Arbeitsschutzakteure und -akteurinnen auf den Kontakt mit den Beschäftigten vor Ort (Schroeder 2020). Sowohl für den betriebsinternen Arbeitsschutz und die Aktivitäten der Gesundheitsförderung als auch für externe Akteure wie z. B. die Arbeitsschutzaufsicht sind Beschäftigte, die zu Hause arbeiten, seltener direkt ansprechbar und greifbar (Janda und Guhlemann 2019). Diese Unsichtbarkeit hat Konsequenzen für die Fürsorgemöglichkeiten von Betrieben und Führungskräften und die Verfügbarkeit und Erreichbarkeit für Maßnahmen der Betrieblichen Gesundheitsförderung. Die Teilnahme an Vorsorgemaßnahmen und Arbeitsschutzunterweisungen wird erschwert und auch in der Gefährdungsbeurteilung werden Arbeitstätigkeiten außerhalb der Betriebsstätte nicht berücksichtigt. Digitale Anwendungen zum Arbeits- und Gesundheitsschutz stellen eine Möglichkeit dar, auch außerhalb der Arbeitsstätte tätige Personen in die betrieblichen Arbeitsschutzprozesse einzubinden – also die Unsichtbarkeit zu überwinden. Wie eine internetgestützte Marktrecherche aus dem Jahr 2020 zeigt, gibt es bereits eine Vielzahl von Anwendungen, die mittels kommunikativer Vernetzung und/oder Video- und Audioanwendungen Arbeitsschutzaufgaben, die bisher eine physische Anwesenheit erforderten, unterstützen können (Schenke et al.

2020). Zu beachten ist allerdings, dass die digitalen Lösungen selbst auch wieder Belastungen für die Beschäftigten mit sich bringen können, z. B. durch Technikunzuverlässigkeit, Unterbrechungen oder Möglichkeiten der Leistungskontrolle (Gimpel et al. 2019). Die Gestaltung und Beurteilung von Gefährdungen ist bei einem fest eingerichteten, alternierenden Telearbeitsplatz noch weitestgehend gut zu realisieren (Prümper und Hornung 2016). Bei dem vergleichsweise ungeregelten Homeoffice oder Mobiler Arbeit sind die Gestaltungsmöglichkeiten vielfach auf die technische Ausstattung mit robusten und gebrauchstauglichen mobilen Endgeräten beschränkt (Bretschneider-Hagemes 2011; DGUV 2020) und klassische Arbeitsschutzinstrumente stoßen an ihre Grenzen. Vielfach fehlt es im Arbeitsschutz an einer dynamischen Anwendbarkeit der häufig statischen und arbeitsstättenbezogenen Regelwerke (Bretschneider-Hagemes und Kohn 2010). An vielen Stellen wird bei Regelungslücken und Graubereichen die Verantwortung implizit an die Beschäftigten übergeben. Dies birgt unter anderem die Gefahr der interessierten Selbstgefährdung (Krause et al. 2012). Nicht selten wird die Arbeit von zu Hause als Privileg wahrgenommen, dem mit hoher Arbeitsmotivation und Einsatzbereitschaft begegnet wird (Ross und Ali 2017) – ungeachtet möglicher Folgen für die Gesundheit der Beschäftigten (Barber et al. 2019; Steidelmüller et al. 2020; van Laethem et al. 2018).

Der Arbeitsschutz und die Betriebliche Gesundheitsförderung müssen die Aspekte von Arbeit von zu Hause und Mobilem Arbeiten, insbesondere im Hinblick auf die psychischen Belastungen, deshalb vermehrt in der Gefährdungsbeurteilung berücksichtigen (vgl. Kraus und Rieder 2019; Lengen et al. 2020). Psychische Belatungen werden bisweilen nur in etwa 21 % der Betriebe bei der Durchführung einer Gefährdungsbeurteilung berücksichtigt (vgl. Beck und Lenhardt 2019). Dabei spielen mobilitätsbezogene Aspekte (z. B. Planung von Mobilität, Rahmenbedingung des Unterwegs-Seins), aber auch die soziale, technische

15.4 · Ungleichheiten und Unsichtbarkeiten fordern Arbeitsschutz dauerhaft heraus

und organisatorische Unterstützung der Arbeit von zu Hause bzw. des Mobilen Arbeitens eine wichtige Rolle.

> **Handlungsempfehlungen und Gestaltung der Arbeit von zu Hause (Telearbeit, Homeoffice bzw. Mobiles Arbeiten)**
>
> Im Rahmen der Verhältnisprävention bzw. des STOP-Prinzips des Arbeitsschutzes sind Maßnahmen zur Beseitigung der Gesundheitsgefährdung durch Substitution (S) oder technische Veränderungen (T) am effektivsten und haben daher die höchste Priorität bei der Umsetzung. Zunächst kann geprüft werden, ob Mobiles Arbeiten unter bestimmten Bedingungen überhaupt zumutbar ist (z. B. bei Blendung auf dem Bildschirm unter freiem Himmel, in überfüllten Verkehrsmitteln oder ohne Schreibtisch im Hotelzimmer). Hierzu sollten Regeln aufgestellt werden, unter welchen Bedingungen Arbeit außerhalb des Betriebes oder eines Telearbeitsplatzes nicht erfolgen kann, bzw. wie lange und mit welcher technischen (Mindest-)Ausstattung (z. B. auf dem Smartphone, Tablet oder Laptop) welche Tätigkeiten (z. B. E-Mails prüfen, Texte schreiben, telefonieren) ausführbar sind (vgl. Arbeitsstättenregeln). Insbesondere wenn regelmäßig bzw. häufig von zu Hause gearbeitet werden soll, ist die Einrichtung eines Telearbeitsplatzes zu empfehlen. Falls möglich, sollten Arbeits- und Privatbereich getrennt werden, um eine gedankliche Trennung zwischen Arbeit und Privatleben zu erleichtern und das Abschalten von der Arbeit außerhalb der Arbeitszeit zu fördern (vgl. Mojtahedzadeh et al. 2021). Hierbei ist auch entscheidend, dass die arbeitsbezogene Erreichbarkeit außerhalb der Arbeitszeit eingeschränkt wird (Pangert et al. 2016). Technische Maßnahmen umfassen dabei die Abschaltung von Servern, die verzögerte Weiterleitung von E-Mails oder die automatische Deaktivierung der Rufumleitung auf das Diensthandy. Organisatorische Maßnahmen setzen beispielsweise an expliziten Regelungen an, die Erwartungen an eine (Nicht-)Erreichbarkeit festlegen und damit die Erreichbarkeit außerhalb der Arbeitszeit ausschließen oder in arbeitszeitrechtlich geregelte Formen überführen (z. B. Rufbereitschaft). Eine systematische Erfassung der Arbeitszeit ist ebenfalls eine hilfreiche Ergänzung zur Vermeidung von ständiger Erreichbarkeit, Entgrenzung und Selbstgefährdung (▶ Abschn. 15.4.3). Die Beteiligung der Beschäftigten bei diesen Maßnahmen ist notwendig, um Akzeptanz und Compliance sicherzustellen. Auch neue Kommunikationsmöglichkeiten (Chats) und Angebote zum informellen Austausch sind denkbar – dabei sollte unbedingt auf Risiken aus Sicht des Datenschutzes und eine Vermeidung von Überlastung durch Informationsflut geachtet werden. Auf der persönlichen Ebene sind Ergänzungen klassischer BGM-Maßnahmen möglich, etwa eine virtuelle Teilnahme (z. B. Webinare oder Online-Kurse) oder gezielte Trainings für Beschäftigte, die von zu Hause oder unterwegs arbeiten. Eine hohe Flexibilität der Angebote im Hinblick auf die Tageszeit (z. B. Video on Demand) und eine Ansprache aller Beschäftigten, auch daheim und unterwegs, sind Grundvoraussetzung. Beispiele im Rahmen der Verhaltensprävention sind virtuelle Bewegungspausen über Videokonferenztools, Schulungen zum Umgang mit der Entgrenzung von Privatleben und Beruf sowie Kurse zur Entwicklung individueller Strategien, um außerhalb der Arbeitszeit besser abschalten und sich erholen zu können. Vielerorts ist es zudem möglich, sich durch Betriebsärzte oder -ärztinnen und weitere Akteure des Betrieblichen Gesundheitsmanagements beraten zu lassen. Auch Trainings zur Selbststeuerung bzw. -organisation, zur Kommunikation auf

Distanz auf Individual- und Teamebene sowie für Führungskräfte tragen dazu bei, die Arbeit auf Distanz gesundheitsförderlich und produktiv zu gestalten und die Betriebskultur insgesamt zu verbessern. Durch den Einsatz der verschiedenen Maßnahmen werden die Chancen des Homeoffice effektiv genutzt und Gefährdungen aus Sicht des Arbeitsschutzes reduziert.

Weitere Informationen zur Gestaltung der Arbeit von zu Hause sind zu finden bei:
- Bundesanstalt für Arbeitsschutz und Arbeitsmedizin, BAuA (2020)
- Hans-Böckler-Stiftung (2020)
- Institut für angewandte Arbeitswissenschaft, ifaa (2019)

15.4.3 Überwachung und Kontrolle im Homeoffice als Herausforderung für den Arbeitsschutz

Die Arbeit von zu Hause stellt die traditionelle Praxis der Leistungskontrolle von Mitarbeitenden durch ihre Vorgesetze und die Betriebe in Frage, die bislang häufig auf der Anwesenheit und Sichtbarkeit der Mitarbeitenden beruht hat (Felstead et al. 2005). Die zunehmende Verbreitung der Arbeit von zu Hause während der SARS-CoV-2-Pandemie geht zudem mit einem beschleunigten technologischen Wandel einher (DAK 2020; Nagel 2020; Stürz et al. 2020) und eröffnet wachsende Potenziale für eine Überwachung des Verhaltens und der Leistung (Dietrich et al. 2021; Eurofound 2020). Die neuen Technologien werfen heikle ethische Fragen zum Datenschutz auf: Wo ziehen Arbeitgeber und Arbeitgeberinnen die Grenze zwischen der Aufrechterhaltung der Produktivität ihrer Beschäftigten, die von zu Hause arbeiten, und einer umfassenden elektronischen Überwachung der Leistung? Dabei wird oftmals nicht unbedingt eine für diesen Zweck konzipierte Software benötigt. Auch einige cloudbasierte Programme können bereits die Aktivität ihrer Nutzerinnen und Nutzer auswerten und erlauben es, Arbeitsleistung und Produktivität umfassend zu analysieren (Dietrich et al. 2021). Beim Mobilen Arbeiten ist zudem die Ortung via GPS möglich, was beispielsweise die Erstellung umfassender Bewegungsprofile ermöglicht. Auch wenn deutsche Arbeits- und Datenschutzgesetze eine umfassende Überwachung von Beschäftigten grundsätzlich verbieten (Däubler 2020), besteht auf Seiten der Beschäftigten die Angst, durch digitale Technik am Arbeitsplatz überwacht zu werden (Institut DGB-Index Gute Arbeit 2016). Dabei korreliert die elektronische Überwachung mit einer höheren psychischen Beanspruchung, einem gesteigerten Stresslevel, einer geringeren wahrgenommenen Kontrolle der eigenen Arbeit und insgesamt eher mit einer Abnahme der Arbeitszufriedenheit und des Vertrauens der Beschäftigten (Backhaus 2019). Wenn Tätigkeiten überwacht werden, hat dies oftmals auch Auswirkungen auf die Arbeitsgestaltung. Tätigkeiten sind häufig stärker quantitativ ausgelegt und Handlungs-, Entscheidungs- und Tätigkeitsspielräume werden reduziert, was insgesamt zu einer ungünstigen psychischen Beanspruchungskonstellation führt (vgl. Carayon 1993). Überwachung und Kontrolle wirken der Autonomie von Beschäftigten bei der Arbeit von zu Hause somit entgegen und sorgen dafür, dass trotz erhöhtem zeitlichen Handlungsspielraum bei der Arbeit länger und intensiver gearbeitet wird. Beides wirkt sich ebenfalls negativ auf das Stresserleben, die Erholung, die Bewertung der Work-Life-Balance und die Gesundheit aus (Eurofound 2020). Darüber hinaus sinkt die Arbeitszufriedenheit und das Commitment zur Organisation, was wiederum die Bindung an den Betrieb reduzieren und auch die Fluktuation begünstigen kann (Backhaus 2019). Insgesamt sollte Führung und Entlohnung bei der Arbeit von zu Hause mit gewissen Freiheiten einhergehen, die auf der Erreichung realistischer Ziele basieren. Ist dies betrieblich nicht möglich oder unerwünscht, so werden heute bereits in einigen Arbeitsbereichen (z. B. in Call-Centern) Kontrollsysteme eingesetzt, die eine quantitative Überwachung ermöglichen. Bei der Arbeit von zuhause würde dies zu einer umfassenden Überwachung der von zuhause Arbeitenden führen (vgl. Lohaus und Habermann 2018) und dies im besonders schützenswerten Privatbereich der Beschäftigten. Für den Arbeitsschutz gewinnen deshalb ziel- und ergebnisorientierte Führungs- und Betriebskulturen an Bedeutung: Eine wertschätzende Kultur geprägt durch gegenseitiges Vertrauen, soziale Unterstützung und Fürsorge sowie flache Hierarchien ist förderlich – Zwang, Kontrolle und feste hierarchische Strukturen sind dagegen hinderlich für die Gesundheit und das Wohlbefinden der Beschäftigten (Abendroth und Reimann 2018; Cloutier und Swan 2020; Eurofound 2020; Lott und Abendroth 2020).

Der Arbeitsschutz gerät an dieser Stelle häufig in ein Dilemma. Gesetze und Normen des Arbeitsschutzes halten Arbeitgeber und Arbeitgeberinnen dazu an, Maßnahmen gegen Gefährdungen vorzunehmen, zu denen spezifische Daten des Beschäftigten benötigt werden (Däubler 2015; Thüsing 2014). Dies gilt z. B. im Rahmen der Arbeitszeiterfassung (Weichert 2020). So ist die Erfassung notwendig, um eine Überlastung durch zu lange Arbeitszeiten oder zu kurze Ruhezeiten auszuschließen und Pausenzeiten zu gewähren (Abraham 2020). Gleichzeitig besteht die Angst der Leistungskontrolle und Überwachung auch im Privatleben (Manokha 2020). Es ist daher besonders wichtig sicherzustellen, dass Beschäftigte, betriebliche Mitbestimmung, Betriebe und Vorgesetze die psychologischen Auswirkungen von Überwachung und elektronischer Leistungskontrolle vollständig verstehen. Der betrieblichen Mitbestimmung, aber auch dem Arbeitsschutz kommen hierbei rechtlich eine besonders wichtige kontrollierende Funktion zu (Däubler 2020; Fechner 2020; Weichert 2020).

15.5 Fazit

Der Beitrag verdeutlicht, dass der betriebliche Arbeits- und Gesundheitsschutz in der SARS-Cov-2-Pandemie an Aufmerksamkeit gewonnen hat. Diese Aufmerksamkeit gilt es zu nutzen, um auch die künftigen Herausforderungen im Arbeitsschutz zu meistern. Die genauere Betrachtung offenbart, dass seit langem bestehende und bekannte Ungleichheiten sich auch in der Krise zeigen. Besonders hervorzuheben sind die häufig wenig verankerten Strukturen und Ressourcen zur Organisation des betrieblichen Arbeitsschutzes – insbesondere bei kleineren Betrieben. Klein- und Kleinstbetriebe stellen eine heterogene Gruppe mit unterschiedlichen Bedarfen und vielfältigen Umsetzungsbedingungen dar (Lück und Meisel 2020). Hier gilt es das Gesamtspektrum der Handlungsmöglichkeiten im Arbeitsschutz von Sensibilisieren, Informieren, Qualifizieren bis hin zu Beraten und Überwachen für Maßnahmen zur Förderung der Umsetzung von Arbeits- und Gesundheitsschutz differenziert zu nutzen und passgenaue(re) Angebote zu entwickeln. Dabei sollten zukünftig auch die über das Präventionsgesetz und die Gemeinsame Deutsche Arbeitsschutzstrategie angelegten Kooperationsstrukturen der institutionellen Arbeits- und Gesundheitsschutzakteure noch stärker genutzt und arbeitsteilige Vorgehensweisen weiter etabliert werden. Zudem sind Chancen und Optionen digitaler Anwendungen und Angebote für Klein- und Kleinstbetriebe im Bereich der Information sowie der sicherheitstechnischen und betriebsärztlichen Betreuung weiter zu analysieren und geeignete Kriterien für deren Qualitätssicherung abzuleiten.

Für alle Betriebe gilt, dass die SARS-CoV-2-Pandemie die Planbarkeiten eingeschränkt und Unsicherheiten kreiert hat. Neben die krisenbedingte, wirtschaftliche Unsicherheit ist häufig auch die Unsicherheit über die Angemessenheit von Maßnahmen zum Arbeits- und Infektionsschutz getreten. Viele Maßnahmen mussten ad hoc eingeführt und immer wieder nachjustiert werden. Einen Rahmen haben die vom BMAS herausgegebenen Regeln und Verordnungen geboten.

Zur Eindämmung des Infektionsrisikos haben viele Betriebe die Möglichkeiten der Arbeit von zu Hause ausgebaut. Es zeichnet sich ab, dass die Arbeit im Homeoffice auch nach der Pandemie weiter an Bedeutung gewinnt. Sowohl Befragungen von Betrieben als auch von Beschäftigten deuten darauf hin, dass der Wunsch nach deutlich häufigerer Arbeit von zu Hause besteht und auch erfüllt werden wird (Backhaus et al. 2020; Kunze et al. 2020; Stürz et al. 2020). Betriebe sehen darin Vorteile für die Beschäftigten im Hinblick auf eine bessere Vereinbarkeit von Privatleben und Beruf sowie mehr Flexibilitätsmöglichkeiten. Zusätzlich erkennen die Betriebe aber auch, dass die Arbeit von zu Hause zukünftig eine wichtige Rolle für die eigene Attraktivität spielen wird und essentiell für die Gewinnung und Bindung von Arbeitskräften ist (Backhaus et al. 2020).

Die Unsichtbarkeit von Beschäftigten im Homeoffice und eine mit der Digitalisierung zunehmende Unsichtbarkeit von arbeitsbedingten Belastungen/Gefährdungen stellen dabei zentrale Herausforderungen für den betrieblichen Arbeitsschutz in den kommenden Jahren dar. Beschäftigte befinden sich in einem Dilemma: Sie erkennen ihre Unsichtbarkeit bei der Arbeit von zu Hause, wollen aber gleichzeitig von Kolleginnen und Kollegen bzw. Vorgesetzten gleichwertig wahrgenommen werden (Felstead et al. 2005). Entscheidend ist ein kultureller Wandel in den Betrieben, der die Arbeit von zu Hause gleichberechtigt anerkennt und dabei Beschäftigte berücksichtigt, die nicht von zu Hause arbeiten können oder wollen. Dabei haben die betrieblichen Akteurinnen und Akteure im Arbeitsschutz, im Betrieblichen Gesundheitsmanagement und in der betrieblichen Mitbestimmung eine große Verantwortung. Gleichzeitig muss ein rechtssicherer Rahmen für ein gesundes Arbeiten von zu Hause geschaffen werden.

Literatur

Abendroth A-K, Reimann M (2018) Telework and work–family conflict across workplaces: investigating the implications of work–family-supportive and high-demand workplace cultures. In: Blair SL, Obradović J (Hrsg) Contemporary perspectives in family research: The work-family interface: Spillover, complications, challenges. Emerald Publishing Limited, Bingley, S 323–348

Abraham M (2020) Arbeitszeiterfassung mobiler Beschäftigter: Organisatorische und arbeitsmarktpolitische Aspekte. In: Lott Y (Hrsg) Arbeitszeiterfassung bei mobiler Beschäftigung: Herausforderungen und Handlungsmöglichkeiten. Hans-Böckler-Stiftung, Düsseldorf, S 17–57

Adams-Prassl A, Boneva T, Golin M, Rauh C (2020) Inequality in the impact of the Coronavirus Shock: Evidence from real time surveys. IZA Discussion Paper Nr. 13183. Forschungsinstitut zur Zukunft der Arbeit (IZA), Bonn (http://ftp.iza.org/dp13183.pdf. Zugegriffen: 12. Oktober 2020)

Alipour J-V, Fadinger H, Schymik J (2020) My home is my castle – The benefits of working from home during a pandemic crisis: Evidence from Germany (ifo Working Paper Nr. 329). München: ifo Institut. https://www.ifo.de/publikationen/2020/working-paper/my-home-my-castle-benefits-working-home-during-pandemic-crisis. Zugegriffen: 19. Febr. 2021

Backhaus N (2019) Kontextsensitive Assistenzsysteme und Überwachung am Arbeitsplatz: Ein metaanalytisches Review zur Auswirkung elektronischer Überwachung auf Beschäftigte. Z Arb Wiss 73:2–22

Backhaus N, Tisch A, Kagerl C, Pohlan L (2020) Arbeit von zu Hause in der Corona-Krise: Wie geht es weiter? (baua: Bericht kompakt). Bundesanstalt für Arbeitsschutz und Arbeitsmedizin, Dortmund https://doi.org/10.21934/baua:berichtkompakt20201123

Backhaus N, Wöhrmann AM, Tisch A (2021) BAuA-Arbeitszeitbefragung: Vergleich 2015 – 2017 – 2019 (baua: Bericht). Bundesanstalt für Arbeitsschutz und Arbeitsmedizin, Dortmund (www.baua.de/dok/8851216. Zugegriffen: 19. Februar 2021)

Barber LK, Conlin AL, Santuzzi AM (2019) Workplace telepressure and work–life balance outcomes: the role of work recovery experiences. Stress Health 35:350–362

Barrero JM, Bloom N, Davis SJ (2020) Why working from home will stick (Working Paper Nr. 2020-174). Becker Friedman Institute, Chicago

BAuA, Arbeitsschutzausschüsse im BMAS (2020) SARS-CoV-2-Arbeitsschutzregel (baua: Fokus). Bundesanstalt für Arbeitsschutz und Arbeitsmedizin, Dortmund. https://doi.org/10.21934/baua:fokus20200902. Zugegriffen: 19. Febr. 2021

Literatur

BAuA (2020) Orts- und zeitflexibel arbeiten: Freiräume nutzen, Überlastung vermeiden (baua: Praxis). https://www.baua.de/DE/Angebote/Publikationen/Praxis/Flexibel-arbeiten.html. Zugegriffen: 14. Apr. 2021

Beck D, Lenhardt U (2019) Consideration of psychosocial factors in workplace risk assessments: findings from a company survey in Germany. Int Arch Occup Environ Health 92:435–451

Bellmann L, Gleiser P, Kagerl C, Kleifgen E, Koch T, König C, Leber U, Pohlan L, Roth D, Schierholz M, Stegmaier J, Aminian A, Backhaus N, Tisch A (2020a) Potenzial für Homeoffice noch nicht ausgeschöpft Institut für Arbeitsmarkt- und Berufsforschung, Nürnberg: (IAB-Forum). https://www.iab-forum.de/potenzial-fuer-homeoffice-noch-nicht-ausgeschoepft/. Zugegriffen: 19. Febr. 2021

Bellmann L, Kagerl C, Koch T, König C, Leber U, Schierholz M, Stegmaier J, Aminian A (2020b) Was bewegt Arbeitgeber in der Krise? Eine neue IAB-Befragung gibt Aufschluss. Institut für Arbeitsmarkt- und Berufsforschung, Nürnberg (IAB-Forum). https://www.iab-forum.de/was-bewegt-arbeitgeber-in-der-krise-eine-neue-iab-befragung-gibt-aufschluss/. Zugegriffen: 19. Febr. 2021

BMAS (2021) SARS-CoV-2-Arbeitsschutzverordnung. Bundesministerium für Arbeit und Soziales, Berlin. https://www.bmas.de/DE/Service/Gesetze-und-Gesetzesvorhaben/sars-cov-2-arbeitsschutzverordnung.html. Zugegriffen: 19. Febr. 2021

Bretschneider-Hagemes M (2011) Belastungen und Beanspruchen bei mobiler IT-gestützter Arbeit – Eine empirische Studie im Bereich mobiler, technischer Dienstleistungen. Z Arb Wiss 65:223–233

Bretschneider-Hagemes M, Kohn M (2010) Ganzheitlicher Arbeitsschutz bei mobiler IT-gestützter Arbeit. In: Brandt C (Hrsg) Mobile Arbeit – Gute Arbeit? Arbeitsqualität und Gestaltungsansätze bei mobiler Arbeit. ver.di – Vereinigte Dienstleistungsgewerkschaft, Berlin, S 33–52

Carayon P (1993) Effect of electronic performance monitoring on job design and worker stress: review of the literature and conceptual model. Hum Factors 35:385–395

Cho E (2020) Examining boundaries to understand the impact of COVID-19 on vocational behaviors. J Vocat Behav. https://doi.org/10.1016/j.jvb.2020.103437

Cloutier A, Swan J (2020) Leadership in flexible work systems. In: Norgate SH, Cooper GL (Hrsg) Flexible work: designing our healthier future lives. Routledge, London New York, S 79–97

DAK (2020) Digitalisierung und Homeoffice entlasten Arbeitnehmer in der Corona-Krise. Hamburg: DAK Gesundheit (Webseite). https://www.dak.de/dak/bundesthemen/sonderanalyse-2295276.html#/. Zugegriffen: 19. Febr. 2021

Däubler W (2015) Gläserne Belegschaften? Das Handbuch zum Arbeitnehmerdatenschutz, 6. Aufl. Bund-Verlag, Frankfurt am Main

Däubler W (2020) Der Blick über die Schulter. Arb Mitbestimmung 5/2020:29

DGUV (2012) Unfallverhütungsvorschrift: Betriebsärzte und Fachkräfte für Arbeitssicherheit (DGUV Vorschrift 2). Deutsche Gesetzliche Unfallversicherung, Berlin

DGUV (2020) FBVW-402: Arbeiten im Homeoffice – nicht nur in der Zeit der SARS-CoV-2-Epidemie. Deutsche Gesetzliche Unfallversicherung, Berlin

Dietrich A, Bosse CK, Schmitt H (2021) Kontrolle und Überwachung von Beschäftigten. Datenschutz Datensicherheit – Dud 45:5–10

Elke G, Gurt J, Möltner H, Externbrink K (2015) Arbeitsschutz und betriebliche Gesundheitsförderung – vergleichende Analyse der Prädiktoren und Moderatoren guter Praxis. Bundesanstalt für Arbeitsschutz und Arbeitsmedizin, Dortmund (https://www.baua.de/DE/Angebote/Publikationen/Berichte/Gd82.pdf. Zugegriffen: 30. März 2021)

Eurofound (2020) Telework and ICT-based mobile work: flexible working in the digital age. Publications Office of the European Union, Luxemburg

Eurostat (2021) Arbeitslosenquote im Euroraum bei 8,3 %. In der EU bei 7,5 %. Eurostat Pressemitteilungen euroindikatoren 16/2021. https://ec.europa.eu/eurostat/documents/portlet_file_entry/2995521/3-01022021-AP-DE.pdf/aa035a82-6b5d-50ba-8b7f-71261ddf5d10. Zugegriffen: 14. Apr. 2021

Fechner H (2020) Arbeitszeit(-erfassung) im Kontext des internationalen Arbeitsrechts. In: Lott Y (Hrsg) Arbeitszeiterfassung bei mobiler Beschäftigung: Herausforderungen und Handlungsmöglichkeiten. Hans-Böckler-Stiftung, Düsseldorf, S 94–161

Felstead A, Jewson N, Walters S (2005) Changing places of work. Palgrave Macmillan, London

Gabler J, Raabe T, Röhrl K, Von Gaudecker H-M (2021) Der Effekt von Heimarbeit auf die Entwicklung der Covid-19-Pandemie in Deutschland (IZA Standpunkte Nr. 100). IZA Institut Zukunft der Arbeit, Bonn. http://ftp.iza.org/sp100.pdf. Zugegriffen: 19. Febr. 2021

Gimpel H, Lanzl J, Regal C, Urbach N, Wischniewski S, Tegtmeier P, Kreilos M, Kühlmann TM, Becker J, Elmecke J, Derra ND (2019) Gesund digital arbeiten?! Eine Studie zu digitalem Stress in Deutschland. Universität Augsburg, Augsburg

Hägele H (2019) Abschlussbericht zur Dachevaluation der Gemeinsamen Deutschen Arbeitsschutzstrategie. 2. Strategieperiode. https://www.gda-portal.de/DE/Downloads/pdf/GDA-Dachevaluation-2019-Abschlussbericht.pdf?__blob=publicationFile&v=2. Zugegriffen: 19. Febr. 2021

Hägele H, Fertig M (2018) 1. Zwischenbericht – Auswertung der Betriebs- und Beschäftigtenbefragung. https://www.gda-portal.de/DE/Downloads/pdf/1-Zwischenbericht-Evaluation.pdf?__blob=publicationFile&v=2. Zugegriffen: 8. Febr. 2021

Hans-Böckler-Stiftung (2020) Orts- und zeitflexibles Arbeiten: Praxiswissen Betriebsvereinbarungen. https://www.boeckler.de/download-proxy-for-faust/download-pdf?url=http%3A%2F%2F217.89.182.78%3A451%2Fabfrage_digi.fau%2Fp_study_hbs_446.pdf%3Fprj%3Dhbs-abfrage%26ab_dm%3D1%26ab_zeig%3D9057%26ab_diginr%3D8483. Zugegriffen: 14. Apr. 2021

Institut für angewandte Arbeitswissenschaft, ifaa (2019) Checkliste zur Gestaltung mobiler Arbeit. https://www.arbeitswissenschaft.net/fileadmin/Downloads/Angebote_und_Produkte/Checklisten_Handlungshilfen/Checkliste_Mobile_Arbeit_Formular_2019_AR.pdf. Zugegriffen: 14. Apr. 2021

IAB (2020) Durchschnittliche Arbeitszeit und ihre Komponenten in Deutschland (Bundesagentur für Arbeit: Realisierte Kurzarbeit (hochgerechnet, Monatszahlen))

ifo Institut (2020) Randstad-ifo-Personalleiterbefragung: Sonderfragen im 2. Quartal 2020: Homeoffice und Digitalisierung unter Corona. Ifo Institut für Wirtschaftsforschung, München. https://www.ifo.de/personalleiterbefragung/202008-q2?s=09. Zugegriffen: 19. Febr. 2021

Institut DGB-Index Gute Arbeit (2016) DGB-Index Gute Arbeit. Report 2016. Wie die Beschäftigten die Arbeitsbedingungen in Deutschland beurteilen. DGB, Berlin

Janda V, Guhlemann K (2019) Sichtbarkeit und Umsetzung – die Digitalisierung verstärkt bekannte und erzeugt neue Herausforderungen für den Arbeitsschutz (baua: Fokus). Bundesanstalt für Arbeitsschutz und Arbeitsmedizin, Dortmund Berlin Dresden https://doi.org/10.21934/baua:fokus20190507

Köper B, Richter G (2016) Restrukturierung und Gesundheit. In: Bandura B, Ducki A, Klose J et al (Hrsg) Fehlzeiten-Report 2016: Vielfalt managen: Gesundheit fördern – Potenziale nutzen. Springer, Berlin Heidelberg, S 159–170

Kraus S, Rieder K (2019) Gefährdungsbeurteilung psychischer Belastungen bei berufsbedingter Mobilität Mobile Arbeit gesund gestalten – ein Praxishandbuch. Carl von Ossietzky Universität, Oldenburg, S 62–67

Krause A, Dorsemagen C, Stadlinger J, Baerisywl S (2012) Indirekte Steuerung und interessierte Selbstgefährdung: Ergebnisse aus Befragungen und Fallstudien. Konsequenzen für das Betriebliche Gesundheitsmanagement. In: Badura B, Ducki A, Klose J et al (Hrsg) Fehlzeiten-Report 2012: Gesundheit in der flexiblen Arbeitswelt: Chancen nutzen – Risiken minimieren. Springer, Berlin Heidelberg, S 191–202

Kunze F, Hampel K, Zimmermann S (2020) Homeoffice in der Corona-Krise – eine nachhaltige Transformation der Arbeitswelt? (Policy Paper Nr. 02). Universität Konstanz. https://www.progressives-zentrum.org/wp-content/uploads/2020/07/Studie_Home-Office-in-der-Corona-Krise.pdf. Zugegriffen: 19. Febr. 2021

Kunze F, Hampel K, Zimmermann S (2021) Konstanzer Homeoffice-Studie: Factsheet Februar. Universität Konstanz. https://www.polver.uni-konstanz.de/typo3temp/secure_downloads/112618/0/f8a5bdd1d7d8c97ceaa9ed9e21f9a659a6f604e4/Factsheet_Erlaeuterungen_Complete2021.pdf. Zugegriffen: 19. Febr. 2021

Kunze F, Zimmermann S (2020) Nach sechs Monaten im Homeoffice: Wie Beschäftigte die Situation einschätzen. Exzellenzcluster „The Politics of Inequality", Konstanz (Webseite). https://www.uni-konstanz.de/universitaet/aktuelles-und-medien/aktuelle-meldungen/aktuelles/nach-sechs-monaten-im-homeoffice-wie-beschaeftigte-die-situation-einschaetzen/?s=09. Zugegriffen: 19. Febr. 2021

Lengen JC, Kordsmeyer A-C, Rohwer E, Harth V, Mache S (2020) Soziale Isolation im Homeoffice im Kontext der COVID-19-Pandemie. Zentralbl Arbeitsmed Arbeitsschutz Ergon 71:63–68

Lohaus D, Habermann W (2018) Präsentismus: Krank zur Arbeit – Ursachen, Folgen, Kosten und Maßnahmen. Springer, Berlin Heidelberg

Lösch R, Amler N, Drexler H (2021) Arbeits- und Gesundheitsschutz und Betriebliches Eingliederungsmanagement – Ein systematisches Review zum Umsetzungsstand gesetzlicher Vorgaben. Gesundheitswesen. https://doi.org/10.1055/a-1354-6227

Lott Y (2020) Work-Life-Balance im Homeoffice: Was kann der Betrieb tun? WSI-Report Nr. 54. Hans-Böckler-Stiftung, Düsseldorf (https://www.boeckler.de/pdf/p_wsi_report_54_2020.pdf. Zugegriffen: 19. Februar 2021)

Lott Y, Abendroth A-K (2020) The non-use of telework in an ideal worker culture: why women perceive more cultural barriers. Community Work Fam. https://doi.org/10.1080/13668803.13662020.11817726

Lück P, Meisel P (2020) Gesund im Kleinbetrieb. iga report 42. https://www.iga-info.de/fileadmin/redakteur/Veroeffentlichungen/iga_Reporte/Dokumente/iga-Report_42_Gesund_im_Kleinbetrieb.pdf. Zugegriffen: 30. März 2021

Manokha I (2020) Covid-19: Teleworking, surveillance and 24/7 work. Some reflexions on the expected growth of remote work after the pandemic. Polit Anthropol Res Int Soc Sci 1:273–287

Mergener A (2020) Berufliche Zugänge zum Homeoffice. Köln Z Soziol Sozialpsychol 72:511–534

Michels L, Sommer S (2021) Betriebe nehmen die Herausforderungen durch Corona an! Information fördert betriebliche Regelungen zu Corona-Arbeitsschutzmaßnahmen. Arbeitsschutz Recht Prax 3/2021:94–97

Mojtahedzadeh N, Rohwer E, Lengen J, Harth V, Mache S (2021) Gesundheitsfördernde Arbeitsgestaltung

Literatur

im Homeoffice im Kontext der COVID-19-Pandemie. Zentralbl Arbeitsmed Arbeitsschutz Ergon 71:69–74

Nagel L (2020) The influence of the COVID-19 pandemic on the digital transformation of work. Int J Sociol Soc Policy 40:861–875

Pangert B, Pauls N, Schüpbach H (2016) Die Auswirkungen arbeitsbezogener erweiterter Erreichbarkeit auf Life-Domain-Balance und Gesundheit. Bundesanstalt für Arbeitsschutz und Arbeitsmedizin, Dortmund (https://www.baua.de/DE/Angebote/Publikationen/Berichte/Gd76.html. Zugegriffen: 30. März 2021)

Pieper R, Vorath B (2005) Handbuch Arbeitsschutz – Sicherheit und Gesundheitsschutz im Betrieb Bd. 2. Bund, Frankfurt

Prümper J, Hornung S (2016) Arbeits- und Gesundheitsschutz 4.0: Gefährdungsbeurteilung bei mobiler Bildschirmarbeit. Arb Arbeitsr 10/2016:588–592

Robelski S, Steidelmüller C, Pohlan L (2020) Betrieblicher Arbeitsschutz in der Corona-Krise (baua: Bericht kompakt). Bundesanstalt für Arbeitsschutz und Arbeitsmedizin, Dortmund https://doi.org/10.21934/baua:berichtkompakt20201012

Robson LS, Amick BC, Moser C, Pagell M, Mansfield E, Shannon HS, Swift MB, Hogg-Johnson S, Cardoso S, South H (2016) Important factors in common among organizations making large improvement in OHS performance: results of an exploratory multiple case study. Saf Sci 86:211–227

Ross P, Ali Y (2017) Normative commitment in the ICT sector: why professional commitment and flexible work practices matter. Int J Employ Stud 25:44–62

Schenke T et al (2020) Ergebnisse der Marktrecherche zum Thema E-Arbeitsschutz. Bundesanstalt für Arbeitsschutz und Arbeitsmedizin, Dortmund https://doi.org/10.21934/baua:berichtkompakt20200810

Schröder C, Göbel J, Grabka M, Graeber D, Kröger H, Kroh M, Kühne S, Liebig S, Schupp J, Seebauer J, Zinn S (2020) Vor dem Covid-19-Virus sind nicht alle Erwerbstätigen gleich (DIW aktuell Nr. 41). Deutsches Institut für Wirtschaftsforschung, Berlin (https://www.diw.de/documents/publikationen/73/diw_01.c.789499.de/diw_aktuell_41.pdf. Zugegriffen: 19. Februar 2021)

Schroeder W (2020) Machtfrage Homeoffice: Mobiles Arbeiten bringt Gewerkschaften in ein Dilemma. WZB Mitteilungen 170:27–29

Shockley KM, Allen TD, Dodd H, Waiwood AM (2020) Rapid transition to remote work during COVID-19: A study of predictors of employee well-being and productivity. University of Georgia, Athens, GA; University of South Florida, Tampa (https://iwillugaresearch.wixsite.com/website/publications. Zugegriffen: 19. Februar 2021)

Sommer S, Kerschek R, Lenhardt U (2018) Gefährdungsbeurteilung in der betrieblichen Praxis: Ergebnisse der GDA-Betriebsbefragungen 2011 und 2015 (baua: Fokus). Bundesanstalt für Arbeitsschutz und Arbeitsmedizin, Dortmund Berlin Dresden https://doi.org/10.21934/baua:fokus20180905

Sommer S, Schröder C (2019) Arbeitsschutzpraxis von Kleinst- und Kleinbetrieben (baua: Fokus). Bundesanstalt für Arbeitsschutz und Arbeitsmedizin, Dortmund Berlin Dresden https://doi.org/10.21934/baua:fokus20190221

Steidelmüller C, Meyer S-C, Müller G (2020) Home-based telework and presenteeism across europe. J Occup Environ Med 62:998–1005

Stürz RA, Stumpf C, Mendel U, Harhoff D (2020) Digitalisierung durch Corona? Verbreitung und Akzeptanz von Homeoffice in Deutschland: Ergebnisse zweier bidt-Kurzbefragungen (bidt Analysen und Studien Nr. 3). bidt – Bayerisches Forschungsinstitut für Digitale Transformation, München. https://www.bidt.digital/wp-content/uploads/2020/09/bidt_Studie-Homeoffice-II.pdf. Zugegriffen: 19. Febr. 2021

Thüsing G (2014) Ergonomie im Spannungsfeld von Arbeits-, Daten- und Diskriminierungsschutz. Bundesanstalt für Arbeitsschutz und Arbeitsmedizin, Dortmund Berlin Dresden

van Laethem M, van Vianen AEM, Derks D (2018) Daily fluctuations in Smartphone use, psychological detachment, and work engagement: the role of workplace telepressure. Front Psychol 9:1808

Walters D, Wadsworth E, Hasle P, Refslund B, Ramioul M (2018) Sicherheit und Gesundheit in Klein- und Kleinstunternehmen in der EU. Abschlussbericht des dreijährigen Projekts SESAME

Walwei U (2020) Arbeitsmarkt vor alten und neuen Herausforderungen: Die Covid-19-Pandemie und was danach kommt? Sozialer Fortschr 69:749–770

Weber E, Bauer A, Fuchs J, Hummel M, Hutter C, Wanger S, Zika G, Fitzenberger B, Walwei U (2020) Deutschland vor einer schweren Rezession: Der Arbeitsmarkt gerät durch Corona massiv unter Druck (IAB-Kurzbericht Nr. 07/2020). Institut für Arbeitsmarkt- und Berufsforschung, Nürnberg (http://doku.iab.de/kurzber/2020/kb0720.pdf. Zugegriffen: 19. Februar 2021)

Weichbrodt J, Schulze H (2020) Homeoffice als Pandemie-Maßnahme – Herausforderungen und Chancen. In: Benoy C (Hrsg) COVID-19 – Ein Virus nimmt Einfluss auf unsere Psyche. Einschätzungen und Maßnahmen aus psychologischer Perspektive. Kohlhammer, Stuttgart, S 93–101

Weichert T (2020) Arbeitszeiterfassung mobiler Beschäftigter aus Sicht des Datenschutzes. In: Lott Y (Hrsg) Arbeitszeiterfassung bei mobiler Beschäftigung: Herausforderungen und Handlungsmöglichkeiten. Hans-Böckler-Stiftung, Düsseldorf, S 162–209

Wöhrmann AM, Backhaus N, Tisch A, Michel A (2020) BAuA-Arbeitszeitbefragung: Pendeln, Telearbeit, Dienstreisen, wechselnde und mobile Arbeitsorte (baua: Bericht). Bundesanstalt für Arbeitsschutz und Arbeitsmedizin, Dortmund Berlin Dresden (www.baua.de/dok/8840504. Zugegriffen: 19. Februar 2021)

WSI (2020) Corona-Krise: 26 Prozent der Erwerbstätigen haben bereits Einkommenseinbußen erlitten, soziale Ungleichheit verschärft sich (Pressemitteilung). Wirtschafts- und Sozialwissenschaftliches Institut der Hans-Böckler-Stiftung, Düsseldorf (https://www.boeckler.de/pdf/pm_wsi_2020_07_10.pdf. Zugegriffen: 19. Februar 2021)

ZEW (2021) Hohes Homeoffice-Potenzial in der Informationswirtschaft. (Pressemitteilung) ZEW – Leibniz-Zentrum für Europäische Wirtschaftsforschung, Mannheim. https://www.zew.de/presse/pressearchiv/hohes-homeoffice-potenzial-in-der-informationswirtschaft. Zugegriffen: 19. Febr. 2021

Arbeitszeit flexibel und gesundheitsgerecht gestalten

Ulrike Hellert

Inhaltsverzeichnis

16.1 Einleitung – 266

16.2 Instrumente der Arbeitszeitgestaltung – 266
16.2.1 Rechtliche Grundlagen – 267
16.2.2 Dauer der Arbeitszeit – 268
16.2.3 Hochflexible Verteilung der Arbeitszeit – 269
16.2.4 Mobiler Arbeitsort – 271

16.3 Strategien der Zeitkompetenz – 273
16.3.1 Konstrukt Zeitkompetenz – 273
16.3.2 Erholungszeiten – 274
16.3.3 Work-Life-Kohärenz – 274
16.3.4 Überlast – 275
16.3.5 Selbstführung – 276

16.4 Fazit – 276

Literatur – 277

Zusammenfassung

Die Arbeitswelt ist im stetigen Wandel. Verstärkt durch die COVID-19-Pandemie und die damit einhergehenden Einschränkungen – insbesondere das Gebot der Kontaktvermeidung – rücken Trends wie Homeoffice und Digitalisierung verstärkt in den Fokus der Arbeit. Die gesundheitsgerechte Gestaltung der Arbeitszeit verbunden mit mobilen Arbeitsorten schafft Möglichkeiten, in der virtuellen Arbeitswelt sowohl Flexibilität als auch Bedürfnisse der Beschäftigten in Einklang zu bringen. Hierfür sind gemeinsam entwickelte Arbeitszeitformen sowie die Beachtung rechtlicher Grundlagen wichtig, vor allem Höchstarbeitszeit, Ruhezeit und Arbeitszeitdokumentation. Ferner tragen individuelle Strategien der Zeitkompetenz und eine gute Vertrauenskultur zur Wirksamkeit bei.

16.1 Einleitung

Flexible Arbeitszeiten sind in den vergangenen Jahren immer mehr zur Schlüsselressource geworden und fester Bestandteil einer modernen Arbeitswelt, die durch zahlreiche Veränderungen und neue Technologien gekennzeichnet ist. Zusätzlich fordert die COVID-19-Pandemie das gesamte öffentliche Leben in nicht vorhersehbarem Ausmaß heraus (Bering et al. 2020). Viele Trends wie Homeoffice oder Digitalisierung werden beschleunigt, da überall, wo es machbar ist, Beschäftigte ihren Arbeitsplatz in den Privatbereich verlegt haben und über digitale Medien kommunizieren. Hierdurch entstehen neue Anforderungen an die eigenständige Organisation und Planung von Arbeitszeit und infolgedessen erfahren Aspekte der Zeitkompetenz eine neue Beachtung. Herausforderungen sind auch eine Chance, denn sie können ein Bewusstsein für notwendige Schritte schaffen. Es wird allerdings auf die richtigen Strategien und Maßnahmen ankommen, um dem Wandel in der Arbeitswelt mit seiner Dynamik und Komplexität erfolgreich zu begegnen (Schermuly und Koch 2019). Die gesundheitsgerechte Gestaltung von Arbeitszeit und Arbeitsort spielt dabei eine zentrale Rolle. Es gilt, sowohl den betrieblichen Flexibilitätsansprüchen als auch Bedürfnissen der Beschäftigten gerecht zu werden (Frodermann et al. 2020).

Ziel dieses Beitrages ist es, Möglichkeiten einer flexiblen und zugleich gesundheitsgerechten Arbeitszeitgestaltung unter den aktuellen Herausforderungen der digitalen und virtuellen Arbeitswelt darzustellen. Es werden rechtliche Grundlagen und Gestaltungsmaßnahmen für die zukünftige Arbeitszeitgestaltung beschrieben. Dabei wird insbesondere auf die Arbeit im Homeoffice eingegangen. Ferner wird Zeitkompetenz als wichtige Ressource im proaktiven Umgang mit der Arbeitszeitgestaltung erörtert.

16.2 Instrumente der Arbeitszeitgestaltung

Flexible Arbeitszeiten bieten gute Möglichkeiten, sowohl betrieblichen Belangen als auch den Bedürfnissen der Beschäftigten gerecht zu werden (Wöhrmann et al. 2016). Arbeitszeitmodelle unterscheiden sich durch das Maß an individuellem Handlungs-, Orts- und Zeitspielraum. Aufgrund der Organisationsstrukturen, Produktionsabläufe, betrieblichen Erfolgsfaktoren und Mitarbeiterinteressen ergeben sich vielfältige Varianten der Arbeitszeit. Basierend auf rechtlichen Grundlagen, setzen sich Arbeitszeiten aus vier Instrumenten zusammen (Hellert 2018):
- Dauer der Arbeitszeit
- Lage und Verteilung der Arbeitszeit
- Ort der Arbeit
- Verwaltung der Arbeitszeit

Der Gesetzgeber gibt für die Gestaltung der Arbeitszeiten die grundlegenden Regelungen vor. Daneben sind flankierende Maßnahmen zu vereinbaren, die vor allem die Gesundheit schützen sowie Privat- und Berufsleben möglichst optimal synchronisieren.

Die Dauer der wöchentlichen Arbeitszeit wird zwischen Arbeitgeber und -nehmer vereinbart und legt fest, wie lange Arbeitsleistungen erbracht werden. Teilzeit kann wiederum kombiniert werden mit den Möglichkeiten der Verteilung, z. B. über eine vereinbarte Vertrauensarbeitszeit. Die modernen Informations- und Kommunikationsmöglichkeiten begünstigen die Nutzung von mobilen Endgeräten und den Arbeitsort im Homeoffice bereits seit einigen Jahren. Schließlich werden die geleisteten Arbeitsstunden dokumentiert und können auch über eine längere Zeit im Rahmen von Arbeitszeitkonten verwaltet werden.

Die flexible und selbstbestimmte individuelle Organisation der Arbeitszeiten hat aufgrund der Pandemielage stark zugenommen und benötigt verlässliche Regelungen und funktionierende Vereinbarungen (Hellert 2018). Die zur Verfügung stehenden Spielräume in der virtuellen Arbeitswelt stellen dabei insbesondere neue Anforderungen an die Selbstführungskompetenzen der Mitarbeitenden und an eine vertrauensvolle und wertschätzende Führung (Mander et al. 2021a). Daneben bedarf es der individuellen und organisationalen Zeitkompetenz, damit die Zeitverteilung bewusst und präventiv gesteuert wird.

16.2.1 Rechtliche Grundlagen

Das Arbeitszeitgesetz (ArbZG) von 1994 ist ein Arbeitsschutzgesetz, das der Gesundheit der Beschäftigten dient und vor Überforderung oder zu kurzer Erholungszeit schützen soll. Vom Gesetzgeber werden Handlungsspielräume für die betriebliche Flexibilisierung der Arbeitszeiten aufgezeigt, die den individuellen Bedürfnissen und Situationen in Unternehmen gerecht werden sollen (Baeck und Deutsch 2004).

Unter dem Begriff der Arbeitszeit wird im Sinne des Gesetzes „die Zeit vom Beginn bis zum Ende der Arbeit ohne die Ruhepausen" verstanden (§ 2, Abs. 1 ArbZG). Diese darf werktäglich acht Stunden nicht überschreiten. In Ausnahmefällen kann die Arbeitszeit auf maximal zehn Stunden ausgeweitet werden, jedoch muss innerhalb eines Ausgleichszeitraums gewährleistet sein, dass im Durchschnitt acht Stunden werktäglich nicht überschritten werden (§ 3 ArbZG).

Ferner ist die Einhaltung bestimmter Ruhepausen und -zeiten gesetzlich geregelt. Generell stehen Arbeitnehmern nach sechs bzw. neun Arbeitsstunden 30 bzw. 45 Minuten Ruhepause zu (§ 4 ArbZG). Im Anschluss an die reguläre Arbeitszeit muss den Arbeitnehmerinnen und Arbeitnehmern eine ununterbrochene Ruhezeit von mindestens elf Stunden gewährleistet werden (§ 5, Abs. 1 ArbZG). Die Corona-Pandemie stellt einen außergewöhnlichen Krisenfall dar und hat den Gesetzgeber veranlasst, entsprechende Rahmenbedingungen im Arbeitszeitgesetz anzupassen, damit vor allem in der Intensivmedizin die Patientenversorgung sichergestellt werden kann. So wurde mit Einführung des § 14 IV Arbeitszeitgesetz und dem Erlass einer befristeten COVID-19-Arbeitszeitverordnung die Flexibilisierung der Arbeitszeit ergänzt. Eine Verkürzung der Ruhezeit in den vorgesehenen sog. systemrelevanten Bereichen von elf auf neun Stunden ist daher möglich (Kanzenbach 2020). Dies sollte jedoch als notwendige Ausnahme-Maßnahme betrachtet werden, denn Erholungszeiten fördern die Regeneration von Psyche und Körper und sind somit für den Erhalt der Gesundheit eines jeden Menschen unverzichtbar.

Weiter sind Arbeitgeberinnen und Arbeitgeber verpflichtet, die über die werktägliche Arbeitszeit hinausgehende Arbeitszeit der Beschäftigten aufzuzeichnen (§ 16, Abs. 2 ArbZG). Eine transparente Arbeitszeitdokumentation trägt dazu bei, präventiv die Gesundheit der Beschäftigten wirksam zu schützen und Überlast zu vermeiden. Die genaue Art der Dokumentation ist vom Gesetzgeber nicht vorgegeben. Die individuelle Arbeitszeit kann z. B. manuell über dafür vorgesehene Exceltabellen oder spezielle Zeiterfassungstools auf dem Notebook erfolgen. Diese Aufzeichnungen kann der Arbeitgeber an die Beschäftigten delegieren. Die Arbeitgeber sollten die

Wirksamkeit der Aufzeichnungen stichpunktartig prüfen und mit den getroffenen Zielvereinbarungen abgleichen (Anzinger und Koberski 2009).

Häufig wird fälschlicherweise davon ausgegangen, dass auf „AT-Mitarbeitende" (außertariflich Beschäftigte) das Arbeitszeitgesetz nicht angewendet werden muss. Die Bezeichnung AT-Mitarbeitende bezieht sich in erster Linie auf die Vergütung. Ausgenommen sind gemäß Betriebsverfassungsgesetz die leitenden Angestellten. AT-Mitarbeitende zählen jedoch häufig nicht zu den leitenden Angestellten im Sinne des Gesetzes und fallen somit voll umfänglich unter das Arbeitszeitgesetz (Seeling und Kuhn 2015).

16.2.2 Dauer der Arbeitszeit

Die Dauer der wöchentlichen Arbeitszeit ist eine wichtige Stellgröße für die Flexibilität der Unternehmen. Bei starker Nachfrage kann die wöchentliche Arbeitszeit im Rahmen der zulässigen Höchstarbeitszeit verlängert werden, in Krisenzeiten entsprechend reduziert. Die Länge der täglichen und wöchentlichen Arbeitszeit hat großen Einfluss auf die Gesundheit und die Sicherheit bei der Arbeit (Backhaus et al. 2018). Mit steigender wöchentlicher Arbeitszeit sinkt nicht nur die Work-Life-Balance, da private Zeiten für Erholung, Hobby oder Familie fehlen, sondern das Risiko für Muskel-Skelett-Erkrankungen, Herz-Kreislauf-Beschwerden, Schlafstörungen und die Gefährdung der psychischen Gesundheit nimmt bei überlangen Arbeitszeiten zu (Wirtz et al. 2009; Wöhrmann et al. 2016). Wer beispielsweise in einer anstrengenden Projektphase hohen Zeitdruck erlebt und keine wirksame Entspannung findet, kann wichtige Ressourcen verlieren und in Stress geraten, der wiederum negative Folgen für die Gesundheit hat.

Lange oder überlange Arbeitszeiten, Überstunden und ständige Erreichbarkeit sind daher zu vermeiden. Die Definition, was genau überlange Arbeitszeiten sind, ist teils uneinheitlich geregelt. Laut Bundesanstalt für Arbeitsschutz und Arbeitsmedizin (BAuA) zählen 40–47 h/Woche zu langen Arbeitszeiten, 48–59 h/Woche zu überlangen Arbeitszeiten. Durchschnittlich beträgt die Länge der vertraglichen Wochenarbeitszeit der Beschäftigten rund 38 Stunden, wobei Männer mit 40–47 Stunden länger arbeiten als Frauen mit 35–39 Stunden. Die tatsächliche wöchentliche Arbeitszeit liegt bedingt durch Überstunden mit 43 Stunden pro Woche deutlich höher. Männer leisten durchschnittlich fast fünf Überstunden pro Woche, Frauen rund drei Überstunden (Backhaus et al. 2018).

Viele Beschäftigte wählen vor allem zur besseren Vereinbarkeit von Privatleben und Beruf eine Variante der Teilzeit. Die Teilzeitarbeit, also die reduzierte Stundenzahl im Vergleich zur Regelarbeitszeit, hat grundsätzlich in den vergangenen Jahren zugenommen. So waren insgesamt 38,5 % aller Erwerbstätigen im Jahr 2018 in einer Teilzeitvariante tätig (Wanger et al. 2019). Für mehr Variabilität sorgt das 2019 in Kraft getretene Recht auf zeitlich begrenzte Teilzeitarbeit durch die Brückenteilzeit (BMAS 2020). Beschäftigte können hiernach ihre Wochenarbeitszeit für einen begrenzte Zeitraum (ein bis fünf Jahre) reduzieren und anschließend wieder auf die ursprüngliche Wochenarbeitszeit wechseln. Dies ermöglicht mehr Spielraum für die Lebens- und Arbeitsgestaltung der Beschäftigten und kann für Unternehmen ein Pluspunkt bei der Personalbindung und Rekrutierung sein.

Der Ruf nach einer „Vier-Tage-Woche" wird aus diversen Gründen zunehmend lauter und wird kontrovers diskutiert. So bieten in Deutschland bereits einige Unternehmen aus der Softwarebranche ihren Beschäftigten eine Vier-Tage-Woche an. Die Beschäftigten scheinen dabei motivierter zu sein und die Geschäftsführung ist mit der Effizienz der Arbeitsleistung zufrieden (WELT 2021). Neu sind diese Überlegungen nicht, denn bereits 1930 hat sich der Ökonom Sir John Maynard Keynes mit der Vision einer „Drei-Stunden-Schicht" oder der „Fünfzehn-Stunden-Woche" beschäftigt. Keynes sah darin eine Möglichkeit, die wenig gewordene Arbeit einigermaßen gut auf die Beschäftigten zu verteilen (Lenk 1997).

Die Covid-19-Pandemie hat zahlreiche Folgen für den Arbeitsalltag vieler Berufstätiger, so auch in Bezug auf die Arbeitszeitdauer. Kurzarbeit, Überstundenabbau oder Sonderurlaub führten zu einer deutlichen Veränderung der geleisteten Arbeitszeit. Bei erhöhter Nachfrage kommt es einerseits in der Corona-Krise zu vermehrten Überstunden und überlangen Arbeitszeiten wie vor allem im Gesundheitswesen oder im Onlinehandel. Jedoch geben andererseits fast zwei Drittel der betrachteten Beschäftigtengruppe in einer IAB-Studie an, im Jahr 2020 weniger als im Vorjahr zu arbeiten. Mit 32 tatsächlichen Arbeitsstunden pro Woche liegen die Beschäftigten damit rund 15 % unter den Werten aus 2019 (Frodermann et al. 2020).

Präventiv und gesundheitsbezogen sind lange Arbeitszeiten und Überstunden zu vermeiden, jedoch stellt sich dies in einer akuten Krisensituation teils ambivalent dar. Wenn reduzierte Wochenarbeitszeiten unfreiwillig erfolgen und durch ungünstige Rahmenbedingungen wie die Sorge um den Arbeitsplatz oder die Gesundheit verstärkt werden, kann durch den Verlust an Kontrolle und Orientierung das psychische Wohlbefinden nachhaltig beeinträchtigt sein (Grawe 1994). Andererseits ergeben sich durch die kürzeren Arbeitszeiten auch neue Erfahrungen für Beschäftigte, die nun weniger Zeit als sonst auf Dienstreisen verbringen oder deutlich weniger Überstunden leisten. Beschäftigte entdecken beispielsweise wieder Freude an alten Hobbys oder nehmen Möglichkeiten der individuellen und sozialen Zeitgestaltung neu wahr.

Beschäftigte, die in Krisenzeiten enorme Arbeitsleistungen erbringen, Überstunden leisten und damit die Funktionsfähigkeit der Gesellschaft sichern, weisen oft auf den gravierenden Personalbedarf in speziellen Bereichen hin. Hier sind Verantwortliche gefordert, alles zu tun, damit die hohen Beanspruchungen bei den betreffenden Beschäftigten abgebaut werden.

16.2.3 Hochflexible Verteilung der Arbeitszeit

Die Arbeitszeit hat sich von einer Anwesenheits- zur Ergebnisorientierung verändert und schafft damit entsprechende Zeit- und Handlungsspielräume in Unternehmen (Hellert 2018). Insbesondere bei außergewöhnlichen Anforderungen wie der Finanzkrise 2008 oder der Corona-Pandemie 2020 hat sich gezeigt, wie wichtig die Instrumente der flexiblen Arbeitszeitgestaltung bspw. bei der Kompensation von Auftragsschwankungen sind (Dziatzko 2020; Kanzenbach 2020).

Die Flexibilität geht bei den Beschäftigten mit zunehmender Verantwortung für die vereinbarten Leistungsziele einher, wodurch Motivation und Wohlbefinden gefördert werden können. Es sind jedoch auch verlässliche Vereinbarungen notwendig, die vor gesundheitsschädlicher Arbeitsbelastung oder selbstgefährdetem Gesundheitsverhalten schützen (Chevalier und Kaluza 2015). Die individuelle, selbstbestimmte Lage und Verteilung ist durch betriebliche Belange eingegrenzt und beruht auf einer guten Vertrauensbasis zwischen den Beteiligten (Hellert 2019).

Funktionszeit

Zu den inzwischen weit verbreiteten hochflexiblen Arbeitszeitvarianten zählen die Funktionszeit und die Vertrauensarbeitszeit, die insbesondere seit der Pandemie umgesetzt werden. Die Funktionszeit regelt, dass in den jeweiligen Bereichen innerhalb der gemeinsam vereinbarten Zeit die Funktionsfähigkeit sichergestellt ist. Dies betrifft die Erledigung von Aufgaben oder die Ansprechbarkeit für interne und externe Kundinnen und Kunden. Die Arbeitsgruppen sprechen sich ab und verteilen die Arbeitszeiten eigenverantwortlich (Hellert und Sträde 2011). Merkmale der Funktionszeit sind insbesondere (Hellert 2018):

- Ergebnisorientierung
- Flexible Arbeitszeitlage
- Selbstbestimmtes Arbeiten
- Hohe Zielorientierung

- Kommunikationsregeln
- Verlässliche Absprachen
- Elektronische Zeiterfassung

Führungskräfte orientieren sich bei Funktionsarbeitszeiten auf die qualitative Personaleinsatzplanung und besprechen, welche Aufgaben in der zur Verfügung stehenden Zeit basierend auf den geltenden rechtlichen Grundlagen und ggf. der Betriebsvereinbarung erledigt werden können (Hellert 2018).

Vertrauensarbeitszeit

Von der Funktionszeit führt ein kleiner entscheidender Schritt zur Vertrauensarbeitszeit. Bei Vertrauensarbeitszeit steht wie bei der Funktionszeit (s. o.) die eigenverantwortliche Lage und Verteilung der Arbeitszeit im Fokus. Die Beschäftigten können entsprechend den betrieblichen Aufgaben und vereinbarten Ziele selbstbestimmt Beginn, Ende und Pausen wählen. Die jeweiligen betrieblichen Notwendigkeiten reglementieren und limitieren die zeitliche Flexibilität. Ein größerer Einfluss auf die Arbeitszeitverteilung geht gemäß Arbeitszeitreport mit höherer Zufriedenheit und einer besseren Vereinbarkeit von Privat- und Arbeitsleben einher. Beschäftigte mit hohem Einfluss auf Arbeitsbeginn und Arbeitsende sind zu 85 % mit ihrer Work-Life-Balance zufrieden, jene mit wenig Einfluss nur zu 67 % (Wöhrmann et al. 2016)

Vertrauensarbeitszeit kann sowohl bei Vollzeit als auch bei Teilzeit angewendet werden. Vertrauensarbeitszeit erweitert den individuellen Zeitspielraum und kann auf den Regeln der Funktionszeit aufbauen. Der zusätzliche Zeitspielraum fördert und fordert den flexiblen Umgang mit der zur Verfügung stehenden Arbeitszeit. Damit es bei den Mitarbeitenden nicht zur Überlast kommt, sind Strategien zur Selbstorganisation und -führung besonders wichtig und die Regelungen des Arbeitszeitgesetzes sind zu beachten (vgl. ▶ Abschn. 16.2.1). Im Unterschied zur obligatorischen elektronischen Zeiterfassung z. B. mittels Chipkarte am Betriebseingang kann die Zeiterfassung an die Beschäftigten delegiert werden. Daher ist auch die Art und Weise der Dokumentation der geleisteten Arbeitszeiten zu vereinbaren. Die Arbeitszeit-Dokumentation soll nachvollziehbar sein und ist von den jeweiligen Vorgesetzten zumindest stichpunktartig zu kontrollieren (vgl. § 16, Abs. 2 ArbZG).

Die wesentlichen Merkmale der Vertrauensarbeitszeit sind somit in der Übertragung der Zeiterfassung auf die Beschäftigten und der damit verbundenen zielorientierten Arbeitsweise zu sehen. Hieraus begründet sich schließlich der Begriff der Vertrauensarbeitszeit: Es geht um das Vertrauen zwischen Beschäftigten und Vorgesetzten in die dokumentierten Arbeitszeiten und die Wertschätzung der zielorientierten Aufgabenerledigung (Hollmann et al. 2005). Das gegenseitige Vertrauen im Unternehmen und eine entsprechende Unternehmenskultur sind notwendige Voraussetzungen für eine gelingende Vertrauensarbeitszeit (Brenscheidt 2016).

Nach Luhmann (2014) ist Vertrauen ein sozialer Mechanismus, um Komplexität zu reduzieren. Der Arbeitsalltag ist ohne Vertrauen nicht denkbar. Viele Zusammenhänge oder Details lassen sich nicht einfach kontrollieren und werden vertrauensvoll mangels Überprüfbarkeit akzeptiert. Ein hohes Maß an Vertrauen ist ursächlich für eine gewisse Risikobereitschaft, was wiederum eine Komplexitätsreduktion ermöglicht und Kontrollverlust oder -verzicht impliziert. Das genaue Maß an Vertrauen und die Bereitschaft, ein Risiko einzugehen oder abzulehnen, wird von der persönlichen Erfahrung beeinflusst. Vertrauen ist das Resultat aus Lern- und Erfahrungsprozessen aus der Vergangenheits- und Gegenwartsperspektive mit Bezug zur Zukunft (Müller et al. 2017).

Eine gesundheitsgerechte Vertrauensarbeitszeit trägt durch entsprechende Regelungen und Maßnahmen dazu bei, organisationale und individuelle Ressourcen zu stärken, gesundheitliche Risiken zu reduzieren und Lebensqualität sowie Arbeitsfähigkeit zu fördern. Durch folgende Faktoren lässt sich eine gesundheitsgerechte Vertrauensarbeitszeit gestalten:

- Einhaltung rechtlicher Grundlagen *dient dem Arbeitsschutz*
- Eigenverantwortliche und selbstbestimmte Verteilung der Arbeitszeit *fördert individuelle Ressourcen*
- Partizipative Zielvereinbarung und kontinuierliches Prozess-Feedback *ermöglichen die Berücksichtigung individueller Bedürfnisse und fördern die Motivation*
- Klare Regelung zur Erreichbarkeit und Nicht-Erreichbarkeit *ermöglicht bessere Planbarkeit*
- Absprachen mit Schutz vor Überlast *fördern die Erholungsfähigkeit*
- Wertschätzende Kommunikation *stärkt Orientierung und Selbstwertgefühl*

Faire Vereinbarungen zur Vertrauensarbeitszeit können die Handlungskompetenz der Beschäftigten fördern und schließlich die Vertrauenskultur im Unternehmen stärken (Hellert et al. 2013). Im Kontext der Anforderungen aus der komplexen Arbeitswelt und der Gefahren von Krisen kann in einer gesundheitsgerechten und gesetzeskonformen Vertrauensarbeitszeit das notwendige Potenzial für eine sinnvolle, zielorientierte Arbeitsweise gesehen werden.

Verwaltung der Arbeitszeit auf Arbeitszeitkonten

Bei jeder ungleichmäßigen Verteilung der Arbeitszeiten, beispielsweise auf Tage, Wochen oder Monate, ist die Dokumentation der tatsächlich geleisteten Arbeitsstunden zwischen Arbeitgeber oder Arbeitgeberin und Beschäftigten zu organisieren. Dies dient zum einen der Einhaltung vertraglich vereinbarter Arbeitszeiten, zum andern erfüllt es die gesetzlichen Grundlagen des Arbeitszeitgesetzes (vgl. § 16 ArbZG). Als funktionale Lösung haben sich hierfür Arbeitszeitkonten durchgesetzt. Das Arbeitszeitkonto zeigt den aktuellen Stand der geleisteten Arbeitsstunden und kann abhängig von der vertraglichen Wochenarbeitszeit ausgeglichen sein oder Plus- bzw. Minusstunden aufweisen.

Das Arbeitszeitkonto ist somit zentrales Steuerungsinstrument bei der Arbeitszeitflexibilisierung und ermöglicht eine flexible Verteilung der Arbeitszeitvolumen in Abhängigkeit von individuellen Interessen und betrieblichen Belangen. Bei selbstbestimmter Arbeitszeitregelung erhöht sich die Zeitautonomie für die Beschäftigten, ohne dass hierbei Arbeitszeiten verfallen. Plus- und Minusstunden können nach Vereinbarung ausgeglichen werden. Die so entstandenen transitorischen Überstunden führen aufgrund des Ausgleichs nicht zu einer tatsächlichen Verlängerung der Arbeitszeit (Weber et al. 2014).

Je nach konkretem Ziel werden Kurzzeit, Langzeit oder Jahresarbeitszeitkonten unterschieden. Hierzu zählen vor allem die Ausgleichszeiträume, die Höchstzahl der Plus- und Minusstunden, Stichtage oder Art und Umfang des Freizeitausgleichs bzw. des Stundenaufbaus sowie bei Langzeitkonten die Insolvenzsicherung (Hellert 2018).

16.2.4 Mobiler Arbeitsort

Unterschiedliche Formen der mobilen Arbeit erfahren seit einigen Jahren zunehmend Beachtung und zählen zum betrieblichen Alltag. Vor allem Homeoffice bzw. Telearbeit ermöglichen selbstorganisiertes Arbeiten und bieten zahlreiche Vorteile für Betrieb und Beschäftigte: Kosten- und Zeitersparnis durch weniger Fahrten zur Arbeit, Flexibilität in der Aufgabenerledigung, Vereinbarkeit von Privat- und Arbeitsleben oder höhere Produktivität (Lott 2017).

Andererseits sprechen auch Gründe gegen Homeoffice bzw. Telearbeit: Mangelnde technische Ausstattung oder unzureichende räumliche Umgebung erschweren störungsfreies Arbeiten, wenn z. B. die Internetverbindung instabil ist oder ein guter Schreibtischstuhl fehlt. Überforderung des eigenen Zeitmanagements entsteht, wenn die Beschäftigten sich mehr vornehmen, als in der zur Verfügung stehenden Zeit zu schaffen ist (Bohinc 2020). Die ungewollte Verschmelzung von Beruf und Familie wird insbesondere dann problematisch, wenn die Kinderbetreuung ausfällt und Eltern ihre Kinder im Homeschooling unterstützen müssen (Monz 2018). Ferner treten Nachteile in der Kommunikation durch fehlende Präsenz auf, wenn z. B. der kurze Austausch zwischendurch wegfällt (Backhaus et al. 2020).

Die virtuelle Kommunikation mit modernen Technologien ermöglicht in bestimmten Bereichen das Arbeiten auch außerhalb der Arbeitsstätte wie im Homeoffice (Frodermann et al. 2020). Die Begrifflichkeiten für mobile Arbeitsorte werden hierbei uneinheitlich verwendet (Kanzenbach 2020). Mobile Arbeit bezeichnet grundsätzlich die Kombination aus zeit- und ortsflexibler beruflicher Tätigkeit, mit oder ohne Nutzung mobiler Endgeräte. Die Gestaltung mobiler Arbeitsformen sind daher sehr vielseitig. Ducki und Nguyen (2016) unterscheiden zwischen einer berufsbedingten Mobilität, die durch die jeweiligen betrieblichen Aufgaben festgelegt wird, und berufsassoziierter Mobilität, die dazu dient, Entfernungen zwischen Wohn- und Betriebsort zu überwinden und dabei vor allem die individuelle Lebensqualität zu verbessern. Dies betrifft das regelmäßige Pendeln oder das Arbeiten außerhalb der Arbeitsstätte wie bei der Telearbeit oder dem Homeoffice.

Durch die Corona-Pandemie hat das Arbeiten in Privaträumen nun auch unfreiwillig einen enormen Aufschwung erlangt. Das durch SARS-CoV-2 ausgelöste Infektionsgeschehen hat zur Eindämmung des Ansteckungsrisikos Arbeitstätigkeiten ins Homeoffice verlagert. Auch wenn nicht alle beruflichen Arbeiten für das Homeoffice geeignet sind, so zeigt sich doch eine starke Zunahme dieser mobilen Arbeitsform. Im Durchschnitt nutzten in den Jahren vor der Corona-Pandemie 30 % der Beschäftigten zumindest zeitweise das Homeoffice (Frodermann et al. 2020). Nach einer Bitkom-Befragung arbeitete zu Beginn der Corona-Pandemie im März 2020 rund die Hälfte der Beschäftigten ganz oder teilweise im Homeoffice (Holdampf-Wendel 2020). Laut Berechnungen besteht ein Potenzial von 35 % bei Beschäftigten für dauerhaftes Arbeiten im Homeoffice (Markert 2020).

Telearbeit ist dabei vom mobilen Arbeiten und vom Homeoffice abzugrenzen. Ein Telearbeitsplatz ist vom Arbeitgeber oder von der Arbeitgeberin ein „fest eingerichteter Bildschirmarbeitsplatz im Privatbereich der Beschäftigten" (vgl. § 2 Abs. 7 ArbStättV). Hier werden die wöchentliche Arbeitszeit sowie der Zeitraum (befristet oder unbefristet) der Telearbeit vereinbart. Gesetzlich sind mobile Arbeit (z. B. Pendeln) oder Homeoffice nicht definiert, allerdings ist das Arbeitszeitgesetz zu beachten. Zwischenzeitlich ist deutlich geworden, dass individuelle oder kollektive Vereinbarungen in Organisationen wichtig sind, um Arbeitsschutzmaßnahmen einzuhalten und die Wettbewerbsfähigkeit der Betriebe zu sichern (Heitmann et al. 2020).

Homeoffice als eine Form des mobilen Arbeitens ermöglicht es Beschäftigten, nach vorheriger Absprache mit dem Arbeitgeber oder der Arbeitgeberin auch zeitweise im Privatbereich Arbeitsaufgaben zu erledigen. Es können für das Homeoffice beispielsweise feste Wochentage oder eine Anzahl frei disponierbarer Arbeitstage pro Monat vereinbart werden. Abgesehen von außergewöhnlichen Situationen sollte die Arbeit im Homeoffice freiwillig und durch klare Absprachen geregelt sein (HBS 2021; Ducki 2019). Es ist weiter wichtig, dass ergonomische Arbeitsplätze vorhanden sind, die Technik funktioniert und der Datenschutz gewährleistet ist. Insbesondere sind die Beschäftigten auf die einzuhaltenden Arbeitszeiten und -pausen und die notwendigen Arbeitszeit-Dokumentationen hinzuweisen. Weiter sollten sie zur korrekten Bildschirmposition, zur Nutzung von Tastatur mit separater Maus sowie über die richtige Sitzhaltung am Schreibtisch informiert werden (BAuA 2020; Kanzenbach 2020).

Empfehlungen zur Gestaltung von Homeoffice oder Telearbeit sind stets im Kontext der individuellen Bedürfnisse und Rahmenbedingungen sowie der betrieblichen Möglichkeiten einzuordnen. Grundsätzlich zählen folgende

Kriterien zu einer sinnvollen und gesundheitsgerechten Gestaltung der Telearbeit bzw. des Homeoffice:
- Ergonomische Arbeitsplatzausstattung in einem geeigneten Arbeitszimmer (IT, PC, Notebook, Schreibtisch und Schreibtischstuhl, Headset, Beleuchtung)
- Datenschutz
- Partizipative, realistische Zielvereinbarungen
- Kommunikationsregeln
- Erreichbarkeit inkl. Nicht-Erreichbarkeit
- Zeitkompetenz (Zeitstrategien, Pausen, Selbstfürsorge) s. a. ▶ Abschn. 16.3
- Life-Kohärenz
- Vertrauens- und Präventionskultur

Unternehmen und Beschäftigte haben durch die Corona-Pandemie neue Erfahrungen mit Homeoffice gemacht. Jene, die bereits früher auf diese Form der mobilen Arbeit gesetzt haben, waren nun in der aktuellen Krisenlage im Vorteil und konnten darauf aufbauen. Homeoffice und Vertrauensarbeitszeit werden auch im Post-Corona-Zeitalter fester Bestandteil der neuen Arbeitswelt bleiben. Daher sollten alle Gestaltungsmaßnahmen rund um das Thema Arbeitszeit den fundierten wissenschaftlichen Kenntnissen und den individuellen Bedürfnissen Rechnung tragen und ein gesundheitsgerechtes und kompetentes Arbeiten sicherstellen.

16.3 Strategien der Zeitkompetenz

Die neue Art der Zusammenarbeit stellt neue Anforderungen an die Gestaltungskompetenzen von Beschäftigten und Führungskräften. Individuelle Zeitstrategien und ein achtsamer Umgang mit den eigenen Bedürfnissen sowie den Bedürfnissen von Teammitgliedern sind besonders wichtig (Hellert 2018). Im Kontext der Arbeitszeitgestaltung sind es verschiedene Strategien der Zeitkompetenz, die präventiv und proaktiv einen günstigen Einfluss auf die Gesundheit der Beschäftigten haben können (Gerlmaier 2019). Neben organisational förderlichen Rahmenbedingungen zielen diese darauf ab, auf individueller Verhaltensebene die Ressourcen der Beschäftigten zu stärken und psychosoziales Wohlbefinden zu fördern.

16.3.1 Konstrukt Zeitkompetenz

Zeitkompetenz ist die Handlungsfähigkeit einer Person oder eines Teams, selbstorganisiert Zeit zu verwenden, um kreative Ansätze zu finden oder eine spezifische Vorgehensweise zu entwickeln, damit Ziele erreicht werden (Erpenbeck und von Rosenstiel 2007; Hellert 2018). Die individuelle Zeitkompetenz hängt von der jeweiligen Situation ab. Sie setzt sich aus individuell internen und externen sowie betrieblichen Faktoren zusammen. Die individuell internen Faktoren sind Strategien zur Zeitverteilung, Beachtung der persönlichen Tagesrhythmik sowie Zeitempathie. So helfen häufig schon einfache Zeitplanungstools, die einen Überblick über die anstehenden Aufgaben geben und eine Priorisierung ermöglichen. Auch eine bewusste Selbstwahrnehmung des eigenen Chronotyps ist hilfreich. Wer eher ein Morgentyp ist, sollte wichtige Aufgaben morgens erledigen und nicht in die Abendzeit legen. Bei Abendtypen ist dies dann umgekehrt, diese sollten allerdings auch nicht zu lange in die Nacht hinein arbeiten, damit der erholsame Nachtschlaf nicht verkürzt wird. Individuell externe Faktoren sind kulturspezifische und soziale Zeiten. Betriebliche Faktoren beziehen sich auf die Gestaltung der Arbeits- und Betriebszeiten und die gelebte Zeitkultur im Unternehmen. Welche Rolle spielt im Unternehmen beispielsweise das Thema „Pünktlichkeit" und wie spontan werden Meetings festgelegt? Je größer die Handlungsspielräume der Beschäftigten bei der Arbeitszeitgestaltung, desto eher können Strategien der Zeitkompetenz hierbei umgesetzt werden (Hellert et al. 2013). Im Projekt vLead[1] wurden in Interviews u. a. bei der perbit Software GmbH spezifische Gestaltungsansätze zum Aufbau von Zeitkompetenz im virtuellen Arbeitsumfeld identifiziert (Mander et al. 2020):

- **Selbstdisziplin** ist erforderlich, um die Ziele im Blick zu behalten und sich vor Ablenkungen und Reizüberflutung zu schützen. Mitarbeitende aus dem Softwareunternehmen gaben an, dass es insbesondere im Homeoffice nicht immer leicht sei, sich nicht ablenken zu lassen. Hier helfen ein guter Tagesplan und die Fokussierung auf die anstehenden Aufgaben.
- Segmentierungsstrategien können helfen, die Arbeit von anderen Lebensbereichen abzugrenzen. So wird z. B. eine klare Arbeitszeit für ungestörtes Arbeiten festgelegt und Pausen werden offen kommuniziert, damit auch die „Nicht-Erreichbarkeit" für alle Beteiligten transparent ist.
- Proaktive Kommunikation mit Kollegen, Kolleginnen und Führungskräften unterstützt die Kontaktpflege und den Austausch untereinander. Dieser Punkt war den interviewten Beschäftigen sowie der Geschäftsführung besonders wichtig, daher wurden die Impulse „E-Daily" und „E-Talk" entwickelt. „E-Daily" ist ein tägliches Telefongespräch mit aktuellem Status-Update. „E-Talk" beinhaltet gemeinsame Regeln der virtuellen Kommunikation und Checklisten für virtuelle Meetings.
- Selbststrukturierung hilft, den Überblick von komplexen Aufgaben zu behalten. Hierfür werden gemeinsame Share Points o. ä. verwendet.

- Zeitplantechniken unterstützen bei der effizienten Zeitnutzung. Im Unternehmen werden die Terminkalender geteilt, wobei auch Zeiten für ungestörtes Arbeiten eingetragen werden können.

16.3.2 Erholungszeiten

Ruhepausen und -zeiten sind gesetzlich verankerte Zeiten, die der Erholung des Menschen dienen und Arbeitsbelastungen ausgleichen bzw. vermeiden. Sie unterbrechen als Pause die Arbeit und fördern als arbeitsfreie Zeit nach Arbeitsende die Leistungsfähigkeit. Eine Verkürzung der Ruhezeit wirkt sich negativ auf psychosomatische Beschwerden aus. Verkürzte Ruhezeiten zeigen insgesamt negative Zusammenhänge zu Gesundheit und Work-Life-Balance (Backhaus et al. 2019). Erholungszeiten sind effektiv zu gestalten und am besten im Voraus zu planen. Mehrere kürzere Pausen sind positiv für die Arbeitsfähigkeit. Aktive Pausen mit körperlicher Bewegung sind passiven Pausen vorzuziehen. Allerdings hängt dies entscheidend von der Arbeitsbelastung und den individuellen Voraussetzungen ab. Eine gute Pausengestaltung fördert Motivation, Arbeitsleistung und Konzentrationsfähigkeit und hat einen messbaren positiven Effekt auf die psychische und physische Gesundheit (LIA.NRW 2021).

16.3.3 Work-Life-Kohärenz

Work-Life-Kohärenz bezeichnet das kontinuierliche Zusammenspiel von Aspekten aus Arbeit und weiteren Lebensbereichen und ist eine Weiterführung des Begriffs Work-Life-Balance. Die Work-Life-Kohärenz schafft Orientierung für spezifische Anforderungen bei Arbeit, Familie, Körper und Geist und wird je nach Lebensphase unterschiedlich gewichtet. Ziel ist eine optimale Synchronisation der einzelnen Bereiche auf betrieblicher und personaler Ebene. Das berufliche Engagement, Sinnhaf-

---

1 Das Verbundprojekt „Modelle ressourcenorientierter und effektiver Führung digitaler Projekt- und Teamarbeit (vLead)" wird mit Mitteln des Bundesministeriums für Bildung und Forschung (BMBF) im Rahmen des Förderprogramms „Zukunft der Arbeit" als Teil des Dachprogramms „Innovationen für die Produktion, Dienstleistung und Arbeit von morgen" und aus dem Europäischen Sozialfonds (ESF) der Europäischen Union gefördert und vom Projektträger Karlsruhe (PTKA) betreut.

tigkeit, Freude, aber auch Anstrengung in der Arbeit sollten gut mit Phasen der Entspannung, Achtsamkeit und Erholung abgestimmt sein. Gleichzeitig gilt es, auf die biologischen Bedürfnisse nach Schlaf und Essen sowie die psychischen Grundbedürfnisse u. a. nach Bindung und sozialen Kontakten zu achten (Hellert 2018). Die außergewöhnliche Arbeitssituation während der Corona-Pandemie verändert die Work-Life-Kohärenz für viele Beschäftigte. Während die einen mehr Zeit für sportliche Aktivitäten und Entspannungstechniken haben, sind andere, die Familie und Beruf vereinbaren, in Überlast. Ein klassischer Ausgleich ist in dieser besonderen Lage nicht umsetzbar. Dagegen kann es sinnvoll sein, die wichtigen individuellen Bedürfnisse wahrzunehmen und diese bewusst in den Alltag zu integrieren. Dies kann die Tasse Tee um 10 Uhr morgens sein oder die Yoga-Übung nach 20 Uhr. Für Beschäftigte mit Vertrauensarbeitszeit und Homeoffice kann ein gutes Ineinandergreifen der verschiedenen Bereiche somit einen positiven Zustand im Sinne der Kohärenz erzeugen. Die Entgrenzung zwischen Arbeit und Privatleben ist vielen mit mobiler Arbeit inzwischen nicht mehr wichtig (Wöhrmann et al. 2020). Von starrer zeitlich-räumlicher Trennung bis zu variablen fließenden Übergängen bestehen viele Möglichkeiten. Wichtig ist die bewusste Wahrnehmung dessen, was positiv für die eigene psycho-soziale Gesundheit ist.

16.3.4 Überlast

Insbesondere bei mobiler Arbeit mit großen Zeit- und Handlungsspielräumen kann es aufgrund von Leistungsdruck, Informationsflut oder großer Verantwortung zu hohem Zeitdruck und in der Folge zu Überlast kommen (Reimer et al. 2018). Zeitdruck verringert oft die notwendige Kommunikation und stört die gründliche Bearbeitung von Aufgaben, was viele in der aktuellen Corona-Pandemie täglich deutlich erleben. Weniger dringliche Aufgaben werden zurückgestellt, Pausen fallen aus und zur Vorbereitung auf Meetings bleibt weniger Zeit. Dies wiederum erhöht die Unzufriedenheit mit den eigenen Leistungen und fördert Fehlzeiten und Fluktuation. Überlastsituationen werden in den Unternehmen häufig nicht rechtzeitig erkannt, daher sollten Strategien greifen, die proaktives Handeln fördern (Mander et al. 2021b).

Für Führungskräfte ist es aus der „Distanz" nicht einfach zu erkennen, ob und in welchem Umfang Mitarbeitende in Überlast sind, vor allem wenn diese für längere Zeit im Homeoffice arbeiten. Hier kann die allgemeine Typisierung im Umgang mit Überlast im „Kompass – Zeit & Vertrauen"[2] aus dem vLead Projekt hilfreich sein. Je nachdem, ob die Person in Überlast ist oder nicht und dies thematisiert oder nicht ergeben sich vier unterschiedliche Felder. Fall 1: „Problem Solver". Die Überlast wird offen thematisiert, die Mitarbeitenden möchten an der Situation etwas ändern und sollten von der Teamleitung dabei unterstützt werden. Ressourcen und Anforderungen sollten analysiert werden, um gezielt die Überlast abzubauen. Fall 2: „Problem Deniers". Die Überlast ist zwar objektiv gegeben, aber die Betreffenden möchten nicht darüber sprechen oder sehen kein Problem. Ein offenes, wertschätzendes Gespräch könnte mögliche Gründe (Leistungsmotiv, Karriere) und Lösungen thematisieren. Fall 3: „Problem Seekers". Überlast ist objektiv nicht nachvollziehbar, wird jedoch kommuniziert. Im Coaching-Gespräch könnten die Motive und Bedürfnisse aufgespürt werden, um entsprechende Maßnahmen zu vereinbaren. Fall 4: „Healthy Workers". Überlast liegt nicht vor und wird auch nicht thematisiert. Diese Personen benötigen zwar aktuell keine Hilfe, jedoch ist es empfehlenswert, mit ihnen aktiv zu kommunizieren. Der Wandel hin zu flexiblen Arbeitszeitformen wirkt sich auch auf die Führungskräfte aus. Zunehmend sehen sie sich in der Rolle des „servant leader" eines sich selbstorganisierenden Teams, das

---

2 Der Kompass – Zeit & Vertrauen ist im Rahmen des Projektes vLead entstanden und steht unter www.vLead.de als pdf download zur Verfügung.

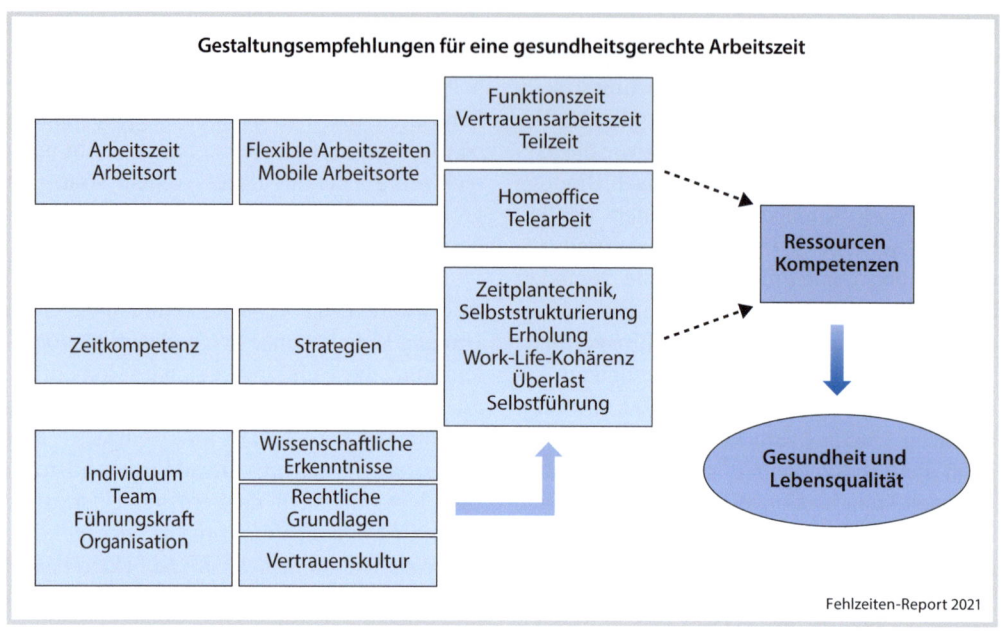

Abb. 16.1 Gestaltungsempfehlungen für eine gesundheitsgerechte Arbeitszeit

sie wertschätzend unterstützen und begleiten (Mander et al. 2021b).

16.3.5 Selbstführung

Das Konzept der Selbstführung zielt auf den Prozess von Personen ab, sich selbst auf bestimmte Art zu beeinflussen (Neck und Manz 2013). Selbstführung ist eine individuelle Kompetenz, um Ziele erfolgreich umzusetzen und beispielsweise die eigene Zeitkompetenz positiv zu gestalten. Für erfolgreiches Arbeiten im Homeoffice zählt für Beschäftigte u. a. Selbstdisziplin und Selbstregulation, um sich zu motivieren, strukturieren, disziplinieren oder auch Grenzen zu ziehen. Strategien der Selbstführung können gezielt angewendet werden. So kann der Arbeitstag bspw. durch Selbstbeobachtung reflektiert werden und eigene Ziele können mit den persönlichen Werten und langfristigen Vorhaben verglichen werden. Eindrücke könnten z. B. mittels Tagebuch oder Dankesbuch dokumentiert werden. Die Entgrenzung von Arbeit und Privatleben kann im Sinne der Selbstführung betrachtet werden. Nach der Boundary Theory (Ashforth et al. 2000) kann individuell reflektiert werden, ob Segmentieren (strikte Trennung) oder Integrieren (fließende Übergänge) eine sinnvolle Strategie zur Bewältigung der jeweiligen Anforderungen ist (Mander et al. 2021a) (◘ Abb. 16.1).

16.4 Fazit

Die Arbeitswelt verändert sich kontinuierlich. Neue Technologien, Prozessinnovationen, Globalisierung und die Ausnahmesituation einer Corona-Pandemie beeinflussen die Arbeitsformen auf unterschiedlichste Weise und fordern alle Beteiligten heraus. Es gibt zahlreiche Möglichkeiten, auf diese Anforderungen zu reagieren. Basierend auf rechtlichen Grundlagen und wissenschaftlichen Erkenntnissen lassen sich gezielt Maßnahmen zur gesundheitsgerechten Arbeitszeitgestaltung in

Kombination mit mobilen Arbeitsorten umsetzen. Flexible Arbeitszeiten unterstützen arbeitsbezogene Mobilität und können Beschäftigte vor Überlast schützen. Hierfür sind eine wertschätzende Vertrauenskultur sowie eine individuelle Zeitkompetenz förderlich. Die jeweiligen Strategien wirken nachhaltig und vertrauensbildend, wenn sie gemeinsam mit den Beschäftigten vereinbart werden. Führungskräfte und Teams können in Workshops wirksame Gestaltungsmaßnahmen und Ressourcen kennenlernen, individuelle Strategien der Zeitkompetenz nutzen und so proaktiv den komplexen Herausforderungen unserer Zeit begegnen.

Literatur

ArbStättV – Arbeitsstättenverordnung. https://www.bmas.de/SharedDocs/Downloads/DE/PDF-Publikationen/A225-arbeitsstaettenverordnung.pdf?__blob=publicationFile. Zugegriffen: 21. Apr. 2021

Ashforth BE, Kreiner G, Fugate M (2000) All in a day's work: Boundaries and micro role transitions. AMR 25(3):472–491

Anzinger R, Koberski W (2009) Kommentar zum Arbeitszeitgesetz, 3. Aufl. Recht und Wirtschaft,, Frankfurt/Main

Backhaus N, Tisch A, Wöhrmann AM (2018) BAuA-Arbeitszeitbefragung: Vergleich 2015–2017. Bundesanstalt für Arbeitsschutz und Arbeitsmedizin (BAuA), Dortmund

Backhaus N, Brauner C, Tisch A (2019) Auswirkungen verkürzter Ruhezeiten auf Gesundheit und Work-Life-Balance bei Vollzeitbeschäftigten: Ergebnisse der BAuA-Arbeitszeitbefragung 2017. Z Arb Wiss 73:394–417

Backhaus N, Tisch A, Kagerl C, Pohlan L (2020) Arbeit von zuhause in der Corona-Krise: Wie geht es weiter? Bundesanstalt für Arbeitsschutz und Arbeitsmedizin (BAuA), Dortmund (https://www.baua.de/DE/Angebote/Publikationen/Bericht-kompakt/Homeoffice-Corona.pdf. Zugegriffen: 21. April 2021)

Baeck U, Deutsch M (2004) Arbeitszeitgesetz. Beck, München

BAuA – Bundesanstalt für Arbeitsschutz und Arbeitsmedizin (2020) SARS-CoV-2-Arbeitsschutzregel. https://www.baua.de/DE/Angebote/Rechtstexte-und-Technische-Regeln/Regelwerk/AR-CoV-2/pdf/AR-CoV-2.pdf. Zugegriffen: 21. Apr. 2021

Bering R, Schedlich C, Zurek G (2020) Psychosoziale und psychotherapeutische Hilfen bei pandemischer Stressbelastung. In: Bering R, Eichenberg C (Hrsg) Die Psyche in Zeiten der Corona-Krise. Klett-Cotta, Stuttgart

BMAS (2020) Brückenteilzeit. https://www.bmas.de/DE/Service/Gesetze/brueckenteilzeit.html;jsessionid=B77505F9C5E07B7F61E38E4108B9BC7A.delivery2-replication. Zugegriffen: 21. Apr. 2021

Bohinc T (2020) Homeoffice über die Corona-Krise hinaus: So gestalten Sie Ihren Arbeitstag im Homeoffice optimal. Projektmanagement 12:1–2

Brenscheidt F (2016) Ohne Vertrauenskultur ist Vertrauensarbeitszeit wertlos. XING. https://www.xing.com/news/klartext/ohne-vertrauenskultur-ist-vertrauensarbeitszeit-wertlos-547

Chevalier A, Kaluza G (2015) Indirekte Unternehmenssteuerung, selbstgefährdendes Verhalten und die Folgen für die Gesundheit. Gesundheitsmonitor Barmer GEK 1/15. Barmer GEK, Wuppertal

Ducki (2019) Gesundheitsgerechte mobile Arbeit. In: Gerlmaier A, Latniak E (Hrsg) Handbuch psychosoziale Gestaltung digitaler Produktionsarbeit. Springer, Wiesbaden, S 387–391

Ducki A, Nguyen HT (2016) Psychische Gesundheit in der Arbeitswelt. Bundesanstalt für Arbeitsschutz und Arbeitsmedizin (BAuA), Dortmund

Dziatzko N (2020) Inwieweit begünstigen flexible Arbeitszeitmodelle Selbstorganisation? Das Beispiel der agilen Methode Working Out Loud. In: Hellert U (Hrsg) Zukunftsweisende flexible Arbeitszeitgestaltung. iap Schriftenreihe der FOM, Bd. 6. MA Akademie, Essen, S 1–21

Erpenbeck J, von Rosenstiel L (2007) Handbuch Kompetenzmessung. Schäffer-Poeschel, Stuttgart

Frodermann C, Grunau P, Haepp T, Mackeben J, Ruf K, Steffes S, Wanger S (2020) Wie Corona den Arbeitsalltag verändert hat. IAB Kurzbericht 13/2020. wbv Media, Nürnberg

Gerlmaier A (2019) Handlungskompetenz, Arbeitsressourcen und Gesundheit. In: Gerlmaier A, Latniak E (Hrsg) Handbuch psycho-soziale Gestaltung digitaler Produktionsarbeit. Springer, Wiesbaden, S 125–146

Grawe K (1994) Neuropsychotherapie. Hogrefe, Göttingen

Hans-Böckler-Stiftung HBS (2021) Studien zu Homeoffice und mobiler Arbeit, Düsseldorf. https://www.boeckler.de/de/auf-einen-blick-17945-Auf-einen-Blick-Studien-zu-Homeoffice-und-mobiler-Arbeit-28040.htm. Zugegriffen: 17. Jan. 2021

Heitmann C, Fietz T, Zieschang H (2020) Sicheres und gesundes Arbeiten von zu Hause aus: Informationen und Empfehlungen zu Homeoffice und Vertrauensarbeitszeit. DGUV Forum 5–6:17–20

Hellert U (2018) Arbeitszeitmodelle der Zukunft, 2. Aufl. Haufe, Freiburg

Hellert U (2019) Gesundheitsgerechte Vertrauensarbeitszeit. In: Gerlmaier A, Latniak E (Hrsg) Handbuch psycho-soziale Gestaltung digitaler Produktionsarbeit. Springer, Wiesbaden, S 439–443

Hellert U, Sträde K (2011) Innovative Arbeitszeitgestaltung zur Förderung der Work-Life-Balance am Beispiel eines mittelständischen IT-Unternehmens. In: Gerlmaier A, Latniak E (Hrsg) Burnout in der IT-Branche. Asanger, Kröning, S 301–334

Hellert U, Krol B, Tegtmeier P (2013) Innovative Arbeitszeitgestaltung und Zeitkompetenz bei einem Studium neben dem Beruf. In: Hellert U (Hrsg) iap Schriftenreihe, Bd. 5. MA Akademie, Essen

Holdampf-Wendel A (2020) Digitale Arbeitswelt nach der Corona-Krise. Bitkom. https://www.bitkom.org/sites/default/files/2020-06/20200625_digitale-arbeitswelt-nach-der-corona-krise_final.pdf. Zugegriffen: 18. Jan. 2021

Hollmann S, Hellert U, Schmidt KH (2005) Anforderungen an eine zielbezogene Selbststeuerung im Rahmen hochflexibler Arbeitszeitmodelle. In: Mieg HA (Hrsg) Wirtschaftspsychologie Faktor Zeit, Bd. 3, S 44–52

Kanzenbach K (2020) Rechtliche Grundlagen zum Homeoffice und der Telearbeit. DGUV Forum 8/2020:18–24

Lenk T (1997) Arbeit und Wohlstand: Arbeitspapier Universität Leipzig. https://www.econstor.eu/bitstream/10419/52378/1/672204126.pdf. Zugegriffen: 21. Apr. 2021

LIA NRW (2021) Arbeit und Erholung. https://www.lia.nrw.de/themengebiete/Arbeitsschutz-und-Gesundheit/Arbeit-und-Erholung/index.html. Zugegriffen: 21. Apr. 2021

Lott Y (2017) Selbstorganisiertes Arbeiten als Ressource für Beschäftigte nutzen. Policy Brief Nr. 003. Hans-Böckler-Stiftung. https://www.boeckler.de/pdf/p_fofoe_pb_003_2017.pdf. Zugegriffen: 23. Apr. 2021

Luhmann N (2014) Vertrauen. Lucius & Lucius, Stuttgart

Mander R, Müller F, Hellert U (2020) Kompass – Zeit & Vertrauen. iap der FOM Hochschule, Essen

Mander R, Hellert U, Antoni C (2021a) Selbstführungsstrategien zur Bewältigung von Flexibilitätsanforderungen digitaler Arbeit mit hohem Zeit-, Orts- und Handlungsspielraum – eine qualitative Studie. Gruppe. Interaktion. Organisation. Springer, Wiesbaden

Mander R, Müller F, Hellert U (2021b) Mindset für Zeit- und Handlungsspielraum: Handlungsempfehlungen für Führungskräfte virtueller Teams. In: Mütze-Niewöhner S, Hacker W, Hardwig T, Kauffeld S, Latniak E, Nicklich M, Pietrzyk U (Hrsg) Projekt- und Teamarbeit in der digitalisierten Arbeitswelt. Springer Vieweg, Wiesbaden

Markert LA (2020) Mehr als 10 Millionen arbeiten ausschließlich im Homeoffice. https://www.bitkom.org/Presse/Presseinformation/Mehr-als-10-Millionen-arbeiten-ausschliesslich-im-Homeoffice. Zugegriffen: 21. Apr. 2021

Monz A (2018) Mobile Arbeit, mobile Eltern. Springer, Wiesbaden

Müller F, Mander R, Hellert U (2017) Virtuelle Arbeitsstrukturen durch Vertrauen, Zeitkompetenz und Prozessfeedback fördern. GIO 48:279–287

Neck CP, Manz CC (2013) Mastering self-leadership: empowering yourself for personal excellence, 6. Aufl. Pearson, London

Reimer A, Mander R, Vahlhaus I, Hellert U, Krol B (2018) Gesundheitsorientierte Arbeitszeitgestaltung bei mobiler Arbeit Arbeit(s). Wissen.Schaf(f)T GfA Gesellschaft für Arbeitswissenschaft (Hrsg) A9.10

Schermuly CC, Koch J (2019) New Work und psychische Gesundheit. In: Badura B, Ducki A, Schröder H et al (Hrsg) Fehlzeiten-Report 2019. Springer, Berlin Heidelberg New York, S 127–139

Seeling RO, Kuhn L (2015) Zur Frage der Anwendbarkeit des Arbeitszeitgesetzes in der betrieblichen Praxis. AT-Mitarbeiter und Relevanz von Reisezeiten. Z Arbeitswiss 69(1):39–43

Wanger S, Hartl T, Zimmert F (2019) Revision der IAB-Arbeitszeitrechnung. IAB 7/2019. http://doku.iab.de/forschungsbericht/2019/fb0719.pdf. Zugegriffen: 21. Apr. 2021

Weber E, Wanger S, Weigand R, Zapf I (2014) Verbreitung von Überstunden in Deutschland. IAB Institut für Arbeitsmarkt- und Berufsforschung, Nürnberg (http://doku.iab.de/aktuell/2014/aktueller_bericht_1407.pdf. Zugegriffen: 21. April 2021)

WELT https://www.welt.de/wirtschaft/karriere/article204972294/4-Tage-Woche-Das-kann-funktionieren-die-Firma-profitiert-auch.html. Zugegriffen: 09. März 2021

Wirtz A, Nachreiner F, Beermann B, Brenscheidt F, Siefer A (2009) Lange Arbeitszeiten und Gesundheit. Bundesanstalt für Arbeitsschutz und Arbeitsmedizin BAuA, Dortmund (https://www.baua.de/DE/Angebote/Publikationen/Fokus/artikel20.html. Zugegriffen: 21. April 2021)

Wöhrmann M, Backhaus N, Tisch A, Michel A (2020) BAuA-Arbeitszeitbefragung: Pendeln, Telearbeit, Dienstreisen, wechselnde und mobile Arbeitsorte. Bundesanstalt für Arbeitsschutz und Arbeitsmedizin BAuA, Dortmund

Wöhrmann M, Gerstenberg S, Hünefeld L, Pundt F, Reeske-Behrens A, Brenscheidt F, Beermann B (2016) Arbeitszeitreport Deutschland. Bundesanstalt für Arbeitsschutz und Arbeitsmedizin, Dortmund

Prävention auch in der Krise? – Bedeutung gesundheitsförderlicher Führung

Jörg Felfe, Laura Klebe, Katharina Klug, Annika Krick und Antje Ducki

Inhaltsverzeichnis

17.1 Führung in Zeiten von Krise und Digitalisierung – 280

17.2 Gesundheitsförderliche Führung – 282

17.3 Aktuelle Befunde zu gesundheitsförderlicher Führung in der Krise – 283
17.3.1 Auswirkung von Krisen auf Staff Care – 283
17.3.2 Veränderung der Bedeutung von Staff Care – 286
17.3.3 Veränderung von Self Care in Krisen – 287
17.3.4 Förderung von Staff Care und Self Care – 288

17.4 Digitale Führung und Gesundheit – 290

17.5 Fazit – 291

Literatur – 291

Zusammenfassung

Angesichts der aktuellen Covid-19 Pandemie stellt sich nochmal dringlicher die Frage, was Unternehmen im Sinne der Prävention gerade auch in Krisenzeiten leisten können. Bereits seit einiger Zeit wird die Bedeutung der direkten Führungskräfte als wichtige Ressource für Prävention und Gesundheitsförderung vor Ort erkannt. Entsprechend berücksichtigt das Konzept der Health-oriented Leadership (HoL) nicht nur das gesundheitsförderliche Führungsverhalten gegenüber den Beschäftigten (Staff Care), sondern betont auch die Bedeutung des eigenen Umgangs mit der Gesundheit von Führungskräften und Beschäftigten (Self Care). Allerdings ist unklar, was in Krisenzeiten von gesundheitsförderlicher Führung erwartet werden darf. Außerdem stellen Homeoffice und Digitalisierung weitere Herausforderungen dar. Auf der Grundlage aktueller Studien werden erste Antworten auf die Fragen gegeben, wie sich 1) Krisen auf gesundheitsförderliche Führung auswirken und 2) welche Bedeutung bzw. welchen Nutzen gesundheitsförderliche Führung in Krisensituationen hat. Unsere Befunde zeigen, dass es in Krisensituationen insgesamt schwieriger ist, gesundheitsförderlich zu führen. Allerdings macht es gerade in Krisensituationen einen Unterschied, ob sich Führungskräfte noch im Sinne gesundheitsförderlicher Führung engagieren oder ihr Engagement weitgehend zurückfahren. Vor diesem Hintergrund werden erprobte Möglichkeiten aufgezeigt, wie mit Trainings und Coachings Self Care und Staff Care gefördert werden können. Abschließend werden erste Hinweise gegeben, wie vor allem auch den gesundheitlichen Herausforderungen durch Homeoffice mit digitaler gesundheitsförderlicher Führung begegnet werden kann.

17.1 Führung in Zeiten von Krise und Digitalisierung

Angesichts der aktuellen Covid-19 Pandemie stehen Unternehmen und ihre Beschäftigten gegenwärtig vor großen Herausforderungen. Es ist kaum absehbar, wie sich die Zukunft entwickeln wird. Fest steht aber, dass wir auch weiterhin mit Krisen rechnen müssen, die das Arbeitsleben und die Gesundheit auf unterschiedliche Weise beeinträchtigen können (siehe auch den Beitrag von Pfaff und Schubin in diesem Band). Damit stellt sich nochmal dringlicher die Frage, was Unternehmen im Sinne der Prävention gerade auch in Krisenzeiten leisten können.

Seit einigen Jahren wird die Bedeutung der direkten Führungskräfte als wichtige Ressource für Prävention und Gesundheitsförderung vor Ort erkannt und es werden Konzepte entwickelt, die dieser Rolle Rechnung tragen. Hierzu zählt das Konzept gesundheitsförderlicher Führung, Health-oriented Leadership (HoL) von Franke und Felfe (2011a). Das HoL-Konzept berücksichtigt nicht nur das gesundheitsförderliche Führungsverhalten gegenüber den Beschäftigten, sondern betont auch die Bedeutung der Gesundheit der Führungskräfte. Ein gesundheitsförderlicher Umgang mit der eigenen Gesundheit (Self Care) ist eine wichtige Voraussetzung für ein gesundheitsförderliches Führungsverhalten (Staff Care). Umgekehrt fehlen stark belasteten Führungskräften die Ressourcen, sich angemessen um die Gesundheit der Mitarbeiter zu kümmern, sodass sie ihrer Vorbildrolle kaum gerecht werden können.

Allerdings ist die Frage berechtigt, ob die Erwartungen an eine gesundheitsförderliche Führung auch in schwierigen Situationen oder in Krisen realistisch sind. Etwas provokant ließe sich die These vertreten, dass es sich bei gesundheitsförderlicher Führung um ein Konzept handelt, dass bei schönem Wetter und ruhiger See funktioniert, aber zurückstehen muss, sobald das Wetter umschlägt und Sturm aufzieht. Schließlich steht bei schwierigen Situationen oder Krisen Wichtigeres auf dem Spiel und alle Kräfte und Ressourcen müssen für die Krisenbewältigung genutzt werden. Gesundheit muss dann hintenanstehen. Außerdem könnten Bemühungen von Seiten der Führungskräfte wirkungslos verpuffen, weil die Beschäftigten sie nicht nutzen können oder die aktuellen Belastungen schwerer wiegen. Umgekehrt lässt sich argumentieren, dass gerade in Krisenzeiten der Erhalt der Gesundheit nicht vernachlässigt werden darf, um erfolgreich durch die Krise zu kommen. Die Fragen, wie sich 1) Krisen auf gesundheitsförderliche Führung auswirken und 2) welche Bedeutung bzw. welchen Nutzen gesundheitsförderliche Führung in Krisensituationen hat, stellen sich vor dem Hintergrund der Pandemie mit besonderer Aktualität und Dringlichkeit. Wir werden auf der Grundlage aktueller Studien erste Antworten auf diese Fragen geben.

Die aktuelle Pandemie weist gegenüber bisherigen Krisen Besonderheiten auf, die zukünftig für die Prävention und eine gesundheitsförderliche Führung bedeutsam sein dürften. Durch die Corona-Krise haben digitale und virtuelle Arbeits- und Führungsstrukturen (Homeoffice, Videokonferenzen etc.) einen enormen Bedeutungszuwachs erfahren. Stellten Homeoffice und digitale Arbeitsformen bislang eher eine ergänzende, wenn auch zunehmend häufiger genutzte Alternative zu überwiegend auf Präsenz ausgelegte Arbeitsformen dar (z. B. Regelungen wie ein Tag Homeoffice pro Woche) oder waren auf bestimmte Bereiche außerhalb traditioneller Beschäftigungsverhältnisse beschränkt (Click Work, Crowd Work), wurden Homeoffice sowie digitale und virtuelle Führung in der aktuellen Corona-Krise für viele Beschäftigte zum Standard. Nach Angaben der Hans-Böckler-Studie arbeitet aktuell (2021) ca. ein Viertel aller Beschäftigten von zu Hause (Baumann und Kohlrausch 2021). Momentan ist zwar noch unklar, inwieweit nach dem Ende der Corona-Krise wieder zu alten, klassischen Arbeitsformen zurückgekehrt wird. Zu erwarten ist allerdings, dass digitale und virtuelle Arbeits- und Führungsstrukturen die Arbeitswelt auch zukünftig zunehmend charakterisieren werden (siehe auch den Beitrag von Hofmann in diesem Band).

Damit sind für die Beschäftigten Chancen (z. B. Gewinn an Flexibilisierung, Autonomie und Work-Life-Balance), aber auch erhebliche Risiken (z. B. Entgrenzung, soziale Isolation, weniger Feedback und soziale Unterstützung) verbunden. Längerfristige Auswirkungen auf die psychische Gesundheit, aber auch auf Bindung und Identifikation (Commitment, Zusammenhalt) sind bislang eher unbekannt (siehe auch den Beitrag von Waltersbacher et al. in diesem Band). Aus Sicht der Unternehmen und Führungskräfte stehen den Chancen (z. B. Einsparpotenziale in den Bereichen Reisekosten, Bürokosten) auch Risiken gegenüber. Hierzu gehört insbesondere Verunsicherung darüber, wie zentrale Führungsstrukturen und -funktionen (Motivation, Kontrolle, Teamentwicklung, Mitarbeiterförderung etc.) überwiegend und dauerhaft auf Distanz in Form von Digital und Virtual Leadership wahrgenommen werden können. Das gilt auch für die gesundheitsförderliche Führung. Worauf ist unter gesundheitsförderlicher Perspektive zu achten, wenn Beschäftigte überwiegend auf Distanz geführt werden und die Möglichkeiten des direkten Kontakts und der Face-to-face Kommunikation eingeschränkt sind? Gesundheitliche Warnsignale zu erkennen, wie z. B. Erschöpfung oder Stress, dürfte beispielsweise deutlich erschwert sein.

Welche konkreten Belastungsrisiken sollten vermieden werden und wie können Ressourcen im digitalen Kontext gestärkt werden? Spezifisch IT-bezogene Belastungen werden in der Literatur als ICT (Information and Communication Technology) demands bezeichnet (Day et al. 2012). Hierzu zählen u. a. hassles using ICT (technische Probleme), response expectations (schnelle Reaktion), availability expectations (stetige Erreichbarkeit), Workload (Erhöhung des Arbeitspensums durch mehr Flexibilität), ICT learning expectations (Updates), ineffective communication (Missverständnisse) oder employee monitoring (Leistungsüberwachung). Die Forschung unterstreicht beispielsweise die Rolle der technischen Ausstattung, des organisationalen Supports und der digitalen Kompetenz des Individuums, die sich auf das Wohlbefinden der Beschäftigten auswirken können (Bentley et al. 2016; Wang und Haggerty

2011). Soziale Nachteile (Isolation, mangelnde Zugehörigkeit zum Team) scheinen vor allem dann zu entstehen, wenn Homeoffice intensiver, d. h. häufiger als zwei Tage die Woche genutzt wird (Backhaus et al. 2020; Gajendran und Harrison 2007). Um diesen Herausforderungen künftig erfolgreich begegnen zu können, sind nachhaltige Gestaltungsansätze und Kompetenzen zu entwickeln, die zum einen technische und organisatorische Möglichkeiten sowie interaktionale und kommunikative Aspekte (Führung, Selbstmanagement), zum anderen aber auch Konsequenzen für Leistung (z. B. Techno-Work Engagement, Mäkiniemi et al. 2020) und Gesundheit der Beschäftigten berücksichtigen.

Hinsichtlich digitaler und virtueller Führung finden sich Hinweise, dass digitale und virtuelle Führung vielfältige Herausforderungen für Führungskräfte mit sich bringen (Park und Cho 2020). So ist gerade die berufliche Isolation von Mitarbeitenden ein bekanntes Problem (Golden et al. 2008), mit dem sich Führungskräfte auseinandersetzen müssen. Wir werden auf Grundlage aktueller Studien in diesem Kapitel erste Hinweise geben, wie sich die Pandemie auf die Zunahme spezifischer Belastungen auswirkt, und Ansatzpunkte für eine gesundheitsförderliche Führung im digitalen Kontext entwickeln.

17.2 Gesundheitsförderliche Führung

Wie hängen Führung und Gesundheit zusammen? Führungskräfte haben verschiedene Möglichkeiten, um die Mitarbeitergesundheit zu beeinflussen (Franke et al. 2014; Wegge et al. 2014). Zum Beispiel können sie durch Kommunikation und Interaktion mit ihren Beschäftigten direkt auf die Gesundheit ihrer Mitarbeitenden einwirken (Wertschätzung, Unterstützung vs. herablassende Kritik und Bevormundung). Aus der Literatur ist generell bekannt, dass transformationale Führung einen direkten positiven Zusammenhang zu unterschiedlichen Gesundheitsvariablen aufweist (Felfe 2006; Franke und Felfe 2011b; Montano et al. 2017) und destruktive Führung negative Effekte zeigt. Somit wirken Führungskräfte entweder als Ressource oder als Stressor ihrer Beschäftigten. Die Literatur zeigt auch, dass Führungskräfte indirekt über die Veränderung der Arbeitsbedingungen (Schaffung von Ressourcen und Abbau von Belastungen) auf die Mitarbeitergesundheit wirken können (Nielsen et al. 2008). Zusätzlich üben die Vorbildwirkung einerseits und die Übertragung der eigenen Belastung der Führungskräfte auf die Mitarbeiter andererseits zentralen Einfluss aus (Crossover-Effekte) (Köppe et al. 2018). Um die verschiedenen Perspektiven und Einflussmöglichkeiten von Führungskräften auf die Mitarbeitergesundheit zu integrieren, wurde das Konzept Health-oriented Leadership (HoL) entwickelt (Franke und Felfe 2011a; Franke et al. 2014; Pundt und Felfe 2017), das spezifische Merkmale gesundheitsorientierter Führung benennt, die in unspezifischen, etablierten Führungsansätzen (z. B. Supportive Leadership, Transformational Leadership) nicht enthalten sind. Unterschieden werden dabei 1) der Umgang der Beschäftigten mit der eigenen Gesundheit (Self Care der Beschäftigten), 2) der Umgang der Führungskraft mit der eigenen Gesundheit (Self Care der Führungskraft), auch im Sinne einer Vorbildwirkung, sowie 3) der Umgang der Führungskraft mit der Mitarbeitergesundheit (Staff Care). Staff Care und Self Care bestehen jeweils aus drei Facetten: *Wichtigkeit* (Zuschreibung der Relevanz der eigenen Gesundheit und der Mitarbeitergesundheit), *Achtsamkeit* (Bewusstes Wahrnehmen der eigenen Grenzen sowie die der Beschäftigten, Überlastung und Warnsignale) und *Verhalten* (Ausmaß konkreter gesundheitsrelevanter Handlungen und Verhaltensweisen, z. B. Pausen einhalten, gesundes Sitzen, Zeitmanagement, Verbesserungen im Arbeitsumfeld).

Das HoL Modell postuliert unterschiedliche Wirkzusammenhänge zwischen Self Care, Staff Care und Gesundheit (◘ Abb. 17.1). Es wird angenommen, dass Führungskräfte und

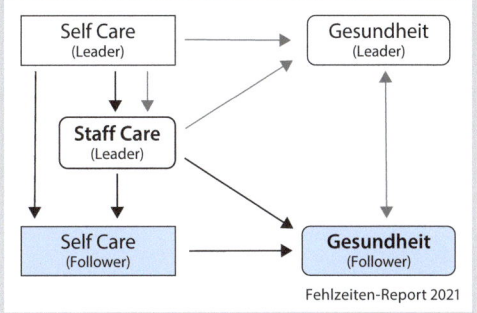

Abb. 17.1 Modell gesundheitsförderlicher Führung

Beschäftigte mit einer hohen Self Care eine bessere Gesundheit aufweisen. Gleichzeitig wirkt sich die Self Care der Führungskraft indirekt positiv auf die Mitarbeitergesundheit aus, indem sie zu mehr Self Care der Beschäftigten und zu mehr Staff Care führt. Staff Care wiederum wirkt sich nicht nur direkt positiv auf die Mitarbeitergesundheit aus, sondern auch indirekt über die Förderung von Self Care der Beschäftigten. Das Modell nimmt ebenfalls an, dass die Gesundheit der Führungskräfte auch die Gesundheit der Beschäftigten beeinflusst: Je belasteter Führungskräfte sind, desto wahrscheinlicher ist es, dass sie Druck nach unten weitergeben und somit die Mitarbeitergesundheit beeinträchtigen. Die Grundannahmen des Modells über direkte und indirekte Effekte, die Vorbildwirkung sowie der Crossover-Effekt wurden in mehreren empirischen Studien belegt (Franke et al. 2014; Horstmann 2018; Klug et al. 2019; Köppe et al. 2018; Kranabetter und Niessen 2016; Santa Maria et al. 2019).

17.3 Aktuelle Befunde zu gesundheitsförderlicher Führung in der Krise

Das wissenschaftliche Interesse am Zusammenhang zwischen Krisensituationen und Führungsverhalten ist seit Beginn der Corona-Pandemie deutlich gestiegen (Budhwar und Cumming 2020). Da die Mitarbeitergesundheit in einer Krise besonders gefährdet ist (Luceño-Moreno et al. 2020; Wu et al. 2020), stellt sich die Frage, ob sich das Ausmaß und die Effektivität gesundheitsorientierter Führung in Krisensituationen verändern. In drei Befragungsstudien und zwei experimentellen Studien (◘ Tab. 17.1) wurde untersucht, ob Führungskräfte in Krisensituationen mehr oder weniger gesundheitsförderlich führen, ob Staff Care in Krisensituationen für die Mitarbeitergesundheit an Bedeutung gewinnt oder verliert und welche Rolle die Self Care von Führungskräften in kritischen Situationen spielt. Erhoben wurden Auswirkungen auf das Erleben psychischer Beanspruchung und Erschöpfung, der Grad der Betroffenheit durch Krisensituationen sowie gesundheitsförderliche Führung.

17.3.1 Auswirkung von Krisen auf Staff Care

In kritischen Situationen wie der Corona-Pandemie ist die Mitarbeitergesundheit durch steigende Belastungen gefährdet (Luceño-Moreno et al. 2020; Wu et al. 2020). Bisher ist unklar, ob Führungskräfte in einer Krise überhaupt noch in der Lage sind, im Sinne der Staff Care gesund zu führen. Sie sind selbst hohen Belastungen ausgesetzt, was ihr Verhalten gegenüber Mitarbeitenden beeinträchtigen kann (siehe den Beitrag von Hower und Winter im selben Band). Es ist also durchaus denkbar, dass auch das Ausmaß von Staff Care situationsabhängig ist: Auf der einen Seite wäre es wünschenswert, dass sich Führungskräfte besonders für ihre Mitarbeitenden einsetzen, wenn sie merken, dass deren Gesundheit in einer Krise gefährdet ist. Auf der anderen Seite zeigt die Forschung zu Führung unter Stress aber, dass positives Führungsverhalten eher abnimmt, wenn Führungskräfte hohen Belastungen ausgesetzt sind (Kaluza et al. 2019). Vor diesem Hintergrund wurde in mehreren Studien untersucht, wie sich Krisen auf der Teamebene (z. B. ungeplante Zwischenfälle), aber auch wie sich die aktuel-

Tab. 17.1 Studienübersicht

	Methode	Design	Zeitraum	Stichprobe	
Studie 1 [a]	Online-Fragebogenstudie	Querschnitt	Frühjahr 2020	N = 264 61,4 % Frauen	Beschäftigte aus unterschiedlichen Branchen
Studie 2a [b]	Online-Fragebogenstudie	Querschnitt	Herbst 2019	N = 201 54,7 % Frauen	
Studie 2b [b]	Online-Vignetten-experiment	2 × 2 × 2 Faktoren UV1: Krise (−/+) UV2: Leader Stress UV3: Follower Stress UV: Staff Care	Herbst 2019	N = 169 68,6 % Frauen	
Studie 3a [c]	Online-Fragebogenstudie	Querschnitt	Frühjahr 2020	N = 196 63 % Frauen	
Studie 3b [c]	Online-Vignetten-experiment	2 × 2 Faktoren UV1: Krise (−/+) UV2: Staff Care (−/+) AV: Stress, Leistung	Herbst 2018	N = 257 41,3 % Frauen	

Anmerkungen: UV = unabhängige Variable, AV = abhängige Variable; [a] Klebe et al. in revision, [b] Klebe et al. in press, [c] Klebe et al. (2021)
Fehlzeiten-Report 2021

le Corona-Pandemie auf das Ausmaß von Staff Care auswirken.

In einer ersten Untersuchung im Frühjahr 2020 mit N = 264 Teilnehmenden aus unterschiedlichen Branchen zeigte sich, dass sich die Pandemie negativ auf das gesundheitsförderliche Führungsverhalten (Staff Care) auswirkte (Studie 1 in ◘ Tab. 17.1). So berichteten immerhin 36,8 % der Beschäftigten, die nicht oder weniger von der Krise betroffen waren, dass ihre Führungskraft gesundheitsförderlich führt.[1] Im Gegensatz dazu berichteten lediglich 21,3 % der Beschäftigten, die stark von der Krise betroffen waren, dass ihre Führungskraft gesundheitsförderlich führt. Geht man davon aus, dass vor der Krise keine systematischen Unterschiede bestanden, entspricht dies einem Rückgang von ca. 40 % in Organisationen, die stark von der Krise betroffen sind.

Da es sich bei der Bewertung von Krise und Führung um Einschätzungen der Beschäftigten handelt, kann nicht sicher ausgeschlossen werden, dass die Wahrnehmung geringer bzw. hoher Staff Care auch die Einschätzung der Krise beeinflusst hat. ◘ Abb. 17.2 veranschaulicht Zustimmungswerte zu einzelnen Aussagen aus dem Fragebogen. Konkret zeigt sich, dass in der Krise nur 26,2 % der Führungskräfte bewusst auf gesundheitliche Warnsignale achten, während der Anteil sonst bei 35,5 % liegt. Umgekehrt bemerken aus Sicht der Beschäftigten 37,6 % der Führungskräfte in der Krise nicht, wenn sie ihre Mitarbeitenden überfordern, während der Anteil sonst mit 28,9 % deutlich niedriger ausfällt.

Hängt dieser Effekt vor allem mit der Pandemie zusammen oder zeigt er sich auch generell in anderen Krisensituationen? In einer früheren Studie (N = 201) aus dem Herbst 2019 zu allgemein kritischen Situationen – zum Beispiel, wenn der Projekterfolg gefährdet ist – zeigte sich ebenfalls, dass Staff Care in einer Krise signifikant abnimmt (Studie 2a

---

1 Die Cut-off-Werte liegen auf einer Skala von 1 bis 5 bei 1 bis 2,5 für „wenig Zustimmung" und bei 3,5 bis 5 für „Zustimmung". Die Zuordnung zu den beiden Gruppen „stark von der Krise betroffen" oder „weniger von der Krise betroffen" erfolgte durch Einschätzung der Befragten.

17.3 · Aktuelle Befunde zu gesundheitsförderlicher Führung in der Krise

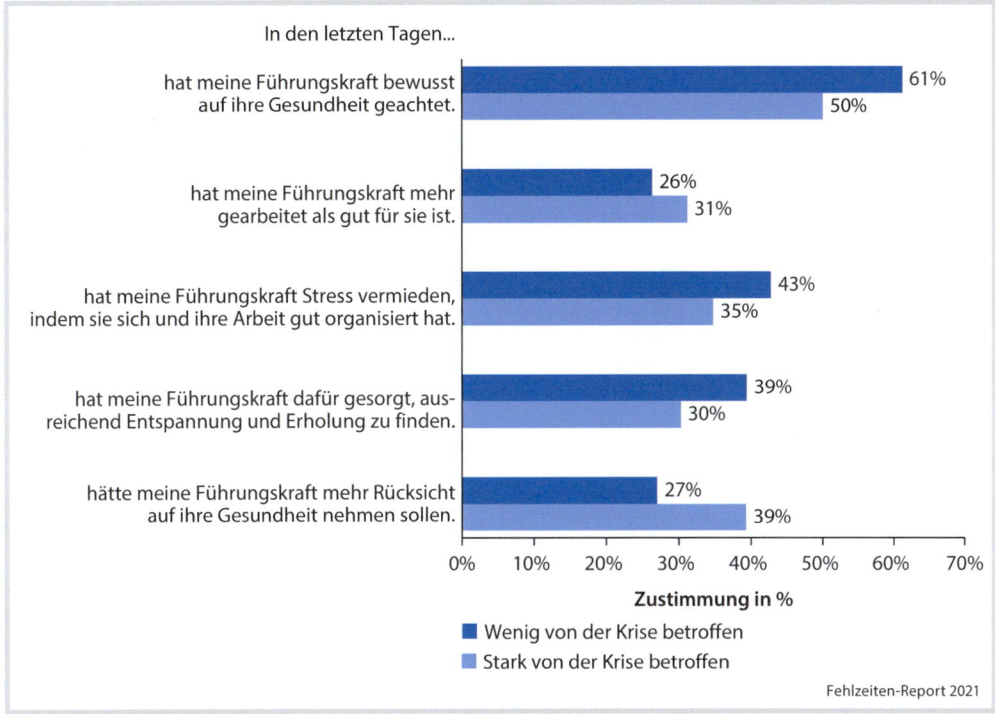

Abb. 17.2 Zustimmung zu Beispielaussagen des Staff-Care-Fragebogens aus dem Inventar Health-oriented Leadership, in Abhängigkeit von der Betroffenheit durch die Corona-Krise (Studie 1, N = 264)

in ■ Tab. 17.1). Hier berichteten 26,2 % der Befragten, deren Team nicht oder weniger von einer Krise betroffen war, dass ihre Führungskraft gesundheitsförderlich führt. Im Gegensatz dazu gaben lediglich 11,5 % der von einer Krise betroffenen Befragten an, ihre Führungskraft führe gesundheitsförderlich. Hier entspricht der Rückgang gesundheitsförderlicher Führung über 50 %. Weiterhin wurde in dieser Studie überprüft, ob der Belastungsgrad der Führungskraft die Abnahme von gesundheitsförderlicher Führung in Krisensituationen zusätzlich verstärkt. Von den Beschäftigten, die sowohl von einer Krisensituation als auch von einer hoch belasteten Führungskraft berichteten, erlebten sogar nur noch 7,5 % ihre Führungskraft als gesundheitsförderlich. Die Abnahme gesundheitsförderlicher Führung durch die Krisensituation und die Belastung von Führungskräften aus dieser Studie veranschaulicht ■ Abb. 17.3.

Um die Befunde aus Studie 2a zusätzlich zu validieren, wurde ein Experiment mit N = 169 Probanden durchgeführt (Studie 2b in ■ Tab. 17.1). Die Teilnehmenden wurden gebeten, sich in die Lage einer Führungskraft hineinzuversetzen, während die Krisensituationen und die Belastung der Führungskraft systematisch manipuliert wurden. Wie in der vorherigen Feldstudie zeigte sich auch im Experiment, dass Führungskräfte besonders wenig Staff Care zeigen, wenn sie in einer Krise selber hoch belastet sind.

Die Ergebnisse zeigen insgesamt, dass Staff Care in globalen Krisen wie der Corona-Pandemie sowie in allgemeinen Krisen besonders gefährdet ist. Führungskräften fehlen also oftmals die Kapazitäten und Ressourcen, um auf die Gesundheit ihrer Mitarbeitenden zu achten und sie zu fördern. Noch schwieriger wird es für Führungskräfte gesundheitsorientiert zu führen, wenn sie zusätzlich zur Krise

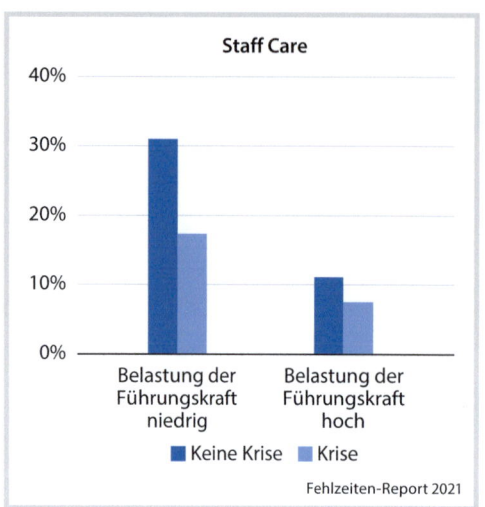

Abb. 17.3 Unterschiede von Staff Care in Routinesituationen und Krisen auf der Teamebene unter Berücksichtigung der Belastung von Führungskräften (Studie 2a, N = 201)

oder ausgelöst durch die Krise selber hoch belastet sind. Organisationen sollten deshalb auch aktiv die Gesundheit ihrer Führungskräfte fördern, um zu vermeiden, dass sich durch einen Rückgang der Staff Care auch der Gesundheitszustand der Mitarbeitenden zusätzlich verschlechtert. Dennoch ist es wichtig anzuerkennen, dass viele Führungskräfte auch in Krisensituationen versuchen, die Gesundheit ihrer Mitarbeiter zu fördern.

17.3.2 Veränderung der Bedeutung von Staff Care

Nicht nur das Ausmaß gesundheitsförderlicher Mitarbeiterführung, sondern auch die Bedeutung der Staff Care für die Gesundheit kann sich in einer Krise verändern: Da Staff Care Gesundheit und Wohlbefinden der Beschäftigten priorisiert, wäre es denkbar, dass dies von den Mitarbeitern als nicht zielführend oder unangemessen für die Bewältigung einer Krise erachtet wird. Außerdem könnte es sein, dass die negativen Effekte einer Krise die positiven Effekte gesundheitsorientierter Mitarbeiterführung überschatten. Auf der anderen Seite wäre es aber auch plausibel, dass Staff Care in einer Krise besonders an Bedeutung für die Mitarbeitergesundheit gewinnt; denn gerade wenn die Mitarbeitergesundheit durch eine Krise gefährdet ist, kann Staff Care seine Wirkung entfalten. Ähnliche Effekte wurden bereits für charismatische Führung nachgewiesen, die besonders in Krisensituationen ihre Wirkung entfaltet.

Tatsächlich zeigte sich in einer Befragungsstudie mit N = 196 Teilnehmenden während der Corona-Pandemie (Studie 3a in ◘ Tab. 17.1), dass der Einfluss von Staff Care auf die Gesundheit der Mitarbeitenden deutlich stärker ist, wenn die Beschäftigten schwerer von der Krise betroffen sind, als für diejenigen, die weniger betroffen sind (Klebe et al. 2021). Während mehr Staff Care bei Mitarbeitenden, die nicht oder wenig von der Krise betroffen waren, nur zu einem geringen Rückgang von Erschöpfung (von 6,7 % auf 5,1 %) führte, ging die Erschöpfung bei eher stark von der Krise betroffenen Mitarbeitern von 34,5 % auf 17 % zurück. Die Unterschiede hinsichtlich der Effektivität von Staff Care auf die Mitarbeitergesundheit in Krisensituationen sind in ◘ Abb. 17.4 veranschaulicht. Auch in der oben bereits genannten Studie 1 zur Corona-Pandemie mit N = 264 Teilnehmern zeigte sich das gleiche Bild. Dieser Effekt konnte darüber hinaus in einer Experimentalstudie mit N = 257 Teilnehmern (Studie 3b in ◘ Tab. 17.1), in der Krisensituationen und Staff Care systematisch manipuliert wurden, bestätigt werden (Klebe et al. 2021). Die Teilnehmenden wurden gebeten, sich in die Rolle von Mitgliedern unterschiedlicher Marketingprojektteams zu versetzen und anzugeben, wie sie ihre psychischen Belastungen, aber auch ihre Leistungsbereitschaft vor dem Hintergrund unterschiedlicher Staff Care und Krisensituationen am Ende eines Arbeitstages einschätzen.

Wenn die Gesundheit durch eine Krise bedroht ist, sind die Beschäftigten also eher auf die Unterstützung ihrer Führungskraft ange-

17.3 · Aktuelle Befunde zu gesundheitsförderlicher Führung in der Krise

◘ Abb. 17.4 Ausmaß der Mitarbeitererschöpfung während der Corona-Pandemie in Abhängigkeit von Staff Care und der Betroffenheit durch die Krise (Studie 3a, N = 196)

wiesen. Unsere Befunde zeigen, dass es gerade in Krisensituationen darauf ankommt, dass gesundheitsförderliche Führung nicht hintenangestellt wird. Beim Vergleich der Befunde zum Ausmaß und zur Effektivität von gesunder Führung offenbart sich ein Dilemma: Gerade in Krisensituationen, wenn Mitarbeitende besonders auf Staff Care angewiesen sind, fällt es Führungskräften offenbar schwerer, gesundheitsförderlich zu führen. Folglich ist es wichtig, dass Führungskräfte sich dessen bewusst sind und die Gesundheit ihrer Mitarbeitenden besonders in Krisensituationen schützen und fördern. Derartige Dilemmata können in akuten Krisen möglicherweise nicht immer aufgelöst werden. Umso wichtiger werden aber dann die Erfahrungen von Mitarbeitenden mit der Staff Care ihrer Führungskraft, die sie bis zur Krise gemacht haben (Franke et al. 2014; Pundt und Felfe 2017). Dort wo bislang positive Erfahrungen vorliegen, werden krisenbedingte Führungsdefizite mit großer Wahrscheinlichkeit besser kompensiert als dort, wo auch vorher wenig gesundheitsorientiert geführt wurde. In diesem Sinne kann gesundheitsförderliches Führen vor der Krise in der Krise präventive Wirksamkeit entfalten.

17.3.3 Veränderung von Self Care in Krisen

Der Befund, dass Krisen besonders dann zu einem Rückgang der Staff Care führen, wenn die Führungskraft selbst stark beansprucht ist, spricht dafür, die Self Care stärker in den Blick zu nehmen. Im Rahmen des oben genannten Experiments mit N = 169 Teilnehmern wurde ebenfalls untersucht (nicht publizierter Teil von Studie 2b), wie sich allgemeine Krisen im Arbeitskontext auf die Self Care von Führungskräften auswirken. Tatsächlich zeigte sich eine signifikante Abnahme von Self Care in Krisensituationen. Führungskräfte, die sich in einer Krisensituation befanden, konnten sich im Vergleich zu Routinesituationen also weniger um die eigene Gesundheit kümmern.

Um diese experimentell gewonnenen Ergebnisse auch aus Sicht der Beschäftigten im Feld bestätigen zu können, wurden die Teilnehmer in der ebenfalls oben beschriebenen Befragung (nicht publizierter Teil von Studie 1, N = 264) zur Corona-Pandemie auch danach gefragt, wie sie die Self Care ihrer Führungskraft wahrnehmen. Hier beobachteten nur 23,3 % der Beschäftigten, die stark von der Krise betroffen waren, eine hoch ausgeprägte Self Care bei ihrer Führungskraft, im Vergleich zu 39,6 % der Beschäftigten, die weniger von der Krise betroffen waren. ◘ Abb. 17.5 veranschaulicht die Zustimmungswerte zu einzelnen Aussagen aus dem Fragebogen. Konkret zeigt sich zum Beispiel, dass es nur 33 % der stark von der Krise betroffenen Führungskräfte gelingt, durch gute Organisation Stress zu vermeiden, während der Anteil bei den weniger stark Betroffenen bei 44 % liegt. Umgekehrt hätten 37 % der stark von der Krise Betroffenen mehr Rücksicht auf ihre Gesundheit nehmen sollen, während der Anteil bei den weniger Betroffenen mit 24 % deutlich niedriger ausfällt.

Während Führungskräfte, die nicht oder weniger von Krisensituationen betroffen sind, also über mehr Kapazitäten verfügen, sich um

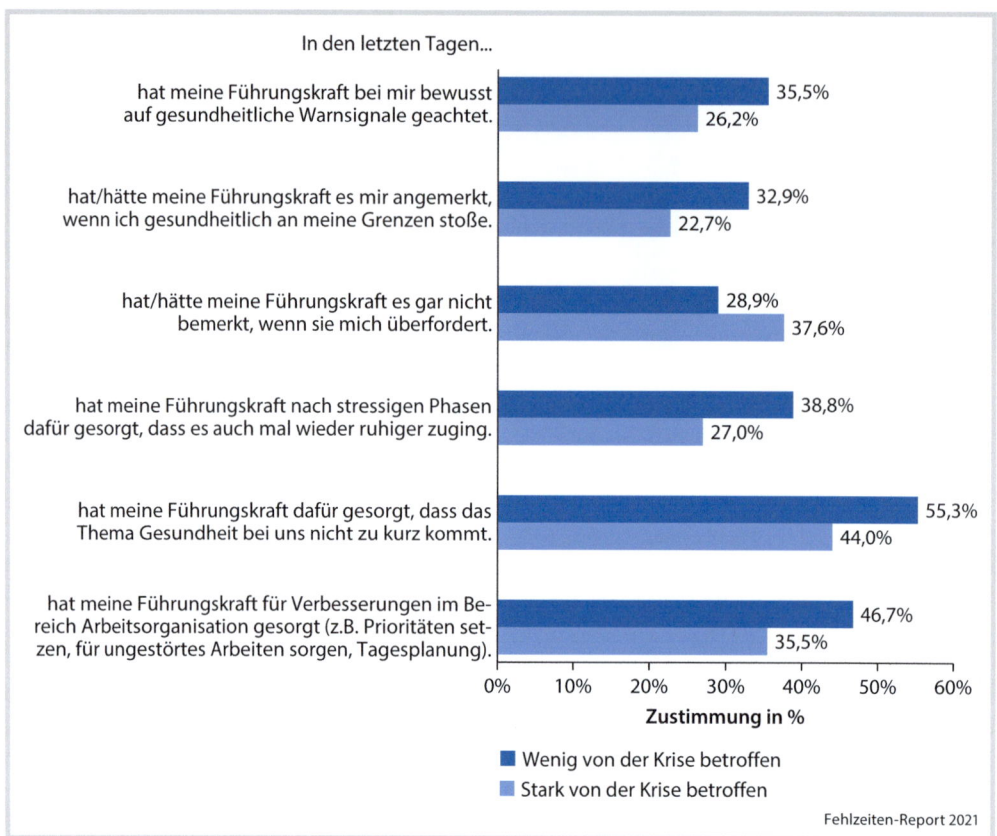

☐ **Abb. 17.5** Zustimmung zu Beispiel-Aussagen des Fragebogens zur Self Care der Führungskraft aus dem Inventar Health-oriented Leadership, in Abhängigkeit von der Betroffenheit durch die Corona-Krise (Studie 1, N = 264)

ihre eigene Gesundheit zu kümmern, scheinen stark von einer Krise betroffenen Führungskräften die Ressourcen dazu zu fehlen (Franke et al. 2014; Hobfoll et al. 2018). Erwartungsgemäß leidet in Krisen also nicht nur die Staff Care, sondern auch die gesunde Selbstführung von Führungskräften. Um langfristig zu vermeiden, dass sich Führungskräfte und Beschäftigte in Krisen in besonderer Weise verausgaben und aufzehren, sollten Organisationen gesundheitsorientierte Selbstführung für Führungskräfte und Mitarbeitende in „normalen Zeiten" fördern, damit in Krisenzeiten auf erlernte Schutzmechanismen zurückgegriffen werden kann (Franke et al. 2014; Pundt und Felfe 2017).

17.3.4 Förderung von Staff Care und Self Care

Im Folgenden wird aufgezeigt, wie Self Care und Staff Care gefördert werden können. Unternehmen und Führungskräfte können mithilfe der drei hier beispielhaft vorgestellten und empirisch geprüften Trainings und Coachings einen wesentlichen Beitrag für ihre eigene Gesundheit leisten und dabei Mitarbeitende fördern und unterstützen. Self Care und Staff Care leisten einen wesentlichen Beitrag für die Mitarbeitergesundheit; sie gewinnen in Krisenzeiten noch stärker an Bedeutung, können aber gerade da nur erschwert zum Einsatz gebracht werden. Umso wichtiger ist es, beides im Sinne der Prävention frühzeitig zu fördern. Es gibt mehrere Ansatzpunkte, um Self Care und Staff Care zu fördern.

Das **achtsamkeitsbasierte Stärken- und Ressourcentraining** (Krick et al. 2018) dient der Förderung von Self Care. Das Training umfasst sechs 90-minütige Termine, die in einem wöchentlichen Abstand stattfinden. Achtsamkeit wird dabei als eine Haltung gesehen, die auf die bewusste Wahrnehmung und Beobachtung des gegenwärtigen Augenblicks abzielt, anstatt von Vergangenem und Zukünftigem abgelenkt zu werden (Kabat-Zinn 2003). Zusätzlich wird die bewusste Körperwahrnehmung gefördert. Die entsprechenden Übungen zielen darauf ab, besser auf sich und den Körper zu achten, Warnsignale früher zu erkennen und die eigenen Grenzen besser wahrnehmen zu können. Die Förderung positiver Gedanken und Emotionen auf Basis der positiven Psychologie stellt die dritte Säule des Trainings dar. Das Training wurde wissenschaftlich evaluiert und erwies sich hinsichtlich subjektiver Kriterien (z. B. Self Care, Achtsamkeit) wie auch objektiver Effektivitätskriterien als wirksam (z. B. Herzrate, Herzratenvariabilität). Die Teilnehmenden des Trainings zeigten im Prä-Post-Vergleich eine signifikant höhere Achtsamkeit, Self Care und Herzratenvariabilität sowie eine Reduktion hinsichtlich Stresserleben und Beschwerden, während die Kontrollgruppe keine Veränderungen aufwies (Krick et al. 2021; Krick und Felfe 2019).

Die Grundlagen des HoL-Konzepts können mit dem **„Go-FüKo"-Training** zur Steigerung **G**esundheitsorientierter **Fü**hrungs**ko**mpetenz vermittelt werden. Der eintägige Workshop besteht aus vier Bausteinen: Im *ersten Baustein* wird das Konzept Health-oriented Leadership (HoL) vorgestellt und der Frage nachgegangen, warum man sich als Führungskraft mit dem Thema gesunde Führung und Betriebliches Gesundheitsmanagement beschäftigen sollte. Im *zweiten Baustein „Self Care"* wird die Vorbildwirkung thematisiert. Hier geht es um folgende Fragen: „Wie gut kümmere ich mich um meine eigene Gesundheit?" und „Wie sehr achte ich auf meine Gesundheit?". Im *dritten Baustein „Staff Care"* liegt der Fokus auf der Frage „Wie gut kümmere ich mich um die Gesundheit meiner Beschäftigten?". Mit Hilfe eines Selbstchecks wird die eigene Staff Care geprüft. Der Baustein endet mit der Formulierung konkreter Ziele, um die Gesundheit der Beschäftigten, aber auch die eigene Gesundheit zu fördern. Im *letzten Baustein „Cool-Down"* folgt die Abschlussreflexion und die Zusammenfassung der wichtigsten Trainingsinhalte. Erste Evaluationen zeigen, dass die Teilnehmenden vor allem von den praxisnahen Beispielen und der Reflexion profitierten (Krick et al. in Druck).

Die „Go-FüKo" Intervention dient als gute Grundlage für einen anschließenden **HoL-Coaching-Prozess**, in dem Führungskräfte ein differenziertes Feedback ihrer Beschäftigten zu Merkmalen der gesundheitsförderlichen Führung erhalten und im Team Maßnahmen für die Förderung der Gesundheit am Arbeitsplatz vereinbart werden. Der HoL-Coaching-Prozess besteht aus mehreren aufeinander aufbauenden Bausteinen und wird von einem Moderator/Coach professionell begleitet (Elprana et al. 2016): (1) Vorgespräch mit der Führungskraft, (2) Kick-off-Veranstaltung mit der Führungskraft und dem Team, (3) Diagnosephase als Online-Befragung mit dem HoL-Instrument, (4) Ergebnisreport, (5) individuelles Coaching-Gespräch mit der Führungskraft, (6) Workshop mit Führungskraft und Team zur Auswertung und (7) Vereinbarung von Maßnahmen. Dabei werden nicht nur Maßnahmen auf der Verhaltensebene der Führungskraft und des Teams entwickelt, sondern auch Arbeitsbedingungen und somit die Verhältnisebene (z. B. Arbeitsinhalte, Technik, Abläufe, Strukturen) miteinbezogen. Ein (8) Follow-up-Termin überprüft den Erfolg der Umsetzung. Die bisherigen Evaluationen zeigen, dass die beteiligten Führungskräfte und Mitarbeitenden profitieren konnten. So wurden in einer Studie 116 Mitarbeiterinnen aus 15 Teams einer Krankenkasse nach ihren Einschätzungen zum HoL-Prozess befragt (Felfe et al. 2017). Demnach konnte die Staff Care durch den HoL-Prozess erkennbar verbessert werden. Bei gut einem Viertel der Befragten wurden konkrete Belastungen am Arbeitsplatz reduziert. Ca. 40 % berichten, dass ihre Führungskraft gesundheitliche Warnsignale ihrer Teammitglieder besser wahrnimmt und auch entsprechend handelt. Knapp die Hälfte der Befragten hat zudem wichtige Anregungen für die eigene Self Care mitgenommen und beabsichtigt, gewissenhafter auf Warnsignale zu achten und sich konsequenter gesundheitsbewusst zu verhalten. In einer weiteren Studie haben 17 Führungskräfte einer Verwaltungsbehörde den Nutzen der HoL-Prozesse bewertet (Felfe et al. 2019). Über 90 % der Führungskräfte waren mit dem gesamten Prozess zufrieden und berichteten, persönlich davon profitiert zu haben. Nahezu alle vereinbarten Maßnahmen wurden als sinnvoll erachtet und 88 % der Führungskräfte konnten von einer weitgehenden Umsetzung berichten.

17.4 Digitale Führung und Gesundheit

In der oben bereits genannten Studie zu Beginn der Corona-Pandemie mit N = 264 Teilnehmern (Studie 1) hat sich außerdem gezeigt, dass die Beschäftigten bei der Arbeit vermehrt mit Belastungen konfrontiert waren. So haben in der Gruppe, deren Arbeit stark von der Corona-Pandemie betroffen war, 28,8 % der Teilnehmer von erheblichen arbeitsbezogenen Belastungen berichtet. Im Gegensatz dazu berichteten in der weniger betroffenen Gruppe nur 18,1 % von hohen Belastungen. Beispielsweise berichteten 50 % der stärker von der Pandemie betroffenen Beschäftigten, dass Kommunikations- und Abstimmungsprozesse schwieriger geworden sind, bei den wenig betroffenen Personen hingegen nur 28,8 %. Außerdem gaben in der stärker betroffenen Gruppe ca. 44 % an, dass ihre Arbeit stagniert oder wichtige Aufträge und Projekte nicht vorangehen, während dem in der weniger betroffenen Gruppe nur 27 % zustimmten. So mussten zu Beginn der Corona-Pandemie viele Beschäftigte kurzfristig ins Homeoffice wechseln, was zu Störungen im Betriebsablauf führte. Aufgrund vermehrter Probleme in der Kommunikation und bei Betriebsabläufen wurde der Prozess der Digitalisierung in vielen Bereichen enorm beschleunigt.

Homeoffice und Digitalisierung stellen für die Führung allgemein, aber auch für die gesundheitsförderliche Führung neue Herausforderungen dar. Zwar können durch Homeoffice Zeitautonomie und Flexibilität verbessert, Vereinbarkeit erleichtert und Arbeitswege gespart werden, aber Führungskräfte sollten sich auch spezifischer Risiken bewusst sein, die sie berücksichtigen müssen (Entgrenzung, soziale Isolation, fehlendes Feedback, weniger soziale Unterstützung, ständige Erreichbarkeit). Durch den fehlenden Face-to-Face-Kontakt wird die Kommunikation schwieriger und aufwendiger, es entstehen leichter Missverständnisse und damit Konflikte und gesundheitliche Warnsignale sind schwerer erkennbar. Gerade für neue Teammitglieder werden das Onboarding und die Entwicklung von Beziehungen, Identifikation und Commitment erschwert. Werden überwiegend Webkonferenzen genutzt, ist besonders auf eine sorgfältige und gut strukturierte Kommunikation zu achten. Insgesamt ist mit einem höheren Aufwand für Kommunikation und Koordination zu rechnen. Fehlendes Feedback, Unterbrechungen durch Übertragungsprobleme etc. führen leichter zu Verständnisschwierigkeiten und Missverständnissen, deren Konsequenzen sich erst in der weiteren Zusammenarbeit zeigen und dann zu Konflikten führen. Für Führungskräfte ist es schwieriger, bei ihren Beschäftigten Belastungen und Ressourcen auszubalancieren, zum Beispiel bei Überlastung Arbeitsaufträge anzupassen oder für regelmäßige Pausen zu sorgen und damit gesundheitsorientiert zu führen (Antoni und Syrek 2017). Während es einigen gelingt, sich im Homeoffice gut zu organisieren, fällt dies anderen ohne die äußere Struktur schwerer. Viele lassen sich ablenken oder leiden an der sozialen Isolation. Dies kann die Leistung beeinträchtigen. Führungskräfte müssen die Arbeitsbedingungen im Homeoffice mitdenken und können nicht davon ausgehen, dass alle Beschäftigten hier gleiche und gute Bedingungen haben: Anforderungen durch Kinderbetreuung, räumliche Enge, keine ergonomischen Arbeitsbedingungen oder Internetprobleme können Beschäftigte in unterschiedlichem Maße zusätzlich belasten. Für den Umgang mit Online-Kommunikation, ob als E-Mail, Webkonferenz oder in der Arbeit mit Cloudlösungen müssen Kompetenzen und Regeln entwickelt werden. Umso wichtiger ist es im Sinne gesundheitsförderlicher Führung, diese Risiken zu erkennen und gemeinsam mit den Beschäftigten Maßnahmen zu entwickeln. Nicht zu vergessen ist, dass die gleichen Belastungen und Risiken auch für Führungskräfte zutreffen können. Die zuvor betonte Vorbildwirkung der Self Care der Führungskraft ist zudem im Homeoffice für die Mitarbeitenden weniger erkennbar.

17.5 Fazit

Der drohende Verlust von Handlungsfähigkeit ist ein prägendes Wesensmerkmal der Krise. Damit heißt Krisenbewältigung Erhalt und Wiederherstellung von Handlungsfähigkeit, soweit es unter den gegebenen Bedingungen möglich ist. Wiederhergestellte Handlungsfähigkeit zeigt sich darin, dass Ziele wieder erreicht werden können, stabil flexible Handlungsmuster und -routinen wieder funktionieren oder neu aufgebaut werden (Ducki 2017). Führungskräfte und Beschäftigte haben in der Pandemie in vielen Unternehmen ihre Flexibilität und Anpassungsfähigkeit bewiesen. Abstands- und Hygieneregeln mussten an betriebliche Kontexte angepasst werden, Bedingungen für das Arbeiten von zu Hause mussten geschaffen und Aufgaben neu verteilt werden und Teams mussten sich neu sortieren. In den meisten Unternehmen ist dies teilweise unter großer Kraftanstrengung aller Beteiligten gelungen. Da im Krisenmodus oft unter Zeitdruck mit eingeschränkten Ressourcen und -möglichkeiten maximale Wirkung erzielt werden muss, musste priorisiert werden. Gesundheitsorientierte Mitarbeitendenführung in einer Pandemie muss in erster Linie Gefahren für Leib und Leben durch entsprechende Arbeitsschutz- und Hygienemaßnahmen verhindern. Manche wünschenswerte gesundheitsförderliche Maßnahmen wurden im Sinne der Priorisierung zurückgestellt. Auch wenn es insgesamt schwieriger ist, gesundheitsförderlich zu führen, zeigen unsere Befunde, dass es gerade in Krisensituationen einen Unterschied macht, ob sich Führungskräfte noch im Sinne gesundheitsförderlicher Führung engagieren oder ihr Engagement weitgehend zurückfahren.

Viele Beschäftigte haben Überdurchschnittliches geleistet und viele Führungskräfte haben ihre Mitarbeitenden weitgehend sicher durch die Krise navigiert. Nach der Krise wird es wichtig sein, dass sowohl Führungskräfte als auch Mitarbeitende ihre Akkus wieder aufladen können. Wie gut dies gelingt, ist wesentlich davon abhängig, wie gut qualifiziert Führungskräfte und Mitarbeitende in der gesundheitsorientierten Selbstführung sind. Je frühzeitiger und breitflächiger hier Kompetenzen in normalen Zeiten aufgebaut werden konnten, desto stärker können Beschäftige und Führungskräfte in Krisenzeiten davon profitieren und nach Krisenzeiten wieder in einen ausgewogeneren „Normalzustand" zurückfinden. Die nächste Krise kommt bestimmt. Unternehmen können durch die kontinuierliche Qualifizierung zu gesundheitsorientierter Führung und gesundheitsbezogener Selbstsorge ein wichtiges Fundament für zukünftige Resilienz und Krisenfestigkeit legen.

Literatur

Antoni CH, Syrek C (2017) Digitalisierung der Arbeit: Konsequenzen für Führung und Zusammenarbeit. Gruppe Interakt Organ 48:247–258. https://doi.org/10.1007/s11612-017-0391-5

Backhaus N, Wöhrmann A, Tisch A (2020) BAuA-Arbeitszeitbefragung: Telearbeit in Deutschland. https://www.baua.de/DE/Angebote/

Publikationen/Bericht-kompakt/Telearbeit.pdf?__blob=publicationFile&v=4. Zugegriffen: 7. Mai 2021

Baumann H, Kohlrausch B (2021) Homeoffice: Potenziale und Nutzung. Aktuelle Zahlen aus der HBS-Erwerbspersonenbefragung, Welle 1 bis 4 (No 52). WSI Policy Brief

Bentley TA, Teo STT, McLeod L, Tan F, Bosua R, Gloet M (2016) The role of organisational support in teleworker wellbeing: a socio-technical systems approach. Appl Ergon 52:207–215. https://doi.org/10.1016/j.apergo.2015.07.019

Budhwar P, Cumming D (2020) New directions in management research and communication: lessons from the COVID-19 pandemic. Brit J Manag 31(3):441–443. https://doi.org/10.1111/1467-8551.12426

Day A, Paquet S, Scott N, Hambley L (2012) Perceived information and communication technology (ICT) demands on employee outcomes: the moderating effect of organizational ICT support. J Occup Health Psychol 17(4):473–491. https://doi.org/10.1037/a0029837

Ducki A (2017) Nervöse Systeme – Leben in Zeiten der Krise: Ein Überblick. In: Badura B, Ducki A, Schröder H, Klose J, Meyer M (Hrsg) Fehlzeiten-Report 2017. Krise und Gesundheit: Ursachen, Prävention und Bewältigung. Springer, Berlin, Heidelberg, New York, S 1–8

Elprana G, Felfe J, Franke F (2016) Gesundheitsförderliche Führung diagnostizieren und umsetzen. In: Felfe J, van Dick R (Hrsg) Handbuch Mitarbeiterführung. Wirtschaftspsychologisches Praxiswissen für Fach- und Führungskräfte. Springer, Berlin, Heidelberg, S 143–156

Felfe J (2006) Transformationale und charismatische Führung – Stand der Forschung und aktuelle Entwicklungen. Z Personalpsychol 5(4):163–176. https://doi.org/10.1026/1617-6391.5.4.163

Felfe J, Krick A, Ducki A (2019) Gesundheitsförderliche Führung erfolgreich umsetzen. In: Bergner S, Fleiß J, Gutschelhofer A (Hrsg) Wandel gestalten – Herausforderungen und Ergebnisse der empirischen Managementforschung. Grazer Universitätsverlag & Leykam, Graz, S 23–41

Felfe J, Pundt F, Krick A (2017) Gesundheitsförderliche Führung = Ressource für Mitarbeiter/-innen – Belastung für Führungskräfte? In: Busch C, Ducki A, Dettmers J, Witt H, Bamberg E (Hrsg) Der Wert der Arbeit. Festschrift zur Verabschiedung von Eva Bamberg. Rainer Hampp, Augsburg, S 241–255

Franke F, Felfe J (2011a) Diagnose gesundheitsförderlicher Führung – Das Instrument Health oriented leadership. In: Badura B, Ducki A, Schröder H, Klose J, Macco K (Hrsg) Fehlzeiten-Report 2011. Führung und Gesundheit. Springer, Berlin, Heidelberg, New York, S 3–13

Franke F, Felfe J (2011b) How does transformational leadership impact employees' psychological strain? Leadership 7(3):295–316. https://doi.org/10.1177/1742715011407387

Franke F, Felfe J, Pundt A (2014) The impact of health-oriented leadership on follower health: development and test of a new instrument measuring health-promoting leader-ship. Z Personalforsch 28(1/2):139–161. https://doi.org/10.1177/239700221402800108

Gajendran RS, Harrison DA (2007) The good, the bad, and the unknown about tele-commuting: meta-analysis of psychological mediators and individual consequences. J Appl Psychol 92(6):1524–1541. https://doi.org/10.1037/0021-9010.92.6.1524

Golden TD, Veiga JF, Dino RN (2008) The impact of professional isolation on tele-worker job performance and turnover intentions: Does time spent teleworking, interacting face-to-face, or having access to communication-enhancing technology matter? J Appl Psychol 93(6):1412–1421. https://doi.org/10.1037/a0012722

Hobfoll SE, Halbesleben J, Neveu J-P, Westman M (2018) Conservation of resources in the organizational context: the reality of resources and their consequences. Annu Rev Organ Psychol Organ Behav 5(1):103–128. https://doi.org/10.1146/annurev-orgpsych-032117-104640

Horstmann D (2018) Enhancing employee self-care. Eur J Health Psychol 25(3):96–106. https://doi.org/10.1027/2512-8442/a000014

Kabat-Zinn J (2003) Mindfulness-based interventions in context: past, present, and future. Clin Psychol Sci Pract 10(2):144–156. https://doi.org/10.1093/clipsy/bpg016

Kaluza AJ, Boer D, Buengeler C, van Dick R (2019) Leadership behaviour and leader self-reported well-being: a review, integration and meta-analytic examination. Work Stress 26:1–23. https://doi.org/10.1080/02678373.2019.1617369

Klebe L, Felfe J, Klug K (2021) Healthy leadership in turbulent times: the effectiveness of health-oriented leadership in crisis. Brit J Manag. https://doi.org/10.1111/1467-8551.12498

Klebe L, Klug K, Felfe J (in press) The show must go on: Health-oriented leadership and follower exhaustion during the Covid-19 crisis. Ger J Work Organ Psychol

Klebe L, Felfe J, Klug K (2021) Mission impossible? Effects of team crisis, leader and follower strain on health-oriented leadership. Eur Manag J. https://doi.org/10.1016/j.emj.2021.07.001

Klug K, Felfe J, Krick A (2019) Caring for oneself or for others? How consistent and in-consistent profiles of health-oriented leadership are related to follower strain and health. Front Psychol 10:2456. https://doi.org/10.3389/fpsyg.2019.02456

Köppe C, Kammerhoff J, Schütz A (2018) Leader-follower crossover: exhaustion predicts somatic complaints via staffcare behavior. JMP 33(3):297–310. https://doi.org/10.1108/JMP-10-2017-0367

Kranabetter C, Niessen C (2016) Managers as role models for health: moderators of the relationship of transformational leadership with employee exhaustion and cynicism. J Occup Health Psychol 22(4):492–502. https://doi.org/10.1037/ocp0000044

Krick A, Felfe J (2019) Who benefits from mindfulness? The moderating role of personality and social norms for the effectiveness on psychological and physiological outcomes among police officers. J Occup Health Psychol 25(2):99–112. https://doi.org/10.1037/ocp0000159

Krick A, Felfe J, Renner K-H (2018) Stärken- und Ressourcentraining. Ein Gruppentraining zur Gesundheitsprävention am Arbeitsplatz. Hogrefe, Göttingen https://doi.org/10.1026/02920-000

Krick A, Felfe J, Klug K (2021) Building resilience: trajectories of heart rate variability during a mindfulness-based intervention and the role of individual and social characteristics. Int J Stress Manag. Advance online publication. https://doi.org/10.1037/str0000227

Krick A, Wunderlich I, Felfe J (in Druck) Gesundheitsförderliche Führung – Wie Führungskräfte ihre gesundheitsorientierte Führungskompetenz erweitern können! In: Michel A, Hoppe A (Hrsg) Handbuch Gesundheitsförderung bei der Arbeit. Springer, Wiesbaden

Luceño-Moreno L, Talavera-Velasco B, García-Albuerne Y, Martín-García J (2020) Symptoms of posttraumatic stress, anxiety, depression, levels of resilience and burnout in Spanish health personnel during the COVID-19 pandemic. IJERPH 17(15):5514. https://doi.org/10.3390/ijerph17155514

Mäkiniemi J-P, Ahola S, Joensuu J (2020) A novel construct to measure employees' technology-related experiences of well-being: empirical validation of the Techno-Work Engagement Scale (TechnoWES). Scand J Work Organ Psychol 5(1):4. https://doi.org/10.16993/sjwop.79

Montano D, Reeske A, Franke F, Hüffmeier J (2017) Leadership, followers' mental health and job performance in organizations: a comprehensive meta-analysis from an occupational health perspective. J Organ Behav 38(3):327–350. https://doi.org/10.1002/job.2124

Nielsen K, Randall R, Yarker J, Brenner S-O (2008) The effects of transformational leadership on followers' perceived work characteristics and psychological well-being: a longitudinal study. Work Stress 22(1):16–32. https://doi.org/10.1080/02678370801979430

Park S, Cho YJ (2020) Does telework status affect the behavior and perception of supervisors? Examining task behavior and perception in the telework context. Int J Hum Resour Manag. https://doi.org/10.1080/09585192.2020.1777183

Pundt F, Felfe J (2017) Health-oriented Leadership. Instrument zur Erfassung gesundheitsförderlicher Führung. Hogrefe, Göttingen

Santa Maria A, Wolter C, Gusy B, Kleiber D, Renneberg B (2019) The impact of health-oriented leadership on police officers' physical health, burnout, depression and well-being. Policing 13(2):186–200. https://doi.org/10.1093/police/pay067

Wang Y, Haggerty N (2011) Individual virtual competence and its influence on work out-comes. J Manag Inf Syst 4:299–333

Wegge J, Shemla M, Haslam SA (2014) Leader behavior as a determinant of health at work: specification and evidence of five key pathways. Z Personalforsch 28(1/2):6–23. https://doi.org/10.1177/239700222140280010

Wu W, Zhang Y, Wang P, Zhang L, Wang G, Lei G et al (2020) Psychological stress of medical staffs during outbreak of COVID-19 and adjustment strategy. J Med Virol 92(10):1962–1970. https://doi.org/10.1002/jmv.25914

Gestaltung der Arbeit im Homeoffice als hybrides Arbeitsortmodell

Die Arbeit im Homeoffice ist nur so gut wie die Arbeit im Office

Rainer Wieland und Sara Groenewald

Inhaltsverzeichnis

18.1 Einleitung – 296

18.2 Soziotechnischer Systemansatz und MTO-Konzept als Gestaltungsrahmen – 297

18.3 Das BO-HO-Modell zur Integration der Arbeit im betrieblichen Office und im Homeoffice – 299
18.3.1 Anforderungen und Ressourcen (A) – 301
18.3.2 Psychische Regulation und Befinden im Arbeitsprozess (B) – 304
18.3.3 Homeoffice-spezifische Anforderungen und Belastungen – 307

18.4 Ausblick – 307

Literatur – 308

Zusammenfassung

In diesem Beitrag wird mit dem soziotechnischen Systemansatz bzw. dem MTO-Ansatz (▶ Abschn. 18.2) zunächst ein Gestaltungsrahmen für die Arbeit im Homeoffice skizziert. Das anschließend dargestellte BO-HO-Modell (▶ Abschn. 18.3) baut auf dem MTO-Ansatz auf und erweitert ihn zu einem integrativen Konzept zur simultanen Analyse, Bewertung und Gestaltung[1] der Arbeit im betrieblichen Office und im Homeoffice. Integrativ bedeutet, (a) die Arbeitssituation im Betrieb und im Homeoffice simultan zu analysieren, (b) nach arbeitspsychologischen Kriterien zu bewerten, um dann daraus (c) gezielte Hinweise für eine ganzheitliche Gestaltung der Arbeitstätigkeit im BO-HO-Wirkungsgefüge abzuleiten. Der Ausblick in ▶ Abschn. 18.4 geht auf die Schlussfolgerungen ein, die sich daraus für eine anwendungsorientierte und gestaltungswirksame (arbeitspsychologische) Forschungsstrategie ableiten lassen.

18.1 Einleitung

Das Thema „Arbeit im Homeoffice" hat in den letzten zwei Jahren als Folge der COVID-19-Pandemie einen regelrechten Boom ausgelöst. Die Zahl der Erwerbstätigen, die im Homeoffice (HO) arbeiten, ist ebenso rasant gestiegen wie die Anzahl der Befragungen durch Meinungsforschungsinstitute, Krankenkassen, Verbände u. ä. Auch die Zahl wissenschaftlicher Publikationen zum Thema Homeoffice ist sprunghaft gestiegen (s. z. B. Hernández 2020; Hernández et al. 2021; Kramer und Kramer 2020; Dingel und Neiman 2020). Die untersuchten Facetten sind sehr vielfältig: Sie reichen von arbeits- und datenschutzrechtlichen Aspekten, der ergonomischen Gestaltung des Heimarbeitsplatzes, den zusätzlichen Anforderungen an die Selbstregulation und Familienregulation bis hin zu Studien, die sich mit der psychischen und körperlichen Befindlichkeit im Homeoffice (HO) beschäftigen. Besondere Aufmerksamkeit wurde der Frage gewidmet, welche Vor- bzw. Nachteile Arbeitnehmer:innen bzw. Arbeitgeber:innen für die Arbeit im HO sehen. So steigert die Arbeitstätigkeit im HO die Konzentration, Motivation und Produktivität, während sich zugleich die Fehlzeiten im Vergleich zum betrieblichen Office reduzieren (vgl. Wieland und Groenewald 2021). Auch zu den längerfristigen gesundheitlichen Beschwerden von flexibler Arbeit bzw. Homeoffice als hybrider Arbeitsform finden sich bereits eine Vielzahl von Überblicksarbeiten (vgl. z. B. Waltersbacher et al. 2019).

Die Mehrzahl der aktuellen HO-Studien basieren vorwiegend auf subjektiven Urteilen der Befragten. Was die Ergebnisse dieser Studien bedeuten, nach welchen Maßstäben und Kriterien sie zu bewerten sind und welche Gestaltungsoptionen sich daraus ableiten lassen, dazu finden sich bisher kaum entsprechende konzeptionelle Arbeiten bzw. empirische Studien. Vor allem gibt es bisher keine wissenschaftlich fundierten Gestaltungskonzepte, welche die Arbeit im HO aus einer ganzheitlichen Perspektive betrachten. Ganzheitlich bedeutet, die Arbeit im HO und die Arbeit im betrieblichen Office (BO) in ihrem Wechselwirkungsgefüge zu analysieren und zu bewerten, um daraus menschengerechte und zugleich ökonomisch effiziente Gestaltungsmodelle abzuleiten. Arbeitspsychologisch fundierte Gestaltungskonzepte können (und sollten) so einen gesellschaftlich wie wirtschaftlich substanziellen Beitrag für die „Homeoffice-Arbeit von morgen" leisten.

---

1 Aus arbeitspsychologischer Perspektive bilden Analyse, Bewertung und Gestaltung eine Einheit. Das bedeutet: Analysemethodik und -verfahren sollten theoretisch so fundiert sein, dass sich daraus die Kriterien zur Bewertung der Arbeitssituation direkt ableiten lassen. Im nächsten Schritt sollte die Beurteilung der Arbeitssituation zuverlässige und zielgerichtete Hinweise zur Gestaltung liefern (vgl. dazu Ulich 2011; Hacker und Sachse 2014).

18.2 Soziotechnischer Systemansatz und MTO-Konzept als Gestaltungsrahmen

Ausgangspunkt unserer Betrachtungen ist das grundlegende Verständnis von Arbeitssystemen als soziotechnische Systeme, in denen technologische Entwicklungen, organisationale Strukturen und individuelle Qualifikationen und Ressourcenpotenziale in ihren Wechselwirkungen betrachtet werden. Dieses Verständnis findet sich auch im Konzept **M**ensch, **T**echnik und **O**rganisation (Strohm und Ulich 1997; Ulich 2011, 2013). Beide, der MTO-Ansatz wie auch der soziotechnische Systemansatz, stellen das *Primat der Aufgabe* in den Mittelpunkt. „Die Arbeitsaufgabe verknüpft das soziale mit dem technischen Teilsystem und verbindet den Menschen mit den organisationalen Strukturen" (Ulich 2013, S. 6).

Der Charakter der Arbeitsaufgabe als subjektive Interpretation (Redefinition) des Arbeitsauftrags (s. dazu Hacker und Sachse 2014) und als Schnittstelle zwischen Mensch und Organisation sowie zwischen Mensch und Technik macht die *Arbeitsaufgabe* zum relevantesten und wirkungsvollsten Teil der Arbeitsgestaltung. Dies gilt sowohl für die *Arbeitstätigkeit im betrieblichen Office* als auch die *Arbeitstätigkeit im Homeoffice*. Die aus den individuellen (M), technischen (T) und organisatorischen (O) Rahmenbedingungen resultierenden Arbeitsaufträge bzw. Arbeitsaufgaben unterscheiden sich im HO bzw. BO für den Einzelnen prinzipiell nicht. Das bedeutet allerdings nicht, dass die spezifischen Rahmenbedingungen der Arbeit im HO als psychisch, gesundheitlich oder produktivitätswirksame Einflussfaktoren marginal sind. Sie sind jedoch zum einen aufgrund der unterschiedlichen Familien- und Wohnverhältnisse[2] äußerst heterogen und komplex. Zum anderen gibt es bisher kaum systematische Forschung darüber, wie die heterogenen Bedingungen des HO mit unterschiedlichen beruflichen Tätigkeiten in Wechselwirkung miteinander stehen. Ist die „Situation Homeoffice" für die Tätigkeit einer Führungskraft mit eigenem Arbeitszimmer und hohem Entscheidungs- und Handlungsspielraum vergleichbar mit der Tätigkeit eines Call-Center-Mitarbeiters, der seinen Arbeitsplatz in der Küche hat? So erlaubt das eigene Arbeitszimmer störungsfreies Arbeiten, die „Arbeit in der Küche" dagegen kann durch den Aufenthalt anderer Sozialpartner (Lebens-/Ehepartner, Kinder) leicht unterbrochen werden. Worüber sprechen wir, wenn wir von der Arbeit im HO reden? Damit wird deutlich: die *Arbeit im HO kann nicht als eigenständige Arbeitsform* betrachtet werden, sondern als zweiter, alternativer Arbeitsort, der durch spezifische Rahmenbedingungen und Zusatzanforderungen (z. B. erhöhte Anforderungen an die Selbst- und Familienregulation etc.) in der eigenen Wohnung geprägt ist.

Psychologische Arbeitsgestaltung im HO (wie auch im BO) sollte deshalb die Arbeitsaufgaben und ihre Einbettung in das MTO-Wirkungsgefüge als zentralen Gestaltungsgegenstand in den Vordergrund rücken. Die Art und Weise, wie Arbeitsaufträge und -aufgaben zur Herstellung eines Produktes oder Teilproduktes in einer Abteilung oder einem Team verteilt sind und welche Tätigkeitsspielräume (Entscheidungsbefugnisse, Handlungsspielräume) eine Person bzw. ein Team haben, werden durch das MTO-Wirkungsgefüge bestimmt. Betrachtet man das BO-HO-Wirkungsgefüge aus der MTO-Perspektive, lässt sich nach gegenwärtigem Forschungsstand u. a. Folgendes feststellen:

Die *technische Realisierbarkeit* (T) sowie regulatorische und datensicherheitstechnische Rahmenbedingungen als Grundvoraussetzung für Homeoffice sind inzwischen weitgehend vorhanden (s. dazu auch Ahlers et al. 2021). Dies ergab auch die Studie von Hofmann et al. (2020), an der knapp 500 Unternehmen aus verschiedenen Branchen mit unter-

---

2   Entscheidend ist z. B., ob ein eigenes Arbeitszimmer vorhanden ist oder nicht.

schiedlichen Unternehmensgrößen teilgenommen haben. Zum größten Teil gehörten die Unternehmen der Privatwirtschaft an, waren im Dienstleistungsbereich tätig und hatten mehr als 1.000 Mitarbeitende. Zu diesen Rahmenbedingungen zählen sowohl remotefähige Anwendungen, VPN-Zugänge, die Bereitstellung von Laptops, Digitalisierung von Arbeitsdokumenten als auch digitale Arbeitszeiterfassung. Bezüglich der Qualität der ergonomischen Arbeitsplatzausstattung (Beleuchtung, Blendung, Lärm etc.) liegen bisher kaum empirische Erkenntnisse für die Arbeit im HO vor, ebenso wenig zur Gefährdungsbeurteilung, auch hinsichtlich der psychischen Belastung.

Organisation. Die systematische Integration der aufgabenbezogenen Arbeitsablaufprozesse und der sozialen bzw. interaktiven Kommunikationsprozesse der Arbeit im BO und HO fehlt bisher in den meisten Unternehmen, ebenso sind unternehmensweite Strategien für entsprechende führungskräfteseitige Kompetenzentwicklung bisher kaum anzutreffen. In mehr als der Hälfte der von Hofmann et al. (2020) befragten Unternehmen wird hier ein definitiver Schulungs- und Kulturentwicklungsbedarf gesehen (vgl. dazu auch Müller 2021). Kolzuniak (2017) betont in diesem Zusammenhang die Notwendigkeit einer flexiblen, offenen und vernetzten Führungskultur. Die Frage, was für das Thema Führung im Zusammenhang mit HO am wichtigsten ist, beantworten 18 % der Befragten aus der Bank-Branche mit „mehr Offenheit der Führungskräfte" (Kolzuniak 2017). Das Verhalten ihrer unmittelbaren Führungskräfte wird als eines der wichtigsten Themen in Bezug auf Homeoffice angesehen. Krankenkassen wie z. B. die DAK (2020) bieten deshalb auch bereits spezielle Seminare für Führungskräfte zum Umgang mit ihrer neuen Rolle als ferne, „digitale Chefs" an. Ungeklärt ist gegenwärtig auch, welche Auswirkungen der zeitliche Anteil der Arbeit im HO an der Gesamtarbeitszeit auf das Wohlbefinden, die Leistung (Produktivität) und insbesondere auf den oft beklagten Mangel an persönlicher Kommunikation mit Kolleg:innen und den unmittelbar vorgesetzten Führungskräften hat.[3] Gibt es eine Verteilung der Arbeitszeiten im BO bzw. HO, deren positive Wirkungen gegenüber den negativen überwiegen? Wie unterscheiden sich verschiedene Tätigkeitsklassen (z. B. Verwaltungstätigkeiten und kreative Tätigkeiten, wie die Softwareentwicklung) in Bezug auf eine optimale Verteilung?

Mensch. Die *Aufgabenbewältigung* im HO scheint nach aktuell vorliegenden Befunden besser zu gelingen als die Arbeit im betrieblichen Office. Dies betrifft z. B. das *Autonomieerleben, die Flexibilität*, den *Handlungsspielraum* bei der Aufgabenbewältigung, sowie die Arbeitszufriedenheit (Beermann et al. 2019). Die Art der Tätigkeit (komplex vs. einfach, viel vs. wenig Tätigkeitsspielraum bei der Aufgabenbearbeitung) hat deutliche Auswirkungen auf die *Gesundheit*: Je größer der inhaltliche und zeitliche Handlungsspielraum ist, so zeigen Studien zur Teleheimarbeit, desto höher ausgeprägt sind das Wohlbefinden und die Gesundheit der im Homeoffice Arbeitenden (Wieland 1999; Treier 2001). Nicht selten wird allerdings unentgeltliche Mehrarbeit geleistet (Brenke 2016) und es besteht die Gefahr einer erhöhten ständigen Erreichbarkeit für berufliche Belange (M-O-Schnittstelle; Beermann et al. 2017). Wie Ahlers et al. (2021) feststellen, „... zeigen sich aber auch die Risiken und Nachteile des Homeoffice [während der Pandemie; Anmerk. RW und SG]. Diese bestehen in erster Linie in den mangelnden Kommunikationsmöglichkeiten unter den Kolleg:innen und der Gefahr von Arbeitszeitentgrenzung und Überlastung" (a. a. O., S. 1). Eine aktuelle Studie von Frodermann et al. (2020) zeigt, dass im Vergleich zu 2019 am Anfang der COVID-19-Pandemie die Zahl der Beschäftigten, deren Mehrarbeit nicht entlohnt wird, gestiegen ist. Insgesamt haben zwar weniger Beschäftigte Überstunden geleistet, dennoch haben diejenigen, die Überstunden ge-

---

3   S. dazu BARMER Studie 2021; Wieland und Groenewald 2021.

leistet haben, im Schnitt pro Woche mehr als 1,5 Überstunden mehr gemacht als vor der Pandemie.

Ein Grund dafür, dass das MTO-Konzept als menschengerechtes und ökonomisch effektives (wirksames) und effizientes (sparsames) Gestaltungskonzept in Unternehmen bisher nicht gelebt wird, scheint u. a. darin zu liegen, „… dass es bei den relevanten Entscheidungsträgern wenig bekannt und zudem schwer zugänglich ist, praktisch wie inhaltlich" (Grote 2018, S. 215). Hier offenbart sich ein in der Praxis häufig beobachteter Sachverhalt: Qualifizierungskonzepte für Führungskräfte in Bezug auf die Gestaltung von Arbeitstätigkeiten sind bisher kaum zu finden. Weiterbildungskonzepte für Führungskräfte, die das Thema „Arbeitsgestaltung als Führungsaufgabe" in den Vordergrund stellen, könnten hier sehr hilfreich sein. Erfolgversprechend werden solche Weiterbildungen dabei insbesondere dann sein, wenn damit auch „praktische Übungen" im Arbeitsalltag der Führungskräfte verbunden sind.

Aus der MTO-Perspektive betrachtet können wir zusammenfassend feststellen: *Die Arbeit im Homeoffice ist immer nur so gut wie die Arbeit im Office.* Gestaltungskonzepte für die Arbeit im HO können vor allem dann gelingen, wenn die Arbeit im BO optimal gestaltet ist. Dazu bietet die Arbeitspsychologie theoretisch begründete, wissenschaftlich fundierte und in der Praxis bewährte Konzepte für eine motivations-, gesundheits- und persönlichkeitsförderliche und zugleich wirtschaftlich effiziente Gestaltung von Arbeitstätigkeiten und ihren Ausführungsbedingungen (vgl. dazu Strohm und Ulich 1997; Rau 2004; Ulich 2011; Hacker und Sachse 2014; Wieland 2010, 2014; Hacker 2020). Handlungsleitend für die Anwendung arbeitspsychologischer Konzepte sind dabei zwei Grundsätze bzw. Maximen:[4] (1) In der Sachlogik ist die Verhaltensprävention (z. B. Qualifizierung, Stressbewältigungstraining) der Verhältnisprävention (Gestaltung der Arbeitssituation) stets *nachgeordnet.* (2) Analyse, Bewertung und Gestaltung der Arbeit bilden stets eine Einheit (vgl. dazu Ulich 2011; Wieland und Hammes 2015).

18.3 Das BO-HO-Modell zur Integration der Arbeit im betrieblichen Office und im Homeoffice

In diesem Abschnitt wird ein integratives Modell zur ganzheitlichen, simultanen Analyse, Bewertung und Gestaltung von Arbeitstätigkeiten vorgeschlagen, die an verschiedenen Arbeitsorten zu erledigen sind. Das BO-HO-Modell (s. ◘ Abb. 18.1) stellt eine Erweiterung des Fünf × Fünf-Wirkungsmodells (FFW-Modell) von Wieland (vgl. Wieland 2014; Wieland und Hammes 2014) dar, das sich im Rahmen der Gefährdungsbeurteilung psychischer Belastung sowie in betrieblichen Projekten zur Kompetenzentwicklung sehr gut bewährt hat. Die Erweiterung bezieht sich darauf, dass es hier um die Analyse und Gestaltung *einer* beruflichen Tätigkeit an *zwei* Arbeitsorten geht. Ganzheitlich bedeutet, (a) die Arbeitssituation im Betrieb und im Homeoffice simultan zu analysieren, nach (b) vergleichbaren arbeitspsychologischen Kriterien zu bewerten, um dann daraus (c) gezielte Hinweise zur Gestaltung der Arbeitstätigkeit im BO-HO-Wirkungsgefüge abzuleiten.[5]

Das BO-HO-Modell gliedert sich in *drei Komponenten* und *fünf Merkmalsbereiche*: Anforderungen/Ressourcen (A), Psychische Re-

---

[4] Im Sinne von Kant: „Man gewinnt schon sehr viel, wenn man eine Menge von Untersuchungen unter die Formel einer einzigen Aufgabe bringen kann" (Kant 1911/2013, S. 52).

[5] Die zuverlässige und valide Erfassung der Arbeitssituation an beiden Arbeitsorten setzt natürlich entsprechende Analyseinstrumente voraus. Während diese für die betriebliche Arbeit seit Jahren vorliegen (s. Dunckel 1999), fehlen zur Erfassung der Arbeitssituation im Homeoffice wissenschaftlich fundierte Instrumente zur validen Erfassung der spezifischen Bedingungen im HO.

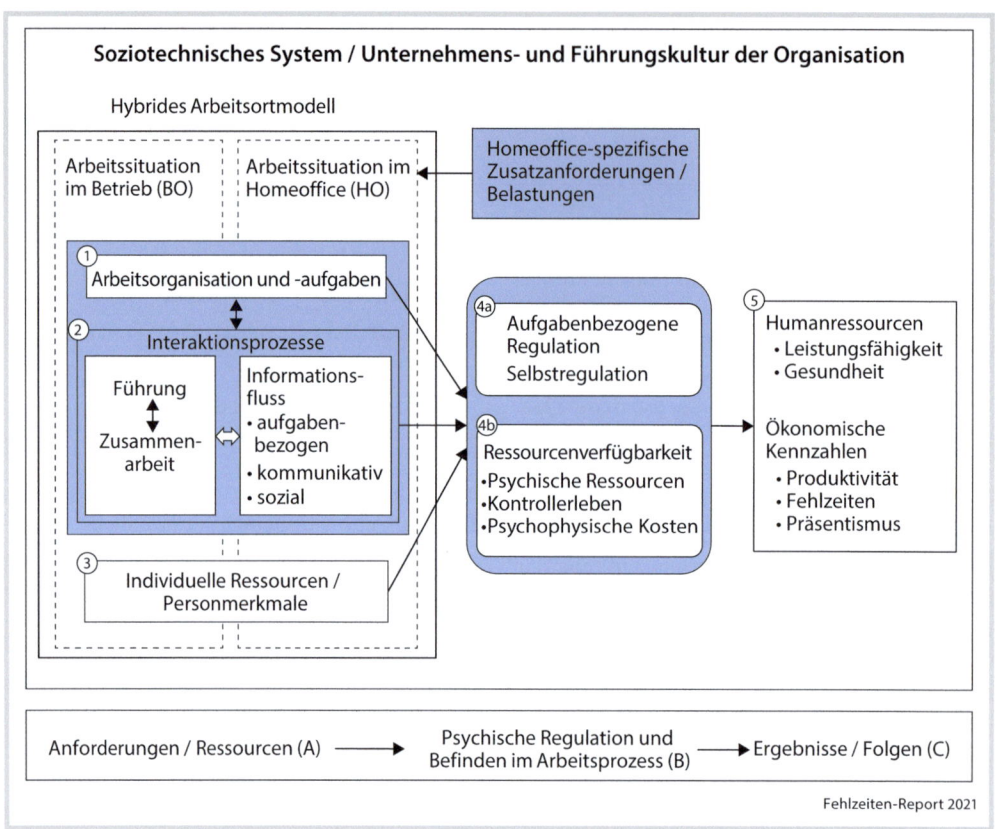

◘ **Abb. 18.1** Das BO-HO-Modell. Ein Integratives, ganzheitliches Modell zur Analyse, Bewertung und Gestaltung der Arbeit im betrieblichen Office und im Homeoffice

gulation und Befinden im Arbeitsprozess (B) sowie (C) Ergebnisse/Folgen. Die mit den Ziffern 1–5 versehenen *fünf Merkmalsbereiche* sind: (1) Arbeitsorganisation und Aufgabengestaltung, (2) Führung, Zusammenarbeit und Informationsflussgestaltung, (3) individuelle Ressourcen/Personenmerkmale (4a) aufgaben- und selbstbezogene Regulation, (4b) Ressourcenverfügbarkeit im Arbeitsprozess, sowie (5) humanressourcenbezogene und ökonomische Kennzahlen als Outputvariable.[6]

Das BO-HO-Modell geht von der Prämisse aus, dass Arbeitstätigkeiten und ihre Ausführungsbedingungen arbeitsplatzspezifische bzw. unternehmensspezifische Konstellationen von Anforderungen und Ressourcen (s. Modellkomponente A) aufweisen. Unternehmen verschiedener Branchen (z. B. Produktion, Wissensarbeit, Dienstleister wie etwa Call Center) sowie auch verschiedene Abteilungen innerhalb eines Unternehmens weisen spezifische Belastungskombinationen bzw. -muster auf. Die Effekte unternehmensspezifischer Belastungskonstellationen auf die Beschäftigten können deshalb anhand der bereits vorliegenden wissenschaftlichen bzw. empirischen Evidenz zum Belastungs-Beanspruchungs-Geschehen nicht eindeutig beurteilt werden. So können sich z. B. aus dem Arbeitsinhalt bzw. der Arbeitsaufgabe, der Arbeitsor-

---

6 Die Wirkungspfade 1 bis 5 werden bei Wieland (2014) ausführlich beschrieben sowie bei Wieland und Hammes (2014) anhand empirischer Daten belegt.

18.3 · Das BO-HO-Modell zur Integration der Arbeit

ganisation, den sozialen Beziehungen zu Vorgesetzten und Kolleg:innen, der Arbeitsumgebung, der unternehmensspezifischen Führungskultur und den individuellen Ressourcen der Beschäftigten Belastungskonstellationen ergeben, deren gesundheitsbeeinträchtigende und leistungsmindernde Wirkungen sich nur über die gleichzeitige Erfassung und Beurteilung der psychischen Beanspruchung während der Arbeit erschließen lassen.

Dementsprechend ist auch mit differentiellen, unternehmensspezifischen Effekten (s. Merkmalsbereich 4a und 4b bzw. Komponente B) zu rechnen. Diese sind wiederum entscheidend für die erzielten Ergebnisse und die Folgen (s. Komponente B und deren Merkmalsbereich 5). Die Modellkomponenten bzw. ihre Merkmalsbereiche werden im Folgenden genauer beschrieben. Dabei wird zugleich aufgezeigt, welche Gemeinsamkeiten und Unterschiede die Arbeit im BO bzw. HO jeweils aufweisen.

18.3.1 Anforderungen und Ressourcen (A)

Hinsichtlich der Merkmalsbereiche der Modellkomponente A „*Anforderungsmerkmale und Ressourcen*" gehen wir von folgenden Prämissen[7] aus:

■ ■ (1) Arbeitsorganisation und Aufgaben

Die aus den (individuellen) Arbeitsaufträgen resultierenden *Arbeitsaufgaben* und die (aufgabenbedingten) psychischen Regulationsanforderungen (z. B. in Form von Informationsflussdefiziten; s. dazu weiter unten) unterscheiden sich im HO prinzipiell nicht von denen im BO. Entspricht die aus dem MTO-Wirkungsgefüge im BO resultierende *Gesamtaufgabe* den Güte- bzw. Qualitätskriterien psychologischer Arbeitsgestaltung[8], so wird auch die Arbeit im HO eine eher günstige psychische Anforderungsstruktur aufweisen. Mit anderen Worten: die Wirkungen der Arbeitstätigkeit im HO auf die psychische, soziale und körperliche Befindlichkeit, auf die Arbeitsproduktivität und Leistung werden in hohem Maße von der Güte der Arbeitsorganisation und Aufgabengestaltung im BO bestimmt.

Obwohl wir davon ausgehen, dass die aus dem individuellen Arbeitsauftrag resultierenden Arbeitsaufgaben im BO und HO die gleichen sind, legen Befunde zur Arbeitsmotivation und Arbeitsproduktivität im HO nahe, dass die Anforderungen durch die Arbeitsaufgabe im HO anders wahrgenommen werden als im BO.[9] So stellten Gajendran und Harrison (2007) fest, dass der im HO subjektiv als größer erlebte *Handlungsspielraum* und die erlebte *Selbstbestimmtheit* bei der Aufgabenbewältigung häufig als motivierende und stressreduzierende Faktoren genannt werden. Ebenso stellen die Autoren in ihrer Meta-Analyse auf der Basis von 46 Studien mit 12.883 Beschäftigten fest, dass die wahrgenommene Autonomie positiv mit der Arbeit im HO korreliert sowie mit weniger Konflikten zwischen Arbeit und Familie verbunden ist, die Fami-

---

7 Empirische Arbeiten, die die nachfolgend postulierten Zusammenhänge explizit zum Untersuchungsgegenstand haben, liegen unserer Kenntnis nach für das BO-HO-Wirkungsgefüge bisher nicht vor.

8 Güte- bzw. Qualitätskriterien psychologischer Arbeitsgestaltung sind inzwischen auch außerhalb der Arbeit- und Organisationspsychologie und Arbeitswissenschaft weit verbreitet: In den Grundsätzen der GDA (Gemeinsame Deutsche Arbeitsschutzstrategie) zur Gefährdungsbeurteilung psychischer Belastung, der Betrieblichen Gesundheitsförderung (BGF) und des Betrieblichen Gesundheitsmanagements (Zimolong et al. 2006; Wieland 2010; Ulich und Wülser 2015), in vielen geförderten Forschungs- und Anwendungsprojekten (z. B. gefördert durch Institutionen wie BAuA, BMAS, DGUV, Hans-Böckler-Stiftung) werden arbeitspsychologisch fundierte Forschungs- und Anwendungskonzepte zugrunde gelegt. Ebenso von Präventionsdienstleistern wie den gesetzlichen Krankenkassen, Unfallkassen etc.

9 S. dazu auch das Konzept der Redefinition des Arbeitsauftrags (Hacker und Sachse 2014, S. 133; Hacker 2015; S. 21 ff). Die psychische Struktur und Regulation von Erwerbstätigkeiten ist in erster Linie bestimmt durch die subjektive Redefinition des Arbeitsauftrags als übernommene Arbeitsaufgabe.

lienregulation gelingt besser (Beermann et al. 2017, 2019). Es bleibt allerdings abzuwarten, wie stabil diese Effekte nach längerer Arbeit im Homeoffice sind; es bleibt vor allem auch abzuwarten, wie sich das Thema HO nach der Corona-Krise entwickelt.

(2) Interaktionsprozesse

Die *Qualität der Schnittstelle BO-HO*, d. h. Struktur und Qualität der Führung und Zusammenarbeit sowie der aufgabenbezogenen, kommunikativen und sozialen Informationsflussgestaltung haben einen substanziellen Anteil daran, ob und wie die Arbeit im HO gelingt. Diese Schnittstelle kann als „Nadelöhr" der Arbeit im HO betrachtet werden.

Führung und Zusammenarbeit. Die *Virtualität der Führungsprozesse* und der aufgabenbezogenen Interaktionen im Team ist im HO höher ausgeprägt als im BO. Dabei ist allerdings zu berücksichtigen, dass auch im BO inzwischen ein großer Anteil der aufgabenbezogenen Kommunikation virtuell stattfindet.[10] Bedeutsam ist auch der Anteil der Arbeit im HO an der Gesamtarbeitszeit. Dieser Aspekt wird bisher in der Forschung zur Arbeit im HO nur wenig berücksichtigt. Gajendran und Harrison (2007) fanden z. B. keine negativen Effekte in Bezug auf die Beziehungen zwischen Kolleg:innen; außer wenn HO an mehr als 2,5 Tagen in der Woche stattfand. Die Autoren betonen dabei: „Importantly, telecommuting had no generally detrimental effects on the quality of workplace relationships" (S. 1545). Zu den Effekten von HO auf die Kommunikation zwischen Mitarbeitenden (sowie die Kommunikation mit der Führungskraft) ist der Forschungsstand bisher allerdings noch wenig eindeutig. Wahrscheinlich ist die Verteilung der Arbeitszeit zwischen HO und der Arbeit im Office sehr entscheidend dafür, ob hier negative Effekte zu erwarten sind.

Rolle der Führung. Die Arbeit im HO erfordert neue Konzepte der digitalisierten bzw. virtuellen Führung, die bereits seit einigen Jahren breite Aufmerksamkeit als neue Form der Führung in der Arbeit 4.0 (vgl. dazu Neufeld et al. 2010; Weber et al. 2018) finden. Vor der Corona-Krise war das Vertrauen in die Mitarbeitenden in den hohen Managementebenen offenbar noch sehr gering bzw. die Angst vor Kontrollverlust sehr hoch (The Economist 2020). Nach Parker et al. (2020) haben 41 % der Führungskräfte die Befürchtung, dass die Arbeit im HO zu Produktivitätseinbußen führt. Im Gegensatz dazu zeigt die Arbeit von Neeley (2020), dass robuste Belege dafür existieren, dass sich die Produktivität nicht grundsätzlich verändert, wenn im Homeoffice gearbeitet wird. Allerdings befürchten vorwiegend jüngere Arbeitnehmer:innen Produktivitätseinbußen aufgrund der Ablenkung von der Arbeit durch Familie, Kinder, Hausarbeit, Kochen und Social Media (Wolter 2020).

Auch ist davon auszugehen, dass Führungskräfte ihre „Rolle als Führungskraft" redefinieren, da sie mit neuen Anforderungen und Fragen konfrontiert werden: Muss und soll ich die Leistungserbringung im HO stärker kontrollieren? Wie kann die Leistungserbringung kontrolliert werden? Wird meine Rolle als Führungskraft durch die Arbeit im HO marginalisiert, da plötzlich deutlich wird, dass es auch „ohne mich" geht? Wesentlichen Einfluss auf das Rollenverständnis hat dabei die (wahrgenommene) Unternehmens- und Führungskultur (Sackmann 2017), die dafür verantwortlich ist, dass es Führungskräften aus ihrer angestammten Rolle heraus „... an Vorstellungsvermögen [fehlt], wie sie ihrer Führungsverantwortung, aber auch der ihnen regelmäßig zugedachten Betreuungs-, Förderungs- und Überwachungsaufgabe gerecht werden können, wenn der tägliche enge Kontakt entfällt" (Breisig 2020, S. 189). Insbesondere eine Fehlerkultur, die Fehler sanktioniert und nicht

---

10 Mit der Virtualisierung der Zusammenarbeit durch kollaborative Anwendungen bzw. internetbasierte Plattformen zur Kommunikation, zur Speicherung und zum Austausch von Inhalten nimmt auch im Unternehmen die direkte, persönliche Kommunikation ab. Damit wird die Weitergabe aufgabenbezogenen Wissens ebenso eingeschränkt wie der Austausch über persönliche Angelegenheiten. Durch die räumliche Distanz des HO verstärkten sich diese Effekte zwar, sie werden aber nicht durch die Arbeit im HO erst hervorgerufen.

18.3 · Das BO-HO-Modell zur Integration der Arbeit

als Lernchance begreift, kann dazu beitragen, dass bereits vorhandene, konflikthafte Interaktionen zwischen Führungskraft und Mitarbeitenden durch die Homeoffice-Situation noch verschärft werden und dass Innovationen behindert werden (vgl. Fischer et al. 2018)

Informationsflussgestaltung als Arbeits- und Organisationsoptimierung hat sowohl für die Arbeit im BO als auch die Arbeit im HO eine zentrale Bedeutung. Die für das wirtschaftliche (und auch gesellschaftliche) Überleben „… unerlässlichen Innovationen sind an Informationsgewinnung, -verbreitung und -erzeugung gebunden. Arbeitsmotivation und unternehmerisches sowie innovierendes Verhalten der Arbeitenden sind ausschlaggebend durch den Informationsfluss bestimmt" (Hacker 2008, S. 5). Dabei sind stets beide „Flussrichtungen" zu beachten: der Zufluss und der Rückfluss von Information. Unklare, intransparente Aufgabenstellungen (Zufluss) und fehlende Rückmeldungen zu eigenen Arbeitsergebnissen (Rückfluss) stellen z. B. Regulationsbehinderungen mit oft weitreichenden negativen Auswirkungen auf die Arbeitsprozesse dar (Hacker 2020; s. dazu auch Leitner 1999).

Die *aufgabenbezogenen Informationsflüsse* bilden eine wesentliche Grundlage für eine optimale bzw. störungsfreie Aufgabenerledigung. Die höhere Virtualität der aufgabenbezogenen Kommunikation zwischen Führungskraft und Mitarbeitenden sowie zwischen Teammitgliedern hängt in ihrer Auswirkung stark von der *Art der Tätigkeit* ab. So werden Arbeitstätigkeiten, die sich durch vollständige Tätigkeiten (Planen, Ausführen und Kontrollieren liegen in einer Hand) auszeichnen und einen hohen Grad an Entscheidungs- und Handlungsspielräumen aufweisen, von Kommunikationsdefiziten weniger betroffen sein. Arbeitsaufträge, die durch eine hohe Arbeitsteilung und Aufgabeninterdependenz im Team und zugleich geringe Entscheidungs- und Handlungsspielräume gekennzeichnet sind, benötigen dagegen in der Regel einen deutlich höheren zeitlichen und inhaltlichen Abstimmungsaufwand. Dadurch treten häufiger Handlungsunsicherheiten und Wartezeiten auf und die individuelle Flexibilität wird stark eingeschränkt, da für den Fortgang der Aufgabenbearbeitung Rückmeldungen und/oder Zuarbeiten von anderen informationell gekoppelten Arbeitsplatzinhaber:innen erforderlich sind.

Für die *Gestaltung der Arbeit im HO* legen diese Betrachtungen nahe, dass die alleinige Optimierung des aufgabenbezogenen Informationsflusses (z. B. durch technische Tools) an den vertikalen Schnittstellen Führungskraft-Mitarbeitende und horizontalen Schnittstellen Mitarbeitende-Mitarbeitende nicht ausreicht. Vielmehr sollten bereits *Informationsflussanalysen im Betrieb* klären, wie Informationsflüsse an diesen Schnittstellen durch eine geeignete Gestaltung von Arbeitsablauf und Aufgaben optimiert bzw. Informationsflussdefizite vermieden werden können (vgl. Hacker 2008, S. 20 ff.).

Kommunikative (aufgabenbezogene) Informationsflüsse beziehen sich auf organisationale Informationsflüsse und allgemeinmenschliche Merkmale, d. h. die zwischenmenschliche vertikale und horizontale Kommunikation zwischen Arbeitsplatzinhabern. Die Unternehmens- und Führungskultur spielen hier eine wesentliche Rolle. Bedeutsam ist z. B., welche Hol- und Bringaktivitäten Vorgesetzte und Mitarbeitende für angemessen und notwendig erachten (s. Hacker 2008, S. 32; s. dazu auch Hacker 2020, S. 308). Damit ist zugleich ein Entwicklungsaspekt für Führungskräfte angesprochen, der sowohl für die Arbeit im BO als im HO positive Effekte hat: Die *primäre Aufgabe von Führungskräften* besteht nicht in der direkten Führung von Untergebenen, sondern die erste Kernaufgabe der Führung besteht darin, die Kooperation und Kommunikation zwischen den Mitarbeitenden bzw. Teammitgliedern zu ermöglichen und zu fördern (s. dazu Sprenger 2015). Eine unterstützende, aufgabenbezogene, horizontale Informationsflussgestaltung durch die Führungskraft sowie die Förderung der horizontalen Kommunikation zwischen Teammitgliedern werden sowohl im BO als auch HO zu einer effektiveren und vertrauensvolleren Zusammenarbeit führen. Dabei scheinen das Teamvertrauen und die Teameffektivität in virtuellen Teams eine noch engere Beziehung aufzuweisen als in „realen" Teams; und zwar insbesondere dann, wenn die Resultate von Teambesprechungen dokumentiert werden (Hüffmeier et al. 2016).

Im Gegensatz zur Arbeit im BO wird im HO insbesondere das Fehlen des persönlichen, physischen Austauschs beklagt. Das kurze Gespräch auf dem Flur, der kurze Weg zum Schreibtisch des Teamkollegen/der Teamkollegin oder in das Büro der/des Vorgesetzten kann im HO nicht stattfinden. Insbesondere werden dadurch die für den Menschen wichtigen psychosozialen und emotionalen Bedürfnisse nicht erfüllt. Deshalb wird der größte Nachteil der Arbeit im HO von 75 % der Beschäftigten in den fehlenden direkten persönlichen Kontakten zu den Kolleg:innen gesehen (DAK-Studie 2020). Inwieweit durch diese fehlenden Möglichkeiten auch die aufgabenbezogenen Leistungen bzw. die Produktivität beeinflusst werden, ist nach den vorliegenden Forschungsergebnissen noch unklar. Geht man von den in Unternehmen häufig vorzufindenden Defiziten in der Informationsflussgestaltung aus (Hacker 2008, 2020), dann werden sich diese Defizite im HO aufgrund der höheren Virtualität der Kommunikationswege noch deutlicher auswirken. Eine partizipative, unterstützende Unternehmens- und Führungskultur, die durch Vertrauen, eine positive Fehlerkultur und eine offene Kommunikationskultur geprägt ist (Sackmann 2017), kann dazu beitragen, den kommunikativen Informationsfluss bei der Arbeit im HO positiv zu gestalten.

Sozialer Austausch/Informationsfluss. Der soziale, informelle Informationsaustausch kann durch die Führungskraft nicht direkt beeinflusst werden. Dies gilt für die Arbeit im HO wie für die Arbeit im BO. Führungskräfte sollten deshalb dafür Sorge tragen, dass geeignete Austauschplattformen zur Verfügung stehen: Laut der Fraunhofer-IAO-Studie vom Juni 2020 stimmten 42 % der Aussage zu, dass es in virtuellen Arbeitssituationen Bedarf an einer unkomplizierten Plattform für den infor-mellen Austausch der Beschäftigten gibt (FIT 2020).

Defizite in der aufgabenbezogenen und kommunikativen Informationsflussgestaltung bilden in vielen Unternehmen wesentliche Quellen dysfunktionaler und kostenintensiver Arbeits- und Kommunikationsprozesse.[11] Dies gilt umso mehr, wenn die im HO zu verrichtenden Arbeitsaufgaben inhaltlich, zeitlich und informationell aufgrund der im Betrieb vorherrschenden Arbeitsteilung sehr eng und leistungswirksam gekoppelt sind.

∎ ∎ **(3) Individuelle Ressourcen/ Personenmerkmale**

Die individuellen (aufgabenbezogenen, psychosozialen, selbstregulatorischen) Ressourcen, die einer Person zur Verfügung stehen, und ihre Persönlichkeit unterscheiden sich im HO und im BO (naturgemäß) nicht. Auch die im Betrieb erlebte Unternehmens- und Führungskultur im BO und HO wird in Form verinnerlichter Haltungen in gleicher Weise an beiden Arbeitsorten präsent sein; dies gilt auch für Vertrauen in das eigene Team, teambezogene Einstellungen wie Zufriedenheit und Engagement im und für das Team sowie den wahrgenommen Teamzusammenhalt.

18.3.2 Psychische Regulation und Befinden im Arbeitsprozess (B)

Die psychische Regulation der Arbeitstätigkeit und das Befinden im Arbeitsprozess sind abhängig von den in ▶ Abschn. 18.3.1 beschriebenen Merkmalen der Komponente A des BO-HO-Modells. Obwohl sich diese An-

---

11 Wie Prozesse der aufgabenbezogenen und kommunikativen Informationsflussgestaltung analysiert, arbeitspsychologisch und wirtschaftlich bewertet und durch entsprechende Maßnahmen der Arbeitsgestaltung optimiert werden können, beschreibt Winfried Hacker (2008) sehr eindrucksvoll und praxisnah im 44. Band der Reihe Mensch, Technik Organisation „Informationsflussgestaltung als Mittel zur Arbeits- und Organisationsoptimierung".

18.3 · Das BO-HO-Modell zur Integration der Arbeit

forderungen und Ressourcen als strukturelle Merkmale prinzipiell für die Arbeit im BO und HO *nicht* unterscheiden, können sie allerdings an den beiden Arbeitsorten in anderer Weise wirksam werden.

- - **(4a) Aufgabenbezogene Regulation und Selbstregulation**

Die *aufgabenbezogene psychische Regulation* der Tätigkeit umfasst die zur Aufgabenbewältigung notwendigen psychischen Vorgänge (z. B. Konzentration, Aufmerksamkeit, Informationsaufnahme, -verarbeitung und -abgabe). Diese psychischen Anforderungen sind „aufgabenbedingt" und unterscheiden sich *prinzipiell nicht* bei der Ausführung der Arbeitstätigkeit im HO bzw. BO. Die *Erfüllung von Arbeitsaufgaben* erfordert stets die Bereitstellung und Nutzung mentaler bzw. kognitiver, emotionaler, motivationaler und energetischer Ressourcen. Die Nutzung dieser Ressourcen kann aufgrund ungünstiger Ausführungsbedingungen wie z. B. Regulationsbehinderungen beeinträchtigt sein. Dabei ist damit zu rechnen, dass sich Regulationsbehinderungen *im HO deutlich* von denen im BO *unterscheiden*. So reduzieren sich bspw. für Beschäftigte, die im Großraumbüro arbeiten, in ihrem HO externe Umwelteinflüsse wie Lärm und Unterbrechungen durch Kolleg:innen. Im HO dagegen sind es Unterbrechungen durch Familienmitglieder, private Telefonanrufe oder bei manchen auch durch die Ablenkung durch die Nähe des Kühlschranks, die zu Regulationsbehinderungen werden. Wie diese Unterschiede konkret beschaffen sind, welche Wirkungen sie auf die Menschen, ihr Befinden, ihre Gesundheit und Leistungsfähigkeit im BO bzw. HO haben und bei welchen Tätigkeiten sie in welchem Ausmaß wirksam werden, darüber liegen bisher keine systematischen Untersuchungen vor. Simultane Studien mit denselben bzw. vergleichbaren Analyseinstrumenten an beiden Arbeitsorten könnten hier Aufschluss geben.

Selbstregulation und Selbstkontrolle. Selbstregulation in der Arbeitstätigkeit umfasst als Metastrategie diejenigen psychischen Vorgänge, die das nach außen gerichtete, aufgabenbezogene und das nach innen gerichtete (selbstbezogene) Handeln regulieren und koordinieren. *Selbstregulation ermöglicht insbesondere, Ziele und Absichten über eine längere Zeitspanne und über wechselnde Situationen hinweg zu realisieren* (Nerdinger 2013). Diese Funktion der Selbstregulation dürfte insbesondere für die Arbeit im HO von Bedeutung sein.

Ziel *selbstregulatorischer Prozesse* ist, Diskrepanzen zwischen wahrgenommenen (internen oder externen) Ist-Soll-Zuständen zu beseitigen oder zu verringern. Diskrepanzen können ihren Ursprung zum einen *in der Person* haben. Zum Beispiel können psychische oder körperliche Zustände oder Befindlichkeiten (Angst- oder Anspannungszustände, Konzentration, Aufmerksamkeit, Müdigkeit) vom gewohnten Niveau abweichen. Zum anderen können Ereignisse *in der Umwelt* Auslöser für Selbstregulationsprozesse sein, wie zum Beispiel die Unterbrechung von Routinehandlungen, Problemstellungen, für die keine habitualisierten Handlungsschemata (z. B. Zeiteinteilung; Familienregulation, Arbeitspausen) verfügbar sind, oder unerwartete Folgen einer Handlung (vgl. Nerdinger 2013, S. 48). Anzunehmen ist, dass auch das Ausmaß an *Selbstkontrollaktivitäten* im HO deutlich zunimmt. Selbstkontrolle bezieht sich auf kontrollierte Prozesse der Selbstregulation (exekutive Kontrollprozesse), die bewusst gesteuert und mit (hohen) psychophysischen Kosten einhergehen (Semmer et al. 2010). Selbstkontrolle kann im Arbeitsprozess als eine Form der bewussten Verhaltenssteuerung definiert werden, die dann zum Einsatz kommt, wenn gewohnheitsmäßige, spontane Verhaltenstendenzen (wie z. B. an den Kühlschrank zu gehen) unterdrückt werden müssen, um (a) zielorientiertes Verhalten zu ermöglichen, (b) zielbezogene Handlungen gegenüber ablenkenden Ereignissen abzuschirmen oder (c) auftretende Emotionen (z. B. Ärger aufgrund von Störungen durch Familienmitglieder) zu hemmen (Neubach und Schmidt 2007). Es sind vor allem unerwartete, emotional berührende Ereignisse, die *bewusste Formen der Selbstregulation* (innerer Zustände) erforderlich machen. Für die Arbeit im HO ist zu erwarten, dass die Anforderungen an die Selbstregulation (SR) bzw. die Selbstkontrolle (SK) im HO deutlich höher[12] sind, da die Beschäftigten hier mit einer Reihe von Zusatzanforderungen und -belastungen konfrontiert sind. So nennt Treier (2001) Rollen-, Ziel- und Zeitkonflikte aufgrund notwendiger „Familienregulation", Work-Life-Balance-Konflikte (Fenzl und Resch 2005) und damit verbundene Defizite der inneren (mentalen) Abgrenzung bzw. Distanzierung von den Arbeitsinhalten in der arbeitsfreien Zeit (Sonnentag und Fritz 2015).[13] Diese Defizite können im HO noch verstärkt werden, durch eine über die Arbeitszeit hinausgehende ständige Erreichbarkeit (Dettmers 2017; Rau und Göllner 2019), die zudem die Distanzierung von Arbeitsbelastungen erschwert, was Erholungsprozesse verzögert und beeinträchtigt (Rau und Göllner 2019, S. 10). Auch das *Arbeitszeitmanagement* gelingt, wie Rupietta und Beckmann (2016) gezeigt haben, oft unzureichend. Arbeitnehmer:innen im Homeoffice leisten im Durchschnitt einen signifikant höheren Arbeitseinsatz, wobei das Ausmaß der Mehrarbeit umso größer war, je häufiger im HO gearbeitet wurde.

Selbstregulationsprozesse laufen in der gewohnten Situation im betrieblichen Office (BO) aufgrund der Nutzung habitualisierter Handlungsschemata weitgehend „automatisch" ab und nehmen kaum psychische Ressourcen in Anspruch. Aufgrund der Zusatzanforderungen und Belastungen im HO sind automatisierte Strategien der Selbstregulation häufig jedoch nicht abrufbar. Dadurch wird eine Neuorientierung erforderlich; die notwendigen Selbstregulationsprozesse müssen bewusst gesteuert bzw. kontrolliert werden (Selbstkontrolle). Selbstkontrolle geht mit (hohen) psychophysischen Kosten einher (Neubach 2004; Semmer et al. 2010). Für den Einsatz von Selbstkontrolle stehen jedem Menschen aber nur begrenzte Ressourcen zur Verfügung, die nach längerem Einsatz erschöpfen (Baumeister et al. 1998; Muraven und Baumeister 2000; Moldaschl 2007). Da Selbstkontrolle und bewusstes Denken aus dem gleichen begrenzten „Budget mentaler Arbeitskraft" (Kahneman 2011, S. 56) schöpfen, ist zu vermuten, dass die Arbeit im HO die Verfügbarkeit psychischer Ressourcen zur Bewältigung der Arbeitsaufgaben (langfristig) reduziert.

■ ■ **(4b) Ressourcenverfügbarkeit**

Die Verfügbarkeit *psychischer Ressourcen* wie Aktivierung, Aufmerksamkeit, Konzentration und Leistungsbereitschaft sowie das Gefühl, die eigene Arbeit zu kontrollieren und nicht von ihr kontrolliert zu werden (Kontrollerleben,) ist nicht nur eine Funktion individueller Selbstwirksamkeitserwartungen, Leistungsmotivation oder Kontrollüberzeugung. Wie zahlreiche arbeitspsychologische Studien zeigen, kann ein hoher Varianzanteil auf die Art der Arbeitstätigkeit und ihre Ausführungsbedingungen, die Führung und Zusammenarbeit sowie die Informationsflussgestaltung zurückgeführt werden (vgl. dazu Semmer et al. 2010; Wieland und Hammes 2014; Rigotti et al. 2014; Hammes 2016). Dies gilt in gleicher Weise (und zum Teil deutlicher ausgeprägt) für negative, dysfunktionale Beanspruchungen und Befindlichkeiten während der Arbeit.

In Bezug auf die psychische Regulation und Selbstregulation der Arbeitstätigkeit im Arbeitsprozess sowie die Ressourcenverfügbarkeit liegen bisher unseres Wissens keine Studien vor, die die im BO-HO-Modell pos-

---

12 Neben der Fähigkeit zur SR und SK spielen Kern- bzw. Schlüsselkompetenzen wie Fach-, Methoden- und soziale Kompetenzen sowie die berufsspezifische Qualifizierung eine wichtige Rolle.
13 Sonnentag und Fritz (2015) kommen in ihrer umfangreichen Zusammenschau zu diesem Thema auf Grundlage von „… between-person and within-person studies, relying on cross-sectional, longitudinal, and daily-diary designs" zu folgendem Schluss: „Overall, research shows that job stressors, particularly workload, predict low levels of psychological detachment. A lack of detachment in turn predicts high strain levels and poor individual well-being (e.g., burnout and lower life satisfaction)" (a.a.O., S. 72).

tulierten Wirkungszusammenhänge in vergleichender Weise bzw. parallel im BO und HO untersucht haben. Erst aus diesem Vergleich lassen sich belastbare Aussagen darüber ableiten, mit welchen unterschiedlichen psychischen und körperlichen Reaktionen zu einem gegebenen Zeitpunkt zu rechnen ist (Querschnittsstudie) und welche längerfristigen Wirkungen (Längsschnittstudie) auf das psychische, soziale und körperliche Wohlbefinden zu erwarten sind.

18.3.3 Homeoffice-spezifische Anforderungen und Belastungen

Die Arbeitsbedingungen im Homeoffice, die damit verbundenen neuartigen Anforderungen, Belastungen und Zusatzbelastungen sowie die Suche nach den Vor- und Nachteilen der Arbeit im HO sind gegenwärtig Gegenstand vieler Publikationen und (Meinungs-)Befragungen. Die überwiegende Zahl der Studien und Befragungen beschäftigt sich mit der Frage, wie die Situation im HO subjektiv erlebt wird. An anderer Stelle sind wir bereits ausführlich auf die „Situation im Homeoffice" als zweiten Arbeitsort eingegangen (Wieland und Groenewald 2021). An dieser Stelle wollen wir auf weitere Betrachtungen dazu verzichten, da (a) die hier verfolgte Gestaltungsphilosophie sich auf beide Arbeitsorte (HO und BO) bezieht und (b) die Wohn-Situation im HO durch den Arbeitgeber grundsätzlich nicht direkt beeinflusst werden kann. Hinzu kommt die Heterogenität bzw. Vielfältigkeit der Situationen im HO, die wiederum zu vielfältigen und nicht vorhersagbaren Wechselwirkungen mit der Tätigkeit im BO führen. Was der Arbeitgeber tun kann, ist dafür zu sorgen, dass die notwendigen Arbeitsmittel für das Homeoffice zur Verfügung stehen und arbeits- und datenschutzrechtliche bzw. gesetzliche Anforderungen gewährleistet sind. Indirekte Unterstützung kann der Arbeitgeber auf der Ebene der *Verhaltens*prävention anbieten, indem er Qualifizierungsangebote zur Steigerung individueller Ressourcen (Resilienz-, Achtsamkeitstraining etc.) macht.

18.4 Ausblick

Was benötigen wir für eine zukunftsorientierte, menschengerechte und zugleich wirtschaftliche Gestaltung des Arbeitsortmodells Homeoffice? Nach der diesem Beitrag zugrunde liegenden Argumentation sind es zumindest folgende Voraussetzungen, die erfüllt sein sollten: (a) Theoretisch begründete, empirisch fundierte und in der Praxis bewährte Gestaltungsansätze für ein hybrides Arbeitsortmodell wie das Homeoffice[14], die das Wirkungsgefüge „BO-HO" aus einer ganzheitlichen Perspektive analysieren, arbeitspsychologisch bewerten und gestalten, (b) Unternehmens- bzw. branchen- oder tätigkeitsspezifische Studien, welche die konkrete Tätigkeit, die die Betroffenen im Wechsel im BO und HO ausführen, berücksichtigen (vorliegende Studien haben in den meisten Fällen einen „unternehmensübergreifenden" Ansatz, der berufs- bzw. tätigkeitsspezifische Wirkungszusammenhänge vernachlässigt). Des Weiteren benötigen wir (c) Erkenntnisse darüber, wie sich das Verhältnis der Arbeitszeit im HO und im BO auswirkt. Macht es bspw. einen Unterschied, wenn die Arbeit im HO 25 %, 50 % oder 75 % der Gesamtarbeitszeit ausmacht? Nicht zuletzt sind (d) Langzeitstudien erforderlich, die Aussagen darüber erlauben, welche Auswirkungen ein hybrides Arbeitsortmodell wie die Arbeit im HO langfristig auf den Menschen, Organisationen und die Gesellschaft (z. B. in Bezug auf Verkehr, Zeitersparnis etc.) hat. Wir hoffen, dass das in diesem Beitrag vorgestellte integrative BO-HO-Modell (s. ◘ Abb. 18.1) einen ersten konzeptuellen Rahmen für künftige Forschungsbemühungen in dieser Richtung bietet.

---

14 Gleiches gilt im Übrigen für andere Formen mobiler Arbeit oder die Teleheimarbeit (s. dazu Treier 2001).

Literatur

Ahlers E, Mierich S, Zucco A (2021) Homeoffice: Was wir aus der Zeit der Pandemie für die zukünftige Gestaltung von Homeoffice lernen können. WSI Report No 65. Hans-Böckler-Stiftung, Wirtschafts- und Sozialwissenschaftliches Institut (WSI), Düsseldorf

Barmer Studie (2021) Social Health @ Work. Eine Studie zur Auswirkung der Digitalisierung der Arbeitswelt auf die Gesundheit der Beschäftigten in Deutschland. BARMER, Wuppertal

Baumeister RF, Bratslavsky E, Muraven M, Tice DM (1998) Ego depletion: is the active self a limited resource? J Pers Soc Psychol 74(5):1252

Beermann B, Amlinger-Chatterjee M, Brenscheidt F, Gerstenberg S, Niehaus M, Wöhrmann AM (2017) Orts- und zeitflexibles Arbeiten: Gesundheitliche Chancen und Risiken. Bundesanstalt für Arbeitsschutz und Arbeitsmedizin (BAuA), Dortmund, Berlin, Dresden

Beermann B, Backhaus N, Tisch A, Brenscheidt F (2019) Arbeitswissenschaftliche Erkenntnisse zu Arbeitszeit und gesundheitlichen Auswirkungen. BAuA, Dortmund, Berlin, Dresden

Breisig T (2020) Führung auf Distanz und gesunde Führung bei mobiler Arbeit. Z Arb Wiss 74(3):188–194

Brenke K (2016) Home Office: Möglichkeiten werden bei weitem nicht ausgeschöpft. DIW Wochenber 83(5):95–105

DAK Gesundheit (2020) Digitalisierung und Homeoffice in der Corona-Krise – Sonderanalyse zur Situation in der Arbeitswelt vor und während der Pandemie. https://www.dak.de/dak/bundesthemen/sonderanalyse-2295276.html#/. Zugegriffen: 28. Okt. 2020

Dettmers J (2017) How extended work availability impairs wellbeing – the role of detachment and work-family-conflict. Work Stress 31:24–41

Dingel J, Neiman B (2020) How many jobs can be done at home? NBER working paper no. 26948 (April 2020, Revised June 2020. JEL No D24,J22,J61,O30,R12,R32)

Dunckel H (1999) Handbuch psychologischer Arbeitsanalyseverfahren. vdf Hochschulverlag AG, Zürich

Fischer S, Frese M, Mertins JC, Hardt-Gawron JV (2018) The role of error management culture for firm and individual innovativeness. Appl Psychol 67(3):428–453

Fraunhofer-Institut für Angewandte Informationstechnik (FIT) (2020) Umfrage „Homeoffice: Ist digitales Arbeiten unsere Zukunft?". Fraunhofer-Institut für Angewandte Informationstechnik (FIT), Sankt Augustin

Fenzl C, Resch M (2005) Zur Analyse der Koordination von Tätigkeitssystemen. Z Arb Organisationspsychol 49(4):220–231

Frodermann C, Grunau P, Haepp T, Mackeben J, Ruf K, Steffes S, Wanger S (2020) Online-Befragung von Beschäftigten: Wie Corona den Arbeitsalltag verändert hat. IAB-Kurzbericht No 13/2020. Institut für Arbeitsmarkt- und Berufsforschung (IAB), Nürnberg

Gajendran RS, Harrison DA (2007) The good, the bad, and the unknown about telecommuting: meta-analysis of psychological mediators and individual consequences. J Appl Psychol 92(6):1524

Grote G (2018) Gestaltungsansätze für das komplementäre Zusammenwirken von Mensch und Technik in Industrie 4.0. In: Hirsch-Kreinsen H, Ittermann P, Niehaus J (Hrsg) Digitalisierung industrieller Arbeit. Nomos, Baden-Baden, S 215–232

Hacker W, Sachse P (2014) Allgemeine Arbeitspsychologie – Psychische Regulation von Tätigkeiten, 3. Aufl. Hogrefe, Göttingen

Hacker W (2008) Informationsflussgestaltung als Arbeits- und Organisationsoptimierung. MTO, Bd. 44. vdf Hochschulverlag AG, Zürich

Hacker W (2015) Psychische Regulation von Arbeitstätigkeiten. Asanger, Kröning

Hacker W (2020) Arbeitsgestaltung als Informationsmanagement. Ermitteln des Informationsbedarfs und Gestalten des Informationsflusses. Z Arb Wiss 74:306–312

Hammes M (2016) Psychische Beanspruchung in der Arbeit – Theoretische Begründung, ökonomische Messung und praxisnahe Anwendung. In: Sachse P, Ulich E (Hrsg) Beiträge zur Arbeitspsychologie, Bd. 12. Pabst, Lengerich

Hernández YA, Parente F, Faghy MA, Roscoe CMP, Maratos F (2021) Influence of the COVID-19 lockdown on remote workers' physical and psychosocial wellbeing and work productivity https://doi.org/10.31234/osf.io/dnuk3 (Preprint)

Hernández YA (2020) Remote workers during the COVID-19 lockdown. What are we missing and why is it important. J Occup Environ Med 62(11):669–672

Hofmann J, Piele A, Piele C (2020) Arbeiten in der Corona-Pandemie – auf dem Weg zum New Normal. Fraunhofer-Institut für Arbeitswissenschaft und Organisation, Stuttgart (in Kooperation mit der Deutschen Gesellschaft für Personalführung (DGFP))

Hüffmeier J, Breuer C, Hertel G (2016) Does trust matter more in virtual teams? A meta-analysis of trust and team effectiveness considering virtuality and documentation as moderators. J Appl Psychol 101(8):1151–1177

Kahneman D (2011) Schnelles Denken, langsames Denken. Siedler, München

Kant E (2013) Kritik der reinen Vernunft. marixverlag, Wiesbaden

Kolzuniak J (2017) Digital Leadership – Entwicklung eines Führungsmodells für effizientes Agieren in einer digital vernetzten Arbeitsumgebung im Vertrieb der Geschäftsbanken Bd. 14 (b). Deutsches Institut für Bankwirtschaft, Berlin

Literatur

Kramer A, Kramer KZ (2020) The potential impact of the Covid-19 pandemic on occupational status, work from home, and occupational mobility. J Vocat Behav 119:103442

Leitner K (1999) Kriterien und Befunde zu gesundheitsgerechter Arbeit – Was schädigt, was fördert die Gesundheit. In: Oesterreich R, Volpert W (Hrsg) Psychologie gesundheitsgerechter Arbeitsbedingungen. Huber, Bern, S 63–139

Moldaschl M (2007) Ressourcenorientierte Analyse von Belastung und Bewältigung bei der Arbeit. In: Moldaschl M (Hrsg) Immaterielle Ressourcen. Nachhaltigkeit von Unternehmensführung und Arbeit, 2. Aufl. Rainer Hampp, München, S 285–322

Müller K (2021) Racer-Symposium. Vortrag: Unternehmenskultur. https://racer-symposium.de/download/. Zugegriffen: 18. Juni 2021

Muraven M, Baumeister RF (2000) Self-regulation and depletion of limited resources: does self-control resemble a muscle? Psychol Bull 126(2):247

Neeley T (2020) 15 questions about remote work, answered. Harv Bus Rev 16:2–7 (Digital Article 03-16)

Nerdinger FW (2013) Arbeitsmotivation und Arbeitshandeln. Asanger, Kröning

Neubach B (2004) Psychische Kosten von Formen der Selbstkontrolle bei der Arbeit. Entwicklung, Rekonzeptualisierung und Validierung eines Messinstruments. Dissertation, Universität Dortmund

Neubach B, Schmid K-H (2007) Entwicklung und Validierung von Skalen zur Erfassung verschiedener Selbstkontrollanforderungen bei der Arbeit. Z Arb Wiss 61:35–45

Neufeld DJ, Wan Z, Fang Y (2010) Remote leadership, communication effectiveness and leader performance. Group Decis Negot 19:227–246

Parker SK, Knight C, Keller A (2020) Remote managers are having trust issues. Harv Bus Rev 30:1–2

Rau R (2004) Lern- und gesundheitsförderliche Arbeitsgestaltung: eine empirische Studie. Z Arb Organisationspsychol 48:181–192

Rau R, Göllner M (2019) Erreichbarkeit gestalten, oder doch besser die Arbeit? Z Arb Organisationspsychol 63(1):1–14

Rigotti T, Holstad T, Mohr G, Stempel C, Hansen E, Loeb C, Isaksson K, Otto K, Kinnunen U, Perko K (2014) Rewarding and sustainable healthpromoting leadership. Bundesanstalt für Arbeitsschutz und Arbeitsmedizin (BAuA), Dortmund, Berlin, Dresden

Rupietta K, Beckmann M (2016) Arbeit im Homeoffice: Förderung der Arbeitsbereitschaft oder Einladung zum Faulenzen? Pers Q 68(3):14–19

Sackmann SA (2017) Unternehmenskultur: Erkennen, entwickeln, verändern. Springer Gabler, Wiesbaden

Semmer NK, Grebner S, Elfering A (2010) „Psychische Kosten" von Arbeit: Beanspruchung und Erholung, Leistung und Gesundheit. In: Kleinbeck U, Schmidt K-H (Hrsg) Arbeitspsychologie. Enzyklopädie der Psychologie, Bd. D-III-1. Hogrefe, Göttingen

Sonnentag S, Fritz C (2015) Recovery from job stress: the stressor-detachment model as an integrative framework. J Organ Behav 36:S72–S103

Sprenger RK (2015) Radikal führen. Campus, Frankfurt am Main

Strohm O, Ulich E (Hrsg) (1997) Unternehmen arbeitspsychologisch bewerten: ein Mehr-Ebenen-Ansatz unter besonderer Berücksichtigung von Mensch, Technik und Organisation Bd. 10. vdf Hochschulverlag AG, Zürich

The Economist (2020) The future of the office Covid-19 has forced a radical shift in working habits. https://www.economist.com/briefing/2020/09/12/covid-19-has-forced-a-radical-shift-in-working-habits. Zugegriffen: 27. Sept. 2020

Treier M (2001) Zu Belastungs- und Beanspruchungsmomenten der Teleheimarbeit unter besonderer Berücksichtigung der Selbst- und Familienregulation. Kovac, Hamburg

Ulich E (2013) Arbeitssysteme als Soziotechnische Systeme – eine Erinnerung. J Psychol Alltagshandelns 6(1):4–12

Ulich E (2011) Arbeitspsychologie, 7. Aufl. Schäffer-Poeschel, Stuttgart

Ulich E, Wülser M (2015) Gesundheitsmanagement in Unternehmen. Gabler, Wiesbaden

Waltersbacher A, Maisuradze M, Schröder H (2019) Arbeitszeit und Arbeitsort – (wie viel) Flexibilität ist gesund? Ergebnisse einer repräsentativen Befragung unter Erwerbstätigen zu mobiler Arbeit und gesundheitlichen Beschwerden. Fehlzeiten-Report 2019. Springer, Berlin, S 77–107

Weber C, Thomson B, Pundt F (2018) Die Notwendigkeit von Führung in einer digitalisierten Arbeitswelt – eine Netnografie. baua: fokus. https://doi.org/10.21934/baua:fokus20180904

Wieland R, Groenewald (2021) Homeoffice – ein arbeitspsychologischer Blick über die Coronakrise hinaus. J Psychol Alltagshandelns 14(1):20–32

Wieland R, Hammes M (2014) Wuppertaler Screening Instrument Psychische Beanspruchung (WSIB) – Beanspruchungsbilanz und Kontrollerleben als Indikatoren für gesunde Arbeit. J Psychol Alltagshandelns 7(1):30–50

Wieland R, Hammes M (2015) (Arbeits-) Psychologie für den Menschen. In: Wieland R, Strohm O, Hacker W, Sachse P (Hrsg) Wir müssen uns einmischen. Arbeitspsychologie für den Menschen. Asanger, Kröning, S 101–115

Wieland R (1999) Beanspruchung und Bildschirmarbeit: Konsequenzen für die Gestaltung von Telearbeitsplätzen. Z Arb Organisationspsychol 43(3):151–158

Wieland R (2010) Gestaltung gesundheitsförderlicher Arbeitsbedingungen. In: Kleinbeck U, Schmidt K-H (Hrsg) Enzyklopädie der Psychologie. Wirtschafts-,

Organisations- und Arbeitspsychologie. Hogrefe, Göttingen, S 869–919

Wieland R (2014) Gestaltungsfreiheit als Zweck und Mittel psychologischer Arbeits- und Organisationsgestaltung. In: Sachse P, Ulich E (Hrsg) Psychologie menschlichen Handelns: Wissen und Denken – Wollen und Tun. Pabst, Lengerich, S 207–242

Wolter U (2020) Umfrage: Corona-Krise: Mehrheit der Mitarbeiter mit Homeoffice einverstanden. https://www.personalwirtschaft.de/der-job-hr/arbeitswelt/artikel/mehrheit-der-mitarbeiter-angesichts-corona-krise-mit-homeoffice-einverstanden.html. Zugegriffen: 25. Jan. 2021

Zimolong B, Elke G, Trimpop R (2006) Gesundheitsmanagement. In: Zimolong B (Hrsg) Ingenieurpsychologie. Enzyklopädie der Psychologie, Bd. D/III/2. Hogrefe, Göttingen, S 633–668

Arbeitsorte der Zukunft – Gesundheitsfördernde Gestaltung von Coworking Spaces und Homeoffice

Anthea Backfisch, Antje Ducki und Theda Borde

Inhaltsverzeichnis

19.1 Einleitung – 312

19.2 Die Gesundheit von Selbstständigen – 312
19.2.1 Homeoffice und Gesundheit – 313
19.2.2 Das Homeoffice und die Coronavirus-Pandemie – 314
19.2.3 Das Coworking Space – 314
19.2.4 Gesundheitsaspekte in Coworking Spaces – 315

19.3 Forschungsfrage und Methodik – 315

19.4 Ergebnisse – 317
19.4.1 Die Situation im Homeoffice – 317
19.4.2 Gründe ins Coworking Space zu wechseln – 318

19.5 Handlungsempfehlungen – 319
19.5.1 Handlungsempfehlungen für das gesunde Arbeiten im Homeoffice – 319
19.5.2 Handlungsempfehlungen für das gesunde Arbeiten im Coworking Space – 321

19.6 Fazit und Ausblick – 323

Literatur – 324

© Springer-Verlag GmbH Deutschland, ein Teil von Springer Nature 2021
B. Badura et al. (Hrsg.), *Fehlzeiten-Report 2021*, Fehlzeiten-Report, https://doi.org/10.1007/978-3-662-63722-7_19

▶▶ Zusammenfassung

Die voranschreitende Digitalisierung verändert unsere Arbeitswelt. Die zunehmende Zahl an selbstständig Tätigen in Deutschland wächst und damit einhergehend auch weitere Formen der Arbeit und der Arbeitsumgebungen. Coworking Spaces erfahren ein rasantes Wachstum und die Option, im Homeoffice zu arbeiten, wird für viele Berufstätige zu einer neuen Alternative. Wenig ist jedoch über eine gesundheitsförderliche Gestaltung von Coworking Spaces und Homeoffice bekannt. Wie empfinden Selbstständige die Arbeitsbedingungen in der Arbeitsumgebung Coworking Space im Vergleich zum Homeoffice und welche Handlungsempfehlungen können für eine gesundheitsfördernde Gestaltung von Coworking Spaces und Homeoffice daraus abgeleitet werden? Dieser Frage wird auf Grundlage einer Studie mit 14 selbstständig tätigen Coworker:innen mittels qualitativer Interviews nachgegangen. Die Ergebnisse zeigen, dass in beiden Arbeitsumgebungen soziale Kontakte ein relevanter Faktor sind. Für eine gesundheitsfördernde Gestaltung von Coworking Spaces und Homeoffice empfiehlt sich demnach eine Sichtweise auf drei Ebenen: Verhaltensebene, Verhältnisebene und die Sozialebene.

19.1 Einleitung

Unsere Gesellschaft ist beeinflusst von Megatrends wie der Globalisierung, Urbanisierung, Gesundheit und neuer Arbeitsformen, gekoppelt mit dem langjährigen Voranschreiten der Digitalisierung (Zukunftsinstitut GmbH 2021). Diese Trends beeinflussen nicht nur das gesellschaftliche Miteinander, sondern auch im Besonderen die Arbeitswelt.

Die aktuelle Coronavirus-Pandemie erweitert die Diskussionen zum Thema *Gesundheit und Arbeit* und trägt dazu bei, neue Arbeitsformen und -umgebungen näher zu betrachten.

So hat nicht nur die Zahl der Beschäftigten im Homeoffice zugenommen, sondern auch die Zahl von Soloselbstständigen, die entweder im Homeoffice oder auch in **Coworking Spaces** ihrer Arbeit nachgehen. Das hat u. a. zu einem rapiden Wachstum der Coworking-Space-Szene beigetragen. Mit dem Entstehen neuer Arbeitsorte stellen sich aber auch neue Fragen, zum Beispiel nach den umgebungs- und ortsspezifischen Einflussfaktoren auf die Gesundheit der dort Arbeitenden. In diesem Beitrag wird der Fokus sowohl auf die Arbeitsumgebung *Coworking Space* als auch auf das *Homeoffice* gelegt und thematisiert, wie auch dort gesundheitsfördernd gearbeitet werden kann. Es werden die Arbeitsbedingungen von Selbstständigen in den Arbeitsumgebungen Coworking Space und **Homeoffice** analysiert und auf Basis dieser Aussagen Handlungsempfehlungen und neue Ansatzpunkte für eine gesundheitsfördernde Arbeitsumgebung entwickelt.

Dieser Beitrag unterstützt die fortschreitende Diskussion über die Flexibilisierung von Arbeitszeit und Arbeitsort, richtet den Blick auf **Soloselbstständige**, bietet Grundlagen für weitere Diskussionen und gibt Handlungsempfehlungen für eine gesundheitsfördernde Gestaltung in Coworking Spaces und Homeoffice.

19.2 Die Gesundheit von Selbstständigen

Etwa 4 Mio. Menschen arbeiteten im Jahr 2018 als Selbstständige. Darunter befinden sich ca. 2,2 Mio. **Soloselbstständige** und ca. 1,8 Mio. Selbstständige mit Beschäftigten (Bonin et al. 2020). Im Vergleich dazu arbeiteten 2018 40,5 Mio. Personen in einem Angestelltenverhältnis. Die Anzahl der Selbstständigen mit Beschäftigten blieb von 1996 bis 2018 relativ konstant, wobei die Zahl an Soloselbstständigen sich stetig erhöhte. Ab 2002 waren Soloselbstständige die Mehrheit an Selbstständigen (Statistisches Bundesamt 2020).

Vor dem Hintergrund der Digitalisierung und der voranschreitenden Flexibilisierung von Arbeitszeit und Arbeitsumgebung wird mit einem weiteren Anstieg an Soloselbstständigen gerechnet (Apt et al. 2016). Gleichzeitig beschreibt das Bundesministerium für Arbeit und Soziales (BMAS) eine Bedrohung der sozialen Absicherung von Selbstständigen, da das soziale Sicherungssystem nicht umfangreich für diese Art der Erwerbstätigkeit greift. Die gegenwärtige Coronavirus-Pandemie wirkt wie ein Brennglas auf die Arbeits- und Lebenssituation der Selbstständigen. Nach einer Erhebung des Deutschen Instituts für Wirtschaftsforschung (DIW) beklagten 60 % der Selbstständigen Einkommensverluste, bei mehr als 50 % der Befragten verringerte sich die Arbeitszeit im Schnitt um 16 h pro Woche (Kritikos et al. 2020). Die Kombination aus der unsicheren wirtschaftlichen Situation und der mehrheitlich verminderten Arbeitszeit kann auch die Gesundheit der Betroffenen angreifen.

Der Gesundheit von Selbstständigen wurde sehr lange Zeit keine große Beachtung geschenkt (Hünefeld et al. 2018). Mittlerweile wächst aber das wissenschaftliche Interesse an arbeitsbezogenen, gesundheitlichen Aspekten der Selbstständigkeit (Hünefeld 2019; Kottwitz et al. 2019). Mehrere Studien belegen, dass sich Belastungen und Stressoren für Selbstständige und angestellte Personen auf einem äquivalenten Niveau befinden (z. B. Baron et al. 2016). Andere Untersuchungen legen nahe, dass Selbstständige weitaus weniger Belastungen und Stressoren ausgesetzt sind und über einen allgemein besseren Gesundheitszustand verfügen und die Zufriedenheit, Leistung und Motivation im Vergleich zu Angestellten höher sind (z. B. Rothe et al. 2017). Im arbeitsbezogenen Kontext werden immer wieder die „neuen" Beanspruchungen und Chancen für Erwerbstätige diskutiert: Arbeitsmenge, Arbeitsdichte, Zeitdruck, Arbeitsunterbrechungen und Multitasking, Flexibilisierung, Entgrenzung und Selbstführungskompetenzen etc. (Badura et al. 2019). Selbständige sind in besonderer Weise von Prozessen der interessierten Selbstgefährdung betroffen, mit negativen Folgen wie verlangsamten Erholungs- und Regenerationsprozessen, maladaptiven Bewältigungsformen und einer höheren Konfliktanfälligkeit (Krause et al. 2012). Diese Stressoren müssen beruflich Selbstständige allein bewältigen.

19.2.1 Homeoffice und Gesundheit

Da Selbstständige für die Forschung eine eher schwer erreichbare Zielgruppe sind, ist wenig zu den gesundheitlichen Chancen und Herausforderungen im Homeoffice bekannt. Vorliegende Studienergebnisse beziehen sich meist auf Beschäftigte (Grunau et al. 2019; Waltersbacher et al. 2019). Ein Unterschied zwischen Angestellten und Selbstständigen betrifft die Verantwortungsübernahme für die Gesundheit. So trägt bei Angestellten das Unternehmen die Verantwortung für Arbeits- und Gesundheitsschutz im Homeoffice (BMAS 2020). Selbstständige tragen diese Verantwortung selbst.

Folgend werden charakteristische Chancen und Herausforderungen eines Heimarbeitsplatzes für Berufstätige allgemein beleuchtet.

Verschiedene Studien weisen auf positive Aspekte der Telearbeit hin. So assoziieren Arbeitnehmer:innen mit der Verlagerung von Arbeitstagen nach Hause selbstbestimmtes Arbeiten, eine hohe Arbeitszufriedenheit und Arbeitsleistung, eine verbesserte Arbeitsqualität und bessere Möglichkeiten der Vereinbarkeit von Beruf und Familie (Backhaus et al. 2020).

Die Arbeit im Homeoffice kann aber auch mit **Entgrenzung** einhergehen. Eine entgrenzte Arbeitsweise ist dadurch geprägt, dass räumliche, zeitliche, aber auch psychomentale Grenzen zwischen Arbeit und Privatleben zunehmend verwischen, dass auch nach Feierabend noch auf Arbeitsanforderungen reagiert wird (z. B. auf Kundenanfragen) und dadurch das Abschalten erschwert ist. Ursachen sind Zeit- und Leistungsdruck oder auch prekäre Arbeitsverhältnisse, die durch objektive Unsicherheiten wie z. B. befristete Arbeitsverträge oder schlechte Bezahlung geprägt sind. Durch Entgrenzung als „Belastungssyndrom moderner Arbeit" (Sauer 2012) wird das physische und mentale Abwenden von der Arbeit (Detachment) beschrieben, was die Erholung erschwert und mit negativen Beanspruchungsfolgen für Gesundheit, Befinden, Motivation und Leistung verbunden sein kann (z. B. Tavares 2017).

19.2.2 Das Homeoffice und die Coronavirus-Pandemie

Aufgrund der gegenwärtigen Pandemie entschieden sich während des ersten Lockdowns ca. 35 % der Angestellten, ihren Arbeitsplatz wenigstens gelegentlich ins Homeoffice zu verlegen (Schröder et al. 2020). Für Selbstständige ist und war dieser Wechsel weniger spürbar, da ihnen die freie Wahl des Arbeitsortes obliegt. Diejenigen, die aber mehrheitlich in Coworking Spaces arbeiteten, mussten sich in der Phase des Lockdowns vereinzelt ebenfalls einen Heimarbeitsplatz einrichten. Zahlreiche Studien und Untersuchungen zur Arbeitssituation und Mehrbelastung Erwerbstätiger wurden erstellt und Belastungsfaktoren und Herausforderungen wie Entgrenzung, digitale Führungskompetenz, Produktivitätseinbußen sowie unzureichend ausgestattete Arbeitsplätze wurden identifiziert (Emmler und Kohlrausch 2021; Hofmann et al. 2020).

Selbstständige sind in der Mehrheit der aufgeführten Untersuchungen, die sich vor allem auf Angestellte beziehen, unterrepräsentiert. In der Untersuchung von Meyer et al. (2020) waren beispielsweise nur 3,7 % selbstständig tätig. Die Ergebnisse liefern dennoch Anhaltspunkte, um sich der Situation von Selbstständigen während der Coronavirus-Pandemie anzunähern.

Eine gesteigerte Produktivität und verminderter Arbeitsdruck während der Arbeitszeit im Homeoffice konnten identifiziert werden. Aber auch Entgrenzungserscheinungen sind sichtbar geworden. Zwar werden Kernarbeitszeiten häufig beibehalten, Arbeitsstunden im Homeoffice tendenziell aber in die frühen Morgen- oder späten Abendstunden verschoben. Auch ein klarer Wunsch nach der Trennung von Privat- und Arbeitsleben wurde deutlich. Arbeitnehmer:innen mit Kindern haben die Entgrenzung während der Coronavirus-Pandemie besonders durch die Mehrfachbeanspruchung als belastend empfunden (Hofmann et al. 2020; Emmler und Kohlrausch 2021).

Auch die mangelnde Arbeitsausstattung wurde thematisiert. Das Arbeiten an Küchen- oder Esstischen, die hohe Lautstärke oder mangelnde technische Bedingungen sind Hauptstörfaktoren während der Arbeit im Homeoffice und führten bei einigen Befragten zu physischen Problemen wie Rückenschmerzen (Hofmann et al. 2020).

Der Themenkomplex soziale Kontakte ist ebenfalls Gegenstand in Untersuchungen zu Homeoffice und der Coronavirus-Pandemie. Hierbei gab die Mehrheit der Beschäftigten an, ihnen fehle sowohl der informelle als auch der formelle schnelle Austausch mit Kolleg:innen. Besonders kurzfristige Absprachen wurden als herausfordernd wahrgenommen (Rees und Tendyck 2020).

19.2.3 Das Coworking Space

Coworking Spaces umfassen mehr als moderne Großraumbüros oder einen Platz mit frei zugänglichem Internet. Das Besondere an diesem Konzept liegt in dem Wortteil Co, der das „zusammen" Arbeiten und den vernetzenden Gedanken in den Mittelpunkt stellt (Echterhoff et al. 2018). Coworking Spaces zu definieren scheint aufgrund der diversen Coworking Spaces, der vielfältigen Konzepte und unterschiedlichen Nutzer:innen schwierig (Müller 2018). Prinzipiell vermietet ein Coworking Space flexible Arbeitsplätze tages-, wochen-, oder monatsweise für Interessierte. Mitglieder buchen oftmals keinen festen Arbeitsplatz oder Schreibtisch, sondern das Recht, die Räumlichkeiten zu nutzen. Nutzer:innen suchen sich in den Räumlichkeiten einen freien Arbeitsplatz aus (hot desking/flex desking). Darüber hinaus bietet ein Coworking Space die Infrastruktur eines Büros: Internetzugang, Arbeitsmittel, Drucker etc. Das Existieren einer Gemeinschaft ist das Hauptmerkmal eines Coworking Spaces. Betreiber:innen richten sich oftmals nach den **Coworking-Kernwerten** Offenheit, Kollaboration, Nachhaltigkeit, Gemeinschaft und Zugänglichkeit. Diese Grundlage fördert den interdisziplinären Austausch und das Wachstum einer Gemeinschaft untereinander (Pohler 2012).

Für das Jahr 2020 prognostiziert man 26.300 Coworking Spaces weltweit. Auch die Mitglieder werden für das selbe Jahr weltweit auf über 2,5 Mio. geschätzt, Trend steigend (Foertsch 2019a). Auch in Deutschland ist ein stetiger Anstieg an Coworking Spaces beobachtbar. So erfasst coworkingmap.de aktuell 713 Coworking Spaces deutschlandweit (Wick 2021). Nutzer:innen von Coworking Spaces sind eine heterogene Gruppe. Dennoch lassen sich anhand der Daten durchschnittliche Nutzer:innen porträtieren als Person (männlich/weiblich) im Alter von ca. 36 Jahren, die selbstständig in der IT-Branche tätig ist.

19.2.4 Gesundheitsaspekte in Coworking Spaces

Bislang ist das Forschungsinteresse am Themenbereich Gesundheit in Coworking Spaces überschaubar und nur wenige Forscher:innen setzen sich mit gesundheitsrelevanten Aspekten in Coworking Spaces auseinander (Servaty et al. 2018; Robelski et al. 2019; Keller et al. 2017). Vereinzelt thematisieren auch Initiativen oder Blogs eine gesundheitsfördernde Gestaltung von Coworking Spaces (Hirtl 2020; Rittiner 2017). Demgegenüber besteht aus Sicht der Nutzer:innen ein Bedürfnis nach Gesundheitsangeboten in Coworking Spaces. 60 % der befragten Coworker:innen einer Erhebung wünschen sich gesundheitsfördernde Angebote, 51 % Entspannungsangebote und 53 % Fortbildungen (Echterhoff et al. 2018). Darüber hinaus zeigt Servaty et al. (2018) in ihrer Untersuchung, dass die ergonomische Beschaffenheit einiger Coworking Spaces nicht gesundheitsfördernd ist (Bürostühle, Arbeitsplätze, Licht, Lärm, Temperatur). Diese Störfaktoren führen nachweislich zu gesundheitlichen Problemen (z. B. Tegtmeier 2016). Weiter zeigen die Ergebnisse aber auch, dass die Organisation der Tagesstruktur (Work-Life-Balance, Produktivität, Zeitmanagement) als Ressource gewertet werden kann (Servaty et al. 2018). Mitglieder in Coworking Spaces weltweit empfanden die Zugehörigkeit zu ihrem Coworking Space als positiv für ihr Wohlbefinden. Sie beschrieben eine erhöhte Interaktion, angenehmere Arbeitstage, weniger Isolation und eine gesteigerte Produktivität und Motivation, seit sie in einem Coworking Space arbeiten (Foertsch 2019b).

Coworking Spaces haben somit durchaus das Potential, Nutzer:innen in ihrer Arbeitssituation zu unterstützen, ihr Wohlbefinden und die psychosoziale Gesundheit zu fördern. Allerdings sollten auch Coworking Spaces Arbeits- und Gesundheitsschutzmaßnahmen und eine arbeitsplatz- und nutzer:innenspezifische Prävention anbieten (Keller et al. 2017). Zu Beginn der Coronavirus-Pandemie reagierten Coworking Spaces mit unterschiedlichen Hygienekonzepten auf die Situation. Mehrheitlich schlossen die Coworking Spaces vorübergehend ihre Räumlichkeiten, um der neuen Situation gerecht zu werden. Nach der Entwicklung von Hygienekonzepten sorgten viele für ausreichend Abstand zwischen den einzelnen Arbeitsplätzen, stellten Desinfektionsmittel zur Verfügung und lüfteten regelmäßig. Allgemeinhin war in der ersten Phase des Lockdowns die Anzahl der Nutzer:innen in Coworking Spaces ohnehin vermindert.

19.3 Forschungsfrage und Methodik

Die Gesundheits- und Arbeitssituation der Zielgruppe der Selbstständigen und freibe-

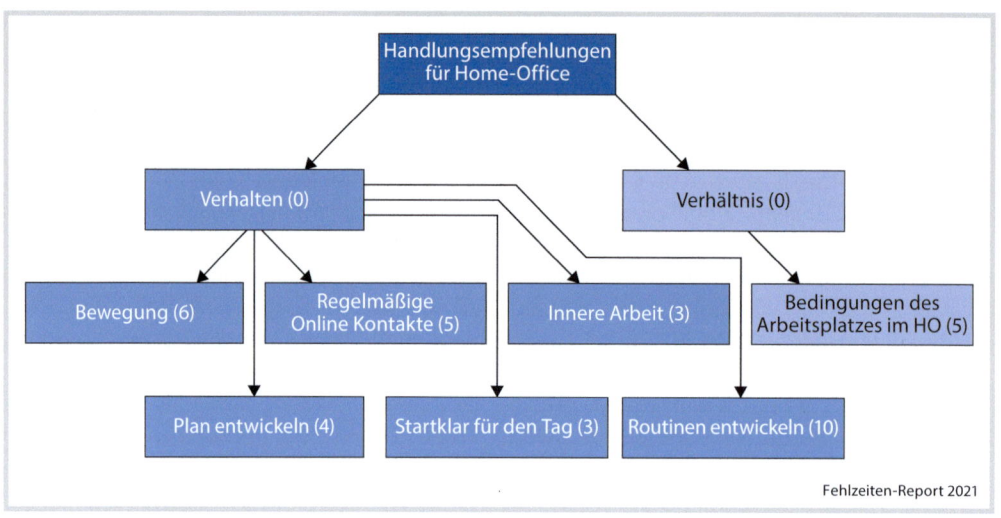

☐ **Abb. 19.1** Kategoriencluster Handlungsempfehlungen für das Homeoffice. (Darstellung: Anthea Backfisch)

ruflich Arbeitenden, die hauptsächlich Coworking Spaces in Anspruch nehmen oder im Home Office arbeiten (Foertsch 2020) ist im Allgemeinen wenig erforscht und bisweilen nur unzureichend in den Fokus der Gesundheits- und Arbeitswissenschaften gerückt. Mit der zunehmenden Digitalisierung und Flexibilisierung von Arbeitskontexten stellt sich die Frage, wie in beiden **„neuen" Arbeitsformen** und -umgebungen gesundheitsfördernd gearbeitet werden kann. Die Fragestellung dieser Untersuchung lautete daher:

» *Wie empfinden Selbstständige die Arbeitsbedingungen in der Arbeitsumgebung Coworking Space im Vergleich zum Homeoffice und welche Handlungsempfehlungen können für eine gesundheitsfördernde Gestaltung von Coworking Spaces und Homeoffice daraus abgeleitet werden?*

Die Untersuchung erfolgte auf Basis eines qualitativ-rekonstruktiven Forschungsansatzes mit einem teilstrukturierten Interviewleitfaden. Die Stichprobe umfasste 14 Soloselbstständige aus sechs verschiedenen Coworking Spaces in Berlin, die zuvor auch im Homeoffice gearbeitet haben. Die Teilnahme an den Interviews war freiwillig und der Umgang mit den aus den Interviews gewonnenen Daten hält sich an die Datenschutz-Grundverordnung (DSGVO). Der teilstrukturierte Interviewleitfaden umfasste vier Oberkategorien:

— Gründe vom Homeoffice in das Coworking Space zu wechseln
— Einstellung und Arbeitsweise in der jeweiligen Arbeitsumgebung
— Identifizieren von gesundheitsfördernden Elementen
— Arbeiten in Zeiten der Corona-Pandemie

Die Interviews wurden anhand von festgelegten Regeln nach Kuckartz (2018) transkribiert und mit der computergestützten Software für qualitative Daten- und Textanalyse MAXQDA auf Basis der qualitativen Inhaltsanalyse ausgewertet. Für das Vorhaben wurde eine inhaltlich-strukturierende qualitative Inhaltsanalyse nach Kuckartz (2018) durchgeführt. Anhand der Ergebnisse der Literaturrecherche wurde zunächst ein deduktives Kategoriensystem gebildet:

— Entgrenzung durch die Arbeit im Homeoffice
— Fehlende soziale Kontakte
— Arbeiten in Zeiten der Corona-Pandemie

- Handlungsempfehlungen für das Homeoffice
- Handlungsempfehlungen für das Coworking Space

Im Verlauf der Auswertung der Interviewtexte wurden darüber hinaus induktive Kategorien generiert. ◘ Abb. 19.1 zeigt eine exemplarische Code-Map der induktiv und deduktiv erstellten Kategorien in MAXQDA aus der Kategorie *Handlungsempfehlungen für das Homeoffice*. Die Icons stehen hier für die jeweiligen induktiven Kategorien, die ausgehend von dem zur Verfügung stehenden empirischen Datenmaterial gebildet werden.

19.4 Ergebnisse

Die fünf weiblichen und neun männlichen Soloselbstständigen sind zwischen einem Monat und 24 Monaten Mitglied in einem Coworking Space. Die Tätigkeitsfelder der Interviewpartner:innen sind vergleichbar mit den für Coworking Spaces „typischen" Branchen. Vier Personen arbeiten in der Medienbranche, drei im IT-Bereich, zwei in der Beratung und jeweils eine Person in den Branchen Wissenschaft, Recht, Gesundheitswesen, Journalismus und Consulting. Die Altersstruktur der Befragten entspricht den soziodemografischen Daten aus Untersuchungen über die Nutzer:innen von Coworking Spaces (Foertsch 2017). Sieben der 14 Soloselbstständigen sind zwischen 30 und 39 Jahren alt. Jeweils zwei Personen sind zwischen 18 und 29 Jahren und 40 bis 49 Jahren. Eine Person ist zwischen 50 und 59 Jahren alt.

Anhand der Kategorienbildung wurden drei Merkmale der Arbeitsumgebung Homeoffice identifiziert, die dazu führten, dass die Befragten ihren Arbeitsort in ein Coworking Space verlagerten. Integriert werden auch Erfahrungen, die sich auf die Zeit während der Coronavirus-Pandemie beziehen. Die Ergebnisse legen nahe, dass die Pandemie und die damit verbundenen Maßnahmen die Arbeitsbedingungen der Selbstständigen erschweren und die Arbeit intensivieren. Fast alle Befragten assoziierten das Homeoffice mit Entgrenzung, geminderter Arbeitsleistung und Isolation.

Vor dem Hintergrund unterschiedlicher Lebens- und Arbeitssituationen zwischen Arbeitnehmer:innen und Selbstständigen lässt sich die Relevanz einzelner Themenbereiche differenzieren. So sind soziale Kontakte und Austausch für Soloselbstständige deutlich wichtiger als für Arbeitnehmer:innen, die auf feste Teamstrukturen in ihrem Unternehmen zurückgreifen können.

19.4.1 Die Situation im Homeoffice

Entgrenzung beinhaltet sowohl zeitliche als auch räumliche Dimensionen und bezieht beispielsweise Ablenkungen und die Arbeitsplatzsituation mit ein. Zeitliche Entgrenzung wird von der Mehrheit der Befragten als fließende oder verschwommene Grenzen zwischen Arbeitszeit und Freizeit wahrgenommen und als sehr belastend empfunden. Damit einhergehend verschränken sich private mit beruflichen Tätigkeiten zunehmend. Die Befragten beschreiben einen nahtlosen Übergang zwischen Erholungsphasen (Nachtruhe) und Arbeitsphasen. Ebenfalls wird Grenzenlosigkeit beim Übertritt zum Feierabend erkennbar.

Charakteristisch für die Arbeit von zu Hause ist die starke **Ablenkung** und die Zusammenführung von beruflichen und privaten Aufgaben, was größtenteils als negativ bewertet wird. Vor allem Befragte ohne Kinder beschreiben im Homeoffice mehr Ablenkungen. Es fällt ihnen schwerer, für die Arbeit in einen sogenannten Flowzustand zu kommen und die äußere Umgebung und Ablenkungen im Haushalt auszublenden. Positive Aspekte der Vereinbarkeit privater Angelegenheiten während der Arbeitszeit werden sehr selten erwähnt. Nur eine befragte Mutter reflektiert das Arbeiten von zu Hause im Allgemeinen als notwendig für den Erhalt der Familienharmonie.

Die einschränkenden Maßnahmen im ersten Lockdown (Ende März bis Ende April

2020) während der Coronavirus-Pandemie intensivierten die Entgrenzungserscheinungen bei allen Befragten.

Räumliche Entgrenzung bezieht sich bei den befragten Selbstständigen auf die Wohnverhältnisse. Der Heimarbeitsplatz wird oftmals nicht als optimaler Arbeitsplatz definiert. Dies hat mehrere Gründe: Einerseits existiert kein fest eingerichteter Arbeitsplatz oder er befindet sich beispielsweise im Schlafzimmer oder die ergonomischen Voraussetzungen (Sitzgelegenheit) eines gesunden Arbeitsplatzes bestehen nicht. Berufliches breitet sich im privaten Raum aus und führt zu inneren Konflikten bei den Selbstständigen. Der Wunsch nach einer räumlichen Grenzziehung wird von zwölf Befragten sehr deutlich formuliert.

Ablenkungen durch Haushaltsaufgaben während der Arbeitszeit im Homeoffice erwähnten Frauen häufiger als Männer. Sie erledigten die entsprechenden Haushaltsaufgaben auch öfter als Männer, um die Ablenkung zu eliminieren. Dies könnte vermutlich an einer klassisch weiblichen Sozialisation und damit verbundenen Verantwortlichkeiten liegen. Lediglich ein Mann berichtet von Ablenkungen durch herumstehendes Geschirr und vom Drang, es erst abzuwaschen, bevor die Arbeit beginnt.

Zur Dimension *Isolation und Gemeinschaft* im Homeoffice zeichnen sich zwei Pole ab. Für Alleinlebende ist das Homeoffice oftmals ein sehr einsamer Ort. Interviewte mit Kindern erwähnen seltener den Zustand von Einsamkeit während der Zeit im Homeoffice. Sie sehen den Coworking Space als eine Arbeitsumgebung, in der sie ungestört „alleine" arbeiten können. Alleinlebende hingegen suchen im Coworking Space unter anderem Gemeinschaft. Coronabedingt hat sich die Situation sowohl für Alleinlebende als auch für selbstständig tätige Eltern massiv verschärft. Einerseits kommt ein großes Bedürfnis nach Gemeinschaft, Austausch und Inspiration auf und andererseits der Wunsch nach einem „ruhigen" Arbeitsort.

Das Arbeiten im Homeoffice hat für einige Befragte auch positive Aspekte. Digitale Meetings können im Homeoffice oftmals einfacher erledigt werden als in einem Coworking Space. Als Gründe dafür werden Ausstattungsmerkmale wie eine Kamera, ein guter Hintergrund und mehr Ruhe genannt. Auch für Personen mit (chronischen) Krankheiten bietet ein ausgewogenes Verhältnis zwischen Homeoffice und Coworking Space eine optimale Mischung.

19.4.2 Gründe ins Coworking Space zu wechseln

Die Arbeitsumgebung Coworking Space setzt einen Rahmen und gibt eine Struktur für die Selbstständigen. Räumlicher Entgrenzung wird beispielsweise durch den Weg zum Coworking Space, Öffnungszeiten und mit einem speziellen Platz zum Arbeiten entgegengewirkt.

Die Mehrheit der Befragten reflektiert sehr bewusst, dass ihre Arbeitsleistung im Homeoffice im Vergleich zu der Arbeit in einem Coworking Space vermindert ist. Durch ständige Ablenkungen (Entgrenzung) im Homeoffice fällt es vielen schwer, an einem Stück konzentriert zu arbeiten. Der Zustand eines **Flowgefühls** hingegen entsteht eher in einem Coworking Space.

Die befragten Selbstständigen heben größtenteils die Vorteile einer besseren Arbeitsleistung im Coworking Space hervor. Ein Coworking Space bietet Voraussetzungen, um sich einfacher konzentrieren zu können und in einem Zustand vollkommener Fokussierung zu arbeiten. Die Arbeitsleistung wird bei allen Befragten im Coworking Space als höher bewertet als bei der Arbeit im Homeoffice.

Das Bedürfnis nach Gemeinschaft oder Community ist unterschiedlich ausgeprägt. Manche Interviewpartner:innen benötigen die Gemeinschaft als „Kontrollinstanz", die das fokussierte Arbeiten überwacht. Andere möchten „Leute treffen und kennenlernen" und manche erleben ein aktives Netzwerk innerhalb eines Coworking Space, in dem interaktive und unterstützende **Kollaboration** gelebt wird. Insbesondere der soziale Austausch im Coworking Space scheint für Soloselbstständige besonders wertvoll, da sie nicht auf ein betriebliches kollegiales Umfeld zurückgreifen können.

Wie intensiv **Community** in einem Coworking Space gelebt wird, hängt aus Sicht der Befragten maßgeblich von den Betreiber:innen ab. Diese bilden die Grundlage zum Aufbau einer Gemeinschaft, z. B. mit der Organisation von Community-Events. Gleichwohl kommt es darauf an, welche Absichten die Nutzenden haben. Einzelne Befragte kritisieren manche Coworking Spaces mit einer aktiven Community mit **Netzwerkgedanken** als nicht authentisch und aufgesetzt und bevorzugen ein familiäreres Coworking Space.

19.5 Handlungsempfehlungen

Nachfolgend werden die Ergebnisse der Untersuchung zusammengeführt und mit Rückbezug auf den aktuellen Forschungsstand Handlungsempfehlungen für beide Arbeitsorte entwickelt.

19.5.1 Handlungsempfehlungen für das gesunde Arbeiten im Homeoffice

Die Empfehlungen der Befragten zu einer gesundheitsfördernden Gestaltung des Homeoffice entsprechen den Empfehlungen von Expert:innen in diesem Feld (DGUV 2020; INQA 2020). **Selbstführungskompetenzen** sind eine von mehreren Anforderungen an Selbstständige. Das Entwickeln von Routinen ist eine Komponente von Selbstführungskompetenzen. Die Strukturierung des Arbeitsalltags, aber auch Aspekte wie Bewegung, Gestaltung des Arbeitsbereichs und das Entwickeln von Tätigkeitslisten werden sowohl in den Handlungsempfehlungen als auch von den Befragten aufgeführt. Hervorzuheben ist allerdings, dass sich die Handlungsempfehlungen aus der Literatur bislang allesamt auf Arbeitnehmer:innen konzentrieren. Trotz der einheitlichen Erkenntnisse aus Sicht der Befragten bietet sich eine Differenzierung von Handlungsempfehlungen für Arbeitnehmer:innen und Selbstständige an.

Ergänzend zu den in der Gesundheitsförderung üblichen Perspektiven der Verhaltens- und Verhältnisebene weisen die Ergebnisse dieser Untersuchung deswegen zusätzlich auf die Bedeutung der Sozialebene als einer dritten Ebene hin, die vor allem für Soloselbstständige von hervorgehobener Bedeutung ist. ◘ Abb. 19.2 fasst die Erkenntnisse und Empfehlungen für eine gesundheitsfördernde Gestaltung des Homeoffice zusammen. *Auf der Verhaltensebene* kristallisieren sich drei Säulen heraus: 1) Routinen, 2) Ablenkungen minimieren und 3) Bewegung. Die Verhältnisebene beinhaltet zwei Dimensionen: 1) Ergonomische Arbeitsausstattung und 2) geordnete Arbeitsumgebung.

Auf der Verhaltensebene wird die Etablierung von Routinen empfohlen. Dazu zählt das Aufstehen zur gleichen Uhrzeit, das Anziehen und Frühstücken. Ebenso sollten feste Termine für Pausen und das Mittagessen eingeplant werden. Mit der **Schaffung von Ritualen** wird ein Rahmen für die Selbstständigen gebildet, der im Alltag nicht mehr hinterfragt werden muss, da er ab einer gewissen Zeit Gewohnheit ist. Zeitliche Entgrenzung kann so vermieden werden. Ablenkungen können durch das Erstellen eines Tages- und Wochenplans und das Führen von To-do-Listen minimiert werden. Ablenkungen entstehen häufig durch das Wahrnehmen von Unerledigtem im Haushalt. Haushaltsaufgaben wie Waschen, Kochen, Einkaufen, Putzen etc. können auf einer separaten Liste festgehalten werden und dafür Zeitslots bestimmt werden. Besonders in diesem Bereich bieten sich Trainings zur Stärkung der Selbstführungskompetenz an. Langfristig können diese Kompetenzen positive Auswirkungen auf die Gesundheit haben (Badura et al. 2019).

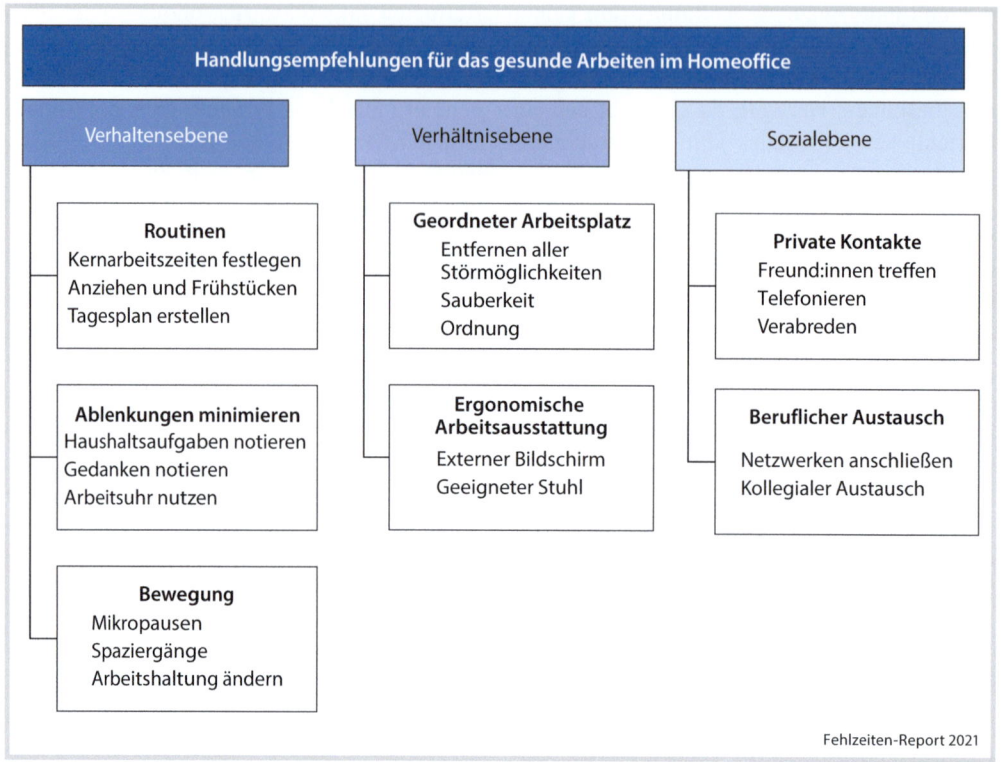

● Abb. 19.2 Handlungsempfehlungen für die gesundheitsfördernde Gestaltung der Arbeitsumgebung Homeoffice. (Darstellung: Anthea Backfisch)

Bewegung ist die dritte Säule der Verhaltensebene. Durch die Arbeit von zu Hause fällt ein Arbeitsweg weg. Der Bewegungsradius bleibt die eigene Wohnung. Viele Befragte haben das Bedürfnis nach Bewegung bzw. beklagen die wenige Bewegung während eines Arbeitstages im Homeoffice. Ein Spaziergang in der Mittagspause oder eine morgendliche Bewegungseinheit beugen physischen Beschwerden vor. Die Möglichkeit, an Bewegungsschulungen teilzunehmen, kann für einige Selbstständige hilfreich und gesundheitsfördernd sein.

Die Verhältnisse lassen sich durch einen geordneten Arbeitsplatz und eine ergonomische Arbeitsausstattung verbessern. Einerseits ist eine aufgeräumte Arbeitsumgebung relevant für die gesundheitsfördernde Gestaltung des Homeoffice. Andererseits bedarf es einer **ergonomischen Arbeitsausstattung** (DGUV 2020; Gobeli et al. 2011). Ein möglichst minimalistisch eingerichteter Arbeitstisch fördert die Fokussierung auf die Arbeitstätigkeiten und mindert Ablenkungen. Um Ablenkung und räumliche Entgrenzung im Homeoffice zu minimieren, wird empfohlen, sich einen festen Arbeitsplatz einzurichten, der möglichst nicht im Schlafzimmer ist. Empfohlen werden daher direkt an die Gruppe der Selbständigen adressierte Angebote, Veranstaltungen oder schriftliche Empfehlungen zur gesunden Gestaltung des Arbeitsplatzes Homeoffice. Diese könnten über **berufliche Netzwerke** beworben werden.

Maßnahmen auf der Sozialebene wirken der Isolation von Selbständigen entgegen. Gerade Soloselbstständige haben weitaus weniger Kontakt zu Fachkolleg:innen in ihrem Feld als Angestellte. Regelmäßiger Austausch mit Fachkolleg:innen oder Freund:innen, ob online oder offline, ist essenziell, um Vereinsamung entgegenzuwirken. Kummer, Erfolge und Alltägliches können so geteilt werden und sorgen gleichzeitig für weniger Ablenkung während der Arbeitszeit, da die Gedanken ausgesprochen wurden. Gobeli et al. (2011) schlägt **Gesundheitszirkel** für Angestellte vor, die auftretende Gefühle von Isolation im Homeoffice thematisieren. Vorstellbar kann dies auch für Selbstständige sein. Gerade die Coronavirus-Pandemie hat gezeigt, welcher Wert sozialen Kontakten beigemessen wird. Es wird als höchst relevant eingestuft, die Sozialebene im Bereich der Gesundheitsförderung für die Arbeitsumgebung Homeoffice genauer zu betrachten und konkrete Maßnahmen gegen Vereinsamung und Isolation bzw. deren Gefühle anzubieten.

19.5.2 Handlungsempfehlungen für das gesunde Arbeiten im Coworking Space

Die Handlungsempfehlungen der Befragten bezüglich der Gestaltung eines Coworking Spaces lassen sich ebenfalls in die für die Gesundheitsförderung übliche Sichtweise in Verhaltens- und Verhältnisebene einordnen. Da **soziale Interaktion**, Austausch und Gemeinschaft vor allem in einem Coworking Space eine relevante Rolle spielen, empfiehlt es sich auch hier, die Sozialebene als eine dritte Ebene in die Betrachtung einer gesundheitsfördernden Gestaltung eines Coworking Spaces zu integrieren. ◘ Abb. 19.3 fasst die Ergebnisse der Befragung und die Schlussfolgerungen auf diesen drei Ebenen zusammen.

Die Dimension Selbstführungskompetenzen beinhaltet Kurse, Workshops und andere Formate zu Themen wie Zeit- und Selbstmanagement, denn insbesondere Selbstständige sind gesundheitsbelastenden Beanspruchungen wie Arbeitsmenge, Arbeitsdichte, Zeitdruck, Arbeitsunterbrechungen und Multitasking, Flexibilisierung und Entgrenzung ausgesetzt (z. B. Badura et al. 2019). Weitere Untersuchungen zeigen, dass Soloselbstständige Formate zur Erweiterung ihrer Gesundheitskompetenz, beispielsweise Trainings zur Stärkung der Abgrenzungsfähigkeit wünschen und Coworker:innen im Speziellen Fortbildungen zu diesem Themenfeld fordern (Hünefeld 2019; Echterhoff et al. 2018).

Des Weiteren empfehlen sich Bewegungs- und Entspannungsangebote, die der Dimension Bewegung und Achtsamkeit zugeordnet werden kann, welche von den Teilnehmenden explizit erwähnt wurde. Die Befragten wünschen sich Bewegungsangebote innerhalb des Coworking Spaces. Integriert in Bewegungsangebote könnten parallel Achtsamkeitskurse offeriert werden. Echterhoff et al. (2018) unterstützen diese Empfehlung mit den Ergebnissen ihrer Forschung, in der über 50 % der befragten Coworker:innen sich gesundheitsfördernde Angebote und Entspannungsangebote wünschen. Diese könnten in größeren Coworking Spaces innerhalb der Räumlichkeiten stattfinden. Kleinere Coworking Spaces mit begrenzten räumlichen Kapazitäten könnten Kooperationen mit anliegenden Fitness- oder Yogastudios eingehen und ihren Mitgliedern so Bewegungs- und Entspannungsangebote offerieren.

Die Dimensionen *Raumgestaltung* und *Serviceleistungen* eines Coworking Spaces lassen sich der Verhältnisebene zuordnen. Empfehlungen und Wünsche zur Raumgestaltung ähneln den Erkenntnissen einer anderen Untersuchung (Foertsch 2011), wonach die Befragten eine Mischung aus abgeschlossenen und offenen Bereichen bevorzugen. Ein Grund für diese Aufteilung ist der hohe Geräuschpegel, der durch andere Coworker:innen entsteht, und damit verbunden der Wunsch nach Rückzugsorten. Bei den Befragten dieser Untersuchung ging es darüber hinaus um Privatsphäre und sensible Gespräche mit Kund:innen und vereinzelt auch um Rückzugsorte für kurze Ruhephasen. Die Hälfte der Befragten wünscht eine ergonomische Arbeitsplatzausstattung. Vor allem Lärm durch Gespräche anderer und eine laute Geräuschkulisse werden als belastend

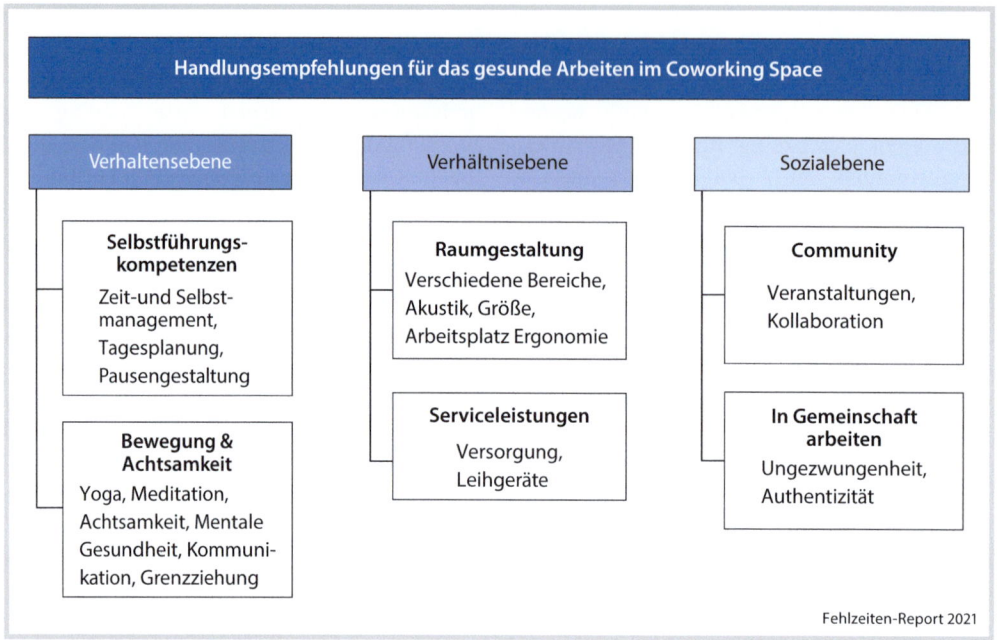

☐ **Abb. 19.3** Handlungsempfehlungen für die gesundheitsfördernde Gestaltung der Arbeitsumgebung Coworking Space. (Darstellung: Anthea Backfisch)

empfunden. Die Betreiber:innen von Coworking Spaces sollten daher ergonomische Beratung hinzuziehen und die Räumlichkeiten dementsprechend anpassen.

Unter Serviceleistungen gliedern sich Elemente wie das Anbieten von Leihgeräten, zum Beispiel externe Bildschirme. Diese haben einen Einfluss auf die ergonomischen Rahmenbedingungen eines Coworking Spaces und demnach eine positive Wirkung auf die Gesundheit von Coworker:innen. Die Versorgung durch ein Café oder eine Küche ist den meisten Befragten sehr wichtig. Das Bereitstellen von Kochmöglichkeiten vergrößert die Chance auf eine gesündere Ernährung der Nutzer:innen. Sie müssen nicht jeden Mittag außerhalb Essen gehen, sondern können vor Ort Vorgekochtes erwärmen oder direkt im Coworking Space kochen. Gerade für Personen mit Lebensmittelunverträglichkeiten oder einer speziellen Ernährung würde diese Option den Alltag vereinfachen. Aus dieser Perspektive kann es auch als ein barrierefreies Element angesehen werden. Zudem stellt eine Küche einen Begegnungsraum dar, in dem sie das Potenzial bietet, miteinander ungezwungen ins Gespräch zu kommen.

Soziale Kriterien (die Community) sind der Hauptgrund, weshalb Selbstständige ihre Arbeit in ein Coworking Space verlegen (Foertsch 2018). Dies trifft auch auf die hier Befragten zu. Die Inanspruchnahme von Veranstaltungen innerhalb von Coworking Spaces ist jedoch abhängig von der wahrgenommenen **Authentizität** der Community. Die Befragten befürworten eine ungezwungene und authentische Gemeinschaft in einem kollegialen und kollaborativen Umfeld. Anorganisch gewachsene Gemeinschaften, welche die Befragten als unauthentisch und aufdringlich empfinden, werden kritisch gesehen oder sogar abgelehnt und als zusätzlicher Stressor empfunden. Es empfiehlt sich daher, Coworker:innen in die Themengestaltung von Veranstaltungen einzubeziehen, um ein zielgruppenorientiertes Angebot zu schaffen. Rief et al. (2014) merken an, dass die Größe des Coworking Space entscheidend für eine funktionierende Community ist, da beispielsweise mehr Platz für gemeinsame Aktivitäten und Events zur Verfügung steht. Dies widerlegen zwei Befragte, die in einem relativ kleinen Coworking Space für Frauen arbeiten und die ausgesprochen authentische und unterstützende Gemeinschaft hervorheben. Es ist also anzunehmen, dass eine funktionierende Gemeinschaft auch in kleineren Coworking Spaces gelebt werden kann, wenn sie sich auf eine bestimmte Branche oder Zielgruppe konzentriert. Des Weiteren gewinnen Online-Angebote an Bedeutung für Austausch und Verbundenheit. Durch die Kombination von Online- und Offline-Formaten haben alle Mitglieder die Chance, an einer Veranstaltung teilzunehmen, ohne physisch anwesend sein zu müssen.

Zu den Untersuchungsergebnissen ist einschränkend festzuhalten, dass ausschließlich Befragte einbezogen wurden, die zuvor im Homeoffice arbeiteten, damit unzufrieden waren und nach einer gewissen Zeit in ein Coworking Space wechselten. Dies könnte Verzerrungen bezüglich der Negativwahrnehmung gegenüber dem Homeoffice aufwerfen. Darüber hinaus ist die Stichprobe gering und pro Coworking Space wurden ein bis drei Coworker:innen befragt. Die Befragung bezieht sich außerdem auf die Zeit während der Coronavirus-Pandemie, als die Befragten im Homeoffice arbeiteten. Aufgrund des Lockdowns, der Maßnahmen zur Eindämmung der Pandemie und der gegebenenfalls schlechteren Auftragslage vieler Selbstständiger kann es sein, dass diese Ausnahmesituation wie ein Brennglas auf die Arbeitssituation der Befragten wirkt, wodurch die Aussagen der Befragten verzerrt sein könnten.

19.6 Fazit und Ausblick

Alle Befragten wechselten nach einer gewissen Zeit im Homeoffice in ein Coworking Space. Die Gründe dafür waren Entgrenzung, eine geminderte Arbeitsleistung, Ablenkung und Isolation im Homeoffice und die Erwartung, Struktur, Fokus und Gemeinschaft in einem Coworking Space zu finden. Unterschiede in der Wahrnehmung zwischen Homeoffice und Coworking Space lassen sich bei Frauen und Personen mit Kindern identifizieren. Frauen erleben während der Arbeit im Homeoffice mehr Ablenkungen, die Tätigkeiten im Haushalt betreffen. Personen mit Kindern suchen ein Coworking Space auf, um in Ruhe arbeiten zu können. Alleinlebende hingegen schätzen die Gemeinschaft im Coworking Space und umgehen so Einsamkeitsgefühle im Homeoffice.

Auf Basis der Ergebnisse und logischer Schlussfolgerungen wurden Handlungsempfehlungen für eine gesundheitsfördernde Gestaltung dieser Arbeitsumgebungen entwickelt. Aufgrund der mehrfach thematisierten Isolation im Homeoffice und der Gemeinschaft im Coworking Space bietet sich eine zusätzliche Perspektive in der Gesundheitsförderung an. Die Sozialebene ergänzt hier die klassische Sicht auf Gesundheitsförderung in Settings (Verhaltens-, Verhältnisprävention). Mit Maßnahmen auf der Sozialebene kann Isolation und Gefühlen von Einsamkeit entgegengewirkt werden und sozialer Austausch, die Bildung eines Netzwerks und Kollaboration gestärkt werden.

Die Handlungsempfehlungen für die gesundheitsfördernde Gestaltung im Homeoffice entsprechen den vorliegenden Erkenntnissen. Die Besonderheit dieser Studie und der davon abgeleiteten Handlungsempfehlungen ist der Fokus auf die Zielgruppe der Selbstständigen, im Speziellen auf die Zielgruppe der Soloselbstständigen. Um die Handlungsempfehlungen umzusetzen, müssen Soloselbstständige gezielt für Gesundheitsförderung angesprochen werden.

Bei digitaler Arbeit erweitern sich formelle und informelle Zuständigkeiten für die Gestaltung gesunder Arbeit in Abhängigkeit von der Beschäftigungsform und dem Ort der Leistungserbringung. Während Selbständige im Homeoffice für die Gestaltung der Arbeit allein verantwortlich sind, kommen im Coworking Space die Betreiber:innen des Coworking Spaces hinzu, die zum einen für die Gestaltung der Arbeitsumgebung, teilweise auch die Bereitstellung geeigneter Arbeitsmittel verantwortlich sind. Darüber hinaus können weitergehende Präventions- und Gesundheitsförderungs-Angebote wie oben beschrieben zukünftig die Entscheidung potenzieller Nutzer:innen für das eine oder andere Coworking Space stark beeinflussen. Für Betreiber:innen können gesundheitsfördernde Angebote die eigene Markenentwicklung positiv beeinflussen. Hier besteht weiterer Forschungsbedarf in Hinblick auf die Frage der Inanspruchnahme von Maßnahmen der Gesundheitsförderung in Coworking Spaces durch die verschiedenen Mitglieder.

Der Kenntnisstand über das Wohlbefinden, die Gesundheit und die Ressourcen und Belastungen von Selbstständigen und Soloselbstständigen ist bislang noch unzureichend. Gleichzeitig wird ein Anstieg der Zahl der Selbstständigen prognostiziert. Prävention und Gesundheitsförderung sind daher auch für diese Zielgruppe besonders relevant. Ein zielgruppenspezifisches und lebensweltrealistisches Angebot für Selbstständige und Soloselbstständige zu entwickeln ist daher unumgänglich.

Literatur

Apt W, Bovenschulte M, Hartmann E, Wischmann S (2016) Forschungsbericht 463. Foresight-Studie „Digitale Arbeitswelt". Bundesministerium für Arbeit und Soziales, Berlin

Backhaus N, Wöhrmann A, Tisch A (2020) BAuA-Arbeitszeitbefragung: Telearbeit in Deutschland

Badura B, Ducki A, Schröder H, Klose J, Meyer M (Hrsg) (2019) Fehlzeiten-Report 2019. Digitalisierung – gesundes Arbeiten ermöglichen. Springer, Berlin Heidelberg

Baron RA, Franklin RJ, Hmieleski KM (2016) Why entrepreneurs often experience low, not high, levels of stress. J Manage 42:742–768. https://doi.org/10.1177/0149206313495411

BMAS (2020) Mobile Arbeit stärken. Gesetzesinitiative für eine gesetzliche Regelung zur mobilen Arbeit. https://www.bmas.de/DE/Themen/Arbeitsrecht/mobile-arbeit.html. Zugegriffen: 2. Jan. 2021

Bonin H, Krause-Pilatus A, Rinne U, Gehlen A, Molitor P (2020) Selbstständige Erwerbstätigkeit in Deutschland (Aktualisierung 2020). Kurzexpertise. https://www.bundesregierung.de/breg-de/service/publikationen/selbststaendige-erwerbstaetigkeit-in-deutschland-aktualisierung-2020-kurzexpertise-1746706. Zugegriffen: 8. Okt. 2020

DGUV (2020) Arbeiten im Homeoffice – nicht nur in der Zeit der SARS-CoV-2-Epidemie. Deutsche Gesetzliche Unfallversicherung e V. https://publikationen.dguv.de/regelwerk/publikationen-nach-fachbereich/verwaltung/buero/3925/fbvw-402-arbeiten-im-homeoffice-nicht-nur-in-der-zeit-der-sars-cov-2-epidemie. Zugegriffen: 13. Jan. 2021

Echterhoff J, Große R, Hawig D, Jégu M, Klatt R, Neuendorff H, Steinberg S (2018) Coworking in NRW; Potenziale und Risiken von Coworking-Modellen für Berufspendlerinnen und -pendler, diskontinuierlich Beschäftigte und Personen mit familiärer Verantwortung. FGW – Forschungsinstitut für gesellschaftliche Weiterentwicklung e V, Düsseldorf

Emmler H, Kohlrausch B (2021) Homeoffice: Potenziale und Nutzung (Aktuelle Zahlen aus der HBS-Erwerbspersonenbefragung, Welle 1 bis 4.)

Foertsch C (2011) Was coworker wollen: 1st global coworking survey. The results: part one. https://www.deskmag.com/de/coworking-tools-tips/welche-coworking-spaces-coworker-wollen-165. Zugegriffen: 2. Dez. 2020

Foertsch C (2017) Die Mitglieder: Wer arbeitet in Coworking Spaces? https://www.deskmag.com/de/coworkers/die-mitglieder-wer-arbeitet-in-coworking-spaces-coworkers-global-survey-demografie-statistik-977. Zugegriffen: 22. Jan. 2021

Foertsch C (2018) Coworking in Europe. 2018 global Coworking survey. https://de.slideshare.net/carstenfoertsch/coworking-in-europe-2018-deskmags-global-coworking-survey. Zugegriffen: 2. Dez. 2020

Foertsch C (2019a) 2019 global coworking survey; 2019 coworking forecast. Final results. https://www.dropbox.com/s/jjor71mecwqbxdy/2019%20Complete%20Coworking%20Forecast.pdf?dl=0. Zugegriffen: 12. März 2020

Foertsch C (2019b) Endergebnisse der Global Coworking Survey 2019. https://de2.slideshare.net/carstenfoertsch/ergebnisse-der-2019er-global-coworking-survey-prsentiert-auf-der-cowork2019. Zugegriffen: 30. Nov. 2020

Foertsch C (2020) Global coworking survey; member demografics. https://www.slideshare.net/carstenfoertsch/member-demographics-2019-

Literatur

members-of-coworking-spaces. Zugegriffen: 27. Mai 2020

Gobeli S, Krause A, Schulze H (2011) Ergonomische und gesundheitliche Aspekte eines Home Office Arbeitsplatzes. In: Stiftung Produktive Schweiz (Hrsg) Zwischen Produktivität und Lebensqualität. Herausforderungen und Chancen von flexiblen Arbeitsplatzmodellen, S 36–39

Grunau P, Ruf K, Steffes S, Wolter S (2019) Mobile Arbeitsformen aus Sicht von Betrieben und Beschäftigten; Homeoffice bietet Vorteile, hat aber auch Tücken. https://www.iab.de/194/section.aspx/Publikation/k190604j02. Zugegriffen: 29. Okt. 2020

Hirtl E (2020) Was Coworking und das betriebliche Gesundheitsmanagement voneinander lernen können. https://wunder-raum.ch/stories/coworking-und-betriebliches-gesundheitsmanagement/. Zugegriffen: 7. Dez. 2020

Hofmann J, Piele A, Piele C (2020) Arbeiten in der Corona-Pandemie. Auf dem Weg zum New Normal. Fraunhofer-Institut für Arbeitswirtschaft und Organisation, Deutsche Gesellschaft für Personalführung e V. http://publica.fraunhofer.de/dokumente/N-593445.html. Zugegriffen: 3. Sept. 2020

Hünefeld L (2019) Belastungsfaktoren, Ressourcen und Beanspruchungen bei Solo-selbstständigen. In: Bundesanstalt für Arbeitsschutz und Arbeitsmedizin (Hrsg) baua: Bericht kompakt. BAuA, Dortmund, S 1–3

Hünefeld L, Otto K, Schummer S, Kottwitz M (2018) Solo-Selbstständige.; selbstständige Gestalter/innen der eigenen Arbeits- und Gesundheitssituation?! Sich Ist Sich 69:420–423

INQA (2020) Home Office. Initiative neue Qualität der Arbeit. https://www.inqa.de/DE/wissen/schwerpunkt-covid/Homeoffice/uebersicht.html. Zugegriffen: 13. Jan. 2021

Keller H, Robelski S, Harth V, Mache S (2017) Psychosoziale Aspekte bei der Arbeit im Homeoffice und in Coworking Spaces: Vorteile, Nachteile und Auswirkungen auf die Gesundheit. Asu Arbeitsmed Sozialmed Umweltmed 52:840–845

Kottwitz M, Otto K, Hünefeld L (2019) Bericht "Belastungsfaktoren, Ressourcen und Beanspruchungen bei Soloselbstständigen und Mehrfachbeschäftigten". baua: Bericht. BAuA, Dortmund

Krause A, Dorsemagen C, Stadlinger J, Baeriswyl S (2012) Indirekte Steuerung und interessierte Selbstgefährdung: Ergebnisse aus Befragungen und Fallstudien.; Konsequenzen für das Betriebliche Gesundheitsmanagement. In: Badura B, Ducki A, Schröder H, Klose J, Meyer M (Hrsg) Fehlzeiten-Report 2012. Gesundheit in der flexiblen Arbeitswelt: Chancen nutzen – Risiken minimieren. Zahlen, Daten, Analysen aus allen Branchen der Wirtschaft. Springer, Berlin Heidelberg, S 191–202

Kritikos A, Graeber D, Seebauer J (2020) Corona-Pandemie wird zur Krise für Selbständige. https://www.diw.de/de/diw_01.c.791714.de/publikationen/diw_aktuell/2020_0047/corona-pandemie_wird_zur_krise_fuer_selbstaendige.html. Zugegriffen: 13. Nov. 2020

Kuckartz U (2018) Qualitative Inhaltsanalyse. Methoden, Praxis, Computerunterstützung. Beltz Juventa, Weinheim Basel

Meyer B, Zill A, Schuhmann S (2020) Arbeitssituation und Belastung zu Zeiten der Corona-Pandemie. In: Techniker Krankenkasse (Hrsg) Dossier 2020 – Corona 2020. Gesundheit, Belastungen, Möglichkeiten. TK, Hamburg, S 46–67

Müller AK (2018) Coworking Spaces; Urbane Räume im Kontext flexibler Arbeitswelten. LIT, Berlin

Pohler N (2012) Neue Arbeitsräume für neue Arbeitsformen: Coworking Spaces. Österreich Z Soziol 37:65–78. https://doi.org/10.1007/s11614-012-0021-y

Rees S-L, Tendyck HC (2020) Literatur-Review "Ressourcen und Stressoren im Homeoffice". In: Techniker Krankenkasse (Hrsg) Dossier 2020- Corona 2020. Gesundheit, Belastungen, Möglichkeiten. TK, Hamburg, S 68–103

Rief S, Stiefel K-P, Weiss A (2014) Faszination Coworking; Potenziale für Unternehmen und ihre Mitarbeiter. Fraunhofer-Institut für Arbeitswirtschaft und Organisation, Stuttgart

Rittiner F (2017) Betriebliches Gesundheitsmanagement im Coworking Space? https://work-smart-initiative.ch/de/blog/betriebliches-gesundheitsmanagement-im-coworking-space/. Zugegriffen: 7. Dez. 2020

Robelski S, Keller H, Harth V, Mache S (2019) Coworking spaces: the better home office? A psychosocial and health-related perspective on an emerging work environment. Int J Environ Res Public Health 16:1–22. https://doi.org/10.3390/ijerph16132379

Rothe I, Adolph L, Beermann B, Schütte M, Windel A, Grewer A, Lenhardt U, Michel J, Thomson B, Formazin M (2017) Psychische Gesundheit in der Arbeitswelt; Wissenschaftliche Standortbestimmung: Forschung Projekt F 2353. Bundesanstalt für Arbeitsschutz und Arbeitsmedizin, Dortmund

Sauer D (2012) Entgrenzung – Chiffre einer flexiblen Arbeitswelt.; Ein Blick auf den historischen Wandel von Arbeit. In: Badura B, Ducki A, Schröder H, Klose J, Meyer M (Hrsg) Fehlzeiten-Report 2012. Gesundheit in der flexiblen Arbeitswelt: Chancen nutzen – Risiken minimieren. Zahlen, Daten, Analysen aus allen Branchen der Wirtschaft. Springer, Berlin Heidelberg, S 3–14

Schröder C, Entringer T, Goebel J, Grabka M, Graeber D, Kroh M, Kröger H, Kühne S, Liebig S, Schupp J, Seebauer J, Zinn S (2020) Vor dem Covid-19-Virus sind nicht alle Erwerbstätigen gleich. SOEP papers on Multidisciplinary Panel Data Research, No 1080. Berlin

Servaty R, Perger G, Harth V, Mache S (2018) Working in a cocoon: (Co)working conditions of office nomads - a health related qualitative study of shared working environments. Work 60:527–538. https://doi.org/10.3233/WOR-182760

Statistisches Bundesamt (Hrsg) (2020) Jahr 2019: Anstieg der Erwerbstätigkeit setzt sich fort. https://www.destatis.de/DE/Presse/Pressemitteilungen/2020/01/PD20_001_13321.html#Fussnote3. Zugegriffen: 1. Dez. 2020

Tavares AI (2017) Telework and health effects review. Int J Healthc 3:30. https://doi.org/10.5430/ijh.v3n2p30

Tegtmeier P (2016) Review zu physischer Beanspruchung bei der Nutzung von Smart Mobile Devices. https://www.baua.de/DE/Angebote/Publikationen/Berichte/Gd88.html. Zugegriffen: 7. Dez. 2020

Waltersbacher A, Maisuradze M, Schröder H (2019) Arbeitszeit und Arbeitsort – (wie viel) Flexibilität ist gesund? Ergebnisse einer repräsentativen Befragung unter Erwerbstätigen zu mobiler Arbeit und gesundheitlichen Beschwerden. In: Badura B, Ducki A, Schröder H, Klose J, Meyer M (Hrsg) Fehlzeiten-Report 2019. Digitalisierung – gesundes Arbeiten ermöglichen. Springer, Berlin Heidelberg, S 77–108

Wick T (2021) Anzahl der Coworking Space in Deutschland. https://coworkingmap.de/auswertungen/. Zugegriffen: 6. Apr. 2021

Zukunftsinstitut GmbH (Hrsg) (2021) Megatrends. Frankfurt am Main. https://www.zukunftsinstitut.de/dossier/megatrends/. Zugegriffen: 10. Apr. 2021

Von der Präsenz- zur Vertrauenskultur

Tobias Munko

Inhaltsverzeichnis

20.1 Begriffsverständnis – 328

20.2 Wie Organisationskulturen entstehen – 329

20.3 Präsenz- und Vertrauenskultur – 331
20.3.1 Präsenzkultur – 331
20.3.2 Vertrauenskultur – 332

20.4 Einflussfaktoren auf Organisationskulturen – 333
20.4.1 Veränderung der Wirtschaft und Folgen für Organisationskulturen – 333
20.4.2 Bedürfnisse der Gruppenmitglieder – 334
20.4.3 Corona-Pandemie – 335

20.5 Schlussfolgerungen – 337
20.5.1 Vertrauen und Organisationserfolg – 340
20.5.2 Synergie aus charakteristischen Eigenschaften von Präsenz- und Vertrauenskultur – 341
20.5.3 Der Übergang von einer Präsenz- zu einer Vertrauenskultur – 341

20.6 Fazit – 344

Literatur – 345

© Springer-Verlag GmbH Deutschland, ein Teil von Springer Nature 2021
B. Badura et al. (Hrsg.), *Fehlzeiten-Report 2021*, Fehlzeiten-Report, https://doi.org/10.1007/978-3-662-63722-7_20

▪▪ Zusammenfassung

Der Beitrag betrachtet die Diskussion um die Präsenz- und Vertrauenskultur aus einer neuen Perspektive – den Grundlagen von Kultur einschließlich der Kommunikation und Sprache –, bedenkt die teilweise vielfältigen Veränderungen für Unternehmen und Organisationen durch die Corona-Pandemie mit und übersetzt die daraus resultierenden Schlussfolgerungen in Lösungsansätze für die eigene Organisation.

Die folgenden Thesen und Ansätze sind als Schlussfolgerungen aus Literatur und Praxis zu verstehen. Ziel ist es, ein Grundverständnis für die eigene Organisationskultur zu entwickeln, die bestehende Kultur greifbarer zu machen und Ansätze für eine Bestandsaufnahme und potenzielle Veränderungen aufzuzeigen.

Zunächst wird jeweils das zugrunde liegende Begriffsverständnis erläutert. Neben einer Beschreibung der Entstehung von Organisationskulturen werden die beiden Kulturextreme, deren historische Bedeutung und einflussnehmende Faktoren betrachtet. Schlussfolgernd werden mögliche Strategien und Maßnahmen aufgezeigt, wie die Kultur in der eigenen Organisation erfasst und neu gedacht werden kann, z. B. als Synergie aus charakteristischen Eigenschaften von Präsenz- und Vertrauenskultur als Kontrast zur vielfach in den Medien aufgegriffenen und polarisierenden Schwarz-Weiß-Mentalität.[1]

---

1 Eine Googlesuche mit dem Begriff Präsenzkultur ergibt 22.500 Sucheinträge. Eine Suche mit dem Begriff Vertrauenskultur kommt auf 29.000 Treffer. Eine Kombination der Begriffe Homeoffice (als Ausprägung der Vertrauenskultur) und Präsenz liefert 163.000 Einträge [Stand: 28.04.2020]. Allein unter den ersten Sucheinträgen findet sich eine Vielzahl an polarisierenden Schlagzeilen, vgl. z. B. Frankfurter Allgemeine (2020); Personal-Wissen.de (2020); Süddeutsche Zeitung (2019); WirtschaftsWoche (2015); Hans-Böckler-Stiftung (2015).

20.1 Begriffsverständnis

Im Folgenden soll das zugrunde gelegte Verständnis von Präsenz- und Vertrauenskultur wie auch der Begriffe „Homeoffice", „mobile Arbeit" und „Telearbeit" in diesem Zusammenhang erläutert werden.

Als **Präsenzkultur** wird eine Kultur in Organisationen verstanden, die besonderen oder ausschließlichen Wert auf die physische Anwesenheit der Mitarbeitenden in definierten Arbeitszeitfenstern legt. Ein wichtiges Merkmal stellt die Kontrollmöglichkeit der Mitarbeitenden vor Ort dar (vgl. BMJFG 2006).

Vertrauenskultur wird dementsprechend als Kontrast zur Präsenzkultur verstanden. Hier stehen die Ergebnisse der Mitarbeitenden im Vordergrund. Wie, wo und in welchem Zeitumfang die Ergebnisse erreicht werden, bleibt in erster Linie den Mitarbeitenden überlassen (vgl. Haufe 2017).

Präsenz- und Vertrauenskultur werden zunächst theoretisch als Extreme betrachtet. In diesem Sinne ist auch eine scharfe Abgrenzung der Begriffe Homeoffice, mobiles Arbeiten und Telearbeit unerlässlich. In der Literatur wie auch in den Medien kommt es in Teilen zu Verwechslungen und/oder einer missverständlichen Nutzung der Begrifflichkeiten (z. B. wird Homeoffice und mobile Arbeit mit Vertrauenskultur gleichgesetzt oder Präsenzkultur mit der Ortsgebundenheit am Arbeitsplatz) (vgl. z. B. BSI 2020; BMFSFJ 2017).

Homeoffice und **mobiles Arbeiten** werden hier als Synonyme verwendet, obwohl die Begrifflichkeiten hinsichtlich der Ortsgebundenheit unterschiedlich verstanden werden (zu Hause oder mobil, z. B. im Zug o. ä.). Entscheidend bei der Definition ist die rechtliche Grauzone, in der sich Arbeitgeber und Arbeitnehmende z. Zt. noch bewegen, und die fehlende Präsenz in der Organisation (vgl. Wolf und Kring 2020). Problematisch wird es zudem beim Arbeitsschutz, der seitens des Betriebes in seinen Grundpflichten bestehen bleibt, und z. B. beim fehlenden Zutrittsrecht zu den privaten Räumen der Mitarbeitenden oder den potenziell wechselnden Orten (Kanzenbach 2020).

Die **Telearbeit** hingegen ist nach § 2 Abs. 7 Satz 2 ArbStättV ganz klar geregelt:

„Telearbeitsplätze sind vom Arbeitgeber fest eingerichtete Bildschirmarbeitsplätze im Privatbereich der Beschäftigten, für die der Arbeitgeber eine mit den Beschäftigten vereinbarte wöchentliche Arbeitszeit und die Dauer der Einrichtung festgelegt hat [...] und die benötigte Ausstattung des Telearbeitsplatzes mit Mobiliar, Arbeitsmitteln einschließlich der Kommunikationseinrichtungen durch den Arbeitgeber [...] im Privatbereich des Beschäftigten bereitgestellt und installiert ist."

Homeoffice, mobiles Arbeiten und Telearbeit schließen nicht automatisch eine Präsenzkultur aus. Ebenso wenig sind sie automatisch einer Vertrauenskultur zuzuordnen, wie in den Schlussfolgerungen noch deutlich wird.

20.2 Wie Organisationskulturen entstehen

Um Organisationskulturen und auf diese Einfluss nehmende Faktoren zu verstehen, geht dieser Abschnitt zunächst in wenigen Grundgedanken stark vereinfacht auf die Entstehung von Kultur an sich und den Zusammenhang zu Organisationskultur ein.

Nach Geertz (1983), angelehnt an Max Weber, ist der Mensch ein Wesen, „das in selbstgesponnene Bedeutungsgewebe verstrickt ist" (ebd., S. 9), dabei sei **Kultur** als das Gewebe anzusehen. Die Untersuchung der Kultur sei demnach keine Wissenschaft, die nach Gesetzmäßigkeiten forscht, vielmehr eine Interpretation, die nach Bedeutungen sucht (Geertz 1983). Die Bedeutung von Dingen wird durch den Menschen geformt und in einen Gesamtzusammenhang gebracht (Posner 1991). Ein wesentliches Instrument der Formgebung stellt im Zusammenhang mit Kultur die Sprache dar, die im Kern zur Handlungskoordination eingesetzt wird (Heidig 2019). Gemäß Watzlawicks Grundregeln der Kommunikation (5 Axiome[2]) kann man nicht *nicht* kommunizieren (Watzlawick et al. 2007). Im Umkehrschluss führt das (un)bewusste Abhandensein von Sprache somit dennoch zu Kommunikation zwischen mindestens zwei Beteiligten.

Kulturbildung findet zudem in den drei Lebensabschnitten „der primären (d. h. frühkindlichen) Sozialisation, [...] im Rahmen formalisierter Bildung (Schulen, Hochschulen)" und im Berufsleben statt (Badura und Steinke 2012). Demnach bringt jeder Mensch ein individuelles Kulturbündel mit in die Organisation, geprägt durch die bereits durchlaufenen Lebensabschnitte.

Auf Organisationen bezogen kann Kultur als **Organisationskultur** wie folgt definiert werden: „Organisationskultur ist die Sammlung von Traditionen, Werten, Regeln, Glaubenssätzen und Haltungen, die einen durchgehenden Kontext für alles bilden, was wir in dieser Organisation tun und denken" (Marshall und McLean 1985, S. 4).

Führt man die Ausführung des Kulturgedankens und die Definition von Organisationskultur zusammen, ergeben sich daraus die **Kommunikation und, im Speziellen, die Sprache als wesentliche Instrumente** zur Kulturveränderung in Organisationen, da Kommunikation und Sprache im Kern Handlungen koordinieren und so Traditionen, Werte, Regeln usw. formen und den Dingen und Handlungen Bedeutung verleihen.

Betrachtet man den primären historischen **Sinn von Organisation(en)**, liegt dieser zunächst in der **Bewältigung des Überlebens** (z. B. Zusammenarbeit bei der Jagd, Aufgabenteilung bei Getreideanbau und -verarbeitung). Die Grenze unorganisierten Handelns liegt – je nach Komplexität – bei Gruppengrößen zwischen zehn und dreißig Personen (Handelsblatt 2020a; Heidig 2019). Im Umkehrschluss machen komplexere Arbeitszu-

---

2 Laut Watzlawick et al. (2007) wird ein Axiom als Grundsatz bezeichnet, dessen Beweis es nicht bedarf.

sammenhänge, die mehr als zehn bis dreißig Personen erfordern, eine steuernde Hierarchie in Form von Führung notwendig, die den Gesamtzusammenhang im Blick behält, koordiniert und steuert.

An dieser Stelle kommt zur Organisationskultur eine zweite Komponente hinzu: Die **symbolische Sinnerzeugung** gewinnt an Bedeutung. Zum einen wird einer führenden Rolle ein Status durch die Gruppe verliehen (Symbol des Status) und zum anderen wird die Führungskraft ihrerseits dadurch in die Lage versetzt, die Sinnhaftigkeit und Bedeutung der übertragenen Arbeitsaufgaben und der Gruppe heraus- und herzustellen (Sinnerzeugung und Motivation über Führung als Symbol) (Bultemeier et al. 2015). Letzteres ist vor allem dann sinnvoll, wenn eine gewisse Größe einer Organisation erreicht wird, somit eine Vielzahl an organisierten Gruppen[3] (Teams, Abteilungen, Arbeitsgruppen, Dezernaten usw.) vorhanden ist und damit die Bedeutung und/oder der Sinn der Tätigkeiten der Gruppe im Kontext der gesamten Organisation unklarer zu werden droht. Aus dieser nun entstehenden Hierarchie ergeben sich Erwartungen aller Beteiligten. Die Führungskraft stellt Erwartungen an die Gruppenmitglieder (z. B. bzgl. der Ergebnisse), die Gruppenmitglieder wiederum entwickeln bestimmte Erwartungen an die jeweilige Führungskraft (z. B. bzgl. Informationsweitergabe und Unterstützung) (Heidig 2019). Den Sinn der Tätigkeiten der Mitarbeitenden hervorzuheben, kann neben dem reinen Steuern und Koordinieren somit als Basis motivierter und effektiver – eben sinnerfüllter – Zusammenarbeit von und innerhalb von Gruppen angesehen werden, um das Überleben (im heutigen Fall der Organisation) zu sichern.

> Die Bedeutung von Führungskräften wird durch die geführte Gruppe selbst geformt. Die Führungskraft ihrerseits wird bemächtigt, die Bedeutung der geführten Gruppe zu formen. Das wesentliche Instrument für diesen in Gang gesetzten Kreislauf ist die Kommunikation und die gelebte Sprache.

Um den Gedanken der Kulturentwicklung zu vervollständigen und für den organisationalen und betrieblichen Kontext nutzbar zu machen, fehlt bisher noch der Faktor Zeit. Durch die Zeit und den damit verbundenen Wandel, z. B. durch Fluktuation des Personals, Organisationswachstum, Markteinflüsse usw., verändert sich die Zusammensetzung von geführten Gruppen und deren Führungskräften. Zurück bleibt die gelebte und lebendige Kultur, die an die nachfolgenden Personen der Gruppe weitergegeben und durch diese wieder neu beeinflusst wird.

Um diesen Aspekt zu berücksichtigen, sei an dieser Stelle das **Organisationskulturmodell** nach Schein (1985) aufgegriffen (s. ◘ Abb. 20.1). Scheins Definition nimmt den zeitlichen Aspekt mit auf, in dem er Organisationskultur beschreibt als „ein Muster gemeinsamer Grundprämissen, das die Gruppe bei der Bewältigung ihrer Probleme externer Anpassung und interner Integration erlernt hat, das sich bewährt hat [...] und das daher an neue Mitglieder als rational und emotional korrekter Ansatz für den Umgang mit Problemen weitergegeben wird" (Schein 1985, S. 25).

Nach dem Modell wird Organisationskultur in drei Ebenen unterteilt, die Artefakte, die Werte und die Grundannahmen (Schein und Schein 2016). Als **Artefakte** werden die sichtbaren und künstlich geschaffenen Symbole beschrieben als Ausdruck der Organisationskultur.

Die zweite Ebene der **Werte** repräsentiert die öffentlich propagierten Ziele, Strategien und Philosophien der Organisation mittels Unternehmens-, und Führungsgrundsätzen sowie Leitbildern.

---

3 Im Folgenden werden Gruppen als Synonym für Organisationseinheiten wie beispielsweise Teams, Abteilungen, Arbeitsgruppen, Dezernaten usw. verstanden.

Abb. 20.1 Kulturmodell nach Schein (Quelle: eigene Darstellung angelehnt an Schein (1985))

Die dritte Ebene der **Grundannahmen** bezieht sich auf das Grundverständnis des Zusammenlebens. Vorstellungen über das gemeinsame Zusammenleben, die gelebte Hierarchie oder den Umgangston sind so selbstverständlich, dass sie dementsprechend als „Wahrheit" nicht hinterfragt werden (Heidig 2019; Schein und Schein 2016).

Alle drei Ebenen sind auf einem **Kontinuum zwischen bewusst und unbewusst** verortet, wobei sich die Grundannahmen hauptsächlich im unterbewussten und die Artefakte mehrheitlich im bewussten Bereich bewegen. Kommunikation und Sprache als handlungskoordinierende Instrumente bilden die Basis aller drei Ebenen, indem sie die Grundannahmen und Werte zum Ausdruck bringen, z. B. die Art der Formulierung von Gedanken und Glaubenssätzen (positiv oder negativ, optimistisch oder zynisch, Ich- oder Wir-Fokus, Intonation, usw.). Auch für die Ebene der Artefakte trifft dies zu, über die gelebte Kommunikation und Sprache in der Organisation, die mitunter auch die geschaffenen, zuvor genannten Symbole wieder umschreibt. Die Symbole ihrerseits stellen ein stilles Kommunikationsmittel dar.

20.3 Präsenz- und Vertrauenskultur

Nachdem im vorherigen Abschnitt die Entstehung von Organisationskultur sehr einfach umrissen wurde, werden hier die Präsenz- und die Vertrauenskultur sowie deren charakteristischen Eigenschaften genauer betrachtet.

20.3.1 Präsenzkultur

Wie der Name schon ausdrückt, hat sich Präsenzkultur aus der physisch notwendigen Anwesenheit bei der zu leistenden Arbeit entwickelt. Arbeit war historisch betrachtet nur möglich, wenn man auch vor Ort war, um sein Handwerk auszuüben. Führungskräfte, die durch die Gruppenmitglieder legitimiert wurden, die Organisation der Tätigkeiten zu steuern und zu koordinieren, wussten i. d. R., wo sie welche Personen aufsuchen konnten, um direkt hierarchisch auf den Organisationsprozess einwirken zu können. Sie konnten über die Arbeitskraft verfügen und über die – sprichwörtliche – Präsenz war die Verfügbarkeit der Arbeitskraft auch in einem definierten Zeitrahmen gewährleistet (Welpe et al. 2015). Hier ging es im Kern um **Top-Down-Management** durch Kontrolle und das Durchsetzen von Richtlinien und Zielen (Sollwerten) die sich aus der Gesamtschau von oben ergaben (Harvard Business Manager 2021). Vertrauen war in diesem Modell nicht oder nur bedingt nötig, da alle Arbeitsschritte zeitnah durch entsprechende Kommunikation und Sprache kontrolliert und angepasst werden konnten.

Eigenschaften[4]**, die mit der Präsenzkultur einhergehen,** sind daher u. a. (vgl. u. a. Seinsche et al. 2020; Neumann et al. 2020; Heidig 2019; Brenke 2016; Bultemeier et al. 2015):

- Sichere Erreichbarkeit (Verfügbarkeit) in einem begrenzten örtlichen Umfeld und damit verbunden
- i. d. R. kurze Kommunikationswege und
- das spontane Einschätzen der Arbeitsleistung.
- Sozialer Austausch (auch über private Interessen) und damit Homogenisierungs- und Sympathieeffekte, die im Wesentlichen zur Gruppenbildung beitragen und deren Effektivität und Arbeitsmoral beeinflussen.
- Spontane Zusammenkünfte (z. B. Flurgespräche), die mitunter Informationen transportieren, die im offiziellen Kontext (z. B. Meeting) nicht überliefert werden.
- Zusammenhalt der Belegschaft über eine Gruppe hinaus. Gruppenübergreifende Vor-Ort-Gespräche (auch Flurfunk) leben von physischer Präsenz in der Organisation.
- Geregelte Arbeitsplatzsicherheit durch Arbeitsschutz, Betriebsarzt, betriebliches Gesundheitsmanagement usw.
- Klare Abgrenzung zwischen Berufs- und Privatleben durch örtliche und zeitliche Trennung.
- Zuletzt sei das biologische Bedürfnis des Menschen nach physischer Nähe und Austausch aufgeführt, einschließlich der für die zwischenmenschliche Kommunikation wichtigen Kanäle wie Mimik, Gestik, Sensorik wie auch der auditiven sowie der Geruchswahrnehmung.

20.3.2 Vertrauenskultur

Die Vertrauenskultur lässt sich auf zwei Ebenen betrachten: Zum einen das Vertrauen in die Mitarbeitenden vor Ort und zum anderen in die Mitarbeitenden, die nicht im Unternehmen präsent sind. Ersteres kann sich sowohl auf Mitarbeitende mit einer gewissen Arbeitsplatzbindung durch z. B. Produktion, Montage usw. beziehen, jedoch auch auf die Arbeitnehmerinnen und Arbeitnehmer, die theoretisch in der Lage wären, ihre Arbeit ortsungebunden auszuüben. Physisch abwesende Mitarbeitende zu steuern und zu koordinieren stellt in der Kommunikation eine besondere Herausforderung für die Führungskräfte dar (vgl. Bultemeier et al. 2015). Der Sprachgebrauch als solches hingegen bleibt in seiner Bedeutung und Funktion genau wie bei der Präsenzkultur bestehen.

Eigenschaften, die im Besonderen mit einer Vertrauenskultur einhergehen, zeigen sich deutlich, vor allem, aber nicht ausschließlich, im Zusammenhang mit mobiler Arbeit und Homeoffice-Möglichkeiten und weniger bei dem Vertrauen in die Mitarbeitenden vor Ort. Grundsätzlich sind u. a. folgende Eigenschaften Ausdruck einer Vertrauenskultur (vgl. Hans-Böckler-Stiftung 2021b; Arbeits-

---

4 Die Aufzählungen erheben keinen Anspruch auf Vollständigkeit und können nach Belieben ergänzt werden.

rechte.de 2021; Seinsche et al. 2020; Neumann et al. 2020; Grunau et al. 2019; Süddeutsche Zeitung 2019):

- Höhere Entscheidungs- und Verantwortungsspielräume und dadurch
- höhere Motivation.
- Flexible Arbeitszeiten (Work-Life-Balance), hierunter zählt auch die
- Vereinbarkeit von Beruf und Familie.
- Höhere Effektivität und Produktivität
- Höhere Mitarbeitendenbindung durch Wertschätzung, Vertrauen und Teilhabe
- Zeitersparnis durch Wegfall von Fahrzeiten, aber auch durch Zeitressourcen, die durch den Wegfall von Kontrolle entstehen.
- Steigerung der Arbeitgeberattraktivität
- Bedürfnisorientierte Selbstbestimmung (z. B. Geräuschkulisse im Großraumbüro vs. Ruhe am selbst gewählten Arbeitsort).
- Flexible und individuelle Lösungen für z. B. beruflichen Wiedereinstieg nach Elternzeit, Betreuungsurlaub, Mutterschutz, bei pflegenden Angehörigen und Weiteren
- Höhere und geringere Arbeitszeit möglich

20.4 Einflussfaktoren auf Organisationskulturen

Bis jetzt zeichnet sich ein Bild ab, wie Organisationskulturen entstehen (Kommunikation, Sprache, Wechselspiel zwischen Führung und Gruppe) und welche grundsätzlichen Eigenschaften einer Präsenz- und Vertrauenskultur innewohnen (Präsent sein vs. Ergebnisorientierung und Autonomie). Im Folgenden sollen zuletzt drei weitere Einflussfaktoren[5] betrachtet werden, die direkt auf die Organisationskultur wirken können.

---

5 Organisationskultur wird gemäß der Definition von Marshall und McLean (1985) (s. ▶ Abschn. 20.2) durch eine Vielzahl an Einflussfaktoren geprägt, weshalb die hier genannten keineswegs Anspruch auf Vollständigkeit erheben. Die erörterten Einflussfaktoren sind insofern als möglicher Ansatzpunkt für die eigene Organisation zu verstehen, jedoch nicht als alleinige Einflüsse auf Organisationskultur.

20.4.1 Veränderung der Wirtschaft und Folgen für Organisationskulturen

Deutschland galt noch bis in die 1970er Jahre als Industriegesellschaft und hat demnach erst in den letzten fünfzig Jahren einen Wandel hin zur Dienstleistungs- und Wissensgesellschaft vollzogen (Statistisches Bundesamt 2021a).

Im Jahr 2020 waren 74,7 % der 44,8 Mio. Erwerbstätigen im Dienstleistungsbereich tätig, einschließlich des Handels, Gastgewerbes und Verkehrs mit 22,4 % (Tertiärer Sektor). Im Jahr 1950 lag der Anteil des tertiären Sektors noch bei 32,5 %. Im produzierenden Gewerbe, einschließlich Baugewerbe, waren es 23,9 % im Jahr 2020 im Vergleich zu 42,9 % im Jahr 1950 (sekundärer Sektor). Der größte Umschwung ist in der Land-, Forstwirtschaft und Fischerei mit lediglich noch 1,3 % im Jahr 2020 zu 24,6 % im Jahr 1950 zu verzeichnen (primärer Sektor) (Statistisches Bundesamt 2021a, 2021b).

Betrachtet man diese Entwicklung, kann die **Präsenz in Organisationen in drei Kategorien** eingeteilt werden. Die **erste Kategorie** umfasst alle Unternehmen und Organisationen, die auch heute noch aufgrund ihrer Tätigkeitsfelder eine zwingende Anwesenheit am Arbeitsplatz erfordern (z. B. in Teilen der Montage, Produktion, des Baugewerbes oder der Landwirtschaft). **Die zweite Kategorie** umfasst Unternehmen und Organisationen, die ausschließlich Dienstleistungen erbringen, die keinen zwingend persönlichen Kontakt zu Kolleginnen und Kollegen oder Kundinnen und Kunden erfordern und auch an keinen Ort gebunden sind (z. B. in Teilen Dienstleistungen im Bereich der Informationstechnologie oder Finanzen). Die **dritte Kategorie** umfasst eine Mischung aus den beiden vorherigen. Hier existieren zwei Ebenen der Anwesenheit im Unternehmen: Zum einen die nötige Anwesenheit z. B. in der Produktion, Montage oder Logistik und zum anderen die der Büro- und Servicemitarbeitenden im Unternehmen, die ihre Tätigkeit zumindest theoretisch ortsungebunden ausüben könnten. Die Bedeutung der Kategorien für die eigene Organisationskultur und deren Entwicklungsansätze wird im späteren Verlauf deutlich.

20.4.2 Bedürfnisse der Gruppenmitglieder

Die Bedeutung der Bedürfnisse eines jeden Einzelnen hat in den letzten Jahrzenten zugenommen. Sie unterscheidet sich vermeintlich von Generation zu Generation[6] (Brühl 2020a, Bierer et al. 2018). Laut Jim Clifton, CEO des Markt- und Meinungsforschungsinstituts Gallup, fragen sich junge Leute heutzutage schon: „Ist es diese Arbeit wert, dass ich mein Leben darauf verwende?" (Handelsblatt 2020a, S. 51). Schröder (2018) kommt hingegen zu dem Schluss, dass eine scharfe Trennung zwischen den Generationen nicht existiere. Einstellungsunterschiede z. B. in Bezug auf gesetzte Ziele oder gesellschaftspolitisches Engagement sind innerhalb einer Generation mitunter wesentlich stärker ausgeprägt als zwischen zwei Generationen (Schröder 2018). **Demnach vollzieht sich insgesamt ein Wertewandel, ungeachtet des Alters einer Person** (Brühl 2020b). Ebenso können zwei Arbeitnehmende des nahezu identischen Stellenbilds zwei völlig unterschiedliche Arbeitsweisen präferieren, um ihrer Tätigkeit möglichst effektiv nachgehen zu können. Beispielsweise bevorzugen manche Mitarbeitende die Atmosphäre und Geräuschkulisse eines Großraumbüros, um Kaltakquise am Telefon durchzuführen, während andere Mitarbeitende Telefonate mit potenziellen Kunden effektiver im ruhigen Homeoffice erledigen können (Citrix 2021). Es gibt also individuelle Präferenzen, geprägt durch die individuelle Sozialisation der Einzelnen (vgl. Badura und Steinke 2012). Bleibt die Frage: Was möchten die Mitarbeitenden der Organisation denn eigentlich in Bezug auf die vorherrschende Kultur?

Ab hier fällt auf, dass die Grenzen zwischen Vertrauenskultur und Homeoffice als eine Ausprägung von Vertrauenskultur sowohl in Studien als auch in der öffentlichen Debatte verschwimmen. **Mitarbeitende berichten nicht von ihrem Bedürfnis nach einer Vertrauenskultur, sondern drücken ihre Bedürfnisse eher implizit aus.** So zeigen Untersuchungen u. a. aus der IG-Metall-Beschäftigtenbefragung mit 680.000 Teilnehmenden, dass 90 % der Arbeitnehmerinnen und Arbeitnehmer es gut finden, den Arbeitsort selbst bestimmen zu dürfen. Gut 86 % bekommen so Berufs- und Privatleben besser miteinander vereinbart (Hans-Böckler-Stiftung 2017, 2021b). Je nach Quelle berichten zwischen 60 % und 82,4 % von effektiverer und produktiverer Arbeit – da zumeist ungestört – im Homeoffice bzw. während mobiler Arbeit (Hans-Böckler-Stiftung 2020; Piele und Piele 2017). Auch wegfallende Wegezeiten, im Schnitt 4,4 h pro Woche mit steigender Tendenz in den letzten 20 Jahren, werden als Begründung für ortsunabhängiges Arbeiten genannt (Seinsche et al. 2020; Statistisches Bundesamt 2018, 2021c). Hier werden die **Bedürfnisse nach Selbstbestimmung und Flexibilität (örtlicher und zeitlicher Autonomie)** über das Thema Homeoffice ausgedrückt. Gleichzeitig zeigt sich bei einer Vielzahl der Mitarbeitenden der **Wunsch nach sozialem Kontakt**. In einer repräsentativen Befragung von 1.002 Berufstätigen zwischen 16 und 65 Jahren geben 59 % an, die Teamarbeit besonders zu schätzen, weiteren 56 % ist der direkte und persönliche Austausch am Arbeitsplatz wichtig (Bitkom 2019). 52 % wünschen sich aufgrund ihrer Arbeitsweise eine Anwesenheit im Büro, 15 % kommen zu dem Schluss, zu Hause nicht produktiv arbeiten zu können (Bitkom 2019). Aus Daten des Linked Personnel Panels (LPP) mit insgesamt drei Befragungszeitpunkten seit 2012 mit je 771 befragten Betrieben und 6.779 Beschäftigten geht hervor, dass zwei Drittel der Beschäftigten, die nicht zu Hause arbeiten, deren Tätig-

---

6 Anschauliche Übersichten über Generationenmodelle finden sich bei Brühl (2020a), Bierer et al. (2018) und Reif (2015).

keit es aber laut eigenen Angaben hergäbe, es auch gar nicht wollen. Die Gründe werden hier zunächst nicht weiter betrachtet (Grunau et al. 2019). In Zukunft wünschen sich 16 % der Arbeitnehmenden ausschließlich im Homeoffice und 37 % ausschließlich in der Organisation tätig zu sein. 44 % bevorzugen eine Mischung aus Homeoffice und Präsenz im Unternehmen (Netigate 2021). Laut einer Studie mit 400 Tiefeninterviews mit Führungskräften aller Hierarchieebenen und Organisationsgrößen ist aus Sicht der Führungskräfte die Motivation und das persönliche Engagement der Mitarbeitenden zunehmend an **Eigenverantwortung, Entscheidungsspielräume (inhaltliche Autonomie) und Wertschätzung** gekoppelt (INQA 2016). 79 % der Befragten CEOs aus dem Global CEO Outlook, im Rahmen dessen 315 Vorstandschefs internationaler Unternehmen befragt wurden, wollen in Zukunft den Purpose – also die **Sinnhaftigkeit** – überarbeiten, nachdem sie den Zusammenhalt der Mitarbeitenden und mitunter engeren Kontakt zu schätzen gelernt hätten (Handelsblatt 2020b). Das Streben nach Sinn, **Vertrauen und Bindung** ist zudem ein biologisches Bedürfnis – fehlen diese, kann dies das Wohlbefinden und somit die Gesundheit beeinträchtigen (Badura und Steinke 2019; Slaghuis 2018; Kaluza 2018). Unterstellt sei hier, dass die individuellen **Bedürfnisse als Motivatoren** dienen können, um effektiv und produktiv – aus innerer Überzeugung – der Tätigkeit nachgehen zu können. Das Handeln aus innerer Überzeugung ist laut Pfaff auch besser geeignet als Eingriffe von oben in die Lebenswelt Einzelner, die zum Scheitern verurteilt seien (Neue Züricher Zeitung 2020).

20.4.3 Corona-Pandemie

Die Corona-Pandemie kann als Katalysator in der Diskussion um Homeoffice und die Durchführung von Homeoffice-Angeboten betrachtet werden. Wie zuvor erwähnt wird das Thema Vertrauenskultur zumeist nicht direkt angesprochen, sondern über den Wunsch und die Möglichkeit von mobiler Arbeit z. B. in Form von Homeoffice angegangen.

Vor der Pandemie waren laut Statistischem Bundesamt (2021d) **gerade mal 4 % der Beschäftigten ausschließlich oder überwiegend von zu Hause aus tätig. Im Januar 2021, also während des zweiten Lockdowns, lag die Quote bei 24 %.** Brenke gibt eine Homeoffice-Nutzung von 5–10 % an, bezogen auf das Jahr 2014 und die Beschäftigten in Deutschland, also vor der Pandemie (Brenke 2016). Eine Befragung von 1.000 zufällig ausgewählten Teilnehmenden ergab zudem, dass 39 % ausschließlich an ihrem Arbeitsplatz und 19 % ausschließlich im Homeoffice gearbeitet haben. Weitere 29 % haben beide Arbeitsorte genutzt (Netigate 2021). **63 % der Beschäftigten, die die Erlaubnis für Homeoffice haben, arbeiten nur stundenweise von zu Hause aus** (Grunau et al. 2019). Mobile Arbeit und Homeoffice wird anscheinend, je nach Branche, im Maximum nur zwei Tage pro Monat genutzt (Netigate 2021). Vor der Pandemie benötigten zwei Drittel derjenigen mit Erlaubnis zu mobiler Arbeit zudem eine Begründung, um diese auch nutzen zu können (Hans-Böckler-Stiftung 2017). Laut Brenke wäre Homeoffice bereits 2014 bei 40 % der Arbeitsplätze theoretisch möglich gewesen. Laut ifo Institut ist in den letzten Jahren ein stetiges Wachstum an ortsflexiblem Arbeiten zu beobachten. Während 2012 nur 30 % der Unternehmen Homeoffice-Angebote stellten, waren es 2016 bereits 43 % (Piele und Piele 2017). Der Trend zeigt also eine steigende Tendenz.

Hier tut sich dennoch eine Kluft auf zwischen den zuvor dargestellten Wünschen der Beschäftigten, dem Angebot an Homeoffice und der tatsächlichen Inanspruchnahme (s. ◘ Abb. 20.2). **Das Thema Vertrauen wird offensichtlich, da vorgeschobene betriebliche Gründe – auch bedingt durch die SARS-CoV-2-Arbeitsschutzverordnung – nun mitunter nichtig werden.** Klein (2021) berichtet von 160 dokumentierten Fällen aus Privatwirtschaft, Behörden, Universitäten und öffentlich-rechtlichen Institutionen, in denen ein Misstrauen gegenüber den Arbeitnehmerinnen und Arbeitnehmern ausgesprochen wird oder sogar mit Kündigung gedroht wurde, sofern diese Homeoffice wahrnehmen wollten. Dies bestätigen auch Daten der repräsentativen Erwerbstätigenbefragung der Hans-Böckler-Stiftung (2020) mit 6.200 Teilnehmenden, die darauf hinweisen, dass es nicht fehlende technische Voraussetzungen sind, die den Zugang zu Homeoffice verhindern, sondern vielmehr die Unternehmenskultur, „die in vielen Fällen eine Misstrauenskultur war" (ebd., o. S.). Bettina Kohlrausch, wissenschaftliche Direktorin des Wirtschafts- und Sozialwissenschaftlichen Instituts (WSI) der Hans-Böckler-Stiftung, berichtet zu der darauffolgenden Entwicklung: „In der Ausnahmesituation der Pandemie ist deutlich mehr Homeoffice möglich [...]. Erst der enorme öffentliche Druck auf die Arbeitgeberinnen und Arbeitgeber – unter anderem durch die Gewerkschaften – und schließlich die Verordnung zum Homeoffice haben zu einer Ausweitung des Angebots von mobiler Arbeit geführt" (Hans-Böckler-Stiftung 2021a, o. S.).

Kleins qualitative Betrachtung extremer Fälle kann durch quantitative Daten der Hans-Böckler-Stiftung (2021b) und durch Neumann et al. (2020) untermauert werden. 17 % der Beschäftigten berichten, dass es ihnen – obwohl technisch möglich – nicht erlaubt sei, ins Homeoffice zu gehen. Bei 69,5 % erwarteten die Vorgesetzten eine Anwesenheit am Arbeitsplatz. 6 % fürchten sogar einen Karriereknick, wenn sie Homeoffice wahrnehmen würden (Hans-Böckler-Stiftung 2021b). Eine Befragung von 352 Arbeitnehmenden des öffentlichen Dienstes weist ebenfalls auf die Führungskräfte als hemmenden Faktor hin. 53,9 % geben an, keine Unterstützung im Homeoffice von ihren Vorgesetzen zu bekommen und 52 % bemängeln den fehlenden regelmäßigen Austausch über Telefon oder Videotelefonie. Mit 82,4 % fühlt sich die Mehrheit hingegen technisch gut ausgestattet (Neumann et al. 2020). In der Organisation wird Homeoffice für sinnvoll gehalten, geben immerhin 63,7 % an, allerdings scheinen nur gut zwei Drittel (70,2 %) über die Möglichkeiten von Homeoffice informiert zu sein. 81,8 % sagen, ihre Vorgesetzten seien nicht geschult darin, ihre Mitarbeitenden im Homeoffice zu unterstützen und zu fördern. 63,3 % der Führungskräfte im öffentlichen Dienst leben Homeoffice nicht vor (Neumann et al. 2020). 62 % der Mitarbeitenden geben an, es sei hinderlich für die Karriere, nicht vor Ort anwesend zu sein, weitere 63,5 % sind der Meinung, dass lange Anwesenheiten ein Zeichen besonderen Engagements in ihrer Organisation darstellten (Neumann et al. 2020). Die Ergebnisse der Bitkom-Studie über alle Arbeitnehmenden hinweg kommt auf 29 %, die lieber im Unternehmen präsent sein wollen, und 11 %, die Bedenken haben, dass die fehlende Präsenz Auswirkungen auf die Karriere habe (Bitkom 2019). Laut Piele und Piele (2017) haben 30 % der Arbeitnehmenden Angst, im Homeoffice mehr als üblich leisten zu müssen, um mit ihrer Leistung überhaupt wahrgenommen zu werden. Ein Viertel der Teilnehmenden an der Netigate-Studie gibt jedoch an, dass sich die Einstellung in der Organisation zu Homeoffice und mobiler Arbeit verbessert habe (Netigate 2021). Es gibt auch Hinweise darauf, dass ein Teil der Arbeitnehmerinnen und Arbeitnehmer das Arbeiten im Homeoffice als Belastung wahrnimmt, etwa durch fehlende psychosoziale Hygiene (räumliche Trennung von Arbeit und Privatleben) bei psychisch belastenden Berufen, durch drohende Vereinsamung bei wenig sozialen Kontakten oder durch schlecht eingeschätzte Selbstmanagementkompetenzen (Hans-Böckler-Stiftung 2020, 2021b).

◼ Abb. 20.2 verdeutlicht noch einmal den Zwiespalt zwischen je nach Branche und Betriebsgröße theoretischem Angebot mobiler Arbeit und Homeoffice, der tatsächlichen Inanspruchnahme und den individuellen Wünschen und Bedürfnissen der Mitarbeitenden von Organisationen. **Hier wird deutlich, dass es nicht zwingend ausschlaggebend ist, ganze Organisationen gesetzlich zu mobiler Arbeit anzuhalten, sondern es vielmehr kommunikativer Vermittlungsarbeit innerhalb der Organisationen zu bedürfen scheint, um vorhandene Hemmnisse abzumildern.** Dass

20.5 · Schlussfolgerungen

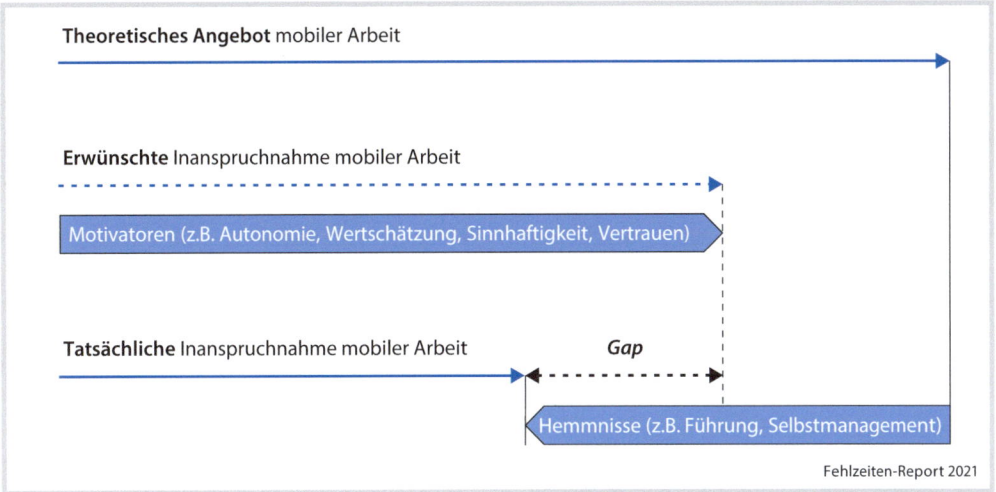

Abb. 20.2 Kluft zwischen Homeoffice-Angebot, -Wunsch und -Inanspruchnahme (Quelle: eigene Darstellung angelehnt an Piele und Piele (2017))

ein Angebot überhaupt vorhanden ist, so sei unterstellt, ist ein Vertrauensbeweis zumindest in Teile der Belegschaft.

Zusammenfassend zeigt die Studienlage ein heterogenes Bild mit steigender Tendenz in Richtung mobiler Arbeit und Homeoffice. Dennoch werden mitunter erhebliche Widerstände deutlich – belegt mit Misstrauen gegenüber den Mitarbeitenden –, die vor allem aus den Reihen der Führungskräfte zu kommen scheinen und weniger aufgrund von begründeten betrieblichen Belangen. Deutlich wird auch eine Kluft zwischen den Wünschen der Arbeitnehmenden und der tatsächlich gelebten Realität der Inanspruchnahme mobilen Arbeitens. Es scheint in Teilen an Unterstützung durch die Vorgesetzen, Vertrauen in die Arbeitsfähigkeit des Einzelnen und grundsätzlich an der Kommunikation untereinander zu fehlen.

20.5 Schlussfolgerungen

Zusammenfassend **kennzeichnet eine Organisationskultur die Zusammenarbeit von Menschen, die ihre Handlungen und Arbeitsaufgaben durch Kommunikation und Sprache koordinieren.** Erreicht eine Organisation eine gewisse Größe, werden die Handlungen komplexer, was zu einer Führungshierarchie führt. **Die Führungshierarchie wird zum einem durch die entstandene Gruppe bemächtigt, zum anderen jedoch wirkt Führung steuernd und koordinierend** und nimmt somit wiederum Einfluss auf die Gruppe. Die aus diesem Kreislauf entstehenden und praktisch erprobten Werte des Zusammenlebens und -arbeitens verfestigen sich zu unterbewussten Grundannahmen. Auf Basis der Ziele und Philosophien, aus der die Organisation entstanden ist, und der gelebten Grundannahmen entwickeln sich z. B. Leitbilder und Führungsgrundsätze als bewusst wahrnehmbare Werte. Zuletzt wird den nicht offensichtlichen Grundannahmen und Werten mit Hilfe von Symbolen (Corporate Identity, Technologie, Kleidungsstil usw.) ein sichtbarer Charakter verliehen. **Daraus ergeben sich sowohl die Kommunikation als auch spezieller die Sprache als Instrumente und Ansätze zur Veränderung von Kultur.** Ebenso haben Führungskräfte durch den direkten Einfluss auf die Gruppe durch Kommunikation und Sprache das Potenzial, die gelebte Kultur (mit) zu gestalten. Da die Gruppe Führung erst legitimiert, ist sie umgekehrt auch imstande, Einfluss auf die Führung zu nehmen.

Die Diskussion um Präsenz- und Vertrauenskultur wird überwiegend über Mittlerthemen wie z. B. die Möglichkeit von Homeoffice und mobiler Arbeit ausgetragen. Es gibt vielfältige Belege zu den Bedürfnissen und Wünschen der Arbeitnehmenden sowohl im Allgemeinen als auch branchenspezifisch. Ebenso gibt es Indizien zu Ursachen und Faktoren von Motivatoren und Hemmnissen in den Organisationen (s. ◘ Abb. 20.3). Branchenzugehörigkeit und Betriebsgröße erhöhen die Wahrscheinlichkeit mobilen Arbeitens, ebenso die technische Ausstattung einschließlich der Möglichkeit, die Datensicherheit zu gewährleisten. **Die Führung wird mehrfach als ein entscheidender Faktor für die Möglichkeit benannt, mobiles Arbeiten oder Homeoffice nutzen zu dürfen.** Auf der personenbezogenen Ebene hängt die Möglichkeit, ein solches Angebot zu bekommen, vom Bildungsgrad, dem Vorhandensein von Selbstmanagementkompetenzen und sozial akzeptierten Gründen ab. Entscheidend ist auch, ob die Tätigkeit im direkten (z. B. produzierenden) oder indirekten (z. B. Büroarbeit) Bereich angesiedelt ist. Personen mit Führungsverantwortung haben i. d. R. eher die Möglichkeit, ein Angebot für mobiles Arbeit zu bekommen (vgl. ▶ Abschn. 20.4.3). Die Grundannahmen und Werte, die zum einen in der Branche und spezieller in der eigenen Organisation die Basis des gemeinsamen Handelns bilden, beeinflussen sowohl die Führungskräfte als auch die Mitarbeitenden (z. B. Präsenzkultur als hemmender Faktor für die Wahrnehmung des Angebots mobiler Arbeit; vgl. ▶ Abschn. 20.2). In ◘ Abb. 20.3 sind die genannten Faktoren zusammengefasst dargestellt. Die Betrachtung erfolgt ausgehend von betrieblichen Faktoren über die Führung bis hin zu personenbezogenen Faktoren. Die pfadweise Betrachtung ermöglicht es, die in der eigenen Organisation vorherrschenden Bedingungen besser zuzuordnen und folgt der inneren Logik der Hierarchie von Organisationen, also Rahmenbedingungen, Führung – als Modulator zwischen strukturellen und personenbezogenen Faktoren – und Mitarbeitende. Führungskräfte haben demnach nur Handlungsspielräume, wenn die Organisation dies auch vorsieht und ermöglicht. Einzelne Mitarbeitende können i. d. R. nur ein Angebot für mobiles Arbeiten wahrnehmen, wenn dies durch die Führungskräfte und die Organisation ausgesprochen wurde. Dennoch ist nicht ausgeschlossen, dass in Einzelfällen engagierte Mitarbeitende, Mitarbeitendenvertretungen oder Führungskräfte selbst sich gegen die betrieblichen Bedingungen und/oder skeptisch eingestellte Führungskräfte durchsetzen und damit umgekehrt oder wechselseitig auf den Pfad einwirken.

Daraus lassen sich mehrere Dinge schlussfolgern und Veränderungsansätze aufzeigen. Führung fängt bei der Geschäftsführung an, die am Ende für die getroffenen Entscheidungen in der Organisation verantwortlich gemacht werden kann. **Für welche Grundannahmen und Werte die Geschäftsführung steht, ist somit ein wichtiger Faktor auf dem Weg zu mehr Vertrauen in der eigenen Organisation.** Gleiches gilt für die **Veränderungsbereitschaft** und das **Commitment** auf derselben Ebene. Die Betriebsgröße zeigt sich als ein Faktor, der die Wahrscheinlichkeit für das Angebot des mobilen Arbeitens erhöht (vgl. Piele und Piele 2017). Gleichzeitig setzen große Unternehmen weitaus weniger strukturverändernde Maßnahmen um, die sich nachhaltig auf die Organisationsstruktur auswirken, als kleine und mittlere Unternehmen (Munko 2015). Außerdem zeigt sich, dass das **Vorhandensein der Möglichkeit von mobiler Arbeit und Homeoffice nicht automatisch ein Zeichen von Vertrauen** seitens des Unternehmens darstellt (vgl. ▶ Abschn. 20.4.3). Als ein **großes Hemmnis** für die Wahrnehmung eines solchen Angebots wird die **direkte Führungskraft** identifiziert. Hier lässt sich in Teilen ein Mangel an Kompetenz der Führungskräfte vermuten (z. B. fehlende Kommunikation und Unterstützung seitens der Führungskräfte). Des Weiteren klafft eine Lücke zwischen den wahrgenommenen Gründen, die vermeint-

20.5 · Schlussfolgerungen

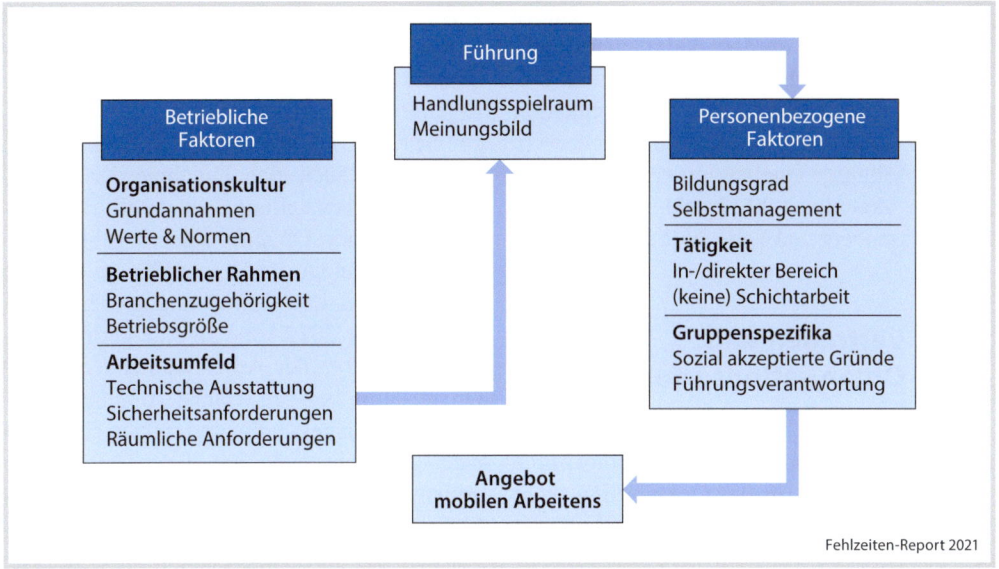

Abb. 20.3 Faktoren für das Angebot mobiler Arbeit (Quelle: eigene Darstellung angelehnt an Piele und Piele (2017))

lich gegen die Nutzung von mobiler Arbeit sprechen, auf Seiten der Organisation und der Mitarbeitenden. So gaben 90 % der Organisationen an, die Tätigkeit sei nicht geeignet, um mobiles Arbeiten durchzuführen. Hingegen sahen nur 76 % der Mitarbeitenden dies als Begründung an. 66 % der Mitarbeitenden geben an, es sei der oder dem Vorgesetzten wichtig, dass sie anwesend sind, auf der anderen Seite geben 10 % der Führungskräfte an, dass die Mitarbeitenden kein Interesse an mobiler Arbeit hätten und auch die Führung und Kontrolle nicht möglich sei (vgl. Grunau et al. 2019). **Kontrolle und Angst werden vor allem in qualitativen Kontexten deutlich hervorgehoben und stellen Hemmnisse dar**. Dabei ist Kontrolle häufig ein Mechanismus, der bei Unsicherheit und fehlenden Kompetenzen zum Vorschein kommt. In Zeiten geringer Stabilität – wie zuletzt und andauernd in der Corona-Krise – und unsicherer Zukunftsprognosen greifen wir als biologische Wesen auf kontrollierbare und antrainierte Verhaltensweisen und Kommunikationsmuster zurück, um eine vermeintliche Kontrolle zu erlangen (Kabat-Zinn 2013; Hüther 2010). Zudem ist Kontrolle in einem sich schnell und stark wandelnden Umfeld (wie zurzeit unter Corona-Bedingungen) häufig nicht mehr möglich – hier gilt es sich flexibel und agil an die neuen Umstände anzupassen. Die größte Differenz in der Einschätzung gibt es bzgl. der technischen Voraussetzungen: 54 % der Mitarbeitenden sehen hier ein Problem, wohingegen nur 9 % auf Seiten der Betriebe diese nicht als erfüllt ansehen. **Probleme in der Zusammenarbeit mit den Kolleginnen und Kollegen während der Nutzung mobiler Arbeit werden von den Mitarbeitenden selbst als ein größeres Hemmnis wahrgenommen, als dies durch die Vorgesetzten der Fall ist** (vgl. Grunau et al. 2019). Bemerkenswert ist zudem der **Wunsch nach sozialem Kontakt** der Arbeitnehmenden und deren **Selbsteinschätzung bzgl. effektiver und produktiver Arbeit im Homeoffice oder im Büro**.

Der eingangs erwähnte Kreislauf aus Führung und Mitarbeitenden kommt hier deutlich zum Vorschein (vgl. ▶ Abschn. 20.2). Die basalere Ebene der Kommunikation hingegen scheint in weiten Teilen zu fehlen oder nicht zielführend zu verlaufen. **Es fehlt an Kommunikation, sodass unklar ist, was die andere Seite möchte, und an dem Vertrauen untereinander, dies auch äußern zu können. Darauf, wie wichtig es ist, wie Kommunikation stattfindet und mit welchem Sprachgebrauch, weisen vielfältige Quellen hin (vgl. u. a. Neue Züricher Zeitung 2020; Fatzer 2013; Haufe 2013; Rosenberg und Seils 2005).

20.5.1 Vertrauen und Organisationserfolg

Ist denn das Vorhandensein von Homeoffice oder gar Telearbeit in der Organisation nicht schon genug? Und warum sich noch tiefer mit den Bedürfnissen und Wünschen der Mitarbeitenden der eigenen Organisation auseinandersetzen?

Auf diese beiden Fragen gibt es klare Antworten. Nein, es ist nicht genug, mobiles Arbeiten grundsätzlich zu ermöglichen. Wie zuvor aufgezeigt werden konnte, müssen zum einen zwei Drittel dennoch eine Begründung für die Inanspruchnahme abgeben – was implizit das Vertrauen in die Mitarbeitenden untergräbt – und zum anderen nimmt eine Vielzahl derjenigen, die das Angebot haben, es aus Angst nicht in Anspruch (vgl. ▶ Abschn. 20.4.3). Außerdem ist die Kontrolle der Anwesenheit während der mobilen Arbeit oder der Telearbeit über die Anmeldung an Systemen ebenso möglich wie die Kontrolle vor Ort – die reine Abwesenheit sagt demnach nichts darüber aus, ob Vertrauen entgegengebracht wird. Mitarbeitende, die die gewonnenen Freiheiten während der mobilen Arbeit und im Homeoffice ausnutzen – und somit das entgegengebrachte Vertrauen missbrauchen – tragen jedoch potenziell dazu bei, dass das Misstrauen seitens der Organisation bestehen bleibt und der zuvor beschriebene Kontrollmechanismus gestärkt wird (vgl.

▶ Abschn. 20.5). Immerhin geben 21 % an, im Homeoffice weniger Stunden zu arbeiten (Netigate 2021). Ob allerdings die Qualität der Ergebnisse im Zusammenhang mit der weniger erbrachten Arbeitszeit steht, bleibt unklar. Denkbar ist auch eine Zunahme der Effektivität der Arbeitsleitung und damit eine konstant bleibende Qualität. Zudem geben 25 % an, mehr Stunden im Homeoffice zu arbeiten (ebd.). Daten des Gallup-Engagement-Index aus dem Jahr 2019 konnten eine geringe Bindung von 69 % der Arbeitnehmenden an die Organisation belegen. Ganze 16 % hatten bereits innerlich gekündigt und fühlten sich demnach gar nicht mehr mit ihrem Arbeitgeber verbunden (Handelsblatt 2020a). **Damit verbleiben gerade einmal 15 % der Mitarbeitenden, die mit Engagement und nahezu hundertprozentigem Einsatz ihrer Tätigkeit nachgehen.** Zudem konnten Neumann et al. (2020) einen positiven **Zusammenhang zwischen Homeoffice-Kultur und der mentalen Gesundheit** nachweisen, was angesichts der konstant steigenden Fehlzeiten aufgrund psychischer Diagnosen (Badura und Steinke 2012; Badura et al. 2010) einen wichtigen Einflussfaktor aufzeigt. Einer Studie des Zentrums für Europäische Wirtschaftsforschung (ZEW) und des Instituts für Arbeitsmarkt- und Berufsforschung (IAB) zufolge **bemerkt mittlerweile jeder zweite Betrieb eine erhöhte Produktivität derjenigen, die im Homeoffice tätig sind**, im Vergleich zu denjenigen, die im Betrieb präsent sind (Süddeutsche Zeitung 2019). Grunau et al. (2019) fanden heraus, dass diejenigen, die gerne im Homeoffice tätig wären, dies aber nicht können, mit Abstand am wenigsten zufrieden sind. Die zuvor beschriebenen Wirkzusammenhänge (vgl. auch ◘ Abb. 20.3) lassen auf das subjektive Meinungsbild der Führungskraft und mangelnde Kommunikation zwischen Führungskräften und Mitarbeitenden schließen, was wiederum Einfluss auf das Meinungsbild haben kann.

20.5.2 Synergie aus charakteristischen Eigenschaften von Präsenz- und Vertrauenskultur

Eine wesentliche, charakteristische Eigenschaft der Präsenzkultur ist die Präsenz aller Gruppenmitglieder und mitunter Führungskräfte vor Ort (vgl. ▶ Abschn. 20.3.1). Wie sich zeigt, ist dieser Punkt ein Merkmal, das nicht nur Command- and Control-orientierten Organisationen wichtig ist, sondern vor allem auch einer Vielzahl der Beschäftigten. **Arbeitnehmende möchten und suchen den sozialen Kontakt im beruflichen Kontext vor Ort in der Organisation.** Vielmehr deuten die Befunde an, dass **Beschäftigte sich mehr Teilhabe (als Spezialist:innen ihrer Tätigkeit) wünschen, verbunden mit mehr Autonomie (zeitlich, örtlich und inhaltlich)** (vgl. ▶ Abschn. 20.4.2). Es scheint demnach nicht unmöglich, die Bedürfnisse der Organisation und die der Mitarbeitenden übereinzubringen. Mehr Autonomie für die Beschäftigten bedeutet zudem auch mehr Agilität und ermöglicht eine schnellere Anpassung an sich schnell verändernde Bedingungen.

> Ein Schlüssel für das Gelingen dieser Synergie ist die offene und zunehmend vertrauensvollere Kommunikation über die Bedürfnisse und auch Befürchtungen beider Parteien in dem sich verändernden Kontext.

Beschäftigte, die über einen hohen Grad an zeitlicher, örtlicher und inhaltlicher Autonomie verfügen, erleben eine höhere Selbstwirksamkeit (Graf 2012). Selbstwirksamkeit wiederum steht im Zusammenhang mit Wohlbefinden und Zufriedenheit. Zudem bestärkt das Vertrauen in andere zusätzlich die eigene Selbstwirksamkeit und damit das Vertrauen in die eigene Person (Winterhoff 2017).

Eine Herausforderung stellt eine sensible Kommunikation vor allem in Organisationen der dritten Kategorie dar (vgl. ▶ Abschn. 20.4.1). Besonders in Organisationen, die direkte und indirekte Tätigkeitsbereiche aufweisen, besteht die Gefahr, ein Gefühl der Ungerechtigkeit zu schüren. Während Mitarbeitende mit indirekten Tätigkeiten in Zukunft von zu Hause aus arbeiten dürfen, müssen Mitarbeitende mit direkten Tätigkeiten weiterhin in der Organisation ihrer Tätigkeit nachgehen. Dieses Beispiel zeigt die **Notwendigkeit einer durchdachten und sensiblen Vorgehensweise** auf, die die Wünsche und Bedürfnisse der Mitarbeitenden miteinschließt oder sogar aus diesen begründet ist.

20.5.3 Der Übergang von einer Präsenz- zu einer Vertrauenskultur

Wie kann die bestehende Kultur greifbar gemacht werden und wie kann der Übergang zu mehr Vertrauen gelingen? Mit diesen beiden Fragen beschäftigt sich der nun folgende und letzte Abschnitt. Es bietet sich an, den Stand der eigenen Kultur strukturiert und über reflexive Fragen zu erfassen und so einen ersten Eindruck zu gewinnen. Faktoren, die – wie zuvor herausgestellt – eine Rolle spielen, sind u. a., aber nicht ausschließlich:

- **Betriebliche Faktoren sowie Branche:** Ist die eigene Organisation im direkten (z. B. produzierenden), im indirekten (z. B. Finanzdienstleistungen) Gewerbe tätig oder existiert ein Mix aus beiden Tätigkeitsbereichen (vgl. ▶ Abschn. 20.4.1)? Gibt es (Ziel-)Vereinbarungen und klare Regeln bzgl. Arbeitszeitobergrenzen/-erfassung, Erreichbarkeit, Vertretungen oder wie viele Tage pro Monat/Woche mobiles Arbeiten möglich ist?
- **(Geschäfts-)Führung:** Gibt es Grundannahmen, Werte und eine gemeinsame Visi-

on (Purpose, Sinnhaftigkeit, Mission Statement), die z. B. über Leitbilder und Führungsleitlinien kommuniziert werden (vgl. ▶ Abschn. 20.2)? Äußern Führungskräfte Interesse daran, wie es ihren Mitarbeitenden geht? Bieten Führungskräfte ihren Mitarbeitenden Unterstützung an? Wird regelmäßige (authentische) Wertschätzung vermittelt? Ist Commitment vorhanden (zeitliche, finanzielle und personelle Ressourcen)? Gibt es Veränderungsbereitschaft?
- **Wissensmanagement:** Verfügt die Organisation über Instrumente (z. B. Mitarbeitendenbefragung, Vorschlagswesen o. ä.), die die Bedürfnisse, Wünsche und das Wohlbefinden der Mitarbeitenden und der Führungskräfte regelmäßig erfassen?
- **Personelle Faktoren:** Ist die Alters- und Berufsstruktur der Organisation bekannt? Sind Leitbilder und Werte bei den Mitarbeitenden bekannt? Werden diese auch gelebt? Wie werden sie gelebt (vgl. ▶ Abschn. 20.4.2)? Haben Mitarbeitende zeitliche, örtliche und/oder inhaltliche Autonomie? Ist das Commitment vorhanden (zeitliche, finanzielle und personelle Ressourcen), sofern die Initiative von Vertretungen der Mitarbeitenden ausgeht?
- **Kommunikation und Sprache:** Werden alle relevanten Informationen transparent an alle Beteiligten vermittelt (z. B. Zielsetzung, Feedback, usw.)? Wird innerhalb von Gruppen kommuniziert (horizontal)? Wird zwischen Gruppen kommuniziert (horizontal)? Wird zwischen Mitarbeitenden und Führungskräften kommuniziert (vertikal)? Wie und mit welchem Umgangston findet Kommunikation statt?

Jede Organisation ist außerdem eine Zusammensetzung aus multiplen Mitarbeitenden mit ganz eigenen Bedürfnissen und Wünschen und daher individuell und systemisch zu betrachten. Herausforderungen stellen Anwesenheitspflichten dar, z. B. zu Meetings, wie auch der Wunsch der Mitarbeitenden nach sozialem Kontakt am Arbeitsplatz (z. B. intensive Diskussionen, Emotionsvermittlung, Trost spenden, spontane Ideensammlung oder kreativer Austausch usw.). Hier gilt es gemeinsame Zeitfenster zu finden, in denen alle Beteiligten auch vor Ort anwesend oder zumindest alle Beteiligten mit hybriden Modellen zufrieden sind. Auch hier gibt es Indizien für lösungsorientierte und erprobte Ansätze: „Jede Tätigkeit [...], egal ob online oder offline, mit dem Stift, Laptop oder Telefon, muss als Arbeitszeit erfasst werden. Außerdem legt jedes Team gemeinsame Arbeitszeiten fest – und jenseits davon hat jeder das Recht, abzuschalten" (Hans-Böckler-Stiftung 2020, o. S.). Die Datenlage ist eindeutig, wo **klare Regelungen** existieren zu „zeitlichen Obergrenzen, Zeiterfassung, realistischen Vorgaben für das Arbeitspensum, genug Personal und Vertretungsregeln" (Hans-Böckler-Stiftung 2021b, o. S.), dort machen mehr Arbeitnehmende gute Erfahrungen mit mobiler Arbeit. Klare Regelungen umfassen ebenso die Definition und Abgrenzung von mobiler Arbeit, Homeoffice und Telearbeit, um das Umgehen gesetzlicher Regelungen und so auch eine Selbstausbeutung der Arbeitnehmenden zu vermeiden (ebd.)(vgl. ▶ Abschn. 20.1). **Eine regelmäßige und wertschätzende Kommunikation stellt einen weiteren Erfolgsfaktor auf dem Weg zu einem vertrauensvollen Umgang dar** (Netigate 2021; INQA 2020). Deutlich wird auch, dass ein und dieselbe Tätigkeit von zwei verschiedenen Personen mitunter in zwei völlig verschiedenen Settings und Kontexten effektiv erledigt werden kann, Konformität und Gleichheit können somit bestenfalls nur eine Person zufriedenstellen (vgl. ▶ Abschn. 20.4.2). Die Future-of-Work-Befragung beschreibt diesen Umstand folgendermaßen: „Die Notwendigkeit, die Unternehmenskultur mit der Identität und den Werten der Mitarbeitenden in Einklang zu bringen" (Questback 2021, S. 21).

20.5 · Schlussfolgerungen

> Schlussfolgernd braucht es Informationen, Klarheit und Transparenz über die Bedürfnisse und Wünsche der einzelnen Gruppenmitglieder, um die Arbeit bezogen auf ein gemeinsames attraktives Ziel effektiv bewältigen zu können. Solche Informationen werden zumeist nur in vertrauensvollen Beziehungen zwischen Sendern und Empfängern preisgegeben.

Laut Badura und Steinke (2019) gibt es drei verschiedene Kulturtypen: die Kultur „der Angst, des Misstrauens und der Kontrolle", die Kultur „des bindungslosen Wettbewerbs und amoralischen Strebens nach persönlichem Erfolg" und die Kultur „der vertrauensvollen Kooperation auf der Grundlage gemeinsamer Überzeugungen, Werte und Regeln" (ebd., S. 126). Letztere soll hier aufgrund der vorherigen Erläuterungen angestrebt werden.

Als ein treibender Faktor für die Entwicklung hin zu einer Vertrauenskultur konnten die Führungskräfte identifiziert werden. Interessanterweise sind sich drei Viertel der Führungskräfte darin einig, dass eine grundlegende Änderung der Führungspraxis nötig sei, um den Standort Deutschland nach vorne zu bringen (INQA 2016). Mit einem mittleren Erfüllungsgrad von 49,3 % werden die Führungskräfte gerade einmal knapp der Hälfte der Kriterien „guter Führung" gerecht (ebd., S. 11). Sie nehmen also in gewissem Rahmen ihre eigene Schwäche wahr und kritisieren sich somit selbst. **Demnach scheint auch für die Führungskräfte ein neuer vertrauensvoller Rahmen nötig, um „gesunde Führung" praktizieren zu können.**

Die Führungskraft der Zukunft stellt neugierig Fragen und hört empathisch zu, anstatt Lösungen vorzuschlagen, und bietet Unterstützung an, anstatt Bewertungen abzugeben. Sie fördert Entwicklung anstatt Vorgaben durchzudrücken und sie sorgt für maximale Transparenz sowie gemeinsame Reflexion, um Potenziale in der Organisationen zu entdecken und zu entfalten (Harvard Business manager 2021; Citrix 2021; INQA 2016; Fatzer 2013).

Die Kommunikation und – als Teil dieser – die gelebte Sprache sind das Bindeglied in nahezu allen zuvor aufgezeigten Punkten. Der Kommunikation ist es zu zuschreiben, welche Information wie beim jeweiligen Empfänger ankommt. Vermittelt sie z. B. Hierarchie und Gehorsam, säht Misstrauen und schürt Angstgefühle oder wird sie wertschätzend, auf Augenhöhe betrieben und weckt Vertrauen in die Beziehung zwischen Sender und Empfänger oder in die Bindung an die Organisation.

Jegliche Art des Sprachgebrauchs exemplarisch aufzugreifen, festzuhalten und hinsichtlich der miss-/vertrauensschaffenden Wirkung zu betrachten (Corporate Identity, Schriftverkehr, Meetings, Flur-/Kantinengespräche, Außenkommunikation mit Kunden usw.) kann daher einen weiteren Anknüpfpunkt in der eigenen Organisation darstellen, um den Status quo zu ermitteln und greifbar zu machen. Brühl (2020b) beschreibt den erfolgreichen Wandel folgendermaßen: „mehr Kooperation statt Konkurrenz, mehr Netzwerk statt Hierarchie, mehr Sinngewinn statt nur Aktiengewinn, mehr Nachhaltigkeit statt Wachstumseuphorie, mehr Mut statt Gehorsam, Work-Life Balance statt Burn-out, mehr Ergebniskontrolle statt Verhaltenskontrolle, Fehlerkultur statt Fehlervermeidung, mehr Individualität zulassen und wertschätzen statt Gleichbehandlung und -macherei [und] mehr Virtuelle Teamarbeit statt Anwesenheitspflicht" (ebd., o. S.).

Einflussfaktoren, die auf die Organisationskultur wirken, haben zumeist auch Einfluss auf das Wohlbefinden der Mitarbeitenden und weiterführend auf deren Gesundheit. So konnte laut Röhrle (2018) und Ellis (2014) in zahlreichen Längsschnittstudien ein **direkter** „Zusammenhang zwischen Wohlbefinden und Gesundheit [mit] einem mäßigen korrelativen Bezug" (ebd., o. S.) festgestellt werden. Zudem dienen die Treiberfaktoren einer Organisation, also Teambeziehungen, Führung, Kultur und Arbeitsbedingungen – so zeigen auch eigene Erhebungen aus über hundert Organisationen – i. d. R. **zusätzlich als Modulatoren,** also vermittelnde Variablen zwischen dem Wohlbefinden auf der einen Seite und der physischen, psychischen und sozialen Gesundheit auf der anderen Seite (vgl. Badura und Steinke 2019; Röhrle 2018). Ähnlich verhält es sich mit Stress und Gesundheit: Die Auswirkungen von negativ empfundenem Stress auf zahlreiche physiologische Mechanismen im Körper (z. B. Auswirkungen auf das Herz-Kreislauf-, das Hormon- und Nervensystem oder die Haut usw.) sind gut belegt (Kaluza 2018; Kabat-Zinn 2013). Dabei steht das Stressempfinden seinerseits in hohem Zusammenhang mit **zeitlicher und örtlicher Autonomie** sowie **sozialer Bindung** (ebd.). Die Umsetzung oder Steuerung von kulturverändernden Maßnahmen lässt sich daher durchaus im Betrieblichen Gesundheitsmanagement ansiedeln, mit guten Beziehungen zum Personalmanagement – nicht zuletzt, da Betriebliches Gesundheitsmanagement weitestgehend als Stabstelle verankert oder betrachtet und somit in begrenztem Maße außerhalb der regulären Prozesse einer Organisation angesiedelt werden kann. Andernfalls ist das Hinzuziehen einer Fachexpertise von außen ratsam, um Grundannahmen und Werte sowie deren Kommunikation weitestgehend offenlegen zu können.

20.6 Fazit

Organisationskulturen in Gänze zu verstehen und greifbar zu machen scheint theoretisch einfach, jedoch in der Praxis schwierig. In Deutschland dominiert bisher weiterhin eine Präsenzkultur, mit Präsenzpflicht am Arbeitsplatz (INQA 2020). Das Potenzial für mobile Arbeit oder Telearbeit ist längst noch nicht ausgeschöpft (Brenke 2016). Es zeigen sich große Unterschiede in Branchen und nach Betriebsgröße. Kultur als solche wird dabei zumeist nur über Mittlerthemen wie z. B. Homeoffice, mobile Arbeit oder auch Telearbeit durch die Mitarbeitenden aufgegriffen.

Diesbezüglich konnten klare Hemmnisse wie z. B. eine bestehende Präsenzkultur, das Meinungsbild der Führungskraft oder der mitunter erwünschte intensive soziale Kontakt am Arbeitsplatz identifiziert werden, die eine Vielzahl der Arbeitnehmenden daran hindern, die potenziell in der Organisation gegebene Möglichkeit zu mobiler Arbeit auch tatsächlich zu nutzen. Viele dieser hemmenden Faktoren lassen sich auf Misstrauen und Angst reduzieren. Es mangelt demnach an Vertrauen. Vertrauen, das – so die Ergebnisse – auch durch formell gebundene Sicherheit wie Regelungen und Betriebsvereinbarungen zu neuralgischen Punkten wie z. B. Zeiterfassung, Erreichbarkeit, Vertretung usw. gewonnen werden kann.

Wichtige Einflussfaktoren, die Organisationskulturen direkt beeinflussen können, sind die **horizontale und vertikale Art der Kommunikation** (spezieller der gelebten Sprache), die **Grundannahmen und Werte**, die **Führung** und die **Bedürfnisse der Organisationsmitglieder**. Gerade in hochspezialisierten Tätigkeiten sind die Mitarbeitenden die Expertinnen und Experten ihres Arbeitsplatzes. Die Vorgesetzen haben – aufgrund anderer Karriereverläufe als zuvor – mitunter gar nicht mehr das Tiefen- und Detailwissen ihrer Mitarbeitenden wie noch vor wenigen Jahrzenten und können deren Tätigkeiten im Zweifelsfall gar nicht oder nur bedingt effektiv ausführen (Harvard Business manager 2021). Dementsprechend ist es entscheidend, dass sich die Bedürfnisse und Wünsche der Mitarbeitenden mit den Unternehmenszielen, Grundannahmen und Werten möglichst decken, um eine hohe Bindung der Mitarbeitenden an die Organisation zu fördern und herzustellen. Können sich z. B. neue Mitarbeitende auch noch nach einem Eingewöhnungszeitraum in den Artefakten und versprochenen (z. B. verschriftlichen) Werten und Grundannahmen wiederfinden?

Weitere Erfolgsfaktoren für mehr Vertrauen stellen das Commitment der Beteiligten dar, wie auch das Durchhaltevermögen der Treiber für einen nachhaltigen

Wandel sowie eine achtsame Kommunikation gegenüber allen Beteiligten.

Die Corona-Krise hat als Katalysator bestehende Strukturen als belastbar oder unzureichend identifizieren können, in Teilen das Vertrauen in die Zusammenarbeit auf Distanz erhöht, jedoch auch bestehende Konflikte mit vorherrschender Präsenzkultur befeuert. Derzeit kann unterstellt werden, dass die Corona-Krise einen erzwungenen Aufbruch in eine vermutlich nachhaltig veränderte Arbeitswelt darstellt.

Herausforderungen und neuralgische Punkte im Zusammenhang mit einer Vertrauenskultur, die mitunter mobiles Arbeiten ermöglicht, sind z. B. Regelungen bzgl. gemeinsamer Anwesenheitszeiten für intensiven zwischenmenschlichen Austausch – der durchaus von einer Vielzahl der Mitarbeitenden erwünscht ist –, Arbeitszeiterfassung/-begrenzung und Erreichbarkeit.

Aufgrund der Vielfältigkeit an Mitarbeitenden bietet es sich an, zum einen deren Bedürfnisse und Wünsche regelmäßig zu erfassen und in die Organisationsentscheidungen einfließen zu lassen (Bottom-up) und zum anderen Regelungen auf Detailebene – sofern möglich – durch die einzelnen Gruppen treffen zu lassen, sprich so viel zeitliche, örtliche und inhaltliche Autonomie an die Mitarbeitenden zu übertragen wie nötig, um deren Wohlbefinden und Motivation auch im Organisationserfolg abbilden zu können. Der Führungskraft kommt dementsprechend eine neue Rolle zu, die mehr einem Coach gleicht, Sinnhaftigkeit betont, Wertschätzung lebt, Potenziale fördert, Entscheidungsspielräume ermöglicht und Reflexion anleitet (INQA 2016).

> „Probleme kann man niemals mit derselben Denkweise lösen, durch die sie entstanden sind" (Einstein)

Führungskräfte wie Mitarbeitende benötigen demnach in Zukunft mehr Reflexion und interne oder externe Entwicklungsbegleitung, um das Vertrauen in der Organisation zu tradieren und mittel- bis langfristig in den Grundannahmen, Werten und Artefakten zu verankern (ebd.).

Literatur

Arbeitsrechte.de (2021) Home-Office: Gesetzliche Regelung & Voraussetzungen der Heimarbeit

Badura B, Steinke M (2012) Die erschöpfte Arbeitswelt; Durch eine Kultur der Achtsamkeit zu mehr Energie, Kreativität, Wohlbefinden und Erfolg. Bertelsmann, Gütersloh

Badura B, Steinke M (2019) Mindeststandards im Behördlichen Gesundheitsmanagement (BGM) der Landesverwaltung Nordrhein-Westfalen; Abschlussbericht zum Vergabeverfahren „Entwicklung und Festlegung von Standards für BGM in der Landesverwaltung" (Auftragsnummer ZVSt-2018-192/BGM). https://www.landtag.nrw.de/portal/WWW/dokumentenarchiv/Dokument/MMV17-2114.pdf. Zugegriffen: 27. Mai 2021

Badura B, Schöder H, Klose J, Macco K (Hrsg) (2010) Fehlzeiten-Report 2009; Arbeit und Psyche: Belastungen reduzieren – Wohlbefinden fördern; Zahlen, Daten, Analysen aus allen Branchen der Wirtschaft. Springer, Berlin

Bierer K, Pietrasch E, Sarstedt M (2018) CLEVIS Praktikantenspiegel; FUTURE TALENTS IM FOKUS. https://www.clevis.de/CLEVIS_Praktikantenspiegel/2018.pdf. Zugegriffen: 15. März 2021

Bitkom (2019) Homeoffice? Nein, danke: Angestellte arbeiten lieber im Büro als zu Hause. https://www.bitkom.org/Presse/Presseinformation/Homeoffice-Nein-danke-Angestellte-arbeiten-lieber-im-Buero-als-zu-Hause. Zugegriffen: 12. Mai 2021

Brenke K (2016) Home Office: Möglichkeiten werden bei weitem nicht ausgeschöpft. DIW Wochenber 83:95–105

Brühl J (2020a) Generationenübersicht. https://den-wandel-gestalten.de/2020/03/generationenuebersicht/. Zugegriffen: 12. Mai 2021

Brühl J (2020b) Wertewandel. https://den-wandel-gestalten.de/wertewandel/. Zugegriffen: 12. Mai 2021

Bultemeier A, Boes A, Marrs K (2015) Der Karrieremechanismus moderner Unternehmen; Chancen und Risiken für Frauen. In: Welpe IM, Brosi P, Ritzenhöfer L, Schwarzmüller T (Hrsg) Auswahl von Männern und Frauen als Führungskräfte. Perspektiven aus Wirtschaft, Wissenschaft, Medien und Politik. Springer Gabler, Wiesbaden, S 437–455

Bundesamt für Sicherheit in der Informationstechnik (BSI) (2020) Empfehlungen zum sicheren mobilen Arbeiten im Home-Office. https://www.bmi.bund.

de/SharedDocs/downloads/DE/veroeffentlichungen/2020/corona/bsi-empfehlungen-home-office.pdf?__blob=publicationFile&v=3. Zugegriffen: 6. Mai 2021

Bundesministerium für Familie, Senioren, Frauen und Jugend (BMFSFJ) (2017) Digitale Vereinbarkeit; Home-Office und mobiles Arbeiten – eine Toolbox für Unternehmen und Beschäftigte mit Familienaufgaben. https://www.bmfsfj.de/bmfsfj/service/publikationen/digitale-vereinbarkeit-home-office-und-mobiles-arbeiten-118754. Zugegriffen: 30. Apr. 2021

Bundesministerium für Jugend, Familie und Gesundheit (BMJFG) (2006) Siebter Familienbericht; Familie zwischen Flexibilität und Verlässlichkeit – Perspektiven für eine lebenslaufbezogene Familienpolitik und Stellungnahme der Bundesregierung. Bundestagsdrucksache 16/1360. Bundesministerium für Jugend, Familie und Gesundheit (BMJFG), Berlin

Citrix (2021) Thrive with employee experience – three principles to guide your EX strategy

Ellis M (2014) Better sense of well-being linked to longer lifespan. https://www.medicalnewstoday.com/articles/284978. Zugegriffen: 18. Juni 2021

Fatzer G (2013) „Jede Methode hat auch ihre Schwachstelle" Humble Inquiry. Wirtsch Weiterbild 10:24–25

Frankfurter Allgemeine (2020) Arbeiten nach der Pandemie; Präsenzkultur, ade! https://www.faz.net/aktuell/karriere-hochschule/buero-co/arbeiten-nach-corona-schub-fuer-digitalisierung-und-home-office-16786010.html. Zugegriffen: 28. Apr. 2021

Geertz C (1983) Dichte Beschreibung; Beiträge zum Verstehen kultureller Systeme. Suhrkamp, Frankfurt am Main

Graf A (2012) Selbstmanagement-Kompetenz in Unternehmen nachhaltig sichern. Springer, Wiesbaden

Grunau P, Ruf K, Steffes S et al (2019) Homeoffice bietet Vorteile, hat aber auch Tücken; Mobile Arbeitsformen aus Sicht von Betrieben und Beschäftigten. http://doku.iab.de/kurzber/2019/kb1119.pdf. Zugegriffen: 30. Apr. 2021

Handelsblatt (2020a) „Ein Manager kann maximal zehn Leute führen". Interview mit Jim Clifton. Handelsblatt Wochenende 7:50–51

Handelsblatt (2020b) KPMG Umfrage; Konzerne sparen bei Büroflächen. Handelsblatt 164:20–21

Hans-Böckler-Stiftung (2015) Work-Life-Balance; Abschied von der Präsenzkultur. https://www.boeckler.de/de/magazin-mitbestimmung-2744-abschied-von-der-praesenzkultur-6277.htm. Zugegriffen: 28. Apr. 2021

Hans-Böckler-Stiftung (2017) Arbeitswelt; Abschied von der Präsenzkultur. https://www.boeckler.de/data/impuls_2017_17_2.pdf. Zugegriffen: 30. Apr. 2021

Hans-Böckler-Stiftung (2020) Homeoffice; Das gesunde Maß finden. https://www.boeckler.de/de/magazin-mitbestimmung-2744-das-gesunde-mass-finden-25651.htm. Zugegriffen: 6. Mai 2021

Hans-Böckler-Stiftung (2021a) Neue Verordnung wirkt sich aus; Deutlicher Anstieg: 24 Prozent der Erwerbstätigen arbeiten aktuell vorwiegend oder ausschließlich im Homeoffice. https://www.boeckler.de/de/pressemitteilungen-2675-deutlicher-anstieg-30681.htm. Zugegriffen: 6. Mai 2021

Hans-Böckler-Stiftung (2021b) Studien zu Homeoffice und mobiler Arbeit. https://www.boeckler.de/de/auf-einen-blick-17945-Auf-einen-Blick-Studien-zu-Homeoffice-und-mobiler-Arbeit-28040.htm. Zugegriffen: 6. Mai 2021

Harvard Business manager (Hrsg) (2021) Führen wie ein Coach. https://www.xing.com/news/articles/fuhren-wie-ein-coach-3303321?c. Zugegriffen: 30. Apr. 2021

Haufe (Hrsg) (2013) Homeoffice oder Präsenzpflicht? Unternehmen sind gespalten; Flexible Arbeitsmodelle. https://www.haufe.de/personal/hr-management/homeoffice-oder-praesenzpflicht-unternehmen-sind-gespalten_80_184200.html. Zugegriffen: 6. Mai 2021

Haufe (2017) Arbeitszeitmodelle, allgemeine Verwaltung; 8.4 Vertrauensarbeitszeit mit Ergebnisorientierung. Beitrag aus TVöD Office Professional. https://www.haufe.de/oeffentlicher-dienst/tvoed-office-professional/arbeitszeitmodelle-allgemeine-verwaltung-84-vertrauensarbeitszeit-mit-ergebnisorientierung_idesk_PI13994_HI1436045.html. Zugegriffen: 16. Juni 2021

Heidig J (2019) Wie entstehen Organisationen, wie verändern sie sich, und wie lassen sie sich verstehen? https://www.prozesspsychologen.de/wie-entstehen-organisationen-und-wie-lassen-sie-sich-verstehen-und-wirksam-veraendern/. Zugegriffen: 15. März 2021

Hüther G (2010) Erfahrungslernen, Persönlichkeitsentwicklung und Angstbewältigung. Auditorium Netzwerk, Müllheim/Baden (Original-Vorträge; Freiburg im Breisgau März 2010)

INQA (2016) Führungskultur im Wandel; Kulturstudie mit 400 Tiefeninterviews. https://www.inqa.de/SharedDocs/downloads/fuehrungskultur-im-wandel.pdf. Zugegriffen: 14. Mai 2021 (Initiative Neue Qualität der Arbeit; Bundesanstalt für Arbeitsschutz und Arbeitsmedizin)

INQA (2020) Es ist Zeit, sich von der Präsenzkultur zu verabschieden. https://www.inqa.de/DE/wissen/schwerpunkt-covid/home-office/praesenzkultur-verabschieden.html. Zugegriffen: 16. Juni 2021 (Initiative Neue Qualität der Arbeit)

Kabat-Zinn J (2013) Gesund durch Meditation; Das große Buch der Selbstheilung. Weltbild, Augsburg

Kaluza G (2018) Gelassen und sicher im Stress; Das Stresskompetenz-Buch: Stress erkennen, verstehen, bewältigen. Springer, Berlin, Heidelberg

Kanzenbach K (2020) Rechtliche Grundlagen zum Homeoffice und der Telearbeit. https://forum.dguv.de/ausgabe/8-2020/artikel/rechtliche-grundlagen-zum-

Literatur

homeoffice-und-der-telearbeit. Zugegriffen: 28. Mai 2021

Klein O (2021) Firmen umgehen Verordnung; Wer ins Homeoffice will, wird gefeuert. https://www.zdf.de/nachrichten/wirtschaft/corona-homeoffice-verordnung-unternehmen-100.html

Marshall J, McLean A (1985) Exploring organisation culture as a route to organisational change. In: Hammond V (Hrsg) Current research in management. Pinter, London, Dover, S 2–20

Munko T (2015) Qualität betrieblicher Gesundheitsförderung der Krankenkassen in Deutschland. Eine Analyse ausgewählter „Best Practice Projekte". GRIN, München

Netigate (Hrsg) (2021) Arbeitsbedingungen und mobiles Arbeiten in Deutschland während der Corona-Pandemie. Netigate Studie: Arbeitsalltag während der Corona-Pandemie. https://www.netigate.net/de/reports/studie-arbeitsalltag-waehrend-corona-pandemie/. Zugegriffen: 30. Apr. 2021

Neue Züricher Zeitung (2020) Gesellschaftsforscher kritisiert die Corona-Massnahmen: „Die Freiheit sollte über der Gesundheit stehen.". https://www.nzz.ch/international/gesundheitsforscher-kritisiert-die-staatlichen-corona-massnahmen-ld.1585192. Zugegriffen: 30. Apr. 2021

Neumann J, Lindert L, Seinsche L et al (2020) Homeoffice- und Präsenzkultur im öffentlichen Dienst in Zeiten der Covid-19-Pandemie. https://kups.ub.uni-koeln.de/11654/1/Homeofficekultur%20im%20oeffentlichen%20Dienst%20in%20Zeiten%20von%20Corona_Ergebnisbericht.pdf. Zugegriffen: 6. Mai 2021 (Forschungs- oder Projektbericht. Humanwissenschaftliche Fakultät; Medizinische Fakultät, Köln)

Personal-Wissen.de (Hrsg) (2020) Work-Life-Balance vs. Präsenzkultur: Home-Office hat es schwer in Deutschland. https://www.personal-wissen.de/5979/work-life-balance-vs-praesenzkultur-home-office-hat-es-schwer-in-deutschland/. Zugegriffen: 14. Mai 2021

Piele C, Piele A (2017) Mobile Arbeit; Eine Analyse des verarbeitenden Gewerbes auf Basis der IG Metall-Beschäftigtenbefragung 2017. http://publica.fraunhofer.deldokumente/N-456065. Zugegriffen: 6. Mai 2021 (Fraunhofer-Institut für Arbeitswissenschaft und Organisation IAO)

Posner R (1991) Kultur als Zeichensystem. Zur semiotischen Explikation kulturwissenschaftlicher Grundbegriffe. In: Assmann A (Hrsg) Kultur als Lebenswelt und Monument. Fischer, Frankfurt am Main

Questback (2021) Future of Work; Expertenmeinungen 2021. https://www.questback.com/de/ressourcen/whitepaper/ebook-expertenmeinungen-2021/. Zugegriffen: 1. Juni 2021

Reif M (2015) Generationen: Veteranen, Baby-Boomer, X, Y, Z und bald Alpha. https://www.reif.org/blog/generationen-veteranen-baby-boomer-x-y-z-und-bald-alpha/. Zugegriffen: 12. Mai 2021

Rosenberg MB, Seils G (2005) Konflikte lösen durch gewaltfreie Kommunikation. Ein Gespräch mit Gabriele Seils. Herder, Freiburg im Breisgau, Wien u a

Röhrle B (2018) Wohlbefinden/Well-being. BZGA. https://leitbegriffe.bzga.de/alphabetisches-verzeichnis/wohlbefinden-well-being/. Zugegriffen: 18. Juni 2021

Schein EH (1985) Organizational culture and leadership; a dynamic view. Jossey-Bass, San Francisco

Schein EH, Schein P (2016) Organizational culture and leadership. John Wiley & Sons, New York

Schröder M (2018) Der Generationenmythos. Kolner Z Soz Sozpsychol. https://doi.org/10.1007/s11577-018-0570-6

Seinsche L, Lindert L, Neumann J et al (2020) Homeoffice- und Präsenzkultur im Bereich IT und technische Dienstleistungen in Zeiten der Covid-19-Pandemie. Humanwissenschaftliche Fakultät; Medizinische Fakultät.. Zugegriffen: 3. März 2021

Slaghuis B (2018) Sinnvolle Arbeit macht glücklich. https://www.zdf.de/verbraucher/volle-kanne/interview-sinn-der-arbeit-100.html. Zugegriffen: 27. Mai 2021

Statistisches Bundesamt (Hrsg) (2018) Pendler; Deutsche pendeln immer weitere Distanzen. https://de.statista.com/infografik/13555/deutsche-pendeln-immer-weitere-distanzen/. Zugegriffen: 6. Mai 2021

Statistisches Bundesamt (Hrsg) (2021a) Verteilung der Erwerbstätigen in Deutschland nach Wirtschaftsbereichen im Jahr 2020. https://de.statista.com/statistik/daten/studie/150764/umfrage/erwerbstaetige-nach-wirtschaftsbereichen-in-deutschland-2008/. Zugegriffen: 23. März 2021

Statistisches Bundesamt (Hrsg) (2021b) Anteil der Wirtschaftsbereiche an der Gesamtbeschäftigung in der Bundesrepublik Deutschland von 1950 bis 2020. https://de.statista.com/statistik/daten/studie/275637/umfrage/anteil-der-wirtschaftsbereiche-an-der-gesamtbeschaeftigung-in-deutschland/. Zugegriffen: 28. Apr. 2021

Statistisches Bundesamt (Hrsg) (2021c) Homeoffice und mobiles Arbeiten – So viel Pendelzeit würde durch Home Office gespart werden. https://de.statista.com/infografik/24377/pendelzeit-von-arbeitnehmer_innen-im-dach-raum/. Zugegriffen: 6. Mai 2021

Statistisches Bundesamt (Hrsg) (2021d) Homeoffice – Ein Viertel der Beschäftigten arbeitet im Homeoffice. https://de.statista.com/infografik/24200/ein-viertel-der-beschaeftigten-arbeitet-im-homeoffice/. Zugegriffen: 6. Mai 2021

Süddeutsche Zeitung (Hrsg) (2019) Home-Office; In deutschen Firmen herrscht eine Präsenz-Unkultur. https://www.sueddeutsche.de/wirtschaft/home-office-probleme-1.4500041. Zugegriffen: 28. Apr. 2021

Watzlawick P, Bavelas JB, Jackson DD (2007) Menschliche Kommunikation; Formen, Störungen, Paradoxien. Huber, Bern

Welpe IM, Brosi P, Ritzenhöfer L et al (Hrsg) (2015) Auswahl von Männern und Frauen als Führungskräfte; Perspektiven aus Wirtschaft, Wissenschaft, Medien und Politik. Springer Gabler, Wiesbaden

Winterhoff M (2017) Mythos Überforderung; Was wir gewinnen, wenn wir uns erwachsen verhalten. Penguin, München

WirtschaftsWoche (Hrsg) (2015) Work-Life-Balance; Präsenzkultur wird verschwinden. https://www.wiwo.de/technologie/digitale-welt/work-life-balance-praesenzkultur-wird-verschwinden/11887058-3.html. Zugegriffen: 28. Apr. 2021

Wolf B, Kring F (2020) Das Sofa als Arbeitsplatz; Homeoffice ist nicht gleich Homeoffice. https://www.tagesschau.de/wirtschaft/homeoffice-mobiles-arbeiten-unterschied-101.html. Zugegriffen: 16. Juni 2021

Corona made my home my office – Arbeit im Homeoffice sicher und gesund gestalten

Sieglinde Ludwig, Hanna Zieschang, Christina Heitmann und Esin Taşkan-Karamürsel

Inhaltsverzeichnis

21.1 Ist-Stand in der Coronavirus-Pandemie: Wer kann, arbeitet von zu Hause – aber unter welchen Bedingungen? – 350

21.2 Welche Regelungen greifen im Homeoffice? – 351

21.3 Wie soll unter Pandemiebedingungen der Arbeitsalltag im Homeoffice sicher und gesund gestaltet werden? – 352
21.3.1 Ergonomische Gestaltung des Arbeitsplatzes – 352
21.3.2 Psychische Belastung in der Pandemie gestalten – 356
21.3.3 Sicherheits- und Gesundheitskompetenz auf- und ausbauen – 358

21.4 Post-Corona: Nutzen wir weiterhin das Homeoffice? – 359

Literatur – 361

© Springer-Verlag GmbH Deutschland, ein Teil von Springer Nature 2021
B. Badura et al. (Hrsg.), *Fehlzeiten-Report 2021*, Fehlzeiten-Report, https://doi.org/10.1007/978-3-662-63722-7_21

Zusammenfassung

Die Pandemie hat zu einer veränderten Arbeitswelt geführt, die insbesondere das Arbeiten im Homeoffice befördert hat. Der Beitrag stellt dar, unter welchen Bedingungen zum Teil von zu Hause gearbeitet wird. Beschrieben wird, ob und welche gesetzlichen Regelungen im Arbeitsalltag im Homeoffice greifen. Schwerpunkte bilden die physischen und psychischen Belastungsfaktoren, die beim Arbeiten von zu Hause relevant sein können. Dabei wird aufgezeigt, wie die ergonomische Gestaltung des Arbeitsplatzes aussehen sollte und wie psychischer Beanspruchung vorgebeugt werden kann. Darüber hinaus wird der Blick auf hilfreiche Angebote der gesetzlichen Unfallversicherung gelenkt, die bei der Gestaltung des Homeoffice unterstützen können. Ein Kapitel zur Sicherheits- und Gesundheitskompetenz rundet das sichere und gesunde Arbeiten im Homeoffice ab, da gerade dort der Selbstorganisation eine bedeutende Rolle zukommt, die auch durch Qualifizierung gefördert werden sollte. Im Ausblick wird festgestellt, dass sich Homeoffice etablieren wird und dass es eine Win-Win-Situation sein kann, wenn die Vorteile sowohl für die Arbeitgebenden als auch für die Beschäftigten in den Fokus gerückt und die Arbeit von zu Hause sicher und gesund gestaltet wird.

21.1 Ist-Stand in der Coronavirus-Pandemie: Wer kann, arbeitet von zu Hause – aber unter welchen Bedingungen?

Bedingt durch die Pandemie arbeiteten viele Beschäftigte im Homeoffice, sofern sie ihre Aufgaben auf diesem Wege erfüllen konnten, d. h. keine betriebsbedingten oder persönlichen Gründe dagegen sprachen, eine entsprechende Ausstattung realisiert werden konnte und die Netzstärken dies hergaben. In vielen Fällen standen diesen Beschäftigten jedoch keine gut gestalteten Arbeitsplätze zur Verfügung, d. h. sie agierten häufig vom Küchen- oder Wohnzimmertisch aus. Insbesondere Familien standen vor besonders großen Herausforderungen, wenn gleichzeitig die Betreuung von Kindern sichergestellt werden musste. Denn im Lockdown hatten nur „systemrelevante" Beschäftigte einen Anspruch auf Notbetreuung in Kindertageseinrichtungen oder Tagesbetreuung. Bedingt durch den Wechsel- und Distanzunterricht in Schulen brauchten Kinder gegebenenfalls umfangreiche Unterstützung bei der Erledigung ihrer Schulaufgaben (Homeschooling). Dies führte einerseits zu ergonomisch ungeeigneten Arbeitssituationen und andererseits zu psychosozialer Beanspruchung sowohl der Beschäftigten als auch der Kinder. Vielen Menschen fehlte der Kreis der Arbeitskolleginnen und Arbeitskollegen, sie fühlten sich isoliert. Andererseits hatten sie das Gefühl, zu Hause ständig erreichbar sein zu müssen. Hinzu kamen weitere emotional belastende Ereignisse insbesondere in Form von Konfliktsituationen z. B. aufgrund der in Wohnungen herrschenden räumlichen Enge. Die simultane Arbeit im Homeoffice von beiden Partnern konnte je nach individueller Organisation zu weiteren Schwierigkeiten führen. Erschwerend kamen fehlende Erholungsmöglichkeiten hinzu, da z. B. der persönliche Kontakt zu Freundinnen und Freunden und viele Freizeitaktivitäten wie der Besuch von Kulturveranstaltungen nicht oder nur eingeschränkt möglich waren. In Extremfällen verstärkten finanzielle Sorgen beispielsweise wegen Kurzarbeit oder drohenden Arbeitsplatzverlusts diese schwierige Situation.

In ◘ Abb. 21.1 wird der Worst Case dieser Situation gut zum Ausdruck gebracht.

Zusammengefasst zeigten sich folgende Belastungsfaktoren und Beanspruchungen im Homeoffice:

- kein fester, ergonomisch geeigneter Arbeitsplatz
- körperliche Beschwerden wie Rückenschmerzen, muskuläre Verspannungen oder/und Kopfschmerzen aufgrund des

21.2 Welche Regelungen greifen im Homeoffice?

◘ **Abb. 21.1** Homeoffice – so nicht! (© Flynn's Flow Design&Motion, Nicola Quade, 2021; mit freundlicher Genehmigung)

Homeoffice ist eine besondere Form mobiler Arbeit, die es Beschäftigten ermöglicht, nach vorheriger Abstimmung mit ihren Arbeitgebenden zeitweilig im privaten Bereich – also von zu Hause aus – tätig zu sein. Diese Beschreibung des Homeoffice findet sich sinngemäß im Abschnitt 2.2 „Homeoffice als Form der mobilen Arbeit" der SARS-CoV-2-Arbeitsschutzregel (Arbeitsschutzausschüsse beim BMAS 2020v). Die Arbeit im Homeoffice erfolgt mit Hilfe von Informations- und Kommunikationstechnologien unter Nutzung mobiler Endgeräte. Es handelt sich – im Gegensatz zum Telearbeitsplatz nach Arbeitsstättenverordnung (§ 2 Absatz 7 ArbStättV) – nicht um einen festen, vom Arbeitgebenden einzurichtenden Arbeitsplatz. Das Homeoffice wird demzufolge nicht in der ArbStättV geregelt. Beschäftigte müssen im Rahmen ihrer Möglichkeiten den Homeoffice-Arbeitsplatz selbst gestalten. Davon unberührt gilt das Arbeitsschutzgesetz inklusive der Verpflichtung des Arbeitgebenden, alle notwendigen Maßnahmen zum Arbeitsschutz zu ergreifen, d. h. die Arbeitsbedingungen zu beurteilen (§ 5 ArbschG), zu den Maßnahmen unterweisen (§ 12 ArbschG) usw. Gleichermaßen gültig ist die in § 15 Abs. 1 Satz 1 ArbschG festgehaltene Pflicht der Beschäftigten, hinsichtlich ihrer Sicherheit und Gesundheit bei der Arbeit mitzuwirken. Auch die Bestimmungen des Arbeitszeitgesetzes müssen eingehalten werden, sei es die tariflich festgelegte Dauer der Arbeitszeit, die Einhaltung von Ruhe- und Pausenzeiten sowie die Gewährung von Ausgleichszeiten. Weitere Regelungen zum Arbeitsschutz können Anwendung finden. Darüber hinaus sind aus beruflicher Sicht insbesondere die Arbeitsabläufe und der Austausch von Informationen zu organisieren. Hierzu benötigt jedes Individuum Sicherheits- und Gesundheitskompetenz (Heitmann und Zieschang 2020). Damit kommen wir zum Kern des Kapitels und zur zentralen Frage:

ergonomisch nicht geeigneten gestalteten Arbeitsplatzes
- Chaos und Stolperfallen durch herumliegende Arbeits- und Spielutensilien
- unzureichende technische Voraussetzungen
- parallele Arbeits- und Betreuungszeiten
- stark eingeschränkte Ruhe- und Erholungs- sowie Ausgleichsmöglichkeiten
- extreme psychosoziale Belastung
- keine Kommunikationsstrukturen und -angebote für die Beschäftigten

Diese Auflistung zeigt damit auch die zentral zu beachtenden Belastungsfaktoren und Beanspruchungsfolgen beim Arbeiten im Homeoffice auf. Wie der Arbeitsalltag unter Pandemiebedingungen gesetzlich geregelt ist und gestaltet werden sollte, wird in den nachfolgenden Abschnitten detailliert aufgezeigt. Dabei wird insbesondere auf die physischen und psychischen Belastungsfaktoren sowie die Sicherheits- und Gesundheitskompetenz eingegangen.

21.3 Wie soll unter Pandemiebedingungen der Arbeitsalltag im Homeoffice sicher und gesund gestaltet werden?

Zentral zu betrachtende Punkte sind dabei die ergonomische Gestaltung des Arbeitsplatzes und die psychische Belastung sowie die Sicherheits- und Gesundheitskompetenz.

21.3.1 Ergonomische Gestaltung des Arbeitsplatzes

Das Arbeitsschutzgesetz sieht eine „menschengerechte Gestaltung" von Arbeit vor. Das bedeutet nichts anderes, als dass die Arbeit ergonomisch gestaltet sein muss. Das Gesetz nimmt diesbezüglich den Arbeitgebenden in die Pflicht, unter Mitwirkung der Beschäftigten die Beurteilung der Arbeitsbedingungen sowie die Festlegung daraus abgeleiteter Maßnahmen zur Verbesserung der Arbeitsbedingungen zu gewährleisten.

Die Bedeutung ergonomischer Gestaltung

Fehlende oder mangelhafte ergonomische Gestaltung kann zu physischen und/oder psychischen Beschwerden führen. Schwierig ist, dass diese Beschwerden in der Regel nicht unmittelbar, sondern zeitverzögert auftreten. Erste Anzeichen eines schlecht gestalteten Bildschirmarbeitsplatzes sind oft Rückenbeschwerden oder muskuläre Verspannungen. Mangelnde Bewegung kann die Entwicklung von Übergewicht, Bluthochdruck oder Diabetes fördern (Guthold et al. 2018).

Ein ergonomisch eingerichteter Arbeitsplatz in einer sicher und gesundheitsgerecht gestalteten Arbeitsumgebung verhindert solche negativen Folgen. Gute und ausreichende Beleuchtung beispielsweise unterstützt die Konzentration und Leistungsfähigkeit und fördert das Wohlbefinden (DGUV 2018a). Das Einhalten und Verteilen von Pausen über den gesamten Arbeitstag sowie die Begrenzung der Gesamttagesarbeitszeit auf Grundlage des Arbeitszeitgesetzes dienen der Erholung, dem Stressabbau und ermöglichen einen gesunden, erholsamen Schlaf (Paridon et al. 2015). Guter Schlaf ist einer der wesentlichen Faktoren in Bezug auf die Gesundheit (TK-Schlafstudie 2017).

Inhalte ergonomischer Gestaltung

Ergonomie bedeutet die Anpassung der Arbeit an die Eigenschaften und Fähigkeiten des arbeitenden Menschen mit dem Ziel, seine Sicherheit, seine Gesundheit und sein Wohlbefinden zu gewährleisten. Zu den Schwerpunkten der Ergonomie gehören die Berücksichtigung der menschlichen Voraussetzungen sowie die Gestaltung von Arbeitsplatz, Arbeitsumgebung und Arbeitsorganisation. Faktoren, die hinsichtlich des Menschen betrachtet werden, sind seine individuellen Eigenschaften, anthropometrische Daten, physiologische und anatomische Grundlagen, Fähigkeiten und Fertigkeiten, mentale Ressourcen sowie Einflussfaktoren wie Geschlecht und Alter. Bei der Gestaltung des Arbeitsplatzes stehen Arbeitsplatztypen, Arbeitsplatzmaße, Arbeitsmittel und Arbeitsgegenstände im Fokus. Die Arbeitsumgebung umfasst Faktoren wie Klima, Lärm, Beleuchtung, mechanische Schwingungen sowie Gefahrstoffe und Verkehrswege. Zur Arbeitsorganisation zählen Arbeitsinhalt, Arbeitsablauf und Arbeitszeit. Es zeigt sich, dass für eine gute ergonomische Gestaltung sowohl verhältnis- als auch verhaltenspräventive Maßnahmen notwendig sind.

Erfordernisse für die Gestaltung des Bildschirmarbeitsplatzes im dienstlichen Büro – nicht im Homeoffice – sind in der Arbeitsstättenverordnung geregelt. Zur Konkretisierung und Hilfe bei der Umsetzung gibt es zahlreiche Publikationen, etwa die Handlungsleitfäden der Deutschen Gesetzlichen Unfallversicherung wie die DGUV-Regel 115-401 „Branche Bürobetriebe" (DGUV 2018) oder die DGUV-Information 215-410 „Bildschirm- und Büroarbeitsplätze – Leitfaden für die Gestaltung" (DGUV 2019).

Ergonomie im Homeoffice

Auch im Homeoffice gilt es, die genannten Komponenten umfassend ergonomisch zu gestalten. Oft stehen hier allerdings – anders als am Bildschirmarbeitsplatz im dienstlichen Büro – keine höhenverstellbaren Tische, keine Bürodrehstühle und nur Laptops mit kleinen Bildschirmen zur Verfügung. Zudem unterscheiden sich Aspekte der Arbeitsorganisation im Homeoffice von der Arbeit im Büro. Dabei spielen das Selbstmanagement, die Abgrenzung von Arbeit und Privatleben sowie die Kommunikation mit Vorgesetzten sowie Kolleginnen und Kollegen eine große Rolle (Wessels et al. 2019). Die Arbeitsumgebung betreffend können Beschäftigte zu Hause vor allem auf eine ausreichende Beleuchtung sowie gute klimatische Verhältnisse in der kalten oder sehr heißen Jahreszeit achten.

▪▪ Arbeitsplatz und Arbeitsmittel

Auch im Homeoffice sollte der Bildschirmarbeitsplatz so gestaltet sein, dass bei längerem und regelmäßigem Arbeiten die Beschäftigten keine gesundheitlichen Beschwerden erleiden. Trotz der im Vergleich zum Büro häufig unzureichenden Ausstattung im Homeoffice können einige unkonventionelle Lösungen helfen, dieses Ziel zu erreichen. Für eine ausreichend große Arbeitsfläche sorgen zusätzliche Tische. Eine korrekte Sitzhaltung ist gegeben, wenn der Winkel zwischen Ober- und Unterschenkel mindestens 90° beträgt (DGUV 2019). Die Füße stehen dabei vollständig auf dem Boden. Die Höhe des Arbeitstisches ist richtig eingestellt, wenn der Winkel zwischen Ober- und Unterarm ebenfalls mindestens 90° erreicht, die Schultern und Oberarme hängen dabei locker herab. Ist der Tisch zu niedrig, können untergelegte Holzblöcke helfen, ihn richtig zu positionieren. Ist der Tisch zu hoch, hilft vielleicht ein Kissen auf dem Stuhl. Stehen die Füße nicht auf dem Boden und ist keine Fußstütze verfügbar, können die Füße auf Holzblöcken oder stabilen Kartons abgestellt werden. Bei all diesen Maßnahmen muss die Sicherheit am Arbeitsplatz selbstverständlich gewährleistet bleiben.

Neben der Nutzung des Laptops sind insbesondere bei längeren Arbeiten, umfangreicher Textbearbeitung, Anfertigen von Präsentationen und Dokumentationen sowie Teilnahme an mehrstündigen Videokonferenzen und Online-Veranstaltungen eine separate Tastatur und Maus sowie ein zusätzlicher, ausreichend großer Bildschirm empfehlenswert. Solange ein separater Bildschirm noch fehlt, helfen Laptopständer, den Bildschirm des Laptops in die passende Höhe zu bekommen, alternativ ein Stapel Bücher, Druckerpapierpackungen oder ein stabiler Karton. Aufgrund der Position des Laptops sind dann eine separate Tastatur und Maus allerdings zwingend notwendig.

Einige der genannten Lösungen sind im dienstlichen Büro eher nicht gern gesehen. Doch im Homeoffice müssen manchmal auch unkonventionelle Lösungen weiterhelfen. Denn die Ausstattung mit Arbeitsmitteln, wie sie am dienstlichen Arbeitsplatz vorzufinden sind, ist im privaten Bereich nicht immer verfügbar. Für eine sichere und gesundheitsgerechte Homeoffice-Ausstattung könnten beispielsweise eingesparte Fahrtkosten verwendet werden.

Der Arbeitsplatz im Homeoffice sollte wie im Büro so ausgerichtet sein, dass das Fenster seitlich liegt, der separate Bildschirm oder der des Laptops also in einem 90°-Winkel zum Fenster steht (DGUV 2019). Blendung durch zu stark einfallende oder niedrigstehende Sonne kann mit Vorhängen verhindert werden. Als künstliche Beleuchtung im Raum ist eine allgemeine Deckenleuchte zu bevorzugen. Für Büros fordert das Arbeitsstättenrecht eine Beleuchtungsstärke im Arbeitsbereich von mindestens 500 lx. Ein solcher Wert ist im Homeoffice schwer nachzuprüfen. Der Raum, in dem die Schreibtischarbeit geleistet wird, sollte aber möglichst hell bestückt sein. Helfen kann hier eine zusätzliche Leuchte. Idealerweise führt die Deckenbeleuchtung nicht zu Verschattungen auf der Tastatur oder dem sonstigen Arbeitsmaterial. Bei Bedarf kann eine Tischleuchte unterstützen, sollte aber nicht die einzige Lichtquelle sein. Sind die Helligkeitsunterschiede zwischen Leuchtquelle und

Umgebung im Raum zu groß, ermüden die Augen schneller. In den Abendstunden, spätestens aber zwei Stunden vor dem Schlafengehen, sollte – auch bei der Freizeitgestaltung – Licht im blauen Spektralbereich reduziert werden, um das Einschlafen nicht zu erschweren (Kantermann et al. 2018).

▪▪ Bewegung und Pausen
Bei der Unterstützung der Gesundheit spielt das Thema Bewegung eine große Rolle. Sie ist im Homeoffice besonders wichtig, wenn die Arbeit vorwiegend im Sitzen erledigt wird und selbst die Wege zu Besprechungen und zu Kolleginnen und Kollegen wegfallen, da die Kommunikation ausschließlich über E-Mail, Telefon, Chat oder Videokonferenzen erfolgt. Umso wichtiger ist es, beim Arbeiten zwischen Sitzen und Stehen zu wechseln. Ist kein höhenverstellbarer Schreibtisch vorhanden, können Arbeiten wie beispielsweise das Lesen von Dokumenten im Stehen am Sideboard, an der Fensterbank oder am Bügelbrett erledigt werden. Wer mit einem schnurlosen Telefon oder dem Handy telefoniert, kann dabei außerdem durch die Wohnung laufen. Dies fördert nicht nur die Bewegung – ein Tätigkeitswechsel, der die Bildschirmarbeit unterbricht, kann vermeiden helfen, dass Fehlbeanspruchungen wie Monotonie und herabgesetzte Wachsamkeit aufkommen (BAuA 2010), und führt zu einer Aktivierung (Eissing 1992).

Bestenfalls sollten Bewegung und Bewegungspausen in den Arbeitsablauf bewusst eingeplant werden. Beispielsweise fördern ein paar Schritte während der Mittagspause – möglichst an der frischen Luft – die Konzentration und beugen Verspannungen vor. Hilfreich sind zudem gezielte Übungen zur Lockerung von Schultern und Nacken (Paridon et al. 2017).

Pausen sollten auch bei der Arbeit im Homeoffice so gelegt werden, dass sie einen längeren oder mehrere kürzere Aufenthalte draußen bei Tageslicht ermöglichen. Tageslicht beeinflusst den zirkadianen Rhythmus des Menschen. Je stabiler dieser an den natürlichen Hell-Dunkel- oder Tag-Nacht-Ablauf angepasst ist, umso günstiger ist der Einfluss für das Schlafverhalten und damit umso positiver für die Gesundheit (Kantermann et al. 2018).

▪▪ Trennung von Arbeit und Privatleben
Zu einer guten Planung der Arbeit im Homeoffice gehört es, Ablenkungen durch andere Personen im Haushalt oder häusliche Aktivitäten zu vermeiden, um zielgerichtet arbeiten zu können. Die Kinderbetreuung im Homeoffice stellt dabei Beschäftigte vor besondere Herausforderungen. Unterbrechungen durch die Familie können durch klare Absprachen über Erreichbarkeitszeiten oder visuelle Hinweise reduziert werden, die z. B. an der Tür des Arbeitszimmers darauf hinweisen, dass aktuell nicht gestört werden soll (Top eins 2020). Die explizite Klärung von Erreichbarkeitszeiten ist auch mit Vorgesetzten sowie Kolleginnen und Kollegen wichtig. Dies erleichtert nicht nur ungestörtes Arbeiten während der Arbeitszeit, sondern beugt auch Erreichbarkeit für Arbeitsbelange in der Freizeit vor. Insbesondere die Doppelbelastung durch die Betreuung der Kinder oder anderer Familienmitglieder erfordert Verständnis von Arbeitgebenden und Führungskräften und gemeinsame Kommunikation über mögliche Lösungen.

Eine räumliche Abgrenzung kann die zeitliche Trennung von Arbeit und Privatleben unterstützen. Steht kein separates Arbeitszimmer zur Verfügung, kann ein Sichtschutz aus Pflanzen oder einem Regal den Arbeits- und Wohnbereich trennen. Das Wegräumen der Arbeitsunterlagen nach Feierabend hilft, gedanklich von Arbeitsaufgaben abzuschalten. Auch das Tragen der üblichen Arbeitskleidung am heimischen Schreibtisch und der Wechsel in die Alltagskleidung nach Arbeitsende können dazu beitragen.

▪▪ Arbeitszeitgestaltung
Erreichbarkeit für Arbeitsbelange nach Feierabend, wie beispielsweise das spätabendliche Lesen der beruflichen E-Mails, kann nicht nur zur Entgrenzung von Arbeit und Privatleben und somit zu psychischer Beanspruchung füh-

ren (Hassler et al. 2016). Sie kann auch ein Verstoß gegen das Arbeitszeitgesetz bedeuten, das eine elfstündige Ruhezeit vorschreibt, um die Gesundheit der Beschäftigten zu schützen.

Arbeitszeitautonomie hängt oft mit einer längeren Arbeitszeit zusammen, ganz besonders bei fehlender Zeiterfassung (Astleithner und Stadler 2019). Im Homeoffice ist diese Autonomie gegeben, weshalb das Risiko von Mehrarbeit besteht, also Arbeit, die über werktäglich acht Stunden hinausgeht. Umso wichtiger ist es, dass Führungskräfte ihre Mitarbeitenden zu diesem Thema unterweisen und die Beschäftigten die eigene Arbeitszeit im Blick behalten. Wie die Dokumentation der Mehrarbeit, zu der die Arbeitgebenden nach Arbeitszeitgesetz verpflichtet sind, erfolgt, sollte mit den Beschäftigten geregelt werden.

Ein wichtiger Teil der Arbeitszeitgestaltung ist das Einhalten von Pausen. Gesetzlich vorgeschrieben sind eine Pause von 30 min bei einer Arbeitszeit von sechs bis neun Stunden, beziehungsweise von 45 min bei über neun Stunden Arbeit. Kurzpausen von drei bis fünf Minuten helfen, die Konzentration zu fördern.

■■ **Kommunikation**

Der regelmäßige fachliche und soziale Austausch mit Führungskräften sowie Kolleginnen und Kollegen muss aufgrund der räumlichen Trennung insbesondere im Homeoffice gepflegt werden. Er ermöglicht es Beschäftigten, Probleme und Wünsche niederschwellig anzusprechen und beugt Überlastung vor. Zudem wird den Führungskräften ermöglicht, die Leistung der Beschäftigten wahrzunehmen und anzuerkennen. Damit die Arbeit und Kommunikation auf Distanz gut funktioniert, ist eine gute Führung erforderlich, die gegenseitiges Vertrauen und einen wertschätzenden sowie fairen Umgang sowohl voraussetzt als auch ermöglicht (siehe auch den Beitrag von Felfe et al. im gleichen Band). Eine gute Präventionskultur in der Organisation, die Führung, Kommunikation und das Betriebsklima kontinuierlich verbessert, dient auch dem gesunden Arbeiten im Homeoffice.

■■ **Kompetenzen fördern**

Homeoffice erfordert eine erhöhte Eigenverantwortung der Beschäftigten, damit der Arbeitsplatz ergonomisch gestaltet, räumliche Trennung von Arbeit und Privatleben umgesetzt sowie Pausen und Ruhezeiten eingehalten werden. Somit ist die Förderung der Sicherheits- und Gesundheitskompetenz aller Beteiligten essentiell. Sie beinhaltet die Fähigkeit und die Motivation, die eigene Gesundheit im Homeoffice zu schützen, zu erhalten und zu fördern. Entsprechende Informationen und Angebote sollten durch die Arbeitgebenden erfolgen.

Praktische Hilfen der gesetzlichen Unfallversicherung

Unterstützung für Beschäftigte und Arbeitgebende bietet der CHECK-UP Homeoffice, der im Institut für Arbeit und Gesundheit der DGUV entwickelt wurde. Dieser enthält Empfehlungen und Tipps, wie der Arbeitsplatz im Homeoffice ergonomisch gut gestaltet werden kann. Es gibt ihn übersichtlich als Kurzversion und als Langversion mit zusätzlichen Erläuterungen und Literaturhinweisen (IAG 2021). Auch die DGUV stellt mit ihrer FBVW-402 „Arbeiten im Homeoffice – nicht nur in der Zeit der SARS-CoV-2-Epidemie" umfassende Informationen zum Thema Homeoffice zur Verfügung (DGUV 2020a). Für die Branche Bürobetriebe hat auch die Verwaltungs-Berufsgenossenschaft eine konkretisierende Handlungshilfe erstellt (VBG 2020).

Positive Auswirkungen von Homeoffice

Wird die Arbeit im Homeoffice ergonomisch gestaltet, bietet sie vielfältige Vorteile. Beschäftigte profitieren von der erhöhten Flexibilität und schaffen es oftmals besser, Arbeit und Privatleben in Einklang zu bringen (BAuA 2019; Berg 2020). Der Wegfall der Fahrt zur Arbeit spart Zeit, Stress und ist zudem gut für das Klima (Berg 2020). Viele Beschäftigte berichten von einer gesteigerten Produktivität im Homeoffice (Berg 2020), was oft an fehlenden Unterbrechungen liegt. Von der Motivationssteigerung und erhöhten Produktivität profitieren wiederum die Arbeitgebenden (BAuA 2019; Lindner et al. 2019). Das Angebot, Homeoffice nutzen zu können, ist zudem ein immer wichtigerer Faktor für die Arbeitgeberattraktivität. Die Abwesenheit der Beschäftigten vom Arbeitsplatz geht zudem häufig mit einer Kostenersparnis einher. Somit lohnt sich eine ergonomische Gestaltung der Arbeit im Homeoffice sowohl für Arbeitgebende als auch Arbeitnehmende.

21.3.2 Psychische Belastung in der Pandemie gestalten

Die Pandemie verlangt von Arbeitgebenden und Verantwortlichen nichts wirklich Neues: sichere und gesunde Arbeitsplätze. Das forderte und fordert der Gesetzgeber zu jeder Zeit, denn veränderte Arbeitsbedingungen können mit erhöhten Risiken für die Sicherheit und Gesundheit der Beschäftigten einhergehen. Zu den in den vorhergehenden Abschnitten schon beschriebenen Veränderungen, die die Arbeit im Homeoffice mit sich bringt, können Arbeitsplatzunsicherheiten oder Existenznöte kommen, die Angst vor Infektion in der Arbeitsumgebung und die Sorge, eine Infektion unbewusst in das familiäre Umfeld zu tragen (DGUV 2020b). Beschäftigte können sehr unterschiedlich auf diese neuen Arbeitsanforderungen reagieren, Symptome können sich sowohl körperlich, kognitiv, emotional als auch verhaltensbezogen äußern. Als mögliche Folgen können sich Schlaflosigkeit, Fehleranfälligkeit, Gefühle innerer Unruhe oder Suchtmittelmissbrauch einstellen.

Handlungshilfe „Psychische Belastung und Beanspruchung von Beschäftigten während der Coronavirus-Pandemie"

Seit Beginn der Pandemie haben Bund, Länder und Unfallversicherungsträger verschiedene Unterstützungsmaterialien für den Umgang mit Auswirkungen der psychischen Belastung während der Pandemie entwickelt (BAuA 2021). Der Bund hat den SARS-CoV-2-Arbeitsschutzstandard und die SARS-CoV-2-Arbeitsschutzregel (Arbeitsschutzausschüsse beim BMAS 2020v) herausgegeben, die von den Unfallversicherungsträgern mit branchenspezifischen Handlungshilfen laufend konkretisiert wurden.

Das Sachgebiet „Psyche und Gesundheit in der Arbeitswelt" des Fachbereichs „Gesundheit im Betrieb" der Deutschen Gesetzlichen Unfallversicherung hat die Handlungshilfe „Psychische Belastung und Beanspruchung von Beschäftigten während der Coronavirus-Pandemie" erstellt. Es handelt sich hierbei um eine Checkliste, die den möglichen psychischen Gefährdungen verschiedene Maßnahmen zur Gesunderhaltung gegenüberstellt (DGUV 2020b). Inhaltlich orientiert sie sich an den Merkmalsbereichen der psychischen Belastung aus den Empfehlungen der Gemeinsamen Deutschen Arbeitsschutzstrategie (GDA 2017). Auf den betrieblichen Alltag angewendet, können sich Arbeitgebende und Verantwortliche für Sicherheit und Gesundheit bei der Arbeit damit einen ersten Überblick verschaffen, an welchen Stellen im Betrieb hinsichtlich der Auswirkungen psychischer Belastung Handlungsbedarf besteht. Ausführlich wird darin auch auf mögliche psychische Gefährdungen durch Homeoffice eingegangen. Dabei kann das Arbeiten im Homeoffice Segen und Fluch zugleich sein – abhängig davon, inwiefern Führung auf Distanz gelebt wird, die Beschäftigten selbstorganisiert arbeiten und „neue" Kommunikationsmittel weiterhin gute soziale Beziehungen zu Vorgesetzten sowie Kolleginnen und Kollegen ermöglichen (Begerow et al. 2020). Betriebe können mit Hilfe der Handlungshilfe systematisch die Bedarfe zur Gestaltung der psychischen Belastung in ihrem Betrieb – ganz im Sinne einer Gefährdungsbeurteilung – ermitteln und Maßnahmen zur Verbesserung der Arbeitsbedingungen umsetzen. Arbeitgebende sollten gestalterisch Rücksicht auf die privaten Umstände der Beschäftigten nehmen, die Arbeitsaufgaben und Arbeitsabläufe an die Möglichkeiten der Beschäftigten anpassen, die Arbeitszeiten flexibilisieren, indem frühere oder spätere Arbeitszeiten ermöglicht werden, in virtuellen Besprechungen regelmäßig Pausen einplanen sowie virtuelle „Teeküchen"-Gespräche organisieren. Ganz wichtig ist es daneben, Unterweisungen zum Arbeiten im Homeoffice durchzuführen und die technische Ausstattung langfristig weiter zu optimieren, um den digitalen Stress zu reduzieren. Beschäftigte brauchen – gerade in diesen Zeiten – Raum, um ihre Sorgen und Ängste offen ansprechen zu können. Auch der Freiraum, selbstständig Prioritäten der Arbeitsinhalte festsetzen und ggf. Anpassungen vornehmen zu dürfen, sollte ermöglicht werden. Homeoffice erfordert, in strengerem Maße eine psychische Grenze zwischen Arbeit und Privatem zu ziehen, da eine physische häufig nicht mehr möglich ist. In Zusammenhang damit steht auch die Beobachtung, dass derzeit viele Beschäftigte zu ungewöhnlichen Zeiten arbeiten, früh morgens oder spät abends sowie an Wochenenden (Hofmann et al. 2021). Produktivitätseinbußen hingegen wurden teilweise zu Beginn der Pandemie berichtet und eher durch Sonderurlaube oder Abbau von Zeitkonten verursacht (Hofmann et al. 2020).

Hier können feste Vereinbarungen zur Erreichbarkeit und gemeinsame Priorisierung von Aufgaben durch Arbeitgebende und Beschäftigte helfen. Um ein Zuviel oder Zuwenig an Arbeit zu verhindern, ist es zielführend, Arbeitsanforderungen zu besprechen und zu vereinbaren, damit sie realistisch umsetzbar sind und Möglichkeiten gegeben sind korrigierend einzugreifen. Die Handlungshilfe erhebt nicht den Anspruch auf Vollständigkeit, sie ist im Einsatz flexibel und kann durch weitere Quellen ergänzt werden, z. B. Dragano et al. 2021.

Gesundheitliche Risiken in der Pandemie

Eine Besonderheit der Handlungshilfe ist, dass darin auch die psychische Beanspruchung durch die Pandemie thematisiert wird. Je länger die Pandemie als Ausnahmezustand anhält, desto größer ist die Gefahr, dass Beschäftigte Schlafstörungen, depressive Verstimmungen oder andere Anpassungsstörungen entwickeln können (DGUV 2020b). Allgemeine Befragungsergebnisse zum Wohlbefinden in der Bevölkerung zeigen bereits vereinzelt Auffälligkeiten. Laut der Mannheimer Corona-Studie verändern sich seit dem Lockdown die Zufriedenheit mit dem Familienleben sowie die Arbeitszufriedenheit eher negativ, insbesondere unter Frauen (Möhring et al. 2021). Hier kommt u. U. zum Tragen, dass viele Beschäftigte im Homeoffice unter ständig wiederkehrenden Unterbrechungen durch Kinderbetreuung, Homeschooling, gemeinschaftlicher Nutzung des Internetanschlusses usw. leiden. Die Gefahr einer Entgrenzung hat unter den Pandemiebedingungen deutlich zugenommen. Ferner schätzen nach der COSMO-Befragung (2021) insgesamt 56 % der Befragten ihre persönliche Situation derzeit als belastend ein, darüber hinaus zeigten vor allem Jüngere unter 30 Jahren vermehrt Symptome wie Niedergeschlagenheit, Nervosität und Ängstlichkeit. Durch einen empathischen Führungsstil, eine klare und informative Krisenkommunikation sowie einen transparenten Umgang mit den Sorgen und Ängsten können Beschäftigte angeleitet werden, Situationen als sinnvoll, verstehbar und handhabbar zu bewerten. Damit wird ein Kohärenzgefühl hergestellt, das vor negativer psychischer Beanspruchung schützt (Antonovsky 1979, 1987). Dieses Kohärenzgefühl muss auch auf Seiten der Arbeitgebenden und Führungskräfte bestehen (Strametz et al. 2020).

Führungsteams, die sich gut miteinander austauschen und gemeinsam besprechen, wie in diesem Ausnahmezustand vorzugehen ist, können besser auf die Bedürfnisse ihrer Beschäftigten reagieren. Darüber hinaus gibt es mittlerweile sehr viele Onlineseminare und -trainings zum Thema Führen in der Krise/Krisenmanagement, die unterstützend durchgeführt werden können.

Gesicherte Erkenntnisse darüber, ob langfristige gesundheitliche Risiken in bestimmten

Beschäftigtengruppen oder Branchen durch die Pandemie entstehen werden, liegen derzeit noch nicht vor. Ein im Januar 2021 durchgeführter virtueller Erfahrungsaustausch unter Präventionsfachkräften der staatlichen Aufsichtsbehörden und den Aufsichtsdiensten der Unfallversicherungsträger deutet auf mögliche branchenspezifische Belastungsschwerpunkte hin, beispielsweise im Gesundheitsdienst oder der Gastronomie (Beck et al. 2021). Als belastend erwähnt wurde auch das Arbeiten im Homeoffice, da es die sozialen Beziehungen bei der Arbeit stark herausfordert, Kommunikation und Kooperation erschwert und das Erleben von Anerkennung und sozialer Unterstützung bei der Arbeit einschränkt. Zudem fehlen durch weitere Maßnahmen zur Kontaktbeschränkung die ausgleichenden persönlichen sozialen Beziehungen.

In einer Studie des Frauenhofer-IAO gaben 47 % von knapp 500 befragten Unternehmen an, Vorbehalte gegenüber Homeoffice durch die Coronavirus-Pandemie abgebaut zu haben, wie z. B. eine starke Präsenzorientierung sowie angenommene Schwierigkeiten, die Beschäftigten auf Distanz zu betreuen (Hofmann et al. 2020). Perspektivisch wird Homeoffice in stärkerem Maße Einzug in die normale Arbeitswelt halten und damit in die Wohnzimmer Deutschlands. Instrumente des Arbeitsschutzes wie die Gefährdungsbeurteilung, Unterweisungen, das Vorhandensein eines Arbeitsschutzausschusses, um hier nur einige zu nennen, haben sich in der Pandemie zur Umsetzung des Infektionsschutzgesetzes in vielfacher Weise bewährt und werden auch die Einführung von mobiler Arbeit systematisieren und strukturieren helfen, damit Beschäftigte lange gesund bleiben.

Praktische Hilfen der gesetzlichen Unfallversicherung

Unterstützung für Beschäftigte und Arbeitgebende bietet der Fachbereich „Gesundheit im Betrieb" der DGUV mit seinen Sachgebieten. Das Sachgebiet „Psyche und Gesundheit in der Arbeitswelt" hat z. B. für Kleinbetriebe eine praktische Hilfestellung erarbeitet, um Beschäftigte stärker zu beteiligen. Kernstück des Instruments sind regelmäßige, nach einem festgelegten Muster ablaufende Mitarbeiterbesprechungen: Ideen-Treffen (DGUV 2016). Diese Ideen-Treffen sind als kontinuierliche Methode sehr gut geeignet, um Belastungen zu erkennen und Maßnahmen abzuleiten. Sie helfen damit bei der Umsetzung der Gefährdungsbeurteilung.

21.3.3 Sicherheits- und Gesundheitskompetenz auf- und ausbauen

„Sicherheits- und Gesundheitskompetenz umfasst die kognitiven Fähigkeiten sowie die Fertigkeiten und Motivation, in vielfältigen Situationen gesundheitsgefährdende, -erhaltende und -fördernde Faktoren für sich und andere vorherzusehen oder zu erkennen, risikomindernde, gesundheitserhaltende und -fördernde Entscheidungen zu treffen sowie die Selbstregulation, diese verantwortungsvoll umzusetzen." (Heitmann und Zieschang 2020) Gerade im Hinblick auf das Arbeiten im Homeoffice ist diese Kompetenz besonders wichtig, vor allem die eigene Motivation, sicherheits- und gesundheitsfördernd zu agieren sowie die Selbstregulationsmöglichkeiten zu erkennen und zu verwirklichen. Dies gilt für jedes einzelne Individuum, auch für Führungskräfte.

Mit der Entwicklung und dem Aufbau von Sicherheits- und Gesundheitskompetenz muss so früh wie möglich begonnen werden. Die Jahre der frühen Kindheit bis hin zum jungen Erwachsenenalter wirken sich auf den Rest unseres Lebens aus. Was wir lernen, die Gewohnheiten, die wir annehmen, und was wir erleben ist entscheidend für unsere Zukunftsperspektive und prägt unsere Gesundheit. Deshalb müssen frühzeitig die notwendigen Kompetenzen für Sicherheit und Gesundheit in Kooperation mit den für Bildung zuständigen Institutionen gefördert werden. Hier setzen z. B. die Fachkonzepte „Frühe Bildung mit Sicherheit und

Gesundheit fördern" (DGUV 2018b) und „Mit Gesundheit gute Schulen entwickeln" (DGUV 2013) der gesetzlichen Unfallversicherung an. Zudem sollte das Thema Sicherheit und Gesundheit in alle Formen der beruflichen Aus-, Fort- und Weiterbildung integriert, d. h. Bestandteil der Lehr- und Ausbildungspläne werden.

Entsprechend dem Verlauf der Präventionsketten ist es darüber hinaus wichtig, durch lebenslanges Lernen die Sicherheits- und Gesundheitskompetenz im Arbeitsleben aufrechtzuerhalten und – wenn möglich – weiter auszubauen. Hierzu können sowohl die Arbeitgebenden als auch die Beschäftigten beitragen. Bei der Beurteilung der Arbeitsbedingungen sollten wirksame präventive Maßnahmen sowie frühzeitige, das gesamte Arbeitsleben begleitende Gesundheitsförderung mitgedacht und Rahmenbedingungen für die Vermeidung von Unfällen, Krankheiten und arbeitsbedingten Gesundheitsgefahren geschaffen werden. Dies dient dem Erhalt der Beschäftigungsfähigkeit. Die Beschäftigten wiederum sollten die angebotenen Fortbildungen nutzen, um ihre Sicherheits- und Gesundheitskompetenz zu stärken. In Zusammenhang mit Homeoffice sollten sie für einen gut ausgestatteten ergonomischen Arbeitsplatz sorgen, eine Vereinbarkeit mit ihrem Privatleben herstellen, die Arbeitszeiten so gestalten, dass sie feste Pausen und Ruhezeiten beinhalten, und für Bewegung sorgen. Die Fähigkeiten, die insbesondere für die Selbstorganisation und Selbstregulation erforderlich sind, entscheiden darüber, ob das Arbeiten im Homeoffice erfolgreich ist. Es gilt insbesondere interessierte Selbstgefährdung und Vereinsamung zu vermeiden. Daneben tragen Kommunikation zwischen Führungskraft und Beschäftigten, aber auch unter den Kolleginnen und Kollegen zwecks Austausch, Information und Hilfestellung zu einer Präventionskultur und damit zu einem sicheren und gesunden Arbeiten – auch im Homeoffice – bei.

21.4 Post-Corona: Nutzen wir weiterhin das Homeoffice?

Auch wenn große Wirtschaftsbereiche, z. B. Gesundheitsdienst, Einzelhandel, Polizei und Feuerwehr sowie pädagogische Fachkräfte aufgrund ihrer Aufgaben nicht oder nur eingeschränkt mobil arbeiten können, ist das Homeoffice – als eine Form der mobilen Arbeit – auf dem Vormarsch. Angepasst an die epidemiologische Lage wurde Homeoffice insbesondere dort praktiziert, wo dies ohne erhebliche Einschränkungen für die Aufrechterhaltung der wichtigen Kernfunktionen der zu leistenden Arbeit möglich war. Insoweit werden flexible Arbeitszeitmodelle, wie z. B. Telearbeit und Homeoffice, aufgrund der positiven Erfahrungen auch nach der Krise Bestand haben. Denn die Pandemie hat deutlich gemacht, welches Potenzial in Telearbeit und Homeoffice liegt. Ganz klar wurde die Tendenz, zu Hause zu arbeiten, beschleunigt – auch weil es zur Eindämmung der Pandemie entsprechende Hinweise in der SARS-CoV-2-Arbeitsschutzregel (Arbeitsschutzausschüsse beim BMAS 2020v) gab. Diese „Tatsache" wird sich durch die praktischen Beweise, dass viele Arbeiten von zu Hause aus gut zu erledigen sind, nicht mehr zurückdrehen lassen. Durch die bereits erklärte Absicht vieler Unternehmen, langfristig verstärkt mobile Arbeitsformen zu nutzen, wird diese Prognose bestätigt. Bereits während der Pandemie wurden technisch vorhandene Strukturen erweitert, um Homeoffice-Möglichkeiten zu schaffen. Trotzdem gibt es hier noch Nachhol-, Ausbau- und Verbesserungsbedarf, damit auch in abgelegenen Gebieten der Zugang zu hochwertigen Bildungs- und Beschäftigungsangeboten erleichtert wird.

Um den Homeoffice-Arbeitsplatz sicher und gesund zu gestalten, müssen sich Beschäftigte und Arbeitgebende gut abstimmen.

◘ **Abb. 21.2** Homeoffice – so ja! (© Flynn's Flow Design&Motion, Nicola Quade, 2021; mit freundlicher Genehmigung)

Wie in ◘ Abb. 21.2 dargestellt, sollte zusammenfassend insbesondere sichergestellt werden, dass
- ein fester, ergonomisch geeigneter Arbeitsplatz ohne Stolperfallen zur Verfügung steht,
- gute, zumindest ausreichende technische Voraussetzungen gegeben sind,
- Arbeits- und Betreuungszeiten getrennt werden,
- ausreichend Ruhe- und Erholungs- (z. B. Pausen) sowie Ausgleichsmöglichkeiten (z. B. Bewegung) berücksichtigt werden,
- Kommunikationsstrukturen und -angebote für die Beschäftigten bestehen (Führung auf „Distanz") sowie
- Wert auf den Ausbau der Sicherheits- und Gesundheitskompetenz gelegt wird.

So kann sich eine Präventionskultur und damit der Wechsel von der Präsenz- zur Vertrauenskultur etablieren. Auch nach Corona werden manche davon profitieren, da sie z. B. familiäre Verpflichtungen – insbesondere als Eltern – und berufliche Belange besser in Einklang bringen können. Andere werden feststellen, dass sie unter starken Stress geraten und es ihnen zu Hause z B. weniger gelingt, selbstregulierend auf die notwendigen Erholungszeiten zu achten. Gerade die derzeitigen wissenschaftlichen Umfragen zur Situation in der Pandemie, insbesondere zum Homeoffice, zeigen, dass es auch bei der Prävention noch Verbesserungspotenzial gibt.

Positiv ist insbesondere, dass die Pandemie ganz nebenbei gezeigt hat, dass Homeoffice dazu beiträgt, Pendeln – und damit das Risiko von Wegeunfällen – zu vermeiden (DGUV 2021) und sich mehr Freizeit zu verschaffen. Dass Homeoffice auch für die Umwelt gut sein kann, zeigen die neuesten Zahlen der Treibhausgasemissionen Deutschlands, die maßgeblich aufgrund von Corona-Maßnahmen zurückgegangen sind (Umweltbundesamt 2021). Es kann also eine Win-Win-Situation sein, wenn wir das Homeoffice weiterhin nutzen. Wichtig ist es deshalb zu erkennen, welche Vorteile Homeoffice für die Arbeitgebenden, aber auch für die Beschäftigten bringt und daneben, wann Homeoffice für Individuen keine Lösung ist. Hierzu bedarf es einer Stärkung der Sicherheits- und Gesundheitskompetenz.

Politische Bestrebungen – wie das Mobile-Arbeit-Gesetz von Bundesarbeitsminister Heil, der Gegenentwurf der CDU/CSU-Fraktion und der Antrag der FDP-Bundestagsfraktion – deuten darüber hinaus an, dass Fragen der Sicherheit und Gesundheit sowie des Versicherungsschutzes bei mobiler Arbeit voraussichtlich regulatorisch geklärt werden. Dadurch könnte das Thema der betrieblichen Prävention zukünftig an Bedeutung gewinnen. Wenn Arbeitgebende die richtigen Konsequenzen ziehen und die bisherigen Erfahrungen aus der Pandemie angemessen berücksichtigen, können sie besser gewappnet und krisenfester in die Zukunft gehen. Sie können ihre Attraktivität in Zeiten des Fachkräftemangels steigern.

Die Prävention der gesetzlichen Unfallversicherung wird sich deshalb weiter mit noch offenen Fragestellungen, Bedarfen und Zielen bezüglich mobiler Arbeit und insbesondere Homeoffice auseinandersetzen, um die Arbeitgebenden und Beschäftigten bestmöglich zu unterstützen, mit dem Ziel, dass auch zu Hause sicher und gesund gearbeitet werden kann.

Literatur

Antonovsky A (1979) Health, stress, and coping. New perspectives on mental and physical well-being. Jossey-Bass, San Francisco

Antonovsky A (1987) Unraveling the mystery of health. How people manage stress and stay well. Jossey-Bass, San Francisco

Arbeitsschutzausschüsse beim BMAS (2020v) SARS-CoV-2-Arbeitsschutzregel GMBl 2020, S 484–495 (Nr. 24/2020 v 20.08.2020)

Astleithner F, Stadler B (2019) Arbeitszeitlänge im Kontext von Autonomie: Zeiterfassung als Instrument gegen interessierte Selbstgefährdung? Z Arb Wiss 73:355–368. https://doi.org/10.1007/s41449-019-00174-x

BAuA (2010) Psychische Belastung und Beanspruchung im Berufsleben. Erkennen – Gestalten. https://www.baua.de/DE/Angebote/Publikationen/Praxis/A45.pdf?__blob=publicationFile. Zugegriffen: 8. Juni 2021

BAuA (2019) Flexible Arbeitszeitmodelle. Überblick und Umsetzung

BAuA (2021) Der Umgang mit COVID-19 am Arbeitsplatz. SARS-CoV-2 FAQ und weitere Informationen. https://www.baua.de/DE/Themen/Arbeitsgestaltung-im-Betrieb/Coronavirus/FAQ/FAQ_node.html. Zugegriffen: 16. März 2021

Beck D, Taskan E, Splittgerber B (2021) Homeoffice und Social Distancing in der Corona-Pandemie. Arbeitsschutz Recht Prax 3:79–81

Begerow E, Jansen N, Roscher S, Taşkan-Karamürsel E (2020) Homeoffice gesund gestalten – ein Überblick zu aktuellen Erkenntnissen. DGUV Forum, Ausgabe 8, 2020, ISSN 2699-7304. https://forum.dguv.de/ausgabe/8-2020/artikel/homeoffice-gesund-gestalten-ein-ueberblick-zu-aktuellen-erkenntnissen. Zugegriffen: 16. März 2021

Berg A (2020) Homeoffice für alle? Wie Corona die Arbeitswelt verändert. Bitkom, Berlin

COSMO Befragung (2021) Zusammenfassung und Empfehlungen Welle 38. https://dfncloud.uni-erfurt.de/s/KXcSgekG7qXg3gY#pdfviewer. Zugegriffen: 16. März 2021

DGUV (Hrsg) (2013) DGUV Information 202-083 Fachkonzept Mit Gesundheit gute Schulen entwickeln. https://publikationen.dguv.de/Webcode p202083

DGUV (Hrsg.) (2016) DGUV Information 206-007 So geht's mit Ideen-Treffen. https://publikationen.dguv.de/Webcode p206007

DGUV (Hrsg) (2018) DGUV Regel 115-401 Branche Bürobetriebe. https://publikationen.dguv.de/Webcode p115401

DGUV (Hrsg) (2018a) DGUV Information 215-220 Nichtvisuelle Wirkung von Licht auf den Menschen. https://publikationen.dguv.de/Webcode p215220

DGUV (Hrsg) (2018b) DGUV Information 202-100 Fachkonzept Frühe Bildung mit Sicherheit und Gesundheit fördern. https://publikationen.dguv.de/Webcodep202100

DGUV (Hrsg) (2019) DGUV Information 215-410 Bildschirm- und Büroarbeitsplätze – Leitfaden für die Gestaltung. https://publikationen.dguv.de/Webcodep215410

DGUV (Hrsg) (2020a) Fachbereich AKTUELL – Sachgebiet Büro. Arbeiten im Homeoffice – nicht nur in der Zeit der SARS-CoV-2-Epidemie, FBVW-402. https://publikationen.dguv.de/Webcode p021569

DGUV (2020b) Fachbereich AKTUELL – Sachgebiet Psyche und Gesundheit in der Arbeitswelt. Psychische Belastung und Beanspruchung von Beschäftigten während der Coronavirus-Pandemie, FBGIB-005. https://publikationen.dguv.de/ Webcode p021545

DGUV (2021) Pressemitteilung 3.03.2021: Vorläufige Jahreszahlen der gesetzlichen Unfallversicherung sind ein Abbild der Corona-Krise. https://www.dguv.de/de/medeincenter/pm/index.jsp. Zugegriffen: 8. Juni 2021

Dragano N, Diebig M, Faller G, Honings A, Hoven H, Lang J, Loerbroks A, Lunau T (2021) Management psychischer Arbeitsbelastungen während der COVID-19 Pandemie. Bremen: Kompetenznetz Public Health COVID-19. https://www.public-healthcovid19.de/images/2021/Ergebnisse/1_2Handreichung_Management_psychischer_Arbeitsbelastungen_COVID_19_V02_final1.pdf. Zugegriffen: 16. März 2021

Eissing GL (1992) Mentale Belastung – Möglichkeiten und Grenzen der Erfassung und Bewertung. Schriftenreihe des Instituts für angewandte Arbeitswissenschaft e V, Bd. 26. Wirtschaftsverlag Bachem, Köln

Arbeitsprogramm Psyche GDA (2017) Empfehlungen zur Umsetzung der Gefährdungsbeurteilung psychischer Belastung, 3. überarbeitete Auflage 2017. https://www.gda-psyche.de/SharedDocs/Publikationen/DE/broschuere-empfehlung-gefaehrdungsbeurteilung.pdf?__blob=publicationFile&v=16. Zugegriffen: 8. Juni 2021

Guthold R, Stevens GA, Riley LM, Bull FC (2018) Worldwide trends in insufficient physical activity from 2001 to 2016: a pooled analysis of 358 population-based surveys with 1.9 million participants. Lancet Glob Health 6(10):e1077–e1086

Hassler M, Rau R, Hupfeld J, Paridon H, Schuchart U (2016) Auswirkungen von ständiger Erreichbarkeit und Präventionsmöglichkeiten Teil 2: Eine wissenschaftliche Untersuchung zu potenziellen Folgen für Erholung und Gesundheit und Gestaltungsvorschläge für Unternehmen

Heitmann C, Zieschang H (2020) Sicherheits- und Gesundheitskompetenz. DGUV Forum 8/2020

Hofmann J, Piele A, Piele C (2020) Arbeiten in der Corona-Pandemie – Auf dem Weg zum New Normal, Studie des Fraunhofer IAO in Kooperation mit der Deutschen Gesellschaft für Personalführung DGFP e.V. http://publica.fraunhofer.de/dokumente/N-593445.html. Zugegriffen: 16. März 2021

Hofmann J, Piele A, Piele C (2021) Arbeiten in der Corona-Pandemie: Entgrenzungseffekte durch mobiles Arbeiten – und deren Vermeidung. Studie des Fraunhofer IAO in Kooperation mit der Deutschen Gesellschaft für Personalführung DGFP e. V. https://www.iao.fraunhofer.de/content/dam/iao/images/iao-news/arbeiten-in-der-corona-pandemie-folgeergebnisse-entgrenzungseffekte-durch-mobiles-arbeiten.pdf. Zugegriffen: 4. Mai 2021

IAG (2021) CHECK-UP Homeoffice – Kurz- und Langversion. https://publikationen.dguv.de (Kurzversion Webcode p021663, Langversion Webcode p021662)

Kantermann T, Schierz C, Harth V (2018) Gesicherte arbeitsschutzrelevante Erkenntnisse über die nichtvisuelle Wirkung von Licht auf den Menschen. Eine Literaturstudie

Lindner M, Müller N, Skrabs S (2019) Mobile Arbeit: Einen Schritt voraus sein. Gute Arb 3:8–13

Möhring K, Naumann E, Reifenscheid M, Wenz A, Rettig T, Krieger U, Friedel S, Finkel M, Cornesse C, Blom A-G (2021) The COVID-19 pandemic and subjective well-being: longitudinal evidence on satisfaction with work and family, European Societies, 23:sup1, S601-S617. https://doi.org/10.1080/14616696.2020.1833066. Zugegriffen: 16. März 2021

Paridon H (2015) Arbeitszeit und Gesundheit: Befunde zu Dauer, Lage und Variabilität. Z Arb Wiss 69:3–11. https://doi.org/10.1007/BF03373931

Paridon H, Lazar N, Haase E, Sander C (2017) Regeneration, Erholung, Pausengestaltung – alte Rezepte für moderne Arbeitswelten? iga.Report 34

Strametz R, Raspe M, Ettl B, Huf W, Pitz A (2020) Handlungsempfehlung zu Stärkung der Resilienz von Behandelnden und Umgang mit Second Victims im Rahmen der Covid-19-Pandemie zur Sicherung der Leistungsfähigkeit des Gesundheitswesens. Aktionsbündnis Patientensicherheit. Plattform Patientensicherheit. https://doi.org/10.21960/202003 (https://www.aps-ev.de/wp-content/uploads/2020/05/20200414-HE-Second-Victim_web.pdf. Zugegriffen: 16. März 2021)

Techniker Krankenkasse (Hrsg) (2017) Schlaf gut, Deutschland – TK-Schlafstudie 2017. TK, Hamburg

Top Eins (2020) Tipps zum Homeoffice mit Kindern. https://topeins.dguv.de/verantwortlich-fuehren/tipps-zum-homeoffice-mit-kindern/. Zugegriffen: 7. Juni 2021

Umweltbundesamt (2021) Pressemitteilung 15.03.2021: Treibhausgasemissionen sinken 2020 um 8,7 Prozent. https://www.umweltbundesamt.de/presse/pressemitteilungen/treibhausgasemissionen-sinken-2020-um-87-prozent. Zugegriffen: 8. Juni 2021

VBG (2020) Branchenspezifische Handlungshilfe zum SARS-CoV-2-Arbeitsschutzstandard – für die Branche Bürobetriebe und Call Center

Wessels C, Füsers F, Krauss-Hoffmann P (2019) „Arbeitsschutz 4.0": Arbeitsschutz in Zeiten von Homeoffice wirksam gestalten. In: sicher ist sicher – Arbeitsschutz aktuell, Ausgabe 6/2019. Erich Schmidt Verlag, Berlin

Beruf und Familie in Zeiten von Corona – Synchrone Vereinbarkeit als Herausforderung

Regina Ahrens

Inhaltsverzeichnis

22.1 Einleitung – 364

22.2 Rahmenbedingungen für Familie und Beruf vor und während der Corona-Pandemie – 365

22.3 Auswirkungen der Corona-Pandemie auf (berufstätige) Eltern – 368

22.4 Handlungsempfehlungen und Ausblick – 372

Literatur – 375

■■ Zusammenfassung

Die Corona-Pandemie hat das Leben vieler Familien in Deutschland verändert und – zumindest zeitweise – eine Neujustierung der Vereinbarkeitssituation gefordert. Der Beitrag fragt nach den Folgen für die Vereinbarkeit von Beruf und Familie, konkreter gesagt nach der Beanspruchung von erwerbstätigen Eltern in Zeiten der Corona-Pandemie. Aktuelle Daten zeigen u. a., dass die erlebten Vereinbarkeitskonflikte in der Zeit des ersten Lockdowns zugenommen haben. Die Autorin zeigt nicht nur auf, welche Bewältigungsstrategien berufstätige Eltern in dieser Zeit wählten, um trotz ausfallender Betreuungs- und Beschulungsangebote Familie und Beruf unter einen Hut zu bekommen. Sie erläutert auch, warum Arbeitgebende die Beschäftigten mit Familienpflichten unterstützen sollten und wie sie dabei konkret vorgehen können.

22.1 Einleitung

Die Vereinbarkeit von Beruf und Familie ist zu einem der großen gesellschaftlichen und ökonomischen Themen unserer Zeit geworden. Während familienpolitische Maßnahmen – anknüpfend an die gelebte Realität – bis in die 1990er Jahre hinein vor allem Mütter fokussierten und darauf abzielten, ihnen eine *sukzessive* Vereinbarkeit (also einen beruflichen Wiedereinstieg nach einer mehrjährigen Familienphase) zu ermöglichen, hat sich die gesellschaftliche Norm in den letzten zwei Jahrzehnten in Richtung einer *simultanen* Vereinbarkeit gewandelt: Unterstützt durch familienpolitische Maßnahmen wie das Elterngeld nehmen Mütter häufig nach einem Jahr Elternzeit ihre Erwerbstätigkeit wieder auf. Ab dann gilt es, berufliche und private Aufgaben miteinander in Einklang zu bringen. Obwohl Väter in den letzten Jahren verstärkt auch Tätigkeiten rund um Kinderbetreuung und Haushalt übernehmen, sind es weiterhin die Mütter, die die Hauptlast der unbezahlten Familienarbeit schultern (Kreyenfeld und Zinn 2020) – auch wenn beide Partner im gleichen Umfang erwerbstätig sind (Müller et al. 2020).

Die Corona-Pandemie hat das Leben vieler Familien in Deutschland verändert und – zumindest zeitweise – eine Neujustierung der Vereinbarkeitssituation gefordert. Denn mit der Schließung von Schulen und Kinderbetreuungseinrichtungen im März und erneut im Dezember 2020 wurde die Bildung und Erziehung der Kinder über mehrere Monate reprivatisiert. Berufstätige Eltern standen plötzlich vor der Herausforderung, weiterhin ihren beruflichen Verpflichtungen nachkommen und gleichzeitig ihr(e) Kind(er) zu betreuen bzw. beschulen zu müssen. Bujard et al. (2020, S. 37) gehen davon aus, dass dies nur möglich war, indem Eltern auf Schlaf und Freizeit verzichteten oder arbeiteten, während sie gleichzeitig die Kinder betreuten. Aus dem Primat der *simultanen* Vereinbarkeit ist damit eine (zeitlich befristete) Notwendigkeit der *synchronen* Vereinbarkeit geworden.[1]

Zahlreiche nationale und internationale Studien zeigen, mit welchen Belastungen dies für Eltern einherging. In einigen davon berichten Eltern für die Zeit des ersten Lockdowns zwar zunächst von einer Entschleunigung z. B. durch wegfallende private Termine, Dienstreisen oder weniger Arbeit. In diesem Zusammenhang wurde Corona zunächst auch als Möglichkeit diskutiert, das eigene Leben zu

---

1 Der Begriff „simultan" bezieht sich (in Abgrenzung zum Begriff „sukzessiv") auf „innerhalb einer Lebensphase". Der Begriff „synchron" bezieht sich hier auf eine *zeitliche und räumliche* Parallelität der beiden Aufgabenbereiche Beruf und Familie (Arbeiten *während* der Kinderbetreuung; Kinderbetreuung *während* der Arbeit). Dies galt natürlich v. a. für Eltern mit homeofficefähigen Arbeitsplätzen. Aber es gab auch Busfahrer und Ärztinnen, die ihre Kinder mit zur Arbeit (also mit in den Bus oder in die Praxis) genommen haben.

entschleunigen.² Allerdings ist davon auszugehen, dass diese erste Pandemie-Phase gerade für Familien auch mit großen Unsicherheiten (bezüglich der Kinderbetreuung/-beschulung und der finanziellen Auswirkungen) und enormen psychischen Belastungen einherging. Begünstigt durch die Digitalisierung privater und vor allem beruflicher Aufgaben berichteten berufstätige Eltern zudem von einer Verdichtung und Beschleunigung ihres Arbeitslebens.

Der Beitrag fragt vor dem Hintergrund dieser erhöhten Belastung nach den Folgen für die Vereinbarkeit von Beruf und Familie, konkreter gesagt nach der Beanspruchung von erwerbstätigen Eltern³ in Zeiten der Corona-Pandemie.

Im Anschluss an einen kurzen Überblick zu den Rahmenbedingungen von Beruf und Familie während des ersten Corona-Lockdowns⁴ geht es zunächst um die Frage, wie Mütter und Väter ihre privaten und beruflichen Verpflichtungen in dieser Zeit im Sinne eines *Doing Family* unter einen Hut gebracht haben und welche Auswirkungen dies auf ihr Wohlbefinden, ihre Lebenszufriedenheit und ihre erlebten Vereinbarkeitskonflikte hatte. Darauf aufbauend wird dargestellt, welche Implikationen dies auf die Beziehung zwischen berufstätigen Eltern und ihre Arbeitgebenden hat. Handlungsempfehlungen für Arbeitgebende runden den Beitrag ab.

22.2 Rahmenbedingungen für Familie und Beruf vor und während der Corona-Pandemie⁵

Aus international vergleichenden Studien wissen wir inzwischen, dass die erwerbstätige Bevölkerung in Deutschland u. a. aufgrund der etablierten Kurzarbeits-Regelungen aus finanzieller Sicht verhältnismäßig gut durch die ersten Monate der Corona-Pandemie gekommen ist (Adams-Prassl et al. 2020). Diese Erkenntnisse auf der Makroebene dürfen natürlich nicht darüber hinwegtäuschen, dass die Maßnahmen zur Eindämmung der Pandemie auf der Mikroebene, also für einzelne Personen(gruppen) und Familien(konstellationen), mit dramatischen finanziellen Einbußen verbunden waren und sind. Dies gilt umso mehr, je länger die Maßnahmen andauern.

Um speziell die Situation von berufstätigen Eltern in der Corona-Pandemie einordnen zu können, ist es wichtig, zunächst kurz auf die Rahmenbedingungen für die Vereinbarkeit von Beruf und Familie *vor* Beginn der Pandemie einzugehen: Während die Familienpolitik in Deutschland über Jahrzehnte vorrangig eine Rollenverteilung innerhalb von Familien förderte, in der ein Partner (i. d. R. der Vater) einer Erwerbsarbeit nachging und der andere Partner (i. d. R. die Mutter) sich auf die Hausarbeit und Kinderbetreuung konzentrierte, zie-

---

2   In den Medien wurde dies u. a. unter Rückgriff auf Hartmut Rosas Überlegung zur Beschleunigung und Entfremdung diskutiert, siehe z. B. ▶ http://www.deutschlandfunkkultur.de/entschleunigung-durch-corona-warum-die-neue-langsamkeit.1008.de.html?dram:article_id=473780 oder ▶ http://www.tagesspiegel.de/politik/soziologe-hartmut-rosa-ueber-covid-19-das-virus-ist-der-radikalste-entschleuniger-unserer-zeit/25672128.html.
3   Unter anderem aufgrund des (zeitweisen) Ausfalls von Angeboten der Tagespflege bzw. der Überlastung von Pflegediensten sind in der Corona-Pandemie auch pflegende Angehörige besonderen Belastungen ausgesetzt. In einer Befragung des Zentrums für Qualität in der Pflege (ZQP) sagten beispielsweise 32 % der pflegenden Angehörigen, dass sich die Pflegesituation eher oder sehr stark verschlechtert habe (Eggert et al. 2020, S. 6). Knapp ein Drittel der Befragten gab darüber hinaus an, dass Gefühle der Hilflosigkeit in der Pflegesituation zugenommen haben (Eggert et al. 2020, S. 10). Besonders ausgeprägt war die erlebte Verschlechterung bei Menschen, die an Demenz erkrankte Angehörige pflegten. Zur Situation von pflegenden Angehörigen siehe auch Fischer und Geyer (2020). Aus Platzgründen muss dieses wichtige Thema der Vereinbarkeit von Beruf und Pflege bei diesem Beitrag allerdings außen vor bleiben.
4   Zum Zeitraum der erneuten Schul- und Kinderbetreuungsschließungen (ab Mitte Dezember 2020) lagen zum Zeitpunkt der Veröffentlichung noch keine ausreichend belastbaren Daten vor.
5   Teile der ▶ Abschn. 22.2 und 22.3 dieses Beitrags sind in ähnlicher Form bereits erschienen in Buschmeyer et al. i. E.; Zerle-Elsäßer et al. i. E.

len jüngere familienpolitische Reformen – wie z. B. das 2007 eingeführte Elterngeld und der 2013 umgesetzte Anspruch auf einen Kinderbetreuungsplatz ab dem ersten Geburtstag – auf eine gleichberechtigtere Aufteilung von Erwerbs- und Familienarbeit zwischen Müttern und Vätern. Die Mehrzahl der Familien in Deutschland lebt inzwischen ein sogenanntes Zuverdienermodell, in der ein Elternteil (zumeist der Vater) in Vollzeit erwerbstätig ist, der andere Elternteil (zumeist die Mutter) in Teilzeit einer bezahlten Tätigkeit nachgeht und daneben den Großteil der unbezahlten Familienarbeit übernimmt (Müller et al. 2020). Da der Anteil der erwerbstätigen Mütter in den letzten Jahren kontinuierlich zugenommen hat, wird auch das Thema Vereinbarkeit von Beruf und Familie immer wichtiger: War es früher die Regel, dass Väter ungehindert ihrer Berufstätigkeit nachgehen konnten, da die Mütter ihnen (v. a. in der Phase, in der die Kinder noch nicht in die Schule gingen) zu Hause „den Rücken freihielten", ergeben sich heute vermehrt Vereinbarkeitskonflikte, da familiale und berufliche Pflichten innerhalb ein und derselben Lebensphase unter einen Hut gebracht werden müssen (sog. simultane Vereinbarkeit).

Wie können solche Vereinbarkeitskonflikte gelöst werden? Von staatlicher Seite geben Bund, Länder und Kommunen zwar die familienpolitischen Rahmenbedingungen zur Vereinbarkeit von Beruf und Familie vor. Zu nennen sind hier neben dem Mutterschutzgesetz vor allem das Bundeselterngeld- und -elternzeitgesetz oder auch die Zurverfügungstellung von öffentlich geförderten Kinderbetreuungsplätzen. Arbeitgebende sind allerdings letztlich diejenigen, die diese Maßnahmen in die betriebliche Praxis überführen (müssen) und darüber hinaus eigene Unterstützungsangebote für ihre Beschäftigten anbieten können. Diese freiwilligen (über die gesetzlichen Vorgaben hinausgehenden) Angebote werden unter dem Begriff „familienbewusste Personalpolitik" gefasst (Ahrens 2020, S. 12) und können zum Beispiel Maßnahmen umfassen wie Coachings für Wiedereinsteiger:innen nach der Elternzeit, die Vermittlung von Kinderbetreuungsplätzen oder einen Stammtisch für Väter. Wichtig ist, dass diese betrieblichen Leistungen intern und extern adäquat kommuniziert werden und eine Unternehmenskultur vorherrscht, in der Mütter sowie Väter sich trauen, sie in Anspruch zu nehmen (Ahrens 2019, S. 292). Dies wird in der Fachliteratur häufig auch mit dem „Dreiklang" aus Dialog, Leistung und Kultur bezeichnet (Ahrens 2020, S. 14), wobei die Unternehmenskultur als besonders erfolgskritisch gilt (Ahrens 2016).

Aus betriebswirtschaftlicher Sicht lohnt es sich, in diesen Dreiklang zu investieren: In besonders familienbewussten Unternehmen ist beispielsweise die Fehlzeitenquote um 60 % geringer und die Motivation der Beschäftigten um 31 % höher als in nicht familienbewussten Unternehmen (Schneider und Schein 2017, S. 172). Ein betriebliches Familienbewusstsein ist zu einem „harten Standortfaktor" (Schneider und Schein 2017, S. 191) geworden und Arbeitgebende sprechen dem Thema eine immer höhere Bedeutung zu (Bundesministerium für Familie, Senioren, Frauen und Jugend 2013). Basierend auf einer Befragung von 750 Unternehmen mit mindestens zehn Mitarbeitenden und auf einer Online-Befragung von knapp 1.500 Eltern mit Kindern unter 15 Jahren zeigt die Studie von Juncke et al. (2020), dass viele Arbeitgebende in der Zeit der Corona-Pandemie ihr Repertoire an familienbewussten Maßnahmen ausgeweitet oder weiterentwickelt haben. Knapp die Hälfte der im Rahmen derselben Studie befragten Eltern gaben an, dass sie mit ihrem Arbeitgeber oder ihrer Arbeitgeberin über Veränderungen beim Arbeitsort gesprochen haben. In 75 % der Fälle erhielten die Eltern nach einem solchen Gespräch Unterstützung durch ihren Arbeitgebenden (Juncke et al. 2020, S. 17). Rund 80 % der befragten Unternehmen erklärten zudem, dass „vereinbarkeitsfördernde Maßnahmen nach der Krise für die Bindung und Gewinnung von Fachkräften einen hohen Stellenwert haben [werden]" (Juncke et al. 2020, S. 30).

Was in der Corona-Pandemie noch stärker ins Bewusstsein von Wirtschaft und Öffentlichkeit geraten ist, war für erwerbstätige Eltern schon vorher kein Geheimnis mehr: Eine verlässliche Kinderbetreuungssituation ist eine der zentralen Säulen für eine gelingende Vereinbarkeit von Beruf und Familie. Mit der Corona-bedingten Schließung der Betreuungs- und Bildungseinrichtungen geriet diese Säule ins Wanken. Bevor wir uns allerdings der Frage zuwenden, ob (und wenn ja, inwiefern) sich die Vereinbarkeit von Beruf und Familie in der Corona-Pandemie dadurch konkret verändert hat, schauen wir zunächst auf die veränderten Rahmenbedingungen für erwerbstätige Eltern.

Von den Schließungen der Schulen und Kinderbetreuungseinrichtungen waren im Frühling 2020 schätzungsweise rund 11 Mio. Kinder und Jugendliche unter zwölf Jahren und deren Familien betroffen (Bujard et al. 2020, S. 12). Aufgrund der Maßnahmen zur Eindämmung der Pandemie erhöhte sich zeitgleich die Anzahl der Beschäftigten, die ihrer Arbeit in dieser Zeit aus dem Homeoffice nachgingen, erheblich (Möhring et al. 2020). Dabei haben Müller et al. (2020) auf Basis von Daten des Sozio-oekonomischen Panels deutlich gemacht, dass lediglich gut ein Drittel der Eltern theoretisch von zu Hause aus arbeiten können. Die Wahrscheinlichkeit, von zu Hause aus arbeiten zu können, ist zudem höher bei Eltern mit einem hohen formalen Bildungsabschluss sowie bei Paarfamilien. Während des ersten Lockdowns schien bei vielen Entscheidungsträgern aus Politik und Wirtschaft die Meinung vorzuherrschen, dass Kinderbetreuung bzw. -beschulung sich relativ gut mit einer Erfüllung beruflicher Tätigkeiten aus dem Homeoffice vereinbaren lassen. Ungeachtet der Homeoffice-Fähigkeit hatten zu Beginn der Pandemie Kinder lediglich dann einen Anspruch auf Notbetreuung, wenn beide Elternteile in systemrelevanten Berufen beschäftigt waren. Diese Regelungen wurden nach und nach auf weitere Berufsgruppen, Alleinerziehende sowie auf Kinder, die von Kindswohlgefährdung bedroht waren, ausgeweitet, zudem musste (zumeist) nur noch ein Elternteil systemrelevant beschäftigt sein. Zu Beginn des ersten Lockdowns haben dementsprechend laut Zahlen der Mannheimer Corona-Studie auch lediglich 0,9 % der befragten Eltern eine Notbetreuung in Anspruch genommen (Möhring et al. 2020, S. 12). Eine besondere Einschränkung lag im ersten Lockdown darüber hinaus auch darin begründet, dass Eltern dringend geraten wurde, die Großeltern aufgrund ihres höheren Infektionsrisikos nicht in die Betreuung ihrer Enkelkinder einzubeziehen. Angesichts der Tatsache, dass vor Beginn der Pandemie in rund 30 % der Familien die Großeltern oder andere Verwandte regelmäßig in die Kinderbetreuung involviert waren (Müller et al. 2020; Möhring et al. 2020), erschwerte sich die Vereinbarkeitssituation vieler Eltern hierdurch zusätzlich. Zum Zeitpunkt der erneuten Schließung von Schulen und Kinderbetreuungseinrichtungen ab Mitte Dezember 2020 galten etwas andere Rahmenbedingungen. Zumindest in einigen Bundesländern waren Eltern im Homeoffice prinzipiell nicht von einer Inanspruchnahme einer Notbetreuung für ihre Kinder ausgeschlossen. In NRW beispielsweise waren Kinderbetreuungseinrichtungen prinzipiell nicht geschlossen, an die Eltern wurde aber dringend appelliert, „dieses Angebot nur zu nutzen, wenn es absolut notwendig ist" (Ministerium für Kinder, Familie, Flüchtlinge und Integration des Landes Nordrhein-Westfalen 2020). In anderen Bundesländern wurden hingegen striktere Vorgaben, z. B. in Form von Quoten (z. B. 50 % Auslastung; Niedersachsen) gemacht. Auch wenn die Regelungen sich von Bundesland zu Bundesland z. T. stark unterschieden, so kann doch festgestellt werden, dass die Regelungen bezüglich des Zugangs zur Notbetreuung insgesamt deutlich weniger strikt waren als im ersten Lockdown.

Diverse Studien zeigen, dass Eltern während des ersten Lockdowns (neben ihrer Erwerbstätigkeit) deutlich mehr Zeit für Hausarbeit, Kinderbetreuung und -beschulung aufgewendet haben als vor der Pandemie (Jentsch und Schnock 2020; Langmeyer et al. 2020). Ein Blick auf die geschlechtsspezifischen Unterschiede verdeutlicht, dass viele Väter, v. a.

solche mit einem niedrigen und mittleren formalen Bildungsabschluss, mehr Zeit als vor der Corona-Pandemie für Hausarbeit und Kinderbetreuung aufwendeten (Kreyenfeld und Zinn 2020). Es waren hingegen mehrheitlich Mütter, die ihr Erwerbsarrangement anpassten (also z. B. ihren Erwerbsumfang reduzierten, unbezahlten Urlaub nahmen etc.) und die letztlich den größeren Teil der zusätzlichen unbezahlten Arbeit übernahmen (Möhring et al. 2020; Kreyenfeld und Zinn 2020; Hank und Steinbach 2020; Kohlrausch und Zucco 2020). Hank und Steinbach (2020) folgern aus ihren Daten, dass sich die schon vor der Corona-Pandemie in Familien in Deutschland vorherrschende geschlechtsspezifische Verteilung von bezahlter Erwerbs- und unbezahlter Familienarbeit in der Zeit des ersten Lockdowns eher verfestigt habe und nicht von fundamentalen Veränderungen in der geschlechtsspezifischen Arbeitsaufteilung gesprochen werden kann.

Welche Folgen hatten diese veränderten Rahmenbedingungen nun für das Wohlbefinden und die Lebenszufriedenheit von Eltern sowie für das Familienklima? Und welche Veränderungen sind hinsichtlich der Vereinbarkeitskonflikte von Müttern und Vätern zu konstatieren?

22.3 Auswirkungen der Corona-Pandemie auf (berufstätige) Eltern

▪▪ Lebenszufriedenheit, Wohlbefinden und Familienklima

Befragungsergebnisse aus dem ersten Lockdown deuten darauf hin, dass insbesondere das Homeschooling für viele Eltern zur Belastungsprobe wurde. Am stärksten hiervon belastet zeigten sich Eltern mit einem niedrigen formalen Bildungsabschluss und (erwerbstätige) Alleinerziehende (Zinn et al. 2020; Langmeyer et al. 2020). Insgesamt scheint der erste Lockdown v. a. für Eltern mit Kindern unter 14 Jahren sowie für finanziell und räumlich schlecht ausgestattete Eltern eine besonders hohe Belastung dargestellt zu haben (Kohlrausch und Zucco 2020).

Daten zur allgemeinen Lebenszufriedenheit von Eltern deuten auf eine Verschlechterung (insbesondere bei Müttern) während des ersten Corona-bedingten Lockdowns hin (Zoch et al. 2020). Hübener et al. (2020) kommen mit Blick auf das Wohlbefinden von Eltern zu einem ähnlichen Schluss: Insbesondere Mütter sowie ganz allgemein Eltern mit Kindern unter elf Jahren zeigen ein verschlechtertes Wohlbefinden im Vergleich zu vor der Corona-Pandemie. Zoch et al. (2020) fanden hingegen auch heraus, dass Mütter, die nicht allein für die zusätzliche Sorgearbeit verantwortlich waren, sondern auf Unterstützung z. B. durch den Partner, Verwandte, Nachbarn und/oder im Rahmen der Notbetreuung zurückgreifen konnten, höhere Zufriedenheitswerte aufwiesen als Mütter, die die zusätzlichen Aufgaben mehrheitlich allein schulterten. Die Untersuchung von Bujard et al. (2020) differenziert explizit nach beruflicher und familialer Zufriedenheit. Sie zeigt, dass die Zufriedenheit mit dem Familienleben sowohl bei Frauen als auch bei Männern in der Zeit des ersten Lockdowns gesunken ist. Die deutlichste Verschlechterung beobachteten die Wissenschaftler:innen bei Müttern – unabhängig von ihrem Erwerbsarrangement. Zu vermuten ist hier, dass Mütter den Hauptteil der zusätzlichen Arbeit aufgrund von – eigenen und ihnen zugeschriebenen – Vorstellungen von guter Mutterschaft o. ä. übernahmen. Bei den Vätern zeigten sich unterschiedliche Effekte: Während Väter in Kurzarbeit eine höhere Zufriedenheit mit ihrem Familienleben während des ersten Lockdowns berichteten, war die Zufriedenheit mit dem Familienleben insbesondere bei Vätern, die aus dem Homeoffice arbeiteten, geringer als vor Beginn der Pandemie. Hinsichtlich der Zufriedenheit mit dem Berufsleben fanden Bujard et al. (2020) allerdings bei Vätern keine signifikanten Veränderungen zwischen der Zeit vor und während des ersten Lockdowns. Die befragten Mütter – und unter ihnen vor allem die Mütter mit Kindern über sechs Jahren – gaben hingegen an, weniger zufrieden mit ihrem

Berufsleben zu sein als vor Beginn der Pandemie.

Das Familienklima während des ersten Lockdowns haben u. a. Langmeyer et al. (2020) analysiert. Sie fanden heraus, dass insbesondere die finanzielle Situation, die Anzahl der Kinder im Haushalt sowie der zur Verfügung stehende Wohnraum einen Einfluss auf das Familienklima hatte. 23 % der befragten Mütter und 17 % der befragten Väter berichteten außerdem in der Studie, dass das Familienleben während des ersten Lockdowns häufiger von Konflikten und Chaos geprägt war. Zudem empfanden viele Eltern die Gleichzeitigkeit von Homeschooling, Kinderbetreuung und Erwerbsarbeit als stressig und wiesen auf ein hohes Konfliktpotenzial hin.

Wie erfinderisch Eltern teilweise wurden, um die wegfallende Kinderbetreuung und -beschulung zu ersetzen und ihre Erwerbstätigkeit mit ihren Familienaufgaben unter einen Hut zu bringen, zeigt das folgende Beispiel einer befragten Mutter. Ihr Mann arbeitet als Busfahrer und versuchte, die Kinderbetreuungsengpässe folgendermaßen zu überbrücken:

„Es gab [im Kindergarten trotz Notbetreuung; Anm. RA] kein Mittagessen mehr und die haben auch keinen Mittagsschlaf mehr gemacht. Das heißt, mein Sohn ist ... Wir haben den versucht eher abzuholen. Das sah dann praktisch so aus: Mein Mann musste fahren von um 5 bis um 8 Uhr, von um 10 bis um 13 Uhr. Er hat versucht, immer um 11:30 Uhr an der Krippe meines Sohnes zu stehen, hat den eingeladen in den Bus (lacht) und da hat er dann seinen Mittagsschlaf gemacht. Und dann ist er um 13, 13:30 Uhr zu meiner Tochter gefahren und hat die abgeholt, das ausgehungerte Kind. Die Brotzeit völlig aufgefuttert, war nichts mehr da und dann hat er dann um 14 Uhr die hungrigen Mäuler gestopft. [...] [D]as haben wir dann so gemacht bis der Sommer angefangen hat. [...] Für meinen Mann war das arg anstrengend mit dem Kind im Bus. Er hat zwar geschlafen, aber er ist halt auf der Arbeit und wenn das Kind auf der Arbeit mit ist, ist es nicht das Gleiche. Man kann sich nicht hundertprozentig darauf konzentrieren und muss immer noch die Bedürfnisse von so einem kleinen Kind befriedigen. Also es war möglich, wir haben es irgendwie hingekriegt, aber mit erhöhtem Stressaufkommen." (WW, Abs. 21)[6].

Dieses Zitat verdeutlicht exemplarisch, dass Mütter und Väter es in der Regel irgendwie schafften, neben ihren beruflichen Verpflichtungen auch ihren familialen Aufgaben nachzukommen und umgekehrt. Es zeigt jedoch gleichzeitig, mit welch hohen Anstrengungen dies z. T. verbunden war. Was sagen uns die Daten zu diesem Konfliktpotenzial, das in solchen Situationen entstehen kann?

▪▪ Vereinbarkeitskonflikte[7]

Wir können anhand vorliegender Daten zeigen, dass sich die oben skizzierten veränderten Rahmenbedingungen sich nicht nur auf die Lebenszufriedenheit, das Wohlbefinden und auf das Familienklima niederschlugen, sondern dass sie auch die erlebten Vereinbarkeitskonflikte von Müttern und Vätern beeinflussten. Vereinbarkeitskonflikte werden in der quantitativen Sozialforschung in zwei Richtungen gemessen (Greenhaus und Beutell 1985): Der *Work-Family-Konflikt* gibt Auskunft darüber, inwiefern die beruflichen Verpflichtungen es erschweren, den familialen Aufgaben nachzukommen. Im Gegensatz dazu zeigt der *Family-Work-Konflikt* auf, wie schwierig es für die Befragten ist, neben ihren familialen Verpflichtungen ihren beruflichen Aufgaben nachzukommen. Unabhängig von der Situation wäh-

---

6 WW arbeitet in leitender Funktion im Gesundheitssektor (administrative Tätigkeit). Sie ist die Familienernährerin. Im Interview betonte sie mehrfach, dass ihr Mann und sie sich einig waren, dass ihr Job in Zeiten von Corona „wichtiger" war als seiner.

7 Die Ergebnisse dieses Abschnitts basieren auf quantitative Daten aus dem DJI-Survey AID:A 2019 sowie auf dem AID:A-Blitz (Erhebungszeitraum: Sommer 2020), zudem wurden qualitative Daten aus der Studie „Mütter und Väter während der Corona-Pandemie – Vereinbarkeit von Homeschooling, Kinderbetreuung und Erwerbsarbeit", die am Deutschen Jugendinstitut (DJI) und an der Hochschule Hamm-Lippstadt durchgeführt wird, einbezogen.

rend der Corona-Pandemie zeigen Bernhardt und Zerle-Elsäßer (2021), dass Mütter und Väter unterschiedlich von diesen beiden Konfliktdimensionen betroffen zu sein scheinen: Während in der Regel mehr Mütter als Väter von Family-Work-Konflikten berichten, geben mehr Väter als Mütter an, unter Work-Family-Konflikten zu leiden. Hat sich dies im Rahmen der Corona-Pandemie verändert?

Die Antwort lautet: Ja und nein. Wie die Auswertungen des Surveys AID:A (siehe hierzu Buschmeyer et al. 2021; Zerle-Elsäßer et al. i. E.) zeigen, haben sich die Vereinbarkeitskonflikte zwischen 2019 und Sommer 2020 für beide Geschlechter im Mittel verschärft, es ist also schwieriger für Mütter und Väter geworden, Beruf und Familie unter einen Hut zu bekommen. Mit Blick auf die geschlechtsspezifischen Unterschiede zwischen Work-Family- und Family-Work-Konflikten zeigt sich allerdings, dass diese grundsätzlich bestehen blieben, Mütter und Väter sich aber während des ersten Lockdowns hinsichtlich ihrer erlebten Vereinbarkeitskonflikten anglichen. Gleichzeitig geben die Daten Hinweise darauf, dass sich die Situation nicht für alle Mütter und Väter verschlechtert hat: Wie die folgenden Abbildungen zeigen, gaben immerhin rund ein Drittel der Mütter und Väter an, dass sich ihre Work-Family-Konflikte reduziert hatten. Die Anzahl derjenigen, bei denen sich die Konflikte verschärft haben, ist allerdings höher, wie die ◘ Abb. 22.1 zeigt.

Wie Zerle-Elsäßer et al. (i. E.) zeigen, berichteten sowohl die befragten Väter als auch die befragten Mütter im Mittel von einer Verschärfung ihres *Work-Family-Konflikts*. Bei den Müttern war der Unterschied zwischen 2019 und Sommer 2020 allerdings höher als bei den Vätern. Unter dem Strich sind – ähnlich wie in vorausgegangenen Untersuchungen – allerdings auch hier die befragten Väter stärker von Work-Family-Konflikten betroffen als Mütter. Das bedeutet, dass es für die Väter aufgrund ihrer beruflichen Verpflichtungen schwieriger ist als für die Mütter, ihren familialen Aufgaben nachzukommen. Regressionsanalysen zeigen allerdings, dass sich bei

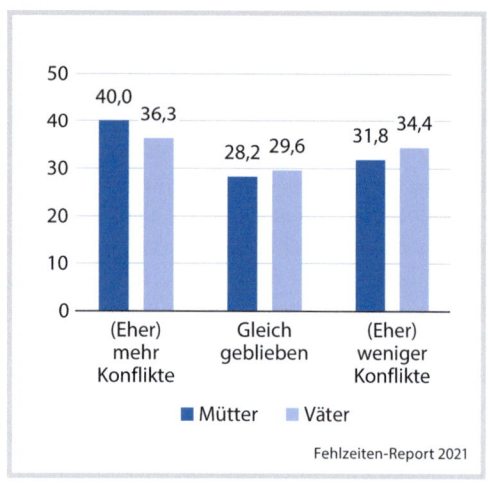

◘ **Abb. 22.1** Veränderungen in der Einschätzung der Work-Family-Konflikte, Mütter und Väter. Quelle: eigene Darstellung basierend auf Buschmeyer et al. i. E. Datengrundlage: AID:A 2019 und Corona-Blitz, eigene Berechnungen, N = 255 erwerbstätige Mütter und N = 257 erwerbstätige Väter; Angaben in %; Abweichungen von 100 % sind rundungsbedingt

Müttern, die mehr als 33 h pro Woche erwerbstätig waren, der Work-Family-Konflikt zwischen den beiden Erhebungszeitpunkten verringert hat. Dies kann u. U. damit erklärt werden, dass sie bereits vor der Corona-Pandemie ein Unterstützungsnetzwerk aufgebaut hatten, um ihren beruflichen Anforderungen gerecht werden zu können. Bei den Vätern zeigt sich folgendes Bild: Insbesondere diejenigen von ihnen, die vor der Pandemie mehr als eine Stunde zur Arbeit pendelten, berichteten besonders hohe Work-Family-Konflikte. Im Sommer 2020 (also zum Zeitpunkt der Befragung) hatten sich die Work-Family-Konflikte dieses Personenkreises allerdings deutlich verringert. Das (wegfallende) Pendeln kann also – für Väter – als ein erklärender Faktor für die Verringerung von Work-Family-Konflikten gedeutet werden.

Ähnliches beobachten Zerle-Elsäßer et al. bei den *Family-Work-Konflikten*: Auch hier berichten beide Geschlechter im Mittel von Verschärfungen (Zerle-Elsäßer et al. i. E.). Allerdings ist bei den Vätern der Unterschied zwischen den beiden Erhebungszeitpunkten höher als bei den Müttern. Insgesamt (und übereinstimmend mit vorausgegangenen Studien) waren Mütter stärker von Family-Work-Konflikten betroffen als Väter. Es war demnach auch unter Corona-Bedingungen für Mütter aufgrund ihrer familialen Verpflichtungen schwieriger, ihren beruflichen Aufgaben nachzukommen.

Wie die ◘ Abb. 22.2 zeigt, waren es bei den Family-Work-Konflikten knapp ein Viertel der Mütter und Väter, bei denen es zu einer Verbesserung gegenüber der Situation vor der Corona-Pandemie (also zu weniger Family-Work-Konflikten) gekommen war. Knapp die Hälfte der Mütter berichteten aber, dass ihre Family-Work-Konflikte sich verschärft haben (Buschmeyer et al. 2021).

OLS-Regressionen[8] verdeutlichen, dass für Mütter auch hier der Erwerbsumfang eine wichtige Rolle spielt: Mütter, die zwischen 21 und 33 oder mehr als 33 h pro Woche erwerbstätig waren, hatten im Sommer 2020 weniger Family-Work-Konflikte als vor Beginn der Corona-Pandemie. Auch hier liegt als mögliche Erklärung wieder nahe, dass diese Frauen sich aufgrund ihrer relativ umfangreichen Erwerbstätigkeit bereits vor der Pandemie ein externes Unterstützungsnetzwerk aufgebaut oder sich die Sorgearbeit relativ egalitär mit ihrem Partner aufgeteilt hatten und darauf in Krisenzeiten zurückkommen konnten. Mütter hingegen, die im Bereich der kritischen Infrastruktur arbeiteten und Mütter, die während des ersten Lockdowns mehr arbeiteten als zuvor sowie Mütter, die im Homeoffice nie oder nur selten einen ruhigen Arbeitsbereich zur Verfügung hatten, berichteten von gestiegenen Family-Work-Konflikten. Für sie war es also aufgrund ihrer familialen Verpflichtungen schwieriger, ihren beruflichen Aufgaben nachzukommen. Für die Väter erhöhten sich die Family-Work-Konflikte zwischen

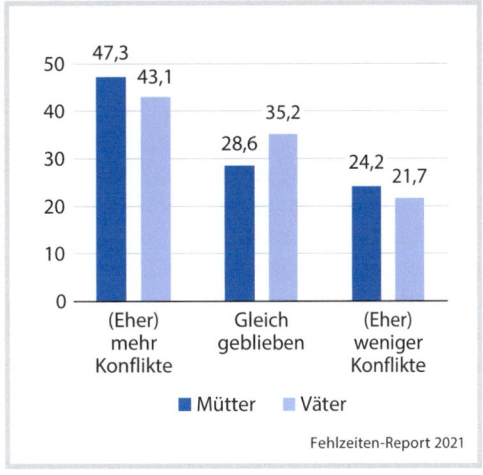

◘ **Abb. 22.2** Veränderungen in der Einschätzung der Family-Work-Konflikte, Mütter und Väter. Quelle: eigene Darstellung basierend auf Buschmeyer et al. (i. E.). Datengrundlage: AID:A 2019 und Corona-Blitz, eigene Berechnungen, N = 255 erwerbstätige Mütter und N = 257 erwerbstätige Väter; Angaben in %; Abweichungen von 100 % sind rundungsbedingt

2019 und dem Sommer 2020, wenn sie alleinerziehend waren, mehrere Kinder hatten oder mehr als eine Stunde zur Arbeit pendelten.[9] Zum Zeitpunkt des ersten Lockdowns waren die Family-Work-Konflikte bei Vätern, die nie oder nur selten einen ruhigen Arbeitsplatz zur Verfügung hatten, besonders hoch.

Die Phase des ersten Lockdowns wurde also von Müttern und Vätern zwar als Belastung empfunden, gleichzeitig aber auch ambivalent erlebt. So kann es z. B. in Familien, in denen zumindest ein Elternteil vor der Corona-Pandemie beruflich viel unterwegs war (Dienstreisen, Pendeln), zu einer Entschleunigung und damit Verringerung von Vereinbarkeitskonflikten gekommen sein. Andererseits können (zwischen den Partnern un-

---

8 Unabhängige Variablen waren hierbei die Familienstruktur, die Arbeitsbedingungen sowie die pandemiebedingten Veränderungen bei der Aufteilung von bezahlter und unbezahlter Arbeit.

9 Eine Hintergrundinformation hierzu: Allerdings gab es auch Männer in der qualitativen Teilstudie, die davon berichtet haben, dass ihnen (vor Corona) die Pendelzeit wichtig bzw. hilfreich war, um abzuschalten und „frei von beruflichen Gedanken" bei der Familie anzukommen. Im Homeoffice war dieser „zeitliche Puffer" nicht mehr gegeben.

gleich verteilte) Ressourcenausstattungen – z. B. die Möglichkeit, jederzeit ungestört (im Homeoffice) seiner Arbeit nachgehen zu können – dazu führen, dass Konflikte von einem Elternteil stärker oder eben weniger stark empfunden wurden. Ambivalenzen finden sich aber auch auf intrapersonaler Ebene – der erste Lockdown wurde z. T. von den Interviewten im Rahmen einer qualitativen Erhebung (Buschmeyer et al. 2021) als (zeitweise) entschleunigend *und* (zeitweise) stressig beschrieben. Darüber hinaus scheint das Erleben von Vereinbarkeitskonflikten auch mit der Dimension Geschlecht verwoben zu sein: Work-Family-Konflikte waren stärker bei den befragten Vätern ausgeprägt, Family-Work-Konflikte stärker bei den befragten Müttern.

Zerle-Elsäßer et al. (i. E.) zeigen, dass Eltern drei unterschiedliche Bewältigungsstrategien entwickelten, um Beruf und Familie trotz Corona unter einen Hut zu bekommen:
1. eine Netzwerk-Strategie, bei der ein informelles Netzwerk z. B. aus Großeltern, Nachbarn oder Freunden genutzt oder während der Pandemie sogar ausgebaut wurde;
2. eine Gleichverteilungs-Strategie, bei der die beiden Elternteile sich die zusätzliche Haus- und Betreuungsaufgaben neu und (annähernd) gleichberechtigt aufteilen;
3. eine Spezialisierungs-Strategie, bei der ein Partner hauptsächlich die Carearbeit übernimmt, während der bzw. die andere sich auf die Erwerbsarbeit fokussiert.

Im Prinzip bestätigen die Daten, was die Familiensoziologin Jurczyk bereits vor Corona feststellte: „Eltern gelingt gerade noch das pragmatische Vereinbarkeitsmanagement, für die Herstellung von Wir-Gefühl und Zusammenhalt fehlt häufig die Kraft. Selbstsorge wie Fürsorge werden so an der Grenze der Belastbarkeit praktiziert. Reduziert wird jedoch nicht die Zeit für die Kinder, [...] sondern die für Partnerschaft und die eigene Regeneration" (Jurczyk 2018, S. 157). Die Konsequenzen für die berufliche Belastbarkeit sind absehbar. In einer qualitativen Längsschnittstudie (Ahrens et al. i. V.) gaben Mütter häufiger als Väter an, unter körperlichen und psychischen Beschwerden (z. B. Zähneknirschen, Erschöpfung, Kopfschmerzen) zu leiden – die sich im Verlauf der Corona-Pandemie (also zwischen dem ersten und dem zweiten Lockdown) z. T. verschlimmert haben. Laut dem DAK-Psychoreport (DAK 2021) ist die Anzahl der Arbeitsunfähigkeitstage wegen psychischer Erkrankungen im Corona-Jahr 2020 gestiegen. Vor allem die Krankschreibungen aufgrund von Anpassungsstörungen nahmen um 8 % im Vergleich zum Vorjahr zu. Interessant ist auch hier der Unterschied zwischen Männern und Frauen: Während Frauen deutlich mehr AU-Tage in Anspruch nahmen und auch Krankschreibungen von mehr als zwei Wochen zunahmen, blieb die Inanspruchnahme bei Männern im Vergleich zu Vorjahr annähernd gleich. Daten des WIdO zeigen ebenfalls deutliche Unterschiede zwischen den Geschlechtern: So waren Frauen in 2020 deutlich länger aufgrund eines Burnouts krankgeschrieben – je 1.000 AOK-Mitglieder waren das bei Frauen 174 Tage, während es bei Männern 97,6 Tage waren (s. Meyer et al. in diesem Band – Kapitel 27 *Krankheitsbedingte Fehlzeiten in der deutschen Wirtschaft im Jahr 2020*, Abb. 27.55).

Auch hier lässt sich vermuten, dass die hohe Belastung von Müttern, die den Großteil der zusätzlichen Familienarbeit geleistet haben, zu einer höheren psychischen Beanspruchung geführt haben könnte als bei Vätern. Die Vereinbarkeit von Beruf und Familie ist vor diesem Hintergrund schon längst keine Privatsache mehr.

22.4 Handlungsempfehlungen und Ausblick

Was bedeuten diese Ergebnisse für die Vereinbarkeit von Beruf und Familie nun aber konkret für Arbeitgeberinnen und Arbeitgeber?

Zunächst einmal hat die Corona-Pandemie gezeigt, dass die Betreuung und Bildung von

22.4 · Handlungsempfehlungen und Ausblick

Kindern und Jugendlichen als kritische Ressource für den Leistungsfluss in Unternehmen angesehen werden kann. Wenn – wie während der Pandemie geschehen – sowohl die institutionelle (Schule, Kindergarten, Kita, Tageseltern) als auch die externe informelle (Großeltern, Babysitter, Nachbarn) Bildung und Betreuung nicht mehr vorhanden oder instabil ist, müssen viele berufstätige Eltern eine *synchrone Vereinbarkeit* herstellen, also gleichzeitig arbeiten und ihre Kinder betreuen/beschulen. Dies führt zu einer zusätzlichen Belastung und, je nach individuellen Rahmenbedingungen, u. U. auch zu einer erhöhten Beanspruchung. Viele Unternehmen haben dies erkannt: In einer Befragung von 750 Unternehmen gaben im Sommer 2020 82 % an, dass die Kinderbetreuung aus ihrer Sicht ein relevanter Faktor für die Produktivität sei (Juncke et al. 2020, S. 31). Das zeigt, dass das Thema Vereinbarkeit von Beruf und Familie verstärkt im betrieblichen Kontext thematisiert werden sollte. Gängige betriebswirtschaftliche Modelle bilden dies jedoch bisher nicht ab. Die Ressourcenabhängigkeitstheorie beispielsweise betrachtet auf der Input-Seite lediglich Akteure wie Lieferanten oder Behörden, auf der Output-Seite beispielsweise Kunden. Die Studien rund um die Situation von erwerbstätigen Eltern in der Corona-Pandemie machen allerdings deutlich, dass es sinnvoll ist, auch die Kinderbetreuung als kritische Ressource zu betrachten.

Aber was können Unternehmen konkret tun, um diese kritische Ressource zu erhalten? Der Ressourcenabhängigkeitsansatz sieht unterschiedliche (interne und externe) Strategien vor, die z. T. auch auf das betriebliche Familienbewusstsein anwendbar sind. Auf der internen Ebene können Unternehmen beispielsweise im Sinne der *Absorptions-Strategie* die Organisationsstruktur so weit flexibilisieren, dass eine synchrone Vereinbarkeit nur in Ausnahmefällen stattfinden muss. Dies kann beispielsweise umgesetzt werden, indem Gleitzeitregelungen temporär ausgeweitet werden, um berufstätigen Eltern zu ermöglichen, ihre Arbeit während intensiver Kinderbetreuungs- oder -beschulungsphasen zu unterbrechen und z. B. erst fortzusetzen, wenn der Partner bzw. die Partnerin die Betreuung/Beschulung übernehmen kann. Eine weitere interne Strategie besteht in der *Kompensation*, also in einer Risikostreuung durch Diversifikation. Eine Möglichkeit hierfür ist, Zuständigkeiten innerhalb eines Teams (proaktiv) so anzupassen, dass Mitarbeitende mit und ohne Familienpflichten sich gegenseitig unterstützen können. In Zeiten stabiler Kinderbetreuung und Beschulung können dann die Mitarbeitenden mit Familienpflichten wieder mehr bzw. zu den üblichen Zeiten arbeiten und die Kolleginnen und Kollegen ohne Familienpflichten wieder entlasten. Mit Blick auf *externe* Lösungsstrategien sieht der Ressourcenabhängigkeitsansatz u. a. die *Kooperation* mit anderen Akteuren vor. Übertragen auf das betriebliche Familienbewusstsein kann dies z. B. bedeuten, dass in Zusammenarbeit mit Trägern der Kinder- und Jugendhilfe oder mit ortsansässigen Vereinen (digitale) Freizeit- und Betreuungsangebote entwickelt werden. Besonders familienbewusste Unternehmen, die bereits vor der Corona-Pandemie gut mit lokalen und überregionalen Akteuren vernetzt waren, haben hier natürlich einen Vorteil, da sie auf bestehenden Kontakten aufbauen können. Insgesamt gilt bei der Corona-bedingten (Um-)Gestaltung des betrieblichen Familienbewusstseins: Es ist sinnvoll, Synergien zu bereits Vorhandenem zu suchen, diese vorhandenen Angebote anschließend zu strukturieren und zu systematisieren und erst im Anschluss daran zu ermitteln, welche weiteren Maßnahmen es eventuell braucht, um die Leistungsfähigkeit von Beschäftigten mit Familienpflichten optimal zu unterstützen. Dies ist auch mit einer „atmenden Vereinbarkeitspolitik" gemeint: Auf der betrieblichen Ebene sollten die Maßnahmen wandelbar sein und an die Bedürfnisse der (sich wandelnden) Belegschaft angepasst werden können.

Frei nach dem Motto „first things first" ist die Grundlage einer solchen „atmenden Vereinbarkeitspolitik" logischerweise die gesellschaftliche Anerkennung dessen, was erwerbstätige Eltern leisten. Dazu gehört auch, (unbezahlter) Familienarbeit mehr Wert zuzugestehen und sie in der Wertschöpfung zu berücksichtigen. Zahlreiche zivilgesellschaftliche Initiativen, aber auch Wissenschaftler und Wissenschaftlerinnen haben dies während der Corona-Pandemie (zu Recht) gefordert. Angelehnt an die Forderungen der integrativen Wirtschaftsethik sollten darüber hinaus auch Eltern zur „existenziellen Selbstbehauptung" (Ulrich 2020, S. 334) befähigt werden. Dafür ist es u. a. notwendig, die mentale Belastung – den *mental load*[10] – von Eltern bekannter zu machen. Viele Eltern – v. a. Mütter – wissen häufig gar nicht, woher ihre körperlichen und psychischen Beschwerden kommen; schließlich kümmern sie sich ja neben ihrer Arbeit „nur" um die Kinder und den Haushalt. Bis sie, z. B. im Rahmen eines Coachings, erkennen, wie umfangreich das Mikromanagement ist, das sie für ihre Familie betreiben. Trainings und Coachings für Mütter und Väter zu den Erwartungen, die sie an eine „gute Mutter" bzw. einen „guten Vater" stellen, sind ein wichtiges Instrument der Prävention und können – über die Corona-Pandemie hinaus – z. B. in das betriebliche Gesundheitsmanagement eingebettet werden.

Was uns die vorliegenden Daten noch nicht zeigen, sind die Langzeitfolgen der Corona-Pandemie. Die Frage, inwiefern die Pandemie langfristig die Vereinbarkeit von Beruf und Familie verändert (hat), werden wir erst in einigen Jahren beantworten können. Bisher zeigt sich im Arbeitsleben in meinen Augen eher eine Tendenz: In manchen Unternehmen ist das Thema wichtiger geworden, weil den Verantwortlichen dort (erneut) klargeworden ist, wie wichtig z. B. die Kinderbetreuung ist. In anderen Unternehmen sind allerdings andere Themen gerade so existenziell, dass sie sich nicht mehr um das Thema Familienbewusstsein kümmern (können), zumindest zeitweise. Was die Arbeitsaufteilung in Familien angeht, zeichnet sich meiner Einschätzung nach (momentan) keine grundlegende Veränderung ab. Erste qualitative Paneldaten zur Situation von berufstätigen Eltern (Ahrens et al. i. V.) deuten darauf hin, dass diese auch im zweiten Lockdown unter der Unsicherheit von Kinderbetreuung und -beschulung leiden. Vor allem Mütter gaben an, dass sich die Situation für sie (weiter) zugespitzt habe. Das folgende Zitat aus einem Interview mit einer niedergelassenen Ärztin (drei Kinder) steht beispielhaft dafür: „[M]an merkt ja auch, wie einen das körperlich belastet. Wir legen uns ja schon selber Infusionen und hauen uns Vitamin C und Aminosäuren usw. rein, wir haben ja die Möglichkeiten, um fit durch den Tag zu kommen (lacht) Das ist wirklich bei uns so. [I]ch hab Freunde, die kommen zu uns, die sind auch selbständig, die sagen ‚Hey, kannst du mir mal ne Infusion legen?' Wir kriegen das ja über die Apotheke, wir … man kann wirklich sagen, wir versuchen uns da körperlich und immuntechnisch zu pimpen, um da bloß nicht weiter auszufallen. […] [M]an KANN nicht mehr. Also dass man wirklich das Gefühl hat, man steht jetzt hier vor einem Burnout." (VV2, 104–106).

Kurzum: Corona darf nur ein Momentum gewesen sein, um die Vereinbarkeit von Beruf und Familie weiter voranzutreiben. Der Ausfall der Kinderbetreuung und -beschulung hat gezeigt, dass Care-Arbeit stärker gewürdigt werden müssen, auch im betrieblichen Kontext. Ob sie informell (in Familien) oder formal (in Bildungs- und Betreuungseinrichtungen) erfolgt, ist hierfür zunächst unerheblich. Denn Corona hat uns gezeigt: Wenn Care-Arbeit nicht zumindest teilweise außerhalb der Familie erfolgen kann und es dadurch über einen längeren Zeitraum zu synchroner Vereinbarkeit kommt, geht dies zulasten der erwerbstätigen Eltern (v. a. der Mütter) – und damit letztlich auch zulasten ihrer Kinder und ihrer Arbeitgebenden.

---

10 Mental Load meint die durch die Übernahme unzähliger „kleiner" familienorganisatorischer Details hervorgerufene mentale Belastung, unter der vor allem Mütter leiden.

Literatur

Adams-Prassl A, Boneva T, Golin M, Rauh C (2020) Inequality in the impact of the coronavirus shock: evidence from real time surveys. In: IZA DP No. 13183

Ahrens R (2016) Unternehmenskultur als Schlüssel zu einer nachhaltigen familienbewussten Personalpolitik. In: Badura B, Ducki A, Schröder H, Klose J, Meyer M (Hrsg) Fehlzeiten-Report 2016. Unternehmenskultur und Gesundheit – Herausforderungen und Chancen. Springer, Berlin, Heidelberg, S 121–128

Ahrens R (2019) Vereinbarkeit von Beruf und Familie: Herausforderung für Staat und Zivilgesellschaft. In: Freise M, Zimmer A (Hrsg) Zivilgesellschaft und Wohlfahrtsstaat im Wandel. Akteure, Strategien und Politikfelder. Springer, Wiesbaden, S 285–309

Ahrens R (2020) Familie und Beruf. In: Ecarius J, Schierbaum A (Hrsg) Handbuch Familie. Erziehung, Bildung und pädagogische Arbeitsfelder. Springer, Wiesbaden, S 1–21

Ahrens R, Buschmeyer A, Zerle-Elsäßer C (i. V.) Doing Family und Geschlecht in Zeiten der Corona-Pandemie. In: Baar R, Maier MS (Hrsg) Jahrbuch Erziehungswissenschaftliche Geschlechterforschung, Bd. 18/2022

Bernhardt J, Zerle-Elsäßer C (2021) Home-Office und grenzübergreifende digitale Kommunikation als Chance für eine gelungene Vereinbarkeit? Mütter und Väter im Vergleich. In: Walper S, Kuger A, Rauschenbach T (Hrsg) AID:A Broschüre. dbv media, Oldenburg, S 120–129

Bujard M, Laß I, Diabaté S, Sulak H, Schneider NF (2020) Eltern während der Corona Krise. Zur Improvisation gezwungen. https://www.bib.bund.de/Publikation/2020/pdf/Eltern-waehrend-der-Corona-Krise.html?nn=9755140. Zugegriffen: 13. Okt. 2020 (Hrsg v. Bundesinstitut für Bevölkerungsforschung. Wiesbaden)

Bundesministerium für Familie, Senioren, Frauen und Jugend (2013) Unternehmensmonitor Familienfreundlichkeit 2013. https://www.bmfsfj.de/blob/jump/95432/unternehmensmonitor-familienfreundlichkeit-2013-data.pdf. Zugegriffen: 9. Febr. 2021 (Berlin)

Buschmeyer A, Ahrens R, Zerle-Elsäßer C (2021) Wo ist das (gute) alte Leben hin? Doing Family und Vereinbarkeitsmanagement in der Corona-Krise. GENDER 2:11–28

DAK (2021) Psychoreport 2021. Entwicklungen der psychischen Erkrankungen im Job: 2010–2010. https://www.dak.de/dak/bundesthemen/psychreport-2429400.html#/. Zugegriffen: 28. Mai 2021

Eggert S, Teubner C, Budnick A, Gellert P, Kuhlmey A (2020) Pflegende Angehörige in der COVID-19-Krise. Ergebnisse einer bundesweiten Befragung. https://www.zqp.de/wp-content/uploads/ZQP-Analyse-Angeh%C3%B6rigeCOVID19.pdf. Zugegriffen: 9. März 2021 (Zentrum für Qualität in der Pflege, Berlin)

Fischer B, Geyer J (2020) Pflege in Corona-Zeiten: Gefährdete pflegen besonders Gefährdete. DIW aktuell, Bd. 38. Deutsches Institut für Wirtschaftsforschung (DIW), Berlin

Greenhaus JH, Beutell NJ (1985) Sources of conflict between work and family roles. Acad Manag Rev 10(1):76–88

Hank K, Steinbach A (2020) The virus changed everything, didn't it? Couples' division of housework and childcare before and during the corona crisis. J Fam Res 33(1):99–114. https://doi.org/10.20377/jfr-488

Hübener M, Waights S, Spiess CK, Siegel NA, Wagner GG (2020) Parental well-being in times of Covid-19 in Germany. SOEP papers on multidisciplinary panel data research, Bd. 1099

Jentsch B, Schnock B (2020) Child welfare in the midst of the coronavirus pandemic – emerging evidence from Germany. Child Abus Negl 110(Pt 2):104716. https://doi.org/10.1016/j.chiabu.2020.104716

Juncke D, Braukmann J, Stoll E (2020) Neue Chancen für Vereinbarkeit! Wie Unternehmen und Familien der Corona-Krise erfolgreich begegnen. https://www.prognos.com/publikationen/alle-publikationen/1026/show/be794b778016aa0f8a929cd48c3f9a6c/. Zugegriffen: 9. Febr. 2021 (Hrsg v Prognos AG)

Jurczyk K (2018) Familie als Herstellungsleistung. Elternschaft als Überforderung? In: Jergus K, Krüger JO, Roch A (Hrsg) Elternschaft zwischen Projekt und Projektion. Aktuelle Perspektiven der Elternforschung. Studien zur Schul- und Bildungsforschung, Bd. 61. Springer VS, Wiesbaden, S 143–166

Kohlrausch B, Zucco A (2020) Die Corona-Krise trifft Frauen doppelt. Weniger Erwerbseinkommen und mehr Sorgearbeit. WSI Policy Brief, Bd. 05/2020 (40)

Kreyenfeld M, Zinn S (2020) Väterliches Engagement in der Coronakrise. Soziologische Perspektiven auf die Corona-Krise. http://coronasoziologie.blog.wzb.eu/podcast/michaela-kreyenfeld-und-sabine-zinn-vaeterliches-engagement-in-der-coronakrise/ (Erstellt: 30. Sept. 2020). Zugegriffen: 26. Okt. 2020 (WZB – Wissenschaftszentrum Berlin für Sozialforschung)

Langmeyer A, Guglhör-Rudan A, Naab T, Urlen M, Winklhofer U (2020) Kindsein in Zeiten von Corona. Ergebnisse zum veränderten Alltag und zum Wohlbefinden von Kindern. http://www.dji.de/themen/familie/kindsein-in-zeiten-von-corona-studienergebnisse.html. Zugegriffen: 28. Mai 2021 (Deutsches Jugendinstitut, München)

Ministerium für Kinder, Familie, Flüchtlinge und Integration des Landes Nordrhein-Westfalen (2020) Informationen für Eltern deren Kinder in Kindertageseinrichtungen oder in der Kindertagespflege betreut werden. Informationen für Träger, Leitungen, Personal von Kindertageseinrichtungen und Kindertagespflegestellen. Lockdown vom 14.12.2020 bis 10.01.2021. https://www.mkffi.nrw/sites/default/files/asset/document/offizielle_information_lockdown_14.12.2020_bis_10.01.2021.pdf. Zugegriffen: 5. Febr. 2021

Möhring K, Naumann E, Reifenscheid M, Blom AG, Wenz A, Rettig T et al (2020) Die Mannheimer Corona-Studie: Schwerpunktbericht zu Erwerbstätigkeit und Kinderbetreuung

Müller K-U, Samtleben C, Schmieder J, Wrohlich K (2020) Corona-Krise erschwert Vereinbarkeit von Beruf und Familie vor allem für Mütter – Erwerbstätige Eltern sollten entlastet werden https://doi.org/10.18723/DIW_WB:2020-19-1

Schneider AK, Schein C (2017) Nicht-staatliche Akteure in der Familienpolitik – Die besondere Bedeutung von Arbeitgebenden. In: Gerlach I (Hrsg) Elternschaft. Zwischen Autonomie und Unterstützung. Springer, Wiesbaden, S 161–195

Ulrich P (2020) Was ist „gute" sozioökonomische Entwicklung? Eine wirtschaftsethische Perspektive. In: Beschorner T, Brink A, Hollstein B, Hübscher MC, Schumann O (Hrsg) Wirtschafts- und Unternehmensethik. Springer, Wiesbaden, S 329–344

Zerle-Elsäßer C, Buschmeyer A, Ahrens R (i E) Struggling to "do family" during COVID-19: evidence from a German mixed-methods-study. Int J Care Caring

Zinn S, Bayer M, Entringer T, Goebel J, Grabka MM, Graeber D et al (2020) Subjektive Belastung der Eltern durch Schulschließungen zu Zeiten des Corona-bedingten Lockdowns. SOEPpapers on Multidisciplinary Panel Data Research (1097). https://www.diw.de/documents/publikationen/73/diw_01.c.794185.de/diw_sp1097.pdf. Zugegriffen: 16. Dez. 2020

Zoch G, Bächmann A-C, Vicari B (2020) Care-arrangements and parental well-being during the COVID-19 pandemic in Germany.. Zugegriffen: 24. Nov. 2020 (Unter Mitarbeit von Leibniz Institute for Educational Trajectories (LIfBi))

Praxisbeispiele

Inhaltsverzeichnis

Kapitel 23 Pandemiebedingte Herausforderungen in der Pflege – Ansätze für die Betriebliche Gesundheitsförderung – 379
Kira Hower und Werner Winter

Kapitel 24 Betriebliches Gesundheitsmanagement während der Corona Pandemie – Best Practices & Lessons learned (Deutsche Bahn AG) – 397
Alexandra A. Schulz und Marita Unden

Kapitel 25 Gesundheit in der Arbeitswelt 4.0: Wirkung der zunehmenden Flexibilisierung von Arbeitsort und -zeit sowie der digitalen Kommunikation auf das Wohlbefinden von Beschäftigten – 405
Jette Behrens, Timon Maurer und Sonja Stender

Kapitel 26 Wandel ohne Ankündigung: Wahrnehmung der kurzfristigen Umstellung auf Telearbeit bei einem Personaldienstleister – 419
Thomas Afflerbach, Robert Unger und Katharina Gläsener

Pandemiebedingte Herausforderungen in der Pflege – Ansätze für die Betriebliche Gesundheitsförderung

Kira Hower und Werner Winter

Inhaltsverzeichnis

23.1 Einführung: Herausforderungen und Belastungen in der Pflege – 381

23.2 Studie: „Pflegerische Versorgung in Zeiten von Corona – Drohender Systemkollaps oder normaler Wahnsinn?" – 383

23.3 Betriebliche Gesundheitsförderung in der Pflege – 385

23.4 Studie „Arbeitsorganisatorische Anpassungen und ergänzende BGF-Angebote in der Pflege in Krisensituationen" – 386
23.4.1 Arbeitsorganisatorische Maßnahmen – 386
23.4.2 BGF-Angebote in Krisenzeiten – 388

23.5 Ansatzpunkte für die BGF in der Pflege – 389
23.5.1 Ebene der Arbeitsorganisation/Verhältnisebene – 389
23.5.2 Ebene der Führungskräfte – 391
23.5.3 Ebene der Pflegekräfte – 393
23.5.4 Ebene der Organisation von BGF-Aktivitäten in der Pflege – 394

© Springer-Verlag GmbH Deutschland, ein Teil von Springer Nature 2021
B. Badura et al. (Hrsg.), *Fehlzeiten-Report 2021*, Fehlzeiten-Report, https://doi.org/10.1007/978-3-662-63722-7_23

23.6 Fazit – 394

Literatur – 395

Zusammenfassung

Studien des IMVR der Universität zu Köln und des AOK-Bundesverbands zeigen, dass die Erbringung einer gesicherten und bedarfsgerechten Pflege durch die Corona-Pandemie vor enorme Herausforderungen gestellt wurde. Den zusätzlichen Belastungen und Herausforderungen waren besonders Führungskräfte ausgesetzt, um zum einen pflegebedürftige Menschen und sich selbst bestmöglich vor dem SARS-CoV-2-Virus zu schützen und zum anderen die Arbeitsorganisation den sich dynamisch ändernden Anforderungen anzupassen und Folgen körperlicher und psychischer Verausgabung der Mitarbeitenden aufzufangen. Die aus der pandemiebedingten Belastungskaskade resultierenden Folgen für den Gesundheitszustand und Präsentismus der Pflege- und vor allem Führungskräfte verstärken den Bedarf an Maßnahmen der Betrieblichen Gesundheitsförderung. Von besonderer Bedeutung sind Angebote zur psychischen Entlastung und zur Steigerung der Technikkompetenz, damit moderne, digital gestützte und damit flexibel einsetzbare Gesundheitsangebote genutzt werden können. Allerdings steht die Betrieblichen Gesundheitsförderung in der Pflege vor einem akuten Mangel an Glaubwürdigkeit, solange Arbeitsbelastungen durch mangelnde Personalressourcen nicht wirksam reduziert werden können.

23.1 Einführung: Herausforderungen und Belastungen in der Pflege

Der Pflegeberuf war in Deutschland bereits vor Corona durch erhebliche Belastungen gekennzeichnet. Das Missverhältnis zwischen Bedarf und Angebot an Fachkräften infolge des demographischen Wandels der deutschen Bevölkerung, individueller Leistungsverausgabung und -entlohnung sowie organisationalen Aufwands und organisationaler Ressourcen ist unbestritten. Die Auswirkungen dieses Missverhältnisses münden in ein fortwährend hohes Belastungsempfinden, berufsbedingte Erkrankungen der Pflegekräfte und einen frühzeitigen Berufsausstieg (Schmucker 2020; Christiansen 2020; Günther 2015; Höhmann et al. 2016). Einer Umfrage des Deutschen Roten Kreuzes e. V. zufolge fühlen sich 40 % der befragten Pflegekräfte für ihre Leistungen von der Gesellschaft nicht anerkannt und knapp 26 % der befragten Pflegekräfte beabsichtigen nicht, ihren Beruf bis zum Renteneintritt auszuüben. Als Hauptgründe für diese Tendenzen werden die hohen psychischen und physischen Belastungen sowie der Fachkräftemangel genannt (Deutsches Rotes Kreuz e. V. – Generalsekretariat 2019).

Die im Vergleich mit allen Beschäftigen hohen Krankenstände dokumentieren die hohen Belastungen in der Pflege. Beschäftigte in der Pflege sind deutlich länger und häufiger arbeitsunfähig als Beschäftigte in anderen Berufszweigen (Drupp und Meyer 2020). So lag der Krankenstand der AOK-versicherten Beschäftigten in der Pflege 2019 mit 7,5 % im Vergleich zu allen Beschäftigten mit 5,4 % deutlich höher. Treiber dieser Entwicklung sind in erster Linie Erkrankungen des Muskel-Skelett-Apparats und psychische Erkrankungen (◘ Abb. 23.1).

Belastende Arbeitsanforderungen wie Zeit- und Leistungsdruck durch steigende Arbeitsmengen können zu Überlastung und Stresserleben führen (Böhle 2010). Einschlägige Studien zeigen, dass das subjektive Belastungserleben im Pflegebereich im Vergleich mit anderen Berufsgruppen überdurchschnittlich hoch ist (Bräutigam et al. 2014). Neben den eingangs erwähnten Belastungsfaktoren der gesellschaftlichen und organisationsbezogenen Ebene weisen die für die Pflege vorliegenden Untersuchungen insbesondere auf hohe körperliche Anforderungen durch schweres Heben und Tragen, Zwangshaltungen, Infektionsgefährdungen, hohe Belastungen durch die Arbeitsorganisation wie Schichtdienst, eine hohen Arbeitsintensität sowie eine starke emotionale Inanspruchnahme durch den Um-

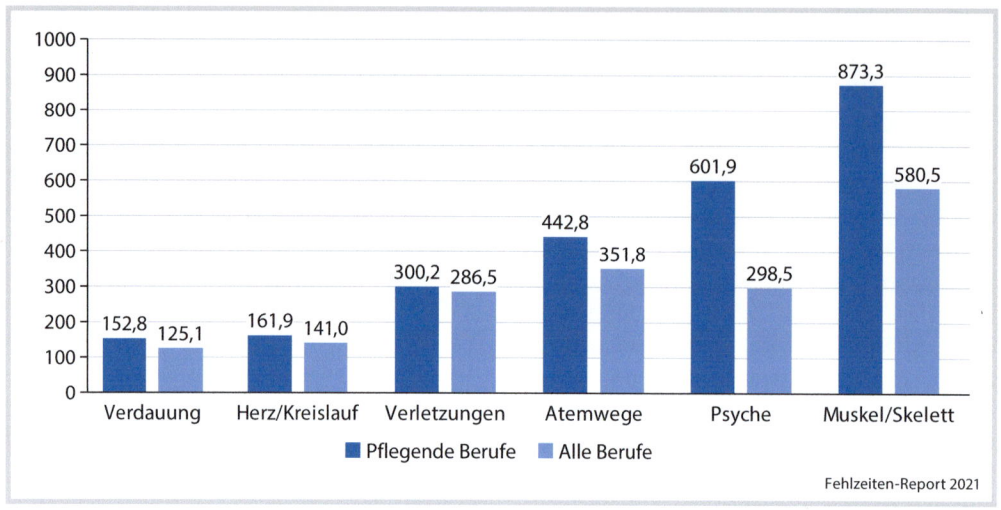

Abb. 23.1 AU-Tage je 100 Versichertenjahre nach den wichtigsten Diagnosen – pflegende Berufe und alle Berufe (2019). (Quelle: AOK-Bundesverband, eigene Berechnungen 2020)

gang mit Leid und Tod, hier v. a. in der stationären Altenpflege, sowie den Umgang mit aggressiven/unfreundlichen Pflegebedürftigen hin (Höhmann et al. 2016). Alles in allem kann von einer erhöhten gesundheitlichen Gefährdung der Beschäftigten in der Pflege gesprochen werden.

Die Belastung der Einzelnen potenziert sich im Zuge des steigenden Anteils von Pflegebedürftigen und zunehmender Arbeitsverdichtung durch fehlendes Personal zu einem gesamtgesellschaftlichen Problem, da die Leistungs- und Arbeitsfähigkeit des Versorgungssystems bereits an seine Grenzen gekommen ist (Neuber-Pohl 2017). Um den zukünftigen Bedarf an Pflegekräften zu decken, wird eine zunehmende Anzahl an Fachkräften benötigt. Laut dem Institut der deutschen Wirtschaft in Köln könnten in Deutschland allein in der stationären Altenpflege bis zum Jahr 2035 rund 307.000 Pflegekräfte fehlen. Trotz zuletzt steigender Ausbildungszahlen könnte sich die Versorgungslücke im Pflegebereich bis dahin auf knapp 500.000 Fachkräfte vergrößern (Flake et al. 2018). Eine ausreichende Personalausstattung ist jedoch Voraussetzung sowohl für eine fachgerechte Pflege als auch für gesundheitsförderliche Arbeitsbedingungen.

Mit dem Ausbruch, den dynamischen Entwicklungen und Folgen der COVID-19-Pandemie stand die Pflege vor zusätzlichen Herausforderungen. Zahlreiche Diskussionen um die Situation in ambulanten und stationären Pflegeeinrichtungen deuteten unmittelbar darauf hin, dass Pflegekräfte in Deutschland mit pandemiebedingten Mehraufwänden zu kämpfen hatten und die Versorgung der rund vier Millionen Pflegebedürftigen nur unter erheblichen Kraftanstrengungen sicherzustellen war (Hassenkamp 2020; Fischer und Geyer 2020; Halek et al. 2020; Grabenhorst et al. 2020; Kiepke-Ziemes et al. 2020). Damit einher ging die Frage: Wie verändert sich die Arbeitsbelastung der Pflegekräfte durch COVID-19? Hinweise darauf liefern einzelne Studien – so auch die bundesweite Befragung von ambulanten und stationären Pflege- und Hospizeinrichtungen („Pflegerische Versorgung in Zeiten von Corona – Drohender Systemkollaps oder normaler Wahnsinn?") durch das Institut für Medizinsoziologie, Versorgungsforschung und Rehabilitationswissenschaft der Universität Köln im April 2020 (Hower et al. 2020a,b) auf die im Folgenden unter besonderer Berücksichtigung der Leitungskräfte referiert wird.

23.2 Studie: „Pflegerische Versorgung in Zeiten von Corona – Drohender Systemkollaps oder normaler Wahnsinn?"

Die Studie ging den Fragen nach, welchen Herausforderungen und Belastungen sich Pflegeeinrichtungen ausgesetzt sehen, ob sich die allgemeinen Belastungen verschärft haben, wie die Einrichtungen die Situation bewältigten und welche gesundheitlichen Auswirkungen die Pandemie auf die befragten Pflegekräfte hatte (Hower et al. 2020a). Zur Beantwortung dieser Fragestellungen wurden Leitungskräfte aus ambulanten Pflege- und Hospizdiensten sowie stationären Pflegeeinrichtungen und Hospizen befragt. Leitungskräfte haben eine Schlüsselfunktion mit unterschiedlichen Rollen inne, die in Abhängigkeit der Art und Größe der Pflegeeinrichtungen variieren kann. Zum einen koordinieren und steuern sie die Arbeit in ihren Einrichtungen und können damit für Einrichtungen stellvertretende Aussagen treffen. Ihnen kommt gleichzeitig die Verantwortung zu, über Lösungen und Maßnahmen im Umgang mit herausfordernden Situationen wie der Corona-Pandemie zu entscheiden und diese zu entwickeln. Zum anderen sind sie oftmals unmittelbar oder mittelbar an der Versorgung Pflegebedürftiger beteiligt. Insgesamt wurden 4.333 Einrichtungen angeschrieben. An der Onlinebefragung beteiligten sich 525 Leitungskräfte. Von ihnen arbeiten 65 % in einem ambulanten Dienst, 20 % in einer stationären Einrichtung und 2,9 % in einer Einrichtung des betreuten Wohnens. Die übrigen 4,6 % sind vor allem in der teilstationären Pflege tätig.

Hinsichtlich der pandemiebedingten Herausforderungen und Belastungen wurden die teilnehmenden Leitungskräfte zunächst gefragt, inwiefern einzelne pandemiebedingte Herausforderungen in ihrer Situation gegeben waren und wie sehr sie diese als Belastung erlebten. Die Sorge vor COVID-19-Infektionen bei Pflegebedürftigen und Mitarbeitenden zählte zu den größten Herausforderungen und wird von mehr als 70 % der Leitungskräfte als mindestens stark belastend empfunden. Die Sorge vor einer Infektion unter Mitarbeitenden wird mit 99 % als stärkste Belastung wahrgenommen und von ca. 70 % der Leitungskräfte auch als mindestens stark belastend empfunden. Neben der Sorge um das Wohlbefinden der Pflegebedürftigen und der Mitarbeitenden bestehen Unsicherheiten dahingehend, welche Maßnahmen zu ergreifen sind, wenn Corona-Fälle auftreten. Unter den befragten Leitungskräften bestand z. B. Sorge darüber, ob in solchen Fällen die Versorgung aufrechterhalten werden kann oder eine Schließung des Dienstes droht.

Im Zuge der Pandemie zeichnete sich eine deutliche Intensivierung der Arbeitsintensität und -dichte ab. Rund 47 % geben an, dass diese im Vergleich zur Zeit vor der Pandemie stärker geworden ist und knapp 70 % empfinden dadurch eine mäßige bis sehr starke Belastung – z. B. aufgrund von Aufklärungsarbeit oder fehlender Unterstützung durch Angehörige, die durch das gesamte Pflegepersonal kompensiert werden musste. Laut der befragten Leitungspersonen zählten auch die Gewährleistung des Infektionsschutzes (97 %) als Herausforderung, von der sich mehr als 60 % der Befragten als mindestens stark belastet fühlten. Zu weiteren Herausforderungen, die mit einer Intensivierung der Arbeitsintensität und -dichte assoziiert sind, zählten die Einhaltung von Hygienevorschriften des RKI (78 %; 34 % fühlten sich mindestens stark belastet) und die Widersprüchlichkeit und Intransparenz arbeitswichtiger Informationen und Richtlinien (76 %; 50 % fühlten sich mindestens stark belastet). Als besonders problematisch erwies sich die Durchführung von Schutzmaßnahmen bei an Demenz erkrankten Menschen.

Diese Herausforderungen wurden kreativ, aber nicht systematisch gelöst. Bei der Bewältigung der Krise war erkennbar, dass einrichtungsinterne strukturelle Lösungsmaßnahmen im Vordergrund standen. Diese mussten aufgrund sich dynamisch ändernder interner und äußerer Rahmenbedingungen, Entwicklungen und Vorschriften permanent überprüft und angepasst werden. Bewährt haben sich Maßnahmen wie die Bildung kleiner Teams, die Erstellung von Notfallplänen sowie bereichsübergreifende Einsätze von Mitarbeitenden. Hinzu kam die Umstellung der Tourenplanung im ambulanten Bereich. Um die psychischen und physischen Auswirkungen für Mitarbeitende, Pflegebedürftige und Angehörige gering zu halten, zeigten sich eine ständige Kommunikationsbereitschaft, Information und Aufklärung seitens der Leitungskräfte als bewährte Bewältigungsstrategie. Zur Aufrechterhaltung sozialer Kontakte und eines gesicherten Informationsaustauschs kamen häufiger technische Lösungen zum Einsatz (u. a. Einsatz von Videotelefonie, E-Learning-Plattformen, Newsletter, telefonische Sprechstunden). Als wichtigste Ressource für die Krisenbewältigung galt der soziale Zusammenhalt innerhalb der Teams.

Rund 90 % der Leitungspersonen sahen die Ausstattung mit genügend Finanzmitteln zur Bewältigung der Pandemie als weitere Herausforderung, die von mehr als 50 % als mindestens stark belastend empfunden wurde. Auch berichteten 68 %, dass die Belastung durch Einnahmeausfälle im Vergleich zu der Zeit vor der Pandemie stärker geworden sei. Viele der Befragten gaben an, finanzielle Hilfsmittel in Anspruch genommen zu haben, um Einnahmeausfälle und Mehrausgaben auszugleichen. Einnahmeausfälle resultierten insbesondere aus dem Wegfall von Leistungen, die aufgrund von Kontaktbeschränkungen nicht mehr angeboten werden konnten (wie z. B. die Tagespflege) oder aus Sorge der Pflegebedürftigen oder Angehörigen vor Ansteckung nicht mehr in Anspruch genommen wurden (z. B. Leistungen der häuslichen Pflege). Mehrausgaben entstanden vor allem durch hohe Kosten für Schutzausrüstung, wurden jedoch auch aufgewendet, um die Einsätze der Mitarbeitenden honorieren oder vorhandenes Personal aufzustocken zu können.

Die Meinungen über die Abdeckung, Beantragung, Bürokratie und Gerechtigkeit von Hilfsangeboten wie dem Pflegerettungsschirm waren gespalten.

Deutlich wurde eine Belastungskaskade, weil Herausforderungen, Belastungen und weitere Auswirkungen immer im Wechselspiel zueinander stehen und nicht losgelöst voneinander betrachtet und interpretiert werden können. So geht beispielsweise das Risiko vor Ansteckung und Übertragung mit entsprechenden Hygienemaßnahmen, Kontaktbeschränkungen, Unsicherheiten und einem Aufklärungsbedarf einher, die in ihrer Wirkung zu vielschichtigen, sich bedingenden Herausforderungen, Belastungen und Auswirkungen führen.

Obgleich 62 % der Befragten glaubten, die pandemiebedingten Herausforderungen und Belastungen bewältigen zu können, ging die Belastungssituation nicht spurlos an den Leitungskräften vorüber. Rund 87 % der Befragten empfanden die Überbelastung ihrer Mitarbeitenden als herausfordernd – für knapp 45 % ist diese mindestens stark belastend und bei etwa 63 % hat sie seit Ausbruch der Pandemie an Intensität gewonnen. Das Wohlbefinden der befragten Leitungskräfte hat sich den Einschätzungen zufolge im Zuge der Pandemie um 7,5 % verschlechtert. Ebenso erschienen sie nach eigenen Angaben um durchschnittlich 20 % häufiger als vor Ausbruch der Pandemie krank bei der Arbeit. Gründe hierfür werden in der pandemiebedingten Mehrbelastung vermutet, die vor allem durch die Leitungskräfte aufgefangen werden müsse. Diese bestand insbesondere in der Koordination und Steuerung, um die pflegerische Versorgung aufrechtzuerhalten und in der Verantwortung, über Lösungen und Maßnahmen im Umgang mit den pandemiebedingten Herausforderungen zu entscheiden und diese zu entwickeln. Dies erforderte z. B., arbeitsrelevante Informationen zu beschaffen, diese in Maßnahmen zu übersetzen, Folgen dieser abzuwägen, die Umsetzung der Maßnahmen einrichtungsintern zu kommunizieren und anzuleiten, über die Situation aufzuklären und für Sorgen und Belange der Mitarbeitenden, Pflegebedürftigen und Angehörigen ansprechbar zu sein.

Laut den Befragten werden Mitarbeitende in der Pflege die langfristigen psychischen Folgen der derzeitigen Arbeitssituationen noch länger beschäftigen. Berufsbedingte Erkrankungen, frühzeitige Berufsaustritte und Schließungen von Einrichtungen könnten dadurch zunehmen, denn die Angst der Leitungskräfte, dass viele Mitarbeitende nach Ende der Krise der Pflege den Rücken kehren, war groß und der Personalschlüssel überlaste ohnehin das Personal, das mehr und mehr in andere Berufe abwandere. Hinsichtlich der Bewältigung wurde angemerkt, man lebe in den Diensten nunmehr von Tag zu Tag und nicht wie früher von Woche zu Woche oder Monat zu Monat.

Bezüglich der Frage, ob sich das pflegerische Versorgungssystem in Deutschland bereits vor der Pandemie an der Belastungsgrenze befand, verdeutlichen die Ergebnisse, dass die Herausforderungen zusätzlich gestiegen sind, und veranschaulichen pandemiebedingte Belastungen. Diese werden vornehmlich durch Mehrarbeit und einen Zusatzaufwand – vor allem auf Seiten der Leitungskräfte – bewältigt und stehen laut den Befragten in einem Missverhältnis zu der wahrgenommen mangelnden gesellschaftlichen sowie finanziellen Anerkennung. Unklar bleibt, welche langfristigen Folgen aus der Belastungssituation zu erwarten sind.

23.3 Betriebliche Gesundheitsförderung in der Pflege

Mit dem Ziel, die Folgen der hohen physischen und psychischen Anforderungen in der Pflege abzufedern, die Ressourcen und Arbeitsfähigkeit von Beschäftigten zu erhalten, die Attraktivität des Pflegeberufs zu steigern und die Verweildauer im Pflegeberuf zu erhöhen, stellen Maßnahmen der Betrieblichen Gesundheitsförderung (BGF) eine Möglichkeit dar, die Verhältnisse und Verhaltensweisen zu verbessern.

Obwohl Studien auf positive Effekte in Bezug auf gesundheitsförderliche Verhaltensweisen und eine gesundheitsförderliche Arbeitsorganisation hinweisen (Barthelmes et al. 2019) und der Handlungsdruck in der Pflege evident ist, werden BGF-Maßnahmen in der Pflege nicht in erforderlichem Umfang umgesetzt. Eine hohe Arbeitsdichte und geringe Personalressourcen lassen BGF-Aktivitäten oft in den Hintergrund treten. Zudem fördern diese Faktoren das Risiko interessierter Selbstgefährdung durch Mehrarbeit und Teamloyalität (Krause et al. 2010). Zusätzlich wirkt erschwerend, dass auch die Pflegekräfte selbst im Arbeitsalltag dazu tendieren, Belastungsgrenzen zu überschreiten (Krupp et al. 2020). Jüngere Untersuchungen weisen darauf hin, dass lediglich 43 % der Pflegeeinrichtungen Angebote zur BGF vorhalten (Isfort et al. 2018). Vorherrschend sind eher verhaltenspräventive Angebote, die die individuelle Bewältigungskompetenz im Umgang mit Belastungen steigern können, wie z. B. Trainings in den Bereichen Bewegung, Ernährung oder Stressbewältigung. Maßnahmen, die gesundheitsförderliche Arbeitsbedingungen fokussieren, wie z. B. eine gesunde Arbeitsorganisation, verlässliche Schichtpläne und eine gerechte Arbeitsteilung in Teams, Maßnahmen zur Life-Balance und Förderung einer Pausenkultur, sind eher die Ausnahme. Langfristige Effekte für mehr Gesundheit sind jedoch am ehesten in einer Kombination beider Handlungsebenen zu erwarten. Mit BGF lassen sich die Gesundheitspotenziale der Arbeit stärken, arbeitsbedingte Belastungen von Beschäftigten senken, ihre gesundheitlichen Kompetenzen verbessern sowie die Arbeitsfähigkeit langfristig sichern. Zudem steigert BGF die Arbeitgeberattraktivität und erhöht die Bindungsbereitschaft von Mitarbeitenden (Winter und Grünewald 2016).

23.4 Studie „Arbeitsorganisatorische Anpassungen und ergänzende BGF-Angebote in der Pflege in Krisensituationen"

Die dynamische Entwicklung sowie die wachsenden Folgen der COVID-19-Pandemie für Pflegeeinrichtungen stoppten die bisherigen Bemühungen, gesunde Arbeit in der Pflege auszubauen, radikal. Insbesondere die Arbeit der Krankenkassen und zuständigen Unfallversicherungsträger wurde häufig „auf Eis gelegt" oder stark eingeschränkt. Die Zeit des Stillstands nutzten zahlreiche Anbietende zur Entwicklung digitaler Angebote für die Pflege. Ob sich diese am tatsächlichen Bedarf der Einrichtungen orientieren, ist unsicher.

Um mehr Erkenntnisse über den aktuellen Bedarf an BGF-Angeboten von Pflegeeinrichtungen in Krisenzeiten zu erlangen und zu erfahren, welche Qualifizierungsformate eingesetzt werden können, führte der AOK-Bundesverband im Mai 2020 eine qualitative Befragung mittels standardisierter Interviews bei 51 Vertreter:innen von Pflege, Pflegeverbänden und Wissenschaft aus dem Bundesgebiet durch. Einen Überblick über die Untersuchungspopulation gibt ◘ Tab. 23.1.

Die Einrichtungen sind zwar nicht repräsentativ ausgewählt, bilden jedoch in Bezug auf die Unternehmensgrößen einen aussagekräftigen Querschnitt der Pflegebranche, da mehr als die Hälfte der Befragten in Organisationen mit weniger als 100 Beschäftigen arbeiteten. Interviewt wurden ausschließlich Leitungskräfte aller Hierarchieebenen (Drupp et al. 2021).

Zusammenfassend kann festgestellt werden, dass Krankenhäuser und stationäre Einrichtungen der Altenpflege die durch die Pandemie entstandenen vielfältigen Herausforderungen überwiegend gut bewältigt haben. Insgesamt wurde sehr häufig berichtet, dass auf Seiten der Pflege- und Führungskräfte ein außerordentlich hohes Engagement und ein extrem ausgeprägter Wille zu beobachten war, die Krise gut zu meistern. In einem ersten Schritt wurden daher die Maßnahmen erfragt, mit denen die Pflegeeinrichtungen den Herausforderungen der Krise begegnen.

23.4.1 Arbeitsorganisatorische Maßnahmen

Bezogen auf arbeitsorganisatorische Maßnahmen konnten die Ergebnisse der oben aufgeführten Studie des IMVR der Universität Köln bestätigt werden. Im Vordergrund der Bemühungen stand die Entwicklung der Pandemiepläne zur Umsetzung von Hygienestandards sowie die Beschaffung von Schutzmaterialien. Zentrale Elemente zur Krisenbewältigung waren für die meisten der Befragten die Bildung eines Krisenstabs, die Durchführung von

◘ **Tab. 23.1** Verteilung der untersuchten Pflegeeinrichtungen nach Teilbranchen

Pflegebranche	n	In %
Stationäre Altenpflege	26	51
Ambulante Altenpflege	11	21
Krankenhaus	10	20
Verbandsvertreter:innen	3	6
Vertreter:innen der Wissenschaft	1	2

Fehlzeiten-Report 2021

Hygieneschulungen und die Erarbeitung neuer Abläufe und Verfahrensregeln. Dabei zeigten sich in Anlehnung an Begerow und Gaidys (2020) große Unterschiede in den Belastungen. Während in zahlreichen ambulanten und stationären Einrichtungen der Altenpflege Kontakt- und Besuchseinschränkungen, der Wegfall von Fortbildungen, der Belegungsstopp sowie die Eingliederung der Beschäftigten der Tagespflege teilweise zeitliche Freiräume für eine intensivere Betreuung der zu Pflegenden oder Überstundenabbau entstehen ließ, waren im Falle von „Hot-Spots", also in Einrichtungen, in denen Bewohner:innen mit COVID-19 infiziert waren, sowohl bei Pflege- als auch bei Führungskräften ein Arbeiten „bis zur Erschöpfung" und ein situationsbezogener Präsentismus zu beobachten.

Für das Recruiting von zusätzlichen Pflegekräften nutzen zahlreiche Organisationen vielfältige Möglichkeiten, wie z. B. die Ansprache ehemaliger Mitarbeitender, den Einsatz von Medizinstudent:innen und die Verantwortungsübertragung an Azubis, die die Ausbildung fast abgeschlossen haben. In der Altenpflege wurden § 43b-Kräfte in das Bezugspflegekonzept integriert.[1]

Um Kontakte zwischen Teams zu reduzieren, damit bei Ansteckungen nicht die ganze Einrichtung schließen muss, wurden häufig kleine, feste Teams gebildet und Pausenzeiten gestaffelt. Bedingt durch krankheitsbedingte Ausfälle kam es in der Praxis immer wieder zur Bildung neuer Teams.

Häufig wechselnde Informationslagen machten eine zeitnahe Kommunikation innerbetrieblicher Strategien und Anweisungen erforderlich. Zur Umsetzung wurden unterschiedliche Strategien gewählt. Interviewte berichten von

- der Einführung einer telefonischen Hotline,
- einer erweiterten telefonischen Erreichbarkeit der Führungskräfte (z. B. von 06.00 bis 21.00 Uhr),
- der Einführung regelmäßiger, z. T. täglicher Besprechungen,
- der Entwicklung von Kommunikationsroutinen. Da häufig kleinere Gruppen gebildet wurden, wuchs die Anzahl der regelmäßigen Besprechungen und führte so zu einer Mehrbelastung der Führungskräfte.
- der Bildung von WhatsApp-Gruppen zur schnellen Information (v. a. in der ambulanten Pflege).

Als wichtiger Faktor in der Kommunikation wurde darüber hinaus auch eine zeitnahe, gemeinsame und berufsgruppenübergreifende Informationsstrategie genannt. Hierzu wurden auch digitale Kommunikationstechniken in Form von Web- und Telefonkonferenzen eingesetzt.

Häufig mussten neue Arbeitszeit- und Schichtplanmodelle entwickelt werden. Ebenso wurden in der stationären Altenpflege Bezugspflegekonzepte und „Tourenpläne" entwickelt. Ausgehend von den Bedarfen der Bewohner:innen legen diese Pläne eindeutig fest, in welcher Reihenfolge die Pflegebedürftigen gepflegt werden. So wussten die Beschäftigten, was, wann und wo zu erledigen ist.

Die Interviews wurden zum Zeitpunkt der sukzessiven Wiederöffnung von stationären Pflegeeinrichtungen geführt. Dabei wurde immer wieder auf die besondere Spannungssituation für Pflegekräfte hingewiesen, einerseits für zu Pflegende den ersehnten, jedoch eingeschränkten Kontakt zu den Familienangehörigen unter strenger Beachtung der Hygieneregelungen wiederherzustellen und andererseits die Familienangehörigen aufgrund der beschränkten Aufenthalte auch als mittelbare Entlastung für die eigene Pflegetätigkeit zu erleben.

---

1 Mit Inkrafttreten des Pflegestärkungsgesetzes (PSG) II zum 1. Januar 2017 wurde die zusätzliche Betreuung, die bis Ende des Jahres 2016 im § 87b SGB XI geregelt wurde, in die §§ 43b und 53c SGB XI überführt. Dadurch wird der Anspruch Pflegebedürftiger in stationären Pflegeeinrichtungen (einschließlich teilstationärer Pflegeeinrichtungen) auf Maßnahmen der zusätzlichen Betreuung durch Betreuungsassistenten gesetzlich festgeschrieben, sodass der Mensch wieder stärker in den Vordergrund gerückt ist.

Damit notwendige Sicherheitsmaßnahmen auch im Büro eingehalten werden konnten, kam es in der ambulanten Pflege zu einer stärkeren Priorisierung der Tätigkeiten. An COVID-19 erkrankte Patient:innen erhielten teilweise eine separate Betreuung. Dies hatte zur Folge, dass nicht immer alle Wünsche der zu Pflegenden erfüllt werden konnten. Insbesondere die Reihenfolge sowie geänderte Tourenpläne und -zeiten sind hier zu nennen.

Zum Zeitpunkt der Untersuchung reflektieren die meisten Einrichtungen die eingesetzten Strategien, Methoden und Techniken. Einigkeit bestand überwiegend in der Beibehaltung der intensivierten, dort wo möglich auch digitalen Kommunikation und der verstärkten Beachtung von Hygiene.

Im zweiten Schritt wurden die Interviewten um Auskunft zu Art und Gestaltung von BGF-Maßnahmen gebeten.

23.4.2 BGF-Angebote in Krisenzeiten

90 % der Interviewten sahen grundsätzlichen Bedarf für BGF-Angebote in der Pflege auch in Krisenzeiten. Die Frage nach augenblicklich konkret benötigten BGF-Angeboten in der Pflege wurde heterogen beantwortet. Je ca. ein Viertel der Befragten sieht aktuellen Bedarf für Angebote zu den Themen
- Stress/Resilienz/Entspannung und
- psychosoziale Unterstützung/Employee Assistance Programms (EAP)/Supervision

für Beschäftigte und Führungskräfte. Hintergrund ist u. a. die hohe Arbeitsbelastung, fehlende Möglichkeiten einer ausgeglichenen Life-Balance u. a. durch verkürzte Ruhephasen, häufig wechselnde Dienstpläne, aber auch die Ängste der Pflegekräfte, selbst infiziert zu werden, Bewohner:innen anzustecken und damit ganze Einrichtungen „lahm zu legen".

Insbesondere die Möglichkeit – im Sinne von Self-Care – selbst „Energie zu tanken", bzw. sich durch professionelle Unterstützung und Beratung zu entlasten, stehen im Vordergrund der befragten Führungskräfte für ihre Beschäftigten. Ziel ist der Erhalt der Arbeitsfähigkeit. „Gerät die notwendige Selbst(für)sorge jetzt aus dem Blickfeld, fehlen den Pflegenden die Ressourcen für die Zeit nach der Pandemie (die auf eine andere Weise herausforderungsvoll werden wird). Nehmen die Einrichtungen und Dienste jetzt ihren (Für)Sorgeauftrag nicht wahr und schaffen den notwendigen Rahmen für die Selbst(für)sorge der Pflegenden nicht, kann aufgrund der nachhaltigen Belastungen, aufgrund von Burnout-Symptomen, die Versorgungsqualität in der Zeit nach der COVID-19-Pandemie nicht sichergestellt werden." (Riedel und Heidenreich 2020, S. 160) Vor diesem Hintergrund sind Angebote zur psychosozialen Entlastung nachvollziehbar.

Weiterer Bedarf zeigte sich zu den Themen rückenschonendes Arbeiten, hier insbesondere zum Einsatz von Kinästhetik, gesunder Ernährung bei der Arbeit sowie ergänzenden Angeboten zu Life-Balance und Elder-Care.

Weiter konnte beobachtet werden, dass Führungskräfte in Krisenzeiten ebenfalls unter besonderer Belastung und Verantwortung stehen und deshalb Unterstützung wünschen. Zum einen leidet in Krisenzeiten der Austausch untereinander, der in ruhigeren Zeiten eine Reflexion des eigenen Handelns ermöglicht. Zum anderen wird der Bedarf für Schulungen zur Gesprächsführung mit Mitarbeitenden bzw. Angehörigen gesehen. Darüber hinaus würde die Entwicklung eines „Frühwarnsystems" oder Analysetools zur frühzeitigen Identifikation von Überlastungssituationen der Pflegekräfte die Führungskräfte unterstützen. In Krisenzeiten muss häufig kurzfristig reagiert werden, sodass Abweichungen von der Tagesordnung die Regel sind. Übermäßige Belastungen Einzelner werden deshalb oft nicht in der Gesamtheit registriert.

Maßnahmen, die eine verbesserte Zusammenarbeit im Team unterstützen, sind ebenfalls willkommen. Da Teams in Krisenzeiten häufig neu zusammengestellt werden und der zwischenmenschliche Kontakt reduziert wird, fehlt der Austausch zu „Fällen" und der soziale Kontakt zur eigenen Entlastung. In Notzeiten kommt deshalb dem Miteinander im Team eine noch höhere Bedeutung zu.

Der Bedarf an Online-Angeboten in der Betrieblichen Gesundheitsförderung wurde insgesamt kontrovers diskutiert. Digitale Unterstützung wird teilweise als wichtig erachtet, jedoch werden gleichzeitig die mangelhafte digitale Ausstattung vor allem in der Altenpflege und ein hohes Durchschnittsalter in der stationären Altenpflege als Hindernis beschrieben.

Die Interviewten betonten die vielen Rollen von Führungskräften in Krisenzeiten als Vorbild, Kommunikator:in oder Entscheider:in. Angebote wie „Gesund Führen in Krisenzeiten", Zeitmanagement und gesunde Kommunikation wurden gewünscht. Führungskräften trauen selbst sich die Nutzung von Onlineangeboten eher zu als ihren Pflegekräften.

Aus Sicht der Befragten sollten BGF-Angebote für die Pflege in Krisenzeiten Wissen „kurz und knackig" (5–10 Minuten) sowie adressatengerecht transportieren, flexibel abrufbar, reproduzierbar sein und dürften den Betriebsablauf möglichst wenig stören. Dabei sind die branchenüblichen Organisationsbedingungen wie Schichtarbeit zu berücksichtigen.

23.5 Ansatzpunkte für die BGF in der Pflege

Was in „normalen Zeiten" für die BGF in Pflegeeinrichtungen gilt, trifft erst recht in Krisenzeiten zu. Für BGF gibt es kein Patentrezept. Alle Maßnahmen sind bedarfsbezogen und betriebsindividuell zu entwickeln, Beschäftigte und Führungskräfte zu beteiligen, die Wirkung der Angebote zu beobachten und ggfs. nachzusteuern. BGF ist und bleibt auch in Krisenzeiten ein iterativer Prozess, um eine stetige Weiterentwicklung zu ermöglichen. Dennoch lassen sich aus den vorliegenden Untersuchungen des IMVR der Universität Köln sowie des AOK-Bundesverbandes Ansätze für die Gestaltung von BGF-Angeboten in Krisenzeiten auf verschiedenen Handlungsebenen ableiten.

23.5.1 Ebene der Arbeitsorganisation/ Verhältnisebene

Infektionsschutz und Hygienestandards

Im Zuge von pandemiebedingten Infektionsrisiken muss die Arbeitsorganisation in der Pflege prioritär auf Maßnahmen zur Vermeidung von Infektionsketten ausgerichtet werden. Hierzu zählen präventive Maßnahmen zur Kontaktbeschränkung und der sozialen Distanzierung, Hygienemaßnahmen, Aufnahmestopp und im stationären Bereich das Schaffen von Isolationsmöglichkeiten. Entscheidend für das Gelingen der Durchbrechung von Infektionsketten ist die einrichtungsspezifische Entwicklung eines Hygienekonzepts, in denen die Organisation und der Ablauf der Hygiene- und Schutzmaßnahmen festgelegt und dokumentiert werden. Die nachvollziehbare und konsequente Dokumentation und Umsetzung eines Hygienekonzepts bei entsprechenden Infektionsszenarien können Unsicherheiten bei Personal, Pflegebedürftigen und deren Angehörigen minimieren. Auch eine transparente und zeitnahe Informationspolitik zur Einhaltung der Hygienevorschriften trugen hierzu bei. Der Rückgriff auf digitale Medien stellte die Bereitstellung von Informationen zusätzlich sicher. Hygiene zielt nicht nur auf den Schutz der Pflegebedürftigen, sondern hat immer einen Bezug zur eigenen Gesundheit. Das medizinische Basiswissens der Pflegekräfte lässt sich für die eigene Gesundheitsförderung gut nutzen. Und umgekehrt kommen alle Maßnahmen, die die Gesundheit der Pflegekräfte fördern, auch den zu Pflegenden zugute.

Personalplanung

In Krisenzeiten steht die Entwicklung von Maßnahmen zur Aufrechterhaltung des Betriebs bei Personalausfall im Fokus. Zum generellen Fachkräftemangel im Pflegeberuf kam das Problem hinzu, dass Pflegekräfte oftmals selbst zur Risikogruppe mit schweren Krankheitsverläufen gehören und deshalb aus Schutz vor Ansteckung der Arbeit fernblieben. Auf diese Problematik müssen Pflegeeinrichtungen reagieren, um einerseits die Versorgungsqualität aufrechtzuerhalten und andererseits eine Mehrbelastung der anwesenden Mitarbeitenden zu vermeiden. Eine Strategie, um die Mehrbelastung infolge der zusätzlichen Personalknappheit und Anforderungen gering zu halten, war die Um- und Neuverteilung von Verantwortlichkeiten wie der Einsatz von Personal in alternativen, teilweise fachfremden Funktionsbereichen (u. a. Einsatz von Zeitarbeitspersonal, Einsatz von Mitarbeitenden der ambulanten Pflege auf der Station, Einsatz von Ehrenamtlichen, Akquise neuer Mitarbeitender, bereichsübergreifender Mitarbeitereinsatz, Einsatz nicht voll ausgebildeter Mitarbeitender, Urlaubssperre). Strategien zur gleichmäßigen Verteilung von Belastungen sollten Bestandteil des Betrieblichen Gesundheitsmanagements sein. Erste Ansätze dazu ermutigen zum Ausbau. So unterstützt die AOK Bayern zur Sicherung einer gleichmäßigen Verteilung und einer gesundheitsgerechten Dienstplangestaltung insbesondere bei Schichtplanabweichungen die Entwicklung und Erprobung eines digitalen Ampelindikators, der eine faire Verteilung des „Tauschgeschäfts" fördert. Kurzfristige Dienstplangestaltung und kurzfristige Änderungen werden für alle transparent und die Life-Balance dadurch verbessert.

Inwieweit der Einsatz wechselnden und möglicherweise nicht in der Pflege ausgebildeten Personals Auswirkungen auf die Versorgungsqualität der Pflegebedürftigen hat, bleibt zunächst unklar. Zudem löst es nicht das generelle Problem des Fachkräftemangels im Pflegebereich. Eine ausreichende Personalausstattung ist Voraussetzung für eine fachgerechte Pflege und für gesundheitsförderliche Arbeitsbedingungen. Durch das im Januar des Jahres 2021 in Kraft getretene neue Gesundheitsversorgungs- und Pflegeverbesserungsgesetz (GPVP), das die Schaffung von zusätzlich bis zu 20.000 Stellen für Pflegeassistenzkräfte vorsieht, sollten Einrichtungen unterstützt werden, den zukünftigen multiprofessionellen Personalmix durch Organisationsentwicklungsschritte z. B. zur Verteilung von Arbeit gut umzusetzen. Hierzu kann die BGF mit ihrem partizipativen Ansatz einen wesentlichen Beitrag leisten.

Vernetzung: „Von anderen lernen"

Zur Gewährleistung der Versorgung trotz Kontaktbeschränkungen und Hygieneauflagen, ohne die Gesundheit von Pflegenden und Pflegebedürftigen zu gefährden, waren Pflegeeinrichtungen auf die Hilfe Dritter angewiesen. Insbesondere bei der Beschaffung von Schutzmaterialien oder der Beantragung finanzieller Hilfen musste auf die Unterstützung von Trägern, Verbänden, Unternehmen, Vereinen, Ämter und Behörden oder Angehörigen zurückgegriffen werden. Auch bei der Beschaffung arbeitsrelevanter Informationen war die Kooperation mit zuständigen Institutionen, Gesundheits- und Landesämtern, Kreisverbänden und pflegenden Angehörigen unerlässlich. Hier kann eine Vernetzung von Pflegeeinrichtungen über die eigene Trägerorganisation hinaus zusätzlich hilfreich sein. Komplexe Situationen erfordern komplexe Lösungen. Damit diese gefunden werden, bedarf es einer einrichtungsübergreifenden Zusammenarbeit. Vor allem Führungskräfte wünschen sich einen Austausch, um gegenseitig von den Erfahrungen zu profitieren und so die organisationale Resilienz zu stärken (Drupp et al. 2021). Wichtige Aufgabe in der BGF ist, diesen Erfahrungsaustausch anzuregen und zu unterstützen. Die meisten Anbieter von BGF-Leistungen, allen voran die Krankenkassen und Unfallversicherungsträger verfügen über sehr gute Kontakte, die hierfür genutzt werden können.

Soziale Ressourcen, wie z. B. Unterstützung und Anerkennung, haben eine hohe Pufferfunktion für arbeitsbedingte Belastungen. Für die Pflege mit ihren besonders hohen emotionalen Anforderungen ist es deshalb wichtig, im Rahmen von BGF „Räume" zu schaffen, in denen Austausch, Feedback und Entlastung möglich sind. Diese „interne Vernetzung" fördert zudem auch den Informations- und Wissenstransfer und verbessert die Problemlösung.

Präsentismus

Nach Angaben der durch das IMVR befragten Leitungskräfte erschienen diese um durchschnittlich 20 % häufiger als vor Ausbruch der Pandemie krank bei der Arbeit.

Rund 56 % gaben an, vor Ausbruch der Pandemie nie zur Arbeit gegangen zu sein, wenn sie krank waren bzw. sich krank gefühlt haben. Nach Angabe von 15,2 % kam dies selten, von 16,2 % manchmal, von 7,6 % oft und von 5 % sehr oft vor. Zum Befragungszeitpunkt während der Pandemie geben noch 18,5 % der Befragten an, nie zur Arbeit gegangen zu sein, wenn sie krank waren bzw. sich krank gefühlt haben. Bei 26,9 % sei dies selten, bei 29,3 % manchmal, bei 17,1 % oft und bei 8,2 % sehr oft vorgekommen. Insbesondere die Anteile derer, die angaben, nie krank oder mit Krankheitsgefühl zur Arbeit gegangen zu sein, verringerte sich. Die Ergebnisse verdeutlichen, dass Präsentismus nach Einschätzung der Befragten in Zeiten von Corona weitaus häufiger vorkommt. Die Gründe hierfür lagen vor allem in der pandemiebedingten Mehrarbeit, die durch die Leistungskräfte aufgefangen werden musste und besonders in der Schulung, Beratung und Aufklärung der Mitarbeitenden bestand. Dies war nach Ansicht der Befragten zum Erhalt des Wohlbefindens aller Betroffenen sowie für ein adäquates Verhalten zum Schutz vor Ansteckung und Übertragung unerlässlich und unersetzlich. Die AOK-Studie konnte auch bei den Pflegekräften den Zuwachs eines situationsbezogenen Präsentismus beobachten. Dies kann mit einem hohen Verantwortungsgefühl gegenüber Pflegebedürftigen begründet werden oder damit, dass man Kolleg:innen keine zusätzliche Arbeit im Krankheitsfall aufbürden möchte (Schneider et al. 2018).

Präsentismus kann langfristig zu längeren krankheitsbedingten Ausfällen führen. Den Pflegenden wie auch den für die Pflege verantwortlichen Führungskräften scheint die Tragweite und Komplexität des Phänomens Präsentismus in der Pflege oft noch nicht hinreichend bewusst zu sein. Obwohl Präsentismus nicht vollständig vermieden werden kann, könnten erhöhte Wachsamkeit der Pflegepraktiker, neue Management-Methoden und gezielte Gesundheitsförderungsmaßnahmen die Prävention von Präsentismus in der Pflege begünstigen. Um zu vermeiden, dass Beschäftigte krank zur Arbeit erscheinen und eine mögliche Infektionsquelle bilden, sollten Einrichtungen das „Selbstmonitoring" der Mitarbeitenden fördern. Darüber hinaus sollten die Pflegekräfte zusätzlich sensibilisiert werden, Pflegebedürftige stärker hinsichtlich möglicher Infektionsrisiken zu beobachten.

23.5.2 Ebene der Führungskräfte

Gesunde Führung

Um negative Auswirkungen der Krise auf das Befinden der Mitarbeitenden zu vermeiden, standen insbesondere Strategien des sozialen Miteinanders und guter Führung im Vordergrund. Hierzu zählte u. a. das Ausstrahlen von Sicherheit, der Fokus auf Ruhe, Kraft und Solidarität, die ständige Erreichbarkeit der Führungskräfte für Mitarbeitende, die Einbindung der Mitarbeitenden in Entscheidungen, die Bestandsaufnahme über Probleme sowie Aufklärungsarbeit. Auch die Förderung der Motivation der Mitarbeitenden, die zusätzlichen pandemiebedingten Herausforderungen und Belastungen zu meistern, können als Ansatzpunkte zur Krisenbewältigung abgeleitet werden. Die Maßnahmen erstreckten sich über zusätzliche Angebote an Getränken, Verpflegungsgeld, Einkaufsgutscheine oder die Bestärkung bestehender Kompetenzen. Die Führungsaufgaben zielten insbesondere auf die Sicherstellung der Beratung, Schulung und Aufklärung von Mitarbeitenden, Pflegebedürftigen und Angehörigen (u. a. transparente Informationspolitik, Flexibilität und Informiertheit, hohe Präsenz der Führung) sowie auch auf die Stärkung der Eigenverantwortlichkeit der Mitarbeitenden ab.

Um Commitment und Arbeitszufriedenheit besonders hoch zu halten, erscheinen in Krisenzeiten die Ansätze des transformationalen Führens (Bass und Aviolo 1994; Pelz 2016) und des mitarbeiterorientierten Servant Leaderships (Stahl 2019) als erfolgreich. Die Transformationale Führung will das Verhalten von Beschäftigen sowie deren Motivation beeinflussen. Dazu gehört die aktive Wahrnehmung ihrer Vorbildfunktion durch Führungskräfte, die Entwicklung individueller Stärken und Talente von Beschäftigten, die Anregung zu mehr Eigeninitiative und kreativer Problemlösung sowie die Vermittlung von sinnvollen, attraktiven Zielen und Entwicklungsperspektiven. Servant Leader oder „dienende Führungskräfte" begreifen ihre Aufgabe vor allem darin, ihrer Organisation und ihren Mitarbeitenden zu dienen, sie zu unterstützen und zu fördern, um die Zukunft des Unternehmens zu sichern. So wächst daraus die Akzeptanz als „natürlich" Führender quasi von allein. Aufgabe der Vorgesetzten ist, die Richtung vorzugeben, die Einhaltung der Spielregeln zu überwachen und letztlich die Verantwortung zu tragen. Führungsfähigkeiten zur fairen Kommunikation, zum aktiven Zuhören, zu Empathie, Überzeugungskraft und Partizipation von Mitarbeitenden sind Instrumente, die Zusammenarbeit und gute Arbeitsbedingungen fördern und die Vorbildfunktion der Leitungsperson zur Geltung bringen. Diese Wirkmechanismen sollten zukünftig stärker in den bestehenden Konzepten zu gesunder Führung berücksichtigt werden.

Stressbewältigung

Die vorliegenden Studien zeigen, dass Führungskräfte gerade in Krisenzeiten Bedarf an psychosozialer Unterstützung haben, da sie selbst mit häufig wechselnden Problemlagen zurechtkommen müssen, z. B. durch kurzfristige Personalengpässe, die Übermittlung von arbeitsrelevanten Informationen und/oder durch neu zu bildende Teams. Angebote zum Führen von gesunden Gesprächen, zur Reflexion des eigenen (Vorbild-)Verhaltens, zu gesunder und wertschätzender Kommunikation (auch Angehörigen gegenüber), zum Umgang mit Konflikten und Supervision bzw. Employee-Assistance-Programmen (EAP)[2] können hier hilfreich sein und Bestandteil des BGF-Programms werden. Förderprogramme wie z. B. „Pflege in Balance" der bayerischen Gesundheitskasse weisen insbesondere bei Supervision/EAP-Angeboten auf einen hohen Bedarf hin. Innerhalb von 15 Monaten nahmen – trotz Corona bedingter Verzögerungen – bereits 81 Pflegeeinrichtungen am Programm teil. Vor dem Hintergrund nicht möglicher Präsenzangebote in Pflegeeinrichtungen während der Pandemiezeiten erfreut sich ein digitales Führungskräftecoaching, wie es im Rahmen des Care4Care-Projekts des AOK-Bundesverbandes angeboten wird, einer hohen Nachfrage und Zufriedenheit (Drupp et al. 2021).

Kommunikation

Krisensituationen bedingen immer Veränderungsprozesse. In Changemanagement-Prozessen ist eine gelungene Kommunikation von zentraler Bedeutung. Nur wenn die Hintergründe des „Warum, Was, Wie und Wann" verstanden werden, besteht die Chance der Akzeptanz und der Unterstützung des Wandels. Schnelle, tägliche und umfassende Kommunikation, die Intensivierung von bestehenden Kommunikationsroutinen, klare Regelungen und Entscheidungen, die auf Daten und Fakten beruhen sowie verständlich abgefasst sind, und eine dauernde Kommunikationsbereitschaft der Führungskräfte scheinen wesentliche Erfolgsfaktoren für die Bereitschaft, sich auf Neues einzulassen. Wenn auch in Krisenzeiten begonnene BGF-/BGM-Prozesse in den Einrichtungen ruhten, zeigte sich, dass

---

2   EAP ist eine Maßnahme des Arbeitgebers, die darauf abzielt, den Beschäftigten Beratungsdienste durch unabhängige externe Fachkräfte zur Verfügung zu stellen. Insbesondere handelt es sich um Angebote auf den Gebieten Stressmanagement, Konfliktbewältigung, Sucht, Gesundheit, Kinderbetreuung und Eldercare. Ziel ist die Leistung der Organisation zu steigern.

die dazu gebildeten Strukturen und Kommunikationsprozesse hilfreich sein können, Ressourcen zu generieren. Zur Kommunikation sollten alle zur Verfügung stehenden analogen und digitalen Kommunikationskanäle genutzt bzw. ausgebaut werden. Besonderheiten von Pflegeteilbranchen wie der ambulanten Pflege, in der gemeinsame Besprechungen eher die Ausnahme sind, sind durch alternative Kommunikationskanäle, z. B. digitale Angebote, zu berücksichtigen.

Eine ständige Kommunikationsbereitschaft, Information und Aufklärung seitens der Leitungskräfte zeigte sich als bewährte Bewältigungsstrategie, um die psychischen und physischen Auswirkungen für Mitarbeitende, Pflegebedürftige und Angehörige gering zu halten. Dies erforderte besondere Kommunikation nach innen (u. a. Information und Beruhigung von Mitarbeitenden, Mitarbeiterpflege, transparente Kommunikation) und besondere Kommunikation nach außen (u. a. Kontaktpflege zu pflegenden Angehörigen und Krankenhaussozialdiensten, Netzwerken und Pflege der Verbundarbeit, transparente Kommunikation). Zur Vermeidung von sozialer Isolation der Pflegebedürftigen, zur Aufrechterhaltung sozialer Kontakte und zu einem gesicherten Informationsaustausch für die Pflege- und Leitungskräfte kamen häufiger technische Lösungen zum Einsatz (u. a. Einsatz von Videotelefonie, E-Learning-Plattformen, Newsletter, telefonische Sprechstunden). Die Kommunikation über digitale Plattformen ermöglicht einen schnelleren und effizienten Austausch von Wissen bzw. Erfahrungen und birgt die Möglichkeit Positionen abzustimmen. Das Teilen von Wissen ist in Krisenzeiten (über-)lebensnotwendig. Damit bieten sich auch für die BGF neue Möglichkeiten, digitale Angebote zur Steigerung der Gesundheitskompetenz in Pflegeeinrichtungen zu platzieren.

23.5.3 Ebene der Pflegekräfte

Resilienz stärken

Rund 62 % der befragten Leitungskräfte in der IMVR-Studie glaubten, die gegenwärtigen Herausforderungen und Belastungen bewältigen zu können. Dies weist auf eine hohe Zuversicht hin, den Alltag auch in Krisensituationen bewältigen zu können. Eine hohe Selbstwirksamkeit und ein ausgeprägter Bewältigungsoptimismus sind wichtige Stärken, die helfen, Krisensituationen zu meistern. Insbesondere die Selbstfürsorge erscheint jedoch ausbaufähig. Dies unterstreicht auch eine Studie der PFH Göttingen, die zu dem Schluss kommt, dass Pflegekräfte eine geringere Bereitschaft aufweisen, Hilfsangebote in Anspruch zu nehmen, da man sich nicht schwer genug belastet fühlt bzw. genug Unterstützung im eigenen Umfeld habe (PFH Göttingen 2020).

Deutlich wurde ebenfalls die außerordentlich hohe Motivation der Beschäftigten, die Krise zu überwinden, und die Fähigkeit, selbstorganisiert zu lernen. Umgang und Verhalten in Videokonferenzen, die eigenständige Bildung von virtuellen Gruppen über soziale Medien sind Beispiele dafür. Lernen findet eben nicht nur in formalem Rahmen statt, sondern hauptsächlich auf informellem Wege über den Austausch und durch gegenseitige Unterstützung. Im Rahmen von BGF-Aktivitäten sollten diese Ressourcen stärker in den Blick genommen werden.

Soziale Unterstützung

Als wichtige Ressource für die Krisenbewältigung galt der soziale Zusammenhalt innerhalb der Teams. In Anbetracht generell knapper finanzieller, materieller und personeller Ressourcen erschienen soziales Miteinander, emotionale Unterstützung und gegenseitiger Verlass an Bedeutung zu gewinnen. Die gemeinsame Erfahrung der Krise hat offenbar bewirkt, dass Leitungskräfte und Mitarbeitende näher zusammengerückt sind und das Verständnis füreinander gewachsen ist. Diese

Schlüsselfaktoren sollten gestärkt werden, um für weitere Krisensituationen gewappnet zu sein. Die soziale Unterstützung durch Vorgesetzte ist Kennzeichen eines gesunden Arbeitsklimas und verhindert, dass Pflegekräfte ihren Beruf vorzeitig aufgeben (Hasselhorn et al. 2005).

Weitere Ansatzpunkte der Prävention

Auch in Krisenzeiten sollten die „üblichen" Präventionsthemen in der Pflege nicht vernachlässigt werden. Angebote zur gesunden Ernährung, zur Entspannung und zum körperlichen Ausgleich, zum Umgang mit Suchtmitteln, hier insbesondere zum Rauchverhalten und zum Medikamentenkonsum sowie zur Regeneration, sollten Bestandteil der betrieblichen Gesundheitsförderung sein. Insbesondere der Regeneration während der Arbeitszeit, die eindeutige gesundheits- und leistungsförderliche Effekte zeigt, sollte in der BGF mehr Aufmerksamkeit gewidmet werden. In der Pflege werden Pausen häufig nicht genommen bzw. gestört oder unterbrochen. Konzepte für eine gesundheitsförderliche Pause liegen inzwischen vor (Jaensch et al. 2020). In der ambulanten Pflege ist noch zu eruieren, wie sich die Pflegekräfte während der Arbeitszeit am besten erholen können.

23.5.4 Ebene der Organisation von BGF-Aktivitäten in der Pflege

Die Anforderungen an BGF-Angebote kommen in der AOK-Studie klar zum Ausdruck: Sie müssen „kurz und knackig" sein und dürfen den Tagesablauf nicht stören. Dies kann den Maßstab für BGF-Angebote bilden. Da die Haltung zu IT-gestützten Angeboten in der Pflege noch divergent ist, scheinen hybride Angebote angemessen. Führungskräfte und auch die ambulante Pflege sind leichter mit digitalen Formaten erreichbar. Eine darüber hinausgehende analoge Unterstützung ist ebenfalls wünschenswert.

Auch hier liegen erste ermutigende Erkenntnisse aus dem Pilotprogramm „Resist" vor. Resist wurde im Rahmen des AOK-Modellprogramms „Care4Care" zusammen mit der Leuphana Universität Lüneburg entwickelt und kombiniert ein Onlinetraining mit einer Smartphone-App und einem telefonischen Coaching-Angebot zum Ausbau der Resilienz von Pflegekräften.

23.6 Fazit

Die Studien des IMVR und des AOK-Bundesverbandes kommen zu dem Schluss, dass Angebote zur Gesundheitsförderung in der Pflege besonders in Krisensituationen von hoher Bedeutung sind. Wenn auch der Schutz vor Infektionen in Zeiten einer Pandemie im Vordergrund steht, benötigen professionell Pflegende aufgrund zusätzlicher Anforderungen vor allem Angebote zur psychischen Entlastung und zur Steigerung der Technikkompetenz, damit moderne, digital gestützte und damit flexibel einsetzbare Gesundheitsangebote genutzt werden können. Darüber hinaus sollten Pflegekräfte bei deren Entwicklung beteiligt und die Bereitstellung von Hardware unterstützt werden. Einzelne Landes-AOKs haben deshalb in Pflegeeinrichtungen Tablets leihweise für Fachkräfte zur Verfügung gestellt. Für Pflegekräfte haben BGF-Angebote eine hohe symbolische Bedeutung, wahrgenommen zu werden. Allerdings steht die BGF in der Pflege vor einem akuten Mangel an Glaubwürdigkeit, solange Arbeitsbelastungen durch mangelnde Personalressourcen nicht wirksam reduziert werden können. Inwieweit Zusammenhänge bestehen zwischen der aktuellen Arbeitssituation in der Pflege und der geringeren Bereitschaft, für sich selbst gut zu sorgen, könnte Gegenstand weiterer Forschungsarbeiten sein. Es zeigt sich, dass Führungskräfte ebenfalls hohen Bedarf an psychischer Entlastung haben. Sie sollten deshalb in Krisenzeiten stärker in den Fokus von BGF-Aktivitäten genommen werden. Zur Steigerung der organisationalen Resilienz wird die Nützlichkeit der inner- und überbetrieblichen Vernetzung deutlich.

Literatur

Barthelmes I, Bödeker W, Sörensen J et al (2019) iga.Report 40. Wirksamkeit und Nutzen arbeitsweltbezogener Gesundheitsförderung und Prävention. Zusammenstellung der wissenschaftlichen Evidenz 2012 bis 2018. iga, Dresden

Bass BM, Avolio B (1994) Improving organizational effectiveness through transformational Leadership. SAGE, Thousand Oaks

Begerow A, Gaidys U (2020) Covid-19 Pflege Studie. Pflegewissenschaft Sonderausgabe:33–36

Böhle F (2010) Neue Anforderungen an die Arbeitswelt – neue Anforderungen an das Subjekt. In: Keupp H, Dill H (Hrsg) Erschöpfende Arbeit, Gesundheit und Prävention in der flexiblen Arbeitswelt. transcript, Bielefeld, S 77–96

Bräutigam C, Evans M, Hilbert J, Öz F (2014) Arbeitsreport Krankenhaus – Eine Online-Befragung von Beschäftigten deutscher Krankenhäuser. Hans-Böckler-Stiftung, Düsseldorf

Christiansen M (2020) Arbeitsorganisation und Führungskultur. In: Jacobs K, Kuhlmey Greß AS et al (Hrsg) Pflege-Report 2019. Springer, Berlin, S 123–135

Deutsches Rotes Kreuz e. V. – Generalsekretariat Bereich Jugend und Wohlfahrtspflege (2019) Status Quo, Chancen und Potentiale – Ergebnisse einer Befragung von Mitarbeitenden in der DRK-Altenpflege. https://drk-wohlfahrt.de/uploads/tx_ffpublication/DRK-Studie-Altenpflege_Status-Quo-Chancen-Potentiale_November-2019.pdf. Zugegriffen: 24. Nov. 2020

Drupp M, Meyer M, Winter W (2021) Arbeitsorganisatorische Anpassungen und ergänzende BGF-Angebote in der Pflege in Krisensituationen. In: Jacobs K, Kuhlmey A, Greß S et al (Hrsg) Pflege-Report 2021. Springer, Berlin

Drupp M, Meyer M (2020) Belastungen und Arbeitsbedingungen bei Pflegeberufen – Arbeitsunfähigkeitsdaten und ihre Nutzung im Rahmen des Betrieblichen Gesundheitsmanagements. In: Jacobs K, Kuhlmey A, Greß S et al (Hrsg) Pflege-Report 2019. Springer, Berlin, S 23–45

Fischer B, Geyer J (2020) Pflege in Corona-Zeiten: Gefährdete pflegen besonders Gefährdete. Deutsches Institut für Wirtschaftsforschung, Berlin

Flake R, Kochskämper S, Risius P et al (2018) Fachkräfteengpass in der Altenpflege. IW-Trends 2018. Institut der deutschen Wirtschaft, Köln

Grabenhorst U, Stiels-Prechtel R, Niemann M et al (2020) COVID-19 in einer stationären Pflegeeinrichtung: Corona-Pandemie 2020. MMW Fortschr Med 162(9):60–62

Günther L (2015) Psychische Belastungen in Pflegeberufen. Ressourcenorientierte Gesundheitsförderung durch die Betriebliche Sozialarbeit. GRIN, München

Halek M, Reuther S, Schmidt J (2020) Herausforderungen für die pflegerische Versorgung in der stationären Altenhilfe: Corona-Pandemie 2020. MMW Fortschr Med 162(9):51–54

Hasselhorn H-M, Müller B, Tackenberg P et al (2005) Berufsausstieg bei Pflegepersonal. Wirtschaftsverlag NW, Dortmund, Berlin, Dresden

Hassenkamp M (2020) Pflege während der Coronakrise. „Irgendwann ist die Grenze erreicht". https://www.spiegel.de/politik/deutschland/corona-krise-in-der-pflegeirgendwann-ist-die-grenze-erreicht-a-65cc3116-a9de49d5-a076-9701381e252d. Zugegriffen: 15. Mai 2020

Höhmann U, Lautenschläger M, Schwarz L (2016) Belastungen im Pflegeberuf: Bedingungsfaktoren, Folgen und Desiderate. In: Jacobs K, Kuhlmey A, Greß S et al (Hrsg) Pflege-Report 2016. Schattauer, Stuttgart, S 73–89

Hower KI, Pförtner T-K, Pfaff H (2020a) Pflegerische Versorgung in Zeiten von Corona – Drohender Systemkollaps oder normaler Wahnsinn? Wissenschaftliche Studie zu Herausforderungen und Belastungen aus der Sichtweise von Leitungskräften. Universitäts- und Stadtbibliothek Köln, Köln

Hower KI, Pförtner T-K, Pfaff H (2020b) Pflege in Zeiten von Corona: Onlinebefragung von Leitungskräften zu Herausforderungen, Belastungen und Bewältigungsstrategien. Pflege 33(4):207–218

Isfort M, Rottländer R, Weidner F et al (2018) Pflegethermometer 2018. Deutsches Institut für angewandte Pflegeforschung e. V. Köln. https://www.dip.de/fileadmin/data/pdf/projekte/Pflege_Thermometer_2018.pdf. Zugegriffen: 14. Dez. 2020

Jaensch P, Fugli U, Ott JM (2020) Organisationskultur und -gerechtigkeit betrieblicher Wandel und Gesundheit: eine Auseinandersetzung am Beispiel „Pausengestaltung in der Pflege". In: Badura B, Ducki A, Schröder H et al (Hrsg) Fehlzeiten-Report 2020. Springer, Berlin, S 295–309

Kiepke-Ziemes S, Rose A, Zwicker-Pelzer R (2020) Mit und ohne Corona: Die Versorgung und Betreuung von alten, kranken und sterbenden Menschen auf dem Prüfstand. Köln. https://www.dgsf.org/ueber-uns/gruppen/fachgruppen/pflegen/mit-und-ohne-corona-die-versorgung-und-betreuungvon-alten-kranken-und-sterbenden-menschen-auf-dem-pruefstand. Zugegriffen: 23. Apr. 2020

Krause A, Dorsemagen C, Peters K (2010) Interessierte Selbstgefährdung: Was ist das und wie geht man damit um? HR Today 4:43–45

Krupp E, Hielscher V, Kirchen-Peters S (2020) Betriebliche Gesundheitsförderung in der Pflege – Umsetzungsbarrieren und Handlungsansätze. In: Jacobs K, Kuhlmey A, Greß S et al (Hrsg) Pflege-Report 2019. Springer, Berlin, S 113–122

Neuber-Pohl C (2017) Das Pflege- und Gesundheitspersonal wird knapper. Berufsbildung Zahl BWP 1:4–5

Pelz W (2016) Transformationale Führung – Forschungsstand und Umsetzung in der Praxis. In: Von Au C (Hrsg) Wirksame und nachhaltige Führungsansätze: System, Beziehung, Haltung und Individualität. Springer, Berlin, S 93–112

Göttingen PFH (2020) Gesundheitsfachkräfte psychisch überdurchschnittlich belastet durch COVID-19-Pandemie. https://presse.pfh.de/pressemitteilungen/1116-gesundheitsfachkraefte-psychisch-ueberdurchschnittlich-belastet-durch-covid-19-pandemie.html?L=0. Zugegriffen: 17. Nov. 2020

Riedel A, Heidenreich T (2020) Der Applaus für die (Für)Sorge fordert die Protektion der Selbst(für)sorge. PflWiss Sonderausgabe:156–162

Schmucker R (2020) Arbeitsbedingungen in Pflegeberufen. In: Jacobs K, Kuhlmey A, Greß S et al (Hrsg) Pflege-Report 2019. Springer, Berlin, S 49–60

Schneider D, Winter V, Schreyögg J (2018) Job demands, job resources and behaviour in times of sickness. Health Care Mange Rev 43(4):338–347

Stahl HK (2019) Dienende Führung. Das Heidelberger Modell. In: Fischer HR, Stahl HK, Schettgen P et al (Hrsg) Dienende Führung. Zu einer neuen Balance zwischen ICH und WIR. Erich Schmidt, Berlin, S 5–22

Winter W, Grünewald C (2016) BGM als Stellschraube von Arbeitgeberattraktivität. In: Badura B, Ducki A, Schröder H et al (Hrsg) Fehlzeiten-Report 2016. Springer, Berlin, S 225–236

Betriebliches Gesundheitsmanagement während der Corona Pandemie – Best Practices & Lessons learned (Deutsche Bahn AG)

Alexandra A. Schulz und Marita Unden

Inhaltsverzeichnis

24.1 Herausforderungen in der Pandemie – 398

24.2 Gesunde Mitarbeitende – gesunde Organisation – 400

24.3 Unterstützungsangebote – 400

24.4 DB-spezifische Herausforderungen – 401

24.5 Krisenkommunikation – 402

24.6 Learnings und Potenziale – 403

Literatur – 404

Zusammenfassung

Die Corona-Pandemie stellt die Deutsche Bahn als größte Mobilitätsdienstleisterin 2020/21 vor besondere Herausforderungen. Es gilt Mitarbeitende und Fahrgäste bestmöglich zu schützen und gleichzeitig die Funktionsfähigkeit der Infrastruktur in Deutschland aufrechtzuerhalten. Das Betriebliche Gesundheitsmanagement stellt eine wichtige Säule einer funktionsfähigen und gesunden Organisation dar. Neben den bereits etablierten Formaten wurden explizite Unterstützungsformate während der Pandemie angeboten. Eine transparente und unternehmensinterne Kommunikation wird von den Mitarbeitenden als besonders unterstützend erlebt. Für die DB als lernende Organisation bot das letzte Jahr eine Vielzahl an Lernanreizen, die für die Weiterentwicklung des zukünftigen Arbeitens wertvoll sind.

24.1 Herausforderungen in der Pandemie

Sich weltweit verbreitende neuartige Infektionskrankheiten, mit denen Menschen und Gesundheitssysteme nicht vertraut sind (Pandemien), stellen nicht nur eine gesundheitliche Gefährdung des einzelnen Menschen dar, sie können auch zu einer Belastung der medizinischen Versorgungssysteme, der Wirtschaft und des öffentlichen Lebens bis hin zu einer Gefahr für die öffentliche Ordnung führen. Aufgrund des Gefährdungspotenzials haben sowohl die Weltgesundheitsorganisation (WHO) als auch die deutsche Bundesregierung Regelungen erstellt (Nationaler Pandemieplan).

Insbesondere kritische Infrastrukturen, d. h. technische Einrichtungen und Organisationen, die eine besonders große Bedeutung für das staatliche Gemeinwesen haben, gilt es während einer Pandemie aufrechtzuerhalten. Dazu zählt neben technischen Basisinfrastrukturen wie die Energie- und Trinkwasserversorgung auch das Transport- und Verkehrswesen der Deutschen Bahn AG (DB). Als Betreiberin einer kritischen Infrastruktur (KRITIS-Betreiber) ist die DB verpflichtet, die Versorgung der Bevölkerung und Transportleistungen im Personen- und Güterverkehr sicherzustellen (Bundesamt für Bevölkerungsschutz und Katastrophenhilfe 2021). Im Zuge einer Pandemie oder eines anderen nationalen Notstandes können sich die Schwerpunkte der Leistungen verschieben. So kann beispielsweise die Nachfrage im Personenverkehr aufgrund von Mobilitätseinschränkungen zurückgehen, während die Priorität des Gütertransports zur Versorgung der Bevölkerung und Wirtschaft gleichzeitig zunimmt.

Im Zuge einer Pandemie ist die Wahrscheinlichkeit von Störungen eines relevanten Systems sehr hoch. Die Organisation DB muss – und hat dies während der Corona-Pandemie bewiesen – trotz unerwünschter Ereignisse in der Lage sein, über lange Zeiträume fehlerfrei zu agieren. Wie gut Beschäftigte mit neuen, gefährdenden Umwelt- bzw. Rahmenbedingungen im Arbeitsumfeld zurechtkommen, hängt in diesem Zusammenhang vor allem von der Gestaltung der Arbeitsbedingungen ab. In sogenannten Hochzuverlässigkeitsorganisationen (High Reliability Organisations, HRO) können Mitarbeitende Störungen und Fehler im System bereits vorab antizipieren und dementsprechend schnell abwehren. Aus Fehlern wird kontinuierlich gelernt und Prozessabläufe werden im positiven Sinne weiterentwickelt (Weick und Sutcliffe 2001).

Weil es notwendig ist, die Funktionsfähigkeit eines gesellschaftlich hochrelevanten Betriebes zu gewährleisten und die Vorhersage einer Pandemie ebenso wie die Vorhersage größerer Katastrophen nahezu unmöglich ist, hat in HROs wie der DB der Gesundheits- und Arbeitsschutz sowie die interne Resilienz[1] (Unden 2020) höchste Priorität.

---

[1] Das Konzept der Resilienz stammt aus der Materialwissenschaft und bezeichnet eine hohe Widerstandsfähigkeit von Materialien oder deren Toleranz gegenüber äußeren Einwirkungen. In der Psychologie beschreibt es die Fähigkeit von Menschen, widrige Ereignisse unbeschadet zu überstehen und in ihr Erleben zu integrieren (Fooken 2009).

24.1 · Herausforderungen in der Pandemie

Zur Sicherung des Gesundheits- und Arbeitsschutzes werden die Pandemiepläne der DB AG seit Beginn der Corona-Pandemie kontinuierlich an die aktuellen Entwicklungen angepasst und unternehmensspezifisch ausgestaltet. Der konzernweite Pandemieplan der DB AG verdeutlicht dabei
- die Bedeutung pandemischer Entwicklungen für das Unternehmen, den Betrieb und seine Beschäftigten,
- die strategischen Handlungsfelder innerhalb des Konzerns für schnelle Präventions-, Entscheidungs- und Reaktionsmaßnahmen,
- die konkreten Handlungsschritte für Führungskräfte und Mitarbeitende und
- die Lessons Learned des Krisenmanagements.

Die konkreten Ziele der DB AG während der Corona-Pandemie sind, die verfügbaren Ressourcen im systemrelevanten Betrieb zielgerichtet einzusetzen, Mitarbeitende zu schützen, sachdienliche Informationen über die Lage zur Verfügung zu stellen und den Schaden in Hinblick auf die gesellschaftliche Verantwortung des Unternehmens abzuwenden. So wurden beispielsweise die Schichtpläne so strukturiert, dass eine Ansteckung des gesamten Personals oder die Fortführung von Infektionsketten bestmöglich verhindert wurden. Personal wurde in möglichst konstanter Zusammensetzung eingesetzt und Außenkontakte und die Präsenzzeiten von Spezialistinnen und Spezialisten mit besonderen Kenntnissen wurden bereits vor den bundesweiten Arbeitsschutzregelungen auf das notwendige Maß reduziert. Als betriebsnotwendige Tätigkeitsgruppen galten Angebote zur Kindernotbetreuung, Passierscheine und betriebseigene Test- und Impfprogramme. Die umgesetzten Maßnahmen lassen sich unterscheiden in akute Schutzmaßnahmen, wie beispielsweise die Anordnung einer Maskenpflicht in Einrichtungen der DB, und Unterstützungsmaßnahmen für Beschäftigte. Hierbei wird differenziert nach unmittelbarer physischer Sicherheit und den begleitenden Maßnahmen, die der Aufrechterhaltung der Arbeitsfähigkeit und Förderung der psychischen Gesundheit dienen.

Resilienz äußert sich in den Dimensionen Stressresistenz, Regenerations- und Anpassungsfähigkeit und lässt sich von Individuen auf Organisationen übertragen. Mit zunehmender organisationaler Resilienz erhöht sich die Fähigkeit, mit unvorhergesehenen Ereignissen bzw. gefährdenden Umwelt- bzw. Rahmenbedingungen umzugehen (Meissner und Hunziker 2018). Organisationen erfüllen mit einem gut aufgestellten Betrieblichen Gesundheitsmanagement (BGM) nicht nur ihre Fürsorgepflicht, sie profitieren langfristig von gesunden und resilienten Mitarbeitenden (Pennig und Vogt 2005). Organisationales Resilienzmanagement als betriebliche Maßnahme sorgt dafür, dass die Ressourcen für die Verarbeitung und Integration eines widrigen Ereignisses innerhalb einer Organisation zur Verfügung stehen (Meissner und Hunziker 2018). Die DB hat zur Stärkung der internen Resilienz während der Corona-Pandemie einen ganzheitlichen Ansatz gewählt und neben einem telefonischen psychologischen Kriseninterventionsteam sowie Live-Chats mit Medizinern und weiteren Experten, ein FAQ-Forum mit 24 Stunden Erreichbarkeit, Austauschformate und Leitfäden zum Umgang mit der Krise sowie Schulungen für Führungskräfte zur Erkennung psychischer Belastungen etabliert. In diesen Formaten wurden zu Beginn viele Fragen zum Infektionsgeschehen, aber auch zu Umsetzungsfragen im mobilen Arbeiten geklärt. Damit stehen den Mitarbeitenden die Ressourcen und die Fähigkeiten zu Verfügung, ein widriges Ereignis zu überstehen und zu integrieren, woraus im besten Falle eine Lernchance für den zukünftigen Umgang mit Herausforderungen entsteht.

Für ein gelingendes Resilienzmanagement sind die Unternehmens- und Fehlerkultur zentrale Grundlagen. HROs wie die DB, aber auch Kernkraftwerke, Intensivstationen oder Flugsicherungszentralen sind sich ihrer relevanten Bedrohungen und den Konsequenzen von Fehlern sehr bewusst (Schochlow und Dekker 2019). Sie haben daher ein umfassendes Sicherheitskonzept und sind sehr sensibel für Fehler. Diese Konzentration auf Fehler kann zu einer defizitorientierten Fehlerkultur führen, die den Menschen vor allem als Risikofaktor betrachtet und versucht, menschliches Versagen zu verhindern. Mögliche Folgen können seitens der Mitarbeitenden die Angst, Fehler zu benennen und damit letztlich ein gesteigertes Sicherheitsrisiko sein. Die DB tritt dem entschieden entgegen und hat sich in ihrer Strategie der *Starken Schiene* einem starken Miteinander verpflichtet. Eine gesunde und konstruktive Fehlerkultur fördert in unserem Unternehmen den Austausch, lässt uns mögliche Fehler und Sicherheitsrisiken frühzeitig erkennen und aus ihnen lernen. Trotz der Corona-Pandemie werden Mitarbeitende in sogenannten Ausbausteinen aktiv an der Ausgestaltung der Konzernstrategie beteiligt. Diese Integration verschiedener Sichtweisen auf aktuelle Themen wie Krisen- und Wissensmanagement, Sicherheit oder Teamarbeit gewährleistet eine stetige Weiterentwicklung einer lernenden Organisation. Darüber hinaus stärkt die Zusammenarbeit die Selbstverpflichtung, sich für diese Ziele auch unter pandemischen Belastungen einzubringen, und erhöht die Identifikation mit der Arbeitgeberin DB.

24.2 Gesunde Mitarbeitende – gesunde Organisation

Eine zentrale Rolle für eine gesunde DB kommt dem Betrieblichen Gesundheitsmanagement (BGM) zu, dessen Fokus auf der Gesunderhaltung und Unterstützung aller Mitarbeitenden in ihren unterschiedlichen Lebensphasen liegt. Jenseits der verpflichtenden Leistungen bietet die DB im Rahmen des BGM für ihre Mitarbeitenden vielfältige Angebote zu beispielsweise Gesundheitsförderung und Prävention, Sozial- und Krisenunterstützung oder Vereinbarkeit von Beruf und Leben an und positioniert sich damit klar als soziale Arbeitgeberin.

Die Frage, ob in einer Organisation nach einem schwerwiegenden Ereignis ein Lernprozess angestoßen wird, entscheidet darüber, ob eine Organisation sich weiterentwickelt und Erfahrungen integrieren kann. Die DB begreift sich als lernende Organisation und dynamisches System, das während der Pandemie gezeigt hat, dass es auf Anregungen von außen reagieren und sich neuen Herausforderungen kurzfristig anpassen kann. Hilfreich waren hierfür vor allem das hohe Bewusstsein für die Relevanz der Digitalisierung und eine Offenheit für mobiles Arbeiten, die es zügig ermöglichte, wo möglich im großen Stile ins mobile Arbeiten überzugehen.

24.3 Unterstützungsangebote

Neben dem Ad-hoc-Krisenmanagement hat die DB Angebote geschaffen, die die Beschäftigten beim Umgang mit der Krise unterstützen sollen. Dazu zählen Schulungsformate der internen Bildungsdienstleister DB Training und DB Akademie, die auf die neue „Normalität" der Arbeitswelt abzielen. So können Führungskräfte und Mitarbeitende zielgruppenspezifische Seminare besuchen, die mentale und körperliche Gesundheit thematisieren (beispielsweise „Achtsamkeit für Fachkräfte: Neue Normalität gestalten") und Angebote zur Stärkung der Selbstorganisation und Selbstwirksamkeit in der neuen Arbeitssituation (beispielsweise „OneNote besser nutzen"). Auch auf Teamebene werden „Lunch & Learn"-Formate, d. h. kurze, bedarfsgerechte Einheiten zu aktuellen Themen einer Arbeitswelt in der Pandemie, angeboten. Einen Themenschwerpunkt stellen hier Formate zur Verbesserung der virtuellen Zusammenarbeit dar. Für viele Mitarbeitende stellte die abrupte Umstellung auf eine stark virtuelle Zusammenarbeit zu Beginn eine Herausforderung dar, die beispielsweise in der neuen Form der Kommunikation im Team begründet war. Die Sensibilisierung für die besondere Bedeutung von offener und wertschätzender Kommunikation ist in solchen Zeiten eine wichtige Ressource für konstruktive Zusammenarbeit und ein angenehmes Arbeitsklima. Die Angebote zur Arbeitsorganisation und der Neustrukturierung im Team sind von großer Bedeutung, wenn es um die mentale und soziale Gesundheit von Beschäftigten geht, und werden sehr gut angenommen. Abgerundet wird das Portfolio durch Angebote zur Vereinbarkeit von Beruf und Familie (z. B. Kinder-Notfallbetreuung, Hausaufgabenhilfe, Kinderferienbetreuung, Hilfe und Beratung bei innerfamiliären Belastungen). Eine besondere Rolle bei der Unterstützung der Beschäftigten spielt das DB-interne Angebot des Mitarbeiter:innen-Unterstützungs-Teams (MUT). Diese kostenfreie und anonyme Hotline bietet allen Mitarbeitenden täglich psychologische Hilfe in schwierigen beruflichen oder privaten Lebenslagen. Dieses Instrument hat sich bereits vor der Corona-Pandemie im betrieblichen Gesundheitsmanagement bewährt und bündelt alle bestehenden Angebote für Beschäftigte des DB-Konzerns.

Bedeutsame Unterstützung während der Corona-Pandemie erfährt die DB durch ihre Sozial- und Kooperationspartner. Neben Webinaren bietet die Betriebskrankenkasse der DB (BAHN-BKK) eine kostenfreie App an, mit der Mitarbeitende kurze, effektive Übungen zur Stärkung des Rückens und zur Reduktion ihres Stressempfindens durchführen können. Beim Thema Sport hat der Verband Deutscher Eisenbahnersportvereine (VDES) ein umfangreiches Portfolio an virtuellen Bewegungsangeboten. Die App „AktivWelt" bündelt sämtliche kostenfreien digitalen Bewegungsangebote, darunter Online-Challenges, Live-Streams und Videos.

24.4 DB-spezifische Herausforderungen

Der gesundheitliche Schutz aller Mitarbeitenden und Kunden ist seit Beginn der Pandemie das übergeordnete Ziel aller umgesetzten Maßnahmen. Bereits die Umsetzung der allgemein gültigen Vorgaben wie das Tragen einer (medizinischen) Mund-Nasen-Bedeckung, Abstandsregelungen und regelmäßiges Lüften erforderten in einem so komplexen Konzern große logistische Leistungen in kurzer Zeit: Masken müssen an allen Standorten zur Verfügung stehen, alle Bahnhöfe müssen mit Markierungen und Hinweisen versehen werden und Beschäftigte müssen über die tagesaktuellen Vorgaben informiert werden. Zugbegleiter und Zugbegleiterinnen mussten in der Kommunikation mit Kunden dazu neu geschult werden. Im zweiten Quartal 2021 stellte der Aufbau von Test- und Impfzentren zum Schutz der Beschäftigten eine besondere Herausforderung dar.

Die Vielfältigkeit der Arbeitsplätze von rein administrativen Bürotätigkeiten über Instandhaltung oder Tätigkeiten mit Fahrgastkontakten machte sehr umfassende Konzepte für den Umgang mit Hygiene- und Abstandsregelungen notwendig. Als Transportunternehmen ist die DB naturgemäß mit einem besonders hohen Personenkontakt konfrontiert. Hier stand die Bedarfsermittlung und Verteilung von Schutzmaterial wie Masken und Desinfektionsmitteln im Fokus. Auch eine Priorisierung bei Pandemie bedingten Engpässen musste mitgedacht werden. Gegenüber unseren Mitarbeitenden und Fahrgästen konnten wir mit einer groß angelegten Studie wissenschaftlich nachweisen, dass die Infektionsgefahr im Kundenkontakt nicht höher als auf Arbeitsplätzen ohne Kundenkontakt war (Charité Research Organisation 2020). Die Studie konnte die Befürchtung, Züge stellten ein erhöhtes Infektionsrisiko für Passagiere und Personal dar, entkräften. ◘ Abb. 24.1 zeigt, dass das Risiko einer Infektion mit SARS-CoV-2 in der Berufsgruppe der Zugbegleitenden nicht höher

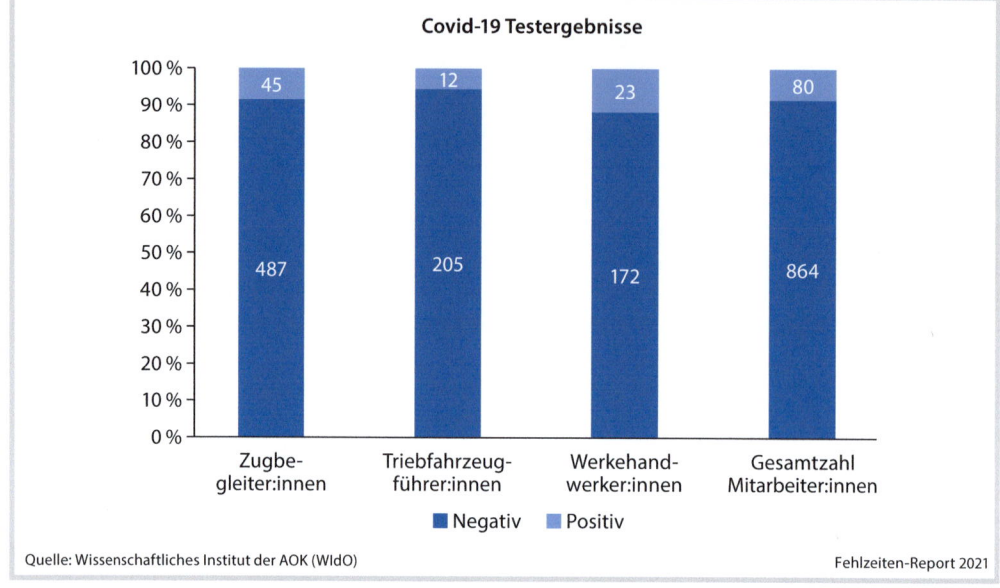

◘ **Abb. 24.1** Infektionsrate nach der dritten Testreihe (Daten aus Charité Research Organisation 2020)

lag, als beispielsweise in der Berufsgruppe der Werkehandwerkenden.

> *Die Longitudinaluntersuchung der Charité Berlin über Corona-Infektionen und -Immunitäten bei unterschiedlichen Gruppen von Mitarbeitenden bei der DB Fernverkehr AG hatte zum Ziel, eine allgemeine Infektionsrate zu bestimmen und mögliche Unterschiede hinsichtlich des Kundenkontakts zu ermitteln. Hierfür wurden vier Standorte (Berlin, München, Hamburg, Frankfurt) und drei Berufsgruppen (Zugbegleitende, Triebfahrzeugführende, Werkehandwerkende) ausgewählt. Das Infektionsrisiko bei der DB Fernverkehr war vergleichbar mit dem bundesweiten Infektionsgeschehen und für Mitarbeitende mit hohem Kundenkontakt nicht erhöht, sodass von einer Wirksamkeit der ergriffenen Schutzmaßnahmen ausgegangen werden kann.*
>
> Quelle: Charité Research Organisation 2020

Für den Erhalt der Arbeitsfähigkeit der Beschäftigten während der Pandemie konnte die DB auf einer seit 2016 umgesetzten Strategie aufbauen, die bereits dafür gesorgt hatte, dass die Beschäftigten über mobile Endgeräte verfügen. So konnte bereits im März 2020 auf eine technische Infrastruktur zurückgegriffen werden, die mobiles Arbeiten ohne Verzögerung ermöglichte. Die Kapazitäten hierfür mussten aufgestockt werden, um beispielsweise die höhere Anzahl tägliche Zugriffe durch mobile User über VPN/RAS-Netzwerke zu bewältigen. Eine Herausforderung für den IT-Service bestand im schnellen Aufbau zusätzlicher Social-Media-Präsenzen zur Information von Kunden und Beschäftigten.

24.5 Krisenkommunikation

In Krisen können Fehler in der Kommunikation erhebliche Schäden für Organisationen in Form von Verlust der Glaubwürdigkeit und Vertrauen bedeuten. Erfahrungsgemäß können Berichterstattungen in den sozialen Medien Krisen zusätzlich verschärfen, weshalb die Krisenkommunikation der DB ein weiteres wichtiges Handlungsfeld im Rahmen des Corona-Krisenmanagements darstellt. Beschäftigte und Kunden, die informiert sind, können auch in einer von Unsicherheit dominierten Lage Entscheidungen treffen. Die DB hat im vergangenen Jahr einmal mehr die Erfahrung gemacht, dass eine engmaschige und offene Kommunikation über die aktuellen Entwicklungen rund um die Pandemie und die sich ständig wandelnde Situation und neue Vorschriften ein zentrales Bedürfnis der Mitarbeitenden ist. Entscheidend sind dabei aus DB-Sicht die Schnelligkeit, Kompetenz und Zuverlässigkeit von Informationen. Der Krisenstab der DB kommuniziert daher seit Beginn der Corona-Pandemie mit der Haltung: „Wir sind aktiv und recherchieren sorgfältig". Die Zielgruppe der über 200.000 Beschäftigten in Deutschland in den unterschiedlichsten Funktionsbereichen stellt eine große Herausforderung für die Krisenkommunikation dar. Um möglichst alle Personengruppen zu erreichen, informiert der Krisenstab via Social-Media-Auftritten regelmäßig mit „Hinweisen zum Coronavirus" über die aktuellen Geschehnisse und deren Auswirkungen auf die DB. Zusätzlich wurde eine Krisenintervention-„Corona-Hotline" eingerichtet, die eine Anlaufstelle für die Mitarbeitenden in der sich ständig verändernden pandemischen Situation darstellt. Zeitweise wurden hier pro Tag über 200 Anrufe entgegengenommen und Informationen zum Umgang mit dem Virus, Risikofaktoren und Ängsten gegeben sowie Fragen zum mobilen Arbeiten und geltenden Regelungen der Länder beantwortet oder Sorgen der Beschäftigten von geschulten Psychologinnen und Psychologen adressiert.

24.6 Learnings und Potenziale

Während der Pandemie ist etwa ein Drittel der Beschäftigten im mobilen Arbeiten tätig gewesen. Auch wenn mobiles Arbeiten bereits vor der Pandemie von Teilen der Belegschaft genutzt wurde, hat die Umstellung der Arbeitsform für einen so umfangreichen Anteil der Beschäftigten für die DB als Organisation zu neuen Erfahrungen geführt. Beim mobilen Arbeiten mussten unterschiedliche Arbeitsplätze mit unterschiedlichen Bedürfnissen und Anforderungen von Führungskräften und Mitarbeitenden berücksichtigt werden. Ein solch radikaler und abrupter Wandel konnte nicht vorbereitet werden und so wurden viele Arbeitseinheiten auch im operativen Bereich vor ungewohnte Herausforderungen gestellt, da sich Kommunikations- und Kooperationsformen anpassen mussten. Ein zentrales Learning für viele Arbeitseinheiten ist an dieser Stelle ein gesteigertes Vertrauen in die Selbstorganisation der Mitarbeitenden.

Die DB hat eine hohe Mobilisierungskraft an den Tag gelegt, um unter den pandemischen Umständen eine leistungsfähige und zuverlässige Mobilitätsdienstleisterin zu bleiben. Die psychologischen Folgen, die aus der Zeit der Belastungen resultieren, sind aktuell noch ungewiss, da sie in der Regel mit Verzögerung eintreten und erst dann messbar sind. Ein Ansatz, um gefährdende psychische Effekte frühzeitig zu erkennen, stellt die Digitalisierung der psychischen Gefährdungsermittlung dar. Hierfür hat die DB während der Pandemie das bisherige analoge Verfahren pilotiert, um die Akzeptanz einer digitalen Durchführung zu testen. Damit steht künftig ein Instrument zur Verfügung, das Fehlbelastungen ohne Zeitverzögerung erkennen kann und Reaktionen des Unternehmens zur Prävention ermöglicht. Die DB begreift Digitalisierung an dieser Stelle als nützliches Werkzeug, um die Organisation resilienter zu gestalten. Resilienz verstehen wir dabei nicht ausschließlich als Widerstandsfähigkeit der Arbeitnehmenden, sondern richten den Blick auf die Fähigkeiten einer Organisation als Ganzes, um Bedarfe rechtzeitig zu erkennen, adressatengerecht zu kommunizieren und passende Arbeitsbedingungen zu schaffen, die das gewünschte Verhalten von Beschäftigten fördern und wahrscheinlicher machen. Eine offene und ressourcenorientierte Organisations- und Kommunikationskultur, die psychische Gesundheit als integrale Voraussetzung von Produktivität versteht, setzt ergänzend bei der Sensibilisierung der Führungskräfte an. Schulungsformate dieser Art hat die DB ausgebaut und sie kann in der Versorgung auf strategische Partnerschaften mit Akteuren wie der Stiftungsfamilie BSW & EWH zurückgreifen, die sich in besonderer und vielfältiger Weise für das Wohl der Bahnbeschäftigten einsetzt und beispielsweise mit Sozialberatung, Kuren oder in der Kinderbetreuung unterstützt.

Literatur

Bundesamt für Bevölkerungsschutz und Katastrophenhilfe (2021). https://www.kritis.bund.de/SubSites/Kritis/DE/Servicefunktionen/Glossar/Functions/glossar.html?lv2=4968594

Charité Research Organisation (2020) Longitudinaluntersuchung über Corona-Infektionen und Corona-Immunitäten bei unterschiedlichen Mitarbeitergruppen der Deutschen Bahn Fernverkehr AG. https://www.drks.de (Studie DRKS00022359)

Fooken I (2009) Trauma und Resilienz. Chancen und Risiken lebensgeschichtlicher Bewältigung von belasteten Kindheiten (Kinder des Weltkrieges, 2. Aufl). Juventa, Weinheim

Meissner J, Hunziker S (2018) Organisationales Resilienzmanagement. Grundlagen und Anwendung der Funktionalen Resonanzanalyse. Z Erfolgsorientierte Unternehmenssteuerung 29(3):14–21

Pennig S, Vogt J (2005) Wirtschaftlichkeitsanalyse in der Personalentwicklung: ein Steuerungsinstrument zur Strategieumsetzung. Personalführung 9:30–39

Schochlow V, Dekker S (2019) The 1980s and Onward. Normal Accidents and High Reliability Organizations. In: Dekker S (Hrsg) Foundations of safety science. A century of understanding accidents and disasters. CRC Press, Taylor & Francis, Boca Raton, S 267–304

Unden M (2020) Psychische Belastung und Beanspruchung im Auslandseinsatz – Expatriates in der Entwicklungszusammenarbeit. TUprints, Darmstadt

Weick K, Sutcliffe K (2001) Managing the unexpected. Jossey-Bass, San Francisco

Gesundheit in der Arbeitswelt 4.0: Wirkung der zunehmenden Flexibilisierung von Arbeitsort und -zeit sowie der digitalen Kommunikation auf das Wohlbefinden von Beschäftigten

Jette Behrens, Timon Maurer und Sonja Stender

Inhaltsverzeichnis

25.1 Das Innovationsprojekt „Gesundheit in der Arbeitswelt 4.0" der AOK Niedersachsen – 407

25.2 Herausforderungen durch die zunehmende Flexibilisierung von Arbeitsort und -zeit sowie die digitale Kommunikation – 409
25.2.1 Unklare Erwartungshaltungen verstärken das Gefühl der ständigen Erreichbarkeit – 409
25.2.2 Leistungskultur trifft auf fehlende Leitplanken – 410
25.2.3 Digitale Kommunikation als Zeitfresser – 410
25.2.4 Informationsflut: Wenn man nicht mehr dagegen ankommt – 410
25.2.5 Gefahr für persönlichen Austausch und soziale Ressourcen – 411

© Springer-Verlag GmbH Deutschland, ein Teil von Springer Nature 2021
B. Badura et al. (Hrsg.), *Fehlzeiten-Report 2021*, Fehlzeiten-Report, https://doi.org/10.1007/978-3-662-63722-7_25

25.3		Chancen durch die zunehmende Flexibilisierung von Arbeitsort und -zeit sowie die digitale Kommunikation – 411
25.3.1		Balance zwischen Arbeit und Privatleben – 411
25.3.2		Schnellerer Austausch und verbesserte Zusammenarbeit – 412
25.3.3		Mehr Transparenz und Selbstbestimmung – 413
25.3.4		Unerwartete Situationen lassen sich besser meistern – 413
25.4		Empfehlungen für eine gesunde Gestaltung flexibler Arbeitsarrangements und digitaler Kommunikation – 414
25.4.1		Orts- und zeitflexibles Arbeiten als Teil der Personalpolitik – 414
25.4.2		Rahmenbedingungen schaffen – 415
25.4.3		Mitgestaltung als Schlüsselfaktor – 415
25.4.4		Eigenverantwortung stärken und vor Selbstgefährdung schützen – 416
25.4.5		Kommunikations- und Medienkompetenzen fördern – 416
25.4.6		Persönliche Kommunikation sicherstellen – 417
25.5		Fazit – 417
		Literatur – 418

Zusammenfassung

Die Arbeitswelt wird digitaler, vernetzter und flexibler. Damit einhergehend verändern sich auch Rahmenbedingungen der Arbeit: Der feste Arbeitsplatz im Unternehmen verliert an Relevanz, Arbeitstätigkeiten werden vermehrt orts- und zeitflexibel ausgeübt. Digitale Kommunikations- und Informationsprozesse lassen die persönliche Kommunikation in den Hintergrund treten. Die Veränderungen tragen zu einer neuen Qualität von Arbeit bei und sind sowohl mit (neuen) Arbeitsbelastungen als auch mit gesundheitlichen Ressourcen verbunden. Auch wenn heimbasiertes oder mobiles Arbeiten bis 2020 für viele Unternehmen undenkbar waren, sind diese Arbeitsweisen durch die Corona-Pandemie in vielen Unternehmen zur Normalität geworden. Welche Herausforderungen und Chancen sich durch die zunehmende Flexibilisierung von Arbeitsort und -zeit sowie die vermehrte digitale Kommunikation für das Wohlbefinden von Beschäftigten ergeben, zeigt das Innovationsprojekt „Gesundheit in der Arbeitswelt 4.0" der AOK Niedersachsen. Durch eine langfristige und praxisnahe Zusammenarbeit mit den teilnehmenden Unternehmen ergeben sich übergreifende Sichtweisen auf das Zusammenspiel zwischen betrieblichen Rahmenbedingungen, Herausforderungen und Chancen der Arbeitswelt 4.0 und die Auswirkungen auf die Gesundheit.

25.1 Das Innovationsprojekt „Gesundheit in der Arbeitswelt 4.0" der AOK Niedersachsen

Das Projekt „Gesundheit in der Arbeitswelt 4.0" der AOK Niedersachsen verfolgt das Ziel, die **Wirkung der Arbeitswelt 4.0 auf die Gesundheit** von Beschäftigten zu verstehen und darauf aufbauend ein **zukunftsfähiges Betriebliches Gesundheitsmanagement** (BGM) zu konzipieren. Dieses berücksichtigt Herausforderungen der modernen Arbeitswelt und trägt dazu bei, Chancen der Arbeitswelt 4.0 nutzbar zu machen.

Durch die Pandemie-Situation wurden Prozesse wie die Digitalisierung und Flexibilisierung zusätzlich beschleunigt. Dies bestätigten 76 % (n = 38) der Steuerkreismitglieder aus ausgewählten Projektunternehmen. Zusätzlich gaben 50 % an, dass durch die Pandemie neue Digitalisierungsthemen und -prozesse ins Leben gerufen wurden. Diese wurden schneller und flächendeckender umgesetzt. Es ist davon auszugehen, dass neu implementierte Prozesse und Strukturen zur Krisenbewältigung auch langfristig in den Unternehmen verankert werden. Das auf fünf Jahre angelegte Projekt wurde 2017 in Partnerschaft mit dem Niedersächsischen Ministerium für Wirtschaft, Arbeit, Verkehr und Digitalisierung, dem Niedersächsischen Ministerium für Soziales, Gesundheit und Gleichstellung sowie mit Unterstützung des Bundesministeriums für Arbeit und Soziales ins Leben gerufen. Neben den politischen Partnern und Unterstützern wird das Projekt sozialpartnerschaftlich durch die Unternehmerverbände Niedersachsen e. V. sowie den Deutschen Gewerkschaftsbund Niedersachsen – Bremen – Sachsen-Anhalt begleitet. Das Soziologische Forschungsinstitut Göttingen (SOFI) e. V. begleitet das Projekt der AOK Niedersachsen wissenschaftlich.

Die Ergebnisse des Innovationsprojekts basieren auf der mehrjährigen praktischen Begleitung von 21 niedersächsischen Unternehmen verschiedener Branchen und Größen im Aufbau und der Steuerung eines zukunftsfähigen BGM (Abb. 25.1). Sie stammen aus dem Handel, der Elektro-, Automobil-, Metall-, Kunststoff-, Nahrungsmittel- und Möbelindustrie, dem Versicherungs-, Transport- und Logistik- und Gesundheitswesen sowie dem Finanz-Dienstleistungssektor. Die Beschäftigtenzahl der zum Teil international agierenden Unternehmen liegt zwischen rund 250 und 160.000 Personen. In der Projektlauf-

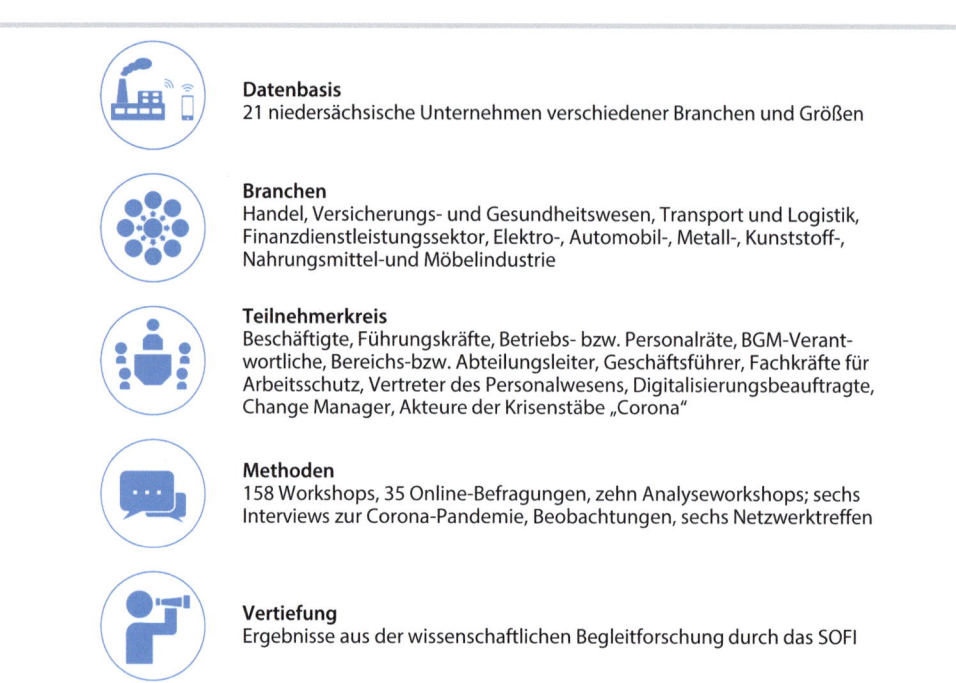

◘ **Abb. 25.1** Datenbasis des Innovationsprojekts „Gesundheit in der Arbeitswelt 4.0"

zeit wurde intensiv mit Beschäftigten, Führungskräften und den BGM-Steuerkreisen der Unternehmen zusammengearbeitet. Im Rahmen des standardisierten betrieblichen Gesundheitsförderungsprozesses wurden zu Beginn Tätigkeitsbereiche in den Unternehmen definiert, in denen unter anderem Veränderungsprozesse oder Digitalisierungsmaßnahmen stattfinden, Beschäftigte mit digitalen Medien/Hilfsmitteln arbeiten oder sich in flexiblen Arbeitsformen beziehungsweise Organisationsstrukturen bewegen. Die Daten wurden zum einen durch zehn interaktive Analyseworkshops in sechs Unternehmen und 35 Online-Befragungen mit Beschäftigten und Führungskräften erhoben. Zum anderen stammen sie aus Sitzungen mit den Steuerkreisen der Unternehmen sowie aus Befragungen der Steuerkreismitglieder als Experten für das Thema Gesundheit im Betrieb. Hierzu zählen Ergebnisse zu den Themen Corona-Pandemie, ortsflexibles Arbeiten und digitale Kommunikation. Hinzu kommen 158 Workshops mit Beschäftigten, Führungskräften und Steuerkreisen der Unternehmen. Ergänzt wird die Datensammlung durch Erkenntnisse aus sechs gemeinsamen Treffen mit allen BGM-Verantwortlichen der Projektunternehmen sowie aus sechs Leitfadeninterviews zur Corona-Pandemie mit betrieblichen Experten wie beispielsweise Vorstandsvorsitzenden, Personalleitern und Krisenmanagern der Projektunternehmen. Die qualitativen und quantitativen Daten wurden thematisch geclustert und entsprechend aufbereitet.

Die in diesem Beitrag dargestellten Ergebnisse beschreiben die beobachteten Herausforderungen und Chancen der Arbeitswelt 4.0 sowie die von Beschäftigten geschilderte Wirkung auf das Wohlbefinden. Erkenntnisse, die nicht aus den oben beschriebenen Erhebungen stammen, diese jedoch sinnvoll ergänzen, sind explizit durch Quellenangaben gekennzeichnet.

Punktuell werden die Projektergebnisse durch Ergebnisse der unabhängigen wissenschaftlichen Begleitforschung durch das SOFI ergänzt. Die Datenbasis der vom SOFI durchgeführten Begleitforschung bilden Intensivfallstudien in 25 Tätigkeitsbereichen von elf Projektunternehmen. Diese basieren auf einer Mixed-Methods-Kombination aus beobachtungsbasierten Arbeitsanalysen, Gesprächen, Interviews und Fragebogenerhebungen. In der abgeschlossenen ersten Untersuchungsphase wurden insgesamt 132 Gespräche und 152 Interviews durchgeführt sowie 482 Fragebögen berücksichtigt. Die Untersuchung ist methodenintegrativ angelegt und deckt ein Sample von Tätigkeiten ab, die sich in vier Tätigkeitsfelder bündeln lassen: industrielle Produktionsarbeit (mit Fällen aus der Möbel-, Elektro- und Nahrungsmittelindustrie), operative Logistiktätigkeiten (Logistikunternehmen sowie Intralogistik in der Elektronikindustrie), kaufmännische und technische Sachbearbeitung (Konstruktionsabteilung im Fahrzeugbau, Labortätigkeiten und Personalverwaltung im Krankenhausbereich, Sachbearbeitung in einer Versicherung) und Interaktionsarbeit (Einzelhandel sowie Ärzte und Pflegekräfte im Krankenhaus) (Carls et al. 2020).

Zu beachten ist, dass sowohl **Herausforderungen** und **Chancen** als auch damit zusammenhängende Wirkungen nicht allein auf spezifische Technologien zurückzuführen sind. Vielmehr hängen sie von betrieblichen Rahmenbedingungen und Strategien, Tätigkeitsprofilen sowie der praktischen Ausgestaltung von Arbeit und Digitalisierungsprozessen ab.

25.2 Herausforderungen durch die zunehmende Flexibilisierung von Arbeitsort und -zeit sowie die digitale Kommunikation

25.2.1 Unklare Erwartungshaltungen verstärken das Gefühl der ständigen Erreichbarkeit

Die Grenzen zwischen Berufs- und Privatleben werden durchlässiger. Aufgrund wachsender Variabilität bei Arbeitszeit und -ort sind Beschäftigte gefordert, Zeiten für Arbeit und Freizeit stärker selbst zu definieren. Die Entgrenzung erschwert es, gedanklich von der Arbeit abzuschalten. Arbeitsthemen werden in der Freizeit im Geiste weiterbearbeitet. Studien belegen, dass diese Problematik eher bei Beschäftigten auftritt, die zu Hause oder mobil arbeiten, als bei denjenigen, die ihren festen Arbeitsort im Unternehmen haben (Antoni und Ellwart 2017; Gimpel et al. 2019; Schulz-Dadaczynski et al. 2019). Nicht abschalten zu können beeinträchtigt die Erholungsphasen. Das kann sich negativ auf das Wohlbefinden und die Gesundheit auswirken. Der empfundene **„Standby-Modus"** wird verstärkt durch das Gefühl, permanent erreichbar sein zu müssen. Die Ursache ist meist Intransparenz: Weder die **Erwartungen** der Führungskraft noch die Regelungen des Unternehmens zur Erreichbarkeit sind klar formuliert. Ergebnisse aus Beschäftigtenworkshops bestätigen, dass Beschäftigte dies als verunsichernd und belastend empfinden.

25.2.2 Leistungskultur trifft auf fehlende Leitplanken

Die Flexibilisierung von Arbeitsort und -zeit ist oft mit einer indirekten Steuerung über Arbeitsergebnisse und Ziele verbunden. Dadurch steigt das Risiko, dass Beschäftigte sich selbst gefährden und Mehrarbeit leisten: Sie überschreiten ihre tägliche Arbeitszeit, verzichten auf Pausen oder verletzen die gesetzlichen Mindestruhezeiten. In Fachkreisen wird dieses Phänomen als **„interessierte Selbstgefährdung"** bezeichnet (Peters 2017). Erkenntnisse aus vier Arbeitssituationsanalysen in einem orts- und zeitflexibel organisierten Team haben beispielsweise gezeigt, dass diese Arbeitsform genutzt wird, um das hohe Arbeitsvolumen zu bewältigen. Die Beschäftigten arbeiten über ihre reguläre Arbeitszeit hinaus und teilweise sogar in ihrem Urlaub. Untersuchungen zeigen, unter welchen Bedingungen Arbeitszeit öfter ausgedehnt und Arbeit mit nach Hause genommen wird: Insbesondere wenn die Leistungsanforderungen im Unternehmen hoch sind, die Arbeitsleistung durch Ziele bestimmt wird, die Arbeitszeit nicht erfasst wird und wenn keine Vereinbarung zur Heimarbeit vorliegt (Backhaus et al. 2020; Lott 2017; Schmidt et al. 2019; Waltersbacher et al. 2019). Zusätzlich verschärft wird dieser Zustand, wenn Ziele nicht realistisch, die Erwartungen zur Erfüllung dieser nicht klar und transparent formuliert oder Handlungsspielräume nicht ausreichend gegeben sind. Mehrarbeit, der Verzicht auf Urlaub oder die Mitnahme von Arbeit nach Hause schränken die Erholungsphasen von Beschäftigten ein – mit negativen Folgen für die Gesundheit.

25.2.3 Digitale Kommunikation als Zeitfresser

Im Arbeitskontext ist die E-Mail nach wie vor das bevorzugte Kommunikationsmedium. Sie steht stellvertretend für zahlreiche andere digitale Kommunikationsmedien, die in der heutigen Arbeitswelt vertreten sind. Eigentlich sollen diese die Arbeit erleichtern und Zeitersparnis bringen. Unzureichende Rahmenbedingungen, kein gemeinsames Verständnis über Kommunikationsregeln und die fehlende persönliche Komponente führen jedoch schnell zu Missverständnissen: So wird die geplante Zeitersparnis schnell zum **Zeitfresser**. Oft wird erst nach dem Lesen einer Nachricht klar, dass die Inhalte nicht für alle in Kopie gesetzten Personen bedeutsam sind. Die Inhalte zu sichten fordert jedoch Zeit und Konzentration und führt, wie die Praxis zeigt, nicht selten dazu, dass das eigentliche Tagesgeschäft kaum zu bewältigen ist. Hierdurch entstehen Stress und Zeitdruck. Das Problem tritt auf, wenn Kommunikations- und Informationsregeln im Unternehmen unzureichend definiert oder intransparent sind und kein gemeinsames Verständnis zur Nutzung dieser Medien besteht. Beispielsweise ist unklar, unter welchen Voraussetzungen Personen in den Empfängerkreis gelangen und wie diese mit der Nachricht umgehen sollen. Darüber hinaus schildern Beschäftigte in Workshops, dass Informationen oder Aufträge schriftlich häufig unklar formuliert sind. Dadurch sind zeitraubende Rückfragen nötig. Das ließe sich vermeiden, wenn Nachrichten klar und deutlich formuliert wären und komplexe Themen am Telefon besprochen und Fragen direkt geklärt würden.

25.2.4 Informationsflut: Wenn man nicht mehr dagegen ankommt

Die Kommunikation über digitale Medien trägt dazu bei, dass Beschäftigte von einem Gefühl der **Informationsflut** berichten. Diese Ergebnisse zeigten sich sowohl in Arbeitssituationserfassungen als auch in Stresskompetenztrainings. Die Betroffenen fühlen sich einer Informationsflut ausgesetzt, wenn die Informationsmenge in der verfügbaren Zeit nicht bewältigt werden kann oder Informationen komplex oder unklar sind (Antoni und Ellwart 2017; Schulz-Dadaczynski et al. 2019). Dieses Phänomen ist nicht neu, wird jedoch mit zunehmender Nutzung digitaler Informations- und Kommunikationsmedien bedeutsamer. Die Beschäftigten haben das Gefühl, aufgrund des Einsatzes digitaler Medien mehr oder schneller arbeiten zu müssen. Auch die Zwischenergebnisse aus der Begleitforschung durch das SOFI bestätigen, dass die ständige, schnelle und umfangreiche Verfügbarkeit von Informationen sowie die mit digitalen Technologien einhergehende Verdichtung und Ausweitung von Kommunikationsmöglichkeiten belastend und stresserzeugend sind. Insbesondere Beschäftigte mit Verwaltungstätigkeiten berichten, dass sie häufig mit An- und Rückfragen konfrontiert sind und die Liste zu bearbeitender E-Mails mitunter nur noch schwer zu überblicken ist (Carls et al. 2020). Die Erkenntnisse aus dem Projekt der AOK Niedersachsen bestätigen damit Ergebnisse bereits vorliegender Untersuchungen: Im Arbeitskontext steht Informationsflut an Platz fünf der häufigsten Stressauslöser (Gimpel et al. 2019).

25.2.5 Gefahr für persönlichen Austausch und soziale Ressourcen

Sowohl die zunehmende Kommunikation über digitale Medien als auch die vermehrte orts- und zeitflexible Arbeit sorgen für weniger **persönlichen Austausch** im Arbeitskontext. Knapp 50 % der 348 Beschäftigten geben in einer gesonderten Corona-Befragung an, dass der fehlende Austausch mit Kolleginnen und Kollegen eine der größten Herausforderungen während der Pandemie darstellt. Die persönliche Interaktion nimmt ab, während der Austausch über digitale Medien zunimmt. Dass dies nicht nur bei räumlich verteilten Teams, sondern auch unter Mitarbeitenden am gleichen Standort der Fall ist, zeigten Ergebnisse des Projekts bereits vor der Corona-Pandemie.

Das Teamgefühl, die gegenseitige kollegiale Unterstützung sowie das soziale Klima leiden unter dieser Entwicklung. Die Folge können Vertrauensverluste im Team, Unsicherheit und daraus resultierend abnehmende Motivation und gesundheitliche Konsequenzen sein. Die soziale Interaktion stellt jedoch eine wichtige **gesundheitliche Ressource** dar: Sie beeinflusst das Belastungs-Beanspruchungs-Geschehen in vielfältiger Weise. Der gegenseitige Austausch ist dabei eine wichtige Form der Unterstützung (Staar et al. 2019). Insbesondere durch die Corona-Pandemie und die dadurch verstärkte heimbasierte Arbeit von Beschäftigten ist vielen Unternehmen und Mitarbeitenden deutlich geworden, welch wichtige Rolle die soziale Interaktion für das Wohlbefinden hat. Experten aus den Unternehmen betonen in Interviews, dass es trotz der vielen Vorteile der digitalen Arbeit wichtig ist, auf das soziale Miteinander zu achten.

25.3 Chancen durch die zunehmende Flexibilisierung von Arbeitsort und -zeit sowie die digitale Kommunikation

25.3.1 Balance zwischen Arbeit und Privatleben

Orts- und zeitflexible Arbeit richtet sich idealerweise an den Bedürfnissen Beschäftigter aus und bringt deren Flexibilitätswünsche mit den Anforderungen des Unternehmens in Einklang. Ergebnisse einer Beschäftigtenbefragung zeigen, dass neben dem Wegfall des Arbeitsweges insbesondere die bessere Vereinbarkeit von Familie und Beruf einen positiven Aspekt des Homeoffice darstellt, der zur Zufriedenheit beiträgt (siehe ◘ Abb. 25.2). 53 % der an der Befragung teilnehmenden Beschäftigten gaben an, dass ihnen das Arbeiten zu Hause ermöglicht, private Termine besser in ihrem Arbeitsalltag zu berücksichtigen. Durch

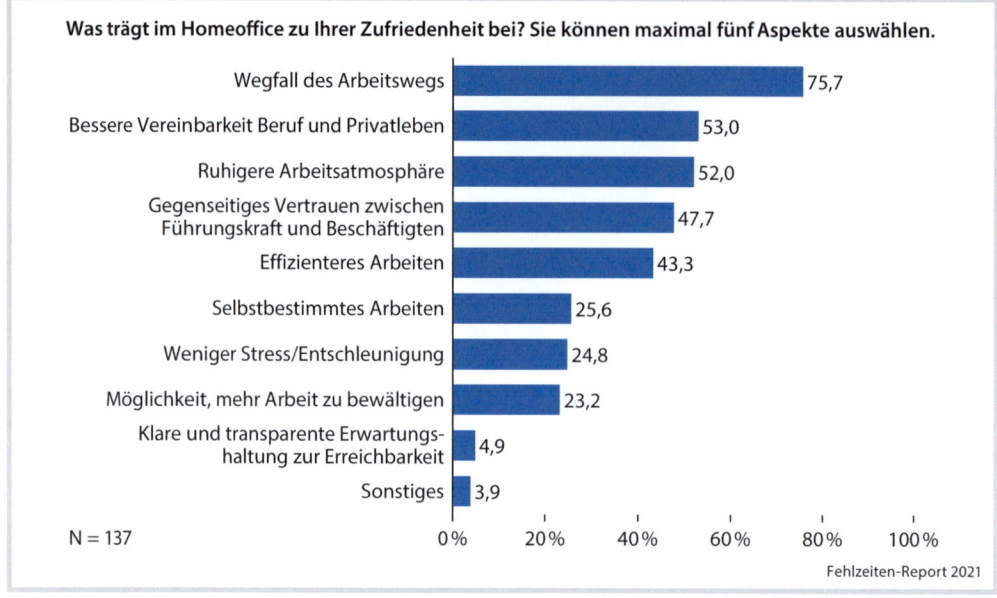

Abb. 25.2 Aspekte der Zufriedenheit im Homeoffice

mehr Ruhe in den eigenen vier Wänden können sie Aufgaben fokussierter erledigen und sind dadurch insgesamt produktiver. Positiv ist auch, dass sie ihren Lebensmittelpunkt und Wohnort nicht nach dem Arbeitsort ausrichten müssen und die Möglichkeit haben, weiter entfernt vom Arbeitgeber zu wohnen. In einer Arbeitssituationserfassung eines weltweit agierenden Unternehmens betonen Beschäftigte, die nicht in der Nähe ihres Arbeitsortes wohnen, dass sie ohne die Möglichkeit, zu Hause zu arbeiten, ihre jetzige Tätigkeit nicht ausüben würden. Darüber hinaus wird der Wegfall des Arbeitsweges als positiver Aspekt genannt. Flexible Arbeitsformen und insbesondere das Arbeiten von zu Hause können zu einer besseren **Balance zwischen Arbeit und Privatleben** beitragen. Das steigert die Zufriedenheit der Beschäftigten. In einem Unternehmen, das durch Büro- und Verwaltungstätigkeiten geprägt ist, geben bei einer internen Umfrage mehr als 80 % der Beschäftigten an, dass sich das ortsflexible Arbeiten positiv auf sie auswirkt. Sie schätzen das Vertrauen, das ihnen das Unternehmen entgegenbringt. Die Beschäftigten wissen auch, dass eine hohe Eigenverantwortung sowie eine bewusste Pausengestaltung und das Ziehen von Grenzen zwischen Berufs- und Privatleben grundlegend sind, damit ortsflexibles Arbeiten funktioniert.

25.3.2 Schnellerer Austausch und verbesserte Zusammenarbeit

Digitale Informations- und Kommunikationsmedien sowie die Digitalisierung von Arbeitsprozessen ermöglichen ortsflexible Arbeit, einen **schnellen Austausch**, eine stetige Verfügbarkeit von Daten und eine direkte Datenerfassung oder -bearbeitung. In einer Befragung in zwei Projektunternehmen zur Wirkung Arbeitswelt-4.0-spezifischer Themen wurde deutlich, dass Beschäftigte dies als positive Effekte der digitalen Dokumentation und Kommunikation wahrnehmen. Fragen können zeitnah beantwortet und Arbeitsprozesse umgehend fortgeführt werden. Mitarbeitende erhalten Informationen zeitgleich und verfügen über einen einheitlichen Kenntnisstand – unabhängig davon, ob sie an verschiedenen Unternehmensstandorten oder mobil arbeiten. Zudem entfallen Doppel- und Mehrarbeit, Dokumentationstätigkeiten können vereinfacht und Fehlerquellen durch den Wegfall der Übertragung handschriftlicher Notizen reduziert werden (Carls et al. 2020). Diese Faktoren verbessern die **Zusammenarbeit** und tragen zur Zufriedenheit der Beschäftigten bei.

Aus der Praxis: Kommentarfunktion verbessert Zusammenarbeit
In einem Krankenhaus wird das interne Dokumentationssystem weiterentwickelt – Ärzte und Pflegefachkräfte werden eingebunden. Über eine integrierte Kommentarfunktion können alle Berufsgruppen bestehende Einträge oder bisherige Behandlungsschritte kommentieren und Informationen zurückspielen. So wird eine direkte Interaktion zwischen Ärzten und Pflegefachkräften und damit eine verbesserte Zusammenarbeit ermöglicht. Bisher war der Kommunikationsprozess einseitig: Nur behandelnde Ärzte konnten zusätzliche Informationen vermerken. Die Entwicklung wird von allen Beteiligten positiv bewertet.

25.3.3 Mehr Transparenz und Selbstbestimmung

Auch in der Betriebsorganisation zeigen sich Vorteile der digitalen Kommunikation, beispielsweise durch die Digitalisierung von Schichtplänen. Das Erfassen von Wunschdiensten, die Veränderung von Schichtbesetzungen oder die noch zu besetzenden Schichten können transparenter gestaltet werden. **Selbstbestimmung** und Mitsprache lassen sich fördern, wenn Beschäftigte sich selbst in die für sie passende Schicht eintragen oder Tauschanfragen direkt mit Kollegen/Kolleginnen abstimmen können. Beobachtungen in den Projektunternehmen machen deutlich, dass solche direkten Interaktions- und Beteiligungsmöglichkeiten die Zufriedenheit der Beschäftigten positiv beeinflussen. Diese Erkenntnisse werden durch die Ergebnisse des SOFI gestützt: Eine Ausweitung der Verfügbarkeit von Informationen und Daten und eine damit einhergehende Erhöhung der **Transparenz** wird von verschiedenen Beschäftigtengruppen als Entlastung und Unterstützung in der Ausübung ihrer Tätigkeiten wahrgenommen (Carls et al. 2020).

25.3.4 Unerwartete Situationen lassen sich besser meistern

Durch die praktische Arbeit in den Unternehmen, speziell im Zeitraum von 2017 bis 2019, ist deutlich geworden, dass orts- und zeitflexibles Arbeiten und eine dafür ausreichende digitale Infrastruktur bis dahin eher Ausnahmen in der betrieblichen Praxis waren. Eine durchgängige Flexibilisierung von Arbeitsort und -zeit sowie eine vollständige Auflösung der Grenzen zwischen Arbeit und Privatleben wurden nicht beobachtet. Damit decken sich die Projekterkenntnisse mit bisherigen Daten (Brenke 2016). Im Zuge der **Corona-Pandemie** haben sich die organisatorisch-kulturellen Bedingungen für zeit- und ortsflexibles Arbeiten in einigen Tätigkeitsfeldern jedoch verbessert und erweitert. In Interviews mit neun Experten aus sechs Projektunternehmen ist dazu deutlich geworden, dass virtuelle Zusammenarbeit nicht nur funktioniert, sondern auch aus unternehmerischer Sicht einen **Mehrwert** bietet. Auch Betriebe, die dem Thema zuvor eher zurückhaltend begegnet sind, streben langfristig an, diese Arbeitsform beizubehalten und mit entsprechenden Rahmenbedingungen und Strukturen zukunftsfähig zu gestalten.

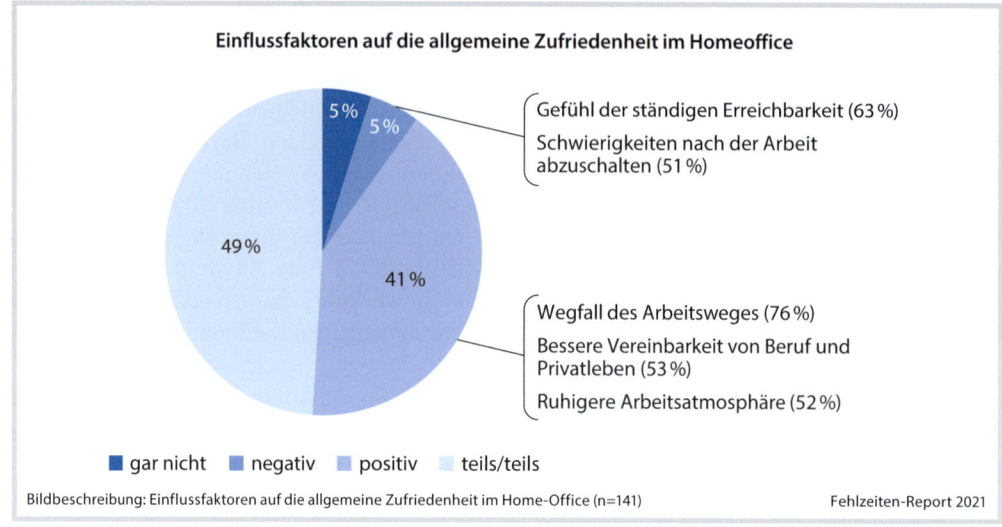

Abb. 25.3 Homeoffice und Zufriedenheit

Wie die allgemeine Zufriedenheit der Beschäftigten durch die Arbeit im Homeoffice beeinflusst wird, zeigt ◘ Abb. 25.3.

25.4 Empfehlungen für eine gesunde Gestaltung flexibler Arbeitsarrangements und digitaler Kommunikation

Auf Basis der Erkenntnisse zu Herausforderungen und Chancen der zunehmenden Flexibilisierung von Arbeitsort und -zeit sowie zur digitalen Kommunikation wurden Gestaltungsempfehlungen formuliert. Diese können im Rahmen des BGM dazu beitragen, die Gesundheit von Beschäftigten in Zeiten flexibler Arbeitsarrangements und der stetigen Präsenz digitaler Kommunikation zu erhalten und zu fördern. Wichtig ist, die Gestaltungsempfehlungen an die jeweiligen betrieblichen Bedingungen, die Anforderungen unterschiedlicher Tätigkeiten sowie die konkreten Arbeitsprozesse anzupassen.

25.4.1 Orts- und zeitflexibles Arbeiten als Teil der Personalpolitik

Die Unternehmenskultur bestimmt maßgeblich, wie orts- und zeitflexibles Arbeiten in der Praxis umgesetzt wird. Es empfiehlt sich daher zu reflektieren, wie diese Arbeitsform mit der Unternehmenskultur harmoniert und wie die praktische Umsetzung gestaltet ist. Diese Reflexion sollte sowohl vor der Einführung von Heimarbeit oder mobilem Arbeiten als auch zwischendurch stattfinden. Aus gesundheitlicher Perspektive sind flexible Arbeitsarrangements Teil einer **lebensphasen- und beschäftigtenorientierten Personalpolitik** und ein Instrument zur Verbesserung der Vereinbarkeit von Beruf und Privatleben; nicht Teil einer leistungsorientierten Managementstrategie (s. ▶ Abschn. 25.2.2). Zudem ist in der Praxis zu beobachten, dass einige Beschäftigte lieber am Arbeitsplatz im Unternehmen als zu Hause arbeiten. Im Sinne einer beschäftigtenorientierten Ausrichtung sollte orts- und zeitflexible Arbeit daher auf **Freiwilligkeit** beruhen und individuelle Wünsche der Beschäftigten berücksichtigen.

25.4.2 Rahmenbedingungen schaffen

Ob die zunehmende orts- und zeitflexible Arbeit und die digitale Kommunikation in der betrieblichen Praxis Gesundheitsrisiken oder Ressourcen darstellen, wird durch verschiedene Faktoren bestimmt. Zu beiden Aspekten sind Vereinbarungen sinnvoll, um Risiken flexibler Arbeitsformen und der zunehmenden Informationsdichte einzudämmen und Chancen für Beschäftige nutzbar zu machen. Hinsichtlich flexibler Arbeitsarrangements ist festzuhalten: Sind diese formal geregelt, werden sie zur besseren Vereinbarkeit von Beruf und Privatleben und seltener als Instrument zur Erbringung zusätzlicher Arbeitsleistung genutzt (Lott 2020). Zeiterfassung ist ein schützender Faktor: Die Arbeitszeit wird als zentraler Parameter wahrgenommen. Untersuchungen legen dar, dass Beschäftigte ohne **Arbeitszeiterfassung** häufig länger arbeiten und Mehrarbeit leisten. Zudem wird von ihnen eher erwartet, außerhalb ihrer eigentlichen Arbeitszeiten erreichbar zu sein (Schmidt et al. 2019; Waltersbacher et al. 2019). Klare Kommunikations- und Erreichbarkeitsregelungen erweisen sich beim orts- und zeitflexiblen Arbeiten als weitere gesundheitsförderliche Faktoren: Definierte Zeiträume, in denen eine telefonische Erreichbarkeit gewährleistet sein soll oder E-Mails beantwortet werden – und Zeiten, in denen Beschäftigte das Recht auf Nichterreichbarkeit haben. In der zunehmenden digitalen Kommunikation legen transparente Nutzungsbedingungen grundsätzlich eine Basis, um Missverständnisse, Kommunikationsdefizite oder einen erhöhten Koordinations- und Dokumentationsbedarf zu vermeiden. Solche **Rahmenbedingungen** sind Grundlage dafür, dass flexible Arbeitsarrangements und digitale Kommunikationsmöglichkeiten gesundheitsförderlich wirken und nicht in Entgrenzung, Informationsflut, Mehrarbeit, ständiger Erreichbarkeit und einen geringeren persönlichen Austausch münden. Zudem schaffen sie Handlungssicherheit und stellen eine Basis für eine gesundheitsförderliche Kommunikationskultur im Unternehmen dar. Diese positive Wirkung lässt sich noch steigern, wenn die Vereinbarungen gemeinsam mit den Beschäftigten erarbeitet werden. Das steigert die Akzeptanz der Regelungen und trägt dazu bei, dass diese in der Praxis umgesetzt und eingehalten werden.

> **Aus der Praxis: Leitfaden gegen Informationsflut**
> Ein Projektunternehmen investiert in den Ausbau digitaler Infrastruktur und die Nutzung neuer Kommunikations- und Informationsmedien. Um Beschäftigten und Führungskräften Sicherheit im Umgang mit den neuen Kanälen zu geben, entwickelt das Unternehmen einen Leitfaden zur Nutzung der neuen Technik. Es wird festgelegt, welche Medien zu welchem Zweck genutzt werden sollen, wie mit E-Mails während Abwesenheiten umgegangen wird, wie Aufträge und Informationen für die Adressanten kenntlich gemacht werden und wann eine Erreichbarkeit sichergestellt werden soll. Ziel ist es, möglichen negativen Aspekten – etwa dem Gefühl der Informationsflut – entgegenzuwirken.

25.4.3 Mitgestaltung als Schlüsselfaktor

Um flexible Arbeitsarrangements oder digitale Kommunikationsmöglichkeiten im Unternehmen sowohl passend für die Tätigkeiten der Beschäftigten als auch gewinnbringend für den Betrieb zu gestalten, ist es wichtig, Mitarbeitende von Beginn an und kontinuierlich einzubinden. Dabei gilt es Beschäftigte aus allen Bereichen zu **beteiligen**, die Berührungspunkte mit den Neuerungen haben. Dadurch fließen vielseitige Kompetenzen und wichtiges betriebsinternes und tätigkeitsspezifisches

Prozess-Wissen in die Ausgestaltung ein. Zudem erhalten Ängste und Fragen Raum und die Beschäftigten fühlen sich wertgeschätzt, was die **Akzeptanz** neuer Kommunikationssysteme, Arbeitsprozesse, Arbeitsweisen oder Regelungen erhöht und dazu beiträgt, dass diese in der Praxis umgesetzt und eingehalten werden.

Die Zwischenergebnisse aus der Begleitforschung durch das SOFI belegen die hohe Relevanz von **Mitgestaltung** für die effektive Nutzung technischer Neuerungen (Carls et al. 2020). Wenn Beschäftigte geringe Mitgestaltungsmöglichkeiten haben, ergeben sich im Nachhinein oft Funktionsprobleme sowie nachgelagerter Anpassungsbedarf. Zudem empfinden Beschäftigte es als Missachtung und frustrierend, wenn sie ihr Erfahrungswissen nicht einbringen können und aufgrund technischer und organisatorischer Unzulänglichkeiten der Neuerungen im Nachhinein Zusatzbelastungen haben. Wenn Beschäftigte hingegen mitgestalten können, werden Probleme während und nach der Einführung eher erkannt und können besser gelöst werden. Zudem bewerten Beschäftigte ihre Arbeitsbelastungen und -situation, die Qualität der Arbeitsergebnisse und die Effektivität und Effizienz des Arbeitens insgesamt positiver. Darüber hinaus ist der Grad der Mitgestaltung mit Arbeitszufriedenheit, sozialer Anerkennung, erfahrener Wertschätzung und gesundheitsbezogenen Arbeitsfolgen verbunden (Carls et al. 2020).

25.4.4 Eigenverantwortung stärken und vor Selbstgefährdung schützen

Die zunehmende Flexibilität verlangt von Beschäftigten ein hohes Maß an **Eigenverantwortung**: Sie müssen selbst aktiv die Grenze zwischen Arbeit und Freizeit ziehen. Äußere Faktoren wie feste Arbeits- oder Pausenzeiten oder die Präsenz der Führungskraft entfallen. Geistige Distanzierung von der Arbeit ist wichtig, um sich vor den Risiken flexibler Arbeitsarrangements wie eine gefühlte ständige Erreichbarkeit zu schützen. Beschäftigte sollten dafür sensibilisiert sein, wie sie Grenzen zwischen Arbeit und Freizeit ziehen und Pausen auch mobil oder am Heimarbeitsplatz gesund gestalten. Darüber hinaus ist eine regelmäßige Reflexion zum eigenen Arbeits- und Gesundheitsverhalten sowie zum Wert der eigenen Gesundheit relevant, um eine Selbstgefährdung zu verhindern. Der gesundheitsförderliche Umgang mit Medien und die Gestaltung der Erreichbarkeit sind ebenfalls bedeutsam, wenn es darum geht, einem empfundenen „Standby-Modus" entgegenzuwirken.

25.4.5 Kommunikations- und Medienkompetenzen fördern

Die **Kommunikations- und Medienkompetenzen** von Beschäftigten und Führungskräften zu fördern ist ein weiterer Baustein für eine gesunde digitale Kommunikation. So ist beispielsweise das Empfinden einer Informationsflut von individuellen Faktoren abhängig (Staar et al. 2019). Persönliche Kompetenzen sind relevant dafür, ob moderne Kommunikationstechnologien in gesundem Umfang genutzt werden, wie mit der ständigen Verfügbarkeit von Informationen umgegangen wird und das geeignete Kommunikationsmedium ausgewählt wird. Darüber hinaus ist bedeutsam, Beschäftigte und Führungskräfte für die Bedeutung der persönlichen Kommunikation als wichtige gesundheitliche Ressource zu sensibilisieren. Unternehmensseitig ist es grundlegend, geeignete Qualifikationsmöglichkeiten zum Umgang mit neuen Arbeitsmitteln, Kommunikations- und Informationsmedien zu schaffen.

> **Selbstmanagementkompetenzen**
>
> 95 % der Steuerkreismitglieder in den Projektunternehmen geben an, dass die Vermittlung von Selbstmanagementkompetenzen im Kontext des Arbeitens auf Distanz (zum Beispiel Grenzen ziehen zwischen Berufs- und Privatleben, eigenständige Arbeits- und Pausengestaltung) im BGM wichtiger wird (n = 38).

> **Medienkompetenzen**
>
> 84 % der Steuerkreismitglieder in den Projektunternehmen geben an, dass die Vermittlung von Medienkompetenzen (zum Beispiel Kommunikation über digitale Medien, Arbeiten in virtuellen Teams) im BGM an Relevanz gewinnt (n = 38).

25.4.6 Persönliche Kommunikation sicherstellen

Die persönliche Kommunikation ist durch betriebsspezifische Strukturen und Prozesse zu unterstützen – sowohl zwischen Beschäftigten als auch zwischen Beschäftigten und Führungskräften. Denn die **persönliche Interaktion** ist eine wichtige **gesundheitliche Ressource**. Führungskräfte haben die Aufgabe, Kommunikationsprozesse – sowohl digital als auch in Präsenz – gesundheitsförderlich zu gestalten. Dazu zählen feste Präsenztermine oder eine zielgerichtete Medienauswahl für entsprechende Inhalte und Anlässe. Kommunikationsroutinen, wie das tägliche „Guten Morgen" oder die Verabschiedung in den Feierabend, müssen nicht entfallen. Sie können bei der Arbeit auf Distanz in digitale Kommunikationsmedien verlagert werden. Es gilt zu reflektieren, wie Teamgefühl und soziale Interaktion auch digital gestärkt und gegenseitige Unterstützung sichergestellt werden können.

25.5 Fazit

Digitale Kommunikation ermöglicht einen schnellen Austausch und eine verbesserte Zusammenarbeit, fördert Transparenz und Selbstbestimmung und eröffnet die Chance für orts- und zeitflexibles Arbeiten und somit für eine bessere Vereinbarkeit von Arbeit und Privatleben. Diese Aspekte fördern das Wohlbefinden von Beschäftigten und tragen zu deren Zufriedenheit bei – so die Ergebnisse des Innovationsprojekts „Gesundheit in der Arbeitswelt 4.0".

Zugleich sind mögliche Herausforderungen zu berücksichtigen: Unklare Erwartungshaltungen sowie fehlende Rahmenbedingungen können zum Gefühl einer ständigen Erreichbarkeit und einer Ausweitung von Arbeit beitragen. Die stetige Verfügbarkeit digitaler Informationen und die vermehrte Nutzung digitaler Medien können einen zusätzlichen Kommunikationsaufwand und ein Gefühl der Informationsflut begünstigen und stellen eine Gefahr für den persönlichen Austausch als relevante gesundheitliche Ressource dar.

Die Corona-Pandemie hat viele Entwicklungen hinsichtlich der vermehrten orts- und zeitflexiblen Arbeit und der digitalen Kommunikation in Unternehmen vorangetrieben. Es gilt für diese Aspekte geeignete Rahmenbedingungen zu schaffen, sodass Risiken minimiert und Chancen nutzbar gemacht werden können. Dabei ist es wichtig, die Möglichkeiten der modernen Arbeitswelt so zu gestalten, sodass die Beschäftigten im Mittelpunkt stehen und ihre Gesundheit geschützt und gefördert werden kann. Relevante Aspekte sind, flexible Arbeitsarrangements im Sinne einer lebensphasen- und beschäftigtenorientierten Personalpolitik zu gestalten und verbindliche und transparente Vereinbarungen zu schaffen. Darüber hinaus ist es bedeutsam, Beschäftigte von Beginn an und kontinuierlich in die Ausgestaltung neuer Arbeitsformen, -prozesse oder Kommunikationsmöglichkeiten einzubinden, die persönliche Interaktion im Arbeitsalltag sicherzustellen sowie Beschäftigte und Führungskräfte hinsichtlich eines gesundheitsförderlichen Arbeitens über digitale Medien und auf Distanz zu befähigen. BGM kann hierbei einen wichtigen Beitrag leisten.

Literatur

Antoni C, Ellwart T (2017) Informationsüberlastung bei digitaler Zusammenarbeit – Ursachen, Folgen und Interventionsmöglichkeiten. Z Angew Organisationspsychol 48(4):305–315

Backhaus N, Wöhrmann A, Tisch A (2020) BAuA-Arbeitszeitbefragung: Telearbeit in Deutschland. Bundesanstalt für Arbeitsschutz und Arbeitsmedizin (BAuA), Dortmund

Brenke K (2016) Home Office: Möglichkeiten werden bei weitem nicht ausgeschöpft. In: Deutsches Institut für Wirtschaftsforschung (Hrsg) DIW Wochenbericht Nr. 5 – Home Office. Deutsches Institut für Wirtschaftsforschung, Berlin, S 95–104

Carls K, Gehrken H, Kuhlmann M et al (2020) Digitalisierung – Arbeit – Gesundheit. Zwischenergebnisse aus dem Projekt Arbeit und Gesundheit in der Arbeitswelt 4.0. SOFI Arbeitspapier/SOFI Working Paper 2020–19. Soziologisches Forschungsinstitut Göttingen (SOFI), Göttingen

Gimpel H, Lanz J, Regal C et al (2019) Gesund digital arbeiten?! Eine Studie zu digitalem Stress in Deutschland. Projektgruppe Wirtschaftsinformatik des Fraunhofer FIT, Augsburg

Lott Y (2017) Selbstorganisiertes Arbeiten als Ressource für Beschäftigte nutzen. Forschungsförderung Policy Brief 003. Hans-Böckler-Stiftung, Düsseldorf

Lott Y (2020) Work-Life-Balance im Homeoffice: Was kann der Betrieb tun? Report 54. Wirtschafts- und Sozialwissenschaftliches Institut, Düsseldorf

Peters K (2017) Interessierte Selbstgefährdung, indirekte Steuerung und mobile Arbeit. In: Breisig T, Grzech-Sukalo H, Vogl G (Hrsg) Mobile Arbeit gesund gestalten – Trendergebnisse aus dem Forschungsprojekt prentimo – präventionsorientierte Gestaltung mobiler Arbeit. http://www.prentimo.de/assets/Uploads/prentimo-Mobile-Arbeit-gesund-gestalten2.pdf. Zugegriffen: 20. Juli 2021

Schmidt A, Susec B, Brandl K-H (2019) Gute Digitale Arbeit? Gewerkschaftliche Handlungsfelder im digitalen Wandel. In: Badura B, Ducki A, Schröder H et al (Hrsg) Fehlzeiten-Report 2019: Digitalisierung – gesundes Arbeiten ermöglichen. Springer, Berlin, S 63–75

Schulz-Dadaczynski A, Junghanns G, Lohmann-Haislah A (2019) Extensives und intensiviertes Arbeiten in der digitalisierten Arbeitswelt – Verbreitung, gesundheitliche Risiken und mögliche Gegenstrategien. In: Badura B, Ducki A, Schröder H et al (Hrsg) Fehlzeiten-Report 2019: Digitalisierung – gesundes Arbeiten ermöglichen. Springer, Berlin, S 267–283

Staar H, Gurt J, Janneck M (2019) Gesunde Führung in vernetzter (Zusammen-)Arbeit – Herausforderungen und Chancen. In: Badura B, Ducki A, Schröder H et al (Hrsg) Fehlzeiten-Report 2019: Digitalisierung – gesundes Arbeiten ermöglichen. Springer, Berlin, S 217–235

Waltersbacher A, Maisuradze M, Schröder H (2019) Arbeitszeit und Arbeitsort – (wie viel) Flexibilität ist gesund? Ergebnisse einer repräsentativen Befragung unter Erwerbstätigen zu mobiler Arbeit und gesundheitlichen Beschwerden. In: Badura B, Ducki A, Schröder H et al (Hrsg) Fehlzeiten-Report 2019: Digitalisierung – gesundes Arbeiten ermöglichen. Springer, Berlin, S 77–104

Wandel ohne Ankündigung: Wahrnehmung der kurzfristigen Umstellung auf Telearbeit bei einem Personaldienstleister

Thomas Afflerbach, Robert Unger und Katharina Gläsener

Inhaltsverzeichnis

26.1 Einleitung – 420

26.2 Theorie zu Change Management – 421
26.2.1 Grundlagen und Auslöser von Veränderungen – 421
26.2.2 Prozess und Inhalt der aktuellen Veränderung – 422
26.2.3 Veränderungskontext: Auswirkungen von früheren Veränderungserfahrungen – 423

26.3 Methodisches Vorgehen und Fallbeschreibung – 425

26.4 Darstellung der Fragebogenergebnisse – 427

26.5 Diskussion und Fazit – 432

Literatur – 435

• • Zusammenfassung

Die Folgen der Corona-Krise sind in allen Lebensbereichen deutlich zu spüren. Mit Fokus auf das Arbeitsleben hat in vielen Branchen und Unternehmen sehr kurzfristig eine Umstellung auf Telearbeit stattgefunden. In einer empirischen Studie bei einem großen deutschen Personaldienstleister wird in diesem Beitrag gezeigt, wie solch eine kurzfristige Veränderung trotz Hindernissen von den betroffenen Mitarbeiterinnen und Mitarbeitern als erfolgreich wahrgenommen werden kann und welche Rolle frühere Veränderungserfahrungen dabei spielen. Es werden Handlungsempfehlungen für einen präventiven Umgang mit Veränderungen gegeben.

26.1 Einleitung

Die Corona-Pandemie betrifft derzeit fast alle Aspekte unseres Lebens und stellt Gesellschaft und Unternehmen vor große Herausforderungen. Insbesondere die neuen Hygienevorschriften und Abstandsregelungen, die erstmals im März 2020 von der deutschen Bundesregierung erlassen wurden, führten für viele Unternehmen zu tiefgreifenden Veränderungen. Denn das Einhalten dieser Regelungen ist nur dadurch umzusetzen, dass ein Großteil der Beschäftigten ihren regelmäßigen Arbeitsplatz in die eigene Wohnung oder einen sonstigen Ort außerhalb der regulären Büroräume verlegt. Es kam somit zu einer großen Zunahme von Telearbeit, da die Arbeit von den Beschäftigten unter Einsatz von Informations- und Telekommunikationstechnik nun ganz oder teilweise außerhalb einer betrieblichen Arbeitsstätte erbracht wird (Konradt und Hertel 2002, S. 15).

Obgleich die nötige technische Ausstattung der Mitarbeiterinnen und Mitarbeiter in vielen Unternehmen gegeben war, stellt dieser organisatorische *Change* eine wesentliche, insbesondere kurzfristig vollzogene und grundlegende Veränderung im Arbeitsgeschehen dar. Binnen kürzester Zeit wurde Mitarbeiterinnen und Mitarbeitern ein Anpassungsprozess an gänzlich veränderte Rahmenbedingungen abverlangt. Dabei konnte in verschiedenen Studien belegt werden, dass abrupte, massive und häufige Veränderungen innerhalb der Organisation bei den betroffenen Mitarbeiterinnen und Mitarbeitern zu einer Verringerung der Motivation, einer Beeinträchtigung der Arbeitseinstellung und -leistung, einer Senkung des Wohlbefindens, sowie einem erhöhten Stress und einer Verschlechterung der Gesundheit führen kann (u. a. Otto und Scheel 2020).

Allgemein treten Veränderungen in Unternehmen mit zunehmender Regelmäßigkeit auf (Bughin et al. 2011; De Meuse et al. 2010). Dennoch erreichen die Veränderungen häufig nicht die beabsichtigten Ziele. Insgesamt scheitern bis zu 70 % aller Veränderungsbemühungen (Beer und Nohria 2000). Als Reaktion auf diese hohe Rate an gescheiterten Veränderungsprojekten haben Forscherinnen und Forscher bereits erhebliche Anstrengungen unternommen, um die Faktoren zu identifizieren, die die Wahrscheinlichkeit erhöhen, dass die Implementierung von Veränderungen Erfolg hat (Rafferty und Restubog 2017, S. 533). Bisherige Studien analysieren jedoch häufig geplante Veränderungen (Bergmann und Garrecht 2016, S. 205), weshalb ein pandemisches Infektionsgeschehen ein neuartiges Beispiel eines externen Auslösers einer ungeplanten Veränderung darstellt. Zudem wurde die Rolle des Veränderungskontextes bisher vielfach ignoriert (Herold et al. 2007). Veränderungskontext bezieht sich dabei auf die internen oder externen Bedingungen, die eine durchzuführende Veränderung beeinflussen können, beispielsweise frühere Veränderungserfahrungen innerhalb des Unternehmens. Diese mangelnde Berücksichtigung des Kontextes in Form von früheren Veränderungserfahrungen der Mitarbeiterinnen und Mitarbeiter stellt eine verpasste Chance dar, um diesen Kontext (rechtzeitig) beeinflussen zu können (Brown et al. 2017; Schumacher et al. 2016). Denn empirisch belegte Folgen organisationaler Veränderungen können beispielsweise Kontrollverlust bei den betroffenen Mitarbeiterinnen und Mitarbeitern (Kivimäki et al. 2000; Proctor und Dukakis 2003) sowie Veränderungen in den Beziehungen zwischen Mitarbeiterinnen und Mitarbeitern sein, wenn Kolleginnen und Kollegen entlassen werden oder wenn gut etablierte Organisationsstrukturen verschwinden und sich dadurch die soziale Unterstützung vermindert (Kivimäki et al. 2003). Dies kann wiederum zu einer erhöhten Arbeitsbelastung und einem höheren Maß an psychischer Belastung oder Stress führen (Kivimäki et al. 2003; Korunka et al. 2003; Jimmieson et al. 2004). Darüber hinaus ist die Arbeitsplatzunsicherheit eine umfassend untersuchte und gut dokumentierte Folge organisationaler Veränderungen (De Witte 1999; Tvedt et al. 2009). Derartige (negative) Erfahrungen aus früheren Veränderungsprojekten können eine signifikante Auswirkung auf die Einstellung der betroffenen Mitarbeiterinnen und Mitarbeiter gegenüber aktuellen und zukünftigen Veränderungsprojekten haben (Pettigrew et al. 2001; Bordia et al. 2011; Rafferty und Restubog 2017, S. 534 ff.).

Im vorliegenden Beitrag wird am Beispiel eines großen Personaldienstleisters der aktuelle Veränderungsprozess hin zur Telearbeit aufgrund der Corona-Pandemie sowie der Zusammenhang zu früheren Change-Erfahrungen analysiert. Insbesondere wird den Fragen nachgegangen,

- wie die kurzfristige Veränderung hin zu Telearbeit aufgrund der Corona-Pandemie aus Sicht der Mitarbeiterinnen und Mitarbeitern wahrgenommen wurde,
- welche Rolle der Veränderungskontext in Form von früheren Change-Erfahrungen dabei spielt und
- welche präventiven Maßnahmen sich daraus ableiten lassen, damit Mitarbeiterinnen und Mitarbeiter auch zukünftige Veränderungen gut bewältigen können.

Hierfür wird zunächst ein Überblick über relevante Literatur und bisherige empirische Erkenntnisse gegeben. Ausgehend von einer kritischen Betrachtung des Forschungsstandes wird das methodische Vorgehen vorgestellt. Die Ergebnisse dieses Beitrags zeigen, dass selbst kurzfristige Veränderungen trotz Hindernissen von den Beschäftigten positiv wahrgenommen werden können. Es wird dargestellt, wie solch eine positiv wahrgenommene Veränderung ablaufen kann und wie Unternehmen die (positive) Einstellung gegenüber Veränderungen präventiv beeinflussen können.

26.2 Theorie zu Change Management

26.2.1 Grundlagen und Auslöser von Veränderungen

Veränderungen sind in Organisationen an der Tagesordnung. Unternehmen, die auf einem globalen Markt um einen Wettbewerbsvorteil ringen, müssen ihre Strategien und Prozesse regelmäßig anpassen, Fusionen und Übernahmen durchführen, sich als Organisation umstrukturieren und neue Technologien einführen (Bordia et al. 2011, S. 191). Der langfristige Erfolg von Unternehmen hängt zu einem großen Teil von ihrer Fähigkeit ab, sich als Organisation zu verändern und sich an interne und externe Herausforderungen anpassen zu können (By 2005). Eine organisatorische Veränderung (Change) kann definiert werden als alle absichtlichen Aktivitäten und Handlungen, die eine Organisation unternimmt, um von ihrem gegenwärtigen Zustand in einen gewünschten zukünftigen Zustand versetzt zu werden (Stouten et al. 2018, S. 752).

Die Notwendigkeit eine Veränderung zu initiieren kann dabei externe oder interne Gründe haben (Lauer 2019, S. 13) sowie kontinuierlich oder diskontinuierlich erfolgen. Eine kontinuierliche Veränderung erfolgt beispielsweise durch Produktentwicklungen oder Investitionen in neue Informations- und Telekommunikationstechnologie. Eine diskontinuierliche Veränderung geschieht beispielsweise durch die Fusion mit einem anderen Unternehmen oder durch wesentliche Verluste von Marktanteilen (Gareis 2008, S. 158). Die Notwendigkeit von kontinuierlichen Veränderungen ist dabei meist intern verursacht, die Notwendigkeit von diskontinuierlichen Veränderungen hat hingegen meist einen externen Auslöser (Lauer 2019, S. 13). Demnach kann die Aufgabe von Change Management entweder in der Durchführung einer internen Transformation oder in der Bewältigung einer externen Diskontinuität (Krise) bestehen (Gareis 2008, S. 168 f.).

Vielfach sind Veränderungen die unmittelbare Reaktion auf eine extern ausgelöste Krise (Lauer 2019, S. 6). Beispiele hierfür sind neue gesetzliche Anforderungen (z. B. Export-Verbot in den Iran) oder wenn Teile des eigenen Unternehmens von einem anderen Unternehmen übernommen werden. Sind solche externen Krisen der Auslöser, so müssen diese zunächst definiert werden, d. h. eine Situation wird als Diskontinuität (Krise) bezeichnet, die dann entsprechende Maßnahmen zur Bewältigung dieser Diskontinuität legitimiert (Gareis 2008, S. 168 f.). In der aktuellen Situation kann die Corona-Pandemie als Diskontinuität eingeordnet werden, bei welcher sich durch neue, externe Anforderungen der Arbeitsort und der Arbeitsprozess der Mitarbeiterinnen und Mitarbeiter verändert hat.

Bei beiden Arten von Auslösern, Bewältigung einer Diskontinuität (extern) oder Durchführung einer Transformation (intern), bestehen ähnliche Rahmenbedingungen und Herausforderungen bei der Durchführung eines Change-Prozesses: die Einmaligkeit, die hohe Dynamik, der Zeitdruck und die Kombination der notwendigen Aktivitäten mit dem Tagesgeschäft (Gareis 2008, S. 168). Je nach Art des Auslösers variieren die Dynamik und der Zeitdruck. Die Corona-Krise als externer Auslöser war insbesondere von der Notwendigkeit einer sehr kurzfristigen Umsetzung der Veränderung gekennzeichnet, was dazu führte, dass der Prozess in einer sehr kurzen Zeitspanne durchgeführt werden musste.

Unabhängig von der Art des Auslösers sind Veränderungsprozesse trotz ihrer Häufigkeit vielfach wenig erfolgreich (Amis et al. 2004; Palmer et al. 2016): Es scheitern bis zu 70 % aller Veränderungsbemühungen in Unternehmen (Beer und Nohria 2000). Als Reaktion auf die hohe Rate gescheiterter Veränderungsprojekte haben Forscherinnen und Forscher erhebliche Anstrengungen unternommen, um die Faktoren besser zu verstehen, die die Wahrscheinlichkeit eines Erfolges bei der Implementierung von Veränderungen erhöhen können. Bisher haben sie zwei Hauptkategorien von Faktoren identifiziert, die die Ergebnisse organisatorischer Veränderungen beeinflussen: (1) der Veränderungsprozess und -inhalt sowie (2) der Veränderungskontext (Armenakis und Bedeian 1999; Self et al. 2007; Rafferty und Restubog 2017).

26.2.2 Prozess und Inhalt der aktuellen Veränderung

In der bisherigen Forschung wurde ein großes Augenmerk auf die Veränderungsprozesse gelegt (Self et al. 2007; Rafferty und Restubog 2017, S. 535). Denn die Implementierung von Veränderungen durchläuft verschiedene Phasen und Forscherinnen und Forscher haben verschiedene Modelle entwickelt, um die Phasen des Veränderungsprozesses zu beschreiben (u. a. Armenakis et al. 1999; Galpin 1996; Isabella 1990; Kotter 1995). Eines der bekanntesten Modelle für Veränderungsprozesse stammt von dem emeritierten Harvard-Professor John P. Kotter. Sein 8-Stufen-Modell des Change Managements ist dabei vor allem ein Management-Werkzeug, das auf dem Drei-Phasen-Modell von Kurt Lewin aufbaut und aus langjähriger Unternehmenspraxis heraus entwickelt wurde. Kotter postuliert acht Stufen, die sukzessive durchlaufen werden müssen, um das „Wie" eines Veränderungsprozesses erfolgreich zu absolvieren (Kotter 1995, S. 59–66). Diese Stufen sind:
1. *Ein Gefühl von Dringlichkeit etablieren*
2. *Eine mächtige Koalition der Veränderung bilden,*

3. Eine gut kommunizierbare Vision (als Ziel) entwickeln
4. Die Vision vermitteln
5. Die wichtigsten Hindernisse identifizieren und überwinden
6. Systematische Planung und Generierung von sichtbaren Erfolgen
7. Die ersten Erfolge nutzen, um weitere Probleme anzugehen
8. Verankerung des Wandels in der Unternehmenskultur (deutsche Version nach Bergmann und Garrecht 2016, S. 221 f.)

Da Kotter sein 8-Stufen-Modell des Change Managements auf Basis seiner beruflichen Erfahrung entwickelte, wurde nachträglich mehrfach der Versuch unternommen, die postulierten Stufen empirisch zu untermauern. Hierbei konnten Appelbaum und seine Mitautorinnen und Mitautoren in einem Review-Artikel aufzeigen, dass sich zahlreiche empirische Belege für die Anwendbarkeit der einzelnen Stufen finden (Appelbaum et al. 2012). Gleichzeitig gibt es keine wissenschaftliche Untersuchung, die das Modell mit *all* seinen Stufen in der vorgegebenen Reihenfolge mit realen empirischen Daten stützen konnte. Dank seiner unternehmenspraktischen, intuitiven Anwendbarkeit wird das 8-Stufen-Modell dennoch für viele Situationen herangezogen, jedoch nicht immer mit allen Stufen in der vorgegebenen Reihenfolge. Kotters Modell kann zudem sowohl als Ausgangspunkt für die Gestaltung als auch für die Analyse von Veränderungen dienen (Appelbaum et al. 2012, S. 765–776). In der vorliegenden Studie wird Kotters 8-Stufen-Modell auf eine kurzfristige Veränderung angewendet.

Im Gegensatz zu dem „Wie" des Veränderungsprozesses bezieht sich das „Was" der Veränderung auf den Inhalt der Veränderung (Armenakis und Bedeian 1999; Devos et al. 2007). Bei der Betrachtung des Veränderungsinhalts unterscheiden Devos und seine Mitautoren zwischen Veränderungen erster und zweiter Ordnung. Veränderungen erster Ordnung beziehen sich auf kleine und weniger drastische Änderungen, die der Organisation dabei helfen sollen, eine Stagnation zu überwinden und ihre Effizienz zu steigern. Derartige Veränderungen erfolgen schrittweise durch kleine Anpassungen an nicht zentrale Aspekte des Arbeitsplatzes und zielen darauf ab, die Organisation zu verbessern, ohne dabei ihren Kern zu beeinflussen. Hingegen sind Veränderungen zweiter Ordnung radikaler und revolutionärer und können die vollständige Transformation einer Organisation beinhalten. Da Veränderungen zweiter Ordnung den Kern eines Unternehmens berühren, können sie zu erheblichen Störungen der wichtigsten Organisationssysteme wie Kultur und Strategie führen und stellen häufig eine radikale Abkehr von bestehenden Vorgehensweisen dar. Weil Veränderungen zweiter Ordnung oft unsicherer und bedrohlicher als Veränderungen erster Ordnung sind oder als solche wahrgenommen werden, kann der Widerstand der betroffenen Mitarbeiterinnen und Mitarbeiter ein größeres Problem sein als bei Veränderungen erster Ordnung (Devos et al. 2007; Rafferty und Restubog 2017). Die aktuelle Umstellung auf Telearbeit innerhalb der Unternehmen aufgrund der Corona-Pandemie und der damit verbundene Wandel der kompletten internen sowie externen Art der Zusammenarbeit kann als Veränderung zweiter Ordnung kategorisiert werden.

26.2.3 Veränderungskontext: Auswirkungen von früheren Veränderungserfahrungen

Während der Veränderungsprozess seit Jahrzehnten vielfach empirisch analysiert und in der Unternehmenspraxis berücksichtigt wird (Armenakis und Bedeian 1999; Rafferty und Restubog 2010), wurde die Rolle des Veränderungskontextes bisher meist ignoriert (Herold et al. 2007). Der Kontext von Veränderungen kann dabei weit gefasst werden als „the *circumstances* or the existing external and internal conditions that have been shown to influence organizational effectiveness" (Self et al. 2007, S. 214).

Die Studien, die vereinzelt auch den Veränderungskontext analysieren, betrachten dabei insbesondere die sogenannte „negative Veränderungsmanagementhistorie" (*poor change management history (PCMH)*) der Mitarbeiterinnen und Mitarbeiter (vgl. z. B. Bordia et al. 2011; Rafferty und Restubog 2017). Diese Historie ist äußerst aufschlussreich, da organisationale Veränderungen vielfach tiefgreifende Auswirkungen auf die betroffenen Mitarbeiterinnen und Mitarbeiter haben und demnach als ein kritisches (Lebens-)Ereignis angesehen werden können, das Stressreaktionen und andere negative Folgen bei ihnen hervorrufen kann. Denn die Beschäftigten sind mit einer Reihe einzigartiger Stressfaktoren am Arbeitsplatz konfrontiert, die sich aus einem sich verändernden Arbeitsumfeld ergeben. Da organisatorische Veränderungen von Natur aus nicht linear sind, ist Unsicherheit der häufigste psychologische Zustand von betroffenen Mitarbeiterinnen und Mitarbeitern. Diese Unsicherheit kann beispielsweise zu rollenbedingtem Stress aufgrund neuer oder mehrdeutiger Erwartungen von Seiten der Organisation führen (Shaw et al. 1993; Jimmieson et al. 2004). Die Beschäftigten können auch von einer Rollenüberlastung betroffen sein, da sie sich mit einer erhöhten Arbeitsbelastung (Korunka et al. 2003) konfrontiert sehen, wenn ihnen durch die Veränderung in einem bestimmten Zeitraum zu viele Aufgaben (neu) zugewiesen werden oder wenn neue Aufgaben über ihre aktuellen Kenntnisse, Fähigkeiten und Fertigkeiten hinausgehen. Zudem können organisationale Veränderungen als Hauptquelle für die Bedrohung der persönlichen Karrierewege wahrgenommen werden und somit ein Risiko für die finanzielle Sicherheit darstellen (Callan 1993). Darüber hinaus kann eine Veränderung für die Mitarbeiterinnen und Mitarbeiter der Verlust von immateriellen Elementen aus ihrem Arbeitsumfeld bedeuten, wie z. B. Macht und Prestige, oder des Gefühls der Gemeinschaft mit den Kolleginnen und Kollegen, was ebenfalls Stress verursachen kann (Greenhalgh und Rosenblatt 1984; Jimmieson et al. 2004). Auch neu zusammengestellte Teams oder die Einführung neuer Technologien als Ergebnis einer Veränderung können eine Ursache für Stress sein (Cheng und Chan 2008; Sverke et al. 2002; Otto und Scheel 2020, S. 178). In Studien wurde zudem herausgefunden, dass Change auch zu negativen Konsequenzen wie psychische Morbidität (Virtanen et al. 2005), Frühverrentung (Saksvik und Gustafsson 2004), mehr Abwesenheit aufgrund von Krankheit (Nguyen und Kleiner 2003) und Verletzungen (Quinlan et al. 2001; Virtanen et al. 2005) führen kann (Saksvik et al. 2007, S. 244). Auf Basis eines Panel-Datensatzes aller stressbedingten Arzneimittelverordnungen für 92.860 Mitarbeiterinnen und Mitarbeitern in 1.517 der größten dänischen Unternehmen konnte gezeigt werden, dass das Risiko, stressbedingt Medikamente zu erhalten, für Mitarbeiterinnen und Mitarbeitern in Unternehmen, die Veränderungsprozesse durchlaufen, erheblich steigt. Zusammenfassend lässt sich festhalten, dass organisatorische Veränderungen mit erheblichen Risiken für die Gesundheit der Mitarbeiterinnen und Mitarbeiter verbunden sind (Dahl 2011).

Gleichzeitig sind die Mitarbeiterinnen und Mitarbeiter von kritischer Relevanz für die erfolgreiche Umsetzung einer Veränderung (Kotter 1995). Denn eine negative Veränderungshistorie kann eine negative Auswirkung sowohl auf die betroffenen Mitarbeiterinnen und Mitarbeiter als auch auf die Unternehmen während der (aktuellen oder zukünftigen) Veränderung haben. Erstens können frühere Erfahrungen dazu führen, dass Mitarbeiterinnen und Mitarbeiter entsprechende Erwartungen hinsichtlich ihrer eigenen Fähigkeiten entwickeln, eine zuvor nicht erprobte Aufgabe ausführen zu können, bevor sie diese Aufgabe tatsächlich ausführen (Devos et al. 2007). Wenn Mitarbeiterinnen und Mitarbeiter also negative Erwartungen hinsichtlich der Wahrscheinlichkeit entwickeln, Aufgaben während einer organisatorischen Veränderung erfolgreich bewältigen zu können, können diese Überzeugungen die zukünftigen Erfolgserwartungen während einer Veränderung beeinflussen. Zweitens tritt Zynismus in Bezug auf Veränderungen in Umgebungen auf, in denen Mitarbeiterinnen und Mitarbeiter in der Vergangenheit Veränderungsversuchen ausgesetzt waren, die nicht vollumfänglich oder eindeutig erfolgreich waren (Reichers et al. 1997; Wanous et al. 2000). Derartige negativen Einstellungen zu organisationalen Veränderungen können dann im Laufe der Zeit fortbestehen und die Wahrscheinlichkeit eines Erfolgs von zukünftigen Veränderungen weiter nachhaltig verringern (Rafferty und Restubog 2017, S. 535).

Dabei stellen Bordia und seine Mitautorinnen und Mitautoren die Bedeutung früherer Erfahrungen mit Change-Prozessen noch umfangreicher dar. Sie zeigen auf, dass bereits in der Vergangenheit erlebte Veränderungen maßgeblich die Einstellungen und das Verhalten von Mitarbeiterinnen und Mitarbeiter bedingen. Sie betonen dabei insbesondere die Rolle von *negativen* Erfahrungen. Empirisch finden sich starke Hinweise, dass negative Vorerfahrungen in negativen Einstellungen gegenüber *zukünftigen* Veränderungen resultieren. Hierfür entwickelten sie eine Skala zum Einsatz in Befragungen, um die Einstellungen gegenüber Veränderungen aufgrund negativer Vorerfahrungen mit Change-Prozessen[1] zu messen. Konsequenzen von negativer Einstellung waren verringertes Vertrauen in die Organisation, was wiederum mit geringerer Arbeitszufriedenheit und steigenden Kündigungsabsichten einhergeht. Klare Zusammenhänge zeigten sich ebenfalls zwischen negativen Change-Einstellungen (gemeint sind damit *hohe* Werte auf der Skala der PCMH beliefs) und Zynismus sowie Pessimismus hinsichtlich Veränderungen. Mittels statistischer Pfadanalyse konnte basierend auf einer Stichprobe von 124 Angestellten aufgezeigt werden, welche weitreichenden Konsequenzen es

mit sich bringen kann, mangelhaft geführte bzw. gestaltete Veränderungsprozesse zu erleben (Bordia et al. 2011, S. 207–217).

Die fehlende Aufmerksamkeit für den Veränderungskontext, insbesondere in Form von früheren (negativen) Veränderungserfahrungen (PCMH-Einstellungen), stellt eine vielfach verpasste akademische und auch praktische Chance dar, diesen Kontext rechtzeitig beeinflussen zu können. Denn der Veränderungskontext hilft die Reaktionen der Mitarbeiterinnen und Mitarbeiter auf aktuelle und zukünftige Veränderungen zu verstehen. Zudem sind die Change-Verantwortlichen und die Personalmanagerinnen und -manager innerhalb eines Unternehmens in der Position, dieses Wissen zu nutzen, um diesen Kontext der Veränderung zu beeinflussen (Brown et al. 2017; Schumacher et al. 2016) und damit eine erfolgreiche aktuelle und zukünftige Veränderung zu ermöglichen. Dabei gelten die Einstellungen der Betroffenen zu Veränderungen als eine Hauptursache für das Scheitern von Veränderungen (Rafferty und Restubog 2017), weshalb für den Change-Erfolg sowohl der Veränderungsprozess und -inhalt einer aktuellen und zukünftigen Veränderung, aber eben auch der Veränderungskontext mit den PCMH-Einstellungen der betroffenen Mitarbeiterinnen und Mitarbeiter berücksichtigt werden sollte.

26.3 Methodisches Vorgehen und Fallbeschreibung

Diese empirische Studie geht den Fragen nach, wie die aktuelle kurzfristige Veränderung hin zu Telearbeit aufgrund der Corona-Pandemie aus Sicht der Mitarbeiterinnen und Mitarbeiter wahrgenommen wurde, welche Rolle der Veränderungskontext in Form von früheren Change-Erfahrungen dabei spielt und welche präventiven Maßnahmen sich daraus ableiten lassen.

Die empirische Studie wurde bei einem großen deutschen Personaldienstleister durch-

---

[1] *Poor change management history beliefs*, kurz PCMH beliefs. Im Folgenden wird zur Bezeichnung dieser Skala auch der Begriff *PCMH-Einstellungen* verwendet.

geführt. Das Leistungsportfolio des Personaldienstleisters reicht von der klassischen Zeitarbeit über die direkte Personalvermittlung bis hin zu spezialisierten Personallösungen. Aufgrund von Beschäftigtenzahlen und Umsatz zählt das untersuchte Unternehmen zu den fünf größten Personaldienstleistern in Deutschland. Da sich das Coronavirus äußerst dynamisch ausgebreitet hat, wurde es am 11. März 2020 von der WHO als weltweite Pandemie eingestuft. Einen Tag davor, am 10. März 2020, wurde seitens der Geschäftsführung des untersuchten Personaldienstleisters eine zeitnahe Umstellung auf Telearbeit initiiert, um die Anzahl der im Büro befindlichen Mitarbeiterinnen und Mitarbeiter deutlich zu reduzieren. Konkret hat die Geschäftsführung die Standortverantwortlichen aufgefordert, der bindenden Empfehlung der Bundesregierung zu folgen und die Abstandsregelungen durch die Einführung von Telearbeit einzuhalten. Die Standortverantwortlichen haben diese Aufforderung dann an die einzelnen Mitarbeiterinnen und Mitarbeiter kommuniziert und das Ziel, durch die Einführung von Telearbeit die physischen Kontakte zu reduzieren und die Abstandsregelungen einzuhalten, persönlich erläutert. Die Beschäftigten waren zu diesem Zeitpunkt schon alle mit einem Laptop und einem Diensthandy ausgestattet. Auch bestand zu dem Zeitpunkt bei dem untersuchten Unternehmen bereits keinerlei Papierdokumentation mehr, da im Jahr 2019 vollständig auf ein papierloses Büro umgestellt worden war. Für die Arbeit an einem anderen Ort außerhalb der Büroräume waren keine weiteren physischen Dokumente notwendig. Der regelmäßige Arbeitsplatz konnte deshalb bereits innerhalb eines Tages in die eigene Wohnung oder einen sonstigen Ort außerhalb der regulären Büroräume verlegt werden und alle Beschäftigten waren auf der technischen Ebene sofort arbeitsfähig.

Im Rahmen dieser Studie wurde eine schriftliche, quantitative Befragung durchgeführt. Die Distribution der Befragung erfolgte als Online-Umfrage, die per E-Mail mit einem kurzen Begleittext am 25. September 2020 an 65 Mitarbeiterinnen und Mitarbeiter eines geographischen Bereichs des untersuchten Personaldienstleisters verschickt wurde. Am 30. September 2020 wurde eine Erinnerungs-E-Mail an alle verschickt mit der Bitte um Teilnahme. Von den 65 angeschriebenen haben 44 Personen die Online-Umfrage vollständig ausgefüllt (n = 44). Diese 44 Mitarbeiterinnen und Mitarbeiter sind in Berlin und dem erweiterten Umland tätig.

Der quantitative Fragebogen gliedert sich in zwei thematische Befragungsteile: (1) der aktuelle Change-Prozess hin zur Telearbeit aufgrund der Corona-Pandemie sowie (2) frühere Veränderungserfahrungen. Für den ersten Befragungsteil wird das 8-Phasen-Modell nach Kotter zugrunde gelegt (Kotter 1995, S. 59–67; Bergmann und Garrecht 2016, S. 221 f.). Ausgehend von den acht Phasen, die erfolgskritische Instrumente und deren betriebliche Umsetzung im Change Management klassifizieren, wurden Rating-Items entwickelt. Die Befragten sollten auf einer siebenstufigen Likert-Skala (1 = *stimme überhaupt nicht zu* bis 7 = *stimme voll und ganz zu*) (Moosbrugger und Brandt 2020, S. 108) beurteilen, inwieweit die Umsetzung dieser Instrumente bei der kurzfristigen Veränderung hin zur Telearbeit gelungen ist. Im zweiten Befragungsteil werden Erfahrungen aus früheren Veränderungsprozessen thematisiert. Dafür wurde die acht Items umfassende Skala zu *poor change management history beliefs* (PCMH beliefs) von Bordia und seinen Mitautoren (2011, S. 216) in die deutsche Sprache übersetzt. Hierbei wurden die Befragten aufgefordert, ebenfalls auf einer siebenstufigen Likert-Skala zu bewerten, inwiefern sie positive oder negative frühere Veränderungserfahrungen gemacht haben. Es gibt Studien, die zeigen, dass die Bewältigung von Change-Erfahrungen je nach Alter und Geschlecht variieren kann. Da es in der Befragung jedoch inhaltlich auch um heikle Fragen bezüglich der durch das Coronavirus verursachten Krisensituation sowie um emotionale Themen wie die persönliche Einstellung zu Veränderung geht, wurde darauf verzichtet, personenbezogene Daten (wie beispielsweise Alter, Dauer der Unternehmenszugehörigkeit etc.) zu erheben, um keinen Zweifel an der zugesicherten Anonymität aufkommen zu lassen (Brandt und Moosbrugger 2020, S. 78).

26.4 Darstellung der Fragebogenergebnisse

Im Folgenden wird anhand der quantitativen Fragebogenergebnisse dargestellt, wie die kurzfristige Veränderung hin zur Telearbeit aufgrund der Corona-Pandemie durch die Beschäftigten wahrgenommen wurde und welche Rolle frühere Veränderungserfahrungen dabei spielen.

▪▪ Aktuelle Change-Erfahrung

◘ Tab. 26.1 zeigt zunächst einen Überblick über die deskriptiven Ergebnisse bezüglich der Wahrnehmung der aktuellen Change-Erfahrung.

Veränderung als dringend notwendig empfinden: Für einen als erfolgreich wahrgenommen Change muss bei den Betroffenen ein Gefühl der Dringlichkeit für die Veränderung etabliert werden. Mit 74,0 % gibt die große Mehrzahl der Befragten an, dass sie die Veränderung hin zur Telearbeit als dringend notwendig empfunden haben (stimme eher zu, stimme zu und stimme voll und ganz zu). 18,5 % geben an, dass sie dieser Aussage (eher) nicht zustimmen.

Risikoeinschätzung zur Nicht-Einführung der Veränderung: Zudem sollte für eine als erfolgreich wahrgenommene Veränderung von den Betroffenen das Festhalten am Status quo als gefährlicher und riskanter erscheinen als sich auf die Veränderung einzulassen. Mit 74,4 % der Befragten gibt die Mehrheit an (stimme eher zu, stimme zu und stimme voll und ganz zu), dass sie es als (äußerst) riskant angesehen hätten, wenn die Veränderung hin zu Telearbeit aufgrund der Corona-Pandemie nicht durchgeführt worden wäre. Lediglich eine Minderheit von 14,8 % der Befragten ist der Meinung, dass es nicht sehr riskant gewesen wäre, die Veränderung einzuführen (stimme überhaupt nicht, nicht oder eher nicht zu).

Ziel der Veränderung schnell verstehen: Bei Veränderungen ist es wichtig, ein gut kommunizierbares Ziel der Veränderung zu entwickeln, das schnell beziehungsweise einfach kommuniziert werden kann, sodass es von den Betroffenen sowohl verstanden als auch interessiert aufgenommen werden kann. Fast alle Befragten geben an (92,5 %), dass sie das Ziel der bei ihnen im Unternehmen aktuell anstehenden Veränderung hin zur Telearbeit schnell verstanden haben (stimme zu und stimme voll und ganz zu); nur 3,7 % geben an, dass sie eher nicht der Aussage zustimmen, das Ziel schnell verstanden zu haben. Dabei erreicht dieses Item sowohl die höchste durchschnittliche Zustimmung als auch die geringste Streuung bezüglich des Antwortverhaltens der Studienteilnehmerinnen und -teilnehmer.

Klare Vermittlung der übergeordneten Beweggründe durch Unternehmen: Für ein erfolgreiches Management der Veränderung müssen zudem das Unternehmen und die entsprechenden Führungskräfte den betroffenen Mitarbeitern die Kernaussage im täglichen Handeln vermitteln. Eine große Mehrheit von 81,4 % der befragten Mitarbeiterinnen und Mitarbeiter stimmen der Aussage zu (stimme eher zu, stimme zu und stimme voll und ganz zu), dass in dem untersuchten Unternehmen die übergeordneten (Beweg-)Gründe für die Veränderung klar vermittelt worden sind. Lediglich etwa ein Zehntel der Befragten (11,1 %) gibt an, dass ihrer Meinung nach die übergeordneten Beweggründe der Veränderung im beziehungsweise durch das Unternehmen (eher) nicht klar genug kommuniziert wurden.

Früh persönliche Erfolge verzeichnen: Ein weiterer wichtiger Aspekt für die erfolgreiche Durchführung von Veränderungen ist es, für die beteiligten Personen bereits so früh wie möglich erste Erfolge erlebbar zu machen, indem „early wins" für alle Betroffenen sichtbar gemacht werden. Interessanterweise ergibt sich hier ein zweigeteiltes Bild bei der Wahr-

Tab. 26.1 Items zur aktuellen Change-Erfahrung

Aktuelle Change-Erfahrung (Prozess nach Kotter)	1: Stimme überhaupt nicht zu (%)	2: Stimme nicht zu (%)	3: Stimme eher nicht zu (%)	4: Teils teils (%)	5: Stimme eher zu (%)	6: Stimme zu (%)	7: Stimme voll und ganz zu (%)	Mittelwert (MW)	Standardabweichung (SD)
Ich habe die Veränderung als dringend notwendig empfunden	0,0	7,4	11,1	7,4	3,7	37,0	33,3	5,58	1,65
Meiner Meinung nach wäre es sehr riskant gewesen, die Veränderung nicht einzuführen	0,0	3,7	11,1	7,4	11,1	33,3	33,3	5,65	1,50
Das Ziel der Veränderung habe ich schnell verstanden	0,0	0,0	3,7	3,7	0,0	44,4	48,1	6,27	0,96
Die übergeordneten Beweggründe der Veränderung wurden mir im Unternehmen klar vermittelt	0,0	3,7	7,4	7,4	7,4	29,6	44,4	5,81	1,47
Im Zuge der Veränderung konnte ich schon bald persönliche Erfolge verzeichnen	3,7	0,0	3,7	29,6	25,9	22,2	14,8	5,04	1,40
Es wurde dafür gesorgt, dass ich mich mit Kolleg:innen über die Veränderung austauschen konnte, um gemeinsam Probleme zu lösen	0,0	0,0	3,7	11,1	14,8	37,0	33,3	5,81	1,13
Wesentliche Hindernisse während der Veränderung konnten wir überwinden	0,0	0,0	15,4	7,7	23,1	38,5	15,4	5,31	1,32

Fehlzeiten-Report 2021

nehmung der befragten Beschäftigten: Fast ein Drittel (29,6 %) der Befragten gibt an, dass sie dieser Aussage nur teils/teils zustimmen können. Ein Großteil von 62,9 %, wenn auch in abnehmender Tendenz von stimme eher zu, stimme zu bis hin zu stimme voll und

26.4 · Darstellung der Fragebogenergebnisse

ganz zu, gibt an, dass sie schon bald persönliche Erfolge im Zuge der Veränderung hin zu Telearbeit verzeichnen konnten. Ein wahrgenommener Erfolg (early win) in diesem Setting kann bereits die erfolgreiche Nutzung von Videokonferenzsystemen und die reibungslose Online-Zusammenarbeit mittels GoogleDoc sein – beides war in der Zeit vor der Pandemie bei dem untersuchten Personaldienstleister die Ausnahme in der Zusammenarbeit; Gespräche und Teamarbeit fanden bis dahin in der Regel persönlich von Angesicht zu Angesicht in den Büroräumen statt.

Austausch mit Kollegen über Veränderung: Die ersten Erfolge müssen genutzt werden, um weitere Probleme angehen zu können und dafür ist ein Austausch über die Veränderungserlebnisse und Veränderungserfolge mit den Kolleginnen und Kollegen hilfreich. Es geht darum, Beweise zu liefern, dass sich der Einsatz lohnt, um auf dieser Grundlage weitere Aktivitäten und Bemühungen zu ermöglichen und verbliebene Kritikerinnen und Kritiker von der Veränderung zu überzeugen. 85,1 % der Befragten stimmen (eher) zu oder voll und ganz zu, dass das Unternehmen dafür gesorgt hat, dass sie die Möglichkeit hatten, sich mit ihren Kolleginnen und Kollegen über die aktuellen Erfahrungen und (persönlichen) Erfolge auszutauschen und auf dieser Basis gemeinsam weitere Probleme zu lösen. Lediglich 3,7 % der Befragten geben an, dass dies aus ihrer Sicht eher nicht zutrifft. Um einen Austausch zu fördern, hat der untersuchte Personaldienstleister unter anderem eine Austauschplattform im Intranet und eine unternehmensinterne Radiosendung initiiert, in der Herausforderungen und Lösungsmöglichkeiten der Telearbeit gemeinsam besprochen werden konnten. Auch wurden Wettbewerbe veranstaltet, bspw. „Wer hat die kreativste Maske?".

Insgesamt werden bei der Betrachtung der Mittelwerte hohe Zustimmungswerte zu den positiv gerichteten Items zur aktuellen Change-Erfahrung hin zur Telearbeit aufgrund der Corona-Pandemie ersichtlich (alle Mittelwerte oberhalb von 5,0). Dies ist umso interessanter, als gleichwohl circa die Hälfte aller Befragten angibt, Hindernisse erlebt zu haben, welche die Veränderung für sie erschwert haben (Ja: 48,1 %; Nein: 51,9 %).

Wesentliche Hindernisse während der Veränderung überwinden: Von denjenigen Befragten, die Hindernisse im Zuge der Veränderung erlebt haben, geben wiederum 77,0 % an, dass sie diese (wesentlichen) Hindernisse während der Veränderung erfolgreich überwinden konnten (stimme eher zu, stimme zu und stimme voll und ganz zu). Hingegen geben 15,4 % der Befragten an, dieser Aussage eher nicht zuzustimmen. Keiner der Befragten gibt an, dass wesentliche Hindernisse überhaupt nicht oder nicht überwunden werden konnten. Beispiele für überwundene Hindernisse sind, dass die Beschäftigten es trotz der Umstellung auf Telearbeit und einem Gefühl von Unsicherheit bei der Nutzung von Videokonferenztools geschafft haben, erfolgreich Vertragsverhandlungen mit Kundenunternehmen durchzuführen sowie passende Bewerberinnen und Bewerber auszuwählen, ohne sich persönlich von Angesicht zu Angesicht mit ihnen getroffen zu haben.

▪▪ Frühere Change-Erfahrungen

Um den Veränderungskontext in Form von früheren Veränderungserfahrungen der befragten Mitarbeiterinnen und Mitarbeiter zu erfassen, wurde im zweiten Befragungsteil die Wahrnehmung der wesentlichen organisatorischen Veränderungen bei dem Unternehmen in der Vergangenheit untersucht. In den letzten Jahren gab es bei dem untersuchten Personaldienstleister bereits zwei große Veränderungen: (1) die vollständige Neustrukturierung der Verantwortlichkeiten und Zuständigkeiten im Onsite-Management und Personalmanagement und (2) die Einführung einer neuen Customer-Relationship-Management-Software mit tiefgreifenden Veränderungen für die internen Prozesse und Verantwortlichkeiten.

◻ Tab. 26.2 zeigt zunächst einen Überblick der deskriptiven Ergebnisse über die Wahrnehmung der früheren Change-Erfahrungen.

Tab. 26.2 Items zu früheren Change-Erfahrungen

Frühere Change-Erfahrungen (Kontext mittels invertierter PCMH-Skala)	1: Stimme überhaupt nicht zu (%)	2: Stimme nicht zu (%)	3: Stimme eher nicht zu (%)	4: Teils teils (%)	5: Stimme eher zu (%)	6: Stimme zu (%)	7: Stimme voll und ganz zu (%)	Mittelwert (MW)	Standardabweichung (SD)
Alles in allem waren frühere Veränderungen positiv	0,0	0,0	6,7	26,7	36,7	23,3	6,7	5,04	1,04
Frühere Veränderungen wurden richtig umgesetzt	3,3	3,3	30,0	26,7	16,7	13,3	6,7	4,21	1,47
Frühere Veränderungsinitiativen haben ihren Zweck erfüllt	3,3	6,7	20,0	23,3	16,7	26,7	3,3	4,39	1,50
Frühere Veränderungen wurden gut geleitet	0,0	0,0	13,3	36,7	36,7	13,3	0,0	4,50	0,92
Frühere Veränderungen hatten einen positiven Einfluss auf die Qualität der Dienstleistungserbringung	0,0	6,7	6,7	43,3	16,7	20,0	6,7	4,68	1,22
Frühere Veränderungen haben unsere Leistungsfähigkeit als Organisation verbessert	0,0	3,3	10,0	40,0	20,0	13,3	13,3	4,68	1,33
Mitarbeitermeinungen wurden bei früheren Veränderungen berücksichtigt	10,0	13,3	13,3	26,7	16,7	16,7	3,3	3,93	1,72
Bei früheren Veränderungen waren die Auswirkungen auf das Wohlbefinden der Mitarbeiter:innen ein wichtiger Gesichtspunkt	3,3	16,7	23,3	26,7	20,0	10,0	0,0	3,75	1,32
PCMH-Einstellungen als kumulierter Skalenwert								4,40	0,82

Fehlzeiten-Report 2021

Positive Wahrnehmung früherer Veränderungen: Frühere Veränderungserfahrungen haben einen wichtigen Einfluss auf die Wahrnehmung von aktuellen und zukünftigen Veränderungen. Etwa zwei Drittel der Befragten (66,7 %: stimme eher zu, stimme zu und stimme voll und ganz zu) geben an, dass sie in der Vergangenheit bei dem untersuchten Unternehmen positive Erfahrungen mit wesentlichen Veränderungen gemacht haben. Der Mittelwert liegt bei 5,04 „stimme eher zu". Nur ein kleiner Teil (6,7 %) stimmt eher nicht zu, dass frühere Veränderungen positiv waren.

Richtige Umsetzung früherer Veränderungen: Bezüglich der Frage zur richtigen Umsetzung früherer Veränderungen zeigt sich ein dreigeteiltes Bild. Etwas über ein Drittel gibt an, dass sie frühere Veränderungen als richtig umgesetzt wahrnehmen (36,6 %, stimme eher zu, stimme zu und stimme voll und ganz zu), etwas weniger als ein Drittel ist unentschlossen (26,7 % teils teils) und wiederum etwas mehr als ein Drittel nimmt frühere Veränderungen als nicht richtig umgesetzt wahr (36,6 %, stimme eher nicht zu, stimme nicht zu und stimme überhaupt nicht zu).

Zweckerreichung früherer Veränderungen: Zudem ist es für die Einschätzung einer Veränderung wichtig zu erfassen, inwiefern eine Veränderung rückblickend ihren intendierten Zweck erfüllt hat. Der Aussage, dass frühere Veränderungen ihren Zweck erfüllt haben, stimmen mit 46,7 % knapp die Hälfte der Befragten (eher; voll und ganz) zu, wohingegen 30 % (eher; überhaupt) nicht zustimmen.

Gute Leitung früherer Veränderungen: Betrachtet man die Ergebnisse zur guten Leitung von früheren Veränderungsprojekten, so zeigt sich ein eher positives Bild: Die Hälfte der Befragten stimmt der Aussage mindestens eher zu, dass früherer Veränderungen gut geleitet wurden. Nur 13,3 % stimmen dieser Aussage eher nicht zu, niemand stimmt der Aussage nicht oder überhaupt nicht zu.

Frühere Veränderungen hatten einen positiven Einfluss auf die Qualität der Dienstleistungserbringung: Ein ambivalentes Bild ergibt sich bezüglich der Wahrnehmung der Befragten, inwiefern frühere Veränderungen einen positiven Einfluss auf die Qualität der Dienstleistungserbringung hatten. Fast die Hälfte (43,3 %) antwortet mit teils/teils, während weitere 43,4 % der befragten Mitarbeiter und Mitarbeiterinnen eine eher positive Einschätzung abgeben (16,7 %: stimme eher zu, 20,0 %: stimme zu und 6,7 %: stimme voll und ganz zu). Gleichzeitig stimmen aber auch 13,4 % der Befragten dieser Aussage mindestens eher nicht zu.

Frühere Veränderungen haben die Leistungsfähigkeit als Organisation verbessert: Ein ähnlich gemischtes Bild ergibt sich bezüglich der Einschätzung einer verbesserten Leistungsfähigkeit der Organisation aufgrund von durchgeführten Veränderungen: Ein Großteil von 40 % der Befragten hat hierzu eine gemischte Meinung (teils/teils), während 46,3 % es positiver sehen und mindestens eher zustimmen, gleichzeitig aber auch 13,3 % der Befragten mindestens eher nicht zustimmen.

Mitarbeitermeinungen wurden bei früheren Veränderungen berücksichtigt: Die gesamte Bandbreite der Antwortmöglichkeiten haben die befragten Mitarbeiterinnen und Mitarbeiter bezüglich ihrer Einschätzung genutzt, inwiefern ihre Meinung bei früheren Veränderungen berücksichtigt wurde. Etwas über ein Drittel gibt an, dass Mitarbeitermeinungen bei früheren Veränderungen berücksichtigt wurden (36,7 %, stimme eher zu, stimme zu und stimme voll und ganz zu), etwas weniger als ein Drittel ist unentschlossen (26,7 % teils teils) und wiederum etwas über ein Drittel ist der Ansicht, dass Mitarbeitermeinungen bei früheren Veränderungen nicht berücksichtigt wurden (36,6 %, stimme eher nicht zu, stimme nicht zu und stimme überhaupt nicht zu).

Auswirkungen von Veränderungen auf das Wohlbefinden der Mitarbeiter:innen: Lediglich rund ein Drittel der Befragten (30 %: stimme eher zu, stimme zu und stimme voll und ganz zu) gibt an, dass in der Vergangenheit bei dem Unternehmen die Auswirkungen von Veränderungen auf das Wohlbefinden der Mitarbeiterinnen und Mitarbeiter als ein wichtiger Aspekt berücksichtigt wurde. Hingegen gibt fast die Hälfte der Befragten (43,3 %) an, dass sie bei früheren Veränderungen überhaupt nicht, nicht oder eher nicht das Gefühl hatten, dass ihr Wohlbefinden als Mitarbeiterin oder Mitarbeiter eine Rolle bei der Durchführung der Veränderung gespielt hat.

Insgesamt zeigt sich bei vielen Fragen nach der früheren Veränderungserfahrung ein gemischtes Bild, insgesamt jedoch mit der Tendenz, dass frühere Veränderungen als eher positiv wahrgenommen worden sind. Interessanterweise zeigt sich das deutlichste Ergebnis bei der zusammenfassenden Frage nach der positiven Wahrnehmung früherer Veränderungen mit einer insgesamt hohen durchschnittlichen Zustimmung (Mittelwert 5,04 „stimme eher zu").

26.5 Diskussion und Fazit

Zusammenfassend lässt sich festhalten, dass trotz wahrgenommener Hindernisse die Veränderung hin zur Telearbeit aufgrund der Corona-Pandemie von den betroffenen Mitarbeiterinnen und Mitarbeitern positiv wahrgenommen wurde. Dafür zeigt dieser Beitrag am Beispiel eines großen Personaldienstleisters, wie solch eine als positiv wahrgenommene Veränderung ablaufen kann und welche Rolle frühere Veränderungserfahrungen dabei spielen.

Erstens zeigt sich an dem vorliegenden Praxisbeispiel, dass eine gute Vorbereitung und eine persönliche Kommunikation wichtig sind. Im untersuchten Unternehmen war der Change dahingehend gut vorbereitet, dass die Arbeitsprozesse bereits auf ein ortsungebundenes Arbeiten ausgerichtet waren. Die Mitarbeiterinnen und Mitarbeiter waren mit Laptops und Diensthandys ausgestattet und die Arbeitsprozesse waren papierlos möglich. Die Umstellung auf Telearbeit konnte dadurch bereits innerhalb eines Tages durchgeführt werden und alle Beschäftigten waren sofort arbeitsfähig. Hinsichtlich persönlicher Kommunikation haben die Verantwortlichen im Unternehmen die notwendige Umstellung auf Telearbeit sowie die dahinterliegenden Ziele den Mitarbeiterinnen und Mitarbeitern persönlich erläutert, sodass diese die Möglichkeit hatten nachzufragen und Verständnisprobleme direkt zu klären.

Zweitens zeigt dieser Beitrag, dass auch kurzfristige Veränderungen gemäß dem 8-Stufen-Modell des Change Managements von John P. Kotter durchgeführt werden können und aus Sicht der betroffenen Mitarbeiterinnen und Mitarbeiter als erfolgreich wahrgenommen werden. Dies zeigt sich durch eine insgesamt positive Bewertung des aktuellen Change-Prozesses. Der Mittelwert für alle entsprechenden Items liegt oberhalb von 5,0 und zeigt damit hohe Zustimmungswerte bezüglich der erfolgreichen Umsetzung der aktuellen Veränderung hin zur Telearbeit aufgrund der Corona-Pandemie. Dies ist umso interessanter, als diese Veränderung äußerst kurzfristig eingetreten ist und circa die Hälfte der Befragten (48,1 %) Hindernisse erkannt hat, welche die Veränderung für sie erschwert haben. Damit verdeutlicht sich, dass man sich gut an dem 8-Stufen-Modell nach Kotter orientieren kann – sowohl für die Durchführung als auch für die anschließende Analyse. Anzumerken ist, dass insbesondere bei dieser Veränderung hin zur Telearbeit mit der Corona-Pandemie als externem Auslöser die erste Phase nach Kotter („Ich habe die Veränderung als dringend notwendig empfunden") maßgeblich durch den gesellschaftlichen Diskurs und die Berichterstattung in den Medien beeinflusst worden war. Dieses allgemeine Stimmungsbild kann einer der Gründe für eine erhöhte Motivation sein, den Change zu akzeptieren und als notwendig zu empfinden.

Drittens liefert die vorliegende Studie ergänzende empirische Hinweise darauf, dass die Erlebnisse der Mitarbeiterinnen und Mitarbeiter während einer Veränderung einen langfristigen Einfluss auf deren Einstellung zum Thema Change haben können. Damit leistet diese Studie einen wichtigen Beitrag zur Literatur über organisationale Veränderungen und Personalmanagement. Denn durch die Berücksichtigung der früheren Change-Management-

26.5 · Diskussion und Fazit

Erfahrungen („PCMH belief") wird die Bedeutung des internen Veränderungskontexts für das Management organisatorischer Veränderungsbemühungen hervorgehoben, der bisher oft vernachlässigt worden ist (Bordia et al. 2011; Rafferty und Restubog 2010, 2017). Auf der Grundlage individueller Reaktionen der Mitarbeiterinnen und Mitarbeiter können (erste) Schlussfolgerungen über die potenziellen Auswirkungen organisatorischer Veränderungen abgeleitet werden, wobei es eine Vielzahl von unterschiedlichen Reaktionen geben kann. Denn es gibt Unterschiede und Diskrepanzen zwischen den individuellen Veränderungserfahrungen, die mit den unterschiedlichen Veränderungsgeschichten der jeweils betroffenen Mitarbeiterinnen und Mitarbeitern einhergehen (Saksvik et al. 2007). Es ist folglich sehr wahrscheinlich, dass organisatorische Veränderungsereignisse von betroffenen Mitarbeiterinnen und Mitarbeitern unterschiedlich erlebt werden (Rafferty und Griffin 2006): Während einige Betroffene eine Veränderung als Gefahr für das eigene Wohlbefinden mit negativen Auswirkungen auf die Zukunft wahrnehmen (Lazarus und Folkman 1984), empfinden andere dieselben Veränderungen möglicherweise als Verbesserung und als Wachstums- und Entwicklungsmöglichkeit (Rafferty und Restubog 2017). Dabei können die früheren Veränderungserfahrungen einen großen Einfluss auf diese Wahrnehmung haben und die sich daraus ergebenden individuellen Reaktionen müssen berücksichtigt werden, um sicherstellen zu können, dass eine gute Veränderung erreicht wird. Zudem ergibt sich durch die Berücksichtigung der jeweiligen Veränderungserfahrungen die Möglichkeit, dass jene angepasst und neu definiert werden können (Saksvik et al. 2007).

Im vorliegenden Beitrag wurden der Change-Prozess nach Kotter und der Change-Kontext in Form der PCMH-Skala als theoretische Ansätze in einer empirischen Studie berücksichtigt. Solch eine Kombination findet sich bisher nur in einer sehr geringen Anzahl empirischer Studien. Dabei geben die Studienergebnisse Hinweise darauf, dass die Mitarbeiterinnen und Mitarbeiter, die positive Change-Vorerfahrungen gemacht haben, auch eine positive Wahrnehmung der aktuellen Veränderung hin zur Telearbeit haben. Bisher wurde solch ein Zusammenhang immer für den negativen Einfluss postuliert, d. h. eine negative Change-Vorerfahrung führt zu einer negativen Einstellung bezüglich aktueller und zukünftiger Change-Prozesse (z. B. Bordia et al. 2011; Rafferty und Restubog 2017). Der positive Zusammenhang zwischen Change-Vorerfahrungen und einer positiven Einstellung bezüglich aktueller und zukünftiger Change-Prozesse müsste in weiteren Studien untersucht werden.

Aus dieser Studie ergibt sich auch eine Reihe von Handlungsempfehlungen für einen präventiven Umgang mit Veränderungen, damit die betroffenen Mitarbeiterinnen und Mitarbeiter den Change gut bewältigen können. Erstens kann es für die Vertreterinnen und Vertreter aus der Unternehmenspraxis aufschlussreich sein, dass das 8-Stufen-Modell des Change Managements von John P. Kotter aus Sicht der betroffenen Mitarbeiter und Mitarbeiterinnen nicht nur für langfristig geplante, sondern auch für kurzfristige Veränderungen zielführend eingesetzt werden kann, d. h. selbst ohne viel zeitlichen Vorlauf. Das 8-Stufen-Modell ist äußerst anwendungsorientiert ausgestaltet und kann daher eine gute Orientierung für die Change-Verantwortlichen bei ihrer Umsetzung von derartigen Veränderungen sein. Dabei ist ein als erfolgreich wahrgenommener Change nicht nur für die jeweils aktuelle Veränderung wichtig, sondern auch in der Zukunft, weil die Erlebnisse der Mitarbeiterinnen und Mitarbeiter in der aktuellen Veränderung einen langfristigen Einfluss auf deren Einstellung bezüglich Veränderungen insgesamt haben können.

Zweitens können auf der Basis dieser Studie die Vertreterinnen und Vertreter aus der Unternehmenspraxis „gesündere" organisatorische Veränderungen gestalten, indem sie bei der Umsetzung berücksichtigen, dass „A healthy process empowers individuals instead of making them insecure and defensive in times of change" (Saksvik et al. 2007, S. 243). Dabei kann die Berücksichtigung der folgenden Merkmale bei der Umsetzung von „gesunden" Veränderungen die betroffenen Mitarbeiterinnen und Mitarbeiter bei der individuellen Bewältigung der durch Change häufig verursachten Unsicherheit und Stress unterstützen: (1) Bewusstsein für Normen, (2) Bewusstsein für Vielfalt innerhalb und zwischen Organisationseinheiten, (3) frühzeitige Klärung von Rollen, (4) Verfügbarkeit von Managerinnen und Managern und (5) konstruktive Konflikte (Saksvik et al. 2007). Denn beispielsweise das Bewusstsein für (lokale) Normen oder die Vielfalt der möglichen Reaktionen der Mitarbeiterinnen und Mitarbeitern in den verschiedenen Teilen des Unternehmens können die Change-Verantwortlichen in den Veränderungsprozess einfließen lassen, indem sie den Veränderungskontext im Sinne von negativen und/oder positiven früheren Veränderungserfahrungen berücksichtigen. Ebenso hat sich im untersuchten Unternehmen gezeigt, dass die Einbindung des Managements, das im unmittelbaren Austausch mit den vom Change betroffenen Mitarbeiterinnen und Mitarbeitern steht, dabei helfen kann, die (psychische) Gesundheit der Betroffenen durch Partizipationsmöglichkeiten und Beteiligung sicherzustellen (Saksvik et al. 2007; Tvedt et al. 2009). Indem die Standortleitung beispielsweise die Informationen zu der aktuellen Veränderung persönlich an die betroffenen Mitarbeiterinnen und Mitarbeiter kommuniziert, hat sie einen hohen Grad an Autonomie bei der Ausgestaltung und kann auf die Fragen und Bedürfnisse der Mitarbeiterinnen und Mitarbeiter reagieren. Dieses Vorgehen kann helfen, Unsicherheiten und Stressfaktoren abzubauen.

Drittens zeigen die vorliegenden Studienergebnisse Möglichkeiten zur Prävention in Bezug auf negative Folgeeffekte aufgrund einer negativen Veränderungshistorie. Denn die Betrachtung des Veränderungskontextes in Form von früheren Veränderungserfahrungen ist äußerst relevant für die Change-Verantwortlichen und die Personalmanagerinnen und -manager. Sowohl vergangene Veränderungserfolge als auch -misserfolge können den (Miss-)Erfolg der Implementierung organisatorischer Veränderungen bis weit in die Zukunft hinein beeinflussen (Rafferty und Restubog 2017). Auf individueller Ebene zeigt eine Panel-Studie mit mehr als 90.000 Arbeitnehmern, dass organisatorische Veränderungen sogar langfristig zu einem vermehrten Einsatz stressbedingter Medikation geführt haben (Dahl 2011). Ziel von präventiven Maßnahmen sollte es demnach sein, einerseits die möglichen Folgen von negativen Veränderungserfahrungen wie ein erhöhtes Stresslevel, ein geringes Vertrauen in den Arbeitgeber, eine verringerte Arbeitszufriedenheit und höhere Kündigungsabsichten abzumildern (Bordia et al. 2011, S. 213 f.) sowie andererseits die negative (Grund-)Einstellung bezüglich Veränderungen dahingehend zu modifizieren, dass die Mitarbeiterinnen und Mitarbeiter zukünftige Veränderungen gut bewältigen können.

Eine Prävention kann dabei folgende Aspekte beinhalten:
1. *Identifikation der Veränderungserfahrungen*: Im Sinne einer Prävention von negativen Einstellungen zu zukünftigen Veränderungen sollten die Praktikerinnen und Praktiker des Veränderungsmanagements im ersten Schritt untersuchen, ob es Gruppen oder Personen innerhalb des Unternehmens gibt, die ihre Veränderungsmanagementhistorie als (besonders) negativ wahrnehmen.
2. *Anerkennung der unterschiedlichen Veränderungserfahrungen*: Wenn Change-Verantwortliche die unterschiedlichen (auch negativen) Erfahrungen der Mitarbeiterinnen und Mitarbeiter anerkennen, senden sie damit die wichtige Botschaft, dass sie ihre Mitarbeiterinnen und Mitarbeiter und deren jeweilige Perspektiven ernst nehmen. Diese Anerkennung kann sich zum Beispiel darin zeigen, dass das Management transparent mit ihnen kommuniziert und partizipative Austauschmöglichkeiten wie Teambesprechungen schafft, in denen sich die Mitarbeiterinnen

und Mitarbeiter Gehör verschaffen können (Bordia et al. 2004).
3. *Besprechen der Fehler aus früheren Veränderungen*: Durch die explizite Erörterung der Erlebnisse aus früheren organisatorischen Veränderungen kann aus den Fehlern der Vergangenheit gelernt werden. Das Gelernte kann in zukünftige Veränderungsbemühungen einbezogen werden und den Mitarbeiterinnen und Mitarbeitern dadurch signalisieren, dass man sich als Unternehmen des Verbesserungsbedarfs bewusst ist.
4. *Vertrauensreparatur*: Möglicherweise müssen Change-Verantwortliche auch Strategien zur Wiederherstellung des Vertrauens implementieren, um negative Einstellungen hinsichtlich zukünftiger Veränderungen abzumildern. Es ist nicht einfach für ein Unternehmen, nach einem Vertrauensbruch – zum Beispiel aufgrund von Veränderungen – das Vertrauen der betroffenen Mitarbeiterinnen und Mitarbeiter wiederherzustellen. Eine Vertrauensreparatur beinhaltet eine aufrichtige Entschuldigung und Behebung früherer Fehler (Kim et al. 2006). Solch eine aufrichtige Entschuldigung erleichtert beispielsweise die Vergebung (Fehr und Gelfand 2010), stärkt das Vertrauen (Kim et al. 2006) und repariert möglicherweise zerbrochene Beziehungen (Gillespie und Dietz 2009). Wenn sich das Management für fehlgeschlagene Veränderungsinitiativen in der Vergangenheit entschuldigt, signalisiert diese Entschuldigung gegenüber den Betroffenen, dass das Management die emotionalen Schwierigkeiten der betroffenen Mitarbeiterinnen und Mitarbeiter versteht und plant, in Zukunft etwas zu unternehmen, um diese Situation zu verbessern.

Prävention bedeutet in diesem Zusammenhang, die negativen Veränderungshistorien der Mitarbeiterinnen und Mitarbeiter innerhalb eines Unternehmens auf eine unbelastete Einstellung „zurückzusetzen" (Rafferty und Restubog 2017), damit die Mitarbeiterinnen und Mitarbeiter zukünftigen Veränderungen unvoreingenommen gegenüberstehen und dadurch Ursachen für Stress abgebaut werden können. Ein präventiver Umgang mit Veränderungen ist gerade vor dem Hintergrund essentiell, dass Unternehmen heutzutage vermehrt eine dynamische Anpassungsfähigkeit im Sinne einer „Super-Flexibilität" benötigen (Evans und Bahrami 2020), denn die Zahl und Wahrscheinlichkeit von kurzfristigen, unangekündigten Veränderungen wird in der Zukunft (noch weiter) zunehmen.

Literatur

Amis JM, Slack T, Hinings CR (2004) The pace, sequence and linearity of radical change. AMJ 47:15–38

Appelbaum SH, Habashy S, Malo J-L, Shafiq H (2012) Back to the future: revisiting Kotter's 1996 change model. J Manag Dev 31(8):764–782

Armenakis AA, Bedeian AG (1999) Organizational change: a review of theory and research in the 1990s. J Manag 25:293–315

Armenakis AA, Field H, Harris SG (1999) Making change permanent: a model for institutionalizing change interventions. In: Passmore W, Woodman R (Hrsg) Research in organizational change and development. JAI Press, Stanford, S 97–128

Bergmann R, Garrecht M (2016) Organisation und Projektmanagement, 2. Aufl. Springer Gabler, Berlin, Heidelberg

Beer M, Nohria N (2000) Breaking the code of change. Harvard Business School Press, Boston

Bordia P, Hobman E, Jones E, Gallois C, Callan VJ (2004) Uncertainty during organizational change: types, consequences, and management strategies. J Bus Psychol 18:507–532

Bordia P, Restubog SLD, Jimmieson NL, Irmer BE (2011) Haunted by the past: effects of poor change management history on employee attitudes and turnover. Group Organ Manag 36(2):191–222

Brandt H, Moosbrugger H (2020) Planungsaspekte und Konstruktionsphasen von Tests und Fragebogen. In: Moosbrugger H, Kelava A (Hrsg) Testtheorie und Fragebogenkonstruktion, 3. Aufl. Springer, Berlin, Heidelberg, S 39–66

Brown M, Kulik CT, Cregan C, Metz I (2017) Understanding the change-cynicism cycle: the role of HR. Hum Resour Manag 56(1):5–24

Bughin J, Hung Byers A, Chui M (2011) How social technologies are extending the organization. http://www.mckinsey.com/industries/high-tech/our-insights/how-socialtechnologies-are-extending-theorganization. Zugegriffen: 20. Dez. 2020 (McKinsey Quarterly)

By RT (2005) Organisational change management: a critical review. J Change Manag 5:369–380

Callan VJ (1993) Individual and organizational strategies for coping with organizational change. Work Stress 7:63–75

Cheng GHL, Chan DKS (2008) Who suffers more from job insecurity? A meta-analytic review. Appl Psychol Int Rev 57:272–303

Dahl MS (2011) Organizational change and employee stress. Manag Sci 57(2):240–256

De Meuse KP, Marks L, Dai G (2010) Organizational downsizing, mergers and acquisitions, and strategic alliances: using theory and research to enhance practice. In: Zedeck S (Hrsg) APA handbook of industrial and organizational psychology. American Psychological Association, Washington DC, S 729–768

De Witte H (1999) Job insecurity and psychological well-being: Review of the literature and exploration of some unresolved issues. Eur J Work Organ Psychol 8:155–177

Devos G, Buelens M, Bouckenooghe D (2007) Contribution of content, context, and process to understanding openness to organizational change: two experimental simulation studies. J Soc Psychol 147:607–630

Evans S, Bahrami H (2020) Super-flexibility in practice: insights from a crisis. Glob J Flex Syst Manag 21(3):207–214

Fehr R, Gelfand MJ (2010) When apologies work: how matching apology components to victims' self-construals facilitates forgiveness. Organ Behav Hum Decis Process 113:37–50

Galpin TJ (1996) The human side of change. Jossey-Bass, San Francisco

Gareis (2008) Change-Management und Projekte. In: Mayer T-L, Wald A, Gleich R, Wagner R (Hrsg) Advanced Project Management: Herausforderungen – Praxiserfahrungen – Perspektiven. LIT, Berlin, S 155–176

Gillespie NA, Dietz G (2009) Trust repair after an organizational-level failure. AMR 34:127–145

Greenhalgh L, Rosenblatt Z (1984) Job insecurity: toward conceptual clarity. AMR 9:438–448

Herold DM, Fedor DB, Caldwell SD (2007) Beyond change management: a multilevel investigation of contextual and personal influences on employees' commitment to change. J Appl Psychol 92:942–951

Isabella L (1990) Evolving interpretations as a change unfolds: how managers construe key organizational events. AMJ 33:7–41

Jimmieson NL, Terry DJ, Callan VJ (2004) A longitudinal study of employee adaptation to organizational change: the role of change-related information and change-related self-efficacy. J Occup Health Psychol 9:11–27

Kim PH, Dirks KT, Cooper CD, Ferrin DL (2006) When more blame is better than less: the implications of internal vs. external attributions for the repair of trust after a competence- vs. integrity-based trust violation. Organ Behav Hum Decis Process 99:49–65

Kivimäki M, Vahtera J, Elovainio M, Pentti J, Virtanen M (2003) Human costs of organizational downsizing. Comparing health trends between leavers and stayers. Am J Community Psychol 32:57–67

Kivimäki M, Vahtera J, Pentti J, Ferrie JE (2000) Factors underlying the effect of organisational downsizing on health of employees: a longitudinal cohort study. BMJ 320:971–975

Konradt U, Hertel G (2002) Management virtueller Teams. Von der Telearbeit zum virtuellen Unternehmen. Beltz, Weinheim

Korunka C, Scharitzer D, Carayon P, Sainfort F (2003) Employee strain and job satisfaction related to an implementation of quality in a public service organization: a longitudinal study. Work Stress 17:52–72

Kotter JP (1995) Leading change: why transformation efforts fail. Harv Bus Rev 73(2):59–67

Lauer T (2019) Change Management – Grundlagen und Erfolgsfaktoren, 3. Aufl. Springer Gabler, Berlin

Lazarus RS, Folkman S (1984) Stress, appraisal, and coping. Springer, New York

Moosbrugger H, Brandt H (2020) Antwortformate und Itemtypen. In: Moosbrugger H, Kelava A (Hrsg) Testtheorie und Fragebogenkonstruktion, 3. Aufl. Springer, Berlin, Heidelberg, S 91–118

Nguyen H, Kleiner BH (2003) The effective management of mergers. Leadersh Organ Dev J 24:447–454

Otto K, Scheel T (2020) „Fair" ändern? Veränderungsprozesse mittels Führung fair gestalten. In: Badura B, Ducki A, Schröder H, Klose J, Meyer M (Hrsg) Fehlzeiten-Report 2020. Springer, Berlin, S 177–190

Palmer I, Dunford R, Akin G (2016) Managing organizational change. McGraw-Hill, New York

Pettigrew AM, Woodman RW, Cameron KS (2001) Studying organizational change and development: challenges for future research. AMJ 44:697–713

Proctor T, Dukakis I (2003) Change management: the role of internal communication and employee development. Corp Commun 8:268–276

Quinlan M, Mayhew C, Bohle P (2001) The global expansion of precarious employment, work disorganisation and occupational health: a review of recent research. Int J Health Serv 31:335–414

Rafferty AE, Griffin MA (2006) Perceptions of organizational change: a stress and coping perspective. J Appl Psychol 91:1154–1162

Rafferty AE, Restubog SLD (2010) The impact of change process and context on change reactions and turnover during a merger. J Manag 36:1309–1338

Rafferty AE, Restubog SL (2017) Why do employees' perceptions of their organization's change history matter?

The role of change appraisals. Hum Resour Manag 56(3):533–550

Reichers AE, Wanous JP, Austin JT (1997) Understanding and managing cynicism about organizational change. AMP 11(1):48–59

Saksvik PØ, Gustafsson O (2004) Early retirement from work. A longitudinal study of the impact of organizational change in a public enterprise. Policy Pract Health Saf 2:43–55

Saksvik PØ, Tvedt SD, Nytrø K, Andersen GR, Andersen TK, Buvik MP, Torvatn H (2007) Developing criteria for healthy organizational change. Work Stress 21:243–263

Schumacher D, Schreurs B, Van Emmerik H, De Witte H (2016) Explaining the relation between job insecurity and employee outcomes during organizational change: a multiple group comparison. Hum Resour Manag 55(5):809–827

Self DR, Armenakis AA, Schraeder M (2007) Organizational change content, process, and context: a simultaneous analysis of employee reactions. J Change Manag 7:211–229

Shaw JB, Fields MW, Thacker JW, Fischer CD (1993) The availability of personal and external coping resources: their impact on job stress and employee attitudes during organizational restructuring. Work Stress 7:229–246

Stouten J, Rousseau DM, De Cremer D (2018) Successful organizational change- Integrating the management practice and scholarly literatures. Acad Manag Ann 12(2):752–788

Sverke M, Hellgren J, Näswall K (2002) No security: a meta-analysis and review of job insecurity and its consequences. J Occup Health Psychol 7:242–264

Tvedt S, Saksvik PØ, Nytrø K (2009) Does change process healthiness reduce the negative effects of organizational change on the psychosocial work environment? Work Stress 23:80–98

Virtanen M, Kivimäki M, Joensuu M, Virtanen P, Elovainio M, Vahtera J (2005) Temporary employment and health: a review. Int J Epidemiol 34:610–622

Wanous JP, Reichers AE, Austin JT (2000) Cynicism about organizational change: measurement, antecedents, and correlates. Group Organ Manag 25:132–153

Daten und Analysen

Inhaltsverzeichnis

Kapitel 27 Krankheitsbedingte Fehlzeiten in der deutschen Wirtschaft im Jahr 2020 – 441
Markus Meyer, Lisa Wing, Antje Schenkel und Miriam Meschede

Kapitel 28 Krankheitsbedingte Fehlzeiten nach Branchen im Jahr 2020 – 539
Markus Meyer, Lisa Wing, Antje Schenkel und Miriam Meschede

Kapitel 29 Entwicklung der Krankengeldfälle und -ausgaben bei AOK-Mitgliedern im Jahr 2020 – 767
David Herr und Reinhard Schwanke

Kapitel 30 Die Arbeitsunfähigkeit in der Statistik der GKV – 781
Klaus Busch

Kapitel 31 Ortsflexibles Arbeiten und krankheitsbedingte Fehlzeiten in der Bundesverwaltung – 801
Franziska Jungmann, Annette Schlipphak und Björn Wegner

Krankheitsbedingte Fehlzeiten in der deutschen Wirtschaft im Jahr 2020

Markus Meyer, Lisa Wing, Antje Schenkel und Miriam Meschede

Inhaltsverzeichnis

27.1 Überblick über die krankheitsbedingten Fehlzeiten im Jahr 2020 – 443

27.2 Datenbasis und Methodik – 446

27.3 Allgemeine Krankenstandsentwicklung – 449

27.4 Verteilung der Arbeitsunfähigkeit – 451

27.5 Kurz- und Langzeiterkrankungen – 452

27.6 Krankenstandsentwicklung in den einzelnen Branchen – 453

27.7 Einfluss der Alters- und Geschlechtsstruktur – 458

27.8 Fehlzeiten nach Bundesländern – 461

27.9 Fehlzeiten nach Ausbildungsabschluss und Vertragsart – 466

27.10 Fehlzeiten nach Berufsgruppen – 468

© Springer-Verlag GmbH Deutschland, ein Teil von Springer Nature 2021
B. Badura et al. (Hrsg.), *Fehlzeiten-Report 2021*, Fehlzeiten-Report, https://doi.org/10.1007/978-3-662-63722-7_27

27.11 Fehlzeiten nach Wochentagen – 470

27.12 Arbeitsunfälle – 471

27.13 Krankheitsarten im Überblick – 476

27.14 Die häufigsten Einzeldiagnosen – 482

27.15 Krankheitsarten nach Branchen – 484

27.16 Langzeitfälle nach Krankheitsarten – 498

27.17 Krankheitsarten nach Diagnoseuntergruppen – 499

27.18 Burnout-bedingte Fehlzeiten – 502

27.19 Arbeitsunfähigkeiten nach Städten 2020 – 505

27.20 Inanspruchnahme von Krankengeld bei Erkrankung des Kindes – 508

27.21 Fehlzeiten im Jahr 2020 im Zusammenhang mit der Covid-19-Pandemie – 512

Literatur – 536

▶▶ Zusammenfassung

Der folgende Beitrag liefert umfassende und differenzierte Daten zu den krankheitsbedingten Fehlzeiten in der deutschen Wirtschaft im Jahr 2020. Datenbasis sind die Arbeitsunfähigkeitsmeldungen der 14,1 Mio. erwerbstätigen AOK-Mitglieder in Deutschland. Ein einführender Abschnitt gibt zunächst einen Überblick über die allgemeine Krankenstandsentwicklung und wichtige Determinanten des Arbeitsunfähigkeitsgeschehens. Im Einzelnen werden u. a. die Verteilung der Arbeitsunfähigkeit, die Bedeutung von Kurz- und Langzeiterkrankungen und Arbeitsunfällen, regionale Unterschiede in den einzelnen Bundesländern sowie die Abhängigkeit des Krankenstandes von Faktoren wie Bildungsstand, Branchen- und Berufszugehörigkeit, der Beschäftigtenstruktur und demographischen Faktoren dargestellt. In zwölf separaten Unterkapiteln wird detailliert die Krankenstandsentwicklung in den unterschiedlichen Wirtschaftszweigen beleuchtet. Die besondere Bedeutung der Covid-19-Pandemie im Berichtsjahr 2020 wird in einem eigenen Unterkapitel am Ende des Beitrages ausführlich dargestellt.

27.1 Überblick über die krankheitsbedingten Fehlzeiten im Jahr 2020

▶▶ Allgemeine Krankenstandsentwicklung

Der Krankenstand im Jahr 2020 blieb im Vergleich zum Vorjahr unverändert und lag bei 5,4 %. In Westdeutschland lag der Krankenstand mit 5,3 % um 0,7 Prozentpunkte niedriger als in Ostdeutschland (6,0 %). Bei den Bundesländern verzeichneten Brandenburg und Thüringen mit jeweils 6,3 % sowie das Saarland mit 6,2 % den höchsten Krankenstand. In Hamburg (4,5 %) und Bayern (4,8 %) lag der Krankenstand am niedrigsten. Im Schnitt waren die AOK-versicherten Arbeitnehmer:innen 19,9 Kalendertage arbeitsunfähig. Für etwas mehr als die Hälfte aller AOK-Mitglieder (50,7 %) wurde mindestens einmal im Jahr eine Arbeitsunfähigkeitsbescheinigung ausgestellt.

Das Fehlzeitengeschehen wird hauptsächlich von sechs Krankheitsarten dominiert: Im Jahr 2020 gingen mehr als ein Fünftel der Fehlzeiten auf Muskel- und Skelett-Erkrankungen (22,1 %) zurück, danach folgten psychische Erkrankungen (12,0 %), Atemwegserkrankungen (11,8 %) und Verletzungen (10,0 %) sowie Erkrankungen des Kreislaufsystems und der Verdauungsorgane (5,1 bzw. 4,2 %). Der Anteil der Verletzungen an den Fehlzeiten ist im Vergleich zum Vorjahr um 0,8 Prozentpunkte am deutlichsten gesunken. Gesunken ist auch der Anteil der Verdauungserkrankungen um 0,4 Prozentpunkte sowie der Anteil der Herz-Kreislauf- und der Muskel- und Skelett-Erkrankungen um jeweils 0,3 Prozentpunkte, während der Anteil an psychischen Erkrankungen (+0,1 %) gestiegen ist. Im Vergleich zu den anderen Krankheitsarten kommt den psychischen Erkrankungen eine besondere Bedeutung zu: Seit 2010 haben die Krankheitstage aufgrund psychischer Erkrankungen um 56,0 % zugenommen. Im Jahr 2020 wurden erneut mehr Fälle aufgrund psychischer Erkrankungen (5,4 %) als aufgrund von Herz- und Kreislauf-Erkrankungen (3,5 %) registriert. Die durchschnittliche Falldauer psychischer Erkrankungen war im Jahr 2020 mit 30,3 Tagen je Fall mehr als doppelt so lang wie der Durchschnitt mit 13,8 Tagen je Fall im Jahr 2020.

Neben den psychischen Erkrankungen verursachten insbesondere Verletzungen (21,0 Tage je Fall), Herz- und Kreislauf-Erkrankungen (19,9 Tage je Fall) sowie Muskel- und Skelett-Erkrankungen (18,7 Tage je Fall) lange Ausfallzeiten. Auf diese vier Erkrankungsarten gingen 2020 bereits 61 % der durch Langzeitfälle (> sechs Wochen) verursachten Fehlzeiten zurück.

Langzeiterkrankungen mit einer Dauer von mehr als sechs Wochen verursachten weit mehr als ein Drittel der Ausfalltage (45,5 % der AU-Tage). Ihr Anteil an den Arbeitsunfähigkeitsfällen betrug jedoch nur 5,1 %. Bei Kurzzeiterkrankungen mit einer Dauer von ein bis drei Tagen verhielt es sich genau umgekehrt: Ihr Anteil an den Arbeitsunfähigkeitsfällen lag bei 30,7 %, doch nur 4,4 % der Arbeitsunfähigkeitstage gingen auf sie zurück.

Schätzungen der Bundesanstalt für Arbeitsschutz und Arbeitsmedizin zufolge verursachten im Jahr 2019 712,2 Mio. AU-Tage[1] volkswirtschaftliche Produktionsausfälle von 88 Mrd. € bzw. 149 Mrd. € Ausfall an Produktion und Bruttowertschöpfung (Bundesministerium für Arbeit und Soziales/Bundesanstalt für Arbeitsschutz und Arbeitsmedizin 2021).

Die Ausgaben für Krankengeld sind im Jahr 2020 erneut gestiegen: Für das 1. bis 4. Quartal 2020 betrug das Ausgabenvolumen für Krankengeld rund 16,0 Mrd. €. Gegenüber dem Vorjahr bedeutet das einen Anstieg von 11,0 % (Bundesministerium für Gesundheit 2021).

Fehlzeitengeschehen nach Branchen

Im Jahr 2020 wurde in den meisten Branchen ein sehr leichter Rückgang oder keine Veränderung des Krankenstandes im Vergleich zum Vorjahr verzeichnet. In den Branchen Öffentliche Verwaltung und Sozialversicherung und Energie, Wasser, Entsorgung und Bergbau lag der Krankenstand mit 6,6 % bzw. 6,5 % am höchsten. Ebenfalls hohe Krankenstände verzeichnete das Gesundheits- und Sozialwesen (6,2 %), gefolgt vom verarbeitenden Gewerbe (6,1 %) sowie dem Verkehr und Transport mit 5,9 %. Der niedrigste Krankenstand war mit 3,7 % in der Branche Banken und Versicherungen zu finden. Im Vergleich zum Vorjahr ist der Krankenstand in den Branchen Öffentliche Verwaltung und Sozialversicherung (von 6,5 auf 6,6 %), Gesundheits- und Sozialwesen (von 6,0 auf 6,2 %), im Baugewerbe (von 5,4 auf 5,5 %) und in Erziehung und Unterricht (von 4,9 auf 5,0 %) leicht gestiegen.

Bei den Branchen Land- und Forstwirtschaft, Baugewerbe sowie Verkehr und Transport handelt es sich um Bereiche mit hohen körperlichen Arbeitsbelastungen und überdurchschnittlich vielen Arbeitsunfällen. Im Baugewerbe gingen 6,3 % der Arbeitsunfähigkeitsfälle auf Arbeitsunfälle zurück. In der Land- und Forstwirtschaft waren es sogar 7,9 %, im Bereich Verkehr und Transport 4,2 %.

In den Branchen Baugewerbe, Energie, Wasser, Entsorgung und Bergbau sowie Metallindustrie sind viele Arbeitsunfähigkeitsfälle durch Verletzungen zu verzeichnen, in der Regel durch Arbeitsunfälle bedingt. Der Bereich Land- und Forstwirtschaft verzeichnet mit 24,2 Tagen je Fall die höchste Falldauer vor der Branche Verkehr und Transport mit 23,6 Tagen je Fall.

Im Jahr 2020 ist der Anteil der Muskel- und Skelett-Erkrankungen mit 22 % an der Gesamtheit der Erkrankungen in allen Branchen wie im Vorjahr am höchsten. Einzig in der Branche Banken und Versicherungen sowie im Bereich Erziehung und Unterricht nehmen Atemwegserkrankungen und psychische Erkrankungen mit jeweils 16 % bei den Banken und Versicherungen und mit jeweils 17 % in Erziehung und Unterricht einen größeren Anteil ein als die Muskel- und Skelett-Erkrankungen (14 % und 16 %). Zudem weisen diese beiden Branchen die insgesamt höchsten Werte für die Atemwegserkrankungen und psychischen Erkrankungen auf.

Psychische Erkrankungen sind v. a. in der Branche Gesundheits- und Sozialwesen zu verzeichnen. Der Anteil der Arbeitsunfähigkeitsfälle ist hier mit 15,7 Arbeitsunfähigkeitsfällen je 100 AOK-Mitglieder fast dreimal so hoch wie in der Land- und Forstwirtschaft (5,6 AU-Fälle je 100 AOK-Mitglieder). Nach der Branche Gesundheits- und Sozialwesen steht der Bereich Öffentliche Verwaltung und Sozialversicherung mit 14,9 AU-Fällen pro 100 AOK-Mitglieder an zweiter Stelle, gefolgt von der Branche Erziehung und Unterricht mit 13,7 AU-Fällen pro 100 AOK-Mitglieder.

---

[1] Dieser Wert ergibt sich durch die Multiplikation von rund 41,1 Mio. Arbeitnehmer:innen mit durchschnittlich 17,3 AU-Tagen.

Fehlzeitengeschehen nach Altersgruppen

Zwar nimmt mit zunehmendem Alter die Zahl der Krankmeldungen ab, die Dauer der Arbeitsunfähigkeitsfälle dagegen steigt kontinuierlich an. Ältere Mitarbeiter:innen sind also seltener krank, fallen aber in der Regel länger aus als ihre jüngeren Kolleg:innen. Dies liegt zum einen daran, dass Ältere häufiger von mehreren Erkrankungen gleichzeitig betroffen sind (Multimorbidität), aber auch daran, dass sich das Krankheitsspektrum verändert.

Bei den jüngeren Arbeitnehmer:innen zwischen 15 und 19 Jahren dominieren v. a. Atemwegserkrankungen und Verletzungen: 23,5 % der Ausfalltage gingen in dieser Altersgruppe auf Atemwegserkrankungen zurück, der Anteil der Verletzungen liegt bei 17,5 % (zum Vergleich: 60- bis 64-Jährige: 7,7 % bzw. 7,7 %). Ältere Arbeitnehmer:innen leiden dagegen zunehmend an Muskel- und Skelett-, psychischen oder Herz- und Kreislauf-Erkrankungen. Diese Krankheitsarten sind häufig mit langen Ausfallzeiten verbunden. Im Schnitt fehlt ein:e Arbeitnehmer:in aufgrund einer Atemwegserkrankung lediglich 7,9 Tage, bei einer Muskel- und Skelett-Erkrankung fehlt er hingegen 18,7 Tage. So gehen in der Gruppe der 60- bis 64-Jährigen über ein Viertel der Ausfalltage (25,9 %) auf Muskel- und Skelett-Erkrankungen und 8,4 % auf Herz- und Kreislauf-Erkrankungen zurück. Bei den 15- bis 19-Jährigen hingegen sind es lediglich 8,5 bzw. 1,2 %.

Im Verhältnis zu ihren Fehltagen insgesamt entfallen aufgrund psychischer Erkrankungen die meisten auf die 35- bis 39-Jährigen (14,0 %) sowie auf die 30- bis 34-Jährigen (13,8 %), die wenigsten auf die Altersgruppe der 15- bis 19-Jährigen (7,3 %).

Fehlzeitengeschehen nach Geschlecht

Im Fehlzeitengeschehen zeigen sich auch Unterschiede zwischen den Geschlechtern. Der Krankenstand liegt bei den Frauen mit 5,6 % etwas höher als bei den Männern mit 5,3 %. Frauen waren mit einer AU-Quote von 53,1 % auch häufiger krankgemeldet als Männer (48,8 %).

Die beruflichen Tätigkeiten korrespondieren mit unterschiedlichen somatischen und psychischen Belastungen. Der Großteil der männlichen AOK-Mitglieder arbeitet im Dienstleistungsbereich (25,9 %), in der Metallindustrie (14,1 %) und im Baugewerbe (11,9 %) in Berufen der Lagerwirtschaft (11,1 %), als Berufskraftfahrer (5,5 %), im Hochbau (3,2 %), in der Maschinenbau- und Betriebstechnik (3,1 %) oder in der Metallbearbeitung (2,7 %). Der überwiegende Teil der Frauen ist ebenfalls im Dienstleistungsbereich beschäftigt (28,6 %), gefolgt von der Branche Gesundheits- und Sozialwesen (23,4 %). Frauen sind außerdem verstärkt in Büro- und Sekretariatsberufen (8,1 %), in der Reinigung (7,8 %), im Verkauf (6,9 %), in der Gesundheits- und Krankenpflege (5,5 %), in der Kinderbetreuung (5,4 %) und in der Altenpflege (5,2 %) tätig.

Unterschiede zwischen den Geschlechtern finden sich bei Betrachtung der einzelnen Krankheitsarten: Bei Männern machen insbesondere Muskel- und Skelett-Erkrankungen und Verletzungen einen höheren Anteil an den Arbeitsunfähigkeitstagen aus als bei Frauen (Männer: 23,6 % bzw. 12 % an allen Fehltagen; Frauen: 20,4 % und 7,7 %). Dies dürfte damit zusammenhängen, dass Männer nach wie vor in größerem Umfang körperlich belastenderen und unfallträchtigeren Tätigkeiten nachgehen. Männer sind auch häufiger von Fehlzeiten aufgrund von Herz-/Kreislauf-Erkrankungen betroffen als Frauen (Anteil Fehltage an allen Fehltagen: 6,2 % bzw. 3,9 %). Bei Frauen hingegen liegen neben Muskel- und Skelett-Erkrankungen vor allem psychische Erkrankungen (15,2 %; Männer: 9,3 %) und Atemwegserkrankungen (12,6 %; Männer: 11,1 %) vor. Frauen gehen vor allem Berufen nach, die vermehrt Kontakte mit anderen Menschen wie Kunden, Patienten und Kindern und Jugendlichen mit sich bringen. Dies bringt mehr psychische Belastungen mit sich und erhöht zugleich die Wahrscheinlichkeit, durch Ansteckung eine Atemwegserkrankung wie eine Erkältung zu bekommen. Vermutlich im Zusammenhang mit der Corona-Pandemie sind im Jahr 2020 auch bei den Männern vermehrt Atemwegserkrankungen zu beobachten. Zu den Auswirkungen der Corona-Pandemie auch auf die Atemwegserkrankungen wird am Ende dieses Kapitels berichtet.

27.2 Datenbasis und Methodik

Die folgenden Ausführungen zu den krankheitsbedingten Fehlzeiten in der deutschen Wirtschaft basieren auf einer Analyse der Arbeitsunfähigkeitsmeldungen aller erwerbstätigen AOK-Mitglieder. Die AOK ist nach wie vor die Krankenkasse mit dem größten Marktanteil in Deutschland. Sie verfügt daher über die umfangreichste Datenbasis zum Arbeitsunfähigkeitsgeschehen. Ausgewertet wurden die Daten des Jahres 2020; in diesem Jahr waren insgesamt 14,1 Mio. Arbeitnehmer:innen bei der AOK versichert. Dies ist im Vergleich zum Vorjahr ein Minus von 1,8 %.

Datenbasis der Auswertungen sind sämtliche Arbeitsunfähigkeitsfälle, die der AOK im Jahr 2020 gemeldet wurden. Es werden sowohl Pflichtmitglieder als auch freiwillig Versicherte berücksichtigt, Arbeitslosengeld-I-Empfänger dagegen nicht. Unberücksichtigt bleiben auch Schwangerschafts- und Kinderkrankenpflegefälle. Arbeitsunfälle gehen mit in die Statistik ein, soweit sie der AOK gemeldet werden. Kuren werden in den Daten berücksichtigt. Kurzzeiterkrankungen bis zu drei Tagen werden allerdings von den Krankenkassen nur erfasst, soweit eine ärztliche Krankschreibung vorliegt. Der Anteil der Kurzzeiterkrankungen liegt daher höher, als dies in den Krankenkassendaten zum Ausdruck kommt. Hierdurch verringern sich die Fallzahlen und die rechnerische Falldauer erhöht sich entsprechend. Langzeitfälle mit einer Dauer von mehr als 42 Tagen wurden in die Auswertungen einbezogen, weil sie von entscheidender Bedeutung für das Arbeitsunfähigkeitsgeschehen in den Betrieben sind.

Die Arbeitsunfähigkeitszeiten werden von den Krankenkassen so erfasst, wie sie auf den Krankmeldungen angegeben sind. Auch Wochenenden und Feiertage gehen in die Berechnung mit ein, soweit sie in den Zeitraum der Krankschreibung fallen. Die Ergebnisse sind daher mit betriebsinternen Statistiken, bei denen lediglich die Arbeitstage berücksichtigt werden, nur begrenzt vergleichbar. Bei jahresübergreifenden Arbeitsunfähigkeitsfällen wurden ausschließlich Fehlzeiten in die Auswertungen einbezogen, die im Auswertungsjahr anfielen.

◘ Tab. 27.1 gibt einen Überblick über die wichtigsten Kennzahlen und Begriffe, die in diesem Beitrag zur Beschreibung des Arbeitsunfähigkeitsgeschehens verwendet werden. Die Kennzahlen werden auf der Basis der Versicherungszeiten berechnet, d. h. es wird berücksichtigt, ob ein Mitglied ganzjährig oder nur einen Teil des Jahres bei der AOK versichert war bzw. als in einer bestimmten Branche oder Berufsgruppe beschäftigt geführt wurde.

Aufgrund der speziellen Versichertenstruktur der AOK sind die Daten nur bedingt repräsentativ für die Gesamtbevölkerung in der Bundesrepublik Deutschland bzw. die Beschäftigten in den einzelnen Wirtschaftszweigen. Infolge ihrer historischen Funktion als Basiskasse weist die AOK einen überdurchschnittlich hohen Anteil an Versicherten aus dem gewerblichen Bereich auf. Angestellte sind dagegen in der Versichertenklientel der AOK unterrepräsentiert.

Im Jahr 2008 fand eine Revision der Klassifikation der Wirtschaftszweige statt. Die Klassifikation der Wirtschaftszweige Ausgabe 2008 wird vom Statistischen Bundesamt veröffentlicht (Anhang 2). Aufgrund der Revision kam es zu Verschiebungen zwischen den Branchen, eine Vergleichbarkeit mit den Daten vor 2008 ist daher nur bedingt gegeben. Daher werden bei Jahresvergleichen Kennzahlen für das Jahr 2008 sowohl für die Klassifikationsversion 2003 als auch für die Version 2008 ausgewiesen.

Die Klassifikation der Wirtschaftszweigschlüssel in der Ausgabe 2008 enthält insgesamt fünf Differenzierungsebenen, von denen allerdings bei den vorliegenden Analysen nur

27.2 · Datenbasis und Methodik

Tab. 27.1 Kennzahlen und Begriffe zur Beschreibung des Arbeitsunfähigkeitsgeschehens

Kennzahl	Definition	Einheit, Ausprägung	Erläuterungen
AU-Fälle	Anzahl der Fälle von Arbeitsunfähigkeit	je AOK-Mitglied[a] bzw. je 100 AOK-Mitglieder	Jede Arbeitsunfähigkeitsmeldung, die nicht nur die Verlängerung einer vorangegangenen Meldung ist, wird als ein Fall gezählt. Ein AOK-Mitglied kann im Auswertungszeitraum mehrere AU-Fälle aufweisen
AU-Tage	Anzahl der AU-Tage, die im Auswertungsjahr anfielen	je AOK-Mitglied[a] bzw. je 100 AOK-Mitglieder	Da arbeitsfreie Zeiten wie Wochenenden und Feiertage, die in den Krankschreibungszeitraum fallen, mit in die Berechnung eingehen, können sich Abweichungen zu betriebsinternen Fehlzeitenstatistiken ergeben, die bezogen auf die Arbeitszeiten berechnet wurden. Bei jahresübergreifenden Fällen werden nur die AU-Tage gezählt, die im Auswertungsjahr anfielen
AU-Tage je Fall	Mittlere Dauer eines AU-Falls	Kalendertage	Indikator für die Schwere einer Erkrankung
Krankenstand	Anteil der im Auswertungszeitraum angefallenen Arbeitsunfähigkeitstage am Kalenderjahr	in %	War ein Versicherter nicht ganzjährig bei der AOK versichert, wird dies bei der Berechnung des Krankenstandes entsprechend berücksichtigt
Krankenstand, standardisiert	Nach Alter und Geschlecht standardisierter Krankenstand	in %	Um Effekte der Alters- und Geschlechtsstruktur bereinigter Wert
AU-Quote	Anteil der AOK-Mitglieder mit einem oder mehreren Arbeitsunfähigkeitsfällen im Auswertungsjahr	in %	Diese Kennzahl gibt Auskunft darüber, wie groß der von Arbeitsunfähigkeit betroffene Personenkreis ist
Kurzzeiterkrankungen	Arbeitsunfähigkeitsfälle mit einer Dauer von 1–3 Tagen	in % aller Fälle/Tage	Erfasst werden nur Kurzzeitfälle, bei denen eine Arbeitsunfähigkeitsbescheinigung bei der AOK eingereicht wurde
Langzeiterkrankungen	Arbeitsunfähigkeitsfälle mit einer Dauer von mehr als 6 Wochen	in % aller Fälle/Tage	Mit Ablauf der 6. Woche endet in der Regel die Lohnfortzahlung durch den Arbeitgeber, ab der 7. Woche wird durch die Krankenkasse Krankengeld gezahlt
Arbeitsunfälle	Durch Arbeitsunfälle bedingte Arbeitsunfähigkeitsfälle	je 100 AOK-Mitglieder[a] in % aller AU-Fälle/-Tage	Arbeitsunfähigkeitsfälle, bei denen auf der Krankmeldung als Krankheitsursache „Arbeitsunfall" angegeben wurde, nicht enthalten sind Wegeunfälle
AU-Fälle/-Tage nach Krankheitsarten	Arbeitsunfähigkeitsfälle/-tage mit einer bestimmten Diagnose	je 100 AOK-Mitglieder[a] in % aller AU-Fälle bzw. -Tage	Ausgewertet werden alle auf den Arbeitsunfähigkeitsbescheinigungen angegebenen ärztlichen Diagnosen, verschlüsselt werden diese nach der Internationalen Klassifikation der Krankheitsarten (ICD-10)

[a] umgerechnet in ganzjährig Versicherte

Fehlzeiten-Report 2021

Tab. 27.2 AOK-Mitglieder nach Wirtschaftsabschnitten im Jahr 2020 nach der Klassifikation der Wirtschaftszweigschlüssel, Ausgabe 2008

Wirtschaftsabschnitte	Pflichtmitglieder		Freiwillige Mitglieder
	Absolut	Anteil an der Branche in %	Absolut
Banken und Versicherungen	154.294	16,1	21.419
Baugewerbe	1.032.290	53,7	14.601
Dienstleistungen	3.716.202	45,5	105.607
Energie, Wasser, Entsorgung und Bergbau	185.303	31,8	14.860
Erziehung und Unterricht	378.387	28,4	20.744
Gesundheits- und Sozialwesen	1.725.664	34,4	38.765
Handel	1.947.119	43,2	42.183
Land- und Forstwirtschaft	189.215	74,6	799
Metallindustrie	1.279.340	31,9	119.881
Öffentliche Verwaltung/Sozialversicherung	593.268	31,4	21.699
Verarbeitendes Gewerbe	1.217.557	42,8	44.697
Verkehr und Transport	980.470	53,1	11.937
Insgesamt	**13.646.011**	**41,0**	**471.092**

Fehlzeiten-Report 2021

die ersten drei berücksichtigt wurden. Es wird zwischen Wirtschaftsabschnitten, -abteilungen und -gruppen unterschieden. Ein Abschnitt ist beispielsweise die Branche „Energie, Wasser, Entsorgung und Bergbau". Diese untergliedert sich in die Wirtschaftsabteilungen „Bergbau und Gewinnung von Steinen und Erden", „Energieversorgung" und „Wasserversorgung, Abwasser- und Abfallentsorgung und Beseitigung von Umweltverschmutzungen". Die Wirtschaftsabteilung „Bergbau und Gewinnung von Steinen und Erden" umfasst wiederum die Wirtschaftsgruppen „Kohlenbergbau", „Erzbergbau" etc. Im vorliegenden Unterkapitel werden die Daten zunächst ausschließlich auf der Ebene der Wirtschaftsabschnitte analysiert (Anhang 2). In den folgenden Abschnitten wird dann auch nach Wirtschaftsabteilungen und teilweise auch nach Wirtschaftsgruppen differenziert. Die Metallindustrie, die nach der Systematik der Wirtschaftszweige der Bundesanstalt für Arbeit zum verarbeitenden Gewerbe gehört, wird, da sie die größte Branche des Landes darstellt, in einem eigenen Unterkapitel behandelt (▶ Abschn. 27.10). Auch dem Bereich „Erziehung und Unterricht" wird angesichts der zunehmenden Bedeutung des Bildungsbereichs für die Produktivität der Volkswirtschaft ein eigenes Kapitel gewidmet (▶ Abschn. 28.5) Aus Tab. 27.2 ist die Anzahl der AOK-Mitglieder in den einzelnen Wirtschaftsabschnitten sowie deren Anteil an den sozialversicherungspflichtig Beschäftigten insgesamt[2] ersichtlich.

2 Errechnet auf der Basis der Beschäftigtenstatistik der Bundesagentur für Arbeit, Stichtag: 30. Juni 2020 (Bundesagentur für Arbeit 2021).

Da sich die Morbiditätsstruktur in Ost- und Westdeutschland nach wie vor unterscheidet, werden neben den Gesamtergebnissen für die Bundesrepublik Deutschland die Ergebnisse für Ost und West separat ausgewiesen.

Die Verschlüsselung der Diagnosen erfolgt nach der 10. Revision der ICD (International Classification of Diseases).[3] Teilweise weisen die Arbeitsunfähigkeitsbescheinigungen mehrere Diagnosen auf. Um einen Informationsverlust zu vermeiden, werden bei den diagnosebezogenen Auswertungen im Unterschied zu anderen Statistiken,[4] die nur eine (Haupt-)Diagnose berücksichtigen, auch Mehrfachdiagnosen[5] in die Auswertungen einbezogen.

27.3 Allgemeine Krankenstandsentwicklung

Die krankheitsbedingten Fehlzeiten sind im Jahr 2020 im Vergleich zum Vorjahr nahezu unverändert. Bei den 14,1 Mio. erwerbstätigen AOK-Mitgliedern betrug der Krankenstand 5,4 % (◘ Tab. 27.3). 50,7 % der AOK-Mitglieder meldeten sich mindestens einmal krank. Die Versicherten waren im Jahresdurchschnitt 13,8 Kalendertage krankgeschrieben.[6] 5,5 % der Arbeitsunfähigkeitstage waren durch Arbeitsunfälle bedingt.

Die Zahl der krankheitsbedingten Ausfalltage nahm im Vergleich zum Vorjahr um 0,4 % zu. Im Osten nahmen die Ausfalltage um 1,3 %, im Westen um 0,2 % zu. Die Zahl der Arbeitsunfähigkeitsfälle ist im Vergleich zum Vorjahr im Osten hingegen um 9,9 %; im Westen um 12,9 % gesunken. Der Krankenstand hat sich mit einem Zuwachs von 0,1 Prozentpunkten im Osten auf 6,0 % und gleichbleibenden 5,3 % im Westen kaum verändert. Die durchschnittliche Dauer der Krankmeldungen stieg jedoch sowohl in Ostdeutschland (um 12,4 %) als auch in Westdeutschland (um 15,0 %). Die Zahl der von Arbeitsunfähigkeit betroffenen AOK-Mitglieder (AU-Quote: Anteil der AOK-Mitglieder mit mindestens einem AU-Fall) fiel im Jahr 2020 um 2,1 Prozentpunkt auf 50,7 %.

Im Jahresverlauf wurde der höchste Krankenstand mit 7,8 % im März erreicht, hier lag er auch deutlich über den Werten des Vorjahres, während der niedrigste Wert (4,4 %) im Mai zu verzeichnen war. Der Krankenstand lag insbesondere in den beiden Monaten Mai und Juni des Jahres 2020, deutlich unter dem Wert des Vorjahres (◘ Abb. 27.1). Diese Entwicklung ist auch ein Effekt der Covid-19-Pandemie, die im März mit der ersten Welle ihren Anfang nahm.

◘ Abb. 27.2 zeigt die längerfristige Entwicklung des Krankenstandes in den Jahren 2001 bis 2020. Seit 2001 konnte ein Rückgang der Krankenstände bis zum Jahr 2006 verzeichnet werden. Danach stieg der Krankenstand sukzessive an und lag im Jahr 2020 im Bundesdurchschnitt mit 5,4 % wieder auf dem gleichen Stand wie im Jahr 2000.

Nachdem der Krankenstand in den Jahren 2003 bis 2008 durchgehend in Ostdeutschland unter dem Westdeutschlands lag, ist seither mit Ausnahme der Jahre 2009 und 2011 in Ostdeutschland durchgängig ein höherer Krankenstand zu konstatieren. Im Jahr 2020 lag der Krankenstand im Osten Deutschlands bei 6,0 %, im Westen Deutschlands bei 5,3 %.

---

3 International übliches Klassifikationssystem der Weltgesundheitsorganisation (WHO).
4 Beispielsweise die von den Krankenkassen im Bereich der gesetzlichen Krankenversicherung herausgegebene Krankheitsartenstatistik.
5 Leidet ein:e Arbeitnehmer:in an unterschiedlichen Krankheitsbildern (Multimorbidität), kann eine Arbeitsunfähigkeitsbescheinigung mehrere Diagnosen aufweisen. Insbesondere bei älteren Beschäftigten kommt dies häufiger vor.
6 Wochenenden und Feiertage eingeschlossen.

Kapitel 27 · Krankheitsbedingte Fehlzeiten in der deutschen Wirtschaft im Jahr 2020

Tab. 27.3 Krankenstandskennzahlen 2020 im Vergleich zum Vorjahr

	Kranken-stand in %	Arbeitsunfähigkeit je 100 AOK-Mitglieder				Tage je Fall	Veränd. z. Vorj. in %	AU-Quote in %
		AU-Fälle	Veränd. z. Vorj. in %	AU-Tage	Veränd. z. Vorj. in %			
West	5,3	143,5	−12,9	1.942,1	0,2	13,5	15,0	49,9
Ost	6,0	147,5	−9,9	2.194,8	1,3	14,9	12,4	54,6
Bund	**5,4**	**144,2**	**−12,4**	**1.986,3**	**0,4**	**13,8**	**14,6**	**50,7**

Fehlzeiten-Report 2021

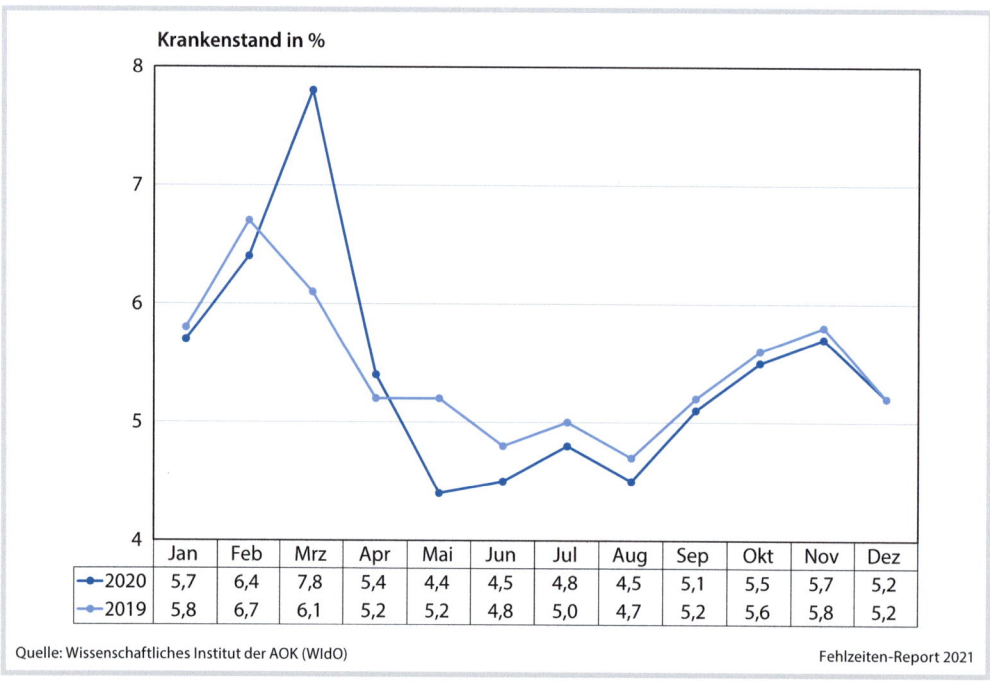

Quelle: Wissenschaftliches Institut der AOK (WIdO)

Fehlzeiten-Report 2021

Abb. 27.1 Krankenstand im Jahr 2020 im saisonalen Verlauf im Vergleich zum Vorjahr, AOK-Mitglieder

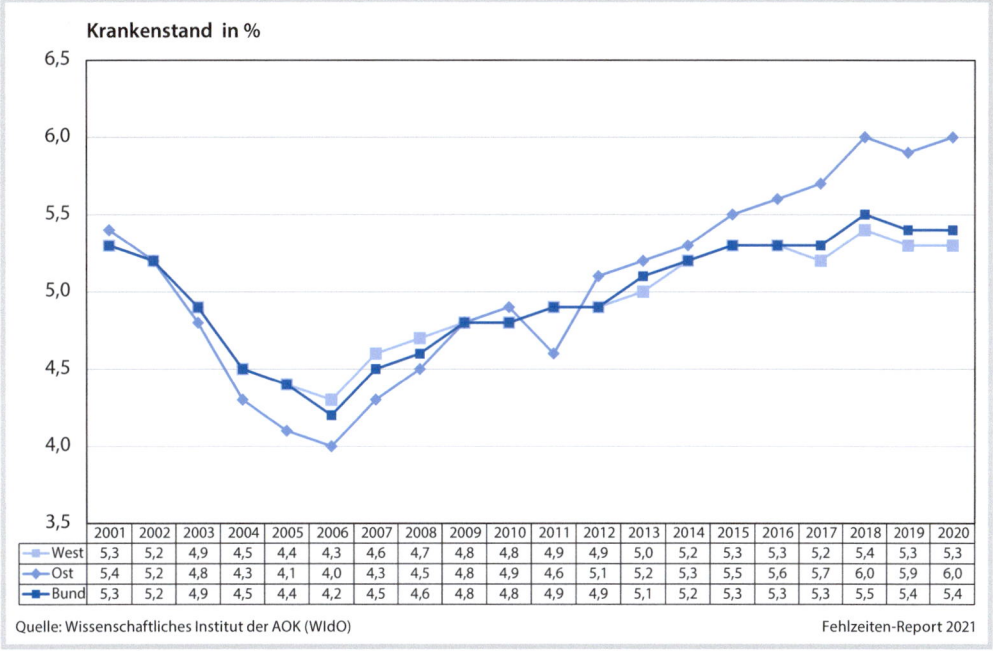

Abb. 27.2 Entwicklung des Krankenstandes in den Jahren 2001–2020, AOK-Mitglieder

27.4 Verteilung der Arbeitsunfähigkeit

Den Anteil der Arbeitnehmer:innen, die in einem Jahr mindestens einmal krankgeschrieben wurden, wird als Arbeitsunfähigkeitsquote bezeichnet. Diese lag 2020 bei 50,7 % (◘ Abb. 27.3). Der Anteil der AOK-Mitglieder, die das ganze Jahr überhaupt nicht krankgeschrieben waren, lag somit bei 49,3 %.

◘ Abb. 27.4 zeigt die Verteilung der kumulierten Arbeitsunfähigkeitstage auf die AOK-Mitglieder in Form einer Lorenzkurve. Daraus ist ersichtlich, dass sich die überwiegende Anzahl der Tage auf einen relativ kleinen Teil der

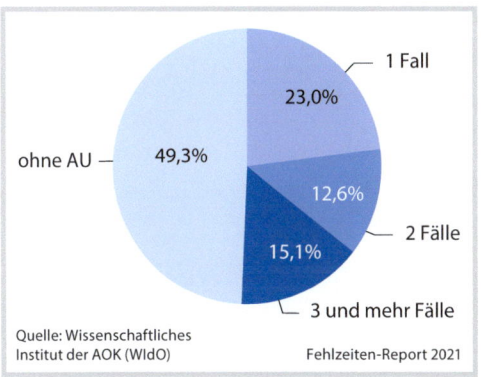

Abb. 27.3 Arbeitsunfähigkeitsquote der AOK-Mitglieder im Jahr 2020

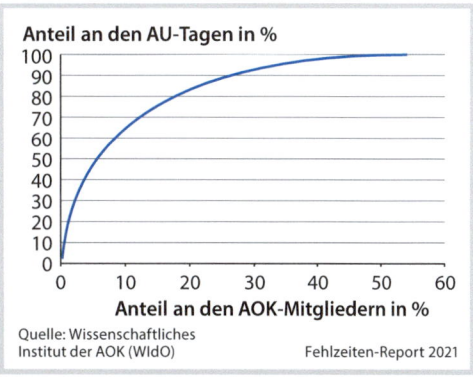

Abb. 27.4 Lorenzkurve zur Verteilung der Arbeitsunfähigkeitstage der AOK-Mitglieder im Jahr 2020

AOK-Mitglieder konzentriert. Die folgenden Zahlen machen dies deutlich:
- Rund ein Viertel der Arbeitsunfähigkeitstage entfällt auf nur 1,4 % der Mitglieder.
- Die Hälfte der Tage wird von lediglich 5,0 % der Mitglieder verursacht.
- Knapp 80 % der Arbeitsunfähigkeitstage gehen auf nur 16,6 % der AOK-Mitglieder zurück.

27.5 Kurz- und Langzeiterkrankungen

Die Höhe des Krankenstandes wird entscheidend durch länger dauernde Arbeitsunfähigkeitsfälle bestimmt. Die Zahl dieser Erkrankungsfälle ist zwar relativ gering, aber für eine große Zahl von Ausfalltagen verantwortlich (◘ Abb. 27.5). 2020 waren über die Hälfte aller Arbeitsunfähigkeitstage (54,4 %) auf lediglich 8,6 % der Arbeitsunfähigkeitsfälle zurückzuführen. Dabei handelt es sich um Fälle mit einer Dauer von mehr als vier Wochen. Besonders zu Buche schlagen Langzeitfälle, die sich über mehr als sechs Wochen erstrecken. Obwohl ihr Anteil an den Arbeitsunfähigkeitsfällen im Jahr 2020 nur 5,1 % betrug, verursachten sie 45,5 % des gesamten AU-Volumens. Langzeitfälle sind häufig auf chronische Erkrankungen zurückzuführen. Der Anteil der Langzeitfälle nimmt mit steigendem Alter deutlich zu.

Kurzzeiterkrankungen wirken sich zwar oft sehr störend auf den Betriebsablauf aus, spielen aber – anders als häufig angenommen – für den Krankenstand nur eine untergeordnete Rolle. Auf Arbeitsunfähigkeitsfälle mit einer Dauer von ein bis drei Tagen gingen 2020 lediglich 4,4 % der Fehltage zurück, obwohl ihr Anteil an den Arbeitsunfähigkeitsfällen 30,7 % betrug. Insgesamt haben sich die Kurzzeiterkrankungen im Vergleich zum Vorjahr bezogen auf die Arbeitsunfähigkeitstage und Arbeitsunfähigkeitsfälle um 1,5 bzw. um 4,8 Prozentpunkte verringert. Da viele Arbeitgeber in den ersten drei Tagen einer Erkrankung keine ärztliche Arbeitsunfähigkeitsbescheinigung verlangen, liegt der Anteil der Kurzzeiterkrankungen allerdings in der Praxis höher, als dies in den Daten der Krankenkassen zum Ausdruck kommt.

2020 war der Anteil der Langzeiterkrankungen mit 54,3 % in der Land- und Forstwirtschaft sowie im Baugewerbe (51,4 %) am höchsten und in der Branche Banken und Versicherungen mit 39,1 % am niedrigsten. Der Anteil der Kurzzeiterkrankungen schwankte in den einzelnen Wirtschaftszweigen zwischen

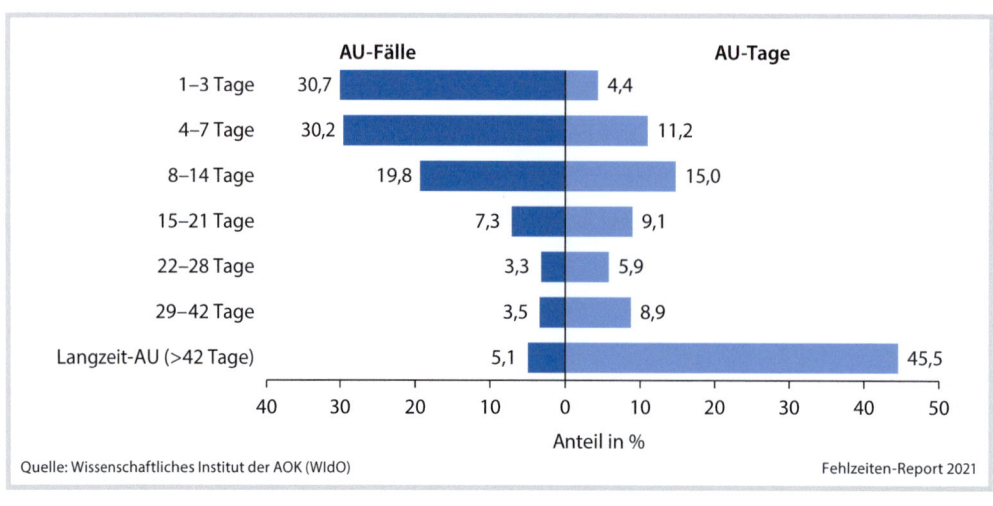

◘ Abb. 27.5 Arbeitsunfähigkeitstage und -fälle der AOK-Mitglieder im Jahr 2020 nach Dauer

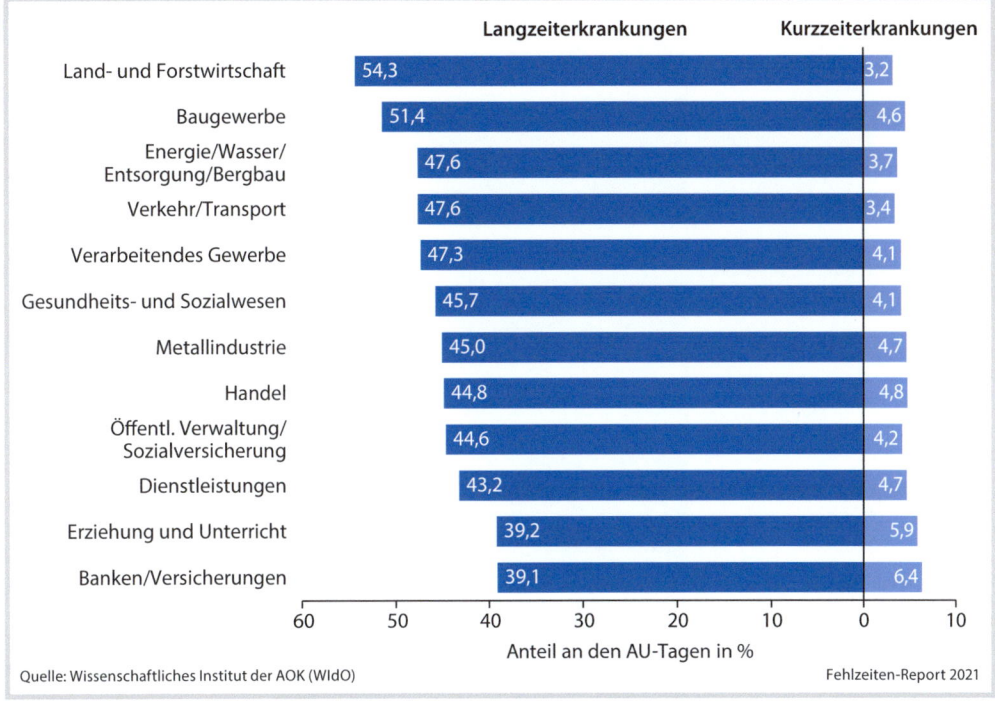

Abb. 27.6 Anteil der Kurz- und Langzeiterkrankungen an den Arbeitsunfähigkeitstagen nach Branchen im Jahr 2017, AOK-Mitglieder

6,4 % im Bereich Banken und Versicherungen und 3,2 % im Bereich Land- und Forstwirtschaft (◘ Abb. 27.6).

27.6 Krankenstandsentwicklung in den einzelnen Branchen

Im Jahr 2020 wiesen die Öffentliche Verwaltung und die Sozialversicherungen mit 6,6 % den höchsten Krankenstand auf, während die Banken und Versicherungen mit 3,7 % den niedrigsten Krankenstand hatten (◘ Abb. 27.7). Bei dem hohen Krankenstand in der Branche Öffentliche Verwaltung/Sozialversicherung muss allerdings berücksichtigt werden, dass ein großer Teil der in diesem Sektor beschäftigten AOK-Mitglieder keine Bürotätigkeiten ausübt, sondern in gewerblichen Bereichen mit teilweise sehr hohen Arbeitsbelastungen tätig ist, wie z. B. im Straßenbau, in der Straßenreinigung und Abfallentsorgung, in Gärtnereien etc. Insofern sind die Daten, die der AOK für diesen Bereich vorliegen, nicht repräsentativ für die gesamte öffentliche Verwaltung. Hinzu kommt, dass die in den öffentlichen Verwaltungen beschäftigten AOK-Mitglieder eine im Vergleich zur freien Wirtschaft ungünstige Altersstruktur aufweisen, die zum Teil für die erhöhten Krankenstände mitverantwortlich ist. Schließlich spielt auch die Tatsache, dass die öffentlichen Verwaltungen ihrer Verpflichtung zur Beschäftigung Schwerbehinderter stärker nachkommen als andere Branchen, eine erhebliche Rolle. Mit einem Anteil von knapp einem Fünftel aller schwerbehinderten Beschäftigten stellt der öffentliche Dienst einen bedeutsamen Arbeitgeber für schwerbehinderte Menschen dar (Bundesagentur für Arbeit 2020). Es kann vermutet werden, dass die höhere Zahl von Ar-

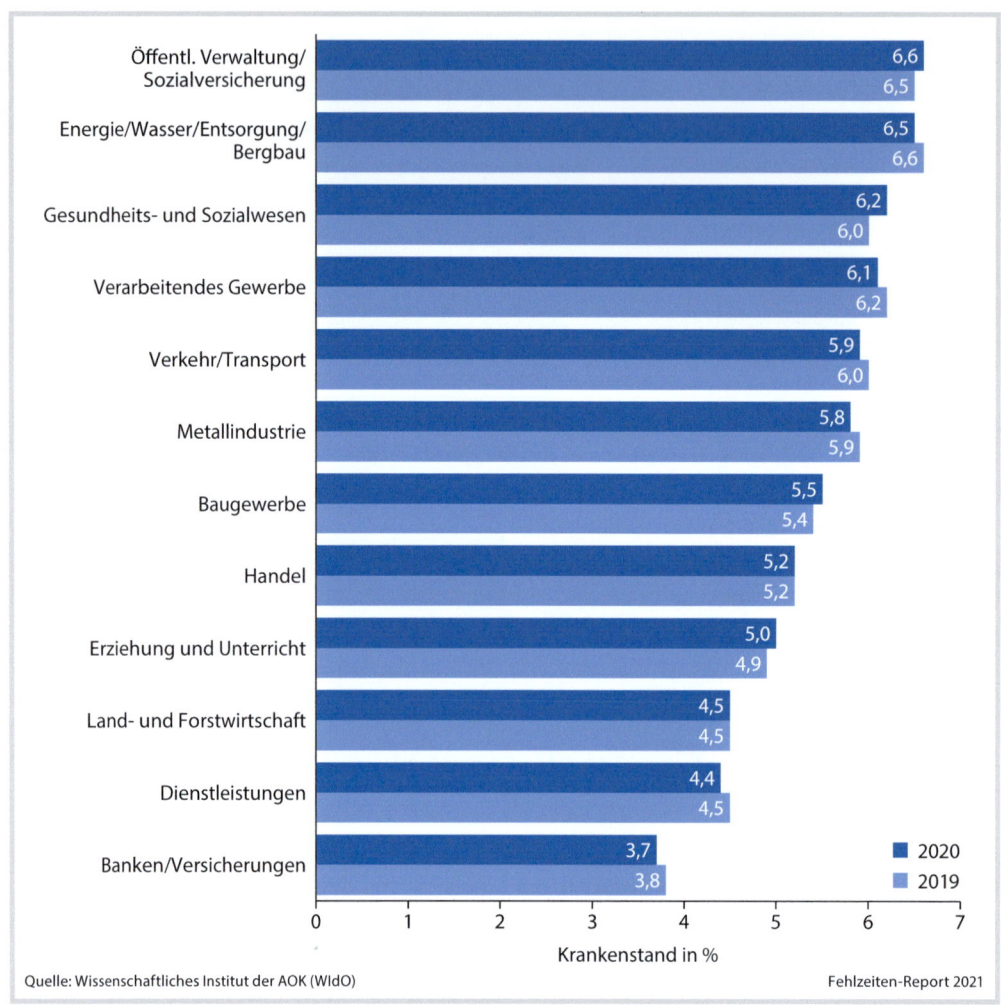

Abb. 27.7 Krankenstand der AOK-Mitglieder nach Branchen im Jahr 2020 im Vergleich zum Vorjahr

beitsunfähigkeitsfällen im öffentlichen Dienst auf die hohe Anzahl an schwerbehinderten Beschäftigten zurückzuführen ist (vgl. Benz 2010).[7]

Die Höhe des Krankenstandes resultiert aus der Zahl der Krankmeldungen und deren Dauer. Im Jahr 2020 lagen bei der Branche Energie/Wasser/Entsorgung und Bergbau (6,5 %), sowohl die Zahl der Krankmeldungen als auch die mittlere Dauer der Krankheitsfälle (15,2 Tage je Fall) über dem Durchschnitt (◘ Abb. 27.8). Der überdurchschnittlich hohe Krankenstand bei der Branche Verkehr und Transport war dagegen auf die lange Dauer (15,5 Tage je Fall) der Arbeitsunfähigkeitsfälle zurückzuführen. Auf den hohen Anteil der Langzeitfälle in diesen Branchen wurde bereits in ▶ Abschn. 27.4 hingewiesen.

◘ Tab. 27.4 zeigt die Krankenstandsentwicklung in den einzelnen Branchen in den Jahren 2001 bis 2020 differenziert nach West-

---

[7] Vgl. dazu: Marstedt et al. (2002). Weitere Ausführungen zu den Bestimmungsfaktoren des Krankenstandes in der öffentlichen Verwaltung finden sich in Oppolzer (2000).

27.6 · Krankenstandsentwicklung in den einzelnen Branchen

Tab. 27.4 Entwicklung des Krankenstandes der AOK-Mitglieder in den Jahren 2001–2020

Wirtschafts-abschnitte		Krankenstand in %								2008 (WZ03)	2008 (WZ08)[a]										
		2001	2002	2003	2004	2005	2006	2007			2009	2010	2011	2012	2013	2014	2015	2016	2017	2018	2019	2020
Banken und Versicherungen	West	3,5	3,5	3,3	3,1	3,1	2,7	3,1	3,1	3,1	3,2	3,2	3,3	3,2	3,2	3,4	3,6	3,7	3,6	3,7	3,6	3,5
	Ost	4,1	4,1	3,5	3,2	3,3	3,2	3,4	3,6	3,6	3,9	4,0	3,9	4,1	4,1	4,2	4,4	4,5	4,8	4,9	4,8	4,9
	Bund	3,6	3,5	3,3	3,1	3,1	2,8	3,1	3,2	3,2	3,3	3,3	3,3	3,4	3,4	3,5	3,7	3,8	3,8	3,9	3,8	3,7
Baugewerbe	West	6,0	5,8	5,4	5,0	4,8	4,6	4,9	5,1	5,0	5,1	5,1	5,2	5,3	5,4	5,5	5,5	5,5	5,3	5,4	5,4	5,5
	Ost	5,5	5,2	4,6	4,1	4,0	3,8	4,2	4,5	4,4	4,7	4,7	4,4	5,1	5,2	5,4	5,6	5,5	5,5	5,7	5,7	5,8
	Bund	5,9	5,7	5,3	4,8	4,7	4,4	4,8	4,9	4,9	5,1	5,1	5,1	5,3	5,3	5,5	5,5	5,5	5,4	5,5	5,4	5,5
Dienstleistungen	West	4,6	4,5	4,3	3,9	3,8	3,7	4,0	4,2	4,1	4,2	4,2	4,3	4,3	4,3	4,3	4,4	4,3	4,3	4,4	4,3	4,2
	Ost	5,4	5,2	4,7	4,1	3,9	3,8	4,1	4,3	4,2	4,5	4,6	4,4	4,7	4,7	4,8	4,9	5,0	5,1	5,3	5,2	5,1
	Bund	4,7	4,6	4,3	4,0	3,8	3,8	4,1	4,2	4,1	4,2	4,2	4,3	4,4	4,4	4,4	4,5	4,4	4,4	4,5	4,5	4,4
Energie, Wasser, Entsorgung und Bergbau	West	5,7	5,5	5,2	4,9	4,8	4,4	4,8	4,9	5,6	5,8	6,0	6,1	6,0	6,4	6,5	6,7	6,7	6,7	6,8	6,7	6,6
	Ost	4,4	4,5	4,1	3,7	3,7	3,6	3,7	3,9	4,9	5,3	5,5	4,9	5,4	5,7	5,7	5,9	5,9	6,2	6,3	6,3	6,1
	Bund	5,4	5,3	5,0	4,6	4,6	4,3	4,6	4,7	5,4	5,7	5,9	5,8	5,9	6,2	6,3	6,5	6,5	6,6	6,7	6,6	6,5
Erziehung und Unterricht	West	6,1	5,6	5,3	5,1	4,6	4,4	4,7	5,0	5,0	5,2	5,1	4,6	4,8	4,4	4,6	4,8	4,8	4,8	4,9	4,8	4,9
	Ost	8,9	8,6	7,7	7,0	6,6	6,1	6,1	6,2	6,2	6,5	5,7	5,1	5,8	4,9	4,9	5,0	5,0	5,2	5,4	5,3	5,5
	Bund	7,1	6,6	6,1	5,9	5,4	5,1	5,3	5,4	5,4	5,6	5,3	4,7	5,0	4,5	4,6	4,8	4,8	4,8	5,0	4,9	5,0

Tab. 27.4 (Fortsetzung)

Wirtschafts-abschnitte		Krankenstand in %								2008 (WZ03)	2008 (WZ08)[a]										
		2001	2002	2003	2004	2005	2006	2007			2009	2010	2011	2012	2013	2014	2015	2016	2017	2018	2019	2020
Gesundheits- und Sozialwesen	West	5,5	5,4	5,1	4,8	4,6	4,5	4,8	4,9	4,9	5,1	5,2	5,3	5,3	5,5	5,7	5,9	5,8	5,8	6,0	5,9	6,1
	Ost	5,3	5,2	4,7	4,2	4,1	3,9	4,2	4,5	4,5	4,9	5,1	4,8	5,2	5,4	5,5	5,7	5,9	6,1	6,4	6,4	6,7
	Bund	5,5	5,4	5,1	4,7	4,6	4,4	4,7	4,8	4,8	5,0	5,2	5,2	5,3	5,5	5,6	5,8	5,8	5,9	6,0	6,0	6,2
Handel	West	4,6	4,5	4,2	3,9	3,8	3,7	3,9	4,1	4,1	4,2	4,3	4,4	4,4	4,7	4,8	5,0	5,0	4,9	5,1	5,1	5,1
	Ost	4,2	4,1	3,7	3,4	3,3	3,3	3,6	3,8	3,7	4,1	4,1	3,9	4,4	4,6	4,7	4,9	5,1	5,3	5,5	5,5	5,6
	Bund	4,5	4,5	4,2	3,8	3,7	3,6	3,9	4,0	4,0	4,2	4,3	4,3	4,4	4,7	4,8	5,0	5,0	5,0	5,2	5,2	5,2
Land- und Forstwirtschaft	West	4,6	4,5	4,2	3,8	3,5	3,3	3,6	3,7	3,1	3,0	3,3	3,4	3,2	3,3	3,4	3,4	3,5	3,5	3,6	3,5	3,6
	Ost	5,4	5,2	4,9	4,3	4,3	4,1	4,4	4,6	4,6	5,0	5,1	4,9	5,4	5,5	5,5	5,7	5,9	6,0	6,2	6,3	6,2
	Bund	5,0	4,8	4,5	4,0	3,9	3,7	3,9	4,1	3,9	4,0	4,2	4,0	4,1	4,2	4,2	4,3	4,4	4,4	4,5	4,5	4,5
Metallindustrie	West	5,5	5,5	5,2	4,8	4,8	4,5	4,8	5,0	5,0	4,9	5,1	5,2	5,3	5,5	5,6	5,9	5,8	5,7	5,9	5,9	5,8
	Ost	5,1	5,0	4,6	4,2	4,1	4,0	4,3	4,5	4,5	4,7	4,9	4,8	5,3	5,6	5,6	5,8	6,0	6,0	6,2	6,2	6,0
	Bund	5,5	5,5	5,1	4,8	4,7	4,5	4,8	4,9	5,0	4,9	5,1	5,2	5,3	5,5	5,6	5,9	5,9	5,8	5,9	5,9	5,8
Öffentliche Verwaltung/ Sozialversicherung	West	6,1	6,0	5,7	5,3	5,3	5,1	5,3	5,3	5,3	5,5	5,5	5,6	5,5	5,6	5,9	6,2	6,2	6,3	6,5	6,4	6,4
	Ost	5,9	5,7	5,3	5,0	4,5	4,7	4,8	4,9	4,9	5,3	5,7	5,5	5,5	5,9	6,1	6,5	6,6	6,9	7,2	7,0	7,4
	Bund	6,1	5,9	5,6	5,2	5,1	5,0	5,2	5,2	5,2	5,4	5,5	5,6	5,5	5,7	5,9	6,3	6,3	6,4	6,6	6,5	6,6

27.6 · Krankenstandsentwicklung in den einzelnen Branchen

Tab. 27.4 (Fortsetzung)

Wirtschafts-abschnitte		Krankenstand in %								2008 (WZ03)	2008 (WZ08)[a]											
		2001	2002	2003	2004	2005	2006	2007				2009	2010	2011	2012	2013	2014	2015	2016	2017	2018	2019	2020
Verarbei-tendes Gewerbe	West	5,6	5,5	5,2	4,8	4,8	4,6	4,9	5,0	5,0	5,0	5,2	5,4	5,5	5,7	5,8	6,0	6,0	6,0	6,1	6,1	6,1
	Ost	5,2	5,1	4,7	4,3	4,2	4,1	4,9	4,6	4,6	4,9	5,1	5,0	5,6	5,8	6,0	6,2	6,2	6,4	6,7	6,7	6,6
	Bund	5,5	5,5	5,1	4,7	4,7	4,5	4,8	5,0	5,0	5,0	5,2	5,3	5,5	5,7	5,8	6,0	6,0	6,0	6,2	6,2	6,1
Verkehr und Transport	West	5,6	5,6	5,3	4,9	4,8	4,7	4,9	5,1	5,1	5,3	5,5	5,5	5,6	5,7	5,8	6,0	5,9	5,9	5,9	5,9	5,8
	Ost	4,9	4,9	4,5	4,2	4,2	4,1	4,3	4,5	4,5	5,0	5,2	4,8	5,4	5,8	5,9	6,0	6,1	6,3	6,5	6,5	6,4
	Bund	5,5	5,5	5,2	4,8	4,7	4,6	4,8	4,9	5,0	5,3	5,5	5,4	5,5	5,7	5,8	6,0	6,0	6,0	6,0	6,0	5,9

[a] aufgrund der Revision der Wirtschaftszweigklassifikation in 2008 ist eine Vergleichbarkeit mit den Vorjahren nur bedingt möglich

Fehlzeiten-Report 2021

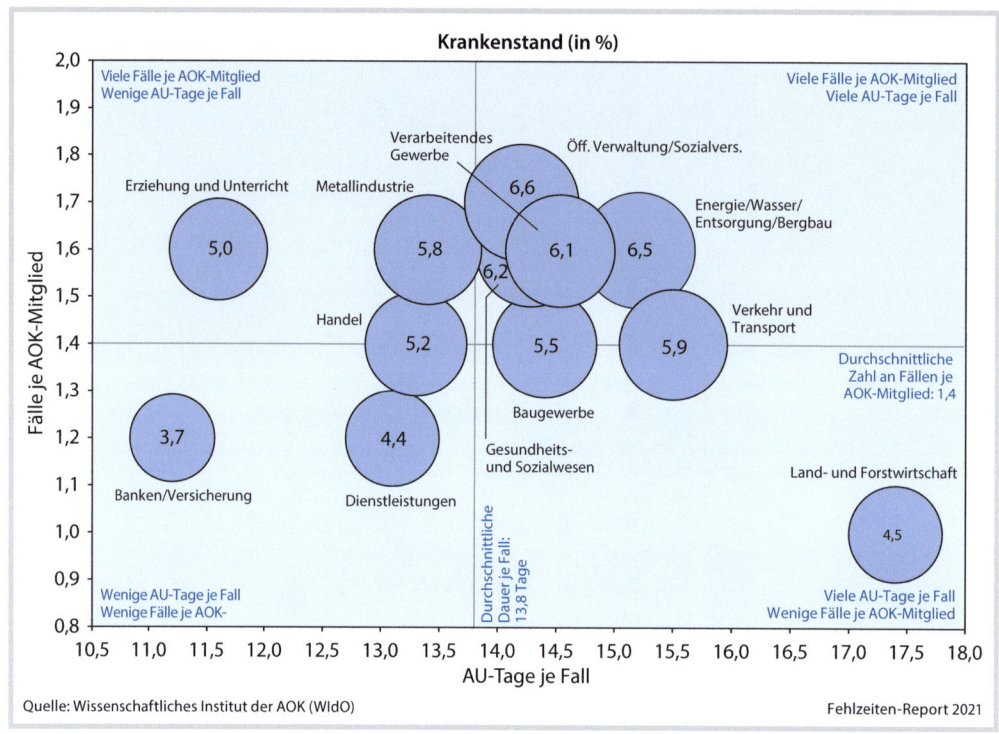

Abb. 27.8 Krankenstand der AOK-Mitglieder nach Branchen im Jahr 2020 nach Bestimmungsfaktoren

und Ostdeutschland. Im Vergleich zum Vorjahr hat sich der Krankenstand im Jahr 2020 in den meisten Branchen nur wenig verändert. Bundesweit ist der Krankenstand am stärksten im Gesundheits- und Sozialwesen angestiegen (um 0,2 Prozentpunkte auf 6,2 %).

27.7 Einfluss der Alters- und Geschlechtsstruktur

Die Höhe des Krankenstandes hängt entscheidend vom Alter der Beschäftigten ab. Die krankheitsbedingten Fehlzeiten nehmen mit steigendem Alter deutlich zu. Die Höhe des Krankenstandes variiert ab dem 40. Lebensjahr in Abhängigkeit vom Geschlecht deutlich (◘ Abb. 27.9).

Zwar geht die Zahl der Krankmeldungen mit zunehmendem Alter zurück, die durchschnittliche Dauer der Arbeitsunfähigkeitsfälle steigt jedoch kontinuierlich an (◘ Abb. 27.10). Ältere Mitarbeiter:innen sind also nicht unbedingt häufiger krank als ihre jüngeren Kolleg:innen, fallen aber bei einer Erkrankung in der Regel wesentlich länger aus. Der starke Anstieg der Falldauer hat zur Folge, dass der Krankenstand mit zunehmendem Alter deutlich ansteigt, obwohl die Anzahl der Krankmeldungen nur minimal zunimmt. Hinzu kommt, dass ältere Arbeitnehmer:innen im Unterschied zu ihren jüngeren Kolleg:innen häufiger von mehreren Erkrankungen gleichzeitig betroffen sind (Multimorbidität). Auch dies kann längere Ausfallzeiten mit sich bringen.

Da die Krankenstände in Abhängigkeit vom Alter und Geschlecht sehr stark variieren, ist es sinnvoll, beim Vergleich der Krankenstände unterschiedlicher Branchen oder Regionen die Alters- und Geschlechtsstruktur zu berücksichtigen. Mithilfe von Standardisie-

27.7 · Einfluss der Alters- und Geschlechtsstruktur

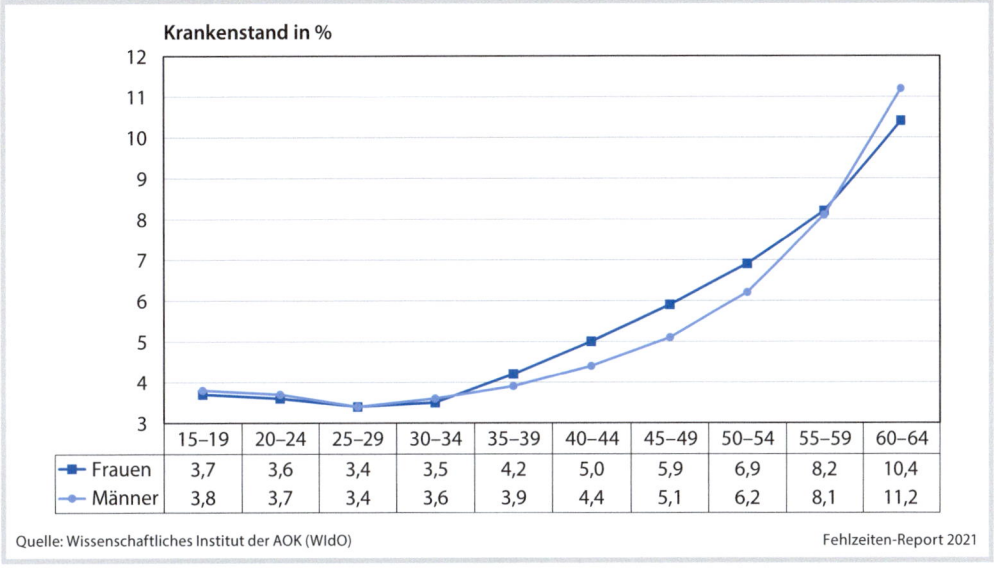

Abb. 27.9 Krankenstand der AOK-Mitglieder im Jahr 2020 nach Alter und Geschlecht

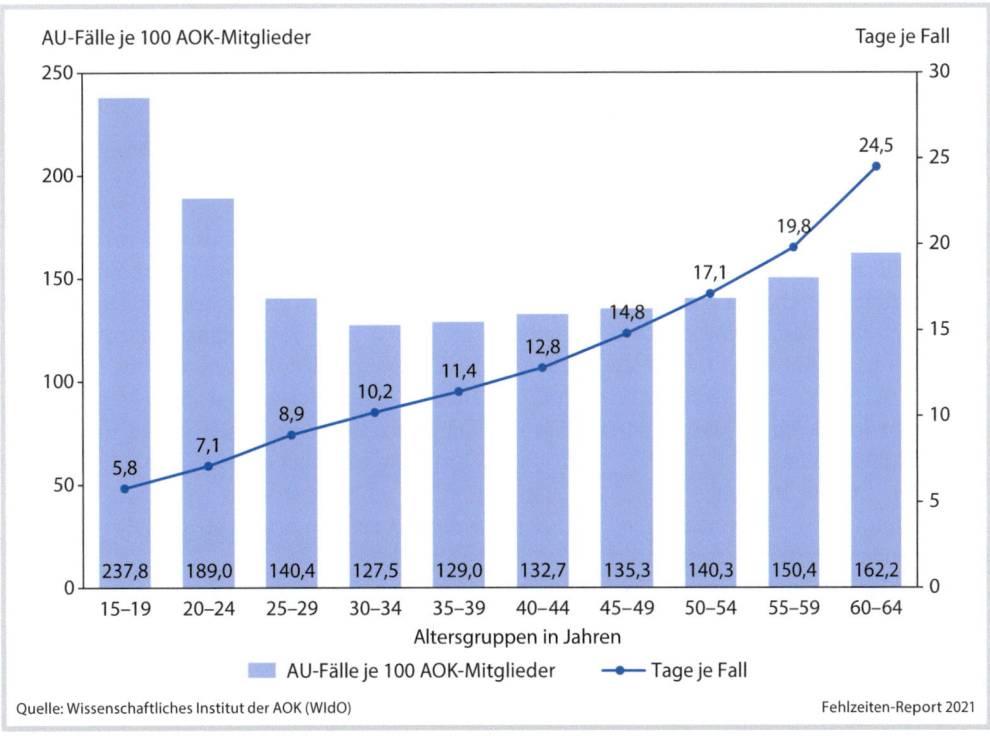

Abb. 27.10 Anzahl der Fälle und Dauer der Arbeitsunfähigkeit der AOK-Mitglieder im Jahr 2020 nach Alter

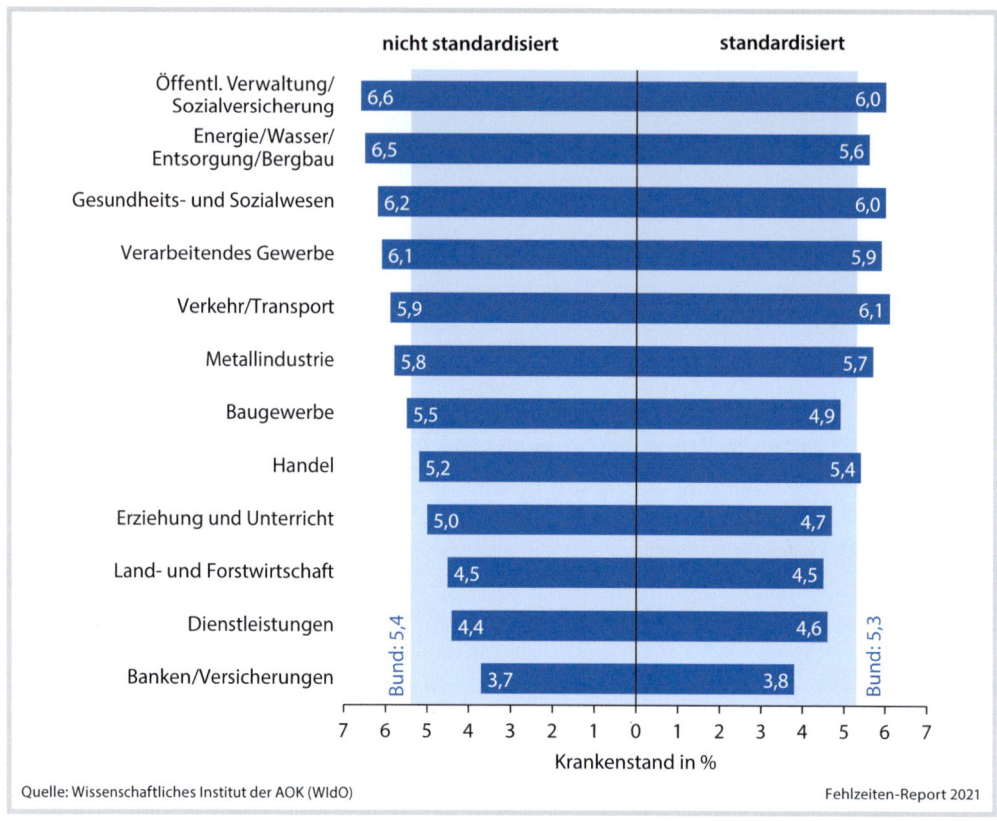

◘ Abb. 27.11 Alters- und geschlechtsstandardisierter Krankenstand der AOK-Mitglieder im Jahr 2020 nach Branchen

rungsverfahren lässt sich berechnen, wie der Krankenstand in den unterschiedlichen Bereichen ausfiele, wenn man eine durchschnittliche Alters- und Geschlechtsstruktur zugrunde legen würde. ◘ Abb. 27.11 zeigt die standardisierten Werte für die einzelnen Wirtschaftszweige im Vergleich zu den nicht standardisierten Krankenständen.[8]

In den einigen Branchen zeigen die standardisierten Werte Abweichungen von den nicht standardisierten Werten: In der Branche Energie, Wasser, Entsorgung und Bergbau (0,9 Prozentpunkte Unterschied), im Baugewerbe und in der öffentlichen Verwaltung/

Sozialversicherung (jeweils 0,6 Prozentpunkte Unterschied) ist der überdurchschnittlich hohe Krankenstand zu einem erheblichen Teil auf die Alters- und Geschlechtsstruktur in diesen Bereichen zurückzuführen. In den Branchen Handel, Dienstleistungen und Verkehr und Transport ist es hingegen genau umgekehrt. Dort wäre bei einer durchschnittlichen Alters- und Geschlechtsstruktur ein etwas höherer Krankenstand zu erwarten (jeweils +0,2 Prozentpunkte).

◘ Abb. 27.12 zeigt die Abweichungen der standardisierten Krankenstände vom Bundesdurchschnitt. In den Bereichen Verkehr und Transport, Öffentliche Verwaltung und Sozialversicherung, im Gesundheits- und Sozialwesen, dem Verarbeitenden Gewerbe, der Metallindustrie, den Bereichen Energie, Wasser, Entsorgung und Bergbau, sowie dem Handel

---

8 Berechnet nach der Methode der direkten Standardisierung – zugrunde gelegt wurde die Alters- und Geschlechtsstruktur der erwerbstätigen Mitglieder der gesetzlichen Krankenversicherung insgesamt im Jahr 2020. Quelle: Bundesagentur für Arbeit 2021.

27.8 · Fehlzeiten nach Bundesländern

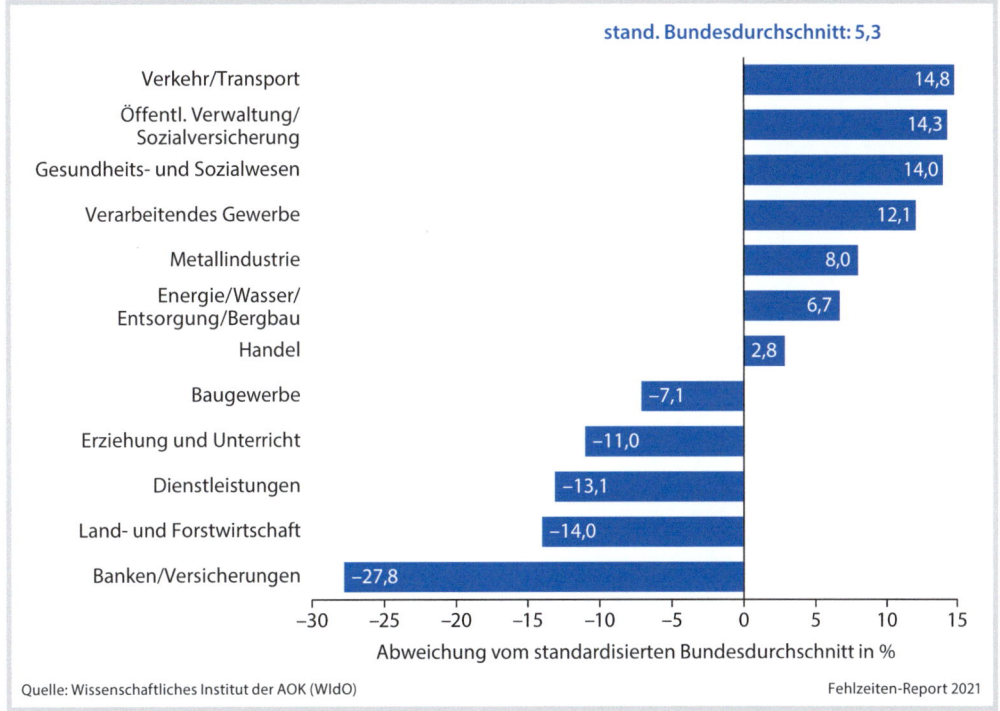

☐ **Abb. 27.12** Abweichungen der alters- und geschlechtsstandardisierten Krankenstände vom Bundesdurchschnitt im Jahr 2020 nach Branchen, AOK-Mitglieder

liegen die standardisierten Werte über dem Durchschnitt. Hingegen ist der standardisierte Krankenstand in der Branche Banken und Versicherung um 27,8 % deutlich geringer als im Bundesdurchschnitt. Dies ist in erster Linie auf den hohen Angestelltenanteil mit entsprechenden Bürotätigkeiten in dieser Branche zurückzuführen.

27.8 Fehlzeiten nach Bundesländern

Im Jahr 2020 lag der Krankenstand in Ostdeutschland um 0,7 Prozentpunkte höher als im Westen Deutschlands (☐ Tab. 27.3). Zwischen den einzelnen Bundesländern[9] zeigen sich jedoch erhebliche Unterschiede (☐ Abb. 27.13): Die höchsten Krankenstände waren 2020 in Brandenburg und Thüringen mit jeweils 6,3 %, gefolgt vom Saarland und Sachsen-Anhalt mit jeweils 6,2 % sowie in Mecklenburg-Vorpommern mit 5,9 % zu verzeichnen. Die niedrigsten Krankenstände wiesen Hamburg (4,5 %), Bayern (4,8 %) sowie Berlin mit 5,0 % auf.

Die hohen Krankenstände kommen auf unterschiedliche Weise zustande. In Mecklenburg-Vorpommern, Brandenburg, Sachsen-Anhalt, sowie im Saarland lag vor allem die durchschnittliche Dauer pro Arbeitsunfähigkeitsfall über dem Bundesdurchschnitt (☐ Abb. 27.14). In Niedersachsen ist der hohe Krankenstand (5,7 %) dagegen auf die hohe Zahl der Arbeitsunfähigkeitsfälle zurückzuführen.

Inwieweit sind die regionalen Unterschiede im Krankenstand auf unterschiedliche Alters- und Geschlechtsstrukturen zurückzuführen?

---

[9] Die Zuordnung zu den Bundesländern erfolgt über die Postleitzahlen der Betriebe.

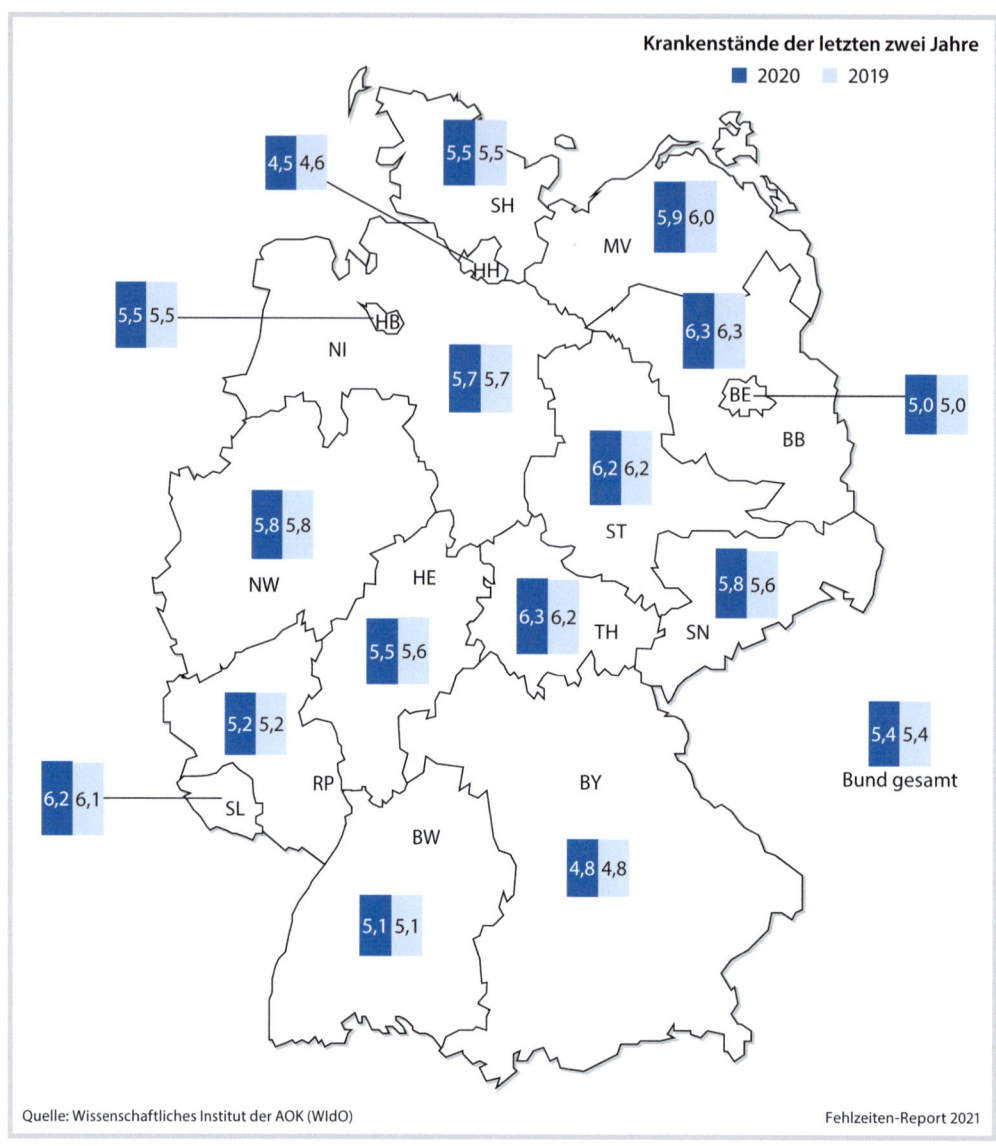

Abb. 27.13 Krankenstand der AOK-Mitglieder nach Bundesländern im Jahr 2020 im Vergleich zum Vorjahr

Abb. 27.15 zeigt die nach Alter und Geschlecht standardisierten Werte für die einzelnen Bundesländer im Vergleich zu den nicht standardisierten Krankenständen.[10] Durch die Berücksichtigung der Alters- und Geschlechtsstruktur relativieren sich die beschriebenen regionalen Unterschiede im Krankenstand etwas. Die Bundesländer Brandenburg und Thüringen haben mit 6,3 % die höchsten beobachteten Krankenstände. Nach der Standardisierung liegt Brandenburg gleichauf mit dem Saarland mit 6,2 %, Thüringen folgt mit 6,1 %. In Hamburg zeigt sich durch die Standardi-

---

10 Berechnet nach der Methode der direkten Standardisierung – zugrunde gelegt wurde die Alters-, Geschlechts- und Branchenstruktur der Beschäftigten im Jahr 2020. Quelle: Bundesagentur für Arbeit (2021).

27.8 · Fehlzeiten nach Bundesländern

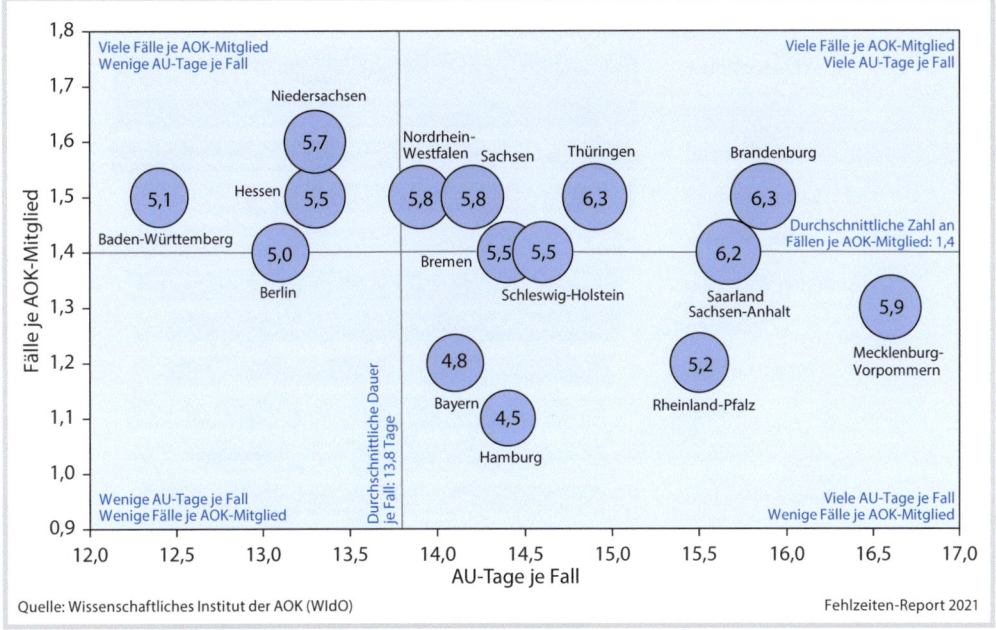

◻ **Abb. 27.14** Krankenstand der AOK-Mitglieder nach Bundesländern im Jahr 2020 nach Bestimmungsfaktoren

sierung eine Zunahme um 0,6 Prozentpunkte, in Berlin sogar um 0,7 Prozentpunkte, d. h. in diesen Städten liegt eine Alters- und Geschlechtsstruktur vor, die sich positiv auf den Krankenstand auswirkt. Bayern weist nach der Standardisierung mit einem Anstieg von nur 0,1 Prozentpunkten auf 4,9 % den günstigsten Wert auf.

◻ Abb. 27.16 zeigt die prozentualen Abweichungen der standardisierten Krankenstände vom Bundesdurchschnitt. Die höchsten Werte weisen das Saarland und Brandenburg auf. Dort liegen die standardisierten Werte mit 11,7 bzw. 11,6 % deutlich über dem Durchschnitt. In Bayern ist der standardisierte Krankenstand mit 11,7 % Abweichung wesentlich niedriger als im Bundesdurchschnitt.

Im Vergleich zum Vorjahr haben im Jahr 2020 die Arbeitsunfähigkeitsfälle in den Bundesländern insgesamt um 12,4 % abgenommen und die Arbeitsunfähigkeitstage um 0,4 % zugenommen (◻ Tab. 27.5). Die Falldauer der Arbeitsunfähigkeiten ist mit 16,6 Tagen in Mecklenburg-Vorpommern am höchsten und in Baden-Württemberg mit 12,4 Tagen am geringsten.

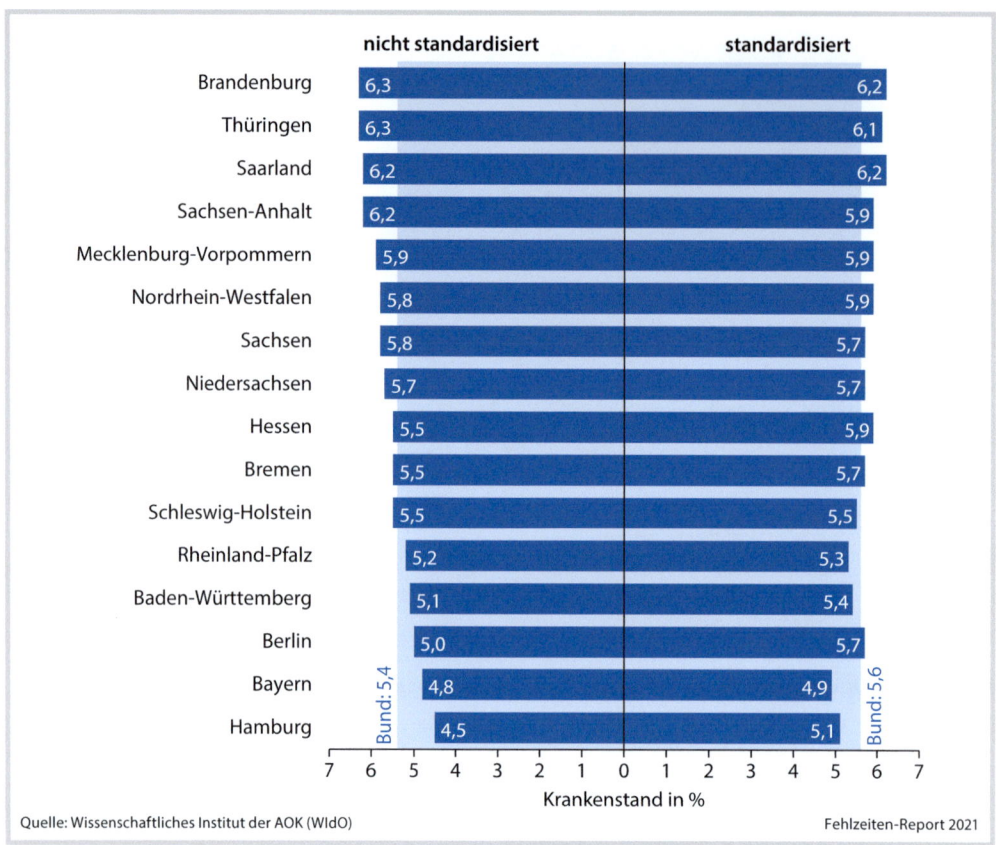

Abb. 27.15 Alters- und geschlechtsstandardisierter Krankenstand der AOK-Mitglieder im Jahr 2020 nach Bundesländern

27.8 · Fehlzeiten nach Bundesländern

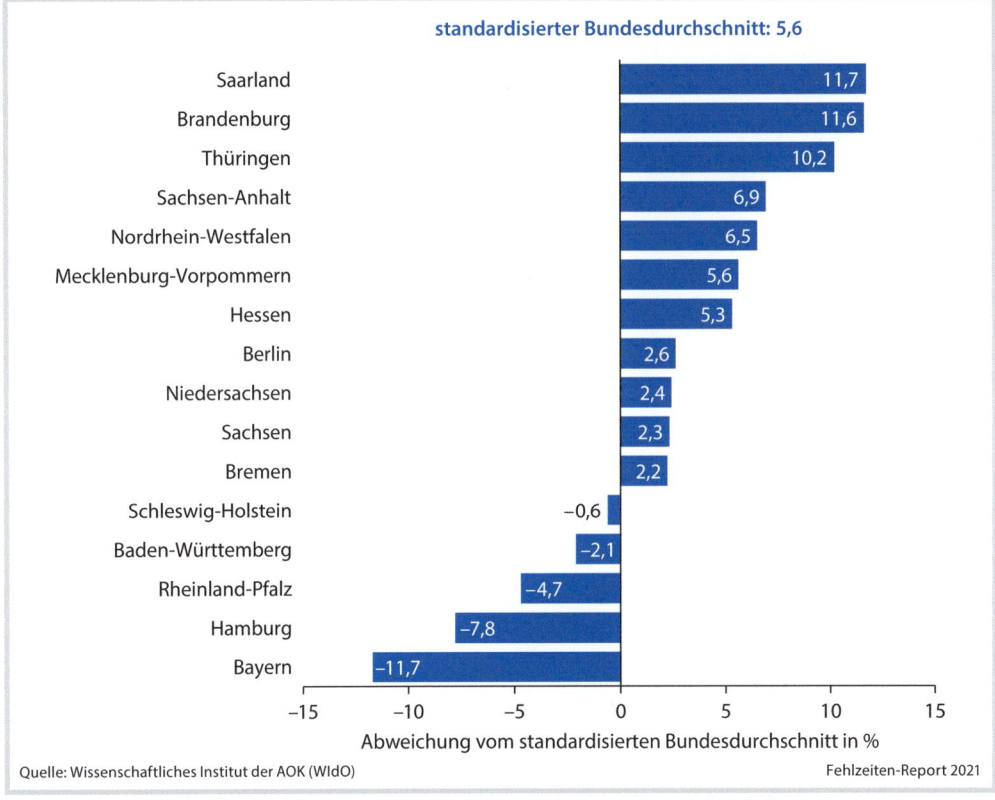

◻ **Abb. 27.16** Abweichungen der alters- und geschlechtsstandardisierten Krankenstände vom Bundesdurchschnitt im Jahr 2020 nach Bundesländern, AOK-Mitglieder

Tab. 27.5 Krankenstandskennzahlen nach Regionen, 2020 im Vergleich zum Vorjahr

	Arbeitsunfähigkeiten je 100 AOK-Mitglieder				Tage je Fall	Veränd. z. Vorj. in %
	Fälle	Veränd. z. Vorj. in %	Tage	Veränd. z. Vorj. in %		
Baden-Württemberg	152,2	−13,1	1.883,5	0,2	12,4	15,3
Bayern	124,5	−12,5	1.755,4	0,0	14,1	14,2
Berlin	140,7	−14,8	1.836,6	0,3	13,1	17,6
Brandenburg	146,2	−10,9	2.319,3	0,3	15,9	12,5
Bremen	140,7	−12,6	2.025,2	1,4	14,4	16,1
Hamburg	114,3	−16,7	1.647,0	−1,5	14,4	18,4
Hessen	151,7	−14,6	2.019,3	−1,6	13,3	15,3
Mecklenburg-Vorpommern	130,3	−12,6	2.162,9	−2,0	16,6	12,2
Niedersachsen	156,9	−12,2	2.081,7	−0,2	13,3	13,7
Nordrhein-Westfalen	152,9	−12,8	2.125,2	0,8	13,9	15,6
Rheinland-Pfalz	123,7	−12,5	1.916,6	0,6	15,5	14,9
Saarland	144,2	−10,6	2.264,9	2,5	15,7	14,7
Sachsen	148,2	−9,2	2.111,3	2,5	14,2	12,9
Sachsen-Anhalt	144,1	−9,8	2.264,0	−0,3	15,7	10,6
Schleswig-Holstein	138,2	−10,7	2.013,1	0,2	14,6	12,2
Thüringen	154,3	−10,4	2.298,4	1,1	14,9	12,9
Bund	**144,2**	**−12,4**	**1.986,3**	**0,4**	**13,8**	**14,6**

Fehlzeiten-Report 2021

27.9 Fehlzeiten nach Ausbildungsabschluss und Vertragsart

Die Bundesagentur für Arbeit definiert und liefert die für die Unternehmen relevanten Tätigkeitsschlüssel. Die Unternehmen sind verpflichtet, ihren Beschäftigten den jeweils für die Art der Beschäftigung gültigen Tätigkeitsschlüssel zuzuweisen und diesen zu dokumentieren. Diese Schlüssel sind in den Meldungen zur Sozialversicherung enthalten und werden neben weiteren Angaben zur Person den Einzugsstellen, in der Regel den Krankenkassen der Arbeitnehmer:innen, übermittelt. Auf Grundlage der Meldungen führt die Krankenkasse ihr Versichertenverzeichnis und übermittelt die Daten dem Rentenversicherungsträger (vgl. Damm et al. 2012). Grundlage der Tätigkeitseinstufung war bis zum Jahr 2012 die „Klassifikation der Berufe" aus dem Jahr 1988 (KldB 1988).

In den letzten Jahren haben sich jedoch sowohl die Berufs- und Beschäftigungslandschaft als auch die Ausbildungsstrukturen stark verändert. So sind nicht nur neue Ausbildungsabschlüsse entstanden, auch die Trennung zwischen Arbeitern und Angestellten ist bereits seit dem Jahr 2006 rentenrechtlich bedeutungslos.

27.9 · Fehlzeiten nach Ausbildungsabschluss und Vertragsart

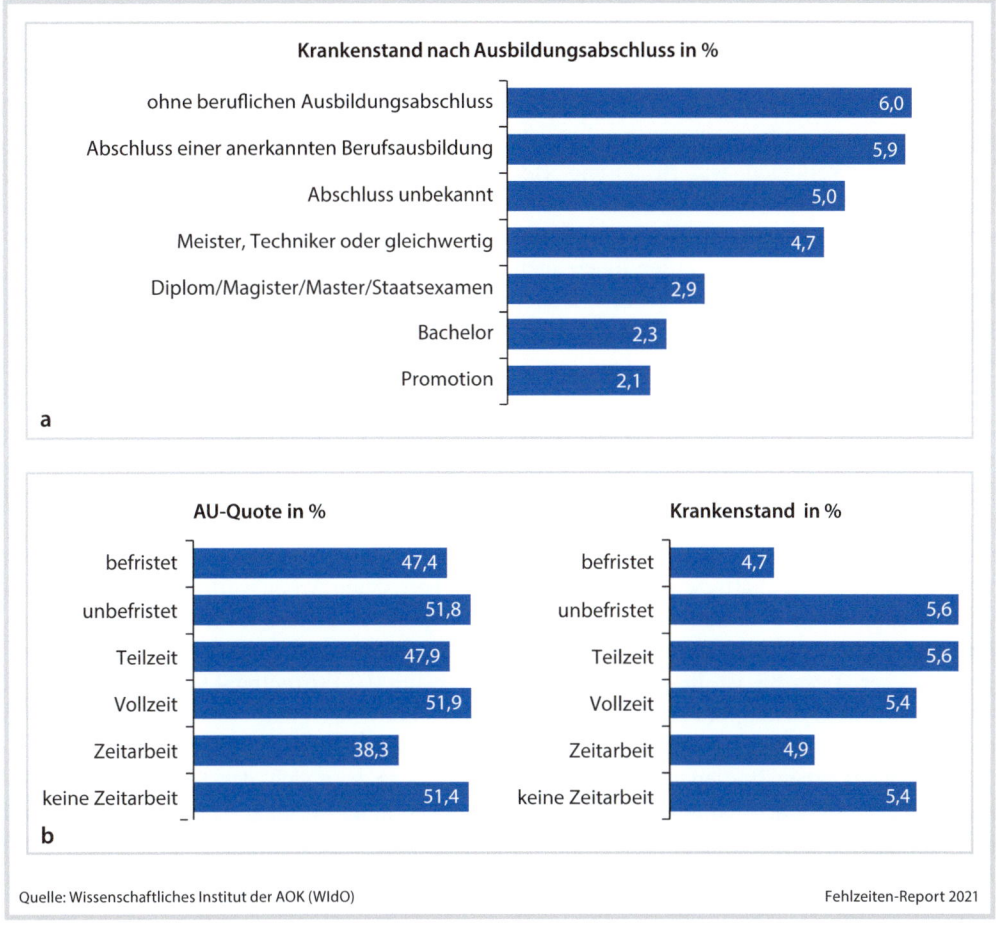

◘ **Abb. 27.17** a Krankenstand nach Ausbildungsabschluss im Jahr 2020, AOK-Mitglieder; b Krankenstand und AU-Quote nach Vertragsart im Jahr 2020, AOK-Mitglieder

Aus diesem Grund wurde die veraltete Klassifikation der Berufe von der Bundesagentur für Arbeit durch eine überarbeitete Version (KldB 2010) ersetzt. Diese weist zugleich eine hohe Kompatibilität mit der internationalen Berufsklassifikation ISCO-08 (International Standard Classification of Occupations 2008) auf. Die neue Version gilt seit dem 01.12.2011. Infolge der Umstellung wird die Stellung im Beruf (wie die Trennung nach Arbeiter oder Angestellter) nicht mehr ausgewiesen.

Die krankheitsbedingten Fehlzeiten variieren deutlich in Abhängigkeit vom Ausbildungsabschluss (vgl. ◘ Abb. 27.17). Dabei zeigt sich, dass der Krankenstand mit steigendem Ausbildungsniveau sinkt. Den höchsten Krankenstand weisen mit 6,0 % Beschäftigte ohne beruflichen Abschluss auf. Beschäftigte mit einem Diplom, Magister, Master und Staatsexamen oder einem Bachelorabschluss liegen deutlich darunter (2,9 bzw. 2,3 %). Den geringsten Krankenstand weisen mit 2,1 % Beschäftigte mit Promotion auf.

Diese Ergebnisse können zu der Annahme führen, dass die Differenzen im Krankenstand u. a. auf den Faktor Bildung zurückzuführen sind. Diese Annahme wird auch in empirischen Studien bestätigt, bei denen Bildung als eine wesentliche Variable für die Erklärung von gesundheitlichen Differenzen erkannt wurde.

Die Gründe sind u. a. darin zu suchen, dass sich beispielsweise Akademiker:innen gesundheitsgerechter verhalten, was Ernährung, Bewegung und das Rauchverhalten angeht. Ihnen steht ein besserer Zugang zu Gesundheitsleistungen offen. In der Regel werden ihnen auch bei ihrer beruflichen Tätigkeit größere Handlungsspielräume und Gestaltungsmöglichkeiten eingeräumt und für die erbrachten beruflichen Leistungen werden adäquate Gratifikationen wie ein höheres Gehalt, Anerkennung und Wertschätzung sowie Aufstiegsmöglichkeiten und Arbeitsplatzsicherheit gewährt (vgl. u. a. Mielck et al. 2012; Karasek und Theorell 1990; Siegrist 1999; Marmot 2005). Dies führt dazu, dass Beschäftigte in höheren Positionen motivierter sind und sich stärker mit ihrer beruflichen Tätigkeit identifizieren. Aufgrund dieser Tatsache ist in der Regel der Anteil motivationsbedingter Fehlzeiten bei höherem beruflichem Status geringer.

Umgekehrt haben Studien gezeigt, dass bei einkommensschwachen Gruppen verhaltensbedingte gesundheitliche Risikofaktoren wie Rauchen, Bewegungsarmut und Übergewicht stärker ausgeprägt sind als bei Gruppen mit höheren Einkommen (Mielck 2000). Die theoretische Grundlage liefern hier kulturell determinierte Lebensstilunterschiede.

Hinzu kommt, dass sich die Tätigkeiten von gering qualifizierten Arbeitnehmer:innen im Vergleich zu denen von höher qualifizierten Beschäftigten in der Regel durch ein größeres Maß an physiologisch-ergonomischen Belastungen, eine höhere Unfallgefährdung und damit durch erhöhte Gesundheitskrisen auszeichnen. Zudem gibt es Zusammenhänge zu geringerer körperlicher Aktivität und einer selteneren Inanspruchnahme von Präventionsangeboten (vgl. Datenreport 2021) Nicht zuletzt müssen Umweltfaktoren sowie Infra- und Versorgungsstrukturen berücksichtigt werden. Ein niedrigeres Einkommensniveau wirkt sich bei Geringqualifizierten auch ungünstig auf die außerberuflichen Lebensverhältnisse wie die Wohnsituation und die Erholungsmöglichkeiten aus.

Die AU-Quote weist den Anteil der AOK-Mitglieder mit mindestens einem Arbeitsunfähigkeitsfall im Auswertungsjahr aus. Betrachtet man die AU-Quoten nach der Vertragsart, zeigt sich, dass die unbefristet und Vollzeit-Beschäftigten mit 51,8 bzw. 51,9 % öfter von einer Krankschreibung betroffen sind als befristet bzw. Teilzeit-Beschäftigte (47,4 bzw. 47,9 %). Dies spiegelt sich zugleich im Krankenstand wider: Der Krankenstand bei den unbefristet Beschäftigten liegt im Vergleich zu den befristet Beschäftigten um 0,9 Prozentpunkte höher. Hier kann vermutet werden, dass befristet Beschäftigte eher bereit sind, auch einmal krank zur Arbeit zu gehen, da die permanente Gefahr besteht, dass der Arbeitgeber den befristeten Arbeitsvertrag nicht verlängert. Im Gegensatz zu den Vorjahren liegt der Krankenstand bei den Teilzeitbeschäftigten allerdings um 0,2 Prozentpunkte höher als bei den Vollzeitbeschäftigten.

Betrachtet man die Fehlzeiten von Zeitarbeitern, so zeigt sich, dass Zeitarbeitsbeschäftigte weniger krankgeschrieben werden als Beschäftigte ohne Zeitarbeitsverhältnis (Krankenstand 4,9 % bzw. 5,4 %). Eine mögliche Erklärung für dieses Phänomen könnte sein, dass Zeitarbeiter eher bereit sind, krank zur Arbeit zu gehen, um die Chancen einer Weiterbeschäftigung nicht zu gefährden.

27.10 Fehlzeiten nach Berufsgruppen

Auch bei den einzelnen Berufsgruppen[11] gibt es große Unterschiede hinsichtlich der krankheitsbedingten Fehlzeiten (◘ Abb. 27.18). Die Art der ausgeübten Tätigkeit hat erheblichen Einfluss auf das Ausmaß der Fehlzeiten. Die

---

11 Die Klassifikation der Berufe wurde zum 01.12.2011 überarbeitet und aktualisiert (▶ Abschn. 27.9). Daher finden sich ab dem Jahr 2012 zum Teil andere Berufsbezeichnungen als in den Fehlzeiten-Reporten der Vorjahre.

27.10 · Fehlzeiten nach Berufsgruppen

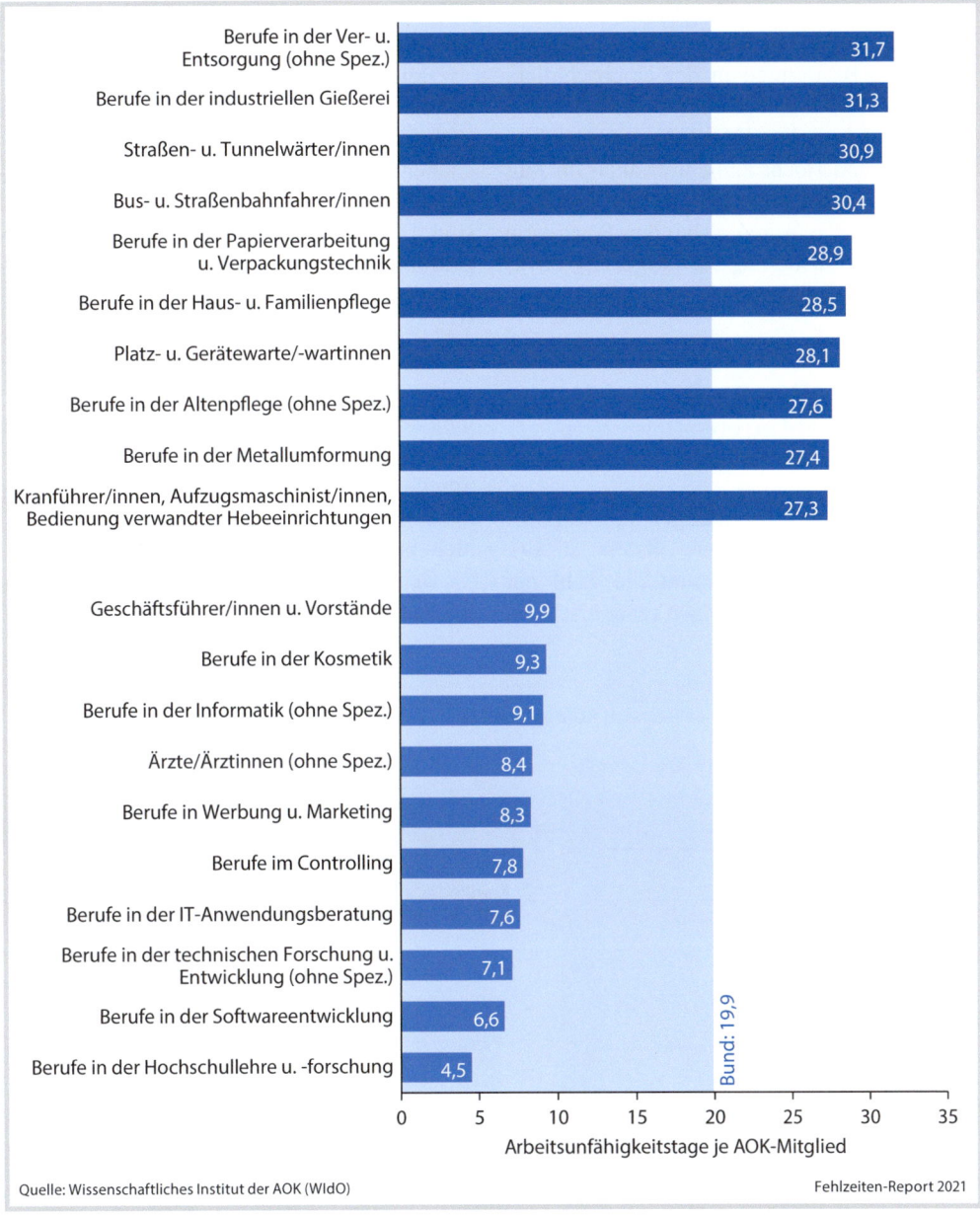

◘ **Abb. 27.18** Zehn Berufsgruppen mit hohen und niedrigen Fehlzeiten je AOK-Mitglied im Jahr 2020

meisten Arbeitsunfähigkeitstage weisen Berufsgruppen aus dem gewerblichen Bereich auf, wie beispielsweise Berufe in der Ver- und Entsorgung. Dabei handelt es sich häufig um Berufe mit hohen körperlichen Arbeitsbelastungen und überdurchschnittlich vielen Arbeitsunfällen (▶ Abschn. 27.12). Einige der Berufsgruppen mit hohen Krankenständen, wie Berufe in der Altenpflege, sind auch in besonders hohem Maße psychischen Arbeitsbelastungen ausgesetzt. Die niedrigsten Krankenstände sind bei akademischen Berufsgruppen wie z. B. Berufen in der Hochschullehre und -forschung, der Softwareentwicklung oder der technischen Forschung zu verzeichnen. Während Hochschullehrer:innen im Jahr 2020 im Durchschnitt nur 4,5 Tage krankgeschrieben waren, waren es bei den Berufen in der Ver- und Entsorgung 31,7 Tage, also etwas mehr als das Siebenfache.

27.11 Fehlzeiten nach Wochentagen

Die meisten Krankschreibungen sind am Wochenanfang zu verzeichnen (◘ Abb. 27.19). Zum Wochenende hin nimmt die Zahl der Arbeitsunfähigkeitsmeldungen tendenziell ab. 2020 entfiel ein Drittel (34,8 %) der wöchentlichen Krankmeldungen auf den Montag.

Bei der Bewertung der gehäuften Krankmeldungen am Montag muss allerdings berücksichtigt werden, dass der Arzt am Wochenende in der Regel nur in Notfällen aufgesucht wird, da die meisten Praxen geschlossen sind. Deshalb erfolgt die Krankschreibung für Erkrankungen, die bereits am Wochenende begonnen haben, in den meisten Fällen erst am Wochenanfang. Insofern sind in den Krankmeldungen vom Montag auch die Krankheitsfälle vom Wochenende enthalten. Die Verteilung der Krankmeldungen auf die Wochentage ist also in erster Linie durch die ärztlichen Sprechstundenzeiten bedingt. Dies wird häufig in der Diskussion um den „blauen Montag" nicht bedacht.

Geht man davon aus, dass die Wahrscheinlichkeit zu erkranken an allen Wochentagen

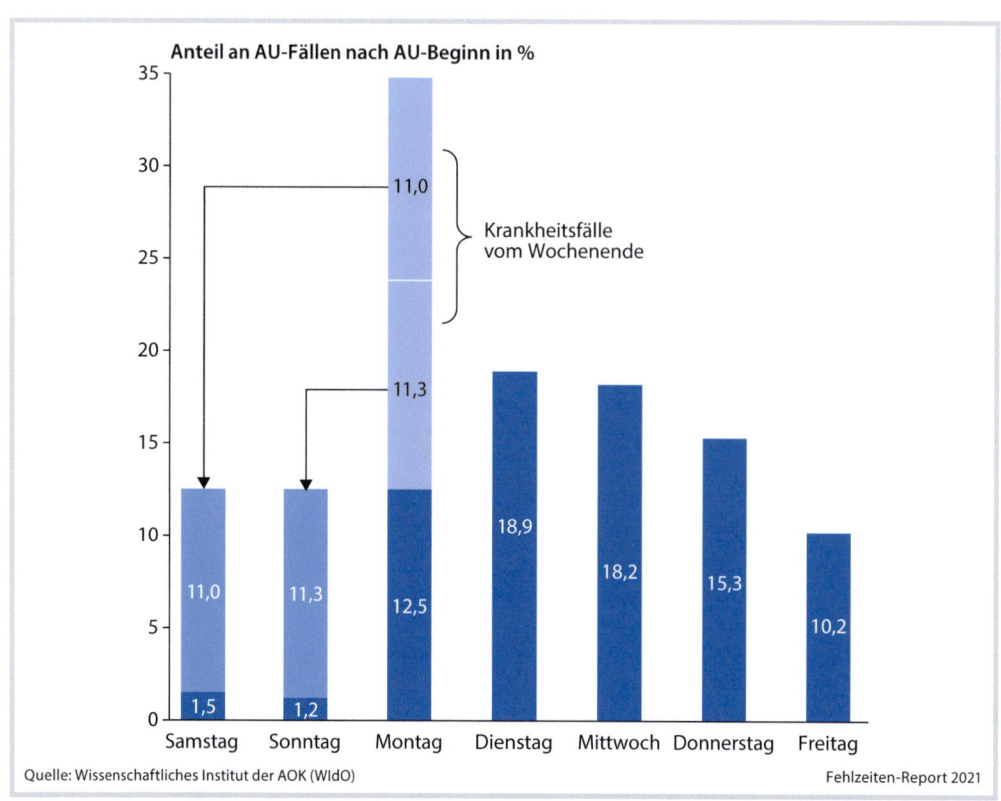

◘ Abb. 27.19 Verteilung der Arbeitsunfähigkeitsfälle der AOK-Mitglieder nach AU-Beginn im Jahr 2020

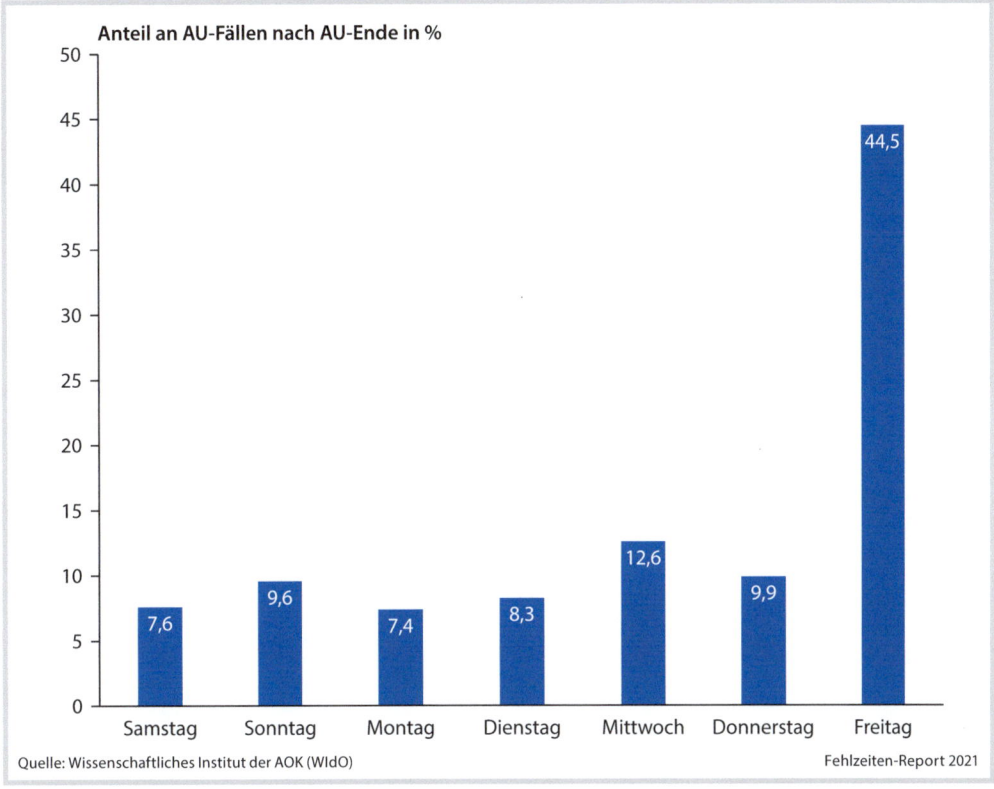

Abb. 27.20 Verteilung der Arbeitsunfähigkeitsfälle der AOK-Mitglieder nach AU-Ende im Jahr 2020

gleich hoch ist und verteilt die Arbeitsunfähigkeitsmeldungen vom Samstag, Sonntag und Montag gleichmäßig auf diese drei Tage, beginnen am Montag – „wochenendbereinigt" – nur noch 12,5 % der Krankheitsfälle. Danach ist der Montag nach dem Freitag (10,2 %) der Wochentag mit der geringsten Zahl an Krankmeldungen. Eine finnische Studie zu diesem Thema bestätigt ebenfalls die geringe Bedeutung des Montags bei krankheitsbedingten Fehlzeiten (Vahtera et al. 2001). Die Mehrheit der Ärzte bevorzugt als Ende der Krankschreibung das Ende der Arbeitswoche (◘ Abb. 27.20). 2020 endeten 44,5 % der Arbeitsunfähigkeitsfälle am Freitag. Nach dem Freitag ist der Mittwoch der Wochentag, an dem die meisten Krankmeldungen (12,6 %) abgeschlossen worden sind.

Da meist bis Freitag krankgeschrieben wird, nimmt der Krankenstand gegen Ende der Woche hinzu. Daraus abzuleiten, dass am Freitag besonders gerne „krankgefeiert" wird, um das Wochenende auf Kosten des Arbeitgebers zu verlängern, erscheint wenig plausibel, insbesondere wenn man bedenkt, dass der Freitag der Werktag mit den wenigsten Krankmeldungen ist.

27.12 Arbeitsunfälle

Im Jahr 2020 waren 3,0 % der Arbeitsunfähigkeitsfälle auf Arbeitsunfälle[12] zurückzuführen. Diese waren für 5,5 % der Arbeitsunfähigkeitstage verantwortlich (◘ Abb. 27.21).

---

12 Zur Definition der Arbeitsunfälle ◘ Tab. 27.1.

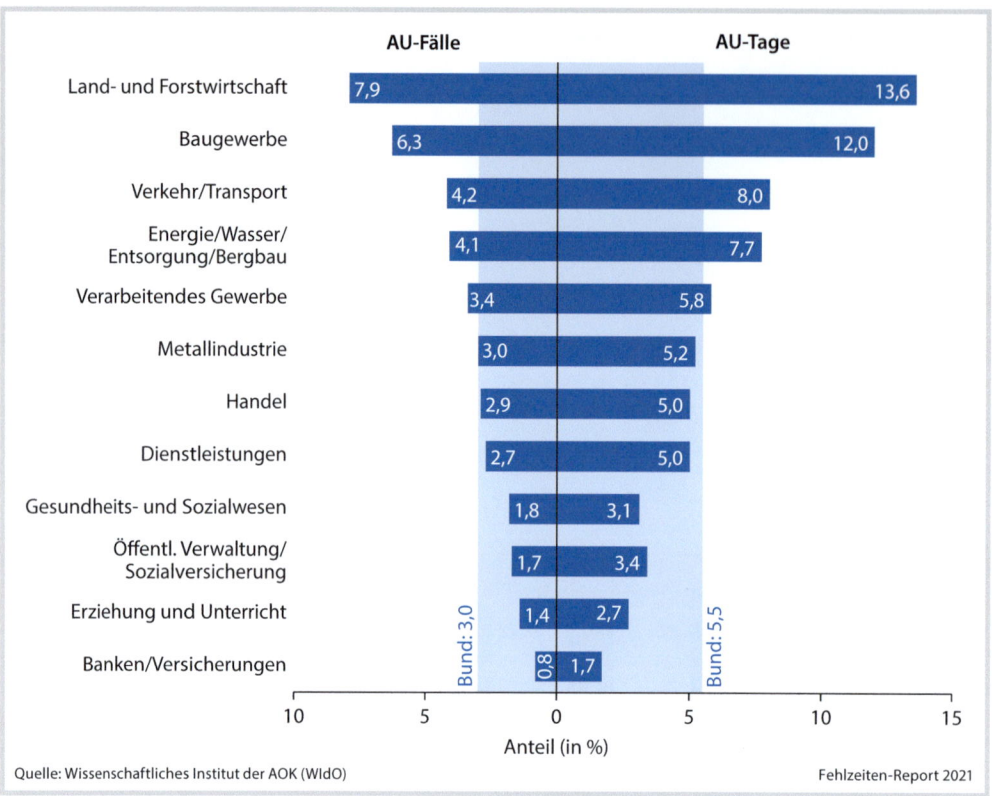

Abb. 27.21 Fehlzeiten der AOK-Mitglieder aufgrund von Arbeitsunfällen nach Branchen im Jahr 2020

In den einzelnen Wirtschaftszweigen variiert die Zahl der Arbeitsunfälle erheblich. So waren die meisten Fälle in der Land- und Forstwirtschaft und im Baugewerbe zu verzeichnen (◘ Abb. 27.23). 2020 gingen beispielsweise 7,9 % der AU-Fälle und 13,6 % der AU-Tage in der Land- und Forstwirtschaft auf Arbeitsunfälle zurück. Neben dem Baugewerbe (6,3 %) und der Land- und Forstwirtschaft gab es auch im Bereich Verkehr und Transport (4,2 %) und in der Branche Energie, Wasser, Entsorgung und Bergbau (4,1 %) überdurchschnittlich viele Arbeitsunfälle. Den geringsten Anteil an Arbeitsunfällen verzeichneten die Banken und Versicherungen mit 0,8 %.

Die Zahl der Arbeitsunfälle lag in Westdeutschland höher als in Ostdeutschland: Während im Westen durchschnittlich 44 Fälle auf 1.000 AOK-Mitglieder entfielen, waren es im Osten 40,9 Fälle je 1.000 Mitglieder (◘ Abb. 27.22).

Die Zahl der auf Arbeitsunfälle zurückgehenden Arbeitsunfähigkeitstage war in den Branchen Land- und Forstwirtschaft, sowie geringfügig in den Branchen Dienstleistungen, Gesundheits- und Sozialwesen, Erziehung und Unterricht und auch bei Banken und Versicherungen in Ostdeutschland höher als in Westdeutschland (◘ Abb. 27.23).

◘ Tab. 27.6 zeigt die Berufsgruppen, die in besonderem Maße von arbeitsbedingten Unfällen betroffen sind. Spitzenreiter waren im Jahr 2020 Berufe in der Zimmerei (4.613 AU-Tage je 1.000 AOK-Mitglieder), Berufe in der Dachdeckerei (4.122 AU-Tage je 1.000 AOK-Mitglieder) sowie Berufe im Beton- und Stahlbetonbau (3.868 AU-Tage je 1.000 AOK-Mitglieder).

27.12 · Arbeitsunfälle

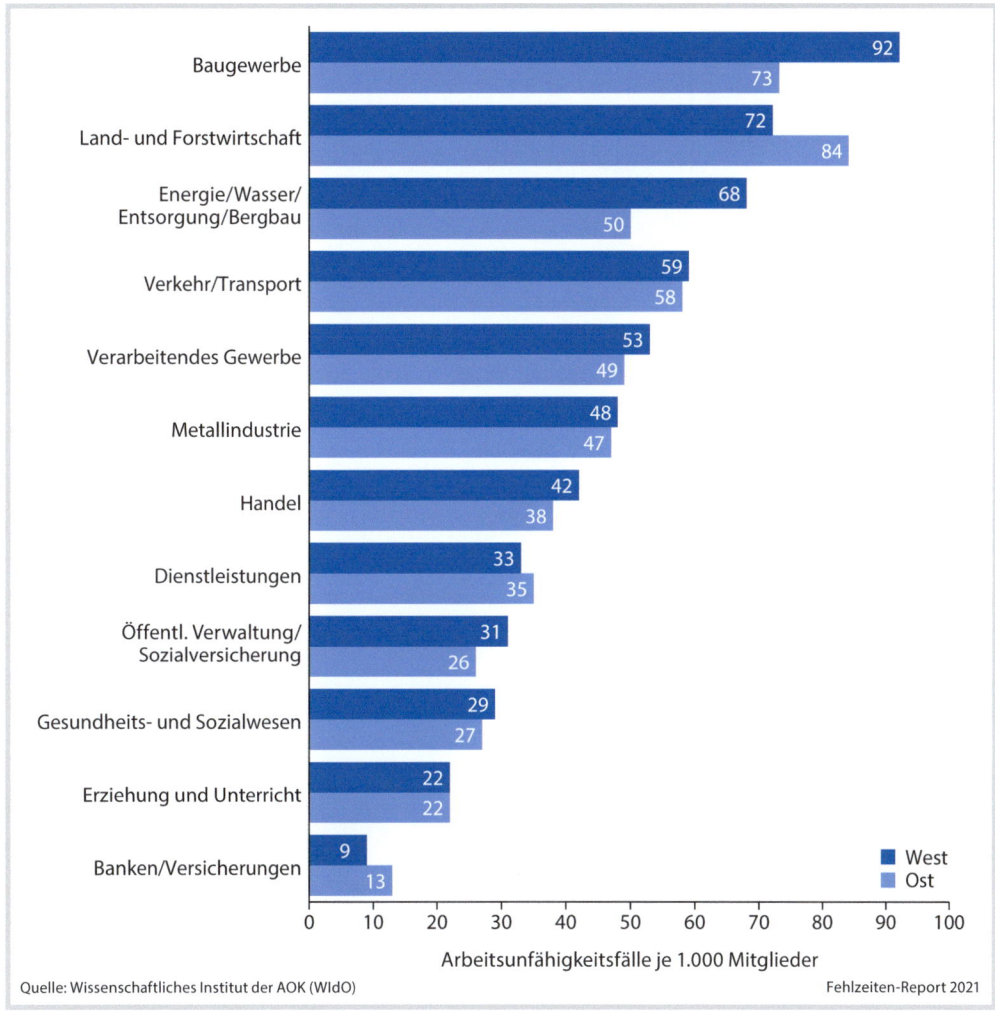

◼ **Abb. 27.22** Fälle der Arbeitsunfähigkeit der AOK-Mitglieder aufgrund von Arbeitsunfällen nach Branchen in West- und Ostdeutschland im Jahr 2020

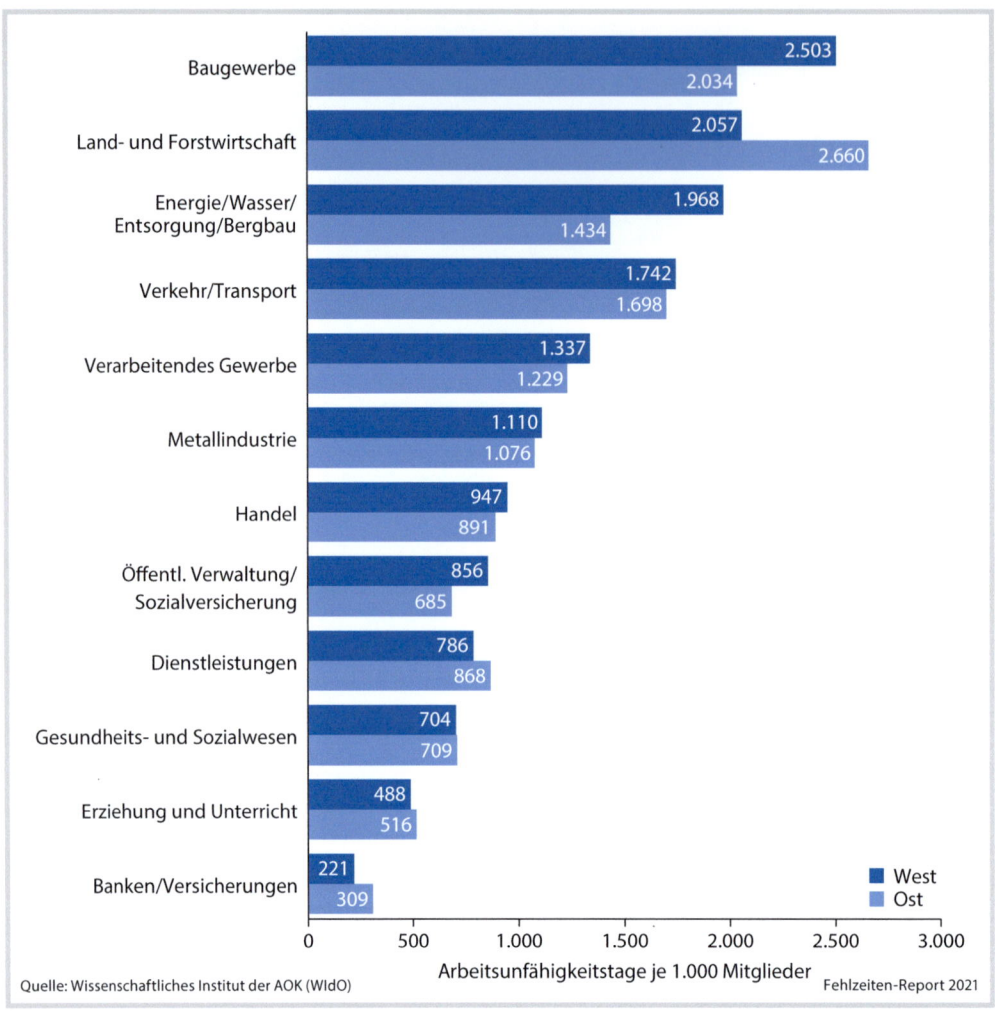

Abb. 27.23 Tage der Arbeitsunfähigkeit durch Arbeitsunfälle nach Branchen in West- und Ostdeutschland im Jahr 2020

27.12 · Arbeitsunfälle

Tab. 27.6 Tage der Arbeitsunfähigkeit durch Arbeitsunfälle nach Berufsgruppen im Jahr 2020, AOK-Mitglieder

Berufsgruppe	AU-Tage je 1.000 AOK-Mitglieder
Berufe in der Zimmerei	4.613
Berufe in der Dachdeckerei	4.122
Berufe im Beton- u. Stahlbetonbau	3.868
Berufe im Maurerhandwerk	3.810
Berufe im Hochbau (ohne Spez.)	3.080
Berufe im Tiefbau (ohne Spez.)	3.026
Berufe im Straßen- u. Asphaltbau	2.871
Berufskraftfahrer/innen (Güterverkehr/LKW)	2.685
Berufe in der Ver- u. Entsorgung (ohne Spez.)	2.652
Berufe im Aus- u. Trockenbau (ohne Spez.)	2.616
Berufe in der Holzbe- u. -verarbeitung (ohne Spez.)	2.561
Berufe im Metallbau	2.553
Straßen- u. Tunnelwärter/innen	2.526
Führer/innen von Erdbewegungs- u. verwandten Maschinen	2.469
Berufe im Garten-, Landschafts- u. Sportplatzbau	2.409
Berufe im Holz-, Möbel- u. Innenausbau	2.324
Berufe in der Sanitär-, Heizungs- u. Klimatechnik	2.197
Berufe für Post- u. Zustelldienste	2.176
Berufe für Maler- u. Lackiererarbeiten	2.104
Berufe in der Fleischverarbeitung	2.091
Kranführer/innen, Aufzugsmaschinisten, Bedienung verwandter Hebeeinrichtungen	2.082
Berufe in der Schweiß- u. Verbindungstechnik	2.076
Berufe im Gartenbau (ohne Spez.)	1.942
Berufe in der Landwirtschaft (ohne Spez.)	1.859
Fahrzeugführer/innen im Straßenverkehr (sonstige spezifische Tätigkeitsangabe)	1.693

Fehlzeiten-Report 2021

27.13 Krankheitsarten im Überblick

Das Krankheitsgeschehen wird im Wesentlichen von sechs großen Krankheitsgruppen (nach ICD-10) bestimmt: Muskel- und Skelett-Erkrankungen, Atemwegserkrankungen, Verletzungen, psychische und Verhaltensstörungen, Herz- und Kreislauf-Erkrankungen sowie Erkrankungen der Verdauungsorgane (Abb. 27.24). 59,7 % der Arbeitsunfähigkeitsfälle und 65,2 % der Arbeitsunfähigkeitstage gingen 2020 auf das Konto dieser sechs Krankheitsarten. Der Rest verteilte sich auf sonstige Krankheitsgruppen.

Der häufigste Anlass für die Ausstellung von Arbeitsunfähigkeitsbescheinigungen waren Atemwegserkrankungen. Im Jahr 2020 waren diese für über ein Fünftel der Arbeitsunfähigkeitsfälle (20,5 %) verantwortlich. Aufgrund einer relativ geringen durchschnittlichen Erkrankungsdauer (7,9 Tage je Fall) betrug der Anteil der Atemwegserkrankungen am Krankenstand allerdings nur 11,8 %.

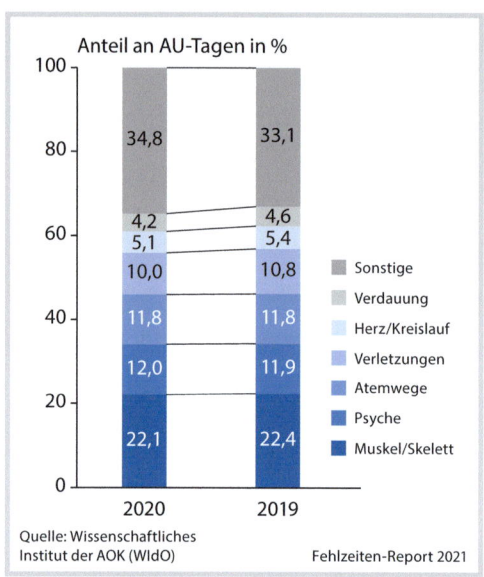

Abb. 27.25 Tage der Arbeitsunfähigkeit der AOK-Mitglieder nach Krankheitsarten im Jahr 2020 im Vergleich zum Vorjahr

Die meisten Arbeitsunfähigkeitstage wurden durch Muskel- und Skelett-Erkrankungen verursacht, die häufig mit langen Ausfallzeiten verbunden sind (18,7 Tage je Fall). Allein auf diese Krankheitsart waren 2020 22,1 % der Arbeitsunfähigkeitstage zurückzuführen, obwohl sie nur für 16,1 % der Arbeitsunfähigkeitsfälle verantwortlich war.

 Abb. 27.25 zeigt die Anteile der Krankheitsarten an den krankheitsbedingten Fehlzeiten im Jahr 2020 im Vergleich zum Vorjahr. Während die Anteile von Verletzungen um 0,8 Prozentpunkte, der Verdauungserkrankungen um 0,4 Prozentpunkte und der Herz-Kreislauf- und Muskel-Skelett-Erkrankungen um jeweils 0,3 Prozentpunkte sanken, stieg der Anteil von psychischen Erkrankungen um 0,1 Prozentpunkt, der Anteil der Atemwegserkrankungen blieb gleich.

Die Abb. 27.26 und 27.27 zeigen die Entwicklung der häufigsten Krankheitsarten in den Jahren 2011 bis 2020 in Form einer Indexdarstellung. Ausgangsbasis ist dabei der Wert des Jahres 2010. Dieser wurde auf 100 nor-

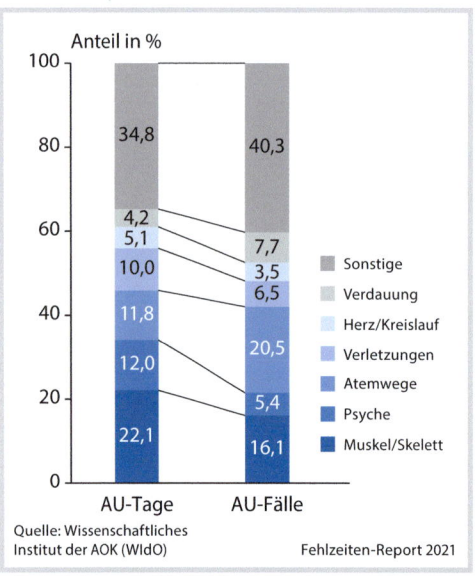

Abb. 27.24 Arbeitsunfähigkeit der AOK-Mitglieder nach Krankheitsarten im Jahr 2020

27.13 · Krankheitsarten im Überblick

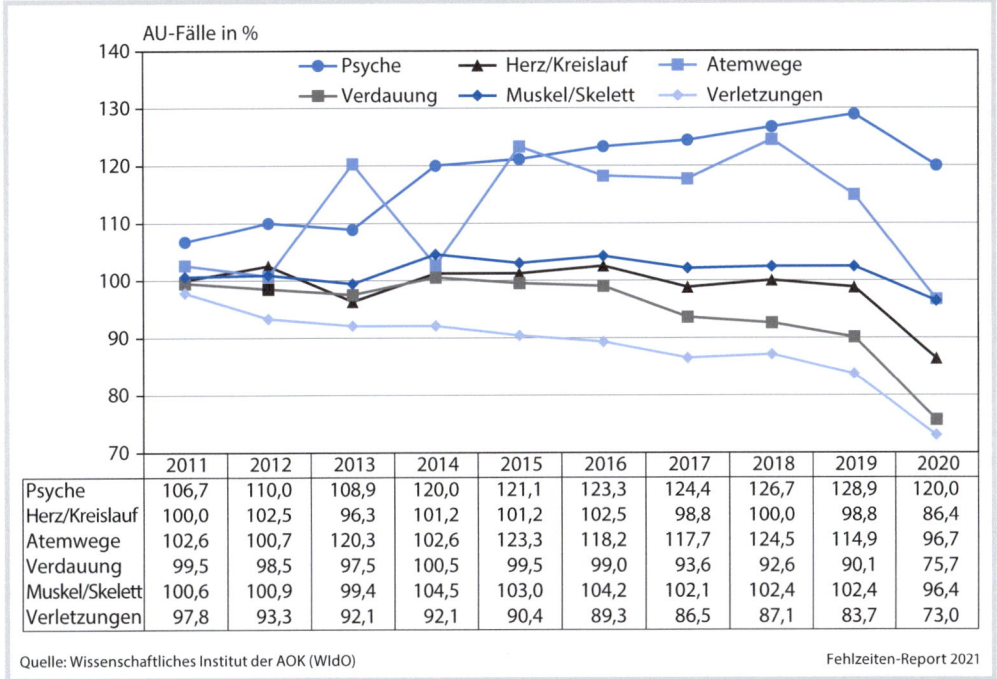

Abb. 27.26 Fälle der Arbeitsunfähigkeit der AOK-Mitglieder nach Krankheitsarten in den Jahren 2011–2020 Indexdarstellung (2010 = 100 %)

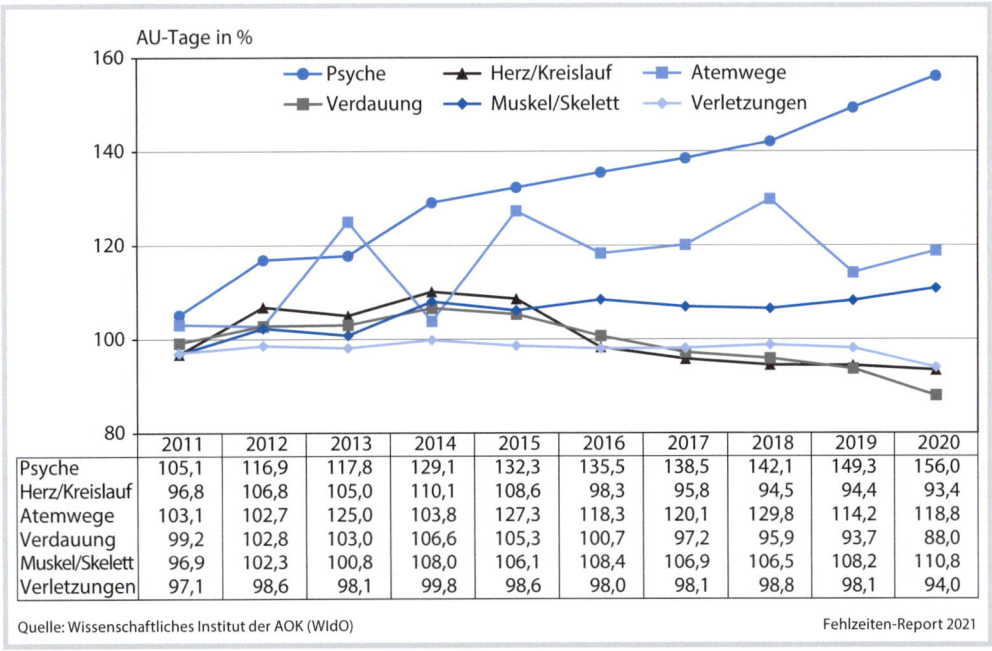

Abb. 27.27 Tage der Arbeitsunfähigkeit der AOK-Mitglieder nach Krankheitsarten in den Jahren 2011–2020 Indexdarstellung (2010 = 100 %)

miert. Wie in den Abbildungen erkennbar ist, haben die psychischen Erkrankungen in den letzten Jahren deutlich zugenommen. Über die Gründe für diesen Anstieg wird gesellschaftlich kontrovers diskutiert. In welchem Umfang die spezifischen Arbeitsbedingungen der modernen Arbeitswelt einen Beitrag zu diesem Trend leisten, bleibt umstritten. Ein wesentlicher Grund für den Anstieg wird hingegen in der Entstigmatisierung bestimmter psychischer Störungen gesehen: Ärztinnen und Ärzte seien zunehmend bezüglich psychischer Probleme sensibilisiert und dokumentieren psychische Krankheiten aufgrund der gestiegenen gesellschaftlichen Akzeptanz häufiger. Hierzu trage auch die verstärkte und verbesserte Schulung von Ärzten insbesondere von Hausärzten bei. Dazu kommt die zunehmende Bereitschaft der Patientinnen und Patienten, psychische Probleme auch offener anzusprechen als früher. Als weiterer Grund wird die Verlagerung in Richtung psychischer Störungen als Diagnose diskutiert, d. h. bei Beschäftigten, die früher mit somatischen Diagnosen wie beispielsweise Muskel-Skelett-Erkrankungen krankgeschrieben waren, wird heute öfter eine psychische Erkrankung diagnostiziert. Die „reale Prävalenz" von psychischen Erkrankungen in der Bevölkerung sei aber insgesamt unverändert geblieben. Die Zwölf-Monats-Prävalenz liegt in Deutschland allerdings – je nach Studie – zwischen 31,1 und 34,5 % und damit deutlich höher als es die Arbeitsunfähigkeitsdaten der gesetzlichen Krankenkassen nahelegen. Wenn man jedoch die stationären und ambulanten Diagnosen bei der Analyse berücksichtigt, lag die Prävalenzrate bei den AOK-Mitgliedern im Jahr 2018 bei 30,4 % und damit in etwa auf dem Niveau der genannten externen Studien (vgl. Meschede et al. 2020). Der Anteil psychischer und psychosomatischer Erkrankungen an der Frühinvalidität hat in den letzten Jahren ebenfalls erheblich zugenommen. Inzwischen geht über ein Drittel (35,3 %) der Berentungen wegen verminderter Erwerbstätigkeit bei Männern auf psychische Erkrankungen zurück, bei Frauen ist es sogar fast die Hälfte (47,8 %) (Deutsche Rentenversicherung Bund 2020). Nach Prognosen der Weltgesundheitsorganisation (WHO) ist mit einem weiteren Anstieg der psychischen Erkrankungen zu rechnen (WHO 2011). Der Prävention dieser Erkrankungen wird daher weiterhin eine große Bedeutung zukommen.

Die Anzahl der Arbeitsunfähigkeitsfälle ist im Vergleich zum Jahr 2010 bei den psychischen Erkrankungen um 20 % angestiegen. Arbeitsunfähigkeitsfälle, die auf Verletzungen, Verdauungs- und Herz-Kreislauf-Erkrankungen zurückgingen, reduzierten sich um 27,0 bzw. 24,3 und 13,6 %. Arbeitsunfähigkeitsfälle wegen Muskel/Skelett-Erkrankungen reduzierten sich um 3,6 %. Die durch Atemwegserkrankungen bedingten Fehlzeiten unterliegen aufgrund der von Jahr zu Jahr unterschiedlich stark auftretenden Erkältungswellen teilweise erheblichen Schwankungen. Im Jahr 2020 war die Fallzahl um 15,8 % niedriger als im Jahr 2019. Bezogen auf die Fehltage sind in den letzten zehn Jahren vor allem die psychischen Erkrankungen angestiegen (um 56 %), gefolgt von den Atemwegserkrankungen (um 18,8 %) und Muskel/Skelett-Erkrankungen (um 10,8 %). Einen Rückgang gab es vor allem bei den Verdauungserkrankungen (um 12,0 %).

Die meisten Arbeitsunfähigkeitsfälle entstehen aufgrund von Atemwegserkrankungen. 41,0 Krankschreibungen entfallen hier durchschnittlich auf 100 ganzjährig versicherte AOK-Mitglieder. Mit 7,5 Fehltagen pro Fall sind Erkrankungen der Verdauungsorgane vergleichsweise mit den kürzesten Ausfallzeiten verbunden, wohingegen die psychischen Erkrankungen mit 30,3 Arbeitsunfähigkeitstagen je Fall im Schnitt die längsten Ausfallzeiten aufweisen (◘ Abb. 27.28).

Auf ein AOK-Mitglied entfallen – unabhängig davon ob es erkrankt war oder nicht – im Jahr 2020 durchschnittlich 6,0 Fehltage aufgrund einer Muskel-/Skeletterkrankung. Damit steht diese Diagnosegruppe auf Platz 1 als Ursache für Fehltage in Unternehmen, gefolgt von den psychischen Erkrankungen (3,3 Fehltage pro AOK-Mitglied). Die durchschnittlichen Arbeitsunfähigkeitstage sind so-

27.13 · Krankheitsarten im Überblick

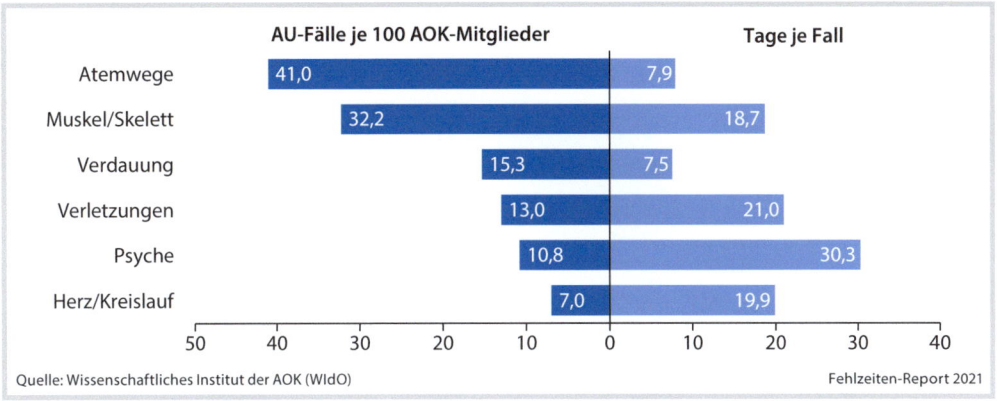

Abb. 27.28 Arbeitsunfähigkeitsfälle je 100 AOK-Mitglieder und Tage je Fall nach Krankheitsarten, 2020

Tab. 27.7 Arbeitsunfähigkeitstage und -fälle der AOK-Mitglieder nach Krankheitsarten 2020 im Vergleich zum Vorjahr

ICD-Hauptgruppe	Bezeichnung	Arbeitsunfähigkeitsfälle je 100 Mitglieder		Veränd. zum Vorjahr in %	Arbeitsunfähigkeitstage je 100 Mitglieder		Veränd. zum Vorjahr in %
		2020	2019		2020	2019	
5	Psyche	10,8	11,6	−6,8	327,7	313,5	4,6
9	Herz/Kreislauf	7,0	8,0	−11,7	139,3	140,8	−1,0
10	Atemwege	41,0	48,7	−15,8	321,9	309,6	4,0
11	Verdauung	15,3	18,2	−15,7	114,8	122,3	−6,2
13	Muskel/Skelett	32,2	34,2	−5,8	603,7	589,8	2,4
19	Verletzungen	13,0	14,9	−12,8	272,5	284,6	−4,3
	Sonstige	80,4	80,2	0,2	948,0	869,5	9,0

Fehlzeiten-Report 2021

wohl bei den Muskel-/Skeletterkrankungen als auch bei den psychischen Erkrankungen im Vergleich zum Vorjahr angestiegen (2,4 bzw. 4,6 %) (Tab. 27.7).

Zwischen West- und Ostdeutschland sind nach wie vor Unterschiede in der Verteilung der Krankheitsarten festzustellen (Abb. 27.29). In den westlichen Bundesländern verursachten Muskel- und Skelett-Erkrankungen (0,6 Prozentpunkte) und Verletzungen (0,1 Prozentpunkte) mehr Fehltage als in den neuen Bundesländern. In den östlichen Bundesländern entstanden vor allem durch Atemwegserkrankungen und Herz- und Kreislauf-Erkrankungen (jeweils 0,7 Prozentpunkte), sowie Verdauungserkrankungen (0,6 Prozentpunkte) mehr Fehltage als im Westen. Der Anteil der Fehltage, die auf psychische Erkrankungen zurückzuführen waren, lag sowohl in West- als auch in Ostdeutschland bei 12 %.

Auch in Abhängigkeit vom Geschlecht ergeben sich deutliche Unterschiede in der Morbiditätsstruktur (Abb. 27.30). Insbesondere

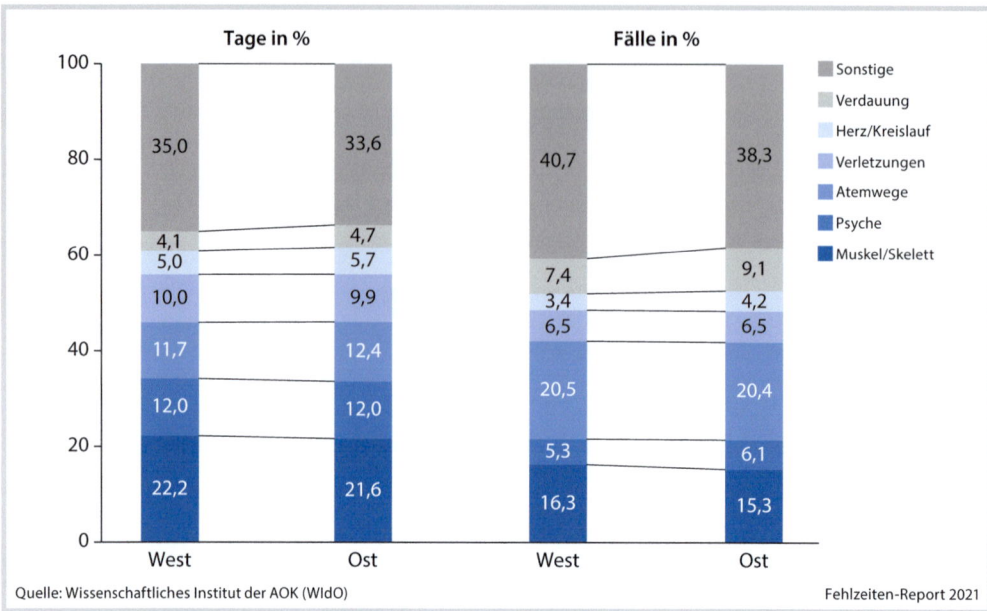

◘ **Abb. 27.29** Arbeitsunfähigkeit der AOK-Mitglieder nach Krankheitsarten in West- und Ostdeutschland im Jahr 2020

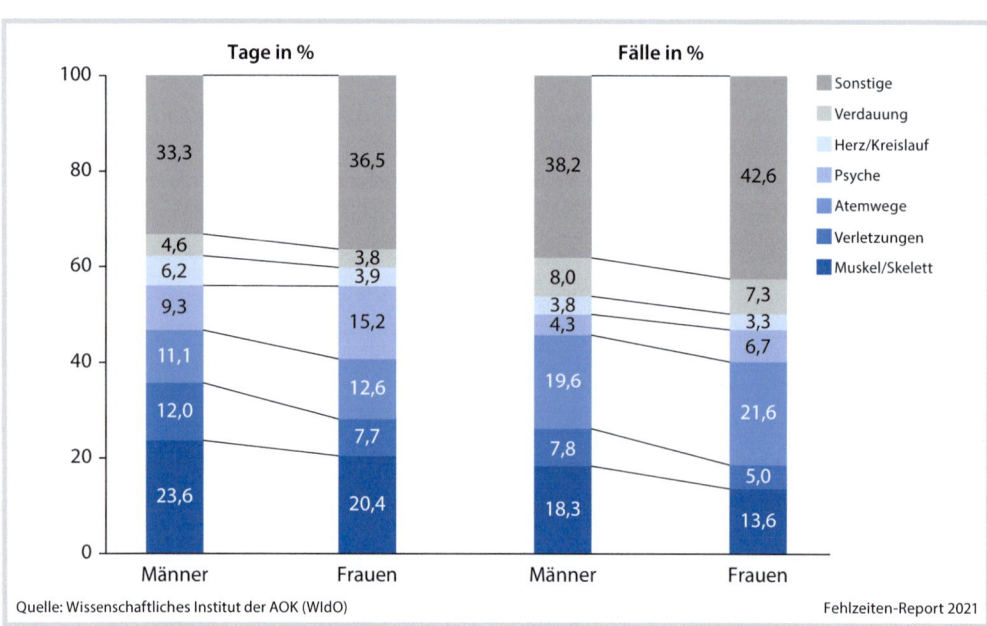

◘ **Abb. 27.30** Arbeitsunfähigkeit der AOK-Mitglieder nach Krankheitsarten und Geschlecht im Jahr 2020

27.13 · Krankheitsarten im Überblick

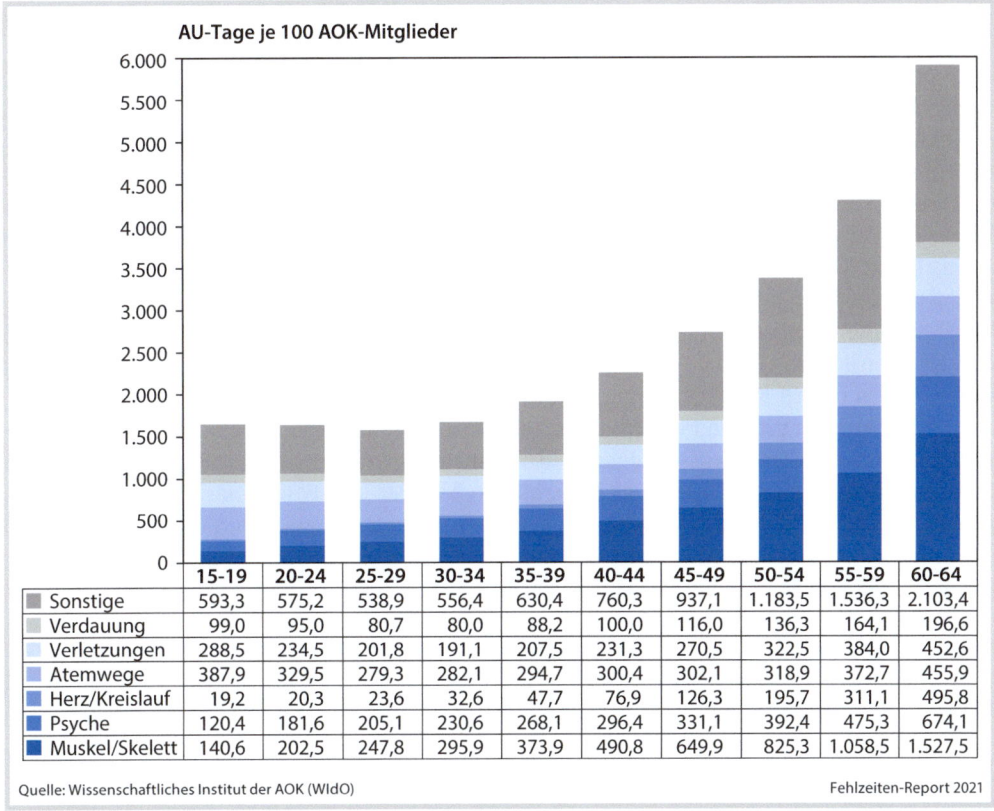

Abb. 27.31 Tage der Arbeitsunfähigkeit je 100 AOK-Mitglieder nach Krankheitsarten und Alter im Jahr 2020

Verletzungen und muskuloskelettale Erkrankungen führen bei Männern häufiger zur Arbeitsunfähigkeit als bei Frauen. Dies dürfte damit zusammenhängen, dass Männer nach wie vor in größerem Umfang körperlich beanspruchende und unfallträchtige Tätigkeiten ausüben als Frauen. Auch der Anteil der Erkrankungen des Verdauungssystems und der Herz- und Kreislauf-Erkrankungen an den Arbeitsunfähigkeitsfällen und -tagen ist bei Männern höher als bei Frauen. Bei den Herz- und Kreislauf-Erkrankungen ist insbesondere der Anteil an den AU-Tagen bei Männern höher als bei Frauen, da sie in stärkerem Maße von schweren und langwierigen Erkrankungen wie einem Herzinfarkt betroffen sind.

Psychische Erkrankungen und Atemwegserkrankungen kommen dagegen bei Frauen häufiger vor als bei Männern. Bei den psychischen Erkrankungen sind die Unterschiede besonders groß: Während sie bei den Männern in der Rangfolge nach AU-Tagen erst an vierter Stelle stehen, nehmen sie bei den Frauen den zweiten Rang ein.

◘ Abb. 27.31 zeigt die Bedeutung der Krankheitsarten für die Fehlzeiten in den unterschiedlichen Altersgruppen. Aus der Abbildung ist deutlich zu ersehen, dass die Zunahme der krankheitsbedingten Ausfalltage mit dem Alter v. a. auf den starken Anstieg der Muskel- und Skelett-Erkrankungen und der Herz- und Kreislauf-Erkrankungen zurückzuführen ist. Während diese beiden Krankheitsarten bei den jüngeren Altersgruppen noch eine untergeordnete Bedeutung haben, verursachen sie in den höheren Altersgruppen die meisten Arbeitsunfähigkeitstage. Bei den 60- bis 64-Jährigen gehen etwas mehr als ein Viertel (25,9 %) der Ausfalltage auf das Konto der muskuloskelettalen Erkrankungen. Muskel- und Skelett-Erkrankungen und Herz- und Kreislauf-Erkrankungen zusammen sind bei dieser Altersgruppe für mehr als ein Drittel des Krankenstandes (34,3 %) verantwortlich. Neben diesen beiden Krankheitsarten nehmen auch die Fehlzeiten aufgrund von psychischen Erkrankungen und Verhaltensstörungen in den höheren Altersgruppen zu, allerdings in geringerem Ausmaß. Mit steigernder Altersgruppe ist – neben den Muskel- und Skelett-Erkrankungen – der größte Sprung bei den psychischen Erkrankungen zu beobachten.

27.14 Die häufigsten Einzeldiagnosen

In Tab. 27.8 sind die 40 häufigsten Einzeldiagnosen nach Anzahl der Arbeitsunfähigkeitsfälle aufgelistet. Im Jahr 2020 waren auf diese Diagnosen 55,6 % aller AU-Fälle und 44,7 % aller AU-Tage zurückzuführen.

Die häufigste Einzeldiagnose, die im Jahr 2020 zu Arbeitsunfähigkeit führte, war die akute Infektion der oberen Atemwege mit 10,0 % der AU-Fälle und 5,2 % der AU-Tage. Die zweithäufigste Diagnose, die zu Krankmeldungen führte, sind Rückenschmerzen mit 6,3 % der AU-Fälle und 6,1 % der AU-Tage. Unter den häufigsten Diagnosen sind auch weitere Krankheitsbilder aus dem Bereich der Muskel- und Skelett-Erkrankungen besonders zahlreich vertreten.

Tab. 27.8 Anteile der 40 häufigsten Einzeldiagnosen an den AU-Fällen und AU-Tagen im Jahr 2020

ICD-10	Bezeichnung	AU-Fälle in %	AU-Tage in %
J06	Akute Infektionen an mehreren oder nicht näher bezeichneten Lokalisationen der oberen Atemwege	10,0	5,2
M54	Rückenschmerzen	6,3	6,1
A09	Sonstige und nicht näher bezeichnete Gastroenteritis und Kolitis infektiösen und nicht näher bezeichneten Ursprungs	3,3	1,1
K08	Sonstige Krankheiten der Zähne und des Zahnhalteapparates	1,8	0,4
B34	Viruskrankheit nicht näher bezeichneter Lokalisation	1,7	0,9
R10	Bauch- und Beckenschmerzen	1,7	0,8
U99	Spezielle Verfahren zur Untersuchung auf SARS-CoV-2	1,7	0,8
Z11	Spezielle Verfahren zur Untersuchung auf infektiöse und parasitäre Krankheiten	1,6	0,8
F43	Reaktionen auf schwere Belastungen und Anpassungsstörungen	1,5	2,7
I10	Essentielle (primäre) Hypertonie	1,5	1,3
R51	Kopfschmerz	1,3	0,6
M25	Sonstige Gelenkkrankheiten, anderenorts nicht klassifiziert	1,2	1,5
F32	Depressive Episode	1,1	3,4
J20	Akute Bronchitis	1,1	0,7

27.14 · Die häufigsten Einzeldiagnosen

Tab. 27.8 (Fortsetzung)

ICD-10	Bezeichnung	AU-Fälle in %	AU-Tage in %
U07	Krankheiten mit unklarer Ätiologie und nicht belegte Schlüsselnummern*	1,1	0,7
J00	Akute Rhinopharyngitis [Erkältungsschnupfen]	1,1	0,5
K29	Gastritis und Duodenitis	1,1	0,5
T14	Verletzung an einer nicht näher bezeichneten Körperregion	1,0	1,0
K52	Sonstige nichtinfektiöse Gastroenteritis und Kolitis	1,0	0,4
R11	Übelkeit und Erbrechen	0,9	0,3
M79	Sonstige Krankheiten des Weichteilgewebes, anderenorts nicht klassifiziert	0,8	0,8
M99	Biomechanische Funktionsstörungen, anderenorts nicht klassifiziert	0,8	0,7
R53	Unwohlsein und Ermüdung	0,8	0,7
G43	Migräne	0,8	0,3
M51	Sonstige Bandscheibenschäden	0,7	1,9
Z98	Sonstige Zustände nach chirurgischem Eingriff	0,7	1,8
M75	Schulterläsionen	0,7	1,7
F48	Andere neurotische Störungen	0,7	1,2
J40	Bronchitis, nicht als akut oder chronisch bezeichnet	0,7	0,5
J98	Sonstige Krankheiten der Atemwege	0,7	0,4
B99	Sonstige und nicht näher bezeichnete Infektionskrankheiten	0,7	0,3
J02	Akute Pharyngitis	0,7	0,3
F45	Somatoforme Störungen	0,6	1,2
M77	Sonstige Enthesopathien	0,6	0,8
M53	Sonstige Krankheiten der Wirbelsäule und des Rückens, anderenorts nicht klassifiziert	0,6	0,7
R42	Schwindel und Taumel	0,6	0,5
J01	Akute Sinusitis	0,6	0,3
J03	Akute Tonsillitis	0,6	0,3
J32	Chronische Sinusitis	0,6	0,3
R07	Hals- und Brustschmerzen	0,6	0,3
Summe hier		**55,6**	**44,7**
Restliche		44,4	55,3
Gesamtsumme		**100,0**	**100,0**

* Hierunter fallen die Covid-Diagnosen U07.1 COVID-19, Virus nachgewiesen und U07.2 COVID-19, Virus nicht nachgewiesen
Fehlzeiten-Report 2021

27.15 Krankheitsarten nach Branchen

Bei der Verteilung der Krankheitsarten bestehen erhebliche Unterschiede zwischen den Branchen, die im Folgenden für die wichtigsten Krankheitsgruppen aufgezeigt werden.

Muskel- und Skelett-Erkrankungen

Die Muskel- und Skelett-Erkrankungen verursachen in fast allen Branchen die meisten Fehltage (◘ Abb. 27.32). Ihr Anteil an den Arbeitsunfähigkeitstagen bewegte sich im Jahr 2020 in den einzelnen Branchen zwischen 14 % bei Banken und Versicherungen und 26 % im Baugewerbe. In Wirtschaftszweigen mit überdurchschnittlich hohen Krankenständen sind häufig die muskuloskelettalen Erkrankungen besonders ausgeprägt und tragen wesentlich zu den erhöhten Fehlzeiten bei.

◘ Abb. 27.33 zeigt die Anzahl und durchschnittliche Dauer der Krankmeldungen aufgrund von Muskel- und Skelett-Erkrankungen in den einzelnen Branchen. Die meisten Arbeitsunfähigkeitsfälle waren im Bereich Energie, Wasser, Entsorgung und Bergbau zu verzeichnen, mehr als doppelt so viele wie bei den Banken und Versicherungen.

Die muskuloskelettalen Erkrankungen sind häufig mit langen Ausfallzeiten verbunden. Die mittlere Dauer der Krankmeldungen schwankte im Jahr 2020 in den einzelnen Branchen zwischen 16,1 Tagen bei Banken und Versicherungen und 22,7 Tagen in der

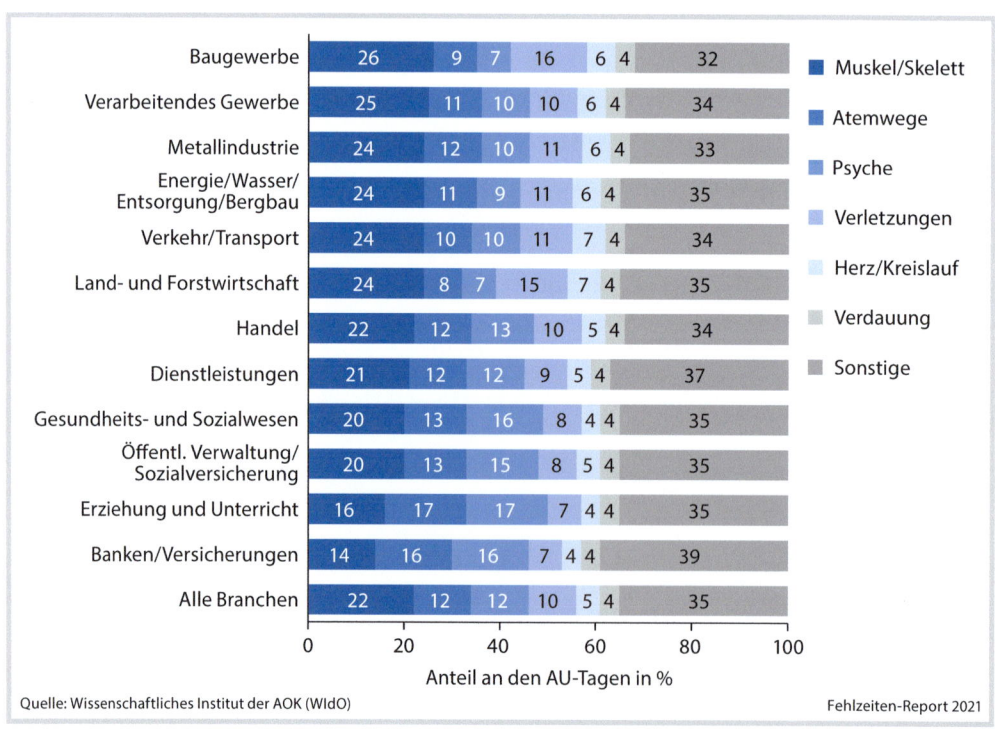

◘ Abb. 27.32 Arbeitsunfähigkeitstage der AOK-Mitglieder nach Krankheitsarten und Branche im Jahr 2020

27.15 · Krankheitsarten nach Branchen

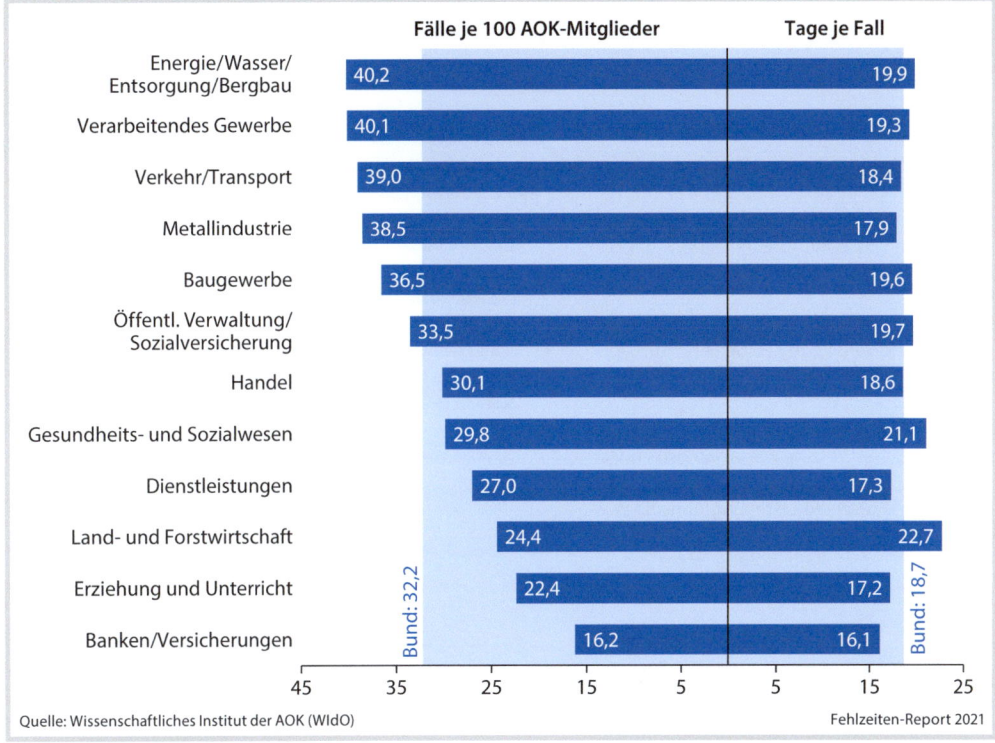

Abb. 27.33 Krankheiten des Muskel- und Skelettsystems und des Bindegewebes nach Branchen im Jahr 2020, AOK-Mitglieder

Land- und Forstwirtschaft. Im Branchendurchschnitt lag sie bei 18,7 Tagen.

Abb. 27.34 zeigt die zehn Berufsgruppen mit hohen und niedrigen Fehlzeiten aufgrund von Muskel- und Skelett-Erkrankungen. Die meisten Arbeitsunfähigkeitsfälle sind bei den Berufen in der Ver- und Entsorgung zu verzeichnen, während Berufe in der Hochschullehre und -forschung vergleichsweise geringe Fallzahlen aufgrund von Muskel- und Skelett-Erkrankungen aufweisen.

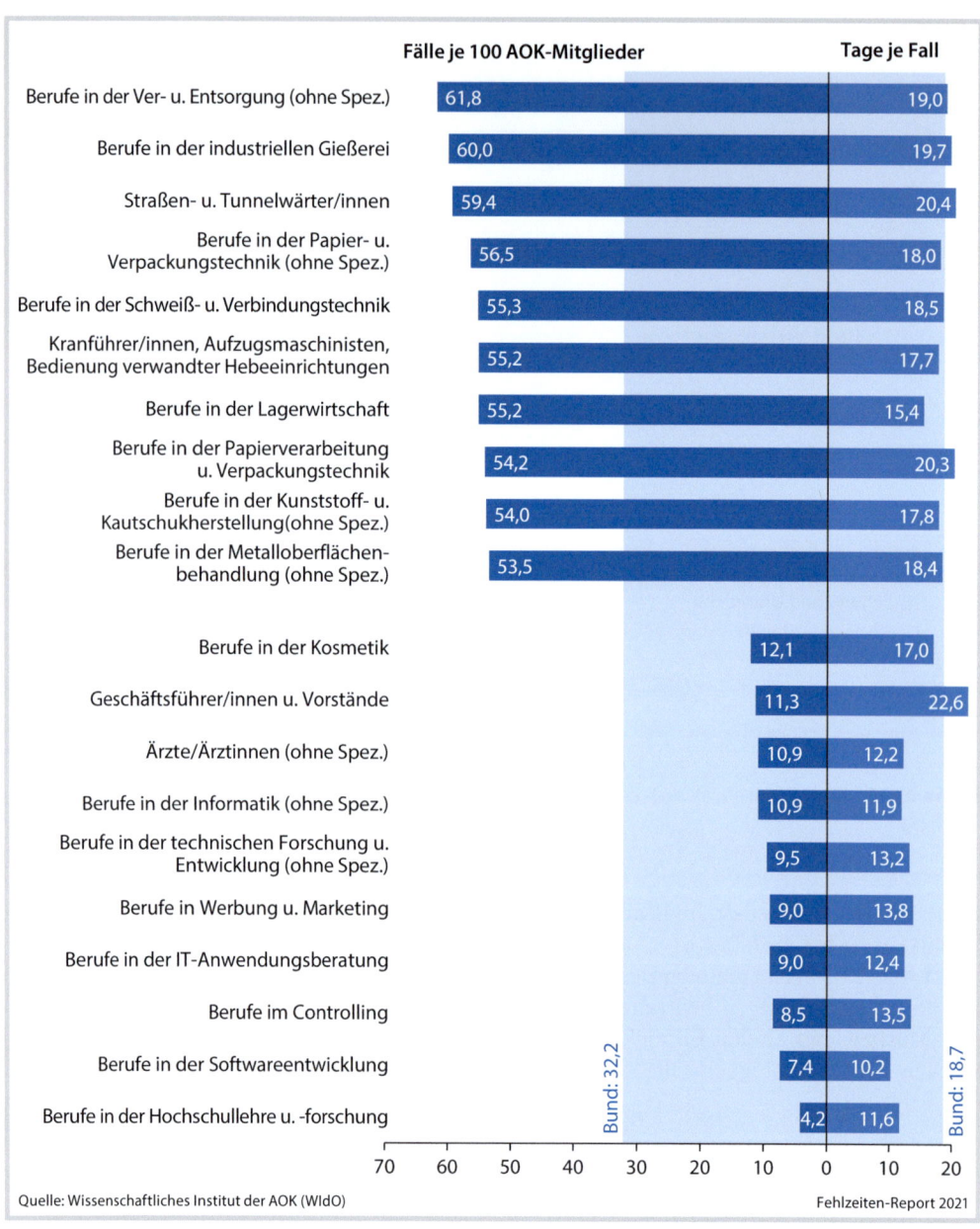

Abb. 27.34 Muskel- und Skelett-Erkrankungen nach Berufen im Jahr 2020, AOK-Mitglieder

27.15 · Krankheitsarten nach Branchen

Atemwegserkrankungen

Die meisten Erkrankungsfälle aufgrund von Atemwegserkrankungen waren im Jahr 2020 im Bereich Erziehung und Unterricht zu verzeichnen (◘ Abb. 27.35). Überdurchschnittlich viele Fälle fielen unter anderem auch in der Öffentlichen Verwaltung/Sozialversicherung, im Gesundheits- und Sozialwesen sowie in der Metallindustrie und bei den Banken und Versicherungen an. In welcher Form Atemwegserkrankungen von der Covid-19-Pandemie beeinflusst werden, wird weiter unten in einem eigenen Kapitel thematisiert.

Aufgrund einer großen Anzahl an Bagatellfällen ist die durchschnittliche Erkrankungsdauer bei dieser Krankheitsart relativ gering. Im Branchendurchschnitt liegt sie bei 7,9 Tagen. In den einzelnen Branchen bewegte sie sich im Jahr 2020 zwischen 7,0 Tagen bei Banken und Versicherungen und 8,9 Tagen im Bereich Land- und Forstwirtschaft.

Der Anteil der Atemwegserkrankungen an den Arbeitsunfähigkeitstagen (◘ Abb. 27.32) ist in der Erziehung und im Unterricht sowie bei den Banken und Versicherungen (17 bzw. 16 %) am höchsten, in der Land- und Forstwirtschaft sowie im Baugewerbe (8 bzw. 9 %) am niedrigsten.

In ◘ Abb. 27.36 sind die hohen und niedrigen Fehlzeiten aufgrund von Atemwegserkrankungen von zehn Berufsgruppen dargestellt. Spitzenreiter sind die Berufe in der Kinderbetreuung und -erziehung mit 78,3 Arbeitsunfähigkeitsfällen je 100 AOK-Mitglieder und einer vergleichsweise geringen Falldauer von 7,3 Tagen je Fall, während beispielsweise Berufskraftfahrer:innen (Personentransport/PKW) im Vergleich zwar deutlich seltener an Atemwegserkrankungen leiden (25,0 Fälle je 100 AOK-Mitglieder), jedoch eine überdurchschnittliche Falldauer von 11,6 Tagen aufweisen.

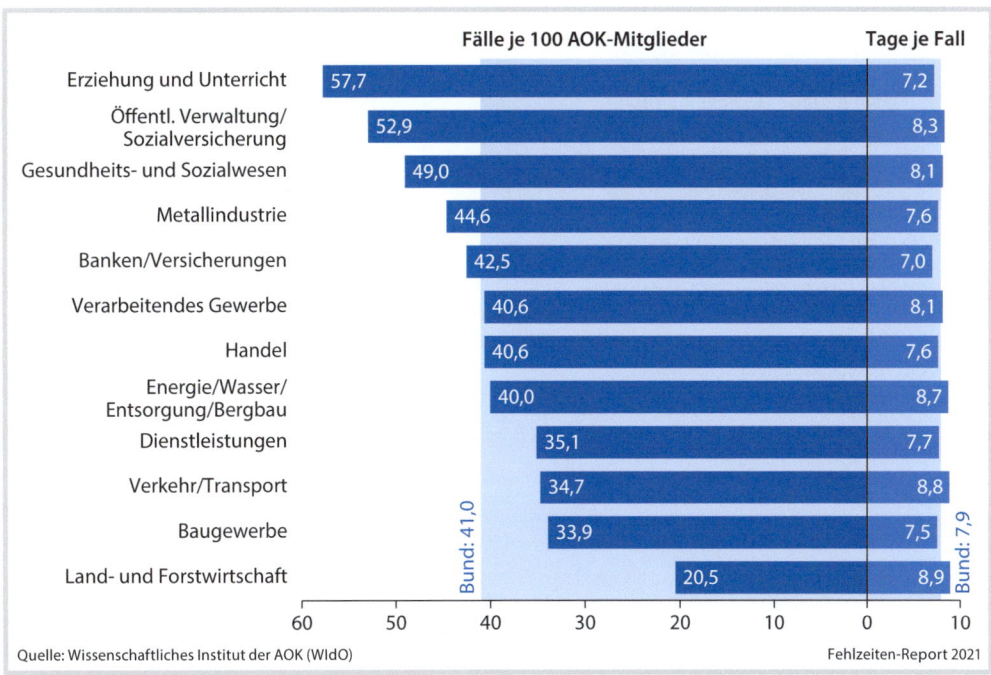

◘ **Abb. 27.35** Krankheiten des Atmungssystems nach Branchen im Jahr 2020, AOK-Mitglieder

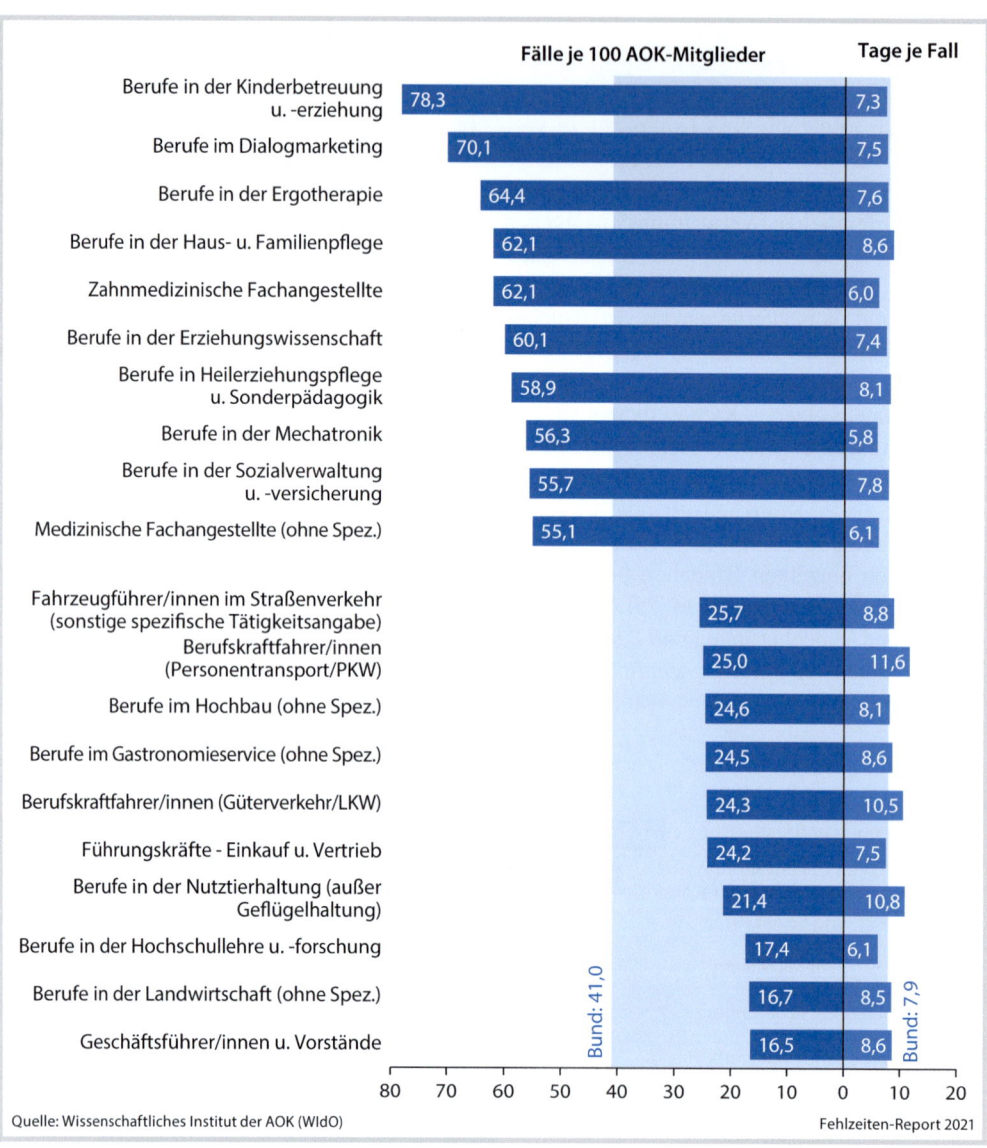

Abb. 27.36 Krankheiten des Atmungssystems nach Berufen im Jahr 2020, AOK-Mitglieder

27.15 · Krankheitsarten nach Branchen

Verletzungen

Der Anteil der Verletzungen an den Arbeitsunfähigkeitstagen variiert sehr stark zwischen den einzelnen Branchen (◘ Abb. 27.32). Am höchsten ist er in Branchen mit vielen Arbeitsunfällen. Im Jahr 2020 bewegte er sich zwischen 7 % bei den Banken und Versicherungen, sowie bei Erziehung und Unterricht und 16 % im Baugewerbe. Hier war die Zahl der Fälle fast dreimal so hoch wie bei Banken und Versicherungen (◘ Abb. 27.37). Die Dauer der verletzungsbedingten Krankmeldungen schwankte in den einzelnen Branchen zwischen 17,2 Tagen bei Banken und Versicherungen und 24,2 Tagen im Bereich der Land- und Forstwirtschaft. An der Spitze der Arbeitsunfähigkeitsfälle aufgrund von Verletzungen stehen Berufe in der Zimmerei und der Dachdeckerei mit 31,9 bzw. 30,7 Fällen je 100 AOK-Mitglieder und einer relativ langen Falldauer (22,2 und 22,6 Tagen pro Fall). Berufe in der Hochschullehre und -forschung liegen dagegen mit 3,4 Fällen je 100 AOK-Mitglieder und 14,7 Tagen je Fall weit unter dem Bundesdurchschnitt. Die längste gemittelte Falldauer geht auf Berufe in der Forstwirtschaft zurück (25,4 Tage je Fall) (◘ Abb. 27.38).

Ein erheblicher Teil der Verletzungen ist auf Arbeitsunfälle zurückzuführen. In der Land- und Forstwirtschaft gehen 53 % der Arbeitsunfähigkeitstage auf Arbeitsunfälle durch Verletzungen zurück. Im Baugewerbe, im Bereich Verkehr und Transport, Energie, Wasser, Entsorgung und Bergbau und im verarbeitenden Gewerbe gehen bei den Verletzungen immerhin mehr als ein Drittel der Fehltage auf Arbeitsunfälle zurück (◘ Abb. 27.39). Am niedrigsten ist der Anteil der Arbeitsunfälle bei den Banken und Versicherungen; dort beträgt er lediglich 14 %.

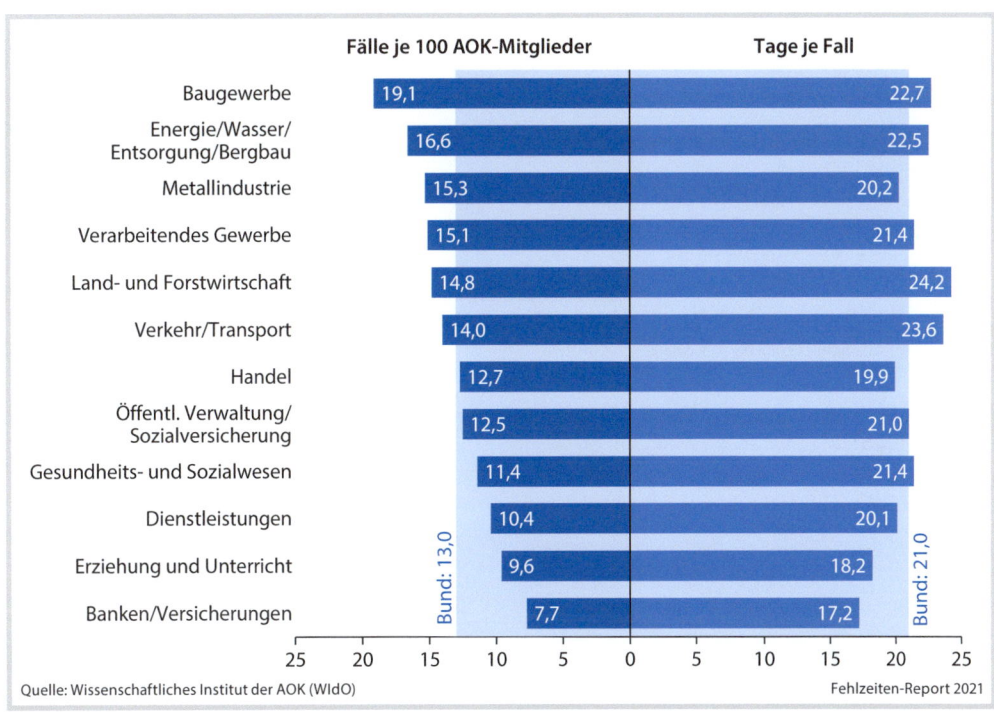

◘ **Abb. 27.37** Verletzungen, Vergiftungen und bestimmte andere Folgen äußerer Ursachen nach Branchen im Jahr 2020, AOK-Mitglieder

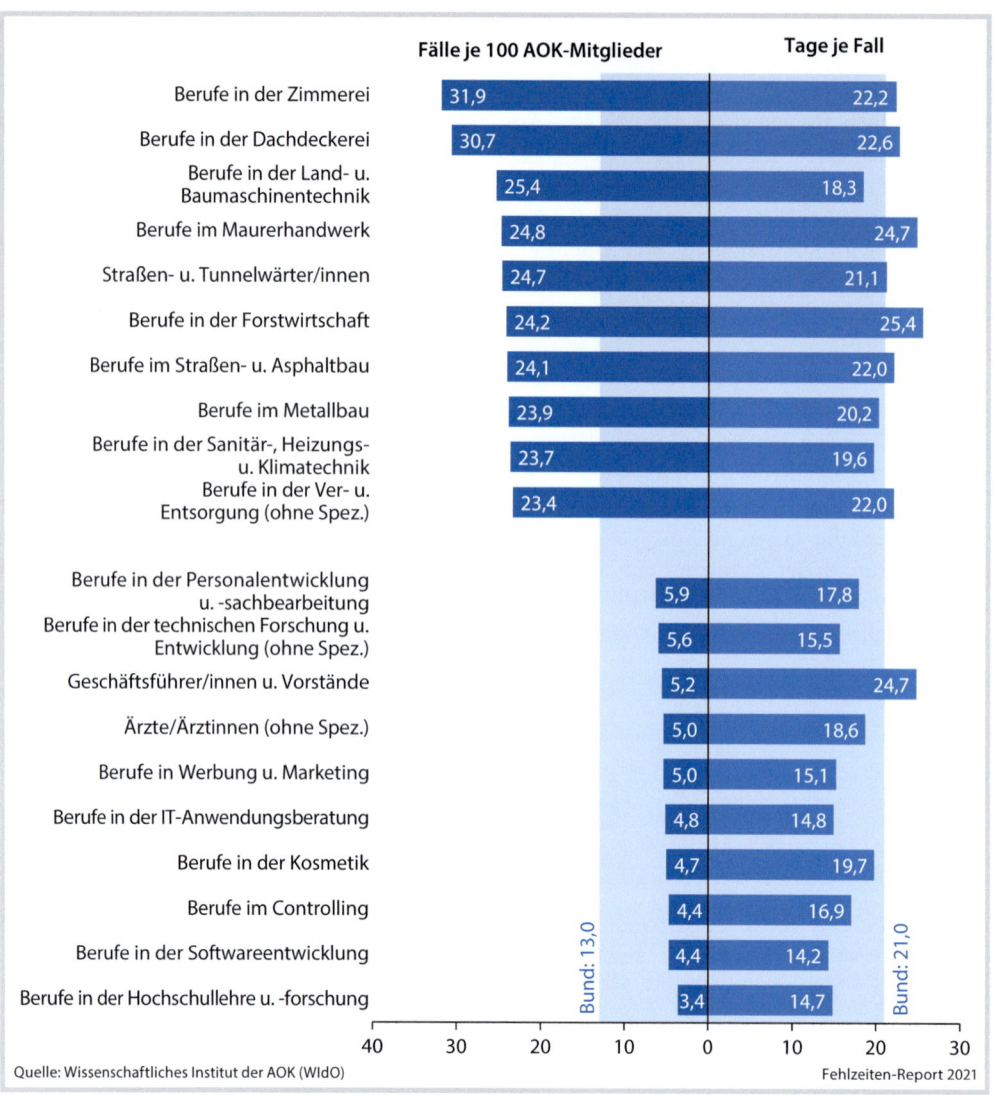

Abb. 27.38 Verletzungen, Vergiftungen und bestimmte andere Folgen äußerer Ursachen nach Berufen im Jahr 2020, AOK-Mitglieder

27.15 · Krankheitsarten nach Branchen

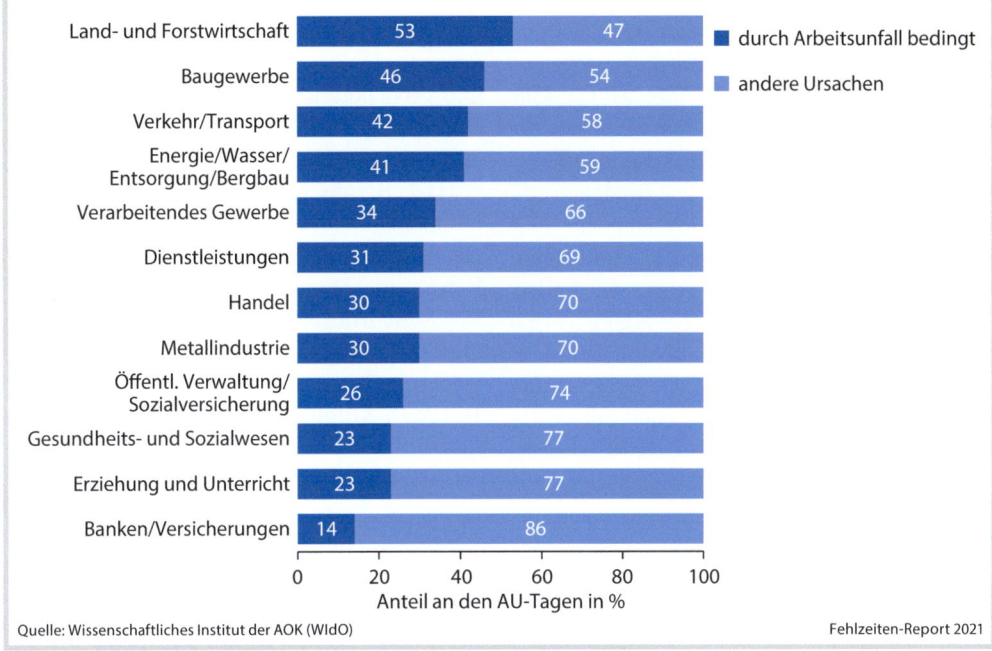

Abb. 27.39 Anteil der Arbeitsunfälle an den Verletzungen nach Branchen im Jahr 2020, AOK-Mitglieder

Erkrankungen der Verdauungsorgane

Auf Erkrankungen der Verdauungsorgane gingen im Jahr 2020 insgesamt 4 % der Arbeitsunfähigkeitstage zurück (◘ Abb. 27.32). Die Unterschiede zwischen den Wirtschaftszweigen hinsichtlich der Zahl der Arbeitsunfähigkeitsfälle sind relativ gering. Die Branchen Öffentliche Verwaltung und Sozialversicherung sowie Energie, Wasser, Entsorgung und Bergbau verzeichneten mit 18,4 bzw. 18,3 Fällen je 100 AOK-Mitglieder eine vergleichsweise hohe Anzahl an Arbeitsunfähigkeitsfällen. Am niedrigsten war die Zahl der Arbeitsunfähigkeitsfälle im Bereich Land- und Forstwirtschaft mit 11,6 Fällen je 100 AOK-Mitglieder.

Die Dauer der Fälle betrug im Branchendurchschnitt 7,5 Tage. In den einzelnen Branchen bewegte sie sich zwischen 6,2 bei den Banken und Versicherungen und 8,6 Tagen in der Branche Verkehr und Transport sowie in der Land- und Forstwirtschaft (◘ Abb. 27.40).

Die Berufe mit den meisten Arbeitsunfähigkeitsfällen aufgrund von Erkrankungen des Verdauungssystems waren im Jahr 2020 Berufe im Dialogmarketing (27,0 Fälle je 100 AOK-Mitglieder), die Gruppe mit den wenigsten Fällen waren Berufe im Bereich der Hochschullehre und -forschung (4,4 Fälle je 100 AOK-Mitglieder) (◘ Abb. 27.41).

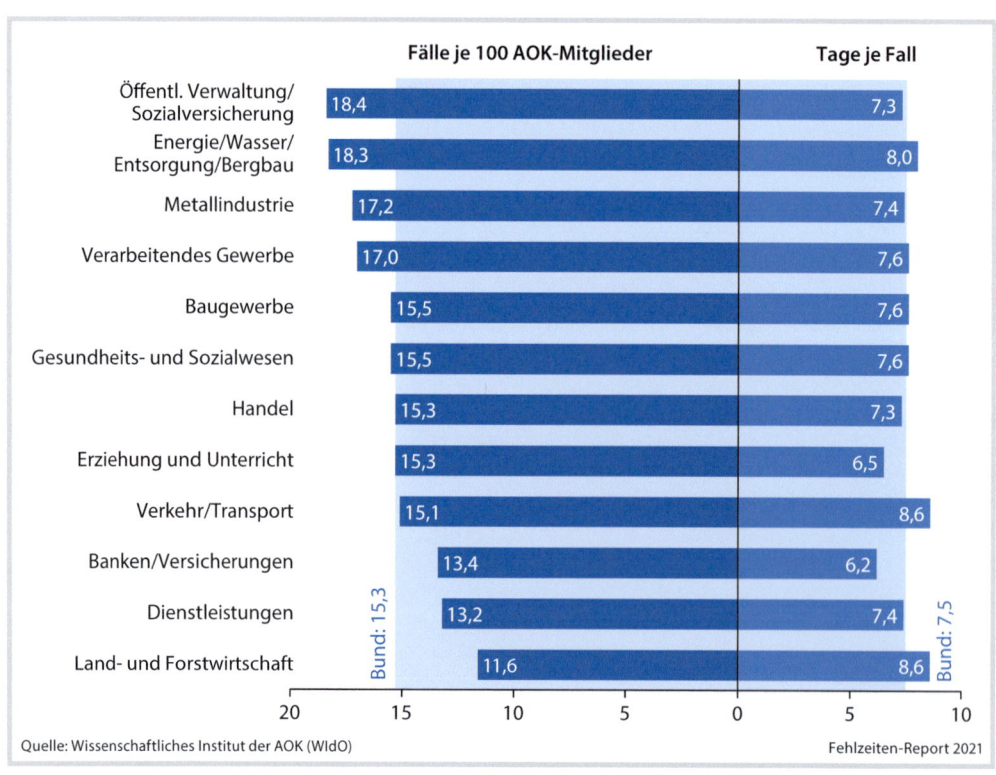

◘ **Abb. 27.40** Krankheiten des Verdauungssystems nach Branchen im Jahr 2020, AOK-Mitglieder

27.15 · Krankheitsarten nach Branchen

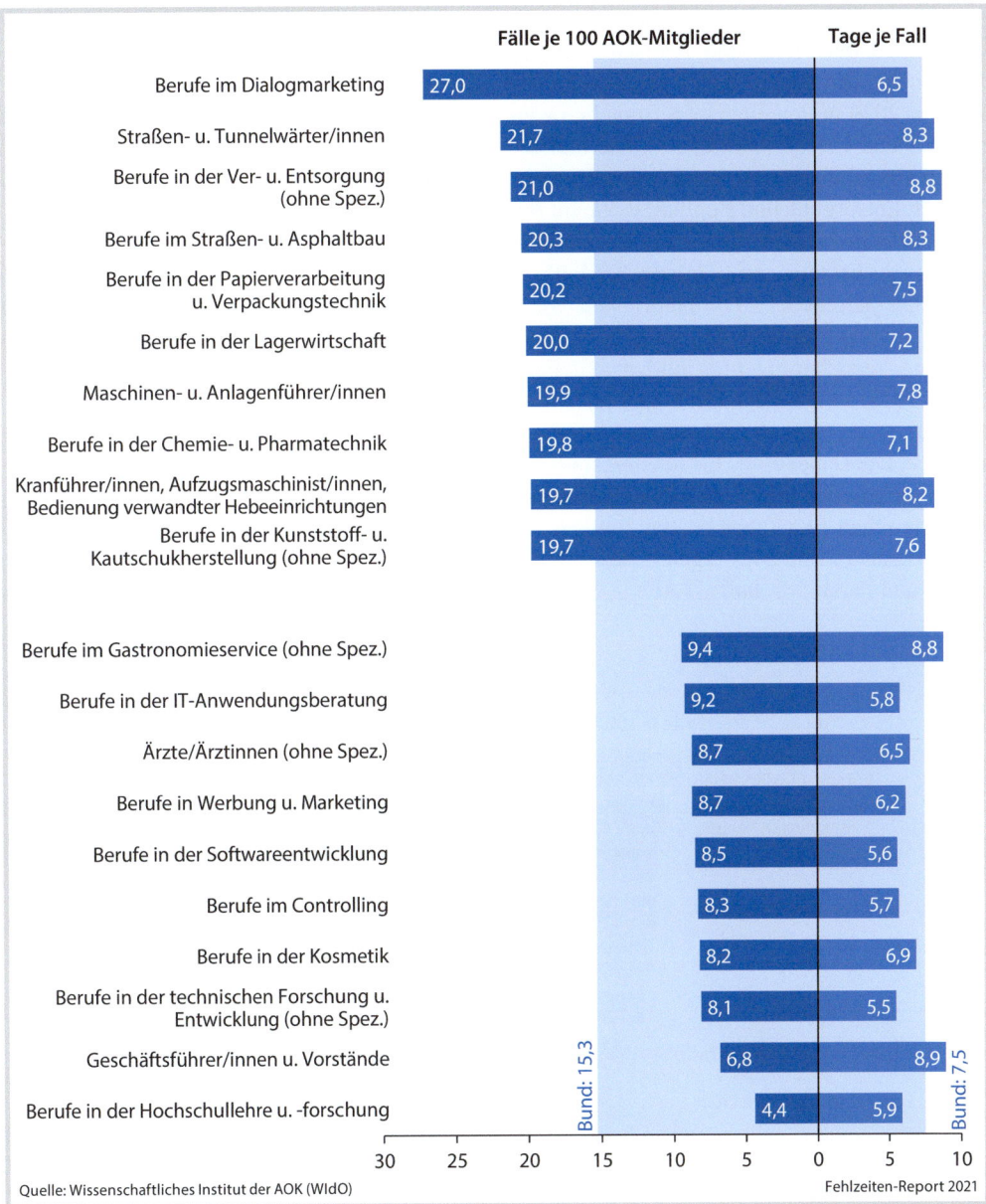

◘ **Abb. 27.41** Krankheiten des Verdauungssystems nach Berufen im Jahr 2020, AOK-Mitglieder

Herz- und Kreislauf-Erkrankungen

Der Anteil der Herz- und Kreislauf-Erkrankungen an den Arbeitsunfähigkeitstagen lag im Jahr 2020 in den einzelnen Branchen zwischen 4 und 7 % (Abb. 27.32). Die meisten Erkrankungsfälle waren im Bereich Energie, Wasser, Entsorgung und Bergbau sowie im Bereich Öffentliche Verwaltung und Sozialversicherung zu verzeichnen (9,6 bzw. 8,7 Fälle je 100 AOK-Mitglieder). Die niedrigsten Werte waren bei den Beschäftigten im Bereich Banken und Versicherungen zu finden (4,7 Fälle je 100 AOK-Mitglieder). Herz- und Kreislauf-Erkrankungen bringen oft lange Ausfallzeiten mit sich. Die Dauer eines Erkrankungsfalls bewegte sich in den einzelnen Wirtschaftsbereichen zwischen 14,8 Tagen bei den Banken und Versicherungen und 24,9 Tagen in der Branche Land- und Forstwirtschaft (Abb. 27.42).

Abb. 27.43 stellt die hohen und niedrigen Fehlzeiten aufgrund von Erkrankungen des Herz-Kreislauf-Systems nach Berufen im Jahr 2020 dar. Die Berufsgruppe mit den meisten Arbeitsunfähigkeitsfällen sind Straßen- und Tunnelwärter:innen (12,5 Fälle je 100 AOK-Mitglieder). Die wenigsten AU-Fälle sind in der Berufsgruppe der Hochschullehre und -forschung zu verzeichnen (1,4 Fälle je 100 AOK-Mitglieder). Mit 27,8 Tagen je Fall fallen Berufskraftfahrer:innen (Güterverkehr/LKW) überdurchschnittlich lange aufgrund von Herz-Kreislauf-Erkrankungen aus.

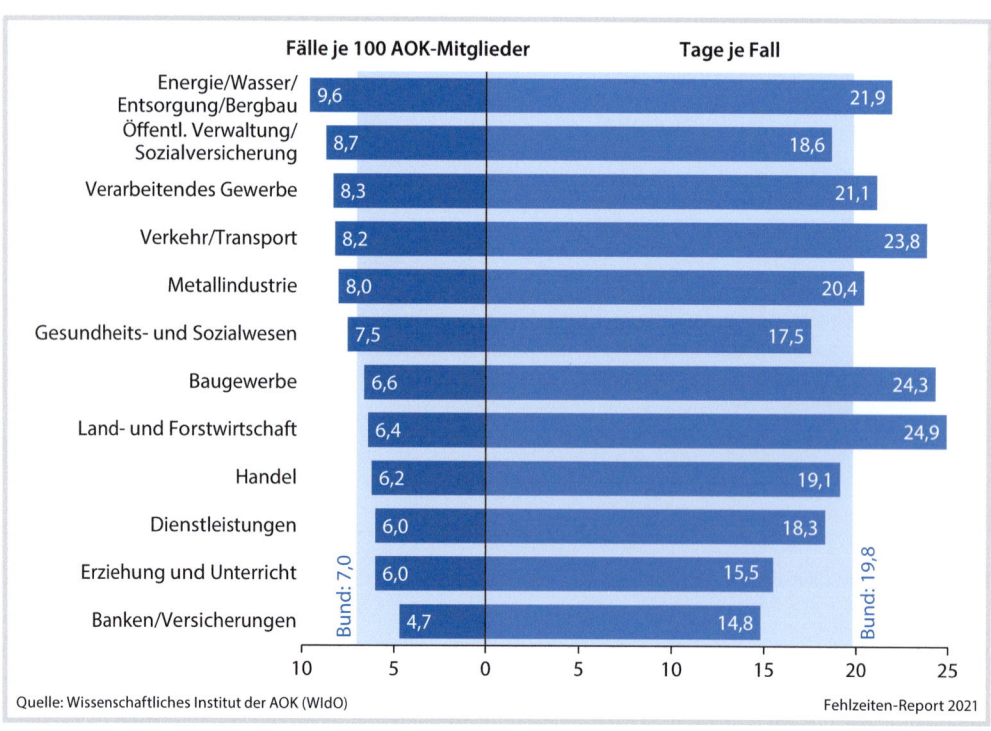

Abb. 27.42 Krankheiten des Kreislaufsystems nach Branchen im Jahr 2020, AOK-Mitglieder

27.15 · Krankheitsarten nach Branchen

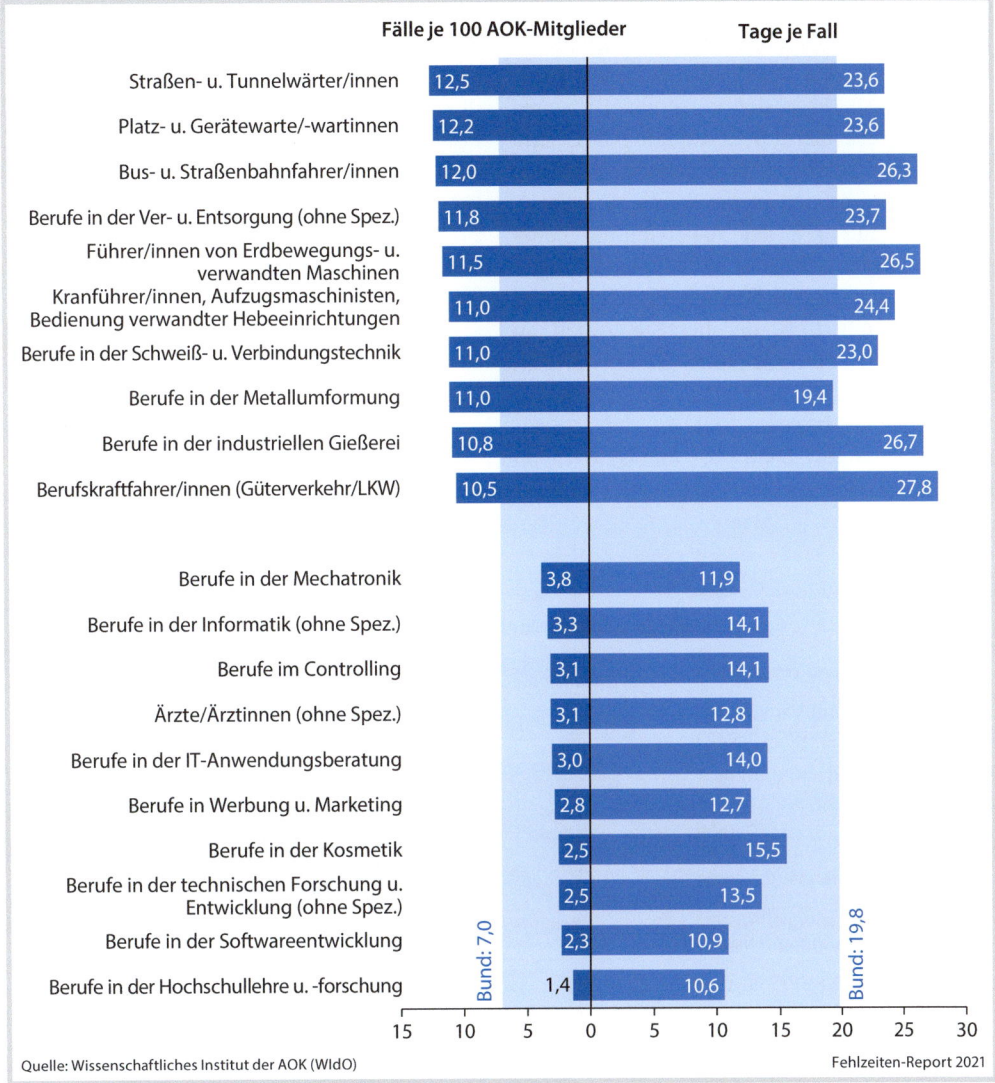

Abb. 27.43 Krankheiten des Kreislaufsystems nach Berufen im Jahr 2020, AOK-Mitglieder

Psychische und Verhaltensstörungen

Der Anteil der psychischen und Verhaltensstörungen an den krankheitsbedingten Fehlzeiten schwankte in den einzelnen Branchen erheblich. Die meisten Erkrankungsfälle sind im tertiären Sektor zu verzeichnen. Während im Baugewerbe und in der Land- und Forstwirtschaft nur 7 % der Arbeitsunfähigkeitsfälle auf psychische und Verhaltensstörungen zurückgingen, ist im Bereich Erziehung und Unterricht mit 17 % der höchste Anteil an den AU-Fällen zu verzeichnen (◘ Abb. 27.32). Die durchschnittliche Dauer der Arbeitsunfähigkeitsfälle bewegte sich in den einzelnen Branchen zwischen 28,1 und 32,6 Tagen (◘ Abb. 27.44).

Gerade im Dienstleistungsbereich tätige Personen, wie Beschäftigte im Dialogmarketing (24,7 AU-Fälle je 100 Mitglieder) und in der Haus-, Familien- und Altenpflege (20,2 bzw. 18,8 AU-Fälle je 100 AOK-Mitglieder), sind verstärkt von psychischen Erkrankungen betroffen. Psychische Erkrankungen sind dabei in der Regel mit langen Ausfallzeiten verbunden: Im Schnitt fehlt ein:e Arbeitnehmer:in 30,3 Tage (◘ Abb. 27.45).

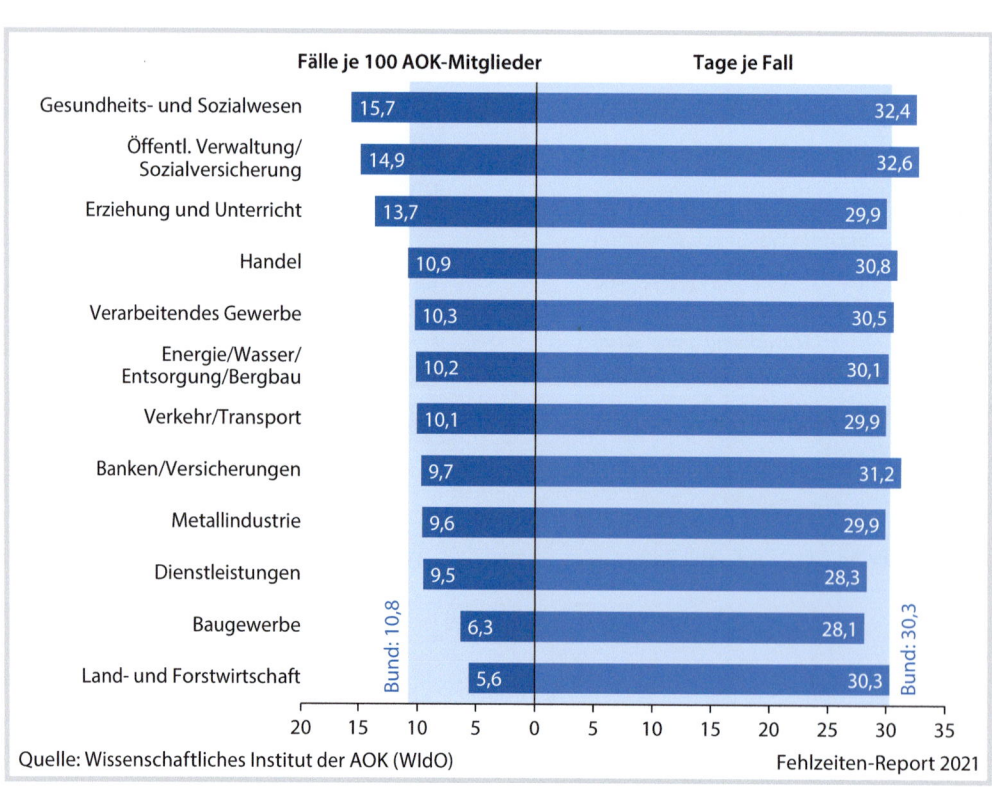

◘ Abb. 27.44 Psychische und Verhaltensstörungen nach Branchen im Jahr 2020, AOK-Mitglieder

27.15 · Krankheitsarten nach Branchen

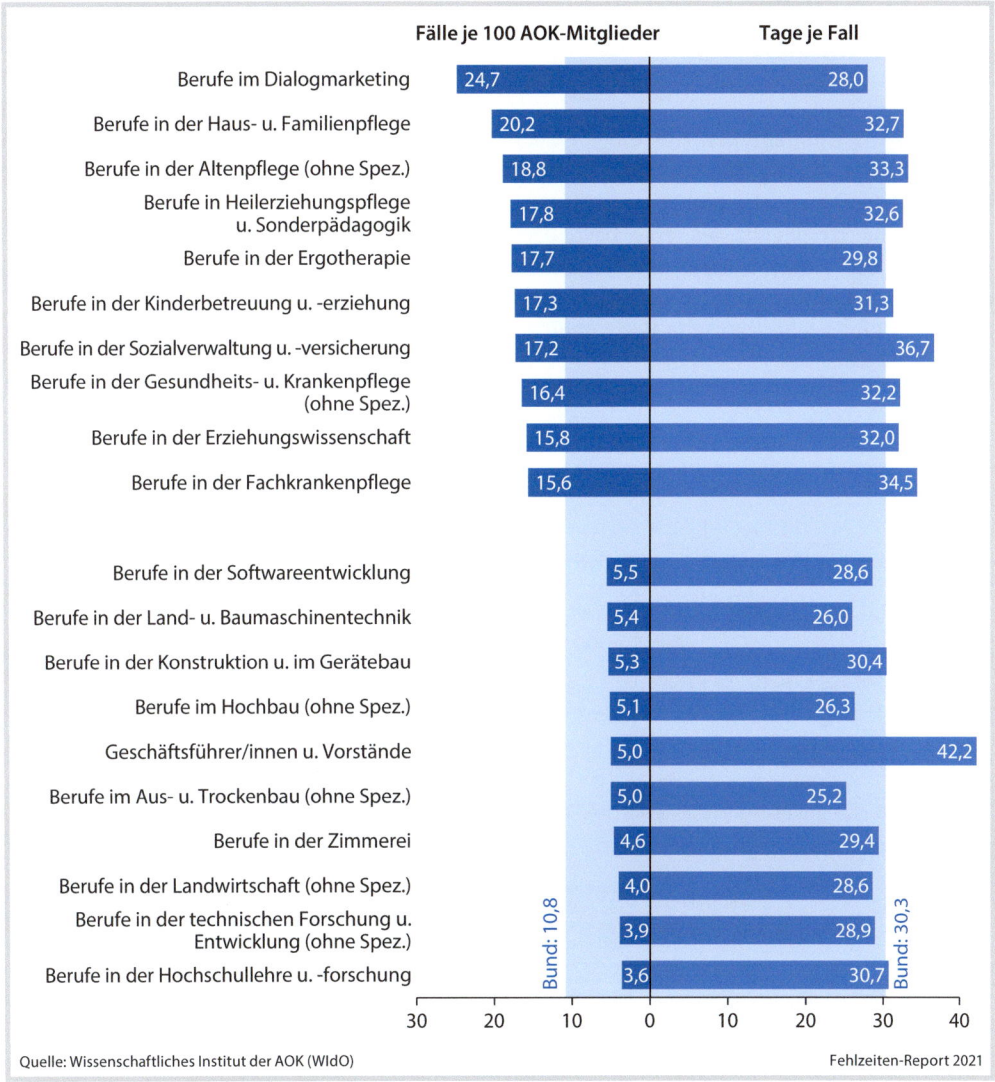

Abb. 27.45 Psychische und Verhaltensstörungen nach Berufen im Jahr 2020, AOK-Mitglieder

27.16 Langzeitfälle nach Krankheitsarten

Langzeit-Arbeitsunfähigkeit mit einer Dauer von mehr als sechs Wochen stellt sowohl für die Betroffenen als auch für die Unternehmen und Krankenkassen eine besondere Belastung dar. Daher kommt der Prävention derjenigen Erkrankungen, die zu langen Ausfallzeiten führen, eine spezielle Bedeutung zu (◘ Abb. 27.46).

Ebenso wie im Arbeitsunfähigkeitsgeschehen insgesamt spielen auch bei den Langzeitfällen die Muskel- und Skelett-Erkrankungen und die psychischen und Verhaltensstörungen eine entscheidende Rolle. Auf diese beiden Krankheitsarten gingen 2020 bereits 42 % der durch Langzeitfälle verursachten Fehlzeiten zurück. An dritter Stelle stehen Verletzungen mit einem Anteil von 12 % an den durch Langzeitfälle bedingten Fehlzeiten.

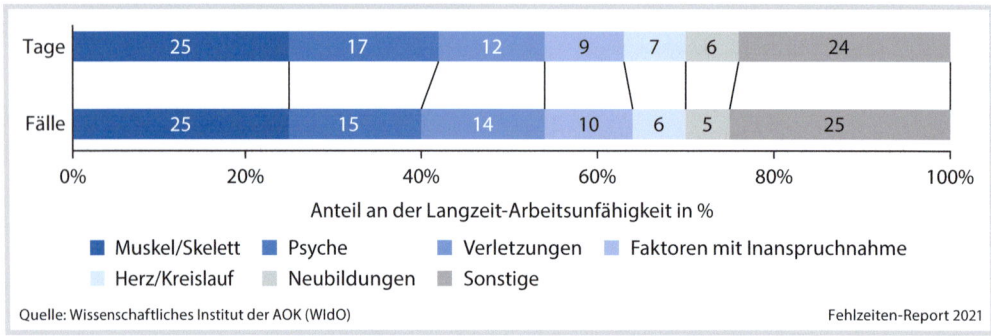

◘ **Abb. 27.46** Langzeit-Arbeitsunfähigkeit (> 6 Wochen) der AOK-Mitglieder nach Krankheitsarten im Jahr 2020

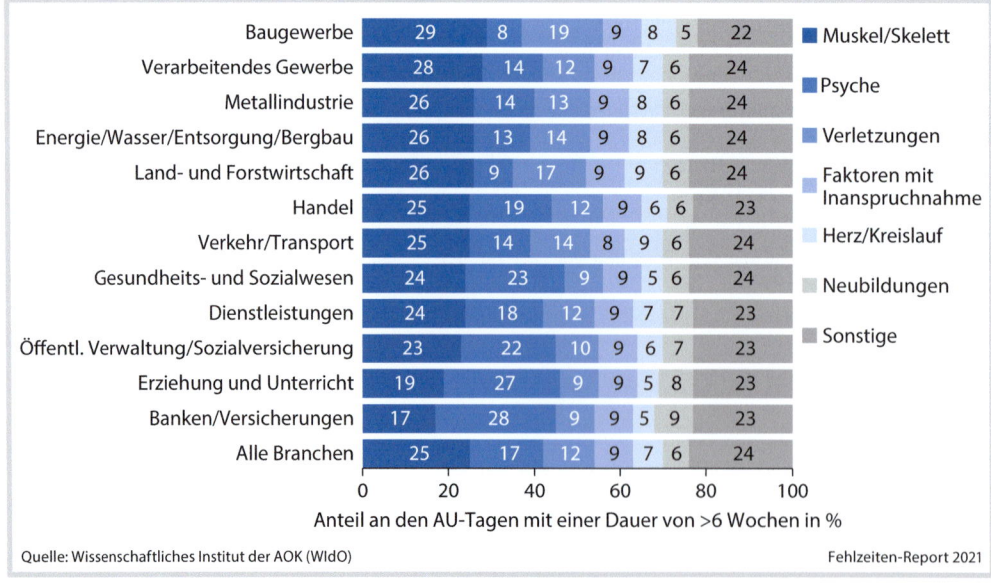

◘ **Abb. 27.47** Langzeit-Arbeitsunfähigkeit (> 6 Wochen) der AOK-Mitglieder nach Krankheitsarten und Branchen im Jahr 2020

27.17 Krankheitsarten nach Diagnoseuntergruppen

Auch in den einzelnen Wirtschaftsabteilungen geht die Mehrzahl der durch Langzeitfälle bedingten Arbeitsunfähigkeitstage auf die o. g. Krankheitsarten zurück (◘ Abb. 27.47). Der Anteil der muskuloskelettalen Erkrankungen ist im Baugewerbe (29 %) am höchsten. Bei den Verletzungen werden die höchsten Werte ebenfalls im Baugewerbe (19 %) sowie in der Land- und Forstwirtschaft erreicht (17 %). Die psychischen und Verhaltensstörungen verursachen – bezogen auf die Langzeiterkrankungen – die meisten Ausfalltage bei Banken und Versicherungen (28 %). Der Anteil der Herz- und Kreislauf-Erkrankungen ist im Bereich Verkehr und Transport sowie in der Land- und Forstwirtschaft (9 %) am ausgeprägtesten.

In ▶ Abschn. 27.15 wurde die Bedeutung der branchenspezifischen Tätigkeitsschwerpunkte und -belastungen für die Krankheitsarten aufgezeigt. Doch auch innerhalb der Krankheitsarten zeigen sich Differenzen aufgrund der unterschiedlichen arbeitsbedingten Belastungen. In ◘ Abb. 27.48, 27.49, 27.50, 27.51, 27.52 und 27.53 wird die Verteilung der wichtigsten Krankheitsarten nach Diagnoseuntergruppen (nach ICD-10) und Branchen dargestellt.

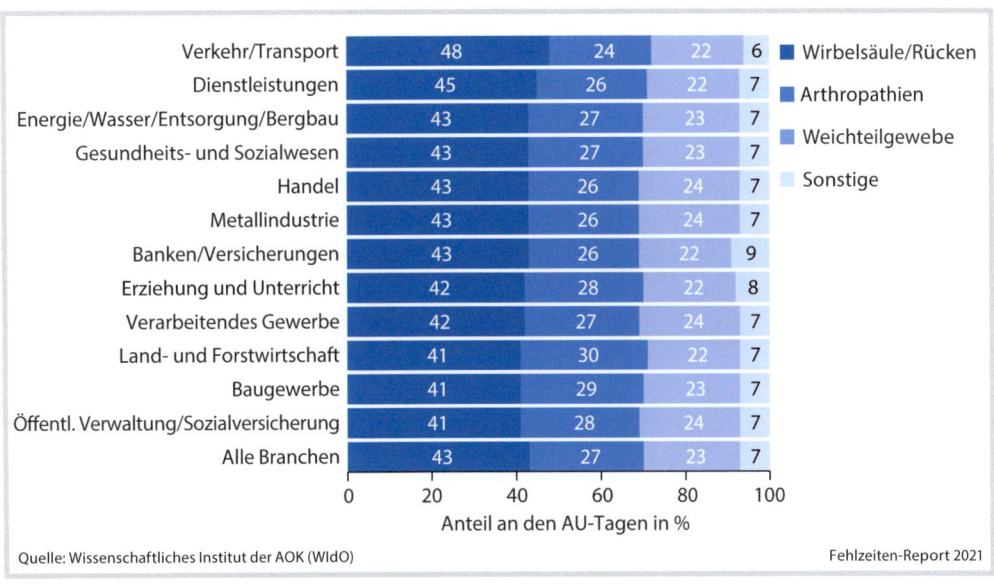

◘ **Abb. 27.48** Krankheiten des Muskel- und Skelettsystems und Bindegewebserkrankungen nach Diagnoseuntergruppen und Branchen im Jahr 2020, AOK-Mitglieder

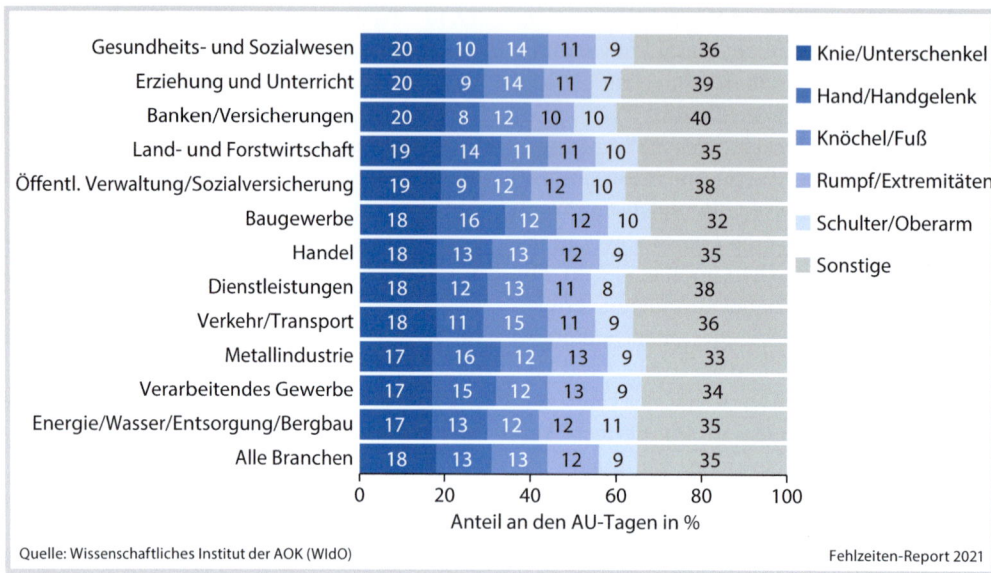

Abb. 27.49 Verletzungen, Vergiftungen und bestimmte andere Folgen äußerer Ursachen nach Diagnoseuntergruppen und Branchen im Jahr 2020, AOK-Mitglieder

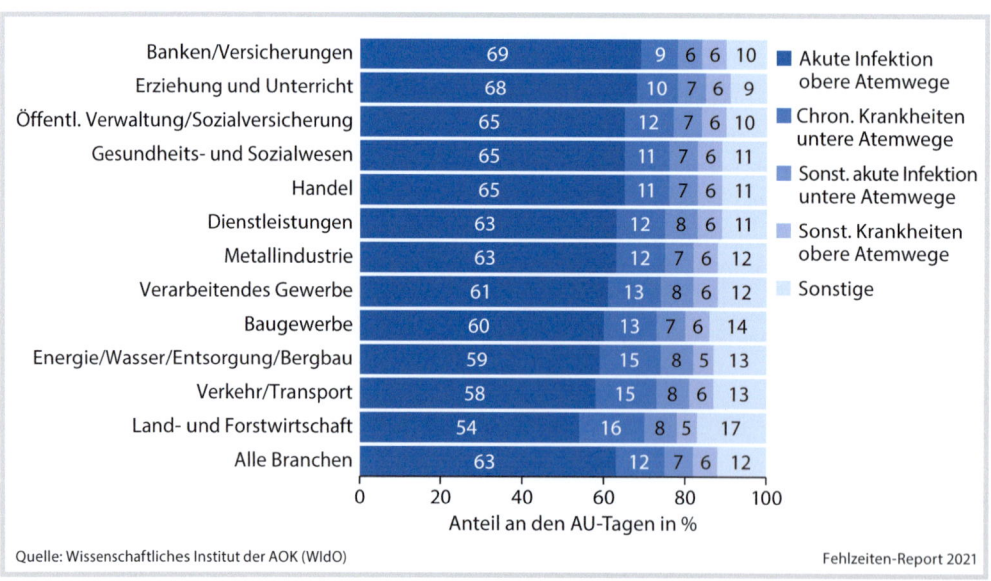

Abb. 27.50 Krankheiten des Atmungssystems nach Diagnoseuntergruppen und Branchen im Jahr 2020, AOK-Mitglieder

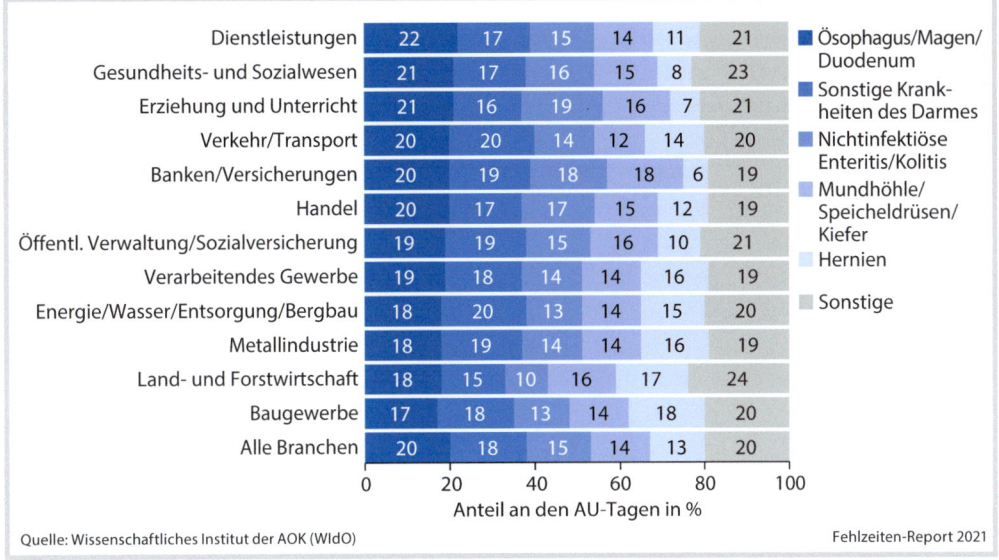

☐ **Abb. 27.51** Krankheiten des Verdauungssystems nach Diagnoseuntergruppen und Branchen im Jahr 2020, AOK-Mitglieder

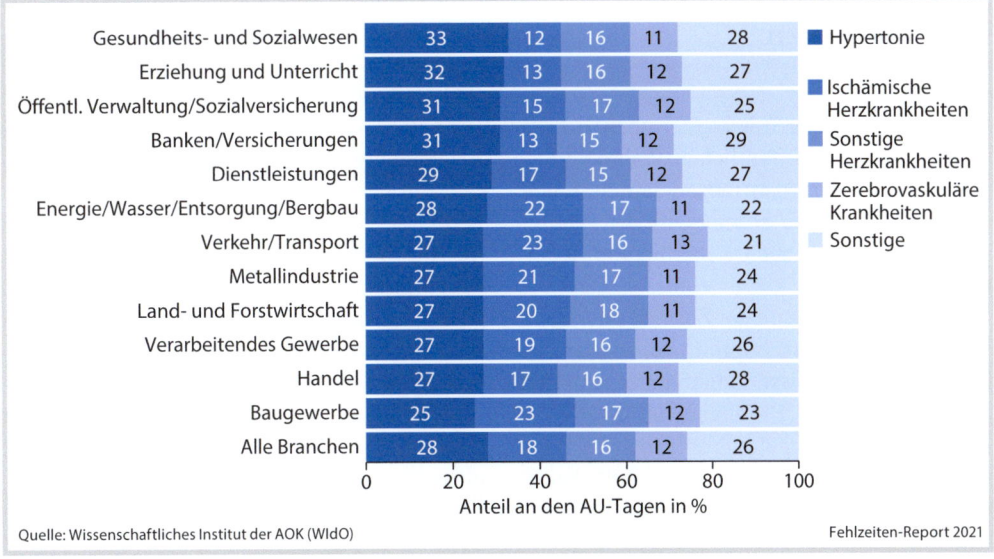

☐ **Abb. 27.52** Krankheiten des Kreislaufsystems nach Diagnoseuntergruppen und Branchen im Jahr 2020, AOK-Mitglieder

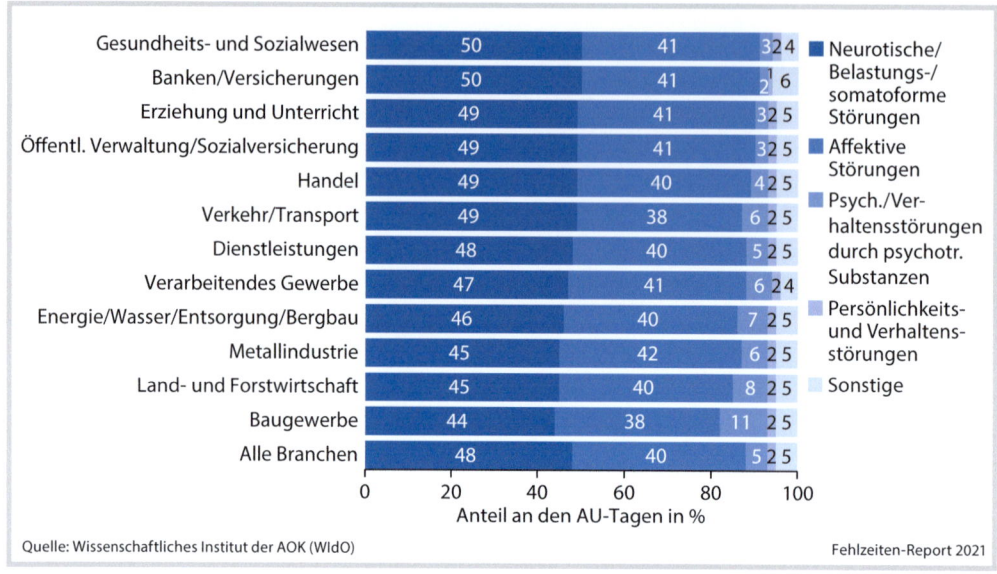

Abb. 27.53 Psychische und Verhaltensstörungen nach Diagnoseuntergruppen und Branchen im Jahr 2020, AOK-Mitglieder

27.18 Burnout-bedingte Fehlzeiten

Im Zusammenhang mit psychischen Erkrankungen ist in der öffentlichen Wahrnehmung und Diskussion in den letzten Jahren zunehmend die Diagnose Burnout in den Vordergrund getreten und auch weiterhin von Bedeutung.

Unter Burnout wird ein Zustand physischer und psychischer Erschöpfung verstanden, der in der ICD-10-Klassifikation unter der Diagnosegruppe Z73 „Probleme mit Bezug auf Schwierigkeiten bei der Lebensbewältigung" in der Hauptdiagnosegruppe Z00–Z99 „Faktoren, die den Gesundheitszustand beeinflussen und zur Inanspruchnahme des Gesundheitswesens führen" eingeordnet ist. Burnout ist daher von den Ärzten nicht als eigenständige Arbeitsunfähigkeit auslösende psychische Erkrankung in der ICD-Gruppe der psychischen und Verhaltensstörungen zu kodieren. Es ist jedoch möglich, diese als Zusatzinformation anzugeben.

Zwischen 2011 und 2020 haben sich die Arbeitsunfähigkeitstage aufgrund der Diagnosegruppe Z73 je 1.000 AOK-Mitglieder von 96,9 auf 131,7 Tage um fast 36 % erhöht (◘ Abb. 27.54). Im Jahr 2020 stiegen die Arbeitsunfähigkeitstage im Vergleich zum Vorjahr um 1,9 Tage an. Alters- und geschlechtsbereinigt hochgerechnet auf die mehr als 40 Mio. gesetzlich krankenversicherten Beschäftigten bedeutet dies, dass ca. 180.000 Menschen mit insgesamt 4,5 Mio. Fehltagen im Jahr 2020 wegen eines Burnouts krankgeschrieben wurden.

Zwischen den Geschlechtern zeigen sich deutliche Unterschiede: Frauen sind aufgrund eines Burnouts deutlich länger krankgeschrieben. Im Jahr 2020 entfielen auf Frauen 174 Ausfalltage je 1.000 AOK-Mitglieder, auf Männer hingegen nur 97,6 Tage. Sowohl Frauen als auch Männer sind am häufigsten zwischen dem 60. und 64. Lebensjahr von einem Burnout betroffen. Weiterhin zeigt sich, dass mit zunehmendem Alter das Risiko einer Krankmeldung infolge eines Burnouts zunimmt (◘ Abb. 27.55).

27.18 · Burnout-bedingte Fehlzeiten

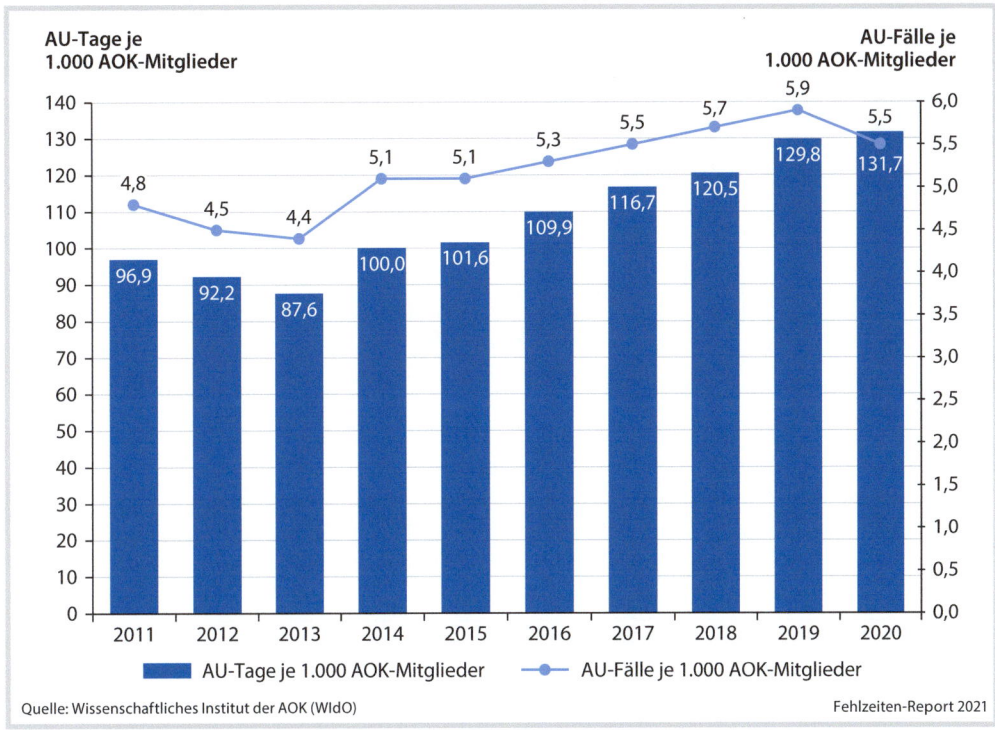

◘ **Abb. 27.54** AU-Tage und -Fälle der Diagnosegruppe Z73 in den Jahren 2011–2020 je 1.000 AOK-Mitglieder

Bei den Auswertungen nach Tätigkeiten zeigt sich, dass vor allem Angehörige kundenorientierter und erzieherischer Berufe, bei denen ständig eine helfende oder beratende Haltung gegenüber anderen Menschen gefordert ist, von einem Burnout betroffen sind. ◘ Abb. 27.56 zeigt diejenigen Berufe, in denen am häufigsten die Diagnose Z73 gestellt wurde. So führen Berufe in der Sozialarbeit und der Sozialpädagogik mit 309,7 Arbeitsunfähigkeitstagen je 1.000 AOK-Mitglieder die Liste an. An zweiter Stelle stehen Berufe in der Haus- und Familienpflege mit 303,0 AU-Tagen. An dritter Stelle folgen die Berufe in der Heilerziehungspflege und Sonderpädagogik mit 295,6 Arbeitsunfähigkeitstagen je 1.000 AOK-Mitglieder.

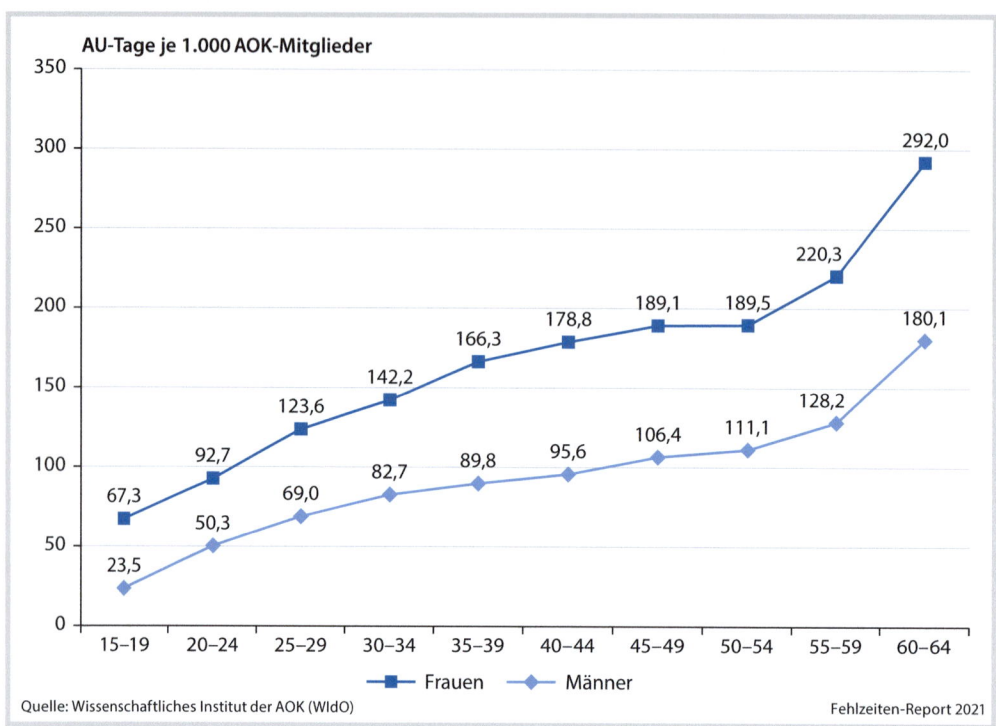

Abb. 27.55 Tage der Arbeitsunfähigkeit der Diagnosegruppe Z73 je 1.000 AOK-Mitglieder nach Alter und Geschlecht im Jahr 2020

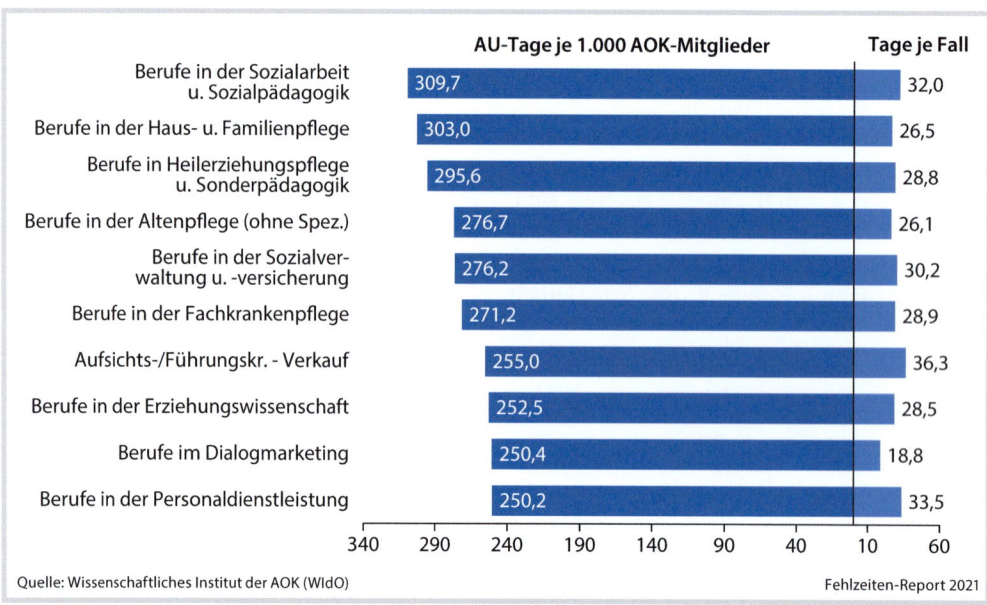

Abb. 27.56 AU-Tage und AU-Tage je Fall der Diagnosegruppe Z73 nach Berufen im Jahr 2020, AOK-Mitglieder

27.19 Arbeitsunfähigkeiten nach Städten 2020

Analysiert man die 50 einwohnerstärksten Städte in Deutschland nach Dauer der Arbeitsunfähigkeitstage, ergeben sich deutliche Unterschiede. Danach sind die Arbeitnehmer:innen aus Hagen durchschnittlich 24,7 Tage im Jahr krankgeschrieben und liegen damit an der Spitze aller deutschen Großstädte. Im Vergleich sind damit die Fehltage von erwerbstätigen AOK-Mitgliedern, die in Hagen wohnen, im Durchschnitt 4,8 Tage höher als im Bund (19,9 Tage). Die wenigsten Fehltage weisen Beschäftigte in München auf: Diese sind 2020 durchschnittlich 10,7 Tage weniger krankheitsbedingt am Arbeitsplatz ausgefallen (14,0 Fehltage) als Erwerbstätige aus Hagen (◘ Abb. 27.57).

Die Anzahl der Fehltage ist abhängig von einer Vielzahl von Faktoren. Nicht nur die Art der Krankheit, sondern auch das Alter, das Geschlecht, die Branchenzugehörigkeit und vor allem die ausgeübte Tätigkeit der Beschäftigten haben einen Einfluss auf die Krankheitshäufigkeit und -dauer. So weisen beispielsweise Berufe mit hohen körperlichen Arbeitsbelastungen wie Berufe in der Ver- und Entsorgung, in der industriellen Gießerei, aber auch Bus- und Straßenbahnfahrer:innen oder Altenpfleger:innen deutlich höhere Ausfallzeiten auf. Setzt sich die Belegschaft aus mehr Akademiker:innen zusammen, die dann auch noch insbesondere in den Branchen Banken und Versicherungen, Handel oder Dienstleistungen tätig sind, werden im Schnitt deutlich geringere Ausfallzeiten erreicht. In diesem Zusammenhang ist zu sehen, dass klassische Industriestädte mit geringerem Akademikeranteil wie Hagen und Herne deutlich mehr Fehlzeiten aufweisen als Städte mit einem höheren Akademikeranteil. So liegen beispielsweise Bewohner:innen der Stadt Freiburg mit durchschnittlich 14,9 Fehltagen im Jahr 2020 9,8 Tage unterhalb der durchschnittlichen Fehltage der in Hagen Beschäftigten. Dies liegt u. a. daran, dass Freiburg als Wissenschaftsstandort eine günstigere Tätigkeitsstruktur aufweist, insbesondere was die körperlichen Belastungen betrifft. Von den 50 einwohnerstärksten Städten in Deutschland arbeiten hier die meisten Hochschullehrer:innen und Dozent:innen und dies ist die Berufsgruppe mit den geringsten Arbeitsunfähigkeitstagen überhaupt (◘ Abb. 27.19). Auch arbeiten in Freiburg vergleichsweise weniger Beschäftigte in der Metallindustrie oder im Baugewerbe als beispielsweise in Hagen. Dies sind Branchen, in denen Beschäftigte körperlich stärker beansprucht werden und damit auch eher krankheitsbedingt ausfallen. Ähnlich sieht es in München, der Stadt mit den geringsten Fehlzeiten, aus. Dort arbeiten beispielsweise viermal so viele Beschäftigte in der Branche Banken und Versicherungen und deutlich weniger im verarbeitenden Gewerbe als in Hagen. Auch ist der Akademikeranteil der Beschäftigten in München besonders hoch: Von den einwohnerstärksten deutschen Städten hat München mit 33,5 %, gefolgt von Stuttgart (30,5 %), den höchsten Akademikeranteil unter den Beschäftigten. In Gelsenkirchen liegt der Anteil bei nur 10,5 % (vgl. HWWI/Berenberg-Städteranking 2019).

Unterschiede zwischen den Städten zeigen sich auch bei den Gründen einer Arbeitsunfähigkeit. In Hagen, dem Spitzenreiter nach Fehlzeiten, entfallen lediglich 10,3 % der Arbeitsunfähigkeitstage auf psychische Erkrankungen. Ein häufiger Grund für Fehltage sind dort vor allem Muskel- und Skelett-Erkrankungen; auf diese Erkrankungsart entfallen in Hagen rund ein Viertel aller Fehltage (25,1 %) und damit mehr als doppelt so viele wie auf psychische Erkrankungen. Insbesondere die Städte im Ruhrgebiet weisen einen überdurchschnittlichen Anteil an Fehltagen aufgrund von Muskel- und Skelett-Erkrankungen aus, was als ein Hinweis betrachtet werden kann, dass hier mehr Berufe mit schwerer körperlicher Arbeit ausgeübt werden. Obwohl Freiburg nach München die geringsten Fehlzeiten im Ranking aufweist, wird hier jedoch, nach Hamburg mit 16,3 %, der dritthöchste Wert bei den psychischen Erkrankungen beobach-

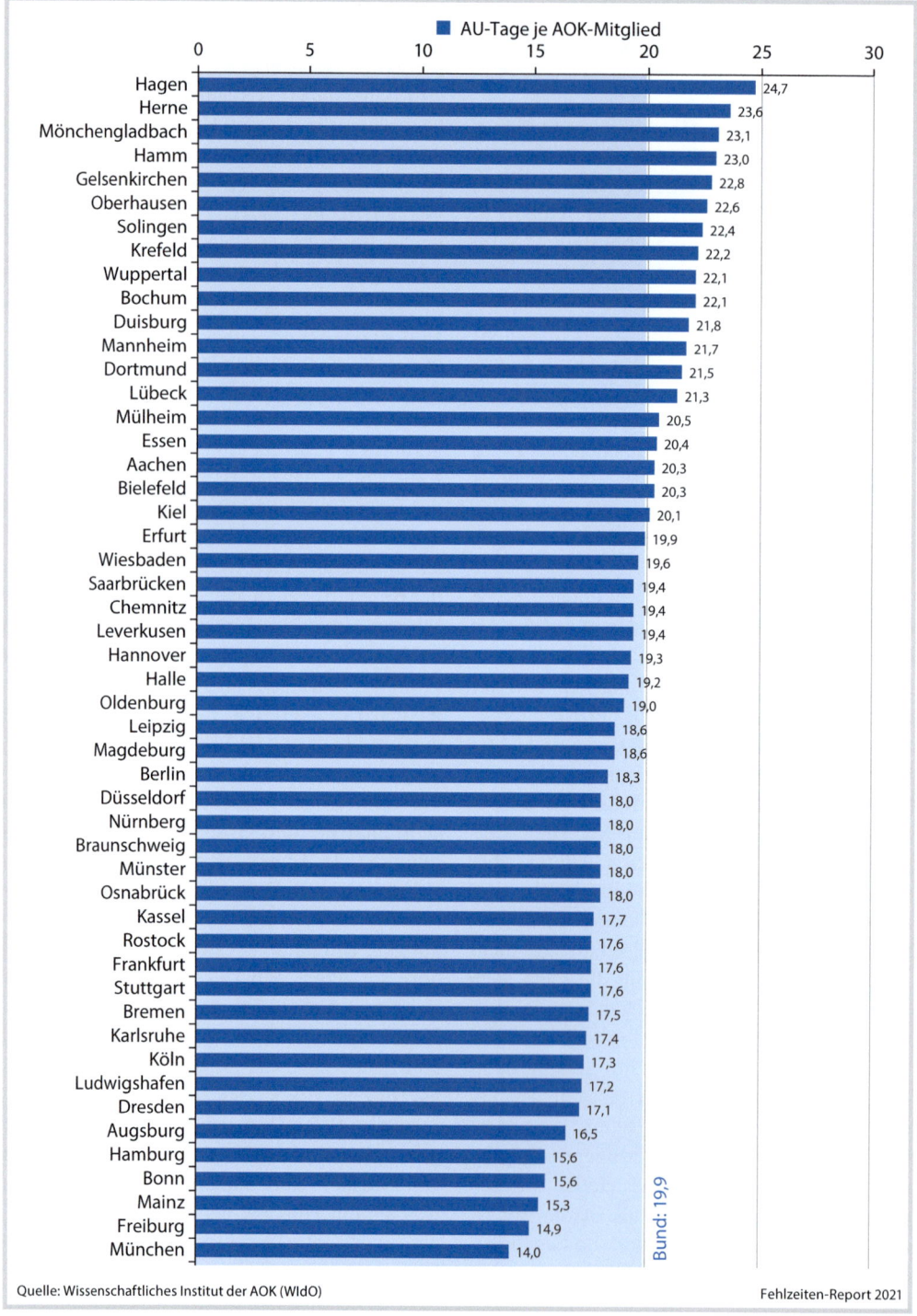

Abb. 27.57 Arbeitsunfähigkeitstage je AOK-Mitglied im Jahr 2020 in den 50 einwohnerstärksten deutschen Städten

27.19 · Arbeitsunfähigkeiten nach Städten 2020

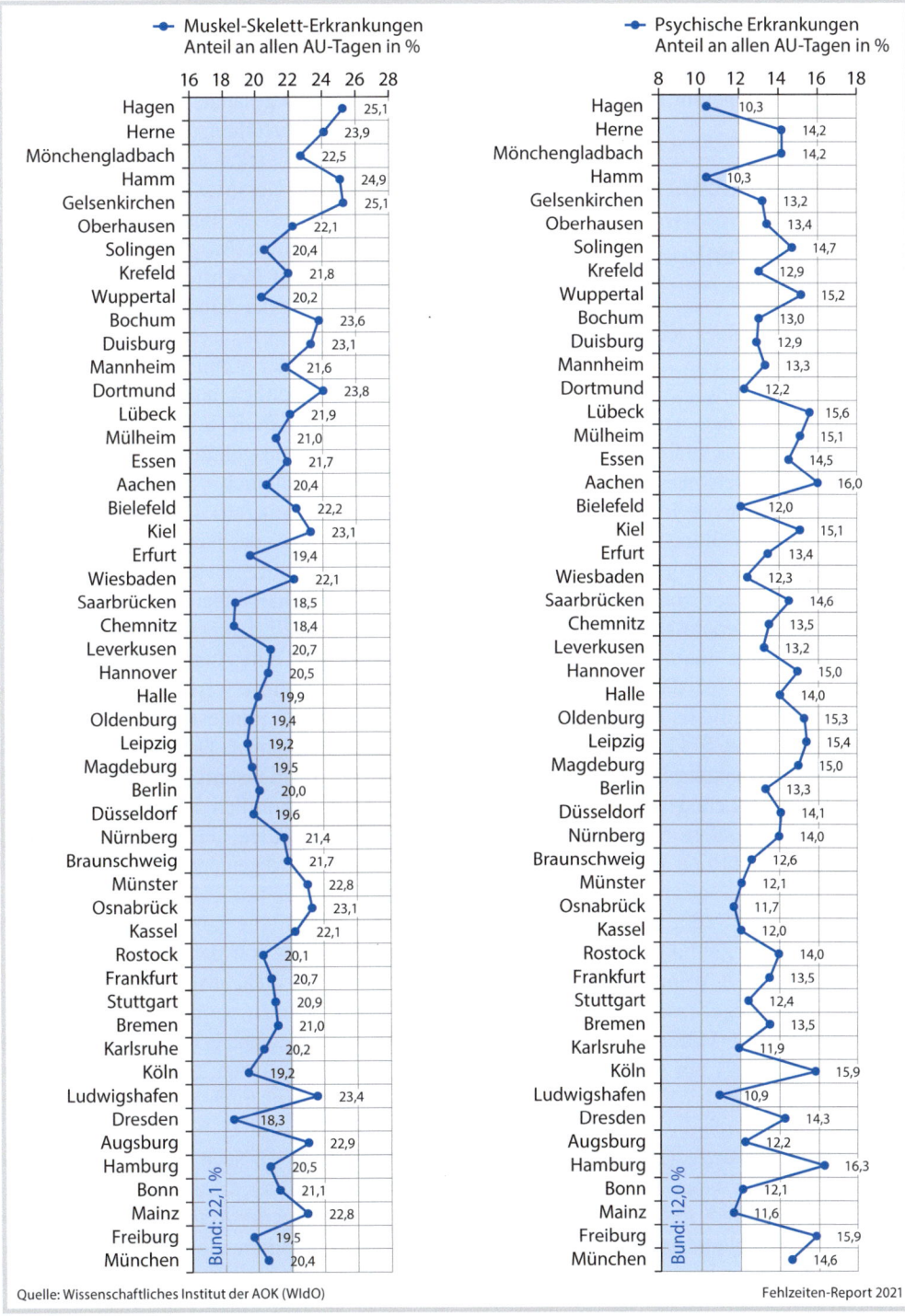

Abb. 27.57 (Fortsetzung)

tet: Mehr als jeder siebte Fehltag der Beschäftigten in Freiburg (15,9 %) wird durch eine psychische Krankheit begründet. Der Bundesdurchschnitt liegt hier im Vergleich bei 12,0 %.

27.20 Inanspruchnahme von Krankengeld bei Erkrankung des Kindes

Die Erkrankung eines Kindes stellt für viele berufstätige Eltern und insbesondere für Alleinerziehende häufig einen belastenden Versorgungsengpass dar. Kann die Betreuung des kranken Kindes nicht durch Angehörige oder Betreuungspersonal sichergestellt werden, bleibt oft nur die Inanspruchnahme der gesetzlichen Freistellung von der Arbeit. In Deutschland bietet der gesetzliche Anspruch auf Freistellung den erwerbstätigen Eltern die Möglichkeit, ihr erkranktes Kind zu Hause zu versorgen, ohne finanzielle Verluste zu erleiden. Die Basis für die Freistellungsmöglichkeit eines Elternteils bei der Erkrankung eines Kindes bildet § 45 des SGB V (Krankengeld bei Erkrankung des Kindes). Soweit das Kind das 12. Lebensjahr noch nicht vollendet hat, keine andere pflegende Person im Haushalt bereitsteht und sowohl das Kind als auch der Elternteil gesetzlich krankenversichert sind, besteht seitens des Versicherten der Anspruch auf Zahlung von Kinderpflegekrankengeld (KKG). Wenn das Kind behindert oder auf Hilfe angewiesen ist, fällt die Altersgrenze von 12 Jahren weg. Als weitere Voraussetzung muss ein ärztliches Attest zur notwendigen Pflege des Kindes vorliegen. Für die Auszahlung durch die Krankenkasse muss zudem ein Formular ausgefüllt werden.

Normalerweise kann für jedes Kind der gesetzliche Anspruch auf die Befreiung von 10 Arbeitstagen geltend gemacht werden. Dies kann bei drei oder mehr Kindern auf maximal bis zu 25 Arbeitstage je Elternteil und Kalenderjahr ausgeweitet werden. Alleinerziehende Eltern haben üblicherweise einen Anspruch von 20 Arbeitstagen pro Kind, wobei 50 Arbeitstage nicht überschritten werden dürfen. Aufgrund der Corona-Pandemie wurde das Kinderkrankengeld im Oktober 2020 rückwirkend für das gesamte Jahr verlängert. Der Anspruch bei Erfüllung der oben genannten Voraussetzungen stieg auf 15 Tage je Kind und Elternteil. Der Maximalanspruch je Elternteil stieg auf 35 Tage. Alleinerziehende Eltern hatten einen Anspruch von 30 Tagen je Kind mit einer Höchstdauer von 70 Tagen. Für schwerstkranke Kinder, die nach ärztlichem Zeugnis nur noch eine Lebenserwartung von Wochen oder wenigen Monaten haben, ist das KKG zeitlich unbegrenzt. Das KKG wird laut § 45 SGB V nach dem während der Freistellung ausgefallenen Nettoarbeitsentgelt berechnet (ähnlich wie die Entgeltfortzahlung im Krankheitsfall). Das Brutto-Krankengeld beträgt 90 % des Nettoarbeitsentgelts; es darf 70 % der Beitragsbemessungsgrenze nach § 223 Absatz 3 nicht überschreiten.

Im Jahr 2020 nahmen 3,0 % aller AOK-Mitglieder KKG in Anspruch. Somit haben von den 14,1 Mio. erwerbstätigen AOK-Mitgliedern 417.053 mindestens einmal KKG in Anspruch genommen. Der Anteil der KKG-Fälle an allen Arbeitsunfähigkeitsfällen betrug 4,6 %. Durchschnittlich fehlte jedes erwerbstätige AOK-Mitglied, das KKG in Anspruch genommen hat, wegen der Betreuung eines erkrankten Kindes pro Fall 2,5 Kalendertage. Insofern werden die gesetzlich zustehenden Freistellungstage von den erwerbstätigen Eltern bei Weitem nicht ausgeschöpft.

Männer nehmen weniger häufig KKG in Anspruch als Frauen: 1,5 % aller männlichen AOK-Mitglieder haben 2020 mindestens einmal KKG in Anspruch genommen, bei den Frauen waren es mit 4,8 % mehr als dreimal so viele (◘ Tab. 27.9). Nach wie vor sind es zwar vor allem die Mütter, die ihr krankes Kind pflegen, jedoch steigt der Anteil der Männer an allen AOK-Mitgliedern, die KKG beanspruchen, seit 2012 kontinuierlich an: von 25 auf mehr als 29 % im Jahr 2020. Der Anteil bei beiden Geschlechtern mit Inanspruchnahme von KKG ist im Vergleich der letzten acht Jahre deutlich angestiegen: bei Männern von 0,8 auf

27.20 · Inanspruchnahme von Krankengeld bei Erkrankung des Kindes

Tab. 27.9 Krankenstandskennzahlen der AOK-Mitglieder zum Kinderpflegekrankengeld im Jahr 2020

Geschlecht	AOK-Mitglieder mit mind. 1 KKG-Fall	Anteil an allen AOK-Mitgliedern	Anteil der KKG-Fälle an allen AU-Fällen	Anteil der KKG-Tage an allen AU-Tagen	KKG-Fälle: Tage je Fall	AU-Fälle je 100 Mitglieder	AU-Tage je 100 Mitglieder
Männer	121.463	1,5	2,2	0,4	2,5	3,2	8,0
Frauen	295.590	4,8	7,2	1,4	2,6	11,7	30,1
Gesamt	417.053	3,0	4,6	0,9	2,5	7,0	17,8

Fehlzeiten-Report 2021

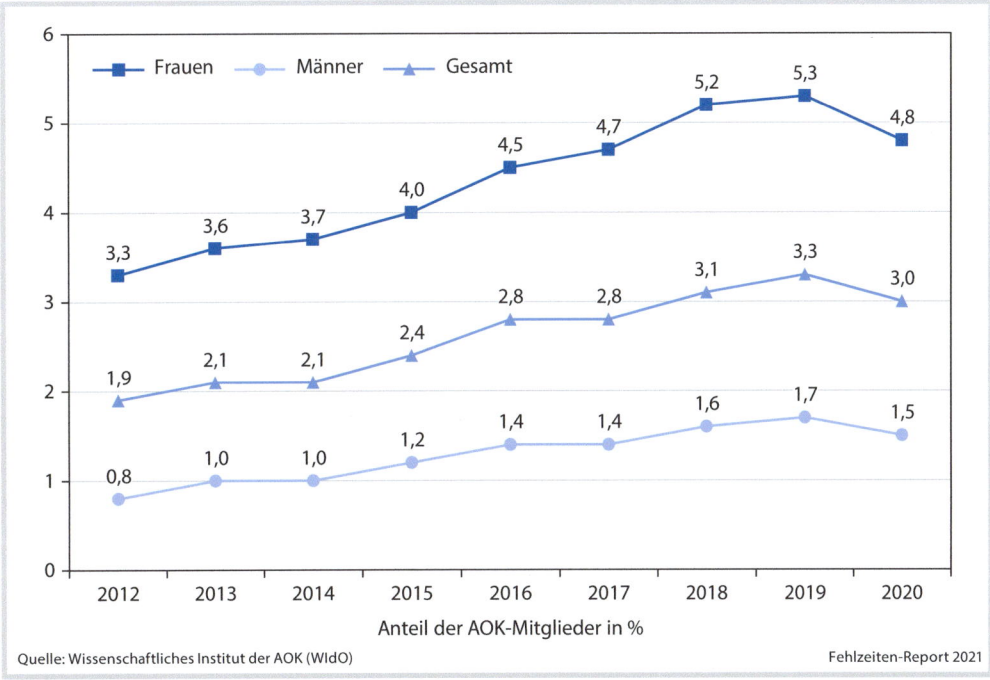

Abb. 27.58 Anteile der AOK-Mitglieder mit mindestens einem Kinderpflegekrankengeldfall an allen AOK-Mitgliedern in den Jahren 2012–2020 nach Geschlecht

1,5 %, bei Frauen von 3,3 auf 4,8 %. Zuletzt sind die Zahlen jedoch wieder gefallen, bei Männern um 0,2 Prozentpunkte und bei Frauen um 0,5 Prozentpunkte im Vergleich zum Vorjahr 2019 (Abb. 27.58). Dieser Effekt ist mit hoher Wahrscheinlichkeit auch auf das vermehrte Homeoffice im Pandemiejahr 2020 zurückzuführen. Eltern konnten so auf eine explizite Krankschreibung im Rahmen des Kinderkrankengeldes verzichten. Auch das vermehrte Homeschooling kann zu weniger Erkältungskrankheiten bei den Kindern geführt haben, sodass die Eltern weniger Kinderkrankengeldtage in Anspruch nehmen mussten.

Betrachtet man die Inanspruchnahme des KKG nach Alter, zeigt sich, dass die meisten KKG-Fälle in die Altersgruppe der 30- bis 39-Jährigen fallen, wobei Frauen dieser Al-

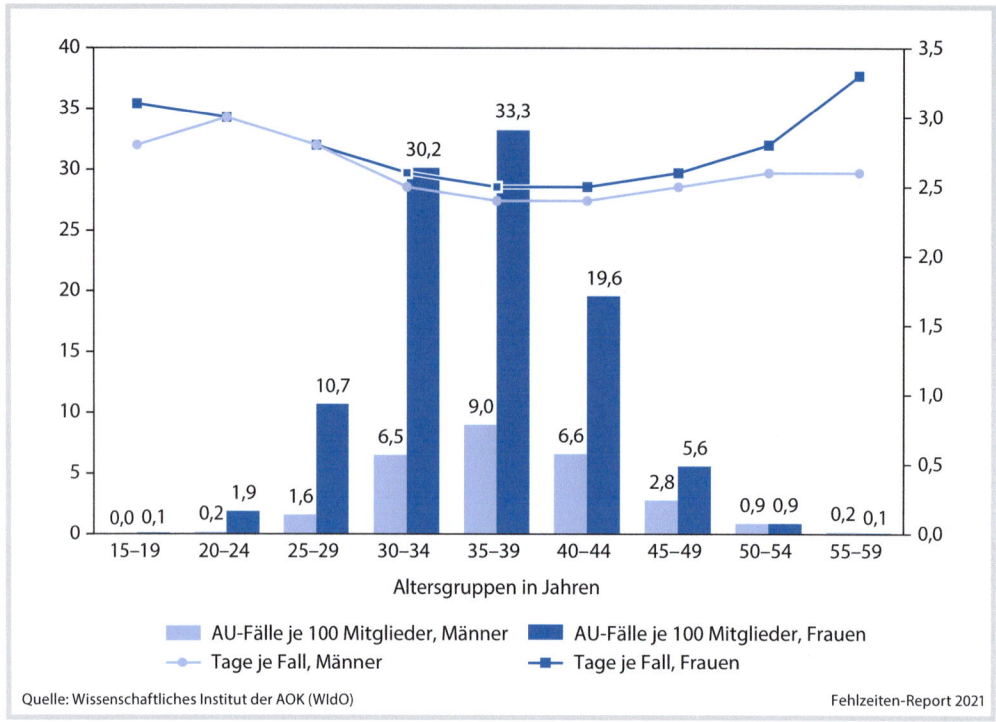

Abb. 27.59 Kinderpflegekrankengeldfälle nach Anzahl und Dauer der Arbeitsunfähigkeit, AOK-Mitglieder im Jahr 2020 nach Altersgruppen

tersgruppe deutlich mehr KKG in Anspruch nehmen als Männer. In der Altersgruppe der 35- bis 39-Jährigen weisen sowohl Frauen mit 33,3 Fällen je 100 Versichertenjahre als auch Männer mit 9,0 Fällen je 100 Versichertenjahre die meisten KKG-Fälle auf. Die Länge der Fehlzeiten unterscheidet sich kaum zwischen den Geschlechtern (Abb. 27.59).

Eine Differenzierung der KKG-Fälle nach Falldauerklassen zeigt, dass die Mehrheit der Fälle nur ein (34,5 %) oder zwei (25,9 %) Tage andauerten. Lediglich 3,6 % aller KKG-Fälle erstreckten sich über mehr als fünf Tage (Abb. 27.60).

Unter Berücksichtigung des Bildungsstandes haben im Jahr 2020 am häufigsten AOK-Mitglieder mit einem Hochschulabschluss (Diplom/Magister/Master/Staatsexamen) mindestens einmal KKG in Anspruch genommen (5,5 % aller AOK-Mitglieder mit diesem Bildungsstand). Am wenigsten haben Beschäftigte ohne berufliche Ausbildung das KKG in Anspruch genommen (1,2 %). Es zeigt sich, dass in der Tendenz mit der Höhe des Ausbildungsabschlusses die Inanspruchnahme des KKG steigt (Abb. 27.61).

Wird der Anteil der Mitglieder mit Inanspruchnahme von KKG in Bezug zur gesamten AOK-Mitgliedschaft des jeweiligen Landes gesetzt, zeigt sich, dass besonders Versicherte aus Ostdeutschland die Möglichkeit zur Betreuung eines kranken Kindes in Anspruch nehmen. Die Werte für die KKG-Inanspruchnahme lagen mit 9,2 % in Sachsen und mit 8,6 % in Thüringen besonders hoch und deutlich über dem Bundesdurchschnitt (3,0 %) und den Anteilswerten in Westdeutschland (Abb. 27.62). Dies könnte unter anderem damit zusammenhängen, dass Mütter in den neuen Bundesländern früher in den Beruf zurückkehren als in den alten Bundesländern und auch insgesamt häufiger erwerbstätig sind als

27.20 · Inanspruchnahme von Krankengeld bei Erkrankung des Kindes

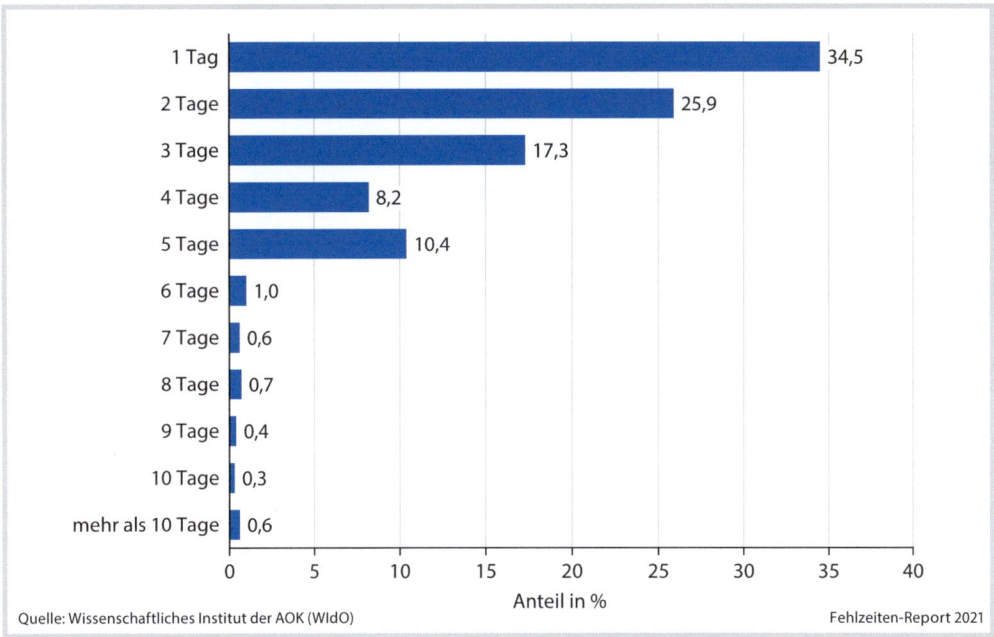

◘ **Abb. 27.60** Kinderpflegekrankengeldfälle nach Dauer, AOK-Mitglieder im Jahr 2020

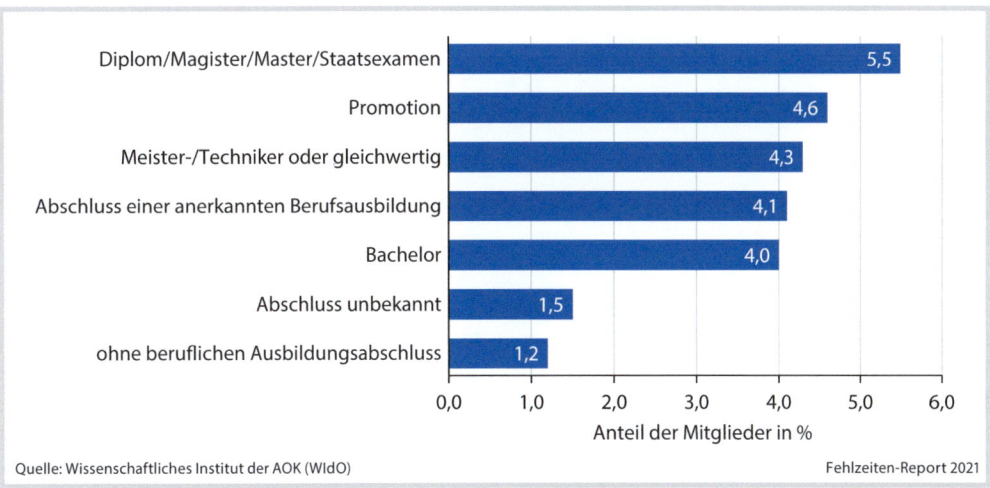

◘ **Abb. 27.61** Anteile der AOK-Mitglieder mit mind. einem Kinderpflegekrankengeldfall an allen AOK-Mitgliedern in der jeweiligen Personengruppe nach Bildungsstand im Jahr 2020

Mütter in Westdeutschland, bei denen der Berufseinstieg in mehreren längeren Phasen erfolgt. Damit steigt auch die Wahrscheinlichkeit für Mütter in Ostdeutschland, Kinderpflegekrankengeld in Anspruch nehmen zu müssen.

So lag die Vollzeitquote von erwerbstätigen Müttern im Westen 2016 bei insgesamt nur 25,8 %, im Osten ist sie dagegen mit 51,6 % doppelt so hoch (Keller und Kahle [Statistisches Bundesamt] 2018). Eltern, die Vollzeit

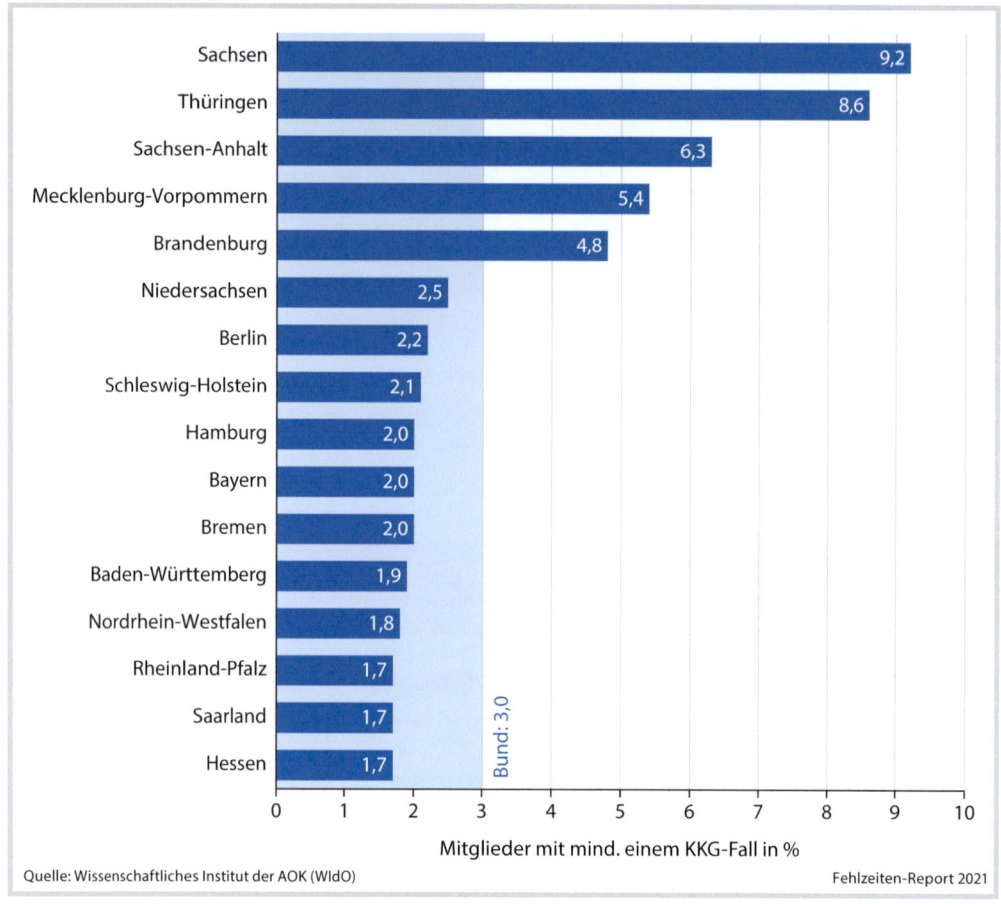

☐ **Abb. 27.62** Anteil der Mitglieder mit mind. einem Kinderpflegekrankengeldfall an allen AOK-Mitgliedern nach Bundesländern im Jahr 2020

arbeiten, müssen vermutlich eher zu Hause bleiben, um ihr krankes Kind zu versorgen, als Eltern, die Teilzeit arbeiten und so eine nur kurzzeitige alternative Betreuung organisieren müssen.

27.21 Fehlzeiten im Jahr 2020 im Zusammenhang mit der Covid-19-Pandemie

Das Jahr 2020 stand im Zeichen der weltweit grassierenden Covid-19-Pandemie, die am 11. März 2020 von der Weltgesundheitsorganisation (WHO) ausgerufen wurde und an der im Jahr 2020 weltweit über 80 Mio. Menschen erkrankten (Stand 03.01.2021, WHO 2021). Deutschlandweit erkrankten 1.719.737 Personen an Covid-19 und 33.071 Menschen verstarben (Stand 31.12.2020, RKI 2020). Das öffentliche Leben wurde sowohl im ersten Lockdown (Ende März bis Anfang Mai) als auch im zweiten Lockdown (ab Anfang November) des Jahres 2020 zwischenzeitlich vollkommen heruntergefahren, indem unter anderem Schulen, Kitas, Kultureinrichtungen, Freizeiteinrichtungen wie auch Gastronomiebetriebe und Hotels geschlossen wurden. Darüber hinaus wurden Kontaktbeschränkungen, Maskenpflicht, Abstandsregeln und auf regionaler Ebene teilweise sogar Ausgangssperren eingeführt. Auch das Gesundheitswesen wurde in vielerlei Hinsicht massiv durch die Pandemie beeinflusst: Krankenhäuser wurden aufgefordert, elektive Eingriffe zu verschieben und Kapazitäten für die Behandlung von Covid-19-Patient:innen freizuhalten. Auf Seiten von Patient:innen zeigte sich zudem eine geringere Inanspruchnahme von Gesundheitsleistungen. Dies ist insofern als bedenklich einzustufen, als auch Notfallbehandlungen – beispielsweise aufgrund von Schlaganfällen oder Herzinfarkten – in der ersten und zweiten Pandemiewelle zurückgingen. Zu vermuten ist, das Patient:innen aus Angst vor Ansteckung oder überlasteten Krankenhäusern trotz Beschwerden kein Krankenhaus aufsuchten (Mostert et al. 2021).

Die Arbeitswelt wurde durch die beschriebenen Maßnahmen mit massiven Herausforderungen konfrontiert. Ganze Branchen benötigten staatliche Unterstützung z. B. in Form von Kurzarbeitergeld, so genannten Überbrückungshilfen und Rettungsschirmen. Unternehmen, die ihren Betrieb aufrechterhalten durften, waren aufgefordert, mithilfe von Hygienekonzepten, veränderten Arbeitsabläufen und kurzfristigen Homeoffice-Lösungen die Beschäftigten bestmöglich zu schützen.

Im Folgenden soll die Gruppe der Erwerbstätigen fokussiert werden und aufgezeigt werden, wie sich die Betroffenheit der Beschäftigten im Zusammenhang mit Covid-19-Infektionen im Pandemie-Jahr 2020 gestaltete. Basis der Auswertungen stellen die Arbeitsunfähigkeitsdaten von 14,1 Mio. AOK-versicherten Beschäftigten dar. Stellenweise wurden für Analysen zudem Abrechnungsdaten aus dem stationären Sektor hinzugezogen.

Um das neuartige SARS-CoV-2-Virus in den Arztpraxen und Krankenhäusern codieren und abrechnen zu können, wurde in der Internationalen statistischen Klassifikation der Krankheiten und verwandter Gesundheitsprobleme (ICD-10-GM) zum 13. Februar 2020 der Code U07.1! eingeführt, der mit Aktualisierung vom 23. März 2020 um den Code U07.2! ergänzt wurde. Damit konnten im Labor bestätigte Fälle (ICD U07.1) sowie Fälle, in denen SARS-CoV-2 anhand eines klinischen Kriteriums (z. B. mit COVID-19 zu vereinbarendes Symptom) und eines epidemiologischen Kriteriums (z. B. Kontakt zu einem laborbestätigten COVID-19-Fall) (ICD U07.2) bestimmt wurde, kodiert werden. Im November 2020 wurden drei weitere Covid-19-bezogene Codes eingeführt, die jedoch im vorliegenden Beitrag aufgrund der zu geringen Fallzahlen für das Jahr 2020 keine Berücksichtigung finden (ICD U07.3 COVID-19 in der Eigenanamnese, nicht näher bezeichnet, ICD U07.4! Post-COVID-19-Zustand, nicht näher bezeichnet, ICD U07.5 Multisystemisches Entzündungssyndrom in Verbindung mit COVID-19, nicht näher bezeichnet). Im Folgenden wird nicht nur auf die laborbestätigte Diagnose fokussiert, sondern beide relevanten Covid-19-Diagnosen (ICD-GM U07.1, U07.2) werden auch gemeinsam ausgewertet, da die entsprechenden Fehlzeiten für die betroffenen Unternehmen im Zusammenhang mit Covid-19 stehen. Bei einer Quarantäne kann der Arzt eine AU-Bescheinigung nur dann ausstellen, wenn Symptome einer Covid-19-Erkrankung vorliegen. Liegen keine Symptome vor, wird keine Krankschreibung vorgenommen. Das gilt auch bei einem positiven Covid-19-Testergebnis.

Insgesamt erhielten von den 13,6 Mio. AOK-versicherten Erwerbstätigen von März bis Dezember 2020 289.282 Beschäftigte von einem Arzt eine Arbeitsunfähigkeitsbescheinigung im Zusammenhang mit einer Covid-19-Diagnose. Dies entspricht einer AU-Quote von 2,1 %. Bei mehr als der Hälfte (57,3 %) der betroffenen Beschäftigten wurde der gesicherte Nachweis der Infektion auf der Arbeitsunfähigkeitsbescheinigung dokumentiert (ICD U07.1) Bei den übrigen Fällen (42,7 %) wurde SARS-CoV-2 nicht durch einen Labortest nachgewiesen, sondern aufgrund eines klinischen Kriteriums (zum Beispiel typische Symptome für Covid-19) und eines epidemiologischen Kriteriums (zum Beispiel enger Kontakt zu einer Person mit bestätigter Infek-

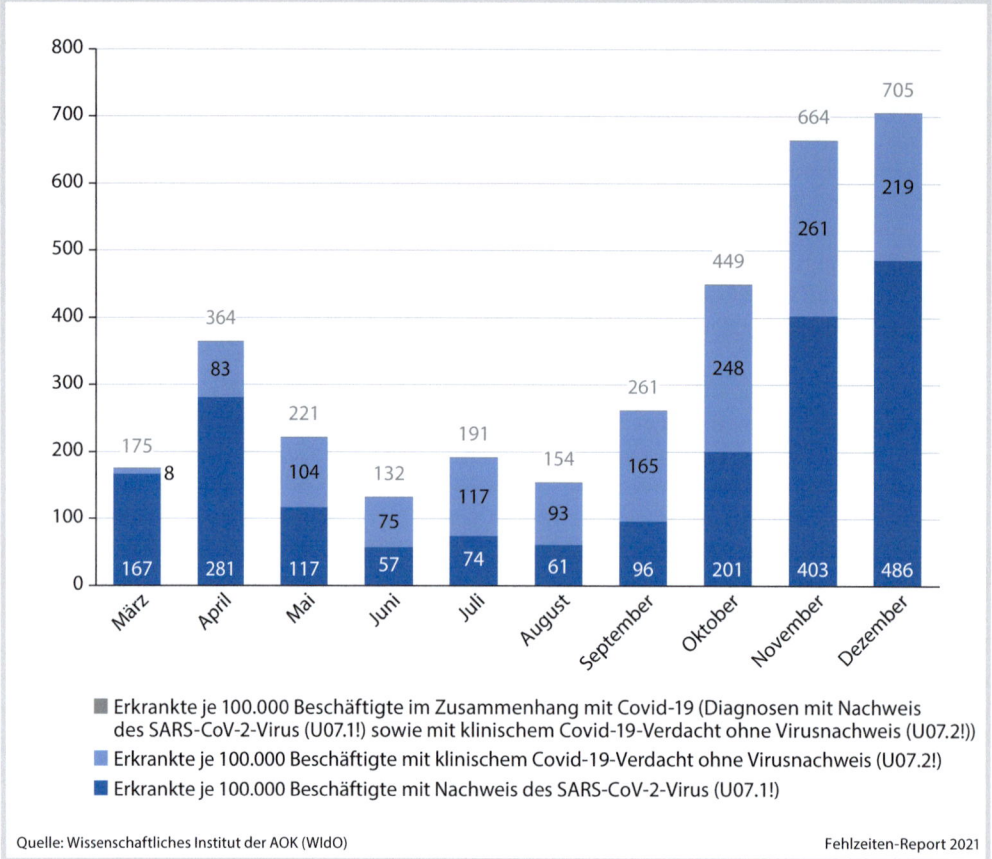

☐ **Abb. 27.63** Arbeitsunfähigkeitsmeldungen der AOK-Mitglieder, Arbeitsunfähigkeitsfälle mit dokumentierter Diagnose mit Nachweis des SARS-CoV-2-Virus (ICD-10 GM: U07.1!) sowie mit klinischem Covid-19-Verdacht ohne Virusnachweis (ICD-GM: U07.2!)

tion) als Verdachtsfall dokumentiert. In den Monaten Juni bis Oktober überwog die Diagnose mit klinischem Covid-19-Verdacht ohne Virusnachweis (ICD U07.2), während in den Monaten März bis Mai, November und Dezember ein höherer Anteil auf die Covid-19-Diagnose mit Nachweis des SARS-CoV-2-Virus zurückging.

Die Covid-19-Pandemie verlief im Jahr 2020 in Deutschland wellenförmig, mit einer ersten Welle im März und April und einer zweiten – deutlich stärkeren – Welle zwischen September und Dezember 2020 (s. ☐ Abb. 27.63). Im April 2020 gab es mit 281 Erkrankten je 100.000 AOK-Mitglieder im Zusammenhang mit Covid-19 einen ersten Peak, in der zweiten Welle stiegen die Fallzahlen dann im Dezember auf 705 Erkrankte je 100.000 AOK-Mitglieder.

27.21 · Fehlzeiten im Jahr 2020 im Zusammenhang mit der Covid-19-Pandemie

▪▪ Betroffenheit von Covid-19-Infektionen nach Altersgruppen und Geschlecht

Die differenziertere Betrachtung der AOK-Erwerbstätigenpopulation, die im Zusammenhang mit Covid-19 erkrankt war, zeigt für 2020, dass die weiblichen Beschäftigten etwas stärker betroffen waren: So waren 49,1 % der AOK-Mitglieder, die im Zusammenhang mit Covid-19 erkrankt waren, männlich und 50,9 % weiblich. Die stärkere Betroffenheit der weiblichen Beschäftigten ist dabei über alle Altersgruppen hinweg konstant (s. ◘ Abb. 27.64).

Insgesamt gab es mit 2,7 % in der Altersgruppe der bis zu 19-Jährigen den höchsten Anteil an Erkrankten im Zusammenhang mit Covid-19, gefolgt von der Altersgruppe der 50- bis 59-Jährigen (2,3 %) (s. ◘ Tab. 27.10). Die am wenigsten betroffene Altersgruppe mit einer Krankschreibung im Zusammenhang mit Covid-19 war die Gruppe der 30- bis 39-Jährigen.

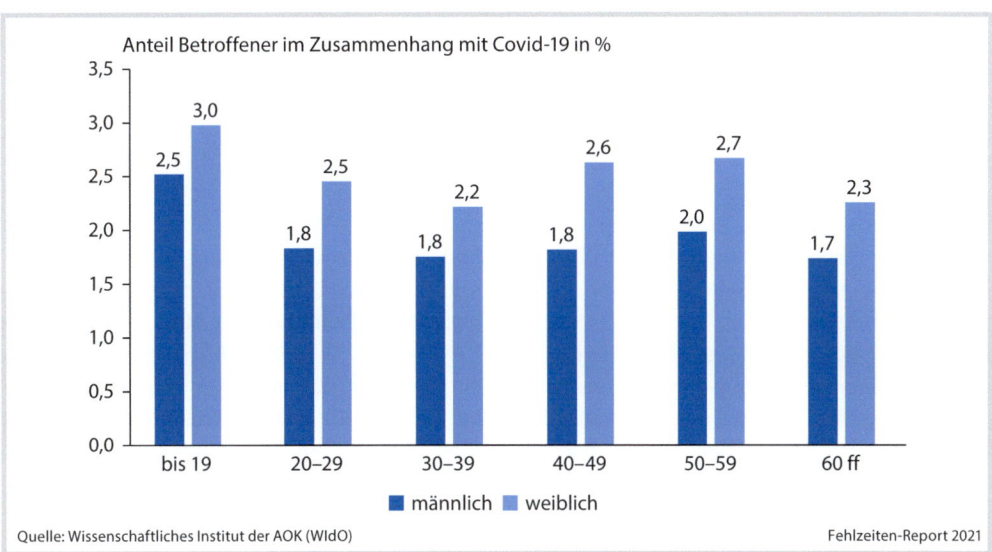

◘ **Abb. 27.64** Anteil Betroffener im Zusammenhang mit Covid-19 im Jahr 2020 nach Alter und Geschlecht (erkrankte AOK-Mitglieder mit dokumentierter Diagnose mit Nachweis des SARS-CoV-2-Virus (ICD-10 GM: U07.1!) sowie mit klinischem Covid-19-Verdacht ohne Virusnachweis (ICD-GM: U07.2!))

Tab. 27.10 Erkrankte Beschäftigte im Zusammenhang mit Covid-19 nach Alter und Geschlecht im Zeitraum von März bis Dezember, AOK-Mitglieder 2020

Altersgruppen	Männlich	Weiblich	Erkrankte in der Altersgruppe	Anzahl Personen in der Altersgruppe	Anteil Erkrankte an AOK-Mitgliedern in der Altersgruppe in %
Bis 19	5.969	4.786	10.755	397.329	2,7
20–29	31.582	30.928	62.510	2.984.516	2,1
30–39	34.233	31.485	65.718	3.373.725	1,9
40–49	27.289	31.658	58.947	2.704.200	2,2
50–59	32.154	36.726	68.880	2.998.070	2,3
60 ff.	10.935	11.537	22.472	1.141.335	2,0
Gesamt	142.162 (49,1 %)	147.120 (50,9 %)	289.282	13.599.175	2,1

Erkrankte AOK-Mitglieder mit dokumentierter Diagnose mit Nachweis des SARS-CoV-2-Virus (ICD-10 GM: U07.1!) sowie mit klinischem Covid-19-Verdacht ohne Virusnachweis (ICD-GM: U07.2!)

Fehlzeiten-Report 2021

▪▪ Das Infektionsgeschehen im Jahr 2020 im Zusammenhang mit Covid-19 nach Regionen

Die Anzahl der erkrankten Beschäftigten im Zusammenhang mit Covid-19 verteilte sich regional unterschiedlich mit einer stärkeren Betroffenheit des Süden Deutschlands, während Mittel- und vor allem Ostdeutschland weniger betroffen waren. Insbesondere im Nordosten und in Schleswig-Holstein gab es die wenigsten Beschäftigten mit einer Arbeitsunfähigkeitsbescheinigung im Zusammenhang mit Covid-19 (s. ◘ Abb. 27.65). Der Kreis Heinsberg war im Zeitraum von März bis Dezember 2020 mit einer Arbeitsunfähigkeitsquote von 5,5 % die am stärksten betroffene Region Deutschlands.

27.21 · Fehlzeiten im Jahr 2020 im Zusammenhang mit der Covid-19-Pandemie

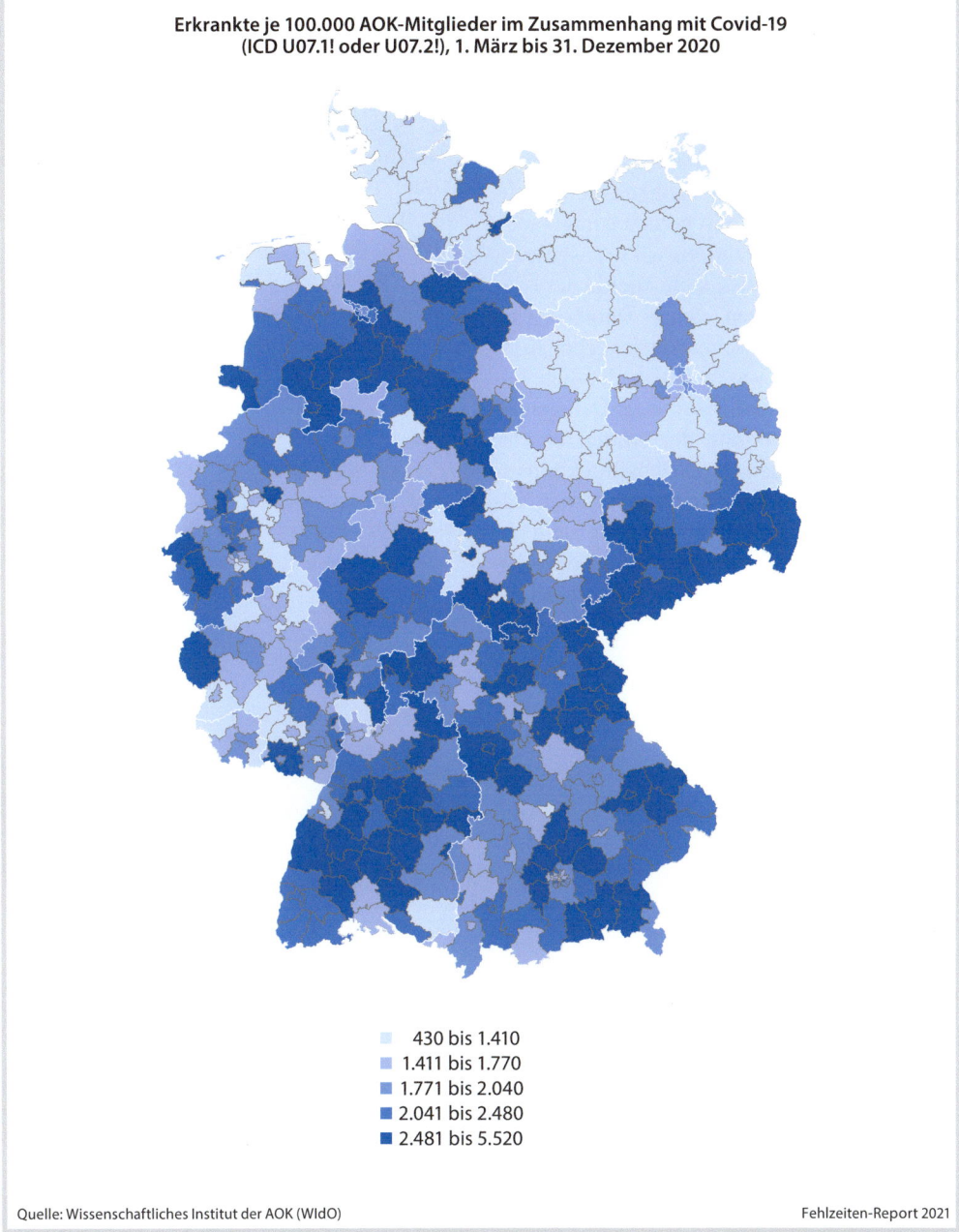

☐ **Abb. 27.65** Erkrankte je 100.000 erwerbstätige AOK-Mitglieder im Zusammenhang mit Covid-19 (mit Nachweis des SARS-CoV-2-Virus (ICD-10 GM: U07.1!) sowie für den klinischen Covid-19-Verdacht ohne Virusnachweis (ICD-10 GM: U07.2!)) in den Regionen Deutschlands, März bis Dezember 2020

Fehlzeiten im Zusammenhang mit Covid-19 nach Branchen

Die einzelnen Branchen waren je nach Tätigkeitsfeld sehr unterschiedlich von der Pandemie betroffen. Beschäftigte der Gastronomie oder Kulturbranche konnten beispielsweise über längere Zeit ihrer Tätigkeit nicht nachgehen und waren somit berufsbedingt auch keinem erhöhten Infektionsrisiko ausgesetzt. Berufe im Gesundheitssystem oder in der Kindererziehung hingegen, deren Tätigkeit sich durch intensive zwischenmenschliche Kontakte auszeichnet, waren einem deutlich höheren Infektionsrisiko ausgesetzt. Demgemäß spiegelt die Auswertung der erkrankten Beschäftigten ein unterschiedliches Infektionsrisiko entsprechend der branchentypischen Tätigkeit wider. ◘ Abb. 27.66 zeigt die zehn am stärksten und am wenigsten vom Covid-19-Infektionsgeschehen betroffenen Branchen.

Mit 4.464 Erkrankten je 100.000 AOK-Mitglieder war die Branche „Kindergärten und Vorschulen" die am stärksten betroffene Branche. Es folgen die Branchen „Pflegeheime" (4.316 je 100.000 AOK-Mitglieder) und „Altenheime, Alten- und Behindertenwohnheime" (4.166 je 100.000 AOK-Mitglieder). Die am wenigsten betroffenen Beschäftigten gab es in der Branche „Sonstige Post-, Kurier- und Expressdienste" mit 1.010 Erkrankten je 100.000 AOK-Mitglieder sowie in der Branche „Hotels, Gasthöfe und Pensionen" mit 1.095 Erkrankten je 100.000 AOK-Mitglieder.

27.21 · Fehlzeiten im Jahr 2020 im Zusammenhang mit der Covid-19-Pandemie

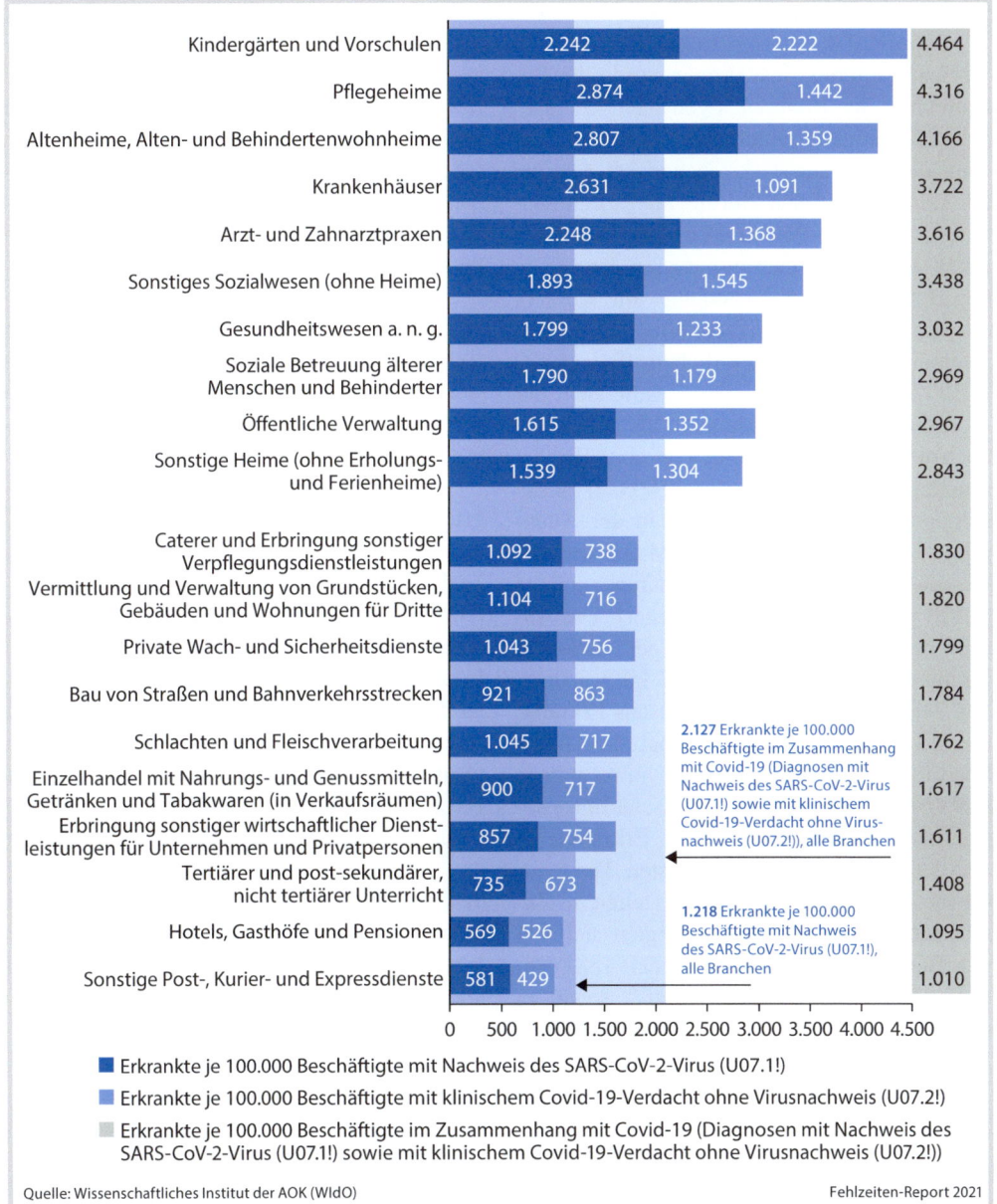

Abb. 27.66 Erkrankte je 100.000 erwerbstätige AOK-Mitglieder in den Branchen mit den höchsten und niedrigsten Fehlzeiten im Zusammenhang mit Covid-19 mit den dokumentierten Diagnosen mit Nachweis des SARS-CoV-2-Virus (ICD-10 GM: U07.1!) sowie für den klinischen Covid-19-Verdacht ohne Virusnachweis (ICD-10 GM: U07.2!) von März bis Dezember 2020

Betroffenheit von Covid-19-Infektionen nach Tätigkeit

In einer weiteren Auswertung wurde die Betroffenheit der Erwerbstätigen nach der ausgeübten Tätigkeit untersucht. ◘ Abb. 27.67 zeigt die zehn am stärksten und am wenigsten stark betroffenen Berufe im Zusammenhang mit Covid-19 von März bis Dezember 2020. In diesem Zeitraum waren Berufe in der Betreuung und Erziehung von Kindern am stärksten von Krankschreibungen im Zusammenhang mit Covid-19 betroffen (4.490 je 100.000 AOK-Mitglieder). Damit liegt der Wert dieser Berufsgruppe mehr als doppelt so hoch wie der Durchschnittswert aller Berufsgruppen (2.127 Betroffene je 100.000 AOK-Mitglieder). Es folgten Berufe in der Altenpflege (4.209 je 100.000 AOK-Mitglieder) sowie in der Gesundheits- und Krankenpflege (4.128 je 100.000 AOK-Mitglieder). Die Anzahl der Personen mit einer per Labortest nachgewiesenen Diagnose (U07.1!) war unter den zehn Berufen mit den meisten Erkrankten je 100.000 Beschäftigte bei den Berufen in der Gesundheits- und Krankenpflege (2.937 Erkrankte je 100.000 Beschäftigte) sowie in der Altenpflege (2.872 Erkrankte je 100.000 Beschäftigte) am höchsten. Die niedrigsten krankheitsbedingten Fehlzeiten im Zusammenhang mit Covid-19 zeigten sich bei den Berufen in der Landwirtschaft (581 Betroffene je 100.000 Beschäftigte) sowie in der Hochschullehre und -forschung (788 je 100.000 Beschäftigte).

Die Ergebnisse verdeutlichen, dass vor allem Berufe und Branchen von Covid-19 betroffen waren, bei denen die Beschäftigten auch in den Hochphasen der Pandemie mit einer Vielzahl von Menschen in Kontakt kamen. Tätigkeiten, die eher in der freien Natur oder im Homeoffice ausgeübt werden oder aufgrund der Lockdown-Maßnahmen nicht ausgeübt werden konnten, waren dagegen mit einem niedrigeren Infektionsrisiko verbunden. Zu letzteren zählen beispielsweise Berufe in der Gastronomie (1.013 Betroffene je 100.000 Beschäftigte) oder im Kosmetikgewerbe (1.035 Betroffene je 100.000 Beschäftigte).

Eine Detailanalyse für die zehn Berufsgruppen mit den meisten Erkrankten zeigt, dass die Betroffenheit der Berufsgruppen im Verlauf des Jahres starken Schwankungen unterlag (◘ Tab. 27.11). Besonders für die Monate November und Dezember, in denen die Infektionszahlen in vielen Regionen Deutschlands ihren Höchststand erreichten, lässt sich für mehrere Berufsgruppen in der Pflege ein rasanter Anstieg der Krankschreibungen auf Basis von laborbestätigten Diagnosen erkennen. Bei den Berufen der Kindererziehung und -betreuung zeigt sich im Vergleich mit den weiteren Berufsgruppen der Anstieg der Erkrankten mit laborbestätigter Infektion zu Beginn der zweiten Welle im September und Oktober am deutlichsten.

27.21 · Fehlzeiten im Jahr 2020 im Zusammenhang mit der Covid-19-Pandemie

◘ **Abb. 27.67** Erkrankte je 100.000 erwerbstätige AOK-Mitglieder in den Berufsgruppen mit den höchsten und niedrigsten Fehlzeiten im Zusammenhang mit Covid-19 mit den dokumentierten Diagnosen mit Nachweis des SARS-CoV-2-Virus (ICD-10 GM: U07.1!) sowie für den klinischen Covid-19-Verdacht ohne Virusnachweis (ICD-10 GM: U07.2!) von März bis Dezember 2020

Tab. 27.11 Erkrankte je 100.000 erwerbstätige AOK-Mitglieder im Zusammenhang mit Covid-19 von März bis Dezember 2020 in den zehn am stärksten betroffenen Berufsgruppen mit den dokumentierten Diagnosen mit Nachweis des SARS-CoV-2-Virus (ICD-10 GM: U07.1) sowie für den klinischen Covid-19-Verdacht ohne Virusnachweis (ICD-10 GM: U07.2!). In Klammern ist jeweils die Zahl der Erkrankten mit laborbestätigtem Nachweis des SARS-CoV-2-Virus (ICD-10 GM: U07.1!) angegeben. (Quelle: Arbeitsunfähigkeitsmeldungen der AOK-versicherten Beschäftigten, die im WIdO bis zum 24. Februar 2021 vorlagen)

Beruf	März	April	Mai	Juni	Juli	August	September	Oktober	November	Dezember	Gesamt
Berufe in der Kinderbetreuung & -erziehung	225 (213)	440 (346)	315 (164)	303 (130)	729 (293)	331 (116)	699 (238)	851 (340)	1258 (696)	1422 (916)	4490 (2337)
Berufe in der Altenpflege (ohne Spezialisierung)	299 (284)	1071 (859)	579 (379)	232 (128)	244 (96)	204 (81)	308 (105)	553 (264)	1205 (818)	1944 (1544)	4209 (2872)
Berufe in der Gesundheits- & Krankenpflege (ohne Spezialisierung)	351 (340)	1042 (853)	526 (362)	214 (123)	248 (118)	193 (86)	293 (125)	539 (274)	1099 (769)	1867 (1545)	4128 (2937)
Berufe in der Haus- & Familienpflege	322 (308)	907 (723)	433 (274)	235 (104)	327 (143)	278 (75)	476 (144)	707 (330)	1206 (735)	1645 (1223)	4098 (2518)
Medizinische Fachangestellte (ohne Spezialisierung)	559 (550)	859 (717)	349 (198)	180 (81)	324 (124)	268 (112)	484 (189)	799 (417)	1139 (757)	1153 (866)	4062 (2610)
Berufe in der Ergotherapie	318 (318)	708 (533)	439 (176)	232 (128)	328 (120)	238 (111)	483 (210)	653 (269)	955 (565)	1448 (1029)	3896 (2282)
Berufe in der Fachkrankenpflege	362 (362)	942 (766)	563 (430)	159 (106)	250 (122)	143 (58)	226 (95)	477 (267)	1000 (723)	1680 (1372)	3858 (2803)
Aufsichts-/Führungskräfte, Gesundheits-/Krankenpflege, Rettungsdienst, Geburtshilfe	331 (322)	841 (671)	448 (287)	170 (72)	215 (99)	135 (72)	179 (90)	385 (242)	1117 (786)	1887 (1493)	3808 (2727)
Berufe in der Heilerziehungspflege & Sonderpädagogik	270 (261)	572 (452)	333 (173)	217 (78)	345 (137)	228 (86)	533 (166)	681 (251)	986 (523)	1195 (829)	3637 (1987)
Berufe in der Physiotherapie	310 (310)	621 (514)	302 (184)	183 (87)	249 (78)	184 (81)	325 (119)	632 (260)	925 (594)	1359 (947)	3403 (2061)
Alle Berufe	175 (167)	364 (281)	221 (117)	132 (57)	191 (74)	154 (61)	261 (96)	449 (201)	664 (403)	705 (486)	2127 (1218)

Fehlzeiten-Report 2021

Stationäre Behandlungen wegen Covid-19 bei Erwerbstätigen

Um eine Aussage über die Schwere der Covid-19-Infektionen bei den AOK-versicherten Erwerbstätigen machen zu können, wurden die Auswertungen der Arbeitsunfähigkeitsdaten durch die Daten aus dem stationären Sektor ergänzt. Die Datenanalyse erfolgte für den Zwölf-Monats-Zeitraum von März 2020 bis Februar 2021.

Von den fast 217.000 AOK-versicherten Erwerbstätigen, die im genannten Zeitraum wegen Covid-19 mit dokumentiertem Nachweis des SARS-CoV-2-Virus (ICD-10 GM: U07.1!) krankgeschrieben waren, mussten über 17.000 Erwerbstätige aufgrund einer im Labor bestätigten Covid-19-Diagnose (ICD U07.1!) in einem Krankenhaus behandelt werden (8,0 %). Das entspricht 122 Betroffenen je 100.000 AOK-versicherte Beschäftige. 460 dieser stationär behandelten AOK-Mitglieder mit dokumentierter Covid-19-Diagnose sind im Betrachtungszeitraum im Krankenhaus verstorben (2,6 %, s. ◘ Abb. 27.68).

Die Daten zeigen auch, dass der höchste Anteil an Erwerbstätigen, die stationär behandelt werden mussten, mit 9,9 % im November 2020 erreicht worden ist. Von einem schweren Covid-19-Verlauf waren eher die älteren Erwerbstätigen betroffen: Während der Altersdurchschnitt der AOK-Mitglieder mit einer Covid-19-bedingten Arbeitsunfähigkeit bei 42 Jahren lag, waren diejenigen, die im Krankenhaus behandelt werden mussten, im Schnitt sechs Jahre älter (Durchschnittsalter: 48 Jahre, s. ◘ Tab. 27.12). Bei der Auswertung wurde keine Morbiditätsadjustierung vorgenommen.

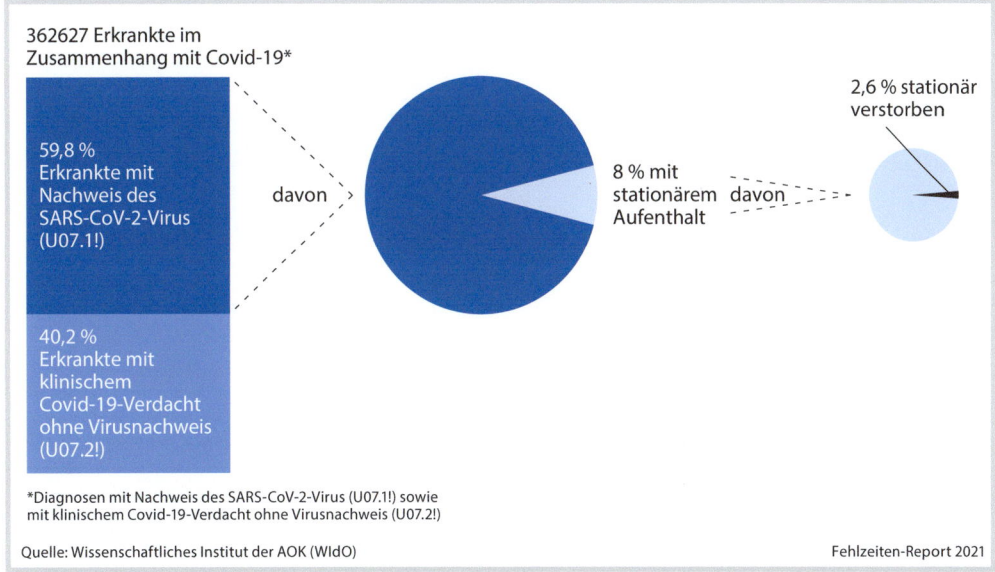

◘ **Abb. 27.68** AOK-Mitglieder mit Arbeitsunfähigkeit und Krankenhausbehandlung im Zusammenhang mit Covid-19: dokumentierte Diagnosen mit Nachweis des SARS-CoV-2-Virus (ICD-10 GM: U07.1!) sowie mit klinischem Covid-19-Verdacht ohne Virusnachweis (ICD-10 GM: U07.2!), März 2020 bis Februar 2021

Tab. 27.12 AOK-Mitglieder mit Arbeitsunfähigkeit und Krankenhausbehandlung mit Nachweis des SARS-CoV-2-Virus (ICD-10 GM: U07.1!), März 2020 bis Februar 2021

Monat	Erkrankte AOK-Mitglieder mit Covid-19-bedingter Arbeitsunfähigkeit (ICD U07.1!)			Darunter: Hospitalisierte wegen Covid-19 (ICD U07.1!)		Darunter: Verstorbene (ICD U07.1!)	
	Erkrankte absolut	Erkrankte je 100.000 Beschäftigte	Durchschnittsalter	Anteil an AOK-Mitgliedern mit Covid-19-bedingter Arbeitsunfähigkeit (U07.1!) in %	Durchschnittsalter	Anteil an AOK-Mitgliedern mit Covid-19-bedingter Hospitalisierung (U07.1!) in %	Durchschnittsalter
März 2020	18.490	167	42	5,8	48	0,9	58
April 2020	30.814	281	43	6,3	49	3,0	54
Mai 2020	12.809	117	43	5,7	48	2,7	55
Juni 2020	6.260	57	41	5,4	47	1,2	52
Juli 2020	8.133	74	39	4,1	46	2,1	54
August 2020	6.738	61	39	6,0	46	1,5	53
September 2020	10.750	96	38	4,6	46	1,0	56
Oktober 2020	22.641	201	40	8,9	46	0,8	50
November 2020	45.329	403	42	9,9	48	1,3	55
Dezember 2020	54.319	486	44	8,5	49	2,9	56
Januar 2021	50.450	456	46	6,7	49	2,4	55
Februar 2021	30.990	280	46	6,8	49	2,6	55
März 2020 bis Februar 2021[a]	**216.796**	**1.533**	**42**	**8,0**	**48**	**2,6**	**55**

[a] ohne Mehrfachzählung

Datenbasis: Ausgewiesen sind Arbeitsunfähigkeitsmeldungen der AOK-versicherten Beschäftigten und abgeschlossene vollstationäre somatische Krankenhausfälle, die im WIdO bis zum 31. März 2021 vorlagen. Berücksichtigt wurden erkrankte AOK-Mitglieder mit einer Arbeitsunfähigkeitsbescheinigung wegen einer SARS-CoV-2-Infektion (ICD-10 GM: U07.1!), deren stationäre Behandlungen im Zusammenhang mit einer SARS-CoV-2-Infektion standen, sowie deren dokumentiertes Versterben während dieser Krankenhausbehandlung jeweils im ausgewiesenen Zeitraum. Da im gesamten Zeitraum 97,8 % der Krankenhausfälle der AOK-versicherten Beschäftigten abgeschlossen waren, wird der Anteil der Erkrankten im Zusammenhang mit einer SARS-CoV-2-Infektion (ICD-10 GM: U07.1!) marginal unterschätzt. Dahingegen wird der Anteil der Covid-19-erkrankten AOK-Mitglieder in stationärer Behandlung, die verstorben sind, marginal überschätzt. Da der Anteil der berücksichtigten abgeschlossenen Krankenhausfälle insbesondere in den Monaten Januar 2021 (95,2 %) und Februar 2021 (89,2 %) geringer ausfällt, können sich die ausgewiesenen stationären Kennzahlen mit einem vollständigeren Datenbestand noch ändern.

Fehlzeiten-Report 2021

27.21 · Fehlzeiten im Jahr 2020 im Zusammenhang mit der Covid-19-Pandemie

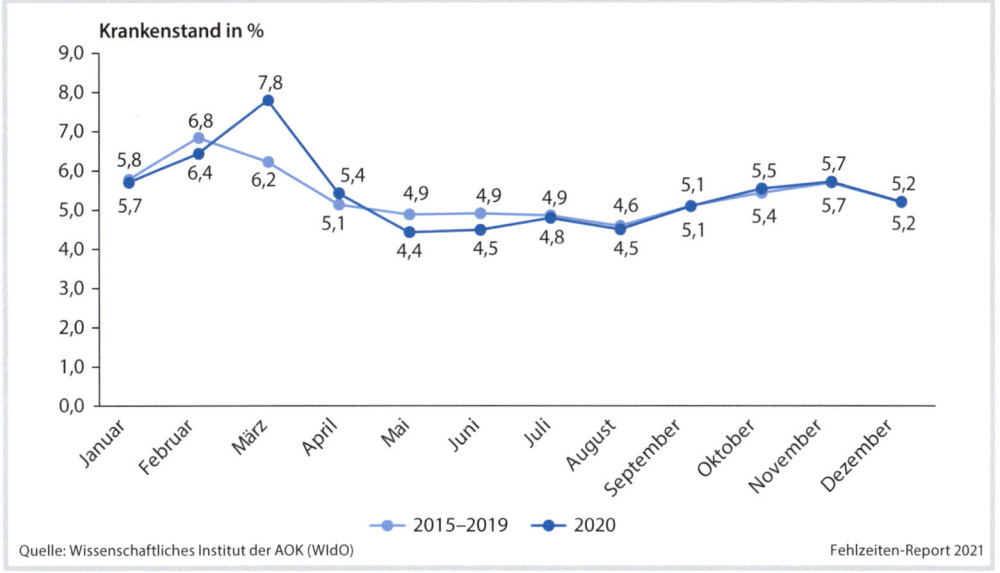

◘ Abb. 27.69 Krankenstand der AOK-Mitglieder im Monatsverlauf von Januar bis Dezember 2020 im Vergleich zu dem Durchschnitt der Jahre 2015–2019

■■ Wie wirkte sich die Covid-19-Pandemie auf den Krankenstand aus?

Ein Vergleich der monatlichen Krankenstände im Jahr 2020 mit den Ergebnissen der letzten fünf Jahre zeigt, dass lediglich in den Monaten März, April und Oktober 2020 ein höherer Krankenstand festzustellen war als im Durchschnitt der letzten fünf Jahre (s. ◘ Abb. 27.69). In diesem Vergleich, der Sondereffekte in einzelnen Jahren – zum Beispiel durch starke Grippewellen – ausgleicht, war die größte Differenz mit 1,6 Prozentpunkten im März zu erkennen: In diesem Monat erreichte der Gesamt-Krankenstand im Jahr 2020 mit 7,8 % seinen Höchststand. Von April bis August blieb der Krankenstand hingegen hinter dem Durchschnitt der letzten fünf Jahre zurück, während er im letzten Quartal des Jahres auf gleichem Niveau verlief. Der niedrigste Krankenstand war mit 4,4 % im Mai zu verzeichnen; er lag damit unter dem Durchschnitt der letzten fünf Jahre (4,9 %).

■■ Auswirkungen der Möglichkeit zur telefonischen Krankschreibung

Vom 9. März bis 31. Mai sowie vom 19. Oktober bis 31. Dezember bestand im Jahr 2020 die Möglichkeit einer telefonischen Krankschreibung. Diese Regelung galt für Patienten, die an leichten Erkrankungen der oberen Atemwege erkrankt waren und keine schwere Symptomatik aufwiesen oder Kriterien des Robert Koch-Instituts (RKI) für einen Verdacht auf eine Infektion mit COVID-19 erfüllten. Das Ziel war, Arztpraxen zu entlasten und die Anzahl der direkten Arzt-Patienten-Kontakte so gering wie möglich zu halten. Die niedergelassenen Ärzte mussten sich dabei persönlich vom Zustand der Patienten durch eine eingehende telefonische Befragung überzeugen. Die Krankschreibung konnte für bis zu sieben Tage ausgestellt werden, eine einmalige Verlängerung um weitere sieben Tage war ebenfalls telefonisch möglich.

◘ Abb. 27.70 zeigt, dass der Anteil an Arbeitsunfähigkeitsfällen mit Atemwegserkrankungen (J00–J99) lediglich in den Mona-

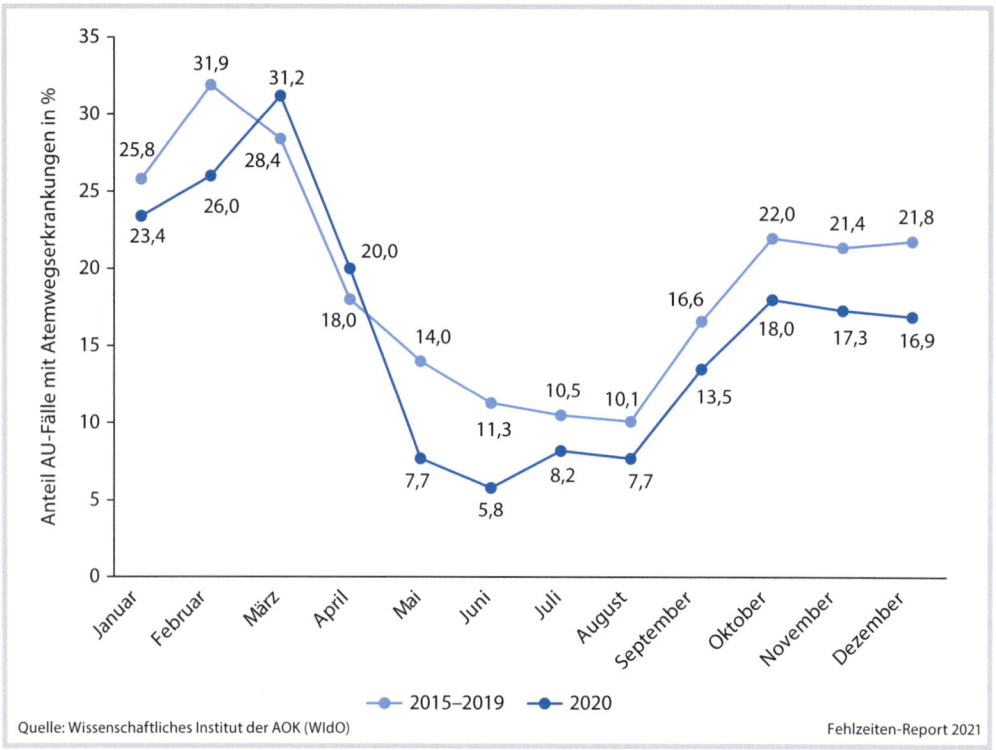

Abb. 27.70 Anteil an AU-Fällen für Atemwegserkrankungen an allen dokumentierten Diagnosen der Arbeitsunfähigkeitsmeldungen in %, AOK-Mitglieder im Jahr 2020 und im Mittel der Jahre 2015–2019

ten März (+2,8 Prozentpunkte) und April (+2 Prozentpunkte) leicht über dem Durchschnitt der letzten fünf Jahre (2015–2019) lag und ansonsten unter dem Fünf-Jahres-Durchschnitt verblieb. Im Mai lag der Anteil an Arbeitsunfähigkeitsfällen mit Atemwegserkrankungen sogar 6,3 Prozentpunkte unter dem Fünf-Jahres-Durchschnitt von 2015–2019. Es kann vermutet werden, dass die Verunsicherung der Beschäftigten zu Beginn der Pandemie besonders groß war und sie aus Sorge, Kolleg:innen zu gefährden, die Möglichkeit zur telefonischen Krankschreibung deshalb während der ersten Pandemiewelle verstärkt genutzt haben. Die Daten sprechen nicht für eine missbräuchliche oder übertriebene Inanspruchnahme der Möglichkeit zur telefonischen Krankschreibung.

▪▪ Entwicklung diagnosebezogener Fehlzeiten in der Pandemie

Durch die Covid-19-Pandemie zeigten sich in den Arbeitsunfähigkeitsdaten der AOK-Mitglieder Seiteneffekte. So war ein allgemeiner Rückgang an arbeitsunfähigkeitsbedingten Fällen zu beobachten, während die Dauer der Arbeitsunfähigkeitsfälle im Durchschnitt stieg.

In ◘ Abb. 27.71 wird diese Entwicklung anhand der fünf wichtigsten Diagnosen Muskel-Skelett-Erkrankungen (ICD-GM ► Kap. 13), Verdauung (ICD-GM ► Kap. 11), Erkrankungen der Atemwege (ICD-GM ► Kap. 10), Herz-Kreislauf-Erkrankungen (ICD-GM ► Kap. 9) und Psychische und Verhaltensstörungen (ICD-GM ► Kap. 5) dargestellt. In allen fünf Erkrankungsarten gab es den gleichen Trend, allerdings auf unter-

27.21 · Fehlzeiten im Jahr 2020 im Zusammenhang mit der Covid-19-Pandemie

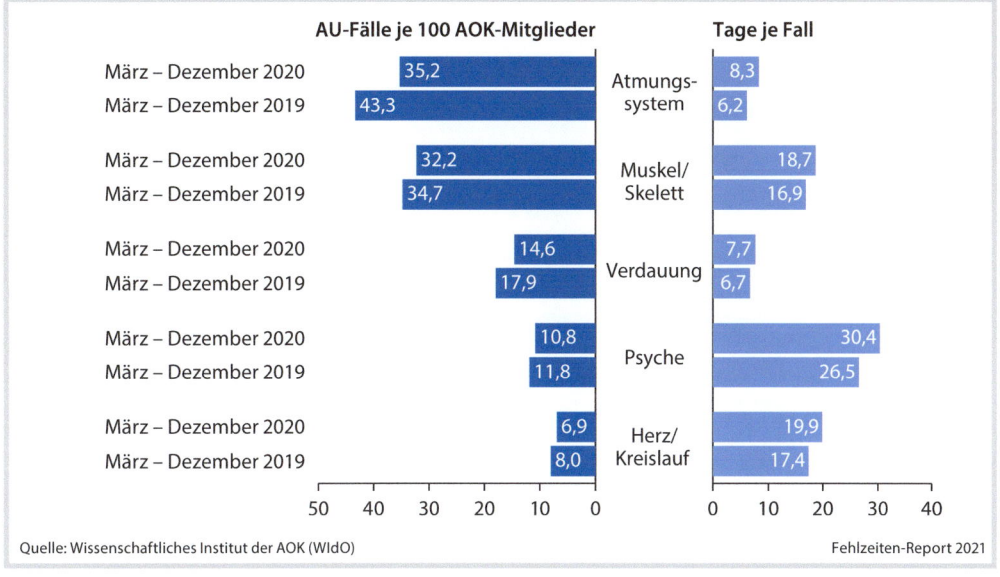

Abb. 27.71 AU-Fälle je 100 AOK-Mitglieder und Tage je Fall im Zeitraum März bis Dezember 2020 im Vergleich zum Vorjahreszeitraum

schiedlichem Niveau. Verglichen wurde dabei der Pandemiezeitraum von März bis Dezember 2020 mit dem Vorjahreszeitraum 2019.

Abb. 27.71 zeigt, dass die Differenz zwischen der Anzahl der Arbeitsunfähigkeitsfälle im Pandemiezeitraum und im Vorjahreszeitraum bei den Atemwegserkrankungen am größten war: Sie verursachten im Jahr 2020 mit 35,2 Arbeitsunfähigkeitsfällen je 100 AOK-Mitgliedern im Durchschnitt 7,5 Fälle weniger als im Vorjahr mit 43,3 AU-Fällen je 100 Mitglieder. Hinsichtlich der Dauer einer durchschnittlichen Arbeitsunfähigkeit war die Differenz im Vergleich zum Vorjahr bei den psychischen Erkrankungen am größten: 2020 fehlten Beschäftigte im Durchschnitt drei Tage länger mit einer psychischen Diagnose als im Jahr 2019 (30,3 Tage je Fall im Jahr 2020 im Vergleich zu 27,1 Tage je Fall im Jahr 2019). Es ist zu vermuten, dass die Abnahme an AU-Fällen mit der Angst der Beschäftigten vor Ansteckung bei einem persönlichen Arztbesuch zusammenhängt. Außerdem kann im Hinblick auf die Atemwegserkrankungen angenommen werden, dass die Abstands- und Hygieneregeln zu einer Abnahme der Krankschreibungen aufgrund von Atemwegserkrankungen geführt haben. Gleichzeitig deutet die gestiegene Dauer der Krankschreibungen bei den hier ausgewerteten Diagnosen darauf hin, dass die Erkrankten in der Pandemie-Situation stärker belastet waren.

Entwicklung psychischer Erkrankungen in der Covid-19-Pandemie

Bereits wenige Monate nach der Einstufung der weltweiten Verbreitung des SARS-CoV-2-Virus als Pandemie bezeichnete der Generaldirektor der WHO den Einfluss selbiger auf die psychische Gesundheit als „höchst besorgniserregend". Begründet sah er seine Einschätzung durch aus der Pandemie resultierende Einflussfaktoren wie den Verlust sozialer Kontakte, Angst vor Ansteckung, möglicher Verlust von Angehörigen und Sorge um Jobverlust und Einkommenseinbußen (WHO 2020). Skoda et al. untersuchten anhand eines Querschnittsdesigns die Veränderung der psychischen Belastungen in der Covid-19-Pandemie, die sie in fünf Phasen zwischen

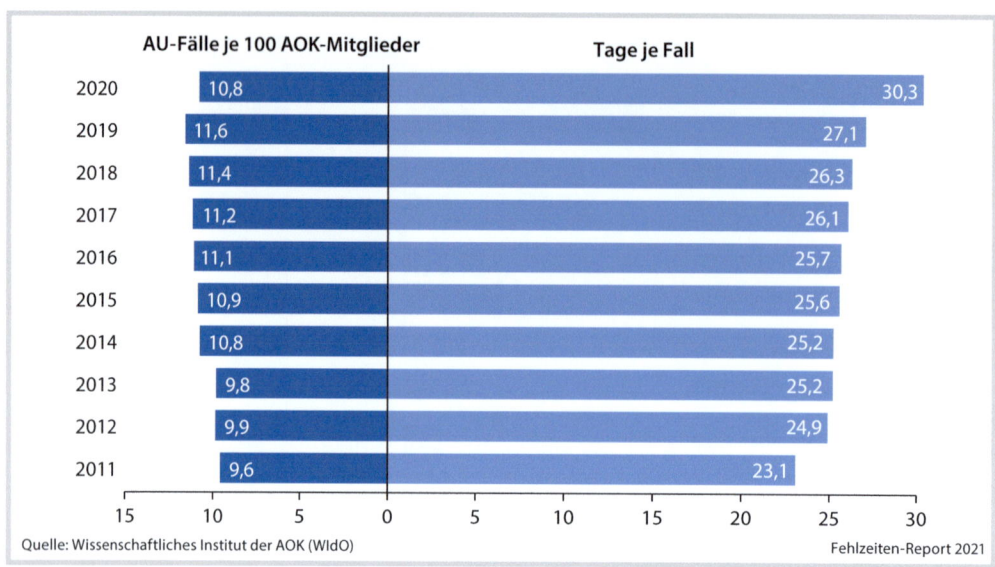

Abb. 27.72 Tage je Fall und Arbeitsunfähigkeitsfälle je 100 AOK-Mitglieder aufgrund von psychischen Erkrankungen (ICD-GM: Kapitel 5) 2011 bis 2020, AOK-Mitglieder[a]; Arbeitsunfähigkeitsmeldungen der AOK-versicherten Beschäftigten, die im WIdO bis zum 24. Februar 2021 vorlagen. [a] ganzjährig Versicherte

dem 10. März und dem 27. Juli 2020 aufteilten. Sie konnten aufzeigen, dass die Prävalenz von generalisierter Angst, Symptomen einer Major Depressionen und psychischem Distress über den gesamten Untersuchungszeitraum konstant erhöht blieb – unabhängig vom Pandemieverlauf und dem Sinken der Fallzahlen im Sommer 2020. Verglichen wurde mit der jeweiligen Prävalenz einer normativen Stichprobe vor Beginn der Pandemie. Im Vergleich dazu stieg die Prävalenz Covid-19-bezogener Angst in der Anfangsphase an und fiel dann in der Phase „neue Normalität" vom 26. Mai. bis 27. Juli 2020 unter das Ausgangsniveau zu Beginn der Studie ab. Diese Kurve entspricht damit einer erwartbaren Entwicklung, nach der die Angst vor einer Bedrohung zurückgeht, wenn das Risiko des Eintretens sinkt. Die Autor:innen schlussfolgern aus den unterschiedlichen Prävalenzverläufen von Covid-19-bezogener Angst einerseits und psychischer Belastung andererseits, dass die erhöhte psychische Belastung in der Covid-19-Pandemie nicht mit der Angst vor einer Covid-19-Infektion erklärt werden kann. Sie sprechen daher von einem „Auseinanderdriften von anhaltender psychischer Belastung und COVID-19-bezogener Angst" (Skoda et al. 2021). Petzold et al. konnten in ihrer Studie herausfinden, dass 17 % der Befragten das eigene Angstniveau im Zusammenhang mit der Pandemie als übermäßig einschätzten und 25 % der Befragten angaben, dass ihre Angst sie in ihrem Alltag einschränke (Petzold et al. 2020).

Auf Basis der Arbeitsunfähigkeitsdaten wurde im Folgenden untersucht, wie sich das Fehlzeitengeschehen aufgrund psychischer Diagnosen im Pandemiejahr 2020 von den zehn Vorjahren unterschied. Anschließend wurden auf Ebene der Untergruppen die Anzahl der Arbeitsunfähigkeitsfälle sowie die Dauer der Arbeitsunfähigkeitsfälle mit den Daten des Vorjahrs verglichen.

Anhand der Daten zu den AOK-Mitglieder lässt sich erkennen, dass es im Jahr 2020 mit durchschnittlich 10,8 Arbeitsunfähigkeitsfällen je 100 AOK-Mitglieder weniger Krankschreibungen wegen psychischer Erkrankungen gab als im Vorjahr mit 11,6 AU-Fällen

27.21 · Fehlzeiten im Jahr 2020 im Zusammenhang mit der Covid-19-Pandemie

Tab. 27.13 AU-Fälle je 100 AOK-Mitglieder nach Altersgruppen und Geschlecht 2019–2020, Psychische und Verhaltensstörungen (ICD-GM F00–99)

	Männlich		Veränderung im Vergleich zum Vorjahr in %	Weiblich		Veränderung im Vergleich zum Vorjahr in %
	2019	2020		2019	2020	
Bis 19	7,2	6,3	−12,5	12,8	11,9	−7,0
20–29	8,6	7,6	−11,6	13,5	12,0	−11,1
30–39	8,5	7,6	−10,6	12,7	11,6	−8,7
40–49	8,9	8,1	−9,0	14,4	13,6	−5,6
50–59	10,2	9,6	−5,9	16,5	15,7	−4,8
60 ff	11,1	11,1	0	17,4	17,9	−2,9
Gesamt	9,2	8,4	−8,7	14,6	13,7	−6,2

Fehlzeiten-Report 2021

je 100 AOK-Mitglieder, jedoch eine deutliche Zunahme der Länge dieser Krankschreibungen zu verzeichnen war (s. Abb. 27.72). So stieg die Dauer eines durchschnittlichen psychisch bedingten Arbeitsunfähigkeitsfalls bei den AOK-Mitgliedern im Vergleich zum Vorjahreszeitraum um mehr als drei Tage – von 27,1 Tage im Jahr 2019 auf 30,3 Tage im Jahr 2020. Der Trend zu immer länger anhaltenden Krankschreibungen bei psychischen Diagnosen bleibt damit ungebrochen und hat sich im Pandemiejahr nochmal verstärkt.

Tab. 27.13 zeigt die Arbeitsunfähigkeitsfälle je 100 AOK-Mitglieder nach Altersgruppen und Geschlecht im Vergleich zum Vorjahr für die Diagnosehauptgruppe der psychischen Erkrankungen. Auffallend ist, dass bei beiden Geschlechtern insbesondere die jüngeren Beschäftigten bis 29 Jahre einen stärkeren Rückgang der Arbeitsunfähigkeitsfälle zu verzeichnen hatten. Keinen Rückgang der Fallzahlen gab es bei den Über-60-Jährigen Beschäftigten, wobei es hier bei den weiblichen Beschäftigten entgegen dem Trend sogar einen Anstieg um 2,9 % gab.

In Tab. 27.14 ist zu sehen, dass die stärkste Zunahme der Falldauern wegen einer psychischen Diagnose bei beiden Geschlechtern bei den über 60-jährigen Beschäftigten zu verzeichnen war (+14,2 % bei den männlichen bzw. +11,5 % bei den weiblichen Beschäftigten). Auch die männlichen Beschäftigten zwischen 20 und 29 Jahren verzeichneten einen Anstieg der Falldauer um 13,6 %. Insgesamt stiegen die Falldauern bei den männlichen Beschäftigten leicht stärker an als bei den weiblichen.

Tab. 27.15 zeigt die Untergruppen der psychischen und Verhaltensstörungen mit den meisten Arbeitsunfähigkeitsfällen im Jahr 2020. An erster Stelle unter den psychischen Erkrankungen standen im Jahr 2020 mit 74,4 AU-Fällen je 1.000 AOK-Mitglieder die neurotischen, Belastungs- und somatoformen Störungen (F40–F49), zu denen beispielsweise Angststörungen gezählt werden. An zweiter Stelle standen mit 34,9 AU-Fällen je 1.000 AOK-Mitglieder die affektiven Störungen (F30–F39), zu denen beispielsweise die depressiven Erkrankungen gehören. Wie Tab. 27.15 zu entnehmen ist, nahm jedoch die Anzahl an Fällen im Vergleich zum Vorjahr ab, während die Falldauer anstieg. Der stärkste Rückgang bei der Anzahl der Fälle trat bei den psychischen und Verhaltensstörungen durch psychotrope Substanzen auf (−16,0 % Abnahme im Vergleich zum Vorjahr). Der prozentual stärkste Anstieg der Falldauer ist bei

Tab. 27.14 Tage je Fall nach Altersgruppen und Geschlecht 2019–2020, Psychische und Verhaltensstörungen (ICD-GM F00–99), AOK-Mitglieder

	Männlich		Veränderung im Vergleich zum Vorjahr in %	Weiblich		Veränderung im Vergleich zum Vorjahr in %
	2019	2020		2019	2020	
Bis 19	12,3	13,4	8,9	14,2	14,7	3,5
20–29	16,9	19,2	13,6	19,4	21,4	10,3
30–39	22,4	24,6	9,8	25,5	28,1	10,2
40–49	26,4	28,7	8,7	27,9	30,4	9,0
50–59	30,7	34,4	12,1	32,2	35,3	9,6
60 ff	37,4	42,7	14,2	40,0	44,6	11,5
Gesamt	25,7	29,0	12,8	28,1	31,3	11,4

Fehlzeiten-Report 2021

Tab. 27.15 Psychische und Verhaltensstörungen (ICD F00–99): Untergruppen mit den meisten AU-Fällen 2019–2020, AOK-Mitglieder

	AU-Fälle je 1.000 AOK-Mitglieder			Tage je Fall		
	2019	2020	Veränderung zum Vorjahr in %	2019	2020	Veränderung zum Vorjahr in %
Psychische und Verhaltensstörungen durch psychotrope Substanzen (F10–F19)	11,9	10,0	−16,0	16,6	18,4	10,8
Affektive Störungen (F30 – F39)	37,6	34,9	−7,2	41,8	47,1	12,7
Neurotische, Belastungs- und somatoforme Störungen (F40–F49)	78,0	74,4	−4,6	23,4	26,3	12,4
Verhaltensauffälligkeiten mit körperlichen Störungen und Faktoren (F50–F59)	3,1	2,9	−6,5	25,4	29,0	14,2
Persönlichkeits- und Verhaltensstörungen (F60–F69)	2,2	2,0	−9,1	35,9	39,0	8,6
Psychische und Verhaltensstörungen (F00–F99)	115,9	108,0	−6,8	27,1	30,3	11,8

Fehlzeiten-Report 2021

den Verhaltensauffälligkeiten mit körperlichen Störungen und Faktoren (F50–F59) zu beobachten: Diese stiegen um 14,2 % auf durchschnittlich 29 Fehltage an. Auch die Falldauer der Affektiven Störungen (F30–F39) nahm mit 12,7 % deutlich zu, während die Zahl der Arbeitsunfähigkeitsfälle je 1.000 Mitglieder hingegen um 7,2 % sank.

Entwicklung der Burnout-Erkrankungen in der Covid-19-Pandemie

Auch bei der Diagnose „Burnout" (ICD-GM Z73), die einen Zustand physischer und psychischer Erschöpfung beschreibt und vom Arzt in der Regel als Zusatzinformation als „Probleme mit Bezug auf Schwierigkeiten bei der Lebensbewältigung" (ICD-GM Z73) dokumentiert wird, zeigt sich eine ähnliche Entwicklung. So waren die Burnout-Fallzahlen im Pandemiejahr 2020 im Vergleich zum Vorjahr rückläufig (−6,8 %), verzeichneten aber gleichzeitig einen Anstieg der durchschnittlichen Fehltage gegenüber dem Vorjahr um 9,0 % auf durchschnittlich 24 Tage (Abb. 27.73).

Die monatliche Entwicklung der Arbeitsunfähigkeitstage je 1.000 AOK-Mitglieder zeigt, dass von Januar bis März 2020 zunächst ein monatlicher Zuwachs an Arbeitsunfähigkeitstagen wegen Burnout zu beobachten war, wobei die Werte der Vorjahresmonate jeweils deutlich überschritten wurden. Diese Entwicklung wurde dann jedoch nach Beginn der Pandemie von April bis September 2020 unterbrochen, um sich dann nahezu auf dem Vorjahresniveau einzupendeln und sogar zum Teil hinter das Vorjahresniveau zurückzufallen (s. Abb. 27.74).

Die monatliche Entwicklung der AU-Fälle je 1.000 AOK-Mitglieder aufgrund von Burnout zeigt im Jahr 2020 einen deutlichen Abfall der Arbeitsunfähigkeitsfälle ab Beginn der Pandemie im März und einen damit verbundenen Rückgang weit hinter das Vorjahresniveau. Im Mai erreichte diese Entwicklung mit 7,4 AU-Fällen je 1.000 AOK-Mitglieder ihren Tiefpunkt. Damit lag die Anzahl der AU-Fälle deutlich hinter dem Vorjahreswert von 9,4 AU-Fällen je 1.000 AOK-Mitgliedern. Von Mai bis September stiegen die AU-Fälle dann wieder – mit einem zwischenzeitlichen kurzen Absinken im August – an und erreichten bereits im Juni wieder annähernd das Vorjahresniveau. Wie bereits in der ersten Pandemiewelle kam es ab September zu einem zunächst leichten, dann von November bis Dezember deutlichen Abfall der Arbeitsunfähigkeitsfälle je 1.000 Mitglieder.

Es ist als Effekt der Pandemie nicht auszuschließen, dass die steigenden Infektionszahlen und die damit verbundene prekäre Lage in

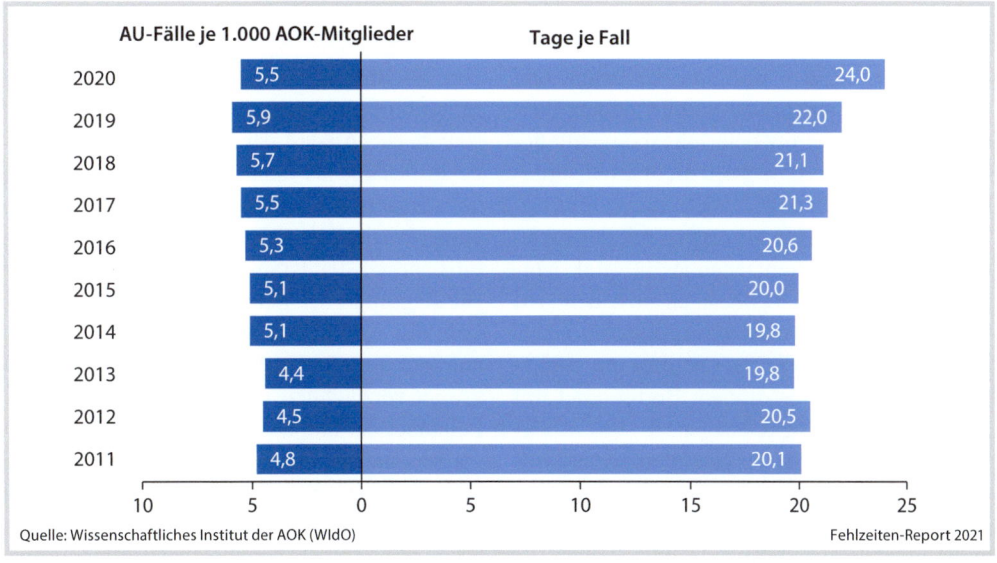

Abb. 27.73 Tage je Fall und Arbeitsunfähigkeitsfälle je 1.000 AOK-Mitglieder aufgrund der Diagnosegruppe Z73 „Probleme mit Bezug auf Schwierigkeiten bei der Lebensbewältigung" 2011–2020

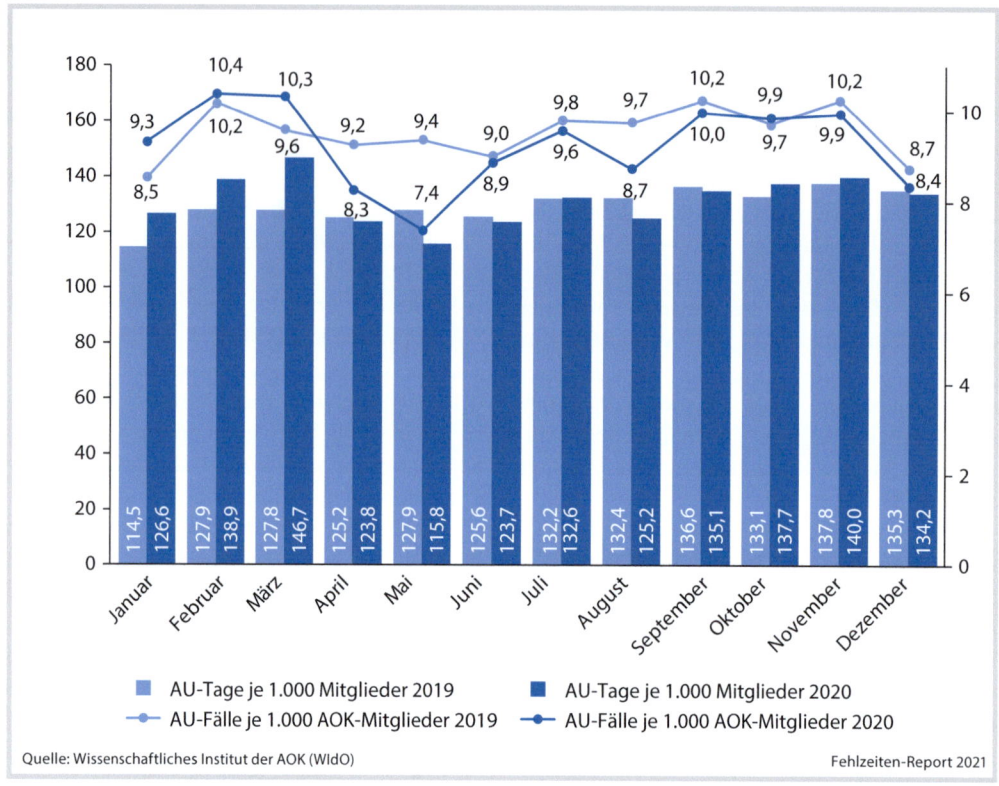

◘ **Abb. 27.74** Arbeitsunfähigkeitstage und -fälle je 1.000 AOK-Mitglieder bezogen auf die Diagnose „Probleme mit Bezug auf Schwierigkeiten bei der Lebensbewältigung" (ICD-GM: Z73) im Monatsverlauf, 2019 und 2020

bestimmten Unternehmen – beispielsweise im Gesundheitssektor – während der ersten und zweiten Welle auch dazu geführt haben, dass Beschäftigte sich trotz belastungsbedingter gesundheitlicher Beschwerden nicht arbeitsunfähig gemeldet haben.

Von den zehn Berufsgruppen mit den meisten Arbeitsunfähigkeitstagen je 100 AOK Mitglieder im Jahr 2020 beziehen sich acht auf Gesundheitsberufe oder pädagogische Tätigkeiten (s. ◘ Abb. 27.75). Die drei am stärksten von Burnout betroffenen Berufe sind mit 31,7 Arbeitsunfähigkeitstagen je 100 AOK-Mitglieder Berufe in der Sozialarbeit und Sozialpädagogik, Berufe in der Heilerziehungspflege und Sonderpädagogik (29,9 Arbeitsunfähigkeitstage je 100 AOK-Mitglieder) sowie Berufe in der Haus- und Familienpflege (29,7 Arbeitsunfähigkeitstage je 100 AOK-Mitglieder). Der Blick auf die Veränderung zum Vorjahr zeigt, dass mit Ausnahme der Berufsgruppe Sozialarbeit und Sozialpädagogik sowohl die Anzahl der Arbeitsunfähigkeitstage insgesamt als auch die Falldauer bei den am stärksten betroffenen Berufen im Vergleich zum Vorjahr zunahm. Der stärkste Zuwachs hinsichtlich der Krankheitsdauer war bei der Berufsgruppe der Personaldienstleister zu sehen, die von 2019 auf 2020 von 19,9 Tagen auf 34,5 Tage je Fall anstiegen. Diese Berufsgruppe verzeichnete damit zugleich die längste Falldauer der hier ausgewerteten Berufe.

Beschäftige mit Gesundheitsberufen sowie mit pädagogischen Tätigkeiten waren durch die Pandemie einer hohen Belastung ausgesetzt, was sich in vermehrten Fehltagen aufgrund von Burnout widerspiegelt. Auch in Großbritannien war die hohe Belastung des

27.21 · Fehlzeiten im Jahr 2020 im Zusammenhang mit der Covid-19-Pandemie

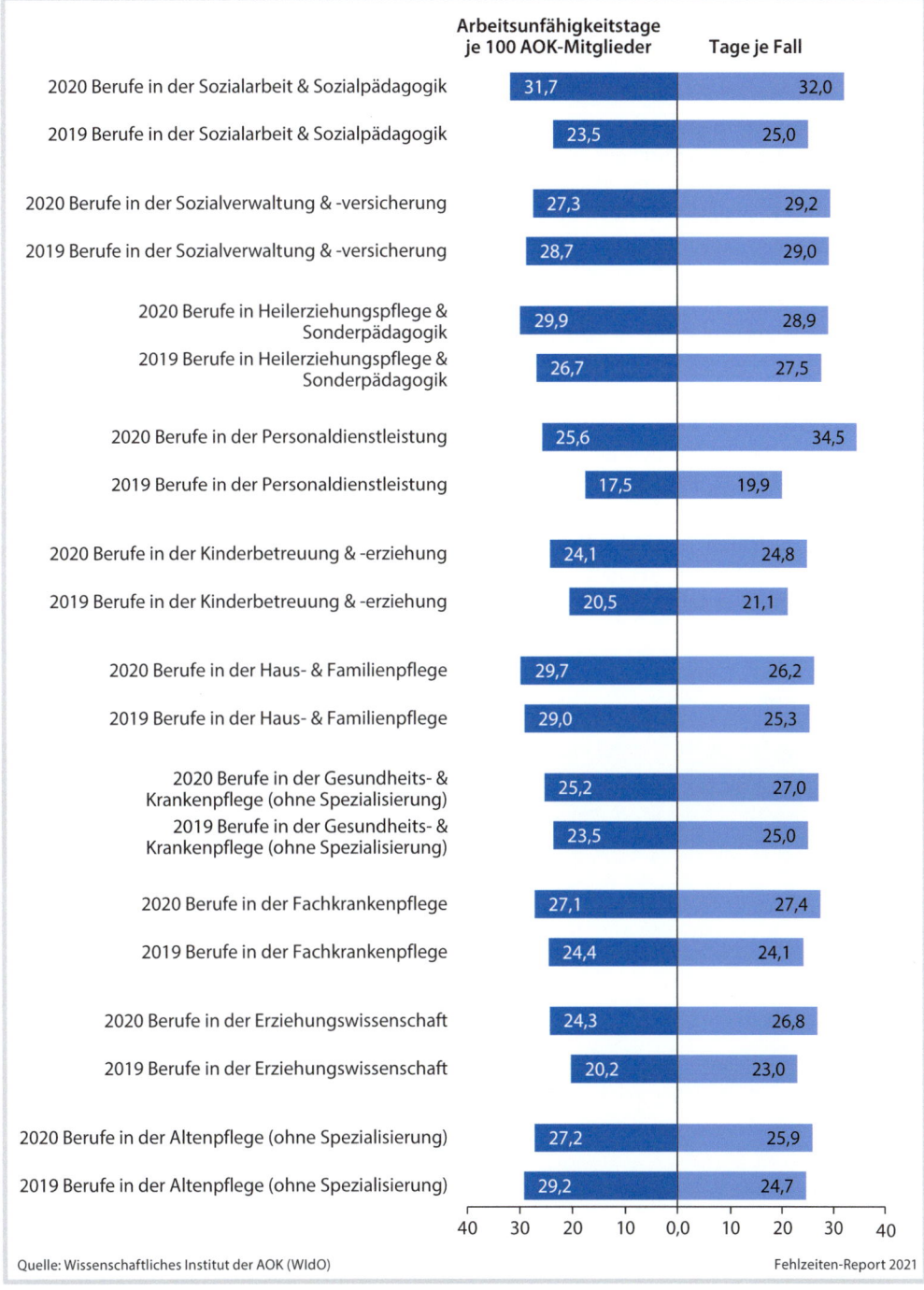

◻ **Abb. 27.75** Zehn Berufsgruppen mit den meisten AU-Tagen je 100 Mitglieder mit Burnout (ICD-GM: Z73) sowie Tage je Fall, März bis Dezember 2019 und 2020, AOK-Mitglieder

Personals des Gesundheitsdienstes NHS durch die Covid-19-Pandemie bedingt. Dort wurde von einem alamierenden Niveau an Burnout-Fällen gesprochen (www.parliament.uk 2021).

Die Ergebnisse zeigen, dass Beschäftigte, wenn sie mit einer psychischen Erkrankung oder Burnout-Problematik im Pandemiejahr 2020 beim Arzt vorstellig wurden, im Durchschnitt über einen längeren Zeitraum arbeitsunfähig waren. Die von Skoda et al. (2021) ermittelte gestiegene Prävalenz einiger psychischer Erkrankungen und die in den Arbeitsunfähigkeitsdaten zu beobachtende gesunkene Fallzahl bei den psychischen Erkrankungen lassen vermuten, dass viele Beschäftigte mit psychischen Problemen nicht mit dem Gesundheitssystem in Kontakt getreten sind. Angst vor einer Covid-19-Infektion oder Verunsicherung im Hinblick auf die Behandlung in der Pandemiesituation könnten hier Einflussfaktoren gewesen sein.

▪▪ Entwicklung von Atemwegserkrankungen in der Covid-19-Pandemie

Auch für die Atemwegserkrankungen ergibt der Vorjahresvergleich eine Abnahme an Arbeitsunfähigkeitsfällen, bei gleichzeitigem Anstieg der Falldauer. Die Differenzierung nach Diagnoseuntergruppen zeigt, dass im Jahr 2020 die meisten Arbeitsunfähigkeitsfälle auf akute Infektionen der oberen Atemwege (J00–J06) zurückzuführen waren (s. ◘ Tab. 27.16). Die stärkste Zunahme an Tagen pro Arbeitsunfähigkeitsfall im Vergleich zum Vorjahr gab es bei den chronischen Krankheiten der unteren Atemwege (J40–J47) von 8,8 auf 11,8 Tage je Fall, was einem Zuwachs um 33,9 % entspricht. Den stärksten Rückgang verzeichneten die akuten Infektionen der unteren Atemwege (J20–J22), die mit 3,1 AU-Fällen je 100 AOK-Mitglieder um 39,3 % geringer ausfielen als 2019 mit 5,0 AU-Fällen je 100 AOK-Mitglieder.

◘ **Tab. 27.16** Atemwegserkrankungen: Untergruppen mit den meisten AU-Fällen 2019 und 2020, AOK-Mitglieder

	AU-Fälle je 100 AOK-Mitglieder			Tage je Fall		
	2019	2020	Veränderung zum Vorjahr in %	2019	2020	Veränderung zum Vorjahr in %
Akute Infektionen der oberen Atemwege (J00–J06)	35,1	31,4	−10,4	5,6	7,0	26,2
Grippe und Pneumonie (J09–J18)	2,1	1,7	−19,0	9,1	10,9	19,9
Sonstige akute Infektionen der unteren Atemwege (J20–J22)	5,0	3,1	−39,3	7,0	8,5	21,4
Sonstige Krankheiten der oberen Atemwege (J30–J39)	3,4	2,4	−30,9	7,1	8,3	17,1
Chronische Krankheiten der unteren Atemwege (J40–J47)	5,5	3,5	−35,7	8,8	11,8	33,9
Krankheiten des Atmungssystems (J00–J99)	**48,7**	**41,0**	**−15,8**	**6,4**	**7,9**	**23,5**

Fehlzeiten-Report 2021

Tab. 27.17 Muskel-Skelett-Erkrankungen: Diagnose-Untergruppen mit den meisten AU-Fällen 2019 und 2020, AOK-Mitglieder

	AU-Fälle je 100 AOK-Mitglieder			Tage je Fall		
	2019	2020	Veränderung zum Vorjahr in %	2019	2020	Veränderung zum Vorjahr in %
Arthrose (M15–M19)	2,0	1,9	−4,8	34,8	37,9	9,1
Sonstige Gelenkkrankheiten (M20–M25)	4,3	4,0	−5,4	21,1	22,7	7,8
Sonstige Krankheiten der Wirbelsäule und des Rückens (M50–M54)	17,8	17,1	−4,4	13,9	15,0	8,1
Sonstige Krankheiten des Weichteilgewebes (M70–M79)	6,3	5,9	−7,2	19,0	21,1	10,9
Sonstige Krankheiten des Muskel-Skelett-Systems und des Bindegewebes (M95–M99)	2,3	2,1	−6,7	11,1	12,3	10,6
Krankheiten des Muskel-Skelett-Systems und des Bindegewebes (M00–M99)	**34,2**	**32,2**	**−5,8**	**17,3**	**18,7**	**8,7**

Fehlzeiten-Report 2021

Entwicklung von Muskel-Skelett-Erkrankungen in der Covid-19-Pandemie

Differenziert nach Untergruppen zeigt sich die stärkste Zunahme der Falldauer (+10,9 %) und gleichzeitig die stärkste Abnahme bei der Anzahl der Fälle (−7,2 %) bei den Krankheiten des Weichteilgewebes (s. Tab. 27.17).

Entwicklung des Kinderpflegekrankengeldes in der Covid-19-Pandemie

Durch Schul- und Kitaschließungen standen berufstätige Eltern während der Covid-19-Pandemie unter einer besonderen Belastungsprobe. Um diese Belastung abzufedern, erhöhte der Gesetzgeber die Anzahl an Kinderkrankengeldtagen für 2020 um fünf Tage pro gesetzlich versicherten Elternteil auf 15 Tage pro Kind unter zwölf Jahren, Alleinerziehenden standen pro Kind 30 anstatt 20 Kinderkrankengeldtage zur Verfügung (Bundesregierung 2020). Das Krankenhauszukunftsgesetz, in welchem die Anpassung des Kinderkrankengeldes gesetzlich festgehalten wurde, trat am 29. Oktober 2020 in Kraft (Bundesministerium für Gesundheit 2020). Mit der am 23. April 2021 in Kraft getretenen Ergänzung des Infektionsschutzgesetzes wurde der Anspruch auf Kinderkrankengeld für das Jahr 2021 noch einmal weiter ausgeweitet (Gesetz zur Verhütung und Bekämpfung von Infektionskrankheiten beim Menschen; Infektionsschutzgesetz – IfSG, § 56). So besteht ab diesem Datum nicht nur Anspruch auf Kinderkrankengeld, wenn das Kind krank ist, sondern auch, wenn Betreuungs- und Bildungseinrichtungen geschlossen sind oder die Betreuung limitiert ist. Die Anzahl der möglichen Kinderkrankengeldtage steigt damit im Jahr 2021 von 20 Tagen pro Elternteil und Kind auf 30 Tage, also auf 60 Tage pro Elternpaar und Kind. Auch für Alleinerziehende verdoppelt sich die Anzahl der Kinderkrankengeldtage pro Kind von 30 auf 60 Tage. Abb. 27.76 zeigt die monatliche Entwicklung der Kinderkrankengeldfälle im Jahr 2019 und 2020. Auffallend ist, dass es zu Beginn der Pandemie im April und Mai

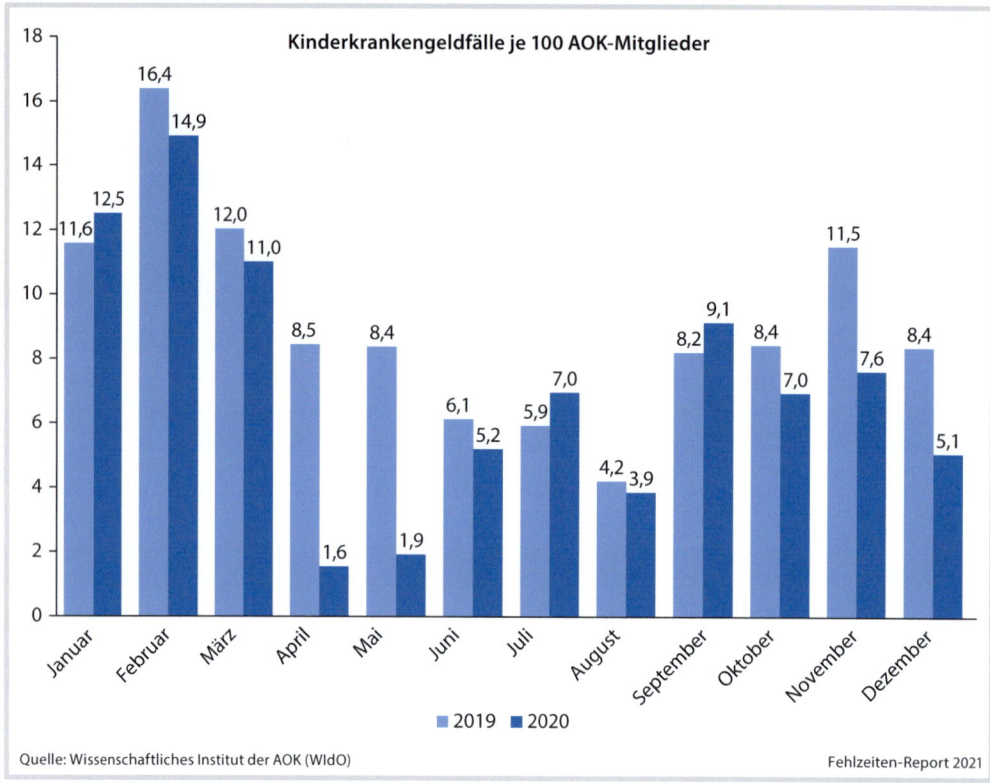

Abb. 27.76 Kinderkrankengeldfälle je 100 AOK-Mitglieder 2019 und 2020, AOK-Mitglieder

2020 zu einem deutlichen Abfall der Kinderkrankengeldfälle im Vergleich zu den Vorjahresmonaten kam. Lagen die durchschnittlichen Kinderkrankengeldfälle bei den erwerbstätigen AOK-Versicherten im April 2019 noch bei 8,5 und im Mai bei 8,4 Tagen, nahm ein AOK-Mitglied 2020 in diesen Monaten nur noch 1,6 bzw. 1,9 Kinderkrankengeldtage in Anspruch. Nach einem Anstieg im Juni 2020 überstiegen die Kinderkrankengeldtage im Juli und September dann den Vorjahreswert. Interessanterweise fielen die Kinderkrankengeldtage jedoch im letzten Drittel des Jahres, in dem es zur so genannten zweiten Welle der Pandemie kam, wieder mit einigem Abstand hinter den Vorjahreswert zurück. Über das Absinken der Kinderkrankengeldfälle während der ersten und zweiten Welle kann nur spekuliert werden. Möglich ist, dass durch zwischenzeitliche Schul- und Kitaschließungen weniger Infektionskrankheiten auftraten, weil Infektionswege waren, und so weniger Kinderkrankengeldtage benötigt wurden. Der höhere Homeoffice-Anteil in der Pandemie wird das Kinderkrankengeldgeschehen vermutlich ebenfalls beeinflusst haben, da erkrankte Kinder so leichter zu Hause betreut werden und die Eltern weiter ihrer Tätigkeit nachgehen konnten, ohne dass es einer expliziten Kinderpflegegeldkrankschreibung bedurfte.

Literatur

Benz A (2010) Einflussgrößen auf krankheitsbedingte Fehlzeiten – dargestellt am Beispiel des Regierungspräsidiums Stuttgart. Diplomarbeit Hochschule für öffentliche Verwaltung und Finanzen Ludwigsburg. https://opus-hslb.bsz-bw.de/files/139/Benz_Annika.pdf. Zugegriffen: 15. März 2017

Literatur

Bundesagentur für Arbeit (1988) Klassifizierung der Berufe 1988 – Systematisches und alphabetisches Verzeichnis der Berufsbenennungen. Bundesagentur für Arbeit, Nürnberg

Bundesagentur für Arbeit (2011) Klassifizierung der Berufe 2010 – Band 1: Systematischer und alphabetischer Teil mit Erläuterungen. Bundesagentur für Arbeit, Nürnberg

Bundesagentur für Arbeit (2020) Berichte: Analyse Arbeitsmarkt. Arbeitsmarkt für Menschen mit Behinderung. BMA, Nürnberg

Bundesagentur für Arbeit (2021) Beschäftigtenstatistik nach Wirtschaftszweigen. Nürnberg. http://statistik.arbeitsagentur.de/nn_31966/SiteGlobals/Forms/Rubrikensuche/Rubrikensuche_Form.html (Erstellt: 30. Juni 2020). Zugegriffen: 1. März 2017

Bundesministerium für Arbeit und Soziales, Bundesanstalt für Arbeitsschutz und Arbeitsmedizin (2021) Volkswirtschaftliche Kosten durch Arbeitsunfähigkeit 2019

Bundesministerium für Gesundheit (2020) Krankenhauszukunftsgesetz für die Digitalisierung von Krankenhäusern. https://www.bundesgesundheitsministerium.de/krankenhauszukunftsgesetz.html. Zugegriffen: 7. Juni 2021

Bundesministerium für Gesundheit (2021) Gesetzliche Krankenversicherung. Vorläufige Rechnungsergebnisse 1.–4. Quartal 2020. Stand 16. März 2021

Bundesregierung (2020) Telefonschaltkonferenz der Bundeskanzlerin mit den Regierungschefinnen und Regierungschefs der Länder am 27. August 2020. https://www.bundesregierung.de/breg-de/suche/telefonschaltkonferenz-der-bundeskanzlerin-mit-den-regierungschefinnen-und-regierungschefs-der-laender-am-27-august-2020-1780566. Zugegriffen: 7. Juni 2021

Damm K, Lange A, Zeidler J, Braun S, Graf von der Schulenburg JM (2012) Einführung des neuen Tätigkeitsschlüssels und seine Anwendung in GKV-Routinedatenauswertungen. Bundesgesundheitsblatt 55:238–244

Datenreport 2021 (2021) Ein Sozialbericht für die Bundesrepublik Deutschland. Bundeszentrale für politische Bildung. Statistisches Bundesamt (Destatis); Wissenschaftszentrum Berlin für Sozialforschung (WZB), Bonn

Deutsche Rentenversicherung Bund (2020) Rentenversicherung in Zahlen 2020. Deutsche Rentenversicherung Bund, Berlin

HWWI/Berenberg-Städteranking (2019) Die 30 größten Städte Deutschlands im Vergleich. Stand: August 2019

International Labour Organization (2012) INTERNATIONAL STANDARD CLASSIFICATION OF OCCUPATIONS ISCO-08. Geneva

Karasek R, Theorell T (1990) Healthy work: stress, productivity, and the reconstruction of working life. Basic Books, New York

Keller M, Kahle I (2018) Realisierte Erwerbstätigkeit von Müttern und Vätern zur Vereinbarkeit von Familie und Beruf. DeStatis, Wiesbaden

Marmot M (2005) Status syndrome: how your social standing directly affects your health. Bloomsbury Publishing, London

Marstedt G, Müller R, Jansen R (2002) Rationalisierung, Arbeitsbelastungen und Arbeitsunfähigkeiten im Öffentlichen Dienst. In: Badura B, Litsch M, Vetter C (Hrsg) Fehlzeiten-Report 2001. Springer, Berlin Heidelberg

Meschede M, Roick C, Ehresmann C, Badura B, Meyer M, Ducki A, Schröder H (2020) Psychische Erkrankungen bei den Erwerbstätigen in Deutschland und Konsequenzen für das Betriebliche Gesundheitsmanagement. In: Badura B, Ducki A, Schröder H, Klose J, Meyer M (Hrsg) Fehlzeiten-Report 2020. Gerechtigkeit und Gesundheit. Springer, Berlin Heidelberg

Mielck A (2000) Soziale Ungleichheit und Gesundheit. Huber, Bern

Mielck A, Lüngen M, Siegel M, Korber K (2012) Folgen unzureichender Bildung für die Gesundheit. Bertelsmann, Gütersloh

Mostert C, Hentschker C, Scheller-Kreinsen D, Günster C, Malzahn J, Klauber J (2021) Auswirkungen der Covid-19-Pandemie auf die Krankenhausleistungen im Jahr 2020. In: Klauber J, Wasem J, Beivers A, Mostert C (Hrsg) Krankenhaus-Report 2021. Springer, Berlin

Oppolzer A (2000) Ausgewählte Bestimmungsfaktoren des Krankenstandes in der öffentlichen Verwaltung – Zum Einfluss von Arbeitszufriedenheit und Arbeitsbedingungen auf krankheitsbedingte Fehlzeiten. In: Badura B, Litsch M, Vetter C (Hrsg) Fehlzeiten-Report 2000. Springer, Berlin Heidelberg

parliament.uk (Hrsg) (2021) Workforce burnout and resilience in the NHS and social care contents. https://publications.parliament.uk/pa/cm5802/cmselect/cmhealth/22/2203.htm#_idTextAnchor000. Zugegriffen: 10. Juni 2021

Petzold MB et al (2020) Risk, resilience, psychological distress, and anxiety at the beginning of the COVID-19 pandemic in Germany. Brain Behav 10:e1745. https://doi.org/10.1002/brb3.1745

RKI (2020) Täglicher Lagebericht des RKI zur Coronavirus-Krankheit-2019 (COVID-19). 31.12.2020 – AKTUALISIERTER STAND FÜR DEUTSCHLAND. https://www.rki.de/DE/Content/InfAZ/N/Neuartiges_Coronavirus/Situationsberichte/Dez_2020/2020-12-31-de.pdf. Zugegriffen: 25. März 2021

Siegrist J (1999) Psychosoziale Arbeitsbelastungen und Herz-Kreislauf-Risiken: internationale Erkenntnisse zu neuen Stressmodellen. In: Badura B, Litsch M, Vetter C (Hrsg) Fehlzeiten-Report 1999. Psychische Belastung am Arbeitsplatz. Zahlen, Daten, Fakten aus allen Branchen der Wirtschaft. Springer, Berlin

Heidelberg New York Barcelona Hongkong London Mailand Paris Singapur Tokio

Skoda E-M, Spura A, De Bock F et al (2021) Veränderung der psychischen Belastung in der COVID-19-Pandemie in Deutschland: Ängste, individuelles Verhalten und die Relevanz von Information sowie Vertrauen in Behörden. Bundesgesundheitsblatt Gesundheitsforschung Gesundheitsschutz 3:322–333

Vahtera J, Kivimäki M, Pentti J (2001) The role of extended weekends in sickness absenteeism. Occup Environ Med 58:818–822

WHO (2011) Global burden of mental disorders and the need for a comprehensive, coordinated response for health and social sectors at the country level. Executive Board 130/9

WHO (2020) Substantial investment needed to avert mental health crisis. https://www.who.int/news/item/14-05-2020-substantial-investment-needed-to-avert-mental-health-crisis. Zugegriffen: 7. Juni 2021

WHO (2021) COVID-19 Weekly Epidemiological Update. Data as received by WHO from national authorities, as of 3 January 2021, 10 am CET. https://www.who.int/publications/m/item/weekly-epidemiological-update---5-january-2021. Zugegriffen: 25. März 2021

Krankheitsbedingte Fehlzeiten nach Branchen im Jahr 2020

Markus Meyer, Lisa Wing, Antje Schenkel und Miriam Meschede

Inhaltsverzeichnis

- 28.1 Banken und Versicherungen – 540
- 28.2 Baugewerbe – 556
- 28.3 Dienstleistungen – 575
- 28.4 Energie, Wasser, Entsorgung und Bergbau – 594
- 28.5 Erziehung und Unterricht – 614
- 28.6 Gesundheits- und Sozialwesen – 633
- 28.7 Handel – 652
- 28.8 Land- und Forstwirtschaft – 671
- 28.9 Metallindustrie – 687
- 28.10 Öffentliche Verwaltung – 709
- 28.11 Verarbeitendes Gewerbe – 726
- 28.12 Verkehr und Transport – 750

© Springer-Verlag GmbH Deutschland, ein Teil von Springer Nature 2021
B. Badura et al. (Hrsg.), *Fehlzeiten-Report 2021*, Fehlzeiten-Report, https://doi.org/10.1007/978-3-662-63722-7_28

28.1 Banken und Versicherungen

Entwicklung des Krankenstands der AOK-Mitglieder in der Branche Banken und Versicherungen in den Jahren 1996 bis 2020	Tab. 28.1
Arbeitsunfähigkeit der AOK-Mitglieder in der Branche Banken und Versicherungen nach Bundesländern im Jahr 2020 im Vergleich zum Vorjahr	Tab. 28.2
Arbeitsunfähigkeit der AOK-Mitglieder nach Wirtschaftsabteilungen in der Branche Banken und Versicherungen im Jahr 2020	Tab. 28.3
Kennzahlen der Arbeitsunfähigkeit nach ausgewählten Berufsgruppen in der Branche Banken und Versicherungen im Jahr 2020	Tab. 28.4
Dauer der Arbeitsunfähigkeit der AOK-Mitglieder in der Branche Banken und Versicherungen im Jahr 2020	Tab. 28.5
Tage der Arbeitsunfähigkeit je AOK-Mitglied nach Wirtschaftsabteilung und Betriebsgröße in der Branche Banken und Versicherungen im Jahr 2020	Tab. 28.6
Krankenstand in Prozent nach Ausbildungsabschluss in der Branche Banken und Versicherungen im Jahr 2020, AOK-Mitglieder	Tab. 28.7
Tage der Arbeitsunfähigkeit je AOK-Mitglied nach Ausbildungsabschluss in der Branche Banken und Versicherungen im Jahr 2020	Tab. 28.8
Anteil der Arbeitsunfälle an den AU-Fällen und -Tagen in Prozent nach Wirtschaftsabteilungen in der Branche Banken und Versicherungen im Jahr 2020, AOK-Mitglieder	Tab. 28.9
Tage und Fälle der Arbeitsunfähigkeit durch Arbeitsunfälle nach Berufsgruppen in der Branche Banken und Versicherungen im Jahr 2020, AOK-Mitglieder	Tab. 28.10
Tage und Fälle der Arbeitsunfähigkeit je 100 AOK-Mitglieder nach Krankheitsarten in der Branche Banken und Versicherungen in den Jahren 1996 bis 2020	Tab. 28.11
Verteilung der Arbeitsunfähigkeitstage nach Krankheitsarten in Prozent in der Branche Banken und Versicherungen im Jahr 2020, AOK-Mitglieder	Tab. 28.12
Verteilung der Arbeitsunfähigkeitsfälle nach Krankheitsarten in Prozent in der Branche Banken und Versicherungen im Jahr 2020, AOK-Mitglieder	Tab. 28.13
Verteilung der Arbeitsunfähigkeitstage nach Krankheitsarten und ausgewählten Berufsgruppen in der Branche Banken und Versicherungen im Jahr 2020, AOK-Mitglieder	Tab. 28.14
Verteilung der Arbeitsunfähigkeitsfälle nach Krankheitsarten und ausgewählten Berufsgruppen in der Branche Banken und Versicherungen im Jahr 2020, AOK-Mitglieder	Tab. 28.15
Anteile der 40 häufigsten Einzeldiagnosen an den AU-Fällen und AU-Tagen in der Branche Banken und Versicherungen im Jahr 2020, AOK-Mitglieder	Tab. 28.16
Anteile der 40 häufigsten Diagnoseuntergruppen an den AU-Fällen und AU-Tagen in der Branche Banken und Versicherungen im Jahr 2020, AOK-Mitglieder	Tab. 28.17

28.1 · Banken und Versicherungen

Tab. 28.1 Entwicklung des Krankenstands der AOK-Mitglieder in der Branche Banken und Versicherungen in den Jahren 1996 bis 2020

Jahr	Krankenstand in %			AU-Fälle je 100 AOK-Mitglieder			Tage je Fall		
	West	Ost	Bund	West	Ost	Bund	West	Ost	Bund
1996	3,5	3,6	3,5	108,0	109,3	108,1	12,2	12,5	12,2
1997	3,4	3,6	3,4	108,4	110,0	108,5	11,5	11,9	11,5
1998	3,5	3,6	3,5	110,6	112,2	110,7	11,4	11,7	11,4
1999	3,6	4,0	3,7	119,6	113,3	119,1	10,8	11,6	10,9
2000	3,6	4,1	3,6	125,6	148,8	127,1	10,5	10,2	10,5
2001	3,5	4,1	3,6	122,2	137,5	123,1	10,6	10,8	10,6
2002	3,5	4,1	3,5	125,0	141,3	126,1	10,1	10,6	10,2
2003	3,3	3,5	3,3	126,0	137,1	127,0	9,5	9,4	9,5
2004	3,1	3,2	3,1	117,6	127,7	118,8	9,7	9,3	9,6
2005	3,1	3,3	3,1	122,6	132,0	123,8	9,2	9,0	9,1
2006	2,7	3,2	2,8	108,1	126,7	110,7	9,2	9,1	9,2
2007	3,1	3,4	3,1	121,0	133,6	122,8	9,2	9,3	9,2
2008 (WZ03)	3,1	3,6	3,2	127,0	136,6	128,4	9,0	9,6	9,1
2008 (WZ08)[a]	3,1	3,6	3,2	126,9	135,9	128,3	9,0	9,6	9,1
2009	3,2	3,9	3,3	136,8	150,9	138,8	8,6	9,5	8,8
2010	3,2	4,0	3,3	134,3	177,7	140,2	8,8	8,3	8,7
2011	3,3	3,9	3,3	139,7	181,2	145,3	8,5	7,9	8,4
2012	3,2	4,1	3,4	134,5	153,7	137,0	8,8	9,8	9,0
2013	3,2	4,1	3,4	143,8	158,6	145,7	8,2	9,4	8,4
2014	3,4	4,2	3,5	142,6	157,2	144,5	8,7	9,8	8,9
2015	3,6	4,4	3,7	152,9	170,1	155,3	8,7	9,4	8,8
2016	3,7	4,5	3,8	150,6	175,0	154,3	8,9	9,5	9,0
2017	3,6	4,8	3,8	145,2	172,6	149,7	9,1	10,2	9,3
2018	3,7	4,9	3,9	146,1	177,1	151,7	9,3	10,1	9,5
2019	3,6	4,8	3,8	139,9	167,2	144,1	9,4	10,6	9,6
2020	3,5	4,9	3,7	116,7	149,2	121,6	11,0	12,1	11,2

[a] aufgrund der Revision der Wirtschaftszweigklassifikation in 2008 ist eine Vergleichbarkeit mit den Vorjahren nur bedingt möglich

Fehlzeiten-Report 2021

Tab. 28.2 Arbeitsunfähigkeit der AOK-Mitglieder in der Branche Banken und Versicherungen nach Bundesländern im Jahr 2020 im Vergleich zum Vorjahr

Bundesland	Kranken-stand in %	Arbeitsunfähigkeit je 100 AOK-Mitglieder				Tage je Fall	Veränd. z. Vorj. in %	AU-Quote in %
		AU-Fälle	Veränd. z. Vorj. in %	AU-Tage	Veränd. z. Vorj. in %			
Baden-Württemberg	3,6	124,6	−14,0	1.316,1	2,6	10,6	19,4	52,0
Bayern	3,2	100,3	−16,2	1.181,6	−4,6	11,8	13,8	42,6
Berlin	3,8	120,2	−25,1	1.399,0	−1,9	11,6	30,9	40,8
Brandenburg	5,0	150,5	−15,6	1.834,6	7,5	12,2	27,3	56,9
Bremen	3,3	112,1	−14,8	1.205,0	−15,7	10,8	−1,0	45,9
Hamburg	3,1	87,9	−19,8	1.151,1	−8,4	13,1	14,2	34,6
Hessen	3,1	112,0	−21,8	1.146,6	−9,0	10,2	16,5	43,7
Mecklenburg-Vorpommern	5,4	133,2	−12,1	1.964,3	16,4	14,8	32,4	50,3
Niedersachsen	3,7	127,3	−17,4	1.355,0	−2,0	10,6	18,6	53,7
Nordrhein-Westfalen	3,9	127,9	−17,7	1.423,2	−2,9	11,1	18,0	49,8
Rheinland-Pfalz	3,6	110,7	−13,9	1.323,8	−3,3	12,0	12,3	45,5
Saarland	4,6	131,7	−12,3	1.688,4	5,8	12,8	20,6	54,1
Sachsen	4,8	146,0	−10,5	1.741,7	1,1	11,9	13,0	58,1
Sachsen-Anhalt	5,2	155,6	−13,3	1.916,4	−4,7	12,3	9,9	56,3
Schleswig-Holstein	3,6	114,9	−10,1	1.302,4	−2,2	11,3	8,7	45,5
Thüringen	5,1	155,9	−8,6	1.857,4	5,7	11,9	15,6	60,6
West	**3,5**	**116,7**	**−16,6**	**1.287,1**	**−2,4**	**11,0**	**17,0**	**47,7**
Ost	**4,9**	**149,2**	**−10,7**	**1.800,0**	**1,9**	**12,1**	**14,2**	**58,1**
Bund	**3,7**	**121,6**	**−15,6**	**1.365,2**	**−1,6**	**11,2**	**16,6**	**49,2**

Fehlzeiten-Report 2021

28.1 · Banken und Versicherungen

Tab. 28.3 Arbeitsunfähigkeit der AOK-Mitglieder nach Wirtschaftsabteilungen in der Branche Banken und Versicherungen im Jahr 2020

Wirtschaftsabteilungen	Krankenstand in %		Arbeitsunfähigkeiten je 100 AOK-Mitglieder		Tage je Fall	AU-Quote in %
	2020	2020 stand.[a]	Fälle	Tage		
Erbringung von Finanzdienstleistungen	3,8	3,9	126,9	1.403,8	11,1	51,7
Mit Finanz- und Versicherungsdienstleistungen verbundene Tätigkeiten	3,5	3,8	110,6	1.294,3	11,7	43,3
Versicherungen, Rückversicherungen und Pensionskassen (ohne Sozialversicherung)	3,4	3,7	107,6	1.248,7	11,6	45,3
Branche gesamt	3,7	3,8	121,6	1.365,2	11,2	49,2
Alle Branchen	5,4	5,5	144,2	1.988,1	13,8	50,7

[a] Krankenstand alters- und geschlechtsstandardisiert

Fehlzeiten-Report 2021

Tab. 28.4 Kennzahlen der Arbeitsunfähigkeit nach ausgewählten Berufsgruppen in der Branche Banken und Versicherungen im Jahr 2020

Tätigkeit	Kranken-stand in %	Arbeitsunfähigkeit je 100 AOK-Mitglieder		Tage je Fall	AU-Quote in %	Anteil der Berufsgruppe an der Branche in %[a]
		AU-Fälle	AU-Tage			
Anlageberater/innen – u. sonstige Finanzdienstleistungsberufe	2,8	91,1	1.027,1	11,3	40,7	1,6
Bankkaufleute	3,8	132,1	1.384,9	10,5	54,0	48,6
Berufe im Vertrieb (außer Informations- u. Kommunikationstechnologien)	4,0	113,0	1.471,0	13,0	45,5	3,0
Berufe in der Buchhaltung	2,9	99,4	1.060,4	10,7	43,5	1,2
Berufe in der Reinigung (ohne Spez.)	7,9	137,1	2.877,5	21,0	56,7	1,0
Büro- u. Sekretariatskräfte (ohne Spez.)	4,0	112,2	1.474,6	13,1	43,4	8,4
Kaufmännische u. technische Betriebswirtschaft (ohne Spez.)	3,4	108,0	1.256,8	11,6	44,3	3,7
Versicherungskaufleute	3,4	119,5	1.258,1	10,5	47,3	15,0
Branche gesamt	**3,7**	**121,6**	**1.365,2**	**11,2**	**49,2**	**1,3**[b]

[a] Anteil der AOK-Mitglieder in der Berufsgruppe an den in der Branche beschäftigten AOK-Mitgliedern insgesamt
[b] Anteil der AOK-Mitglieder in der Branche an allen AOK-Mitgliedern
Fehlzeiten-Report 2021

Tab. 28.5 Dauer der Arbeitsunfähigkeit der AOK-Mitglieder in der Branche Banken und Versicherungen im Jahr 2020

Fallklasse	Branche hier		Alle Branchen	
	Anteil Fälle in %	Anteil Tage in %	Anteil Fälle in %	Anteil Tage in %
1–3 Tage	35,7	6,4	30,7	4,4
4–7 Tage	30,4	13,4	30,2	11,2
8–14 Tage	18,5	16,8	19,8	15,0
15–21 Tage	6,1	9,4	7,3	9,1
22–28 Tage	2,9	6,2	3,3	5,9
29–42 Tage	2,8	8,7	3,5	8,9
> 42 Tage	3,6	39,1	5,1	45,5

Fehlzeiten-Report 2021

28.1 · Banken und Versicherungen

Tab. 28.6 Tage der Arbeitsunfähigkeit je AOK-Mitglied nach Wirtschaftsabteilung und Betriebsgröße in der Branche Banken und Versicherungen im Jahr 2020

Wirtschaftsabteilungen	Betriebsgröße (Anzahl der AOK-Mitglieder)					
	10–49	50–99	100–199	200–499	500–999	≥ 1.000
Erbringung von Finanzdienstleistungen	13,2	14,2	15,2	16,1	15,9	13,9
Mit Finanz- und Versicherungsdienstleistungen verbundene Tätigkeiten	12,5	15,5	11,4	15,0	–	–
Versicherungen, Rückversicherungen und Pensionskassen (ohne Sozialversicherung)	13,0	13,3	12,1	10,6	11,2	–
Branche gesamt	**13,1**	**14,2**	**14,5**	**15,1**	**15,3**	**13,9**
Alle Branchen	**20,3**	**22,3**	**22,5**	**22,6**	**22,8**	**22,7**

Fehlzeiten-Report 2021

Tab. 28.7 Krankenstand in Prozent nach Ausbildungsabschluss in der Branche Banken und Versicherungen im Jahr 2020, AOK-Mitglieder

Wirtschaftsabteilungen	Ausbildung						
	ohne Ausbildungsabschluss	mit Ausbildungsabschluss	Meister/ Techniker	Bachelor	Diplom/ Magister/ Master/ Staatsexamen	Promotion	unbekannt
Erbringung von Finanzdienstleistungen	3,5	4,2	3,6	1,9	2,6	1,2	4,7
Mit Finanz- und Versicherungsdienstleistungen verbundene Tätigkeiten	3,7	3,9	3,5	1,5	1,9	1,2	3,6
Versicherungen, Rückversicherungen und Pensionskassen (ohne Sozialversicherung)	3,1	4,0	3,5	1,5	2,3	1,7	2,8
Branche gesamt	**3,5**	**4,1**	**3,6**	**1,8**	**2,4**	**1,4**	**4,0**
Alle Branchen	**6,0**	**5,9**	**4,7**	**2,3**	**2,9**	**2,1**	**5,0**

Fehlzeiten-Report 2021

◻ **Tab. 28.8** Tage der Arbeitsunfähigkeit je AOK-Mitglied nach Ausbildungsabschluss in der Branche Banken und Versicherungen im Jahr 2020

Wirtschafts-abteilungen	Ausbildung						
	ohne Ausbildungsabschluss	mit Ausbildungsabschluss	Meister/ Techniker	Bachelor	Diplom/ Magister/ Master/ Staatsexamen	Promotion	Unbekannt
Erbringung von Finanzdienstleistungen	12,9	15,4	13,1	6,8	9,6	4,4	17,1
Mit Finanz- und Versicherungsdienstleistungen verbundene Tätigkeiten	13,5	14,4	12,8	5,6	6,9	4,4	13,1
Versicherungen, Rückversicherungen und Pensionskassen (ohne Sozialversicherung)	11,5	14,6	12,7	5,5	8,4	6,2	10,3
Branche gesamt	**12,8**	**15,2**	**13,1**	**6,4**	**8,9**	**5,0**	**14,8**
Alle Branchen	**21,8**	**21,8**	**17,1**	**8,5**	**10,6**	**7,6**	**18,2**

Fehlzeiten-Report 2021

◻ **Tab. 28.9** Anteil der Arbeitsunfälle an den AU-Fällen und -Tagen in Prozent nach Wirtschaftsabteilungen in der Branche Banken und Versicherungen im Jahr 2020, AOK-Mitglieder

Wirtschaftsabteilungen	AU-Fälle in %	AU-Tage in %
Erbringung von Finanzdienstleistungen	0,8	1,8
Mit Finanz- und Versicherungsdienstleistungen verbundene Tätigkeiten	0,8	2,0
Versicherungen, Rückversicherungen und Pensionskassen (ohne Sozialversicherung)	0,5	0,9
Branche gesamt	**0,8**	**1,7**
Alle Branchen	**3,0**	**5,5**

Fehlzeiten-Report 2021

28.1 · Banken und Versicherungen

Tab. 28.10 Tage und Fälle der Arbeitsunfähigkeit durch Arbeitsunfälle nach Berufsgruppen in der Branche Banken und Versicherungen im Jahr 2020, AOK-Mitglieder

Tätigkeit	Arbeitsunfähigkeit je 1.000 AOK-Mitglieder	
	AU-Tage	AU-Fälle
Berufe in der Reinigung (ohne Spez.)	1.133,3	24,4
Anlageberater/innen – u. sonstige Finanzdienstleistungsberufe	234,9	5,0
Bankkaufleute	214,7	9,6
Kaufmännische u. technische Betriebswirtschaft (ohne Spez.)	213,9	7,4
Berufe im Vertrieb (außer Informations- u. Kommunikationstechnologien)	180,2	7,4
Büro- u. Sekretariatskräfte (ohne Spez.)	172,1	7,5
Versicherungskaufleute	141,5	6,8
Berufe in der Buchhaltung	118,7	5,1
Branche gesamt	**236,0**	**9,7**
Alle Branchen	**1.092,2**	**43,4**
Fehlzeiten-Report 2021		

Tab. 28.11 Tage und Fälle der Arbeitsunfähigkeit je 100 AOK-Mitglieder nach Krankheitsarten in der Branche Banken und Versicherungen in den Jahren 1996 bis 2020

Jahr	Arbeitsunfähigkeiten je 100 AOK-Mitglieder											
	Psyche		Herz/Kreislauf		Atemwege		Verdauung		Muskel/Skelett		Verletzungen	
	Tage	Fälle	Tage	Fälle	Tage	Fälle	Tage	Fälle	Tage	Fälle	Tage	Fälle
1996	107,8	3,8	129,5	6,6	286,2	39,8	119,4	17,9	339,3	17,2	166,9	9,9
1997	104,8	4,1	120,6	6,8	258,1	39,8	112,5	17,8	298,0	16,9	161,1	9,8
1998	109,3	4,5	112,8	6,9	252,3	40,4	109,3	18,1	313,9	18,0	152,2	9,7
1999	113,7	4,8	107,6	6,9	291,2	46,4	108,7	19,0	308,3	18,6	151,0	10,3
2000	138,4	5,8	92,5	6,3	281,4	45,3	99,1	16,6	331,4	19,9	145,3	10,0
2001	144,6	6,6	99,8	7,1	264,1	44,4	98,8	17,3	334,9	20,5	147,6	10,3
2002	144,6	6,8	96,7	7,1	254,7	44,0	105,1	19,0	322,6	20,6	147,3	10,5
2003	133,9	6,9	88,6	7,1	261,1	46,5	99,0	18,7	288,0	19,5	138,2	10,3
2004	150,2	7,1	92,8	6,5	228,5	40,6	103,7	19,0	273,1	18,4	136,5	9,8
2005	147,5	7,0	85,1	6,5	270,1	47,7	100,1	17,9	248,8	18,1	132,1	9,7
2006	147,2	7,0	79,8	6,2	224,6	40,8	98,8	18,3	243,0	17,4	134,0	9,6
2007	167,2	7,5	87,7	6,3	243,9	44,4	103,0	19,6	256,9	18,1	125,2	9,1
2008 (WZ03)	172,7	7,7	86,7	6,5	258,1	46,8	106,2	20,0	254,0	18,0	134,6	9,5
2008 (WZ08)[a]	182,3	7,8	85,3	6,5	256,9	46,7	107,1	20,0	254,0	18,0	134,6	9,5
2009	182,3	8,2	80,6	6,2	303,2	54,6	105,4	20,2	242,2	17,7	134,2	9,6
2010	205,3	8,8	80,0	6,1	260,2	49,2	97,4	18,7	248,6	18,6	142,6	10,4
2011	209,2	8,9	73,8	5,7	268,8	49,4	90,7	17,9	228,7	17,6	132,3	9,8
2012	232,9	9,1	80,1	5,7	266,4	49,1	97,5	18,1	243,8	18,1	135,9	9,7
2013	230,1	9,0	70,7	5,4	321,0	58,3	94,4	17,9	219,7	17,3	128,9	9,8
2014	258,4	10,0	81,6	5,7	272,3	51,3	98,8	18,7	248,7	18,8	139,0	10,0
2015	256,7	10,1	81,6	5,9	340,5	60,5	99,9	18,6	249,0	18,4	144,9	10,0
2016	274,0	10,6	74,5	6,1	317,9	57,5	99,5	18,5	269,5	19,3	145,1	10,1
2017	276,6	10,5	76,7	5,8	325,8	57,0	91,6	17,0	270,1	18,8	148,2	9,7
2018	283,2	10,3	75,5	5,7	343,6	58,1	90,7	16,9	264,8	18,6	147,1	9,8
2019	296,2	10,4	75,5	5,6	298,3	53,2	86,9	15,9	252,5	17,9	144,0	9,2
2020	302,7	9,7	70,0	4,7	297,5	42,5	83,1	13,4	260,6	16,2	132,3	7,7

[a] aufgrund der Revision der Wirtschaftszweigklassifikation in 2008 ist eine Vergleichbarkeit mit den Vorjahren nur bedingt möglich

Fehlzeiten-Report 2021

28.1 · Banken und Versicherungen

Tab. 28.12 Verteilung der Arbeitsunfähigkeitstage nach Krankheitsarten in Prozent in der Branche Banken und Versicherungen im Jahr 2020, AOK-Mitglieder

Wirtschaftsabteilungen	AU-Tage in %						
	Psyche	Herz/Kreislauf	Atemwege	Verdauung	Muskel/Skelett	Verletzungen	Sonstige
Erbringung von Finanzdienstleistungen	15,9	3,8	16,3	4,5	14,2	7,1	38,2
Mit Finanz- und Versicherungsdienstleistungen verbundene Tätigkeiten	16,9	3,8	15,3	4,6	14,1	7,7	37,7
Versicherungen, Rückversicherungen und Pensionskassen (ohne Sozialversicherung)	18,8	3,7	16,0	4,5	13,3	6,2	37,6
Branche gesamt	16,4	3,8	16,1	4,5	14,1	7,1	38,1
Alle Branchen	12,0	5,1	11,8	4,2	22,1	10,0	34,8

Fehlzeiten-Report 2021

Tab. 28.13 Verteilung der Arbeitsunfähigkeitsfälle nach Krankheitsarten in Prozent in der Branche Banken und Versicherungen im Jahr 2020, AOK-Mitglieder

Wirtschaftsabteilungen	AU-Fälle in %						
	Psyche	Herz/Kreislauf	Atemwege	Verdauung	Muskel/Skelett	Verletzungen	Sonstige
Erbringung von Finanzdienstleistungen	5,7	2,8	25,8	8,1	9,9	4,7	42,9
Mit Finanz- und Versicherungsdienstleistungen verbundene Tätigkeiten	6,1	2,9	25,1	8,1	9,2	4,5	44,1
Versicherungen, Rückversicherungen und Pensionskassen (ohne Sozialversicherung)	6,3	2,9	25,5	8,0	9,8	4,6	42,8
Branche gesamt	5,9	2,9	25,7	8,1	9,8	4,6	43,1
Alle Branchen	5,4	3,5	20,5	7,7	16,1	6,5	40,3

Fehlzeiten-Report 2021

Tab. 28.14 Verteilung der Arbeitsunfähigkeitstage nach Krankheitsarten und ausgewählten Berufsgruppen in der Branche Banken und Versicherungen im Jahr 2020, AOK-Mitglieder

Tätigkeit	AU-Tage in %						
	Psyche	Herz/ Kreislauf	Atemwege	Verdauung	Muskel/ Skelett	Verletzungen	Sonstige
Anlageberater/innen – u. sonstige Finanzdienstleistungsberufe	13,8	3,2	16,0	5,3	12,2	6,9	42,5
Bankkaufleute	15,9	3,6	17,4	4,6	13,1	6,9	38,5
Berufe im Vertrieb (außer Informations- u. Kommunikationstechnologien)	20,8	4,2	15,0	4,4	12,5	7,0	36,2
Berufe in der Buchhaltung	18,4	4,8	13,7	4,0	11,9	6,1	41,1
Berufe in der Reinigung (ohne Spez.)	11,4	6,4	8,6	2,6	27,4	8,0	35,7
Büro- u. Sekretariatskräfte (ohne Spez.)	18,1	4,0	13,7	4,1	14,7	6,6	38,9
Kaufmännische u. technische Betriebswirtschaft (ohne Spez.)	20,3	3,5	16,0	4,7	12,9	6,6	36,1
Versicherungskaufleute	16,8	3,3	17,2	4,8	12,6	7,2	38,3
Branche gesamt	**16,4**	**3,8**	**16,1**	**4,5**	**14,1**	**7,1**	**38,1**
Alle Branchen	**12,0**	**5,1**	**11,8**	**4,2**	**22,1**	**10,0**	**34,8**

Fehlzeiten-Report 2021

28.1 · Banken und Versicherungen

Tab. 28.15 Verteilung der Arbeitsunfähigkeitsfälle nach Krankheitsarten und ausgewählten Berufsgruppen in der Branche Banken und Versicherungen im Jahr 2020, AOK-Mitglieder

Tätigkeit	AU-Fälle in %						
	Psyche	Herz/Kreislauf	Atemwege	Verdauung	Muskel/Skelett	Verletzungen	Sonstige
Anlageberater/innen – u. sonstige Finanzdienstleistungsberufe	5,9	2,8	27,6	7,3	8,4	4,6	43,4
Bankkaufleute	5,6	2,7	26,7	8,2	9,1	4,6	43,1
Berufe im Vertrieb (außer Informations- u. Kommunikationstechnologien)	7,2	2,8	25,3	7,8	9,3	4,3	43,3
Berufe in der Buchhaltung	6,8	3,0	22,7	9,7	9,4	4,5	43,9
Berufe in der Reinigung (ohne Spez.)	6,7	4,6	16,8	7,7	19,5	5,5	39,1
Büro- u. Sekretariatskräfte (ohne Spez.)	6,8	3,3	23,2	8,2	10,0	4,4	44,1
Kaufmännische u. technische Betriebswirtschaft (ohne Spez.)	7,5	2,7	24,9	7,5	9,7	4,5	43,2
Versicherungskaufleute	5,5	2,6	26,5	8,1	8,9	4,6	43,9
Branche gesamt	**5,9**	**2,9**	**25,7**	**8,1**	**9,8**	**4,6**	**43,1**
Alle Branchen	**5,4**	**3,5**	**20,5**	**7,7**	**16,1**	**6,5**	**40,3**

Fehlzeiten-Report 2021

Tab. 28.16 Anteile der 40 häufigsten Einzeldiagnosen an den AU-Fällen und AU-Tagen in der Branche Banken und Versicherungen im Jahr 2020, AOK-Mitglieder

ICD-10	Bezeichnung	AU-Fälle in %	AU-Tage in %
J06	Akute Infektionen an mehreren oder nicht näher bezeichneten Lokalisationen der oberen Atemwege	13,4	7,7
M54	Rückenschmerzen	3,6	3,7
A09	Sonstige und nicht näher bezeichnete Gastroenteritis und Kolitis infektiösen und nicht näher bezeichneten Ursprungs	3,4	1,3
B34	Viruskrankheit nicht näher bezeichneter Lokalisation	2,2	1,3
R10	Bauch- und Beckenschmerzen	2,0	1,0
K08	Sonstige Krankheiten der Zähne und des Zahnhalteapparates	2,0	0,5
F43	Reaktionen auf schwere Belastungen und Anpassungsstörungen	1,9	4,1
U99	Nicht belegte Schlüsselnummer U99	1,9	1,0
Z11	Spezielle Verfahren zur Untersuchung auf infektiöse und parasitäre Krankheiten	1,7	0,9
R51	Kopfschmerz	1,6	0,8
J00	Akute Rhinopharyngitis [Erkältungsschnupfen]	1,4	0,7
U07	Nicht belegte Schlüsselnummer U07	1,3	1,0
F32	Depressive Episode	1,2	4,7
G43	Migräne	1,2	0,5
I10	Essentielle (primäre) Hypertonie	1,1	1,1
J20	Akute Bronchitis	1,1	0,8
K29	Gastritis und Duodenitis	1,1	0,6
K52	Sonstige nichtinfektiöse Gastroenteritis und Kolitis	1,1	0,4
J02	Akute Pharyngitis	1,0	0,5
R53	Unwohlsein und Ermüdung	0,9	0,9
J03	Akute Tonsillitis	0,9	0,5
R11	Übelkeit und Erbrechen	0,9	0,5
J98	Sonstige Krankheiten der Atemwege	0,9	0,5
F48	Andere neurotische Störungen	0,8	1,6
J40	Bronchitis, nicht als akut oder chronisch bezeichnet	0,8	0,6

28.1 · Banken und Versicherungen

◻ Tab. 28.16 (Fortsetzung)

ICD-10	Bezeichnung	AU-Fälle in %	AU-Tage in %
B99	Sonstige und nicht näher bezeichnete Infektionskrankheiten	0,8	0,5
J32	Chronische Sinusitis	0,8	0,5
J01	Akute Sinusitis	0,8	0,5
F45	Somatoforme Störungen	0,7	1,7
M99	Biomechanische Funktionsstörungen, anderenorts nicht klassifiziert	0,7	0,5
N39	Sonstige Krankheiten des Harnsystems	0,7	0,3
Z98	Sonstige Zustände nach chirurgischem Eingriff	0,6	1,5
M25	Sonstige Gelenkkrankheiten, anderenorts nicht klassifiziert	0,6	0,7
M79	Sonstige Krankheiten des Weichteilgewebes, anderenorts nicht klassifiziert	0,6	0,7
T14	Verletzung an einer nicht näher bezeichneten Körperregion	0,6	0,6
R42	Schwindel und Taumel	0,6	0,5
F41	Andere Angststörungen	0,5	1,8
J11	Grippe, Viren nicht nachgewiesen	0,5	0,3
R05	Husten	0,5	0,3
R07	Hals- und Brustschmerzen	0,5	0,3
	Summe hier	**58,9**	**47,9**
	Restliche	41,1	52,1
	Gesamtsumme	**100,0**	**100,0**

Fehlzeiten-Report 2021

Tab. 28.17 Anteile der 40 häufigsten Diagnoseuntergruppen an den AU-Fällen und AU-Tagen in der Branche Banken und Versicherungen im Jahr 2020, AOK-Mitglieder

ICD-10	Bezeichnung	AU-Fälle in %	AU-Tage in %
J00–J06	Akute Infektionen der oberen Atemwege	18,3	10,5
M50–M54	Sonstige Krankheiten der Wirbelsäule und des Rückens	4,4	5,2
A00–A09	Infektiöse Darmkrankheiten	4,0	1,6
F40–F48	Neurotische, Belastungs- und somatoforme Störungen	3,9	9,0
R50–R69	Allgemeinsymptome	3,9	3,2
R10–R19	Symptome, die das Verdauungssystem und das Abdomen betreffen	3,2	1,7
K00–K14	Krankheiten der Mundhöhle, der Speicheldrüsen und der Kiefer	2,5	0,7
B25–B34	Sonstige Viruskrankheiten	2,4	1,5
G40–G47	Episodische und paroxysmale Krankheiten des Nervensystems	2,2	1,6
Z00–Z13	Personen, die das Gesundheitswesen zur Untersuchung und Abklärung in Anspruch nehmen	2,2	1,3
U99–U99	Nicht belegte Schlüsselnummern	2,0	1,1
F30–F39	Affektive Störungen	1,6	7,4
Z80–Z99	Personen mit potentiellen Gesundheitsrisiken aufgrund der Familien- oder Eigenanamnese und bestimmte Zustände, die den Gesundheitszustand beeinflussen	1,6	2,9
K20–K31	Krankheiten des Ösophagus, des Magens und des Duodenums	1,6	0,8
M70–M79	Sonstige Krankheiten des Weichteilgewebes	1,5	2,3
J40–J47	Chronische Krankheiten der unteren Atemwege	1,5	1,3
R00–R09	Symptome, die das Kreislaufsystem und das Atmungssystem betreffen	1,5	1,0
J30–J39	Sonstige Krankheiten der oberen Atemwege	1,5	1,0
J20–J22	Sonstige akute Infektionen der unteren Atemwege	1,4	1,0
U00–U49	Vorläufige Zuordnungen für Krankheiten mit unklarer Ätiologie und nicht belegte Schlüsselnummern	1,4	1,0
K50–K52	Nichtinfektiöse Enteritis und Kolitis	1,4	0,8
I10–I15	Hypertonie [Hochdruckkrankheit]	1,2	1,2
M20–M25	Sonstige Gelenkkrankheiten	1,1	1,9
K55–K64	Sonstige Krankheiten des Darmes	1,1	0,8
N30–N39	Sonstige Krankheiten des Harnsystems	1,1	0,5

Tab. 28.17 (Fortsetzung)

ICD-10	Bezeichnung	AU-Fälle in %	AU-Tage in %
J95–J99	Sonstige Krankheiten des Atmungssystems	1,0	0,6
R40–R46	Symptome, die das Erkennungs- und Wahrnehmungsvermögen, die Stimmung und das Verhalten betreffen	0,9	0,8
N80–N98	Nichtentzündliche Krankheiten des weiblichen Genitaltraktes	0,9	0,6
B99–B99	Sonstige Infektionskrankheiten	0,9	0,5
T08–T14	Verletzungen nicht näher bezeichneter Teile des Rumpfes, der Extremitäten oder anderer Körperregionen	0,8	0,8
J09–J18	Grippe und Pneumonie	0,8	0,7
S80–S89	Verletzungen des Knies und des Unterschenkels	0,7	1,5
Z40–Z54	Personen, die das Gesundheitswesen zum Zwecke spezifischer Maßnahmen und zur medizinischen Betreuung in Anspruch nehmen	0,7	1,0
S90–S99	Verletzungen der Knöchelregion und des Fußes	0,7	0,9
M95–M99	Sonstige Krankheiten des Muskel-Skelett-Systems und des Bindegewebes	0,7	0,6
E70–E90	Stoffwechselstörungen	0,7	0,5
D10–D36	Gutartige Neubildungen	0,7	0,5
C00–C75	Bösartige Neubildungen an genau bezeichneten Lokalisationen, als primär festgestellt oder vermutet, ausgenommen lymphatisches, blutbildendes und verwandtes Gewebe	0,6	2,6
E00–E07	Krankheiten der Schilddrüse	0,5	0,5
I95–I99	Sonstige und nicht näher bezeichnete Krankheiten des Kreislaufsystems	0,5	0,3
	Summe hier	**79,6**	**73,7**
	Restliche	20,4	26,3
	Gesamtsumme	**100,0**	**100,0**

Fehlzeiten-Report 2021

28.2 Baugewerbe

Entwicklung des Krankenstands der AOK-Mitglieder in der Branche Baugewerbe in den Jahren 1996 bis 2020	Tab. 28.18
Arbeitsunfähigkeit der AOK-Mitglieder in der Branche Baugewerbe nach Bundesländern im Jahr 2020 im Vergleich zum Vorjahr	Tab. 28.19
Arbeitsunfähigkeit der AOK-Mitglieder nach Wirtschaftsabteilungen in der Branche Baugewerbe im Jahr 2020	Tab. 28.20
Kennzahlen der Arbeitsunfähigkeit nach ausgewählten Berufsgruppen in der Branche Baugewerbe im Jahr 2020	Tab. 28.21
Dauer der Arbeitsunfähigkeit der AOK-Mitglieder in der Branche Baugewerbe im Jahr 2020	Tab. 28.22
Tage der Arbeitsunfähigkeit je AOK-Mitglied nach Wirtschaftsabteilung und Betriebsgröße in der Branche Baugewerbe im Jahr 2020	Tab. 28.23
Krankenstand in Prozent nach Ausbildungsabschluss in der Branche Baugewerbe im Jahr 2020, AOK-Mitglieder	Tab. 28.24
Tage der Arbeitsunfähigkeit je AOK-Mitglied nach Ausbildungsabschluss in der Branche Baugewerbe im Jahr 2020	Tab. 28.25
Anteil der Arbeitsunfälle an den AU-Fällen und -Tagen in Prozent nach Wirtschaftsabteilungen in der Branche Baugewerbe im Jahr 2020, AOK-Mitglieder	Tab. 28.26
Tage und Fälle der Arbeitsunfähigkeit durch Arbeitsunfälle nach Berufsgruppen in der Branche Baugewerbe im Jahr 2020, AOK-Mitglieder	Tab. 28.27
Tage und Fälle der Arbeitsunfähigkeit je 100 AOK-Mitglieder nach Krankheitsarten in der Branche Baugewerbe in den Jahren 1995 bis 2020	Tab. 28.28
Verteilung der Arbeitsunfähigkeitstage nach Krankheitsarten in Prozent in der Branche Baugewerbe im Jahr 2020, AOK-Mitglieder	Tab. 28.29
Verteilung der Arbeitsunfähigkeitsfälle nach Krankheitsarten in Prozent in der Branche Baugewerbe im Jahr 2020, AOK-Mitglieder	Tab. 28.30
Verteilung der Arbeitsunfähigkeitstage nach Krankheitsarten und ausgewählten Berufsgruppen in der Branche Baugewerbe im Jahr 2020, AOK-Mitglieder	Tab. 28.31
Verteilung der Arbeitsunfähigkeitsfälle nach Krankheitsarten und ausgewählten Berufsgruppen in der Branche Baugewerbe im Jahr 2020, AOK-Mitglieder	Tab. 28.32
Anteile der 40 häufigsten Einzeldiagnosen an den AU-Fällen und AU-Tagen in der Branche Baugewerbe im Jahr 2020, AOK-Mitglieder	Tab. 28.33
Anteile der 40 häufigsten Diagnoseuntergruppen an den AU-Fällen und AU-Tagen in der Branche Baugewerbe im Jahr 2020, AOK-Mitglieder	Tab. 28.34

28.2 · Baugewerbe

◨ **Tab. 28.18** Entwicklung des Krankenstands der AOK-Mitglieder in der Branche Baugewerbe in den Jahren 1996 bis 2020

Jahr	Krankenstand in %			AU-Fälle je 100 AOK-Mitglieder			Tage je Fall		
	West	Ost	Bund	West	Ost	Bund	West	Ost	Bund
1996	6,1	5,3	5,9	145,0	134,8	142,2	15,5	14,0	15,1
1997	5,8	5,1	5,6	140,1	128,3	137,1	14,6	14,0	14,5
1998	6,0	5,2	5,8	143,8	133,8	141,4	14,7	14,0	14,5
1999	6,0	5,5	5,9	153,0	146,3	151,5	14,2	13,9	14,1
2000	6,1	5,4	5,9	157,3	143,2	154,5	14,1	13,8	14,1
2001	6,0	5,5	5,9	156,3	141,5	153,6	14,0	14,1	14,0
2002	5,8	5,2	5,7	154,3	136,0	151,2	13,8	14,0	13,8
2003	5,4	4,6	5,3	148,8	123,0	144,3	13,3	13,7	13,3
2004	5,0	4,1	4,8	136,6	110,8	131,9	13,4	13,7	13,4
2005	4,8	4,0	4,7	136,0	107,1	130,8	13,0	13,7	13,1
2006	4,6	3,8	4,4	131,6	101,9	126,2	12,7	13,7	12,8
2007	4,9	4,2	4,8	141,4	110,3	135,7	12,7	14,0	12,9
2008 (WZ03)	5,1	4,5	4,9	147,8	114,9	141,8	12,5	14,2	12,8
2008 (WZ08)[a]	5,0	4,4	4,9	147,3	114,3	141,2	12,5	14,2	12,8
2009	5,1	4,7	5,1	151,8	120,8	146,2	12,4	14,2	12,6
2010	5,1	4,7	5,1	147,8	123,2	143,4	12,7	14,0	12,9
2011	5,2	4,4	5,1	154,0	128,0	149,3	12,4	12,7	12,5
2012	5,3	5,1	5,3	152,3	124,6	147,3	12,8	14,9	13,1
2013	5,4	5,2	5,3	158,9	130,1	153,8	12,3	14,5	12,6
2014	5,5	5,4	5,5	156,3	130,9	151,8	12,8	14,9	13,1
2015	5,5	5,6	5,5	162,4	139,6	158,4	12,4	14,5	12,7
2016	5,5	5,5	5,5	160,2	141,5	157,1	12,5	14,1	12,7
2017	5,3	5,5	5,4	154,6	140,5	152,2	12,6	14,4	12,9
2018	5,4	5,7	5,5	159,7	146,7	157,5	12,4	14,1	12,7
2019	5,4	5,7	5,4	154,6	144,4	152,9	12,7	14,4	13,0
2020	5,5	5,8	5,5	141,5	134,4	140,2	14,1	15,8	14,4

[a] aufgrund der Revision der Wirtschaftszweigklassifikation in 2008 ist eine Vergleichbarkeit mit den Vorjahren nur bedingt möglich

Fehlzeiten-Report 2021

Tab. 28.19 Arbeitsunfähigkeit der AOK-Mitglieder in der Branche Baugewerbe nach Bundesländern im Jahr 2020 im Vergleich zum Vorjahr

Bundesland	Krankenstand in %	Arbeitsunfähigkeit je 100 AOK-Mitglieder				Tage je Fall	Veränd. z. Vorj. in %	AU-Quote in %
		AU-Fälle	Veränd. z. Vorj. in %	AU-Tage	Veränd. z. Vorj. in %			
Baden-Württemberg	5,3	152,9	−8,6	1.937,9	1,5	12,7	11,0	52,2
Bayern	5,0	121,6	−8,7	1.846,6	0,4	15,2	10,0	47,3
Berlin	4,9	120,5	−7,2	1.790,2	5,0	14,9	13,2	34,2
Brandenburg	6,2	141,1	−6,6	2.277,2	1,8	16,1	9,0	51,6
Bremen	5,5	133,0	−7,7	2.018,2	5,6	15,2	14,4	42,2
Hamburg	5,0	117,6	−7,9	1.840,0	2,8	15,6	11,7	38,8
Hessen	5,5	136,0	−8,5	2.030,3	2,9	14,9	12,4	43,4
Mecklenburg-Vorpommern	6,1	131,2	−10,4	2.244,5	−0,4	17,1	11,1	49,9
Niedersachsen	6,0	162,3	−8,3	2.198,5	1,6	13,5	10,8	55,5
Nordrhein-Westfalen	5,8	155,0	−8,9	2.141,0	2,9	13,8	12,9	50,1
Rheinland-Pfalz	5,2	123,9	−8,9	1.914,6	−1,4	15,4	8,2	44,0
Saarland	6,9	153,0	−8,4	2.525,3	5,9	16,5	15,6	53,5
Sachsen	5,6	133,7	−5,3	2.048,6	2,8	15,3	8,6	53,1
Sachsen-Anhalt	5,8	131,9	−7,9	2.125,3	−0,7	16,1	7,8	50,0
Schleswig-Holstein	5,8	150,8	−6,4	2.122,7	0,8	14,1	7,7	51,1
Thüringen	5,9	135,2	−8,8	2.155,2	1,8	15,9	11,7	52,8
West	**5,5**	**141,5**	**−8,5**	**1.998,5**	**1,6**	**14,1**	**11,1**	**48,8**
Ost	**5,8**	**134,4**	**−6,9**	**2.121,5**	**1,7**	**15,8**	**9,3**	**52,2**
Bund	**5,5**	**140,2**	**−8,3**	**2.018,5**	**1,6**	**14,4**	**10,8**	**49,3**

Fehlzeiten-Report 2021

Tab. 28.20 Arbeitsunfähigkeit der AOK-Mitglieder nach Wirtschaftsabteilungen in der Branche Baugewerbe im Jahr 2020

Wirtschaftsabteilungen	Krankenstand in %		Arbeitsunfähigkeiten je 100 AOK-Mitglieder		Tage je Fall	AU-Quote in %
	2020	2020 stand.[a]	Fälle	Tage		
Hochbau	6,1	4,9	132,0	2.231,9	16,9	49,4
Tiefbau	6,3	5,1	142,6	2.291,9	16,1	52,4
Vorbereitende Baustellenarbeiten, Bauinstallation und sonstiges Ausbaugewerbe	5,2	4,9	142,2	1.920,2	13,5	48,9
Branche gesamt	**5,5**	**4,9**	**140,2**	**2.018,5**	**14,4**	**49,3**
Alle Branchen	**5,4**	**5,5**	**144,2**	**1.988,1**	**13,8**	**50,7**

[a] Krankenstand alters- und geschlechtsstandardisiert
Fehlzeiten-Report 2021

◘ **Tab. 28.21** Kennzahlen der Arbeitsunfähigkeit nach ausgewählten Berufsgruppen in der Branche Baugewerbe im Jahr 2020

Tätigkeit	Kranken-stand in %	Arbeitsunfähigkeit je 100 AOK-Mitglieder		Tage je Fall	AU-Quote in %	Anteil der Berufsgruppe an der Branche in %[a]
		AU-Fälle	AU-Tage			
Berufe für Maler- u. Lackiererarbeiten	5,8	162,3	2.116,1	13,0	54,9	5,9
Berufe im Aus- u. Trockenbau (ohne Spez.)	4,9	116,4	1.791,7	15,4	39,8	3,3
Berufe im Beton- u. Stahlbetonbau	5,9	127,3	2.168,3	17,0	40,3	2,0
Berufe im Hochbau (ohne Spez.)	5,3	119,1	1.927,4	16,2	37,3	18,3
Berufe im Holz-, Möbel- u. Innenausbau	5,2	146,6	1.919,9	13,1	55,6	1,7
Berufe im Maurerhandwerk	7,2	153,3	2.638,4	17,2	57,7	4,6
Berufe im Straßen- u. Asphaltbau	6,8	172,2	2.485,8	14,4	61,4	1,6
Berufe im Tiefbau (ohne Spez.)	6,9	152,2	2.537,0	16,7	54,7	3,4
Berufe in der Bauelektrik	5,1	176,5	1.849,2	10,5	58,0	5,1
Berufe in der Dachdeckerei	6,9	171,1	2.513,3	14,7	62,3	2,0
Berufe in der Elektrotechnik (ohne Spez.)	5,1	158,9	1.882,0	11,8	51,0	1,9
Berufe in der Fliesen-, Platten- u. Mosaikverlegung	5,6	144,6	2.034,1	14,1	53,4	1,3
Berufe in der Maschinenbau- u. Betriebstechnik (ohne Spez.)	5,5	135,7	1.996,5	14,7	45,6	1,4
Berufe in der Sanitär-, Heizungs- u. Klimatechnik	5,9	184,1	2.155,3	11,7	61,6	6,5
Berufe in der Zimmerei	5,9	145,4	2.167,2	14,9	58,3	2,0
Berufskraftfahrer/innen (Güterverkehr/LKW)	6,6	121,8	2.431,6	20,0	50,7	1,2
Büro- u. Sekretariatskräfte (ohne Spez.)	3,4	98,2	1.258,1	12,8	41,7	5,5
Führer/innen von Erdbewegungs- u. verwandten Maschinen	6,8	134,5	2.483,4	18,5	55,7	1,9

28.2 · Baugewerbe

Tab. 28.21 (Fortsetzung)

Tätigkeit	Kranken-stand in %	Arbeitsunfähigkeit je 100 AOK-Mitglieder		Tage je Fall	AU-Quote in %	Anteil der Berufsgruppe an der Branche in %[a]
		AU-Fälle	AU-Tage			
Kaufmännische u. technische Betriebswirtschaft (ohne Spez.)	3,3	107,8	1.206,1	11,2	47,4	1,4
Maschinen- u. Gerätezusammensetzer/innen	5,8	129,4	2.109,7	16,3	45,8	1,7
Branche gesamt	**5,5**	**140,2**	**2.018,5**	**14,4**	**49,3**	**7,6[b]**

[a] Anteil der AOK-Mitglieder in der Berufsgruppe an den in der Branche beschäftigten AOK-Mitgliedern insgesamt
[b] Anteil der AOK-Mitglieder in der Branche an allen AOK-Mitgliedern
Fehlzeiten-Report 2021

Tab. 28.22 Dauer der Arbeitsunfähigkeit der AOK-Mitglieder in der Branche Baugewerbe im Jahr 2020

Fallklasse	Branche hier		Alle Branchen	
	Anteil Fälle in %	Anteil Tage in %	Anteil Fälle in %	Anteil Tage in %
1–3 Tage	34,0	4,6	30,7	4,4
4–7 Tage	28,8	10,0	30,2	11,2
8–14 Tage	18,2	13,2	19,8	15,0
15–21 Tage	6,7	7,9	7,3	9,1
22–28 Tage	3,0	5,1	3,3	5,9
29–42 Tage	3,3	7,9	3,5	8,9
> 42 Tage	6,0	51,4	5,1	45,5

Fehlzeiten-Report 2021

Tab. 28.23 Tage der Arbeitsunfähigkeit je AOK-Mitglied nach Wirtschaftsabteilung und Betriebsgröße in der Branche Baugewerbe im Jahr 2020

Wirtschaftsabteilungen	Betriebsgröße (Anzahl der AOK-Mitglieder)					
	10–49	50–99	100–199	200–499	500–999	≥ 1.000
Hochbau	23,2	22,3	22,4	19,9	19,2	21,9
Tiefbau	23,6	24,1	22,4	21,3	16,1	23,3
Vorbereitende Baustellenarbeiten, Bauinstallation und sonstiges Ausbaugewerbe	19,9	19,6	18,0	16,0	22,0	–
Branche gesamt	21,1	21,3	20,6	19,0	20,3	22,7
Alle Branchen	20,3	22,3	22,5	22,6	22,8	22,7

Fehlzeiten-Report 2021

Tab. 28.24 Krankenstand in Prozent nach Ausbildungsabschluss in der Branche Baugewerbe im Jahr 2020, AOK-Mitglieder

Wirtschaftsabteilungen	Ausbildung						
	ohne Ausbildungsabschluss	mit Ausbildungsabschluss	Meister/ Techniker	Bachelor	Diplom/ Magister/ Master/ Staatsexamen	Promotion	unbekannt
Hochbau	6,3	6,9	4,6	1,7	2,3	5,2	5,3
Tiefbau	6,6	6,8	5,6	1,9	2,4	4,4	5,6
Vorbereitende Baustellenarbeiten, Bauinstallation und sonstiges Ausbaugewerbe	5,3	5,8	4,6	2,4	3,0	4,1	4,7
Branche gesamt	5,6	6,1	4,6	2,1	2,6	4,3	4,9
Alle Branchen	6,0	5,9	4,7	2,3	2,9	2,1	5,0

Fehlzeiten-Report 2021

28.2 · Baugewerbe

Tab. 28.25 Tage der Arbeitsunfähigkeit je AOK-Mitglied nach Ausbildungsabschluss in der Branche Baugewerbe im Jahr 2020

Wirtschafts-abteilungen	Ausbildung						
	ohne Ausbildungsabschluss	mit Ausbildungsabschluss	Meister/ Techniker	Bachelor	Diplom/ Magister/ Master/ Staatsexamen	Promotion	unbekannt
Hochbau	22,9	25,3	16,7	6,3	8,3	19,0	19,6
Tiefbau	24,0	24,9	20,4	6,9	8,9	16,0	20,4
Vorbereitende Baustellenarbeiten, Bauinstallation und sonstiges Ausbaugewerbe	19,4	21,1	16,7	8,9	10,8	15,0	17,1
Branche gesamt	**20,5**	**22,4**	**17,0**	**7,7**	**9,7**	**15,9**	**17,9**
Alle Branchen	**21,8**	**21,8**	**17,1**	**8,5**	**10,6**	**7,6**	**18,2**

Fehlzeiten-Report 2021

Tab. 28.26 Anteil der Arbeitsunfälle an den AU-Fällen und -Tagen in Prozent nach Wirtschaftsabteilungen in der Branche Baugewerbe im Jahr 2020, AOK-Mitglieder

Wirtschaftsabteilungen	AU-Fälle in %	AU-Tage in %
Hochbau	7,5	14,4
Tiefbau	6,1	11,1
Vorbereitende Baustellenarbeiten, Bauinstallation und sonstiges Ausbaugewerbe	6,1	11,4
Branche gesamt	**6,3**	**12,0**
Alle Branchen	**3,0**	**5,5**

Fehlzeiten-Report 2021

◘ **Tab. 28.27** Tage und Fälle der Arbeitsunfähigkeit durch Arbeitsunfälle nach Berufsgruppen in der Branche Baugewerbe im Jahr 2020, AOK-Mitglieder

Tätigkeit	Arbeitsunfähigkeit je 1.000 AOK-Mitglieder	
	AU-Tage	AU-Fälle
Berufe in der Zimmerei	4.642,1	181,3
Berufe in der Dachdeckerei	4.150,5	170,8
Berufe im Maurerhandwerk	3.960,2	128,9
Berufe im Beton- u. Stahlbetonbau	3.920,4	110,3
Berufskraftfahrer/innen (Güterverkehr/LKW)	3.420,2	92,2
Berufe im Hochbau (ohne Spez.)	3.184,6	101,3
Berufe im Tiefbau (ohne Spez.)	3.080,3	109,8
Berufe im Straßen- u. Asphaltbau	2.989,6	110,8
Berufe im Aus- u. Trockenbau (ohne Spez.)	2.635,2	84,8
Maschinen- u. Gerätezusammensetzer/innen	2.625,1	88,0
Berufe im Holz-, Möbel- u. Innenausbau	2.622,6	111,8
Führer/innen von Erdbewegungs- u. verwandten Maschinen	2.590,5	77,3
Berufe in der Maschinenbau- u. Betriebstechnik (ohne Spez.)	2.587,7	91,6
Berufe in der Sanitär-, Heizungs- u. Klimatechnik	2.237,5	113,5
Berufe für Maler- u. Lackiererarbeiten	2.128,0	85,6
Berufe in der Elektrotechnik (ohne Spez.)	1.997,9	82,5
Berufe in der Bauelektrik	1.804,6	88,5
Berufe in der Fliesen-, Platten- u. Mosaikverlegung	1.668,6	72,0
Kaufmännische u. technische Betriebswirtschaft (ohne Spez.)	316,4	11,0
Büro- u. Sekretariatskräfte (ohne Spez.)	257,8	8,6
Branche gesamt	**2.423,0**	**89,0**
Alle Branchen	**1.092,2**	**43,4**

Fehlzeiten-Report 2021

28.2 · Baugewerbe

Tab. 28.28 Tage und Fälle der Arbeitsunfähigkeit je 100 AOK-Mitglieder nach Krankheitsarten in der Branche Baugewerbe in den Jahren 1996 bis 2020

Jahr	Arbeitsunfähigkeiten je 100 AOK-Mitglieder											
	Psyche		Herz/Kreislauf		Atemwege		Verdauung		Muskel/Skelett		Verletzungen	
	Tage	Fälle	Tage	Fälle	Tage	Fälle	Tage	Fälle	Tage	Fälle	Tage	Fälle
1996	70,5	2,5	198,8	7,0	308,8	37,3	181,0	21,3	753,9	35,0	564,8	31,7
1997	65,3	2,7	180,0	7,0	270,4	35,5	162,5	20,5	677,9	34,4	553,6	31,9
1998	69,2	2,9	179,1	7,3	273,9	37,1	160,7	20,9	715,7	37,0	548,9	31,7
1999	72,2	3,1	180,3	7,5	302,6	41,7	160,6	22,4	756,0	39,5	547,9	32,2
2000	80,8	3,6	159,7	6,9	275,1	39,2	144,2	19,3	780,1	41,2	528,8	31,2
2001	89,0	4,2	163,6	7,3	262,0	39,0	145,0	19,7	799,9	42,3	508,4	30,3
2002	90,7	4,4	159,7	7,3	240,8	36,7	141,0	20,2	787,2	41,8	502,0	29,7
2003	84,7	4,3	150,0	7,1	233,3	36,7	130,8	19,1	699,3	38,2	469,0	28,6
2004	102,0	4,4	158,3	6,6	200,2	30,6	132,1	18,6	647,6	36,0	446,6	26,8
2005	101,1	4,2	155,2	6,5	227,0	34,7	122,8	17,0	610,4	34,2	435,3	25,7
2006	91,9	4,1	146,4	6,4	184,3	29,1	119,4	17,8	570,6	33,8	442,6	26,4
2007	105,1	4,4	148,5	6,6	211,9	33,5	128,7	19,3	619,3	35,6	453,9	26,0
2008 (WZ03)	108,2	4,6	157,3	6,9	218,5	34,9	132,8	20,4	646,1	37,0	459,8	26,5
2008 (WZ08)[a]	107,3	4,6	156,4	6,9	217,0	34,7	131,4	20,2	642,3	36,9	459,2	26,5
2009	112,3	4,9	163,5	7,1	254,8	40,1	132,5	19,8	629,8	35,7	458,7	26,0
2010	121,0	5,0	160,5	6,9	216,2	34,1	127,0	18,4	654,5	36,6	473,1	26,5
2011	124,5	5,5	154,9	7,1	224,1	35,9	124,9	18,8	631,6	37,4	464,5	26,4
2012	143,7	5,7	178,5	7,4	223,4	35,0	133,8	18,7	679,9	37,5	475,7	25,0
2013	146,2	5,8	177,4	6,9	271,3	42,0	136,2	18,9	666,4	36,9	462,7	24,5
2014	157,4	6,4	183,4	7,3	227,2	35,6	139,0	19,3	716,4	38,9	475,9	24,6
2015	161,3	6,5	179,6	7,3	272,6	42,5	138,2	19,2	694,8	38,0	463,5	23,8
2016	159,3	6,5	162,8	7,4	254,0	40,8	130,8	19,0	708,1	38,3	459,7	23,3
2017	157,7	6,5	158,6	7,2	249,5	39,6	125,8	17,9	690,3	37,2	447,8	22,1
2018	161,2	6,6	155,9	7,3	273,2	42,6	124,1	17,9	679,6	37,0	455,8	22,2
2019	170,3	6,7	160,0	7,4	238,9	39,0	121,3	17,5	689,2	37,0	447,2	21,2
2020	177,6	6,3	161,0	6,6	254,9	33,9	117,4	15,5	714,9	36,5	435,0	19,1

[a] aufgrund der Revision der Wirtschaftszweigklassifikation in 2008 ist eine Vergleichbarkeit mit den Vorjahren nur bedingt möglich

Fehlzeiten-Report 2021

Tab. 28.29 Verteilung der Arbeitsunfähigkeitstage nach Krankheitsarten in Prozent in der Branche Baugewerbe im Jahr 2020, AOK-Mitglieder

Wirtschaftsabteilungen	AU-Tage in %						
	Psyche	Herz/Kreislauf	Atemwege	Verdauung	Muskel/Skelett	Verletzungen	Sonstige
Hochbau	5,8	6,6	7,8	4,1	27,2	16,6	31,9
Tiefbau	6,5	7,2	8,3	4,5	27,1	13,6	32,7
Vorbereitende Baustellenarbeiten, Bauinstallation und sonstiges Ausbaugewerbe	6,8	5,4	10,0	4,3	25,7	16,1	31,6
Branche gesamt	**6,5**	**5,9**	**9,3**	**4,3**	**26,2**	**15,9**	**31,8**
Alle Branchen	**12,0**	**5,1**	**11,8**	**4,2**	**22,1**	**10,0**	**34,8**

Fehlzeiten-Report 2021

Tab. 28.30 Verteilung der Arbeitsunfähigkeitsfälle nach Krankheitsarten in Prozent in der Branche Baugewerbe im Jahr 2020, AOK-Mitglieder

Wirtschaftsabteilungen	AU-Fälle in %						
	Psyche	Herz/Kreislauf	Atemwege	Verdauung	Muskel/Skelett	Verletzungen	Sonstige
Hochbau	3,2	4,1	15,9	8,2	20,3	10,9	37,5
Tiefbau	3,4	4,4	15,9	8,6	20,3	9,2	38,2
Vorbereitende Baustellenarbeiten, Bauinstallation und sonstiges Ausbaugewerbe	3,4	3,2	18,8	8,1	18,9	10,0	37,6
Branche gesamt	**3,3**	**3,5**	**17,9**	**8,2**	**19,3**	**10,1**	**37,6**
Alle Branchen	**5,4**	**3,5**	**20,5**	**7,7**	**16,1**	**6,5**	**40,3**

Fehlzeiten-Report 2021

28.2 · Baugewerbe

Tab. 28.31 Verteilung der Arbeitsunfähigkeitstage nach Krankheitsarten und ausgewählten Berufsgruppen in der Branche Baugewerbe im Jahr 2020, AOK-Mitglieder

Tätigkeit	AU-Tage in %						
	Psyche	Herz/ Kreislauf	Atemwege	Verdauung	Muskel/ Skelett	Verletzungen	Sonstige
Berufe für Maler- u. Lackiererarbeiten	6,5	5,5	10,1	4,5	27,2	15,1	31,0
Berufe im Aus- u. Trockenbau (ohne Spez.)	5,0	5,9	7,8	4,5	28,1	19,3	29,5
Berufe im Beton- u. Stahlbetonbau	4,9	5,7	7,4	4,3	27,3	19,4	30,9
Berufe im Hochbau (ohne Spez.)	5,0	5,9	7,5	4,3	27,9	19,1	30,3
Berufe im Holz-, Möbel- u. Innenausbau	7,1	5,4	9,8	4,3	25,3	18,0	30,1
Berufe im Maurerhandwerk	4,6	6,3	7,1	4,0	29,9	17,5	30,8
Berufe im Straßen- u. Asphaltbau	6,3	6,3	8,9	4,7	27,0	15,8	31,1
Berufe im Tiefbau (ohne Spez.)	5,1	7,4	7,5	4,4	29,1	14,5	31,9
Berufe in der Bauelektrik	6,6	4,7	13,7	4,7	22,2	15,4	32,7
Berufe in der Dachdeckerei	5,3	4,8	8,1	3,7	28,9	21,2	28,0
Berufe in der Elektrotechnik (ohne Spez.)	6,2	4,8	11,9	4,8	24,6	15,8	31,9
Berufe in der Fliesen-, Platten- u. Mosaikverlegung	5,8	5,5	8,7	4,2	32,3	13,8	29,8
Berufe in der Maschinenbau- u. Betriebstechnik (ohne Spez.)	6,9	5,9	9,1	4,4	27,4	16,8	29,5
Berufe in der Sanitär-, Heizungs- u. Klimatechnik	5,9	5,1	11,9	4,5	24,6	16,8	31,3
Berufe in der Zimmerei	4,2	4,8	7,8	3,3	26,6	25,3	28,1
Berufskraftfahrer/innen (Güterverkehr/LKW)	5,7	9,3	6,8	4,1	25,3	14,2	34,6
Büro- u. Sekretariatskräfte (ohne Spez.)	14,1	4,4	12,3	4,2	16,9	8,1	40,1
Führer/innen von Erdbewegungs- u. verwandten Maschinen	6,2	8,3	7,2	4,6	27,2	12,1	34,3

◻ **Tab. 28.31** (Fortsetzung)

Tätigkeit	AU-Tage in %						
	Psyche	Herz/Kreislauf	Atemwege	Verdauung	Muskel/Skelett	Verletzungen	Sonstige
Kaufmännische u. technische Betriebswirtschaft (ohne Spez.)	14,3	3,8	14,4	4,4	15,1	8,7	39,1
Maschinen- u. Gerätezusammensetzer/innen	7,1	6,2	9,1	4,0	26,4	16,4	30,7
Branche gesamt	**6,5**	**5,9**	**9,3**	**4,3**	**26,2**	**15,9**	**31,8**
Alle Branchen	**12,0**	**5,1**	**11,8**	**4,2**	**22,1**	**10,0**	**34,8**

Fehlzeiten-Report 2021

28.2 · Baugewerbe

Tab. 28.32 Verteilung der Arbeitsunfähigkeitsfälle nach Krankheitsarten und ausgewählten Berufsgruppen in der Branche Baugewerbe im Jahr 2020, AOK-Mitglieder

Tätigkeit	AU-Fälle in %						
	Psyche	Herz/ Kreislauf	Atem- wege	Ver- dauung	Muskel/ Skelett	Verlet- zungen	Sonstige
Berufe für Maler- u. Lackiererarbeiten	3,4	2,9	19,1	8,5	19,6	9,6	36,8
Berufe im Aus- u. Trockenbau (ohne Spez.)	2,9	3,6	16,0	8,0	22,9	11,2	35,5
Berufe im Beton- u. Stahlbetonbau	3,1	4,0	15,0	8,1	22,5	11,6	35,8
Berufe im Hochbau (ohne Spez.)	3,0	3,7	14,8	8,0	23,3	11,9	35,5
Berufe im Holz-, Möbel- u. Innenausbau	3,2	2,9	19,0	8,3	19,1	11,8	35,7
Berufe im Maurerhandwerk	2,7	3,8	15,3	8,2	21,6	12,1	36,3
Berufe im Straßen- u. Asphaltbau	3,0	3,6	17,0	8,6	19,4	10,5	37,8
Berufe im Tiefbau (ohne Spez.)	3,2	4,4	14,7	8,6	22,2	10,2	36,7
Berufe in der Bauelektrik	2,9	2,6	22,5	8,2	15,5	9,3	38,9
Berufe in der Dachdeckerei	3,0	2,7	17,0	8,0	20,0	14,1	35,3
Berufe in der Elektrotechnik (ohne Spez.)	3,2	2,9	20,9	8,0	18,6	9,1	37,2
Berufe in der Fliesen-, Platten- u. Mosaikverlegung	3,0	3,1	17,4	7,9	23,7	9,3	35,7
Berufe in der Maschinenbau- u. Betriebstechnik (ohne Spez.)	3,5	3,4	17,6	8,2	21,3	10,5	35,5
Berufe in der Sanitär-, Heizungs- u. Klimatechnik	2,8	2,6	21,2	8,2	17,1	10,6	37,5
Berufe in der Zimmerei	2,2	2,8	17,2	7,2	18,6	17,3	34,7
Berufskraftfahrer/innen (Güterverkehr/LKW)	3,5	6,0	12,9	8,7	19,6	9,3	40,1
Büro- u. Sekretariatskräfte (ohne Spez.)	5,5	3,4	20,9	8,2	10,9	4,9	46,3
Führer/innen von Erdbewegungs- u. verwandten Maschinen	3,4	5,8	13,2	9,1	20,2	8,7	39,8

◘ **Tab. 28.32** (Fortsetzung)

Tätigkeit	AU-Tage in %						
	Psyche	Herz/ Kreislauf	Atem- wege	Ver- dauung	Muskel/ Skelett	Verlet- zungen	Sonstige
Kaufmännische u. technische Betriebswirtschaft (ohne Spez.)	5,4	3,3	23,0	9,0	10,0	5,3	43,9
Maschinen- u. Gerätezusammensetzer/innen	3,8	3,9	17,0	7,5	21,5	10,1	36,2
Branche gesamt	**3,3**	**3,5**	**17,9**	**8,2**	**19,3**	**10,1**	**37,6**
Alle Branchen	**5,4**	**3,5**	**20,5**	**7,7**	**16,1**	**6,5**	**40,3**

Fehlzeiten-Report 2021

28.2 · Baugewerbe

Tab. 28.33 Anteile der 40 häufigsten Einzeldiagnosen an den AU-Fällen und AU-Tagen in der Branche Baugewerbe im Jahr 2020, AOK-Mitglieder

ICD-10	Bezeichnung	AU-Fälle in %	AU-Tage in %
J06	Akute Infektionen an mehreren oder nicht näher bezeichneten Lokalisationen der oberen Atemwege	8,6	3,9
M54	Rückenschmerzen	7,4	6,8
A09	Sonstige und nicht näher bezeichnete Gastroenteritis und Kolitis infektiösen und nicht näher bezeichneten Ursprungs	3,4	1,0
K08	Sonstige Krankheiten der Zähne und des Zahnhalteapparates	2,1	0,4
U99	Nicht belegte Schlüsselnummer U99	1,7	0,8
T14	Verletzung an einer nicht näher bezeichneten Körperregion	1,6	1,6
Z11	Spezielle Verfahren zur Untersuchung auf infektiöse und parasitäre Krankheiten	1,6	0,8
M25	Sonstige Gelenkkrankheiten, anderenorts nicht klassifiziert	1,5	1,9
I10	Essentielle (primäre) Hypertonie	1,5	1,4
B34	Viruskrankheit nicht näher bezeichneter Lokalisation	1,5	0,7
R10	Bauch- und Beckenschmerzen	1,5	0,6
R51	Kopfschmerz	1,3	0,5
K52	Sonstige nichtinfektiöse Gastroenteritis und Kolitis	1,1	0,3
M99	Biomechanische Funktionsstörungen, anderenorts nicht klassifiziert	1,0	0,8
U07	Nicht belegte Schlüsselnummer U07	1,0	0,6
J20	Akute Bronchitis	1,0	0,5
K29	Gastritis und Duodenitis	1,0	0,4
J00	Akute Rhinopharyngitis [Erkältungsschnupfen]	1,0	0,4
M51	Sonstige Bandscheibenschäden	0,9	2,5
M75	Schulterläsionen	0,9	2,3
M79	Sonstige Krankheiten des Weichteilgewebes, anderenorts nicht klassifiziert	0,9	0,7
M23	Binnenschädigung des Kniegelenkes [internal derangement]	0,8	1,8
F43	Reaktionen auf schwere Belastungen und Anpassungsstörungen	0,8	1,3

Tab. 28.33 (Fortsetzung)

ICD-10	Bezeichnung	AU-Fälle in %	AU-Tage in %
S93	Luxation, Verstauchung und Zerrung der Gelenke und Bänder in Höhe des oberen Sprunggelenkes und des Fußes	0,8	1,0
M77	Sonstige Enthesopathien	0,8	0,9
R11	Übelkeit und Erbrechen	0,8	0,3
Z98	Sonstige Zustände nach chirurgischem Eingriff	0,7	2,1
J40	Bronchitis, nicht als akut oder chronisch bezeichnet	0,7	0,4
F32	Depressive Episode	0,6	1,8
M53	Sonstige Krankheiten der Wirbelsäule und des Rückens, anderenorts nicht klassifiziert	0,6	0,6
R07	Hals- und Brustschmerzen	0,6	0,3
J98	Sonstige Krankheiten der Atemwege	0,6	0,3
B99	Sonstige und nicht näher bezeichnete Infektionskrankheiten	0,6	0,3
J03	Akute Tonsillitis	0,6	0,2
J02	Akute Pharyngitis	0,6	0,2
S83	Luxation, Verstauchung und Zerrung des Kniegelenkes und von Bändern des Kniegelenkes	0,5	1,3
M47	Spondylose	0,5	0,8
S61	Offene Wunde des Handgelenkes und der Hand	0,5	0,5
R42	Schwindel und Taumel	0,5	0,4
R53	Unwohlsein und Ermüdung	0,5	0,4
Summe hier		**54,6**	**43,8**
Restliche		45,4	56,2
Gesamtsumme		**100,0**	**100,0**

Fehlzeiten-Report 2021

Tab. 28.34 Anteile der 40 häufigsten Diagnoseuntergruppen an den AU-Fällen und AU-Tagen in der Branche Baugewerbe im Jahr 2020, AOK-Mitglieder

ICD-10	Bezeichnung	AU-Fälle in %	AU-Tage in %
J00–J06	Akute Infektionen der oberen Atemwege	11,9	5,3
M50–M54	Sonstige Krankheiten der Wirbelsäule und des Rückens	8,7	9,2
A00–A09	Infektiöse Darmkrankheiten	4,2	1,2
R50–R69	Allgemeinsymptome	3,5	2,5
M70–M79	Sonstige Krankheiten des Weichteilgewebes	3,2	4,9
K00–K14	Krankheiten der Mundhöhle, der Speicheldrüsen und der Kiefer	2,6	0,6
R10–R19	Symptome, die das Verdauungssystem und das Abdomen betreffen	2,5	1,1
M20–M25	Sonstige Gelenkkrankheiten	2,3	3,8
Z00–Z13	Personen, die das Gesundheitswesen zur Untersuchung und Abklärung in Anspruch nehmen	2,2	1,2
T08–T14	Verletzungen nicht näher bezeichneter Teile des Rumpfes, der Extremitäten oder anderer Körperregionen	1,9	1,9
U99–U99	Nicht belegte Schlüsselnummern	1,9	0,9
Z80–Z99	Personen mit potentiellen Gesundheitsrisiken aufgrund der Familien- oder Eigenanamnese und bestimmte Zustände, die den Gesundheitszustand beeinflussen	1,8	3,9
F40–F48	Neurotische, Belastungs- und somatoforme Störungen	1,8	3,0
I10–I15	Hypertonie [Hochdruckkrankheit]	1,8	1,6
S60–S69	Verletzungen des Handgelenkes und der Hand	1,7	2,6
B25–B34	Sonstige Viruskrankheiten	1,7	0,8
K20–K31	Krankheiten des Ösophagus, des Magens und des Duodenums	1,6	0,7
R00–R09	Symptome, die das Kreislaufsystem und das Atmungssystem betreffen	1,5	1,0
J40–J47	Chronische Krankheiten der unteren Atemwege	1,4	1,1
K50–K52	Nichtinfektiöse Enteritis und Kolitis	1,4	0,5
S90–S99	Verletzungen der Knöchelregion und des Fußes	1,3	2,0
G40–G47	Episodische und paroxysmale Krankheiten des Nervensystems	1,3	0,9
S80–S89	Verletzungen des Knies und des Unterschenkels	1,2	2,9
J20–J22	Sonstige akute Infektionen der unteren Atemwege	1,2	0,7
M95–M99	Sonstige Krankheiten des Muskel-Skelett-Systems und des Bindegewebes	1,1	0,9
U00–U49	Vorläufige Zuordnungen für Krankheiten mit unklarer Ätiologie und nicht belegte Schlüsselnummern	1,1	0,6

Tab. 28.34 (Fortsetzung)

ICD-10	Bezeichnung	AU-Fälle in %	AU-Tage in %
M15–M19	Arthrose	1,0	2,9
K55–K64	Sonstige Krankheiten des Darmes	1,0	0,7
J30–J39	Sonstige Krankheiten der oberen Atemwege	0,9	0,5
F30–F39	Affektive Störungen	0,8	2,6
G50–G59	Krankheiten von Nerven, Nervenwurzeln und Nervenplexus	0,8	1,5
E70–E90	Stoffwechselstörungen	0,8	0,6
J95–J99	Sonstige Krankheiten des Atmungssystems	0,8	0,5
Z40–Z54	Personen, die das Gesundheitswesen zum Zwecke spezifischer Maßnahmen und zur medizinischen Betreuung in Anspruch nehmen	0,7	1,0
S00–S09	Verletzungen des Kopfes	0,7	0,7
R40–R46	Symptome, die das Erkennungs- und Wahrnehmungsvermögen, die Stimmung und das Verhalten betreffen	0,7	0,6
J09–J18	Grippe und Pneumonie	0,7	0,5
M05–M14	Entzündliche Polyarthropathien	0,6	0,8
F10–F19	Psychische und Verhaltensstörungen durch psychotrope Substanzen	0,6	0,7
B99–B99	Sonstige Infektionskrankheiten	0,6	0,3
	Summe hier	**77,5**	**69,7**
	Restliche	22,5	30,3
	Gesamtsumme	**100,0**	**100,0**

Fehlzeiten-Report 2021

28.3 Dienstleistungen

Entwicklung des Krankenstands der AOK-Mitglieder in der Branche Dienstleistungen in den Jahren 2000 bis 2020	◘ Tab. 28.35
Arbeitsunfähigkeit der AOK-Mitglieder in der Branche Dienstleistungen nach Bundesländern im Jahr 2020 im Vergleich zum Vorjahr	◘ Tab. 28.36
Arbeitsunfähigkeit der AOK-Mitglieder nach Wirtschaftsabteilungen in der Branche Dienstleistungen im Jahr 2020	◘ Tab. 28.37
Kennzahlen der Arbeitsunfähigkeit nach ausgewählten Berufsgruppen in der Branche Dienstleistungen im Jahr 2020	◘ Tab. 28.38
Dauer der Arbeitsunfähigkeit der AOK-Mitglieder in der Branche Dienstleistungen im Jahr 2020	◘ Tab. 28.39
Tage der Arbeitsunfähigkeit je AOK-Mitglied nach Wirtschaftsabteilung und Betriebsgröße in der Branche Dienstleistungen im Jahr 2020	◘ Tab. 28.40
Krankenstand in Prozent nach Ausbildungsabschluss in der Branche Dienstleistungen im Jahr 2020, AOK-Mitglieder	◘ Tab. 28.41
Tage der Arbeitsunfähigkeit je AOK-Mitglied nach Ausbildungsabschluss in der Branche Dienstleistungen im Jahr 2020	◘ Tab. 28.42
Anteil der Arbeitsunfälle an den AU-Fällen und -Tagen in Prozent nach Wirtschaftsabteilungen in der Branche Dienstleistungen im Jahr 2020, AOK-Mitglieder	◘ Tab. 28.43
Tage und Fälle der Arbeitsunfähigkeit durch Arbeitsunfälle nach Berufsgruppen in der Branche Dienstleistungen im Jahr 2020, AOK-Mitglieder	◘ Tab. 28.44
Tage und Fälle der Arbeitsunfähigkeit je 100 AOK-Mitglieder nach Krankheitsarten in der Branche Dienstleistungen in den Jahren 2000 bis 2020	◘ Tab. 28.45
Verteilung der Arbeitsunfähigkeitstage nach Krankheitsarten in Prozent in der Branche Dienstleistungen im Jahr 2020, AOK-Mitglieder	◘ Tab. 28.46
Verteilung der Arbeitsunfähigkeitsfälle nach Krankheitsarten in Prozent in der Branche Dienstleistungen im Jahr 2020, AOK-Mitglieder	◘ Tab. 28.47
Verteilung der Arbeitsunfähigkeitstage nach Krankheitsarten und ausgewählten Berufsgruppen in der Branche Dienstleistungen im Jahr 2020, AOK-Mitglieder	◘ Tab. 28.48
Verteilung der Arbeitsunfähigkeitsfälle nach Krankheitsarten und ausgewählten Berufsgruppen in der Branche Dienstleistungen im Jahr 2020, AOK-Mitglieder	◘ Tab. 28.49
Anteile der 40 häufigsten Einzeldiagnosen an den AU-Fällen und AU-Tagen in der Branche Dienstleistungen im Jahr 2020, AOK-Mitglieder	◘ Tab. 28.50
Anteile der 40 häufigsten Diagnoseuntergruppen an den AU-Fällen und AU-Tagen in der Branche Dienstleistungen im Jahr 2020, AOK-Mitglieder	◘ Tab. 28.51

Tab. 28.35 Entwicklung des Krankenstands der AOK-Mitglieder in der Branche Dienstleistungen in den Jahren 2000 bis 2020

Jahr	Krankenstand in %			AU-Fälle je 100 AOK-Mitglieder			Tage je Fall		
	West	Ost	Bund	West	Ost	Bund	West	Ost	Bund
2000	4,6	5,6	4,8	148,6	164,9	150,9	11,4	12,3	11,5
2001	4,6	5,4	4,7	146,9	156,2	148,2	11,4	12,7	11,6
2002	4,5	5,2	4,6	145,2	151,7	146,1	11,3	12,4	11,5
2003	4,3	4,7	4,3	141,5	142,9	141,7	11,0	11,9	11,2
2004	3,9	4,1	4,0	126,9	126,1	126,8	11,3	12,0	11,4
2005	3,8	3,9	3,8	126,6	120,6	125,6	11,0	11,8	11,2
2006	3,7	3,8	3,8	127,3	118,9	125,9	10,7	11,6	10,9
2007	4,0	4,1	4,1	140,5	129,9	138,7	10,5	11,5	10,7
2008 (WZ03)	4,2	4,3	4,2	149,0	134,6	146,5	10,4	11,6	10,6
2008 (WZ08)[a]	4,1	4,2	4,1	147,0	135,3	145,0	10,3	11,4	10,4
2009	4,2	4,5	4,2	146,3	140,1	145,2	10,4	11,6	10,6
2010	4,2	4,6	4,2	146,7	146,7	146,7	10,4	11,3	10,5
2011	4,3	4,4	4,3	152,5	148,8	151,9	10,2	10,7	10,3
2012	4,3	4,7	4,4	148,4	136,4	146,4	10,6	12,5	10,9
2013	4,3	4,7	4,4	151,5	141,0	149,7	10,3	12,3	10,6
2014	4,3	4,8	4,4	148,4	138,9	146,8	10,6	12,6	10,9
2015	4,4	4,9	4,5	153,9	146,5	152,7	10,4	12,1	10,7
2016	4,3	5,0	4,4	151,3	148,5	150,8	10,4	12,3	10,7
2017	4,3	5,1	4,4	148,6	149,0	148,7	10,5	12,5	10,8
2018	4,4	5,3	4,5	152,5	153,5	152,7	10,5	12,5	10,8
2019	4,3	5,2	4,5	146,4	147,9	146,6	10,8	12,8	11,1
2020	4,2	5,1	4,4	121,4	128,4	122,5	12,7	14,6	13,1

[a] aufgrund der Revision der Wirtschaftszweigklassifikation in 2008 ist eine Vergleichbarkeit mit den Vorjahren nur bedingt möglich

Fehlzeiten-Report 2021

28.3 · Dienstleistungen

Tab. 28.36 Arbeitsunfähigkeit der AOK-Mitglieder in der Branche Dienstleistungen nach Bundesländern im Jahr 2020 im Vergleich zum Vorjahr

Bundesland	Kranken-stand in %	Arbeitsunfähigkeit je 100 AOK-Mitglieder				Tage je Fall	Veränd. z. Vorj. in %	AU-Quote in %
		AU-Fälle	Veränd. z. Vorj. in %	AU-Tage	Veränd. z. Vorj. in %			
Baden-Württemberg	3,9	122,9	−18,4	1.443,6	−2,2	11,7	19,8	42,4
Bayern	3,7	102,9	−16,7	1.350,6	−1,6	13,1	18,1	36,7
Berlin	4,4	122,4	−18,7	1.593,8	−1,9	13,0	20,6	38,6
Brandenburg	5,4	124,2	−14,0	1.974,8	−1,1	15,9	15,0	42,1
Bremen	4,7	125,9	−15,4	1.707,4	1,3	13,6	19,8	40,0
Hamburg	3,8	98,0	−21,9	1.401,0	−4,4	14,3	22,5	33,5
Hessen	4,4	129,1	−19,1	1.623,2	−4,4	12,6	18,2	41,6
Mecklenburg-Vorpommern	5,0	111,9	−15,7	1.832,8	−4,2	16,4	13,7	39,9
Niedersachsen	4,7	138,5	−15,6	1.723,0	−3,0	12,4	15,0	45,3
Nordrhein-Westfalen	4,6	133,3	−16,3	1.690,7	−1,0	12,7	18,2	41,8
Rheinland-Pfalz	4,0	102,7	−13,9	1.480,6	0,0	14,4	16,2	34,0
Saarland	4,7	120,3	−16,4	1.732,9	1,1	14,4	20,9	40,3
Sachsen	4,9	129,9	−12,6	1.811,2	0,9	13,9	15,5	48,0
Sachsen-Anhalt	5,4	127,3	−12,6	1.969,9	−1,2	15,5	13,0	44,0
Schleswig-Holstein	4,7	121,5	−13,9	1.707,8	−1,8	14,1	14,1	40,1
Thüringen	5,4	135,2	−13,5	1.964,8	−1,0	14,5	14,5	46,4
West	**4,2**	**121,4**	**−17,0**	**1.547,3**	**−1,8**	**12,7**	**18,3**	**40,3**
Ost	**5,1**	**128,4**	**−13,1**	**1.879,7**	**−0,4**	**14,6**	**14,7**	**45,8**
Bund	**4,4**	**122,5**	**−16,4**	**1.602,1**	**−1,5**	**13,1**	**17,8**	**41,1**

Fehlzeiten-Report 2021

◻ **Tab. 28.37** Arbeitsunfähigkeit der AOK-Mitglieder nach Wirtschaftsabteilungen in der Branche Dienstleistungen im Jahr 2020

Wirtschaftsabteilungen	Krankenstand in %		Arbeitsunfähigkeiten je 100 AOK-Mitglieder		Tage je Fall	AU-Quote in %
	2020	2020 stand.[a]	Fälle	Tage		
Erbringung von freiberuflichen, wissenschaftlichen und technischen Dienstleistungen	3,5	3,9	115,1	1.269,1	11,0	44,8
Erbringung von sonstigen Dienstleistungen	4,8	4,7	130,6	1.764,0	13,5	48,4
Erbringung von sonstigen wirtschaftlichen Dienstleistungen	5,3	5,5	152,9	1.951,2	12,8	42,2
Gastgewerbe	3,8	3,9	86,6	1.374,8	15,9	33,4
Grundstücks- und Wohnungswesen	4,6	4,5	120,2	1.691,4	14,1	46,3
Information und Kommunikation	3,1	3,8	100,1	1.146,2	11,5	39,4
Kunst, Unterhaltung und Erholung	4,4	4,5	103,0	1.620,9	15,7	40,1
Private Haushalte mit Hauspersonal, Herstellung von Waren und Erbringung von Dienstleistungen durch private Haushalte für den Eigenbedarf	3,3	3,2	77,0	1.204,0	15,6	30,1
Branche gesamt	**4,4**	**4,6**	**122,5**	**1.602,1**	**13,1**	**41,1**
Alle Branchen	**5,4**	**5,5**	**144,2**	**1.988,1**	**13,8**	**50,7**

[a] Krankenstand alters- und geschlechtsstandardisiert

Fehlzeiten-Report 2021

28.3 · Dienstleistungen

Tab. 28.38 Kennzahlen der Arbeitsunfähigkeit nach ausgewählten Berufsgruppen in der Branche Dienstleistungen im Jahr 2020

Tätigkeit	Krankenstand in %	Arbeitsunfähigkeit je 100 AOK-Mitglieder		Tage je Fall	AU-Quote in %	Anteil der Berufsgruppe an der Branche in %[a]
		AU-Fälle	AU-Tage			
Berufe im Dialogmarketing	7,0	240,2	2.567,6	10,7	54,1	1,3
Berufe im Friseurgewerbe	3,6	126,1	1.303,5	10,3	45,6	2,0
Berufe im Gartenbau (ohne Spez.)	5,5	150,0	2.027,3	13,5	48,4	1,2
Berufe im Gastronomieservice (ohne Spez.)	3,5	81,9	1.290,5	15,8	31,3	7,2
Berufe im Hotelservice	3,8	106,8	1.396,5	13,1	40,5	2,2
Berufe im Objekt-, Werte- u. Personenschutz	5,8	130,1	2.129,0	16,4	44,1	3,1
Berufe in der Gebäudereinigung	6,1	141,0	2.233,9	15,8	46,9	1,9
Berufe in der Gebäudetechnik (ohne Spez.)	5,4	116,1	1.963,3	16,9	45,5	1,8
Berufe in der Hauswirtschaft	5,5	119,1	2.004,2	16,8	41,7	1,2
Berufe in der Lagerwirtschaft	5,1	187,0	1.865,4	10,0	37,2	9,2
Berufe in der Maschinenbau- u. Betriebstechnik (ohne Spez.)	5,0	149,5	1.819,5	12,2	44,7	1,0
Berufe in der Metallbearbeitung (ohne Spez.)	4,9	189,7	1.780,3	9,4	42,1	2,0
Berufe in der Reinigung (ohne Spez.)	5,8	136,5	2.134,2	15,6	45,8	10,6
Berufe in der Steuerberatung	2,9	125,5	1.052,1	8,4	50,4	1,4
Büro- u. Sekretariatskräfte (ohne Spez.)	3,7	116,4	1.340,4	11,5	43,4	4,7
Kaufmännische u. technische Betriebswirtschaft (ohne Spez.)	3,5	117,5	1.268,0	10,8	45,5	1,8
Köche/Köchinnen (ohne Spez.)	4,0	88,9	1.450,6	16,3	34,1	7,2
Branche gesamt	**4,4**	**122,5**	**1.602,1**	**13,1**	**41,1**	**27,6[b]**

[a]Anteil der AOK-Mitglieder in der Berufsgruppe an den in der Branche beschäftigten AOK-Mitgliedern insgesamt
[b]Anteil der AOK-Mitglieder in der Branche an allen AOK-Mitgliedern
Fehlzeiten-Report 2021

Tab. 28.39 Dauer der Arbeitsunfähigkeit der AOK-Mitglieder in der Branche Dienstleistungen im Jahr 2020

Fallklasse	Branche hier		Alle Branchen	
1–3 Tage	30,8	4,7	30,7	4,4
4–7 Tage	30,9	12,1	30,2	11,2
8–14 Tage	19,9	15,8	19,8	15,0
15–21 Tage	7,3	9,5	7,3	9,1
22–28 Tage	3,1	5,9	3,3	5,9
29–42 Tage	3,3	8,7	3,5	8,9
> 42 Tage	4,7	43,2	5,1	45,5

Fehlzeiten-Report 2021

Tab. 28.40 Tage der Arbeitsunfähigkeit je AOK-Mitglied nach Wirtschaftsabteilung und Betriebsgröße in der Branche Dienstleistungen im Jahr 2020

Wirtschaftsabteilungen	Betriebsgröße (Anzahl der AOK-Mitglieder)					
	10–49	50–99	100–199	200–499	500–999	≥ 1.000
Erbringung von freiberuflichen, wissenschaftlichen und technischen Dienstleistungen	13,3	14,8	15,9	17,9	16,4	15,0
Erbringung von sonstigen Dienstleistungen	20,0	23,0	23,6	23,3	20,4	16,1
Erbringung von sonstigen wirtschaftlichen Dienstleistungen	19,9	20,3	20,5	20,8	20,6	18,7
Gastgewerbe	14,7	17,5	20,8	21,4	18,1	42,1
Grundstücks- und Wohnungswesen	18,6	22,9	24,0	19,9	–	–
Information und Kommunikation	11,4	14,3	15,9	16,0	19,1	8,9
Kunst, Unterhaltung und Erholung	17,6	19,9	19,9	23,4	14,5	15,9
Private Haushalte mit Hauspersonal, Herstellung von Waren und Erbringung von Dienstleistungen durch private Haushalte für den Eigenbedarf	17,1	–	–	–	–	–
Branche gesamt	**16,5**	**19,2**	**20,1**	**20,4**	**19,8**	**17,6**
Alle Branchen	**20,3**	**22,3**	**22,5**	**22,6**	**22,8**	**22,7**

Fehlzeiten-Report 2021

28.3 · Dienstleistungen

Tab. 28.41 Krankenstand in Prozent nach Ausbildungsabschluss in der Branche Dienstleistungen im Jahr 2020, AOK-Mitglieder

Wirtschafts-abteilungen	Ausbildung						
	ohne Aus-bildungs-abschluss	mit Aus-bildungs-abschluss	Meister/ Techniker	Bachelor	Diplom/ Magister/ Master/ Staats-examen	Promotion	unbekannt
Erbringung von freiberuflichen, wissenschaftlichen und technischen Dienstleistungen	4,3	4,1	3,3	1,8	2,0	1,5	3,8
Erbringung von sonstigen Dienstleistungen	5,6	5,3	4,9	2,8	3,0	2,0	4,3
Erbringung von sonstigen wirtschaftlichen Dienstleistungen	5,3	6,0	4,9	2,3	3,0	3,5	5,1
Gastgewerbe	4,0	4,6	4,3	2,3	2,9	3,6	3,3
Grundstücks- und Wohnungswesen	4,7	5,1	4,2	2,5	2,7	1,3	4,5
Information und Kommunikation	3,7	3,9	3,1	1,5	1,8	1,3	3,4
Kunst, Unterhaltung und Erholung	4,6	5,3	5,2	2,1	2,9	2,0	4,0
Private Haushalte mit Hauspersonal, Herstellung von Waren und Erbringung von Dienstleistungen durch private Haushalte für den Eigenbedarf	3,3	3,7	3,5	2,1	3,2	3,2	3,1
Branche gesamt	**4,8**	**5,0**	**4,1**	**1,9**	**2,3**	**1,8**	**4,2**
Alle Branchen	**6,0**	**5,9**	**4,7**	**2,3**	**2,9**	**2,1**	**5,0**

Fehlzeiten-Report 2021

■ Tab. 28.42 Tage der Arbeitsunfähigkeit je AOK-Mitglied nach Ausbildungsabschluss in der Branche Dienstleistungen im Jahr 2020

Wirtschafts-abteilungen	Ausbildung						
	ohne Ausbildungsabschluss	mit Ausbildungsabschluss	Meister/ Techniker	Bachelor	Diplom/ Magister/ Master/ Staatsexamen	Promotion	unbekannt
Erbringung von freiberuflichen, wissenschaftlichen und technischen Dienstleistungen	15,7	14,9	12,2	6,6	7,4	5,5	13,7
Erbringung von sonstigen Dienstleistungen	20,4	19,4	17,8	10,3	11,1	7,3	15,8
Erbringung von sonstigen wirtschaftlichen Dienstleistungen	19,3	22,0	18,0	8,4	10,8	12,9	18,7
Gastgewerbe	14,7	16,8	15,9	8,6	10,7	13,1	12,0
Grundstücks- und Wohnungswesen	17,2	18,5	15,6	9,2	9,8	4,8	16,5
Information und Kommunikation	13,7	14,3	11,3	5,4	6,7	4,8	12,4
Kunst, Unterhaltung und Erholung	16,9	19,3	19,0	7,5	10,6	7,3	14,6
Private Haushalte mit Hauspersonal, Herstellung von Waren und Erbringung von Dienstleistungen durch private Haushalte für den Eigenbedarf	12,0	13,4	12,9	7,7	11,9	11,7	11,3
Branche gesamt	**17,6**	**18,2**	**15,0**	**7,1**	**8,3**	**6,7**	**15,6**
Alle Branchen	**21,8**	**21,8**	**17,1**	**8,5**	**10,6**	**7,6**	**18,2**

Fehlzeiten-Report 2021

28.3 · Dienstleistungen

Tab. 28.43 Anteil der Arbeitsunfälle an den AU-Fällen und -Tagen in Prozent nach Wirtschaftsabteilungen in der Branche Dienstleistungen im Jahr 2020, AOK-Mitglieder

Wirtschaftsabteilungen	AU-Fälle in %	AU-Tage in %
Erbringung von freiberuflichen, wissenschaftlichen und technischen Dienstleistungen	1,7	3,5
Erbringung von sonstigen Dienstleistungen	1,9	3,6
Erbringung von sonstigen wirtschaftlichen Dienstleistungen	3,4	6,1
Gastgewerbe	3,1	4,6
Grundstücks- und Wohnungswesen	2,5	5,2
Information und Kommunikation	1,3	2,8
Kunst, Unterhaltung und Erholung	3,6	7,3
Private Haushalte mit Hauspersonal, Herstellung von Waren und Erbringung von Dienstleistungen durch private Haushalte für den Eigenbedarf	1,7	4,0
Branche gesamt	**2,7**	**5,0**
Alle Branchen	**3,0**	**5,5**

Fehlzeiten-Report 2021

Tab. 28.44 Tage und Fälle der Arbeitsunfähigkeit durch Arbeitsunfälle nach Berufsgruppen in der Branche Dienstleistungen im Jahr 2020, AOK-Mitglieder

Tätigkeit	Arbeitsunfähigkeit je 1.000 AOK-Mitglieder	
	AU-Tage	AU-Fälle
Berufe im Gartenbau (ohne Spez.)	2.059,6	88,1
Berufe in der Gebäudetechnik (ohne Spez.)	1.416,0	48,4
Berufe in der Metallbearbeitung (ohne Spez.)	1.393,0	83,9
Berufe in der Maschinenbau- u. Betriebstechnik (ohne Spez.)	1.360,4	62,0
Berufe in der Lagerwirtschaft	1.332,6	74,9
Berufe in der Gebäudereinigung	1.194,9	40,2
Berufe im Objekt-, Werte- u. Personenschutz	1.048,9	35,3
Berufe in der Reinigung (ohne Spez.)	880,1	32,3
Berufe in der Hauswirtschaft	721,2	24,0
Köche/Köchinnen (ohne Spez.)	696,9	32,0
Berufe im Gastronomieservice (ohne Spez.)	556,4	23,4
Berufe im Hotelservice	498,9	22,3
Berufe im Dialogmarketing	268,6	12,5
Büro- u. Sekretariatskräfte (ohne Spez.)	243,3	10,7
Berufe im Friseurgewerbe	236,7	12,1
Kaufmännische u. technische Betriebswirtschaft (ohne Spez.)	218,2	9,8
Berufe in der Steuerberatung	138,5	7,9
Branche gesamt	**799,0**	**33,6**
Alle Branchen	**1.092,2**	**43,4**

Fehlzeiten-Report 2021

28.3 · Dienstleistungen

◻ Tab. 28.45 Tage und Fälle der Arbeitsunfähigkeit je 100 AOK-Mitglieder nach Krankheitsarten in der Branche Dienstleistungen in den Jahren 2000 bis 2020

Jahr	Arbeitsunfähigkeiten je 100 AOK-Mitglieder											
	Psyche		Herz/Kreislauf		Atemwege		Verdauung		Muskel/Skelett		Verletzungen	
	Tage	Fälle	Tage	Fälle	Tage	Fälle	Tage	Fälle	Tage	Fälle	Tage	Fälle
2000	136,7	7,0	127,0	8,2	307,0	44,0	141,7	20,3	508,6	33,5	260,6	18,2
2001	146,4	7,8	131,4	8,8	292,2	43,4	142,1	20,8	521,6	34,6	256,4	18,1
2002	151,6	8,1	128,1	8,8	277,1	41,7	141,6	21,3	511,8	34,2	247,1	17,4
2003	146,8	8,0	122,1	8,6	275,7	42,5	132,9	20,5	464,0	31,5	235,5	16,5
2004	158,8	7,9	125,2	7,6	233,4	35,2	129,7	19,4	435,6	28,8	223,9	15,3
2005	150,9	7,4	118,9	7,2	259,5	39,2	119,8	17,8	404,7	27,1	216,7	14,7
2006	152,0	7,6	117,2	7,4	223,5	35,0	123,8	19,3	409,4	28,3	226,9	15,8
2007	167,4	8,3	120,3	7,5	254,8	40,1	133,9	21,5	433,8	30,2	232,0	16,1
2008 (WZ03)	177,0	8,7	124,0	7,8	267,3	42,3	140,4	22,7	455,9	31,9	237,7	16,5
2008 (WZ08)[a]	174,8	8,7	119,2	7,6	263,3	42,1	137,3	22,5	441,1	31,2	232,7	16,3
2009	185,8	9,0	119,6	7,4	298,3	46,6	132,1	21,0	427,9	29,0	224,2	14,9
2010	196,5	9,4	116,5	7,4	259,2	41,6	121,2	19,6	448,4	30,8	241,3	16,3
2011	202,9	9,9	112,1	7,3	265,7	42,5	121,5	19,7	437,6	31,5	237,7	16,1
2012	228,4	10,2	125,1	7,4	262,6	41,2	124,2	19,1	460,1	30,9	236,0	14,8
2013	220,0	9,8	121,0	6,9	306,3	47,5	120,6	18,5	445,0	30,1	230,5	14,4
2014	238,5	10,6	125,3	7,2	255,5	40,6	123,9	18,9	471,5	31,4	233,6	14,4
2015	239,8	10,5	122,7	7,2	303,2	47,5	119,9	18,4	456,9	30,6	228,3	14,0
2016	242,5	10,5	114,0	7,2	283,9	45,5	115,7	18,2	464,1	30,9	226,2	13,7
2017	245,4	10,5	111,0	7,0	285,2	45,2	111,5	17,3	460,8	30,5	226,5	13,3
2018	250,9	10,7	110,3	7,0	304,1	47,3	109,6	17,0	459,9	30,6	225,1	13,3
2019	260,9	10,7	109,5	6,8	266,6	43,4	105,3	16,2	464,1	30,2	222,4	12,5
2020	269,3	9,5	109,5	6,0	270,2	35,1	96,8	13,2	466,8	27,0	208,6	10,4

[a] aufgrund der Revision der Wirtschaftszweigklassifikation in 2008 ist eine Vergleichbarkeit mit den Vorjahren nur bedingt möglich

Fehlzeiten-Report 2021

Tab. 28.46 Verteilung der Arbeitsunfähigkeitstage nach Krankheitsarten in Prozent in der Branche Dienstleistungen im Jahr 2020, AOK-Mitglieder

Wirtschaftsabteilungen	AU-Tage in %						
	Psyche	Herz/ Kreislauf	Atem- wege	Ver- dauung	Muskel/ Skelett	Verlet- zungen	Sonstige
Erbringung von freiberuflichen, wissenschaftlichen und technischen Dienstleistungen	14,6	4,1	15,0	4,6	16,2	8,4	37,1
Erbringung von sonstigen Dienstleistungen	13,7	4,6	12,9	4,1	19,8	8,3	36,5
Erbringung von sonstigen wirtschaftlichen Dienstleistungen	10,7	5,3	11,8	4,4	23,7	10,0	34,2
Gastgewerbe	11,6	5,1	10,3	4,3	22,1	10,1	36,6
Grundstücks- und Wohnungswesen	11,9	5,9	11,6	4,4	20,5	9,2	36,4
Information und Kommunikation	15,7	4,4	14,9	4,7	16,2	7,7	36,3
Kunst, Unterhaltung und Erholung	14,1	5,0	11,3	4,1	19,0	11,1	35,4
Private Haushalte mit Hauspersonal, Herstellung von Waren und Erbringung von Dienstleistungen durch private Haushalte für den Eigenbedarf	12,2	4,5	10,5	3,9	19,5	9,9	39,6
Branche gesamt	**12,2**	**5,0**	**12,2**	**4,4**	**21,2**	**9,5**	**35,6**
Alle Branchen	**12,0**	**5,1**	**11,8**	**4,2**	**22,1**	**10,0**	**34,8**

Fehlzeiten-Report 2021

28.3 · Dienstleistungen

Tab. 28.47 Verteilung der Arbeitsunfähigkeitsfälle nach Krankheitsarten in Prozent in der Branche Dienstleistungen im Jahr 2020, AOK-Mitglieder

Wirtschaftsabteilungen	AU-Fälle in %						
	Psyche	Herz/ Kreislauf	Atemwege	Verdauung	Muskel/ Skelett	Verletzungen	Sonstige
Erbringung von freiberuflichen, wissenschaftlichen und technischen Dienstleistungen	5,6	2,9	24,3	8,0	11,2	5,2	42,8
Erbringung von sonstigen Dienstleistungen	5,9	3,5	22,0	7,4	13,8	5,3	42,1
Erbringung von sonstigen wirtschaftlichen Dienstleistungen	5,2	3,5	18,8	7,7	18,8	6,4	39,5
Gastgewerbe	5,6	3,8	18,2	7,2	15,5	6,6	43,0
Grundstücks- und Wohnungswesen	5,7	4,1	19,8	8,4	14,5	6,0	41,5
Information und Kommunikation	5,9	3,1	24,5	8,1	11,4	4,8	42,1
Kunst, Unterhaltung und Erholung	6,4	3,9	19,9	7,3	13,5	7,0	42,0
Private Haushalte mit Hauspersonal, Herstellung von Waren und Erbringung von Dienstleistungen durch private Haushalte für den Eigenbedarf	5,8	4,6	18,2	6,8	14,3	5,7	44,6
Branche gesamt	**5,5**	**3,5**	**20,4**	**7,7**	**15,7**	**6,0**	**41,2**
Alle Branchen	**5,4**	**3,5**	**20,5**	**7,7**	**16,1**	**6,5**	**40,3**

Fehlzeiten-Report 2021

◧ **Tab. 28.48** Verteilung der Arbeitsunfähigkeitstage nach Krankheitsarten und ausgewählten Berufsgruppen in der Branche Dienstleistungen im Jahr 2020, AOK-Mitglieder

Tätigkeit	AU-Tage in %						
	Psyche	Herz/ Kreislauf	Atemwege	Verdauung	Muskel/ Skelett	Verletzungen	Sonstige
Berufe im Dialogmarketing	21,2	3,9	16,0	5,4	12,7	4,6	36,2
Berufe im Friseurgewerbe	12,7	2,8	16,2	4,8	17,2	8,2	38,1
Berufe im Gartenbau (ohne Spez.)	7,1	6,2	9,2	4,5	27,4	13,7	32,0
Berufe im Gastronomieservice (ohne Spez.)	12,1	4,8	10,7	4,4	21,3	10,4	36,3
Berufe im Hotelservice	12,1	3,9	12,4	4,1	21,1	9,2	37,2
Berufe im Objekt-, Werte- u. Personenschutz	13,8	7,1	11,0	4,4	19,2	8,1	36,5
Berufe in der Gebäudereinigung	10,0	5,8	10,6	4,0	25,8	9,4	34,3
Berufe in der Gebäudetechnik (ohne Spez.)	8,8	7,7	9,4	4,3	24,4	11,6	33,7
Berufe in der Hauswirtschaft	12,4	4,6	10,4	3,5	23,7	8,6	36,7
Berufe in der Lagerwirtschaft	8,7	4,6	12,8	4,9	25,5	11,2	32,5
Berufe in der Maschinenbau- u. Betriebstechnik (ohne Spez.)	8,4	5,6	12,1	4,7	23,6	12,5	33,2
Berufe in der Metallbearbeitung (ohne Spez.)	7,3	4,5	14,1	5,0	24,9	11,9	32,3
Berufe in der Reinigung (ohne Spez.)	10,5	5,2	10,5	3,8	26,5	8,3	35,2
Berufe in der Steuerberatung	15,9	3,4	18,6	4,9	10,2	6,4	40,5
Büro- u. Sekretariatskräfte (ohne Spez.)	17,1	3,9	14,7	4,5	14,1	6,8	39,1
Kaufmännische u. technische Betriebswirtschaft (ohne Spez.)	17,0	3,9	16,0	4,9	13,0	6,8	38,5
Köche/Köchinnen (ohne Spez.)	10,8	5,6	9,8	4,4	22,9	9,8	36,7
Branche gesamt	**12,2**	**5,0**	**12,2**	**4,4**	**21,2**	**9,5**	**35,6**
Alle Branchen	**12,0**	**5,1**	**11,8**	**4,2**	**22,1**	**10,0**	**34,8**

Fehlzeiten-Report 2021

28.3 · Dienstleistungen

Tab. 28.49 Verteilung der Arbeitsunfähigkeitsfälle nach Krankheitsarten und ausgewählten Berufsgruppen in der Branche Dienstleistungen im Jahr 2020, AOK-Mitglieder

Tätigkeit	AU-Fälle in %						
	Psyche	Herz/ Kreislauf	Atemwege	Verdauung	Muskel/ Skelett	Verletzungen	Sonstige
Berufe im Dialogmarketing	8,3	2,6	22,7	9,0	9,5	3,1	44,7
Berufe im Friseurgewerbe	5,4	2,3	24,4	7,2	11,1	4,8	44,6
Berufe im Gartenbau (ohne Spez.)	4,1	3,9	15,6	8,3	22,2	9,5	36,5
Berufe im Gastronomieservice (ohne Spez.)	6,0	3,5	18,6	7,1	14,9	6,7	43,2
Berufe im Hotelservice	5,8	2,9	20,9	7,1	14,6	5,7	43,0
Berufe im Objekt-, Werteu. Personenschutz	7,0	4,7	17,9	7,3	15,0	5,5	42,6
Berufe in der Gebäudereinigung	5,3	4,4	17,0	7,3	20,6	6,1	39,4
Berufe in der Gebäudetechnik (ohne Spez.)	4,9	5,3	16,2	8,3	18,4	7,8	39,2
Berufe in der Hauswirtschaft	5,8	4,4	18,4	7,1	16,6	5,6	42,2
Berufe in der Lagerwirtschaft	4,2	2,8	18,6	8,0	21,8	7,1	37,5
Berufe in der Maschinenbau- u. Betriebstechnik (ohne Spez.)	4,4	3,5	20,5	7,8	18,3	7,9	37,6
Berufe in der Metallbearbeitung (ohne Spez.)	4,0	2,5	20,3	8,2	20,0	7,5	37,5
Berufe in der Reinigung (ohne Spez.)	5,4	4,3	17,2	6,9	20,7	5,5	39,9
Berufe in der Steuerberatung	5,3	2,3	26,2	8,7	8,0	4,1	45,4
Büro- u. Sekretariatskräfte (ohne Spez.)	6,6	3,0	23,5	8,1	9,7	4,3	44,8
Kaufmännische u. technische Betriebswirtschaft (ohne Spez.)	6,5	3,0	24,8	8,2	9,6	4,2	43,5
Köche/Köchinnen (ohne Spez.)	5,4	4,2	17,2	7,4	16,3	6,8	42,8
Branche gesamt	**5,5**	**3,5**	**20,4**	**7,7**	**15,7**	**6,0**	**41,2**
Alle Branchen	**5,4**	**3,5**	**20,5**	**7,7**	**16,1**	**6,5**	**40,3**

Fehlzeiten-Report 2021

Tab. 28.50 Anteile der 40 häufigsten Einzeldiagnosen an den AU-Fällen und AU-Tagen in der Branche Dienstleistungen im Jahr 2020, AOK-Mitglieder

ICD-10	Bezeichnung	AU-Fälle in %	AU-Tage in %
J06	Akute Infektionen an mehreren oder nicht näher bezeichneten Lokalisationen der oberen Atemwege	9,8	5,3
M54	Rückenschmerzen	6,5	6,3
A09	Sonstige und nicht näher bezeichnete Gastroenteritis und Kolitis infektiösen und nicht näher bezeichneten Ursprungs	3,3	1,2
R10	Bauch- und Beckenschmerzen	1,9	1,0
U99	Nicht belegte Schlüsselnummer U99	1,9	0,8
Z11	Spezielle Verfahren zur Untersuchung auf infektiöse und parasitäre Krankheiten	1,8	0,9
B34	Viruskrankheit nicht näher bezeichneter Lokalisation	1,7	0,9
K08	Sonstige Krankheiten der Zähne und des Zahnhalteapparates	1,7	0,4
F43	Reaktionen auf schwere Belastungen und Anpassungsstörungen	1,5	2,8
I10	Essentielle (primäre) Hypertonie	1,5	1,3
R51	Kopfschmerz	1,5	0,7
M25	Sonstige Gelenkkrankheiten, anderenorts nicht klassifiziert	1,2	1,4
K29	Gastritis und Duodenitis	1,2	0,6
J00	Akute Rhinopharyngitis [Erkältungsschnupfen]	1,2	0,6
F32	Depressive Episode	1,1	3,4
J20	Akute Bronchitis	1,1	0,7
K52	Sonstige nichtinfektiöse Gastroenteritis und Kolitis	1,1	0,4
U07	Nicht belegte Schlüsselnummer U07	1,0	0,7
T14	Verletzung an einer nicht näher bezeichneten Körperregion	0,9	0,9
M79	Sonstige Krankheiten des Weichteilgewebes, anderenorts nicht klassifiziert	0,9	0,8
R53	Unwohlsein und Ermüdung	0,9	0,8
R11	Übelkeit und Erbrechen	0,9	0,4
M99	Biomechanische Funktionsstörungen, anderenorts nicht klassifiziert	0,8	0,7
J40	Bronchitis, nicht als akut oder chronisch bezeichnet	0,8	0,5
G43	Migräne	0,8	0,3
M51	Sonstige Bandscheibenschäden	0,7	1,7
F48	Andere neurotische Störungen	0,7	1,2

◻ Tab. 28.50 (Fortsetzung)

ICD-10	Bezeichnung	AU-Fälle in %	AU-Tage in %
R42	Schwindel und Taumel	0,7	0,5
J98	Sonstige Krankheiten der Atemwege	0,7	0,4
J02	Akute Pharyngitis	0,7	0,4
B99	Sonstige und nicht näher bezeichnete Infektionskrankheiten	0,7	0,4
J03	Akute Tonsillitis	0,7	0,3
Z98	Sonstige Zustände nach chirurgischem Eingriff	0,6	1,6
M75	Schulterläsionen	0,6	1,5
F45	Somatoforme Störungen	0,6	1,2
M77	Sonstige Enthesopathien	0,6	0,8
M53	Sonstige Krankheiten der Wirbelsäule und des Rückens, anderenorts nicht klassifiziert	0,6	0,7
R07	Hals- und Brustschmerzen	0,6	0,3
J32	Chronische Sinusitis	0,6	0,3
J01	Akute Sinusitis	0,5	0,3
	Summe hier	**56,6**	**45,4**
	Restliche	43,4	54,6
	Gesamtsumme	**100,0**	**100,0**

Fehlzeiten-Report 2021

Tab. 28.51 Anteile der 40 häufigsten Diagnoseuntergruppen an den AU-Fällen und AU-Tagen in der Branche Dienstleistungen im Jahr 2020, AOK-Mitglieder

ICD-10	Bezeichnung	AU-Fälle in %	AU-Tage in %
J00–J06	Akute Infektionen der oberen Atemwege	13,7	7,4
M50–M54	Sonstige Krankheiten der Wirbelsäule und des Rückens	7,6	8,3
R50–R69	Allgemeinsymptome	4,0	3,1
A00–A09	Infektiöse Darmkrankheiten	4,0	1,5
F40–F48	Neurotische, Belastungs- und somatoforme Störungen	3,3	6,4
R10–R19	Symptome, die das Verdauungssystem und das Abdomen betreffen	3,1	1,6
M70–M79	Sonstige Krankheiten des Weichteilgewebes	2,4	3,6
Z00–Z13	Personen, die das Gesundheitswesen zur Untersuchung und Abklärung in Anspruch nehmen	2,4	1,2
K00–K14	Krankheiten der Mundhöhle, der Speicheldrüsen und der Kiefer	2,1	0,6
U99–U99	Nicht belegte Schlüsselnummern	2,0	0,9
G40–G47	Episodische und paroxysmale Krankheiten des Nervensystems	1,8	1,4
B25–B34	Sonstige Viruskrankheiten	1,8	1,0
Z80–Z99	Personen mit potentiellen Gesundheitsrisiken aufgrund der Familien- oder Eigenanamnese und bestimmte Zustände, die den Gesundheitszustand beeinflussen	1,7	3,2
M20–M25	Sonstige Gelenkkrankheiten	1,7	2,8
I10–I15	Hypertonie [Hochdruckkrankheit]	1,7	1,5
K20–K31	Krankheiten des Ösophagus, des Magens und des Duodenums	1,7	0,9
F30–F39	Affektive Störungen	1,6	5,2
J40–J47	Chronische Krankheiten der unteren Atemwege	1,6	1,4
R00–R09	Symptome, die das Kreislaufsystem und das Atmungssystem betreffen	1,6	1,1
J20–J22	Sonstige akute Infektionen der unteren Atemwege	1,3	0,9
K50–K52	Nichtinfektiöse Enteritis und Kolitis	1,3	0,6
U00–U49	Vorläufige Zuordnungen für Krankheiten mit unklarer Ätiologie und nicht belegte Schlüsselnummern	1,1	0,7
T08–T14	Verletzungen nicht näher bezeichneter Teile des Rumpfes, der Extremitäten oder anderer Körperregionen	1,0	1,1
J30–J39	Sonstige Krankheiten der oberen Atemwege	1,0	0,7
K55–K64	Sonstige Krankheiten des Darmes	1,0	0,7

28.3 · Dienstleistungen

Tab. 28.51 (Fortsetzung)

ICD-10	Bezeichnung	AU-Fälle in %	AU-Tage in %
R40–R46	Symptome, die das Erkennungs- und Wahrnehmungsvermögen, die Stimmung und das Verhalten betreffen	0,9	0,8
M95–M99	Sonstige Krankheiten des Muskel-Skelett-Systems und des Bindegewebes	0,9	0,8
J95–J99	Sonstige Krankheiten des Atmungssystems	0,9	0,6
S80–S89	Verletzungen des Knies und des Unterschenkels	0,8	1,8
S90–S99	Verletzungen der Knöchelregion und des Fußes	0,8	1,2
S60–S69	Verletzungen des Handgelenkes und der Hand	0,8	1,2
E70–E90	Stoffwechselstörungen	0,8	0,6
N30–N39	Sonstige Krankheiten des Harnsystems	0,8	0,4
M15–M19	Arthrose	0,7	2,0
G50–G59	Krankheiten von Nerven, Nervenwurzeln und Nervenplexus	0,7	1,3
J09–J18	Grippe und Pneumonie	0,7	0,6
B99–B99	Sonstige Infektionskrankheiten	0,7	0,4
Z40–Z54	Personen, die das Gesundheitswesen zum Zwecke spezifischer Maßnahmen und zur medizinischen Betreuung in Anspruch nehmen	0,6	0,9
N80–N98	Nichtentzündliche Krankheiten des weiblichen Genitaltraktes	0,6	0,4
M65–M68	Krankheiten der Synovialis und der Sehnen	0,5	0,8
	Summe hier	**77,7**	**71,6**
	Restliche	22,3	28,4
	Gesamtsumme	**100,0**	**100,0**

Fehlzeiten-Report 2021

28.4 Energie, Wasser, Entsorgung und Bergbau

Entwicklung des Krankenstands der AOK-Mitglieder in der Branche Energie, Wasser, Entsorgung und Bergbau in den Jahren 1996 bis 2020	Tab. 28.52
Arbeitsunfähigkeit der AOK-Mitglieder in der Branche Energie, Wasser, Entsorgung und Bergbau nach Bundesländern im Jahr 2020 im Vergleich zum Vorjahr	Tab. 28.53
Arbeitsunfähigkeit der AOK-Mitglieder nach Wirtschaftsabteilungen in der Branche Energie, Wasser, Entsorgung und Bergbau im Jahr 2020	Tab. 28.54
Kennzahlen der Arbeitsunfähigkeit nach ausgewählten Berufsgruppen in der Branche Energie, Wasser, Entsorgung und Bergbau im Jahr 2020	Tab. 28.55
Dauer der Arbeitsunfähigkeit der AOK-Mitglieder in der Branche Energie, Wasser, Entsorgung und Bergbau im Jahr 2020	Tab. 28.56
Tage der Arbeitsunfähigkeit je AOK-Mitglied nach Wirtschaftsabteilung und Betriebsgröße in der Branche Energie, Wasser, Entsorgung und Bergbau im Jahr 2020	Tab. 28.57
Krankenstand in Prozent nach Ausbildungsabschluss in der Branche Energie, Wasser, Entsorgung und Bergbau im Jahr 2020, AOK-Mitglieder	Tab. 28.58
Tage der Arbeitsunfähigkeit je AOK-Mitglied nach Ausbildungsabschluss in der Branche Energie, Wasser, Entsorgung und Bergbau im Jahr 2020	Tab. 28.59
Anteil der Arbeitsunfälle an den AU-Fällen und -Tagen in Prozent nach Wirtschaftsabteilungen in der Branche Energie, Wasser, Entsorgung und Bergbau im Jahr 2020, AOK-Mitglieder	Tab. 28.60
Tage und Fälle der Arbeitsunfähigkeit durch Arbeitsunfälle nach Berufsgruppen in der Branche Energie, Wasser, Entsorgung und Bergbau im Jahr 2020, AOK-Mitglieder	Tab. 28.61
Tage und Fälle der Arbeitsunfähigkeit je 100 AOK-Mitglieder nach Krankheitsarten in der Branche Energie, Wasser, Entsorgung und Bergbau in den Jahren 1996 bis 2020	Tab. 28.62
Verteilung der Arbeitsunfähigkeitstage nach Krankheitsarten in Prozent in der Branche Energie, Wasser, Entsorgung und Bergbau im Jahr 2020, AOK-Mitglieder	Tab. 28.63
Verteilung der Arbeitsunfähigkeitsfälle nach Krankheitsarten in Prozent in der Branche Energie, Wasser, Entsorgung und Bergbau im Jahr 2020, AOK-Mitglieder	Tab. 28.64
Verteilung der Arbeitsunfähigkeitstage nach Krankheitsarten und ausgewählten Berufsgruppen in der Branche Energie, Wasser, Entsorgung und Bergbau im Jahr 2020, AOK-Mitglieder	Tab. 28.65
Verteilung der Arbeitsunfähigkeitsfälle nach Krankheitsarten und ausgewählten Berufsgruppen in der Branche Energie, Wasser, Entsorgung und Bergbau im Jahr 2020, AOK-Mitglieder	Tab. 28.66
Anteile der 40 häufigsten Einzeldiagnosen an den AU-Fällen und AU-Tagen in der Branche Energie, Wasser, Entsorgung und Bergbau im Jahr 2020, AOK-Mitglieder	Tab. 28.67
Anteile der 40 häufigsten Diagnoseuntergruppen an den AU-Fällen und AU-Tagen in der Branche Energie, Wasser, Entsorgung und Bergbau im Jahr 2020, AOK-Mitglieder	Tab. 28.68

28.4 · Energie, Wasser, Entsorgung und Bergbau

Tab. 28.52 Entwicklung des Krankenstands der AOK-Mitglieder in der Branche Energie, Wasser, Entsorgung und Bergbau in den Jahren 1996 bis 2020

Jahr	Krankenstand in %			AU-Fälle je 100 AOK-Mitglieder			Tage je Fall		
	West	Ost	Bund	West	Ost	Bund	West	Ost	Bund
1996	5,7	4,1	5,3	139,1	112,4	132,3	15,7	13,8	15,3
1997	5,5	4,2	5,2	135,8	107,1	129,1	14,8	13,8	14,6
1998	5,7	4,0	5,3	140,4	108,1	133,4	14,8	13,6	14,6
1999	5,9	4,4	5,6	149,7	118,8	143,4	14,4	13,5	14,2
2000	5,8	4,4	5,5	148,8	122,3	143,7	14,3	13,1	14,1
2001	5,7	4,4	5,4	145,0	120,3	140,4	14,3	13,5	14,2
2002	5,5	4,5	5,3	144,9	122,0	140,7	13,9	13,4	13,8
2003	5,2	4,1	5,0	144,2	121,6	139,9	13,2	12,4	13,0
2004	4,9	3,7	4,6	135,2	114,8	131,1	13,1	11,9	12,9
2005	4,8	3,7	4,6	139,1	115,5	134,3	12,7	11,7	12,5
2006	4,4	3,6	4,3	127,1	112,8	124,2	12,7	11,7	12,5
2007	4,8	3,7	4,6	138,7	117,0	134,3	12,7	11,6	12,5
2008 (WZ03)	4,9	3,9	4,7	142,6	121,6	138,2	12,6	11,8	12,4
2008 (WZ08)[a]	5,6	4,9	5,4	157,8	132,3	152,1	13,0	13,5	13,1
2009	5,8	5,3	5,7	162,4	142,8	158,1	13,0	13,5	13,1
2010	6,0	5,5	5,9	165,7	148,9	162,0	13,3	13,4	13,3
2011	6,0	4,9	5,8	166,2	148,3	162,3	13,3	12,2	13,0
2012	6,0	5,4	5,9	163,5	145,8	159,6	13,4	13,7	13,4
2013	6,4	5,7	6,2	175,2	154,5	170,8	13,2	13,4	13,3
2014	6,5	5,7	6,3	171,9	150,3	167,3	13,7	13,8	13,7
2015	6,7	5,9	6,5	183,1	163,8	178,9	13,3	13,0	13,3
2016	6,7	5,9	6,5	184,0	168,3	180,5	13,4	12,9	13,3
2017	6,7	6,2	6,6	182,0	173,8	180,1	13,5	13,0	13,4
2018	6,8	6,3	6,7	187,1	176,6	184,7	13,3	13,1	13,3
2019	6,7	6,3	6,6	181,2	172,8	179,2	13,6	13,2	13,5
2020	6,6	6,1	6,5	157,8	154,5	157,0	15,4	14,5	15,2

[a] aufgrund der Revision der Wirtschaftszweigklassifikation in 2008 ist eine Vergleichbarkeit mit den Vorjahren nur bedingt möglich

Fehlzeiten-Report 2021

Tab. 28.53 Arbeitsunfähigkeit der AOK-Mitglieder in der Branche Energie, Wasser, Entsorgung und Bergbau nach Bundesländern im Jahr 2020 im Vergleich zum Vorjahr

Bundesland	Kranken-stand in %	Arbeitsunfähigkeit je 100 AOK-Mitglieder				Tage je Fall	Veränd. z. Vorj. in %	AU-Quote in %
		AU-Fälle	Veränd. z. Vorj. in %	AU-Tage	Veränd. z. Vorj. in %			
Baden-Württemberg	5,9	156,7	−12,6	2.146,9	−1,6	13,7	12,7	58,0
Bayern	5,9	138,3	−12,5	2.165,2	−3,5	15,7	10,3	53,6
Berlin	7,4	180,6	−16,4	2.698,6	−2,5	14,9	16,6	56,1
Brandenburg	6,4	152,9	−10,8	2.345,9	−0,6	15,3	11,4	58,8
Bremen	6,4	146,9	−19,3	2.341,9	−5,3	15,9	17,4	56,4
Hamburg	5,5	132,5	−13,8	2.025,0	5,3	15,3	22,1	45,6
Hessen	7,8	185,9	−11,2	2.861,6	1,2	15,4	14,0	62,5
Mecklenburg-Vorpommern	6,2	150,6	−11,8	2.258,2	−3,7	15,0	9,2	56,6
Niedersachsen	6,5	165,5	−14,1	2.384,2	−2,5	14,4	13,5	59,6
Nordrhein-Westfalen	7,6	169,2	−12,0	2.780,8	1,2	16,4	15,1	60,5
Rheinland-Pfalz	7,0	144,5	−15,9	2.556,5	−1,5	17,7	17,2	53,1
Saarland	8,3	173,3	−6,7	3.037,6	−1,1	17,5	6,0	58,3
Sachsen	6,1	154,4	−11,1	2.224,6	0,0	14,4	12,6	61,1
Sachsen-Anhalt	6,1	150,2	−9,5	2.234,9	−3,8	14,9	6,3	58,0
Schleswig-Holstein	6,7	147,5	−13,0	2.453,0	1,9	16,6	17,1	56,3
Thüringen	6,1	160,9	−9,8	2.249,2	−3,4	14,0	7,1	61,2
West	**6,6**	**157,8**	**−12,9**	**2.429,9**	**−1,1**	**15,4**	**13,5**	**57,5**
Ost	**6,1**	**154,5**	**−10,6**	**2.247,4**	**−1,6**	**14,5**	**10,0**	**60,0**
Bund	**6,5**	**157,0**	**−12,4**	**2.387,1**	**−1,2**	**15,2**	**12,8**	**58,1**

Fehlzeiten-Report 2021

28.4 · Energie, Wasser, Entsorgung und Bergbau

Tab. 28.54 Arbeitsunfähigkeit der AOK-Mitglieder nach Wirtschaftsabteilungen in der Branche Energie, Wasser, Entsorgung und Bergbau im Jahr 2020

Wirtschaftsabteilungen	Krankenstand in %		Arbeitsunfähigkeiten je 100 AOK-Mitglieder		Tage je Fall	AU-Quote in %
	2020	2020 stand.[a]	Fälle	Tage		
Abwasserentsorgung	6,2	5,6	157,9	2.272,2	14,4	59,9
Bergbau und Gewinnung von Steinen und Erden	6,2	5,1	144,1	2.263,3	15,7	56,9
Beseitigung von Umweltverschmutzungen und sonstige Entsorgung	6,7	5,6	147,5	2.446,7	16,6	53,8
Energieversorgung	4,7	4,6	128,5	1.736,3	13,5	52,7
Sammlung, Behandlung und Beseitigung von Abfällen, Rückgewinnung	8,0	6,6	180,8	2.913,0	16,1	61,3
Wasserversorgung	6,2	5,4	156,7	2.260,7	14,4	62,3
Branche gesamt	**6,5**	**5,6**	**157,0**	**2.387,1**	**15,2**	**58,1**
Alle Branchen	**5,4**	**5,5**	**144,2**	**1.988,1**	**13,8**	**50,7**

[a] Krankenstand alters- und geschlechtsstandardisiert

Fehlzeiten-Report 2021

Tab. 28.55 Kennzahlen der Arbeitsunfähigkeit nach ausgewählten Berufsgruppen in der Branche Energie, Wasser, Entsorgung und Bergbau im Jahr 2020

Tätigkeit	Kranken-stand in %	Arbeitsunfähigkeit je 100 AOK-Mitglieder		Tage je Fall	AU-Quote in %	Anteil der Berufsgruppe an der Branche in %[a]
		AU-Fälle	AU-Tage			
Aufsichts-/Führungskr. – Unternehmensorganisation u. -strategie	2,7	89,5	1.005,5	11,2	43,9	1,3
Berufe im Berg- u. Tagebau	6,4	157,5	2.357,6	15,0	58,6	1,1
Berufe im Vertrieb (außer Informations- u. Kommunikationstechnologien)	3,9	117,2	1.443,6	12,3	49,0	1,2
Berufe in der Abfallwirtschaft	7,7	186,6	2.832,0	15,2	62,5	1,5
Berufe in der Bauelektrik	6,1	153,1	2.229,0	14,6	60,7	2,5
Berufe in der elektrischen Betriebstechnik	3,9	146,3	1.419,8	9,7	55,4	2,3
Berufe in der Elektrotechnik (ohne Spez.)	4,7	133,3	1.707,3	12,8	52,0	1,1
Berufe in der Energie- u. Kraftwerkstechnik	5,2	122,2	1.892,6	15,5	53,0	2,1
Berufe in der Lagerwirtschaft	7,2	174,8	2.629,7	15,0	57,5	4,6
Berufe in der Maschinenbau- u. Betriebstechnik (ohne Spez.)	6,3	170,4	2.318,7	13,6	60,8	2,4
Berufe in der Naturstein- u. Mineralaufbereitung	6,8	156,2	2.506,6	16,1	61,2	1,2
Berufe in der Reinigung (ohne Spez.)	7,5	158,6	2.744,3	17,3	57,7	1,3
Berufe in der Ver- u. Entsorgung (ohne Spez.)	9,4	216,4	3.444,8	15,9	66,8	10,1
Berufe in der Wasserversorgungs- u. Abwassertechnik	6,5	165,4	2.383,3	14,4	62,6	3,8
Berufskraftfahrer/innen (Güterverkehr/LKW)	8,6	174,5	3.145,5	18,0	62,4	13,8
Büro- u. Sekretariatskräfte (ohne Spez.)	4,0	126,3	1.449,3	11,5	51,1	5,2
Führer/innen von Erdbewegungs- u. verwandten Maschinen	7,8	151,8	2.855,7	18,8	59,6	2,3

28.4 · Energie, Wasser, Entsorgung und Bergbau

Tab. 28.55 (Fortsetzung)

Tätigkeit	Kranken-stand in %	Arbeitsunfähigkeit je 100 AOK-Mitglieder		Tage je Fall	AU-Quote in %	Anteil der Berufsgruppe an der Branche in %[a]
		AU-Fälle	AU-Tage			
Kaufmännische u. technische Betriebswirtschaft (ohne Spez.)	3,8	125,4	1.387,8	11,1	51,7	6,5
Maschinen- u. Anlagenführer/innen	6,8	154,8	2.502,1	16,2	59,9	2,2
Technische Servicekräfte in Wartung u. Instandhaltung	6,0	157,9	2.201,4	13,9	59,4	1,1
Branche gesamt	**6,5**	**157,0**	**2.387,1**	**15,2**	**58,1**	**1,4[b]**

[a] Anteil der AOK-Mitglieder in der Berufsgruppe an den in der Branche beschäftigten AOK-Mitgliedern insgesamt
[b] Anteil der AOK-Mitglieder in der Branche an allen AOK-Mitgliedern
Fehlzeiten-Report 2021

Tab. 28.56 Dauer der Arbeitsunfähigkeit der AOK-Mitglieder in der Branche Energie, Wasser, Entsorgung und Bergbau im Jahr 2020

Fallklasse	Branche hier		Alle Branchen	
	Anteil Fälle in %	Anteil Tage in %	Anteil Fälle in %	Anteil Tage in %
1–3 Tage	29,7	3,7	30,7	4,4
4–7 Tage	27,5	9,1	30,2	11,2
8–14 Tage	20,5	14,2	19,8	15,0
15–21 Tage	8,0	9,1	7,3	9,1
22–28 Tage	3,9	6,3	3,3	5,9
29–42 Tage	4,4	10,0	3,5	8,9
> 42 Tage	6,0	47,6	5,1	45,5

Fehlzeiten-Report 2021

Tab. 28.57 Tage der Arbeitsunfähigkeit je AOK-Mitglied nach Wirtschaftsabteilung und Betriebsgröße in der Branche Energie, Wasser, Entsorgung und Bergbau im Jahr 2020

Wirtschaftsabteilungen	Betriebsgröße (Anzahl der AOK-Mitglieder)					
	10–49	50–99	100–199	200–499	500–999	≥ 1.000
Abwasserentsorgung	23,6	27,2	27,3	22,3	–	–
Bergbau und Gewinnung von Steinen und Erden	23,4	21,7	19,4	22,2	–	–
Beseitigung von Umweltverschmutzungen und sonstige Entsorgung	27,3	25,5	28,7	–	–	–
Energieversorgung	16,9	18,8	19,2	18,4	20,2	–
Sammlung, Behandlung und Beseitigung von Abfällen, Rückgewinnung	26,9	29,3	33,7	34,1	42,7	41,7
Wasserversorgung	21,0	24,0	25,7	19,3	–	–
Branche gesamt	23,0	25,0	26,1	24,6	33,0	41,7
Alle Branchen	20,3	22,3	22,5	22,6	22,8	22,7

Fehlzeiten-Report 2021

Tab. 28.58 Krankenstand in Prozent nach Ausbildungsabschluss in der Branche Energie, Wasser, Entsorgung und Bergbau im Jahr 2020, AOK-Mitglieder

Wirtschafts-abteilungen	Ausbildung						
	ohne Ausbildungsabschluss	mit Ausbildungsabschluss	Meister/ Techniker	Bachelor	Diplom/ Magister/ Master/ Staatsexamen	Promotion	unbekannt
Abwasserentsorgung	7,6	6,4	4,4	2,2	3,5	–	6,1
Bergbau und Gewinnung von Steinen und Erden	6,9	6,4	4,9	2,0	2,7	2,1	6,0
Beseitigung von Umweltverschmutzungen und sonstige Entsorgung	7,9	7,0	6,9	7,4	4,1	–	5,8
Energieversorgung	4,6	5,5	3,8	1,9	2,5	1,2	4,6
Sammlung, Behandlung und Beseitigung von Abfällen, Rückgewinnung	9,7	8,0	5,4	2,8	3,3	3,3	7,2
Wasserversorgung	6,1	6,8	4,2	2,6	3,2	4,0	7,1
Branche gesamt	**8,1**	**6,8**	**4,3**	**2,2**	**2,7**	**2,3**	**6,6**
Alle Branchen	**6,0**	**5,9**	**4,7**	**2,3**	**2,9**	**2,1**	**5,0**

Fehlzeiten-Report 2021

Tab. 28.59 Tage der Arbeitsunfähigkeit je AOK-Mitglied nach Ausbildungsabschluss in der Branche Energie, Wasser, Entsorgung und Bergbau im Jahr 2020

Wirtschaftsabteilungen	Ausbildung						
	ohne Ausbildungsabschluss	mit Ausbildungsabschluss	Meister/ Techniker	Bachelor	Diplom/ Magister/ Master/ Staatsexamen	Promotion	unbekannt
Abwasserentsorgung	27,7	23,6	16,3	7,9	12,9	–	22,4
Bergbau und Gewinnung von Steinen und Erden	25,3	23,5	18,0	7,3	9,9	7,6	21,9
Beseitigung von Umweltverschmutzungen und sonstige Entsorgung	29,0	25,5	25,2	26,9	15,2	–	21,2
Energieversorgung	16,7	20,1	13,9	6,9	9,2	4,5	16,8
Sammlung, Behandlung und Beseitigung von Abfällen, Rückgewinnung	35,3	29,2	19,9	10,4	12,0	12,0	26,5
Wasserversorgung	22,3	24,8	15,3	9,6	11,6	14,8	25,9
Branche gesamt	**29,6**	**24,8**	**15,7**	**7,9**	**10,1**	**8,4**	**24,2**
Alle Branchen	**21,8**	**21,8**	**17,1**	**8,5**	**10,6**	**7,6**	**18,2**

Fehlzeiten-Report 2021

Tab. 28.60 Anteil der Arbeitsunfälle an den AU-Fällen und -Tagen in Prozent nach Wirtschaftsabteilungen in der Branche Energie, Wasser, Entsorgung und Bergbau im Jahr 2020, AOK-Mitglieder

Wirtschaftsabteilungen	AU-Fälle in %	AU-Tage in %
Abwasserentsorgung	3,7	6,7
Bergbau und Gewinnung von Steinen und Erden	4,5	9,4
Beseitigung von Umweltverschmutzungen und sonstige Entsorgung	4,3	10,2
Energieversorgung	2,4	4,7
Sammlung, Behandlung und Beseitigung von Abfällen, Rückgewinnung	5,1	9,0
Wasserversorgung	2,6	4,7
Branche gesamt	**4,1**	**7,7**
Alle Branchen	**3,0**	**5,5**

Fehlzeiten-Report 2021

28.4 · Energie, Wasser, Entsorgung und Bergbau

Tab. 28.61 Tage und Fälle der Arbeitsunfähigkeit durch Arbeitsunfälle nach Berufsgruppen in der Branche Energie, Wasser, Entsorgung und Bergbau im Jahr 2020, AOK-Mitglieder

Tätigkeit	Arbeitsunfähigkeit je 1.000 AOK-Mitglieder	
	AU-Tage	AU-Fälle
Berufe in der Naturstein- u. Mineralaufbereitung	3.422,5	95,8
Berufskraftfahrer/innen (Güterverkehr/LKW)	3.420,9	97,2
Berufe in der Ver- u. Entsorgung (ohne Spez.)	2.983,5	113,2
Berufe im Berg- u. Tagebau	2.611,9	74,5
Berufe in der Abfallwirtschaft	2.555,2	111,0
Berufe in der Lagerwirtschaft	2.460,8	93,0
Führer/innen von Erdbewegungs- u. verwandten Maschinen	2.330,0	75,7
Maschinen- u. Anlagenführer/innen	2.180,3	88,2
Technische Servicekräfte in Wartung u. Instandhaltung	1.691,7	52,9
Berufe in der Wasserversorgungs- u. Abwassertechnik	1.560,1	64,8
Berufe in der Maschinenbau- u. Betriebstechnik (ohne Spez.)	1.478,4	66,2
Berufe in der Bauelektrik	1.303,8	50,2
Berufe in der Elektrotechnik (ohne Spez.)	908,7	36,2
Berufe in der Energie- u. Kraftwerkstechnik	861,3	22,2
Berufe in der Reinigung (ohne Spez.)	783,9	29,7
Berufe in der elektrischen Betriebstechnik	743,1	46,2
Berufe im Vertrieb (außer Informations- u. Kommunikationstechnologien)	461,3	10,2
Büro- u. Sekretariatskräfte (ohne Spez.)	249,8	10,1
Kaufmännische u. technische Betriebswirtschaft (ohne Spez.)	241,8	12,9
Aufsichts-/Führungskr. – Unternehmensorganisation u. -strategie	197,6	13,8
Branche gesamt	**1.841,2**	**63,9**
Alle Branchen	**1.092,2**	**43,4**

Fehlzeiten-Report 2021

Tab. 28.62 Tage und Fälle der Arbeitsunfähigkeit je 100 AOK-Mitglieder nach Krankheitsarten in der Branche Energie, Wasser, Entsorgung und Bergbau in den Jahren 1996 bis 2020

Jahr	Arbeitsunfähigkeiten je 100 AOK-Mitglieder											
	Psyche		Herz/Kreislauf		Atemwege		Verdauung		Muskel/Skelett		Verletzungen	
	Tage	Fälle	Tage	Fälle	Tage	Fälle	Tage	Fälle	Tage	Fälle	Tage	Fälle
1996	95,0	3,4	208,2	8,5	345,8	40,8	168,6	21,0	664,2	32,2	339,2	19,3
1997	96,1	3,6	202,5	8,6	312,8	39,5	159,4	20,8	591,7	31,8	326,9	19,4
1998	100,6	3,9	199,5	8,9	314,8	40,6	156,4	20,8	637,4	34,3	315,3	19,4
1999	109,0	4,2	191,8	9,1	358,0	46,6	159,4	22,2	639,7	35,5	333,0	19,9
2000	117,1	4,7	185,3	8,4	305,5	40,2	140,8	18,6	681,8	37,5	354,0	20,5
2001	128,8	5,1	179,0	9,1	275,2	37,6	145,3	19,2	693,3	38,0	354,0	20,4
2002	123,5	5,5	176,2	9,2	262,8	36,7	144,0	20,2	678,0	38,3	343,6	19,6
2003	125,3	5,8	167,0	9,5	276,9	39,4	134,4	20,1	606,6	35,5	320,6	19,0
2004	136,6	5,7	179,8	8,9	241,9	33,9	143,2	20,2	583,5	34,5	301,5	17,7
2005	134,4	5,5	177,8	8,9	289,5	40,4	134,6	18,7	547,0	33,2	299,8	17,5
2006	131,5	5,6	180,1	8,9	232,2	33,7	131,8	19,3	540,1	32,9	294,5	17,7
2007	142,8	6,1	187,1	9,2	255,4	36,4	141,0	20,7	556,8	33,5	293,1	16,9
2008 (WZ03)	152,0	6,1	186,1	9,4	264,6	38,1	140,7	21,1	563,9	34,0	295,0	16,9
2008 (WZ08)[a]	161,5	6,7	212,6	10,5	293,0	39,4	167,2	23,3	674,7	40,3	361,8	20,4
2009	179,1	7,2	223,8	10,3	340,2	45,1	166,5	23,0	677,2	39,4	362,9	19,9
2010	186,4	7,7	216,5	10,5	303,4	40,9	156,5	21,5	735,2	42,5	406,8	21,8
2011	195,3	8,2	210,1	10,5	306,0	41,1	153,3	21,2	701,6	41,4	369,4	20,4
2012	218,5	8,4	230,4	10,6	300,0	40,6	162,6	21,4	723,8	40,9	378,1	19,6
2013	235,4	8,6	245,2	10,4	390,8	50,5	167,8	21,7	741,5	41,6	389,0	20,1
2014	244,4	9,5	251,2	10,9	312,8	41,9	170,7	22,5	792,9	43,3	394,5	19,8
2015	260,4	9,8	254,4	11,0	396,2	52,3	171,0	22,6	777,1	42,8	380,4	19,4
2016	262,3	10,1	232,4	11,3	368,5	50,4	161,0	22,7	801,2	44,0	393,4	19,8
2017	280,5	10,3	224,9	11,0	383,9	51,5	162,3	22,1	794,7	43,0	397,3	19,2
2018	277,8	10,4	222,9	11,2	413,9	54,5	157,4	21,6	782,1	42,7	394,3	19,3
2019	286,7	10,8	221,8	10,9	359,5	49,5	154,3	21,5	786,3	42,1	391,7	18,8
2020	306,3	10,2	209,7	9,6	347,3	40,0	145,8	18,3	798,5	40,2	373,2	16,6

[a] aufgrund der Revision der Wirtschaftszweigklassifikation in 2008 ist eine Vergleichbarkeit mit den Vorjahren nur bedingt möglich

Fehlzeiten-Report 2021

28.4 · Energie, Wasser, Entsorgung und Bergbau

Tab. 28.63 Verteilung der Arbeitsunfähigkeitstage nach Krankheitsarten in Prozent in der Branche Energie, Wasser, Entsorgung und Bergbau im Jahr 2020, AOK-Mitglieder

Wirtschaftsabteilungen	AU-Tage in %						
	Psyche	Herz/Kreislauf	Atemwege	Verdauung	Muskel/Skelett	Verletzungen	Sonstige
Abwasserentsorgung	9,0	6,0	10,6	4,3	23,7	11,8	34,6
Bergbau und Gewinnung von Steinen und Erden	7,5	6,9	9,5	4,7	23,8	12,8	34,8
Beseitigung von Umweltverschmutzungen und sonstige Entsorgung	8,2	7,4	10,2	4,0	27,9	12,1	30,2
Energieversorgung	10,7	5,9	12,3	4,6	20,5	10,1	35,9
Sammlung, Behandlung und Beseitigung von Abfällen, Rückgewinnung	9,1	6,6	9,9	4,3	26,1	11,7	32,3
Wasserversorgung	10,3	5,5	11,8	4,5	23,8	10,0	34,1
Branche gesamt	**9,3**	**6,4**	**10,6**	**4,4**	**24,3**	**11,4**	**33,6**
Alle Branchen	**12,0**	**5,1**	**11,8**	**4,2**	**22,1**	**10,0**	**34,8**

Fehlzeiten-Report 2021

Tab. 28.64 Verteilung der Arbeitsunfähigkeitsfälle nach Krankheitsarten in Prozent in der Branche Energie, Wasser, Entsorgung und Bergbau im Jahr 2020, AOK-Mitglieder

Wirtschaftsabteilungen	AU-Fälle in %						
	Psyche	Herz/Kreislauf	Atemwege	Verdauung	Muskel/Skelett	Verletzungen	Sonstige
Abwasserentsorgung	4,5	4,2	18,5	8,8	17,9	7,5	38,7
Bergbau und Gewinnung von Steinen und Erden	3,8	4,5	17,2	8,8	18,2	8,2	39,4
Beseitigung von Umweltverschmutzungen und sonstige Entsorgung	4,7	4,9	16,6	8,4	20,2	8,0	37,2
Energieversorgung	4,7	4,0	21,7	8,6	14,3	6,7	40,1
Sammlung, Behandlung und Beseitigung von Abfällen, Rückgewinnung	4,8	4,6	16,6	8,1	20,6	8,0	37,3
Wasserversorgung	4,6	4,4	19,7	8,9	17,1	7,0	38,3
Branche gesamt	**4,6**	**4,4**	**18,3**	**8,4**	**18,4**	**7,6**	**38,4**
Alle Branchen	**5,4**	**3,5**	**20,5**	**7,7**	**16,1**	**6,5**	**40,3**

Fehlzeiten-Report 2021

Tab. 28.65 Verteilung der Arbeitsunfähigkeitstage nach Krankheitsarten und ausgewählten Berufsgruppen in der Branche Energie, Wasser, Entsorgung und Bergbau im Jahr 2020, AOK-Mitglieder

Tätigkeit	AU-Tage in %						
	Psyche	Herz/Kreislauf	Atemwege	Verdauung	Muskel/Skelett	Verletzungen	Sonstige
Aufsichts-/Führungskr. – Unternehmensorganisation u. -strategie	10,2	4,9	15,2	4,4	18,0	8,4	38,8
Berufe im Berg- u. Tagebau	8,6	5,6	9,5	3,9	23,4	16,1	32,8
Berufe im Vertrieb (außer Informations- u. Kommunikationstechnologien)	11,7	5,0	14,2	5,0	17,7	8,3	38,1
Berufe in der Abfallwirtschaft	6,9	6,9	9,8	3,6	26,7	11,8	34,3
Berufe in der Bauelektrik	7,8	6,6	11,6	4,5	24,6	12,2	32,6
Berufe in der elektrischen Betriebstechnik	7,0	5,5	16,0	4,9	17,1	14,2	35,3
Berufe in der Elektrotechnik (ohne Spez.)	9,5	7,7	12,3	4,0	19,3	9,9	37,2
Berufe in der Energie- u. Kraftwerkstechnik	9,6	6,5	10,9	5,1	22,3	9,4	36,2
Berufe in der Lagerwirtschaft	7,0	6,4	9,8	4,7	26,5	13,1	32,4
Berufe in der Maschinenbau- u. Betriebstechnik (ohne Spez.)	7,6	5,3	12,3	4,8	25,9	12,9	31,2
Berufe in der Naturstein- u. Mineralaufbereitung	7,6	6,3	8,4	4,7	26,4	14,7	31,8
Berufe in der Reinigung (ohne Spez.)	9,9	5,8	9,8	3,8	26,2	7,8	36,6
Berufe in der Ver- u. Entsorgung (ohne Spez.)	8,9	6,2	10,4	4,4	27,2	12,0	30,9
Berufe in der Wasserversorgungs- u. Abwassertechnik	8,9	6,0	10,6	4,6	24,9	11,3	33,7
Berufskraftfahrer/innen (Güterverkehr/LKW)	8,2	7,5	8,6	4,2	26,4	12,4	32,7
Büro- u. Sekretariatskräfte (ohne Spez.)	17,2	4,6	14,0	4,2	13,7	7,0	39,4
Führer/innen von Erdbewegungs- u. verwandten Maschinen	7,5	9,1	8,1	4,9	25,5	10,5	34,4

28.4 · Energie, Wasser, Entsorgung und Bergbau

Tab. 28.65 (Fortsetzung)

Tätigkeit	AU-Tage in %						
	Psyche	Herz/ Kreislauf	Atem- wege	Ver- dauung	Muskel/ Skelett	Verlet- zungen	Sonstige
Kaufmännische u. technische Betriebswirtschaft (ohne Spez.)	15,7	4,4	15,8	5,0	14,1	6,4	38,6
Maschinen- u. Anlagenführer/innen	7,2	7,7	9,5	4,9	23,5	11,6	35,7
Technische Servicekräfte in Wartung u. Instandhaltung	8,9	4,6	11,7	4,5	27,4	11,5	31,5
Branche gesamt	**9,3**	**6,4**	**10,6**	**4,4**	**24,3**	**11,4**	**33,6**
Alle Branchen	**12,0**	**5,1**	**11,8**	**4,2**	**22,1**	**10,0**	**34,8**

Fehlzeiten-Report 2021

Tab. 28.66 Verteilung der Arbeitsunfähigkeitsfälle nach Krankheitsarten und ausgewählten Berufsgruppen in der Branche Energie, Wasser, Entsorgung und Bergbau im Jahr 2020, AOK-Mitglieder

Tätigkeit	AU-Fälle in %						
	Psyche	Herz/ Kreislauf	Atemwege	Verdauung	Muskel/ Skelett	Verletzungen	Sonstige
Aufsichts-/Führungskr. – Unternehmensorganisation u. -strategie	4,8	4,8	23,6	10,0	10,0	5,9	41,0
Berufe im Berg- u. Tagebau	4,3	3,7	18,2	8,1	19,6	8,9	37,1
Berufe im Vertrieb (außer Informations- u. Kommunikationstechnologien)	5,3	3,5	22,9	9,5	11,4	4,7	42,7
Berufe in der Abfallwirtschaft	4,1	4,7	16,2	8,1	20,2	8,5	38,1
Berufe in der Bauelektrik	3,5	4,1	20,5	8,8	17,6	7,9	37,6
Berufe in der elektrischen Betriebstechnik	3,4	2,5	25,9	8,6	12,1	8,6	39,1
Berufe in der Elektrotechnik (ohne Spez.)	4,2	4,3	21,6	7,1	16,0	7,0	39,8
Berufe in der Energie- u. Kraftwerkstechnik	5,0	5,6	18,2	9,8	15,9	6,5	39,2
Berufe in der Lagerwirtschaft	4,2	4,4	16,1	8,4	21,4	8,6	37,1
Berufe in der Maschinenbau- u. Betriebstechnik (ohne Spez.)	3,8	3,7	20,3	8,7	17,6	8,7	37,3
Berufe in der Naturstein- u. Mineralaufbereitung	3,4	4,2	15,2	9,5	22,7	9,1	35,7
Berufe in der Reinigung (ohne Spez.)	6,0	5,3	16,1	7,7	20,3	5,2	39,3
Berufe in der Ver- u. Entsorgung (ohne Spez.)	5,0	4,1	16,8	7,6	22,6	8,4	35,5
Berufe in der Wasserversorgungs- u. Abwassertechnik	4,1	4,4	18,6	8,9	17,5	8,2	38,3
Berufskraftfahrer/innen (Güterverkehr/LKW)	4,6	5,4	14,7	8,0	21,2	8,2	37,8
Büro- u. Sekretariatskräfte (ohne Spez.)	6,4	3,5	22,9	8,5	10,0	4,6	44,2
Führer/innen von Erdbewegungs- u. verwandten Maschinen	4,1	5,5	14,0	9,0	20,0	7,9	39,5

Tab. 28.66 (Fortsetzung)

Tätigkeit	AU-Tage in %						
	Psyche	Herz/Kreislauf	Atemwege	Verdauung	Muskel/Skelett	Verletzungen	Sonstige
Kaufmännische u. technische Betriebswirtschaft (ohne Spez.)	5,5	3,2	24,6	9,0	9,9	4,8	43,0
Maschinen- u. Anlagenführer/innen	4,0	5,3	16,3	8,0	19,2	8,7	38,7
Technische Servicekräfte in Wartung u. Instandhaltung	3,9	3,9	20,1	9,1	18,8	7,8	36,5
Branche gesamt	**4,6**	**4,4**	**18,3**	**8,4**	**18,4**	**7,6**	**38,4**
Alle Branchen	**5,4**	**3,5**	**20,5**	**7,7**	**16,1**	**6,5**	**40,3**

Fehlzeiten-Report 2021

Tab. 28.67 Anteile der 40 häufigsten Einzeldiagnosen an den AU-Fällen und AU-Tagen in der Branche Energie, Wasser, Entsorgung und Bergbau im Jahr 2020, AOK-Mitglieder

ICD-10	Bezeichnung	AU-Fälle in %	AU-Tage in %
J06	Akute Infektionen an mehreren oder nicht näher bezeichneten Lokalisationen der oberen Atemwege	8,6	4,4
M54	Rückenschmerzen	6,7	6,5
A09	Sonstige und nicht näher bezeichnete Gastroenteritis und Kolitis infektiösen und nicht näher bezeichneten Ursprungs	2,9	1,0
K08	Sonstige Krankheiten der Zähne und des Zahnhalteapparates	2,3	0,4
I10	Essentielle (primäre) Hypertonie	2,0	1,6
U99	Nicht belegte Schlüsselnummer U99	1,7	0,8
Z11	Spezielle Verfahren zur Untersuchung auf infektiöse und parasitäre Krankheiten	1,6	0,8
B34	Viruskrankheit nicht näher bezeichneter Lokalisation	1,5	0,8
M25	Sonstige Gelenkkrankheiten, anderenorts nicht klassifiziert	1,4	1,6
R10	Bauch- und Beckenschmerzen	1,4	0,6
F43	Reaktionen auf schwere Belastungen und Anpassungsstörungen	1,3	2,0
T14	Verletzung an einer nicht näher bezeichneten Körperregion	1,1	1,1
J20	Akute Bronchitis	1,0	0,7
R51	Kopfschmerz	1,0	0,4
K52	Sonstige nichtinfektiöse Gastroenteritis und Kolitis	1,0	0,3
F32	Depressive Episode	0,9	2,5
M51	Sonstige Bandscheibenschäden	0,9	2,2
M75	Schulterläsionen	0,9	2,1
M79	Sonstige Krankheiten des Weichteilgewebes, anderenorts nicht klassifiziert	0,9	0,8
M99	Biomechanische Funktionsstörungen, anderenorts nicht klassifiziert	0,9	0,7
U07	Nicht belegte Schlüsselnummer U07	0,9	0,5
K29	Gastritis und Duodenitis	0,9	0,4
J00	Akute Rhinopharyngitis [Erkältungsschnupfen]	0,9	0,4
M77	Sonstige Enthesopathien	0,8	0,9
Z98	Sonstige Zustände nach chirurgischem Eingriff	0,7	1,9
R53	Unwohlsein und Ermüdung	0,7	0,6
J40	Bronchitis, nicht als akut oder chronisch bezeichnet	0,7	0,4

Tab. 28.67 (Fortsetzung)

ICD-10	Bezeichnung	AU-Fälle in %	AU-Tage in %
M23	Binnenschädigung des Kniegelenkes [internal derangement]	0,6	1,3
I25	Chronische ischämische Herzkrankheit	0,6	1,1
M53	Sonstige Krankheiten der Wirbelsäule und des Rückens, anderenorts nicht klassifiziert	0,6	0,7
S93	Luxation, Verstauchung und Zerrung der Gelenke und Bänder in Höhe des oberen Sprunggelenkes und des Fußes	0,6	0,7
G47	Schlafstörungen	0,6	0,7
E11	Diabetes mellitus, Typ 2	0,6	0,5
J98	Sonstige Krankheiten der Atemwege	0,6	0,3
J02	Akute Pharyngitis	0,6	0,3
B99	Sonstige und nicht näher bezeichnete Infektionskrankheiten	0,6	0,3
R11	Übelkeit und Erbrechen	0,6	0,2
F48	Andere neurotische Störungen	0,5	0,8
R42	Schwindel und Taumel	0,5	0,5
Z92	Medizinische Behandlung in der Eigenanamnese	0,5	0,4
	Summe hier	53,1	44,2
	Restliche	46,9	55,8
	Gesamtsumme	**100,0**	**100,0**

Fehlzeiten-Report 2021

Tab. 28.68 Anteile der 40 häufigsten Diagnoseuntergruppen an den AU-Fällen und AU-Tagen in der Branche Energie, Wasser, Entsorgung und Bergbau im Jahr 2020, AOK-Mitglieder

ICD-10	Bezeichnung	AU-Fälle in %	AU-Tage in %
J00–J06	Akute Infektionen der oberen Atemwege	11,9	6,0
M50–M54	Sonstige Krankheiten der Wirbelsäule und des Rückens	8,1	8,7
A00–A09	Infektiöse Darmkrankheiten	3,5	1,2
R50–R69	Allgemeinsymptome	3,3	2,6
M70–M79	Sonstige Krankheiten des Weichteilgewebes	3,0	4,5
K00–K14	Krankheiten der Mundhöhle, der Speicheldrüsen und der Kiefer	2,8	0,6
F40–F48	Neurotische, Belastungs- und somatoforme Störungen	2,7	4,6
I10–I15	Hypertonie [Hochdruckkrankheit]	2,3	1,9
R10–R19	Symptome, die das Verdauungssystem und das Abdomen betreffen	2,3	1,1
Z00–Z13	Personen, die das Gesundheitswesen zur Untersuchung und Abklärung in Anspruch nehmen	2,2	1,1
Z80–Z99	Personen mit potentiellen Gesundheitsrisiken aufgrund der Familien- oder Eigenanamnese und bestimmte Zustände, die den Gesundheitszustand beeinflussen	2,0	3,8
M20–M25	Sonstige Gelenkkrankheiten	2,0	3,1
U99–U99	Nicht belegte Schlüsselnummern	1,8	0,8
B25–B34	Sonstige Viruskrankheiten	1,7	0,9
J40–J47	Chronische Krankheiten der unteren Atemwege	1,6	1,5
R00–R09	Symptome, die das Kreislaufsystem und das Atmungssystem betreffen	1,5	1,0
K20–K31	Krankheiten des Ösophagus, des Magens und des Duodenums	1,5	0,7
G40–G47	Episodische und paroxysmale Krankheiten des Nervensystems	1,4	1,3
T08–T14	Verletzungen nicht näher bezeichneter Teile des Rumpfes, der Extremitäten oder anderer Körperregionen	1,3	1,4
J20–J22	Sonstige akute Infektionen der unteren Atemwege	1,3	0,8
K50–K52	Nichtinfektiöse Enteritis und Kolitis	1,3	0,5
F30–F39	Affektive Störungen	1,2	4,0
K55–K64	Sonstige Krankheiten des Darmes	1,2	0,9
M15–M19	Arthrose	1,1	2,7
E70–E90	Stoffwechselstörungen	1,1	0,7
S80–S89	Verletzungen des Knies und des Unterschenkels	1,0	2,0
S60–S69	Verletzungen des Handgelenkes und der Hand	1,0	1,6

Tab. 28.68 (Fortsetzung)

ICD-10	Bezeichnung	AU-Fälle in %	AU-Tage in %
S90–S99	Verletzungen der Knöchelregion und des Fußes	1,0	1,4
M95–M99	Sonstige Krankheiten des Muskel-Skelett-Systems und des Bindegewebes	1,0	0,9
U00–U49	Vorläufige Zuordnungen für Krankheiten mit unklarer Ätiologie und nicht belegte Schlüsselnummern	1,0	0,6
J30–J39	Sonstige Krankheiten der oberen Atemwege	0,9	0,5
G50–G59	Krankheiten von Nerven, Nervenwurzeln und Nervenplexus	0,8	1,3
R40–R46	Symptome, die das Erkennungs- und Wahrnehmungsvermögen, die Stimmung und das Verhalten betreffen	0,8	0,7
J95–J99	Sonstige Krankheiten des Atmungssystems	0,8	0,5
I20–I25	Ischämische Herzkrankheiten	0,7	1,5
I30–I52	Sonstige Formen der Herzkrankheit	0,7	1,2
Z40–Z54	Personen, die das Gesundheitswesen zum Zwecke spezifischer Maßnahmen und zur medizinischen Betreuung in Anspruch nehmen	0,7	0,9
M05–M14	Entzündliche Polyarthropathien	0,7	0,7
E10–E14	Diabetes mellitus	0,7	0,7
J09–J18	Grippe und Pneumonie	0,7	0,6
	Summe hier	76,6	71,5
	Restliche	23,4	28,5
	Gesamtsumme	100,0	100,0

Fehlzeiten-Report 2021

28.5 Erziehung und Unterricht

Entwicklung des Krankenstands der AOK-Mitglieder in der Branche Erziehung und Unterricht in den Jahren 1996 bis 2020	Tab. 28.69
Arbeitsunfähigkeit der AOK-Mitglieder in der Branche Erziehung und Unterricht nach Bundesländern im Jahr 2020 im Vergleich zum Vorjahr	Tab. 28.70
Arbeitsunfähigkeit der AOK-Mitglieder nach Wirtschaftsabteilungen in der Branche Erziehung und Unterricht im Jahr 2020	Tab. 28.71
Kennzahlen der Arbeitsunfähigkeit nach ausgewählten Berufsgruppen in der Branche Erziehung und Unterricht im Jahr 2020	Tab. 28.72
Dauer der Arbeitsunfähigkeit der AOK-Mitglieder in der Branche Erziehung und Unterricht im Jahr 2020	Tab. 28.73
Tage der Arbeitsunfähigkeit je AOK-Mitglied nach Wirtschaftsabteilung und Betriebsgröße in der Branche Erziehung und Unterricht im Jahr 2020	Tab. 28.74
Krankenstand in Prozent nach Ausbildungsabschluss in der Branche Erziehung und Unterricht im Jahr 2020, AOK-Mitglieder	Tab. 28.75
Tage der Arbeitsunfähigkeit je AOK-Mitglied nach Ausbildungsabschluss in der Branche Erziehung und Unterricht im Jahr 2020	Tab. 28.76
Anteil der Arbeitsunfälle an den AU-Fällen und -Tagen in Prozent nach Wirtschaftsabteilungen in der Branche Erziehung und Unterricht im Jahr 2020, AOK-Mitglieder	Tab. 28.77
Tage und Fälle der Arbeitsunfähigkeit durch Arbeitsunfälle nach Berufsgruppen in der Branche Erziehung und Unterricht im Jahr 2020, AOK-Mitglieder	Tab. 28.78
Tage und Fälle der Arbeitsunfähigkeit je 100 AOK-Mitglieder nach Krankheitsarten in der Branche Erziehung und Unterricht in den Jahren 2000 bis 2020	Tab. 28.79
Verteilung der Arbeitsunfähigkeitstage nach Krankheitsarten in Prozent in der Branche Erziehung und Unterricht im Jahr 2020, AOK-Mitglieder	Tab. 28.80
Verteilung der Arbeitsunfähigkeitsfälle nach Krankheitsarten in Prozent in der Branche Erziehung und Unterricht im Jahr 2020, AOK-Mitglieder	Tab. 28.81
Verteilung der Arbeitsunfähigkeitstage nach Krankheitsarten und ausgewählten Berufsgruppen in der Branche Erziehung und Unterricht im Jahr 2020, AOK-Mitglieder	Tab. 28.82
Verteilung der Arbeitsunfähigkeitsfälle nach Krankheitsarten und ausgewählten Berufsgruppen in der Branche Erziehung und Unterricht im Jahr 2020, AOK-Mitglieder	Tab. 28.83
Anteile der 40 häufigsten Einzeldiagnosen an den AU-Fällen und AU-Tagen in der Branche Erziehung und Unterricht im Jahr 2020, AOK-Mitglieder	Tab. 28.84
Anteile der 40 häufigsten Diagnoseuntergruppen an den AU-Fällen und AU-Tagen in der Branche Erziehung und Unterricht im Jahr 2020, AOK-Mitglieder	Tab. 28.85

28.5 · Erziehung und Unterricht

Tab. 28.69 Entwicklung des Krankenstands der AOK-Mitglieder in der Branche Erziehung und Unterricht in den Jahren 1996 bis 2020

Jahr	Krankenstand in %			AU-Fälle je 100 AOK-Mitglieder			Tage je Fall		
	West	Ost	Bund	West	Ost	Bund	West	Ost	Bund
1996	6,0	9,5	7,5	220,6	364,8	280,3	10,0	9,5	9,7
1997	5,8	8,9	7,0	226,2	373,6	280,6	9,4	8,7	9,0
1998	5,9	8,4	6,9	237,2	376,1	289,1	9,1	8,2	8,7
1999	6,1	9,3	7,3	265,2	434,8	326,8	8,4	7,8	8,1
2000	6,3	9,2	7,3	288,2	497,8	358,3	8,0	6,8	7,5
2001	6,1	8,9	7,1	281,6	495,1	352,8	7,9	6,6	7,3
2002	5,6	8,6	6,6	267,2	507,0	345,5	7,7	6,2	7,0
2003	5,3	7,7	6,1	259,4	477,4	332,4	7,4	5,9	6,7
2004	5,1	7,0	5,9	247,5	393,6	304,7	7,6	6,5	7,0
2005	4,6	6,6	5,4	227,8	387,2	292,1	7,4	6,2	6,8
2006	4,4	6,1	5,1	223,0	357,5	277,6	7,2	6,2	6,7
2007	4,7	6,1	5,3	251,4	357,2	291,0	6,9	6,2	6,6
2008 (WZ03)	5,0	6,2	5,4	278,0	349,8	303,4	6,6	6,4	6,6
2008 (WZ08)[a]	5,0	6,2	5,4	272,1	348,5	297,4	6,7	6,5	6,6
2009	5,2	6,5	5,6	278,2	345,3	297,9	6,8	6,9	6,9
2010	5,1	5,7	5,3	262,4	278,0	267,6	7,1	7,5	7,3
2011	4,6	5,1	4,7	212,9	247,4	220,9	7,8	7,5	7,8
2012	4,8	5,8	5,0	238,6	256,0	242,4	7,4	8,3	7,6
2013	4,4	4,9	4,5	192,8	184,5	191,2	8,3	9,7	8,5
2014	4,6	4,9	4,6	188,1	179,2	186,4	8,9	9,9	9,1
2015	4,8	5,0	4,8	195,2	184,6	193,1	8,9	9,8	9,1
2016	4,8	5,0	4,8	193,1	182,3	190,2	9,1	10,0	9,3
2017	4,8	5,2	4,8	184,0	182,1	183,0	9,4	10,4	9,7
2018	4,9	5,4	5,0	187,4	185,7	186,5	9,5	10,5	9,8
2019	4,8	5,3	4,9	179,6	183,1	179,9	9,7	10,6	9,9
2020	4,9	5,5	5,0	156,7	161,9	157,7	11,4	12,5	11,6

[a] aufgrund der Revision der Wirtschaftszweigklassifikation in 2008 ist eine Vergleichbarkeit mit den Vorjahren nur bedingt möglich

Fehlzeiten-Report 2021

Tab. 28.70 Arbeitsunfähigkeit der AOK-Mitglieder in der Branche Erziehung und Unterricht nach Bundesländern im Jahr 2020 im Vergleich zum Vorjahr

Bundesland	Kranken-stand in %	Arbeitsunfähigkeit je 100 AOK-Mitglieder				Tage je Fall	Veränd. z. Vorj. in %	AU-Quote in %
		AU-Fälle	Veränd. z. Vorj. in %	AU-Tage	Veränd. z. Vorj. in %			
Baden-Württemberg	4,6	152,5	−11,2	1.691,5	3,0	11,1	16,0	54,4
Bayern	4,3	133,2	−9,2	1.565,2	4,3	11,7	14,9	48,3
Berlin	5,5	200,0	−14,4	2.008,7	4,2	10,0	21,8	56,1
Brandenburg	5,5	153,5	−8,1	2.019,0	5,3	13,2	14,5	51,9
Bremen	5,2	147,3	−21,1	1.921,3	−6,3	13,0	18,7	46,8
Hamburg	4,6	139,8	−14,3	1.695,8	4,7	12,1	22,1	43,6
Hessen	5,4	179,3	−14,9	1.970,0	−1,6	11,0	15,6	54,7
Mecklenburg-Vorpommern	5,5	149,3	−20,4	2.006,8	0,2	13,4	25,9	50,4
Niedersachsen	5,4	173,0	−16,0	1.980,3	0,4	11,4	19,4	57,9
Nordrhein-Westfalen	4,9	161,8	−13,8	1.783,2	−0,9	11,0	15,0	52,1
Rheinland-Pfalz	5,2	139,9	−11,4	1.913,1	5,7	13,7	19,2	48,5
Saarland	6,4	193,9	−13,6	2.324,4	18,4	12,0	37,0	55,5
Sachsen	5,3	160,9	−12,1	1.946,5	5,5	12,1	20,0	58,6
Sachsen-Anhalt	5,8	158,2	−10,5	2.112,7	0,9	13,4	12,7	55,1
Schleswig-Holstein	5,4	165,6	−10,2	1.970,1	0,0	11,9	11,3	53,7
Thüringen	6,1	173,3	−9,5	2.230,5	5,4	12,9	16,4	59,6
West	**4,9**	**156,7**	**−12,7**	**1.781,7**	**1,9**	**11,4**	**16,7**	**52,5**
Ost	**5,5**	**161,9**	**−11,6**	**2.024,0**	**4,8**	**12,5**	**18,5**	**57,6**
Bund	**5,0**	**157,7**	**−12,4**	**1.832,5**	**2,6**	**11,6**	**17,1**	**53,5**

Fehlzeiten-Report 2021

28.5 · Erziehung und Unterricht

Tab. 28.71 Arbeitsunfähigkeit der AOK-Mitglieder nach Wirtschaftsabteilungen in der Branche Erziehung und Unterricht im Jahr 2020

Wirtschaftsabteilungen	Krankenstand in %		Arbeitsunfähigkeiten je 100 AOK-Mitglieder		Tage je Fall	AU-Quote in %
	2020	2020 stand.[a]	Fälle	Tage		
Erbringung von Dienstleistungen für den Unterricht	4,4	4,0	137,0	1.620,1	11,8	44,4
Grundschulen	5,1	4,4	137,8	1.883,8	13,7	52,7
Kindergärten und Vorschulen	6,0	6,0	198,1	2.196,7	11,1	64,6
Sonstiger Unterricht	4,9	4,9	163,2	1.805,1	11,1	50,3
Tertiärer und post-sekundärer, nicht tertiärer Unterricht	3,1	3,7	92,8	1.119,5	12,1	37,0
Weiterführende Schulen	4,9	4,3	139,6	1.807,3	12,9	51,1
Branche gesamt	**5,0**	**4,7**	**157,7**	**1.832,5**	**11,6**	**53,5**
Alle Branchen	**5,4**	**5,5**	**144,2**	**1.988,1**	**13,8**	**50,7**

[a] Krankenstand alters- und geschlechtsstandardisiert

Fehlzeiten-Report 2021

Tab. 28.72 Kennzahlen der Arbeitsunfähigkeit nach ausgewählten Berufsgruppen in der Branche Erziehung und Unterricht im Jahr 2020

Tätigkeit	Kranken-stand in %	Arbeitsunfähigkeit je 100 AOK-Mitglieder		Tage je Fall	AU-Quote in %	Anteil der Berufsgruppe an der Branche in %[a]
		AU-Fälle	AU-Tage			
Aufsichts-/Führungskr. – Erziehung, Sozialarbeit, Heilerziehungspflege	5,0	144,5	1.814,4	12,6	59,1	1,0
Berufe im Verkauf (ohne Spez.)	6,3	375,3	2.291,4	6,1	57,7	1,1
Berufe in der betrieblichen Ausbildung u. Betriebspädagogik	6,0	151,7	2.191,0	14,4	57,7	1,0
Berufe in der Erwachsenenbildung (ohne Spez.)	4,3	121,9	1.563,4	12,8	46,3	1,5
Berufe in der Erziehungswissenschaft	5,0	155,4	1.847,7	11,9	53,9	1,8
Berufe in der Gebäudetechnik (ohne Spez.)	6,6	136,0	2.409,4	17,7	56,7	1,4
Berufe in der Gesundheits- u. Krankenpflege (ohne Spez.)	4,6	188,0	1.682,9	9,0	56,2	1,3
Berufe in der Hauswirtschaft	7,9	208,9	2.875,1	13,8	65,3	1,8
Berufe in der Hochschullehre u. -forschung	1,1	39,6	420,3	10,6	20,2	8,0
Berufe in der Kinderbetreuung u. -erziehung	5,8	201,4	2.130,2	10,6	65,1	32,3
Berufe in der öffentlichen Verwaltung (ohne Spez.)	4,2	120,0	1.522,3	12,7	49,0	2,2
Berufe in der Reinigung (ohne Spez.)	8,0	171,8	2.911,2	16,9	63,4	4,6
Berufe in der Sozialarbeit u. Sozialpädagogik	5,1	150,9	1.863,3	12,3	55,6	2,1
Berufe in Heilerziehungspflege u. Sonderpädagogik	5,8	182,4	2.128,3	11,7	61,8	1,6
Büro- u. Sekretariatskräfte (ohne Spez.)	4,3	136,9	1.560,4	11,4	49,1	5,1
Fahrlehrer/innen	4,0	100,0	1.458,2	14,6	43,0	1,3
Köche/Köchinnen (ohne Spez.)	7,6	180,8	2.796,7	15,5	62,3	1,9
Lehrkräfte für berufsbildende Fächer	3,8	106,0	1.400,5	13,2	45,3	2,3

28.5 · Erziehung und Unterricht

Tab. 28.72 (Fortsetzung)

Tätigkeit	Kranken-stand in %	Arbeitsunfähigkeit je 100 AOK-Mitglieder		Tage je Fall	AU-Quote in %	Anteil der Berufsgruppe an der Branche in %[a]
		AU-Fälle	AU-Tage			
Lehrkräfte in der Primarstufe	3,6	111,0	1.313,6	11,8	42,1	2,2
Lehrkräfte in der Sekundarstufe	3,9	109,4	1.421,3	13,0	45,5	7,0
Branche gesamt	**5,0**	**157,7**	**1.832,5**	**11,6**	**53,5**	**2,9[b]**

[a] Anteil der AOK-Mitglieder in der Berufsgruppe an den in der Branche beschäftigten AOK-Mitgliedern insgesamt
[b] Anteil der AOK-Mitglieder in der Branche an allen AOK-Mitgliedern
Fehlzeiten-Report 2021

Tab. 28.73 Dauer der Arbeitsunfähigkeit der AOK-Mitglieder in der Branche Erziehung und Unterricht im Jahr 2020

Fallklasse	Branche hier		Alle Branchen	
	Anteil Fälle in %	Anteil Tage in %	Anteil Fälle in %	Anteil Tage in %
1–3 Tage	33,8	5,9	30,7	4,4
4–7 Tage	30,8	13,2	30,2	11,2
8–14 Tage	19,1	16,8	19,8	15,0
15–21 Tage	6,4	9,4	7,3	9,1
22–28 Tage	3,0	6,3	3,3	5,9
29–42 Tage	3,1	9,2	3,5	8,9
> 42 Tage	3,8	39,2	5,1	45,5

Fehlzeiten-Report 2021

Tab. 28.74 Tage der Arbeitsunfähigkeit je AOK-Mitglied nach Wirtschaftsabteilung und Betriebsgröße in der Branche Erziehung und Unterricht im Jahr 2020

Wirtschaftsabteilungen	Betriebsgröße (Anzahl der AOK-Mitglieder)					
	10–49	50–99	100–199	200–499	500–999	≥ 1.000
Erbringung von Dienstleistungen für den Unterricht	19,6	–	–	–	–	–
Grundschulen	18,7	18,4	20,2	23,5	–	22,4
Kindergärten und Vorschulen	21,3	23,1	24,0	27,3	33,0	29,0
Sonstiger Unterricht	19,3	20,7	20,2	29,9	22,9	–
Tertiärer und post-sekundärer, nicht tertiärer Unterricht	10,9	11,5	11,0	11,1	11,3	12,2
Weiterführende Schulen	18,3	19,8	20,0	21,5	22,2	–
Branche gesamt	**19,2**	**19,5**	**19,8**	**17,1**	**19,0**	**15,0**
Alle Branchen	**20,3**	**22,3**	**22,5**	**22,6**	**22,8**	**22,7**

Fehlzeiten-Report 2021

Tab. 28.75 Krankenstand in Prozent nach Ausbildungsabschluss in der Branche Erziehung und Unterricht im Jahr 2020, AOK-Mitglieder

Wirtschaftsabteilungen	Ausbildung						
	ohne Ausbildungsabschluss	mit Ausbildungsabschluss	Meister/ Techniker	Bachelor	Diplom/ Magister/ Master/ Staatsexamen	Promotion	unbekannt
Erbringung von Dienstleistungen für den Unterricht	–	4,6	9,6	1,4	5,1	–	4,3
Grundschulen	6,1	5,9	7,2	3,1	4,1	1,9	4,6
Kindergärten und Vorschulen	6,3	6,0	6,9	4,2	5,4	2,8	6,1
Sonstiger Unterricht	5,6	5,4	5,8	3,2	3,8	3,0	4,7
Tertiärer und post-sekundärer, nicht tertiärer Unterricht	4,4	5,6	4,1	1,5	1,6	1,1	3,8
Weiterführende Schulen	6,2	6,1	6,2	3,0	3,9	2,1	4,8
Branche gesamt	**5,7**	**5,9**	**6,3**	**2,8**	**3,1**	**1,3**	**5,1**
Alle Branchen	**6,0**	**5,9**	**4,7**	**2,3**	**2,9**	**2,1**	**5,0**

Fehlzeiten-Report 2021

28.5 · Erziehung und Unterricht

Tab. 28.76 Tage der Arbeitsunfähigkeit je AOK-Mitglied nach Ausbildungsabschluss in der Branche Erziehung und Unterricht im Jahr 2020

Wirtschafts-abteilungen	Ausbildung						
	ohne Aus-bildungs-abschluss	mit Aus-bildungs-abschluss	Meister/ Techniker	Bachelor	Diplom/ Magister/ Master/ Staats-examen	Promotion	unbekannt
Erbringung von Dienst-leistungen für den Unterricht	–	17,0	35,3	5,3	18,6	–	15,8
Grundschulen	22,4	21,8	26,4	11,3	15,1	6,9	16,8
Kindergärten und Vor-schulen	23,0	21,9	25,1	15,2	19,7	10,2	22,4
Sonstiger Unterricht	20,4	19,7	21,1	11,9	13,7	11,0	17,1
Tertiärer und post-sekundärer, nicht tertiärer Unterricht	16,2	20,7	15,0	5,4	5,7	4,0	14,1
Weiterführende Schulen	22,6	22,3	22,5	11,0	14,3	7,8	17,6
Branche gesamt	**21,0**	**21,5**	**23,2**	**10,3**	**11,4**	**4,8**	**18,8**
Alle Branchen	**21,8**	**21,8**	**17,1**	**8,5**	**10,6**	**7,6**	**18,2**

Fehlzeiten-Report 2021

Tab. 28.77 Anteil der Arbeitsunfälle an den AU-Fällen und -Tagen in Prozent nach Wirtschaftsabteilungen in der Branche Erziehung und Unterricht im Jahr 2020, AOK-Mitglieder

Wirtschaftsabteilungen	AU-Fälle in %	AU-Tage in %
Erbringung von Dienstleistungen für den Unterricht	1,7	5,4
Grundschulen	1,5	2,9
Kindergärten und Vorschulen	1,3	2,5
Sonstiger Unterricht	1,7	3,2
Tertiärer und post-sekundärer, nicht tertiärer Unterricht	1,4	2,7
Weiterführende Schulen	1,5	2,7
Branche gesamt	**1,4**	**2,7**
Alle Branchen	**3,0**	**5,5**

Fehlzeiten-Report 2021

Tab. 28.78 Tage und Fälle der Arbeitsunfähigkeit durch Arbeitsunfälle nach Berufsgruppen in der Branche Erziehung und Unterricht im Jahr 2020, AOK-Mitglieder

Tätigkeit	Arbeitsunfähigkeit je 1.000 AOK-Mitglieder	
	AU-Tage	AU-Fälle
Berufe in der Gebäudetechnik (ohne Spez.)	1.391,6	47,5
Berufe in der Hauswirtschaft	852,2	32,6
Köche/Köchinnen (ohne Spez.)	851,7	35,1
Berufe in der Reinigung (ohne Spez.)	781,2	23,8
Berufe im Verkauf (ohne Spez.)	671,9	65,0
Fahrlehrer/innen	575,2	28,2
Berufe in Heilerziehungspflege u. Sonderpädagogik	535,2	26,0
Berufe in der Erziehungswissenschaft	530,7	18,4
Berufe in der Kinderbetreuung u. -erziehung	518,3	25,5
Berufe in der betrieblichen Ausbildung u. Betriebspädagogik	471,9	24,4
Berufe in der Sozialarbeit u. Sozialpädagogik	462,8	17,1
Berufe in der Gesundheits- u. Krankenpflege (ohne Spez.)	459,6	27,8
Aufsichts-/Führungskr. – Erziehung, Sozialarbeit, Heilerziehungspflege	382,1	17,3
Lehrkräfte für berufsbildende Fächer	369,6	12,0
Lehrkräfte in der Sekundarstufe	332,4	12,7
Berufe in der öffentlichen Verwaltung (ohne Spez.)	289,4	12,6
Lehrkräfte in der Primarstufe	280,8	13,8
Büro- u. Sekretariatskräfte (ohne Spez.)	275,5	10,5
Berufe in der Erwachsenenbildung (ohne Spez.)	180,7	11,1
Berufe in der Hochschullehre u. -forschung	73,4	4,6
Branche gesamt	**493,3**	**22,3**
Alle Branchen	**1.092,2**	**43,4**

Fehlzeiten-Report 2021

28.5 · Erziehung und Unterricht

◨ **Tab. 28.79** Tage und Fälle der Arbeitsunfähigkeit je 100 AOK-Mitglieder nach Krankheitsarten in der Branche Erziehung und Unterricht in den Jahren 2000 bis 2020

Jahr	Arbeitsunfähigkeiten je 100 AOK-Mitglieder											
	Psyche		Herz/Kreislauf		Atemwege		Verdauung		Muskel/Skelett		Verletzungen	
	Tage	Fälle	Tage	Fälle	Tage	Fälle	Tage	Fälle	Tage	Fälle	Tage	Fälle
2000	200,3	13,3	145,3	16,1	691,6	122,5	268,8	55,4	596,0	56,0	357,1	33,8
2001	199,2	13,9	140,8	16,1	681,8	125,5	265,8	55,8	591,4	56,8	342,0	32,9
2002	199,6	14,2	128,7	15,3	623,5	118,9	257,3	57,3	538,7	54,4	327,0	32,0
2003	185,4	13,5	120,7	14,8	596,5	116,7	239,2	55,5	470,6	48,9	296,4	30,0
2004	192,8	14,0	121,5	12,7	544,1	101,0	245,2	53,0	463,3	46,9	302,8	29,1
2005	179,7	12,5	102,4	11,0	557,4	104,0	216,9	49,3	388,1	40,2	281,7	27,7
2006	174,6	12,0	99,8	11,2	481,8	92,8	215,6	50,0	365,9	38,0	282,7	27,7
2007	191,0	12,9	97,1	10,5	503,6	97,6	229,8	52,9	366,9	38,5	278,0	27,1
2008 (WZ03)	201,0	13,5	96,2	10,5	506,8	99,1	237,3	55,8	387,0	40,8	282,0	27,9
2008 (WZ08)[a]	199,5	13,3	97,6	10,4	498,4	97,3	232,6	54,5	387,1	40,3	279,3	27,2
2009	226,5	14,7	102,7	9,9	557,5	103,5	223,7	50,2	382,8	39,2	265,2	24,7
2010	261,4	14,9	98,1	9,3	460,6	86,6	176,9	39,0	387,7	36,3	253,5	21,9
2011	263,0	13,7	99,1	8,0	394,8	72,3	146,3	30,0	351,0	30,0	205,5	16,1
2012	297,7	15,6	104,0	8,6	408,8	76,8	161,2	33,7	374,0	33,3	233,9	18,4
2013	278,6	12,4	102,4	7,0	403,4	70,5	123,3	23,6	346,7	26,2	178,9	12,8
2014	316,3	13,6	111,8	7,5	349,4	62,8	127,5	23,5	374,8	26,9	186,8	12,8
2015	326,3	13,6	112,8	7,4	410,7	70,5	125,3	22,8	370,6	26,0	180,5	12,2
2016	342,1	13,9	102,8	7,4	395,1	68,8	119,3	22,2	376,9	26,0	183,1	12,0
2017	355,2	14,0	102,1	7,2	398,2	67,3	113,6	20,1	374,6	24,7	186,5	11,7
2018	365,4	14,0	101,5	7,2	424,5	69,8	111,3	19,8	372,5	24,4	186,8	11,6
2019	380,2	14,1	95,0	6,9	378,6	65,2	107,5	18,9	367,6	23,8	184,2	11,1
2020	408,8	13,7	92,9	6,0	416,5	57,7	100,1	15,3	384,2	22,4	175,4	9,6

[a] aufgrund der Revision der Wirtschaftszweigklassifikation in 2008 ist eine Vergleichbarkeit mit den Vorjahren nur bedingt möglich

Fehlzeiten-Report 2021

Tab. 28.80 Verteilung der Arbeitsunfähigkeitstage nach Krankheitsarten in Prozent in der Branche Erziehung und Unterricht im Jahr 2020, AOK-Mitglieder

Wirtschaftsabteilungen	AU-Tage in %						
	Psyche	Herz/ Kreislauf	Atem- wege	Ver- dauung	Muskel/ Skelett	Verlet- zungen	Sonstige
Erbringung von Dienstleistungen für den Unterricht	22,5	1,6	15,1	3,1	8,8	4,8	44,2
Grundschulen	17,2	4,8	15,8	3,8	14,7	7,3	36,4
Kindergärten und Vorschulen	16,5	3,0	19,3	3,8	15,2	6,5	35,7
Sonstiger Unterricht	15,7	4,5	15,0	4,4	16,0	8,0	36,3
Tertiärer und post-sekundärer, nicht tertiärer Unterricht	17,3	3,8	14,8	4,5	15,1	7,6	36,9
Weiterführende Schulen	16,6	4,6	14,2	4,1	16,2	7,3	37,0
Branche gesamt	**16,5**	**3,8**	**16,8**	**4,0**	**15,5**	**7,1**	**36,2**
Alle Branchen	**12,0**	**5,1**	**11,8**	**4,2**	**22,1**	**10,0**	**34,8**

Fehlzeiten-Report 2021

Tab. 28.81 Verteilung der Arbeitsunfähigkeitsfälle nach Krankheitsarten in Prozent in der Branche Erziehung und Unterricht im Jahr 2020, AOK-Mitglieder

Wirtschaftsabteilungen	AU-Fälle in %						
	Psyche	Herz/ Kreislauf	Atem- wege	Ver- dauung	Muskel/ Skelett	Verlet- zungen	Sonstige
Erbringung von Dienstleistungen für den Unterricht	6,3	2,8	23,3	7,3	8,8	2,8	48,6
Grundschulen	7,1	3,6	26,5	7,3	10,3	4,6	40,6
Kindergärten und Vorschulen	6,1	2,3	29,9	6,7	9,9	4,1	41,1
Sonstiger Unterricht	6,4	3,0	23,5	7,9	11,3	5,0	42,8
Tertiärer und post-sekundärer, nicht tertiärer Unterricht	6,5	3,1	24,2	7,9	10,7	5,2	42,4
Weiterführende Schulen	7,0	3,6	24,5	7,2	11,2	4,7	41,7
Branche gesamt	**6,4**	**2,8**	**27,0**	**7,2**	**10,5**	**4,5**	**41,6**
Alle Branchen	**5,4**	**3,5**	**20,5**	**7,7**	**16,1**	**6,5**	**40,3**

Fehlzeiten-Report 2021

28.5 · Erziehung und Unterricht

Tab. 28.82 Verteilung der Arbeitsunfähigkeitstage nach Krankheitsarten und ausgewählten Berufsgruppen in der Branche Erziehung und Unterricht im Jahr 2020, AOK-Mitglieder

Tätigkeit	AU-Tage in %						
	Psyche	Herz/ Kreislauf	Atemwege	Verdauung	Muskel/ Skelett	Verletzungen	Sonstige
Aufsichts-/Führungskr. – Erziehung, Sozialarbeit, Heilerziehungspflege	18,0	3,1	16,7	3,7	16,3	5,5	36,6
Berufe im Verkauf (ohne Spez.)	15,2	1,5	20,1	6,2	10,9	8,3	37,7
Berufe in der betrieblichen Ausbildung u. Betriebspädagogik	15,2	6,4	12,9	4,3	18,1	8,0	35,0
Berufe in der Erwachsenenbildung (ohne Spez.)	22,1	4,2	15,6	3,6	11,4	5,5	37,6
Berufe in der Erziehungswissenschaft	20,7	3,5	17,0	4,0	13,1	5,7	35,9
Berufe in der Gebäudetechnik (ohne Spez.)	10,5	8,7	9,9	4,2	20,8	9,8	36,1
Berufe in der Gesundheits- u. Krankenpflege (ohne Spez.)	17,6	2,4	16,2	5,3	15,4	8,4	34,6
Berufe in der Hauswirtschaft	12,9	4,8	14,3	3,7	22,6	6,8	34,9
Berufe in der Hochschullehre u. -forschung	20,3	2,8	17,5	4,5	7,8	7,8	39,3
Berufe in der Kinderbetreuung u. -erziehung	17,5	2,6	20,6	3,9	13,1	6,5	35,8
Berufe in der öffentlichen Verwaltung (ohne Spez.)	20,9	4,4	14,5	4,2	11,5	6,9	37,8
Berufe in der Reinigung (ohne Spez.)	12,3	4,8	11,1	3,0	27,2	7,3	34,3
Berufe in der Sozialarbeit u. Sozialpädagogik	21,1	3,4	17,3	3,3	11,5	6,3	37,1
Berufe in Heilerziehungspflege u. Sonderpädagogik	17,9	3,1	19,0	4,2	14,2	7,3	34,2
Büro- u. Sekretariatskräfte (ohne Spez.)	17,8	3,5	15,0	4,9	13,7	6,3	38,9
Fahrlehrer/innen	10,7	7,9	12,2	3,7	17,9	9,5	38,2
Köche/Köchinnen (ohne Spez.)	13,0	4,8	12,6	3,6	23,3	7,4	35,3
Lehrkräfte für berufsbildende Fächer	17,3	4,9	13,7	4,4	13,2	7,4	39,2

◻ **Tab. 28.82** (Fortsetzung)

Tätigkeit	AU-Tage in %						
	Psyche	Herz/Kreislauf	Atemwege	Verdauung	Muskel/Skelett	Verletzungen	Sonstige
Lehrkräfte in der Primarstufe	19,4	4,4	19,2	4,1	10,1	6,6	36,1
Lehrkräfte in der Sekundarstufe	19,1	4,8	14,9	4,4	11,9	6,5	38,3
Branche gesamt	**16,5**	**3,8**	**16,8**	**4,0**	**15,5**	**7,1**	**36,2**
Alle Branchen	**12,0**	**5,1**	**11,8**	**4,2**	**22,1**	**10,0**	**34,8**

Fehlzeiten-Report 2021

28.5 · Erziehung und Unterricht

Tab. 28.83 Verteilung der Arbeitsunfähigkeitsfälle nach Krankheitsarten und ausgewählten Berufsgruppen in der Branche Erziehung und Unterricht im Jahr 2020, AOK-Mitglieder

Tätigkeit	AU-Tage in %						
	Psyche	Herz/ Kreislauf	Atemwege	Verdauung	Muskel/ Skelett	Verletzungen	Sonstige
Aufsichts-/Führungskr. – Erziehung, Sozialarbeit, Heilerziehungspflege	7,4	2,8	27,8	6,7	9,9	4,4	41,0
Berufe im Verkauf (ohne Spez.)	6,0	1,7	22,5	8,8	7,7	5,0	48,4
Berufe in der betrieblichen Ausbildung u. Betriebspädagogik	6,6	4,7	21,8	7,8	12,9	4,7	41,5
Berufe in der Erwachsenenbildung (ohne Spez.)	8,6	3,2	26,6	6,8	9,6	4,1	41,2
Berufe in der Erziehungswissenschaft	7,9	2,9	27,3	7,3	9,2	3,9	41,5
Berufe in der Gebäudetechnik (ohne Spez.)	5,0	5,9	16,8	8,5	16,8	7,1	39,9
Berufe in der Gesundheits- u. Krankenpflege (ohne Spez.)	6,6	2,4	22,8	7,9	9,9	5,0	45,5
Berufe in der Hauswirtschaft	6,0	3,6	22,5	7,0	16,0	4,9	40,0
Berufe in der Hochschullehre u. -forschung	6,0	2,5	27,5	7,0	6,5	5,5	44,9
Berufe in der Kinderbetreuung u. -erziehung	6,2	2,0	31,2	6,7	8,8	4,0	41,1
Berufe in der öffentlichen Verwaltung (ohne Spez.)	7,5	3,1	24,5	7,8	9,7	4,5	42,9
Berufe in der Reinigung (ohne Spez.)	6,1	4,4	18,9	7,1	19,8	5,0	38,8
Berufe in der Sozialarbeit u. Sozialpädagogik	8,0	2,8	27,9	6,6	8,7	4,1	41,9
Berufe in Heilerziehungspflege u. Sonderpädagogik	7,1	2,4	28,9	6,7	10,0	4,6	40,2
Büro- u. Sekretariatskräfte (ohne Spez.)	7,1	3,0	23,7	8,3	9,8	4,1	44,1
Fahrlehrer/innen	5,4	4,6	21,4	7,9	11,6	6,1	43,1
Köche/Köchinnen (ohne Spez.)	6,2	3,7	21,6	7,6	15,6	5,3	40,0
Lehrkräfte für berufsbildende Fächer	7,8	4,1	24,1	7,0	9,2	4,6	43,1

Tab. 28.83 (Fortsetzung)

Tätigkeit	AU-Tage in %						
	Psyche	Herz/Kreislauf	Atemwege	Verdauung	Muskel/Skelett	Verletzungen	Sonstige
Lehrkräfte in der Primarstufe	6,4	3,1	31,5	6,2	7,3	3,9	41,6
Lehrkräfte in der Sekundarstufe	7,5	4,1	26,0	7,4	8,9	4,1	41,9
Branche gesamt	**6,4**	**2,8**	**27,0**	**7,2**	**10,5**	**4,5**	**41,6**
Alle Branchen	**5,4**	**3,5**	**20,5**	**7,7**	**16,1**	**6,5**	**40,3**

Fehlzeiten-Report 2021

28.5 · Erziehung und Unterricht

Tab. 28.84 Anteile der 40 häufigsten Einzeldiagnosen an den AU-Fällen und AU-Tagen in der Branche Erziehung und Unterricht im Jahr 2020, AOK-Mitglieder

ICD-10	Bezeichnung	AU-Fälle in %	AU-Tage in %
J06	Akute Infektionen an mehreren oder nicht näher bezeichneten Lokalisationen der oberen Atemwege	13,9	7,9
M54	Rückenschmerzen	4,0	4,1
A09	Sonstige und nicht näher bezeichnete Gastroenteritis und Kolitis infektiösen und nicht näher bezeichneten Ursprungs	3,5	1,3
B34	Viruskrankheit nicht näher bezeichneter Lokalisation	2,3	1,3
F43	Reaktionen auf schwere Belastungen und Anpassungsstörungen	2,0	4,0
R10	Bauch- und Beckenschmerzen	1,9	0,9
U99	Nicht belegte Schlüsselnummer U99	1,8	0,9
K08	Sonstige Krankheiten der Zähne und des Zahnhalteapparates	1,7	0,5
J00	Akute Rhinopharyngitis [Erkältungsschnupfen]	1,6	0,8
U07	Nicht belegte Schlüsselnummer U07	1,5	1,0
Z11	Spezielle Verfahren zur Untersuchung auf infektiöse und parasitäre Krankheiten	1,5	0,8
R51	Kopfschmerz	1,5	0,7
F32	Depressive Episode	1,3	4,5
I10	Essentielle (primäre) Hypertonie	1,2	1,1
J20	Akute Bronchitis	1,2	0,8
K29	Gastritis und Duodenitis	1,1	0,5
J02	Akute Pharyngitis	1,1	0,5
G43	Migräne	1,1	0,5
K52	Sonstige nichtinfektiöse Gastroenteritis und Kolitis	1,1	0,4
F48	Andere neurotische Störungen	0,9	1,8
R53	Unwohlsein und Ermüdung	0,9	1,0
J40	Bronchitis, nicht als akut oder chronisch bezeichnet	0,9	0,6
J32	Chronische Sinusitis	0,9	0,6
J03	Akute Tonsillitis	0,9	0,5
J98	Sonstige Krankheiten der Atemwege	0,9	0,5

◻ **Tab. 28.84** (Fortsetzung)

ICD-10	Bezeichnung	AU-Fälle in %	AU-Tage in %
J01	Akute Sinusitis	0,9	0,5
R11	Übelkeit und Erbrechen	0,9	0,4
F45	Somatoforme Störungen	0,8	1,7
B99	Sonstige und nicht näher bezeichnete Infektionskrankheiten	0,8	0,5
M25	Sonstige Gelenkkrankheiten, anderenorts nicht klassifiziert	0,7	1,0
M79	Sonstige Krankheiten des Weichteilgewebes, anderenorts nicht klassifiziert	0,7	0,7
N39	Sonstige Krankheiten des Harnsystems	0,7	0,3
Z98	Sonstige Zustände nach chirurgischem Eingriff	0,6	1,5
T14	Verletzung an einer nicht näher bezeichneten Körperregion	0,6	0,6
M99	Biomechanische Funktionsstörungen, anderenorts nicht klassifiziert	0,6	0,6
R42	Schwindel und Taumel	0,6	0,5
R05	Husten	0,6	0,4
R07	Hals- und Brustschmerzen	0,6	0,3
F41	Andere Angststörungen	0,5	1,8
J11	Grippe, Viren nicht nachgewiesen	0,5	0,3
	Summe hier	**60,8**	**48,6**
	Restliche	39,2	51,4
	Gesamtsumme	**100,0**	**100,0**

Fehlzeiten-Report 2021

28.5 · Erziehung und Unterricht

Tab. 28.85 Anteile der 40 häufigsten Diagnoseuntergruppen an den AU-Fällen und AU-Tagen in der Branche Erziehung und Unterricht im Jahr 2020, AOK-Mitglieder

ICD-10	Bezeichnung	AU-Fälle in %	AU-Tage in %
J00–J06	Akute Infektionen der oberen Atemwege	19,3	10,9
M50–M54	Sonstige Krankheiten der Wirbelsäule und des Rückens	4,8	5,5
F40–F48	Neurotische, Belastungs- und somatoforme Störungen	4,2	9,0
A00–A09	Infektiöse Darmkrankheiten	4,2	1,6
R50–R69	Allgemeinsymptome	3,8	3,1
R10–R19	Symptome, die das Verdauungssystem und das Abdomen betreffen	3,0	1,5
B25–B34	Sonstige Viruskrankheiten	2,5	1,5
G40–G47	Episodische und paroxysmale Krankheiten des Nervensystems	2,1	1,5
K00–K14	Krankheiten der Mundhöhle, der Speicheldrüsen und der Kiefer	2,1	0,6
Z00–Z13	Personen, die das Gesundheitswesen zur Untersuchung und Abklärung in Anspruch nehmen	2,0	1,1
F30–F39	Affektive Störungen	1,9	7,5
U99–U99	Nicht belegte Schlüsselnummern	1,9	0,9
J40–J47	Chronische Krankheiten der unteren Atemwege	1,8	1,5
M70–M79	Sonstige Krankheiten des Weichteilgewebes	1,7	2,6
R00–R09	Symptome, die das Kreislaufsystem und das Atmungssystem betreffen	1,6	1,1
U00–U49	Vorläufige Zuordnungen für Krankheiten mit unklarer Ätiologie und nicht belegte Schlüsselnummern	1,6	1,1
Z80–Z99	Personen mit potentiellen Gesundheitsrisiken aufgrund der Familien- oder Eigenanamnese und bestimmte Zustände, die den Gesundheitszustand beeinflussen	1,5	2,9
J20–J22	Sonstige akute Infektionen der unteren Atemwege	1,5	1,1
J30–J39	Sonstige Krankheiten der oberen Atemwege	1,5	1,0
K20–K31	Krankheiten des Ösophagus, des Magens und des Duodenums	1,5	0,8
K50–K52	Nichtinfektiöse Enteritis und Kolitis	1,4	0,7
I10–I15	Hypertonie [Hochdruckkrankheit]	1,3	1,3
M20–M25	Sonstige Gelenkkrankheiten	1,2	2,2
J95–J99	Sonstige Krankheiten des Atmungssystems	1,1	0,7
N30–N39	Sonstige Krankheiten des Harnsystems	1,1	0,5
R40–R46	Symptome, die das Erkennungs- und Wahrnehmungsvermögen, die Stimmung und das Verhalten betreffen	0,9	0,8
K55–K64	Sonstige Krankheiten des Darmes	0,9	0,6

◻ **Tab. 28.85** (Fortsetzung)

ICD-10	Bezeichnung	AU-Fälle in %	AU-Tage in %
B99–B99	Sonstige Infektionskrankheiten	0,9	0,5
J09–J18	Grippe und Pneumonie	0,8	0,7
N80–N98	Nichtentzündliche Krankheiten des weiblichen Genitaltraktes	0,8	0,6
S90–S99	Verletzungen der Knöchelregion und des Fußes	0,7	1,0
T08–T14	Verletzungen nicht näher bezeichneter Teile des Rumpfes, der Extremitäten oder anderer Körperregionen	0,7	0,8
M95–M99	Sonstige Krankheiten des Muskel-Skelett-Systems und des Bindegewebes	0,7	0,6
M15–M19	Arthrose	0,6	1,7
S80–S89	Verletzungen des Knies und des Unterschenkels	0,6	1,5
E70–E90	Stoffwechselstörungen	0,6	0,5
G50–G59	Krankheiten von Nerven, Nervenwurzeln und Nervenplexus	0,5	1,0
Z40–Z54	Personen, die das Gesundheitswesen zum Zwecke spezifischer Maßnahmen und zur medizinischen Betreuung in Anspruch nehmen	0,5	0,9
E00–E07	Krankheiten der Schilddrüse	0,5	0,5
D10–D36	Gutartige Neubildungen	0,5	0,5
	Summe hier	**80,8**	**74,4**
	Restliche	19,2	25,6
	Gesamtsumme	**100,0**	**100,0**

Fehlzeiten-Report 2021

28.6 Gesundheits- und Sozialwesen

Entwicklung des Krankenstands der AOK-Mitglieder in der Branche Gesundheits- und Sozialwesen in den Jahren 2000 bis 2020	Tab. 28.86
Arbeitsunfähigkeit der AOK-Mitglieder in der Branche Gesundheits- und Sozialwesen nach Bundesländern im Jahr 2020 im Vergleich zum Vorjahr	Tab. 28.87
Arbeitsunfähigkeit der AOK-Mitglieder nach Wirtschaftsabteilungen in der Branche Gesundheits- und Sozialwesen im Jahr 2020	Tab. 28.88
Kennzahlen der Arbeitsunfähigkeit nach ausgewählten Berufsgruppen in der Branche Gesundheits- und Sozialwesen im Jahr 2020	Tab. 28.89
Dauer der Arbeitsunfähigkeit der AOK-Mitglieder in der Branche Gesundheits- und Sozialwesen im Jahr 2020	Tab. 28.90
Tage der Arbeitsunfähigkeit je AOK-Mitglied nach Wirtschaftsabteilung und Betriebsgröße in der Branche Gesundheits- und Sozialwesen im Jahr 2020	Tab. 28.91
Krankenstand in Prozent nach Ausbildungsabschluss in der Branche Gesundheits- und Sozialwesen im Jahr 2020, AOK-Mitglieder	Tab. 28.92
Tage der Arbeitsunfähigkeit je AOK-Mitglied nach Ausbildungsabschluss in der Branche Gesundheits- und Sozialwesen im Jahr 2020	Tab. 28.93
Anteil der Arbeitsunfälle an den AU-Fällen und -Tagen in Prozent nach Wirtschaftsabteilungen in der Branche Gesundheits- und Sozialwesen im Jahr 2020, AOK-Mitglieder	Tab. 28.94
Tage und Fälle der Arbeitsunfähigkeit durch Arbeitsunfälle nach Berufsgruppen in der Branche Gesundheits- und Sozialwesen im Jahr 2020, AOK-Mitglieder	Tab. 28.95
Tage und Fälle der Arbeitsunfähigkeit je 100 AOK-Mitglieder nach Krankheitsarten in der Branche Gesundheits- und Sozialwesen in den Jahren 2000 bis 2020	Tab. 28.96
Verteilung der Arbeitsunfähigkeitstage nach Krankheitsarten in Prozent in der Branche Gesundheits- und Sozialwesen im Jahr 2020, AOK-Mitglieder	Tab. 28.97
Verteilung der Arbeitsunfähigkeitsfälle nach Krankheitsarten in Prozent in der Branche Gesundheits- und Sozialwesen im Jahr 2020, AOK-Mitglieder	Tab. 28.98
Verteilung der Arbeitsunfähigkeitstage nach Krankheitsarten und ausgewählten Berufsgruppen in der Branche Gesundheits- und Sozialwesen im Jahr 2020, AOK-Mitglieder	Tab. 28.99
Verteilung der Arbeitsunfähigkeitsfälle nach Krankheitsarten und ausgewählten Berufsgruppen in der Branche Gesundheits- und Sozialwesen im Jahr 2020, AOK-Mitglieder	Tab. 28.100
Anteile der 40 häufigsten Einzeldiagnosen an den AU-Fällen und AU-Tagen in der Branche Gesundheits- und Sozialwesen im Jahr 2020, AOK-Mitglieder	Tab. 28.101
Anteile der 40 häufigsten Diagnoseuntergruppen an den AU-Fällen und AU-Tagen in der Branche Gesundheits- und Sozialwesen im Jahr 2020, AOK-Mitglieder	Tab. 28.102

Tab. 28.86 Entwicklung des Krankenstands der AOK-Mitglieder in der Branche Gesundheits- und Sozialwesen in den Jahren 2000 bis 2020

Jahr	Krankenstand in %			AU-Fälle je 100 AOK-Mitglieder			Tage je Fall		
	West	Ost	Bund	West	Ost	Bund	West	Ost	Bund
2000	5,7	5,4	5,7	162,4	165,2	162,8	12,8	12,0	12,7
2001	5,5	5,3	5,5	157,5	152,4	156,9	12,8	12,8	12,8
2002	5,4	5,2	5,4	159,5	154,7	159,0	12,4	12,4	12,4
2003	5,1	4,7	5,1	156,8	142,9	154,9	12,0	12,0	12,0
2004	4,8	4,2	4,7	144,9	129,8	142,7	12,2	11,9	12,1
2005	4,6	4,1	4,6	142,5	123,9	139,6	11,9	12,0	11,9
2006	4,5	3,9	4,4	136,6	116,9	133,4	12,1	12,3	12,1
2007	4,8	4,2	4,7	145,2	125,8	141,9	12,2	12,2	12,2
2008 (WZ03)	4,9	4,5	4,8	151,3	129,9	147,7	11,9	12,6	12,0
2008 (WZ08)[a]	4,9	4,5	4,8	151,5	130,8	147,9	11,9	12,6	12,0
2009	5,1	4,9	5,0	159,6	143,2	156,8	11,6	12,5	11,7
2010	5,2	5,1	5,2	158,8	155,3	158,2	11,9	11,9	11,9
2011	5,3	4,8	5,2	162,2	157,7	161,4	12,0	11,2	11,8
2012	5,3	5,2	5,3	158,2	140,5	155,2	12,3	13,5	12,5
2013	5,5	5,4	5,5	166,9	147,2	163,5	12,0	13,3	12,2
2014	5,7	5,5	5,6	165,4	145,9	162,0	12,5	13,7	12,7
2015	5,9	5,7	5,8	176,6	158,2	173,2	12,1	13,3	12,3
2016	5,8	5,9	5,8	175,8	162,0	173,1	12,1	13,3	12,3
2017	5,8	6,1	5,9	172,7	163,8	170,9	12,3	13,6	12,5
2018	6,0	6,4	6,0	177,4	170,1	175,9	12,3	13,6	12,5
2019	5,9	6,4	6,0	172,2	166,9	171,0	12,5	13,9	12,8
2020	6,1	6,7	6,2	158,8	161,0	159,1	14,1	15,2	14,3

[a] aufgrund der Revision der Wirtschaftszweigklassifikation in 2008 ist eine Vergleichbarkeit mit den Vorjahren nur bedingt möglich

Fehlzeiten-Report 2021

28.6 · Gesundheits- und Sozialwesen

Tab. 28.87 Arbeitsunfähigkeit der AOK-Mitglieder in der Branche Gesundheits- und Sozialwesen nach Bundesländern im Jahr 2020 im Vergleich zum Vorjahr

Bundesland	Kranken-stand in %	Arbeitsunfähigkeit je 100 AOK-Mitglieder				Tage je Fall	Veränd. z. Vorj. in %	AU-Quote in %
		AU-Fälle	Veränd. z. Vorj. in %	AU-Tage	Veränd. z. Vorj. in %			
Baden-Württemberg	5,9	165,2	−6,4	2.155,7	6,1	13,0	13,4	59,2
Bayern	5,6	138,5	−6,1	2.063,7	4,3	14,9	11,1	52,9
Berlin	6,7	183,1	−10,4	2.443,7	1,6	13,3	13,4	58,1
Brandenburg	7,3	163,5	−6,8	2.667,8	2,8	16,3	10,3	60,3
Bremen	6,3	151,8	−7,5	2.323,7	4,7	15,3	13,1	53,2
Hamburg	5,2	129,4	−9,9	1.902,2	−0,8	14,7	10,0	45,0
Hessen	6,3	174,6	−8,8	2.315,6	2,2	13,3	12,1	58,7
Mecklenburg-Vorpommern	6,6	146,8	−9,5	2.428,3	−1,5	16,5	8,8	55,3
Niedersachsen	6,5	171,2	−8,7	2.375,9	1,6	13,9	11,3	60,9
Nordrhein-Westfalen	6,4	165,2	−8,9	2.347,6	3,0	14,2	13,0	58,7
Rheinland-Pfalz	5,9	133,7	−9,2	2.155,6	4,1	16,1	14,7	50,1
Saarland	6,9	164,2	−6,0	2.529,2	7,7	15,4	14,5	58,1
Sachsen	6,5	164,1	−1,0	2.371,8	7,5	14,5	8,6	62,1
Sachsen-Anhalt	6,7	148,4	−4,9	2.444,4	2,5	16,5	7,8	56,6
Schleswig-Holstein	6,4	154,4	−7,9	2.339,1	2,1	15,1	10,8	55,2
Thüringen	6,9	165,4	−4,9	2.518,6	4,9	15,2	10,2	61,7
West	**6,1**	**158,8**	**−7,8**	**2.235,2**	**3,7**	**14,1**	**12,4**	**57,0**
Ost	**6,7**	**161,0**	**−3,5**	**2.443,7**	**5,1**	**15,2**	**8,9**	**60,6**
Bund	**6,2**	**159,1**	**−7,0**	**2.275,7**	**4,0**	**14,3**	**11,8**	**57,7**

Fehlzeiten-Report 2021

Tab. 28.88 Arbeitsunfähigkeit der AOK-Mitglieder nach Wirtschaftsabteilungen in der Branche Gesundheits- und Sozialwesen im Jahr 2020

Wirtschaftsabteilungen	Krankenstand in %		Arbeitsunfähigkeiten je 100 AOK-Mitglieder		Tage je Fall	AU-Quote in %
	2020	2020 stand.[a]	Fälle	Tage		
Altenheime, Alten- und Behindertenwohnheime	7,6	6,9	169,2	2.783,5	16,5	61,5
Arzt- und Zahnarztpraxen	3,7	3,6	158,5	1.344,9	8,5	54,5
Gesundheitswesen a. n. g.	5,3	5,5	143,8	1.938,2	13,5	54,5
Krankenhäuser	6,1	6,0	153,6	2.233,6	14,5	57,2
Pflegeheime	7,7	6,8	170,3	2.800,4	16,4	61,9
Sonstige Heime (ohne Erholungs- und Ferienheime)	5,9	5,8	148,0	2.174,2	14,7	56,2
Sonstiges Sozialwesen (ohne Heime)	6,3	6,0	170,7	2.298,7	13,5	59,2
Soziale Betreuung älterer Menschen und Behinderter	6,7	6,0	147,8	2.465,5	16,7	54,1
Stationäre Einrichtungen zur psychosozialen Betreuung, Suchtbekämpfung u. Ä.	6,7	6,3	161,7	2.437,6	15,1	58,3
Branche gesamt	**6,2**	**6,0**	**159,1**	**2.275,7**	**14,3**	**57,7**
Alle Branchen	**5,4**	**5,5**	**144,2**	**1.988,1**	**13,8**	**50,7**

[a] Krankenstand alters- und geschlechtsstandardisiert
Fehlzeiten-Report 2021

28.6 · Gesundheits- und Sozialwesen

Tab. 28.89 Kennzahlen der Arbeitsunfähigkeit nach ausgewählten Berufsgruppen in der Branche Gesundheits- und Sozialwesen im Jahr 2020

Tätigkeit	Krankenstand in %	Arbeitsunfähigkeit je 100 AOK-Mitglieder		Tage je Fall	AU-Quote in %	Anteil der Berufsgruppe an der Branche in %[a]
		AU-Fälle	AU-Tage			
Ärzte/Ärztinnen (ohne Spez.)	2,3	84,0	833,4	9,9	35,1	1,8
Berufe im Rettungsdienst	5,3	136,0	1.945,5	14,3	53,2	1,0
Berufe in der Altenpflege (ohne Spez.)	7,6	170,0	2.764,1	16,3	60,1	18,4
Berufe in der Fachkrankenpflege	6,6	148,4	2.414,7	16,3	59,9	1,1
Berufe in der Gesundheits- u. Krankenpflege (ohne Spez.)	6,6	157,4	2.409,4	15,3	57,9	18,9
Berufe in der Haus- u. Familienpflege	8,1	185,7	2.980,3	16,0	61,9	1,7
Berufe in der Hauswirtschaft	8,0	165,5	2.927,8	17,7	61,0	4,6
Berufe in der Kinderbetreuung u. -erziehung	6,8	185,5	2.474,9	13,3	62,7	6,0
Berufe in der Physiotherapie	5,0	151,4	1.812,7	12,0	57,6	2,2
Berufe in der Reinigung (ohne Spez.)	8,4	173,1	3.073,0	17,7	62,4	2,7
Berufe in der Sozialarbeit u. Sozialpädagogik	5,6	141,0	2.049,0	14,5	56,4	2,7
Berufe in Heilerziehungspflege u. Sonderpädagogik	6,5	169,0	2.393,7	14,2	60,9	3,6
Büro- u. Sekretariatskräfte (ohne Spez.)	4,9	136,1	1.806,7	13,3	53,2	2,1
Köche/Köchinnen (ohne Spez.)	8,3	156,2	3.024,2	19,4	61,0	2,4
Medizinische Fachangestellte (ohne Spez.)	4,0	164,2	1.450,6	8,8	56,6	8,2
Verwaltende Berufe im Sozial- u. Gesundheitswesen	5,0	145,2	1.818,2	12,5	55,8	1,2
Zahnmedizinische Fachangestellte	3,7	179,5	1.366,4	7,6	58,2	4,8
Branche gesamt	**6,2**	**159,1**	**2.275,7**	**14,3**	**57,7**	**12,7**[b]

[a] Anteil der AOK-Mitglieder in der Berufsgruppe an den in der Branche beschäftigten AOK-Mitgliedern insgesamt
[b] Anteil der AOK-Mitglieder in der Branche an allen AOK-Mitgliedern
Fehlzeiten-Report 2021

Tab. 28.90 Dauer der Arbeitsunfähigkeit der AOK-Mitglieder in der Branche Gesundheits- und Sozialwesen im Jahr 2020

Fallklasse	Branche hier		Alle Branchen	
	Anteil Fälle in %	Anteil Tage in %	Anteil Fälle in %	Anteil Tage in %
1–3 Tage	29,2	4,1	30,7	4,4
4–7 Tage	30,5	11,2	30,2	11,2
8–14 Tage	20,1	14,7	19,8	15,0
15–21 Tage	7,7	9,3	7,3	9,1
22–28 Tage	3,6	6,1	3,3	5,9
29–42 Tage	3,7	9,0	3,5	8,9
> 42 Tage	5,2	45,7	5,1	45,5

Fehlzeiten-Report 2021

Tab. 28.91 Tage der Arbeitsunfähigkeit je AOK-Mitglied nach Wirtschaftsabteilung und Betriebsgröße in der Branche Gesundheits- und Sozialwesen im Jahr 2020

Wirtschaftsabteilungen	Betriebsgröße (Anzahl der AOK-Mitglieder)					
	10–49	50–99	100–199	200–499	500–999	≥ 1.000
Altenheime, Alten- und Behindertenwohnheime	28,1	27,9	28,1	28,5	27,1	–
Arzt- und Zahnarztpraxen	15,4	18,2	18,5	17,7	–	–
Gesundheitswesen a. n. g.	22,1	22,8	23,9	28,5	–	–
Krankenhäuser	21,9	23,4	23,2	23,0	22,2	22,3
Pflegeheime	28,1	28,8	27,9	28,0	27,4	20,9
Sonstige Heime (ohne Erholungs- und Ferienheime)	21,6	22,0	21,9	22,3	19,9	–
Sonstiges Sozialwesen (ohne Heime)	22,7	24,3	24,9	26,7	30,9	27,2
Soziale Betreuung älterer Menschen und Behinderter	25,3	25,1	25,0	24,6	27,1	–
Stationäre Einrichtungen zur psychosozialen Betreuung, Suchtbekämpfung u. Ä.	25,0	25,3	29,9	26,7	–	–
Branche gesamt	**24,7**	**26,2**	**25,0**	**24,4**	**23,0**	**22,4**
Alle Branchen	**20,3**	**22,3**	**22,5**	**22,6**	**22,8**	**22,7**

Fehlzeiten-Report 2021

28.6 · Gesundheits- und Sozialwesen

Tab. 28.92 Krankenstand in Prozent nach Ausbildungsabschluss in der Branche Gesundheits- und Sozialwesen im Jahr 2020, AOK-Mitglieder

Wirtschaftsabteilungen	Ausbildung						
	ohne Ausbildungsabschluss	mit Ausbildungsabschluss	Meister/ Techniker	Bachelor	Diplom/ Magister/ Master/ Staatsexamen	Promotion	unbekannt
Altenheime, Alten- und Behindertenwohnheime	7,4	7,9	7,6	3,8	6,0	8,3	7,3
Arzt- und Zahnarztpraxen	3,9	3,7	4,0	2,6	2,4	2,2	3,8
Gesundheitswesen a. n. g.	5,7	5,4	5,6	2,9	4,2	2,5	5,4
Krankenhäuser	6,3	6,6	7,3	2,9	2,9	2,3	6,7
Pflegeheime	7,5	7,9	7,3	4,1	5,8	4,5	7,3
Sonstige Heime (ohne Erholungs- und Ferienheime)	6,2	6,3	6,8	3,6	5,1	2,4	6,1
Sonstiges Sozialwesen (ohne Heime)	6,7	6,8	7,7	3,5	4,6	3,1	6,1
Soziale Betreuung älterer Menschen und Behinderter	6,8	7,1	6,8	3,7	5,6	8,0	6,1
Stationäre Einrichtungen zur psychosozialen Betreuung, Suchtbekämpfung u. Ä.	6,8	7,1	7,9	3,7	4,9	–	7,6
Branche gesamt	**6,4**	**6,5**	**6,9**	**3,4**	**3,8**	**2,5**	**6,0**
Alle Branchen	**6,0**	**5,9**	**4,7**	**2,3**	**2,9**	**2,1**	**5,0**

Fehlzeiten-Report 2021

Tab. 28.93 Tage der Arbeitsunfähigkeit je AOK-Mitglied nach Ausbildungsabschluss in der Branche Gesundheits- und Sozialwesen im Jahr 2020

Wirtschaftsabteilungen	Ausbildung						
	ohne Ausbildungsabschluss	mit Ausbildungsabschluss	Meister/ Techniker	Bachelor	Diplom/ Magister/ Master/ Staatsexamen	Promotion	unbekannt
Altenheime, Alten- und Behindertenwohnheime	27,0	28,9	27,7	13,8	22,1	30,4	26,8
Arzt- und Zahnarztpraxen	14,4	13,5	14,8	9,5	8,9	8,0	13,8
Gesundheitswesen a. n. g.	20,7	19,8	20,6	10,7	15,2	9,2	19,6
Krankenhäuser	22,9	24,3	26,7	10,6	10,6	8,4	24,4
Pflegeheime	27,5	28,9	26,9	14,9	21,1	16,5	26,7
Sonstige Heime (ohne Erholungs- und Ferienheime)	22,8	23,1	24,9	13,0	18,8	8,9	22,4
Sonstiges Sozialwesen (ohne Heime)	24,6	24,8	28,2	12,9	17,0	11,4	22,2
Soziale Betreuung älterer Menschen und Behinderter	25,0	25,9	24,8	13,6	20,4	29,4	22,3
Stationäre Einrichtungen zur psychosozialen Betreuung, Suchtbekämpfung u. Ä.	24,9	26,1	29,0	13,5	18,0	–	28,0
Branche gesamt	**23,5**	**23,9**	**25,3**	**12,5**	**13,9**	**9,0**	**22,0**
Alle Branchen	**21,8**	**21,8**	**17,1**	**8,5**	**10,6**	**7,6**	**18,2**

Fehlzeiten-Report 2021

28.6 · Gesundheits- und Sozialwesen

Tab. 28.94 Anteil der Arbeitsunfälle an den AU-Fällen und -Tagen in Prozent nach Wirtschaftsabteilungen in der Branche Gesundheits- und Sozialwesen im Jahr 2020, AOK-Mitglieder

Wirtschaftsabteilungen	AU-Fälle in %	AU-Tage in %
Altenheime, Alten- und Behindertenwohnheime	2,0	3,1
Arzt- und Zahnarztpraxen	0,9	1,8
Gesundheitswesen a. n. g.	1,8	3,6
Krankenhäuser	1,9	3,1
Pflegeheime	1,9	3,1
Sonstige Heime (ohne Erholungs- und Ferienheime)	2,2	3,6
Sonstiges Sozialwesen (ohne Heime)	1,7	3,0
Soziale Betreuung älterer Menschen und Behinderter	2,2	3,8
Stationäre Einrichtungen zur psychosozialen Betreuung, Suchtbekämpfung u. Ä.	2,0	2,7
Branche gesamt	**1,8**	**3,1**
Alle Branchen	**3,0**	**5,5**
Fehlzeiten-Report 2021		

Tab. 28.95 Tage und Fälle der Arbeitsunfähigkeit durch Arbeitsunfälle nach Berufsgruppen in der Branche Gesundheits- und Sozialwesen im Jahr 2020, AOK-Mitglieder

Tätigkeit	Arbeitsunfähigkeit je 1.000 AOK-Mitglieder	
	AU-Tage	AU-Fälle
Berufe im Rettungsdienst	1.392,4	60,9
Berufe in der Haus- u. Familienpflege	1.120,7	34,0
Köche/Köchinnen (ohne Spez.)	1.077,9	42,8
Berufe in der Reinigung (ohne Spez.)	1.030,5	33,2
Berufe in der Hauswirtschaft	928,3	34,2
Berufe in der Altenpflege (ohne Spez.)	914,1	34,9
Berufe in Heilerziehungspflege u. Sonderpädagogik	802,2	34,5
Berufe in der Gesundheits- u. Krankenpflege (ohne Spez.)	775,4	31,3
Berufe in der Fachkrankenpflege	757,4	28,3
Berufe in der Kinderbetreuung u. -erziehung	697,7	29,5
Berufe in der Sozialarbeit u. Sozialpädagogik	522,7	21,5
Berufe in der Physiotherapie	509,9	19,0
Verwaltende Berufe im Sozial- u. Gesundheitswesen	358,4	14,3
Medizinische Fachangestellte (ohne Spez.)	285,2	14,0
Büro- u. Sekretariatskräfte (ohne Spez.)	271,4	12,5
Ärzte/Ärztinnen (ohne Spez.)	256,3	14,0
Zahnmedizinische Fachangestellte	228,0	15,9
Branche gesamt	**703,8**	**28,3**
Alle Branchen	**1.092,2**	**43,4**

Fehlzeiten-Report 2021

28.6 · Gesundheits- und Sozialwesen

◻ Tab. 28.96 Tage und Fälle der Arbeitsunfähigkeit je 100 AOK-Mitglieder nach Krankheitsarten in der Branche Gesundheits- und Sozialwesen in den Jahren 2000 bis 2020

Jahr	Arbeitsunfähigkeiten je 100 AOK-Mitglieder											
	Psyche		Herz/Kreislauf		Atemwege		Verdauung		Muskel/Skelett		Verletzungen	
	Tage	Fälle	Tage	Fälle	Tage	Fälle	Tage	Fälle	Tage	Fälle	Tage	Fälle
2000	229,0	9,5	142,7	8,8	357,9	50,2	145,4	20,8	627,8	33,3	221,5	14,7
2001	244,0	10,4	145,7	9,5	329,2	48,4	146,1	21,3	634,1	34,3	220,4	15,0
2002	246,6	10,8	139,1	9,5	316,8	47,7	149,1	23,1	613,5	33,9	220,7	15,0
2003	235,3	10,6	131,7	9,4	318,3	49,2	138,3	21,9	550,9	31,6	205,8	14,2
2004	245,7	10,7	141,1	8,5	275,2	41,9	140,7	21,4	522,5	29,9	201,9	13,3
2005	238,7	9,9	132,5	7,9	307,6	46,7	126,0	19,0	482,6	27,6	192,8	12,4
2006	244,3	10,1	134,4	8,0	257,8	39,6	130,2	20,2	489,9	27,4	198,7	12,5
2007	273,4	10,7	138,9	7,9	284,9	43,8	140,0	21,7	519,7	28,2	194,8	12,2
2008 (WZ03)	284,7	11,2	141,7	8,2	294,7	45,8	143,6	22,5	522,7	29,0	199,5	12,6
2008 (WZ08)[a]	285,0	11,2	141,9	8,2	295,3	45,8	144,1	22,5	524,2	29,1	199,2	12,6
2009	294,1	11,8	139,3	8,1	347,1	53,1	141,5	22,1	507,2	28,2	207,0	12,8
2010	331,8	12,8	138,9	8,0	301,4	47,1	133,5	20,6	545,8	29,6	224,3	13,7
2011	354,7	13,5	140,4	8,1	313,0	48,4	131,5	20,0	531,2	29,4	218,9	13,0
2012	383,9	13,7	150,3	8,2	307,8	46,7	133,8	19,5	556,3	29,3	223,4	12,6
2013	384,9	13,6	147,9	7,9	377,3	55,6	133,6	19,2	552,8	28,9	226,9	12,5
2014	422,9	15,0	157,7	8,5	312,9	47,7	140,4	19,9	599,4	30,5	233,7	12,7
2015	428,7	15,0	153,0	8,4	389,4	57,9	137,3	19,7	585,8	30,0	235,5	12,7
2016	437,8	15,3	135,0	8,4	361,8	55,5	132,2	19,9	604,7	30,7	238,4	12,8
2017	448,0	15,5	131,6	8,2	370,2	55,6	126,5	18,6	600,6	30,2	242,9	12,6
2018	460,3	15,8	130,3	8,3	400,1	58,5	126,1	18,3	597,6	30,0	245,1	12,7
2019	480,7	16,1	130,5	8,2	348,5	53,5	123,7	17,9	605,5	30,0	246,9	12,3
2020	507,2	15,7	130,4	7,5	397,7	49,0	117,9	15,5	628,9	29,8	242,9	11,4

[a] aufgrund der Revision der Wirtschaftszweigklassifikation in 2008 ist eine Vergleichbarkeit mit den Vorjahren nur bedingt möglich

Fehlzeiten-Report 2021

Tab. 28.97 Verteilung der Arbeitsunfähigkeitstage nach Krankheitsarten in Prozent in der Branche Gesundheits- und Sozialwesen im Jahr 2020, AOK-Mitglieder

Wirtschaftsabteilungen	AU-Tage in %						
	Psyche	Herz/ Kreislauf	Atemwege	Verdauung	Muskel/ Skelett	Verletzungen	Sonstige
Altenheime, Alten- und Behindertenwohnheime	16,9	4,2	11,2	3,4	21,6	7,4	35,3
Arzt- und Zahnarztpraxen	14,5	3,0	17,7	4,6	12,2	6,7	41,4
Gesundheitswesen a. n. g.	14,4	4,1	13,9	4,0	18,8	8,8	36,1
Krankenhäuser	15,8	4,0	12,2	3,7	20,2	8,1	36,0
Pflegeheime	16,0	4,5	11,2	3,5	22,2	7,4	35,1
Sonstige Heime (ohne Erholungs- und Ferienheime)	18,8	4,3	13,7	3,7	16,1	7,6	35,8
Sonstiges Sozialwesen (ohne Heime)	17,2	4,1	14,9	3,8	17,3	7,1	35,5
Soziale Betreuung älterer Menschen und Behinderter	16,0	4,3	11,1	3,8	21,7	8,1	35,1
Stationäre Einrichtungen zur psychosozialen Betreuung, Suchtbekämpfung u. Ä.	15,5	4,9	11,9	4,0	17,6	7,9	38,2
Branche gesamt	**16,0**	**4,1**	**12,6**	**3,7**	**19,9**	**7,7**	**36,0**
Alle Branchen	**12,0**	**5,1**	**11,8**	**4,2**	**22,1**	**10,0**	**34,8**

Fehlzeiten-Report 2021

28.6 · Gesundheits- und Sozialwesen

Tab. 28.98 Verteilung der Arbeitsunfähigkeitsfälle nach Krankheitsarten in Prozent in der Branche Gesundheits- und Sozialwesen im Jahr 2020, AOK-Mitglieder

Wirtschaftsabteilungen	AU-Fälle in %						
	Psyche	Herz/Kreislauf	Atemwege	Verdauung	Muskel/Skelett	Verletzungen	Sonstige
Altenheime, Alten- und Behindertenwohnheime	7,6	3,6	20,0	6,5	15,5	5,2	41,6
Arzt- und Zahnarztpraxen	5,6	2,3	25,3	7,6	7,7	3,8	47,7
Gesundheitswesen a. n. g.	6,3	3,2	23,6	7,1	12,2	5,4	42,3
Krankenhäuser	7,0	3,4	21,1	6,9	13,9	5,3	42,4
Pflegeheime	7,5	3,7	19,8	6,5	15,6	5,2	41,7
Sonstige Heime (ohne Erholungs- und Ferienheime)	7,5	3,2	23,9	6,6	11,3	5,2	42,2
Sonstiges Sozialwesen (ohne Heime)	7,1	3,2	25,0	7,0	11,9	4,7	41,2
Soziale Betreuung älterer Menschen und Behinderter	7,4	3,6	20,1	6,7	14,6	5,5	42,2
Stationäre Einrichtungen zur psychosozialen Betreuung, Suchtbekämpfung u. Ä.	7,8	3,5	21,3	7,0	13,2	5,1	42,0
Branche gesamt	**7,0**	**3,3**	**21,8**	**6,9**	**13,3**	**5,1**	**42,7**
Alle Branchen	**5,4**	**3,5**	**20,5**	**7,7**	**16,1**	**6,5**	**40,3**

Fehlzeiten-Report 2021

Tab. 28.99 Verteilung der Arbeitsunfähigkeitstage nach Krankheitsarten und ausgewählten Berufsgruppen in der Branche Gesundheits- und Sozialwesen im Jahr 2020, AOK-Mitglieder

Tätigkeit	AU-Tage in %						
	Psyche	Herz/ Kreislauf	Atemwege	Verdauung	Muskel/ Skelett	Verletzungen	Sonstige
Ärzte/Ärztinnen (ohne Spez.)	13,6	3,3	18,0	5,0	11,5	7,9	40,7
Berufe im Rettungsdienst	11,5	5,0	11,6	4,8	20,0	13,3	33,8
Berufe in der Altenpflege (ohne Spez.)	16,3	4,0	11,0	3,5	22,8	7,5	34,9
Berufe in der Fachkrankenpflege	16,1	4,6	11,4	3,7	20,3	9,0	34,8
Berufe in der Gesundheits- u. Krankenpflege (ohne Spez.)	16,0	4,0	11,7	3,6	21,1	8,3	35,5
Berufe in der Haus- u. Familienpflege	16,7	4,5	12,5	3,6	19,6	7,3	35,9
Berufe in der Hauswirtschaft	14,2	4,8	10,5	3,4	24,3	7,7	35,0
Berufe in der Kinderbetreuung u. -erziehung	18,9	3,5	16,0	3,8	15,9	6,8	35,1
Berufe in der Physiotherapie	13,5	3,4	16,9	3,9	16,0	9,3	36,9
Berufe in der Reinigung (ohne Spez.)	12,5	4,8	10,0	3,4	26,3	7,6	35,5
Berufe in der Sozialarbeit u. Sozialpädagogik	20,2	3,7	14,6	3,6	14,8	6,6	36,5
Berufe in Heilerziehungspflege u. Sonderpädagogik	18,5	3,6	14,4	3,7	17,4	7,9	34,5
Büro- u. Sekretariatskräfte (ohne Spez.)	18,9	4,2	13,4	3,8	14,3	6,2	39,1
Köche/Köchinnen (ohne Spez.)	13,0	5,4	8,8	3,5	25,6	8,4	35,3
Medizinische Fachangestellte (ohne Spez.)	15,6	3,1	16,6	4,5	12,1	6,6	41,5
Verwaltende Berufe im Sozial- u. Gesundheitswesen	17,3	3,9	14,3	4,0	15,3	6,0	39,2
Zahnmedizinische Fachangestellte	13,6	2,1	20,6	5,0	11,4	7,0	40,3
Branche gesamt	**16,0**	**4,1**	**12,6**	**3,7**	**19,9**	**7,7**	**36,0**
Alle Branchen	**12,0**	**5,1**	**11,8**	**4,2**	**22,1**	**10,0**	**34,8**

Fehlzeiten-Report 2021

28.6 · Gesundheits- und Sozialwesen

Tab. 28.100 Verteilung der Arbeitsunfähigkeitsfälle nach Krankheitsarten und ausgewählten Berufsgruppen in der Branche Gesundheits- und Sozialwesen im Jahr 2020, AOK-Mitglieder

Tätigkeit	AU-Fälle in %						
	Psyche	Herz/ Kreislauf	Atemwege	Verdauung	Muskel/ Skelett	Verletzungen	Sonstige
Ärzte/Ärztinnen (ohne Spez.)	4,9	2,6	26,8	7,5	9,4	4,3	44,4
Berufe im Rettungsdienst	5,3	3,6	20,4	6,8	14,7	8,3	40,8
Berufe in der Altenpflege (ohne Spez.)	7,7	3,4	19,4	6,3	16,0	5,3	42,0
Berufe in der Fachkrankenpflege	7,4	3,7	20,3	7,1	15,2	5,9	40,3
Berufe in der Gesundheits- u. Krankenpflege (ohne Spez.)	7,3	3,4	20,4	6,5	14,5	5,5	42,4
Berufe in der Haus- u. Familienpflege	7,7	3,7	21,4	6,8	13,6	4,9	42,0
Berufe in der Hauswirtschaft	6,8	4,3	18,8	6,9	16,7	5,5	41,0
Berufe in der Kinderbetreuung u. -erziehung	7,4	2,8	27,0	6,7	10,4	4,4	41,3
Berufe in der Physiotherapie	5,5	2,6	26,8	7,1	10,6	5,3	42,1
Berufe in der Reinigung (ohne Spez.)	6,3	4,5	17,4	7,0	19,2	5,2	40,5
Berufe in der Sozialarbeit u. Sozialpädagogik	8,0	3,0	26,3	6,6	10,0	4,6	41,5
Berufe in Heilerziehungspflege u. Sonderpädagogik	7,6	2,8	24,5	6,7	12,1	5,4	40,8
Büro- u. Sekretariatskräfte (ohne Spez.)	7,3	3,5	22,2	8,1	10,1	4,2	44,6
Köche/Köchinnen (ohne Spez.)	6,5	4,6	16,6	6,9	18,0	6,2	41,2
Medizinische Fachangestellte (ohne Spez.)	6,0	2,4	24,8	7,7	7,5	3,8	47,9
Verwaltende Berufe im Sozial- u. Gesundheitswesen	7,2	3,1	23,2	7,7	10,0	4,2	44,7
Zahnmedizinische Fachangestellte	5,1	1,9	26,4	7,5	7,4	4,0	47,7
Branche gesamt	**7,0**	**3,3**	**21,8**	**6,9**	**13,3**	**5,1**	**42,7**
Alle Branchen	**5,4**	**3,5**	**20,5**	**7,7**	**16,1**	**6,5**	**40,3**

Fehlzeiten-Report 2021

Tab. 28.101 Anteile der 40 häufigsten Einzeldiagnosen an den AU-Fällen und AU-Tagen in der Branche Gesundheits- und Sozialwesen im Jahr 2020, AOK-Mitglieder

ICD-10	Bezeichnung	AU-Fälle in %	AU-Tage in %
J06	Akute Infektionen an mehreren oder nicht näher bezeichneten Lokalisationen der oberen Atemwege	11,0	5,8
M54	Rückenschmerzen	5,1	5,3
A09	Sonstige und nicht näher bezeichnete Gastroenteritis und Kolitis infektiösen und nicht näher bezeichneten Ursprungs	3,3	1,1
F43	Reaktionen auf schwere Belastungen und Anpassungsstörungen	2,2	3,9
B34	Viruskrankheit nicht näher bezeichneter Lokalisation	1,9	1,0
R10	Bauch- und Beckenschmerzen	1,9	0,9
U99	Nicht belegte Schlüsselnummer U99	1,9	0,8
U07	Nicht belegte Schlüsselnummer U07	1,7	1,2
Z11	Spezielle Verfahren zur Untersuchung auf infektiöse und parasitäre Krankheiten	1,7	0,8
F32	Depressive Episode	1,5	4,5
K08	Sonstige Krankheiten der Zähne und des Zahnhalteapparates	1,5	0,4
I10	Essentielle (primäre) Hypertonie	1,4	1,3
R51	Kopfschmerz	1,3	0,5
J20	Akute Bronchitis	1,1	0,7
K29	Gastritis und Duodenitis	1,1	0,5
J00	Akute Rhinopharyngitis [Erkältungsschnupfen]	1,1	0,5
G43	Migräne	1,1	0,4
F48	Andere neurotische Störungen	1,0	1,8
R53	Unwohlsein und Ermüdung	1,0	0,9
K52	Sonstige nichtinfektiöse Gastroenteritis und Kolitis	1,0	0,4
R11	Übelkeit und Erbrechen	1,0	0,4
M25	Sonstige Gelenkkrankheiten, anderenorts nicht klassifiziert	0,9	1,2
F45	Somatoforme Störungen	0,8	1,5
M79	Sonstige Krankheiten des Weichteilgewebes, anderenorts nicht klassifiziert	0,8	0,8
M99	Biomechanische Funktionsstörungen, anderenorts nicht klassifiziert	0,8	0,7
J40	Bronchitis, nicht als akut oder chronisch bezeichnet	0,8	0,5
M51	Sonstige Bandscheibenschäden	0,7	1,8

◻ Tab. 28.101 (Fortsetzung)

ICD-10	Bezeichnung	AU-Fälle in %	AU-Tage in %
Z98	Sonstige Zustände nach chirurgischem Eingriff	0,7	1,8
T14	Verletzung an einer nicht näher bezeichneten Körperregion	0,7	0,7
R42	Schwindel und Taumel	0,7	0,5
J98	Sonstige Krankheiten der Atemwege	0,7	0,4
B99	Sonstige und nicht näher bezeichnete Infektionskrankheiten	0,7	0,4
J03	Akute Tonsillitis	0,7	0,3
J02	Akute Pharyngitis	0,7	0,3
N39	Sonstige Krankheiten des Harnsystems	0,7	0,3
M75	Schulterläsionen	0,6	1,5
M53	Sonstige Krankheiten der Wirbelsäule und des Rückens, anderenorts nicht klassifiziert	0,6	0,7
J32	Chronische Sinusitis	0,6	0,4
J01	Akute Sinusitis	0,6	0,3
F41	Andere Angststörungen	0,5	1,6
	Summe hier	**58,1**	**48,8**
	Restliche	41,9	51,2
	Gesamtsumme	**100,0**	**100,0**

Fehlzeiten-Report 2021

Tab. 28.102 Anteile der 40 häufigsten Diagnoseuntergruppen an den AU-Fällen und AU-Tagen in der Branche Gesundheits- und Sozialwesen im Jahr 2020, AOK-Mitglieder

ICD-10	Bezeichnung	AU-Fälle in %	AU-Tage in %
J00–J06	Akute Infektionen der oberen Atemwege	15,0	7,8
M50–M54	Sonstige Krankheiten der Wirbelsäule und des Rückens	6,1	7,2
F40–F48	Neurotische, Belastungs- und somatoforme Störungen	4,5	8,7
A00–A09	Infektiöse Darmkrankheiten	4,0	1,3
R50–R69	Allgemeinsymptome	3,8	3,1
R10–R19	Symptome, die das Verdauungssystem und das Abdomen betreffen	3,2	1,6
Z00–Z13	Personen, die das Gesundheitswesen zur Untersuchung und Abklärung in Anspruch nehmen	2,2	1,1
M70–M79	Sonstige Krankheiten des Weichteilgewebes	2,1	3,5
B25–B34	Sonstige Viruskrankheiten	2,1	1,1
F30–F39	Affektive Störungen	2,0	7,2
G40–G47	Episodische und paroxysmale Krankheiten des Nervensystems	2,0	1,4
U99–U99	Nicht belegte Schlüsselnummern	2,0	0,9
K00–K14	Krankheiten der Mundhöhle, der Speicheldrüsen und der Kiefer	1,9	0,5
U00–U49	Vorläufige Zuordnungen für Krankheiten mit unklarer Ätiologie und nicht belegte Schlüsselnummern	1,8	1,3
Z80–Z99	Personen mit potentiellen Gesundheitsrisiken aufgrund der Familien- oder Eigenanamnese und bestimmte Zustände, die den Gesundheitszustand beeinflussen	1,7	3,3
J40–J47	Chronische Krankheiten der unteren Atemwege	1,6	1,4
I10–I15	Hypertonie [Hochdruckkrankheit]	1,6	1,4
R00–R09	Symptome, die das Kreislaufsystem und das Atmungssystem betreffen	1,5	1,0
K20–K31	Krankheiten des Ösophagus, des Magens und des Duodenums	1,5	0,8
M20–M25	Sonstige Gelenkkrankheiten	1,4	2,6
J20–J22	Sonstige akute Infektionen der unteren Atemwege	1,4	0,9
K50–K52	Nichtinfektiöse Enteritis und Kolitis	1,3	0,6
J30–J39	Sonstige Krankheiten der oberen Atemwege	1,1	0,7
R40–R46	Symptome, die das Erkennungs- und Wahrnehmungsvermögen, die Stimmung und das Verhalten betreffen	1,0	0,8
N30–N39	Sonstige Krankheiten des Harnsystems	1,0	0,5
N80–N98	Nichtentzündliche Krankheiten des weiblichen Genitaltraktes	0,9	0,7
K55–K64	Sonstige Krankheiten des Darmes	0,9	0,6

28.6 · Gesundheits- und Sozialwesen

Tab. 28.102 (Fortsetzung)

ICD-10	Bezeichnung	AU-Fälle in %	AU-Tage in %
J95–J99	Sonstige Krankheiten des Atmungssystems	0,9	0,5
M15–M19	Arthrose	0,8	2,2
S90–S99	Verletzungen der Knöchelregion und des Fußes	0,8	1,1
T08–T14	Verletzungen nicht näher bezeichneter Teile des Rumpfes, der Extremitäten oder anderer Körperregionen	0,8	0,9
M95–M99	Sonstige Krankheiten des Muskel-Skelett-Systems und des Bindegewebes	0,8	0,8
J09–J18	Grippe und Pneumonie	0,8	0,6
B99–B99	Sonstige Infektionskrankheiten	0,8	0,4
S80–S89	Verletzungen des Knies und des Unterschenkels	0,7	1,6
G50–G59	Krankheiten von Nerven, Nervenwurzeln und Nervenplexus	0,7	1,3
E00–E07	Krankheiten der Schilddrüse	0,7	0,5
E70–E90	Stoffwechselstörungen	0,7	0,5
Z40–Z54	Personen, die das Gesundheitswesen zum Zwecke spezifischer Maßnahmen und zur medizinischen Betreuung in Anspruch nehmen	0,6	0,9
Z20–Z29	Personen mit potentiellen Gesundheitsrisiken hinsichtlich übertragbarer Krankheiten	0,5	0,3
	Summe hier	79,2	73,6
	Restliche	20,8	26,4
	Gesamtsumme	**100,0**	**100,0**

Fehlzeiten-Report 2021

28.7 Handel

Entwicklung des Krankenstands der AOK-Mitglieder in der Branche Handel in den Jahren 1996 bis 2020	Tab. 28.103
Arbeitsunfähigkeit der AOK-Mitglieder in der Branche Handel nach Bundesländern im Jahr 2020 im Vergleich zum Vorjahr	Tab. 28.104
Arbeitsunfähigkeit der AOK-Mitglieder nach Wirtschaftsabteilungen in der Branche Handel im Jahr 2020	Tab. 28.105
Kennzahlen der Arbeitsunfähigkeit nach ausgewählten Berufsgruppen in der Branche Handel im Jahr 2020	Tab. 28.106
Dauer der Arbeitsunfähigkeit der AOK-Mitglieder in der Branche Handel im Jahr 2020	Tab. 28.107
Tage der Arbeitsunfähigkeit je AOK-Mitglied nach Wirtschaftsabteilung und Betriebsgröße in der Branche Handel im Jahr 2020	Tab. 28.108
Krankenstand in Prozent nach Ausbildungsabschluss in der Branche Handel im Jahr 2020, AOK-Mitglieder	Tab. 28.109
Tage der Arbeitsunfähigkeit je AOK-Mitglied nach Ausbildungsabschluss in der Branche Handel im Jahr 2020	Tab. 28.110
Anteil der Arbeitsunfälle an den AU-Fällen und -Tagen in Prozent nach Wirtschaftsabteilungen in der Branche Handel im Jahr 2020, AOK-Mitglieder	Tab. 28.111
Tage und Fälle der Arbeitsunfähigkeit durch Arbeitsunfälle nach Berufsgruppen in der Branche Handel im Jahr 2020, AOK-Mitglieder	Tab. 28.112
Tage und Fälle der Arbeitsunfähigkeit je 100 AOK-Mitglieder nach Krankheitsarten in der Branche Handel in den Jahren 1996 bis 2020	Tab. 28.113
Verteilung der Arbeitsunfähigkeitstage nach Krankheitsarten in Prozent in der Branche Handel im Jahr 2020, AOK-Mitglieder	Tab. 28.114
Verteilung der Arbeitsunfähigkeitsfälle nach Krankheitsarten in Prozent in der Branche Handel im Jahr 2020, AOK-Mitglieder	Tab. 28.115
Verteilung der Arbeitsunfähigkeitstage nach Krankheitsarten und ausgewählten Berufsgruppen in der Branche Handel im Jahr 2020, AOK-Mitglieder	Tab. 28.116
Verteilung der Arbeitsunfähigkeitsfälle nach Krankheitsarten und ausgewählten Berufsgruppen in der Branche Handel im Jahr 2020, AOK-Mitglieder	Tab. 28.117
Anteile der 40 häufigsten Einzeldiagnosen an den AU-Fällen und AU-Tagen in der Branche Handel im Jahr 2020, AOK-Mitglieder	Tab. 28.118
Anteile der 40 häufigsten Diagnoseuntergruppen an den AU-Fällen und AU-Tagen in der Branche Handel im Jahr 2020, AOK-Mitglieder	Tab. 28.119

28.7 · Handel

Tab. 28.103 Entwicklung des Krankenstands der AOK-Mitglieder in der Branche Handel in den Jahren 1996 bis 2020

Jahr	Krankenstand in %			AU-Fälle je 100 AOK-Mitglieder			Tage je Fall		
	West	Ost	Bund	West	Ost	Bund	West	Ost	Bund
1996	4,6	4,0	4,5	134,3	106,2	129,9	12,9	14,4	13,1
1997	4,5	3,8	4,4	131,3	100,7	126,9	12,3	13,9	12,5
1998	4,6	3,9	4,5	134,1	102,0	129,6	12,3	13,8	12,5
1999	4,6	4,2	4,5	142,7	113,4	138,9	11,9	13,6	12,1
2000	4,6	4,2	4,6	146,5	117,9	143,1	11,6	13,0	11,7
2001	4,6	4,2	4,5	145,4	113,2	141,8	11,5	13,5	11,7
2002	4,5	4,1	4,5	145,5	114,4	142,0	11,4	13,0	11,5
2003	4,2	3,7	4,2	140,5	110,7	136,8	11,0	12,4	11,2
2004	3,9	3,4	3,8	127,0	100,9	123,4	11,2	12,2	11,3
2005	3,8	3,3	3,7	127,9	100,7	123,9	10,9	12,1	11,0
2006	3,7	3,3	3,6	122,7	97,0	118,9	11,0	12,3	11,2
2007	3,9	3,6	3,9	132,4	106,6	128,6	10,9	12,2	11,0
2008 (WZ03)	4,1	3,8	4,0	140,4	112,0	136,2	10,6	12,3	10,8
2008 (WZ08)[a]	4,1	3,7	4,0	139,9	111,7	135,7	10,6	12,2	10,8
2009	4,2	4,1	4,2	146,4	122,1	142,8	10,5	12,2	10,7
2010	4,3	4,1	4,3	143,7	126,8	141,2	10,9	11,9	11,0
2011	4,4	3,9	4,3	149,1	131,0	146,5	10,8	11,0	10,8
2012	4,4	4,4	4,4	149,7	125,8	146,2	10,8	12,9	11,1
2013	4,7	4,6	4,7	161,2	136,3	157,7	10,6	12,4	10,8
2014	4,8	4,7	4,8	159,1	133,4	155,4	11,0	13,0	11,3
2015	5,0	4,9	5,0	168,2	143,7	164,6	10,8	12,6	11,0
2016	5,0	5,1	5,0	166,6	146,9	163,9	10,9	12,6	11,1
2017	4,9	5,3	5,0	162,3	148,3	160,3	11,1	13,0	11,4
2018	5,1	5,5	5,2	168,5	154,5	166,5	11,1	13,0	11,4
2019	5,1	5,5	5,2	164,3	152,8	162,7	11,3	13,2	11,6
2020	5,1	5,6	5,2	143,4	138,7	142,7	13,0	14,9	13,3

[a] aufgrund der Revision der Wirtschaftszweigklassifikation in 2008 ist eine Vergleichbarkeit mit den Vorjahren nur bedingt möglich

Fehlzeiten-Report 2021

Tab. 28.104 Arbeitsunfähigkeit der AOK-Mitglieder in der Branche Handel nach Bundesländern im Jahr 2020 im Vergleich zum Vorjahr

Bundesland	Kranken-stand in %	Arbeitsunfähigkeit je 100 AOK-Mitglieder				Tage je Fall	Veränd. z. Vorj. in %	AU-Quote in %
		AU-Fälle	Veränd. z. Vorj. in %	AU-Tage	Veränd. z. Vorj. in %			
Baden-Württemberg	5,1	155,6	−13,6	1.853,2	−1,1	11,9	14,5	54,8
Bayern	4,7	127,8	−12,2	1.726,3	0,4	13,5	14,4	48,3
Berlin	4,7	147,2	−12,6	1.736,5	1,5	11,8	16,0	44,8
Brandenburg	5,8	137,9	−12,6	2.126,1	−0,3	15,4	14,0	51,7
Bremen	4,9	130,6	−12,7	1.793,7	−1,3	13,7	13,0	46,7
Hamburg	4,4	118,4	−19,0	1.609,1	−4,0	13,6	18,5	41,1
Hessen	5,3	155,6	−13,4	1.954,8	−0,4	12,6	15,0	52,7
Mecklenburg-Vorpommern	5,5	120,7	−10,3	2.012,8	0,9	16,7	12,5	47,3
Niedersachsen	5,4	152,8	−11,7	1.972,0	0,9	12,9	14,3	55,0
Nordrhein-Westfalen	5,4	148,0	−11,9	1.965,4	0,7	13,3	14,4	51,6
Rheinland-Pfalz	4,9	121,7	−13,0	1.794,0	−1,4	14,7	13,3	44,3
Saarland	6,0	146,9	−9,7	2.188,6	6,0	14,9	17,4	53,2
Sachsen	5,4	138,7	−8,4	1.982,3	3,4	14,3	13,0	55,2
Sachsen-Anhalt	5,9	137,1	−9,3	2.143,4	0,5	15,6	10,8	51,1
Schleswig-Holstein	5,1	136,0	−10,9	1.878,8	−1,4	13,8	10,6	49,1
Thüringen	6,0	145,6	−9,2	2.195,8	3,8	15,1	14,3	55,4
West	**5,1**	**143,4**	**−12,7**	**1.863,6**	**0,0**	**13,0**	**14,6**	**51,1**
Ost	**5,6**	**138,7**	**−9,2**	**2.065,1**	**2,6**	**14,9**	**13,0**	**53,8**
Bund	**5,2**	**142,7**	**−12,3**	**1.894,1**	**0,5**	**13,3**	**14,5**	**51,5**

Fehlzeiten-Report 2021

28.7 · Handel

Tab. 28.105 Arbeitsunfähigkeit der AOK-Mitglieder nach Wirtschaftsabteilungen in der Branche Handel im Jahr 2020

Wirtschaftsabteilungen	Krankenstand in %		Arbeitsunfähigkeiten je 100 AOK-Mitglieder		Tage je Fall	AU-Quote in %
	2020	2020 stand.[a]	Fälle	Tage		
Einzelhandel (ohne Handel mit Kraftfahrzeugen)	5,3	5,5	140,3	1.940,9	13,8	50,3
Großhandel (ohne Handel mit Kraftfahrzeugen)	5,1	5,1	141,9	1.880,4	13,3	52,7
Handel mit Kraftfahrzeugen, Instandhaltung und Reparatur von Kraftfahrzeugen	4,8	4,9	153,4	1.743,9	11,4	54,0
Branche gesamt	**5,2**	**5,4**	**142,7**	**1.894,1**	**13,3**	**51,5**
Alle Branchen	**5,4**	**5,5**	**144,2**	**1.988,1**	**13,8**	**50,7**

[a] Krankenstand alters- und geschlechtsstandardisiert
Fehlzeiten-Report 2021

Tab. 28.106 Kennzahlen der Arbeitsunfähigkeit nach ausgewählten Berufsgruppen in der Branche Handel im Jahr 2020

Tätigkeit	Krankenstand in %	Arbeitsunfähigkeit je 100 AOK-Mitglieder		Tage je Fall	AU-Quote in %	Anteil der Berufsgruppe an der Branche in %[a]
		AU-Fälle	AU-Tage			
Aufsichts-/Führungskr. – Verkauf	4,3	93,2	1.558,5	16,7	44,2	1,3
Berufe im Verkauf (ohne Spez.)	5,6	139,0	2.044,6	14,7	50,3	23,5
Berufe im Verkauf von Back- u. Konditoreiwaren	6,0	137,0	2.178,2	15,9	50,3	1,8
Berufe im Verkauf von Bekleidung, Sportartikeln, Lederwaren u. Schuhen	4,7	139,2	1.732,3	12,4	49,6	2,9
Berufe im Verkauf von drogerie- u. apothekenüblichen Waren	5,1	153,6	1.881,8	12,3	57,3	1,8
Berufe im Verkauf von Garten-, Heimwerker-, Haustier- u. Zoobedarf	6,1	161,6	2.221,8	13,7	59,3	1,2
Berufe im Verkauf von Kraftfahrzeugen, Zweirädern u. Zubehör	3,7	135,1	1.366,9	10,1	50,1	1,5
Berufe im Verkauf von Lebensmitteln (ohne Spez.)	5,4	143,1	1.971,1	13,8	51,2	1,9
Berufe im Vertrieb (außer Informations- u. Kommunikationstechnologien)	3,6	102,9	1.301,4	12,7	45,0	2,4
Berufe in der Kraftfahrzeugtechnik	5,1	181,2	1.860,3	10,3	60,2	5,1
Berufe in der Lagerwirtschaft	6,7	191,7	2.454,4	12,8	57,7	12,6
Berufe in der pharmazeutisch-technischen Assistenz	3,1	121,6	1.137,7	9,4	50,2	1,2
Berufskraftfahrer/innen (Güterverkehr/LKW)	7,3	141,1	2.671,9	18,9	55,1	2,5
Büro- u. Sekretariatskräfte (ohne Spez.)	3,6	112,1	1.315,0	11,7	45,8	4,4
Fahrzeugführer/innen im Straßenverkehr (sonstige spezifische Tätigkeitsangabe)	6,7	131,0	2.453,2	18,7	48,0	1,0
Kassierer/innen u. Kartenverkäufer/innen	6,4	148,9	2.339,1	15,7	52,9	2,3

28.7 · Handel

Tab. 28.106 (Fortsetzung)

Tätigkeit	Kranken-stand in %	Arbeitsunfähigkeit je 100 AOK-Mitglieder		Tage je Fall	AU-Quote in %	Anteil der Berufsgruppe an der Branche in %[a]
		AU-Fälle	AU-Tage			
Kaufleute im Groß- u. Außenhandel	3,4	158,2	1.248,6	7,9	55,6	1,8
Kaufmännische u. technische Betriebswirtschaft (ohne Spez.)	3,6	117,5	1.334,2	11,4	48,5	2,6
Branche gesamt	**5,2**	**142,7**	**1.894,1**	**13,3**	**51,5**	**14,4**[b]

[a]Anteil der AOK-Mitglieder in der Berufsgruppe an den in der Branche beschäftigten AOK-Mitgliedern insgesamt
[b]Anteil der AOK-Mitglieder in der Branche an allen AOK-Mitgliedern
Fehlzeiten-Report 2021

Tab. 28.107 Dauer der Arbeitsunfähigkeit der AOK-Mitglieder in der Branche Handel im Jahr 2020

Fallklasse	Branche hier		Alle Branchen	
	Anteil Fälle in %	Anteil Tage in %	Anteil Fälle in %	Anteil Tage in %
1–3 Tage	31,6	4,8	30,7	4,4
4–7 Tage	31,0	12,0	30,2	11,2
8–14 Tage	19,1	15,1	19,8	15,0
15–21 Tage	6,9	9,0	7,3	9,1
22–28 Tage	3,1	5,8	3,3	5,9
29–42 Tage	3,3	8,6	3,5	8,9
> 42 Tage	4,9	44,8	5,1	45,5

Fehlzeiten-Report 2021

Tab. 28.108 Tage der Arbeitsunfähigkeit je AOK-Mitglied nach Wirtschaftsabteilung und Betriebsgröße in der Branche Handel im Jahr 2020

Wirtschaftsabteilungen	Betriebsgröße (Anzahl der AOK-Mitglieder)					
	10–49	50–99	100–199	200–499	500–999	≥ 1.000
Einzelhandel (ohne Handel mit Kraftfahrzeugen)	20,5	22,1	23,1	23,1	24,4	28,8
Großhandel (ohne Handel mit Kraftfahrzeugen)	19,6	21,6	22,1	21,7	24,0	–
Handel mit Kraftfahrzeugen, Instandhaltung und Reparatur von Kraftfahrzeugen	17,9	18,5	19,6	21,8	19,5	18,4
Branche gesamt	**19,8**	**21,5**	**22,4**	**22,4**	**23,8**	**28,1**
Alle Branchen	**20,3**	**22,3**	**22,5**	**22,6**	**22,8**	**22,7**

Fehlzeiten-Report 2021

Tab. 28.109 Krankenstand in Prozent nach Ausbildungsabschluss in der Branche Handel im Jahr 2020, AOK-Mitglieder

Wirtschaftsabteilungen	Ausbildung						
	ohne Ausbildungsabschluss	mit Ausbildungsabschluss	Meister/ Techniker	Bachelor	Diplom/ Magister/ Master/ Staatsexamen	Promotion	unbekannt
Einzelhandel (ohne Handel mit Kraftfahrzeugen)	5,5	5,6	4,4	2,5	2,9	3,4	5,0
Großhandel (ohne Handel mit Kraftfahrzeugen)	6,1	5,3	3,9	1,9	2,5	1,7	5,0
Handel mit Kraftfahrzeugen, Instandhaltung und Reparatur von Kraftfahrzeugen	4,8	4,9	4,9	2,5	2,4	2,6	4,6
Branche gesamt	**5,5**	**5,4**	**4,4**	**2,2**	**2,7**	**2,4**	**4,9**
Alle Branchen	**6,0**	**5,9**	**4,7**	**2,3**	**2,9**	**2,1**	**5,0**

Fehlzeiten-Report 2021

28.7 · Handel

Tab. 28.110 Tage der Arbeitsunfähigkeit je AOK-Mitglied nach Ausbildungsabschluss in der Branche Handel im Jahr 2020

Wirtschafts-abteilungen	Ausbildung						
	ohne Aus-bildungs-abschluss	mit Aus-bildungs-abschluss	Meister/Techniker	Bachelor	Diplom/Magister/Master/Staats-examen	Promotion	unbekannt
Einzelhandel (ohne Handel mit Kraftfahrzeugen)	20,0	20,4	16,1	9,1	10,6	12,5	18,2
Großhandel (ohne Handel mit Kraftfahrzeugen)	22,5	19,5	14,2	7,1	9,1	6,2	18,4
Handel mit Kraftfahrzeugen, Instandhaltung und Reparatur von Kraftfahrzeugen	17,7	17,9	17,8	9,0	8,9	9,6	16,7
Branche gesamt	**20,2**	**19,8**	**16,0**	**8,1**	**9,8**	**8,9**	**18,1**
Alle Branchen	**21,8**	**21,8**	**17,1**	**8,5**	**10,6**	**7,6**	**18,2**

Fehlzeiten-Report 2021

Tab. 28.111 Anteil der Arbeitsunfälle an den AU-Fällen und -Tagen in Prozent nach Wirtschaftsabteilungen in der Branche Handel im Jahr 2020, AOK-Mitglieder

Wirtschaftsabteilungen	AU-Fälle in %	AU-Tage in %
Einzelhandel (ohne Handel mit Kraftfahrzeugen)	2,6	4,1
Großhandel (ohne Handel mit Kraftfahrzeugen)	3,2	6,3
Handel mit Kraftfahrzeugen, Instandhaltung und Reparatur von Kraftfahrzeugen	3,5	5,7
Branche gesamt	**2,9**	**5,0**
Alle Branchen	**3,0**	**5,5**

Fehlzeiten-Report 2021

Tab. 28.112 Tage und Fälle der Arbeitsunfähigkeit durch Arbeitsunfälle nach Berufsgruppen in der Branche Handel im Jahr 2020, AOK-Mitglieder

Tätigkeit	Arbeitsunfähigkeit je 1.000 AOK-Mitglieder	
	AU-Tage	AU-Fälle
Berufskraftfahrer/innen (Güterverkehr/LKW)	3.122,4	88,7
Fahrzeugführer/innen im Straßenverkehr (sonstige spezifische Tätigkeitsangabe)	2.222,3	70,6
Berufe in der Lagerwirtschaft	1.405,8	60,3
Berufe in der Kraftfahrzeugtechnik	1.363,2	87,2
Berufe im Verkauf von Garten-, Heimwerker-, Haustier- u. Zoobedarf	1.102,6	57,1
Berufe im Verkauf von Lebensmitteln (ohne Spez.)	900,3	51,3
Berufe im Verkauf von Back- u. Konditoreiwaren	859,4	39,9
Berufe im Verkauf (ohne Spez.)	748,0	36,4
Kassierer/innen u. Kartenverkäufer/innen	672,8	25,7
Aufsichts-/Führungskr. – Verkauf	520,6	25,1
Berufe im Verkauf von drogerie- u. apothekenüblichen Waren	512,0	21,3
Berufe im Verkauf von Bekleidung, Sportartikeln, Lederwaren u. Schuhen	385,8	18,3
Berufe im Verkauf von Kraftfahrzeugen, Zweirädern u. Zubehör	344,4	18,3
Berufe im Vertrieb (außer Informations- u. Kommunikationstechnologien)	341,2	13,6
Kaufleute im Groß- u. Außenhandel	313,5	20,9
Berufe in der pharmazeutisch-technischen Assistenz	289,1	11,2
Kaufmännische u. technische Betriebswirtschaft (ohne Spez.)	286,5	12,0
Büro- u. Sekretariatskräfte (ohne Spez.)	280,9	10,5
Branche gesamt	**938,2**	**41,5**
Alle Branchen	**1.092,2**	**43,4**

Fehlzeiten-Report 2021

28.7 · Handel

◻ **Tab. 28.113** Tage und Fälle der Arbeitsunfähigkeit je 100 AOK-Mitglieder nach Krankheitsarten in der Branche Handel in den Jahren 1996 bis 2020

Jahr	Arbeitsunfähigkeiten je 100 AOK-Mitglieder											
	Psyche		Herz/Kreislauf		Atemwege		Verdauung		Muskel/Skelett		Verletzungen	
	Tage	Fälle	Tage	Fälle	Tage	Fälle	Tage	Fälle	Tage	Fälle	Tage	Fälle
1996	92,4	3,8	152,5	7,1	300,8	38,8	153,0	20,3	524,4	27,6	308,0	18,8
1997	89,6	4,0	142,2	7,4	268,9	37,5	143,7	20,2	463,5	26,9	293,2	18,4
1998	95,7	4,3	142,2	7,6	266,0	38,5	140,9	20,4	480,4	28,3	284,6	18,3
1999	100,4	4,7	139,6	7,8	301,5	44,0	142,3	21,7	499,5	30,0	280,8	18,5
2000	113,7	5,5	119,8	7,0	281,4	42,5	128,1	19,1	510,3	31,3	278,0	18,8
2001	126,1	6,3	124,0	7,6	266,0	41,9	128,9	19,8	523,9	32,5	270,3	18,7
2002	131,0	6,7	122,5	7,7	254,9	41,0	129,6	20,8	512,6	32,0	265,8	18,4
2003	127,0	6,6	114,6	7,6	252,1	41,5	121,3	19,8	459,2	29,4	250,8	17,4
2004	136,9	6,4	120,4	6,8	215,6	34,6	120,4	19,0	424,2	27,1	237,7	16,0
2005	135,8	6,2	118,1	6,6	245,8	39,4	113,5	17,6	399,1	25,9	230,5	15,5
2006	137,2	6,3	117,7	6,7	202,9	33,5	115,7	18,4	400,5	26,0	234,8	15,7
2007	151,2	6,8	120,3	6,8	231,0	37,9	122,6	20,0	426,0	27,1	234,3	15,4
2008 (WZ03)	159,5	7,1	124,1	7,0	244,6	40,6	127,6	21,3	439,2	28,2	238,9	15,8
2008 (WZ08)[a]	158,2	7,1	123,2	7,0	243,2	40,4	127,3	21,2	435,9	28,0	238,8	15,8
2009	168,3	7,6	122,3	6,9	284,1	46,6	126,0	20,8	428,8	27,4	241,8	15,7
2010	190,3	8,1	124,2	6,9	240,7	40,4	118,2	19,2	463,3	28,5	256,3	16,4
2011	209,1	9,0	119,3	6,9	253,8	42,0	119,2	19,3	451,2	28,8	248,1	16,0
2012	231,8	9,3	130,4	7,1	254,5	41,9	124,0	19,5	478,2	29,5	252,0	15,5
2013	243,8	9,7	129,6	6,9	317,6	50,9	127,4	19,7	482,5	29,9	254,6	15,6
2014	273,9	10,7	137,2	7,2	265,7	43,7	133,5	20,3	523,9	31,5	257,2	15,7
2015	282,1	10,9	135,5	7,2	323,7	51,9	131,8	20,1	518,5	31,2	256,3	15,5
2016	290,7	11,1	124,1	7,3	305,6	50,1	125,9	19,9	533,1	31,7	258,6	15,3
2017	299,9	11,2	122,1	7,1	308,7	49,5	122,4	18,7	526,8	30,8	259,7	14,8
2018	311,9	11,6	122,5	7,2	336,2	52,5	121,2	18,5	529,7	31,2	263,4	14,9
2019	327,5	11,8	121,4	7,1	296,5	48,4	118,7	18,1	544,5	31,6	261,0	14,4
2020	335,2	10,9	119,0	6,2	308,5	40,6	111,6	15,3	559,4	30,1	252,7	12,7

[a] aufgrund der Revision der Wirtschaftszweigklassifikation in 2008 ist eine Vergleichbarkeit mit den Vorjahren nur bedingt möglich

Fehlzeiten-Report 2021

Tab. 28.114 Verteilung der Arbeitsunfähigkeitstage nach Krankheitsarten in Prozent in der Branche Handel im Jahr 2020, AOK-Mitglieder

Wirtschaftsabteilungen	AU-Tage in %						
	Psyche	Herz/Kreislauf	Atemwege	Verdauung	Muskel/Skelett	Verletzungen	Sonstige
Einzelhandel (ohne Handel mit Kraftfahrzeugen)	14,7	4,1	11,8	4,1	21,1	8,8	35,4
Großhandel (ohne Handel mit Kraftfahrzeugen)	10,9	5,6	11,5	4,5	22,4	10,5	34,7
Handel mit Kraftfahrzeugen, Instandhaltung und Reparatur von Kraftfahrzeugen	9,8	4,5	13,3	4,7	21,8	12,2	33,7
Branche gesamt	12,9	4,6	11,9	4,3	21,6	9,7	35,0
Alle Branchen	12,0	5,1	11,8	4,2	22,1	10,0	34,8

Fehlzeiten-Report 2021

Tab. 28.115 Verteilung der Arbeitsunfähigkeitsfälle nach Krankheitsarten in Prozent in der Branche Handel im Jahr 2020, AOK-Mitglieder

Wirtschaftsabteilungen	AU-Fälle in %						
	Psyche	Herz/Kreislauf	Atemwege	Verdauung	Muskel/Skelett	Verletzungen	Sonstige
Einzelhandel (ohne Handel mit Kraftfahrzeugen)	6,3	3,1	20,7	7,5	14,6	6,0	41,8
Großhandel (ohne Handel mit Kraftfahrzeugen)	4,8	3,6	20,1	8,2	16,3	6,6	39,9
Handel mit Kraftfahrzeugen, Instandhaltung und Reparatur von Kraftfahrzeugen	4,1	2,8	22,1	8,1	15,7	7,9	39,3
Branche gesamt	5,6	3,2	20,8	7,8	15,4	6,5	40,9
Alle Branchen	5,4	3,5	20,5	7,7	16,1	6,5	40,3

Fehlzeiten-Report 2021

28.7 · Handel

Tab. 28.116 Verteilung der Arbeitsunfähigkeitstage nach Krankheitsarten und ausgewählten Berufsgruppen in der Branche Handel im Jahr 2020, AOK-Mitglieder

Tätigkeit	AU-Tage in %						
	Psyche	Herz/ Kreislauf	Atemwege	Verdauung	Muskel/ Skelett	Verletzungen	Sonstige
Aufsichts-/Führungskr. – Verkauf	20,1	4,3	9,9	4,0	18,4	7,7	35,6
Berufe im Verkauf (ohne Spez.)	15,5	3,8	11,4	4,0	21,3	8,4	35,5
Berufe im Verkauf von Back- u. Konditoreiwaren	14,9	4,2	10,8	3,8	21,3	9,1	35,9
Berufe im Verkauf von Bekleidung, Sportartikeln, Lederwaren u. Schuhen	16,8	3,1	12,7	4,3	18,4	7,7	37,0
Berufe im Verkauf von drogerie- u. apothekenüblichen Waren	18,3	2,6	14,6	4,0	17,9	7,0	35,6
Berufe im Verkauf von Garten-, Heimwerker-, Haustier- u. Zoobedarf	14,3	4,6	12,5	4,3	22,1	9,5	32,7
Berufe im Verkauf von Kraftfahrzeugen, Zweirädern u. Zubehör	13,8	4,2	16,4	5,0	14,3	9,0	37,4
Berufe im Verkauf von Lebensmitteln (ohne Spez.)	14,3	4,2	11,2	4,1	21,6	9,2	35,4
Berufe im Vertrieb (außer Informations- u. Kommunikationstechnologien)	14,6	5,3	13,6	4,7	15,2	8,3	38,4
Berufe in der Kraftfahrzeugtechnik	7,7	3,7	13,8	4,7	22,8	15,5	31,8
Berufe in der Lagerwirtschaft	10,2	5,2	11,2	4,5	26,1	9,9	32,9
Berufe in der pharmazeutisch-technischen Assistenz	13,5	3,0	18,3	4,6	12,5	7,5	40,7
Berufskraftfahrer/innen (Güterverkehr/LKW)	7,1	8,0	7,8	4,1	26,3	13,0	33,7
Büro- u. Sekretariatskräfte (ohne Spez.)	16,6	3,7	13,9	4,4	14,7	7,5	39,2
Fahrzeugführer/innen im Straßenverkehr (sonstige spezifische Tätigkeitsangabe)	8,4	7,1	8,0	4,1	27,7	12,1	32,6
Kassierer/innen u. Kartenverkäufer/innen	16,2	3,8	11,3	4,0	20,6	7,8	36,2

Tab. 28.116 (Fortsetzung)

Tätigkeit	AU-Tage in %						
	Psyche	Herz/Kreislauf	Atemwege	Verdauung	Muskel/Skelett	Verletzungen	Sonstige
Kaufleute im Groß- u. Außenhandel	12,8	3,3	19,1	5,2	12,3	9,2	38,0
Kaufmännische u. technische Betriebswirtschaft (ohne Spez.)	16,8	4,2	14,9	4,7	14,2	7,2	38,2
Branche gesamt	**12,9**	**4,6**	**11,9**	**4,3**	**21,6**	**9,7**	**35,0**
Alle Branchen	**12,0**	**5,1**	**11,8**	**4,2**	**22,1**	**10,0**	**34,8**

Fehlzeiten-Report 2021

28.7 · Handel

Tab. 28.117 Verteilung der Arbeitsunfähigkeitsfälle nach Krankheitsarten und ausgewählten Berufsgruppen in der Branche Handel im Jahr 2020, AOK-Mitglieder

Tätigkeit	AU-Fälle in %						
	Psyche	Herz/ Kreislauf	Atem- wege	Ver- dauung	Muskel/ Skelett	Verlet- zungen	Sonstige
Aufsichts-/Führungskr. – Verkauf	7,6	3,5	20,0	7,8	13,3	6,1	41,7
Berufe im Verkauf (ohne Spez.)	6,8	3,0	20,4	7,4	14,0	6,0	42,3
Berufe im Verkauf von Back- u. Konditoreiwaren	7,3	3,3	19,4	7,0	13,6	6,4	43,1
Berufe im Verkauf von Bekleidung, Sportartikeln, Lederwaren u. Schuhen	7,0	2,7	22,1	7,6	12,3	4,9	43,5
Berufe im Verkauf von drogerie- u. apothekenüblichen Waren	6,9	2,5	23,6	7,2	11,3	4,6	43,8
Berufe im Verkauf von Garten-, Heimwerker-, Haustier- u. Zoobedarf	6,2	3,1	21,1	8,1	14,5	6,9	40,2
Berufe im Verkauf von Kraftfahrzeugen, Zweirädern u. Zubehör	5,1	2,6	25,8	8,3	9,4	5,5	43,4
Berufe im Verkauf von Lebensmitteln (ohne Spez.)	6,1	3,2	19,7	7,8	13,0	6,9	43,4
Berufe im Vertrieb (außer Informations- u. Kommunikationstechnologien)	5,6	3,6	23,1	8,2	11,2	5,1	43,2
Berufe in der Kraftfahrzeugtechnik	3,2	2,1	22,7	8,0	16,3	9,9	37,7
Berufe in der Lagerwirtschaft	4,8	3,4	18,7	7,9	21,4	6,5	37,3
Berufe in der pharmazeutisch-technischen Assistenz	5,6	2,7	26,3	7,6	8,1	4,0	45,8
Berufskraftfahrer/innen (Güterverkehr/LKW)	4,0	5,4	14,4	8,2	21,0	8,7	38,3
Büro- u. Sekretariatskräfte (ohne Spez.)	6,0	3,0	23,1	8,4	9,8	4,6	45,1
Fahrzeugführer/innen im Straßenverkehr (sonstige spezifische Tätigkeitsangabe)	4,4	4,6	15,6	7,8	21,5	8,2	37,9
Kassierer/innen u. Kartenverkäufer/innen	7,5	3,5	20,1	7,5	13,6	5,2	42,6

Tab. 28.117 (Fortsetzung)

Tätigkeit	AU-Fälle in %						
	Psyche	Herz/ Kreislauf	Atem- wege	Ver- dauung	Muskel/ Skelett	Verlet- zungen	Sonstige
Kaufleute im Groß- u. Außen- handel	4,1	2,0	26,8	8,4	8,5	5,5	44,8
Kaufmännische u. tech- nische Betriebswirtschaft (ohne Spez.)	6,1	3,0	24,1	8,4	10,2	4,6	43,7
Branche gesamt	**5,6**	**3,2**	**20,8**	**7,8**	**15,4**	**6,5**	**40,9**
Alle Branchen	**5,4**	**3,5**	**20,5**	**7,7**	**16,1**	**6,5**	**40,3**

Fehlzeiten-Report 2021

28.7 · Handel

Tab. 28.118 Anteile der 40 häufigsten Einzeldiagnosen an den AU-Fällen und AU-Tagen in der Branche Handel im Jahr 2020, AOK-Mitglieder

ICD-10	Bezeichnung	AU-Fälle in %	AU-Tage in %
J06	Akute Infektionen an mehreren oder nicht näher bezeichneten Lokalisationen der oberen Atemwege	10,3	5,3
M54	Rückenschmerzen	6,0	5,9
A09	Sonstige und nicht näher bezeichnete Gastroenteritis und Kolitis infektiösen und nicht näher bezeichneten Ursprungs	3,8	1,3
R10	Bauch- und Beckenschmerzen	1,9	0,9
B34	Viruskrankheit nicht näher bezeichneter Lokalisation	1,8	0,9
U99	Nicht belegte Schlüsselnummer U99	1,8	0,8
K08	Sonstige Krankheiten der Zähne und des Zahnhalteapparates	1,8	0,4
F43	Reaktionen auf schwere Belastungen und Anpassungsstörungen	1,7	3,1
Z11	Spezielle Verfahren zur Untersuchung auf infektiöse und parasitäre Krankheiten	1,6	0,8
R51	Kopfschmerz	1,5	0,6
I10	Essentielle (primäre) Hypertonie	1,3	1,2
F32	Depressive Episode	1,2	3,7
M25	Sonstige Gelenkkrankheiten, anderenorts nicht klassifiziert	1,2	1,4
K29	Gastritis und Duodenitis	1,2	0,6
J00	Akute Rhinopharyngitis [Erkältungsschnupfen]	1,2	0,5
K52	Sonstige nichtinfektiöse Gastroenteritis und Kolitis	1,2	0,4
U07	Nicht belegte Schlüsselnummer U07	1,1	0,7
J20	Akute Bronchitis	1,1	0,7
T14	Verletzung an einer nicht näher bezeichneten Körperregion	1,0	1,0
R11	Übelkeit und Erbrechen	1,0	0,4
M79	Sonstige Krankheiten des Weichteilgewebes, anderenorts nicht klassifiziert	0,9	0,8
M99	Biomechanische Funktionsstörungen, anderenorts nicht klassifiziert	0,8	0,7
R53	Unwohlsein und Ermüdung	0,8	0,7
J40	Bronchitis, nicht als akut oder chronisch bezeichnet	0,8	0,5
J02	Akute Pharyngitis	0,8	0,4
G43	Migräne	0,8	0,3
M51	Sonstige Bandscheibenschäden	0,7	1,9

Tab. 28.118 (Fortsetzung)

ICD-10	Bezeichnung	AU-Fälle in %	AU-Tage in %
Z98	Sonstige Zustände nach chirurgischem Eingriff	0,7	1,8
M75	Schulterläsionen	0,7	1,7
F48	Andere neurotische Störungen	0,7	1,3
F45	Somatoforme Störungen	0,7	1,3
R42	Schwindel und Taumel	0,7	0,5
B99	Sonstige und nicht näher bezeichnete Infektionskrankheiten	0,7	0,4
J98	Sonstige Krankheiten der Atemwege	0,7	0,4
J03	Akute Tonsillitis	0,7	0,3
M77	Sonstige Enthesopathien	0,6	0,9
M53	Sonstige Krankheiten der Wirbelsäule und des Rückens, anderenorts nicht klassifiziert	0,6	0,7
R07	Hals- und Brustschmerzen	0,6	0,3
J32	Chronische Sinusitis	0,6	0,3
J01	Akute Sinusitis	0,6	0,3
	Summe hier	**57,9**	**46,1**
	Restliche	42,1	53,9
	Gesamtsumme	**100,0**	**100,0**

Fehlzeiten-Report 2021

28.7 · Handel

Tab. 28.119 Anteile der 40 häufigsten Diagnoseuntergruppen an den AU-Fällen und AU-Tagen in der Branche Handel im Jahr 2020, AOK-Mitglieder

ICD-10	Bezeichnung	AU-Fälle in %	AU-Tage in %
J00–J06	Akute Infektionen der oberen Atemwege	14,2	7,3
M50–M54	Sonstige Krankheiten der Wirbelsäule und des Rückens	7,2	8,0
A00–A09	Infektiöse Darmkrankheiten	4,6	1,6
R50–R69	Allgemeinsymptome	3,8	2,9
F40–F48	Neurotische, Belastungs- und somatoforme Störungen	3,5	7,0
R10–R19	Symptome, die das Verdauungssystem und das Abdomen betreffen	3,2	1,6
M70–M79	Sonstige Krankheiten des Weichteilgewebes	2,5	3,9
K00–K14	Krankheiten der Mundhöhle, der Speicheldrüsen und der Kiefer	2,2	0,6
Z00–Z13	Personen, die das Gesundheitswesen zur Untersuchung und Abklärung in Anspruch nehmen	2,1	1,1
B25–B34	Sonstige Viruskrankheiten	2,0	1,0
U99–U99	Nicht belegte Schlüsselnummern	1,9	0,9
M20–M25	Sonstige Gelenkkrankheiten	1,8	3,0
G40–G47	Episodische und paroxysmale Krankheiten des Nervensystems	1,8	1,3
Z80–Z99	Personen mit potentiellen Gesundheitsrisiken aufgrund der Familien- oder Eigenanamnese und bestimmte Zustände, die den Gesundheitszustand beeinflussen	1,7	3,4
F30–F39	Affektive Störungen	1,6	5,6
R00–R09	Symptome, die das Kreislaufsystem und das Atmungssystem betreffen	1,6	1,0
K20–K31	Krankheiten des Ösophagus, des Magens und des Duodenums	1,6	0,8
J40–J47	Chronische Krankheiten der unteren Atemwege	1,5	1,3
I10–I15	Hypertonie [Hochdruckkrankheit]	1,5	1,3
K50–K52	Nichtinfektiöse Enteritis und Kolitis	1,5	0,7
J20–J22	Sonstige akute Infektionen der unteren Atemwege	1,3	0,8
T08–T14	Verletzungen nicht näher bezeichneter Teile des Rumpfes, der Extremitäten oder anderer Körperregionen	1,2	1,2
U00–U49	Vorläufige Zuordnungen für Krankheiten mit unklarer Ätiologie und nicht belegte Schlüsselnummern	1,2	0,7
J30–J39	Sonstige Krankheiten der oberen Atemwege	1,1	0,6
M95–M99	Sonstige Krankheiten des Muskel-Skelett-Systems und des Bindegewebes	1,0	0,9
K55–K64	Sonstige Krankheiten des Darmes	1,0	0,7

Tab. 28.119 (Fortsetzung)

ICD-10	Bezeichnung	AU-Fälle in %	AU-Tage in %
S90–S99	Verletzungen der Knöchelregion und des Fußes	0,9	1,3
S60–S69	Verletzungen des Handgelenkes und der Hand	0,9	1,3
R40–R46	Symptome, die das Erkennungs- und Wahrnehmungsvermögen, die Stimmung und das Verhalten betreffen	0,9	0,8
S80–S89	Verletzungen des Knies und des Unterschenkels	0,8	1,8
J95–J99	Sonstige Krankheiten des Atmungssystems	0,8	0,5
N30–N39	Sonstige Krankheiten des Harnsystems	0,8	0,4
M15–M19	Arthrose	0,7	2,1
G50–G59	Krankheiten von Nerven, Nervenwurzeln und Nervenplexus	0,7	1,4
J09–J18	Grippe und Pneumonie	0,7	0,6
E70–E90	Stoffwechselstörungen	0,7	0,5
B99–B99	Sonstige Infektionskrankheiten	0,7	0,4
M65–M68	Krankheiten der Synovialis und der Sehnen	0,6	0,9
Z40–Z54	Personen, die das Gesundheitswesen zum Zwecke spezifischer Maßnahmen und zur medizinischen Betreuung in Anspruch nehmen	0,6	0,9
N80–N98	Nichtentzündliche Krankheiten des weiblichen Genitaltraktes	0,6	0,4
	Summe hier	**79,0**	**72,5**
	Restliche	21,0	27,5
	Gesamtsumme	**100,0**	**100,0**

Fehlzeiten-Report 2021

28.8 Land- und Forstwirtschaft

Entwicklung des Krankenstands der AOK-Mitglieder in der Branche Land- und Forstwirtschaft in den Jahren 1996 bis 2020	Tab. 28.120
Arbeitsunfähigkeit der AOK-Mitglieder in der Branche Land- und Forstwirtschaft nach Bundesländern im Jahr 2020 im Vergleich zum Vorjahr	Tab. 28.121
Arbeitsunfähigkeit der AOK-Mitglieder nach Wirtschaftsabteilungen in der Branche Land- und Forstwirtschaft im Jahr 2020	Tab. 28.122
Kennzahlen der Arbeitsunfähigkeit nach ausgewählten Berufsgruppen in der Branche Land- und Forstwirtschaft im Jahr 2020	Tab. 28.123
Dauer der Arbeitsunfähigkeit der AOK-Mitglieder in der Branche Land- und Forstwirtschaft im Jahr 2020	Tab. 28.124
Tage der Arbeitsunfähigkeit je AOK-Mitglied nach Wirtschaftsabteilung und Betriebsgröße in der Branche Land- und Forstwirtschaft im Jahr 2020	Tab. 28.125
Krankenstand in Prozent nach Ausbildungsabschluss in der Branche Land- und Forstwirtschaft im Jahr 2020, AOK-Mitglieder	Tab. 28.126
Tage der Arbeitsunfähigkeit je AOK-Mitglied nach Ausbildungsabschluss in der Branche Land- und Forstwirtschaft im Jahr 2020	Tab. 28.127
Anteil der Arbeitsunfälle an den AU-Fällen und -Tagen in Prozent nach Wirtschaftsabteilungen in der Branche Land- und Forstwirtschaft im Jahr 2020, AOK-Mitglieder	Tab. 28.128
Tage und Fälle der Arbeitsunfähigkeit durch Arbeitsunfälle nach Berufsgruppen in der Branche Land- und Forstwirtschaft im Jahr 2020, AOK-Mitglieder	Tab. 28.129
Tage und Fälle der Arbeitsunfähigkeit je 100 AOK-Mitglieder nach Krankheitsarten in der Branche Land- und Forstwirtschaft in den Jahren 1996 bis 2020	Tab. 28.130
Verteilung der Arbeitsunfähigkeitstage nach Krankheitsarten in Prozent in der Branche Land- und Forstwirtschaft im Jahr 2020, AOK-Mitglieder	Tab. 28.131
Verteilung der Arbeitsunfähigkeitsfälle nach Krankheitsarten in Prozent in der Branche Land- und Forstwirtschaft im Jahr 2020, AOK-Mitglieder	Tab. 28.132
Verteilung der Arbeitsunfähigkeitstage nach Krankheitsarten und ausgewählten Berufsgruppen in der Branche Land- und Forstwirtschaft im Jahr 2020, AOK-Mitglieder	Tab. 28.133
Verteilung der Arbeitsunfähigkeitsfälle nach Krankheitsarten und ausgewählten Berufsgruppen in der Branche Land- und Forstwirtschaft im Jahr 2020, AOK-Mitglieder	Tab. 28.134
Anteile der 40 häufigsten Einzeldiagnosen an den AU-Fällen und AU-Tagen in der Branche Land- und Forstwirtschaft im Jahr 2020, AOK-Mitglieder	Tab. 28.135
Anteile der 40 häufigsten Diagnoseuntergruppen an den AU-Fällen und AU-Tagen in der Branche Land- und Forstwirtschaft im Jahr 2020, AOK-Mitglieder	Tab. 28.136

◘ **Tab. 28.120** Entwicklung des Krankenstands der AOK-Mitglieder in der Branche Land- und Forstwirtschaft in den Jahren 1996 bis 2020

Jahr	Krankenstand in %			AU-Fälle je 100 AOK-Mitglieder			Tage je Fall		
	West	Ost	Bund	West	Ost	Bund	West	Ost	Bund
1996	4,6	5,5	5,1	137,3	125,0	132,3	12,9	16,3	14,2
1997	4,6	5,0	4,8	137,4	117,7	129,7	12,3	15,4	13,4
1998	4,8	4,9	4,8	143,1	121,4	135,1	12,1	14,9	13,0
1999	4,6	6,0	5,3	149,6	142,6	147,6	11,6	14,2	12,3
2000	4,6	5,5	5,0	145,7	139,7	142,7	11,6	14,3	12,9
2001	4,6	5,4	5,0	144,3	130,2	137,6	11,7	15,1	13,2
2002	4,5	5,2	4,8	142,4	126,5	135,0	11,4	15,1	13,0
2003	4,2	4,9	4,5	135,5	120,5	128,5	11,2	14,8	12,8
2004	3,8	4,3	4,0	121,5	109,1	115,6	11,4	14,6	12,8
2005	3,5	4,3	3,9	113,7	102,1	108,4	11,3	15,3	13,0
2006	3,3	4,1	3,7	110,2	96,5	104,3	11,0	15,4	12,8
2007	3,6	4,4	3,9	117,1	102,2	110,8	11,1	15,7	12,9
2008 (WZ03)	3,7	4,6	4,1	121,1	107,6	115,4	11,1	15,7	12,9
2008 (WZ08)[a]	3,1	4,6	3,9	101,5	101,6	101,6	11,3	16,5	13,9
2009	3,0	5,0	4,0	101,0	108,9	104,8	11,0	16,8	13,9
2010	3,3	5,1	4,2	99,6	112,5	105,6	12,2	16,7	14,4
2011	3,4	4,9	4,0	99,7	114,0	105,8	12,4	15,7	13,9
2012	3,2	5,4	4,1	91,0	110,2	99,2	12,9	17,8	15,2
2013	3,3	5,5	4,2	98,3	116,4	105,7	12,4	17,3	14,6
2014	3,4	5,5	4,2	92,5	112,2	100,3	13,2	17,9	15,3
2015	3,4	5,7	4,3	97,2	121,4	106,6	12,9	17,2	14,8
2016	3,5	5,9	4,4	97,8	123,2	107,8	13,1	17,5	15,0
2017	3,5	6,0	4,4	96,1	122,7	106,2	13,3	17,7	15,2
2018	3,6	6,2	4,5	97,5	129,3	109,2	13,4	17,6	15,2
2019	3,5	6,3	4,5	93,3	124,1	104,3	13,8	18,5	15,8
2020	3,6	6,2	4,5	85,6	114,4	95,8	15,6	19,9	17,4

[a] aufgrund der Revision der Wirtschaftszweigklassifikation in 2008 ist eine Vergleichbarkeit mit den Vorjahren nur bedingt möglich

Fehlzeiten-Report 2021

28.8 · Land- und Forstwirtschaft

Tab. 28.121 Arbeitsunfähigkeit der AOK-Mitglieder in der Branche Land- und Forstwirtschaft nach Bundesländern im Jahr 2020 im Vergleich zum Vorjahr

Bundesland	Kranken-stand in %	Arbeitsunfähigkeit je 100 AOK-Mitglieder				Tage je Fall	Veränd. z. Vorj. in %	AU-Quote in %
		AU-Fälle	Veränd. z. Vorj. in %	AU-Tage	Veränd. z. Vorj. in %			
Baden-Württemberg	3,4	85,6	−0,5	1.254,3	11,7	14,7	12,3	26,1
Bayern	3,3	76,2	−9,1	1.191,6	−0,1	15,6	9,9	24,7
Berlin	4,0	121,0	0,7	1.449,0	−13,1	12,0	−13,7	42,4
Brandenburg	6,2	110,3	−7,9	2.257,5	−1,5	20,5	6,9	43,3
Bremen	3,0	98,2	−21,2	1.080,6	−12,4	11,0	11,2	32,6
Hamburg	3,0	61,9	−17,6	1.102,0	21,3	17,8	47,3	19,8
Hessen	4,7	98,7	−8,5	1.707,2	−1,5	17,3	7,6	32,1
Mecklenburg-Vorpommern	6,2	101,0	−8,9	2.262,2	−0,6	22,4	9,0	43,0
Niedersachsen	4,0	98,3	−11,1	1.474,4	−0,3	15,0	12,1	33,7
Nordrhein-Westfalen	3,7	86,4	−6,0	1.349,9	9,6	15,6	16,6	25,6
Rheinland-Pfalz	2,9	58,3	−9,0	1.048,3	11,5	18,0	22,5	16,1
Saarland	4,3	91,6	−6,2	1.574,5	22,9	17,2	31,1	41,4
Sachsen	6,1	119,0	−5,9	2.245,4	1,6	18,9	7,9	51,6
Sachsen-Anhalt	6,4	112,7	−8,5	2.326,2	−0,2	20,6	9,1	45,7
Schleswig-Holstein	3,8	80,2	−13,0	1.400,3	2,7	17,5	18,0	26,8
Thüringen	6,2	121,4	−9,7	2.283,8	−4,6	18,8	5,7	49,2
West	**3,6**	**85,6**	**−8,2**	**1.335,3**	**3,8**	**15,6**	**13,1**	**27,1**
Ost	**6,2**	**114,4**	**−7,9**	**2.270,3**	**−0,9**	**19,9**	**7,5**	**47,4**
Bund	**4,5**	**95,8**	**−8,2**	**1.664,0**	**1,3**	**17,4**	**10,3**	**33,0**

Fehlzeiten-Report 2021

Tab. 28.122 Arbeitsunfähigkeit der AOK-Mitglieder nach Wirtschaftsabteilungen in der Branche Land- und Forstwirtschaft im Jahr 2020

Wirtschaftsabteilungen	Krankenstand in %		Arbeitsunfähigkeiten je 100 AOK-Mitglieder		Tage je Fall	AU-Quote in %
	2020	2020 stand.[a]	Fälle	Tage		
Fischerei und Aquakultur	5,2	5,0	103,6	1.900,6	18,4	39,6
Forstwirtschaft und Holzeinschlag	5,7	4,8	119,8	2.084,6	17,4	42,8
Landwirtschaft, Jagd und damit verbundene Tätigkeiten	4,4	4,5	93,3	1.620,4	17,4	32,1
Branche gesamt	**4,5**	**4,5**	**95,8**	**1.664,0**	**17,4**	**33,0**
Alle Branchen	**5,4**	**5,5**	**144,2**	**1.988,1**	**13,8**	**50,7**

[a] Krankenstand alters- und geschlechtsstandardisiert

Fehlzeiten-Report 2021

28.8 · Land- und Forstwirtschaft

Tab. 28.123 Kennzahlen der Arbeitsunfähigkeit nach ausgewählten Berufsgruppen in der Branche Land- und Forstwirtschaft im Jahr 2020

Tätigkeit	Kranken-stand in %	Arbeitsunfähigkeit je 100 AOK-Mitglieder		Tage je Fall	AU-Quote in %	Anteil der Berufsgruppe an der Branche in %[a]
		AU-Fälle	AU-Tage			
Berufe im Gartenbau (ohne Spez.)	4,0	106,2	1.458,2	13,7	32,4	9,5
Berufe in Baumschule, Staudengärtnerei u. Zierpflanzenbau	4,7	145,5	1.720,5	11,8	51,6	1,5
Berufe in der Floristik	4,3	108,8	1.589,9	14,6	49,5	1,1
Berufe in der Forstwirtschaft	6,4	131,7	2.344,7	17,8	44,3	5,0
Berufe in der Lagerwirtschaft	6,3	149,3	2.310,4	15,5	48,9	1,4
Berufe in der Landwirtschaft (ohne Spez.)	3,3	72,6	1.215,5	16,7	22,6	48,9
Berufe in der Nutztierhaltung (außer Geflügelhaltung)	7,3	113,1	2.689,6	23,8	47,8	6,5
Berufe in der Pferdewirtschaft (ohne Spez.)	4,1	81,6	1.510,6	18,5	32,1	1,8
Berufe in der Tierpflege (ohne Spez.)	7,1	104,2	2.604,1	25,0	46,4	1,6
Berufskraftfahrer/innen (Güterverkehr/LKW)	5,6	108,2	2.065,2	19,1	44,2	1,3
Büro- u. Sekretariatskräfte (ohne Spez.)	3,6	98,0	1.317,6	13,4	43,0	2,0
Führer/innen von land- u. forstwirtschaftlichen Maschinen	5,1	100,6	1.876,3	18,6	45,7	2,6
Branche gesamt	**4,5**	**95,8**	**1.664,0**	**17,4**	**33,0**	**1,4**[b]

[a] Anteil der AOK-Mitglieder in der Berufsgruppe an den in der Branche beschäftigten AOK-Mitgliedern insgesamt
[b] Anteil der AOK-Mitglieder in der Branche an allen AOK-Mitgliedern
Fehlzeiten-Report 2021

Tab. 28.124 Dauer der Arbeitsunfähigkeit der AOK-Mitglieder in der Branche Land- und Forstwirtschaft im Jahr 2020

Fallklasse	Branche hier		Alle Branchen	
	Anteil Fälle in %	Anteil Tage in %	Anteil Fälle in %	Anteil Tage in %
1–3 Tage	28,6	3,2	30,7	4,4
4–7 Tage	27,0	8,0	30,2	11,2
8–14 Tage	20,2	12,2	19,8	15,0
15–21 Tage	8,1	8,1	7,3	9,1
22–28 Tage	3,9	5,6	3,3	5,9
29–42 Tage	4,3	8,6	3,5	8,9
> 42 Tage	7,8	54,3	5,1	45,5

Fehlzeiten-Report 2021

Tab. 28.125 Tage der Arbeitsunfähigkeit je AOK-Mitglied nach Wirtschaftsabteilung und Betriebsgröße in der Branche Land- und Forstwirtschaft im Jahr 2020

Wirtschaftsabteilungen	Betriebsgröße (Anzahl der AOK-Mitglieder)					
	10–49	50–99	100–199	200–499	500–999	≥ 1.000
Fischerei und Aquakultur	29,5	2,8	–	–	–	–
Forstwirtschaft und Holzeinschlag	22,5	21,9	5,8	–	28,2	–
Landwirtschaft, Jagd und damit verbundene Tätigkeiten	18,9	18,7	15,0	10,5	4,4	–
Branche gesamt	**19,3**	**18,8**	**14,5**	**10,5**	**18,3**	**–**
Alle Branchen	**20,3**	**22,3**	**22,5**	**22,6**	**22,8**	**22,7**

Fehlzeiten-Report 2021

28.8 · Land- und Forstwirtschaft

Tab. 28.126 Krankenstand in Prozent nach Ausbildungsabschluss in der Branche Land- und Forstwirtschaft im Jahr 2020, AOK-Mitglieder

Wirtschafts-abteilungen	Ausbildung						
	ohne Ausbildungsabschluss	mit Ausbildungsabschluss	Meister/ Techniker	Bachelor	Diplom/ Magister/ Master/ Staatsexamen	Promotion	unbekannt
Fischerei und Aquakultur	7,2	5,7	2,0	–	–	–	4,7
Forstwirtschaft und Holzeinschlag	5,2	6,9	5,1	2,1	2,9	3,0	4,3
Landwirtschaft, Jagd und damit verbundene Tätigkeiten	4,5	5,6	4,7	1,9	3,8	2,5	3,2
Branche gesamt	4,5	5,7	4,8	1,9	3,7	2,6	3,3
Alle Branchen	6,0	5,9	4,7	2,3	2,9	2,1	5,0

Fehlzeiten-Report 2021

Tab. 28.127 Tage der Arbeitsunfähigkeit je AOK-Mitglied nach Ausbildungsabschluss in der Branche Land- und Forstwirtschaft im Jahr 2020

Wirtschafts-abteilungen	Ausbildung						
	ohne Ausbildungsabschluss	mit Ausbildungsabschluss	Meister/ Techniker	Bachelor	Diplom/ Magister/ Master/ Staatsexamen	Promotion	unbekannt
Fischerei und Aquakultur	26,2	20,9	7,3	–	–	–	17,3
Forstwirtschaft und Holzeinschlag	19,1	25,1	18,6	7,7	10,7	11,1	15,8
Landwirtschaft, Jagd und damit verbundene Tätigkeiten	16,3	20,5	17,4	6,9	13,9	9,3	11,8
Branche gesamt	16,6	21,0	17,4	7,0	13,5	9,3	12,1
Alle Branchen	21,8	21,8	17,1	8,5	10,6	7,6	18,2

Fehlzeiten-Report 2021

◻ **Tab. 28.128** Anteil der Arbeitsunfälle an den AU-Fällen und -Tagen in Prozent nach Wirtschaftsabteilungen in der Branche Land- und Forstwirtschaft im Jahr 2020, AOK-Mitglieder

Wirtschaftsabteilungen	AU-Fälle in %	AU-Tage in %
Fischerei und Aquakultur	4,8	10,8
Forstwirtschaft und Holzeinschlag	8,9	18,6
Landwirtschaft, Jagd und damit verbundene Tätigkeiten	7,8	13,0
Branche gesamt	**7,9**	**13,6**
Alle Branchen	**3,0**	**5,5**

Fehlzeiten-Report 2021

◻ **Tab. 28.129** Tage und Fälle der Arbeitsunfähigkeit durch Arbeitsunfälle nach Berufsgruppen in der Branche Land- und Forstwirtschaft im Jahr 2020, AOK-Mitglieder

Tätigkeit	Arbeitsunfähigkeit je 1.000 AOK-Mitglieder	
	AU-Tage	AU-Fälle
Berufe in der Forstwirtschaft	5.026,8	130,3
Berufe in der Pferdewirtschaft (ohne Spez.)	3.944,7	134,6
Berufe in der Tierpflege (ohne Spez.)	3.809,6	111,1
Berufe in der Nutztierhaltung (außer Geflügelhaltung)	3.314,7	109,7
Führer/innen von land- u. forstwirtschaftlichen Maschinen	2.592,5	84,0
Berufskraftfahrer/innen (Güterverkehr/LKW)	2.581,8	77,1
Berufe in der Landwirtschaft (ohne Spez.)	1.934,0	72,0
Berufe in der Lagerwirtschaft	1.698,8	65,7
Berufe im Gartenbau (ohne Spez.)	1.486,7	50,8
Berufe in Baumschule, Staudengärtnerei u. Zierpflanzenbau	1.244,9	56,1
Büro- u. Sekretariatskräfte (ohne Spez.)	520,4	15,5
Berufe in der Floristik	410,3	18,2
Branche gesamt	**2.265,2**	**75,8**
Alle Branchen	**1.092,2**	**43,4**

Fehlzeiten-Report 2021

28.8 · Land- und Forstwirtschaft

Tab. 28.130 Tage und Fälle der Arbeitsunfähigkeit je 100 AOK-Mitglieder nach Krankheitsarten in der Branche Land- und Forstwirtschaft in den Jahren 1996 bis 2020

Jahr	Arbeitsunfähigkeiten je 100 AOK-Mitglieder											
	Psyche		Herz/Kreislauf		Atemwege		Verdauung		Muskel/Skelett		Verletzungen	
	Tage	Fälle	Tage	Fälle	Tage	Fälle	Tage	Fälle	Tage	Fälle	Tage	Fälle
1996	80,7	3,3	172,3	7,4	306,7	35,5	163,8	19,4	561,5	29,8	409,5	23,9
1997	75,0	3,4	150,6	7,4	270,0	34,3	150,6	19,3	511,1	29,7	390,3	23,9
1998	79,5	3,9	155,0	7,8	279,3	36,9	147,4	19,8	510,9	31,5	376,8	23,7
1999	89,4	4,5	150,6	8,2	309,1	42,0	152,1	21,7	537,3	34,0	366,8	23,7
2000	80,9	4,2	140,7	7,6	278,6	35,9	136,3	18,4	574,4	35,5	397,9	24,0
2001	85,2	4,7	149,4	8,2	262,5	35,1	136,2	18,7	587,8	36,4	390,1	23,6
2002	85,0	4,6	155,5	8,3	237,6	33,0	134,4	19,0	575,3	35,7	376,6	23,5
2003	82,8	4,6	143,9	8,0	233,8	33,1	123,7	17,8	512,0	32,5	368,5	22,5
2004	92,8	4,5	145,0	7,2	195,8	27,0	123,5	17,3	469,8	29,9	344,0	20,9
2005	90,1	4,1	142,3	6,7	208,7	28,6	111,3	14,7	429,7	26,8	336,2	19,7
2006	84,3	4,0	130,5	6,5	164,4	23,4	105,6	15,0	415,1	26,9	341,5	20,3
2007	90,2	4,1	143,8	6,6	187,2	26,9	112,5	16,2	451,4	28,1	347,5	20,0
2008 (WZ03)	94,9	4,5	153,2	7,0	195,6	27,8	119,6	17,3	472,0	29,2	350,9	19,9
2008 (WZ08)[a]	88,2	4,0	160,5	6,8	176,9	23,8	112,4	15,5	436,4	24,8	336,1	18,3
2009	95,9	4,2	155,5	6,9	207,5	27,5	107,1	15,0	427,5	24,1	337,9	18,2
2010	105,3	4,4	153,8	6,7	181,5	23,5	106,4	14,0	481,0	25,7	368,9	19,1
2011	112,7	4,7	154,0	6,7	174,8	23,5	106,5	13,9	461,2	25,5	353,2	18,9
2012	123,7	4,8	168,7	6,9	169,5	21,8	108,8	13,2	482,1	24,7	357,5	17,1
2013	127,7	4,9	170,9	6,5	216,6	27,5	111,1	13,5	481,5	24,9	361,8	17,4
2014	133,3	5,2	165,5	7,1	169,2	21,6	110,1	13,2	493,6	25,1	364,2	17,3
2015	139,2	5,3	171,2	7,1	207,6	26,8	108,1	13,4	499,1	25,0	358,6	17,1
2016	147,3	5,6	157,6	7,3	201,7	26,0	105,4	13,7	528,7	25,8	359,5	17,1
2017	149,9	5,6	149,5	7,1	205,1	26,2	106,7	13,3	522,4	25,2	359,4	16,5
2018	148,5	5,7	147,6	7,1	227,3	28,3	107,8	13,0	515,5	25,1	367,0	16,6
2019	159,4	5,8	149,2	6,9	188,0	24,8	104,3	12,7	530,2	24,6	371,7	15,9
2020	170,9	5,6	160,3	6,4	182,5	20,5	99,0	11,6	554,6	24,4	357,5	14,8

[a] aufgrund der Revision der Wirtschaftszweigklassifikation in 2008 ist eine Vergleichbarkeit mit den Vorjahren nur bedingt möglich

Fehlzeiten-Report 2021

Tab. 28.131 Verteilung der Arbeitsunfähigkeitstage nach Krankheitsarten in Prozent in der Branche Land- und Forstwirtschaft im Jahr 2020, AOK-Mitglieder

Wirtschaftsabteilungen	AU-Tage in %						
	Psyche	Herz/Kreislauf	Atemwege	Verdauung	Muskel/Skelett	Verletzungen	Sonstige
Fischerei und Aquakultur	11,2	5,5	8,2	2,9	29,1	12,3	30,8
Forstwirtschaft und Holzeinschlag	5,3	6,5	7,5	3,6	25,5	18,0	33,5
Landwirtschaft, Jagd und damit verbundene Tätigkeiten	7,6	7,0	7,9	4,4	23,8	15,2	34,1
Branche gesamt	**7,4**	**6,9**	**7,9**	**4,3**	**24,0**	**15,5**	**34,0**
Alle Branchen	**12,0**	**5,1**	**11,8**	**4,2**	**22,1**	**10,0**	**34,8**

Fehlzeiten-Report 2021

Tab. 28.132 Verteilung der Arbeitsunfähigkeitsfälle nach Krankheitsarten in Prozent in der Branche Land- und Forstwirtschaft im Jahr 2020, AOK-Mitglieder

Wirtschaftsabteilungen	AU-Fälle in %						
	Psyche	Herz/Kreislauf	Atemwege	Verdauung	Muskel/Skelett	Verletzungen	Sonstige
Fischerei und Aquakultur	5,6	3,5	16,5	7,1	17,8	8,1	41,4
Forstwirtschaft und Holzeinschlag	3,4	4,6	15,1	7,8	20,3	11,7	37,1
Landwirtschaft, Jagd und damit verbundene Tätigkeiten	4,2	4,7	14,8	8,5	17,4	10,6	39,8
Branche gesamt	**4,1**	**4,7**	**14,9**	**8,4**	**17,7**	**10,7**	**39,5**
Alle Branchen	**5,4**	**3,5**	**20,5**	**7,7**	**16,1**	**6,5**	**40,3**

Fehlzeiten-Report 2021

28.8 · Land- und Forstwirtschaft

Tab. 28.133 Verteilung der Arbeitsunfähigkeitstage nach Krankheitsarten und ausgewählten Berufsgruppen in der Branche Land- und Forstwirtschaft im Jahr 2020, AOK-Mitglieder

Tätigkeit	AU-Tage in %						
	Psyche	Herz/Kreislauf	Atemwege	Verdauung	Muskel/Skelett	Verletzungen	Sonstige
Berufe im Gartenbau (ohne Spez.)	7,9	5,3	8,7	4,2	25,9	13,8	34,1
Berufe in Baumschule, Staudengärtnerei u. Zierpflanzenbau	10,5	5,9	11,2	5,0	23,7	9,8	33,8
Berufe in der Floristik	9,4	4,5	11,7	3,8	21,4	11,6	37,6
Berufe in der Forstwirtschaft	4,9	6,4	7,2	3,4	27,0	20,0	31,0
Berufe in der Lagerwirtschaft	9,4	4,7	9,4	5,1	27,5	10,3	33,6
Berufe in der Landwirtschaft (ohne Spez.)	6,2	7,4	7,7	4,9	22,1	17,9	33,8
Berufe in der Nutztierhaltung (außer Geflügelhaltung)	7,7	7,5	6,3	3,8	28,0	14,2	32,4
Berufe in der Pferdewirtschaft (ohne Spez.)	8,6	4,2	5,1	2,6	25,5	24,8	29,3
Berufe in der Tierpflege (ohne Spez.)	8,4	8,3	6,5	4,3	28,6	14,9	29,0
Berufskraftfahrer/innen (Güterverkehr/LKW)	8,3	8,4	7,7	3,4	19,8	12,4	39,9
Büro- u. Sekretariatskräfte (ohne Spez.)	12,4	4,4	10,6	4,3	15,6	9,2	43,4
Führer/innen von land- u. forstwirtschaftlichen Maschinen	5,1	8,9	7,5	3,9	23,0	15,4	36,2
Branche gesamt	**7,4**	**6,9**	**7,9**	**4,3**	**24,0**	**15,5**	**34,0**
Alle Branchen	**12,0**	**5,1**	**11,8**	**4,2**	**22,1**	**10,0**	**34,8**

Fehlzeiten-Report 2021

Tab. 28.134 Verteilung der Arbeitsunfähigkeitsfälle nach Krankheitsarten und ausgewählten Berufsgruppen in der Branche Land- und Forstwirtschaft im Jahr 2020, AOK-Mitglieder

Tätigkeit	AU-Fälle in %						
	Psyche	Herz/ Kreislauf	Atemwege	Verdauung	Muskel/ Skelett	Verletzungen	Sonstige
Berufe im Gartenbau (ohne Spez.)	4,0	3,4	15,9	8,2	20,5	9,0	39,0
Berufe in Baumschule, Staudengärtnerei u. Zierpflanzenbau	4,8	3,9	17,8	8,4	18,9	7,3	38,9
Berufe in der Floristik	5,1	3,0	20,7	8,7	13,4	7,4	41,8
Berufe in der Forstwirtschaft	3,1	4,4	14,6	7,9	22,1	12,9	35,0
Berufe in der Lagerwirtschaft	4,9	4,3	15,3	9,5	21,5	7,5	37,1
Berufe in der Landwirtschaft (ohne Spez.)	3,4	4,6	14,2	8,6	16,4	12,3	40,4
Berufe in der Nutztierhaltung (außer Geflügelhaltung)	5,0	5,3	12,7	8,1	19,1	11,6	38,2
Berufe in der Pferdewirtschaft (ohne Spez.)	5,6	2,7	12,2	7,0	16,5	17,8	38,2
Berufe in der Tierpflege (ohne Spez.)	4,5	6,5	11,5	8,4	20,6	11,7	36,9
Berufskraftfahrer/innen (Güterverkehr/LKW)	4,7	6,1	12,8	9,2	17,2	9,0	40,9
Büro- u. Sekretariatskräfte (ohne Spez.)	5,7	4,2	19,0	8,8	11,4	5,1	45,8
Führer/innen von land- u. forstwirtschaftlichen Maschinen	3,4	6,9	12,5	9,2	17,9	10,4	39,7
Branche gesamt	**4,1**	**4,7**	**14,9**	**8,4**	**17,7**	**10,7**	**39,5**
Alle Branchen	**5,4**	**3,5**	**20,5**	**7,7**	**16,1**	**6,5**	**40,3**

Fehlzeiten-Report 2021

28.8 · Land- und Forstwirtschaft

Tab. 28.135 Anteile der 40 häufigsten Einzeldiagnosen an den AU-Fällen und AU-Tagen in der Branche Land- und Forstwirtschaft im Jahr 2020, AOK-Mitglieder

ICD-10	Bezeichnung	AU-Fälle in %	AU-Tage in %
J06	Akute Infektionen an mehreren oder nicht näher bezeichneten Lokalisationen der oberen Atemwege	6,5	2,9
M54	Rückenschmerzen	6,2	6,1
K08	Sonstige Krankheiten der Zähne und des Zahnhalteapparates	2,5	0,5
A09	Sonstige und nicht näher bezeichnete Gastroenteritis und Kolitis infektiösen und nicht näher bezeichneten Ursprungs	2,2	0,6
I10	Essentielle (primäre) Hypertonie	2,1	1,7
Z11	Spezielle Verfahren zur Untersuchung auf infektiöse und parasitäre Krankheiten	1,9	0,9
U99	Nicht belegte Schlüsselnummer U99	1,9	0,8
T14	Verletzung an einer nicht näher bezeichneten Körperregion	1,6	1,4
R10	Bauch- und Beckenschmerzen	1,5	0,6
M25	Sonstige Gelenkkrankheiten, anderenorts nicht klassifiziert	1,3	1,6
B34	Viruskrankheit nicht näher bezeichneter Lokalisation	1,2	0,5
F43	Reaktionen auf schwere Belastungen und Anpassungsstörungen	1,0	1,6
M75	Schulterläsionen	0,9	1,9
M99	Biomechanische Funktionsstörungen, anderenorts nicht klassifiziert	0,9	0,7
J20	Akute Bronchitis	0,9	0,5
K29	Gastritis und Duodenitis	0,9	0,4
M51	Sonstige Bandscheibenschäden	0,8	2,0
F32	Depressive Episode	0,8	2,0
M79	Sonstige Krankheiten des Weichteilgewebes, anderenorts nicht klassifiziert	0,8	0,8
R51	Kopfschmerz	0,8	0,3
K52	Sonstige nichtinfektiöse Gastroenteritis und Kolitis	0,8	0,3
Z98	Sonstige Zustände nach chirurgischem Eingriff	0,7	1,9
M23	Binnenschädigung des Kniegelenkes [internal derangement]	0,7	1,4
M77	Sonstige Enthesopathien	0,7	0,8
S93	Luxation, Verstauchung und Zerrung der Gelenke und Bänder in Höhe des oberen Sprunggelenkes und des Fußes	0,7	0,8
U07	Nicht belegte Schlüsselnummer U07	0,7	0,4

Tab. 28.135 (Fortsetzung)

ICD-10	Bezeichnung	AU-Fälle in %	AU-Tage in %
M53	Sonstige Krankheiten der Wirbelsäule und des Rückens, anderenorts nicht klassifiziert	0,6	0,6
E66	Adipositas	0,6	0,4
U50	Motorische Funktionseinschränkung	0,6	0,3
J00	Akute Rhinopharyngitis [Erkältungsschnupfen]	0,6	0,3
J40	Bronchitis, nicht als akut oder chronisch bezeichnet	0,6	0,3
R11	Übelkeit und Erbrechen	0,6	0,2
M17	Gonarthrose [Arthrose des Kniegelenkes]	0,5	1,4
S61	Offene Wunde des Handgelenkes und der Hand	0,5	0,5
R42	Schwindel und Taumel	0,5	0,4
R53	Unwohlsein und Ermüdung	0,5	0,4
Z92	Medizinische Behandlung in der Eigenanamnese	0,5	0,3
E78	Störungen des Lipoproteinstoffwechsels und sonstige Lipidämien	0,5	0,3
J03	Akute Tonsillitis	0,5	0,2
R07	Hals- und Brustschmerzen	0,5	0,2
	Summe hier	48,6	39,2
	Restliche	51,4	60,8
	Gesamtsumme	100,0	100,0

Fehlzeiten-Report 2021

28.8 · Land- und Forstwirtschaft

Tab. 28.136 Anteile der 40 häufigsten Diagnoseuntergruppen an den AU-Fällen und AU-Tagen in der Branche Land- und Forstwirtschaft im Jahr 2020, AOK-Mitglieder

ICD-10	Bezeichnung	AU-Fälle in %	AU-Tage in %
J00–J06	Akute Infektionen der oberen Atemwege	9,2	4,1
M50–M54	Sonstige Krankheiten der Wirbelsäule und des Rückens	7,5	8,2
K00–K14	Krankheiten der Mundhöhle, der Speicheldrüsen und der Kiefer	3,1	0,6
R50–R69	Allgemeinsymptome	3,0	2,4
M70–M79	Sonstige Krankheiten des Weichteilgewebes	2,9	4,1
A00–A09	Infektiöse Darmkrankheiten	2,8	0,8
Z00–Z13	Personen, die das Gesundheitswesen zur Untersuchung und Abklärung in Anspruch nehmen	2,6	1,2
I10–I15	Hypertonie [Hochdruckkrankheit]	2,5	2,0
R10–R19	Symptome, die das Verdauungssystem und das Abdomen betreffen	2,4	1,1
Z80–Z99	Personen mit potentiellen Gesundheitsrisiken aufgrund der Familien- oder Eigenanamnese und bestimmte Zustände, die den Gesundheitszustand beeinflussen	2,2	4,0
F40–F48	Neurotische, Belastungs- und somatoforme Störungen	2,1	3,5
U99–U99	Nicht belegte Schlüsselnummern	2,1	0,8
M20–M25	Sonstige Gelenkkrankheiten	2,0	3,2
T08–T14	Verletzungen nicht näher bezeichneter Teile des Rumpfes, der Extremitäten oder anderer Körperregionen	1,9	1,7
S60–S69	Verletzungen des Handgelenkes und der Hand	1,7	2,3
S80–S89	Verletzungen des Knies und des Unterschenkels	1,4	3,0
R00–R09	Symptome, die das Kreislaufsystem und das Atmungssystem betreffen	1,4	1,0
K20–K31	Krankheiten des Ösophagus, des Magens und des Duodenums	1,4	0,7
S90–S99	Verletzungen der Knöchelregion und des Fußes	1,3	1,8
J40–J47	Chronische Krankheiten der unteren Atemwege	1,3	1,2
B25–B34	Sonstige Viruskrankheiten	1,3	0,6
M15–M19	Arthrose	1,2	3,3
G40–G47	Episodische und paroxysmale Krankheiten des Nervensystems	1,2	0,9
E70–E90	Stoffwechselstörungen	1,2	0,7
J20–J22	Sonstige akute Infektionen der unteren Atemwege	1,1	0,6
F30–F39	Affektive Störungen	1,0	3,1

◻ Tab. 28.136 (Fortsetzung)

ICD-10	Bezeichnung	AU-Fälle in %	AU-Tage in %
G50–G59	Krankheiten von Nerven, Nervenwurzeln und Nervenplexus	1,0	1,6
M95–M99	Sonstige Krankheiten des Muskel-Skelett-Systems und des Bindegewebes	1,0	0,9
K55–K64	Sonstige Krankheiten des Darmes	1,0	0,6
K50–K52	Nichtinfektiöse Enteritis und Kolitis	1,0	0,4
Z40–Z54	Personen, die das Gesundheitswesen zum Zwecke spezifischer Maßnahmen und zur medizinischen Betreuung in Anspruch nehmen	0,9	1,1
S00–S09	Verletzungen des Kopfes	0,8	0,9
R40–R46	Symptome, die das Erkennungs- und Wahrnehmungsvermögen, die Stimmung und das Verhalten betreffen	0,8	0,6
U00–U49	Vorläufige Zuordnungen für Krankheiten mit unklarer Ätiologie und nicht belegte Schlüsselnummern	0,8	0,4
I30–I52	Sonstige Formen der Herzkrankheit	0,7	1,3
M05–M14	Entzündliche Polyarthropathien	0,7	0,8
J30–J39	Sonstige Krankheiten der oberen Atemwege	0,7	0,4
J95–J99	Sonstige Krankheiten des Atmungssystems	0,7	0,4
U50–U52	Funktionseinschränkung	0,7	0,4
N30–N39	Sonstige Krankheiten des Harnsystems	0,7	0,3
	Summe hier	73,3	67,0
	Restliche	26,7	33,0
	Gesamtsumme	100,0	100,0

Fehlzeiten-Report 2021

28.9 Metallindustrie

Entwicklung des Krankenstands der AOK-Mitglieder in der Branche Metallindustrie in den Jahren 1996 bis 2020	◘ Tab. 28.137
Arbeitsunfähigkeit der AOK-Mitglieder in der Branche Metallindustrie nach Bundesländern im Jahr 2020 im Vergleich zum Vorjahr	◘ Tab. 28.138
Arbeitsunfähigkeit der AOK-Mitglieder nach Wirtschaftsabteilungen in der Branche Metallindustrie im Jahr 2020	◘ Tab. 28.139
Kennzahlen der Arbeitsunfähigkeit nach ausgewählten Berufsgruppen in der Branche Metallindustrie im Jahr 2020	◘ Tab. 28.140
Dauer der Arbeitsunfähigkeit der AOK-Mitglieder in der Branche Metallindustrie im Jahr 2020	◘ Tab. 28.141
Tage der Arbeitsunfähigkeit je AOK-Mitglied nach Wirtschaftsabteilung und Betriebsgröße in der Branche Metallindustrie im Jahr 2020	◘ Tab. 28.142
Krankenstand in Prozent nach Ausbildungsabschluss in der Branche Metallindustrie im Jahr 2020, AOK-Mitglieder	◘ Tab. 28.143
Tage der Arbeitsunfähigkeit je AOK-Mitglied nach Ausbildungsabschluss in der Branche Metallindustrie im Jahr 2020	◘ Tab. 28.144
Anteil der Arbeitsunfälle an den AU-Fällen und -Tagen in Prozent nach Wirtschaftsabteilungen in der Branche Metallindustrie im Jahr 2020, AOK-Mitglieder	◘ Tab. 28.145
Tage und Fälle der Arbeitsunfähigkeit durch Arbeitsunfälle nach Berufsgruppen in der Branche Metallindustrie im Jahr 2020, AOK-Mitglieder	◘ Tab. 28.146
Tage und Fälle der Arbeitsunfähigkeit je 100 AOK-Mitglieder nach Krankheitsarten in der Branche Metallindustrie in den Jahren 2000 bis 2020	◘ Tab. 28.147
Verteilung der Arbeitsunfähigkeitstage nach Krankheitsarten in Prozent in der Branche Metallindustrie im Jahr 2020, AOK-Mitglieder	◘ Tab. 28.148
Verteilung der Arbeitsunfähigkeitsfälle nach Krankheitsarten in Prozent in der Branche Metallindustrie im Jahr 2020, AOK-Mitglieder	◘ Tab. 28.149
Verteilung der Arbeitsunfähigkeitstage nach Krankheitsarten und ausgewählten Berufsgruppen in der Branche Metallindustrie im Jahr 2020, AOK-Mitglieder	◘ Tab. 28.150
Verteilung der Arbeitsunfähigkeitsfälle nach Krankheitsarten und ausgewählten Berufsgruppen in der Branche Metallindustrie im Jahr 2020, AOK-Mitglieder	◘ Tab. 28.151
Anteile der 40 häufigsten Einzeldiagnosen an den AU-Fällen und AU-Tagen in der Branche Metallindustrie im Jahr 2020, AOK-Mitglieder	◘ Tab. 28.152
Anteile der 40 häufigsten Diagnoseuntergruppen an den AU-Fällen und AU-Tagen in der Branche Metallindustrie im Jahr 2020, AOK-Mitglieder	◘ Tab. 28.153

Tab. 28.137 Entwicklung des Krankenstands der AOK-Mitglieder in der Branche Metallindustrie in den Jahren 1996 bis 2020

Jahr	Krankenstand in %			AU-Fälle je 100 AOK-Mitglieder			Tage je Fall		
	West	Ost	Bund	West	Ost	Bund	West	Ost	Bund
1996	5,5	4,8	5,4	150,0	130,2	147,8	13,9	13,9	13,9
1997	5,3	4,5	5,2	146,7	123,7	144,4	13,1	13,4	13,2
1998	5,3	4,6	5,2	150,0	124,6	147,4	13,0	13,4	13,0
1999	5,6	5,0	5,6	160,5	137,8	158,3	12,8	13,4	12,8
2000	5,6	5,0	5,5	163,1	141,2	161,1	12,6	12,9	12,6
2001	5,5	5,1	5,5	162,6	140,1	160,6	12,4	13,2	12,5
2002	5,5	5,0	5,5	162,2	143,1	160,5	12,5	12,7	12,5
2003	5,2	4,6	5,1	157,1	138,6	155,2	12,0	12,2	12,0
2004	4,8	4,2	4,8	144,6	127,1	142,7	12,2	12,1	12,2
2005	4,8	4,1	4,7	148,0	127,8	145,6	11,9	11,8	11,9
2006	4,5	4,0	4,5	138,8	123,3	136,9	11,9	11,9	11,9
2007	4,8	4,3	4,8	151,2	134,0	149,0	11,7	11,7	11,7
2008 (WZ03)	5,0	4,5	4,9	159,9	142,2	157,5	11,4	11,5	11,4
2008 (WZ08)[a]	5,0	4,5	5,0	160,8	143,0	158,5	11,5	11,5	11,5
2009	4,9	4,7	4,9	151,1	142,1	149,9	11,9	12,2	11,9
2010	5,1	4,9	5,1	158,9	154,9	158,4	11,7	11,6	11,7
2011	5,2	4,8	5,2	167,8	164,9	167,4	11,4	10,6	11,3
2012	5,3	5,3	5,3	169,7	160,5	168,5	11,4	12,2	11,5
2013	5,5	5,6	5,5	179,7	170,5	178,5	11,2	12,0	11,3
2014	5,6	5,6	5,6	176,7	168,0	175,5	11,6	12,2	11,7
2015	5,9	5,8	5,9	190,8	182,2	189,6	11,2	11,7	11,3
2016	5,8	6,0	5,8	189,3	184,6	188,2	11,2	11,8	11,3
2017	5,7	6,0	5,8	184,9	184,3	184,4	11,3	11,9	11,4
2018	5,9	6,2	5,9	191,6	191,2	191,2	11,2	11,9	11,3
2019	5,9	6,2	5,9	188,6	187,9	188,2	11,4	12,1	11,5
2020	5,8	6,0	5,8	159,1	159,5	159,0	13,3	13,9	13,4

[a] aufgrund der Revision der Wirtschaftszweigklassifikation in 2008 ist eine Vergleichbarkeit mit den Vorjahren nur bedingt möglich

Fehlzeiten-Report 2021

28.9 · Metallindustrie

Tab. 28.138 Arbeitsunfähigkeit der AOK-Mitglieder in der Branche Metallindustrie nach Bundesländern im Jahr 2020 im Vergleich zum Vorjahr

Bundesland	Kranken-stand in %	Arbeitsunfähigkeit je 100 AOK-Mitglieder				Tage je Fall	Veränd. z. Vorj. in %	AU-Quote in %
		AU-Fälle	Veränd. z. Vorj. in %	AU-Tage	Veränd. z. Vorj. in %			
Baden-Württemberg	5,4	164,3	−16,4	1.979,0	−3,4	12,0	15,5	61,1
Bayern	5,1	137,5	−16,2	1.868,9	−2,8	13,6	16,0	55,0
Berlin	6,1	162,7	−11,2	2.239,9	4,8	13,8	17,9	55,8
Brandenburg	6,7	167,0	−13,8	2.435,8	−2,4	14,6	13,2	60,8
Bremen	5,4	152,4	−11,6	1.971,4	1,1	12,9	14,3	52,3
Hamburg	4,9	130,7	−16,4	1.778,0	−0,2	13,6	19,4	49,1
Hessen	6,8	179,5	−15,3	2.472,7	−1,4	13,8	16,4	63,2
Mecklenburg-Vorpommern	6,2	155,7	−16,0	2.266,4	−0,7	14,6	18,2	56,9
Niedersachsen	5,8	170,1	−14,5	2.120,6	−1,2	12,5	15,5	61,9
Nordrhein-Westfalen	6,8	171,6	−14,9	2.478,2	0,7	14,4	18,2	63,8
Rheinland-Pfalz	5,8	136,1	−16,8	2.118,1	0,4	15,6	20,7	53,0
Saarland	7,0	142,5	−10,9	2.558,9	1,2	18,0	13,6	58,7
Sachsen	5,8	157,0	−14,8	2.120,0	−2,7	13,5	14,2	62,1
Sachsen-Anhalt	6,6	158,7	−14,2	2.427,9	−1,3	15,3	15,1	58,8
Schleswig-Holstein	5,9	153,3	−11,7	2.159,7	1,3	14,1	14,7	56,3
Thüringen	6,2	164,1	−16,2	2.283,1	−3,5	13,9	15,0	63,2
West	**5,8**	**159,1**	**−15,7**	**2.109,6**	**−1,6**	**13,3**	**16,7**	**59,9**
Ost	**6,0**	**159,5**	**−15,1**	**2.212,0**	**−2,7**	**13,9**	**14,6**	**61,8**
Bund	**5,8**	**159,0**	**−15,5**	**2.124,5**	**−1,7**	**13,4**	**16,3**	**60,1**

Fehlzeiten-Report 2021

Tab. 28.139 Arbeitsunfähigkeit der AOK-Mitglieder nach Wirtschaftsabteilungen in der Branche Metallindustrie im Jahr 2020

Wirtschaftsabteilungen	Krankenstand in %		Arbeitsunfähigkeiten je 100 AOK-Mitglieder		Tage je Fall	AU-Quote in %
	2020	2020 stand.[a]	Fälle	Tage		
Herstellung von Datenverarbeitungsgeräten, elektronischen und optischen Erzeugnissen	4,9	5,0	148,7	1.791,8	12,0	56,8
Herstellung von elektrischen Ausrüstungen	5,9	5,9	163,1	2.175,7	13,3	60,5
Herstellung von Kraftwagen und Kraftwagenteilen	6,1	6,1	158,3	2.226,7	14,1	59,9
Herstellung von Metallerzeugnissen	6,1	5,9	165,2	2.250,3	13,6	61,0
Maschinenbau	5,3	5,2	153,9	1.938,9	12,6	59,6
Metallerzeugung und -bearbeitung	7,0	6,3	167,5	2.554,2	15,3	63,8
Sonstiger Fahrzeugbau	5,2	5,2	149,5	1.901,0	12,7	57,1
Branche gesamt	**5,8**	**5,7**	**159,0**	**2.124,5**	**13,4**	**60,1**
Alle Branchen	**5,4**	**5,5**	**144,2**	**1.988,1**	**13,8**	**50,7**

[a] Krankenstand alters- und geschlechtsstandardisiert

Fehlzeiten-Report 2021

28.9 · Metallindustrie

Tab. 28.140 Kennzahlen der Arbeitsunfähigkeit nach ausgewählten Berufsgruppen in der Branche Metallindustrie im Jahr 2020

Tätigkeit	Krankenstand in %	Arbeitsunfähigkeit je 100 AOK-Mitglieder		Tage je Fall	AU-Quote in %	Anteil der Berufsgruppe an der Branche in %[a]
		AU-Fälle	AU-Tage			
Berufe im Metallbau	6,7	183,7	2.443,5	13,3	63,8	5,9
Berufe im Vertrieb (außer Informations- u. Kommunikationstechnologien)	2,8	93,4	1.039,6	11,1	45,6	1,4
Berufe in der elektrischen Betriebstechnik	5,3	171,3	1.949,2	11,4	62,1	1,2
Berufe in der Elektrotechnik (ohne Spez.)	6,7	180,8	2.439,3	13,5	63,3	3,6
Berufe in der Kunststoff- u. Kautschukherstellung (ohne Spez.)	7,0	182,6	2.551,5	14,0	64,5	1,4
Berufe in der Lagerwirtschaft	7,2	180,8	2.624,5	14,5	65,4	5,6
Berufe in der Maschinenbau- u. Betriebstechnik (ohne Spez.)	6,2	173,3	2.251,8	13,0	63,4	9,3
Berufe in der Metallbearbeitung (ohne Spez.)	7,2	183,9	2.642,3	14,4	66,1	9,3
Berufe in der Metalloberflächenbehandlung (ohne Spez.)	7,5	180,2	2.733,0	15,2	66,3	1,5
Berufe in der Schweiß- u. Verbindungstechnik	7,7	187,4	2.806,5	15,0	65,4	2,2
Berufe in der spanenden Metallbearbeitung	5,8	173,2	2.121,4	12,2	64,5	5,5
Berufe in der technischen Forschung u. Entwicklung (ohne Spez.)	1,8	73,2	668,3	9,1	38,9	1,4
Berufe in der technischen Produktionsplanung u. -steuerung	4,2	115,7	1.531,1	13,2	52,3	2,2
Berufe in der technischen Qualitätssicherung	5,9	149,3	2.150,1	14,4	60,7	2,3
Berufe in der Werkzeugtechnik	5,2	164,2	1.913,3	11,6	62,9	1,8
Büro- u. Sekretariatskräfte (ohne Spez.)	3,4	109,1	1.259,0	11,5	46,9	2,7
Kaufmännische u. technische Betriebswirtschaft (ohne Spez.)	2,9	118,2	1.067,1	9,0	49,6	3,3

Tab. 28.140 (Fortsetzung)

Tätigkeit	Kranken-stand in %	Arbeitsunfähigkeit je 100 AOK-Mitglieder		Tage je Fall	AU-Quote in %	Anteil der Berufsgruppe an der Branche in %[a]
		AU-Fälle	AU-Tage			
Maschinen- u. Anlagenführer/innen	7,0	185,3	2.547,7	13,7	66,3	4,0
Maschinen- u. Gerätezusammensetzer/innen	7,4	185,5	2.697,8	14,5	66,2	3,6
Technische Servicekräfte in Wartung u. Instandhaltung	5,3	145,2	1.942,3	13,4	59,4	1,8
Branche gesamt	**5,8**	**159,0**	**2.124,5**	**13,4**	**60,1**	**10,1**[b]

[a] Anteil der AOK-Mitglieder in der Berufsgruppe an den in der Branche beschäftigten AOK-Mitgliedern insgesamt
[b] Anteil der AOK-Mitglieder in der Branche an allen AOK-Mitgliedern

Fehlzeiten-Report 2021

Tab. 28.141 Dauer der Arbeitsunfähigkeit der AOK-Mitglieder in der Branche Metallindustrie im Jahr 2020

Fallklasse	Branche hier		Alle Branchen	
	Anteil Fälle in %	Anteil Tage in %	Anteil Fälle in %	Anteil Tage in %
1–3 Tage	31,5	4,7	30,7	4,4
4–7 Tage	30,4	11,3	30,2	11,2
8–14 Tage	19,6	15,3	19,8	15,0
15–21 Tage	7,0	8,9	7,3	9,1
22–28 Tage	3,2	5,8	3,3	5,9
29–42 Tage	3,4	8,9	3,5	8,9
> 42 Tage	4,9	45,0	5,1	45,5

Fehlzeiten-Report 2021

28.9 · Metallindustrie

Tab. 28.142 Tage der Arbeitsunfähigkeit je AOK-Mitglied nach Wirtschaftsabteilung und Betriebsgröße in der Branche Metallindustrie im Jahr 2020

Wirtschaftsabteilungen	Betriebsgröße (Anzahl der AOK-Mitglieder)					
	10–49	50–99	100–199	200–499	500–999	≥ 1.000
Herstellung von Datenverarbeitungsgeräten, elektronischen und optischen Erzeugnissen	17,4	18,5	20,0	19,8	17,9	16,9
Herstellung von elektrischen Ausrüstungen	21,3	23,4	22,1	22,8	20,0	24,8
Herstellung von Kraftwagen und Kraftwagenteilen	20,2	22,1	24,0	22,9	23,6	21,8
Herstellung von Metallerzeugnissen	22,8	23,4	23,7	23,2	21,5	19,4
Maschinenbau	19,5	19,8	20,2	19,0	20,1	17,8
Metallerzeugung und -bearbeitung	26,4	26,2	24,9	24,0	25,4	35,1
Sonstiger Fahrzeugbau	19,9	22,3	18,7	19,6	18,5	17,3
Branche gesamt	**21,3**	**21,9**	**22,2**	**21,5**	**21,5**	**21,5**
Alle Branchen	**20,3**	**22,3**	**22,5**	**22,6**	**22,8**	**22,7**

Fehlzeiten-Report 2021

Tab. 28.143 Krankenstand in Prozent nach Ausbildungsabschluss in der Branche Metallindustrie im Jahr 2020, AOK-Mitglieder

Wirtschaftsabteilungen	Ausbildung						
	ohne Ausbildungsabschluss	mit Ausbildungsabschluss	Meister/ Techniker	Bachelor	Diplom/ Magister/ Master/ Staatsexamen	Promotion	unbekannt
Herstellung von Datenverarbeitungsgeräten, elektronischen und optischen Erzeugnissen	6,2	5,4	3,5	1,7	2,1	1,3	5,2
Herstellung von elektrischen Ausrüstungen	7,5	6,2	3,6	1,8	2,2	1,6	6,0
Herstellung von Kraftwagen und Kraftwagenteilen	7,3	6,5	4,0	1,6	1,8	1,0	6,3
Herstellung von Metallerzeugnissen	7,1	6,2	4,0	2,0	2,7	3,7	6,1
Maschinenbau	6,0	5,7	3,6	1,8	2,2	2,6	5,7
Metallerzeugung und -bearbeitung	8,4	6,8	4,6	1,7	2,7	3,6	7,1
Sonstiger Fahrzeugbau	5,6	5,8	4,0	1,6	1,8	1,4	5,1
Branche gesamt	**7,0**	**6,1**	**3,8**	**1,8**	**2,2**	**1,8**	**6,0**
Alle Branchen	**6,0**	**5,9**	**4,7**	**2,3**	**2,9**	**2,1**	**5,0**

Fehlzeiten-Report 2021

28.9 · Metallindustrie

Tab. 28.144 Tage der Arbeitsunfähigkeit je AOK-Mitglied nach Ausbildungsabschluss in der Branche Metallindustrie im Jahr 2020

Wirtschafts-abteilungen	Ausbildung						
	ohne Aus-bildungs-abschluss	mit Aus-bildungs-abschluss	Meister/ Techniker	Bachelor	Diplom/ Magister/ Master/ Staats-examen	Promotion	unbekannt
Herstellung von Daten-verarbeitungsgeräten, elektronischen und optischen Erzeugnissen	22,7	19,8	13,0	6,3	7,7	4,7	18,9
Herstellung von elektrischen Ausrüstungen	27,4	22,7	13,3	6,6	8,1	5,8	22,1
Herstellung von Kraftwagen und Kraftwagenteilen	26,8	23,9	14,8	5,9	6,6	3,7	23,0
Herstellung von Metallerzeugnissen	26,0	22,7	14,7	7,4	10,0	13,5	22,4
Maschinenbau	22,1	20,8	13,2	6,6	7,9	9,5	20,9
Metallerzeugung und -bearbeitung	30,8	24,9	16,7	6,1	9,9	13,0	26,1
Sonstiger Fahrzeugbau	20,4	21,4	14,6	5,9	6,6	5,2	18,5
Branche gesamt	**25,5**	**22,2**	**14,0**	**6,5**	**7,9**	**6,4**	**22,1**
Alle Branchen	**21,8**	**21,8**	**17,1**	**8,5**	**10,6**	**7,6**	**18,2**

Fehlzeiten-Report 2021

Tab. 28.145 Anteil der Arbeitsunfälle an den AU-Fällen und -Tagen in Prozent nach Wirtschaftsabteilungen in der Branche Metallindustrie im Jahr 2020, AOK-Mitglieder

Wirtschaftsabteilungen	AU-Fälle in %	AU-Tage in %
Herstellung von Datenverarbeitungsgeräten, elektronischen und optischen Erzeugnissen	1,5	2,9
Herstellung von elektrischen Ausrüstungen	2,0	3,4
Herstellung von Kraftwagen und Kraftwagenteilen	2,3	3,9
Herstellung von Metallerzeugnissen	4,0	6,5
Maschinenbau	3,0	5,2
Metallerzeugung und -bearbeitung	3,8	6,6
Sonstiger Fahrzeugbau	2,9	5,3
Branche gesamt	3,0	5,2
Alle Branchen	3,0	5,5

Fehlzeiten-Report 2021

28.9 · Metallindustrie

Tab. 28.146 Tage und Fälle der Arbeitsunfähigkeit durch Arbeitsunfälle nach Berufsgruppen in der Branche Metallindustrie im Jahr 2020, AOK-Mitglieder

Tätigkeit	Arbeitsunfähigkeit je 1.000 AOK-Mitglieder	
	AU-Tage	AU-Fälle
Berufe im Metallbau	2.501,8	114,9
Berufe in der Schweiß- u. Verbindungstechnik	2.030,1	92,5
Berufe in der Metalloberflächenbehandlung (ohne Spez.)	1.593,5	67,2
Berufe in der Metallbearbeitung (ohne Spez.)	1.421,3	59,6
Maschinen- u. Anlagenführer/innen	1.379,2	56,5
Technische Servicekräfte in Wartung u. Instandhaltung	1.244,4	49,2
Berufe in der Lagerwirtschaft	1.164,6	45,5
Maschinen- u. Gerätezusammensetzer/innen	1.153,4	46,3
Berufe in der Maschinenbau- u. Betriebstechnik (ohne Spez.)	1.106,3	53,1
Berufe in der Kunststoff- u. Kautschukherstellung (ohne Spez.)	1.100,3	47,3
Berufe in der spanenden Metallbearbeitung	1.071,7	56,4
Berufe in der Werkzeugtechnik	988,4	54,4
Berufe in der elektrischen Betriebstechnik	895,4	44,8
Berufe in der Elektrotechnik (ohne Spez.)	724,7	29,4
Berufe in der technischen Qualitätssicherung	633,8	23,0
Berufe in der technischen Produktionsplanung u. -steuerung	564,7	19,8
Büro- u. Sekretariatskräfte (ohne Spez.)	223,6	8,6
Berufe im Vertrieb (außer Informations- u. Kommunikationstechnologien)	222,1	6,8
Berufe in der technischen Forschung u. Entwicklung (ohne Spez.)	163,4	8,2
Kaufmännische u. technische Betriebswirtschaft (ohne Spez.)	146,7	9,0
Branche gesamt	**1.100,8**	**47,9**
Alle Branchen	**1.092,2**	**43,4**

Fehlzeiten-Report 2021

◘ **Tab. 28.147** Tage und Fälle der Arbeitsunfähigkeit je 100 AOK-Mitglieder nach Krankheitsarten in der Branche Metallindustrie in den Jahren 2000 bis 2020

Jahr	Arbeitsunfähigkeiten je 100 AOK-Mitglieder											
	Psyche		Herz/Kreislauf		Atemwege		Verdauung		Muskel/Skelett		Verletzungen	
	Tage	Fälle	Tage	Fälle	Tage	Fälle	Tage	Fälle	Tage	Fälle	Tage	Fälle
2000	125,2	5,6	163,1	8,5	332,7	46,5	148,6	20,8	655,7	39,1	343,6	23,5
2001	134,9	6,4	165,4	9,1	310,6	45,6	149,9	21,6	672,0	40,8	338,9	23,4
2002	141,7	6,8	164,9	9,4	297,9	44,1	151,1	22,5	671,3	41,1	338,9	23,1
2003	134,5	6,7	156,5	9,3	296,8	45,1	142,2	21,5	601,3	37,9	314,5	21,7
2004	151,3	6,8	168,4	8,7	258,0	38,0	143,5	21,0	574,9	36,1	305,3	20,4
2005	150,7	6,6	166,7	8,7	300,6	44,4	136,0	19,6	553,4	35,3	301,1	19,9
2006	147,1	6,5	163,0	8,8	243,0	36,7	135,7	20,3	541,1	35,1	304,5	20,2
2007	154,4	6,9	164,0	8,8	275,3	42,1	142,2	21,8	560,3	36,0	303,9	20,2
2008 (WZ03)	162,9	7,1	168,5	9,2	287,2	44,6	148,4	23,3	580,4	37,9	308,6	20,7
2008 (WZ08)[a]	165,0	7,2	171,3	9,3	289,2	44,7	149,3	23,3	590,7	38,5	311,8	20,9
2009	170,6	7,2	173,4	8,7	303,3	46,3	137,9	19,0	558,2	34,1	307,9	19,0
2010	181,8	7,8	174,6	9,2	277,7	43,2	136,6	20,7	606,6	38,2	322,3	20,4
2011	187,5	8,2	168,1	9,2	291,4	45,4	136,8	21,1	595,5	38,9	317,8	20,5
2012	210,7	8,7	185,5	9,4	300,8	46,7	146,1	21,8	633,9	40,0	329,5	20,0
2013	217,5	8,7	184,2	9,0	374,9	56,7	149,7	21,8	630,9	39,8	329,6	19,9
2014	237,0	9,5	193,9	9,3	308,6	48,0	153,6	22,4	673,0	42,1	333,5	19,9
2015	243,7	9,8	193,5	9,5	391,0	59,5	154,3	22,7	669,1	41,9	331,7	19,6
2016	253,2	10,0	174,9	9,6	355,5	56,4	146,9	22,5	686,6	42,7	326,3	19,2
2017	255,6	10,1	168,3	9,3	360,0	56,3	140,9	21,3	668,7	41,4	324,7	18,6
2018	259,5	10,2	164,5	9,3	392,2	59,9	138,5	21,1	662,4	41,4	327,4	18,7
2019	277,8	10,7	165,2	9,3	348,3	55,9	137,0	20,8	676,8	42,0	327,1	18,1
2020	287,6	9,6	162,7	8,0	340,4	44,6	126,6	17,2	688,2	38,5	309,3	15,3

[a] aufgrund der Revision der Wirtschaftszweigklassifikation in 2008 ist eine Vergleichbarkeit mit den Vorjahren nur bedingt möglich

Fehlzeiten-Report 2021

28.9 · Metallindustrie

Tab. 28.148 Verteilung der Arbeitsunfähigkeitstage nach Krankheitsarten in Prozent in der Branche Metallindustrie im Jahr 2020, AOK-Mitglieder

Wirtschaftsabteilungen	AU-Tage in %						
	Psyche	Herz/ Kreislauf	Atem- wege	Ver- dauung	Muskel/ Skelett	Verlet- zungen	Sonstige
Herstellung von Datenverarbeitungsgeräten, elektronischen und optischen Erzeugnissen	12,3	4,7	13,5	4,5	20,7	9,0	35,4
Herstellung von elektrischen Ausrüstungen	11,0	5,2	11,9	4,3	23,9	9,1	34,5
Herstellung von Kraftwagen und Kraftwagenteilen	10,4	5,3	11,7	4,4	25,4	9,7	33,0
Herstellung von Metallerzeugnissen	9,3	5,9	11,1	4,4	24,3	11,4	33,7
Maschinenbau	9,3	5,7	12,3	4,4	22,6	11,3	34,4
Metallerzeugung und -bearbeitung	9,7	6,3	10,8	4,1	25,2	11,2	32,7
Sonstiger Fahrzeugbau	9,6	5,5	12,8	4,5	22,5	11,7	33,4
Branche gesamt	**9,9**	**5,6**	**11,8**	**4,4**	**23,8**	**10,7**	**33,9**
Alle Branchen	**12,0**	**5,1**	**11,8**	**4,2**	**22,1**	**10,0**	**34,8**

Fehlzeiten-Report 2021

Tab. 28.149 Verteilung der Arbeitsunfähigkeitsfälle nach Krankheitsarten in Prozent in der Branche Metallindustrie im Jahr 2020, AOK-Mitglieder

Wirtschaftsabteilungen	AU-Fälle in %						
	Psyche	Herz/ Kreislauf	Atemwege	Verdauung	Muskel/ Skelett	Verletzungen	Sonstige
Herstellung von Datenverarbeitungsgeräten, elektronischen und optischen Erzeugnissen	5,2	3,4	22,6	8,2	15,0	5,7	39,8
Herstellung von elektrischen Ausrüstungen	4,9	3,7	20,8	8,2	17,7	6,1	38,5
Herstellung von Kraftwagen und Kraftwagenteilen	4,9	3,7	20,4	7,6	19,6	6,4	37,5
Herstellung von Metallerzeugnissen	4,2	3,8	19,7	8,0	18,3	7,8	38,2
Maschinenbau	4,1	3,6	21,5	8,0	17,0	7,4	38,4
Metallerzeugung und -bearbeitung	4,4	4,1	19,4	7,7	19,5	7,4	37,4
Sonstiger Fahrzeugbau	4,4	3,4	21,7	8,1	17,2	7,2	38,0
Branche gesamt	**4,5**	**3,7**	**20,7**	**8,0**	**17,9**	**7,1**	**38,3**
Alle Branchen	**5,4**	**3,5**	**20,5**	**7,7**	**16,1**	**6,5**	**40,3**

Fehlzeiten-Report 2021

28.9 · Metallindustrie

Tab. 28.150 Verteilung der Arbeitsunfähigkeitstage nach Krankheitsarten und ausgewählten Berufsgruppen in der Branche Metallindustrie im Jahr 2020, AOK-Mitglieder

Tätigkeit	AU-Tage in %						
	Psyche	Herz/Kreislauf	Atemwege	Verdauung	Muskel/Skelett	Verletzungen	Sonstige
Berufe im Metallbau	6,8	5,8	10,4	4,5	25,5	15,0	31,9
Berufe im Vertrieb (außer Informations- u. Kommunikationstechnologien)	14,8	5,1	15,5	4,8	13,6	7,7	38,4
Berufe in der elektrischen Betriebstechnik	10,3	5,0	13,6	4,5	22,3	11,4	33,0
Berufe in der Elektrotechnik (ohne Spez.)	11,5	4,6	11,9	4,1	25,3	8,4	34,2
Berufe in der Kunststoff- u. Kautschukherstellung (ohne Spez.)	9,8	5,0	10,6	4,2	28,1	9,4	32,8
Berufe in der Lagerwirtschaft	10,2	6,0	10,9	4,4	24,8	9,6	34,2
Berufe in der Maschinenbau- u. Betriebstechnik (ohne Spez.)	9,8	5,4	11,8	4,2	24,4	11,1	33,3
Berufe in der Metallbearbeitung (ohne Spez.)	10,0	5,9	10,7	4,3	25,9	10,1	33,1
Berufe in der Metalloberflächenbehandlung (ohne Spez.)	9,5	6,2	10,3	4,4	27,1	10,7	31,9
Berufe in der Schweiß- u. Verbindungstechnik	7,4	6,7	10,2	4,2	28,3	11,8	31,4
Berufe in der spanenden Metallbearbeitung	8,7	5,9	12,2	4,6	22,7	11,9	33,9
Berufe in der technischen Forschung u. Entwicklung (ohne Spez.)	11,1	4,4	20,9	4,4	13,0	9,1	37,1
Berufe in der technischen Produktionsplanung u. -steuerung	11,7	5,7	13,1	4,6	19,8	9,8	35,2
Berufe in der technischen Qualitätssicherung	12,1	5,9	11,8	4,2	21,4	8,8	35,8
Berufe in der Werkzeugtechnik	8,5	5,6	12,7	4,7	20,4	13,0	35,2
Büro- u. Sekretariatskräfte (ohne Spez.)	15,4	4,2	14,4	4,3	14,0	7,1	40,6
Kaufmännische u. technische Betriebswirtschaft (ohne Spez.)	14,2	3,8	17,8	4,9	12,9	7,4	39,0

◨ **Tab. 28.150** (Fortsetzung)

Tätigkeit	AU-Tage in %						
	Psyche	Herz/ Kreislauf	Atem- wege	Ver- dauung	Muskel/ Skelett	Verlet- zungen	Sonstige
Maschinen- u. Anlagenführer/innen	9,8	5,8	11,7	4,4	25,5	10,6	32,3
Maschinen- u. Gerätezusammensetzer/innen	10,8	4,9	11,1	4,1	26,1	9,5	33,4
Technische Servicekräfte in Wartung u. Instandhaltung	8,7	5,8	12,3	4,4	22,2	12,6	34,0
Branche gesamt	**9,9**	**5,6**	**11,8**	**4,4**	**23,8**	**10,7**	**33,9**
Alle Branchen	**12,0**	**5,1**	**11,8**	**4,2**	**22,1**	**10,0**	**34,8**

Fehlzeiten-Report 2021

28.9 · Metallindustrie

Tab. 28.151 Verteilung der Arbeitsunfähigkeitsfälle nach Krankheitsarten und ausgewählten Berufsgruppen in der Branche Metallindustrie im Jahr 2020, AOK-Mitglieder

Tätigkeit	AU-Fälle in %						
	Psyche	Herz/ Kreislauf	Atemwege	Verdauung	Muskel/ Skelett	Verletzungen	Sonstige
Berufe im Metallbau	3,4	3,5	18,7	8,2	19,4	10,2	36,6
Berufe im Vertrieb (außer Informations- u. Kommunikationstechnologien)	5,2	3,4	25,0	8,8	9,7	5,0	42,9
Berufe in der elektrischen Betriebstechnik	4,1	3,0	23,1	7,9	16,5	7,1	38,4
Berufe in der Elektrotechnik (ohne Spez.)	5,5	3,7	20,2	8,0	18,5	5,4	38,8
Berufe in der Kunststoff- u. Kautschukherstellung (ohne Spez.)	5,0	3,9	18,9	7,7	21,2	6,3	37,1
Berufe in der Lagerwirtschaft	5,0	4,1	19,0	8,0	19,4	6,4	38,1
Berufe in der Maschinenbau- u. Betriebstechnik (ohne Spez.)	4,3	3,5	21,0	7,8	18,0	7,6	37,9
Berufe in der Metallbearbeitung (ohne Spez.)	4,6	4,0	18,9	7,7	20,7	7,0	37,2
Berufe in der Metalloberflächenbehandlung (ohne Spez.)	4,2	3,8	18,5	7,9	22,1	7,4	36,2
Berufe in der Schweiß- u. Verbindungstechnik	3,7	4,6	17,6	7,7	22,8	8,4	35,1
Berufe in der spanenden Metallbearbeitung	4,0	3,4	21,6	8,1	16,8	8,1	38,0
Berufe in der technischen Forschung u. Entwicklung (ohne Spez.)	3,5	2,6	31,0	8,2	9,4	5,6	39,8
Berufe in der technischen Produktionsplanung u. -steuerung	4,8	3,7	23,0	8,3	14,7	6,2	39,2
Berufe in der technischen Qualitätssicherung	5,3	4,1	21,1	8,0	16,5	5,5	39,4
Berufe in der Werkzeugtechnik	3,7	3,1	22,6	8,1	14,5	8,7	39,2
Büro- u. Sekretariatskräfte (ohne Spez.)	5,6	3,1	23,4	8,5	10,1	4,6	44,6
Kaufmännische u. technische Betriebswirtschaft (ohne Spez.)	4,8	2,7	26,6	8,3	8,7	4,9	44,0

◻ Tab. 28.151 (Fortsetzung)

Tätigkeit	AU-Tage in %						
	Psyche	Herz/ Kreislauf	Atem- wege	Ver- dauung	Muskel/ Skelett	Verlet- zungen	Sonstige
Maschinen- u. Anlagen- führer/innen	4,7	3,7	20,2	7,8	20,1	6,9	36,7
Maschinen- u. Geräte- zusammensetzer/innen	5,1	3,7	19,2	7,7	20,3	6,3	37,6
Technische Servicekräfte in Wartung u. Instandhaltung	4,0	3,8	21,5	8,1	17,2	7,7	37,7
Branche gesamt	**4,5**	**3,7**	**20,7**	**8,0**	**17,9**	**7,1**	**38,3**
Alle Branchen	**5,4**	**3,5**	**20,5**	**7,7**	**16,1**	**6,5**	**40,3**

Fehlzeiten-Report 2021

28.9 · Metallindustrie

Tab. 28.152 Anteile der 40 häufigsten Einzeldiagnosen an den AU-Fällen und AU-Tagen in der Branche Metallindustrie im Jahr 2020, AOK-Mitglieder

ICD-10	Bezeichnung	AU-Fälle in %	AU-Tage in %
J06	Akute Infektionen an mehreren oder nicht näher bezeichneten Lokalisationen der oberen Atemwege	10,3	5,2
M54	Rückenschmerzen	6,9	6,4
A09	Sonstige und nicht näher bezeichnete Gastroenteritis und Kolitis infektiösen und nicht näher bezeichneten Ursprungs	3,3	1,1
K08	Sonstige Krankheiten der Zähne und des Zahnhalteapparates	2,0	0,4
B34	Viruskrankheit nicht näher bezeichneter Lokalisation	1,8	0,9
U99	Nicht belegte Schlüsselnummer U99	1,7	0,8
I10	Essentielle (primäre) Hypertonie	1,6	1,4
Z11	Spezielle Verfahren zur Untersuchung auf infektiöse und parasitäre Krankheiten	1,5	0,8
R10	Bauch- und Beckenschmerzen	1,5	0,7
M25	Sonstige Gelenkkrankheiten, anderenorts nicht klassifiziert	1,3	1,6
R51	Kopfschmerz	1,3	0,5
F43	Reaktionen auf schwere Belastungen und Anpassungsstörungen	1,2	2,0
T14	Verletzung an einer nicht näher bezeichneten Körperregion	1,1	1,1
J20	Akute Bronchitis	1,1	0,7
J00	Akute Rhinopharyngitis [Erkältungsschnupfen]	1,1	0,5
U07	Nicht belegte Schlüsselnummer U07	1,0	0,7
K29	Gastritis und Duodenitis	1,0	0,5
K52	Sonstige nichtinfektiöse Gastroenteritis und Kolitis	1,0	0,3
F32	Depressive Episode	0,9	2,9
M75	Schulterläsionen	0,9	2,1
M79	Sonstige Krankheiten des Weichteilgewebes, anderenorts nicht klassifiziert	0,9	0,8
M99	Biomechanische Funktionsstörungen, anderenorts nicht klassifiziert	0,9	0,7
M51	Sonstige Bandscheibenschäden	0,8	2,0
M77	Sonstige Enthesopathien	0,8	1,0
J40	Bronchitis, nicht als akut oder chronisch bezeichnet	0,8	0,5
Z98	Sonstige Zustände nach chirurgischem Eingriff	0,7	2,0
M53	Sonstige Krankheiten der Wirbelsäule und des Rückens, anderenorts nicht klassifiziert	0,7	0,7

Tab. 28.152 (Fortsetzung)

ICD-10	Bezeichnung	AU-Fälle in %	AU-Tage in %
J98	Sonstige Krankheiten der Atemwege	0,7	0,4
R11	Übelkeit und Erbrechen	0,7	0,3
J02	Akute Pharyngitis	0,7	0,3
M23	Binnenschädigung des Kniegelenkes [internal derangement]	0,6	1,3
R53	Unwohlsein und Ermüdung	0,6	0,6
R42	Schwindel und Taumel	0,6	0,5
B99	Sonstige und nicht näher bezeichnete Infektionskrankheiten	0,6	0,3
R07	Hals- und Brustschmerzen	0,6	0,3
J32	Chronische Sinusitis	0,6	0,3
J03	Akute Tonsillitis	0,6	0,3
G43	Migräne	0,6	0,2
F48	Andere neurotische Störungen	0,5	0,8
J01	Akute Sinusitis	0,5	0,3
	Summe hier	**56,0**	**44,2**
	Restliche	44,0	55,8
	Gesamtsumme	**100,0**	**100,0**

Fehlzeiten-Report 2021

28.9 · Metallindustrie

Tab. 28.153 Anteile der 40 häufigsten Diagnoseuntergruppen an den AU-Fällen und AU-Tagen in der Branche Metallindustrie im Jahr 2020, AOK-Mitglieder

ICD-10	Bezeichnung	AU-Fälle in %	AU-Tage in %
J00–J06	Akute Infektionen der oberen Atemwege	13,9	7,0
M50–M54	Sonstige Krankheiten der Wirbelsäule und des Rückens	8,1	8,6
A00–A09	Infektiöse Darmkrankheiten	4,1	1,3
R50–R69	Allgemeinsymptome	3,4	2,6
M70–M79	Sonstige Krankheiten des Weichteilgewebes	3,0	4,6
F40–F48	Neurotische, Belastungs- und somatoforme Störungen	2,6	4,8
R10–R19	Symptome, die das Verdauungssystem und das Abdomen betreffen	2,5	1,2
K00–K14	Krankheiten der Mundhöhle, der Speicheldrüsen und der Kiefer	2,5	0,6
Z00–Z13	Personen, die das Gesundheitswesen zur Untersuchung und Abklärung in Anspruch nehmen	2,1	1,2
M20–M25	Sonstige Gelenkkrankheiten	1,9	3,1
I10–I15	Hypertonie [Hochdruckkrankheit]	1,9	1,6
B25–B34	Sonstige Viruskrankheiten	1,9	1,0
Z80–Z99	Personen mit potentiellen Gesundheitsrisiken aufgrund der Familien- oder Eigenanamnese und bestimmte Zustände, die den Gesundheitszustand beeinflussen	1,8	3,7
U99–U99	Nicht belegte Schlüsselnummern	1,8	0,9
J40–J47	Chronische Krankheiten der unteren Atemwege	1,6	1,3
G40–G47	Episodische und paroxysmale Krankheiten des Nervensystems	1,6	1,2
R00–R09	Symptome, die das Kreislaufsystem und das Atmungssystem betreffen	1,5	1,0
K20–K31	Krankheiten des Ösophagus, des Magens und des Duodenums	1,5	0,8
J20–J22	Sonstige akute Infektionen der unteren Atemwege	1,4	0,8
F30–F39	Affektive Störungen	1,3	4,5
T08–T14	Verletzungen nicht näher bezeichneter Teile des Rumpfes, der Extremitäten oder anderer Körperregionen	1,3	1,4
K50–K52	Nichtinfektiöse Enteritis und Kolitis	1,3	0,6
S60–S69	Verletzungen des Handgelenkes und der Hand	1,1	1,7
K55–K64	Sonstige Krankheiten des Darmes	1,1	0,8
U00–U49	Vorläufige Zuordnungen für Krankheiten mit unklarer Ätiologie und nicht belegte Schlüsselnummern	1,1	0,7
J30–J39	Sonstige Krankheiten der oberen Atemwege	1,1	0,6

◘ **Tab. 28.153** (Fortsetzung)

ICD-10	Bezeichnung	AU-Fälle in %	AU-Tage in %
M95–M99	Sonstige Krankheiten des Muskel-Skelett-Systems und des Bindegewebes	1,0	0,9
M15–M19	Arthrose	0,9	2,4
S90–S99	Verletzungen der Knöchelregion und des Fußes	0,9	1,3
E70–E90	Stoffwechselstörungen	0,9	0,6
S80–S89	Verletzungen des Knies und des Unterschenkels	0,8	1,8
R40–R46	Symptome, die das Erkennungs- und Wahrnehmungsvermögen, die Stimmung und das Verhalten betreffen	0,8	0,7
J09–J18	Grippe und Pneumonie	0,8	0,6
J95–J99	Sonstige Krankheiten des Atmungssystems	0,8	0,5
G50–G59	Krankheiten von Nerven, Nervenwurzeln und Nervenplexus	0,7	1,4
Z40–Z54	Personen, die das Gesundheitswesen zum Zwecke spezifischer Maßnahmen und zur medizinischen Betreuung in Anspruch nehmen	0,7	1,0
B99–B99	Sonstige Infektionskrankheiten	0,7	0,4
I30–I52	Sonstige Formen der Herzkrankheit	0,6	1,0
M65–M68	Krankheiten der Synovialis und der Sehnen	0,6	0,9
M05–M14	Entzündliche Polyarthropathien	0,6	0,7
	Summe hier	**78,2**	**71,8**
	Restliche	21,8	28,2
	Gesamtsumme	**100,0**	**100,0**

Fehlzeiten-Report 2021

28.10 Öffentliche Verwaltung

Entwicklung des Krankenstands der AOK-Mitglieder in der Branche Öffentliche Verwaltung in den Jahren 1996 bis 2020	Tab. 28.154
Arbeitsunfähigkeit der AOK-Mitglieder in der Branche Öffentliche Verwaltung nach Bundesländern im Jahr 2020 im Vergleich zum Vorjahr	Tab. 28.155
Arbeitsunfähigkeit der AOK-Mitglieder nach Wirtschaftsabteilungen in der Branche Öffentliche Verwaltung im Jahr 2020	Tab. 28.156
Kennzahlen der Arbeitsunfähigkeit nach ausgewählten Berufsgruppen in der Branche Öffentliche Verwaltung im Jahr 2020	Tab. 28.157
Dauer der Arbeitsunfähigkeit der AOK-Mitglieder in der Branche Öffentliche Verwaltung im Jahr 2020	Tab. 28.158
Tage der Arbeitsunfähigkeit je AOK-Mitglied nach Wirtschaftsabteilung und Betriebsgröße in der Branche Öffentliche Verwaltung im Jahr 2020	Tab. 28.159
Krankenstand in Prozent nach Ausbildungsabschluss in der Branche Öffentliche Verwaltung im Jahr 2020, AOK-Mitglieder	Tab. 28.160
Tage der Arbeitsunfähigkeit je AOK-Mitglied nach Ausbildungsabschluss in der Branche Öffentliche Verwaltung im Jahr 2020	Tab. 28.161
Anteil der Arbeitsunfälle an den AU-Fällen und -Tagen in Prozent nach Wirtschaftsabteilungen in der Branche Öffentliche Verwaltung im Jahr 2020, AOK-Mitglieder	Tab. 28.162
Tage und Fälle der Arbeitsunfähigkeit durch Arbeitsunfälle nach Berufsgruppen in der Branche Öffentliche Verwaltung im Jahr 2020, AOK-Mitglieder	Tab. 28.163
Tage und Fälle der Arbeitsunfähigkeit je 100 AOK-Mitglieder nach Krankheitsarten in der Branche Öffentliche Verwaltung in den Jahren 1996 bis 2020	Tab. 28.164
Verteilung der Arbeitsunfähigkeitstage nach Krankheitsarten in Prozent in der Branche Öffentliche Verwaltung im Jahr 2020, AOK-Mitglieder	Tab. 28.165
Verteilung der Arbeitsunfähigkeitsfälle nach Krankheitsarten in Prozent in der Branche Öffentliche Verwaltung im Jahr 2020, AOK-Mitglieder	Tab. 28.166
Verteilung der Arbeitsunfähigkeitstage nach Krankheitsarten und ausgewählten Berufsgruppen in der Branche Öffentliche Verwaltung im Jahr 2020, AOK-Mitglieder	Tab. 28.167
Verteilung der Arbeitsunfähigkeitsfälle nach Krankheitsarten und ausgewählten Berufsgruppen in der Branche Öffentliche Verwaltung im Jahr 2020, AOK-Mitglieder	Tab. 28.168
Anteile der 40 häufigsten Einzeldiagnosen an den AU-Fällen und AU-Tagen in der Branche Öffentliche Verwaltung im Jahr 2020, AOK-Mitglieder	Tab. 28.169
Anteile der 40 häufigsten Diagnoseuntergruppen an den AU-Fällen und AU-Tagen in der Branche Öffentliche Verwaltung im Jahr 2020, AOK-Mitglieder	Tab. 28.170

◼ **Tab. 28.154** Entwicklung des Krankenstands der AOK-Mitglieder in der Branche Öffentliche Verwaltung in den Jahren 1996 bis 2020

Jahr	Krankenstand in %			AU-Fälle je 100 AOK-Mitglieder			Tage je Fall		
	West	Ost	Bund	West	Ost	Bund	West	Ost	Bund
1996	6,4	6,0	6,3	156,9	155,6	156,6	15,4	14,7	15,2
1997	6,2	5,8	6,1	158,4	148,8	156,3	14,4	14,1	14,3
1998	6,3	5,7	6,2	162,6	150,3	160,0	14,2	13,8	14,1
1999	6,6	6,2	6,5	170,7	163,7	169,3	13,8	13,6	13,8
2000	6,4	5,9	6,3	172,0	174,1	172,5	13,6	12,3	13,3
2001	6,1	5,9	6,1	165,8	161,1	164,9	13,5	13,3	13,5
2002	6,0	5,7	5,9	167,0	161,9	166,0	13,0	12,9	13,0
2003	5,7	5,3	5,6	167,3	158,8	165,7	12,4	12,2	12,3
2004	5,3	5,0	5,2	154,8	152,2	154,3	12,5	12,0	12,4
2005[b]	5,3	4,5	5,1	154,1	134,3	150,0	12,6	12,2	12,5
2006	5,1	4,7	5,0	148,7	144,7	147,9	12,5	11,8	12,3
2007	5,3	4,8	5,2	155,5	151,1	154,6	12,4	11,7	12,3
2008 (WZ03)	5,3	4,9	5,2	159,8	152,1	158,3	12,2	11,8	12,1
2008 (WZ08)[a]	5,3	4,9	5,2	159,9	152,2	158,4	12,1	11,8	12,1
2009	5,5	5,3	5,4	167,9	164,9	167,3	11,9	11,7	11,8
2010	5,5	5,7	5,5	164,8	184,6	168,2	12,2	11,3	12,0
2011	5,6	5,5	5,6	172,5	189,1	175,6	11,9	10,6	11,7
2012	5,5	5,5	5,5	163,9	164,4	164,0	12,2	12,2	12,2
2013	5,6	5,9	5,7	174,8	176,3	175,1	11,7	12,2	11,8
2014	5,9	6,1	5,9	174,9	179,9	175,9	12,3	12,3	12,3
2015	6,2	6,5	6,3	187,8	195,6	189,3	12,1	12,1	12,1
2016	6,2	6,6	6,3	189,3	203,8	192,0	12,1	11,9	12,0
2017	6,3	6,9	6,4	187,6	210,7	192,2	12,2	11,9	12,2
2018	6,5	7,2	6,6	192,5	216,4	197,4	12,3	12,2	12,3
2019	6,4	7,0	6,5	187,3	210,9	192,2	12,5	12,2	12,4
2020	6,4	7,4	6,6	164,2	192,7	170,2	14,3	14,0	14,2

[a] aufgrund der Revision der Wirtschaftszweigklassifikation in 2008 ist eine Vergleichbarkeit mit den Vorjahren nur bedingt möglich
[b] ohne Sozialversicherung/Arbeitsförderung
Fehlzeiten-Report 2021

28.10 · Öffentliche Verwaltung

Tab. 28.155 Arbeitsunfähigkeit der AOK-Mitglieder in der Branche Öffentliche Verwaltung nach Bundesländern im Jahr 2020 im Vergleich zum Vorjahr

Bundesland	Krankenstand in %	Arbeitsunfähigkeit je 100 AOK-Mitglieder				Tage je Fall	Veränd. z. Vorj. in %	AU-Quote in %
		AU-Fälle	Veränd. z. Vorj. in %	AU-Tage	Veränd. z. Vorj. in %			
Baden-Württemberg	6,0	169,2	−10,1	2.211,3	2,6	13,1	14,2	62,2
Bayern	5,7	142,6	−9,6	2.088,8	1,3	14,6	12,1	55,7
Berlin	5,8	157,6	−18,9	2.136,2	−4,8	13,6	17,3	54,6
Brandenburg	8,0	190,0	−10,8	2.912,5	1,8	15,3	14,1	66,2
Bremen	5,8	148,0	−14,4	2.114,2	0,1	14,3	17,0	54,4
Hamburg	5,2	123,5	−17,6	1.920,9	−7,0	15,6	12,9	43,4
Hessen	6,8	189,0	−16,5	2.503,7	−5,4	13,2	13,4	63,4
Mecklenburg-Vorpommern	7,4	180,6	−13,6	2.710,0	−5,6	15,0	9,2	62,7
Niedersachsen	6,6	172,4	−13,0	2.417,7	−0,3	14,0	14,6	63,5
Nordrhein-Westfalen	7,3	174,7	−14,4	2.659,8	−1,5	15,2	15,0	62,2
Rheinland-Pfalz	7,1	157,6	−13,7	2.604,9	3,0	16,5	19,3	57,9
Saarland	8,3	180,2	−10,7	3.042,1	−5,3	16,9	6,1	64,4
Sachsen	7,1	192,2	−7,3	2.599,2	7,7	13,5	16,2	68,9
Sachsen-Anhalt	7,7	193,4	−9,5	2.805,3	2,9	14,5	13,7	65,8
Schleswig-Holstein	6,6	157,9	−12,8	2.401,3	−2,1	15,2	12,2	58,6
Thüringen	7,5	198,0	−8,4	2.727,1	4,8	13,8	14,4	68,0
West	**6,4**	**164,2**	**−12,3**	**2.341,4**	**0,1**	**14,3**	**14,2**	**60,2**
Ost	**7,4**	**192,7**	**−8,6**	**2.695,9**	**4,8**	**14,0**	**14,7**	**67,6**
Bund	**6,6**	**170,2**	**−11,4**	**2.415,8**	**1,2**	**14,2**	**14,3**	**61,8**

Fehlzeiten-Report 2021

Tab. 28.156 Arbeitsunfähigkeit der AOK-Mitglieder nach Wirtschaftsabteilungen in der Branche Öffentliche Verwaltung im Jahr 2020

Wirtschaftsabteilungen	Krankenstand in %		Arbeitsunfähigkeiten je 100 AOK-Mitglieder		Tage je Fall	AU-Quote in %
	2020	2020 stand.[a]	Fälle	Tage		
Auswärtige Angelegenheiten, Verteidigung, Rechtspflege, öffentliche Sicherheit und Ordnung	6,7	5,9	163,3	2.444,3	15,0	57,3
Exterritoriale Organisationen und Körperschaften	8,3	6,7	178,5	3.055,6	17,1	59,7
Öffentliche Verwaltung	6,6	6,1	171,1	2.422,4	14,2	61,8
Sozialversicherung	6,4	5,9	169,9	2.337,0	13,8	64,1
Branche gesamt	**6,6**	**6,0**	**170,2**	**2.415,8**	**14,2**	**61,8**
Alle Branchen	**5,4**	**5,5**	**144,2**	**1.988,1**	**13,8**	**50,7**

[a] Krankenstand alters- und geschlechtsstandardisiert
Fehlzeiten-Report 2021

28.10 · Öffentliche Verwaltung

Tab. 28.157 Kennzahlen der Arbeitsunfähigkeit nach ausgewählten Berufsgruppen in der Branche Öffentliche Verwaltung im Jahr 2020

Tätigkeit	Krankenstand in %	Arbeitsunfähigkeit je 100 AOK-Mitglieder		Tage je Fall	AU-Quote in %	Anteil der Berufsgruppe an der Branche in %[a]
		AU-Fälle	AU-Tage			
Berufe im Gartenbau (ohne Spez.)	10,0	229,2	3.657,6	16,0	70,9	1,8
Berufe im Objekt-, Werte- u. Personenschutz	8,2	209,8	2.997,4	14,3	62,1	1,2
Berufe in der Gebäudetechnik (ohne Spez.)	7,4	143,0	2.720,7	19,0	59,6	2,5
Berufe in der Kinderbetreuung u. -erziehung	6,3	204,1	2.290,6	11,2	67,1	11,3
Berufe in der öffentlichen Verwaltung (ohne Spez.)	5,2	151,7	1.894,5	12,5	57,3	16,6
Berufe in der Personaldienstleistung	6,0	158,7	2.188,7	13,8	61,7	1,4
Berufe in der Reinigung (ohne Spez.)	9,3	183,5	3.418,2	18,6	66,6	5,5
Berufe in der Sozialarbeit u. Sozialpädagogik	4,6	135,4	1.689,8	12,5	55,9	2,4
Berufe in der Sozialverwaltung u. -versicherung	6,2	173,2	2.287,1	13,2	65,5	9,9
Büro- u. Sekretariatskräfte (ohne Spez.)	6,4	166,4	2.337,5	14,1	61,0	8,4
Kaufmännische u. technische Betriebswirtschaft (ohne Spez.)	6,1	173,8	2.245,9	12,9	61,7	2,3
Köche/Köchinnen (ohne Spez.)	9,0	186,6	3.304,9	17,7	66,2	1,2
Platz- u. Gerätewarte/-wartinnen	8,2	168,7	3.012,5	17,9	64,6	2,5
Straßen- u. Tunnelwärter/-innen	8,5	197,2	3.108,5	15,8	70,1	3,2
Branche gesamt	**6,6**	**170,2**	**2.415,8**	**14,2**	**61,8**	**4,4[b]**

[a] Anteil der AOK-Mitglieder in der Berufsgruppe an den in der Branche beschäftigten AOK-Mitgliedern insgesamt
[b] Anteil der AOK-Mitglieder in der Branche an allen AOK-Mitgliedern
Fehlzeiten-Report 2021

Tab. 28.158 Dauer der Arbeitsunfähigkeit der AOK-Mitglieder in der Branche Öffentliche Verwaltung im Jahr 2020

Fallklasse	Branche hier		Alle Branchen	
	Anteil Fälle in %	Anteil Tage in %	Anteil Fälle in %	Anteil Tage in %
1–3 Tage	30,3	4,2	30,7	4,4
4–7 Tage	28,0	9,9	30,2	11,2
8–14 Tage	20,6	15,1	19,8	15,0
15–21 Tage	7,8	9,5	7,3	9,1
22–28 Tage	3,9	6,7	3,3	5,9
29–42 Tage	4,1	10,0	3,5	8,9
> 42 Tage	5,2	44,6	5,1	45,5

Fehlzeiten-Report 2021

Tab. 28.159 Tage der Arbeitsunfähigkeit je AOK-Mitglied nach Wirtschaftsabteilung und Betriebsgröße in der Branche Öffentliche Verwaltung im Jahr 2020

Wirtschaftsabteilungen	Betriebsgröße (Anzahl der AOK-Mitglieder)					
	10–49	50–99	100–199	200–499	500–999	≥ 1.000
Auswärtige Angelegenheiten, Verteidigung, Rechtspflege, öffentliche Sicherheit und Ordnung	24,7	25,0	25,8	22,7	26,1	–
Exterritoriale Organisationen und Körperschaften	24,0	45,4	33,9	36,3	39,3	–
Öffentliche Verwaltung	23,4	24,2	24,1	25,0	27,9	27,3
Sozialversicherung	23,2	23,5	23,2	23,9	24,4	23,2
Branche gesamt	**23,6**	**24,2**	**24,2**	**24,8**	**27,3**	**26,2**
Alle Branchen	**20,3**	**22,3**	**22,5**	**22,6**	**22,8**	**22,7**

Fehlzeiten-Report 2021

28.10 · Öffentliche Verwaltung

Tab. 28.160 Krankenstand in Prozent nach Ausbildungsabschluss in der Branche Öffentliche Verwaltung im Jahr 2020, AOK-Mitglieder

Wirtschafts-abteilungen	Ausbildung						
	ohne Ausbildungsabschluss	mit Ausbildungsabschluss	Meister/ Techniker	Bachelor	Diplom/ Magister/ Master/ Staatsexamen	Promotion	unbekannt
Auswärtige Angelegenheiten, Verteidigung, Rechtspflege, öffentliche Sicherheit und Ordnung	7,3	7,2	6,1	2,9	2,2	2,0	6,2
Exterritoriale Organisationen und Körperschaften	6,1	6,3	3,3	2,6	2,6	1,7	9,3
Öffentliche Verwaltung	8,0	6,8	6,5	3,3	4,3	2,8	7,6
Sozialversicherung	5,6	6,7	7,9	3,3	5,2	3,4	8,3
Branche gesamt	7,6	6,8	6,6	3,3	4,3	2,8	7,8
Alle Branchen	6,0	5,9	4,7	2,3	2,9	2,1	5,0

Fehlzeiten-Report 2021

Tab. 28.161 Tage der Arbeitsunfähigkeit je AOK-Mitglied nach Ausbildungsabschluss in der Branche Öffentliche Verwaltung im Jahr 2020

Wirtschaftsabteilungen	Ausbildung						
	ohne Ausbildungsabschluss	mit Ausbildungsabschluss	Meister/ Techniker	Bachelor	Diplom/ Magister/ Master/ Staatsexamen	Promotion	unbekannt
Auswärtige Angelegenheiten, Verteidigung, Rechtspflege, öffentliche Sicherheit und Ordnung	26,8	26,5	22,4	10,6	8,1	7,3	22,5
Exterritoriale Organisationen und Körperschaften	22,1	23,2	12,2	9,6	9,5	6,1	34,1
Öffentliche Verwaltung	29,3	25,0	23,9	12,2	15,8	10,2	28,0
Sozialversicherung	20,4	24,4	28,8	12,2	19,2	12,4	30,5
Branche gesamt	**27,8**	**25,0**	**24,1**	**12,1**	**15,8**	**10,4**	**28,4**
Alle Branchen	**21,8**	**21,8**	**17,1**	**8,5**	**10,6**	**7,6**	**18,2**

Fehlzeiten-Report 2021

Tab. 28.162 Anteil der Arbeitsunfälle an den AU-Fällen und -Tagen in Prozent nach Wirtschaftsabteilungen in der Branche Öffentliche Verwaltung im Jahr 2020, AOK-Mitglieder

Wirtschaftsabteilungen	AU-Fälle in %	AU-Tage in %
Auswärtige Angelegenheiten, Verteidigung, Rechtspflege, öffentliche Sicherheit und Ordnung	1,4	2,9
Exterritoriale Organisationen und Körperschaften	1,9	2,9
Öffentliche Verwaltung	2,0	3,9
Sozialversicherung	0,7	1,4
Branche gesamt	**1,7**	**3,4**
Alle Branchen	**3,0**	**5,5**

Fehlzeiten-Report 2021

28.10 · Öffentliche Verwaltung

Tab. 28.163 Tage und Fälle der Arbeitsunfähigkeit durch Arbeitsunfälle nach Berufsgruppen in der Branche Öffentliche Verwaltung im Jahr 2020, AOK-Mitglieder

Tätigkeit	Arbeitsunfähigkeit je 1.000 AOK-Mitglieder	
	AU-Tage	AU-Fälle
Platz- u. Gerätewarte/-wartinnen	2.830,6	85,8
Straßen- u. Tunnelwärter/-innen	2.508,6	96,3
Berufe im Gartenbau (ohne Spez.)	2.187,3	88,8
Berufe in der Gebäudetechnik (ohne Spez.)	1.649,7	48,2
Berufe im Objekt-, Werte- u. Personenschutz	1.117,1	37,2
Berufe in der Reinigung (ohne Spez.)	1.044,3	29,9
Köche/Köchinnen (ohne Spez.)	868,6	33,2
Berufe in der Kinderbetreuung u. -erziehung	513,7	23,7
Büro- u. Sekretariatskräfte (ohne Spez.)	419,4	14,4
Kaufmännische u. technische Betriebswirtschaft (ohne Spez.)	387,5	16,0
Berufe in der öffentlichen Verwaltung (ohne Spez.)	320,9	14,0
Berufe in der Sozialverwaltung u. -versicherung	295,1	11,4
Berufe in der Sozialarbeit u. Sozialpädagogik	289,3	14,3
Berufe in der Personaldienstleistung	265,4	11,0
Branche gesamt	**820,3**	**29,7**
Alle Branchen	**1.092,2**	**43,4**

Fehlzeiten-Report 2021

◘ **Tab. 28.164** Tage und Fälle der Arbeitsunfähigkeit je 100 AOK-Mitglieder nach Krankheitsarten in der Branche Öffentliche Verwaltung in den Jahren 1996 bis 2020

Jahr	Arbeitsunfähigkeiten je 100 AOK-Mitglieder											
	Psyche		Herz/Kreislauf		Atemwege		Verdauung		Muskel/Skelett		Verletzungen	
	Tage	Fälle	Tage	Fälle	Tage	Fälle	Tage	Fälle	Tage	Fälle	Tage	Fälle
1996	165,0	3,3	241,9	7,4	434,5	35,5	199,8	19,4	779,1	29,8	312,4	23,9
1997	156,7	3,4	225,2	7,4	395,1	34,3	184,0	19,3	711,5	29,7	299,8	23,9
1998	165,0	3,9	214,1	7,8	390,7	36,9	178,4	19,8	720,0	31,5	288,1	23,7
1999	176,0	4,5	207,0	8,2	427,8	42,0	179,1	21,7	733,3	34,0	290,5	23,7
2000	198,5	8,1	187,3	10,1	392,0	50,5	160,6	21,3	749,6	41,4	278,9	17,4
2001	208,7	8,9	188,4	10,8	362,4	48,7	157,4	21,7	745,4	41,8	272,9	17,1
2002	210,1	9,4	182,7	10,9	344,1	47,7	157,9	23,0	712,8	41,6	267,9	17,1
2003	203,2	9,4	170,5	11,1	355,1	50,5	151,5	22,8	644,3	39,3	257,9	16,5
2004	213,8	9,6	179,9	10,2	313,1	43,6	153,1	22,5	619,0	37,9	251,5	15,5
2005[b]	211,4	9,4	179,4	10,1	346,2	47,2	142,3	19,7	594,5	36,4	252,5	15,1
2006	217,8	9,4	175,5	10,2	297,4	42,0	142,8	21,3	585,5	35,9	248,5	15,0
2007	234,4	9,9	178,3	10,1	326,0	46,2	148,6	22,3	600,6	36,1	239,2	14,1
2008 (WZ03)	245,1	10,2	176,0	10,2	331,8	47,6	150,3	22,9	591,9	36,1	238,2	14,2
2008 (WZ08)[a]	245,2	10,3	175,9	10,2	332,0	47,7	150,4	22,9	591,5	36,2	238,0	14,2
2009	255,2	10,8	177,1	10,2	387,0	54,8	148,5	22,8	577,6	35,8	245,5	14,5
2010	278,4	11,3	177,0	10,1	337,6	49,3	142,8	21,4	618,1	37,5	261,2	15,3
2011	295,9	12,1	176,3	10,3	353,4	50,9	142,9	21,9	606,2	37,7	254,2	15,0
2012	315,8	11,9	177,3	9,6	337,9	48,5	139,1	20,5	587,4	35,0	243,6	13,6
2013	315,4	11,9	183,2	9,5	425,4	59,0	144,3	21,3	588,5	35,3	254,6	14,1
2014	354,3	13,2	194,5	10,1	356,8	51,6	151,9	22,5	643,6	37,5	263,9	14,5
2015	377,9	13,6	194,7	10,2	448,1	63,0	152,4	22,5	643,4	37,0	266,3	14,4
2016	389,5	14,1	174,7	10,3	423,3	61,8	149,9	23,0	660,9	37,5	268,5	14,6
2017	402,6	14,4	171,4	10,1	446,6	63,5	146,7	22,0	652,5	36,9	271,4	14,4
2018	428,5	14,9	171,2	10,3	480,7	66,4	144,3	21,9	645,6	36,0	274,4	14,6
2019	452,4	15,1	165,3	9,9	422,1	61,8	138,6	21,4	646,5	35,6	271,8	14,1
2020	486,1	14,9	161,3	8,7	440,0	52,9	134,5	18,4	658,5	33,5	263,2	12,5

[a] aufgrund der Revision der Wirtschaftszweigklassifikation in 2008 ist eine Vergleichbarkeit mit den Vorjahren nur bedingt möglich
[b] ohne Sozialversicherung/Arbeitsförderung
Fehlzeiten-Report 2021

28.10 · Öffentliche Verwaltung

Tab. 28.165 Verteilung der Arbeitsunfähigkeitstage nach Krankheitsarten in Prozent in der Branche Öffentliche Verwaltung im Jahr 2020, AOK-Mitglieder

Wirtschaftsabteilungen	AU-Tage in %						
	Psyche	Herz/Kreislauf	Atemwege	Verdauung	Muskel/Skelett	Verletzungen	Sonstige
Auswärtige Angelegenheiten, Verteidigung, Rechtspflege, öffentliche Sicherheit und Ordnung	13,6	5,4	11,6	4,1	21,7	7,9	35,8
Exterritoriale Organisationen und Körperschaften	12,5	7,1	9,7	3,8	23,9	7,8	35,3
Öffentliche Verwaltung	13,6	5,0	13,4	4,1	20,6	8,4	35,0
Sozialversicherung	20,3	4,0	14,0	4,1	15,2	6,2	36,2
Branche gesamt	**14,7**	**4,9**	**13,3**	**4,1**	**19,9**	**7,9**	**35,3**
Alle Branchen	**12,0**	**5,1**	**11,8**	**4,2**	**22,1**	**10,0**	**34,8**

Fehlzeiten-Report 2021

Tab. 28.166 Verteilung der Arbeitsunfähigkeitsfälle nach Krankheitsarten in Prozent in der Branche Öffentliche Verwaltung im Jahr 2020, AOK-Mitglieder

Wirtschaftsabteilungen	AU-Fälle in %						
	Psyche	Herz/Kreislauf	Atemwege	Verdauung	Muskel/Skelett	Verletzungen	Sonstige
Auswärtige Angelegenheiten, Verteidigung, Rechtspflege, öffentliche Sicherheit und Ordnung	6,3	4,2	19,9	8,0	15,5	5,3	40,9
Exterritoriale Organisationen und Körperschaften	6,1	4,7	16,6	7,0	19,5	5,3	40,7
Öffentliche Verwaltung	6,0	3,7	22,5	7,7	14,6	5,5	40,0
Sozialversicherung	7,6	3,2	23,3	8,3	11,3	4,3	41,9
Branche gesamt	**6,3**	**3,7**	**22,4**	**7,8**	**14,2**	**5,3**	**40,4**
Alle Branchen	**5,4**	**3,5**	**20,5**	**7,7**	**16,1**	**6,5**	**40,3**

Fehlzeiten-Report 2021

Tab. 28.167 Verteilung der Arbeitsunfähigkeitstage nach Krankheitsarten und ausgewählten Berufsgruppen in der Branche Öffentliche Verwaltung im Jahr 2020, AOK-Mitglieder

Tätigkeit	AU-Tage in %						
	Psyche	Herz/ Kreislauf	Atem- wege	Ver- dauung	Muskel/ Skelett	Verlet- zungen	Sonstige
Berufe im Gartenbau (ohne Spez.)	9,0	5,9	10,3	3,7	29,0	10,3	31,7
Berufe im Objekt-, Werte- u. Personenschutz	12,3	6,0	12,6	4,9	21,9	7,4	34,9
Berufe in der Gebäudetechnik (ohne Spez.)	9,7	7,9	9,0	4,0	23,1	9,6	36,7
Berufe in der Kinderbetreuung u. -erziehung	16,9	2,9	20,1	3,9	14,1	6,6	35,6
Berufe in der öffentlichen Verwaltung (ohne Spez.)	17,9	4,3	15,3	4,4	14,1	6,5	37,5
Berufe in der Personaldienstleistung	22,2	3,9	15,3	4,4	12,8	5,1	36,3
Berufe in der Reinigung (ohne Spez.)	11,4	4,8	10,3	3,1	28,2	7,8	34,4
Berufe in der Sozialarbeit u. Sozialpädagogik	20,3	3,4	17,1	3,8	12,0	6,3	37,1
Berufe in der Sozialverwaltung u. -versicherung	20,6	3,9	14,2	4,1	14,9	6,1	36,2
Büro- u. Sekretariatskräfte (ohne Spez.)	17,9	4,5	13,9	4,2	16,2	6,8	36,5
Kaufmännische u. technische Betriebswirtschaft (ohne Spez.)	16,8	4,4	15,8	4,6	16,0	6,7	35,6
Köche/Köchinnen (ohne Spez.)	12,9	5,2	11,2	3,8	24,6	7,4	34,9
Platz- u. Gerätewarte/ -wartinnen	7,0	7,0	8,6	4,3	28,0	12,5	32,6
Straßen- u. Tunnelwärter/ -innen	6,8	6,9	9,5	4,3	28,5	12,1	31,9
Branche gesamt	14,7	4,9	13,3	4,1	19,9	7,9	35,3
Alle Branchen	12,0	5,1	11,8	4,2	22,1	10,0	34,8

Fehlzeiten-Report 2021

28.10 · Öffentliche Verwaltung

Tab. 28.168 Verteilung der Arbeitsunfähigkeitsfälle nach Krankheitsarten und ausgewählten Berufsgruppen in der Branche Öffentliche Verwaltung im Jahr 2020, AOK-Mitglieder

Tätigkeit	AU-Fälle in %						
	Psyche	Herz/ Kreislauf	Atemwege	Verdauung	Muskel/ Skelett	Verletzungen	Sonstige
Berufe im Gartenbau (ohne Spez.)	4,9	4,3	16,5	7,6	23,0	7,7	36,1
Berufe im Objekt-, Werte- u. Personenschutz	6,4	4,0	19,9	7,4	17,1	4,9	40,4
Berufe in der Gebäudetechnik (ohne Spez.)	5,2	6,3	16,2	8,2	17,3	6,9	40,0
Berufe in der Kinderbetreuung u. -erziehung	6,2	2,2	30,9	6,5	9,2	4,0	40,9
Berufe in der öffentlichen Verwaltung (ohne Spez.)	6,9	3,3	23,9	8,2	10,6	4,5	42,5
Berufe in der Personaldienstleistung	9,0	3,2	24,8	7,9	10,0	3,8	41,2
Berufe in der Reinigung (ohne Spez.)	6,1	4,6	17,7	7,1	20,6	5,2	38,7
Berufe in der Sozialarbeit u. Sozialpädagogik	7,6	2,6	28,0	6,9	8,8	4,4	41,6
Berufe in der Sozialverwaltung u. -versicherung	7,4	3,0	23,8	8,4	11,0	4,3	42,1
Büro- u. Sekretariatskräfte (ohne Spez.)	7,5	3,7	22,0	8,3	12,1	4,4	42,0
Kaufmännische u. technische Betriebswirtschaft (ohne Spez.)	7,6	3,4	24,4	8,8	11,5	4,3	40,1
Köche/Köchinnen (ohne Spez.)	6,3	4,5	19,8	7,3	17,8	5,3	39,1
Platz- u. Gerätewarte/ -wartinnen	3,5	5,3	15,2	8,0	21,7	8,7	37,5
Straßen- u. Tunnelwärter/ -innen	3,8	4,6	16,4	8,0	21,9	9,1	36,2
Branche gesamt	6,3	3,7	22,4	7,8	14,2	5,3	40,4
Alle Branchen	5,4	3,5	20,5	7,7	16,1	6,5	40,3

Fehlzeiten-Report 2021

Tab. 28.169 Anteile der 40 häufigsten Einzeldiagnosen an den AU-Fällen und AU-Tagen in der Branche Öffentliche Verwaltung im Jahr 2020, AOK-Mitglieder

ICD-10	Bezeichnung	AU-Fälle in %	AU-Tage in %
J06	Akute Infektionen an mehreren oder nicht näher bezeichneten Lokalisationen der oberen Atemwege	11,2	6,0
M54	Rückenschmerzen	5,0	5,0
A09	Sonstige und nicht näher bezeichnete Gastroenteritis und Kolitis infektiösen und nicht näher bezeichneten Ursprungs	2,7	1,0
K08	Sonstige Krankheiten der Zähne und des Zahnhalteapparates	2,2	0,4
F43	Reaktionen auf schwere Belastungen und Anpassungsstörungen	1,9	3,5
B34	Viruskrankheit nicht näher bezeichneter Lokalisation	1,9	1,0
U99	Nicht belegte Schlüsselnummer U99	1,7	0,8
I10	Essentielle (primäre) Hypertonie	1,6	1,4
R10	Bauch- und Beckenschmerzen	1,6	0,8
Z11	Spezielle Verfahren zur Untersuchung auf infektiöse und parasitäre Krankheiten	1,5	0,8
F32	Depressive Episode	1,3	4,0
U07	Nicht belegte Schlüsselnummer U07	1,2	0,7
J20	Akute Bronchitis	1,1	0,8
J00	Akute Rhinopharyngitis [Erkältungsschnupfen]	1,1	0,6
R51	Kopfschmerz	1,1	0,5
M25	Sonstige Gelenkkrankheiten, anderenorts nicht klassifiziert	1,0	1,2
F48	Andere neurotische Störungen	0,9	1,5
K29	Gastritis und Duodenitis	0,9	0,5
G43	Migräne	0,9	0,4
M79	Sonstige Krankheiten des Weichteilgewebes, anderenorts nicht klassifiziert	0,8	0,8
T14	Verletzung an einer nicht näher bezeichneten Körperregion	0,8	0,8
R53	Unwohlsein und Ermüdung	0,8	0,8
M99	Biomechanische Funktionsstörungen, anderenorts nicht klassifiziert	0,8	0,6
J40	Bronchitis, nicht als akut oder chronisch bezeichnet	0,8	0,5
J02	Akute Pharyngitis	0,8	0,4
K52	Sonstige nichtinfektiöse Gastroenteritis und Kolitis	0,8	0,3
Z98	Sonstige Zustände nach chirurgischem Eingriff	0,7	1,7

Tab. 28.169 (Fortsetzung)

ICD-10	Bezeichnung	AU-Fälle in %	AU-Tage in %
M75	Schulterläsionen	0,7	1,6
M51	Sonstige Bandscheibenschäden	0,7	1,6
F45	Somatoforme Störungen	0,7	1,5
J32	Chronische Sinusitis	0,7	0,4
J01	Akute Sinusitis	0,7	0,4
B99	Sonstige und nicht näher bezeichnete Infektionskrankheiten	0,7	0,4
J98	Sonstige Krankheiten der Atemwege	0,7	0,4
R11	Übelkeit und Erbrechen	0,7	0,3
N39	Sonstige Krankheiten des Harnsystems	0,7	0,3
M77	Sonstige Enthesopathien	0,6	0,8
M53	Sonstige Krankheiten der Wirbelsäule und des Rückens, anderenorts nicht klassifiziert	0,6	0,7
R42	Schwindel und Taumel	0,6	0,5
J03	Akute Tonsillitis	0,6	0,3
	Summe hier	**55,8**	**46,0**
	Restliche	44,2	54,0
	Gesamtsumme	**100,0**	**100,0**

Fehlzeiten-Report 2021

Tab. 28.170 Anteile der 40 häufigsten Diagnoseuntergruppen an den AU-Fällen und AU-Tagen in der Branche Öffentliche Verwaltung im Jahr 2020, AOK-Mitglieder

ICD-10	Bezeichnung	AU-Fälle in %	AU-Tage in %
J00–J06	Akute Infektionen der oberen Atemwege	15,3	8,2
M50–M54	Sonstige Krankheiten der Wirbelsäule und des Rückens	6,1	6,9
F40–F48	Neurotische, Belastungs- und somatoforme Störungen	4,0	7,9
R50–R69	Allgemeinsymptome	3,4	2,8
A00–A09	Infektiöse Darmkrankheiten	3,2	1,2
K00–K14	Krankheiten der Mundhöhle, der Speicheldrüsen und der Kiefer	2,7	0,6
R10–R19	Symptome, die das Verdauungssystem und das Abdomen betreffen	2,6	1,3
M70–M79	Sonstige Krankheiten des Weichteilgewebes	2,4	3,6
Z00–Z13	Personen, die das Gesundheitswesen zur Untersuchung und Abklärung in Anspruch nehmen	2,1	1,1
B25–B34	Sonstige Viruskrankheiten	2,1	1,1
F30–F39	Affektive Störungen	1,9	6,6
Z80–Z99	Personen mit potentiellen Gesundheitsrisiken aufgrund der Familien- oder Eigenanamnese und bestimmte Zustände, die den Gesundheitszustand beeinflussen	1,9	3,5
G40–G47	Episodische und paroxysmale Krankheiten des Nervensystems	1,9	1,4
I10–I15	Hypertonie [Hochdruckkrankheit]	1,8	1,6
U99–U99	Nicht belegte Schlüsselnummern	1,8	0,9
J40–J47	Chronische Krankheiten der unteren Atemwege	1,7	1,5
M20–M25	Sonstige Gelenkkrankheiten	1,5	2,5
R00–R09	Symptome, die das Kreislaufsystem und das Atmungssystem betreffen	1,5	1,0
J20–J22	Sonstige akute Infektionen der unteren Atemwege	1,4	0,9
K20–K31	Krankheiten des Ösophagus, des Magens und des Duodenums	1,4	0,7
U00–U49	Vorläufige Zuordnungen für Krankheiten mit unklarer Ätiologie und nicht belegte Schlüsselnummern	1,3	0,8
J30–J39	Sonstige Krankheiten der oberen Atemwege	1,2	0,7
K50–K52	Nichtinfektiöse Enteritis und Kolitis	1,2	0,6
K55–K64	Sonstige Krankheiten des Darmes	1,1	0,7
M15–M19	Arthrose	1,0	2,4
N30–N39	Sonstige Krankheiten des Harnsystems	1,0	0,5
T08–T14	Verletzungen nicht näher bezeichneter Teile des Rumpfes, der Extremitäten oder anderer Körperregionen	0,9	0,9

◼ **Tab. 28.170** (Fortsetzung)

ICD-10	Bezeichnung	AU-Fälle in %	AU-Tage in %
R40–R46	Symptome, die das Erkennungs- und Wahrnehmungsvermögen, die Stimmung und das Verhalten betreffen	0,9	0,8
J95–J99	Sonstige Krankheiten des Atmungssystems	0,9	0,6
M95–M99	Sonstige Krankheiten des Muskel-Skelett-Systems und des Bindegewebes	0,8	0,8
E70–E90	Stoffwechselstörungen	0,8	0,6
S80–S89	Verletzungen des Knies und des Unterschenkels	0,7	1,6
G50–G59	Krankheiten von Nerven, Nervenwurzeln und Nervenplexus	0,7	1,2
S90–S99	Verletzungen der Knöchelregion und des Fußes	0,7	1,0
Z40–Z54	Personen, die das Gesundheitswesen zum Zwecke spezifischer Maßnahmen und zur medizinischen Betreuung in Anspruch nehmen	0,7	0,9
J09–J18	Grippe und Pneumonie	0,7	0,6
B99–B99	Sonstige Infektionskrankheiten	0,7	0,4
C00–C75	Bösartige Neubildungen an genau bezeichneten Lokalisationen, als primär festgestellt oder vermutet, ausgenommen lymphatisches, blutbildendes und verwandtes Gewebe	0,6	2,3
D10–D36	Gutartige Neubildungen	0,6	0,5
N80–N98	Nichtentzündliche Krankheiten des weiblichen Genitaltraktes	0,6	0,4
	Summe hier	77,8	73,6
	Restliche	22,2	26,4
	Gesamtsumme	**100,0**	**100,0**

Fehlzeiten-Report 2021

28.11 Verarbeitendes Gewerbe

Entwicklung des Krankenstands der AOK-Mitglieder in der Branche Verarbeitendes Gewerbe in den Jahren 1996 bis 2020	Tab. 28.171
Arbeitsunfähigkeit der AOK-Mitglieder in der Branche Verarbeitendes Gewerbe nach Bundesländern im Jahr 2020 im Vergleich zum Vorjahr	Tab. 28.172
Arbeitsunfähigkeit der AOK-Mitglieder nach Wirtschaftsabteilungen in der Branche Verarbeitendes Gewerbe im Jahr 2020	Tab. 28.173
Kennzahlen der Arbeitsunfähigkeit nach ausgewählten Berufsgruppen in der Branche Verarbeitendes Gewerbe im Jahr 2020	Tab. 28.174
Dauer der Arbeitsunfähigkeit der AOK-Mitglieder in der Branche Verarbeitendes Gewerbe im Jahr 2020	Tab. 28.175
Tage der Arbeitsunfähigkeit je AOK-Mitglied nach Wirtschaftsabteilung und Betriebsgröße in der Branche Verarbeitendes Gewerbe im Jahr 2020	Tab. 28.176
Krankenstand in Prozent nach Ausbildungsabschluss in der Branche Verarbeitendes Gewerbe im Jahr 2020, AOK-Mitglieder	Tab. 28.177
Tage der Arbeitsunfähigkeit je AOK-Mitglied nach Ausbildungsabschluss in der Branche Verarbeitendes Gewerbe im Jahr 2020	Tab. 28.178
Anteil der Arbeitsunfälle an den AU-Fällen und -Tagen in Prozent nach Wirtschaftsabteilungen in der Branche Verarbeitendes Gewerbe im Jahr 2020, AOK-Mitglieder	Tab. 28.179
Tage und Fälle der Arbeitsunfähigkeit durch Arbeitsunfälle nach Berufsgruppen in der Branche Verarbeitendes Gewerbe im Jahr 2020, AOK-Mitglieder	Tab. 28.180
Tage und Fälle der Arbeitsunfähigkeit je 100 AOK-Mitglieder nach Krankheitsarten in der Branche Verarbeitendes Gewerbe in den Jahren 1996 bis 2020	Tab. 28.181
Verteilung der Arbeitsunfähigkeitstage nach Krankheitsarten in Prozent in der Branche Verarbeitendes Gewerbe im Jahr 2020, AOK-Mitglieder	Tab. 28.182
Verteilung der Arbeitsunfähigkeitsfälle nach Krankheitsarten in Prozent in der Branche Verarbeitendes Gewerbe im Jahr 2020, AOK-Mitglieder	Tab. 28.183
Verteilung der Arbeitsunfähigkeitstage nach Krankheitsarten und ausgewählten Berufsgruppen in der Branche Verarbeitendes Gewerbe im Jahr 2020, AOK-Mitglieder	Tab. 28.184
Verteilung der Arbeitsunfähigkeitsfälle nach Krankheitsarten und ausgewählten Berufsgruppen in der Branche Verarbeitendes Gewerbe im Jahr 2020, AOK-Mitglieder	Tab. 28.185
Anteile der 40 häufigsten Einzeldiagnosen an den AU-Fällen und AU-Tagen in der Branche Verarbeitendes Gewerbe im Jahr 2020, AOK-Mitglieder	Tab. 28.186
Anteile der 40 häufigsten Diagnoseuntergruppen an den AU-Fällen und AU-Tagen in der Branche Verarbeitendes Gewerbe im Jahr 2020, AOK-Mitglieder	Tab. 28.187

28.11 · Verarbeitendes Gewerbe

Tab. 28.171 Entwicklung des Krankenstands der AOK-Mitglieder in der Branche Verarbeitendes Gewerbe in den Jahren 1996 bis 2020

Jahr	Krankenstand in %			AU-Fälle je 100 AOK-Mitglieder			Tage je Fall		
	West	Ost	Bund	West	Ost	Bund	West	Ost	Bund
1996	5,4	5,9	5,3	141,8	122,4	139,5	14,7	15,2	14,8
1997	5,1	4,5	5,1	139,0	114,1	136,1	13,8	14,5	13,8
1998	5,3	4,6	5,2	142,9	118,8	140,1	13,7	14,5	13,8
1999	5,6	5,2	5,6	152,7	133,3	150,5	13,5	14,4	13,6
2000	5,7	5,2	5,6	157,6	140,6	155,7	13,2	13,6	13,3
2001	5,6	5,3	5,6	155,6	135,9	153,5	13,2	14,2	13,3
2002	5,5	5,2	5,5	154,7	136,9	152,7	13,0	13,8	13,1
2003	5,1	4,8	5,1	149,4	132,8	147,4	12,5	13,2	12,6
2004	4,8	4,4	4,7	136,5	120,2	134,4	12,8	13,3	12,8
2005	4,8	4,3	4,7	138,6	119,4	136,0	12,5	13,2	12,6
2006	4,6	4,2	4,5	132,9	115,4	130,5	12,6	13,1	12,7
2007	4,9	4,5	4,8	143,1	124,7	140,5	12,5	13,1	12,6
2008 (WZ03)	5,1	4,8	5,0	150,9	132,8	148,3	12,3	13,3	12,4
2008 (WZ08)[a]	5,0	4,8	5,0	151,7	132,9	148,9	12,2	13,1	12,3
2009	5,1	5,0	5,0	153,0	138,6	150,8	12,2	13,2	12,4
2010	5,3	5,2	5,2	153,7	149,0	153,0	12,5	12,7	12,6
2011	5,4	5,0	5,3	159,6	154,4	158,8	12,4	11,8	12,3
2012	5,5	5,6	5,5	159,4	149,6	157,9	12,5	13,8	12,7
2013	5,7	5,8	5,7	168,7	159,4	167,3	12,2	13,4	12,4
2014	5,8	6,0	5,8	166,5	157,4	165,1	12,6	13,8	12,8
2015	6,0	6,2	6,0	178,6	169,7	177,2	12,3	13,3	12,4
2016	6,0	6,2	6,0	177,0	171,5	176,2	12,3	13,3	12,5
2017	6,0	6,4	6,0	174,7	172,2	174,4	12,5	13,6	12,6
2018	6,1	6,7	6,2	182,0	179,6	181,6	12,3	13,5	12,5
2019	6,1	6,7	6,2	178,2	176,6	177,9	12,5	13,9	12,7
2020	6,1	6,6	6,1	155,3	156,9	155,5	14,3	15,5	14,5

[a] aufgrund der Revision der Wirtschaftszweigklassifikation in 2008 ist eine Vergleichbarkeit mit den Vorjahren nur bedingt möglich

Fehlzeiten-Report 2021

☐ **Tab. 28.172** Arbeitsunfähigkeit der AOK-Mitglieder in der Branche Verarbeitendes Gewerbe nach Bundesländern im Jahr 2020 im Vergleich zum Vorjahr

Bundesland	Kranken-stand in %	Arbeitsunfähigkeit je 100 AOK-Mitglieder				Tage je Fall	Veränd. z. Vorj. in %	AU-Quote in %
		AU-Fälle	Veränd. z. Vorj. in %	AU-Tage	Veränd. z. Vorj. in %			
Baden-Württemberg	5,8	164,2	−13,9	2.119,9	−0,7	12,9	15,2	59,4
Bayern	5,5	136,3	−12,9	2.003,0	−1,8	14,7	12,6	53,5
Berlin	5,7	148,2	−12,8	2.083,9	2,5	14,1	17,5	49,9
Brandenburg	6,8	156,2	−11,5	2.502,5	−2,9	16,0	9,8	58,2
Bremen	6,7	147,5	−12,6	2.458,0	−0,9	16,7	13,3	53,9
Hamburg	5,4	129,6	−14,9	1.970,7	1,6	15,2	19,3	44,8
Hessen	6,6	166,1	−13,6	2.418,4	−2,8	14,6	12,5	59,3
Mecklenburg-Vorpommern	6,8	152,2	−14,3	2.478,1	−6,1	16,3	9,5	55,1
Niedersachsen	6,4	169,4	−11,9	2.343,2	−0,3	13,8	13,2	60,2
Nordrhein-Westfalen	6,8	166,8	−12,3	2.480,4	0,5	14,9	14,6	59,6
Rheinland-Pfalz	5,8	132,5	−13,0	2.131,6	−2,6	16,1	11,9	51,1
Saarland	6,6	148,3	−9,0	2.422,1	−3,7	16,3	5,9	54,1
Sachsen	6,4	153,8	−10,7	2.325,8	0,8	15,1	12,9	60,8
Sachsen-Anhalt	6,6	156,7	−11,5	2.433,0	−2,9	15,5	9,6	58,7
Schleswig-Holstein	6,5	157,1	−9,9	2.397,1	3,6	15,3	15,0	56,7
Thüringen	7,0	163,7	−11,0	2.558,5	−1,4	15,6	10,9	60,9
West	**6,1**	**155,3**	**−12,8**	**2.216,8**	**−0,8**	**14,3**	**13,8**	**57,1**
Ost	**6,6**	**156,9**	**−11,2**	**2.424,5**	**−1,1**	**15,5**	**11,4**	**60,0**
Bund	**6,1**	**155,5**	**−12,6**	**2.249,5**	**−0,8**	**14,5**	**13,5**	**57,6**

Fehlzeiten-Report 2021

28.11 · Verarbeitendes Gewerbe

Tab. 28.173 Arbeitsunfähigkeit der AOK-Mitglieder nach Wirtschaftsabteilungen in der Branche Verarbeitendes Gewerbe im Jahr 2020

Wirtschaftsabteilungen	Krankenstand in %		Arbeitsunfähigkeiten je 100 AOK-Mitglieder		Tage je Fall	AU-Quote in %
	2020	2020 stand.[a]	Fälle	Tage		
Getränkeherstellung	6,3	5,4	148,0	2.294,0	15,5	57,8
Herstellung von Bekleidung	5,0	4,5	130,7	1.835,1	14,0	51,1
Herstellung von chemischen Erzeugnissen	5,9	5,7	160,1	2.146,7	13,4	59,0
Herstellung von Druckerzeugnissen, Vervielfältigung von bespielten Ton-, Bild- und Datenträgern	5,8	5,4	147,6	2.136,4	14,5	56,9
Herstellung von Glas und Glaswaren, Keramik, Verarbeitung von Steinen und Erden	6,6	5,9	156,7	2.432,2	15,5	60,0
Herstellung von Gummi- und Kunststoffwaren	6,6	6,3	168,6	2.403,5	14,3	62,1
Herstellung von Holz-, Flecht-, Korb- und Korkwaren (ohne Möbel)	6,1	5,5	153,7	2.234,2	14,5	58,1
Herstellung von Leder, Lederwaren und Schuhen	6,3	5,8	145,8	2.299,5	15,8	57,2
Herstellung von Möbeln	6,2	5,8	158,0	2.251,1	14,2	59,8
Herstellung von Nahrungs- und Futtermitteln	6,2	6,1	146,9	2.280,5	15,5	53,4
Herstellung von Papier, Pappe und Waren daraus	6,8	6,4	167,8	2.497,6	14,9	63,0
Herstellung von pharmazeutischen Erzeugnissen	5,4	5,7	170,5	1.967,5	11,5	58,2
Herstellung von sonstigen Waren	5,4	5,3	157,0	1.966,3	12,5	58,5
Herstellung von Textilien	6,3	5,7	153,7	2.313,0	15,0	59,5
Kokerei und Mineralölverarbeitung	5,0	4,9	134,4	1.831,3	13,6	53,8
Reparatur und Installation von Maschinen und Ausrüstungen	5,3	5,2	145,2	1.922,4	13,2	52,9
Tabakverarbeitung	5,4	5,1	134,4	1.978,1	14,7	50,4
Branche gesamt	**6,1**	**5,9**	**155,5**	**2.249,5**	**14,5**	**57,6**
Alle Branchen	**5,4**	**5,5**	**144,2**	**1.988,1**	**13,8**	**50,7**

[a] Krankenstand alters- und geschlechtsstandardisiert
Fehlzeiten-Report 2021

Tab. 28.174 Kennzahlen der Arbeitsunfähigkeit nach ausgewählten Berufsgruppen in der Branche Verarbeitendes Gewerbe im Jahr 2020

Tätigkeit	Krankenstand in %	Arbeitsunfähigkeit je 100 AOK-Mitglieder		Tage je Fall	AU-Quote in %	Anteil der Berufsgruppe an der Branche in %[a]
		AU-Fälle	AU-Tage			
Berufe im Holz-, Möbel- u. Innenausbau	5,9	160,9	2.146,8	13,3	61,7	2,1
Berufe im Verkauf (ohne Spez.)	5,4	124,0	1.976,1	15,9	49,6	1,1
Berufe im Verkauf von Back- u. Konditoreiwaren	5,7	128,5	2.073,2	16,1	51,5	4,1
Berufe im Verkauf von Fleischwaren	5,6	111,3	2.066,1	18,6	51,0	1,4
Berufe im Vertrieb (außer Informations- u. Kommunikationstechnologien)	3,4	98,6	1.260,1	12,8	46,5	1,4
Berufe in der Back- u. Konditoreiwarenherstellung	5,0	125,3	1.843,6	14,7	50,5	1,9
Berufe in der Chemie- u. Pharmatechnik	6,9	191,8	2.533,0	13,2	64,2	4,2
Berufe in der Drucktechnik	7,2	171,9	2.629,7	15,3	62,9	2,0
Berufe in der Fleischverarbeitung	6,2	133,1	2.254,7	16,9	45,5	2,3
Berufe in der Holzbe- u. -verarbeitung (ohne Spez.)	6,7	170,3	2.464,6	14,5	60,6	1,9
Berufe in der Kunststoff- u. Kautschukherstellung (ohne Spez.)	7,4	185,0	2.708,6	14,6	65,1	7,5
Berufe in der Lagerwirtschaft	7,2	179,2	2.627,9	14,7	60,6	8,9
Berufe in der Lebensmittelherstellung (ohne Spez.)	7,2	175,4	2.632,9	15,0	56,9	5,8
Berufe in der Maschinenbau- u. Betriebstechnik (ohne Spez.)	6,4	173,4	2.347,5	13,5	62,7	3,0
Berufe in der Metallbearbeitung (ohne Spez.)	6,7	186,7	2.463,3	13,2	64,1	1,3
Berufe in der Papierverarbeitung u. Verpackungstechnik	8,1	191,7	2.953,7	15,4	69,2	1,1
Berufskraftfahrer/innen (Güterverkehr/LKW)	7,3	133,9	2.656,7	19,8	55,3	1,4
Büro- u. Sekretariatskräfte (ohne Spez.)	3,5	107,7	1.280,1	11,9	46,3	2,7

28.11 · Verarbeitendes Gewerbe

Tab. 28.174 (Fortsetzung)

Tätigkeit	Kranken-stand in %	Arbeitsunfähigkeit je 100 AOK-Mitglieder		Tage je Fall	AU-Quote in %	Anteil der Berufsgruppe an der Branche in %[a]
		AU-Fälle	AU-Tage			
Kaufmännische u. technische Betriebswirtschaft (ohne Spez.)	3,0	114,8	1.102,1	9,6	48,6	3,2
Maschinen- u. Anlagenführer/innen	7,8	197,0	2.864,2	14,5	67,3	3,0
Branche gesamt	**6,1**	**155,5**	**2.249,5**	**14,5**	**57,6**	**9,1**[b]

[a] Anteil der AOK-Mitglieder in der Berufsgruppe an den in der Branche beschäftigten AOK-Mitgliedern insgesamt
[b] Anteil der AOK-Mitglieder in der Branche an allen AOK-Mitgliedern
Fehlzeiten-Report 2021

Tab. 28.175 Dauer der Arbeitsunfähigkeit der AOK-Mitglieder in der Branche Verarbeitendes Gewerbe im Jahr 2020

Fallklasse	Branche hier		Alle Branchen	
	Anteil Fälle in %	Anteil Tage in %	Anteil Fälle in %	Anteil Tage in %
1–3 Tage	29,7	4,1	30,7	4,4
4–7 Tage	30,0	10,5	30,2	11,2
8–14 Tage	20,1	14,5	19,8	15,0
15–21 Tage	7,4	8,9	7,3	9,1
22–28 Tage	3,4	5,8	3,3	5,9
29–42 Tage	3,7	8,9	3,5	8,9
> 42 Tage	5,6	47,3	5,1	45,5

Fehlzeiten-Report 2021

Tab. 28.176 Tage der Arbeitsunfähigkeit je AOK-Mitglied nach Wirtschaftsabteilung und Betriebsgröße in der Branche Verarbeitendes Gewerbe im Jahr 2020

Wirtschaftsabteilungen	Betriebsgröße (Anzahl der AOK-Mitglieder)					
	10–49	50–99	100–199	200–499	500–999	≥ 1.000
Getränkeherstellung	22,5	23,0	26,3	24,9	–	–
Herstellung von Bekleidung	20,3	19,8	22,8	27,4	22,4	5,6
Herstellung von chemischen Erzeugnissen	22,7	23,6	22,5	21,3	18,1	18,3
Herstellung von Druckerzeugnissen, Vervielfältigung von bespielten Ton-, Bild- und Datenträgern	21,8	23,8	24,0	24,5	–	–
Herstellung von Glas und Glaswaren, Keramik, Verarbeitung von Steinen und Erden	25,0	25,7	24,5	24,3	22,6	–
Herstellung von Gummi- und Kunststoffwaren	24,4	24,5	25,1	24,0	23,3	23,6
Herstellung von Holz-, Flecht-, Korb- und Korkwaren (ohne Möbel)	22,5	23,9	24,3	24,2	19,0	–
Herstellung von Leder, Lederwaren und Schuhen	21,3	20,0	24,9	28,0	29,8	–
Herstellung von Möbeln	22,5	23,5	26,2	28,9	23,5	20,5
Herstellung von Nahrungs- und Futtermitteln	20,7	23,9	25,3	25,9	24,7	26,9
Herstellung von Papier, Pappe und Waren daraus	24,5	27,8	25,6	23,6	18,1	–
Herstellung von pharmazeutischen Erzeugnissen	18,3	21,7	20,3	21,5	21,0	18,2
Herstellung von sonstigen Waren	19,7	21,7	22,5	21,4	26,0	22,4
Herstellung von Textilien	23,6	24,3	25,1	23,8	18,0	–
Kokerei und Mineralölverarbeitung	19,8	22,1	18,3	14,2	–	–
Reparatur und Installation von Maschinen und Ausrüstungen	19,5	20,0	20,9	22,4	18,5	–
Tabakverarbeitung	20,7	24,6	27,2	13,5	–	–
Branche gesamt	**22,2**	**24,0**	**24,5**	**24,2**	**23,0**	**21,5**
Alle Branchen	**20,3**	**22,3**	**22,5**	**22,6**	**22,8**	**22,7**

Fehlzeiten-Report 2021

28.11 · Verarbeitendes Gewerbe

Tab. 28.177 Krankenstand in Prozent nach Ausbildungsabschluss in der Branche Verarbeitendes Gewerbe im Jahr 2020, AOK-Mitglieder

Wirtschafts-abteilungen	Ausbildung						
	ohne Aus-bildungs-abschluss	mit Aus-bildungs-abschluss	Meister/ Techniker	Bachelor	Diplom/ Magister/ Master/ Staats-examen	Promotion	unbekannt
Getränkeherstellung	6,7	6,5	4,5	1,7	2,4	9,3	6,5
Herstellung von Beklei-dung	7,3	5,2	3,4	1,4	3,0	–	4,1
Herstellung von chemi-schen Erzeugnissen	6,7	6,1	4,1	2,0	2,1	1,4	6,6
Herstellung von Druckerzeugnissen, Vervielfältigung von be-spielten Ton-, Bild- und Datenträgern	7,2	5,8	4,0	1,8	3,3	3,3	5,7
Herstellung von Glas und Glaswaren, Kera-mik, Verarbeitung von Steinen und Erden	7,6	6,8	4,9	1,8	3,1	2,5	6,2
Herstellung von Gummi- und Kunststoffwaren	7,5	6,6	4,1	2,1	2,8	2,5	6,7
Herstellung von Holz-, Flecht-, Korb- und Kork-waren (ohne Möbel)	6,6	6,3	4,3	1,8	2,8	3,6	5,9
Herstellung von Leder, Lederwaren und Schu-hen	7,1	6,2	5,8	2,5	2,9	–	6,2
Herstellung von Möbeln	7,0	6,3	4,4	2,2	3,9	–	5,6
Herstellung von Nahrungs- und Futter-mitteln	7,0	6,5	5,3	2,5	3,0	3,8	5,7
Herstellung von Papier, Pappe und Waren daraus	7,7	6,8	4,7	2,2	2,8	5,9	7,2
Herstellung von pharma-zeutischen Erzeugnissen	6,7	5,9	4,4	2,1	2,1	1,7	5,9
Herstellung von sonsti-gen Waren	6,4	5,5	3,9	1,9	2,3	1,6	5,4
Herstellung von Textili-en	7,3	6,3	4,5	1,8	3,4	3,5	6,3
Kokerei und Mineralöl-verarbeitung	5,5	5,4	3,1	1,8	2,1	1,7	6,2

Tab. 28.177 (Fortsetzung)

Wirtschafts-abteilungen	Ausbildung						
	ohne Aus-bildungs-abschluss	mit Aus-bildungs-abschluss	Meister/ Techniker	Bachelor	Diplom/ Magister/ Master/ Staats-examen	Promotion	unbekannt
Reparatur und Installation von Maschinen und Ausrüstungen	5,3	5,7	4,1	2,1	2,5	1,9	5,2
Tabakverarbeitung	8,7	5,8	5,0	2,2	1,9	–	5,1
Branche gesamt	**7,1**	**6,3**	**4,4**	**2,1**	**2,7**	**2,0**	**6,0**
Alle Branchen	**6,0**	**5,9**	**4,7**	**2,3**	**2,9**	**2,1**	**5,0**

Fehlzeiten-Report 2021

28.11 · Verarbeitendes Gewerbe

◘ **Tab. 28.178** Tage der Arbeitsunfähigkeit je AOK-Mitglied nach Ausbildungsabschluss in der Branche Verarbeitendes Gewerbe im Jahr 2020

Wirtschafts-abteilungen	Ausbildung						
	ohne Ausbildungsabschluss	mit Ausbildungsabschluss	Meister/ Techniker	Bachelor	Diplom/ Magister/ Master/ Staatsexamen	Promotion	unbekannt
Getränkeherstellung	24,6	23,7	16,6	6,2	8,6	33,9	23,8
Herstellung von Bekleidung	26,6	18,9	12,4	5,1	11,1	–	15,1
Herstellung von chemischen Erzeugnissen	24,7	22,2	15,0	7,4	7,8	4,9	24,1
Herstellung von Druckerzeugnissen, Vervielfältigung von bespielten Ton-, Bild- und Datenträgern	26,3	21,3	14,8	6,4	12,1	12,1	21,0
Herstellung von Glas und Glaswaren, Keramik, Verarbeitung von Steinen und Erden	27,7	24,9	17,8	6,5	11,3	9,3	22,8
Herstellung von Gummi- und Kunststoffwaren	27,6	24,1	15,1	7,8	10,2	9,1	24,4
Herstellung von Holz-, Flecht-, Korb- und Korkwaren (ohne Möbel)	24,1	23,2	15,6	6,7	10,3	13,0	21,5
Herstellung von Leder, Lederwaren und Schuhen	26,1	22,7	21,2	9,3	10,5	–	22,6
Herstellung von Möbeln	25,7	23,2	16,0	8,0	14,3	–	20,6
Herstellung von Nahrungs- und Futtermitteln	25,5	23,6	19,2	9,2	11,1	13,8	21,0
Herstellung von Papier, Pappe und Waren daraus	28,3	24,7	17,3	8,1	10,3	21,6	26,2
Herstellung von pharmazeutischen Erzeugnissen	24,5	21,6	16,2	7,7	7,7	6,3	21,8
Herstellung von sonstigen Waren	23,6	20,3	14,2	6,9	8,6	5,8	19,8
Herstellung von Textilien	26,6	23,2	16,4	6,7	12,5	12,9	23,2
Kokerei und Mineralölverarbeitung	19,9	19,9	11,4	6,8	7,8	6,3	22,6

◨ **Tab. 28.178** (Fortsetzung)

Wirtschafts-abteilungen	Ausbildung						
	ohne Aus-bildungs-abschluss	mit Aus-bildungs-abschluss	Meister/ Techniker	Bachelor	Diplom/ Magister/ Master/ Staats-examen	Promotion	unbekannt
Reparatur und Installation von Maschinen und Ausrüstungen	19,4	20,7	15,2	7,8	9,0	7,0	18,9
Tabakverarbeitung	31,9	21,1	18,3	7,9	6,8	–	18,7
Branche gesamt	**25,9**	**23,1**	**16,2**	**7,6**	**9,7**	**7,4**	**21,8**
Alle Branchen	**21,8**	**21,8**	**17,1**	**8,5**	**10,6**	**7,6**	**18,2**

Fehlzeiten-Report 2021

28.11 · Verarbeitendes Gewerbe

Tab. 28.179 Anteil der Arbeitsunfälle an den AU-Fällen und -Tagen in Prozent nach Wirtschaftsabteilungen in der Branche Verarbeitendes Gewerbe im Jahr 2020, AOK-Mitglieder

Wirtschaftsabteilungen	AU-Fälle in %	AU-Tage in %
Getränkeherstellung	3,9	6,7
Herstellung von Bekleidung	1,5	3,1
Herstellung von chemischen Erzeugnissen	2,1	4,1
Herstellung von Druckerzeugnissen, Vervielfältigung von bespielten Ton-, Bild- und Datenträgern	2,4	4,3
Herstellung von Glas und Glaswaren, Keramik, Verarbeitung von Steinen und Erden	4,5	8,1
Herstellung von Gummi- und Kunststoffwaren	2,9	4,8
Herstellung von Holz-, Flecht-, Korb- und Korkwaren (ohne Möbel)	6,0	10,7
Herstellung von Leder, Lederwaren und Schuhen	2,1	3,7
Herstellung von Möbeln	4,4	6,9
Herstellung von Nahrungs- und Futtermitteln	3,9	6,2
Herstellung von Papier, Pappe und Waren daraus	3,1	5,6
Herstellung von pharmazeutischen Erzeugnissen	1,4	2,5
Herstellung von sonstigen Waren	1,8	3,6
Herstellung von Textilien	2,8	4,7
Kokerei und Mineralölverarbeitung	1,8	3,3
Reparatur und Installation von Maschinen und Ausrüstungen	4,7	8,4
Tabakverarbeitung	1,8	3,2
Branche gesamt	**3,4**	**5,8**
Alle Branchen	**3,0**	**5,5**

Fehlzeiten-Report 2021

Tab. 28.180 Tage und Fälle der Arbeitsunfähigkeit durch Arbeitsunfälle nach Berufsgruppen in der Branche Verarbeitendes Gewerbe im Jahr 2020, AOK-Mitglieder

Tätigkeit	Arbeitsunfähigkeit je 1.000 AOK-Mitglieder	
	AU-Tage	AU-Fälle
Berufskraftfahrer/innen (Güterverkehr/LKW)	2.955,1	78,3
Berufe in der Holzbe- u. -verarbeitung (ohne Spez.)	2.592,1	100,7
Berufe in der Fleischverarbeitung	2.160,2	90,1
Berufe im Holz-, Möbel- u. Innenausbau	2.138,7	101,6
Berufe in der Lebensmittelherstellung (ohne Spez.)	1.737,2	73,4
Berufe in der Papierverarbeitung u. Verpackungstechnik	1.713,6	60,7
Berufe in der Maschinenbau- u. Betriebstechnik (ohne Spez.)	1.708,7	69,8
Maschinen- u. Anlagenführer/innen	1.687,3	72,8
Berufe in der Metallbearbeitung (ohne Spez.)	1.392,5	58,6
Berufe in der Lagerwirtschaft	1.386,2	54,7
Berufe in der Drucktechnik	1.272,8	47,1
Berufe in der Kunststoff- u. Kautschukherstellung (ohne Spez.)	1.259,2	52,0
Berufe in der Back- u. Konditoreiwarenherstellung	1.232,0	52,0
Berufe im Verkauf von Fleischwaren	1.149,4	51,8
Berufe in der Chemie- u. Pharmatechnik	1.003,4	38,8
Berufe im Verkauf (ohne Spez.)	873,6	34,1
Berufe im Verkauf von Back- u. Konditoreiwaren	799,1	34,3
Berufe im Vertrieb (außer Informations- u. Kommunikationstechnologien)	329,8	11,3
Büro- u. Sekretariatskräfte (ohne Spez.)	269,4	10,0
Kaufmännische u. technische Betriebswirtschaft (ohne Spez.)	222,6	10,1
Branche gesamt	**1.314,0**	**52,3**
Alle Branchen	**1.092,2**	**43,4**

Fehlzeiten-Report 2021

Tab. 28.181 Tage und Fälle der Arbeitsunfähigkeit je 100 AOK-Mitglieder nach Krankheitsarten in der Branche Verarbeitendes Gewerbe in den Jahren 1996 bis 2020

Jahr	Arbeitsunfähigkeiten je 100 AOK-Mitglieder											
	Psyche		Herz/Kreislauf		Atemwege		Verdauung		Muskel/Skelett		Verletzungen	
	Tage	Fälle	Tage	Fälle	Tage	Fälle	Tage	Fälle	Tage	Fälle	Tage	Fälle
1996	102,2	3,8	189,6	8,1	342,8	42,4	177,6	22,5	658,4	33,2	375,3	23,3
1997	97,3	3,9	174,3	8,2	303,1	40,9	161,3	21,9	579,3	32,4	362,7	23,2
1998	101,2	4,3	171,4	8,5	300,9	42,0	158,4	22,2	593,0	34,3	353,8	23,2
1999	108,4	4,7	175,3	8,8	345,4	48,2	160,7	23,5	633,3	36,9	355,8	23,5
2000	130,6	5,8	161,8	8,4	314,5	43,1	148,5	20,0	695,1	39,6	340,4	21,3
2001	141,4	6,6	165,9	9,1	293,7	41,7	147,8	20,6	710,6	41,2	334,6	21,2
2002	144,0	7,0	162,7	9,2	278,0	40,2	147,5	21,4	696,1	40,8	329,1	20,8
2003	137,8	6,9	152,8	9,1	275,8	41,1	138,0	20,4	621,1	37,6	307,2	19,6
2004	154,2	6,9	164,5	8,4	236,7	34,1	138,9	19,8	587,9	35,5	297,7	18,3
2005	153,7	6,7	164,1	8,3	274,8	39,6	132,3	18,4	562,2	34,5	291,1	17,8
2006	153,0	6,7	162,3	8,5	226,0	33,1	133,6	19,3	561,3	34,7	298,5	18,2
2007	165,8	7,0	170,5	8,6	257,2	37,5	143,5	20,9	598,6	36,1	298,2	17,9
2008 (WZ03)	172,3	7,4	175,7	9,0	270,3	40,0	147,1	22,0	623,6	37,8	301,7	18,3
2008 (WZ08)[a]	170,6	7,3	173,9	9,0	270,0	40,3	146,9	22,2	619,5	37,7	300,4	18,4
2009	178,8	7,7	176,5	8,9	304,0	45,0	141,7	21,1	601,5	35,7	302,9	17,9
2010	198,5	8,1	179,8	9,0	265,0	39,7	139,0	20,4	655,5	38,3	324,5	19,0
2011	209,8	8,7	174,3	9,1	278,3	41,3	139,1	20,4	644,7	38,8	318,2	18,7
2012	235,1	9,1	194,6	9,4	281,1	41,3	145,4	20,6	687,0	39,3	327,4	18,2
2013	241,0	9,2	190,4	8,9	350,4	50,5	147,2	20,7	683,4	39,2	330,7	18,1
2014	260,4	10,0	201,6	9,4	285,8	42,3	153,3	21,4	732,5	41,4	337,7	18,3
2015	269,1	10,3	202,1	9,5	363,5	52,7	154,4	21,4	729,9	41,3	335,2	18,2
2016	274,3	10,5	181,0	9,6	330,6	49,8	145,6	21,4	746,4	42,0	333,2	17,9
2017	281,5	10,6	177,4	9,3	339,1	50,2	142,4	20,4	736,8	41,4	339,7	17,6
2018	288,4	10,8	175,2	9,4	372,7	53,8	140,7	20,4	739,8	41,8	342,4	17,8
2019	303,9	11,1	175,9	9,3	328,7	49,6	139,5	20,0	758,6	42,2	340,2	17,2
2020	313,4	10,3	174,4	8,3	327,4	40,6	129,6	17,0	775,7	40,1	323,7	15,1

[a] aufgrund der Revision der Wirtschaftszweigklassifikation in 2008 ist eine Vergleichbarkeit mit den Vorjahren nur bedingt möglich

Fehlzeiten-Report 2021

Tab. 28.182 Verteilung der Arbeitsunfähigkeitstage nach Krankheitsarten in Prozent in der Branche Verarbeitendes Gewerbe im Jahr 2020, AOK-Mitglieder

Wirtschaftsabteilungen	AU-Tage in %						
	Psyche	Herz/ Kreislauf	Atemwege	Verdauung	Muskel/ Skelett	Verletzungen	Sonstige
Getränkeherstellung	8,7	5,9	9,6	4,2	25,8	11,6	34,1
Herstellung von Bekleidung	13,3	4,9	11,3	3,9	22,5	8,9	35,3
Herstellung von chemischen Erzeugnissen	10,2	5,8	12,0	4,5	24,1	9,4	34,0
Herstellung von Druckerzeugnissen, Vervielfältigung von bespielten Ton-, Bild- und Datenträgern	12,0	6,0	10,7	4,2	23,1	9,6	34,5
Herstellung von Glas und Glaswaren, Keramik, Verarbeitung von Steinen und Erden	8,2	6,4	9,7	4,3	26,1	11,8	33,4
Herstellung von Gummi- und Kunststoffwaren	10,2	5,6	10,6	4,3	25,7	9,6	34,1
Herstellung von Holz-, Flecht-, Korb- und Korkwaren (ohne Möbel)	7,4	6,1	9,7	4,2	25,9	14,2	32,5
Herstellung von Leder, Lederwaren und Schuhen	11,2	5,6	10,9	3,4	26,2	8,6	34,1
Herstellung von Möbeln	8,6	5,7	9,7	4,2	26,7	11,8	33,3
Herstellung von Nahrungs- und Futtermitteln	10,2	5,4	9,9	4,0	25,6	10,4	34,5
Herstellung von Papier, Pappe und Waren daraus	10,2	5,9	10,2	3,9	25,6	10,4	33,8
Herstellung von pharmazeutischen Erzeugnissen	12,7	4,2	13,9	4,5	21,8	8,2	34,7
Herstellung von sonstigen Waren	12,9	5,0	12,8	4,3	21,0	8,9	35,2
Herstellung von Textilien	10,4	5,4	10,4	4,1	24,7	9,7	35,3
Kokerei und Mineralölverarbeitung	12,6	6,1	12,2	4,0	23,1	7,6	34,3
Reparatur und Installation von Maschinen und Ausrüstungen	8,8	5,8	11,2	4,2	23,3	13,2	33,5
Tabakverarbeitung	11,9	4,8	10,1	3,8	25,4	9,2	34,9
Branche gesamt	**10,1**	**5,6**	**10,5**	**4,2**	**25,0**	**10,4**	**34,2**
Alle Branchen	**12,0**	**5,1**	**11,8**	**4,2**	**22,1**	**10,0**	**34,8**

Fehlzeiten-Report 2021

Tab. 28.183 Verteilung der Arbeitsunfähigkeitsfälle nach Krankheitsarten in Prozent in der Branche Verarbeitendes Gewerbe im Jahr 2020, AOK-Mitglieder

Wirtschaftsabteilungen	AU-Fälle in %						
	Psyche	Herz/ Kreislauf	Atemwege	Verdauung	Muskel/ Skelett	Verletzungen	Sonstige
Getränkeherstellung	4,3	4,4	17,5	7,9	19,6	7,8	38,6
Herstellung von Bekleidung	5,9	3,8	20,6	8,2	15,5	5,3	40,6
Herstellung von chemischen Erzeugnissen	4,8	3,7	20,4	8,0	18,3	6,1	38,6
Herstellung von Druckerzeugnissen, Vervielfältigung von bespielten Ton-, Bild- und Datenträgern	5,4	4,0	19,5	8,3	17,4	6,3	39,1
Herstellung von Glas und Glaswaren, Keramik, Verarbeitung von Steinen und Erden	4,2	4,2	17,5	8,2	19,9	8,0	37,9
Herstellung von Gummi- und Kunststoffwaren	4,7	3,8	19,0	7,9	19,8	6,6	38,2
Herstellung von Holz-, Flecht-, Korb- und Korkwaren (ohne Möbel)	3,8	3,9	18,1	8,0	19,8	9,5	36,9
Herstellung von Leder, Lederwaren und Schuhen	5,6	4,3	19,2	7,4	18,7	5,5	39,3
Herstellung von Möbeln	3,9	3,8	18,3	8,1	19,9	8,3	37,7
Herstellung von Nahrungs- und Futtermitteln	5,0	3,9	17,7	7,6	18,9	7,3	39,6
Herstellung von Papier, Pappe und Waren daraus	4,8	3,9	18,6	7,7	19,8	7,0	38,1
Herstellung von pharmazeutischen Erzeugnissen	5,6	3,2	22,2	7,7	15,8	5,3	40,1
Herstellung von sonstigen Waren	5,4	3,5	21,6	8,1	15,2	5,7	40,4
Herstellung von Textilien	4,9	3,9	19,0	8,2	18,4	6,5	39,2
Kokerei und Mineralölverarbeitung	4,9	4,1	21,5	7,9	16,9	5,6	39,0
Reparatur und Installation von Maschinen und Ausrüstungen	4,1	3,7	20,0	8,1	17,3	8,6	38,2
Tabakverarbeitung	6,3	4,1	18,2	8,6	18,5	6,2	38,1
Branche gesamt	**4,8**	**3,9**	**18,9**	**7,9**	**18,7**	**7,1**	**38,8**
Alle Branchen	**5,4**	**3,5**	**20,5**	**7,7**	**16,1**	**6,5**	**40,3**

Fehlzeiten-Report 2021

Tab. 28.184 Verteilung der Arbeitsunfähigkeitstage nach Krankheitsarten und ausgewählten Berufsgruppen in der Branche Verarbeitendes Gewerbe im Jahr 2020, AOK-Mitglieder

Tätigkeit	AU-Tage in %						
	Psyche	Herz/Kreislauf	Atemwege	Verdauung	Muskel/Skelett	Verletzungen	Sonstige
Berufe im Holz-, Möbel- u. Innenausbau	7,2	5,3	9,6	4,4	26,5	14,8	32,2
Berufe im Verkauf (ohne Spez.)	13,2	4,5	10,7	4,1	21,7	10,0	35,9
Berufe im Verkauf von Back- u. Konditoreiwaren	14,2	4,2	11,3	3,8	20,7	9,1	36,7
Berufe im Verkauf von Fleischwaren	10,6	5,5	8,5	3,9	22,7	9,9	39,0
Berufe im Vertrieb (außer Informations- u. Kommunikationstechnologien)	15,5	5,2	13,4	4,7	15,3	8,0	37,9
Berufe in der Back- u. Konditoreiwarenherstellung	9,3	5,1	10,7	4,4	24,1	11,8	34,6
Berufe in der Chemie- u. Pharmatechnik	10,8	5,5	11,9	4,2	25,3	9,0	33,3
Berufe in der Drucktechnik	10,7	5,9	10,0	3,9	26,1	10,2	33,1
Berufe in der Fleischverarbeitung	6,8	7,0	7,4	4,1	28,9	13,5	32,3
Berufe in der Holzbe- u. -verarbeitung (ohne Spez.)	7,0	6,2	9,1	3,9	28,2	13,8	31,8
Berufe in der Kunststoff- u. Kautschukherstellung (ohne Spez.)	9,8	5,7	10,2	4,2	27,5	9,2	33,4
Berufe in der Lagerwirtschaft	9,6	5,9	10,1	4,1	26,6	9,9	33,7
Berufe in der Lebensmittelherstellung (ohne Spez.)	9,0	5,1	9,6	4,0	29,0	10,3	32,9
Berufe in der Maschinenbau- u. Betriebstechnik (ohne Spez.)	8,7	5,7	10,9	4,1	25,0	11,8	33,7
Berufe in der Metallbearbeitung (ohne Spez.)	10,1	5,7	11,1	4,4	25,0	10,0	33,7
Berufe in der Papierverarbeitung u. Verpackungstechnik	9,9	5,5	10,0	4,0	28,3	10,3	32,0
Berufskraftfahrer/innen (Güterverkehr/LKW)	7,2	8,3	7,3	4,0	25,8	12,7	34,7
Büro- u. Sekretariatskräfte (ohne Spez.)	14,8	4,4	13,3	4,6	14,4	7,4	41,1

Tab. 28.184 (Fortsetzung)

Tätigkeit	AU-Tage in %						
	Psyche	Herz/Kreislauf	Atemwege	Verdauung	Muskel/Skelett	Verletzungen	Sonstige
Kaufmännische u. technische Betriebswirtschaft (ohne Spez.)	16,1	3,8	16,0	4,5	12,2	8,0	39,4
Maschinen- u. Anlagenführer/innen	10,1	5,2	10,4	4,3	27,6	10,1	32,2
Branche gesamt	**10,1**	**5,6**	**10,5**	**4,2**	**25,0**	**10,4**	**34,2**
Alle Branchen	**12,0**	**5,1**	**11,8**	**4,2**	**22,1**	**10,0**	**34,8**

Fehlzeiten-Report 2021

Tab. 28.185 Verteilung der Arbeitsunfähigkeitsfälle nach Krankheitsarten und ausgewählten Berufsgruppen in der Branche Verarbeitendes Gewerbe im Jahr 2020, AOK-Mitglieder

Tätigkeit	AU-Fälle in %						
	Psyche	Herz/Kreislauf	Atemwege	Verdauung	Muskel/Skelett	Verletzungen	Sonstige
Berufe im Holz-, Möbel- u. Innenausbau	3,1	3,3	19,3	8,2	19,1	10,7	36,3
Berufe im Verkauf (ohne Spez.)	6,3	3,8	19,5	7,9	14,8	6,6	41,2
Berufe im Verkauf von Back- u. Konditoreiwaren	7,0	3,5	19,7	7,3	13,2	6,5	42,9
Berufe im Verkauf von Fleischwaren	6,0	4,6	17,4	7,5	13,7	7,6	43,2
Berufe im Vertrieb (außer Informations- u. Kommunikationstechnologien)	5,9	3,8	23,0	8,3	10,8	5,1	43,2
Berufe in der Back- u. Konditoreiwarenherstellung	4,8	3,6	18,3	8,0	16,2	8,0	41,0
Berufe in der Chemie- u. Pharmatechnik	5,1	3,5	20,0	7,8	19,5	5,9	38,1
Berufe in der Drucktechnik	5,3	3,9	18,4	8,0	20,1	6,7	37,6
Berufe in der Fleischverarbeitung	3,9	4,4	13,9	7,5	22,5	10,0	37,7
Berufe in der Holzbe- u. -verarbeitung (ohne Spez.)	3,8	4,2	16,7	7,6	22,6	9,5	35,7
Berufe in der Kunststoff- u. Kautschukherstellung (ohne Spez.)	4,7	3,9	18,0	7,8	21,7	6,5	37,4
Berufe in der Lagerwirtschaft	4,9	4,0	17,6	7,9	20,8	6,6	38,1
Berufe in der Lebensmittelherstellung (ohne Spez.)	4,3	3,7	16,9	7,4	22,7	7,4	37,5
Berufe in der Maschinenbau- u. Betriebstechnik (ohne Spez.)	4,2	3,6	19,7	7,9	18,8	8,1	37,5
Berufe in der Metallbearbeitung (ohne Spez.)	4,7	3,7	19,4	8,1	19,7	6,7	37,7
Berufe in der Papierverarbeitung u. Verpackungstechnik	4,8	3,8	18,1	7,9	21,4	6,9	37,1
Berufskraftfahrer/innen (Güterverkehr/LKW)	4,0	6,0	13,9	8,2	20,5	8,3	39,3
Büro- u. Sekretariatskräfte (ohne Spez.)	5,6	3,4	22,7	8,4	9,9	4,7	45,2

Tab. 28.185 (Fortsetzung)

Tätigkeit	AU-Fälle in %						
	Psyche	Herz/Kreislauf	Atemwege	Verdauung	Muskel/Skelett	Verletzungen	Sonstige
Kaufmännische u. technische Betriebswirtschaft (ohne Spez.)	5,2	2,6	25,4	8,5	8,6	5,0	44,8
Maschinen- u. Anlagenführer/innen	5,0	3,8	18,4	7,8	21,2	7,1	36,8
Branche gesamt	**4,8**	**3,9**	**18,9**	**7,9**	**18,7**	**7,1**	**38,8**
Alle Branchen	**5,4**	**3,5**	**20,5**	**7,7**	**16,1**	**6,5**	**40,3**

Fehlzeiten-Report 2021

Tab. 28.186 Anteile der 40 häufigsten Einzeldiagnosen an den AU-Fällen und AU-Tagen in der Branche Verarbeitendes Gewerbe im Jahr 2020, AOK-Mitglieder

ICD-10	Bezeichnung	AU-Fälle in %	AU-Tage in %
J06	Akute Infektionen an mehreren oder nicht näher bezeichneten Lokalisationen der oberen Atemwege	9,2	4,5
M54	Rückenschmerzen	7,1	6,6
A09	Sonstige und nicht näher bezeichnete Gastroenteritis und Kolitis infektiösen und nicht näher bezeichneten Ursprungs	3,2	1,0
K08	Sonstige Krankheiten der Zähne und des Zahnhalteapparates	2,0	0,4
I10	Essentielle (primäre) Hypertonie	1,7	1,4
U99	Nicht belegte Schlüsselnummer U99	1,7	0,8
B34	Viruskrankheit nicht näher bezeichneter Lokalisation	1,6	0,8
Z11	Spezielle Verfahren zur Untersuchung auf infektiöse und parasitäre Krankheiten	1,6	0,8
R10	Bauch- und Beckenschmerzen	1,6	0,7
M25	Sonstige Gelenkkrankheiten, anderenorts nicht klassifiziert	1,4	1,7
F43	Reaktionen auf schwere Belastungen und Anpassungsstörungen	1,3	2,2
R51	Kopfschmerz	1,2	0,5
T14	Verletzung an einer nicht näher bezeichneten Körperregion	1,1	1,1
J20	Akute Bronchitis	1,1	0,6
F32	Depressive Episode	1,0	2,9
U07	Nicht belegte Schlüsselnummer U07	1,0	0,6
K29	Gastritis und Duodenitis	1,0	0,5
J00	Akute Rhinopharyngitis [Erkältungsschnupfen]	1,0	0,4
K52	Sonstige nichtinfektiöse Gastroenteritis und Kolitis	1,0	0,3
M75	Schulterläsionen	0,9	2,2
M51	Sonstige Bandscheibenschäden	0,9	2,1
M79	Sonstige Krankheiten des Weichteilgewebes, anderenorts nicht klassifiziert	0,9	0,9
M99	Biomechanische Funktionsstörungen, anderenorts nicht klassifiziert	0,9	0,8
Z98	Sonstige Zustände nach chirurgischem Eingriff	0,8	2,1
M77	Sonstige Enthesopathien	0,8	1,1
R11	Übelkeit und Erbrechen	0,8	0,3
M53	Sonstige Krankheiten der Wirbelsäule und des Rückens, anderenorts nicht klassifiziert	0,7	0,8

Tab. 28.186 (Fortsetzung)

ICD-10	Bezeichnung	AU-Fälle in %	AU-Tage in %
R53	Unwohlsein und Ermüdung	0,7	0,6
J40	Bronchitis, nicht als akut oder chronisch bezeichnet	0,7	0,4
M23	Binnenschädigung des Kniegelenkes [internal derangement]	0,6	1,3
F48	Andere neurotische Störungen	0,6	1,0
R42	Schwindel und Taumel	0,6	0,5
B99	Sonstige und nicht näher bezeichnete Infektionskrankheiten	0,6	0,3
R07	Hals- und Brustschmerzen	0,6	0,3
J02	Akute Pharyngitis	0,6	0,3
J98	Sonstige Krankheiten der Atemwege	0,6	0,3
G43	Migräne	0,6	0,2
F45	Somatoforme Störungen	0,5	1,0
J32	Chronische Sinusitis	0,5	0,3
J03	Akute Tonsillitis	0,5	0,2
	Summe hier	**55,2**	**44,8**
	Restliche	44,8	55,2
	Gesamtsumme	**100,0**	**100,0**

Fehlzeiten-Report 2021

Tab. 28.187 Anteile der 40 häufigsten Diagnoseuntergruppen an den AU-Fällen und AU-Tagen in der Branche Verarbeitendes Gewerbe im Jahr 2020, AOK-Mitglieder

ICD-10	Bezeichnung	AU-Fälle in %	AU-Tage in %
J00–J06	Akute Infektionen der oberen Atemwege	12,5	6,1
M50–M54	Sonstige Krankheiten der Wirbelsäule und des Rückens	8,4	8,9
A00–A09	Infektiöse Darmkrankheiten	3,9	1,3
R50–R69	Allgemeinsymptome	3,5	2,7
M70–M79	Sonstige Krankheiten des Weichteilgewebes	3,2	4,8
F40–F48	Neurotische, Belastungs- und somatoforme Störungen	2,8	5,1
R10–R19	Symptome, die das Verdauungssystem und das Abdomen betreffen	2,6	1,3
K00–K14	Krankheiten der Mundhöhle, der Speicheldrüsen und der Kiefer	2,5	0,6
Z00–Z13	Personen, die das Gesundheitswesen zur Untersuchung und Abklärung in Anspruch nehmen	2,2	1,2
M20–M25	Sonstige Gelenkkrankheiten	2,1	3,3
Z80–Z99	Personen mit potentiellen Gesundheitsrisiken aufgrund der Familien- oder Eigenanamnese und bestimmte Zustände, die den Gesundheitszustand beeinflussen	1,9	3,9
I10–I15	Hypertonie [Hochdruckkrankheit]	1,9	1,6
U99–U99	Nicht belegte Schlüsselnummern	1,8	0,9
B25–B34	Sonstige Viruskrankheiten	1,8	0,9
J40–J47	Chronische Krankheiten der unteren Atemwege	1,5	1,3
G40–G47	Episodische und paroxysmale Krankheiten des Nervensystems	1,5	1,2
R00–R09	Symptome, die das Kreislaufsystem und das Atmungssystem betreffen	1,5	1,0
K20–K31	Krankheiten des Ösophagus, des Magens und des Duodenums	1,5	0,8
F30–F39	Affektive Störungen	1,4	4,5
J20–J22	Sonstige akute Infektionen der unteren Atemwege	1,4	0,8
T08–T14	Verletzungen nicht näher bezeichneter Teile des Rumpfes, der Extremitäten oder anderer Körperregionen	1,3	1,3
K50–K52	Nichtinfektiöse Enteritis und Kolitis	1,3	0,6
M15–M19	Arthrose	1,1	2,9
S60–S69	Verletzungen des Handgelenkes und der Hand	1,1	1,6
M95–M99	Sonstige Krankheiten des Muskel-Skelett-Systems und des Bindegewebes	1,1	0,9
U00–U49	Vorläufige Zuordnungen für Krankheiten mit unklarer Ätiologie und nicht belegte Schlüsselnummern	1,1	0,7
K55–K64	Sonstige Krankheiten des Darmes	1,0	0,7

Tab. 28.187 (Fortsetzung)

ICD-10	Bezeichnung	AU-Fälle in %	AU-Tage in %
J30–J39	Sonstige Krankheiten der oberen Atemwege	1,0	0,6
S90–S99	Verletzungen der Knöchelregion und des Fußes	0,9	1,2
R40–R46	Symptome, die das Erkennungs- und Wahrnehmungsvermögen, die Stimmung und das Verhalten betreffen	0,9	0,7
E70–E90	Stoffwechselstörungen	0,9	0,6
S80–S89	Verletzungen des Knies und des Unterschenkels	0,8	1,8
G50–G59	Krankheiten von Nerven, Nervenwurzeln und Nervenplexus	0,8	1,5
J95–J99	Sonstige Krankheiten des Atmungssystems	0,8	0,5
Z40–Z54	Personen, die das Gesundheitswesen zum Zwecke spezifischer Maßnahmen und zur medizinischen Betreuung in Anspruch nehmen	0,7	1,0
J09–J18	Grippe und Pneumonie	0,7	0,6
M65–M68	Krankheiten der Synovialis und der Sehnen	0,6	1,0
M05–M14	Entzündliche Polyarthropathien	0,6	0,7
N30–N39	Sonstige Krankheiten des Harnsystems	0,6	0,3
B99–B99	Sonstige Infektionskrankheiten	0,6	0,3
	Summe hier	77,8	71,7
	Restliche	22,2	28,3
	Gesamtsumme	100,0	100,0

Fehlzeiten-Report 2021

28.12 Verkehr und Transport

Entwicklung des Krankenstands der AOK-Mitglieder in der Branche Verkehr und Transport in den Jahren 1996 bis 2020	Tab. 28.188
Arbeitsunfähigkeit der AOK-Mitglieder in der Branche Verkehr und Transport nach Bundesländern im Jahr 2020 im Vergleich zum Vorjahr	Tab. 28.189
Arbeitsunfähigkeit der AOK-Mitglieder nach Wirtschaftsabteilungen in der Branche Verkehr und Transport im Jahr 2020	Tab. 28.190
Kennzahlen der Arbeitsunfähigkeit nach ausgewählten Berufsgruppen in der Branche Verkehr und Transport im Jahr 2020	Tab. 28.191
Dauer der Arbeitsunfähigkeit der AOK-Mitglieder in der Branche Verkehr und Transport im Jahr 2020	Tab. 28.192
Tage der Arbeitsunfähigkeit je AOK-Mitglied nach Wirtschaftsabteilung und Betriebsgröße in der Branche Verkehr und Transport im Jahr 2020	Tab. 28.193
Krankenstand in Prozent nach Ausbildungsabschluss in der Branche Verkehr und Transport im Jahr 2020, AOK-Mitglieder	Tab. 28.194
Tage der Arbeitsunfähigkeit je AOK-Mitglied nach Ausbildungsabschluss in der Branche Verkehr und Transport im Jahr 2020	Tab. 28.195
Anteil der Arbeitsunfälle an den AU-Fällen und -Tagen in Prozent nach Wirtschaftsabteilungen in der Branche Verkehr und Transport im Jahr 2020, AOK-Mitglieder	Tab. 28.196
Tage und Fälle der Arbeitsunfähigkeit durch Arbeitsunfälle nach Berufsgruppen in der Branche Verkehr und Transport im Jahr 2020, AOK-Mitglieder	Tab. 28.197
Tage und Fälle der Arbeitsunfähigkeit je 100 AOK-Mitglieder nach Krankheitsarten in der Branche Verkehr und Transport in den Jahren 1996 bis 2020	Tab. 28.198
Verteilung der Arbeitsunfähigkeitstage nach Krankheitsarten in Prozent in der Branche Verkehr und Transport im Jahr 2020, AOK-Mitglieder	Tab. 28.199
Verteilung der Arbeitsunfähigkeitsfälle nach Krankheitsarten in Prozent in der Branche Verkehr und Transport im Jahr 2020, AOK-Mitglieder	Tab. 28.200
Verteilung der Arbeitsunfähigkeitstage nach Krankheitsarten und ausgewählten Berufsgruppen in der Branche Verkehr und Transport im Jahr 2020, AOK-Mitglieder	Tab. 28.201
Verteilung der Arbeitsunfähigkeitsfälle nach Krankheitsarten und ausgewählten Berufsgruppen in der Branche Verkehr und Transport im Jahr 2020, AOK-Mitglieder	Tab. 28.202
Anteile der 40 häufigsten Einzeldiagnosen an den AU-Fällen und AU-Tagen in der Branche Verkehr und Transport im Jahr 2020, AOK-Mitglieder	Tab. 28.203
Anteile der 40 häufigsten Diagnoseuntergruppen an den AU-Fällen und AU-Tagen in der Branche Verkehr und Transport im Jahr 2020, AOK-Mitglieder	Tab. 28.204

28.12 · Verkehr und Transport

Tab. 28.188 Entwicklung des Krankenstands der AOK-Mitglieder in der Branche Verkehr und Transport in den Jahren 1996 bis 2020

Jahr	Krankenstand in %			AU-Fälle je 100 AOK-Mitglieder			Tage je Fall		
	West	Ost	Bund	West	Ost	Bund	West	Ost	Bund
1996	5,7	4,6	5,5	132,4	101,5	126,5	16,2	16,8	16,3
1997	5,3	4,4	5,2	128,3	96,4	122,5	15,1	16,6	15,3
1998	5,4	4,5	5,3	131,5	98,6	125,7	15,0	16,6	15,3
1999	5,6	4,8	5,5	139,4	107,4	134,1	14,6	16,4	14,8
2000	5,6	4,8	5,5	143,2	109,8	138,3	14,3	16,0	14,5
2001	5,6	4,9	5,5	144,1	108,7	139,3	14,2	16,5	14,4
2002	5,6	4,9	5,5	143,3	110,6	138,8	14,2	16,2	14,4
2003	5,3	4,5	5,2	138,7	105,8	133,8	14,0	15,4	14,1
2004	4,9	4,2	4,8	125,0	97,6	120,6	14,3	15,6	14,4
2005	4,8	4,2	4,7	126,3	99,0	121,8	14,0	15,4	14,2
2006	4,7	4,1	4,6	121,8	94,7	117,2	14,2	15,8	14,4
2007	4,9	4,3	4,8	128,8	101,5	124,1	14,0	15,5	14,2
2008 (WZ03)	5,1	4,5	4,9	135,4	106,7	130,5	13,6	15,3	13,9
2008 (WZ08)[a]	5,1	4,5	5,0	135,7	105,1	130,5	13,8	15,7	14,1
2009	5,3	5,0	5,3	139,7	114,2	135,4	13,9	16,0	14,2
2010	5,5	5,2	5,5	141,8	120,5	138,1	14,2	15,7	14,4
2011	5,5	4,8	5,4	145,0	121,9	141,1	13,9	14,4	13,9
2012	5,6	5,4	5,5	143,8	121,7	140,1	14,1	16,4	14,5
2013	5,7	5,8	5,7	154,1	130,1	150,1	13,5	16,2	13,9
2014	5,8	5,9	5,8	152,2	131,2	148,8	13,9	16,4	14,3
2015	6,0	6,0	6,0	161,1	140,5	157,7	13,5	15,6	13,8
2016	5,9	6,1	6,0	159,4	145,3	157,4	13,6	15,4	13,9
2017	5,9	6,3	6,0	158,1	148,5	156,7	13,6	15,5	13,9
2018	5,9	6,5	6,0	162,6	155,6	161,6	13,3	15,2	13,6
2019	5,9	6,5	6,0	159,4	153,6	158,6	13,5	15,5	13,8
2020	5,8	6,4	5,9	140,2	139,2	140,4	15,2	16,9	15,5

[a] aufgrund der Revision der Wirtschaftszweigklassifikation in 2008 ist eine Vergleichbarkeit mit den Vorjahren nur bedingt möglich

Fehlzeiten-Report 2021

Tab. 28.189 Arbeitsunfähigkeit der AOK-Mitglieder in der Branche Verkehr und Transport nach Bundesländern im Jahr 2020 im Vergleich zum Vorjahr

Bundesland	Krankenstand in %	Arbeitsunfähigkeit je 100 AOK-Mitglieder				Tage je Fall	Veränd. z. Vorj. in %	AU-Quote in %
		AU-Fälle	Veränd. z. Vorj. in %	AU-Tage	Veränd. z. Vorj. in %			
Baden-Württemberg	5,7	150,0	−12,3	2.079,1	−1,9	13,9	11,8	49,8
Bayern	5,1	117,2	−13,1	1.859,6	−1,3	15,9	13,5	41,9
Berlin	5,4	130,5	−13,5	1.984,4	−1,9	15,2	13,5	35,1
Brandenburg	6,8	154,9	−12,4	2.489,2	−0,2	16,1	13,8	48,0
Bremen	7,2	168,1	−9,8	2.619,8	3,7	15,6	15,1	52,1
Hamburg	5,5	129,6	−10,7	2.023,0	3,5	15,6	15,8	41,6
Hessen	5,9	150,4	−15,1	2.149,5	−2,3	14,3	15,0	47,2
Mecklenburg-Vorpommern	6,2	111,7	−9,6	2.250,9	2,8	20,2	13,8	43,0
Niedersachsen	6,2	151,4	−10,3	2.265,6	−0,8	15,0	10,7	49,6
Nordrhein-Westfalen	6,5	151,1	−10,8	2.368,0	0,7	15,7	12,9	47,7
Rheinland-Pfalz	5,4	114,8	−12,5	1.974,4	0,1	17,2	14,4	39,6
Saarland	6,3	135,7	−8,0	2.309,4	−1,6	17,0	7,0	46,4
Sachsen	6,2	139,3	−8,8	2.275,6	−2,7	16,3	6,8	52,1
Sachsen-Anhalt	6,4	133,0	−8,2	2.357,4	−3,0	17,7	5,7	48,8
Schleswig-Holstein	5,6	120,1	−9,2	2.055,4	−1,4	17,1	8,6	41,6
Thüringen	6,8	142,2	−8,3	2.481,6	1,3	17,5	10,5	52,1
West	**5,8**	**140,2**	**−12,0**	**2.135,0**	**−0,6**	**15,2**	**13,0**	**45,9**
Ost	**6,4**	**139,2**	**−9,4**	**2.351,9**	**−1,3**	**16,9**	**8,9**	**50,3**
Bund	**5,9**	**140,4**	**−11,5**	**2.171,0**	**−0,6**	**15,5**	**12,3**	**46,6**

Fehlzeiten-Report 2021

28.12 · Verkehr und Transport

Tab. 28.190 Arbeitsunfähigkeit der AOK-Mitglieder nach Wirtschaftsabteilungen in der Branche Verkehr und Transport im Jahr 2020

Wirtschaftsabteilungen	Krankenstand in %		Arbeitsunfähigkeiten je 100 AOK-Mitglieder		Tage je Fall	AU-Quote in %
	2020	2020 stand.[a]	Fälle	Tage		
Lagerei sowie Erbringung von sonstigen Dienstleistungen für den Verkehr	6,2	6,2	160,2	2.269,1	14,2	52,7
Landverkehr und Transport in Rohrfernleitungen	5,8	5,7	119,6	2.122,3	17,7	43,5
Luftfahrt	3,8	4,4	105,7	1.392,1	13,2	43,9
Post-, Kurier- und Expressdienste	5,8	6,4	143,9	2.118,5	14,7	41,3
Schifffahrt	4,6	4,2	104,9	1.699,1	16,2	39,0
Branche gesamt	**5,9**	**6,1**	**140,4**	**2.171,0**	**15,5**	**46,6**
Alle Branchen	**5,4**	**5,5**	**144,2**	**1.988,1**	**13,8**	**50,7**

[a] Krankenstand alters- und geschlechtsstandardisiert

Fehlzeiten-Report 2021

◻ **Tab. 28.191** Kennzahlen der Arbeitsunfähigkeit nach ausgewählten Berufsgruppen in der Branche Verkehr und Transport im Jahr 2020

Tätigkeit	Kranken-stand in %	Arbeitsunfähigkeit je 100 AOK-Mitglieder		Tage je Fall	AU-Quote in %	Anteil der Berufsgruppe an der Branche in %[a]
		AU-Fälle	AU-Tage			
Berufe für Post- u. Zustelldienste	6,4	146,6	2.355,5	16,1	45,3	11,6
Berufe im Güter- u. Warenumschlag	8,0	223,2	2.921,0	13,1	64,7	1,0
Berufe in der Lagerwirtschaft	7,1	207,0	2.612,3	12,6	57,1	19,6
Berufskraftfahrer/innen (Güterverkehr/LKW)	5,6	100,8	2.062,5	20,5	40,6	25,5
Berufskraftfahrer/innen (Personentransport/PKW)	4,6	81,7	1.693,0	20,7	32,3	4,8
Büro- u. Sekretariatskräfte (ohne Spez.)	3,8	107,8	1.374,0	12,7	43,7	2,6
Bus- u. Straßenbahnfahrer/innen	8,5	159,2	3.094,6	19,4	57,0	6,4
Fahrzeugführer/innen im Straßenverkehr (sonstige spezifische Tätigkeitsangabe)	3,9	99,2	1.434,1	14,5	29,2	7,4
Kaufmännische u. technische Betriebswirtschaft (ohne Spez.)	4,1	126,5	1.509,7	11,9	49,8	1,5
Kranführer/innen, Aufzugsmaschinisten, Bedienung verwandter Hebeeinrichtungen	7,6	193,7	2.771,8	14,3	62,8	1,0
Speditions- u. Logistikkaufleute	3,8	145,1	1.381,0	9,5	50,9	3,2
Branche gesamt	**5,9**	**140,4**	**2.171,0**	**15,5**	**46,6**	**7,2**[b]

[a] Anteil der AOK-Mitglieder in der Berufsgruppe an den in der Branche beschäftigten AOK-Mitgliedern insgesamt
[b] Anteil der AOK-Mitglieder in der Branche an allen AOK-Mitgliedern
Fehlzeiten-Report 2021

28.12 · Verkehr und Transport

Tab. 28.192 Dauer der Arbeitsunfähigkeit der AOK-Mitglieder in der Branche Verkehr und Transport im Jahr 2020

Fallklasse	Branche hier		Alle Branchen	
	Anteil Fälle in %	Anteil Tage in %	Anteil Fälle in %	Anteil Tage in %
1–3 Tage	26,7	3,4	30,7	4,4
4–7 Tage	29,7	9,9	30,2	11,2
8–14 Tage	21,3	14,5	19,8	15,0
15–21 Tage	8,3	9,3	7,3	9,1
22–28 Tage	3,8	6,0	3,3	5,9
29–42 Tage	4,1	9,3	3,5	8,9
> 42 Tage	6,1	47,6	5,1	45,5

Fehlzeiten-Report 2021

Tab. 28.193 Tage der Arbeitsunfähigkeit je AOK-Mitglied nach Wirtschaftsabteilung und Betriebsgröße in der Branche Verkehr und Transport im Jahr 2020

Wirtschaftsabteilungen	Betriebsgröße (Anzahl der AOK-Mitglieder)					
	10–49	50–99	100–199	200–499	500–999	≥ 1.000
Lagerei sowie Erbringung von sonstigen Dienstleistungen für den Verkehr	22,1	22,8	23,5	25,3	28,1	28,3
Landverkehr und Transport in Rohrfernleitungen	20,2	23,2	23,8	24,7	31,0	36,2
Luftfahrt	11,8	9,4	15,3	23,9	–	13,7
Post-, Kurier- und Expressdienste	21,1	21,0	21,0	22,1	25,9	32,6
Schifffahrt	17,8	17,7	32,5	30,6	–	–
Branche gesamt	**21,0**	**22,4**	**23,1**	**24,4**	**28,1**	**29,7**
Alle Branchen	**20,3**	**22,3**	**22,5**	**22,6**	**22,8**	**22,7**

Fehlzeiten-Report 2021

Tab. 28.194 Krankenstand in Prozent nach Ausbildungsabschluss in der Branche Verkehr und Transport im Jahr 2020, AOK-Mitglieder

Wirtschafts-abteilungen	Ausbildung						
	ohne Aus-bildungs-abschluss	mit Aus-bildungs-abschluss	Meister/ Techniker	Bachelor	Diplom/ Magister/ Master/ Staats-examen	Promotion	unbekannt
Lagerei sowie Erbringung von sonstigen Dienstleistungen für den Verkehr	6,8	6,5	5,6	2,9	3,4	5,3	5,8
Landverkehr und Transport in Rohrfernleitungen	6,5	6,8	5,4	2,6	3,3	3,8	4,8
Luftfahrt	5,2	4,9	1,3	1,4	2,0	–	3,3
Post-, Kurier- und Expressdienste	5,3	6,2	5,0	4,1	4,1	2,6	5,8
Schifffahrt	5,7	5,5	3,0	1,3	2,6	–	3,2
Branche gesamt	**6,4**	**6,6**	**5,4**	**2,8**	**3,3**	**4,2**	**5,4**
Alle Branchen	**6,0**	**5,9**	**4,7**	**2,3**	**2,9**	**2,1**	**5,0**

Fehlzeiten-Report 2021

28.12 · Verkehr und Transport

Tab. 28.195 Tage der Arbeitsunfähigkeit je AOK-Mitglied nach Ausbildungsabschluss in der Branche Verkehr und Transport im Jahr 2020

Wirtschafts-abteilungen	Ausbildung						
	ohne Ausbildungsabschluss	mit Ausbildungsabschluss	Meister/ Techniker	Bachelor	Diplom/ Magister/ Master/ Staatsexamen	Promotion	unbekannt
Lagerei sowie Erbringung von sonstigen Dienstleistungen für den Verkehr	24,9	23,6	20,5	10,4	12,3	19,4	21,4
Landverkehr und Transport in Rohrfernleitungen	23,6	24,9	19,8	9,3	12,1	13,7	17,7
Luftfahrt	19,2	17,9	4,9	4,9	7,2	–	11,9
Post-, Kurier- und Expressdienste	19,3	22,7	18,4	15,2	15,1	9,5	21,2
Schifffahrt	20,7	20,3	11,0	4,7	9,6	–	11,8
Branche gesamt	**23,5**	**24,0**	**19,8**	**10,3**	**12,2**	**15,2**	**19,7**
Alle Branchen	**21,8**	**21,8**	**17,1**	**8,5**	**10,6**	**7,6**	**18,2**

Fehlzeiten-Report 2021

Tab. 28.196 Anteil der Arbeitsunfälle an den AU-Fällen und -Tagen in Prozent nach Wirtschaftsabteilungen in der Branche Verkehr und Transport im Jahr 2020, AOK-Mitglieder

Wirtschaftsabteilungen	AU-Fälle in %	AU-Tage in %
Lagerei sowie Erbringung von sonstigen Dienstleistungen für den Verkehr	3,7	7,7
Landverkehr und Transport in Rohrfernleitungen	4,2	8,2
Luftfahrt	1,0	1,9
Post-, Kurier- und Expressdienste	5,5	8,7
Schifffahrt	4,1	9,5
Branche gesamt	**4,2**	**8,0**
Alle Branchen	**3,0**	**5,5**

Fehlzeiten-Report 2021

Tab. 28.197 Tage und Fälle der Arbeitsunfähigkeit durch Arbeitsunfälle nach Berufsgruppen in der Branche Verkehr und Transport im Jahr 2020, AOK-Mitglieder

Tätigkeit	Arbeitsunfähigkeit je 1.000 AOK-Mitglieder	
	AU-Tage	AU-Fälle
Berufskraftfahrer/innen (Güterverkehr/LKW)	2.452,6	63,1
Berufe für Post- u. Zustelldienste	2.302,2	93,6
Kranführer/innen, Aufzugsmaschinisten, Bedienung verwandter Hebeeinrichtungen	2.164,6	71,1
Berufe in der Lagerwirtschaft	1.693,8	73,2
Berufe im Güter- u. Warenumschlag	1.683,1	87,1
Bus- u. Straßenbahnfahrer/innen	1.584,5	37,2
Fahrzeugführer/innen im Straßenverkehr (sonstige spezifische Tätigkeitsangabe)	1.545,1	62,8
Berufskraftfahrer/innen (Personentransport/PKW)	742,9	21,4
Speditions- u. Logistikkaufleute	391,1	19,9
Büro- u. Sekretariatskräfte (ohne Spez.)	384,2	12,8
Kaufmännische u. technische Betriebswirtschaft (ohne Spez.)	370,3	15,3
Branche gesamt	**1.734,3**	**58,7**
Alle Branchen	**1.092,2**	**43,4**

Fehlzeiten-Report 2021

28.12 · Verkehr und Transport

Tab. 28.198 Tage und Fälle der Arbeitsunfähigkeit je 100 AOK-Mitglieder nach Krankheitsarten in der Branche Verkehr und Transport in den Jahren 1996 bis 2020

Jahr	Arbeitsunfähigkeiten je 100 AOK-Mitglieder											
	Psyche		Herz/Kreislauf		Atemwege		Verdauung		Muskel/Skelett		Verletzungen	
	Tage	Fälle	Tage	Fälle	Tage	Fälle	Tage	Fälle	Tage	Fälle	Tage	Fälle
1996	88,2	3,7	213,7	8,8	321,5	38,5	181,2	21,0	666,8	36,0	425,0	23,9
1997	83,9	3,4	195,5	7,7	281,8	34,8	163,6	19,4	574,0	32,1	411,4	22,0
1998	89,1	3,6	195,2	7,9	283,4	33,1	161,9	19,0	591,5	30,7	397,9	21,9
1999	95,3	3,8	192,9	8,1	311,9	34,5	160,8	19,2	621,2	32,5	396,8	21,7
2000	114,7	5,2	181,9	8,0	295,1	37,1	149,4	18,0	654,9	36,6	383,3	21,3
2001	124,3	6,1	183,1	8,6	282,2	36,8	152,3	18,9	680,6	38,6	372,8	21,0
2002	135,9	6,6	184,2	8,9	273,1	36,1	152,1	19,5	675,7	38,3	362,4	20,4
2003	136,0	6,7	182,0	9,1	271,5	36,4	144,2	18,7	615,9	35,6	345,2	19,3
2004	154,3	6,8	195,6	8,4	234,4	30,1	143,5	17,7	572,5	32,8	329,6	17,6
2005	159,5	6,7	193,5	8,4	268,8	34,7	136,2	16,6	546,3	31,8	327,1	17,3
2006	156,8	6,7	192,9	8,5	225,9	29,0	135,7	17,1	551,7	31,9	334,7	17,6
2007	166,1	7,0	204,2	8,7	249,9	32,6	143,6	18,4	575,2	32,8	331,1	17,0
2008 (WZ03)	172,5	7,3	205,5	9,1	260,0	34,6	149,0	19,2	584,3	34,3	332,0	17,1
2008 (WZ08)[a]	171,8	7,2	210,2	9,2	259,5	34,0	150,6	18,7	597,5	34,3	339,8	17,2
2009	190,8	7,8	223,2	9,3	297,4	38,1	149,0	18,7	607,7	34,3	341,0	17,2
2010	205,3	8,4	218,6	9,5	268,0	34,3	143,7	17,8	659,8	36,9	373,2	19,0
2011	215,5	8,9	209,0	9,4	272,0	35,7	141,8	17,9	625,3	36,6	350,1	18,1
2012	243,3	9,3	233,9	9,6	275,1	35,2	149,8	18,0	654,4	36,7	354,5	17,3
2013	246,7	9,4	228,9	9,1	334,0	43,1	150,4	18,5	656,9	37,4	356,3	17,4
2014	269,3	10,4	236,8	9,5	278,3	36,8	155,9	19,1	698,3	39,3	355,6	17,3
2015	277,4	10,5	232,5	9,4	338,6	44,5	154,5	19,1	686,4	39,2	355,5	17,2
2016	285,1	10,8	213,7	9,6	315,2	42,6	148,6	19,1	706,0	40,0	354,0	16,8
2017	289,0	10,9	207,1	9,3	318,1	42,7	142,9	18,1	700,1	39,9	349,5	16,5
2018	287,5	10,9	195,8	9,4	339,5	45,3	139,6	17,9	691,5	40,1	348,0	16,4
2019	295,6	11,1	197,6	9,2	303,2	41,9	137,8	17,6	703,1	40,8	347,3	15,9
2020	303,8	10,1	194,8	8,2	306,7	34,7	129,6	15,1	716,8	39,0	330,2	14,0

[a] aufgrund der Revision der Wirtschaftszweigklassifikation in 2008 ist eine Vergleichbarkeit mit den Vorjahren nur bedingt möglich

Fehlzeiten-Report 2021

Tab. 28.199 Verteilung der Arbeitsunfähigkeitstage nach Krankheitsarten in Prozent in der Branche Verkehr und Transport im Jahr 2020, AOK-Mitglieder

Wirtschaftsabteilungen	AU-Tage in %						
	Psyche	Herz/ Kreislauf	Atem- wege	Ver- dauung	Muskel/ Skelett	Verlet- zungen	Sonstige
Lagerei sowie Erbringung von sonstigen Dienstleistungen für den Verkehr	9,8	6,3	10,7	4,4	24,3	10,9	33,7
Landverkehr und Transport in Rohrfernleitungen	10,4	7,6	9,6	4,4	22,3	10,6	35,2
Luftfahrt	15,6	3,6	16,8	4,1	15,9	9,3	34,6
Post-, Kurier- und Expressdienste	10,4	4,6	10,3	4,1	27,2	12,3	31,1
Schifffahrt	9,5	6,1	9,8	4,9	21,7	12,6	35,4
Branche gesamt	**10,1**	**6,5**	**10,2**	**4,3**	**23,9**	**11,0**	**33,9**
Alle Branchen	**12,0**	**5,1**	**11,8**	**4,2**	**22,1**	**10,0**	**34,8**

Fehlzeiten-Report 2021

Tab. 28.200 Verteilung der Arbeitsunfähigkeitsfälle nach Krankheitsarten in Prozent in der Branche Verkehr und Transport im Jahr 2020, AOK-Mitglieder

Wirtschaftsabteilungen	AU-Fälle in %						
	Psyche	Herz/ Kreislauf	Atem- wege	Ver- dauung	Muskel/ Skelett	Verlet- zungen	Sonstige
Lagerei sowie Erbringung von sonstigen Dienstleistungen für den Verkehr	4,9	3,9	18,2	7,8	20,3	6,7	38,3
Landverkehr und Transport in Rohrfernleitungen	5,4	5,0	16,5	7,8	18,0	6,9	40,4
Luftfahrt	6,0	2,6	26,2	6,1	13,2	5,4	40,6
Post-, Kurier- und Expressdienste	5,2	3,2	17,7	7,0	22,4	8,6	35,9
Schifffahrt	4,9	4,5	18,3	7,8	17,0	8,0	39,7
Branche gesamt	**5,1**	**4,1**	**17,6**	**7,7**	**19,7**	**7,1**	**38,6**
Alle Branchen	**5,4**	**3,5**	**20,5**	**7,7**	**16,1**	**6,5**	**40,3**

Fehlzeiten-Report 2021

28.12 · Verkehr und Transport

Tab. 28.201 Verteilung der Arbeitsunfähigkeitstage nach Krankheitsarten und ausgewählten Berufsgruppen in der Branche Verkehr und Transport im Jahr 2020, AOK-Mitglieder

Tätigkeit	AU-Tage in %						
	Psyche	Herz/Kreislauf	Atemwege	Verdauung	Muskel/Skelett	Verletzungen	Sonstige
Berufe für Post- u. Zustelldienste	10,6	4,2	9,6	3,8	27,7	13,1	30,9
Berufe im Güter- u. Warenumschlag	9,8	5,5	12,2	4,5	27,5	9,6	30,8
Berufe in der Lagerwirtschaft	10,0	4,7	11,7	4,4	27,3	10,5	31,5
Berufskraftfahrer/innen (Güterverkehr/LKW)	6,5	9,6	7,5	4,3	23,0	13,0	36,0
Berufskraftfahrer/innen (Personentransport/PKW)	11,1	8,9	11,1	3,9	19,1	7,6	38,2
Büro- u. Sekretariatskräfte (ohne Spez.)	16,6	4,5	13,1	4,4	14,9	7,0	39,5
Bus- u. Straßenbahnfahrer/innen	13,5	7,3	10,1	4,3	22,6	7,6	34,7
Fahrzeugführer/innen im Straßenverkehr (sonstige spezifische Tätigkeitsangabe)	7,6	6,1	9,0	4,9	26,6	14,1	31,7
Kaufmännische u. technische Betriebswirtschaft (ohne Spez.)	18,3	4,4	14,0	4,1	14,5	7,4	37,2
Kranführer/innen, Aufzugsmaschinisten, Bedienung verwandter Hebeeinrichtungen	9,2	6,1	10,1	4,1	27,6	11,0	32,0
Speditions- u. Logistikkaufleute	14,2	3,9	16,0	5,1	16,0	8,2	36,6
Branche gesamt	**10,1**	**6,5**	**10,2**	**4,3**	**23,9**	**11,0**	**33,9**
Alle Branchen	**12,0**	**5,1**	**11,8**	**4,2**	**22,1**	**10,0**	**34,8**

Fehlzeiten-Report 2021

Tab. 28.202 Verteilung der Arbeitsunfähigkeitsfälle nach Krankheitsarten und ausgewählten Berufsgruppen in der Branche Verkehr und Transport im Jahr 2020, AOK-Mitglieder

Tätigkeit	AU-Fälle in %						
	Psyche	Herz/Kreislauf	Atemwege	Verdauung	Muskel/Skelett	Verletzungen	Sonstige
Berufe für Post- u. Zustelldienste	5,6	3,2	17,3	6,8	22,1	9,4	35,6
Berufe im Güter- u. Warenumschlag	5,0	3,4	18,7	7,5	23,4	6,8	35,2
Berufe in der Lagerwirtschaft	4,8	3,1	18,6	7,6	23,5	6,7	35,7
Berufskraftfahrer/innen (Güterverkehr/LKW)	4,2	6,3	13,0	8,1	19,3	8,2	40,9
Berufskraftfahrer/innen (Personentransport/PKW)	5,4	6,0	17,2	7,0	14,3	5,1	44,9
Büro- u. Sekretariatskräfte (ohne Spez.)	6,5	3,4	21,9	8,2	10,8	4,6	44,6
Bus- u. Straßenbahnfahrer/innen	6,7	5,1	16,6	7,9	18,4	5,1	40,2
Fahrzeugführer/innen im Straßenverkehr (sonstige spezifische Tätigkeitsangabe)	4,4	3,7	15,4	7,8	22,4	9,2	37,1
Kaufmännische u. technische Betriebswirtschaft (ohne Spez.)	6,5	3,2	23,5	8,2	11,0	4,5	43,1
Kranführer/innen, Aufzugsmaschinisten, Bedienung verwandter Hebeeinrichtungen	4,8	4,0	17,3	7,4	23,0	6,6	36,8
Speditions- u. Logistikkaufleute	5,3	2,4	24,2	8,3	11,6	4,9	43,4
Branche gesamt	**5,1**	**4,1**	**17,6**	**7,7**	**19,7**	**7,1**	**38,6**
Alle Branchen	**5,4**	**3,5**	**20,5**	**7,7**	**16,1**	**6,5**	**40,3**

Fehlzeiten-Report 2021

Tab. 28.203 Anteile der 40 häufigsten Einzeldiagnosen an den AU-Fällen und AU-Tagen in der Branche Verkehr und Transport im Jahr 2020, AOK-Mitglieder

ICD-10	Bezeichnung	AU-Fälle in %	AU-Tage in %
M54	Rückenschmerzen	8,4	7,5
J06	Akute Infektionen an mehreren oder nicht näher bezeichneten Lokalisationen der oberen Atemwege	8,1	4,1
A09	Sonstige und nicht näher bezeichnete Gastroenteritis und Kolitis infektiösen und nicht näher bezeichneten Ursprungs	2,9	1,0
I10	Essentielle (primäre) Hypertonie	1,9	1,6
Z11	Spezielle Verfahren zur Untersuchung auf infektiöse und parasitäre Krankheiten	1,7	0,8
U99	Nicht belegte Schlüsselnummer U99	1,7	0,7
K08	Sonstige Krankheiten der Zähne und des Zahnhalteapparates	1,7	0,3
R10	Bauch- und Beckenschmerzen	1,5	0,7
F43	Reaktionen auf schwere Belastungen und Anpassungsstörungen	1,4	2,4
M25	Sonstige Gelenkkrankheiten, anderenorts nicht klassifiziert	1,4	1,6
B34	Viruskrankheit nicht näher bezeichneter Lokalisation	1,4	0,7
R51	Kopfschmerz	1,2	0,5
K29	Gastritis und Duodenitis	1,1	0,5
F32	Depressive Episode	1,0	2,8
T14	Verletzung an einer nicht näher bezeichneten Körperregion	1,0	1,0
J20	Akute Bronchitis	1,0	0,6
J00	Akute Rhinopharyngitis [Erkältungsschnupfen]	1,0	0,5
K52	Sonstige nichtinfektiöse Gastroenteritis und Kolitis	1,0	0,4
M51	Sonstige Bandscheibenschäden	0,9	2,1
M79	Sonstige Krankheiten des Weichteilgewebes, anderenorts nicht klassifiziert	0,9	0,8
M99	Biomechanische Funktionsstörungen, anderenorts nicht klassifiziert	0,9	0,8
U07	Nicht belegte Schlüsselnummer U07	0,9	0,6
M75	Schulterläsionen	0,8	1,8
R53	Unwohlsein und Ermüdung	0,8	0,7
F48	Andere neurotische Störungen	0,7	1,0
M53	Sonstige Krankheiten der Wirbelsäule und des Rückens, anderenorts nicht klassifiziert	0,7	0,8
M77	Sonstige Enthesopathien	0,7	0,8

◼ **Tab. 28.203** (Fortsetzung)

ICD-10	Bezeichnung	AU-Fälle in %	AU-Tage in %
J40	Bronchitis, nicht als akut oder chronisch bezeichnet	0,7	0,4
R11	Übelkeit und Erbrechen	0,7	0,3
Z98	Sonstige Zustände nach chirurgischem Eingriff	0,6	1,6
F45	Somatoforme Störungen	0,6	1,0
S93	Luxation, Verstauchung und Zerrung der Gelenke und Bänder in Höhe des oberen Sprunggelenkes und des Fußes	0,6	0,8
G47	Schlafstörungen	0,6	0,8
R42	Schwindel und Taumel	0,6	0,6
E11	Diabetes mellitus, Typ 2	0,6	0,6
R07	Hals- und Brustschmerzen	0,6	0,3
J02	Akute Pharyngitis	0,6	0,3
J98	Sonstige Krankheiten der Atemwege	0,6	0,3
B99	Sonstige und nicht näher bezeichnete Infektionskrankheiten	0,6	0,3
M23	Binnenschädigung des Kniegelenkes [internal derangement]	0,5	1,1
	Summe hier	**54,6**	**45,5**
	Restliche	45,4	54,5
	Gesamtsumme	**100,0**	**100,0**

Fehlzeiten-Report 2021

28.12 · Verkehr und Transport

Tab. 28.204 Anteile der 40 häufigsten Diagnoseuntergruppen an den AU-Fällen und AU-Tagen in der Branche Verkehr und Transport im Jahr 2020, AOK-Mitglieder

ICD-10	Bezeichnung	AU-Fälle in %	AU-Tage in %
J00–J06	Akute Infektionen der oberen Atemwege	11,3	5,7
M50–M54	Sonstige Krankheiten der Wirbelsäule und des Rückens	10,0	9,9
R50–R69	Allgemeinsymptome	3,8	3,0
A00–A09	Infektiöse Darmkrankheiten	3,6	1,2
F40–F48	Neurotische, Belastungs- und somatoforme Störungen	3,0	5,3
M70–M79	Sonstige Krankheiten des Weichteilgewebes	2,9	4,0
R10–R19	Symptome, die das Verdauungssystem und das Abdomen betreffen	2,5	1,2
I10–I15	Hypertonie [Hochdruckkrankheit]	2,2	1,9
Z00–Z13	Personen, die das Gesundheitswesen zur Untersuchung und Abklärung in Anspruch nehmen	2,2	1,1
K00–K14	Krankheiten der Mundhöhle, der Speicheldrüsen und der Kiefer	2,2	0,5
M20–M25	Sonstige Gelenkkrankheiten	2,0	2,9
Z80–Z99	Personen mit potentiellen Gesundheitsrisiken aufgrund der Familien- oder Eigenanamnese und bestimmte Zustände, die den Gesundheitszustand beeinflussen	1,8	3,2
U99–U99	Nicht belegte Schlüsselnummern	1,8	0,8
G40–G47	Episodische und paroxysmale Krankheiten des Nervensystems	1,6	1,5
J40–J47	Chronische Krankheiten der unteren Atemwege	1,6	1,4
R00–R09	Symptome, die das Kreislaufsystem und das Atmungssystem betreffen	1,6	1,1
B25–B34	Sonstige Viruskrankheiten	1,6	0,8
K20–K31	Krankheiten des Ösophagus, des Magens und des Duodenums	1,6	0,8
F30–F39	Affektive Störungen	1,3	4,1
J20–J22	Sonstige akute Infektionen der unteren Atemwege	1,3	0,8
S90–S99	Verletzungen der Knöchelregion und des Fußes	1,2	1,7
T08–T14	Verletzungen nicht näher bezeichneter Teile des Rumpfes, der Extremitäten oder anderer Körperregionen	1,2	1,2
K50–K52	Nichtinfektiöse Enteritis und Kolitis	1,2	0,6
K55–K64	Sonstige Krankheiten des Darmes	1,1	0,8
S80–S89	Verletzungen des Knies und des Unterschenkels	1,0	2,0
M95–M99	Sonstige Krankheiten des Muskel-Skelett-Systems und des Bindegewebes	1,0	0,9

Tab. 28.204 (Fortsetzung)

ICD-10	Bezeichnung	AU-Fälle in %	AU-Tage in %
E70–E90	Stoffwechselstörungen	1,0	0,7
U00–U49	Vorläufige Zuordnungen für Krankheiten mit unklarer Ätiologie und nicht belegte Schlüsselnummern	1,0	0,6
S60–S69	Verletzungen des Handgelenkes und der Hand	0,9	1,3
R40–R46	Symptome, die das Erkennungs- und Wahrnehmungsvermögen, die Stimmung und das Verhalten betreffen	0,9	0,8
J30–J39	Sonstige Krankheiten der oberen Atemwege	0,9	0,5
M15–M19	Arthrose	0,8	2,1
G50–G59	Krankheiten von Nerven, Nervenwurzeln und Nervenplexus	0,8	1,3
J95–J99	Sonstige Krankheiten des Atmungssystems	0,8	0,5
I20–I25	Ischämische Herzkrankheiten	0,7	1,6
E10–E14	Diabetes mellitus	0,7	0,9
J09–J18	Grippe und Pneumonie	0,7	0,6
I30–I52	Sonstige Formen der Herzkrankheit	0,6	1,1
Z40–Z54	Personen, die das Gesundheitswesen zum Zwecke spezifischer Maßnahmen und zur medizinischen Betreuung in Anspruch nehmen	0,6	0,9
B99–B99	Sonstige Infektionskrankheiten	0,6	0,3
	Summe hier	**77,6**	**71,6**
	Restliche	22,4	28,4
	Gesamtsumme	**100,0**	**100,0**

Fehlzeiten-Report 2021

Entwicklung der Krankengeldfälle und -ausgaben bei AOK-Mitgliedern im Jahr 2020

David Herr und Reinhard Schwanke

Inhaltsverzeichnis

29.1 Einführung – 768

29.2 Einordnung der Datenquellen – 769

29.3 Entwicklung des Krankengeldes – 769

29.4 Krankengeldfallzahlen – 770

29.5 Krankengeldfalldauern – 772

29.6 Krankengeldausgaben nach Diagnosen – 773

29.7 Einfluss des Alters – 776

29.8 Kinderkrankengeld – 777

29.9 Fazit – 778

Literatur – 779

Zusammenfassung

Krankengeld ist eine wichtige Entgeltersatzleistung bei einer längeren Erkrankung von krankengeldberechtigten Mitgliedern. Die Ausgaben für Krankengeld nehmen seit einigen Jahren absolut und seit 2006 auch anteilig an den Gesamtleistungsausgaben der Gesetzlichen Krankenversicherung zu. Daneben haben sich Verschiebungen zwischen den Diagnosegruppen und zwischen den Altersgruppen der Krankengeldbeziehenden sowie Veränderungen der Falldauern ergeben. Solche Befunde sind unter anderem für die Planung und Steuerung der Gesundheitsversorgung von großer Bedeutung, beispielsweise dafür, wie Langzeiterkrankte am besten unterstützt werden können. Der vorliegende Beitrag untersucht auf Basis der Krankenkassendaten aller AOK-Mitglieder von 2017 bis 2020, wie sich die genannten Entwicklungen in diesem Zeitraum im Detail darstellen. Der Schwerpunkt liegt auf den Veränderungen im Pandemiejahr 2020. Dabei werden insbesondere die Fallzahlen, Falldauern und die Ausgabenentwicklung sowie der Einfluss des Alters auf diese Parameter betrachtet.

29.1 Einführung

Das Krankengeld nach §§ 44 ff. SGB V ist eine Entgeltersatzleistung und ein wichtiges Element der sozialen Absicherung in Deutschland. Einen Leistungsanspruch darauf haben Mitglieder der gesetzlichen Krankenkassen, die mit Anspruch auf Krankengeld versichert sind (z. B. normalerweise Arbeitnehmer), bei krankheitsbedingter Langzeitarbeitsunfähigkeit. Es wird in der Regel ab der siebten Woche der Arbeitsunfähigkeit (AU) wegen derselben Krankheit gezahlt und löst bei Arbeitnehmern typischerweise die 100 %-Entgeltfortzahlung durch den Arbeitgeber ab. Die Höhe des Krankengeldes bemisst sich nach dem regelmäßigen Einkommen vor Beginn der AU und beträgt 70 % des Brutto-, maximal aber höchstens 90 % des Nettogehalts. Eventuelle Einmalzahlungen (zum Beispiel Urlaubs- oder Weihnachtsgeld) während der letzten zwölf Monate werden anteilig berücksichtigt. Das Krankengeld ist auf einen gesetzlichen Höchstbetrag begrenzt (Höchstkrankengeld im Jahr 2020: 109,38 € kalendertäglich).

Die Ausgaben für die Leistung Krankengeld nehmen seit einigen Jahren absolut, aber seit 2006 auch anteilig an den Gesamtleistungsausgaben der GKV, also überproportional, zu. Im Jahr 2015 legte anlässlich dessen der Sachverständigenrat zur Begutachtung der Entwicklung im Gesundheitswesen (SVR) im Auftrag des Bundesgesundheitsministers ein Sondergutachten zum Krankengeld vor und kam zu dem Schluss, dass ein erheblicher Teil dieser Entwicklung auf exogene und wirtschafts- sowie gesellschaftspolitisch durchaus wünschenswerte Faktoren zurückgeht. Dies sind vor allem eine höhere Erwerbsquote (Anstieg der sozialversicherungspflichtig Beschäftigten, infolgedessen der Anspruchsberechtigten) und gestiegene Erwerbseinkommen (infolgedessen höherer Zahlbetrag pro Tag) (SVR 2015). Allerdings wies der SVR auch auf eine gestiegene Fallzahl je krankengeldberechtigtes Mitglied (KGbM) und insbesondere eine gestiegene Falldauer hin. Bei diesen beiden Parametern sind wiederum u. a. demographische Effekte zu berücksichtigen, da ältere Menschen häufiger und länger krank werden.

Aus dem Anstieg der Falldauer und Verschiebungen zwischen den Diagnosegruppen ergeben sich auch Fragen mit weitergehender Relevanz für die Versorgungsforschung: Handelt es sich primär um Morbiditäts- bzw. Prävalenzveränderungen oder eher um einen Effekt eines veränderten Verhaltens auf Seiten der Versicherten und Leistungserbringer? Wie könnten Langzeiterkrankte noch besser unterstützt werden und welche Rolle soll dabei das Krankengeldfallmanagement der Krankenkassen einnehmen? Solche Fragen lassen sich in der Regel nicht allein anhand der Krankengelddaten abschließend beantworten, doch liefern die Krankengelddaten der Krankenkassen hilfreiche Erkenntnisse über das zugrunde liegende Geschehen.

Seit dem Frühjahr 2020 prägt die COVID-19-Pandemie das Gesundheitswesen und stellt es vor nicht dagewesene Herausforderungen. Zahlreiche Sozialleistungen sind in diesem Zusammenhang – oft befristet – für die Bewältigung der Pandemie angepasst worden. Die rechtlichen Regelungen zum Krankengeld bei Arbeitsunfähigkeit gelten unverändert. Von Interesse ist allerdings, ob sich die Folgen der Pandemie auch in den Krankengelddaten niederschlagen. Dieser Artikel analysiert daher, aufbauend auf einem ähnlichen Beitrag im Fehlzeiten-Report 2020 (Herr und Schwanke 2020), die Daten für das Jahr 2020 und vergleicht sie mit den Daten der Vorjahre 2017 bis 2019. Dabei werden die Fallzahlen, Falldauern sowie die Ausgabenentwicklung betrachtet. Das Krankengeld bei Erkrankung eines Kindes (Kinderkrankengeld), das neben dem „AU-Krankengeld" existiert, wird dabei nur kursorisch am Schluss des Beitrags (▶ Abschn. 29.8) angesprochen und ansonsten – mit Ausnahme der GKV-Gesamtausgabensumme – nicht einbezogen.

29.2 Einordnung der Datenquellen

Es existieren unterschiedliche Datenquellen, aus denen sich Schlüsse für die Krankengeldentwicklung ziehen lassen (RKI 2015). Die Datenquellen, die von verschiedenen Institutionen vorgehalten werden, haben unterschiedliche Stärken für die Analyse bestimmter Fragestellungen (Herr 2018). Zu ihnen gehören die öffentlich verfügbaren amtlichen Statistiken für die Ausgaben (KJ 1, KV 45), für die Krankengeldfälle (KG 2) und für die Mitglieder (KM 1) sowie die Daten einzelner Krankenkassen, die im Fall der AOKs auf Ebene der Krankenkassenart zusammengeführt werden können.

Die Daten basieren zum einen auf Routinedaten, die originär der Abrechnung dienen (bei ambulanten Arztbesuchen gemäß § 295 SGB V, bei Krankenhausfällen gemäß § 301 SGB V; Nimptsch et al. 2015) und Auskunft über Behandlungsdaten und Diagnosen geben, und zum anderen auf den AU-Bescheinigungen, die vom Versicherten an die Krankenkasse übermittelt werden. Der Beginn des Krankengeldanspruchs und die einkommensabhängigen Krankengeldzahlbeträge werden von den Krankenkassen ermittelt und berechnet. Entsprechend liegen auch bei den einzelnen Krankenkassen umfangreiche Daten zum Krankengeld vor, die ggf. für wissenschaftliche Betrachtungen genutzt werden können.

Für eine differenzierte Darstellung der Vor- und Nachteile bei der Nutzung der verschiedenen Datenquellen für die Analyse der Krankengeldentwicklung sei auf den Beitrag im Fehlzeiten-Report 2020 verwiesen (Herr und Schwanke 2020). Die folgenden Analysen basieren – sofern nichts anderes angegeben ist – auf grundsätzlich aggregierten Daten auf Basis der Business-Warehouse-Datenbanken aller AOKs sowie standardisierten Analyse- und Reporting-Tools. Dies ermöglicht eine krankengeldspezifische Auswertung u. a. nach Alters- und Diagnosegruppen.

29.3 Entwicklung des Krankengeldes

Die jüngsten endgültigen Rechnungsergebnisse für das Krankengeld und die GKV-Gesamtleistungsausgaben liegen für das Jahr 2019 vor. Dort betrugen die Krankengeldausgaben 14,4 Mrd. €, die der GKV 239,49 Mrd. € (KJ 1-Statistik). Die Krankengeldausgaben machten somit im Jahr 2019 6,0 % aus. Für 2020 liegen gemäß der KV 45-Quartalsstatistik vorläufige Krankengeldausgaben von 15,95 Mrd. € vor. Demgegenüber betrugen die Krankengeldausgaben zehn Jahre früher, also im Jahr 2010, 7,8 Mrd. €, die Gesamtleistungsausgaben der GKV 165,0 Mrd. €. Die Krankengeldausgaben machten im Jahr 2010 also 4,73 % aus.

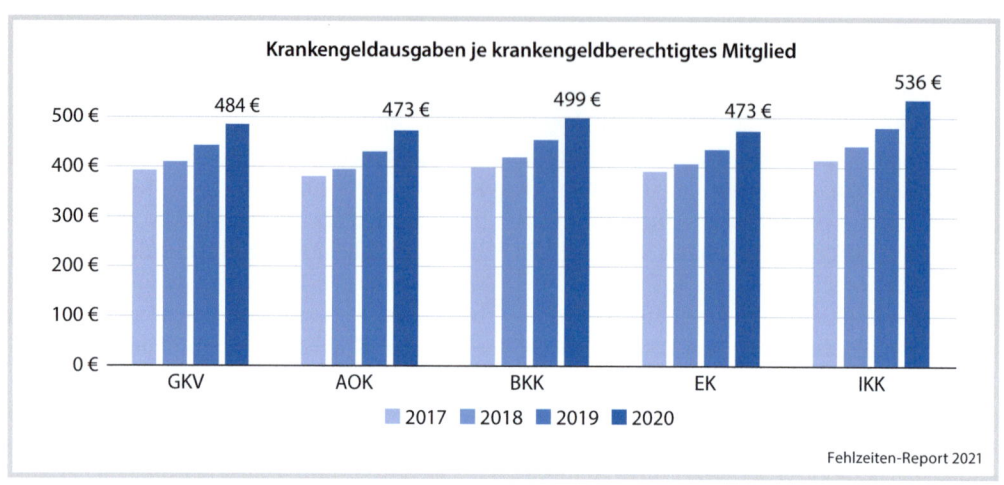

◘ **Abb. 29.1** Krankengeldausgaben je krankengeldberechtigtes Mitglied nach Krankenkassenart in den Jahren 2017–2020. (Datenquelle: KV 45- und KM 1-Statistiken)

Die absoluten Krankengeldausgaben haben sich demnach in zehn Jahren mehr als verdoppelt. Der Anteil des Krankengelds an den GKV-Gesamtleistungsausgaben war bereits von 2009 bis 2019 um fast anderthalb Prozentpunkte (von 4,53 auf 6,0 %) gestiegen.

Betrachtet man die Entwicklung von 2017 bis 2020 genauer, sind auch die Krankengeldausgaben je KGbM gestiegen, und zwar für die gesamte GKV von 2017 auf 2018 um 4,3 %, von 2018 auf 2019 um 7,9 % und von 2019 auf 2020 um 9,6 %. 2020 ergibt sich ein Wert von 484 € je KGbM (◘ Abb. 29.1). Für die AOKs zeigt sich eine Steigerung um 3,7 %, 9,0 % bzw. 9,8 % auf 473 € je KGbM.

Die Ausgabensteigerung beim Krankengeld lässt sich in drei Komponenten zerlegen: Fallzahl (absolut oder je KGbM), Falldauer je Fall (Krankengeldtage) und Zahlbetrag pro Tag. Der letzte Parameter ist ausschließlich vom Einkommen abhängig und daher praktisch nicht aus dem Gesundheitssystem heraus beeinflussbar. Das mittlere Bruttomonatseinkommen ist in den letzten Jahren fast immer kontinuierlich gestiegen, und zwar von 3.227 € im Jahr 2010 auf 3.975 € im Jahr 2020, was einem Zuwachs um 23,2 % in zehn Jahren entspricht (Statistisches Bundesamt 2021). Einzig vom Jahr 2019 zum Jahr 2020 ist es erstmals in der Nachkriegszeit leicht (um 19 €) gesunken. Im Folgenden werden die o. g. Komponenten jeweils für die AOK-Versicherten dargestellt.

29.4 Krankengeldfallzahlen

Die abgeschlossenen Krankengeldfälle je 100 KGbM haben sich von 2017 bis 2020 uneinheitlich entwickelt, sie sind bei manchen Krankheitsgruppen leicht gesunken, so bei den Muskel-Skelett- und Herz-Kreislauf-Erkrankungen (ICD-Buchstaben M und I), geringfügiger auch bei psychischen Störungen (ICD-Buchstabe F). Bei den Krebserkrankungen (ICD-Buchstabe C) sind sie fast konstant geblieben. Bei den „Sonstigen" sind sie nach einem Anstieg von 2017 auf 2018 seitdem wieder rückläufig (◘ Abb. 29.2). Betrachtet man nur die Entwicklung seit 2019, so ist eine geringfügige Zunahme bei den psychischen Erkrankungen und eine geringfügige Abnahme bei den „Sonstigen" und den Herz-Kreislauf-Erkrankungen zu sehen. Unter den hier einzeln betrachteten Krankheitsgruppen (die aggregierten „Sonstigen" außen vorgelassen) fallen die Muskel-Skelett-Erkrankungen un-

29.4 · Krankengeldfallzahlen

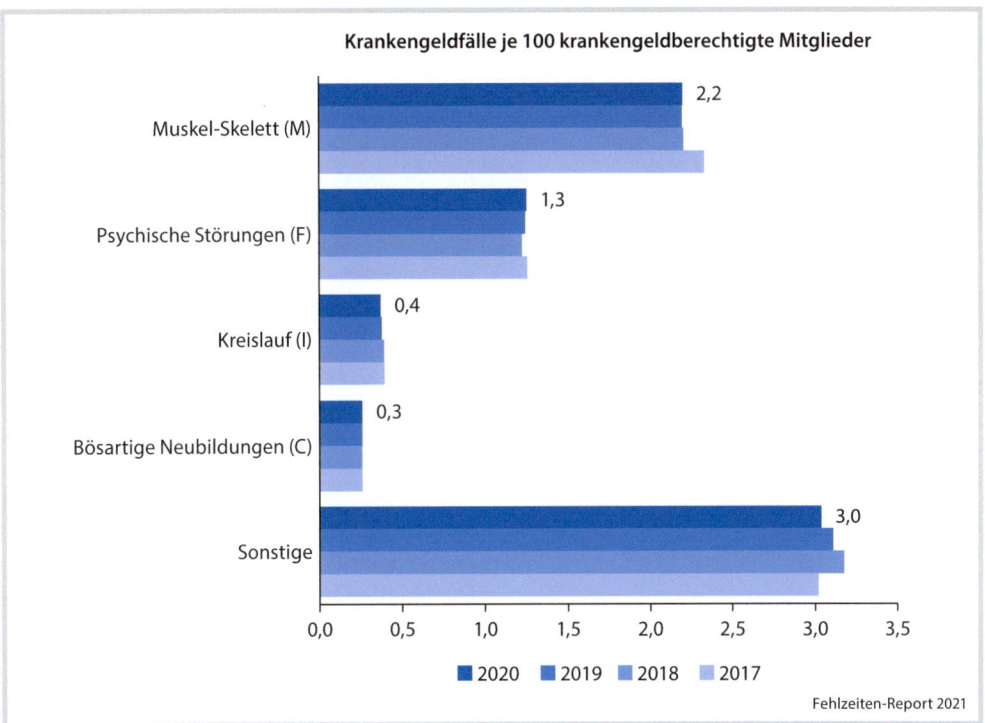

Abb. 29.2 Krankengeldfälle je 100 krankengeldberechtigte AOK-Mitglieder in den Jahren 2017–2020. (Datenquelle: AOK-Daten)

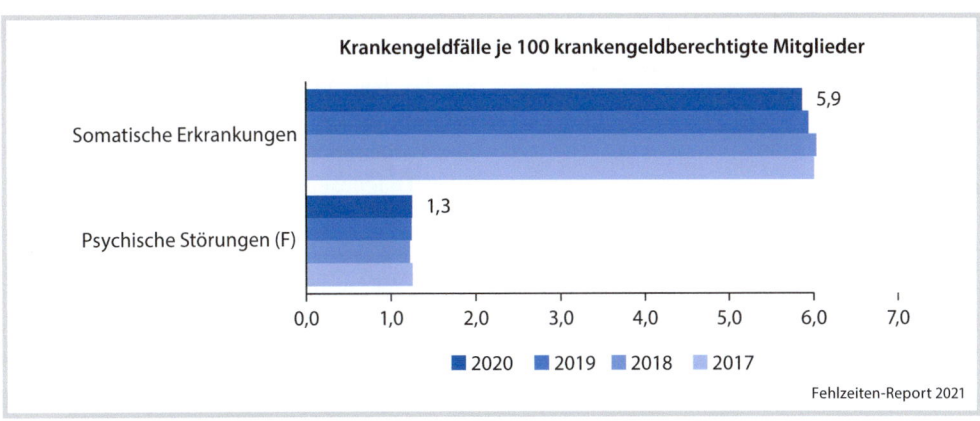

Abb. 29.3 Krankengeldfälle je 100 krankengeldberechtigte AOK-Mitglieder in den Jahren 2017–2020, aggregiert in psychische und somatische Erkrankungen. (Datenquelle: AOK-Daten)

verändert als besonders häufige Diagnosegruppe auf, was ein von früheren Untersuchungen – auch bei anderen Krankenkassen – bekannter Befund ist (SVR 2015).

Wenn man die Diagnosegruppen dichotom in psychische Erkrankungen und alle weiteren Erkrankungen (hier zur Anschaulichkeit etwas vereinfacht „somatische Erkrankungen") aufteilt, wird der Gesamtrückgang der Krankengeldfälle noch etwas besser sichtbar (◘ Abb. 29.3).

29.5 Krankengeldfalldauern

Die Krankengeldfalldauern sind von 2017 bis 2020 kontinuierlich von im Durchschnitt 90 Tagen auf 103 Tage angestiegen (◘ Abb. 29.4). Der Anteil der besonders langen Fälle, d. h. über 180 Tage, ist dabei von 15,7 auf 19,2 % gestiegen, während vor allem der Anteil der kurzen Krankengeldfälle unter 20 Tagen leicht abgenommen hat, und zwar von 36,7 auf 35,0 % (◘ Abb. 29.5). Die Fälle zwischen 20 und 180 Tagen sind anteilig auch etwas zurückgegangen. Von 2019 auf 2020 ist der Anstieg des Anteils der Fälle über 180 Tage besonders stark, während der Anteil aller anderen Gruppen abgenommen hat. Trotz der geschilderten Verschiebungen sind Fälle mit unter 20 Tagen Krankengeldbezug weiterhin häufig.

Für die Krankengeldfalldauern macht es einen großen Unterschied, welche Krankheit der Langzeitarbeitsunfähigkeit zugrunde liegt. Die größte Rolle spielen die Erkrankungsgruppen Muskel-Skelett-Erkrankungen (M), psychische Erkrankungen (F), Herz-Kreislauf-Erkrankungen (I) und Krebserkrankungen (C). Die längsten Falldauern bestehen bei Krebserkrankungen mit durchschnittlich über 220 Tagen; bei psychischen Störungen und Kreislauferkrankungen liegen sie im Jahr 2020 bei 150 bzw. 141 Tagen (◘ Abb. 29.6). Die Muskel-Skelett-Erkrankungen führen zu mittleren Falldauern von 107 Tagen. Das bedeutet, dass die mittlere Falldauer bei Krebserkrankungen mehr als doppelt so lang wie diejenige bei den (besonders häufigen) Muskel-Skelett-Erkrankungen ist. Auffällig ist, dass die Falldauern im Jahr 2020 gegenüber dem Jahr 2019 deutlich stärker gestiegen sind als in den beiden Vorjahren. Die Steigerungsraten lagen bei allen Diagnosegruppen außer bei den Krebs-

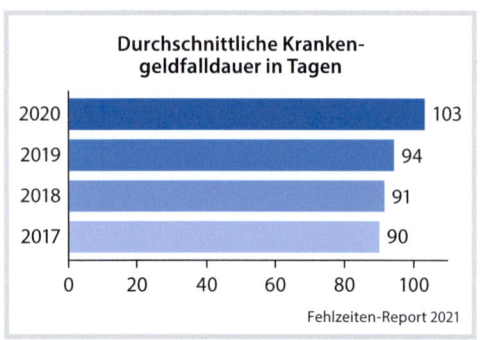

◘ **Abb. 29.4** Krankengeldfalldauer in Tagen bei den AOK-Mitgliedern in den Jahren 2017–2020. (Datenquelle: AOK-Daten)

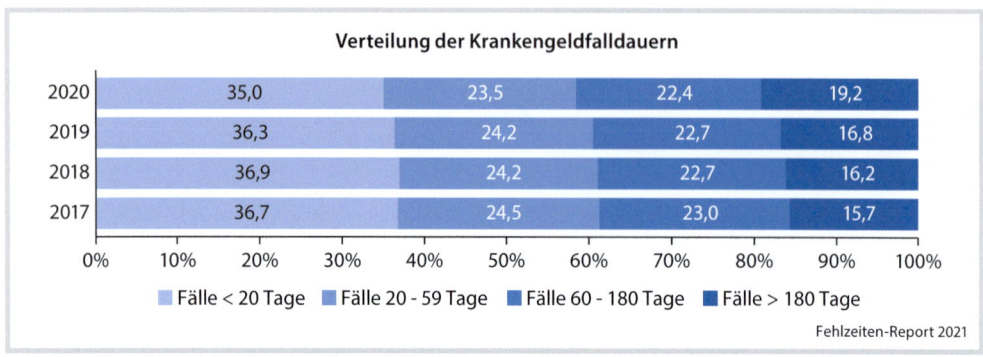

◘ **Abb. 29.5** Verteilung der Krankengeldfalldauern bei den AOK-Mitgliedern in den Jahren 2017–2020. (Datenquelle: AOK-Daten)

29.6 · Krankengeldausgaben nach Diagnosen

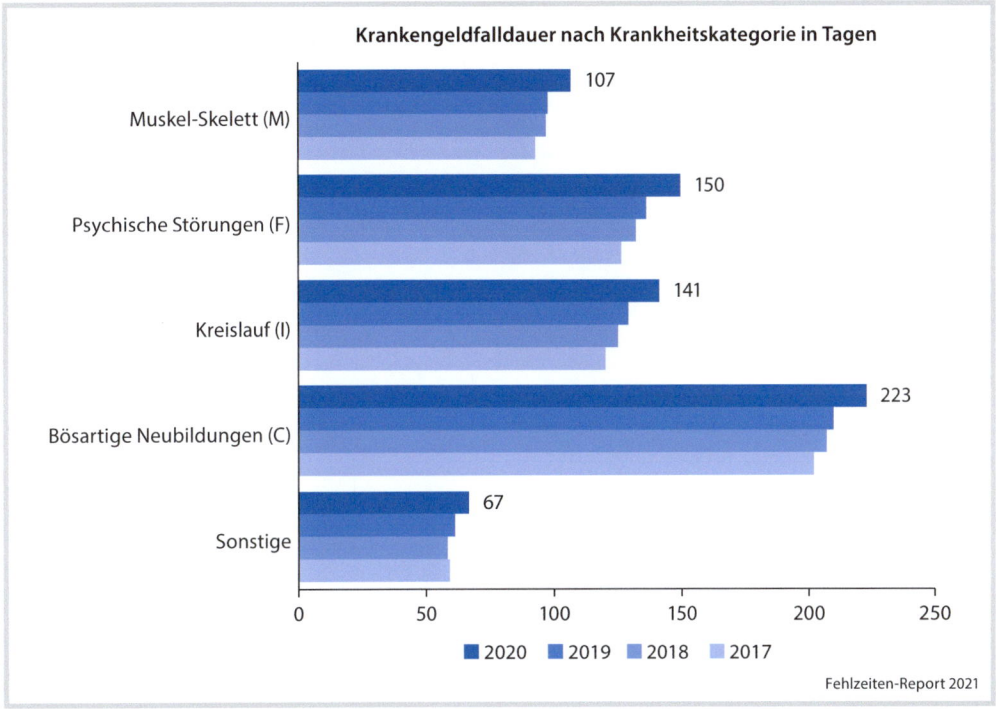

◘ **Abb. 29.6** Krankengeldfalldauern nach Krankheitskategorie (ICD-10) in Tagen bei den AOK-Mitgliedern in den Jahren 2017–2020. (Datenquelle: AOK-Daten)

erkrankungen zwischen 9 und 10 %, bei den bereits langen Fällen bei Krebserkrankungen betrug die Steigerung 6,3 %.

29.6 Krankengeldausgaben nach Diagnosen

Entsprechend der Falldauern sind auch die Krankengeldausgaben je Fall zwischen den Krankheitskategorien sehr unterschiedlich, steigen insgesamt aber – besonders stark von 2019 auf 2020 – an (◘ Abb. 29.7). Die höchsten Ausgaben je Fall ergeben sich für die Krebserkrankungen mit 13.491 € im Jahr 2020, mit deutlichem Abstand gefolgt von den Herz-Kreislauf-Erkrankungen mit 8.876 € sowie den psychischen Störungen mit 8.783 €.

Betrachtet man die Krankengeldausgaben je KGbM (statt je Fall), so ist der Wert bei den Muskel-Skelett-Erkrankungen mit 140 € am höchsten, gefolgt von den „Sonstigen" mit 120 € und den psychischen Erkrankungen mit 110 € (◘ Abb. 29.8). Dies liegt an den Häufigkeiten der Fälle. Der Anstieg vom Jahr 2019 zum Jahr 2020 liegt dabei zwischen 9,5 % (Sonstige) und 14,5 % (psychische Erkrankungen). Die Steigerung bei den Herz-Kreislauf-Erkrankungen betrug 11 % auf 33 €, bei den Krebserkrankungen knapp 10 % auf 35 € je KGbM.

Fasst man wiederum alle Diagnosegruppen außer den psychischen Erkrankungen als „somatische Erkrankungen" zusammen, so zeigt sich, dass der Anstieg von 2019 auf 2020 in absoluten Zahlen bei den somatischen Erkrankungen größer ausfällt (+32 € gegenüber +14 €), während bei den psychischen Erkrankungen die Steigerungsrate höher ist (14,5 % gegenüber 11,0 %, ◘ Abb. 29.9).

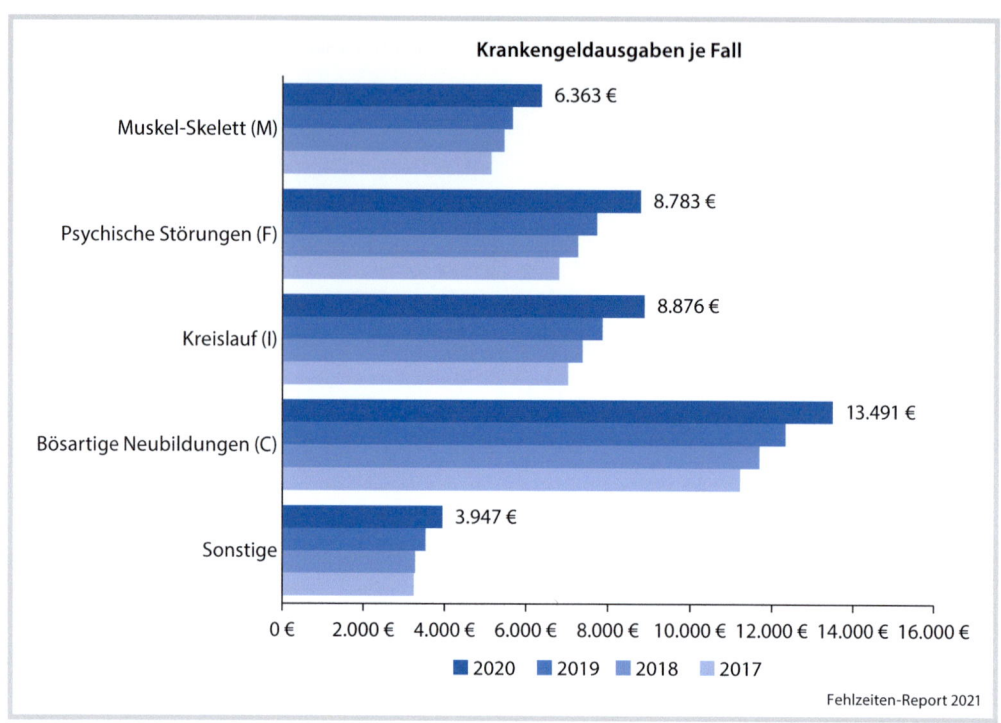

◼ **Abb. 29.7** Krankengeldausgaben in Euro je Fall nach Krankheitskategorie (ICD-10) bei den AOK-Mitgliedern für die Jahre 2017–2020. (Datenquelle: AOK-Daten)

29.6 · Krankengeldausgaben nach Diagnosen

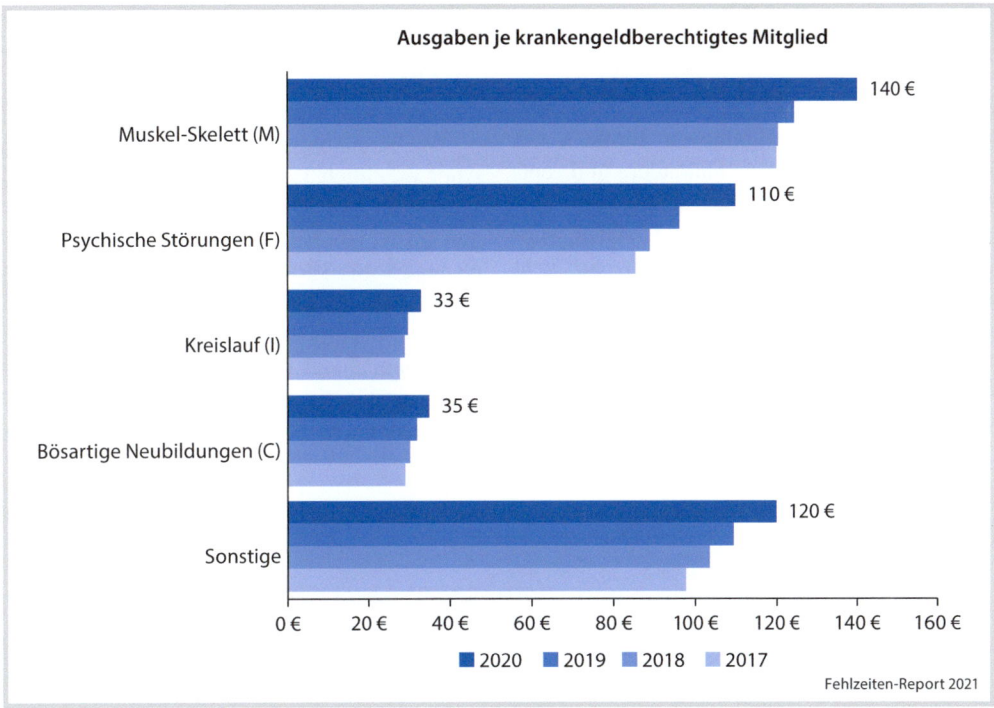

☐ **Abb. 29.8** Krankengeldausgaben je krankengeldberechtigtes Mitglied nach Krankheitsgruppen in den Jahren 2017–2020. (Datenquelle: AOK-Daten)

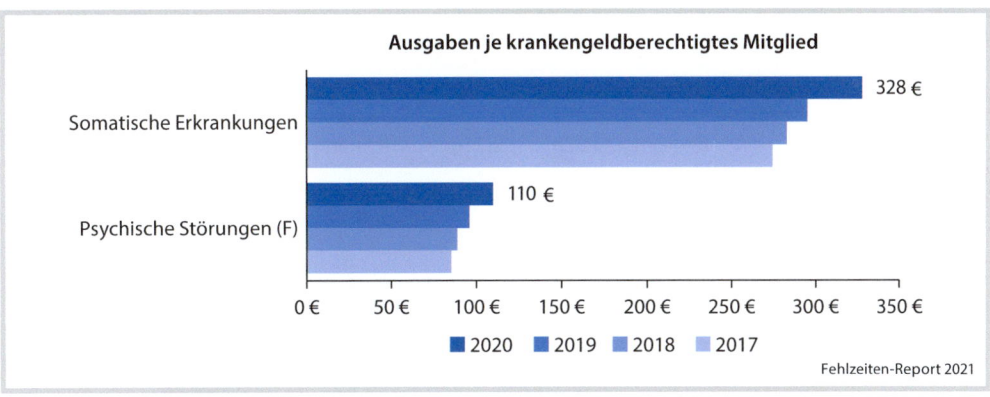

☐ **Abb. 29.9** Krankengeldausgaben je krankengeldberechtigtes Mitglied bei psychischen und somatischen Erkrankungen. (Datenquelle: AOK-Daten)

29.7 Einfluss des Alters

Das Alter der krankengeldberechtigten Mitglieder hat einen erheblichen Einfluss auf die Fallhäufigkeit, die Falldauer und entsprechend auch die Ausgaben, wie entsprechende Auswertungen nach Altersgruppe zeigen (Abb. 29.10–29.12). So geht die Mehrzahl der Krankengeldfälle auf Mitglieder der Altersgruppe 50–64 Jahre zurück (Abb. 29.10), obwohl diese nur 35,6 % der Bevölkerung zwischen 15 und 64 Jahren ausmachen (diese Zahl allerdings nicht unterschieden nach Berufstätigkeit; Genesis-Destatis 2021, Stichtag 31.12.2019). Der Anteil dieser Altersgruppe ist von 2017 bis 2020 nochmals von 50,4 % auf 52,2 % gestiegen.

Die Krankengeldfalldauer ist in höherem Alter erheblich länger. Während 15- bis 24-Jährige im Jahr 2020 eine Falldauer von 40 Tagen aufwiesen, betrug diese in der Altersgruppe der 25- bis 39-Jährigen bereits 65 Tage, bei den 40- bis 49-Jährigen 82 Tage und bei den 50- bis 64-Jährigen 97 Tage (Abb. 29.11).

Entsprechend ist auch der Anteil der Älteren an den Krankengeldausgaben überproportional hoch: 61,9 % der Ausgaben gehen

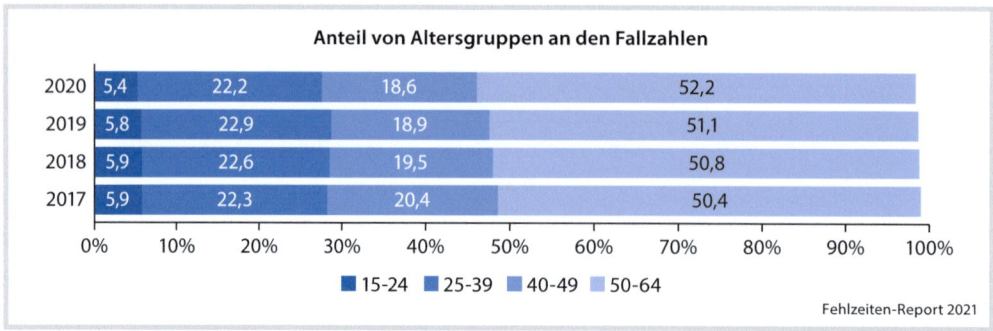

Abb. 29.10 Anteil von Altersgruppen an den Krankengeldfallzahlen bei AOK-Mitgliedern in den Jahren 2017–2020. (Datenquelle: AOK-Strukturdatenanalysen; Jahreszeitraum jeweils vom 01.09. des Vorjahres bis zum 31.08. des Auswertungsjahres)

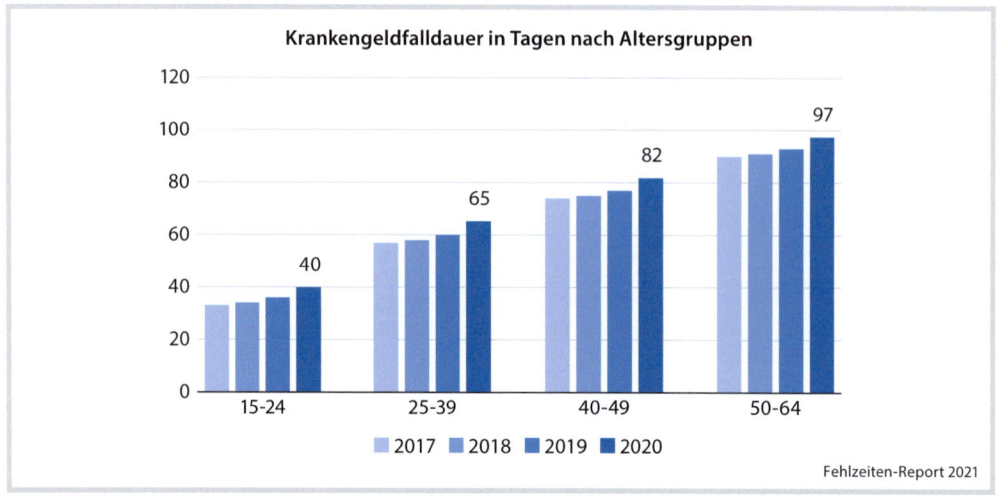

Abb. 29.11 Krankengeldfalldauer nach Altersgruppen bei AOK-Mitgliedern in den Jahren 2017–2020. (Datenquelle: AOK-Strukturdatenanalysen; Jahreszeitraum jeweils vom 01.09. des Vorjahres bis zum 31.08. des Auswertungsjahres)

29.8 · Kinderkrankengeld

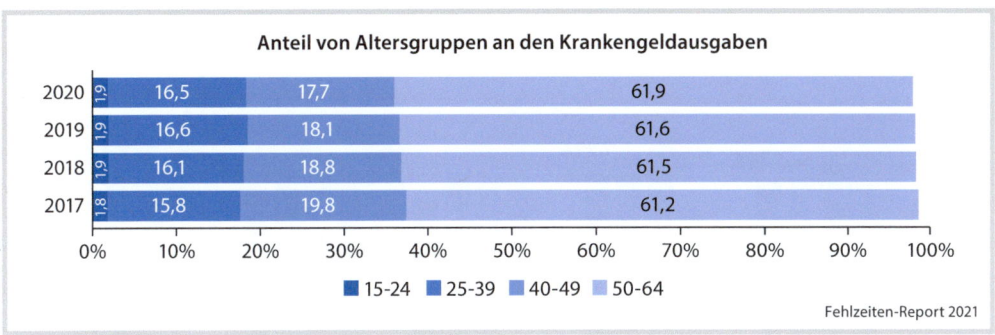

Abb. 29.12 Anteil von Altersgruppen an den Krankengeldausgaben bei AOK-Mitgliedern in den Jahren 2017–2020. (Datenquelle: AOK-Strukturdatenanalysen; Jahreszeitraum jeweils vom 01.09. des Vorjahres bis zum 31.08. des Auswertungsjahres)

auf die Altersgruppe der 50- bis 64-Jährigen zurück. Von der Altersgruppe der 15- bis 24-Jährigen resultieren hingegen konstant unter 2 % der Krankengeldausgaben (◘ Abb. 29.12). Dies hat neben den höheren Fallzahlen und Falldauern der Älteren auch mit den unterschiedlich hohen Einkommen der Versichertengruppen zu tun.

29.8 Kinderkrankengeld

Eine besondere Situation ergibt sich für viele berufstätige Eltern, wenn ein Kind erkrankt. Dann können gesetzlich versicherte berufstätige Eltern, die selbst Anspruch auf Krankengeld haben und deren Kind das 12. Lebensjahr noch nicht vollendet hat, die Leistung Krankengeld bei Erkrankung eines Kindes, kurz Kinderkrankengeld, in Anspruch nehmen. Bei Kindern, die eine Behinderung haben, besteht der Anspruch auch über das zwölfte Lebensjahr hinaus. Voraussetzung für diese Leistung ist auch, dass es im Haushalt keine andere Person gibt, die das Kind betreuen kann.

Der Umfang der möglichen Freistellung und damit auch der Anspruch auf Kinderkrankengeld ist in § 45 SGB V geregelt. Die Corona-Pandemie bedeutet für viele Eltern eine besondere Belastung. Darauf hat der Gesetzgeber reagiert und den Anspruch auf Kinderkrankengeld für das Jahr 2020 pro Kind von 10 auf 15 Arbeitstage ausgeweitet. Bei drei oder mehr Kindern besteht der Anspruch für maximal 35 Arbeitstage pro Elternteil (Vorjahre: maximal 25 Arbeitstage). Alleinerziehende können Kinderkrankengeld längstens für 30 Arbeitstage pro Kind erhalten (Vorjahre: 20 Arbeitstage), bei drei oder mehr Kindern für maximal 70 Arbeitstage (Vorjahre: 50 Arbeitstage). Diese Regelung ist auf das Kalenderjahr 2020 befristet. Wenn der Versicherte wegen der Erkrankung seines Kindes nicht zur Arbeit erscheint und Kinderkrankengeld beansprucht, muss er eine ärztliche Bescheinigung über die notwendige Beaufsichtigung, Betreuung oder Pflege des erkrankten Kindes einreichen.

Die Kinderkrankengeldausgaben sind für die gesamte GKV von 2017 auf 2018 um 11,0 % sowie von 2018 auf 2019 um 3,1 % gestiegen und dann von 2019 auf 2020 um 12,2 % gesunken. Es ergibt sich für das Jahr 2020 ein Wert von 7,34 € je KGbM (+0,6 % gegenüber 2017, ◘ Abb. 29.13). Für die AOKs zeigt sich ein Anstieg von 2017 auf 2018 um 15,6 % und von 2018 auf 2019 um 7,0 % sowie ein Absinken von 2019 auf 2020 um 7,7 %. Daraus ergibt sich für das Jahr 2020 ein Wert von 7,79 € je KGbM (+14,1 % gegenüber 2017). Im Vergleich zum Krankengeld bei Arbeitsunfähigkeit zeigt sich eine geringfügi-

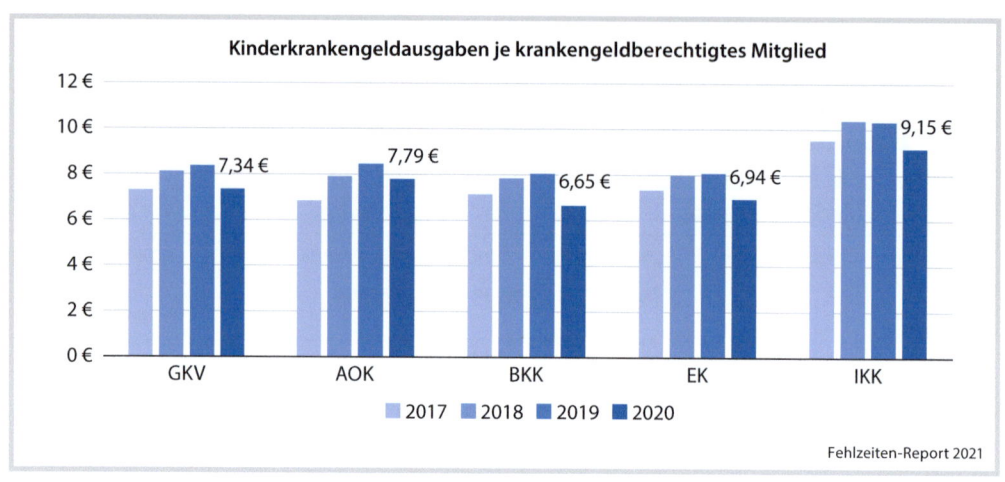

Abb. 29.13 Kinderkrankengeldausgaben je krankengeldberechtigtes Mitglied nach Krankenkassenart in den Jahren 2017–2020. (Datenquelle: KV 45- und KM 1-Statistiken)

gere und zeitlich uneinheitlichere Veränderung beim Kinderkrankengeld. Die Ausgabenhöhe je KGbM spielt eine erheblich geringere Rolle (vgl. Abb. 29.1).

Der Anspruch auf Kinderkrankengeld wurde für das Jahr 2021 weiter ausgeweitet. Dabei besteht ein Anspruch auf das erweiterte „pandemiebedingte" Kinderkrankengeld nicht nur dann, wenn das eigene Kind krank ist, sondern auch, wenn das Kind zu Hause betreut werden muss, weil Schulen oder Einrichtungen zur Kinderbetreuung wie Kitas geschlossen sind oder die dortige Betreuung eingeschränkt ist oder dem Kind der Besuch aufgrund eines Testergebnisses untersagt ist.

29.9 Fazit

Die Krankengeldausgaben sind bei den AOK-Mitgliedern seit 2019 weiter gestiegen, und zwar stärker als in den Vorjahren. Auf Basis der vorläufigen Quartalszahlen für das Jahr 2020 betrug die Steigerung 10,7 %. Die Gesamtkrankengeldausgaben betrugen dann im Jahr 2020 knapp 16 Mrd. €, mehr als doppelt so viel wie zehn Jahre zuvor – insgesamt ein Trend, der im Jahr 2006 begonnen hat.

Die im „Pandemiejahr" 2020 zu beobachtende Ausgabendynamik beim Krankengeld geht primär auf die Verlängerung der Falldauern zurück, die sich bei allen hier betrachteten Diagnosegruppen zeigt. Außer bei den Krebserkrankungen liegt die Steigerungsrate von 2019 auf 2020 zwischen 9 % und 10 %. Die Krankengeldfälle mit Krebserkrankungen sind weiterhin mit durchschnittlich 223 Tagen (Steigerung um 6,3 %) die längsten Fälle. Die Bedeutung der Falldauern zeigt sich umso deutlicher, als im Jahr 2020 erstmals die durchschnittlichen Bruttolöhne geringfügig gesunken sind (sodass die kalendertäglichen Zahlbeträge nicht dadurch erhöht wurden) und die Krankengeldfallzahlen je KGbM insgesamt etwas zurückgegangen sind.

Ein leichter Fallzahlrückgang zeigt sich beispielsweise bei den Muskel-Skelett-Erkrankungen und bei den „Sonstigen Erkrankungen". Bei den psychischen Störungen sind die Fallzahlen geringfügig größer geworden. Aggregiert man alle Fälle außer diejenigen bei psychischen Störungen, so zeigt sich, dass die „somatischen Erkrankungen" für die absoluten Ausgabenzuwächse je KGbM bedeutsamer sind (+32 € gegenüber +14 €, auch die Fallzahl ist größer), während die durch Krankengeldfälle bei psychischen Erkrankungen ausgelösten Ausgaben schneller steigen (+14,5 % gegenüber +11 %).

Der Anteil der Altersgruppe der 50- bis 64-Jährigen an allen Krankengeldausgaben hat auch von 2019 auf 2020 weiter zugenommen auf nunmehr knapp 62 %. Auch ihr Anteil an den Fallzahlen hat etwas zugenommen auf ca. 52 %. In der Gesamtschau bleibt jedoch die Dynamik bei den Falldauern – unabhängig von der Altersgruppe – besonders prägnant. So ist auch der Anteil der besonders langen Fälle (über 180 Tage) an allen Krankengeldfällen auf etwas über 19 % angestiegen. Der Effekt der Falldauern ist damit – auch im Vergleich zu früheren Analysen, bei denen dies aber bereits ein wichtiges Element war (SVR 2015) – noch stärker in den Vordergrund gerückt.

Im Jahr 2020 waren auch bei zahlreichen anderen relevanten Parametern im Zusammenhang mit Langzeitarbeitsunfähigkeit Veränderungen gegenüber den Vorjahren zu beobachten. Eines von zahlreichen Beispielen ist eine verlängerte Zeit zwischen der Bewilligung eines Rehabilitationsantrags und dem Antritt der Rehabilitationsmaßnahme. Dies ist angesichts der Einschränkungen aufgrund der COVID-19-Pandemie intuitiv nachvollziehbar. In jedem Fall ist davon auszugehen, dass die Pandemie auch direkte – somatische wie psychische – Belastungen für viele Menschen mit sich gebracht hat. Die Spekulation über einzelne mögliche Kausalitäten ist ausdrücklich nicht Gegenstand dieses Beitrags und kann nur anhand der deskriptiven Ausgaben- und Falldaten auch nicht beantwortet werden. Die Annahme jedoch, dass prinzipiell auch pandemiebedingte Auswirkungen zu den überdurchschnittlichen Steigerungsraten der Falldauern und letztlich der Krankengeldausgaben vom Jahr 2019 auf das Jahr 2020 beigetragen haben, liegt nahe.

Literatur

Genesis-Destatis (2020) Genesis Online, Datenbank des Statistischen Bundesamts. https://www-genesis.destatis.de/genesis/online. Zugegriffen: 4. Mai 2021

Herr D (2018) Datenquellen zum Krankengeld im deutschen Gesundheitswesen – eine Übersicht sowie Empfehlungen für die Versorgungsforschung. Z Evid Fortbild Qual Gesundhwes 135/136:56–64

Herr D, Schwanke R (2020) Entwicklung der Krankengeldausgaben bei AOK-Mitgliedern unter Einordnung in die verfügbaren Datenquellen. In: Badura B, Ducki A, Schröder H, Klose J, Meyer M (Hrsg) Fehlzeiten-Report 2020. Springer, Berlin, S 685–696

Nimptsch U, Bestmann A, Erhart M, Dudey S, Marx Y, Saam J, Schopen M, Schröder H, Swart E (2015) Zugang zu Routinedaten. In: Swart E, Ihle P, Gothe, Matusiewicz D (Hrsg) Routinedaten im Gesundheitswesen. Huber, Bern

RKI – Robert Koch-Institut (2015) Wichtige Datenquellen. In: Gesundheit in Deutschland 2015. Gesundheitsberichterstattung des Bundes. Gemeinsam getragen von RKI und Destatis. RKI, Berlin, S 501–510

Statistisches Bundesamt (2021) Durchschnittliche Bruttomonatsverdienste, Zeitreihe. https://www.destatis.de/DE/Themen/Arbeit/Verdienste/Verdienste-Verdienstunterschiede/Tabellen/liste-bruttomonatsverdienste.html. Zugegriffen: 4. Mai 2021

SVR – Sachverständigenrat zur Begutachtung der Entwicklung im Gesundheitswesen (2015) Krankengeld – Entwicklung, Ursachen und Steuerungsmöglichkeiten. Hogrefe, Berlin

Die Arbeitsunfähigkeit in der Statistik der GKV

Klaus Busch

Inhaltsverzeichnis

30.1 Arbeitsunfähigkeitsstatistiken der Krankenkassen – 782

30.2 Erfassung von Arbeitsunfähigkeit – 783

30.3 Entwicklung des Krankenstandes – 784

30.4 Entwicklung der Arbeitsunfähigkeitsfälle – 786

30.5 Dauer der Arbeitsunfähigkeit – 788

30.6 Altersabhängigkeit der Arbeitsunfähigkeit – 790

30.7 Arbeitsunfähigkeit nach Krankheitsarten – 798

© Springer-Verlag GmbH Deutschland, ein Teil von Springer Nature 2021
B. Badura et al. (Hrsg.), *Fehlzeiten-Report 2021*, Fehlzeiten-Report, https://doi.org/10.1007/978-3-662-63722-7_30

▪▪ Zusammenfassung

Der vorliegende Beitrag gibt anhand der Statistiken des Bundesministeriums für Gesundheit (BMG) einen Überblick über die Arbeitsunfähigkeitsdaten der gesetzlichen Krankenkassen (GKV). Zunächst werden die Arbeitsunfähigkeitsstatistiken der Krankenkassen und die Erfassung der Arbeitsunfähigkeit erläutert. Anschließend wird die Entwicklung der Fehlzeiten auf GKV-Ebene geschildert und Bezug auf die Unterschiede bei den Fehlzeiten zwischen den verschiedenen Kassen genommen. Zum Schluss sind Daten der Krankheitsartenstatistik 2019 enthalten.

30.1 Arbeitsunfähigkeitsstatistiken der Krankenkassen

Die Krankenkassen sind nach § 79 SGB IV verpflichtet, Übersichten über ihre Rechnungs- und Geschäftsergebnisse sowie sonstige Statistiken zu erstellen und über den GKV-Spitzenverband an das Bundesministerium für Gesundheit zu liefern. Bis zur Gründung des GKV-Spitzenverbandes war dies Aufgabe der Bundesverbände der einzelnen Kassenarten. Näheres hierzu wird in der Allgemeinen Verwaltungsvorschrift über die Statistik in der gesetzlichen Krankenversicherung (KSVwV) geregelt. Bezüglich der Arbeitsunfähigkeitsfälle finden sich Regelungen zu drei Statistiken:
- Krankenstand: Bestandteil der monatlichen Mitgliederstatistik KM 1
- Arbeitsunfähigkeitsfälle und -tage: Bestandteil der Jahresstatistik KG 2
- Arbeitsunfähigkeitsfälle und -tage nach Krankheitsarten: Jahresstatistik KG 8

Am häufigsten wird in der allgemeinen Diskussion mit dem Krankenstand argumentiert, wobei dieser Begriff unterschiedlich definiert wird. Der Krankenstand in der amtlichen Statistik wird über eine Stichtagserhebung gewonnen, die zu jedem Ersten eines Monats durchgeführt wird. Die Krankenkasse ermittelt im Rahmen ihrer Mitgliederstatistik die zu diesem Zeitpunkt arbeitsunfähig kranken Pflicht- und freiwilligen Mitglieder mit einem Krankengeldanspruch. Vor dem Jahr 2007 bezog sich der Krankenstand auf die Pflichtmitglieder. Dabei wurden Rentner:innen, Studierende, Jugendliche und Menschen mit Behinderung, Künstler:innen, Wehr-, Zivil- sowie Dienstleistende bei der Bundespolizei, landwirtschaftliche Unternehmer:innen und Vorruhestandsgeldempfänger:innen nicht berücksichtigt, da für diese Gruppen in der Regel keine Arbeitsunfähigkeitsbescheinigungen von einem Arzt oder einer Ärztin ausgestellt wurden. Seit dem Jahr 2005 bleiben auch die Arbeitslosengeld-II-Empfänger:innen unberücksichtigt, da sie im Gegensatz zu den früheren Arbeitslosenhilfeempfänger:innen keinen Anspruch auf Krankengeld haben und somit für diesen Mitgliederkreis nicht unbedingt AU-Bescheinigungen ausgestellt und den Krankenkassen übermittelt werden.

Die AU-Bescheinigungen werden vom behandelnden Arzt oder der behandelnden Ärztin ausgestellt und unmittelbar an die Krankenkasse gesandt, die sie zur Ermittlung des Krankenstandes auszählt. Dies kann auch in elektronischer Form erfolgen. Die Erhebung des Krankenstandes erfolgt monatlich im Rahmen der Mitgliederstatistik KM 1, die auch monatlich vom BMG im Internet veröffentlicht wird.[1] Die zeitnahe Erfassung und Veröffentlichung ist wahrscheinlich auch die Ursache, dass die öffentliche Diskussion zur Arbeitsunfähigkeit hauptsächlich mit den Ergebnissen der Krankenstandstatistik geführt wird. Aus den zwölf Stichtagswerten eines Jahres wird als arithmetisches Mittel ein jahresdurchschnittlicher Krankenstand errechnet. Dabei werden auch Korrekturen berücksichtigt, die z. B. wegen verspäteter Meldungen notwendig werden.

Eine Totalauszählung der Arbeitsunfähigkeitsfälle und -tage erfolgt in der Jahresstatistik KG 2. Da in dieser Statistik nicht nur

---

1 ▶ https://www.bundesgesundheitsministerium.de/themen/krankenversicherung/zahlen-und-fakten-zur-krankenversicherung/mitglieder-und-versicherte.html

das AU-Geschehen an einem Stichtag erfasst, sondern jeder einzelne AU-Fall mit seinen dazugehörigen Tagen im Zeitraum eines Kalenderjahres berücksichtigt wird, ist die Aussagekraft höher als beim Krankenstand. Allerdings können die Auswertungen der einzelnen Krankenkassen auch erst nach Abschluss des Berichtsjahres beginnen und die Ergebnisse daher nur mit einer zeitlichen Verzögerung von mehr als einem halben Jahr vorgelegt werden. Auch die Ergebnisse dieser Statistik werden vom BMG im Internet veröffentlicht.[2]

Zur weiteren Qualifizierung der Arbeitsunfähigkeitsfälle dient die Statistik KG 8, die sogenannte Krankheitsartenstatistik. Im Rahmen dieser Statistik werden Einzeldatensätze mit Diagnosemerkmalen, Altersgruppenzugehörigkeit des Mitglieds, der Falldauer etc. gemeldet. Aufgrund der großen Datenmenge und des aufwendigen Auswertungsverfahrens liegt die Krankheitsartenstatistik erst am Ende des Folgejahres vor. Daher sind die aktuellen Daten zur Corona-Pandemie in den vorliegenden Zahlen von 2019 noch nicht enthalten.

30.2 Erfassung von Arbeitsunfähigkeit

Informationsquelle für eine bestehende Arbeitsunfähigkeit der pflichtversicherten Arbeitnehmenden bildet die Arbeitsunfähigkeitsbescheinigung des behandelnden Arztes oder der behandelnden Ärztin. Nach § 5 EFZG bzw. § 3 LFZG ist diese:r verpflichtet, dem Träger der gesetzlichen Krankenversicherung unverzüglich eine Bescheinigung über die Arbeitsunfähigkeit mit Angaben über den Befund und die voraussichtliche Dauer zuzuleiten; nach Ablauf der vermuteten Erkrankungsdauer stellt der Arzt oder die Ärztin bei Weiterbestehen der Arbeitsunfähigkeit eine Fortsetzungsbescheinigung aus. Das Vorliegen einer Krankheit allein ist für die statistische Erhebung nicht hinreichend – entscheidend ist die Feststellung des Arztes oder der Ärztin, dass der oder die Arbeitnehmende aufgrund des konkret vorliegenden Krankheitsbildes daran gehindert ist, seine oder ihre Arbeitsleistung zu erbringen (§ 3 EFZG). Der arbeitsunfähig schreibende Arzt oder die Ärztin einerseits und der ausgeübte Beruf andererseits spielen daher für Menge und Art der AU-Fälle eine nicht unbedeutende Rolle.

Voraussetzung für die statistische Erfassung eines AU-Falles ist somit normalerweise, dass eine AU-Meldung vorliegt. Zu berücksichtigen sind jedoch auch Fälle von Arbeitsunfähigkeit, die der Krankenkasse auf andere Weise als über die AU-Bescheinigung bekannt werden – beispielsweise Meldungen von Krankenhäusern über eine stationäre Behandlung oder die Auszahlung von Krankengeld nach Ablauf der Entgeltfortzahlungszeit. Nicht berücksichtigt werden solche AU-Fälle, für die die Krankenkasse nicht Kostenträgerin ist, aber auch Fälle mit einem Arbeitsunfall oder einer Berufskrankheit, für die der Träger der Unfallversicherung das Heilverfahren nicht übernommen hat. Ebenfalls nicht erfasst werden Fälle, bei denen eine andere Stelle wie z. B. die Rentenversicherung ein Heilverfahren ohne Kostenbeteiligung der Krankenkasse durchführt. Die Entgeltfortzahlung durch den Arbeitgeber oder die Arbeitgeberin wird allerdings nicht als Fall mit anderem Kostenträger gewertet, sodass AU-Fälle sowohl den Zeitraum der Entgeltfortzahlung als auch den Zeitraum umfassen, in dem der oder die betroffene Arbeitnehmende Krankengeld bezogen hat.

Ein Fehlen am Arbeitsplatz während der Mutterschutzfristen ist kein Arbeitsunfähigkeitsfall im Sinne der Statistik, da Mutterschaft keine Krankheit ist. AU-Zeiten, die aus Komplikationen während einer Schwangerschaft oder bei der Geburt entstehen, werden jedoch berücksichtigt, soweit sich dadurch die Freistellungsphase um den Geburtstermin herum verlängert.

Der als „arbeitsunfähig" erfassbare Personenkreis ist begrenzt: In der Statistik werden nur die AU-Fälle von Pflicht- und freiwilligen

---

2 ▶ https://www.bundesgesundheitsministerium.de/themen/krankenversicherung/zahlen-und-fakten-zur-krankenversicherung/geschaeftsergebnisse.html

Mitgliedern mit einem Krankengeldanspruch berücksichtigt. Mitversicherte Familienangehörige und Rentner:innen sind definitionsgemäß nicht versicherungspflichtig beschäftigt, sie können somit im Sinne des Krankenversicherungsrechts nicht arbeitsunfähig krank sein.

Da die statistische Erfassung der Arbeitsunfähigkeit primär auf die AU-Bescheinigung des behandelnden Arztes oder der Ärztin abgestellt ist, können insbesondere bei den Kurzzeitarbeitsunfähigkeiten Untererfassungen auftreten. Falls während der ersten drei Tage eines Fernbleibens von der Arbeitsstelle wegen Krankheit dem Arbeitgeber oder der Arbeitgeberin (aufgrund gesetzlicher oder tarifvertraglicher Regelungen) keine AU-Bescheinigung vorgelegt werden muss, erhält die Krankenkasse nur in Ausnahmefällen Kenntnis von der Arbeitsunfähigkeit. Andererseits bescheinigt der Arzt oder die Ärztin nur die voraussichtliche Dauer der Arbeitsunfähigkeit; tritt jedoch vorher Arbeitsfähigkeit ein, erhält die Krankenkasse auch in diesen Fällen nur selten eine Meldung, dass das Mitglied die Arbeit wiederaufgenommen hat. Gehen AU-Bescheinigungen bei den Krankenkassen nicht zeitgerecht ein, kann die statistische Auswertung und Meldung schon erfolgt sein; der betreffende Fall wird dann zwar bei der Berechnung des monatlichen Krankenstandes nicht berücksichtigt, fließt aber in die Ermittlung des Jahresdurchschnitts mit ein und wird in der Statistik KG 2 – also der Totalauszählung der AU-Fälle und Tage – berücksichtigt. Der Krankenstand wird in der Regel eine Woche nach dem Stichtag ermittelt.

Der AU-Fall wird zeitlich in gleicher Weise abgegrenzt wie der Versicherungsfall im rechtlichen Sinn. Demnach sind mehrere mit Arbeitsunfähigkeit verbundene Erkrankungen, die als ein Versicherungsfall gelten, auch als ein AU-Fall zu zählen. Der Fall wird abgeschlossen, wenn ein anderer Kostenträger (z. B. die Rentenversicherung) ein Heilverfahren durchführt; besteht anschließend weiter Arbeitsunfähigkeit, wird ein neuer Leistungsfall gezählt. Der AU-Fall wird statistisch in dem Jahr berücksichtigt, in dem er abgeschlossen wird, sodass diesem Jahr alle Tage des Falles zugeordnet werden, auch wenn sie kalendermäßig teilweise im Vorjahr lagen.

30.3 Entwicklung des Krankenstandes

Der Krankenstand ist nach dem Jahr 2014 angestiegen und im Jahr 2017 leicht gesunken. Im Jahr 2019 hat er erstmals wieder den höchsten Wert seit dem Jahr 1996 erreicht. Im darauffolgenden Jahr 2020 ist er jedoch wieder gesunken. Er befindet sich dennoch heute, verglichen mit den 1970er und 1980er Jahren, auf einem Niveau, das sich seit Einführung der Lohnfortzahlung für Arbeiter:innen im Jahr 1970 um einen Prozentpunkt reduziert hat. Zeiten vor 1970 sind nur bedingt vergleichbar, da durch eine andere Rechtsgrundlage bezüglich der Lohnfortzahlung (z. B. Karenztage) und des Bezugs von Krankengeld auch andere Meldewege und Erfassungsmethoden angewandt wurden. Da der Krankenstand in Form der Stichtagsbetrachtung erhoben wird, kann er nur bedingt ein zutreffendes Ergebnis zur absoluten Höhe der Ausfallzeiten wegen Krankheit liefern. Die zwölf Monatsstichtage betrachten nur jeden 30. Kalendertag, sodass z. B. eine Grippewelle möglicherweise nur deswegen nicht erfasst wird, weil ihr Höhepunkt zufällig in den Zeitraum zwischen zwei Stichtagen fällt. Saisonale Schwankungen ergeben sich nicht nur aus den Jahreszeiten heraus. Es ist auch zu berücksichtigen, dass Stichtage auf Sonn- und Feiertage fallen können, sodass eine beginnende Arbeitsunfähigkeit erst später, also zu Beginn des nächsten Arbeitstages festgestellt werden würde (◘ Abb. 30.1). Deutlich wird dies auch bei der aktuellen Entwicklung der Pandemie durch das Corona-Virus: Die KM 1-Statistik hat offensichtlich die Wirkungen der Pandemie erstmals am Stichtag 1. April 2020 vollumfänglich erfasst, denn am Stichtag 1. März 2020 lag das Krankenstandniveau noch auf der

30.3 · Entwicklung des Krankenstandes

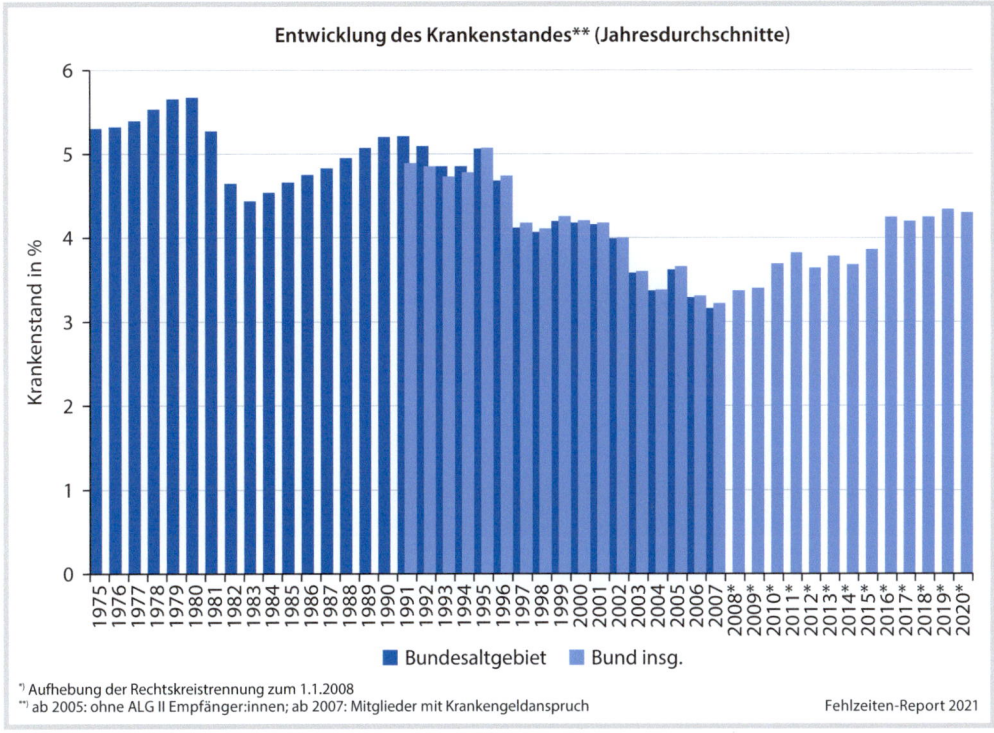

■ **Abb. 30.1** Entwicklung des Krankenstandes (Jahresdurchschnitte)

Höhe des Stichtags vom 1. Februar 2020 und erhöhte sich dann bis zum April um 45 %. Wurden zum Stichtag 1. März 2020 noch 1.470.709 arbeitsunfähige Mitglieder gemeldet, waren es zum Stichtag 1. April 2020 schon 2.126.105 arbeitsunfähige Mitglieder. Der monatliche Krankenstand erhöhte sich von 4,47 % auf 6,48 %. Anschließend ist der Krankenstand wieder gefallen. Die Barmer Ersatzkasse stellt dazu fest, dass bei ihr der Krankenstand zwischen Januar und März 2020 um 8,8 % über dem des Vorjahreszeitraums lag, es anschließend von April bis Juni 2020 aber einen Rückgang auf 6,8 % gab. Im Gesundheitsreport der Barmer Ersatzkasse wird gezeigt, dass aufgrund der Corona-Pandemie offensichtlich notwendige Arztbesuche bei Beschwerden und zur Vorsorge zeitlich geschoben wurden.[3] Gerade bei Krebsverdacht kann das fatale Folgen haben.

Die Krankenstände der einzelnen Kassenarten unterscheiden sich zum Teil erheblich. Die Ursachen dafür dürften in den unterschiedlichen Mitgliederkreisen bzw. deren Berufs- und Alters- sowie Geschlechtsstrukturen liegen. Ein anderes Berufsspektrum bei den Mitgliedern einer anderen Kassenart führt somit auch automatisch zu einem abweichenden Krankenstandniveau bei gleichem individuellem, berufsbedingtem Krankheitsgeschehen der Mitglieder (■ Abb. 30.2). Die weiteren Beiträge des vorliegenden Fehlzeiten-Reports gehen für die Mitglieder der AOKs ausführlich auf die unterschiedlichen Fehlzei-

---

3 Barmer Internetredaktion: Pressemitteilung „Corona beeinflusst massiv den Krankenstand" vom 23.12.2020

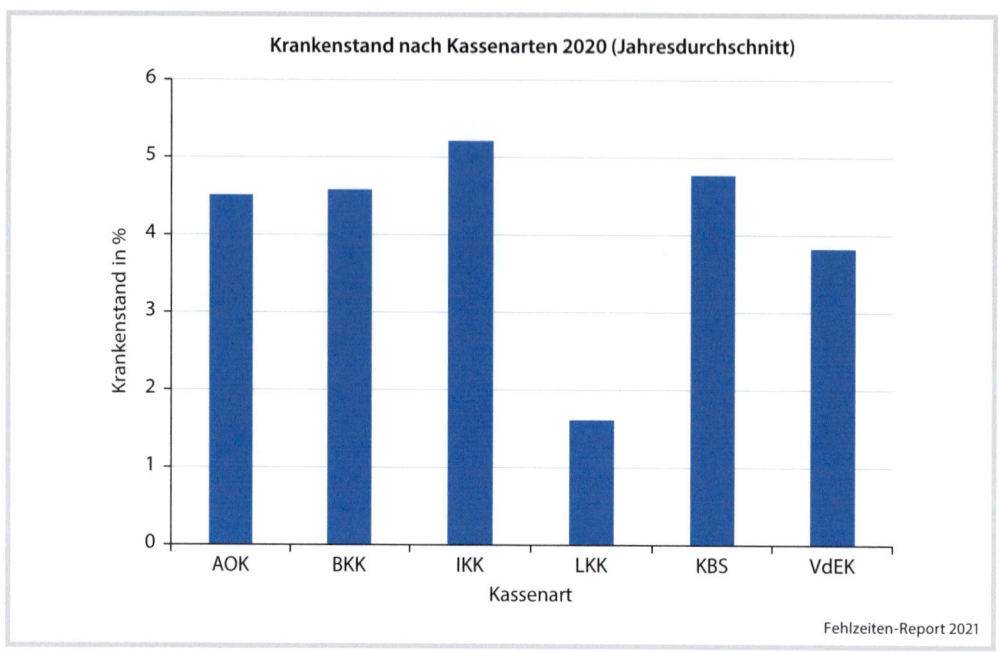

Abb. 30.2 Krankenstand nach Kassenarten 2020 (Jahresdurchschnitt)

tenniveaus der einzelnen Berufsgruppen und Branchen ein.

Durch Fusionen bei den Krankenkassen reduziert sich auch die Zahl der Verbände. So haben sich zuletzt die Verbände der Arbeiterersatzkassen und der Angestellten-Krankenkassen zum Verband der Ersatzkassen e. V. (VdEK) zusammengeschlossen. Fusionen finden auch über Kassenartengrenzen hinweg statt, wodurch sich das Berufsspektrum der Mitglieder verschiebt und sich auch der Krankenstand einer Kassenart verändert.

30.4 Entwicklung der Arbeitsunfähigkeitsfälle

Durch die Totalauszählungen der Arbeitsunfähigkeitsfälle im Rahmen der GKV-Statistik KG 2 werden die o. a. Mängel einer Stichtagserhebung vermieden. Allerdings kann eine Totalauszählung erst nach Abschluss des Beobachtungszeitraums, d. h. nach dem Jahresende vorgenommen werden. Die Meldewege und die Nachrangigkeit der statistischen Erhebung gegenüber dem Jahresrechnungsabschluss bringen es mit sich, dass der GKV-Spitzenverband die Ergebnisse der GKV-Statistik KG 2 erst im August zu einem Bundesergebnis zusammenführen und dem Bundesministerium für Gesundheit übermitteln kann. Dies führt dazu, das die GKV-Statistik KG 2 erst im Fehlzeiten-Report 2022 die Pandemie durch das Corona-Virus dokumentieren kann.

Ein Vergleich der Entwicklung von Krankenstand und Arbeitsunfähigkeitstagen je 100 Pflichtmitglieder zeigt, dass sich das Krankenstandniveau und das Niveau der AU-Tage je 100 Pflichtmitglieder gleichgerichtet entwickeln, es jedoch eine leichte Unterzeichnung beim Krankenstand gegenüber den AU-Tagen gibt (Abb. 30.3). Hieraus lässt sich schließen, dass der Krankenstand als Frühindikator für die Entwicklung des AU-Geschehens genutzt werden kann. Zeitreihen für das gesamte Bundesgebiet liegen erst für den Zeitraum ab dem Jahr 1991 vor, da zu diesem Zeit-

30.4 · Entwicklung der Arbeitsunfähigkeitsfälle

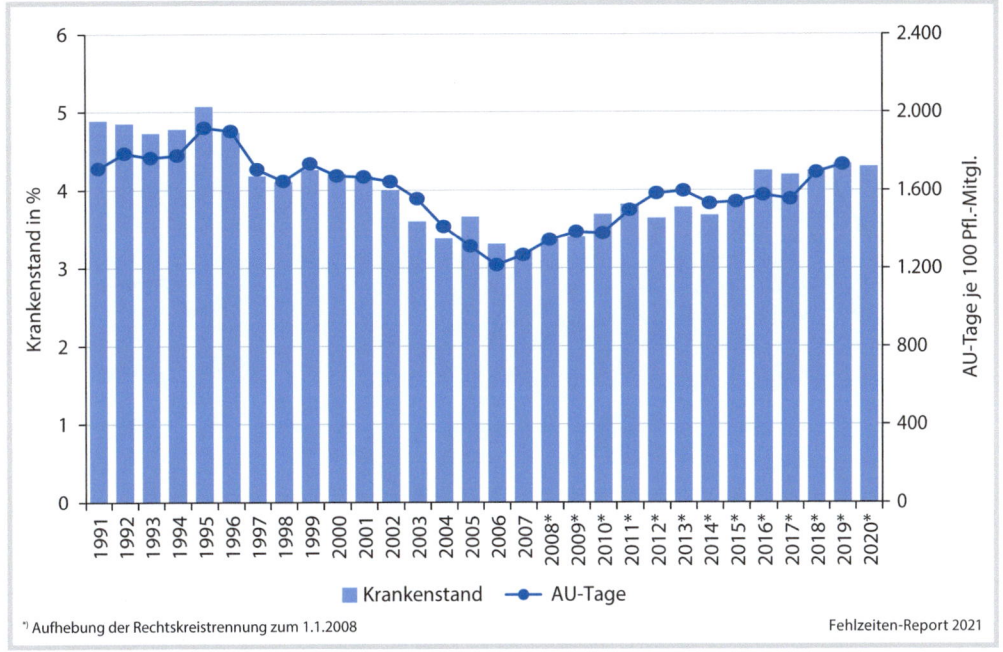

Abb. 30.3 Entwicklung von Krankenstand und AU-Tagen je 100 Pflichtmitglieder, 1991 bis 2020

punkt auch in den neuen Bundesländern das Krankenversicherungsrecht aus den alten Bundesländern eingeführt wurde. Seit 1995 wird Berlin insgesamt den alten Bundesländern zugeordnet, zuvor gehörte der Ostteil Berlins zum Rechtskreis der neuen Bundesländer.

Der Vergleich der Entwicklung der Arbeitsunfähigkeitstage je 100 Pflichtmitglieder nach Kassenarten zeigt, dass es bei den einzelnen Kassenarten recht unterschiedliche Entwicklungen gegeben hat. Am deutlichsten wird der Rückgang des Krankenstandes bei den Betriebskrankenkassen, die durch die Wahlfreiheit zwischen den Kassen und die Öffnung der meisten Betriebskrankenkassen auch für betriebsfremde Personen einen Zugang an Mitgliedern mit einer günstigeren Risikostruktur zu verzeichnen hatten. Die günstigere Risikostruktur dürfte insbesondere damit zusammenhängen, dass mobile, wechselbereite und gutverdienende jüngere Personen Mitglieder wurden, aber auch daran, dass andere, weniger gesundheitlich gefährdete Berufsgruppen jetzt die Möglichkeit haben, sich bei Betriebskrankenkassen mit einem günstigen Beitragssatz zu versichern. Durch die Einführung des Gesundheitsfonds mit einem einheitlichen Beitragssatz für die GKV ist der Anreiz zum Kassenwechsel reduziert worden. Kassen, die aufgrund ihrer wirtschaftlichen Situation gezwungen waren, einen Zusatzbeitrag zu erheben, hatten jedoch einen enormen Mitgliederschwund zu verzeichnen. Dies führte bei mehreren Kassen sogar zu einer Schließung.

Die Entwicklung der Arbeitsunfähigkeitstage bei den Angestellten-Ersatzkassen (EKAng), die jetzt nach der Fusion mit den Arbeiterersatzkassen den VdEK bilden, verlief zunächst mit einer höheren Zahl an AU-Tagen je 100 Pflichtmitglieder in den Jahren 2001 und 2002 ungünstig, diese reduzierten sich aber bis 2006 wieder und stiegen dann wieder bis 2012 über das Niveau von 2002 hinaus; dieser Trend setzte sich in den Jahren 2013 und 2015 allerdings nicht fort (Abb. 30.4), sodass der VdEK und die BKKn seit 2012 wieder die Kassenarten mit den geringsten

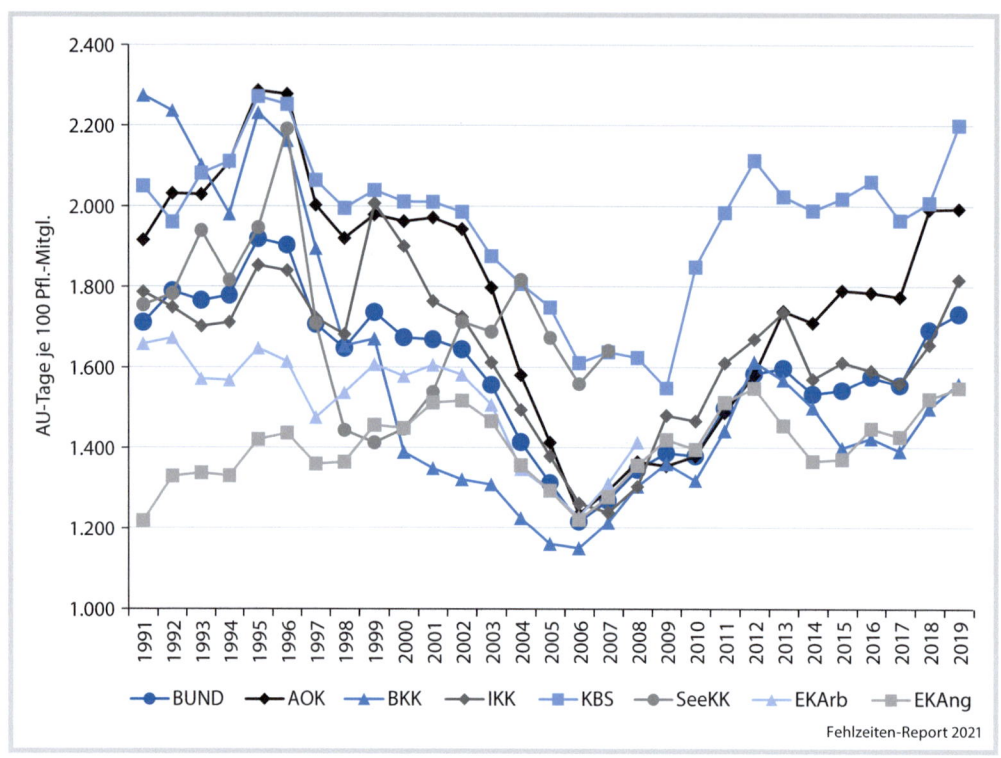

Abb. 30.4 Arbeitsunfähigkeitstage je 100 Pflichtmitglieder nach Kassenarten, 1991 bis 2019

Zahlen bei den Arbeitsunfähigkeitstagen je 100 Pflichtmitglieder sind.

Insgesamt hat sich die Bandbreite der gemeldeten AU-Tage je 100 Pflichtmitglieder zwischen den verschiedenen Kassenarten deutlich reduziert. Im Jahr 1991 weisen die Betriebskrankenkassen noch 2.275 AU-Tage je 100 Pflichtmitglieder aus, während die Angestelltenersatzkassen nur 1.217 AU-Tage je 100 Pflichtmitglieder meldeten – dies ist eine Differenz von 1.058 AU-Tagen je 100 Pflichtmitglieder. Im Jahr 2019 hat sich diese Differenz zwischen der Kassenart mit den günstigsten und der mit den ungünstigsten Zahlen auf rund 653 AU-Tage je 100 Pflichtmitglieder reduziert. Lässt man das Sondersystem KBS (Knappschaft-Bahn-See) unberücksichtigt, so reduzierte sich die Differenz im Jahr 2019 zwischen dem VdEK mit 1.547 AU-Tagen je 100 Pflichtmitgliedern und den AOKs mit 1.993 AU-Tagen je 100 Pflichtmitgliedern auf gerade 446 AU-Tage je 100 Pflichtmitglieder und damit auf rund 42 % des Wertes von 1991.

30.5 Dauer der Arbeitsunfähigkeit

In der Statistik KG 8 (Krankheitsartenstatistik) wird auch die Dauer der einzelnen Arbeitsunfähigkeitsfälle erfasst. Damit lässt sich aufzeigen, wie viele Arbeitsunfähigkeitsfälle und -tage im Lohnfortzahlungszeitraum der ersten sechs Wochen abgeschlossen werden. Die Ergebnisse werden in ◘ Tab. 30.1 dargestellt. Im Jahr 2019 wurden 95,67 % aller Arbeitsunfähigkeitsfälle innerhalb von sechs Wochen abgeschlossen, kommen also nicht in den Zeitraum, für den die Krankenkassen Krankengeld zahlen. Wie schwer das Gewicht der Langzeitfälle jedoch ist, wird dadurch deutlich, dass die Arbeitsunfähigkeitsfälle mit einer Dauer von

30.5 · Dauer der Arbeitsunfähigkeit

◼ **Tab. 30.1** Arbeitsunfähigkeitsfälle und -tage der Pflichtmitglieder (ohne Rentner:innen) nach Falldauer 2019

Dauer der Arbeitsunfähigkeit in Tagen	Fälle		Tage		
	Absolut	In %	Absolut	In %	
1 bis 7	27.851.808	66,42	95.917.338	16,64	
8 bis 14	7.362.566	17,56	75.955.344	13,18	
15 bis 21	2.444.432	5,83	42.321.928	7,34	
22 bis 28	1.198.710	2,86	29.307.517	5,08	
29 bis 35	724.289	1,73	22.799.802	3,96	
36 bis 42	538.540	1,28	20.990.335	3,64	
1 bis 42	40.120.345	95,67	287.292.264	49,85	*Ende Lohnfortzahlung*
43 bis 49	265.608	0,63	12.073.173	2,09	
50 bis 56	163.114	0,39	8.626.300	1,50	
57 bis 63	132.329	0,32	7.917.268	1,37	
64 bis 70	101.490	0,24	6.796.316	1,18	
71 bis 77	86.700	0,21	6.410.398	1,11	
78 bis 84	73.465	0,18	5.951.615	1,03	
1 bis 84	40.943.051	97,63	335.067.334	58,13	*12 Wochen*
85 bis 91	67.114	0,16	5.904.770	1,02	
92 bis 98	56.932	0,14	5.408.682	0,94	
99 bis 105	50.892	0,12	5.192.858	0,90	
106 bis 112	46.135	0,11	5.031.527	0,87	
113 bis 119	41.761	0,10	4.847.181	0,84	
120 bis 126	37.603	0,09	4.627.767	0,80	
1 bis 126	41.243.488	98,35	366.080.119	63,51	*18 Wochen*
127 bis 133	34.160	0,08	4.443.137	0,77	
134 bis 140	31.316	0,07	4.293.779	0,74	
141 bis 147	28.584	0,07	4.118.711	0,71	
148 bis 154	26.477	0,06	4.001.116	0,69	
155 bis 161	24.134	0,06	3.816.112	0,66	
162 bis 168	22.389	0,05	3.696.755	0,64	

Tab. 30.1 (Fortsetzung)

Dauer der Arbeitsunfähigkeit in Tagen	Fälle		Tage		
	Absolut	In %	Absolut	In %	
1 bis 168	41.410.548	98,75	390.449.729	67,74	24 Wochen
1 bis 210	41.518.989	99,01	410.875.228	71,29	30 Wochen
1 bis 252	41.592.764	99,18	427.869.904	74,24	36 Wochen
1 bis 294	41.646.430	99,31	442.497.228	76,77	42 Wochen
1 bis 336	41.688.301	99,41	455.681.829	79,06	48 Wochen
1 bis 364	41.711.718	99,47	463.887.194	80,48	52 Wochen (1 Jahr)
Insgesamt	*41.935.638*	*100,00*	*576.368.308*	*100,00*	*78 Wochen*

Fehlzeiten-Report 2021

sechs Wochen und weniger lediglich 49,85 % der Arbeitsunfähigkeitstage insgesamt bilden.

30.6 Altersabhängigkeit der Arbeitsunfähigkeit

Die Dauer der einzelnen Arbeitsunfähigkeitsfälle nach Altersgruppen wird ebenfalls erfasst. Damit lässt sich aufzeigen, wie viele Arbeitsunfähigkeitstage jede Altersgruppe jahresdurchschnittlich in Anspruch nimmt. Das Ergebnis wird in Tab. 30.2 dargestellt. Die wenigsten Arbeitsunfähigkeitstage je 10 Tsd. Pflichtmitglieder hat die Altersgruppe der 25- bis unter 30-Jährigen, nämlich rund 100 Tsd. AU-Tage im Jahr 2019. Die höchsten Werte sind bei der Altersgruppe 60 bis unter 65 Jahre zu beobachten, nämlich fast 300 Tsd. AU-Tage im Jahr 2019.

In der Tabelle wird dargestellt, dass die Falldauer sukzessive mit dem Alter zunimmt. Den geringsten Wert weist hier die Altersgruppe 15 bis unter 20 auf (5,32 Tage je Fall). Die Altersgruppe 65 bis unter 70 Jahre kommt hier auf 29,19 Tage je Fall, also auf den mehr als fünffachen Wert. Die Altersgruppe 15 bis unter 20 Jahre verursacht trotz der geringen Dauer der AU-Fälle mehr AU-Tage je Pflichtmitglied als die Altersgruppe der 25- bis unter 30-Jährigen. Dies hängt damit zusammen, dass die unter 20-Jährigen zwar nicht so lange krank sind, dafür aber wesentlich häufiger.

Mit den Daten zur Altersabhängigkeit der Arbeitsunfähigkeit lässt sich modellhaft überprüfen, ob der kontinuierliche Anstieg des Krankenstandes seit dem Jahr 2007 seine Ursache in der demographischen Entwicklung hat. Durch die demographische Entwicklung einerseits und die Anhebung des Renteneintrittsalters andererseits werden die Altersgruppen 60 bis unter 65 Jahre und 65 bis unter 70 Jahre in Zukunft vermehrt erwerbstätig sein. Dies allein wird schon wegen der altersspezifischen Häufigkeit der Arbeitsunfähigkeitstage in diesen Gruppen den Krankenstand steigen lassen.

30.6 · Altersabhängigkeit der Arbeitsunfähigkeit

Tab. 30.2 Arbeitsunfähigkeitsfälle und -tage je 10.000 Pflichtmitglieder (ohne Rentner:innen) nach Altersgruppen 2019

	Altersgruppen	Frauen			Männer			Frauen und Männer zusammen		
		Fälle	Tage	Tage je Fall	Fälle	Tage	Tage je Fall	Fälle	Tage	Tage je Fall
		je 10.000 Pflichtmitglieder o. R. der Altersgruppe			je 10.000 Pflichtmitglieder o. R. der Altersgruppe			je 10.000 Pflichtmitglieder o. R. der Altersgruppe		
GKV insgesamt	Bis unter 15	449	145.120	322,88	680	132.121	194,30	571	138.142	241,93
	15 bis unter 20	20.980	110.354	5,26	21.145	113.582	5,37	21.075	112.212	5,32
	20 bis unter 25	15.592	110.942	7,12	14.771	106.960	7,24	15.141	108.767	7,18
	25 bis unter 30	11.621	105.485	9,08	10.571	95.720	9,05	11.069	100.347	9,07
	30 bis unter 35	11.555	120.937	10,47	11.004	111.398	10,12	11.271	115.977	10,29
	35 bis unter 40	11.642	136.888	11,76	11.220	129.503	11,54	11.430	133.145	11,65
	40 bis unter 45	12.085	157.911	13,07	11.253	147.603	13,12	11.676	152.833	13,09
	45 bis unter 50	12.811	192.089	14,99	11.771	178.546	15,17	12.307	185.537	15,08
	50 bis unter 55	13.355	223.413	16,73	12.198	210.965	17,30	12.805	217.494	16,99
	55 bis unter 60	13.784	254.456	18,46	12.970	259.701	20,02	13.395	256.971	19,18
	60 bis unter 65	12.798	292.943	22,89	12.263	310.624	25,33	12.536	301.610	24,06
	65 bis unter 70	5.121	142.662	27,86	4.194	128.096	30,54	4.616	134.740	29,19
	70 bis unter 75	574	9.027	15,72	504	7.765	15,41	529	8.208	15,52
	75 bis unter 80	363	5.834	16,08	357	5.238	14,67	358	5.426	15,16
	80 und älter	159	2.260	14,18	246	3.917	15,92	211	3.230	15,31
	Zusammen	12.790	175.858	13,75	12.024	165.193	13,74	12.406	170.478	13,74

Tab. 30.2 (Fortsetzung)

Altersgruppen	Frauen			Männer			Frauen und Männer zusammen		
	Fälle	Tage	Tage je Fall	Fälle	Tage	Tage je Fall	Fälle	Tage	Tage je Fall
	je 10.000 Pflichtmitglieder o. R. der Altersgruppe			je 10.000 Pflichtmitglieder o. R. der Altersgruppe			je 10.000 Pflichtmitglieder o. R. der Altersgruppe		
Bis unter 15	542	1.281	2,36	1.001	4.143	4,14	773	2.735	3,54
15 bis unter 20	21.286	106.900	5,02	22.502	115.471	5,13	21.970	111.719	5,09
20 bis unter 25	17.861	119.524	6,69	17.989	121.237	6,74	17.933	120.472	6,72
25 bis unter 30	13.317	115.879	8,70	13.766	114.804	8,34	13.562	115.298	8,50
30 bis unter 35	12.144	122.475	10,09	13.232	126.207	9,54	12.736	124.510	9,78
35 bis unter 40	12.169	137.753	11,32	12.814	139.951	10,92	12.519	138.946	11,10
40 bis unter 45	12.737	159.393	12,51	12.338	154.909	12,56	12.521	156.979	12,54
45 bis unter 50	13.624	199.523	14,65	12.619	185.751	14,72	13.088	192.172	14,68
50 bis unter 55	13.872	232.787	16,78	12.728	219.193	17,22	13.262	225.527	17,01
55 bis unter 60	13.770	259.394	18,84	13.137	265.999	20,25	13.429	262.933	19,58
60 bis unter 65	11.955	283.795	23,74	12.153	315.305	25,94	12.062	300.763	24,93
65 bis unter 70	3.631	121.106	33,35	3.536	122.586	34,67	3.576	121.958	34,10
70 bis unter 75	165	2.963	17,96	124	1.945	15,69	132	2.251	17,05
75 bis unter 80	195	2.667	13,65	125	1.259	10,07	146	1.678	11,49
80 und älter	116	1.894	16,31	139	1.681	12,09	132	1.790	13,56
Zusammen	13.548	175.511	12,95	13.531	174.822	12,92	13.539	175.135	12,94

AOK Bund

30.6 · Altersabhängigkeit der Arbeitsunfähigkeit

Tab. 30.2 (Fortsetzung)

	Altersgruppen	Frauen			Männer			Frauen und Männer zusammen		
		Fälle	Tage	Tage je Fall	Fälle	Tage	Tage je Fall	Fälle	Tage	Tage je Fall
		je 10.000 Pflichtmitglieder o. R. der Altersgruppe			je 10.000 Pflichtmitglieder o. R. der Altersgruppe			je 10.000 Pflichtmitglieder o. R. der Altersgruppe		
BKK Bund	Bis unter 15	168	588	3,50	415	1.945	4,69	304	1.330	4,38
	15 bis unter 20	22.231	115.083	5,18	20.830	110.120	5,29	21.393	112.112	5,24
	20 bis unter 25	15.293	109.672	7,17	13.602	100.572	7,39	14.364	104.677	7,29
	25 bis unter 30	11.471	104.292	9,09	9.519	90.427	9,50	10.453	97.055	9,29
	30 bis unter 35	11.540	122.058	10,58	10.371	107.968	10,41	10.947	114.908	10,50
	35 bis unter 40	11.611	133.900	11,53	11.079	128.665	11,61	11.361	131.429	11,57
	40 bis unter 45	11.985	153.728	12,83	11.625	151.883	13,06	11.819	152.894	12,94
	45 bis unter 50	12.535	181.072	14,44	12.309	182.299	14,81	12.430	181.639	14,61
	50 bis unter 55	13.471	218.646	16,23	13.204	218.113	16,52	13.343	218.392	16,37
	55 bis unter 60	14.459	258.396	17,87	14.623	281.651	19,26	14.538	269.985	18,57
	60 bis unter 65	13.938	312.701	22,44	13.583	328.142	24,16	13.748	320.906	23,34
	65 bis unter 70	6.915	199.002	28,78	6.078	181.802	29,91	6.463	189.663	29,35
	70 bis unter 75	113	1.057	9,32	72	2.314	32,14	85	1.906	22,42
	75 bis unter 80	182	2.269	12,50	42	421	10,02	83	959	11,55
	80 und älter	52	653	12,50	145	1.722	11,88	106	1.249	11,78
	Zusammen	12.917	175.121	13,56	12.315	173.005	14,05	12.616	174.068	13,80

◘ Tab. 30.2 (Fortsetzung)

	Altersgruppen	Frauen			Männer			Frauen und Männer zusammen		
		Fälle	Tage	Tage je Fall	Fälle	Tage	Tage je Fall	Fälle	Tage	Tage je Fall
		je 10.000 Pflichtmitglieder o. R. der Altersgruppe			je 10.000 Pflichtmitglieder o. R. der Altersgruppe			je 10.000 Pflichtmitglieder o. R. der Altersgruppe		
IKK Bund	Bis unter 15	727	2.000	2,75	0	0	0,00	380	1.048	2,76
	15 bis unter 20	17.121	93.064	5,44	17.540	95.906	5,47	17.369	94.733	5,45
	20 bis unter 25	14.548	108.968	7,49	13.318	103.473	7,77	13.871	105.950	7,64
	25 bis unter 30	11.494	112.567	9,79	9.706	98.984	10,20	10.529	105.232	9,99
	30 bis unter 35	11.737	129.438	11,03	10.208	113.907	11,16	10.926	121.194	11,09
	35 bis unter 40	11.702	143.473	12,26	10.604	131.520	12,40	11.110	137.018	12,33
	40 bis unter 45	11.998	165.331	13,78	10.818	151.752	14,03	11.326	157.578	13,91
	45 bis unter 50	12.407	196.005	15,80	11.170	175.211	15,69	11.701	184.153	15,74
	50 bis unter 55	13.091	227.367	17,37	11.707	208.023	17,77	12.317	216.535	17,58
	55 bis unter 60	13.601	262.324	19,29	12.697	262.127	20,64	13.098	262.217	20,02
	60 bis unter 65	13.308	324.040	24,35	13.487	377.705	28,01	13.410	353.908	26,39
	65 bis unter 70	6.175	199.633	32,33	5.750	204.861	35,63	5.934	202.624	34,15
	70 bis unter 75	102	1.233	12,13	30	702	23,40	52	868	16,69
	75 bis unter 80	83	1.240	15,00	34	304	8,94	49	577	11,78
	80 und älter	157	2.872	18,33	14	42	3,00	64	1.036	16,19
	Zusammen	12.585	183.703	14,60	11.480	177.600	15,47	11.969	180.319	15,07

30.6 · Altersabhängigkeit der Arbeitsunfähigkeit

Tab. 30.2 (Fortsetzung)

	Altersgruppen	Frauen			Männer			Frauen und Männer zusammen		
		Fälle	Tage	Tage je Fall	Fälle	Tage	Tage je Fall	Fälle	Tage	Tage je Fall
		je 10.000 Pflichtmitglieder o. R. der Altersgruppe			je 10.000 Pflichtmitglieder o. R. der Altersgruppe			je 10.000 Pflichtmitglieder o. R. der Altersgruppe		
LKK	Bis unter 15	0	0	0,00	0	0	0,00	0	0	0,00
	15 bis unter 20	1.860	8.488	4,56	2.134	21.760	10,20	2.068	18.527	8,96
	20 bis unter 25	1.257	18.052	14,36	939	16.834	17,93	993	17.040	17,16
	25 bis unter 30	813	12.118	14,91	447	10.788	24,13	525	11.067	21,08
	30 bis unter 35	1.071	30.780	28,75	307	6.514	21,22	423	10.133	23,96
	35 bis unter 40	673	10.755	15,99	180	4.079	22,66	261	5.163	19,78
	40 bis unter 45	770	14.679	19,06	100	4.699	46,99	211	6.335	30,02
	45 bis unter 50	564	14.176	25,11	54	1.709	31,65	134	3.593	26,81
	50 bis unter 55	705	21.734	30,82	47	1.730	36,42	370	4.376	11,84
	55 bis unter 60	714	28.788	40,32	61	2.653	43,23	147	6.124	41,66
	60 bis unter 65	657	34.918	53,16	105	6.323	60,32	175	10.010	57,20
	65 bis unter 70	180	12.898	71,56	46	735	15,98	63	2.179	34,59
	70 bis unter 75	33	99	3,03	12	152	12,67	16	145	9,06
	75 bis unter 80	11	22	2,00	20	49	2,45	18	43	2,39
	80 und älter	0	0	0,00	30	105	3,50	22	76	3,45
	Zusammen	687	20.800	30,25	137	4.152	30,42	217	6.603	30,44

◻ Tab. 30.2 (Fortsetzung)

	Altersgruppen	Frauen			Männer			Frauen und Männer zusammen		
		Fälle	Tage	Tage je Fall	Fälle	Tage	Tage je Fall	Fälle	Tage	Tage je Fall
		je 10.000 Pflichtmitglieder o. R. der Altersgruppe			je 10.000 Pflichtmitglieder o. R. der Altersgruppe			je 10.000 Pflichtmitglieder o. R. der Altersgruppe		
KBS	Bis unter 15	0	0	0,00	0	0	0,00	0	0	0,00
	15 bis unter 20	19.784	113.545	5,74	20.520	128.136	6,24	20.201	121.797	6,03
	20 bis unter 25	15.147	125.382	8,28	14.066	121.755	8,66	14.576	123.460	8,47
	25 bis unter 30	12.112	129.002	10,65	10.681	116.404	10,90	11.363	122.409	10,77
	30 bis unter 35	11.478	131.234	11,43	10.206	125.490	12,30	10.804	128.195	11,87
	35 bis unter 40	11.826	158.268	13,38	11.071	146.396	13,22	11.426	151.995	13,30
	40 bis unter 45	12.721	180.008	14,15	11.446	176.185	15,39	12.060	178.015	14,76
	45 bis unter 50	13.958	243.910	17,47	12.744	232.541	18,25	13.289	237.644	17,88
	50 bis unter 55	14.618	287.016	19,64	13.556	267.820	19,76	14.037	276.484	19,70
	55 bis unter 60	15.085	302.406	20,05	14.858	323.880	21,80	14.970	314.136	20,98
	60 bis unter 65	13.152	337.996	25,70	13.556	364.244	26,87	13.371	352.307	26,35
	65 bis unter 70	3.237	124.974	38,60	2.714	86.226	31,77	2.928	102.036	34,85
	70 bis unter 75	71	2.112	29,68	183	904	4,94	155	1.230	7,94
	75 bis unter 80	765	8.755	11,44	190	3.499	18,42	290	4.645	16,02
	80 und älter	0	0	0,00	223	3.297	14,78	181	2.525	13,95
	Zusammen	13.234	210.238	15,89	12.339	208.773	16,92	12.751	209.448	16,43

30.6 · Altersabhängigkeit der Arbeitsunfähigkeit

Tab. 30.2 (Fortsetzung)

	Altersgruppen	Frauen			Männer			Frauen und Männer zusammen		
		Fälle	Tage	Tage je Fall	Fälle	Tage	Tage je Fall	Fälle	Tage	Tage je Fall
		je 10.000 Pflichtmitglieder o. R. der Altersgruppe			je 10.000 Pflichtmitglieder o. R. der Altersgruppe			je 10.000 Pflichtmitglieder o. R. der Altersgruppe		
VdEK	Bis unter 15	455	371.777	817,92	640	298.524	466,44	558	330.523	592,34
	15 bis unter 20	20.886	119.142	5,70	19.975	116.370	5,83	20.353	117.524	5,77
	20 bis unter 25	13.309	101.433	7,62	11.673	92.686	7,94	12.432	96.751	7,78
	25 bis unter 30	10.079	94.222	9,35	7.708	76.243	9,89	8.876	85.102	9,59
	30 bis unter 35	10.992	117.321	10,67	8.966	95.417	10,64	9.992	106.521	10,66
	35 bis unter 40	11.203	135.642	12,11	9.754	118.310	12,13	10.517	127.445	12,12
	40 bis unter 45	11.609	156.776	13,50	10.069	136.654	13,57	10.935	147.957	13,53
	45 bis unter 50	12.324	188.884	15,33	10.799	169.984	15,74	11.700	181.134	15,48
	50 bis unter 55	12.980	216.383	16,67	11.477	201.543	17,56	12.398	210.625	16,99
	55 bis unter 60	13.611	247.596	18,19	12.445	246.691	19,82	13.179	247.234	18,76
	60 bis unter 65	13.073	289.144	22,12	11.996	290.650	24,23	12.642	289.751	22,92
	65 bis unter 70	5.894	141.934	24,08	4.822	125.844	26,10	5.377	134.214	24,96
	70 bis unter 75	979	15.346	15,68	1.202	18.264	15,19	1.112	17.126	15,40
	75 bis unter 80	550	7.750	14,10	763	12.535	16,43	678	10.814	15,95
	80 und älter	0	0	0,00	449	8.116	18,08	361	5.937	16,45
	Zusammen	12.145	174.445	14,36	10.436	148.261	14,21	11.376	162.645	14,30

Fehlzeiten-Report 2021

30.7 Arbeitsunfähigkeit nach Krankheitsarten

Abschließend soll noch ein Blick auf die Verteilung der Arbeitsunfähigkeitsfälle nach Krankheitsarten geworfen werden. Die Rasterung erfolgt zwar nur grob nach Krankheitsartengruppen, aber auch hier wird deutlich, dass die Psychischen und Verhaltensstörungen durch ihre lange Dauer von mehr als 42 Tagen je Fall ein Arbeitsunfähigkeitsvolumen von mehr als 31 Tsd. Arbeitsunfähigkeitstagen je 10.000 Pflichtmitglieder bilden. Sie liegen damit aber noch deutlich hinter den Krankheiten des Muskel-Skelett-Systems und des Bindegewebes mit 43 Tsd. Tagen, aber schon über den Krankheiten des Atmungssystems mit 23 Tsd. Tagen. Die Zahlen sind ◘ Tab. 30.3 zu entnehmen.

Frauen fehlten 2019 häufiger durch Psychische und Verhaltensstörungen (39.026 AU-Tage je 10.000 Pflichtmitglieder) als Männer (24.257 AU-Tage je 10.000 Pflichtmitglieder). Umgekehrt war es bei den Krankheiten des Muskel-Skelett-Systems und des Bindegewebes: Hier verursachten 2019 Männer 46.126 AU-Tage je 10.000 Pflichtmitglieder. während für Frauen „nur" 39.843 AU-Tage je 10.000 Pflichtmitglieder ausgewiesen wurden.

30.7 · Arbeitsunfähigkeit nach Krankheitsarten

Tab. 30.3 Arbeitsunfähigkeitsfälle und -tage der Pflichtmitglieder (ohne Rentner:innen) nach Krankheitsartengruppen 2019

Krankheitsartengruppe	Frauen			Männer			Zusammen		
	Fälle	Tage	Tage je Fall	Fälle	Tage	Tage je Fall	Fälle	Tage	Tage je Fall
	je 10.000 Pfl.-Mitgl. o. R.			je 10.000 Pfl.-Mitgl. o. R.			je 10.000 Pfl.-Mitgl. o. R.		
I. Bestimmte infektiöse und parasitäre Krankheiten	1.322	7.538	5,70	1.348	7.401	5,49	1.335	7.469	5,59
II. Neubildungen	206	8.998	43,60	152	5.603	36,86	179	7.286	40,70
III. Krankheiten des Blutes und der blutbildenden Organe sowie bestimmte Störungen mit Beteiligung des Immunsystems	18	334	18,12	11	257	23,36	15	295	19,67
IV. Endokrine, Ernährungs- und Stoffwechselkrankheiten	74	1.370	18,45	67	1.283	19,15	71	1.326	18,68
V. Psychische und Verhaltensstörungen	919	39.026	42,45	569	24.257	42,63	743	31.579	42,50
VI. Krankheiten des Nervensystems	393	5.295	13,48	262	4.449	16,98	327	4.868	14,89
VII. Krankheiten des Auges und der Augenanhangsgebilde	172	1.254	7,31	165	1.327	8,04	168	1.291	7,68
VIII. Krankheiten des Ohres und des Warzenfortsatzes	162	1.582	9,74	129	1.246	9,66	146	1.412	9,67
IX. Krankheiten des Kreislaufsystems	300	5.661	18,84	331	9.440	28,52	316	7.566	23,94
X. Krankheiten des Atmungssystems	3.761	25.366	6,74	3.207	21.153	6,60	3.482	23.242	6,67
XI. Krankheiten des Verdauungssystems	1.153	7.270	6,30	1.212	8.586	7,08	1.183	7.933	6,71
XII. Krankheiten der Haut und der Unterhaut	153	1.823	11,92	195	2.756	14,13	174	2.293	13,18

◻ **Tab. 30.3** (Fortsetzung)

Krankheitsartengruppe	Frauen			Männer			Zusammen		
	Fälle	Tage	Tage je Fall	Fälle	Tage	Tage je Fall	Fälle	Tage	Tage je Fall
	je 10.000 Pfl.-Mitgl. o. R.			je 10.000 Pfl.-Mitgl. o. R.			je 10.000 Pfl.-Mitgl. o. R.		
XIII. Krankheiten des Muskel-Skelett-Systems und des Bindegewebes	1.778	39.843	22,41	2.356	46.126	19,58	2.069	43.011	20,79
XIV. Krankheiten des Urogenitalsystems	417	3.635	8,71	149	1.901	12,76	282	2.761	9,79
XV. Schwangerschaft, Geburt und Wochenbett	235	2.651	11,28	0	0	0,00	117	1.314	11,23
XVI. Bestimmte Zustände, die ihren Ursprung in der Perinatalperiode haben	2	14	9,03	1	5	5,00	1	9	9,00
XVII. Angeborene Fehlbildungen, Deformitäten und Chromosomenanomalien	16	392	24,34	13	279	21,46	15	335	22,33
XVIII. Symptome und abnorme klinische und Laborbefunde, die anderenorts nicht klassifiziert sind	1.028	9.237	8,98	828	7.354	8,88	927	8.288	8,94
XIX. Verletzungen, Vergiftungen und bestimmte andere Folgen äußerer Ursachen	679	14.569	21,46	1.029	21.770	21,16	856	18.200	21,26
Insgesamt (I. bis XIX. zus.)	12.790	175.858	13,75	12.025	165.193	13,74	12.404	170.481	13,74

Fehlzeiten-Report 2021

Ortsflexibles Arbeiten und krankheitsbedingte Fehlzeiten in der Bundesverwaltung

Franziska Jungmann, Annette Schlipphak und Björn Wegner

Inhaltsverzeichnis

31.1	Gesundheitsmanagement in der Bundesverwaltung	– 802
31.1.1	Ortsflexibles Arbeiten sicher, gesund und erfolgreich gestalten	– 802
31.2	Überblick über die krankheitsbedingten Abwesenheitszeiten im Jahr 2019	– 805
31.2.1	Methodik der Datenerfassung	– 805
31.2.2	Allgemeine Entwicklung der Abwesenheitszeiten	– 805
31.2.3	Dauer der Erkrankung	– 805
31.2.4	Abwesenheitstage nach Laufbahngruppen	– 807
31.2.5	Abwesenheitstage nach Statusgruppen	– 807
31.2.6	Abwesenheitstage nach Behördengruppen	– 808
31.2.7	Abwesenheitstage nach Geschlecht	– 808
31.2.8	Abwesenheitstage nach Alter	– 808
31.2.9	Gegenüberstellung mit den Abwesenheitszeiten der AOK-Statistik	– 811
	Literatur	– 812

▸▸ Zusammenfassung

Die krankheitsbedingten Fehlzeiten der unmittelbaren Bundesverwaltung werden auf der Grundlage eines Kabinettsbeschlusses seit 1997 erhoben und veröffentlicht. Der nachfolgende Beitrag umfasst den Erhebungszeitraum 2019 und basiert auf dem im Dezember 2020 veröffentlichten Gesundheitsförderungsbericht 2019. Das Schwerpunktthema fokussiert darauf, wie ortsflexibles Arbeiten sicher, gesund und erfolgreich gestaltet werden kann. Darüber hinaus werden die krankheitsbedingten Abwesenheitszeiten in der Bundesverwaltung dargestellt und analysiert.

31.1 Gesundheitsmanagement in der Bundesverwaltung

Das Durchschnittsalter der Beschäftigten der unmittelbaren Bundesverwaltung bleibt – trotz einer rückläufigen Tendenz – weiterhin hoch[1]. Dies hat Einfluss auf die krankheitsbedingten Fehlzeiten. Gerade ältere Beschäftigte weisen durchschnittlich längere Ausfallzeiten auf als jüngere Beschäftigte. Daneben wirkt sich der Faktor Laufbahn auf die Entwicklung der krankheitsbedingten Fehlzeiten aus: Mit zunehmender Qualifikationshöhe der Beschäftigten und dem damit verbundenen Tätigkeitsprofil sinken die krankheitsbedingten Fehlzeiten. Die Gruppe der Beschäftigten im einfachen Dienst fehlte durchschnittlich an 32,54 Arbeitstagen, im mittleren Dienst an 25,33 Arbeitstagen, im gehobenen Dienst an 17,63 Arbeitstagen und im höheren Dienst an 10,36 Arbeitstagen.

Schon seit geraumer Zeit setzt der Bund auf ein systematisches Gesundheitsmanagement, um langfristig die Gesundheit der Beschäftigten des Bundes für einen leistungsfähigen öffentlichen Dienst zu erhalten. Im Rahmen des Fehlzeiten-Reports wurden bisher das Eckpunktepapier zum Betrieblichen Gesundheitsmanagement sowie die vertiefenden Schwerpunktpapiere und einige Beispiele der Entwicklung des Betrieblichen Gesundheitsmanagements in der Bundesverwaltung vorgestellt. Insbesondere auch der Corona-Pandemie geschuldet wird mit dem diesjährigen Bericht das mobile und ortsflexible Arbeiten aufgegriffen.

31.1.1 Ortsflexibles Arbeiten sicher, gesund und erfolgreich gestalten

Bereits vor Beginn der Pandemie arbeiteten 12,9 % der Beschäftigten in Deutschland ganz oder teilweise im sogenannten Homeoffice (Statistisches Bundesamt 2019a). Durch die Corona-Pandemie hat sich die Verbreitung von Homeoffice stark verändert. Eine repräsentative Befragung im Auftrag des Digitalverbandes Bitkom kommt im Dezember 2020 zu dem Schluss, dass seit Beginn der Pandemie 45 % der Befragten ganz oder zumindest teilweise von zu Hause arbeiten (Berg 2020). In einer Studie von Bruch und Kollegen (2021) berichteten 86 % der Befragten, dass sie ihren Arbeitsort flexibel gestalten können. Es ist davon auszugehen, dass sich ortsflexibles Arbeiten auch nach der Pandemie fest etablieren wird (Hofmann et al. 2020a; Hans-Böckler-Stiftung 2020; Kunze et al. 2020).

Ortsflexibles Arbeiten (mobiles Arbeiten, Telearbeit, Homeoffice) geht mit einer Veränderung der Arbeit und des Arbeitsalltags einher. Diese erstreckt sich von der Art und Weise, wie soziale Beziehungen gestaltet und gelebt werden, über die Arbeitsorganisation bis hin zu ergonomischen Gestaltungsvoraussetzungen (vgl. Begerow et al. 2020; Hofmann et al. 2020b; Kauffeld et al. 2016).

Das ortsflexible Arbeiten birgt viele Ressourcen, wie eine selbstbestimmte und flexible Zeiteinteilung (Flüter-Hoffmann 2012; Grunau et al. 2019) oder eine verbesserte Vereinbarkeit von Arbeits- und Privatleben (Grunau

---

1 Quelle für die verwendeten demographischen Angaben zur Gesamtbevölkerung und zu den Beschäftigten des Bundes: Statistisches Bundesamt.

31.1 · Gesundheitsmanagement in der Bundesverwaltung

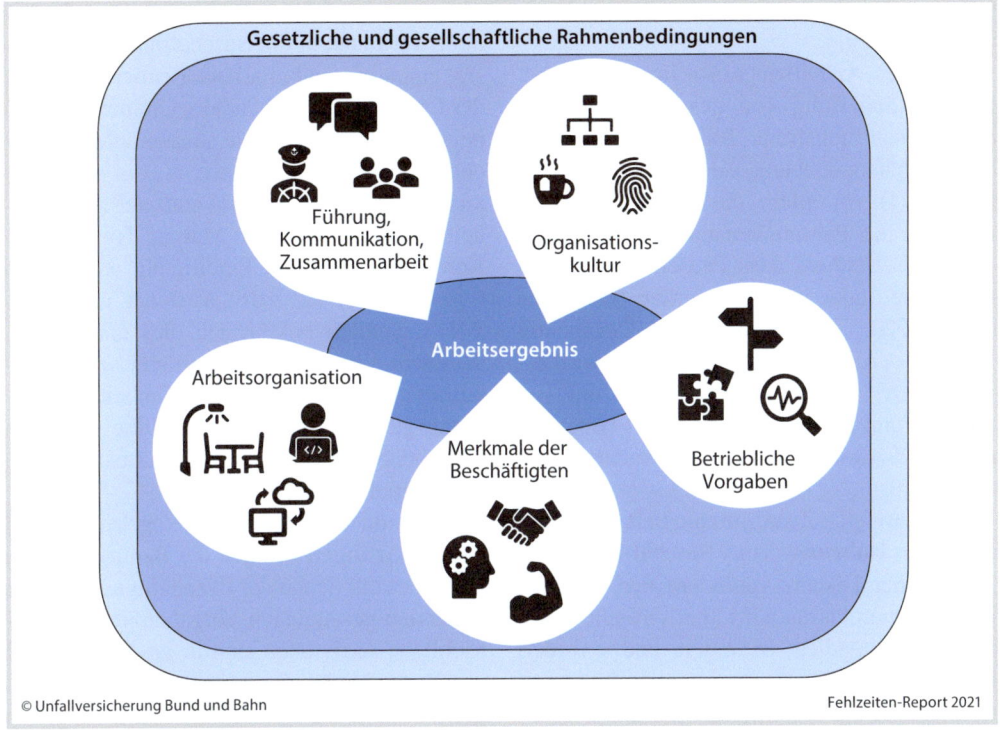

Abb. 31.1 Denkmodell: Gestaltungsbereiche ortsflexibler Arbeit (aus UVB 2021, mit freundlicher Genehmigung)

et al. 2019; Kunze et al. 2020). Auch hinsichtlich der Leistung und Produktivität verdeutlichen zahlreiche Studien, dass Beschäftigte im Homeoffice eher mehr als weniger Leistung erbringen (vgl. Grunau et al. 2019; Hans-Böckler-Stiftung 2020; Kunze et al. 2020).

Allerdings können aus der ortsflexiblen Arbeit auch zahlreiche Gefährdungen resultieren, die sich negativ auf die Leistung, Zufriedenheit und Gesundheit der Beschäftigten auswirken können. Dazu gehören beispielsweise die zeitliche Entgrenzung von Arbeit und Freizeit oder das Nichteinhalten von Pausen und in dessen Folge Schwierigkeiten beim Abschalten und Erholen von der Arbeit (Grunau et al. 2019; Waltersbacher et al. 2019; Zimmermann und Degenhardt 2014). Weitere Risiken sind körperliche Fehlbelastungen durch mangelhafte Ergonomie (Tavares 2017) sowie das Gefühl der sozialen Isolation und damit einhergehend ein verringertes emotionales Wohlbefin-

den und eine erhöhte emotionale Erschöpfung (Bruch et al. 2021; Charampolous et al. 2019; Kunze et al. 2020).

Daher ist die wesentliche Herausforderung, ganzheitliche Konzepte zur Gestaltung ortsflexibler Arbeit und Zusammenarbeit zu entwickeln und zu etablieren. Diese sollten neben der erfolgreichen Bewältigung der Arbeitsaufgabe auch die Sicherheit und Gesundheit der Beschäftigten berücksichtigen.

Basierend auf aktuellen wissenschaftlichen Erkenntnissen hat die Unfallversicherung Bund und Bahn (UVB) daher praxisnahe Gestaltungsempfehlungen für ortsflexibles Arbeiten abgeleitet, um die potenziellen Gefährdungen abzumildern und die leistungsförderlichen Aspekte zu stärken (UVB 2021). Diese lassen sich in sechs zentrale Gestaltungsbereiche einteilen (Abb. 31.1), die explizit die Herausforderungen aufgreifen, die in Abgrenzung zur klassischen Präsenzarbeit bei der Gestaltung arbeitsortsflexibler Arbeit besonders beachtet werden sollten.

Bei der **Arbeitsorganisation** stehen neben der Schaffung von gesundheitsförderlichen und störungsfreien Rahmenbedingungen (u. a. Arbeitsumgebung, Arbeitsplatz und Arbeitsmittel) vor allem die Arbeitszeitgestaltung und das Pausen-Management im Fokus. So zeigen Studien, dass Pausen häufig nicht eingehalten oder verkürzt werden (Heitmann et al. 2020; Zimmermann und Degenhardt 2014). Das Abschalten von der Arbeit wird zudem durch die zunehmende Entgrenzung von Arbeits- und Privatleben erschwert (Begerow et al. 2020; Grunau et al. 2019; Waltersbacher et al. 2019).

Die virtuelle **Zusammenarbeit im Team und die Führung** von Beschäftigten und Teams über Distanz verändern den Kontakt. Die Kommunikation wird über virtuelle Kommunikationsmedien vermittelt und erfordert einen regelmäßigen Austausch über Strukturen und die Art der Kommunikation und Zusammenarbeit (Antoni und Syrek 2017; Begerow und Roscher 2020; Bruch et al. 2021; Cosmar 2020). Über den fachlichen Austausch hinaus sollte auch Zeit für den informellen, sozialen Austausch unter den Beschäftigten eingeplant werden (vgl. Bruch et al. 2021; Kauffeld et al. 2016).

Zunehmend mobile und ortsflexible Arbeitsformen fordern aber auch die **Beschäftigten** selbst. Mit einer höheren Autonomie steigen die Anforderungen an Selbstorganisation und -führung (Heitmann und Zieschang, 2020). Zudem liegt die sichere und gesunde Gestaltung des Arbeitsplatzes überwiegend in der Eigenverantwortung der Beschäftigten (Dettmers und Mülders 2020; Heitmann und Zieschang 2020). Darüber hinaus erfordert die zunehmende virtuelle Arbeit und Zusammenarbeit ein hohes Maß an digitaler Kompetenz.

Das ortsflexible Arbeiten verändert auch die **Organisationskultur** – Werte, Normen und Regeln sind bei ortsflexibler Zusammenarbeit anders erlebbar und insgesamt einem Wandel unterworfen. So erhöht sich mit einer steigenden Flexibilisierung von Arbeitsort und -zeit neben der Autonomie auch das erforderliche Vertrauen in die Beschäftigten, zuverlässig, engagiert und ergebnisorientiert im Sinne der Organisation zu handeln. Ortsflexibles Arbeiten braucht somit eine ausgeprägte Vertrauenskultur. Diese kann sich u. a. in einer Fokussierung auf Ergebnisse statt auf Anwesenheit sowie einem hohen Maß an Transparenz, Kommunikation und Beteiligung ausdrücken (vgl. Enste et al. 2018; Misamer und Thies 2017). Studien bekräftigen dies und zeigen, dass sich eine stärker ausgeprägte Vertrauenskultur positiv auf die Zufriedenheit der Beschäftigten auswirkt und Konflikte zwischen Mitarbeitenden und Führungskräften reduziert (Enste et al. 2018).

Individuelle **betriebliche Regelungen und Vereinbarungen** bringen die Bedürfnisse des Betriebes mit denen der Beschäftigten und den geltenden gesetzlichen Vorgaben überein. Betriebliche Aktivitäten sind in **gesetzliche und gesellschaftliche Rahmenbedingungen** eingebettet. Für das ortsflexible Arbeiten gelten grundsätzlich dieselben gesetzlichen Grundlagen wie bei festen Arbeitsplätzen. Im Rahmen des Arbeitsschutzes sind Gefährdungsbeurteilung, Unterweisungen, arbeitsmedizinische Angebotsuntersuchungen sowie die Prüfung elektrischer Geräte und Ausstattungen umzusetzen. Im Unterschied zur Telearbeit haben die Beschäftigten beim mobilen Arbeiten und im Homeoffice eine erhöhte Verantwortung und Mitwirkungspflicht, da sie zum überwiegenden Teil Ort und Zeit ihrer Arbeit selbst bestimmen und auf die Einhaltung der Arbeits- und Gesundheitsvorschriften achten müssen (vgl. Hofmann et al. 2020b; Kanzenbach 2020). Aus gesellschaftlicher Sicht bleibt festzuhalten, dass sich der Wunsch nach mehr Flexibilität von Arbeitsort und Arbeitszeit immer weiter verfestigt (vgl. Hans-Böckler-Stiftung 2020; Hofmann et al. 2020a) und somit der Veränderungsdruck, der auf die Betriebe wirkt – beispielsweise im Bereich der Kulturentwicklung und Digitalisierung – weiter steigt.

Zur Unterstützung der Betriebe wurden die im Denkmodell benannten Gestaltungsfaktoren durch konkrete Gestaltungsempfehlungen unterlegt (BMI 2020). Diese werden kontinuierlich weiterentwickelt, durch Praxishilfen für die betriebliche Umsetzung ergänzt und auf der Internetseite der UVB ▶ https://www.uv-bund-bahn.de/arbeitsschutz-und-praevention/fachthemen/ortsflexibles-arbeiten/ fortlaufend aktualisiert.

31.2 Überblick über die krankheitsbedingten Abwesenheitszeiten im Jahr 2019

31.2.1 Methodik der Datenerfassung

Die krankheitsbedingten Abwesenheitszeiten der Beschäftigten in der unmittelbaren Bundesverwaltung werden seit 1997 auf der Grundlage eines Kabinettbeschlusses vom Bundesministerium des Innern, für Bau und Heimat erhoben und veröffentlicht. Die Abwesenheitszeitenstatistik der unmittelbaren Bundesverwaltung erfasst sämtliche Tage, an denen die Beschäftigten des Bundes (Beamtinnen und Beamte einschließlich Richterinnen/Richter, Anwärter sowie Tarifbeschäftigte einschließlich Auszubildende mit Dienstsitz in Deutschland) im Laufe eines Jahres aufgrund einer Erkrankung, eines Unfalls oder einer Rehabilitationsmaßnahme arbeitsunfähig waren. Nicht berücksichtigt werden Fehltage, die auf Wochenenden oder Feiertage fallen, sowie Abwesenheiten durch Elternzeit, Fortbildungen oder Urlaub. Die Anzahl der Krankheitsfälle wird nicht erhoben. Aussagen über die Krankheitsursachen können nicht getroffen werden, da die Diagnosen auf den Arbeitsunfähigkeitsbescheinigungen nur den Krankenkassen, nicht aber dem Arbeitgeber bzw. Dienstherrn zugänglich sind. Systematisch aufbereitet wurden die Datensätze nach den Merkmalen Dauer der Erkrankung (Kurzzeiterkrankungen bis zu drei Arbeitstagen, längere Erkrankungen von vier bis zu 30 Tagen, Langzeiterkrankungen über 30 Tage und Rehabilitationsmaßnahmen), Laufbahn-, Status- und Behördengruppen sowie Geschlecht und Alter.

31.2.2 Allgemeine Entwicklung der Abwesenheitszeiten

Zum Stichtag 30.06.2019 waren insgesamt 276.053 Personen (ohne Soldatinnen und Soldaten) in der unmittelbaren Bundesverwaltung beschäftigt. Für den Gesundheitsförderungsbericht 2019 (Stichtag: 31.12.2019) wurden die krankheitsbedingten Abwesenheitszeiten von insgesamt 277.411 Beschäftigten der unmittelbaren Bundesverwaltung in die Auswertung einbezogen. Davon arbeiteten 9,9 % in den 23 obersten Bundesbehörden und 90,1 % in den Geschäftsbereichsbehörden. Der Krankenstand ist gegenüber 2018 in allen Bereichen zurückgegangen. Durchschnittlich fehlten die Beschäftigten an 20,77 Arbeitstagen. Gegenüber 2019 (21,35) sind die krankheitsbedingten Abwesenheitstage um 0,58 Arbeitstage zurückgegangen. ◘ Abb. 31.2 stellt die Entwicklung der Abwesenheitstage je Beschäftigten in der unmittelbaren Bundesverwaltung von 2004 bis 2019 dar. In diesem Zeitraum bewegt sich die Zahl der krankheitsbedingten Abwesenheitstage zwischen 15,56 und 20,77 Tagen. Stieg in den letzten 15 Jahren das Durchschnittsalter der Beschäftigten der unmittelbaren Bundesverwaltung um 1,5 Jahre an, so ist dieser Trend nunmehr seit vier Jahren in Folge rückläufig. Im Jahr waren 2019 die Beschäftigten der Bundesverwaltung im Durchschnitt 44,9 Jahre alt und damit erneut geringfügig jünger als im Vorjahr.

31.2.3 Dauer der Erkrankung

Der Anteil der Langzeiterkrankungen an den Abwesenheiten hat 2019 leicht zugenommen (2019: 7,4; 2018: 7,3 Tage). Sie haben einen

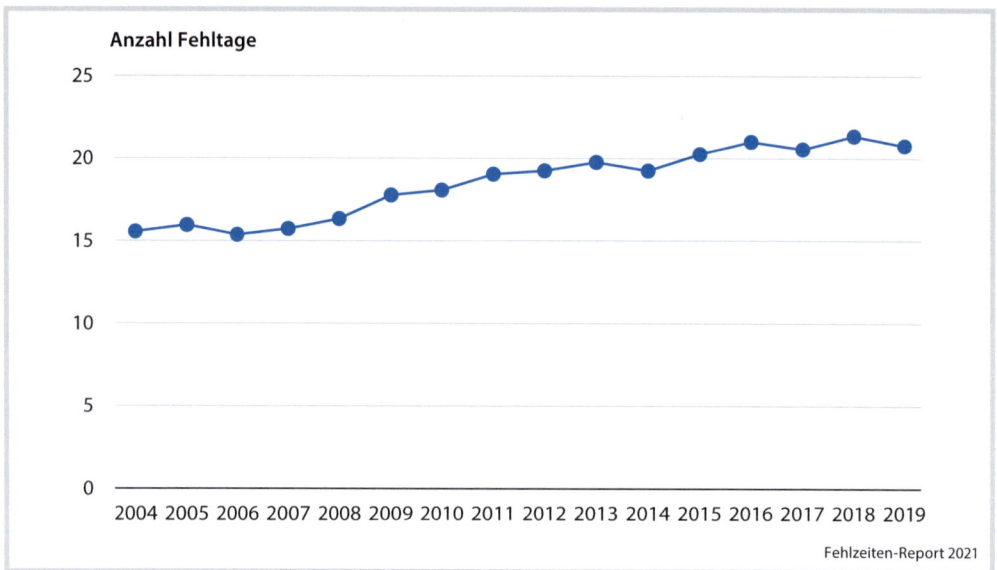

Abb. 31.2 Entwicklung der krankheitsbedingten Abwesenheitstage je Beschäftigten in der unmittelbaren Bundesverwaltung von 2004 bis 2019

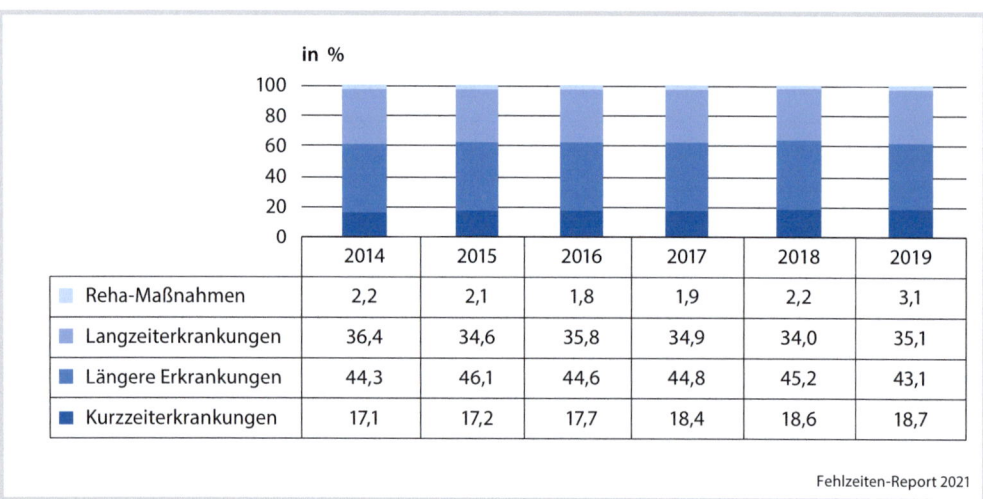

Abb. 31.3 Entwicklung der Krankheitsdauer von 2014 bis 2019

Anteil von 35,1 % an den gesamten krankheitsbedingten Abwesenheitszeiten. Längere Erkrankungen haben einen Anteil von 43,1 % und sind im Vergleich zum Vorjahr zurückgegangen. Den geringsten Anteil an den Abwesenheitszeiten haben Kurzzeiterkrankungen mit 18,7 % – dieser Wert ist stabil geblieben – sowie Rehabilitationsmaßnahmen (Kuren) mit 3,1 % aller Abwesenheitstage im Jahr 2019. Wie Abb. 31.3 zeigt, hat sich das Verhältnis zwischen Kurzzeiterkrankungen, längeren Erkrankungen, Langzeiterkrankungen und Rehabilitationsmaßnahmen im Zeitverlauf nicht wesentlich verändert.

31.2.4 Abwesenheitstage nach Laufbahngruppen

Bezogen auf die verschiedenen Laufbahngruppen (◘ Abb. 31.4) waren im Jahr 2019 6,3 % aller Beschäftigten im einfachen Dienst, 46,0 % im mittleren Dienst, 27,2 % im gehobenen Dienst und 12,7 % im höheren Dienst tätig, 7,8 % waren Auszubildende, Anwärterinnen und Anwärter. Die Tarifbeschäftigten wurden hierzu den ihren Entgeltgruppen vergleichbaren Besoldungsgruppen und den entsprechenden Laufbahngruppen zugeordnet. Wie schon in den vergangenen Jahren sinkt die Anzahl der krankheitsbedingten Abwesenheitstage mit zunehmender beruflicher Qualifikation der Beschäftigten: Je höher die Laufbahngruppe, desto niedriger sind die Abwesenheitszeiten. Zwischen den einzelnen Laufbahngruppen bestehen dabei erhebliche Unterschiede. Durchschnittlich fehlten die Beschäftigten der Bundesverwaltung im einfachen Dienst an 32,54, im mittleren Dienst an 25,33, im gehobenen Dienst an 17,63 und im höheren Dienst an 10,36 Arbeitstagen. Diese Entwicklung ist sowohl in den obersten Bundesbehörden als auch in den Geschäftsbereichsbehörden zu beobachten.

31.2.5 Abwesenheitstage nach Statusgruppen

In der Statistik wurden 277.411 (2018: 267.473) Beschäftigte erfasst. Das Personal der Bundesverwaltung unterteilt sich statusrechtlich in 140.376 Beamtinnen und Beamte sowie Richterinnen und Richter (im Folgenden zusammengefasst als Beamtinnen und Beamte), 115.294 Tarifbeschäftigte sowie 21.741 Auszubildende und Anwärter. Bei den Beamtinnen und Beamten der Bundesverwaltung ist der mittlere Dienst mit 43,3 % am stärksten vertreten. Im einfachen Dienst sind 1,1 %, im gehobenen Dienst 38,7 % und im höheren Dienst 16,5 % der Beamtinnen und Beamten tätig. Die größte Gruppe der Tarifbeschäftigten der Bundesverwaltung ist mit 57,5 % im mittleren Dienst tätig. Im einfachen Dienst waren 13,8 %, im gehobenen Dienst 18,3 % und im höheren Dienst 10,4 % der Tarifbeschäftigten beschäftigt. Ein Blick auf die Statusgruppen zeigt, dass die Zahl der Abwesenheitstage der Beamtinnen und Beamten mit 20,66 Tagen gegenüber dem Jahr 2018 gesunken sind und unter den ebenfalls zurückgegangenen Wert der Tarifbeschäftigten von 22,51 Tagen liegt.

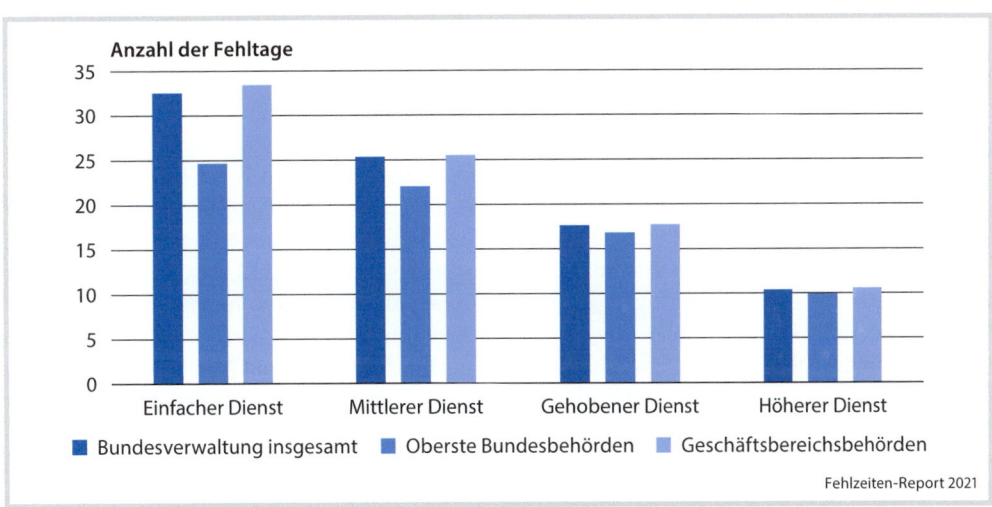

◘ **Abb. 31.4** Abwesenheitstage je Beschäftigten nach Laufbahngruppen im Jahr 2019

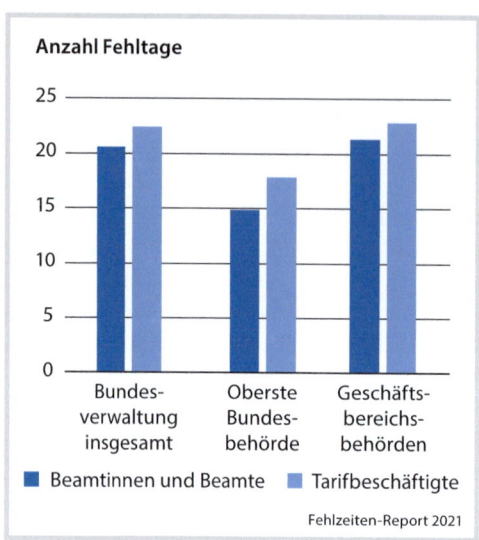

Abb. 31.5 Abwesenheitstage nach Statusgruppen in der Bundesverwaltung 2019

31.2.6 Abwesenheitstage nach Behördengruppen

Seit Beginn der Erhebung der Abwesenheitszeitenstatistik in der unmittelbaren Bundesverwaltung ist die Zahl der durchschnittlichen Abwesenheitstage der Beschäftigten in den Geschäftsbereichsbehörden höher als in den obersten Bundesbehörden. Im Jahr 2019 setzte sich dieser Trend fort: Die durchschnittliche Anzahl der krankheitsbedingten Abwesenheitstage je Beschäftigtem in den obersten Bundesbehörden liegt bei 15,85 (2018: 16,36) und in den Geschäftsbereichsbehörden bei 21,31 (2018: 21,90) Abwesenheitstagen (siehe Abb. 31.6). Damit waren im Jahr 2019 die Beschäftigten in den Geschäftsbereichsbehörden 5,47 Tage länger krankheitsbedingt abwesend als die Beschäftigten der obersten Bundesbehörden.

31.2.7 Abwesenheitstage nach Geschlecht

60,6 % aller Beschäftigten waren Männer, 39,4 % Frauen. Die krankheitsbedingten Abwesenheitszeiten von Beschäftigten der Bundesverwaltung waren im Jahr 2019 bei den Frauen mit durchschnittlich 21,53 Abwesenheitstagen um 1,25 Tage höher als bei den Männern mit 20,28 Abwesenheitstagen. Während Kurzzeiterkrankungen ähnlich häufig auftreten (Frauen 19,11 %/Männer 18,47 %), finden sich längere Erkrankungen zwischen 4 und 30 Tagen etwas häufiger bei Frauen. Erkrankungen über 30 Tage treten etwas häufiger bei Männern auf (vgl. Abb. 31.7).

31.2.8 Abwesenheitstage nach Alter

Die Beschäftigten der Bundesverwaltung waren im Jahr 2019 im Durchschnitt 44,9 (2018: 45,1) Jahre alt. Das durchschnittliche Alter lag bei den Beamtinnen und Beamten bei 44,2 (2018: 44,5) Jahren und bei den Tarifbeschäftigten bei 45,7 (2018: 45,9) Jahren. Nachdem seit 2003 das Durchschnittsalter der Beschäftigten im Bundesdienst kontinuierlich angestiegen ist, zeigt Abb. 31.8, dass dieser Trend seit vier Jahren rückläufig ist (Statistisches Bundesamt 2019b).

Die Zahl der krankheitsbedingten Abwesenheitstage der Beschäftigten der unmittelbaren Bundesverwaltung steigt mit zunehmendem Alter an (vgl. Abb. 31.9). Der Anstieg fällt bei Frauen und Männern in etwa gleich hoch aus. Die Statistik zeigt, dass ältere Beschäftigte bei einer Erkrankung im Schnitt

31.2 · Überblick über die krankheitsbedingten Abwesenheitszeiten im Jahr 2019

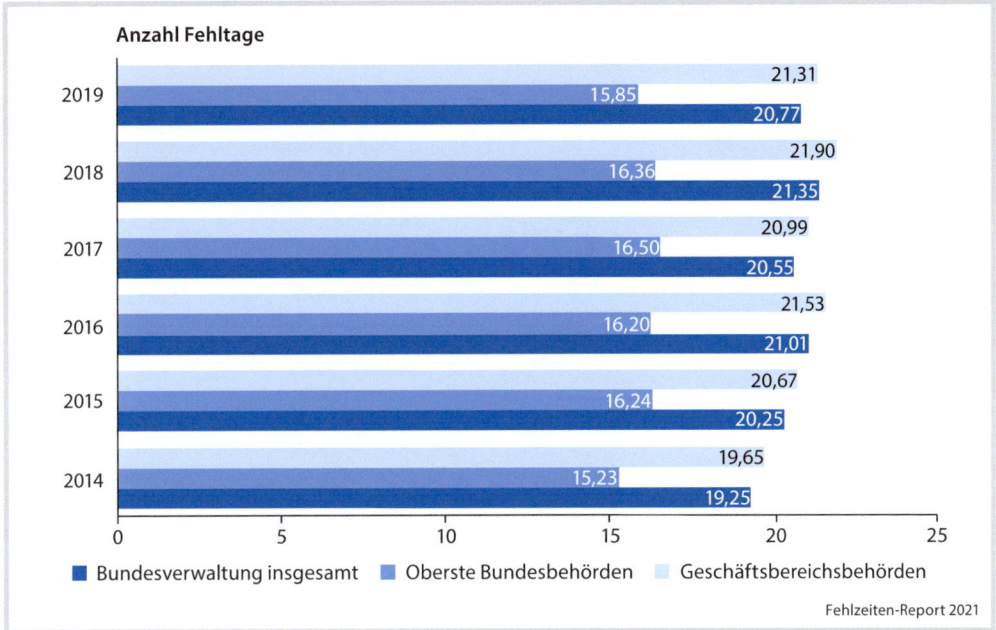

◘ **Abb. 31.6** Abwesenheitstage je Beschäftigten nach Behördengruppen von 2014 bis 2019

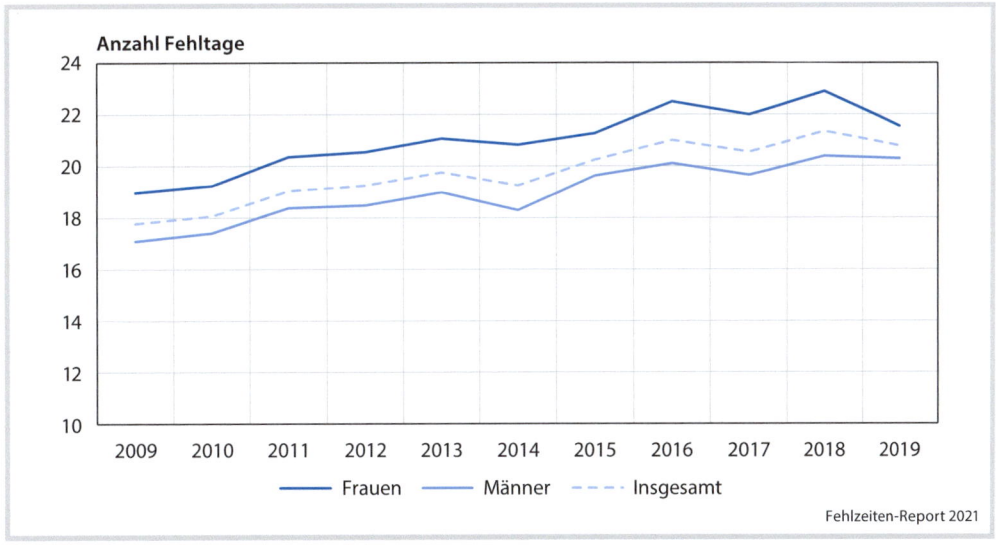

◘ **Abb. 31.7** Entwicklung der Abwesenheitszeiten in der Bundesverwaltung nach Geschlecht von 2009 bis 2019

länger ausfallen als ihre jüngeren Kolleginnen und Kollegen. Der Anstieg der Krankheitsdauer hat zur Folge, dass der Krankenstand trotz der Abnahme der Krankmeldungen mit zunehmendem Alter deutlich ansteigt. Dieser Effekt wird dadurch verstärkt, dass ältere Beschäftigte häufiger von mehreren Erkrankungen gleichzeitig betroffen sind. Dieser Trend

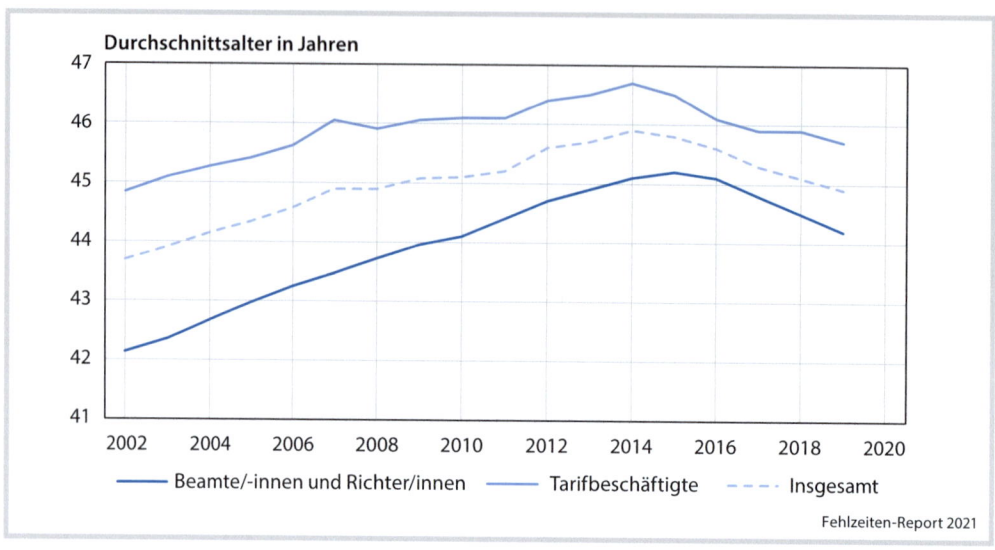

◻ **Abb. 31.8** Durchschnittsalter der Beschäftigten in der unmittelbaren Bundesverwaltung 2002 bis 2019 *(ohne Geschäftsbereich BMVg)

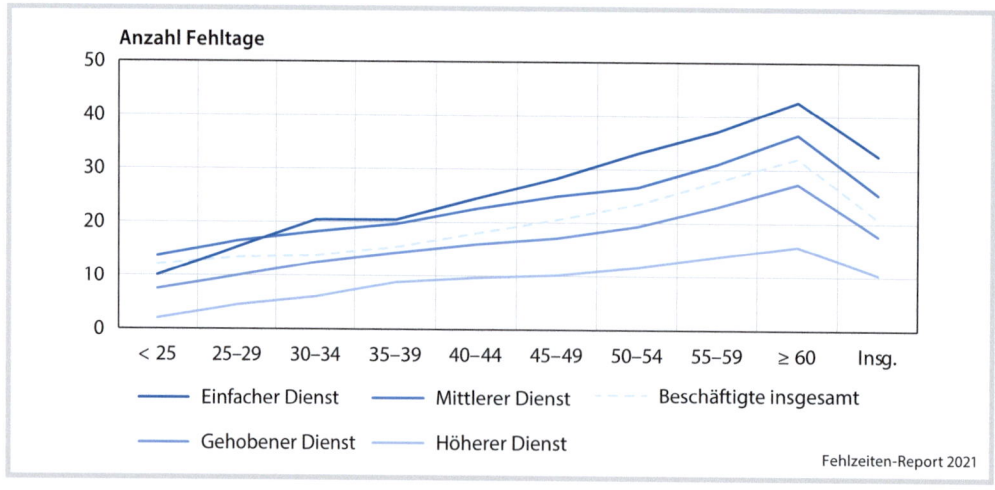

◻ **Abb. 31.9** Krankenstand in der Bundesverwaltung nach Laufbahngruppen im Altersverlauf 2019

kehrt sich erst in der Altersgruppe der über 60-Jährigen um, da gesundheitlich stark beeinträchtigte ältere Beschäftigte häufig vorzeitig aus der analysierten Gruppe ausscheiden. Für die Bundesverwaltung sind dabei zusätzlich die besonderen Altersgrenzen beim Eintritt in den Ruhestand, z. B. bei der Bundespolizei, zu berücksichtigen. Im Jahr 2019 fehlten über 60-jährige Beschäftigte der unmittelbaren Bundesverwaltung durchschnittlich an 32,03 Tagen. Damit liegt der Wert gegenüber den unter 25-jährigen Beschäftigten (12,03 Tage) um das 2,7-Fache höher. Die krankheitsbedingten Abwesenheiten steigen in fast allen Laufbahngruppen mit zunehmendem Alter kontinuierlich an (vgl. ◻ Abb. 31.8). Der größte Unterschied zwischen den einzelnen Laufbahngruppen besteht bei den über 60-Jährigen: In dieser Altersgruppe haben die Beschäftigten im höheren Dienst durchschnittlich 15,6 Abwesenheitstage und die Beschäftigten des einfachen Dienstes 42,6 Abwesenheitstage; dies ergibt eine Differenz von 27 Tagen.

31.2.9 Gegenüberstellung mit den Abwesenheitszeiten der AOK-Statistik

Für eine Gegenüberstellung der krankheitsbedingten Abwesenheiten der unmittelbaren Bundesverwaltung mit dem Fehlzeiten-Report der AOK werden die Fehlzeiten der AOK gesamt und des AOK-Bereichs „Öffentliche Verwaltung" herangezogen. Vergleichswerte sind die Abwesenheitszeiten von 13,9 Mio. erwerbstätigen AOK-Versicherten (Badura et al. 2020). Die krankheitsbedingten Abwesenheitszeiten der unmittelbaren Bundesverwaltung wurden ansatzweise bereinigt und standardisiert. ◘ Abb. 31.10 zeigt die Entwicklung der bereinigten und standardisierten Abwesenheitszeitenquote der unmittelbaren Bundesverwaltung und des Krankenstands der erwerbstätigen AOK-Versicherten.

Bei einem Vergleich der Abwesenheitszeiten der Bundesverwaltung mit denen der Wirtschaft ist immer zu berücksichtigen, dass sich die Standards der Abwesenheitszeitenerhebungen systembedingt ganz erheblich voneinander unterscheiden. Die Krankenstanderhebungen unterliegen keinen einheitlichen Standards für die Ermittlung von Abwesenheitszeiten, deren Erfassungsmethodik sowie deren Auswertung. Ein weiterer erheblicher Unterschied liegt in den Strukturen der Beschäftigtengruppen, wodurch sich bekannte Einflussgrößen wie Alter, Geschlecht und Tätigkeit unterschiedlich auswirken und zu Verzerrungen führen. So ist der

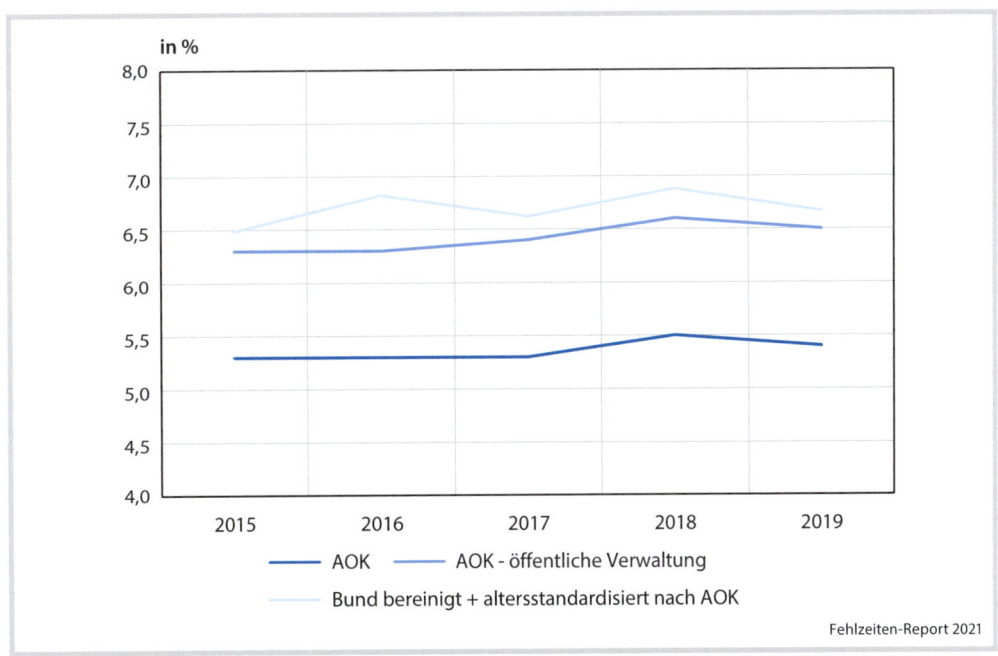

◘ **Abb. 31.10** Entwicklung der Abwesenheitszeitenquote der Beschäftigten der Bundesverwaltung und der erwerbstätigen AOK-Versicherten (inkl. Bereich der öffentlichen Verwaltung/Sozialversicherung) von 2015 bis 2019

Anteil älterer Beschäftigter in der unmittelbaren Bundesverwaltung deutlich höher als in der gesamten Erwerbsbevölkerung. Im Jahr 2019 waren 54,1 % der Beschäftigten der unmittelbaren Bundesverwaltung 45 Jahre und älter. In der übrigen Erwerbsbevölkerung in Deutschland liegt demgegenüber der Anteil der über 45-Jährigen bei 49 %. Die 25- bis 44-Jährigen, die in der gesamten Erwerbsbevölkerung mit 41,4 % die stärkste Altersgruppe bilden, machen im Bundesdienst nur 36 % aus (Statistisches Bundesamt 2019c).

Literatur

Antoni CH, Syrek C (2017) Digitalisierung der Arbeit: Konsequenzen für Führung und Zusammenarbeit. Gruppe Interakt Organisation 48:247–258

Badura B, Ducki A, Schröder H, Klose J, Meyer M (2020) Fehlzeiten-Report 2020: Gerechtigkeit und Gesundheit. Springer, Berlin Heidelberg

Begerow E, Jansen N, Roscher S, Taskan-Karamürsel E (2020) Homeoffice gesund gestalten – ein Überblick zu aktuellen Erkenntnissen. DGUV Forum 08:3–9

Begerow E, Roscher S (2020) Führung im Homeoffice – Wandel der Führungsrolle und neue Herausforderungen. DGUV Forum 08:10–13

Berg A (2020) Homeoffice für alle? Wie Corona die Arbeitswelt verändert. https://www.bitkom.org/sites/default/files/2020-12/bitkom-charts-homeoffice-08-12-2020_final_0.pdf. Zugegriffen: 27. Jan. 2021

Bruch H, Hesse F, Hölzl L (2021) Home Office zwischen Zusammenarbeit und Isolation: Ansatzpunkte für eine virtuelle Führung. Personalführung 3:8–9

Bundesministerium des Inneren, für Bau und Heimat (BMI) (2020) Gesundheitsförderungsbericht 2019 der unmittelbaren Bundesverwaltung. Berlin. http://www.bmi.bund.de/SharedDocs/downloads/DE/veroeffentlichungen/themen/oeffentlicher-dienst/gesundheitsmanagement/gesundheitsfoerderungsbericht-2019.pdf?__blob=publicationFile&v=2. Zugegriffen: 27. Jan. 2021

Charampolous M, Grant CA, Tramantano C et al (2019) Systematically reviewing remote e-workers' well-being at work: a multidimensional approach. Eur J Work Organ Psychol 28:51–73

Cosmar M (2020) Führung und Corona. DGUV Forum 05–06/2020:21–22

Dettmers J, Mülder LM (2020) Arbeitsgestaltungskompetenz im Homeoffice. Wirtschaftspsychologie Aktuell 3:14–19

Enste D, Grunewald M, Kürten L (2018) Vertrauenskultur als Wettbewerbsvorteil in digitalen Zeiten – Neue experimentelle und verhaltensökonomische Ergebnisse. IW Trend Vierteljahresschr Empirischen Wirtschaftsforsch 45:47–66

Flüter-Hoffmann C (2012) Erfolgsgeschichte Telearbeit – Arbeitsmodell der Zukunft. In: Bandura B, Schröder H, Ducki A, Klose J, Meyer M (Hrsg) Fehlzeiten-Report 2012: Gesundheit in der flexiblen Arbeitswelt. Springer, Berlin Heidelberg, S 71–77

Grunau P, Ruf K, Steffes S et al (2019) Homeoffice bietet Vorteile, hat aber auch Tücken. http://doku.iab.de/kurzber/2019/kb1119.pdf. Zugegriffen: 27. Jan. 2021

Hans-Böckler-Stiftung (2020) Homeoffice: Besser klar geregelt. Böckler Impuls 15/2020. https://www.boeckler.de/de/boeckler-impuls-homeoffice-besser-klar-geregelt-27643.htm. Zugegriffen: 27. Jan. 2021

Heitmann C, Fietz T, Zieschang H (2020) Sicheres und gesundes Arbeiten von zu Hause aus: Informationen und Empfehlungen zu Homeoffice und Vertrauensarbeitszeit. DGUV Forum 5–6:17–20

Heitmann C, Zieschang H (2020) Sicherheits- und Gesundheitskompetenz. DGUV Forum 8:40–42

Hofmann J, Piele A, Piele C (2020a) Arbeiten in der Corona-Pandemie – Auf dem Weg zum New Normal. Studie des Fraunhofer IAO in Kooperation mit der Deutschen Gesellschaft für Personalführung DGFP. http://publica.fraunhofer.de/eprints/urn_nbn_de_0011-n-5934454.pdf. Zugegriffen: 27. Jan. 2021

Hofmann J, Piele A, Piele C (2020b) Arbeiten in der Corona-Pandemie – Leistung und Produktivität im „New Normal". Studie des Fraunhofer IAO in Kooperation mit der Deutschen Gesellschaft für Personalführung DGFP e. V. https://www.iao.fraunhofer.de/content/dam/iao/images/iao-news/arbeiten-in-der-corona-pandemie-folgeergebnisse-leistungen-produktivitaet.pdf. Zugegriffen: 27. Jan. 2021

Kanzenbach K (2020) Rechtliche Grundlagen zum Homeoffice und der Telearbeit. DGUV Forum 08:18–24

Kauffeld S, Handke L, Straube J (2016) Verteilt und doch verbunden: Virtuelle Teamarbeit. Gruppe. Interaktion. Organisation. Zeitschrift für Angewandte Organisationspsychologie (GIO) 47:43–51

Kunze F, Hampel K, Zimmermann S (2020) Homeoffice in der Corona-Krise – eine nachhaltige Transformation der Arbeitswelt? Policy Pap 2:1–8

Misamer M, Thies B (2017) Etablierung einer Vertrauenskultur zwischen Führungskräften und ihren Mitarbeitern/Mitarbeiterinnen. Z Angew Organisationspsychologie 48:225–233

Statistisches Bundesamt (2019a) Qualität der Arbeit. Erwerbstätige, die von Zuhause arbeiten. https://www.destatis.de/DE/Themen/Arbeit/Arbeitsmarkt/Qualitaet-Arbeit/Dimension-3/home-office.html. Zugegriffen: 27. Jan. 2021

Literatur

Statistisches Bundesamt (2019b) Fachserie 14 Reihe 6, Finanzen und Steuern, Personal des öffentlichen Dienstes. Statistisches Bundesamt, Wiesbaden

Statistisches Bundesamt (2019c) Fachserie 1 Reihe 3, Bevölkerung und Erwerbstätigkeit, Haushalte und Familien Ergebnisse des Mikrozensus. Statistisches Bundesamt, Wiesbaden

Tavares (2017) Telework and health effects review. Int J Healthc 3:30–36

UVB (Unfallversicherung Bund und Bahn) (2021) Ortsflexibles Arbeiten. https://www.uv-bund-bahn.de/arbeitsschutz-und-praevention/fachthemen/ortsflexibles-arbeiten/. Zugegriffen: 27. Jan. 2021

Waltersbacher A, Maisuradze M, Schröder H (2019) Arbeitszeit und Arbeitsort – (wie viel) Flexibilität ist gesund? In: Badura B, Ducki A, Schröder H, Klose J, Meyer M (Hrsg) Fehlzeiten-Report 2019. Springer, Berlin Heidelberg, S 77–107

Zimmermann J, Degenhardt B (2014) Flexible Arbeit im Hochschulbereich – Eine explorative Studie zum Pausenverhalten und Erholungserleben während Arbeitspausen im Homeoffice. Wirtschaftspsychologie 4:60–72

Serviceteil

Anhang 1: Internationale statistische Klassifikation der Krankheiten und verwandter Gesundheitsprobleme (10. Revision, Version 2019, German Modification) – 816

Anhang 2: Branchen in der deutschen Wirtschaft basierend auf der Klassifikation der Wirtschaftszweige (Ausgabe 2008/NACE) – 826

Die Autorinnen und Autoren – 831

Stichwortverzeichnis – 860

© Springer-Verlag GmbH Deutschland, ein Teil von Springer Nature 2021
B. Badura et al. (Hrsg.), *Fehlzeiten-Report 2021*, Fehlzeiten-Report,
https://doi.org/10.1007/978-3-662-63722-7

Anhang 1: Internationale statistische Klassifikation der Krankheiten und verwandter Gesundheitsprobleme (10. Revision, Version 2019, German Modification)

I. Bestimmte infektiöse und parasitäre Krankheiten (A00–B99)	
A00–A09	Infektiöse Darmkrankheiten
A15–A19	Tuberkulose
A20–A28	Bestimmte bakterielle Zoonosen
A30–A49	Sonstige bakterielle Krankheiten
A50–A64	Infektionen, die vorwiegend durch Geschlechtsverkehr übertragen werden
A65–A69	Sonstige Spirochätenkrankheiten
A70–A74	Sonstige Krankheiten durch Chlamydien
A75–A79	Rickettsiosen
A80–A89	Virusinfektionen des Zentralnervensystems
A92–A99	Durch Arthropoden übertragene Viruskrankheiten und virale hämorrhagische Fieber
B00–B09	Virusinfektionen, die durch Haut- und Schleimhautläsionen gekennzeichnet sind
B15–B19	Virushepatitis
B20–B24	HIV-Krankheit [Humane Immundefizienz-Viruskrankheit]
B25–B34	Sonstige Viruskrankheiten
B35–B49	Mykosen
B50–B64	Protozoenkrankheiten
B65–B83	Helminthosen
B85–B89	Pedikulose [Läusebefall], Akarinose [Milbenbefall] und sonstiger Parasitenbefall der Haut
B90–B94	Folgezustände von infektiösen und parasitären Krankheiten
B95–B98	Bakterien, Viren und sonstige Infektionserreger als Ursache von Krankheiten, die in anderen Kapiteln klassifiziert sind
B99–B99	Sonstige Infektionskrankheiten

Anhang 1

II. Neubildungen (C00–D48)	
C00–C97	Bösartige Neubildungen
D00–D09	In-situ-Neubildungen
D10–D36	Gutartige Neubildungen
D37–D48	Neubildungen unsicheren oder unbekannten Verhaltens

III. Krankheiten des Blutes und der blutbildenden Organe sowie bestimmte Störungen mit Beteiligung des Immunsystems (D50–D90)	
D50–D53	Alimentäre Anämien
D55–D59	Hämolytische Anämien
D60–D64	Aplastische und sonstige Anämien
D65–D69	Koagulopathien, Purpura und sonstige hämorrhagische Diathesen
D70–D77	Sonstige Krankheiten des Blutes und der blutbildenden Organe
D80–D90	Bestimmte Störungen mit Beteiligung des Immunsystems

IV. Endokrine, Ernährungs- und Stoffwechselkrankheiten (E00–E90)	
E00–E07	Krankheiten der Schilddrüse
E10–E14	Diabetes mellitus
E15–E16	Sonstige Störungen der Blutglukose-Regulation und der inneren Sekretion des Pankreas
E20–E35	Krankheiten sonstiger endokriner Drüsen
E40–E46	Mangelernährung
E50–E64	Sonstige alimentäre Mangelzustände
E65–E68	Adipositas und sonstige Überernährung
E70–E90	Stoffwechselstörungen

V. Psychische und Verhaltensstörungen (F00–F99)	
F00–F09	Organische, einschließlich symptomatischer psychischer Störungen
F10–F19	Psychische und Verhaltensstörungen durch psychotrope Substanzen
F20–F29	Schizophrenie, schizotype und wahnhafte Störungen
F30–F39	Affektive Störungen
F40–F48	Neurotische, Belastungs- und somatoforme Störungen
F50–F59	Verhaltensauffälligkeiten mit körperlichen Störungen und Faktoren
F60–F69	Persönlichkeits- und Verhaltensstörungen
F70–F79	Intelligenzstörung
F80–F89	Entwicklungsstörungen
F90–F98	Verhaltens- und emotionale Störungen mit Beginn in der Kindheit und Jugend
F99–F99	Nicht näher bezeichnete psychische Störungen

VI. Krankheiten des Nervensystems (G00–G99)	
G00–G09	Entzündliche Krankheiten des Zentralnervensystems
G10–G14	Systematrophien, die vorwiegend das Zentralnervensystem betreffen
G20–G26	Extrapyramidale Krankheiten und Bewegungsstörungen
G30–G32	Sonstige degenerative Krankheiten des Nervensystems
G35–G37	Demyelinisierende Krankheiten des Zentralnervensystems
G40–G47	Episodische und paroxysmale Krankheiten des Nervensystems
G50–G59	Krankheiten von Nerven, Nervenwurzeln und Nervenplexus
G60–G64	Polyneuroapathien und sonstige Krankheiten des peripheren Nervensystems
G70–G73	Krankheiten im Bereich der neuromuskulären Synapse und des Muskels
G80–G83	Zerebrale Lähmung und sonstige Lähmungssyndrome
G90–G99	Sonstige Krankheiten des Nervensystems

Anhang 1

VII. Krankheiten des Auges und der Augenanhangsgebilde (H00–H59)

H00–H06	Affektionen des Augenlides, des Tränenapparates und der Orbita
H10–H13	Affektionen der Konjunktiva
H15–H22	Affektionen der Sklera, der Hornhaut, der Iris und des Ziliarkörpers
H25–H28	Affektionen der Linse
H30–H36	Affektionen der Aderhaut und der Netzhaut
H40–H42	Glaukom
H43–H45	Affektionen des Glaskörpers und des Augapfels
H46–H48	Affektionen des N. opticus und der Sehbahn
H49–H52	Affektionen der Augenmuskeln, Störungen der Blickbewegungen sowie Akkommodationsstörungen und Refraktionsfehler
H53–H54	Sehstörungen und Blindheit
H55–H59	Sonstige Affektionen des Auges und der Augenanhangsgebilde

VIII. Krankheiten des Ohres und des Warzenfortsatzes (H60–H95)

H60–H62	Krankheiten des äußeren Ohres
H65–H75	Krankheiten des Mittelohres und des Warzenfortsatzes
H80–H83	Krankheiten des Innenohres
H90–H95	Sonstige Krankheiten des Ohres

IX. Krankheiten des Kreislaufsystems (I00–I99)

I00–I02	Akutes rheumatisches Fieber
I05–I09	Chronische rheumatische Herzkrankheiten
I10–I15	Hypertonie [Hochdruckkrankheit]
I20–I25	Ischämische Herzkrankheiten
I26–I28	Pulmonale Herzkrankheit und Krankheiten des Lungenkreislaufs
I30–I52	Sonstige Formen der Herzkrankheit
I60–I69	Zerebrovaskuläre Krankheiten
I70–I79	Krankheiten der Arterien, Arteriolen und Kapillaren
I80–I89	Krankheiten der Venen, der Lymphgefäße und der Lymphknoten, anderenorts nicht klassifiziert
I95–I99	Sonstige und nicht näher bezeichnete Krankheiten des Kreislaufsystems

X. Krankheiten des Atmungssystems (J00–J99)

J00–J06	Akute Infektionen der oberen Atemwege
J09–J18	Grippe und Pneumonie
J20–J22	Sonstige akute Infektionen der unteren Atemwege
J30–J39	Sonstige Krankheiten der oberen Atemwege
J40–J47	Chronische Krankheiten der unteren Atemwege
J60–J70	Lungenkrankheiten durch exogene Substanzen
J80–J84	Sonstige Krankheiten der Atmungsorgane, die hauptsächlich das Interstitium betreffen
J85–J86	Purulente und nekrotisierende Krankheitszustände der unteren Atemwege
J90–J94	Sonstige Krankheiten der Pleura
J95–J99	Sonstige Krankheiten des Atmungssystems

XI. Krankheiten des Verdauungssystems (K00–K93)

K00–K14	Krankheiten der Mundhöhle, der Speicheldrüsen und der Kiefer
K20–K31	Krankheiten des Ösophagus, des Magens und des Duodenums
K35–K38	Krankheiten der Appendix
K40–K46	Hernien
K50–K52	Nichtinfektiöse Enteritis und Kolitis
K55–K64	Sonstige Krankheiten des Darms
K65–K67	Krankheiten des Peritoneums
K70–K77	Krankheiten der Leber
K80–K87	Krankheiten der Gallenblase, der Gallenwege und des Pankreas
K90–K93	Sonstige Krankheiten des Verdauungssystems

XII. Krankheiten der Haut und der Unterhaut (L00–L99)

L00–L08	Infektionen der Haut und der Unterhaut
L10–L14	Bullöse Dermatosen
L20–L30	Dermatitis und Ekzem
L40–L45	Papulosquamöse Hautkrankheiten
L50–L54	Urtikaria und Erythem
L55–L59	Krankheiten der Haut und der Unterhaut durch Strahleneinwirkung
L60–L75	Krankheiten der Hautanhangsgebilde
L80–L99	Sonstige Krankheiten der Haut und der Unterhaut

XIII. Krankheiten des Muskel-Skelett-Systems und des Bindegewebes (M00–M99)

M00–M25	Arthropathien
M30–M36	Systemkrankheiten des Bindegewebes
M40–M54	Krankheiten der Wirbelsäule und des Rückens
M60–M79	Krankheiten der Weichteilgewebe
M80–M94	Osteopathien und Chondropathien
M95–M99	Sonstige Krankheiten des Muskel-Skelett-Systems und des Bindegewebes

XIV. Krankheiten des Urogenitalsystems (N00–N99)

N00–N08	Glomeruläre Krankheiten
N10–N16	Tubulointerstitielle Nierenkrankheiten
N17–N19	Niereninsuffizienz
N20–N23	Urolithiasis
N25–N29	Sonstige Krankheiten der Niere und des Ureters
N30–N39	Sonstige Krankheiten des Harnsystems
N40–N51	Krankheiten der männlichen Genitalorgane
N60–N64	Krankheiten der Mamma [Brustdrüse]
N70–N77	Entzündliche Krankheiten der weiblichen Beckenorgane
N80–N98	Nichtentzündliche Krankheiten des weiblichen Genitaltraktes
N99–N99	Sonstige Krankheiten des Urogenitalsystems

XV. Schwangerschaft, Geburt und Wochenbett (O00–O99)

O00–O08	Schwangerschaft mit abortivem Ausgang
O09–O09	Schwangerschaftsdauer
O10–O16	Ödeme, Proteinurie und Hypertonie während der Schwangerschaft, der Geburt und des Wochenbettes
O20–O29	Sonstige Krankheiten der Mutter, die vorwiegend mit der Schwangerschaft verbunden sind
O30–O48	Betreuung der Mutter im Hinblick auf den Fetus und die Amnionhöhle sowie mögliche Entbindungskomplikationen
O60–O75	Komplikation bei Wehentätigkeit und Entbindung
O80–O82	Entbindung
O85–O92	Komplikationen, die vorwiegend im Wochenbett auftreten
O94–O99	Sonstige Krankheitszustände während der Gestationsperiode, die anderenorts nicht klassifiziert sind

XVI. Bestimmte Zustände, die ihren Ursprung in der Perinatalperiode haben (P00–P96)	
P00–P04	Schädigung des Fetus und Neugeborenen durch mütterliche Faktoren und durch Komplikationen bei Schwangerschaft, Wehentätigkeit und Entbindung
P05–P08	Störungen im Zusammenhang mit der Schwangerschaftsdauer und dem fetalen Wachstum
P10–P15	Geburtstrauma
P20–P29	Krankheiten des Atmungs- und Herz-Kreislaufsystems, die für die Perinatalperiode spezifisch sind
P35–P39	Infektionen, die für die Perinatalperiode spezifisch sind
P50–P61	Hämorrhagische und hämatologische Krankheiten beim Fetus und Neugeborenen
P70–P74	Transitorische endokrine und Stoffwechselstörungen, die für den Fetus und das Neugeborene spezifisch sind
P75–P78	Krankheiten des Verdauungssystems beim Fetus und Neugeborenen
P80–P83	Krankheitszustände mit Beteiligung der Haut und der Temperaturregulation beim Fetus und Neugeborenen
P90–P96	Sonstige Störungen, die ihren Ursprung in der Perinatalperiode haben

XVII. Angeborene Fehlbildungen, Deformitäten und Chromosomenanomalien (Q00–Q99)	
Q00–Q07	Angeborene Fehlbildungen des Nervensystems
Q10–Q18	Angeborene Fehlbildungen des Auges, des Ohres, des Gesichtes und des Halses
Q20–Q28	Angeborene Fehlbildungen des Kreislaufsystems
Q30–Q34	Angeborene Fehlbildungen des Atmungssystems
Q35–Q37	Lippen-, Kiefer- und Gaumenspalte
Q38–Q45	Sonstige angeborene Fehlbildungen des Verdauungssystems
Q50–Q56	Angeborene Fehlbildungen der Genitalorgane
Q60–Q64	Angeborene Fehlbildungen des Harnsystems
Q65–Q79	Angeborene Fehlbildungen und Deformitäten des Muskel-Skelett-Systems
Q80–Q89	Sonstige angeborene Fehlbildungen
Q90–Q99	Chromosomenanomalien, anderenorts nicht klassifiziert

Anhang 1

XVIII. Symptome und abnorme klinische und Laborbefunde, die anderenorts nicht klassifiziert sind (R00–R99)	
R00–R09	Symptome, die das Kreislaufsystem und das Atmungssystem betreffen
R10–R19	Symptome, die das Verdauungssystem und das Abdomen betreffen
R20–R23	Symptome, die die Haut und das Unterhautgewebe betreffen
R25–R29	Symptome, die das Nervensystem und das Muskel-Skelett-System betreffen
R30–R39	Symptome, die das Harnsystem betreffen
R40–R46	Symptome, die das Erkennungs- und Wahrnehmungsvermögen, die Stimmung und das Verhalten betreffen
R47–R49	Symptome, die die Sprache und die Stimme betreffen
R50–R69	Allgemeinsymptome
R70–R79	Abnorme Blutuntersuchungsbefunde ohne Vorliegen einer Diagnose
R80–R82	Abnorme Urinuntersuchungsbefunde ohne Vorliegen einer Diagnose
R83–R89	Abnorme Befunde ohne Vorliegen einer Diagnose bei der Untersuchung anderer Körperflüssigkeiten, Substanzen und Gewebe
R90–R94	Abnorme Befunde ohne Vorliegen einer Diagnose bei bildgebender Diagnostik und Funktionsprüfungen
R95–R99	Ungenau bezeichnete und unbekannte Todesursachen

XIX. Verletzungen, Vergiftungen und bestimmte andere Folgen äußerer Ursachen (S00–T98)	
S00–S09	Verletzungen des Kopfes
S10–S19	Verletzungen des Halses
S20–S29	Verletzungen des Thorax
S30–S39	Verletzungen des Abdomens, der Lumbosakralgegend, der Lendenwirbelsäule und des Beckens
S40–S49	Verletzungen der Schulter und des Oberarms
S50–S59	Verletzungen des Ellenbogens und des Unterarms
S60–S69	Verletzungen des Handgelenks und der Hand
S70–S79	Verletzungen der Hüfte und des Oberschenkels
S80–S89	Verletzungen des Knies und des Unterschenkels
S90–S99	Verletzungen der Knöchelregion und des Fußes
T00–T07	Verletzung mit Beteiligung mehrerer Körperregionen
T08–T14	Verletzungen nicht näher bezeichneter Teile des Rumpfes, der Extremitäten oder anderer Körperregionen
T15–T19	Folgen des Eindringens eines Fremdkörpers durch eine natürliche Körperöffnung
T20–T32	Verbrennungen oder Verätzungen
T33–T35	Erfrierungen
T36–T50	Vergiftungen durch Arzneimittel, Drogen und biologisch aktive Substanzen
T51–T65	Toxische Wirkungen von vorwiegend nicht medizinisch verwendeten Substanzen
T66–T78	Sonstige nicht näher bezeichnete Schäden durch äußere Ursachen
T79–T79	Bestimmte Frühkomplikationen eines Traumas
T80–T88	Komplikationen bei chirurgischen Eingriffen und medizinischer Behandlung, anderenorts nicht klassifiziert
T89–T89	Sonstige Komplikationen eines Traumas, anderenorts nicht klassifiziert
T90–T98	Folgen von Verletzungen, Vergiftungen und sonstigen Auswirkungen äußerer Ursachen

XX. Äußere Ursachen von Morbidität und Mortalität (V01–Y84)	
V01–X59	Unfälle
X60–X84	Vorsätzliche Selbstbeschädigung
X85–Y09	Tätlicher Angriff
Y10–Y34	Ereignis, dessen nähere Umstände unbestimmt sind
Y35–Y36	Gesetzliche Maßnahmen und Kriegshandlungen
Y40–Y84	Komplikationen bei der medizinischen und chirurgischen Behandlung

Anhang 1

XXI. Faktoren, die den Gesundheitszustand beeinflussen und zur Inanspruchnahme des Gesundheitswesen führen (Z00–Z99)	
Z00–Z13	Personen, die das Gesundheitswesen zur Untersuchung und Abklärung in Anspruch nehmen
Z20–Z29	Personen mit potentiellen Gesundheitsrisiken hinsichtlich übertragbarer Krankheiten
Z30–Z39	Personen, die das Gesundheitswesen im Zusammenhang mit Problemen der Reproduktion in Anspruch nehmen
Z40–Z54	Personen, die das Gesundheitswesen zum Zwecke spezifischer Maßnahmen und zur medizinischen Betreuung in Anspruch nehmen
Z55–Z65	Personen mit potenziellen Gesundheitsrisiken aufgrund sozioökonomischer oder psychosozialer Umstände
Z70–Z76	Personen, die das Gesundheitswesen aus sonstigen Gründen in Anspruch nehmen
Z80–Z99	Personen mit potentiellen Gesundheitsrisiken aufgrund der Familien- oder Eigenanamnese und bestimmte Zustände, die den Gesundheitszustand beeinflussen

XXII. Schlüsselnummern für besondere Zwecke (U00–U99)	
U00–U49	Vorläufige Zuordnungen für Krankheiten mit unklarer Ätiologie und nicht belegte Schlüsselnummern
U50–U52	Funktionseinschränkung
U55–U55	Erfolgte Registrierung zur Organtransplantation
U60–U61	Stadieneinteilung der HIV-Infektion
U69–U69	Sonstige sekundäre Schlüsselnummern für besondere Zwecke
U80–U85	Infektionserreger mit Resistenzen gegen bestimmte Antibiotika oder Chemotherapeutika
U99–U99	Nicht belegte Schlüsselnummern

Anhang 2: Branchen in der deutschen Wirtschaft basierend auf der Klassifikation der Wirtschaftszweige (Ausgabe 2008/NACE)

Banken und Versicherungen		
K	**Erbringung von Finanz- und Versicherungsdienstleistungen**	
	64	Erbringung von Finanzdienstleistungen
	65	Versicherungen, Rückversicherungen und Pensionskassen (ohne Sozialversicherung)
	66	Mit Finanz- und Versicherungsdienstleistungen verbundene Tätigkeiten
Baugewerbe		
F	**Baugewerbe**	
	41	Hochbau
	42	Tiefbau
	43	Vorbereitende Baustellenarbeiten, Bauinstallation und sonstiges Ausbaugewerbe
Dienstleistungen		
I	**Gastgewerbe**	
	55	Beherbergung
	56	Gastronomie
J	**Information und Kommunikation**	
	58	Verlagswesen
	59	Herstellung, Verleih und Vertrieb von Filmen und Fernsehprogrammen; Kinos; Tonstudios und Verlegen von Musik
	60	Rundfunkveranstalter
	61	Telekommunikation
	62	Erbringung von Dienstleistungen der Informationstechnologie
	63	Informationsdienstleistungen
L	**Grundstücks- und Wohnungswesen**	
	68	Grundstücks- und Wohnungswesen

Anhang 2

M	**Erbringung von freiberuflichen, wissenschaftlichen und technischen Dienstleistungen**	
	69	Rechts- und Steuerberatung, Wirtschaftsprüfung
	70	Verwaltung und Führung von Unternehmen und Betrieben; Unternehmensberatung
	71	Architektur- und Ingenieurbüros; technische, physikalische und chemische Untersuchung
	72	Forschung und Entwicklung
	73	Werbung und Marktforschung
	74	Sonstige freiberufliche, wissenschaftliche und technische Tätigkeiten
	75	Veterinärwesen
N	**Erbringung von sonstigen wirtschaftlichen Dienstleistungen**	
	77	Vermietung von beweglichen Sachen
	78	Vermittlung und Überlassung von Arbeitskräften
	79	Reisebüros, Reiseveranstalter und Erbringung sonstiger Reservierungsdienstleistungen
	80	Wach- und Sicherheitsdienste sowie Detekteien
	81	Gebäudebetreuung; Garten- und Landschaftsbau
	82	Erbringung von wirtschaftlichen Dienstleistungen für Unternehmen und Privatpersonen a. n. g.
Q	**Gesundheits- und Sozialwesen**	
	86	Gesundheitswesen
	87	Heime (ohne Erholungs- und Ferienheime)
	88	Sozialwesen (ohne Heime)
R	**Kunst, Unterhaltung und Erholung**	
	90	Kreative, künstlerische und unterhaltende Tätigkeiten
	91	Bibliotheken, Archive, Museen, botanische und zoologische Gärten
	92	Spiel-, Wett- und Lotteriewesen
	93	Erbringung von Dienstleistungen des Sports, der Unterhaltung und der Erholung
S	**Erbringung von sonstigen Dienstleistungen**	
	94	Interessenvertretungen sowie kirchliche und sonstige religiöse Vereinigungen (ohne Sozialwesen und Sport)
	95	Reparatur von Datenverarbeitungsgeräten und Gebrauchsgütern
	96	Erbringung von sonstigen überwiegend persönlichen Dienstleistungen
T	**Private Haushalte mit Hauspersonal; Herstellung von Waren und Erbringung von Dienstleistungen durch private Haushalte für den Eigenbedarf**	
	97	Private Haushalte mit Hauspersonal
	98	Herstellung von Waren und Erbringung von Dienstleistungen durch private Haushalte für den Eigenbedarf ohne ausgeprägten Schwerpunkt

Energie, Wasser, Entsorgung und Bergbau

B	Bergbau und Gewinnung von Steinen und Erden
5	Kohlenbergbau
6	Gewinnung von Erdöl und Erdgas
7	Erzbergbau
8	Gewinnung von Steinen und Erden, sonstiger Bergbau
9	Erbringung von Dienstleistungen für den Bergbau und für die Gewinnung von Steinen und Erden

D	Energieversorgung
35	Energieversorgung

E	Wasserversorgung; Abwasser- und Abfallentsorgung und Beseitigung von Umweltverschmutzungen
36	Wasserversorgung
37	Abwasserentsorgung
38	Sammlung, Behandlung und Beseitigung von Abfällen; Rückgewinnung
39	Beseitigung von Umweltverschmutzungen und sonstige Entsorgung

Erziehung und Unterricht

P	Erziehung und Unterricht
85	Erziehung und Unterricht

Handel

G	Handel; Instandhaltung und Reparatur von Kraftfahrzeugen
45	Handel mit Kraftfahrzeugen; Instandhaltung und Reparatur von Kraftfahrzeugen
46	Großhandel (ohne Handel mit Kraftfahrzeugen)
47	Einzelhandel (ohne Handel mit Kraftfahrzeugen)

Land- und Forstwirtschaft

A	Land- und Forstwirtschaft, Fischerei
1	Landwirtschaft, Jagd und damit verbundene Tätigkeiten
2	Forstwirtschaft und Holzeinschlag
3	Fischerei und Aquakultur

Anhang 2

Metallindustrie		
C	**Verarbeitendes Gewerbe**	
	24	Metallerzeugung und -bearbeitung
	25	Herstellung von Metallerzeugnissen
	26	Herstellung von Datenverarbeitungsgeräten, elektronischen und optischen Erzeugnissen
	27	Herstellung von elektrischen Ausrüstungen
	28	Maschinenbau
	29	Herstellung von Kraftwagen und Kraftwagenteilen
	30	Sonstiger Fahrzeugbau
Öffentliche Verwaltung		
O	**Öffentliche Verwaltung, Verteidigung; Sozialversicherung**	
	84	Öffentliche Verwaltung, Verteidigung; Sozialversicherung
U	**Exterritoriale Organisationen und Körperschaften**	
	99	Exterritoriale Organisationen und Körperschaften
Verarbeitendes Gewerbe		
C	**Verarbeitendes Gewerbe**	
	10	Herstellung von Nahrungs- und Futtermitteln
	11	Getränkeherstellung
	12	Tabakverarbeitung
	13	Herstellung von Textilien
	14	Herstellung von Bekleidung
	15	Herstellung von Leder, Lederwaren und Schuhen
	16	Herstellung von Holz-, Flecht-, Korb- und Korkwaren (ohne Möbel)
	17	Herstellung von Papier, Pappe und Waren daraus
	18	Herstellung von Druckerzeugnissen; Vervielfältigung von bespielten Ton-, Bild- und Datenträgern
	19	Kokerei und Mineralölverarbeitung
	20	Herstellung von chemischen Erzeugnissen
	21	Herstellung von pharmazeutischen Erzeugnissen
	22	Herstellung von Gummi- und Kunststoffwaren
	23	Herstellung von Glas und Glaswaren, Keramik, Verarbeitung von Steinen und Erden
	31	Herstellung von Möbeln
	32	Herstellung von sonstigen Waren
	33	Reparatur und Installation von Maschinen und Ausrüstungen

Verkehr und Transport		
H	Verkehr und Lagerei	
	49	Landverkehr und Transport in Rohrfernleitungen
	50	Schifffahrt
	51	Luftfahrt
	52	Lagerei sowie Erbringung von sonstigen Dienstleistungen für den Verkehr
	53	Post-, Kurier- und Expressdienste

Die Autorinnen und Autoren

Prof. Dr. Thomas Afflerbach

Hochschule für Wirtschaft und Recht Berlin
Fachbereich II: Duales Studium
Berlin

Prof. Dr. Thomas Afflerbach ist Gastprofessor für Allgemeine Betriebswirtschaftslehre, insbesondere Dienstleistungsmanagement, an der Hochschule für Wirtschaft und Recht Berlin. Zusätzlich führt er als selbstständiger Innovationsberater regelmäßig Workshops mit DAX Unternehmen, Startups und Nichtregierungsorganisationen durch, z. B. als Design Thinking Coach an der Hasso-Plattner-Institut Academy der Universität Potsdam. In seinen Lehr- und Forschungstätigkeiten widmet er sich schwerpunktmäßig den Themen nutzerzentriertes Innovationsmanagement (Design Thinking und Service Design), Dienstleistungsmarketing, Digitalisierung von Dienstleistungsunternehmen und moderne Arbeitswelten (z. B. virtuelle Teams und Vertrauen innerhalb von Organisationen).

Dr. Regina Ahrens

Hochschule Hamm-Lippstadt
Hamm

Dr. Regina Ahrens studierte Politikwissenschaft und Kommunikationswissenschaft in Lille (Frankreich) und Münster und promovierte zum Thema „Nachhaltigkeit in der deutschen Familienpolitik". Aktuell vertritt sie an der Hochschule Hamm-Lippstadt die Professur Betriebswirtschaftslehre mit den Schwerpunkten Personal und Marketing und hat einen Lehrauftrag an der Westfälischen Wilhelms-Universität Münster inne. Daneben berät sie Unternehmen und Privatpersonen zum Thema Vereinbarkeit von Familie und Beruf. Ihr Portfolio umfasst Vereinbarkeitscoachings, Vereinbarkeitsmediation sowie Vorträge und Workshops.

Anthea Backfisch

health up
Berlin

Anthea Backfisch ist Gründerin von *health up*. Ihr Unternehmen berät und begleitet Co-working Spaces zu einer gesundheitsfördernden Gestaltung. Darüber hinaus unterstützt sie mit ihrer wissenschaftlichen Expertise Verbände, Institutionen und Firmen zu den Themen New Work, psychische Gesundheit, Betriebliches Gesundheitsmanagement, Organisationentwicklung, Home-Office und externe Mitarbeitendenberatung. Sie studierte Public Health an der Berlin School of Public Health, Charité (M. Sc.), ist systemische Beraterin und Trainerin für Progressive Muskelrelaxation nach Jacobson.

Dr. Nils Backhaus

Bundesanstalt für Arbeitsschutz und Arbeitsmedizin (BAuA)
Berlin

Dr. Nils Backhaus ist Wissenschaftlicher Mitarbeiter in der Gruppe „Arbeitszeit und Organisation" im Fachbereich „Arbeitswelt im Wandel" der Bundesanstalt für Arbeitsschutz und Arbeitsmedizin (BAuA). In Forschung und Politikberatung bearbeitet er die Themenfelder Arbeitszeitgestaltung bzw. Telearbeit, Homeoffice und das Mobile Arbeiten. Dabei fokussiert er die Aspekte von Sicherheit und Gesundheit bei der Arbeit und die menschengerechte Arbeitsgestaltung.

Prof. Dr. Bernhard Badura

Universität Bielefeld
Fakultät für Gesundheitswissenschaften
Bielefeld

Die Autorinnen und Autoren

Dr. rer. soc., Studium der Soziologie, Philosophie und Politikwissenschaften in Tübingen, Freiburg, Konstanz und Harvard/Mass. Seit März 2008 Emeritus der Fakultät für Gesundheitswissenschaften der Universität Bielefeld.

PD Dr. Guido Becke

Universität Bremen
Institut Arbeit und Wirtschaft (iaw)

Dr. Guido Becke ist als Forschungsleiter am Institut Arbeit und Wirtschaft (Universität und Arbeitnehmerkammer Bremen) tätig. Er lehrt an der Universität Bremen im Bachelor-Studiengang Public Health, insbesondere zum Themengebiet „Arbeit und psychische Gesundheit". Als Arbeits- und Sozialwissenschaftler forscht er zu flexibler Dienstleistungsarbeit, organisatorischen Veränderungsprozessen, nachhaltiger Arbeit sowie zu Koordinations- und Interaktionsarbeit.

Jette Behrens

AOK – Die Gesundheitskasse
für Niedersachsen
Stabsbereich Gesundheit
in der Arbeitswelt 4.0
Hannover

Jette Behrens absolvierte ein duales Studium bei der AOK Niedersachsen in Kooperation mit der Leibniz-Fachhochschule in Hannover im Fach Health Management. Seit 2019 verantwortet sie im Stabsbereich „Gesundheit in der Arbeitswelt 4.0" der AOK Niedersachsen die Projektkommunikation. Sie studiert berufsbegleitend Wirtschaftspsychologie an der FOM Hochschule für Ökonomie & Management. Im Jahr 2022 wird sie dieses Studium mit einem Master of Science abschließen.

Prof. Dr. Theda Borde

Alice Salomon Hochschule Berlin
Berlin

Prof. Dr. Theda Borde ist seit 2004 Professorin an der Alice Salomon Hochschule Berlin (ASH), die sie von 2010–2014 als Rektorin leitete. Sie studierte Politologie und Gesundheitswissenschaft und promovierte in Public Health an der TU Berlin. Sie leitete ein Bildungs- und Beratungszentrum für Immigrantinnen und war in Public-Health-Forschungsprojekten an der Charité Berlin tätig. Schwerpunkte in Lehre und Forschung: Migration und Gesundheit, Soziale Determinanten von Gesundheit, gesundheitsfördernde Hochschule (alice gesund) sowie interprofessionelle Gesundheitsversorgung.

Julia Burian

Universität Bielefeld
Dezernat Personal und Organisation

Julia Burian ist Psychologin (M. Sc.) mit dem Schwerpunkt Arbeits- und Organisationspsychologie sowie lösungsfokussierte Beraterin (IASTI). Seit 2016 ist sie als Mitarbeiterin im Personaldezernat der Universität Bielefeld tätig, u. a. im Projekt „Bielefelder Fragebogen zu Arbeitsbedingungen und Gesundheit an Hochschulen" sowie in der strategischen Personalentwicklung für die Wissenschaft. Seit 2020 koordiniert sie das Gesundheitsmanagement der Universität Bielefeld und leitet in diesem Kontext u. a. seit 2021 das drittmittelgeförderte Forschungsprojekt „Bielefelder Fragebogen zu Studienbedingungen und Gesundheit".

Klaus Busch

Rheinbach

Studium der Elektrotechnik/Nachrichtentechnik an der FH Lippe, Abschluss: Diplom-Ingenieur. Studium der Volkswirtschaftslehre mit dem Schwerpunkt Sozialpolitik an der Universität Hamburg, Abschluss: Diplom-Volkswirt. Referent in der Grundsatz- und Planungsabteilung des Bundesministeriums für Arbeit und Sozialordnung (BMA) für das Rechnungswesen und die Statistik in der Sozialversicherung. Referent in der Abteilung „Krankenversicherung" des Bundesministeriums für Gesundheit (BMG) für ökonomische Fragen der zahnmedizinischen Versorgung und für Heil- und Hilfsmittel. Danach Referent in der Abteilung „Grundsatzfragen der Gesundheitspolitik, Pflegesicherung, Prävention" des BMG im Referat „Grundsatzfragen der Gesundheitspolitik, Gesamtwirtschaftliche und steuerliche Fragen, Statistik des Gesundheitswesens". Vertreter des BMG im Statistischen Beirat des Statistischen Bundesamtes. Seit Mai 2014 im Ruhestand.

Dr. Elisa Clauß

BDA | DIE ARBEITGEBER
Bundesvereinigung der Deutschen Arbeitgeberverbände
Berlin

Dr. Elisa Clauß ist Referentin für Arbeitswissenschaft in der Abteilung Soziale Sicherung bei der Bundesvereinigung der Deutschen Arbeitgeberverbände (BDA). Als Mitglied in verschieden Gremien wie der Gemeinsamen Deutschen Arbeitsschutzstrategie sowie in der nationalen und internationalen Normung vertritt sie den Themenbereich Arbeit und Gesundheit. Ihre Schwerpunkte liegen hierbei auf Arbeitsschutz und -gestaltung, psychischer Gesundheit sowie Arbeit 4.0. Frau Dr. Clauß arbeitete zuvor als Wissenschaftlerin u. a. an der Humboldt-Universität zu Berlin und als freiberufliche Beraterin in verschiedenen Projekten zu psychischer Gesundheit, Erholung sowie Ressourcenaufbau im Bereich der Arbeits-, Ingenieurs- und Organisationspsychologie.

Prof. Dr. Antje Ducki

Beuth Hochschule für Technik Berlin
Fachbereich I: Wirtschafts- und Gesellschaftswissenschaften
Berlin

Nach Abschluss des Studiums der Psychologie an der Freien Universität Berlin als wissenschaftliche Mitarbeiterin an der TU Berlin tätig. Betriebliche Gesundheitsförderung für die AOK Berlin über die Gesellschaft für Betriebliche Gesundheitsförderung, Mitarbeiterin am Bremer Institut für Präventionsforschung und Sozialmedizin, Hochschulassistentin an der Universität Hamburg. 1998 Promotion in Leipzig. Seit 2002 Professorin für Arbeits- und Organisationspsychologie an der Beuth Hochschule für Technik Berlin. Arbeitsschwerpunkte: Arbeit und Gesundheit, Gender und Gesundheit, Mobilität und Gesundheit, Stressmanagement, Betriebliche Gesundheitsförderung.

Prof. Dr. Jörg Felfe

Helmut-Schmidt-Universität
Professur für Arbeits-, Organisations- und Wirtschaftspsychologie
Hamburg

Univ.-Prof. Dr. habil. Jörg Felfe ist Professor für Arbeits-, Organisations- & Wirtschaftspsychologie an der Helmut-Schmidt-Universität/Universität der Bundeswehr in Hamburg. Seine Forschungsschwerpunkte liegen in den Bereichen Mitarbeiterführung, Commitment, Gesundheit und Diagnostik. Er ist Mitherausgeber der Zeitschrift für Arbeits- & Organisationspsychologie, der Reihen Praxis der Personalpsychologie und Managementpsychologie; Autor von Testverfahren, u. a. zur Mitarbeiterbindung (COMMIT), Führungsmotivation (FÜMO, LEAMO) sowie gesundheitsförderlicher Führung (HoL) sowie zahlreicher Monographien, u. a. zu Mitarbeiterführung, Führungskräftetrainings, Grundriss der Arbeits- & Organisationspsychologie, sowie zahlreicher Publikationen in hochrangigen internationalen Fachzeitschriften (z. B.: Academy of Management Journal, Journal of Vocational Behavior, Journal of Occupational Health Psychology, British Journal of Management, ...) und in Editorial Boards tätig. Zudem ist er als Berater und Coach tätig.

Julia Freuding

ifo Institut – Leibniz-Institut für Wirtschaftsforschung an der Universität München e. V.
München

Julia Freuding, geboren 1993, studierte Volkswirtschaft mit Schwerpunkt auf der Verhaltens- und Experimentalökonomie an der Universität Innsbruck. Während ihres Studiums engagierte sie sich zum einen als Studierendenvertreterin, zum anderen unterstütze sie den Forschungsbereich bei verhaltensökonomischen Experimenten. Nach ihrem Master-Abschluss wechselte sie an das ifo Institut. Hier arbeitet sie seit Anfang 2021 als Fachreferentin im Bereich Makroökonomik und Befragungen. Ihre Schwerpunkte liegen auf der Konjunktur- und Personalleiterumfrage sowie der Industrie.

Prof. Dr. Katharina Gläsener

Beuth Hochschule für Technik Berlin
Fachbereich I: Wirtschafts- und Gesellschaftswissenschaften
Berlin

Prof. Dr. Katharina Gläsener ist Professorin für BWL/Personalmanagement am Fachbereich Wirtschafts- und Gesellschaftswissenschaften der Beuth Hochschule für Technik Berlin. Im Mittelpunkt ihrer Forschung und Lehre stehen die Themen Teamarbeit, Digitalisierung, Diversity Management (insbesondere Sprache und Kultur), Innovationsmanagement, Empirische Forschungsmethoden sowie Macht und Mikropolitik. Zusätzlich bietet sie regelmäßig Workshops zu Design Thinking sowohl im hochschulischen als auch außerhochschulischen Bereich an.

Sara Groenewald

IOP.BUW GmbH
Institut für Organisationspsychologie –
Kooperationspartner der Bergischen
Universität Wuppertal
Wuppertal

Sara Groenewald schloss ihr Psychologiestudium an der Bergischen Universität Wuppertal im Herbst 2020 ab. Während ihres Studiums arbeitete sie als studentische Hilfskraft bei der IOP.BUW-GmbH. Dort unterstützte sie die Lehrenden bei der Betreuung und Weiterentwicklung des Weiterbildungsstudiengangs „Arbeits- und Organisationspsychologie". Darüber hinaus verfasste sie zusammen mit Prof. Rainer Wieland Publikationen und Beiträge zum Thema Homeoffice.

Kristina Harrer-Kouliev

BDA | DIE ARBEITGEBER
Bundesvereinigung der Deutschen
Arbeitgeberverbände
Berlin

Kristina Harrer-Kouliev ist Juristin und Referentin in der Abteilung Arbeitsrecht bei der Bundesvereinigung der Deutschen Arbeitgeberverbände (BDA). In dieser Funktion berät sie die Mitglieder der BDA in arbeits- und tarifrechtlichen Fragestellungen. Ihre Schwerpunkte liegen dabei auf den Themen Kündigungsschutz und Betriebsübergang sowie Tarifeinheit und Datenschutz. Darüber hinaus befasst sie sich mit Fragen rund um das Infektionsschutzgesetz und mit den Auswirkungen der Corona-Pandemie auf Arbeitsverhältnisse. Frau Harrer-Kouliev war zuvor als Rechtsanwältin mit Schwerpunkt im Arbeitsrecht tätig.

Dr. Jan Paul Heisig

Wissenschaftszentrum Berlin
Leiter der Forschungsgruppe „Gesundheit und soziale Ungleichheit"
Berlin

Jan Paul Heisig ist Leiter der Forschungsgruppe „Gesundheit und soziale Ungleichheit" am Wissenschaftszentrum Berlin für Sozialforschung und Professor für Soziologie an der Freien Universität Berlin. Er forscht zu den Ursachen, Folgen und Wechselwirkungen zwischen sozialen Ungleichheiten in den Bereichen Bildung, Arbeitsmarkt und Gesundheit. Laufende Projekte beschäftigen sich unter anderem mit Diskriminierung und Ungleichbehandlung beim Zugang zu Gesundheitsversorgung, mit sozialen Ungleichheiten in den Folgen der Corona-Pandemie und mit Länderunterschieden im Ausmaß sozialgesundheitlicher Ungleichheiten.

Dr. Christina Heitmann

Institut für Arbeit und Gesundheit der Deutschen Gesetzlichen Unfallversicherung
Dresden

Diplom-Studium der Psychologie mit Schwerpunkt Arbeits-, Betriebs- und Organisationspsychologie an der FSU Jena. Wissenschaftliche Mitarbeiterin an der TU Dresden und der Julius-Maximilians-Universität Würzburg mit Schwerpunkt in kognitiver Psychologie und Motivationspsychologie. Seit 2019 Referentin am Institut für Arbeit und Gesundheit der Deutschen Gesetzlichen Unfallversicherung (IAG). In Forschung, Beratung und Qualifizierung Fokus auf den Themen Arbeitszeitgestaltung, arbeitsbedingte psychische Belastung und Präventionskultur.

Prof. Dr. Ulrike Hellert

FOM Hochschule
Nürnberg

Prof. Dr. phil. Ulrike Hellert ist seit 2008 Hochschullehrerin an der FOM Hochschule in Nürnberg und wissenschaftliche Gründungsdirektorin des iap Instituts für Arbeit & Personal an der FOM Hochschule. Sie studierte Wirtschaftswissenschaften und Psychologie an der FernUni Hagen und promovierte dort am FB Arbeits- und Organisationspsychologie. Zu ihren Forschungsschwerpunkten zählen die Themen Arbeitszeit, virtuelle Arbeit, Stressbewältigung und Zeitkompetenz. Ferner ist sie Geschäftsführerin der Unternehmensberatung Moderne Arbeitszeiten.

Dr. David Herr

Bundesministerium für Gesundheit
Berlin

Studium der Medizin an der Westfälischen Wilhelms-Universität in Münster. Von Januar bis Juli 2010 Trainee beim Standing Committee of European Doctors (CPME) in Brüssel. Von 2012 bis 2014 Arzt in der Klinik für Psychiatrie und Psychotherapie des Universitätsklinikums Köln. Seit 2014 tätig im Bundesministerium für Gesundheit.

Dr. Josephine Charlotte Hofmann

Fraunhofer-Institut für Arbeitswirtschaft und Organisation
Leitung Zusammenarbeit und Führung
Stuttgart

Dr. Josephine Charlotte Hofmann leitet das Team Zusammenarbeit und Führung des IAO und ist gleichzeitig stellvertretende Leiterin des Forschungsbereichs Unternehmensentwicklung und Arbeitsgestaltung. Damit ist sie maßgeblich verantwortlich für die strategische Weiterentwicklung und die verantwortliche Akquisition von Projekten in den Themengebieten „Organisationsentwicklung", „Digital Leadership", „New Work und New Normal Konzepte", sowie „Neue Lernformen und Mitarbeiterentwicklung" und die damit zusammenhängenden Aufgaben der Vermarktung, wissenschaftlichen Methodenentwicklung und Mitarbeiterentwicklung. Sie leitet eine Forschungsabteilung von rund 15 Wissenschaftler:innen. Frau Dr. Hofmann ist daneben als Dozentin bzw. Lehrbeauftragte an verschiedenen Hochschulen und als Gutachterin der DFG und FFG Österreich tätig. Sie ist Autorin einer Vielzahl von Fachveröffentlichungen und gesuchte Referentin auf einschlägigen Fachveranstaltungen.

Miriam-Maleika Höltgen

Wissenschaftliches Institut der AOK (WIdO)
Berlin

Studium der Germanistik, Geschichte und Politikwissenschaften an der Friedrich-Schiller-Universität Jena (M. A.); wissenschaftliche Mitarbeiterin am Institut für Literaturwissenschaft. Im Anschluss berufliche Stationen in Verlagen in den Bereichen Redaktion, Lektorat, Layout und Herstellung. Seit 2006 im Wissenschaftlichen Institut der AOK (WIdO) im Forschungsbereich Betriebliche Gesundheitsförderung und Heilmittel, hier insbesondere verantwortlich für die Redaktion des Fehlzeiten-Reports.

Dr. Kira Hower

Universität zu Köln
Institut für Medizinsoziologie, Versorgungsforschung und Rehabilitationswissenschaft (IMVR)
Köln

Dr. Kira Hower, M. Sc. Public Health, studierte an der Universität Bielefeld Health Communication und Public Health. An der Universität zu Köln schloss sie ihre Dissertation als Doctor of Health Science (PhD) ab. Ihre Forschung befasst sich mit der Implementierung und Evaluation von innovativen und patientenzentrierten Versorgungskonzepten in Organisationen des Gesundheits- und Sozialwesens mittels quantitativer und qualitativer Methoden.

Dr. Franziska Jungmann

Unfallversicherung Bund und Bahn (UVB)
Arbeitsschutz und Prävention
Referat Psychologie und Gesundheitsmanagement
Berlin

Dr. Franziska Jungmann studierte Psychologie mit den Schwerpunkten Arbeits-, Organisations- und Personalpsychologie. Nach ihrem Studium arbeitete sie mehrere Jahre als wissenschaftliche Mitarbeiterin an Universitäten sowie als Personalentwicklerin in einer Bank. Seit 2017 ist Franziska Jungmann bei der Unfallversicherung Bund und Bahn im Referat Psychologie und Gesundheitsmanagement tätig. Sie befasst sich mit den Schwerpunkten Arbeit und Gesundheit (psychische Belastungen), demographischer Wandel und Diversität sowie Fragebogenkonstruktion und Evaluation. Als freiberufliche systemische Organisationsberaterin, Trainerin und Coach berät und begleitet sie Unternehmen und Einzelpersonen seit 2008 zu diesen Themen.

Laura Klebe

Helmut-Schmidt-Universität
Professur für Arbeits-, Organisations- und Wirtschaftspsychologie
Hamburg

Laura Klebe ist wissenschaftliche Mitarbeiterin und Doktorandin an der Professur für Arbeits-, Organisations- und Wirtschaftspsychologie an der Helmut-Schmidt-Universität in Hamburg. Dort ist sie in Forschungsprojekten zu inkonsistentem Führungsverhalten sowie digitaler Führung tätig. Ihre Forschungsschwerpunkte liegen im Bereich Führung und Gesundheit, Führung unter Stress sowie gesundheitsförderlicher Führung in Krisensituationen und im digitalen Kontext.

Julia Klein

Wissenschaftliches Institut der AOK (WIdO)
Berlin

Julia Klein studierte im Bachelor Sporttherapie und Prävention (B. A.). Den Master in Integrative Sport-, Bewegungs- und Gesundheitswissenschaften (M. SC.) schloss sie im April 2021 erfolgreich an der Universität Potsdam ab. Von Oktober 2016 bis November 2019 arbeitete sie als wissenschaftliche Hilfskraft an den Professuren für Regulative Physiologie und Prävention und Rehabilitationswissenschaften. Seit Februar 2020 arbeitet sie als studentische Mitarbeiterin im Forschungsbereich Betriebliche Gesundheitsförderung und Heilmittel des WIdO.

Dr. Katharina Klug

Universität Bremen
Fachbereich 7: Wirtschaftswissenschaften
Bremen

Dr. Katharina Klug arbeitet als Researcher im Arbeitsgebiet Wirtschaftspsychologie am Fachbereich Wirtschaftswissenschaften der Universität Bremen. Nach dem Studium der Psychologie in Hamburg und Auslandsaufenthalten in Stanford, Seoul und Stockholm promovierte sie an der Bremen International Graduate School of Social Sciences und war als Postdoktorandin an der Helmut-Schmidt-Universität Hamburg tätig. Zu ihren Forschungsschwerpunkten zählen Arbeitsplatz- und Beschäftigungsunsicherheit, gesunde Führung, die Flexibilisierung der Arbeit und Arbeitsgestaltung.

Die Autorinnen und Autoren

Dr. Michaela Knecht

Fachhochschule Nordwestschweiz FHNW
Hochschule für Angewandte Psychologie
Institut Mensch in komplexen Systemen
Olten

Michaela Knecht ist wissenschaftliche Mitarbeiterin am Institut Mensch in komplexen Systemen der Hochschule für Angewandte Psychologie FHNW. Sie studierte an der Universität Zürich Psychologie und doktorierte an der ETH Zürich zum Zusammenhang von Konflikten zwischen Beruf, Privatleben und Gesundheit. Nach einigen Jahren Berufserfahrung in der betrieblichen Praxis forscht und lehrt sie nun seit über zehn Jahren im Bereich Arbeit und Gesundheit mit einem Fokus auf das Zusammenspiel von Beruf und Privatleben.

Christian König

Wissenschaftszentrum Berlin
Forschungsgruppe „Gesundheit und soziale Ungleichheit"
Berlin

Christian König ist wissenschaftlicher Mitarbeiter in der Forschungsgruppe „Gesundheit und soziale Ungleichheit" am Wissenschaftszentrum Berlin für Sozialforschung. Zu seinen Forschungsinteressen gehören Umwelt- und Verkehrspolitik, soziale Ungleichheiten als Folgen von Covid-19 und die Verwendung von Sozialversicherungs- und anderen Routinedaten für Forschungszwecke. In seinem Dissertationsprojekt untersucht er Zusammenhänge zwischen sozial-räumlicher Segregation, Umweltqualität und gesundheitlicher Ungleichheit.

Dr. Annika Krick

Helmut-Schmidt-Universität
Professur für Arbeits-, Organisations- und Wirtschaftspsychologie
Hamburg

Dr. Annika Krick ist wissenschaftliche Mitarbeiterin und Postdoc an der Professur für Arbeits-, Organisations- und Wirtschaftspsychologie an der Helmut-Schmidt-Universität/ Universität der Bundeswehr in Hamburg. Zudem ist sie in Forschungsprojekten zu den Themenfeldern Betriebliches Gesundheitsmanagement sowie Digitale Führung und Gesundheit tätig. Ihre Forschungsschwerpunkte liegen in den Bereichen Betriebliches Gesundheitsmanagement, Evaluation von achtsamkeitsbasierten und ressourcenorientierten Interventionen im Arbeitskontext, Gesundheitsorientierte Führung sowie Digitale Führung und Gesundheit. Sie hat ihre Forschung in führenden Zeitschriften der Arbeits- und Organisationspsychologie publiziert (z. B. Journal of Occupational Health Psychology, International Journal of Stress Management). Zudem ist sie als Trainerin im Bereich Stressprävention (z. B. Stärken- und Ressourcentraining) und gesunder Führung tätig und bildet Trainer:innen aus.

Simon Löbl

Wissenschaftszentrum Berlin
Forschungsgruppe „Gesundheit und soziale Ungleichheit"
Berlin

Simon Löbl ist studentische Hilfskraft in der Forschungsgruppe „Gesundheit und soziale Ungleichheit" am Wissenschaftszentrum Berlin für Sozialforschung und studiert Sozialwissenschaften an der Humboldt-Universität zu Berlin. Seine Interessen liegen im Bereich der soziologischen Ungleichheitsforschung sowie der Integrations- und Migrationsforschung.

Sieglinde Ludwig

Deutsche Gesetzliche Unfallversicherung e. V. (DGUV)
Spitzenverband der gewerblichen Berufsgenossenschaften und der Unfallversicherungsträger der öffentlichen Hand
Fachbereich Gesundheit im Betrieb
Sankt Augustin

Sieglinde Ludwig (Dipl. oec. troph. und Technische Aufsichtsbeamtin) leitet seit Mitte 2016 die Abteilung Gesundheit der Deutschen Gesetzlichen Unfallversicherung e. V. (DGUV). 13 Jahre lang hat sie zuvor die Präventionsabteilung der Kommunalen Unfallversicherung Bayern/Bayerischen Landesunfallkasse geleitet und dabei die Präventionsmaßnahmen für Beschäftige im öffentlichen Dienst (z. B. im Gesundheitsdienst, in Kommunen), im Ehrenamt (z. B. Hilfeleistungsunternehmen) und in Bildungseinrichtungen – in diesen Settings auch für die Kinder – gestaltet und ausgebaut. Bei der DGUV steuert sie auch den Fachbereich „Gesundheit im Betrieb". In den vier dazugehörenden Sachgebieten stehen u. a. die Themen Erhalt der Beschäftigungsfähigkeit, Betriebliches Management für Sicherheit und Gesundheit, Gestaltung arbeitsbedingter psychischer Belastung sowie Kultur der Prävention im Fokus. Teil ihres Aufgabenportfolios ist die Förderung der gemeinsamen Aufgaben der gewerblichen Berufsgenossenschaften und der Unfallversicherungsträger der öffentlichen Hand auf dem Gebiet der gesundheitlichen Prävention – auch durch Entwicklung gemeinsamer Präventionsstrategien wie z. B. für Arbeitsunfähigkeiten.

Timon Maurer

AOK – Die Gesundheitskasse
für Niedersachsen
Stabsbereich Gesundheit
in der Arbeitswelt 4.0
Hannover

Timon Maurer absolvierte den Master of Arts im Fach Gesundheitsmanagement und Prävention an der Deutschen Hochschule für Prävention und Gesundheitsmanagement. Praktische Erfahrungen zu den Themen Digitalisierung und Gesundheit sammelte er vor seiner Tätigkeit bei der AOK Niedersachsen als Referent für Betriebliches Gesundheitsmanagement bei Hettich Management Service GmbH sowie als Projektleiter im Qualitätsmanagement bei der digital.manufaktur GmbH. Seit 2017 ist er als Referent im Stabsbereich „Gesundheit in der Arbeitswelt 4.0" bei der AOK Niedersachsen tätig und beschäftigt sich mit der Weiterentwicklung digitaler Angebote in der betrieblichen Gesundheitsförderung.

Prof. Dr. Laurenz Linus Meier

Universität Neuenburg
Institut für Arbeits- und Organisationspsychologie
Neuenburg

Laurenz L. Meier ist ordentlicher Professor für Arbeits- und Organisationspsychologie an der Universität Neuenburg. Er studierte und doktorierte an der Universität Bern und arbeitete als PostDoc an verschiedenen Universitäten in der Schweiz und im Ausland. In seiner Forschung interessiert er sich für die Themen Stress, Vereinbarkeit von Arbeit und Privatleben und antisoziales Verhalten am Arbeitsplatz.

Miriam Meschede

Wissenschaftliches Institut der AOK (WIdO)
Berlin

Masterstudium der Prävention und Gesundheitsförderung an der Universität Flensburg. Seit 2018 Wissenschaftliche Mitarbeiterin im Forschungsbereich Betriebliche Gesundheitsförderung und Heilmittel im Wissenschaftlichen Institut der AOK (WIdO).

Markus Meyer

Wissenschaftliches Institut der AOK (WIdO)
Berlin

Diplom-Sozialwissenschaftler. Berufliche Stationen nach dem Studium: Team Gesundheit der Gesellschaft für Gesundheitsmanagement mbH, BKK Bundesverband und spectrum| K GmbH. Tätigkeiten in den Bereichen Betriebliche Gesundheitsförderung, Datenmanagement und IT-Projekte. Seit 2010 wissenschaftlicher Mitarbeiter im Wissenschaftlichen Institut der AOK (WIdO) im AOK-Bundesverband, Forschungsbereich Betriebliche Gesundheitsförderung und Heilmittel; Projektleiter Forschungsbereich Betriebliche Gesundheitsförderung. Arbeitsschwerpunkte: Fehlzeitenanalysen, betriebliche und branchenbezogene Gesundheitsberichterstattung.

Tobias Munko

Salubris UG (haftungsbeschränkt) & Co. KG
Bielefeld

Tobias Munko, M. Sc. Public Health, ist Berater für Betriebliches Gesundheitsmanagement bei Salubris und betreut systemische Gesundheitsmanagementprozesse sowohl in der Wirtschaft als auch im öffentlichen Dienst. Zuvor war er als wissenschaftlicher Mitarbeiter an der Fakultät für Gesundheitswissenschaften der Universität Bielefeld zuständig u. a. für die Karrierewegplanung und Persönlichkeitsentwicklung. Als Freiberufler ist er zudem als Gesundheitsberater und Coach in den Bereichen Persönlichkeits-, Führungskräfteentwicklung und Stressmanagement unterwegs.

Prof. Dr. Karen Nolte

Ruprecht-Karls-Universität
Institut für Geschichte und Ethik der Medizin
Heidelberg

Direktorin des Instituts für Geschichte und Ethik der Medizin in Heidelberg, Historikerin mit den Schwerpunkten Medizin-, Pflege- und Körpergeschichte des 19. und 20. Jahrhunderts

M. Sc. Ida Ott

Fachhochschule Nordwestschweiz FHNW
Hochschule für Angewandte Psychologie
Institut Mensch in komplexen Systemen
Olten

Ida Ott ist wissenschaftliche Mitarbeiterin und Doktorandin am Institut Mensch in komplexen Systemen der Hochschule für Angewandte Psychologie FHNW und der Universität Neuchâtel. Sie studierte Arbeits- und Organisationspsychologie an der Universität Wuppertal

und Sportwissenschaften an der DSHS Köln. Als Beraterin leitete sie vielfältige Projekte im Betrieblichen Gesundheitsmanagement. Im Rahmen ihrer Promotion entwickelt und evaluiert sie Team-Interventionen zum Boundary Management im Zeitalter der New Ways of Working.

Prof. Dr. Holger Pfaff

Universität zu Köln
IMVR – Institut für Medizinsoziologie, Versorgungsforschung und Rehabilitationswissenschaft
Köln

Prof. Dr. Holger Pfaff ist Direktor des Instituts für Medizinsoziologie, Versorgungsforschung und Rehabilitationswissenschaft (IMVR) der Humanwissenschaftlichen Fakultät und der Medizinischen Fakultät der Universität zu Köln und Direktor des Zentrums für Versorgungsforschung Köln (ZVFK). Er war u. a. im Fachkollegiat der Deutschen Forschungsgemeinschaft (DFG, 2012–2019) und Vorsitzender des Expertenbeirats des Deutschen Innovationsfonds, berufen durch das Gesundheitsministerium (2016–2019). Außerdem ist er Honorarprofessor an der Macquarie University, Sydney.

Stephanie Pöser, Dipl.-Psych.

Universität Bremen
Institut Arbeit und Wirtschaft (iaw)
Bremen

Stephanie Pöser arbeitet als wissenschaftliche Mitarbeiterin am Institut Arbeit und Wirtschaft (Universität und Arbeitnehmerkammer Bremen) zu den Schwerpunkten Arbeit, Gesundheit und Betriebliches Gesundheitsmanagement in praxisorientierten Forschungsprojekten verschiedener Branchen.

Johanna S. Radtke

Salubris UG (haftungsbeschränkt) & Co. KG
Bielefeld

Johanna Radtke absolvierte ihr Bachelor-Studium in Health Communication (B. Sc.) und Master-Studium in Public Health (M. Sc.) an der Universität Bielefeld. Seit 2019 ist sie als Wissenschaftliche Mitarbeiterin bei Herrn Prof. Dr. Bernhard Badura in der Salubris UG (haftungsbeschränkt) & Co. KG tätig. Ihr Arbeitsschwerpunkt liegt in der Organisationsdiagnostik sowie Durchführung und Auswertung von Mitarbeiterbefragungen (schwerpunktmäßig an Hochschulen unter Verwendung des „Bielefelder Fragebogens"). Seit Oktober 2019 promoviert sie zum Doctor of Public Health an der Universität Bielefeld mit den Hochschuldaten des „Bielefelder Fragebogens".

Julia Rotzoll, MPH

Zentrum für wissenschaftliche Weiterbildung an der Universität Bielefeld (ZWW)
Betriebliches Gesundheitsmanagement
Bielefeld

Studium der Gesundheitswirtschaft (B. A.) und Gesundheitswissenschaften (M. Sc.) an der Universität Bielefeld. Seit 2014 als Assistenz der Geschäftsleitung für die Weiterbildungsprogramme der Geschäftsstelle „Betriebliches Gesundheitsmanagement" im ZWW an der Universität Bielefeld tätig. Arbeitsschwerpunkt: Konzeption und Organisation themenspezifischer Praxisseminare zum Betrieblichen Gesundheitsmanagement.

Antje Schenkel

Wissenschaftliches Institut der AOK (WIdO)
Berlin

Diplom-Mathematikerin. Nach Abschluss des Studiums 2007 durchgehend unterwegs in Datenbankentwicklung und Datenanalyse. Seit 2017 Mitarbeiterin des Wissenschaftlichen Instituts der AOK (WIdO) im Forschungsbereich Betriebliche Gesundheitsförderung und Heilmittel.

Annette Schlipphak

Bundesministerium des Innern, für Bau und Heimat
Berlin

Studium der Psychologie in Frankfurt am Main. Erfahrungen im Bereich Unterricht, Training und Beratung, Personalentwicklung und -auswahl. Seit 2001 Referentin im

Bundesministerium des Innern, heute tätig im Ärztlichen und Sozialen Dienst der obersten Bundesbehörden, Gesundheitsmanagement. Zuständig u. a. für die Koordination der Umsetzung des Betrieblichen Gesundheitsmanagements in der unmittelbaren Bundesverwaltung sowie die Erstellung des Gesundheitsförderungsberichts.

Dr. Rolf Schmucker

Institut DGB-Index Gute Arbeit
Berlin

Studium der Politikwissenschaft an der Philipps-Universität Marburg/Lahn. Wissenschaftlicher Mitarbeiter am Institut für Medizinische Soziologie der Goethe-Universität-Frankfurt/Main (2001–2010) sowie der Fakultät für Gesundheitswissenschaften der Universität Bielefeld (2010–2013). Seit 2014 Leiter des Instituts DGB-Index Gute Arbeit beim Bundesvorstand des Deutschen Gewerkschaftsbundes.

Helmut Schröder

Wissenschaftliches Institut der AOK (WIdO)
Berlin

Nach dem Abschluss als Diplom-Soziologe an der Universität Mannheim als wissenschaftlicher Mitarbeiter im Wissenschaftszentrum Berlin für Sozialforschung (WZB), dem Zentrum für Umfragen, Methoden und Analysen e. V. (ZUMA) in Mannheim sowie dem Institut für Sozialforschung der Universität Stuttgart tätig. Seit 1996 wissenschaftlicher Mitarbeiter im Wissenschaftlichen Institut der AOK (WIdO) im AOK-Bundesverband und dort insbesondere in den Bereichen Arzneimittel, Heilmittel, Betriebliche Gesundheitsförderung sowie Evaluation tätig; stellvertretender Geschäftsführer des WIdO.

Kristina Schubin, M. A.

Universität zu Köln
IMVR – Institut für Medizinsoziologie, Versorgungsforschung und Rehabilitationswissenschaft
Köln

Kristina Schubin ist wissenschaftliche Mitarbeiterin am Institut für Medizinsoziologie, Versorgungsforschung und Rehabilitationswissenschaft (IMVR) der Universität zu Köln. Sie absolvierte ihr Studium in Erziehungs- und Rehabilitationswissenschaften mit dem Schwerpunkt „Organisationsentwicklung". Sie beschäftigt sich im Rahmen von Lehre und Forschung verstärkt mit den Bereichen „Arbeit und Gesundheit", „Betriebliches Gesundheitsmanagement, Prävention und Gesundheitsförderung". Kristina Schubin ist außerdem zertifizierte systemische Beraterin mit freiberuflicher Erfahrung in Organisationsanalyse, -diagnostik und Evaluation.

Alexandra A. Schulz

Deutsche Bahn AG
Leitung Gesundheit und Soziales (HBG)
Berlin

Alexandra Schulz ist Kognitionspsychologin und seit 2015 als Organisationsentwicklerin in der Produktion und im IT-Umfeld der Deutschen Bahn (DB) tätig. Seit 2019 ist sie im HR-Bereich des Konzerns als Leiterin des Bereichs Gesundheit und Soziales der DB AG mit der Neuausrichtung des Bereichs betraut und als Leiterin und Vorstandsbeauftragte für das Corona-Krisenmanagement der DB aktiv.

Reinhard Schwanke

AOK-Bundesverband
Geschäftsführungseinheit „Markt/Produkte"
Berlin

Diplom-Informatiker. Seit 1991 im AOK-Bundesverband tätig, u. a. im WIdO und in Bundes-Projekten mit Bezug auf die Leistung „Krankengeld". Derzeit im Geschäftsbereich „Markt/Produkte", Abteilung „Leistungen & Produkte" als Referatsleiter „Leistungsprozesse". Der Aufgabenschwerpunkt des Referats besteht derzeit im Wesentlichen in einer kontinuierlichen Weiterentwicklung des AOK-Krankengeldmanagements. Dabei bilden die bundesweit abgestimmten Krankengeld-Fachcontrollingberichte eine wertvolle Grundlage.

Susanne Sollmann

Wissenschaftliches Institut der AOK (WIdO)
Berlin

Susanne Sollmann studierte Anglistik und Kunsterziehung an der Rheinischen Friedrich-Wilhelms-Universität Bonn und am Goldsmiths College, University of London. Von 1986 bis 1988 war sie wissenschaftliche Hilfskraft am Institut für Informatik der Universität Bonn. Seit 1989 ist sie Mitarbeiterin im Wissenschaftlichen Institut der AOK (WIdO) im AOK-Bundesverband. Sie ist verantwortlich für das Lektorat des Fehlzeiten-Reports.

Sabine Sommer

Bundesanstalt für Arbeitsschutz und Arbeitsmedizin (BAuA)
Leiterin der „Gruppe 1.4 Strukturen und Strategien des Arbeitsschutzes, Geschäftsstelle der Nationalen Arbeitsschutzkonferenz (NAK)"
Berlin

Sabine Sommer ist seit 2008 als Leiterin der Fachgruppe „Strukturen und Strategien im Arbeitsschutz, NAK-Geschäftsstelle" bei der Bundesanstalt für Arbeitsschutz und Arbeitsmedizin am Standort Berlin tätig. Ihre Arbeitsschwerpunkte in Forschung und Politikberatung sind Rahmenbedingungen, Strukturen und Instrumente der betrieblichen und überbetrieblichen Organisation von Sicherheit und Gesundheit am Arbeitsplatz.

Sonja Stender

AOK – Die Gesundheitskasse
für Niedersachsen
Stabsbereich Gesundheit
in der Arbeitswelt 4.0
Hannover

Sonja Stender studierte Public Health mit dem Schwerpunkt Gesundheits- und Sportwissenschaften an der Universität Bremen und absolvierte den Master of Arts in Gesundheitsförderung und Prävention an der Europa-Universität Flensburg. Anschließend war sie im Bereich der strategischen Gesundheitskommunikation bei Hering Schuppener Healthcare tätig. Seit 2017 ist sie Beraterin für Betriebliches Gesundheitsmanagement bei der AOK Niedersachsen. Im Rahmen des Innovationsprojekts „Gesundheit in der Arbeitswelt 4.0" beschäftigt sie sich mit der Wirkung der Arbeitswelt 4.0 auf die Gesundheit von Beschäftigten sowie der zukunftsfähigen Gestaltung des Betrieblichen Gesundheitsmanagements.

Esin Taşkan-Karamürsel

Berufsgenossenschaft Rohstoffe
und chemische Industrie (BG RCI)
Heidelberg

Esin Taşkan (Dipl.-Psych.) hat viele Jahre am Institut für Arbeit und Gesundheit (IAG) der Deutschen Gesetzlichen Unfallversicherung (DGUV) die Standardisierung der Evaluation von Präventionsmaßnahmen mitgestaltet und vorangebracht. Seit 2017 arbeitet sie bei der Berufsgenossenschaft Rohstoffe und Chemische Industrie (BG RCI) und leitet dort die Präventionsabteilung Gesundheit – Medizin – Psychologie. Ihre Expertise liegt in der Analyse von arbeitsbedingter psychischer Belastung. Darüber hinaus leitet sie das Sachgebiet „Psyche und Gesundheit in der Arbeitswelt", ein Gremium der DGUV, in dem Expertinnen und Experten zu verschiedenen arbeitspsychologischen Themen gesicherte Fachmeinungen erarbeiten, die dann maßgeblich von allen Unfallversicherungsträgern getragen werden.

Dr. Anita Tisch

Bundesanstalt für Arbeitsschutz und Arbeitsmedizin (BAuA)
Leitung Gruppe 1.1 Arbeitszeit und Organisation
Dortmund

Dr. Anita Tisch ist die Leiterin der Fachgruppe „Arbeitszeit und Organisation" in der Bundesanstalt für Arbeitsschutz und Arbeitsmedizin (BAuA). In ihrem Verantwortungsbereich liegt die konzeptionelle Weiterentwicklung der Forschung von gesundheitlichen und sozialen Auswirkungen des arbeitsorganisatorischen und technologischen Wandels. Ihre derzeitigen Forschungsschwerpunkte sind die Auswirkungen der Arbeitszeitgestaltung sowie der Digitalisierung. Zuvor forschte sie am Institut für Arbeitsmarkt- und Berufsforschung (IAB) in Nürnberg zu arbeitsmarkt- sowie gesundheitswissenschaftlichen Fragestellungen.

Dr. Marita Unden

Deutsche Bahn AG
Gesundheit und Soziales (HBG)
Berlin

Marita Unden promovierte am Institut für Psychologie der TU Darmstadt zu psychischer Belastung und Beanspruchung im Arbeitsleben und ist seit 2021 als Expertin für Gesundheit und Soziales in der DB AG tätig.

Dr. Uta Walter

Zentrum für Wissenschaftliche Weiterbildung an der Universität Bielefeld e. V.
Bielefeld

Jahrgang 1962. Doctor of Public Health. Studium der Biologie in Bielefeld. 1990–1999 Tätigkeit im Bereich Umweltanalytik und Begutachtung. 1997–1999 berufsbegleitendes Studium der Gesundheitswissenschaften in Bielefeld. 1999–2003 Wissenschaftliche Angestellte an der Fakultät für Gesundheitswissenschaften der Universität Bielefeld, Arbeitsgruppe Prof. Dr. Bernhard Badura. Seit 2004 Geschäftsführerin der Weiterbildungsmaßnahme „Betriebliches Gesundheitsmanagement" an der Universität Bielefeld. Zusätzlich Beraterin bei der Salubris UG (haftungsbeschränkt) & Co. KG. Arbeitsschwerpunkte: Qualifizierung von Führungskräften und Gesundheitsexperten zum Thema Betriebliches Gesundheitsmanagement (BGM) im Rahmen wissenschaftlicher Weiterbildungsprogramme; Beratung und Prozessbegleitung von Organisationen bei der Implementierung eines systematischen Gesundheitsmanagements; Projektleitung in anwendungsbezogenen Forschungsprojekten im Bereich der Betrieblichen Gesundheitspolitik.

Andrea Waltersbacher

Wissenschaftliches Institut der AOK (WIdO)
Berlin

Andrea Waltersbacher, Diplom-Soziologin, ist seit 2001 wissenschaftliche Mitarbeiterin im WIdO. Seit 2002 ist sie Projektleiterin des AOK-Heilmittel-Informations-Systems (AOK-HIS) im Forschungsbereich Betriebliche Gesundheitsförderung und Heilmittel.

Björn Wegner

Unfallversicherung Bund und Bahn (UVB)
Arbeitsschutz und Prävention
Referatsleiter Psychologie und Gesundheitsmanagement
Wilhelmshaven

Björn Wegner studierte Sportwissenschaften mit den Schwerpunkten Prävention und Rehabilitation und ist systemisch integrativer Coach. Nach seinem Studium arbeitete er mehrere Jahre als Unternehmensberater zum Betrieblichen Gesundheitsmanagement. Seit 2008 ist Björn Wegner bei der Unfallversicherung Bund und Bahn und leitet das Referat Psychologie und Gesundheitsmanagement. Seit 2015 hat er einen Lehrauftrag an der Fachhochschule für Sport und Management Potsdam, Lehrstuhl Gesundheitsmanagement.

Julia Widler

Fachhochschule Nordwestschweiz FHNW
Hochschule für Angewandte Psychologie
Institut Mensch in komplexen Systemen
Olten

Julia Widler ist wissenschaftliche Mitarbeiterin und Doktorandin am Institut Mensch in komplexen Systemen der Hochschule für Angewandte Psychologie FHNW und der Universität Neuchâtel. Sie hat Wirtschaftswissenschaften an der Fachhochschule des Berufsförderungsinstituts (bfi) Wien sowie Angewandte Psychologie an der Zürcher Hochschule für Angewandter Psychologie studiert. Sie hat zehn Jahre in der Privatwirtschaft als Supply Chain Manager gearbeitet und seit 2018 als psychologische Beraterin in eigener Praxis. Ihr Dissertationsschwerpunkt ist Boundary Management bei Führungskräften.

Prof. Dr. Rainer Wieland

Bergische Universität Wuppertal
Schumpeter School of Business
and Economics
Lehrstuhl für Arbeits- und Organisationspsychologie
Wuppertal

Univ. Professor Dr. Rainer Wieland war bis Oktober 2017 Inhaber des Lehrstuhls für Arbeits- und Organisationspsychologie an der Schumpeter School of Business and Economics der Bergischen Universität Wuppertal. Gegenwärtig Leiter des Weiterbildungsstudiengangs im Fernstudium „Arbeits- und Organisationspsychologie" der Bergischen Universität Wuppertal. Seit 2012 Gründungs- und Vorstandsmitglied des Fachverbandes Psychologie für Arbeitssicherheit und Gesundheit e. V. (PASiG).
Zahlreiche Veröffentlichungen im Bereich psychische Belastung und Gesundheitsmanagement in Unternehmen. Gegenwärtiger Anwendungsschwerpunkt: Humanressourcenforschung, Gefährdungsbeurteilung psychischer Belastung; Kompetenzentwicklung in Unternehmen.

Lisa Wing

Wissenschaftliches Institut der AOK (WIdO)
Berlin

Lisa Wing studiert Sozialwissenschaften im Master an der Humboldt Universität in Berlin. Bis zum Februar 2021 arbeitete sie am Wissenschaftszentrum Berlin für Sozialforschung in der Forschungsgruppe Globalisierung, Arbeit und Produktion. Seit Februar 2021 arbeitet sie als studentische Mitarbeiterin im Forschungsbereich Betriebliche Gesundheitsförderung und Heilmittel des WIdO.

Werner Winter

AOK Bayern – Die Gesundheitskasse
Nürnberg

Studium der Sozialpädagogik und Betriebswirtschaft. Change Manager und Organisationsentwickler. Seit 1982 in unterschiedlichen Feldern der Gesundheitsförderung, insbesondere der Betrieblichen Gesundheitsförderung tätig. Seit 1989 Mitarbeiter der AOK Bayern, u. a. Leiter des Fachbereichs Arbeitswelt. Aktuell Mitarbeit im bundesweiten Fachprojekt „BGF in der Pflege". Arbeitsschwerpunkte: Organisationsentwicklung, Qualitätsmanagement, psychosoziale Belastungen, Sucht und Führung.

Ramona Witkowski

Theodor Fliedner Stiftung
Hauptverwaltung
Mülheim an der Ruhr

Ramona Witkowski ist staatlich anerkannte Heilerziehungspflegerin. Sie studierte Gesundheits- und Sozialmanagement (B. A.) und Workplace-Health Management (M. A.). Aktuell arbeitet sie im Betrieblichen Gesundheitsmanagement der Theodor Fliedner Stiftung und promoviert an der Universität Bielefeld zum Thema Organisationsbedingte Ängste.

Dr. Klaus Wohlrabe

ifo Institut – Leibniz-Institut für Wirtschaftsforschung an der Universität München e. V.
Stellvertretender Leiter des ifo Zentrums für Makroökonomik und Befragungen

Klaus Wohlrabe, Jahrgang 1977, studierte Volkswirtschaftslehre mit Schwerpunkt quantitative Verfahren an der Technischen Universität Dresden. Von 2004 bis 2009 absolvierte er das Promotionsstudium an der LMU München und promovierte im Bereich Konjunkturprognosen. Gleichzeitig war er Mitarbeiter am ifo Institut im Bereich Befragungen. Seit 2012 ist er Leiter der ifo Konjunkturumfragen und somit verantwortlich für den ifo Geschäftsklimaindex. Zudem ist er stellvertretender Leiter des Zentrums für Makroökonomik und Befragungen. Er beschäftigt sich vor allem mit der deutschen Konjunktur und Branchenanalysen.

Helena Wolff

BDA | DIE ARBEITGEBER
Bundesvereinigung der Deutschen Arbeitgeberverbände
Berlin

Helena Wolff ist Juristin und Referentin für Arbeitsrecht in der Abteilung Arbeitsrecht bei der Bundesvereinigung der Deutschen Arbeitgeberverbände (BDA). In dieser Funktion berät sie die Mitglieder der BDA in arbeits- und tarifrechtlichen Fragestellungen. Ihre Schwerpunkte liegen dabei auf den Themen Tarifrecht und Tarifbindung, Betriebsverfassung, gesetzlicher Mindestlohn und Arbeitsschutz. Darüber hinaus befasst sie sich mit Fragen rund um das Infektionsschutzgesetz und mit den Auswirkungen der Corona-Pandemie auf Arbeitsverhältnisse.

Cora Zenz, M. A. PH

Universität Bremen
Institut Arbeit und Wirtschaft (iaw)
Bremen

Studium der Biologie und Mathematik, Promotion zur Dr. rer. nat. Ab 1996 Fachreferentin für Ergonomie und Gesundheitsschutz bei der Kommission Arbeitsschutz und Normung (KAN), seit 1999 beim Institut für Arbeit und Gesundheit der Deutschen Gesetzlichen Unfallversicherung (IAG). Dort Bereichsleiterin Arbeitsgestaltung – Demografie mit Tätigkeit in Forschung, Beratung und Qualifizierung. Schwerpunktthemen sind die ergonomische Arbeitsplatzgestaltung für unterschiedliche Altersgruppen, gesundes Arbeiten bis zur Rente, Arbeitszeitgestaltung, Vielfalt in der Arbeitswelt und Veränderungen der Arbeitswelt durch Digitalisierung.

Cora Zenz arbeitet als wissenschaftliche Mitarbeiterin am Institut Arbeit und Wirtschaft (Universität und Arbeitnehmerkammer Bremen). Als Gesundheitswissenschaftlerin forscht sie in unterschiedlichen Projekten in der Pflege und der IT-Branche zu gesundheitsförderlicher Arbeitsgestaltung.

Dr. Hanna Zieschang

Deutsche Gesetzliche Unfallversicherung e. V. (DGUV)
Spitzenverband der gewerblichen Berufsgenossenschaften und der Unfallversicherungsträger der öffentlichen Hand
Institut für Arbeit und Gesundheit
Dresden

Stichwortverzeichnis

8-Stufen-Modell nach Kotter   422, 432, 433

A

Ablenkung   317
Absentismus   213
Abwesenheitstage
– krankheitsbedingt   805
– nach Alter   808
– nach Behördengruppen   808
– nach Geschlecht   808
– nach Laufbahngruppen   807
– nach Statusgruppen   807
Abwesenheitszeiten
– krankheitsbedingt   805
– Quote   811
– Statistik   805
Achtsamkeit   289
Achtsamkeitskurse   321
Adaptation   240
Adaptionsfähigkeit   235
Alkoholismus   165
Alleinerziehende   157
Altersstruktur   458, 460
Anerkennung   195
Angst   151, 202, 212, 213
– soziale   207
– vor Ansteckung   73
– vor wirtschaftlicher Bedrohung   75
Angstbewältigung   210
Angstgefühle   80
Angstsymptome   35
Anpassungskapazität   89
Anpassungsstörungen   372
Anticipation   238
Anwesenheitspflicht   343
Arbeit
– digital   220, 223, 224, 229
– mobil   802
– ortsflexibel   802, 804
Arbeitgeberattraktivität   385
Arbeits- und Gesundheitsschutz   248
Arbeits- und Infektionsschutz   176
Arbeitsarrangements, flexible   414, 417
Arbeitsausfall   20
Arbeitsausstattung   314
Arbeitsausstattung, ergonomische   319
Arbeitsbedingungen   126–128, 133, 134, 172, 182, 398
– gesundheitsförderliche   382
Arbeitsbelastung   92, 99, 191
– erhöhte   424
Arbeitsformen, neue   316

Arbeitsgestaltung   171, 228
– menschengerechte   192
Arbeitskonzepte, agile   243
Arbeitslosenquote   19
Arbeitslosigkeit   15, 51, 251
Arbeitsorganisation   352
Arbeitsplatz   352
Arbeitsplatzausstattung   39, 133
– ergonomische   321
Arbeitsplatzunsicherheit   254
Arbeitsplatzverlust   156
Arbeitsschutz   173, 175, 259
Arbeitsschutzgesetz   351
Arbeitsstättenverordnung   352
Arbeitsteilung, geschlechtergerechte   193
Arbeitsumgebung   319, 352
Arbeitsunfähigkeit, psychisch bedingte   164, 166
Arbeitsunfähigkeitsbescheinigung   782
Arbeitsunfähigkeitsfälle   35, 782
Arbeitsunfähigkeitsquote   451
Arbeitsunfähigkeitstage   451, 471, 786
Arbeitsunfähigkeitszeiten   96, 446
Arbeitsunfälle   489
Arbeitsweise, agile   239
Arbeitswelt 4.0   407
Arbeitswelt, virtuelle   267
Arbeitszeitautonomie   355
Arbeitszeitdokumentation   267
Arbeitszeiten   193, 266
Arbeitszeiterfassung   259, 415
Arbeitszeitflexibilisierung   32, 271
Arbeitszeitgestaltung   266, 804
Arbeitszeitmanagement   306
Arbeitszeitsouveränität   192
Arbeitszufriedenheit   224, 392
Atemwegserkrankungen   476, 487, 527, 534
AU-Bescheinigungen   769
Aufwertung   195
Ausfalltage   35
Aushandlungsorganisation   52
Ausstattung, technische   281
Autonomie   36, 174, 183, 225, 226
– inhaltliche   341, 345
– örtliche   341, 345
– zeitliche   341, 345
Autonomieerleben   298

B

Bakteriologie   6
Beanspruchung, psychische   283, 301, 357
Bedürfnisse   334, 341, 344
– Eigenverantwortung   335

Stichwortverzeichnis

- Entscheidungsspielräume   335
- Flexibilität   334
- Selbstbestimmung   334
- Sinnhaftigkeit   335
- sozialer Kontakt (Bindung)   334, 341
- Vertrauen   335
- Wertschätzung   335

Befindlichkeit
- körperliche   301
- psychische   301
- soziale   301

Belastung   134, 290
- psychische   178, 356

Belastungsfaktoren   350
Belastungskonstellationen   301
Belastungstreiber   38
Berufe, systemrelevante   254
Beschwerden
- körperliche   77, 79
- psychosomatische   77, 79, 223

Betreuung, betriebsärztliche   249
Betriebliche Gesundheitsförderung (BGF)   385, 389
Betriebliches Gesundheitsmanagement (BGM)   45, 54, 107, 289, 400, 407, 802
Betriebskrankenkassen   787
Betriebskultur   259
Bewegung   320, 354
Bewegungsangebote   321
Bewegungsmangel   53
Beziehungsklima   108
BGF-Angebote   386, 389
BGM-Standards   108
Bielefelder Fragebogen   128, 129
Bindung   340
- emotionale   166
- soziale   165

Boundary Management   221, 225
Boundary Theory   220
Buffering   238
Burnout   157, 502, 531, 532
Bürobewirtschaftungskonzepte   30

C

Change   420, 421, 424, 432
Change Management   422, 432, 433
Change-Erfahrung   421, 425
Change-Management-Erfahrung   433
Changeprozesse   137
CHECK-UP Homeoffice   355
Cholera   6
Commitment   92
Community   319
Coping   240
Corona-Bedingungen   132–135
Corona-Befragung   127
Corona-Krise   281, 345

Corona-Pandemie   16, 24, 28, 126, 135, 164, 181, 219, 234, 238, 243, 283, 285, 290, 314, 317, 335, 356, 364, 368, 372, 374, 383, 399, 411, 413, 417, 420, 421, 508, 802
Corona-Regelungen   175
Covid-19-Diagnose   513, 523
COVID-19-Infektionen   383
COVID-19-Pandemie   45, 52, 68, 73, 97, 107, 266, 512, 769, 779
Covid-19-Verdacht ohne Virusnachweis   514
Coworking Space   314, 318, 321, 323
Crossover-Effekt   282, 283

D

Datenbasis   446
Datenschutz   258
Deming-Zyklus   108
demografische Entwicklung   790
Depressionen   35
Depressions- und Angstsymptomatiken   152
Diagnoseuntergruppen   499
Dienstleistungen   16
Digital Leadership   281
digitale Transformation   220
Digitalisierung   52, 53, 56, 229, 290, 412
Digitalisierung im BGM   118
Diskontinuität   422
Distanzregeln   81
Doing Family   365

E

Eigenverantwortung   174, 412, 416
Einkommenseinbußen   156
Einsamkeit   152
Einsamkeitsepidemie   152
Einzeldiagnosen   482
Einzelhandel   18
Emotionen   204
Engagement   340
Entgeltersatzleistung   768
Entgeltfortzahlung   783
Entgrenzung   33, 34, 126, 134, 255, 313, 317, 409
- zeitliche   803
Entmaterialisierung   56
Entscheidungssouveränität   38
Entspannungsangebote   321
Enttabuisierung   158
Ergebniskultur   52
Ergonomie   352, 803
ergonomische Gestaltung   352
Erkrankung
- der Verdauungsorgane   492
- psychische   164, 372
Erreichbarkeit   179, 357
Erreichbarkeitsregelungen   415

Erreichbarkeitszeiten 221, 354
Erschöpfung 29, 283
– emotionale 222, 224, 803
Erschöpfungssymptome 157
Erwerbseinkommen 768
Erwerbsquote 768
Existenzängste 206

F

Face-to-Face-Kontakt 290
Fachwissen, gesundheitsbezogenes 116
Familien mit Kindern 156
Familienaufgaben 135, 137
Familienbewusstsein, betriebliches 366
Familienklima 369
Family-Work-Konflikt 369, 371
Feedback 290
Fehlerkultur 209, 304, 399
Fehlzeiten, krankheitsbedingte 802
Fehlzeitengeschehen 443
Flexibilisierung 410, 413
Flexibilität 86, 89, 134, 182, 184, 220, 269
Flexibilitätswünsche 411
Flowgefühl 318
Frühberentungen 166
Führung 108, 113, 118, 330, 338, 341
– destruktive 282
– digitale 282
– gesundheitsförderliche 280–282, 284, 287, 291
– transformatinonale 282
– virtuelle 282
Führungsdefizite, krisenbedingte 287
Führungskraft 36, 90, 96, 100, 119, 157, 227, 270, 280, 283, 285, 287, 290, 302, 303, 330, 332, 336–338, 343, 345
Führungsverhalten 90
Funktionszeit 269

G

GDA-Betriebsbefragung 2015 249
Gefährdungsbeurteilung 133, 173, 249, 356
– psychischer Belastung 299
Gender Care Gap 192
Gender Pay Gap 192
Gender Time Gap 192
Geschäftsreisen 29
Geschlechtergerechtigkeit 193
Gestaltungsphilosophie 307
Gesundheit 14, 15, 47, 266
– emotionale 15
– physische 167
– psychische 119, 125, 166, 167, 172, 404
Gesundheits- und Arbeitsschutz 399
Gesundheitsförderung 56, 126, 280, 323, 359
Gesundheitsgefahren, arbeitsbedingte 189

Gesundheitskompetenz 117, 355, 358
Gesundheitskonferenzen 6
Gesundheitsmanagement 802
– hochschulisches 129
Gesundheitsressourcen 236
Gesundheitsrisiken 45, 47, 51, 53, 54
Gesundheitsschutz 175
Gesundheitsversorgungs- und Pflegeverbesserungsgesetz (GPVP) 390
Gesundheitszirkel 321
Gewerkschaften 195
Globalisierung 50, 51
– Risiken 51
„Go-FüKo"-Training 289
Großunternehmen 23
Gute Arbeit 196

H

Handlungsempfehlungen 319
Handlungshilfen 356
Handlungskompetenz 271
Handlungsspielraum 51, 224, 227, 275, 298
Health & Safety 55
Health-oriented Leadership (HoL) 280, 282, 289
Herz- und Kreislauf-Erkrankungen 494
Hochschulbeschäftigte 125–127, 134–136
Höchstkrankengeld 768
HoL-Coaching-Prozess 289
Homeoffice 22–24, 29, 51, 56, 69, 83, 107, 114, 115, 118, 127, 129, 132, 156, 178, 190, 224, 235, 239, 241, 242, 248, 254, 271, 281, 290, 296, 307, 313, 317, 318, 320, 323, 328, 332, 334–336, 338, 350, 353, 354, 356, 360, 367, 411, 509, 802, 804
– Ausstattung 353
– Hemmnisse 338
– Kultur 118
– Pflicht 22
– Potenzial 22
– Quoten 24
Homeschooling 32, 76, 350, 509
Hygiene 8
– Auflagen 390
– Konzept 389
– Maßnahmen 6, 80, 389
– Regeln 136
– Standards 386
– Vorschriften 383

I

ICT demands 281
Ideen-Treffen 358
IKT-Nutzung
– initiierende 220
– responsive 220
Impfgegnerbewegung 9

Impfpflicht 9
Individualisierungstrend 51
Infektionskrankheiten 48
Infektionsrisiko 254, 518, 520
Infektionsschutz 5, 180, 189
Infektionsschutzgesetz 180
Informations- und Kommunikationstechnologie (IKT) 219
Informationsflüsse, aufgabenbezogene 303
Informationsflussgestaltung 300, 303
Informationsflut 410, 416, 417
Inklusionskultur 56
Insolvenzantragspflicht 24
Integrationsanforderungen 221, 227
Interaktion, soziale 321, 411
Interaktionsprozesse 302
interessierte Selbstgefährdung 36, 410
Irritation, emotionale 76, 79
Isolation, soziale 255

J

Jahresstatistik 782

K

Kassenart 786
Kinderbetreuung 76, 367
Kinderkrankengeld 535, 777
Kinderpflegekrankengeld 508
Kita- und Schulschließungen 154
Kohärenzgefühl 70
Kollaboration 319
Kommunikation 158, 331, 340–344, 355
– digitale 410, 412, 414, 417
– Grundregeln 329
– Sprache als Instrument der 329
Kommunikationskultur, offene 304
Kompetenz
– digitale 281
– methodische 116
– soziale 115
Kompetenzentwicklung 298
Kontaktbeschränkungen 75, 153, 384
Kontrolle 258
Kontrollverlust 421
Konzept Mensch, Technik und Organisation MTO 297
Kopfarbeit 125
Körperwahrnehmung 289
Krankengeld 768
Krankengeldanspruch 784
Krankengeldausgaben
– nach Altersgruppen 776
– nach Diagnosen 773
Krankengeldentwicklung 769
Krankengeldfall 770
Krankengeldfalldauer 772

– nach Altersgruppen 776
– nach Diagnosen 772
Krankenstand 443, 452, 471, 782
– Erhebungen 811
– standardisiert 460
Krankheitsarten 476, 484
Krankheitsartenstatistik 783
Krankheitsgeschehen 476
Krankschreibung, telefonische 181, 525
Krisenbewältigung 99, 167, 280, 291, 386
Krisenkommunikation 357
Krisenmanagement 403
Krisensituation 283, 285, 287
Kultur 108
Kulturentwicklung 47
Kulturwandel 57
Kurzarbeit 20, 21, 80, 154, 254
Kurzarbeitergeld 20, 24, 83
Kurzarbeiterregelungen 28
Kurzzeiterkrankungen 446, 452

L

Langzeitarbeitsunfähigkeit 772, 779
Langzeiterkrankungen 452, 805
Langzeitfälle 446, 452, 498, 788
Lebenserwartung 14
Lebenszufriedenheit 157, 368
Leistungsbemessung 36
Letztorientierung 47
Lockdown 81, 153, 234, 512
Lockdown-Maßnahmen 74

M

Maskenpflicht 9
Medienkompetenz 33, 416
Medikamentenmissbrauch 165
Mehrarbeit 80
Mehrbelastung, pandemiebedingte 384
Meinungsäußerung 208
mental load 374
Miasmenlehre 6, 7
Migration 50
Missachtung 165
Misstrauen 340
Misstrauenskultur 336
Mitarbeitendenbefragungen 128
Mitarbeiterführung 168
Mitarbeitergesundheit 282, 283, 286
Mitgestaltungsmöglichkeiten 416
Mitsprache 413
mobile Arbeit 179, 190, 256, 272, 328, 332, 338, 341, 403
– Hemmnisse 339
mobile Endgeräte 39
Mobile-Arbeit-Gesetz 22, 360

Mobilitätsverhalten 18
Motivatoren 335, 338
Mund-Nasen-Schutz 8
Muskel-Skelett-Erkrankungen 476, 484, 535

N

Netzwerkgedanken 319
new Normal 29
New Ways of Working (NWW) 219
Niedriglöhne 195

O

Online-Angebote 323
Online-Handel 18
Online-Lehre 132
Online-Zusammenarbeit 429
Organisationsentwicklung 137
Organisationsexpert/innen 109
Organisationskultur 206, 344, 804
– Ebenen 330
– Einflussfaktoren 333, 344
– Entstehung 329
– Modell 330
– Werte und Regeln 329
Othering 4

P

Pandemie 4, 6, 281, 291
Pandemieplan 399
Pausen 354, 355
Pausen-Management 804
Pendelzeiten 39
Permeabilität 220
Pest 6
Pflegekräfte 381
Pocken 9
Poliomyelitis 10
poor change management history (PCMH) 424
Präsentismus 78, 96, 213, 391
Präsenz 333
Präsenzkultur 52, 167, 328, 331, 338, 344
– Eigenschaften 332, 341
Prävention 56, 167, 280, 289
– betriebliche 189
– zielgruppenspezifische 190
Präventionsgesetz 126
Präventionskultur 360
prekär Beschäftigte 196
Prekarisierung 52
Professor:innen 130, 132, 133, 135
Projektarbeit, standortübergreifende 33
psychische Erkrankungen 527
psychische Gesundheit 113, 150
psychische und Verhaltensstörungen 496

psychologische Sicherheit 205
psychologischer Vertrag 182

Q

Qualifizierung zum Thema BGM 120
Quarantäne 5

R

Recovery 241
Redundanz 236, 238
Regulation, aufgabenbezogene 305
Rehabilitationsantrag 779
Resilienz 54, 70, 181, 184, 234, 388, 390, 393, 394, 399, 403
– Dimensionen 235, 237
– Faktoren 234
– individuelle 85, 86, 89, 98, 237
– organisationale (OR) 71, 234, 243, 244
– relationale 237
– soziale 71, 84, 92, 240
– strukturelle 237
– systemische 84, 89, 99
Resilienzempfinden 92
Resilienzfaktoren, soziale 243
Resilienzforschung 70
Resilienzkonzepte, organisationale 71
Resilienzmanagement 399
Resilienzverhalten 92, 100
Ressourcen 243, 277, 304
Ressourcenabhängigkeitsansatz 373
Ressourcenverfügbarkeit 300, 306
Rezession 15, 16, 156
Risikogruppen 150
Risikostruktur 787
Rituale 319
Rollenüberlastung 424
Routinedaten 769
Ruhepausen 267

S

SARS-CoV-2-Arbeitsschutz
– Regel 252, 351
– Standard 251
– Verordnung 175, 252, 253
SARS-CoV-2-Pandemie 248
SARS-CoV-2-Virus 513
Schulungen 36
Schutzmechanismen 288
Segmentationsstrategien 221, 225, 228
Segmentationsverhalten 227
Selbstbestimmung 191, 413
Selbstführung 276
– gesundheitsorientierte 288, 291
Selbstführungskompetenz 319, 321

Selbstkontrolle 305
Selbstmanagement 353
Selbstmonitoring 391
Selbstmordraten 165
Selbstorganisation 51, 54, 403, 804
Selbstregulation 54, 236, 241, 305
Selbstregulierung 51
Selbstverantwortlichkeit 40
Selbstwertbedrohung 204, 207
Selbstwirksamkeit 341
Selbstwirksamkeitserwartungen 86, 89
Self Care 280, 282, 287, 289
Seuche 4, 6
Shared Desks 30
Shutdown 16, 18, 21
Sinnhaftigkeit 108
Snow, John 6
Soloselbstständige 312, 317, 320, 323
Sorgearbeit 192
soziale Isolation 153
soziale Sicherungssysteme 196
Spanische Grippe 4, 8, 68
Spezifisch IT-bezogene Belastungen 281
Sprachgebrauch 343
Staff Care 280, 282–286, 289
Standby-Modus 409
Stärken- und Ressourcentraining, achtsamkeitsbasiertes 289
Stress 223, 224, 424
– digitaler 357
Stressregulation 86, 89, 98
subjektives Risiko 151
Suizidrate 15
Support, organisationaler 281
Systemansatz, soziotechnischer 297
Systemrelevanz 194

T

Tätigkeitsspielräume 297
Teamvertrauen 304
Teilzeitarbeit 268
Telearbeit 271, 329, 420, 421, 423, 427, 432
Telearbeitsplatz 129, 256
Testangebote 178
Themenfelder im BGM 118
To-do-Listen 319
Top-Down-Management 332
Transformation 422
Trennung von Arbeit und Privatleben 354
Tuberkulose 8
Turbobeschleunigung 29

U

Überforderung 165
Überlast 275

Überlastung 33
Überstunden 32, 80, 269
Überwachung 258
Umsatzeinbußen 24
Umwelt, sozio-kulturelle 50
Ungleichheit 252, 254, 259
– gesundheitliche 190
– soziale 188
Unsicherheit 251, 252, 259
Unsicherheitsgefühle 203
Unsichtbarkeit 253, 256
Unterbrechungen 357
Unternehmenskultur 71, 366
Unternehmensresilienz 93, 94, 100
Unternehmensresilienz, soziale 71
Unterstützung
– durch Kolleg:innen 83
– durch Vorgesetzte 83
– psychosoziale 388
Unterweisung 250

V

Vakzination 9
Veränderungsbereitschaft 184
Veränderungserfahrungen 420, 425, 426, 431–434
Veränderungserfolge 429
Veränderungskontext 422, 424, 425
Veränderungsprozess 422, 423
Vereinbarkeit
– der Lebensbereiche 182
– Konflikte 368, 369
– simultane 364
– sukzessive 364
– synchrone 373
– von Arbeits- und Privatleben 221, 414, 417
– von Beruf und Familie 365
Verhaltensprävention 307
Verletzlichkeit 196
Verletzungen 489
Vernetzung, soziale 55
Versagensängste 209
Verschlüsselung der Diagnosen 449
Versichertenstruktur 446
Vertrauen 335, 338, 340, 344
Vertrauensarbeitszeit 270
Vertrauenskultur 100, 277, 328, 332, 334, 338, 343, 345, 360, 804
– Eigenschaften 332
Vertrauensverlust 212
Verzweiflung 165, 166
Videokonferenzen 33
Virtual Leadership 281
von Pettenkofer, Max 7
Vorbildfunktion 227
Vorerkrankungen 151
VUCA-Welt 52

W

Wandel, technologischer 258
Wertewandel 334
Wertschätzung 195
Wirtschaft 154
Wirtschaftsleistung 16
Wirtschaftswachstum 14
Wohlbefinden 50, 152, 165, 166, 315, 357, 368, 411, 431, 433
– psychisches 269
Work-Family-Konflikt 369, 370
Work-Life-Balance 56
Work-Life-Kohärenz 274

Z

Zeitautonomie 271
Zeitdruck 275
Zeitfresser 410
Zeitkompetenz 273
Zoom-Fatigue 38, 69
Zoonosen 48, 50
Zufriedenheit 413, 417
Zusammenarbeit, virtuelle 804
Zusammenhalt 92

MIX
Papier aus verantwortungsvollen Quellen
Paper from responsible sources
FSC® C105338

If you have any concerns about our products,
you can contact us on
ProductSafety@springernature.com

In case Publisher is established outside the EU,
the EU authorized representative is:
**Springer Nature Customer Service Center GmbH
Europaplatz 3, 69115 Heidelberg, Germany**

Printed by Libri Plureos GmbH
in Hamburg, Germany